STERNEL Mietrecht aktuell

Mietrecht aktuell

Erläuterung der neuen Mietgesetze,
aktuelle Rechtsprechung, Gesetzestexte

von

Dr. Friedemann Sternel
Vorsitzender Richter
am Landgericht Hamburg

3.
aktualisierte
und stark erweiterte
Auflage

Verlag
Dr. Otto Schmidt
Köln

> Die Deutsche Bibliothek – CIP-Einheitsaufnahme
>
> *Sternel, Friedemann:*
> Mietrecht aktuell: Erläuterung der neuen Mietgesetze;
> aktuelle Rechtsprechung; Gesetzestexte / von Friedemann
> Sternel. – 3., aktualisierte und stark erw. Aufl. – Köln:
> O. Schmidt, 1996
> ISBN 3-504-45014-2

Verlag Dr. Otto Schmidt KG
Unter den Ulmen 96–98, 50968 Köln
Tel.: 02 21/9 37 38-01, Fax: 02 21/9 37 38-9 21

© 1996 by Verlag Dr. Otto Schmidt KG

Das Werk einschließlich aller seiner Teile ist urheberrechtlich geschützt. Jede Verwertung, die nicht ausdrücklich vom Urheberrechtsgesetz zugelassen ist, bedarf der vorherigen Zustimmung des Verlages. Das gilt insbesondere für Vervielfältigungen, Bearbeitungen, Übersetzungen, Mikroverfilmungen und die Einspeicherung und Verarbeitung in elektronischen Systemen.

Das verwendete Papier ist aus chlorfrei gebleichten Rohstoffen hergestellt, holz- und säurefrei, alterungsbeständig und umweltfreundlich.

Gesamtherstellung: Bercker Graphischer Betrieb GmbH, Kevelaer

Printed in Germany

Vorwort

Anliegen des Buches auch in der nunmehr vorgelegten 3. Auflage ist es, eine rasche, problemorientierte und aktuelle Information über den Stand in Gesetzgebung und Rechtsprechung zu geben. Es soll eine Arbeitshilfe sein, die auf die Bedürfnisse der Praxis in der Anwaltschaft, der Justiz und der Wohnungswirtschaft abstellt. Dagegen handelt es sich nicht um einen Grundriß des Mietrechts, der Basiswissen vermitteln will.

Die Schwerpunkte in der Kommentierung der neueren mietrechtlichen Gesetze liegen auf dem 4. Mietrechtsänderungsgesetz und dem Sozialklauselgesetz. Da die Kündigungserleichterungen, die durch das Wohnungsbauerleichterungsgesetz 1990 befristet eingeführt wurden, nunmehr Dauerrecht werden sollen, sind die Erörterungen hierzu vertieft worden.

Für die neuen Bundesländer hat das Mietenüberleitungsgesetz besonderes Gewicht. Dabei konnte dem noch im Gesetzgebungsverfahren befindlichen Entwurf zur Änderung des Miethöhengesetzes Rechnung getragen werden, der die Streitfrage über die Ausstattungsmerkmale „Bad" und „Zentralheizung" klärt. Daneben sind Besonderheiten des Vertrags- und des Kündigungsrechts berücksichtigt worden. In die Darstellung sind die Nutzungsverhältnisse nach dem Schuldrechtsanpassungsgesetz einbezogen worden.

Ein besonderes Gewicht liegt in der Neuauflage auch auf der Rechtsprechungsübersicht. Der Aufbau dieses Abschnitts folgt dem organischen Verlauf eines Mietverhältnisses und knüpft damit an das Handbuch des Verfassers zum Mietrecht an. Dadurch kann ohne weiteres auf eine vertiefende Darstellung einschlägiger Probleme zurückgegriffen werden. Ausgewertet wurde die Rechtsprechung bis zum November 1995; dabei sind auch noch nicht veröffentlichte Rechtsentscheide wiedergegeben worden. Die Aktualität einer Entscheidung ist danach bewertet worden, ob sie für die alltägliche mietrechtliche Praxis präsent sein muß. Unter diesem Blickwinkel verdienten auch ältere Entscheidungen beachtet zu werden. Stärker als bisher hat der Verfasser Stellung zu einzelnen Problemen genommen, um den eigenen Standpunkt deutlich zu machen.

Hamburg, im Dezember 1995   Friedemann Sternel

Inhaltsübersicht

	Seite
Vorwort	V
Inhaltsverzeichnis	IX
Abkürzungs- und Schrifttumsverzeichnis	XXV

1. Kapitel
Erläuterungen der neuen Mietgesetze

1. Abschnitt: 4. Mietrechtsänderungsgesetz	1
2. Abschnitt: Verbesserter Schutz des Wohnungsmieters bei Umwandlung von Mietwohnraum in Wohnungseigentum	49
3. Abschnitt: Die mietrechtlichen Regelungen des Wohnungsbau-Erleichterungsgesetzes	63
4. Abschnitt: Verlängerung der Kündigungsfristen bei der Geschäftsraummiete	69
5. Abschnitt: Änderung mietpreisrechtlicher Vorschriften	71
6. Abschnitt: Neuregelungen für den Mietprozeß	79

2. Kapitel
Mietrecht in den neuen Bundesländern

1. Abschnitt: Mietvertragsrecht	83
2. Abschnitt: Mietpreisrecht	114

3. Kapitel
Aktuelle Rechtsprechung zum Mietrecht

I. Vertragsabschluß	185
II. Vertragsgestaltung	209
III. Mietgebrauch	225
IV. Gewährleistung	275
V. Mietzins	307

	Seite
VI. Mieterhöhung bei preisfreiem Wohnraum	325
VII. Mieterhöhung bei preisgebundenem Wohnraum	362
VIII. Nebenkosten	369
IX. Schönheitsreparaturen	390
X. Kündigung	404
XI. Gründe für die ordentliche Kündigung des Vermieters	423
XII. Gründe für die fristlose Kündigung des Vermieters	467
XIII. Aufhebung der Kündigungswirkungen	488
XIV. Abwicklung des Mietverhältnisses	496
XV. Mietprozeß und Zwangsvollstreckung	522

Textanhang

Neue Mietgesetze	559
Sachwortverzeichnis	583

Inhaltsverzeichnis

	Seite
Vorwort	V
Inhaltsübersicht	VII
Abkürzungs- und Schrifttumsverzeichnis	XXV

1. Kapitel
Erläuterungen der neuen Mietgesetze

1. Abschnitt: 4. Mietrechtsänderungsgesetz 1

A. Änderung des BGB 2
  1. Erweiterung der Duldungspflicht des Mieters bei baulichen
     Maßnahmen des Vermieters 2
     a) Maßnahmen zur Einsparung von Wasser 2
     b) Maßnahmen zur Schaffung von Wohnraum 3
  2. Kündigungsschutz bei gewerblicher Zwischenvermietung 3
     a) Anwendungsbereich 4
     b) Vertragseintritt oder Vertragsübergang? 4
     c) Vertragseintritt des Eigentümers oder des Zwischenmieters 6
     d) Folgen des Vertragseintritts 7
     e) Abweichende Vereinbarungen 8
     f) Übergangsregelungen 8
  3. Änderung bei der Anlagepflicht des Vermieters für Mietkautionen . 9
  4. Erweiterte Befugnis zur Teilkündigung 9
     a) Gegenstand der Teilkündigung 9
     b) Zweck der Teilkündigung 10
     c) Formalien der Teilkündigung 12
     d) Kündigungswiderspruch und Fortsetzungsverlangen 13
     e) Mieterabsetzung 14
  5. Erleichterungen bei Abschluß und Beendigung von Zeitmietverträgen 15
     a) Erleichterungen beim Vertragsabschluß 15
     b) Erleichterungen bei der Vertragsbeendigung 16
     c) Übergangsregelungen 18
  6. Abbau des Kündigungsschutzes für Werkmietwohnungen 18
  7. Vorkaufsrecht des Mieters in Umwandlungsfällen 19
     a) Schutzzweck der Regelung 19
     b) Voraussetzungen des Vorkaufsrechts 20
     c) Vorkaufsberechtigter 22
     d) Ausübung des Vorkaufsrechts 23
     e) Folgen bei Verletzung der Anzeigepflicht 25
     f) Abweichende Vereinbarungen 25

	Seite

B. Änderungen des Miethöhengesetzes 26
  1. Ausweitung des Vergleichsmietenbegriffs 26
     a) Rückgriff auf Mieten der letzten 4 Jahre 26
     b) Auswirkung auf Mietspiegel 27
  2. Änderungen der Kappungsgrenze 27
     a) Beschränkung der Kappungsgrenze für ältere Wohnungen 27
     b) Modernisierungsbedingte Kürzungsbeträge und Kappungsgrenze . 30
     c) Zur Kappungsgrenze bei fehlbelegten Wohnungen 31
  3. Mieterhöhung durch bauliche Maßnahmen zur Einsparung von Wasser 33
  4. Neuregelung der Wirkungsfrist und der Anzeigepflicht bei modernisierungsbedingten Mieterhöhungen 33
     a) Wirkungszeitpunkt der Mieterhöhung 33
     b) Folgen bei Verletzung der Anzeigepflicht des Vermieters 34
  5. Verbrauchsabhängige Abrechnung für Wasser-, Abwasser- und Müllabfuhrkosten 35
     a) Gestaltungsbefugnis des Vermieters 36
     b) Durchsetzung der Vertragsänderung 37
     c) Rechtsfolgen 39
     d) Anspruch des Mieters auf verbrauchsabhängige Abrechnung? ... 39
  6. Erleichterung bei der Vereinbarung von Staffelmieten 40
  7. Zulassungen von Mietanpassungsklauseln 40
     a) Genehmigungsbedürftigkeit der Klauseln 40
     b) Ausschluß von Mieterhöhungen nach dem MHG 42
     c) Wirkung der klauselbedingten Mietanpassung 42
     d) Übergangsregelungen 43
     e) Herabsetzung des Mietzinses 44

C. Änderungen des Wirtschaftsstrafgesetzes 44
  1. Präzisierung des Verbotstatbestandes 44
  2. Einschränkung der aufwandsbezogenen Ausnahmeregelung 45
  3. Sonstige Änderungen 47

D. Änderungen weiterer Gesetze 47
  1. Änderungen des Gesetzes zur Regelung der Wohnungsvermittlung . 47
     a) Beschränkung der Maklercourtage 47
     b) Verbot von Abstandszahlungen 48
     c) Übergangsprobleme 49
  2. Änderung des Heimgesetzes 49

2. Abschnitt: Verbesserter Schutz des Wohnungsmieters bei Umwandlung von Mietwohnraum in Wohnungseigentum 49

A. Gesetz zur Verbesserung der Rechtsstellung des Mieters bei Begründung von Wohnungseigentum an vermieteten Wohnungen 49
  1. Eigenbedarfskündigung 50
  2. Verwertungskündigung 51

	Seite
3. Veräußerungsfälle	51
4. Übergangsregeln	52
B. Sozialklauselgesetz	53
1. Kündigungssperrfrist und verbesserte Sozialklausel	53
a) Regionaler Schutz in Gebieten mit gefährdeter Wohnraumversorgung	53
b) Kündigungssperrfrist für Eigenbedarfs- und Verwertungskündigung	54
c) Anwendungsvoraussetzungen	55
d) Verbesserte Sozialklausel	56
2. Anwendungsbereich	60
a) Zeitlicher Anwendungsbereich	60
b) Sachlicher Anwendungsbereich	62

3. Abschnitt: Die mietrechtlichen Regelungen des Wohnungsbau-Erleichterungsgesetzes 63

A. Einführung der Teilkündigung von Nebenräumen	63
B. Erweiterung der Kündigungsbefugnis für Einliegerwohnungen	64
1. Zum neuen Begriff der Einliegerwohnung	64
2. Hinweispflicht des Vermieters	64
3. Wirkung der Kündigungserleichterung	65
C. Befristeter Ausschluß des Kündigungsschutzes für Ferienwohnungen und Sozialunterkünfte	66
1. Mietverhältnis in Ferienhäusern und Ferienwohnungen	66
2. Untermieterverhältnisse über Sozialunterkünfte und Ausbildungswohnplätze	67
3. Wirkung der Kündigungserleichterung	68

4. Abschnitt: Verlängerung der Kündigungsfristen bei der Geschäftsraummiete 69

1. Gesetzesentwicklung	69
2. Gesetzesinhalt	69
3. Übergangsregelungen	70

5. Abschnitt: Änderung mietpreisrechtlicher Vorschriften 71

A. Änderungen des Wohnungsbindungsgesetzes	72
1. Änderungen der Nachwirkungsfrist	72
a) Verlängerung der Nachwirkungspflicht	72
b) Privilegierte Nachwirkung bei Ausbau zu Wohnraum	72
2. Einschränkung bei vorzeitiger Beendigung der Eigenschaft „öffentlich gefördert"	73
3. Belegungsrechtliche Verbesserungen	73

	Seite
4. Verordnungsermächtigung	74

B. Dritte Verordnung zur Änderung wohnungsrechtlicher Vorschriften –
Änderung der NeubaumietenV und der II. BerechnungsV 74
  1. Zum Zinsansatz von Ersatzfinanzierungsmitteln 74
  2. Kostenmiete bei Ausbau von Zubehörraum zu Mietwohnungen . . . 74
  3. Betriebskostenabrechnung 75
    a) Abrechnungsfrist und Ausschlußwirkung 75
    b) Veränderte Ansätze bei der Betriebs- und Heizkostenabrechnung . 76

C. Vierte Verordnung zur Änderung wohnungsrechtlicher Vorschriften –
Änderung der Neubaumieten V und der II. BerechnungsV 77
  1. Maßnahmen zur Wassereinsparung und Müllvermeidung 77
  2. Anhebung der Verwaltungskosten- und der Instandhaltungskostenpauschalen 78

6. Abschnitt: Neuregelungen für den Mietprozeß 79

A. Neue Zuständigkeitsregelungen 79
  1. Belegenheit des Mietobjekts 79
  2. Höhe des Streitwerts 79

B. Streitwert und Rechtsmittel 80
  1. Streitwert 80
  2. Amtsgerichtliches Verfahren 80
  3. Rechtsmittelwert 81

C. Übergangsregeln 81

2. Kapitel
Mietrecht in den neuen Bundesländern

1. Abschnitt: Mietsvertragsrecht 83

A. Abschluß und Inhalt des Mietvertrages 83
  1. Altverträge 83
    a) Abschluß 83
    b) Inhalt 86
    c) Abwicklung 88
    d) Gewerbliche Räume 88
  2. Neuabschlüsse 89
    a) Abschluß 89
    b) Inhalt 89
    c) Gewerbliche Räume 90
  3. Nutzungsverhältnisse nach dem SchuldRAnpG 90
    a) Erfaßte Rechtsverhältnisse 90
    b) Inhalt 91

	Seite
c) Nutzungsentgelt	92
d) Vorkaufsrecht	93

B. Instandhaltung – Instandsetzung – Schönheitsreparaturen 93
   1. Instandhaltung und Instandsetzung 93
      a) Pflichteninhalt 93
      b) Grenzen der Vermieterpflicht 94
      c) Vertragliche Gestaltung 96
   2. Schönheitsreparaturen bei Altverträgen 96
      a) Pflichteninhalt 96
      b) Rechtslage nach der Vereinigung 97
   3. Schönheitsreparaturen bei Neuabschlüssen 99

C. Gewährleistungsrecht 99
   1. Fehlerbegriff 99
   2. Gewährleistungsrechte des Mieters 100
   3. Gewährleistungsausschlüsse 101
      a) Vertragsgemäße Beschaffenheit 101
      b) Verwirkung 102
      c) Wiederaufleben von Gewährleistungsrechten nach Miet-
        erhöhung 102

D. Besonderer Kündigungsschutz bei Altverträgen 102
   1. Anwendungsbereich 102
   2. Ausschluß der Verwertungskündigung 103
   3. Beschränkung der Eigenbedarfskündigung 104
      a) Allgemeiner Inhalt 104
      b) Ausschlüsse des besonderen Kündigungsschutzes 104
      c) Gesteigerter Bedarf und unzumutbare Härte 105
   4. Beschränkung des Kündigungsrechts bei vermieteter Einlieger-
     wohnung 107
   5. Bestandsschutz für Altverträge über Geschäftsräume und gewerblich
     genutzte unbebaute Grundstücke 108
   6. Bestandsschutz und Vertragsabwicklung von Nutzungsverhältnissen
     nach dem SchuldRAnpG 109
      a) Kündigung und Kündigungsschutz 109
      b) Vertragsabwicklung 112

2. Abschnitt: Mietpreisrecht 114

A. Zum bisherigen Rechtszustand in den neuen Bundesländern 114
   1. Übersicht über die Mietpreisbindung bis zum Inkrafttreten des
     Einigungsvertrages 114
   2. Übersicht über die Mietpreisbindung nach Inkrafttreten des
     Einigungsvertrages 116
      a) Preisrechtlich erhebliche Wohnungsgruppen 116
      b) Rechtsgestaltung nach § 11 Abs. 2 MHG 116
   3. Mieterhöhung nach der 1. Grundmietenverordnung 117

	Seite
4. Mietänderung nach der Betriebskosten-Umlageverordnung	119
a) Änderung der Mietstruktur	119
b) Umlagemaßstäbe	120
c) Abweichende Vereinbarungen	121
d) Umlage von Heiz- und Warmwasserkosten	121
5. Mieterhöhungen nach der 2. Grundmietenverordnung	123
a) Regelung der Mieterhöhung	123
b) Beschaffenheitszuschläge	123
c) Instandsetzungsbedingte Mieterhöhungsvereinbarungen	124
d) Mieterhöhung für Garagen	125
e) Höchstpreisgrenzen	125
6. Öffentlich geförderter Neubauwohnraum	125
a) Wendewohnungen	125
b) Öffentliche Förderung nach der Vereinigung	126
7. Geschäfts- und Gewerberaum	126
a) Wegfall der Mietpreisbindung	126
b) Rechtsfolgen preiswidriger Vereinbarungen	127
B. Zum Rechtszustand nach dem Mietenüberleitungsgesetz (MÜG)	128
1. Entstehungsgeschichte und Inkrafttreten des MÜG	128
2. Überblick über das MÜG	129
a) Aufbau des Gesetzes	129
b) Zeitliche Wirkungen des Gesetzes	129
3. Anwendungsbereich des Miethöhengesetzes (MHG)	129
a) Unbeschränkte Anwendung auf preisfreien Wohnraum (§ 11 Abs. 1 MHG)	130
b) Beschränkte Anwendung nach § 11 Abs. 2 MHG	132
c) Unanwendbarkeit nach § 10 Abs. 3 MHG	133
4. Anwendbare Vorschriften des MHG auf den bisher preisgebundenen Wohnungsbestand	135
a) Verbot der Änderungskündigung und Mieterhöhungsausschlüsse nach § 1 MHG	135
b) Fristen – Kappungsgrenze – Mietspiegel nach § 2 MHG	135
c) Modernisierungsbedingte Mieterhöhung nach § 3 MHG	136
d) Mieterhöhung wegen Kostensteigerungen nach §§ 4, 5 MHG	136
e) Formerfordernisse nach § 8 MHG	138
f) Kündigungsregelungen nach § 9 MHG	139
g) Vereinbarte Mietänderungen nach §§ 10, 10a MHG	140
5. Mieterhöhung nach § 12 MHG – materielle Voraussetzungen	141
a) Ermittlung der Stichtagsmiete	141
b) Schadensfreiheit der Gebäudeteile	143
c) Ausstattungsbedingte Abschläge	147
d) Zuschläge bei Wohnungen in Einfamilienhäusern und in Wendewohnungen	150
e) Abstufung der Mieterhöhung in Ballungsregionen	151
f) Kappungsgrenze	152
g) Wartefrist	155

	Seite

6. Mieterhöhung nach § 12 MHG – förmliche Voraussetzungen und Wirkung 156
   a) Mieterhöhungsverlangen 156
   b) Zustimmung des Mieters 161
   c) Verweigerungsrecht des Mieters 166
   d) Überlegungs- und Klagefrist 167
   e) Wirkungszeitpunkt der Mieterhöhung 168
   f) Klageverfahren 168
7. Kappung der Mieterhöhung bei baulichen Maßnahmen ... 171
   a) Berechnung und Auswirkung der Kappung 171
   b) Ausnahmetatbestände 172
   c) Auswirkung der Regelung auf die Duldungspflicht des Mieters .. 173
8. Umlage und Abrechnung von Betriebskosten 174
   a) Umlage von Betriebskosten 174
   b) Betriebskostenabrechnung 175
9. Nachholung von Mieterhöhungen wegen Beschaffenheitszuschlägen 176
   a) Form und Frist der Mieterhöhungserklärung 176
   b) Verhältnis zur Mieterhöhung nach § 12 MHG 177
10. Mieterhöhungsvereinbarungen und Mietobergrenzen ... 178
    a) Zulässigkeit von Mieterhöhungsvereinbarungen .. 178
    b) Weitergeltung von instandsetzungsbedingten Mieterhöhungsvereinbarungen 180
    c) Mietobergrenzen bei Neuvermietungen 180
    d) Lockerung des Tatbestandes der Mietpreisüberhöhung bei Mieterhöhungen wegen baulicher Änderungen 182

3. Kapitel
Aktuelle Rechtsprechung zum Mietrecht

I. Vertragsabschluß 185
1. Abgrenzung der Miete zu anderen Rechtsverhältnissen .. 185
2. Abschluß des Mietvertrages 186
   a) Zustandekommen des Vertrages 186
   b) Bezeichnung der Vertragsparteien – Personenmehrheiten als Mieter 188
   c) Verschulden bei Vertragsverhandlungen und Offenbarungspflichten 192
3. Schriftform 193
   a) Anforderungen an die gesetzliche Schriftform .. 193
   b) Nachträge 195
   c) Berufung auf Formmängel 196
   d) Schriftformklauseln 196
   e) Strengere Formerfordernisse 197
4. Wechsel der Mietparteien 197
   a) Vermieterwechsel 197
   b) Mieterwechsel 201
   c) Mietnachfolgergestellung 203

	Seite
5. Option	206
6. Vorvertrag	207

II. Vertragsgestaltung 209
  1. Allgemeine Grundsätze bei der Verwendung von Formularverträgen . . 209
    a) Anwendungsbereich 209
    b) Formularvertrag und Individualvereinbarung 209
    c) Einbeziehung 211
    d) Überraschende Klauseln 211
    e) Auslegung 212
  2. Inhaltskontrolle 212
    a) Wertungskriterien 212
    b) Verbandsklagen gegen einzelne Musterverträge 215
    c) Einzelne Klauseln 219
        aa) Kleinreparaturen 219
        bb) Wartungsklauseln 221
        cc) Gewährleistungs- und Haftungsausschlüsse sowie Freizeichnungen 221
        dd) Mietzins- und Aufrechnungsklauseln 224
        ee) Sonstige Klauseln 224

III. Mietgebrauch 225
  1. Vertragszweck 225
    a) Abgrenzung von Wohnraum- und Geschäftsraummiete 225
    b) Mischmietverhältnisse 226
    c) Mitvermietung einer Garage 228
  2. Rechte und Pflichten des Mieters 229
    a) Umfang des Mietgebrauchs 229
    b) Einzelne Gebrauchsrechte 231
        aa) Bauliche Veränderungen 231
        bb) Radio und Fernsehen 233
        cc) Nutzung von Gemeinschaftsflächen und -gärten 238
        dd) Drittüberlassung und Untermiete 239
        ee) Gewerbliche Nutzung 247
        ff) Tierhaltung 247
    c) Pflichten des Mieters 250
        aa) Gebrauchspflicht 250
        bb) Pflicht zur Rücksichtnahme – Hausordnung – Lärmvermeidung 250
        cc) Reinigungspflicht 253
        dd) Obhuts- und Anzeigepflicht – Heizen und Lüften 254
    d) Haftung des Mieters aus positiver Vertragsverletzung 257
  3. Rechte und Pflichten des Vermieters 257
    a) Einwirkungsrechte: Duldungsanspruch bei baulichen Maßnahmen – Besichtigungsrecht 257
    b) Instandsetzungspflichten 264

	Seite

aa) Inhalt der Pflicht – Vermietung von Wohnungseigentum – Nachrüstungspflicht, Modernisierungspflicht 264
bb) Grenzen der Pflicht 268
c) Nebenpflichten 270
   aa) Prüfungs- und Verkehrssicherungspflicht 272
   bb) Konkurrenzschutzpflicht 273

IV. Gewährleistung 275
1. Der mietrechtliche Fehlerbegriff 275
   a) Subjektiver Fehlerbegriff – verdeckte Fehler – Gefahrenquellen – Nichteinhaltung technischer Normen 275
   b) Häufige Anwendungsfälle 279
      aa) Feuchtigkeitsschäden 279
      bb) Beheizung 282
      cc) Lärm 282
      dd) Öffentlich-rechtliche Nutzungshindernisse 283
      ee) Umweltmängel 285
      ff) Wohnfläche 286
   c) Zerstörung des Mietobjekts 287
2. Gewährleistungsrechte 288
   a) Minderung 289
   b) Schadensersatz – Garantiehaftung – Verschuldens- und Verzugshaftung – Aufwendungsersatz- und Vorschußanspruch 291
   c) Haftung wegen Rechtsmängel 296
   d) Kündigungsbefugnisse – wegen Nichtgewährung des Gebrauchs – wegen Gesundheitsgefährdung 297
3. Gewährleistungsausschlüsse 299
   a) Vereinbarter Zustand 299
   b) Kenntnis oder grobfahrlässige Unkenntnis vom Mangel bei Vertragsabschluß 300
   c) Vorbehaltslose Mietzahlung trotz Kenntnis vom Mangel 301
4. Zurückbehaltungsrecht 303
5. Beweislast bei Schäden am Mietobjekt 304

V. Mietzins 307
1. Mietzinsvereinbarung 307
2. Art des Mietzinses 308
3. Mietstruktur 308
4. Mietzahlung 309
   a) Vorauszahlungspflicht 309
   b) Abbuchungs- und Einzugsermächtigung 310
   c) Verrechnungsbestimmung bei Teilleistungen 311
   d) Leistung unter Vorbehalt 312
   e) Verzug 312
   f) Erfüllungsort 313
   g) Mahnkosten 313
   h) Zwangsvollstreckung und Zwangsversteigerung 313

	Seite
5. Mietzinshaftung	314
a) Vorzeitige Aufgabe des Mietobjekts	314
b) Haftung von Nachmieter und Gesellschafter	317
6. Aufrechnung	318
7. Mieterhöhungs- und Änderungsvereinbarungen	320
a) Mieterhöhungsvereinbarungen	320
b) Haftung aus Verschulden bei Vertragsverhandlungen	322
8. Staffelmiete	322
9. Mietanpassungsklauseln	323
a) Mietverhältnisse über Wohnraum	323
b) Mietverhältnisse über Geschäfts- und Gewerberaum	323

VI. Mieterhöhung bei preisfreiem Wohnraum ... 325

1. Mieterhöhung bis zur ortsüblichen Miete ... 325
   a) Erklärung des Erhöhungsverlangens – Personenmehrheiten – Inklusivmiete – Nachholung des Erhöhungsverlangens im Prozeß . 325
   b) Fristen: Wartefrist – Überlegungsfrist – Klagefrist ... 329
   c) Kappungsgrenze ... 332
   d) Ortsübliche Miete – Mietstruktur – Einrichtungen des Mieters – Wohnwertmerkmale – Verhältnis zu § 3 MHG – Mietzuschläge für wohnfremde Zwecke ... 334
   e) Zustimmung des Mieters ... 338
   f) Begründungsmittel ... 339
      aa) Mietspiegel ... 339
      bb) Sachverständigengutachten ... 344
      cc) Vergleichsmieten ... 346
      dd) Sonstige Begründungsmittel ... 348
   g) Ausschluß der Mieterhöhung ... 348
   h) Kündigungsregelungen ... 349
2. Mieterhöhung wegen Modernisierungs- und Energiesparmaßnahmen ... 349
   a) Mieterhöhende Maßnahmen – Bauherreneigenschaft des Vermieters – Wohnwertverbessernde Maßnahmen ... 349
   b) Umlagefähige Kosten – Grundsatz der Wirtschaftlichkeit – Beweislastfragen ... 351
   c) Durchführung der Mieterhöhung – Ankündigung der Modernisierungsmaßnahme – Abschluß der Maßnahme – Inhalt der Mietanforderung – Verwirkung ... 353
3. Mieterhöhung wegen Kostensteigerungen ... 355
   a) Betriebskosten – Nebenkostenpauschale – Mehrbelastungsklauseln – Belastungen nach Ende der Mietzeit ... 355
   b) Kapitalkosten ... 357
4. Mietpreisüberhöhung ... 359
   a) Begriff der überhöhten Miete ... 359
   b) Laufende Aufwendungen des Vermieters ... 360
   c) Geringes Angebot an Wohnraum ... 362
   d) Rückforderungsansprüche des Mieters ... 362

Inhaltsverzeichnis

	Seite
VII. Mieterhöhung bei preisgebundenem Wohnraum	362
1. Zur Bildung der Kostenmiete	362
2. Mietanforderung	366
3. Rückforderungsansprüche des Mieters	367
4. Kontrollrechte des Mieters	368
5. Vorkaufsrecht des Mieters	369
VIII. Nebenkosten	369
1. Betriebskostenabrechnung	369
2. Ansatzfähige Kosten	371
a) Vertraglich umlegbare Betriebskosten – Bestimmtheit der Betriebskostenvereinbarung – Schlüssige Vereinbarung	371
b) Gesetzlich umlagefähige Betriebskosten	373
c) Einzelne Betriebskostengruppen	374
3. Umlageschlüssel und Wirtschaftseinheit	378
4. Vorauszahlungen	380
5. Abrechnungsfrist und Fälligkeit des Abrechnungssaldos	382
6. Kontrollrechte des Mieters	384
7. Korrektur unrichtiger Abrechnungen	385
8. Verjährung und Verwirkung	385
9. Besonderheiten bei preisgebundenem Wohnraum	386
10. Besonderheiten der Heizkostenabrechnung	387
IX. Schönheitsreparaturen	390
1. Leitlinien der Rechtsprechung des BGH	390
2. Übertragung der Schönheitsreparaturen auf den Mieter – Schlüssige Vereinbarung – Übertragung bei Überlassung einer unrenovierten Wohnung	391
3. Inhalt und Umfang der laufenden Schönheitsreparaturen: § 28 II.BV als Auslegungsrichtlinie – Beseitigung dekorativer Abnutzungserscheinungen – Farbwahl	393
4. Fälligkeit – Fristenpläne – Bedarfsregelung	396
5. Rechtsfolgen unterlassener Schönheitsreparaturen	398
a) Erfüllung und Schadensersatz	398
b) Verzug und Abmahnung	399
c) Schaden	401
d) Ausgleichsanspruch	402
6. Ersatzklauseln – Quotenhaftungsklausel	403
X. Kündigung	404
1. Formalien der Kündigung	404
a) Kündigungserklärung	404
aa) Rechtsgeschäftliche Voraussetzungen	404
bb) Personenmehrheit	405
cc) Stellvertretung und Vollmacht	406
dd) Zugang der Kündigung	408
ee) Schriftform	409

XIX

		Seite
	ff) Teilkündigung	409
	gg) Umdeutung	411
	b) Kündigungsfrist	411
	vom Gesetz abweichende Vereinbarungen – Kündigung vor Beginn des Mietverhältnisses	
2.	Angabe und Nachschieben von Kündigungsgründen	412
	a) Anwendungsbereich der §§ 564a, 564b Abs. 3 BGB	412
	b) Inhaltliche Anforderungen	413
	c) Nachschieben von Gründen	415
3.	Kündigung von Einliegerwohnungen	417
	a) Kündigungsvoraussetzungen	417
	b) Ausübung des Sonderkündigungsrechts	419
4.	Mietverhältnisse ohne Kündigungsschutz	420
	a) Qualifizierte Zeitmietverträge	420
	b) Mietverhältnisse zu vorübergehendem Gebrauch	421
	c) Mietverhältnisse in Studentenwohnheimen	421
5.	Mietaufhebungsvereinbarung	422

XI. Gründe für die ordentliche Kündigung des Vermieters 423

1. Eigenbedarf 425
   a) Leitlinien der Rechtsprechung des BGH und des BVerfG 425
   b) Eigenbedarfsgründe in der Kündigung 430
   c) Anwendungsfälle 431
      aa) Bedarfsfälle 432
         bauliche Maßnahmen – Bedarfspersonen – befristeter und berufsbedingter Bedarf – Pflegebedarf – wirtschaftliche Gründe – Wohnbedarf
      bb) Wohnungseigentum 437
      cc) Kündigungsausschlüsse und Mißbrauchsfälle 438
         Alternativwohnung – Ernsthaftigkeit des Nutzungswunsches – Mißbrauch – überhöhter Bedarf – vorhersehbarer Bedarf – Vorratskündigung
   d) Wegfall des Eigenbedarfs 445
   e) Schadensersatz wegen unberechtigter Eigenbedarfskündigung . . . 446
2. Verwertungskündigung 450
   a) Verfassungsrechtliche Leitlinien 450
   b) Verkauf des Mietgrundstücks 452
      aa) Anlaß des Verkaufs 452
      bb) Erheblicher Nachteil 453
      cc) Angabe des Kündigungsgrundes 455
   c) Sanierung des Mietobjekts 457
      aa) Gewicht der Maßnahme 457
      bb) Angabe des Kündigungsgrundes 458
3. Pflichtverletzungen 459
4. Berechtigte Interessen nach § 564b Abs. 1 BGB 460
   a) Nicht sozialadäquate Nutzung 460
   b) Betriebsbedarf 461
   c) Werkmietwohnungen 462
   d) Sonstige Gründe 463
5. Beendigung des befristeten Mietverhältnisses 464

	Seite

6. Außerordentliche Kündigungsrechte 466
   a) Sonderkündigungsrecht für Beamte 466
   b) Außerordentliches Kündigungsrecht in der Zwangsversteigerung und im Konkurs 466

XII. **Gründe für die fristlose Kündigung des Vermieters** 467
   1. Allgemeine Grundsätze für die fristlose Kündigung 467
      Grundsatz der Verhältnismäßigkeit – Nachträglicher Wegfall der Kündigungsgründe – Abmahnung – Personenmehrheit auf Mieterseite
   2. Vertragswidriger Gebrauch 469
      a) Unerlaubte Drittüberlassung 469
      b) Überbelegung der Wohnung 471
      c) Unterlassene Schönheitsreparaturen 472
   3. Zahlungsverzug 473
      a) Zahlungsverzug 473
      b) Schonfristregelung 476
      c) Kündigungsfolgeschaden 478
      d) Prozeßrechtliche Besonderheiten 479
   4. Unzumutbarkeit der Vertragsfortsetzung 480
      a) Verhältnis zu anderen Kündigungsgründen – Fortfall der Kündigungswirkungen bei nachträglichem Wohlverhalten 480
      b) Kündigungsfälle 481
         aa) Beleidigungen 481
         bb) Anzeigen 482
         cc) Störungen des Hausfriedens 482
         dd) Lärm 483
         ee) Verletzung von Obhutspflichten 484
         ff) Zahlungssäumigkeit 484
         gg) Sonstige Gründe 486
         hh) Wirtschaftliches Risiko bei Gewerberaummiete 487

XIII. **Aufhebung der Kündigungswirkungen** 488
   1. Kündigungswiderspruch aufgrund der Sozialklausel 488
      a) Bedeutung und Erklärung des Kündigungswiderspruchs 489
      b) Härtegründe, insbesondere fehlender Ersatzraum 490
      c) Interessenabwägung 493
   2. Widerspruchslose Gebrauchsfortsetzung 495
      Abdingbarkeit des § 568 BGB – Möglichkeiten des vorzeitigen und schlüssigen Widerspruchs – Erklärung durch Schriftsatz – Präklusionswirkung für spätere Kündigungen

XIV. **Abwicklung des Mietverhältnisses** 496
   1. Räumung 496
      a) Inhalt des Räumungsanspruchs 496
      Übergabeverhandlung – Entfernung von Einrichtungen – Rückbaupflicht – Zustand bei Rückgabe
      b) Schuldner des Räumungsanspruchs 500
      insbesondere bei Personenmehrheit auf Mieterseite – Pflicht des Vermieters zur Heizölübernahme

	Seite
c) Räumungsanspruch gegenüber dem Untermieter	501

Rechtsmißbrauch – Verwendungsersatz des Untermieters – Bestandsschutz bei Zwischenvermietung

2. Verwendungen – Einrichtungen – Abstand 502
   a) Verwendungen – Konkurrenz zu § 538 Abs. 2 BGB 502
   b) Wegnahme von Einrichtungen – Abwendungsbefugnis des Vermieters – Kein Erlöschen des Wegnahmerechts in der Zwangsversteigerung 503
   c) Abstandsvereinbarungen 504
3. Vorenthalten und Nutzungsentschädigung 505
   a) Normzweck 505

Besitz des früheren Mieters als Merkmal des Vorenthaltens – Zurückgelassene Einrichtungen und unterbliebene Schlüsselrückgabe als Vorenthalten – Rückerlangungswille des Vermieters

   b) Nutzungsentschädigung 506

Ortsübliche Entgelte und Berücksichtigung von Mängeln – Aufrechnungsbeschränkungen

   c) Schadensersatzprivilegierung des Wohnungsmieters – Einbeziehung des Untermieters 508
   d) Anspruchskonkurrenzen 509
4. Abrechnung der Mietsicherheit 509
   a) Leistungspflicht des Mieters 509
   b) Verzinsungspflicht des Vermieters 511
   c) Anlagepflicht des Vermieters 512
   d) Abrechnung und Erstattung 512

Abrechnungsfrist – Kein Zurückbehaltungsrecht des Vermieters mit Erfüllungsansprüchen

   e) Mietkaution und Veräußerung 513

Pflicht des Vermieters zur Aushändigung an den Erwerber – Fortbestand der Haftung des Veräußerers – Zur Stellung des Zwischenmieters

   f) Mietkaution bei Zwangsvollstreckung und Konkurs des Vermieters 514
   g) Mietbürgschaft 515
5. Vermieterpfandrecht 516
   a) Pfandgegenstände 516
   b) Verwertung und Selbsthilferecht 517
6. Verjährung 517
   a) Anwendungsbereich 517

Abweichende Vereinbarungen

   b) Beginn und Lauf der Verjährungsfrist 520
   c) Hemmung und Unterbrechung 521

XV. Mietprozess und Zwangsvollstreckung 522

1. Erkenntnisverfahren 522
   a) Zuständigkeit 522

Wohnungsmietsachen – Mischmietverhältnisse – Ferienwohnungen – Werkmietwohnungen – Gerichtsstand der Niederlassung

   b) Allgemeine mietprozessuale Fragen: Parteifähigkeit – Prozeßstandschaft 526

	Seite
c) Darlegungslast und Beweisaufnahme	527
d) Urteil und Rechtsmittelverfahren	529
e) Räumungsklage	531

Klage gegen den ausgezogenen Mitmieter – Klage auf künftige Räumung – Verfrühte Räumungsklage – Klagänderung – Kostenprobleme – Prozeßkostenhilfe – Kein Versäumnisurteil vor Ablauf der Schonfrist – Fortsetzungsverlangen des Mieters nach § 564c Abs. 1 BGB im Prozeß

f) Klage auf Zustimmung zur Mieterhöhung	535

Keine Prozeßstandschaft – Notwendige Streitgenossenschaft bei Personenmehrheit auf einer Vertragsseite – Zum Streitgegenstand bei Nachholung des Erhöhungsverlangens im Prozeß – Verwendung des Mietspiegels als Beweismittel – Bemessung der Rechtsmittelbeschwer

g) Sonstige Klagen	538

Klage auf Zahlung – auf künftige Leistung – auf Instandsetzung – auf Verkabelung – auf Betriebskostenabrechnung – auf Feststellung

h) Urkundsverfahren	541
i) Einstweilige Verfügung	542
2. Zwangsvollstreckung und Vollstreckungsschutz	543
a) Räumungsvollstreckung	543

Besonderer Titel gegen den Hausgenossen des Räumungsschuldners – Vollstreckungsgegenklage bei Wegfall des Kündigungsgrundes – Zwangsvollstreckung aus Alt-Titeln

b) Zwangsvollstreckung wegen Handlungen oder Unterlassungen	544

Mietberechnung und Nebenkostenabrechnung – Abschaffung von Haustieren – Dauerpflichten (Heizen-, Wege- und Treppenreinigung) – Instandsetzung

c) Räumungsfrist	546

Materiell-rechtliche Auswirkungen – Interessenabwägung – Ersatzraumbeschaffungspflicht – Verlängerung der Räumungsfrist – Räumungsfrist im Vergleich

d) Vollstreckungsschutz	551

Grundsatz der Verhältnismäßigkeit bei drohender Gesundheitsgefahr

3. Kosten und Streitwert	553
a) Kosten – Verquotung – notwendige Kosten – Kosten der Zwangsvollstreckung	553
b) Streitwerte – Räumungsklage – Abschluß des Mietvertrages – Option – Duldung – Mieterhöhung	554

Anhang: Neue Mietgesetze

1. Viertes Gesetz zur Änderung mietrechtlicher Vorschriften (4. MietRÄndG) vom 21. Juli 1993 (BGBl. 1993 I 1257) 559
2. Gesetz über eine Sozialklausel in Gebieten mit gefährdeter Wohnungsversorgung vom 22. April 1993 (BGBl. 1993 I 487) 565
3. Gesetz zur Änderung des Bürgerlichen Gesetzbuchs vom 29. Oktober 1993 (BGBl. 1993 I 1838) 566

	Seite
4. Gesetz zur Entlastung der Rechtspflege (Auszug) vom 11. Januar 1993 (BGBl. 1993 I 50)	566
5. Einführungsgesetz zum Bürgerlichen Gesetzbuch (Auszug) in der Fassung der Bekanntmachung vom 21. September 1994 (BGBl. 1994 I 2494)	567
6. Gesetz zur Überleitung preisgebundenen Wohnraums im Beitrittsgebiet in das allgemeine Miethöherecht (Mietenüberleitungsgesetz) vom 6. Juni 1995 (BGBl. 1995 I 748)	570
7. Erste Grundmietenverordnung vom 17. Juni 1991 (BGBl. 1991 I 1269) – *aufgehoben*	573
8. Zweite Grundmietenverordnung vom 27. Juli 1992 (BGBl. 1992 I 1416) – *aufgehoben*	574
9. Betriebskosten-Umlageverordnung vom 17. Juni 1991 (BGBl. 1991 I 1270) – *aufgehoben*	576
Sachwortverzeichnis	583

Abkürzungs- und Schrifttumsverzeichnis

Die verwendeten Abkürzungen entsprechen dem üblichen Gebrauch (vgl. z.B. Palandt, Abkürzungsverzeichnis I und II). Das folgende Verzeichnis beschränkt sich daher auf hier verwendete fachbezogene Abkürzungen, insbesondere soweit sie den mietrechtlichen Bereich betreffen

AVBFernwärmeV	Verordnung über Allgemeine Bedingungen für die Versorgung mit Fernwärme vom 20.6.1980 (BGBl. I 742)
Barthelmess	Wohnraumkündigungsschutzgesetz – Miethöhegesetz, Kommentar, Düsseldorf, 5. Auflage, 1995
BB	Betriebsberater
Beuermann	Mietenüberleitungsgesetz und Miethöhegesetz, Berlin, 1995
BetrKostUÄndV	Betriebskostenumlage-Änderungsverordnung vom 27.7.1992 (BGBl. I 1415)
BetrKostUV	Betriebskosten-Umlageverordnung vom 17.6.1991 (BGBl. I 1270)
BezG	Bezirksgericht
BGBl.	Bundesgesetzblatt
Blank	Mietrecht von A–Z, München, 14. Auflage, 1994
Börstinghaus	Mieterhöhung bei Wohnraummietverträgen, Herne-Berlin, 2. Aufl., 1995
Börstinghaus–Meyer	Die Mietzinserhöhung bei Wohnraummietverträgen in den neuen Bundesländern, Herne-Berlin, 1995
BR-DS	Bundesrats-Drucksache
BT-DS	Bundestags-Drucksache
Bub–Treier	Handbuch der Geschäfts- und Wohnraummiete, München, 2. Aufl., 1993 – Nachtrag Januar 1994
II. BV	II. Berechnungsverordnung i.d.F. vom 12.10.1990 (BGBl. I 2178)
DtZ	Deutsch-Deutsche Rechts-Zeitschrift
DWW	Deutsche Wohnungswirtschaft
EGBGB	Einführungsgesetz zum Bürgerlichen Gesetzbuch i.d.F. vom 21.9.1994 (BGBl. I 2494)
Einigungsvertrag	Vertrag vom 31. August 1990 zwischen der Bundesrepublik Deutschland und der Deutschen Demokratischen Republik über die Herstellung der Einheit Deutschlands (BGBl. II 885 f.)
Emmerich–Sonnenschein	Miete, Berlin, 6. Auflage, 1991
Erman–Jendrek	Handkommentar zum BGB, Münster, 9. Aufl., 1994

Fischer-Dieskau–Pergande–Schwender	Wohnungsbaurecht, Köln, Loseblatt-Kommentar
Frantzioch	MHG – Gesetz zur Regelung der Miethöhe – Kommentar, Essen, 1994
GBl.	Gesetzblatt DDR
GE	Berliner Grundeigentum
1. GrundMV	Erste Grundmietenverordnung vom 17.6.1991 (BGBl. I 1269)
2. GrundMV	Zweite Grundmietenverordnung vom 27.7.1992 (BGBl. I 1416)
HeizkostenV	Verordnung über Heizkostenabrechnung i.d.F. vom 20.1.1989 (BGBl. I 115)
HKA	Die Heizkostenabrechnung (Hrsg. ARGE Heizkostenverteilung e.V., Bonn-Bad Godesberg)
HmbGE	Hamburger Grundeigentum
JZ	Juristenzeitung
KG	Kammergericht
KreisG	Kreisgericht
MDR	Monatsschrift für Deutsches Recht
MHG	Gesetz zur Regelung der Miethöhe vom 18.12.1974 (BGBl. I 3604), zuletzt geändert durch Gesetz vom 6.6.1995 (BGBl. I 748)
4. MietRÄndG	4. Gesetz zur Änderung mietrechtlicher Vorschriften vom 21.7.1993 (BGBl. I 1257)
MK-Einigungsvertrag	Münchener Kommentar – Zivilrecht im Einigungsvertrag, 1991
MK-Voelskow	Münchener Kommentar, 3. Auflage
MM	Mietrechtliche Mitteilungen (Mietermagazin Berlin)
MÜG	Mietenüberleitungsgesetz vom 6.6.1995 (BGBl. I 748)
NJ	Neue Justiz
NJW	Neue Juristische Wochenschrift
NJW-RR	NJW-Rechtsprechungsreport
NMV	Neubaumietenverordnung 1970 i.d.F. vom 12.10.1990 (BGBl. I 2203)
OG	Obergericht DDR
Pahlke	Die Rechtsstellung des Mieters von Wohnraum in der DDR, Diss. Hamburg, 1983
PiG	Partner im Gespräch, Schriftenreihe des Evangelischen Siedlungswerks in Deutschland e.V., Band (Jahr)
RE	Rechtsentscheid
Schilling	Neues Mietrecht, Köln, 1993

Schilling–Heerde	Mietrecht in den neuen Bundesländern von A–Z, Herne-Berlin, 2. Aufl., 1994
Schmidt-Futterer–Blank	Wohnraumschutzgesetze, Kommentar, München, 6. Auflage, 1988
Schubart–Kohlenbach–Wienicke	Wohn- und Mietrecht, Loseblatt-Kommentar, Teil I Soziales Miet- und Wohnrecht, Neuwied
SchuldRAnpG	Schuldrechtsanpassungsgesetz vom 21.9.1994 (BGBl. I 2538)
SozKlG	Gesetz über eine Sozialklausel in Gebieten mit gefährdeter Wohnraumversorgung vom 22.4.1993 (BGBl. I 466, 487)
Staudinger–Emmerich	Kommentar zum BGB, 13. Aufl., 1995
Sternel	Mietrecht, Köln, 3. Auflage, 1988
Ulmer–Brandner–Hensen	AGB-Gesetz, Köln, 7. Auflage, 1993
VermG	Gesetz zur Regelung offener Vermögensfragen i.d.F. vom 3.8.1992 (BGBl. I 1446)
WiStG	Wirtschaftsstrafgesetz 1954 i.d.F. vom 3.6.1975 (BGBl.I 1313), zuletzt geändert durch Gesetz v. 21.7.1993 (BGBl. I 1257)
WM	Wohnungswirtschaft und Mietrecht
WoBauErlG	Wohnungsbau-Erleichterungsgesetz vom 17.5.1990 (BGBl. I 926)
II. WoBauG	II. Wohnungsbaugesetz i.d.F. vom 19.8.1994 (BGBl. I 2137)
WoBindÄndG	Wohnungsbindungs-Änderungsgesetz vom 17.5.1990 (BGBl. I 934)
WoBindG	Wohnungsbindungsgesetz i.d.F. vom 19.8.1994 (BGBl. I 2166, 2319)
WoGSoG	Wohngeldsondergesetz i.d.F. vom 16.12.1992 (BGBl. I 2406)
Wolf–Eckert	Handbuch des gewerblichen Miet-, Pacht- und Leasingrechts, Köln, 7. Auflage, 1995
ZMR	Zeitschrift für Miet- und Raumrecht
Zöller	Zivilprozeßordnung, Köln, 19. Aufl., 1995

1. Kapitel
Erläuterungen der neuen Mietgesetze

1. Abschnitt
4. Mietrechtsänderungsgesetz

Das 4. MietRÄndG geht auf die Koalitionsvereinbarung der Parteien CDU/CSU A 1
und FDP vom 16. 1. 1991 zurück (s. DWW 1991, 36 und dazu Bub PiG 1991, 147).
Deren mietrechtlicher Kern war, die Kappungsgrenze für die Dauer von 5 Jahren
auf 20% abzusenken, die Wesentlichkeitsgrenze für Mietpreisüberhöhungen auf
20% festzuschreiben sowie die Ausnahmeregelung des § 5 Abs. 1 S. 3 WiStG
(Kostendeckung durch überhöhte Miete) auf die erstmalige Vermietung von Neubauwohnungen und auf die Wiedervermietung solcher Wohnungen zu beschränken, deren zuletzt gezahlte Miete über der Wesentlichkeitsgrenze von 20%
liegen durfte. Daran schlossen sich die Entwürfe der Bundesregierung eines
Gesetzes zur Begrenzung des Mietanstiegs vom 12. 11. 1991 sowie des 4. MietRÄndG vom 29. 5. 1992 (BR-DS. 350/92) an. Die zugunsten einer stärkeren
Mietbegrenzung weiterreichenden Vorschläge des Bundesrats blieben im wesentlichen unberücksichtigt (vgl. BT-DS. 12/3254). Auf den Vorschlag des Rechtsausschusses geht es zurück, daß die Kappungsgrenze bei sog. fehlbelegten Wohnungen modifiziert und dem Mieter in Umwandlungsfällen ein Vorkaufsrecht eingeräumt worden ist (BT-DS. 12/5110). Der vom Bundesrat angerufene Vermittlungsausschuß (s. BT-DS. 12/5224) beschloß, den Vergleichsmietenbegriff auf die
Mieten der letzten 4 Jahre zu erweitern, den Schutz des Endmieters bei Vermietung im Bauherrenmodell gesetzlich zu verankern, ferner Abrechnungserleichterungen zugunsten des Vermieters, insbesondere bei den Kosten des Wasserverbrauchs, zu schaffen.

Das 4. MietRÄndG vom 21. 7. 1993 wurde im Bundesgesetzblatt vom 27. 7. 1993
verkündet (BGBl. I/38, S. 1257; zur Entstehungsgeschichte s. auch Franke-Geldmacher ZMR 1993, 548, Bub NJW 1993, 2897). Es ist am **1. 9. 1993 in Kraft**
getreten mit Ausnahme der bereits ab 1. 7. 1993 in Kraft gesetzten Neuregelungen zur Verzinsung von Mietkautionen in § 550b Abs. 2 S. 1 BGB und § 14 Abs. 4
S. 2 HeimG.

Die **Schwerpunkte des Gesetzes** sind: A 2

1. Senkung der Kappungsgrenze auf 20% für Wohnraum, der vor dem 1. 1. 1981 bezugsfertig geworden ist (§ 2 Abs. 1 MHG);
2. Mieterhöhung auch bei Maßnahmen zur Einsparung von Wasser (§ 3 MHG);
3. Verbrauchsbezogene Abrechnung der Kosten für Wasserverbrauch, Abwasser und Müllabfuhr (§ 4 Abs. 5 MHG);
4. Zulassung von indexbezogenen Mietenanpassungsklauseln (§ 10a MHG);
5. Verschärfung der Vorschriften zur Bekämpfung von Mietpreisüberhöhungen (§ 5 WiStG);

6. Ausweitung der Duldungspflicht des Mieters auf Maßnahmen zur Einsparung von Wasser und Schaffung von Wohnraum (§ 541b Abs. 1 BGB);
7. Verbesserung des Mieterschutzes bei Vermietung im Bauherrenmodell (§ 549a BGB);
8. Neuregelung der Anlagepflicht bei Mietkautionen (§ 550b Abs. 2 BGB);
9. Ausweitung der Befugnis des Vermieters zur Teilkündigung von Nebenräumen (§ 564b Abs. 2 Nr. 4 BGB);
10. Abbau des Kündigungsschutzes durch erweiterte Zulassung von Zeitmietverträgen und Vereinfachung des Beendigungsverfahrens (§ 564c Abs. 2 BGB);
11. Abbau des Kündigungsschutzes für Werkmietwohnungen (§ 565c BGB);
12. Einräumung eines gesetzlichen Vorkaufsrechts zugunsten des Mieters in Umwandlungsfällen (§ 570b BGB);
13. Änderung des Gesetzes zur Regelung der Wohnungsvermittlung:
    – Beschränkung der Maklercourtage auf 2 Monatsmieten;
    – Verbot der Vereinbarungen von Abstandszahlungen zwischen dem bisherigen Mieter und einem Wohnungssuchenden (§ 4c WoVermG);
14. Änderung des Heimgesetzes:
    Änderung der Anlagepflicht des Heimträgers für Geldleistungen des Bewohners.

A. Änderungen des BGB

1. Erweiterung der Duldungspflicht des Mieters bei baulichen Maßnahmen des Vermieters

A 3   Die Duldungspflicht des Mieters ist auf Maßnahmen erstreckt worden, die zur Einsparung von Wasser oder zur Schaffung von neuem Wohnraum dienen.

a) Maßnahmen zur Einsparung von Wasser

können solche sein, die der Kontrolle und Reduzierung des Wasserverbrauchs dienen (s. Franke–Geldmacher ZMR 1993, 548, 550), insbesondere der Einbau von Kaltwasserzählern, ferner Vorrichtungen zur Nutzung von Regenwasser als Brauchwasser, Durchlaufbegrenzer u. a. (s. MK-Voelskow BGB § 541b Rdn. 11).

Der Mieter wird den Einbau von Kaltwasserzählern im allgemeinen zu dulden haben, weil die finanzielle Belastung hieraus für ihn gering sein wird und im übrigen das Interesse der anderen Mieter zu beachten ist (s. Blank WM 1993, 573). Er kann sich nicht darauf berufen, daß er bei einer Änderung des Abrechnungsschlüssels unzumutbare Nachteile erleiden würde oder daß die Kosten des Wassergeldes in der Miete ohnehin enthalten sind. Auf den Kontext zu §§ 3 Abs. 1, 4 Abs. 5 MHG, insbesondere auf die Möglichkeit für den Vermieter, den Umlageschlüssel zu ändern, ist hinzuweisen. Waren die Kosten für Wasser bisher durch die Miete mit abgegolten, so muß die Ankündigung der Maßnahme nach § 541b Abs. 2 BGB auch Angaben über die künftige Vorauszahlungshöhe enthalten (vgl. Rdn. A 6).

b) Maßnahmen zur Schaffung von Wohnraum

fielen bisher nicht unter § 541b BGB, da sie dem Mieter nicht zugute kamen (s. Bub–Treier Rdn. III A 1101, Schmidt-Futterer–Blank C 177, BGH ZMR 1972, 191). Hierzu zählen insbesondere Aufstockung und Anbau an ein bereits bestehendes Gebäude. Die Duldungspflicht kann sich auf mitbenutzte Teile wie Freiflächen, Stellplätze, Gärten, aber auch Flure und Treppenhäuser beziehen (s. Blank WM 1993, 573, Schubart–Kohlenbach–Wieneke, BGB § 541b Anm. 3a). Führt die Maßnahme dazu, daß dem Mieter das Gebrauchsrecht auf Dauer – also nicht nur während der Bauzeit – entzogen wird, so ist eine Teilkündigung nach § 564b Abs. 2 Nr. 3 BGB erforderlich.   A 4

Die Maßnahme muß bewirken, Wohnraum – nicht notwendig Mietwohnraum – zu schaffen. Bauliche Maßnahmen, die darauf abzielen, Räume anderer Art – etwa zu Gewerbezwecken, Garagen u. ä. zu schaffen, fallen nicht unter die Duldungspflicht nach § 541b Abs. 1 BGB. Beabsichtigt der Vermieter etwa, eine Baulücke durch ein gemischt genutztes Gebäude zu schließen, so kann eine Duldungspflicht wie bisher nur aus § 242 BGB abgeleitet werden (vgl. dazu Bub–Treier Rdn. IIIa 1125, Sternel Rdn. III 354). Die Regelung des § 541b BGB wird aber dann anzuwenden sein, wenn es sich um Zubehörraum (Garagen) handelt oder der gewerblich zu nutzende Raum in baulicher Hinsicht von ganz untergeordneter Bedeutung ist.

Der Mieter muß u. U. auch Maßnahmen hinnehmen, die seinen Mietgebrauch auf Dauer verschlechtern, z. B. bei Durchführen von Versorgungs- und Entsorgungsleitungen in obere Stockwerke (LG Berlin GE 1994, 455), Verschlechterung der Belichtungsverhältnisse infolge eines Anbaus. Die Möglichkeit der Mietminderung bleibt in diesen Fällen unberührt (s. auch Geldmacher–Franke ZMR 1993, 551).

Die **Grenze der Duldungspflicht** liegt in der Zumutbarkeit nach § 541b Abs. 1 BGB. Im Rahmen der Interessenabwägung kann zugunsten des Vermieters nicht berücksichtigt werden, daß die Schaffung von neuem Wohnraum im Interesse der Öffentlichkeit liegt. Einer solchen Empfehlung des Bundesrates (s. BT-DS. 12/3254 S. 36) ist die Bundesregierung mit Recht entgegengetreten (BT-DS. 12/3254 S. 47). Dagegen spricht nämlich, daß der Gesetzeszweck, auf dem die Vorschrift beruht, nicht noch einmal – gleichsam doppelt – in die Zumutbarkeitsprüfung einbezogen werden darf.   A 5

Entstehen durch die Baumaßnahmen **Betriebskosten,** mit denen der Mieter später belastet werden soll, so sind diese nach § 541b Abs. 2 BGB mitzuteilen (vgl. LG Berlin ZMR 1992, 546, LG Nürnberg-Fürth WM 1993, 670).   A 6

2. Kündigungsschutz bei gewerblicher Zwischenvermietung

Die Vermietung im Bauherrenmodell führte zu einer erheblichen **Beschränkung des Kündigungsschutzes** für den Mieter von Wohnraum in den Fällen, in denen das Zwischenmietverhältnis beendet wurde und dem Bauherrn ein unmittelbarer Räumungsanspruch gegenüber dem Endmieter aus § 556 Abs. 3 BGB zustand. Nachdem das Bundesverfassungsgericht durch Beschluß vom 11. 6. 1991 (NJW 1991, 2272) die vom BGH aus § 242 BGB abgeleiteten Lösungsmöglichkeiten als   A 7 unzureichend verworfen hatte (s. Rdn. A 11), war es Sache des Gesetzgebers, sich der Materie anzunehmen. Die Regelung geht auf die Initiative des Bundesrates nach Anrufung des Vermittlungsausschusses zurück (BT-DS. 12/3254 S. 37, BT-DS. 12/5224 S. 4). Sie sieht einen Vertragseintritt des Eigentümers bzw. eines neuen Zwischenmieters vor. Zur Entstehungsgeschichte s. eingehend Schilling S. 55.

a) Anwendungsbereich

A 8 Die Anwendbarkeit der Vorschrift beschränkt sich auf die Fälle, in denen **Wohnraum gewerblich vermietet** wird, **um ihn zu Wohnzwecken unterzuvermieten** (Emmerich DWW 1993, 318, zu § 549a BGB: Schubart–Kohlenbach–Wieneke Anm. 2, Fischer-Dieskau–Franke Anm. 3.3, Staudinger–Emmerich Rdn. 2, 3). Sie greift nicht ein, wenn die Drittüberlassung aus anderen Gründen – etwa aus arbeitsfürsorgerischem Anlaß bei Anmietung von Wohnraum zum Zwecke der Weitervermietung an eigene Arbeitnehmer oder aus karitativen Gründen bei der Vermietung an einen Betreuungsverein zum Zwecke der Aufnahme hilfsbedürftiger Menschen – erfolgt (BayObLG – RE v. 28. 7. 95 – ZMR 1995, 526, RE v. 30. 8. 95 – ZMR 1995, 585, a. A. AG Frankfurt WM 1994, 276). Daher kommt sie bei den in § 564b Abs. 7 Nr. 5 BGB geregelten Untermietverhältnissen (vgl. dazu Rdn. A 167) nicht zum Tragen. Ob eine analoge Erstreckung der Vorschrift auf die Fälle geboten ist, in denen der Vertragszweck zwar darin besteht, den Wohnraum an Dritte weiterzuüberlassen, ohne daß eine gewerbliche Zwischenvermietung vorliegt (so Beuermann GE 1993, 1068, Blank WM 1993, 574, dagegen Fischer-Dieskau–Franke BGB § 549a, Anm. 3.3, MK-Voelskow BGB § 549a Rdn. 5, Staudinger–Emmerich BGB § 549a Rdn. 3), hängt von der Reichweite der Vorschrift ab (vgl. dazu Rdn. A 12). Im übrigen ist unerheblich, ob der Endmieter im Verhältnis zum Zwischenmieter Bestandsschutz genossen hätte (a. A. Blank a. a. O., wohl auch Fischer-Dieskau–Franke a. a. O.). Eine solche Einschränkung läßt sich weder dem Gesetz entnehmen noch dogmatisch begründen. Zwar mag sie den Vorstellungen des Gesetzgebers entsprochen haben; diesen wird jedoch auch dann Rechnung getragen, wenn der Eigentümer Herausgabe unter den gleichen Voraussetzungen wie der frühere Zwischenmieter verlangen kann. Zu beachten ist nämlich, daß der Endmieter zwar nicht besser, aber auch nicht schlechter gestellt werden darf, als er ohne Einschaltung eines Zwischenmieters stünde. Dies beschränkt sich nicht nur auf den Kündigungsschutz, sondern gilt auch für die Vertragslage im übrigen.

A 9 Anders als bei § 571 BGB kommt es nicht darauf an, ob der Wohnraum dem Endmieter schon überlassen war; es genügt der Abschluß eines **wirksamen (Untermiet-)Vertrages** (so auch Blank WM 1993, 574). Entsprechend ihrem Schutzzweck gilt die Vorschrift auch bei einer mehrfach abgestuften Zwischenvermietung. Das folgt daraus, daß zum Nachteil des Dritten – nämlich des Endmieters – abweichende Vereinbarungen unwirksam sind (§ 549a Abs. 3 BGB).

b) Vertragseintritt oder Vertragsübergang?

A 10 Gesetzlich geregelt ist ein Vertragseintritt primär des Eigentümers, sekundär eines neuen Zwischenmieters, wenn das Mietverhältnis mit dem bisherigen

Zwischenmieter endet. Die überwiegende Meinung legt zugrunde, daß hier ein gesetzlicher Vertragsübergang ähnlich wie beim Vermieterwechsel im Falle der Veräußerung nach § 571 BGB erfolgt (Bub NJW 1993, 2901, Blank WM 1993, 574, zu § 549a BGB: Fischer-Dieskau–Franke Anm. 3.4., Schubart–Kohlenbach Anm. 4). Dies wird sowohl aus den Gesetzesmaterialien abgeleitet, nach denen sich die Neuregelung am Modell des § 571 BGB orientiert, als auch mit der Verweisung des Gesetzes auf die §§ 572 bis 576 BGB begründet. Die Folge hieraus wäre, daß der Eigentümer (bzw. der neue Zwischenmieter) erst ab dem Zeitpunkt die Rechte und Pflichten aus dem Mietverhältnis übernimmt, zu dem er in dieses eintritt. Zum Teil wird angenommen, daß ein neues Mietverhältnis mit dem bisherigen Inhalt entsteht (Staudinger–Emmerich BGB § 549a Rdn. 5, Emmerich DWW 1993, 319). Dies hat zur Folge, daß sich der Endmieter wegen der ihm bis dahin entstandenen Ansprüche an den früheren Zwischenmieter halten muß.

Die herrschende Meinung ist nur dann sachgerecht, wenn sie, anders als in § 571 BGB geregelt, den Übergang bereits entstandener Rechte und Pflichten zulassen sollte. Damit würde es sich aber nicht mehr um einen Vertragseintritt, sondern um einen Vertragsübergang handeln. Allein das entspricht dem Beschluß des BVerfG vom 11. 6. 1991 (NJW 1991, 2272 = WM 1991, 422, vgl. dazu MK-Voelskow BGB § 549a Rdn. 3). Dessen Kernaussage ist, daß es dem Gleichheitsgrundsatz des Artikel 3 Abs. 1 GG widerspricht, wenn der Wohnungsmieter, der vom Zwischenmieter gemietet hat, gegenüber dem Mieter, der unmittelbar vom Eigentümer gemietet hat, schlechter gestellt wird, sofern sich der Eigentümer aus wirtschaftlichen Gründen das Institut der Untermiete zunutze gemacht hat, der Zwischenmieter also „in seinem Lager steht". Zur „Lagertheorie" siehe auch OLG Hamburg – RE vom 16. 4. 1993 – WM 1993, 249, 251 Sp. 2. Beschränkt man den Anwendungsbereich des § 549a BGB auf die Fälle der gewerblichen Zwischenvermietung, was aus der Entstehungsgeschichte der Vorschrift zu folgern ist, so rechtfertigt sich aus dem vom BVerfG geforderten Benachteiligungsverbot, daß der Eigentümer bzw. der neue Zwischenmieter in das bisherige Vertragsverhältnis mit dem Endmieter ohne Rücksicht auf die sich aus § 571 BGB ergebenden Grenzen eintritt. Das steht nicht im Widerspruch zu der Gesetzeslage. § 549a Abs. 1 BGB spricht nur von einem Vertragseintritt und nimmt weder auf § 571 BGB Bezug noch enthält er dessen Beschränkungen auf die während der Dauer des Eigentums des Erwerbers sich aus dem Mietverhältnis ergebenden Rechte und Pflichten. § 549a Abs. 2 BGB verweist nicht auf die §§ 572 bis 576 BGB, was bei einer analogen Regelung zu § 571 BGB nahegelegen hätte, sondern sieht bloß deren entsprechende Anwendung vor. Das bedeutet nur eine Beschränkung des generellen Vertragseintritts. Bei der Auslegung der Vorschrift sollte nicht außer Betracht gelassen werden, daß an das zivilrechtlich-dogmatische Verständnis des Gesetzgebers keine besonderen Anforderungen gestellt werden dürfen, zumal die Regelung gleichsam in letzter Minute zustande kam.

A 11

Folgt man der hier vertretenen Auffassung, so ist für eine **analoge Anwendung** der Vorschrift auf andere Arten der gewerblichen Zwischenvermietung (so aber Blank WM 1993, 594, AG Frankfurt WM 1994, 276) kein Raum; denn sie beschränkt sich alsdann auf den vom BVerfG entschiedenen Fall des vom Vermieter „eingesetzten" Zwischenmieters, der „in seinem Lager steht". Die Umsetzung des Beschlusses des BVerfG vom 11. 6. 1991 gebietet alsdann den vollständigen

A 12

Übergang auch der bereits entstandenen Rechte und Pflichten auf den neuen Eigentümer bzw. neuen Zwischenmieter. Folgt man dagegen der überwiegenden Meinung und macht eine Zäsur ab dem Vertragseintritt, was die Übernahme von Rechten und Pflichten aus dem bisherigen Endmietverhältnis anbelangt, so entfällt der durch den Beschluß des BVerfG vom 11. 6. 1991 gegebene Anknüpfungstatbestand. Alsdann erscheint eine analoge Ausweitung der Vorschrift unter dem Gesichtspunkt des Mieterschutzes vertretbar.

c) Vertragseintritt des Eigentümers oder des Zwischenmieters

A 13 Primär ist geregelt, daß der Bauherr/Hauptvermieter in das Endmietverhältnis eintritt. Voraussetzung im Sinne einer rechtlichen Bedingung hierfür ist die wirksame Beendigung des Zwischenmietverhältnisses. Der Beendigungsgrund ist unerheblich; zum **Vermieterwechsel** kommt es also auch dann, wenn der Vermieter oder der Zwischenmieter das Mietverhältnis außerordentlich gekündigt haben. Anlaß kann auch ein Mietaufhebungsvertrag zwischen dem Vermieter und dem Zwischenmieter sein, sofern kein doloses Zusammenwirken vorliegt (vgl. Blank WM 1993, 575). Das gilt grundsätzlich auch dann, wenn das Endmietverhältnis wegen langjähriger Befristung unkündbar wäre (a. A. Blank a. a. O.); denn in eben diese Bindung tritt der Eigentümer ein.

Der **Vertragseintritt erfolgt automatisch** ohne weiteres Zutun einer der Parteien. Auf die Zustimmung des Endmieters kommt es nicht an. Jedoch wird eine Obliegenheit des Eigentümers zu bejahen sein, den Mieter zum frühestmöglichen Zeitpunkt über den Vertragseintritt zu unterrichten. Etwaigen Nachteilen aus einer Unsicherheit über die Vermieterstellung kann der Endmieter dadurch begegnen, daß er den Mietzins unter Verzicht auf die Rücknahme hinterlegt (§ 378 BGB) und die Leistung außerdem mit dem Vorbehalt der Rückforderung versieht, um sich einer etwaigen Mietminderungsmöglichkeit nicht zu begeben.

A 14 Sekundär ist der Fall geregelt, daß ein **neuer Zwischenmieter** in das Vertragsverhältnis zum Endmieter eintritt, sobald der Vermieter einen neuen Mietvertrag zum Zwecke der gewerblichen Weitervermietung abgeschlossen hat (§ 549a Abs. 1 S. 2 BGB). Zur Auflösung des früheren Zwischenmietverhältnisses muß also noch die rechtswirksame Begründung des neuen Zwischenmietverhältnisses hinzutreten. Da zwischen beiden Tatbestandsmerkmalen in der Regel eine mehr oder weniger kurze Zeitspanne liegen wird, wird häufig zunächst der Eigentümer in das bisherige Endmietverhältnis eintreten. Ein unmittelbarer Übergang auf den neuen Zwischenmieter ohne Zwischeneintritt des Eigentümers wird nur in den Fällen in Betracht kommen, in denen der Wechsel des Zwischenmieters auf einer Mieteintrittsvereinbarung zwischen dem Eigentümer und den beiden Zwischenmietern (Dreiecksvereinbarung) beruht oder der Vertrag mit dem neuen Zwischenmieter schon vor Beendigung des bisherigen Zwischenmietverhältnisses abgeschlossen worden ist. Es ist also von Gesetzes wegen nicht vorausgesetzt, daß sich das Zwischenmietverhältnis nahtlos fortsetzt (so auch Blank WM 1993, 574, anders Fischer-Dieskau–Franke, BGB § 549a Anm. 4). Da die Beendigung des bisherigen Zwischenmietverhältnisses und der Abschluß eines neuen Zwischenmietvertrages nur Rechtsbedingung für den Vermieterwechsel sind, kommt es auf den Willen oder die Kenntnis des Vermieters oder des neuen Zwischenmieters über den Eintritt in das Endmietverhältnis oder dessen Inhalt ebensowenig an wie auf einen entsprechenden Willen des Endmieters.

d) Folgen des Vertragseintritts

Der **Eintritt in das Endmietverhältnis** erfolgt **in dessen jeweiligen Bestand,** einschließlich aller bisher erteilter Zusagen und Erlaubnisse des früheren Vermieters, aber auch in die bisherigen Pflichten. Die in § 571 BGB enthaltene Beschränkung für den rechtsgeschäftlichen Erwerber, nach der er nur in die sich während der Dauer seines Eigentums aus dem Mietverhältnis ergebenden Rechte und Pflichten eintritt, kommt nach hier vertretener Auffassung nicht zum Tragen (s. Rdn. A 11 f.). Aus Anlaß des Vermieterwechsels findet keine Mietänderung statt. Liegt die im Endmietverhältnis vereinbarte Miete oberhalb der ortsüblichen Vergleichsmiete, so verbleibt es – vorbehaltlich der § 5 WiStG, § 302a StGB – dabei. A 15

Die vom Mieter an den Zwischenmieter geleistete **Kaution** geht analog § 401 BGB auf den Erwerber über (Fischer-Dieskau–Franke, BGB § 549a Anm. 3.4.). Für die Rückerstattung gilt § 572 BGB entsprechend (s. § 549a Abs. 2 BGB). Hatte der frühere Zwischenmieter die Mietsicherheit gemäß seiner Verpflichtung aus § 550b Abs. 2 BGB angelegt, so haftet der neue Vermieter dem Endmieter auf Rückerstattung, ohne daß es auf die Frage der Aushändigung im Sinne von § 572 S. 1 BGB ankommt; denn die Kautionsanlage ist bereits über § 549a Abs. 1 BGB und § 401 BGB in analoger Anwendung auf den in das Mietverhältnis eintretenden Eigentümer oder neuen Zwischenmieter übergegangen (vgl. Fischer-Dieskau–Geldmacher BGB § 550b Anm. 8, S. 27 m. w. N.). A 16

Das nunmehr zwischen dem Eigentümer (bzw. dem neuen Zwischenmieter) und dem Endmieter **bestehende Mietverhältnis** ist **mit dem früheren** Mietverhältnis **identisch.** Es kann unter den gleichen Voraussetzungen wie jenes aufgelöst werden. Insbesondere kann es nach Maßgabe der §§ 564a, 564b BGB gekündigt werden. Die **Kündigungsfrist** richtet sich nach der Gesamtwohndauer des Mieters (§ 565 Abs. 2 BGB), sofern nicht zugunsten des Mieters eine andere – kürzere – Kündigungsfrist vereinbart ist. Ist das Endmietverhältnis befristet, so besteht für die Dauer der festen Mietzeit auch für den in den Vertrag Eintretenden keine Kündigungsmöglichkeit. Der jetzige Vermieter kann eine Mieterhöhung nach § 2 MHG nur unter Berücksichtigung der Kappungsgrenze gemäß dem bisherigen Mietverhältnis fordern (AG Lüdinghausen WM 1994, 279). A 17

Schon nach bisherigem Recht gab die Beendigung des Zwischenmietverhältnisses dem Zwischenmieter keinen Grund, das Endmietverhältnis nach § 564b Abs. 1 BGB zu kündigen. Daran hat sich nichts geändert (vgl. Fischer-Dieskau–Franke BGB § 549a Anm. 3.4.). Nach dem RE des OLG Stuttgart vom 7. 5. 1993 (WM 1993, 386) soll der Zwischenmieter zur **Kündigung** berechtigt sein, wenn der Vermieter das Zwischenmietverhältnis wegen Eigenbedarfs gekündigt hat und der Zwischenmieter diese Kündigung gleichsam weitergibt: in diesem Falle soll sich der Endmieter nicht auf einen Kündigungsschutz gegenüber dem Zwischenmieter berufen können. Diese Rechtsprechung mochte unter dem Gesichtspunkt von Treu und Glauben gerechtfertigt erscheinen, um einen doppelten Räumungs- A 18 prozeß zu vermeiden. Sie ist jedoch nunmehr gegenstandslos geworden (so auch Blank WM 1993, 574, anders Fischer-Dieskau–Franke BGB § 549a Anm. 4). Zwar könnte es nach dem Gesetzeszweck naheliegen, daß der Endmieter durch die Gewährung von Bestandsschutz nicht schlechter, aber auch nicht besser als derjenige Wohnungsmieter gestellt werden soll, der unmittelbar vom Eigentümer angemietet hat. Jedoch müssen die Beweisnachteile zu Lasten des Endmieters mit bedacht werden. Im Falle eines „Durchgriffs" des Eigenbedarfs schon bei der Kündigung des Zwischenmieters wäre der Vermieter in der Lage, Zeuge in eigener Sache zu sein. Ist der Eigentümer nach Beendigung des Hauptmietverhältnisses berechtigt, vom Endmieter Räumung und Herausgabe zu verlangen, so wird der Zwischenmieter dem Endmieter schadensersatzpflichtig, wenn er aus eigenem Recht das Wohnungsmietverhältnis mit dem Endmieter nicht hätte kündigen können (LG Hamburg WM 1995, 160).

Genießt das Endmietverhältnis **keinen Kündigungsschutz** (etwa bei Begründung eines qualifizierten Zeitmietverhältnisses nach § 564c Abs. 2 BGB oder unter den Voraussetzungen des § 564b Abs. 7 BGB), so greift § 549a Abs. 1 BGB im Falle der Beendigung des Zwischenmietverhältnisses gleichwohl ein; der Eintretende kann das Mietverhältnis jedoch beenden, wie es der bisherige Zwischenmieter hätte tun können (s. auch oben Rdn. A 8).

e) Abweichende Vereinbarungen

A 19 Eine zum Nachteil des Endmieters abweichende Vereinbarung ist unwirksam. Das gilt für Vereinbarungen sowohl zwischen dem Eigentümer und dem Zwischenmieter als auch zwischen dem Zwischenmieter und dem Endmieter. Unberührt davon bleibt allerdings die Möglichkeit, daß der Eigentümer unabhängig von § 549a Abs. 1 BGB ein Mietverhältnis mit dem bisherigen Endmieter begründen oder den Eintritt in das bisherige Mietverhältnis vertraglich vereinbaren kann (vgl. Blank WM 1993, 574, Fischer-Dieskau–Franke BGB § 549a Anm. 3.3.). In diesem Falle ist § 549a BGB nicht anwendbar; der Eigentümer kann also ohne Mitwirkung des Wohnungsmieters keinen neuen Zwischenmieter einsetzen. Ein derartiger rechtsgeschäftlicher Vertragseintritt kann auch durch schlüssiges Verhalten bewirkt werden, an das jedoch strenge Anforderungen gestellt werden (s. Rdn. 67).

f) Übergangsregelungen

A 20 Das Gesetz enthält keine Übergangsregelung. Die Bestimmung gilt daher auch in denjenigen Fällen, in denen das Zwischenmietverhältnis schon vor Inkrafttreten des Gesetzes begründet (MK-Voelskow BGB § 549a Rdn. 5) oder auch beendet worden ist (LG Hamburg WM 1994, 279). Hat der Vermieter vom Endmieter Räumung verlangt, so wird zu prüfen sein, ob die Räumungsaufforderung als Kündigung nach §§ 564a, 564b BGB umgedeutet werden kann, wobei eine der Räumungsfrist nach § 565 Abs. 2 BGB entsprechende Frist beachtet worden sein müßte.

3. Änderung bei der Anlagepflicht des Vermieters für Mietkautionen

Die Anlagepflicht des Vermieters war **der Rechtslage anzupassen,** wie sie mit der Abschaffung der gesetzlichen Kündigungsfristen im Wege der Aufhebung der Sparverkehrsvorschriften (§§ 21 bis 22a KWG) durch die 4. KWG-Novelle vom 21. 12. 1992 (BGBl. I 2211) entstanden ist. Statt des üblichen Zinssatzes für Spareinlagen mit gesetzlicher Kündigungsfrist gilt nunmehr die Anlagepflicht wie für Spareinlagen mit 3monatiger Kündigungsfrist. Das entsprach der bisherigen Anlagepraxis (s. Bericht des Rechtsausschusses BT-DS. 12/5110 S. 18). Die Regelung gilt nur für Kautionsvereinbarungen, die vor dem 1. 7. 1993 getroffen worden sind; im übrigen verbleibt es bei der bisherigen Regelung (Art. 6 Abs. 3 des 4. MietRÄndG). Es ist darauf hinzuweisen, daß die Anlage im gesamten EG-Bereich zulässig ist (s. Bub NJW 1993, 2902).

A 21

4. Erweiterte Befugnis zur Teilkündigung

Durch das **Wohnungsbauerleichterungsgesetz** vom 17. 5. 1990 (RGBl. I 926, abgedruckt in Mietrecht Aktuell 2. Aufl., S. 301) ist dem Vermieter die Befugnis zur Teilkündigung von Nebenraum eingeräumt worden, wenn die Räume zu Mietwohnraum umgebaut werden sollen (§ 564b Abs. 2 Nr. 4 BGB). Die Regelung ist bis zum 31. Mai 1995 befristet, gilt also nur für Kündigungen, die bis zu diesem Termin ausgesprochen worden sind. Zur Zeit ist sie wegen Fristablaufs außer Kraft. Jedoch ist zu erwarten, daß sie als Dauerrecht im BGB erhalten bleibt (Bericht des Rechtsausschusses zum Entwurf eines Gesetzes zur Übernahme befristeter Kündigungsmöglichkeiten als Dauerrecht vom 8. 11. 1995 – BT-DS. 13/2942 –, Gesetzesentwurf des Bundesrates – BT-DS. 13/1693). Sie erwies sich in vielen Punkten als zu eng und unpraktikabel (vgl. zur bisherigen Rechtslage: Mietrecht Aktuell 2. Aufl., A 3 f.). Deshalb ist sie durch das 4. MietRÄndG in mehrfacher Hinsicht erweitert worden (zu den Gesetzesmaterialien s. Schilling S. 68 f.):

A 22

– Gegenständlich bezieht sich die Kündigungsbefugnis nicht mehr nur auf nicht zum Wohnen bestimmte Nebenräume, sondern auch auf sonstige Teile des Grundstücks, die nicht zum Wohnen bestimmt sind. Hierdurch soll ermöglicht werden, Gebäude aufzustocken oder Baulücken zu schließen;
– der Kündigungszweck ist erweitert worden. Er bezieht sich nicht nur auf den Ausbau, sondern auch auf die Neuschaffung von Mietwohnraum etwa durch Anbau oder Aufstockung sowie darauf, den neu zu schaffenden und den vorhandenen Wohnraum mit Nebenraum oder Nebenflächen auszustatten;
– schließlich ist die Kündigungsbefugnis in ihrer Ausgestaltung erweitert: sie hängt nicht mehr davon ab, ob das Mietverhältnis insgesamt kündbar wäre, gilt also auch bei langfristigen Wohnraummietverhältnissen. Auch richtet sich die Kündigungsfrist nicht nach der Wohndauer gemäß § 565 Abs. 2 BGB, sondern beträgt unabhängig hiervon 3 Monate.

Die neue Rechtslage stellt sich nunmehr wie folgt dar:

a) Gegenstand der Teilkündigung

Gegenstand der Kündigung sind nach wie vor **Nebenräume, die** zwar aufgrund eines Wohnraummietverhältnisses überlassen worden, aber **nicht zu Wohnzwek-**

A 23

ken bestimmt sind. Aus letzterem folgt, daß es sich um Räume handeln muß, die außerhalb der Wohnung liegen; ein Nebenraum innerhalb der Wohnung – z. B. Speise- oder Besenkammer – ist funktionseingebunden in den Wohnzweck. Als Nebenräume sind nicht nur Bodenräume, sondern auch Keller, Waschküche, Trockenräume, Fahrradkeller anzusehen. Das gleiche gilt für Garagen und Stellplätze, sofern sie nicht aufgrund eines besonderen Mietvertrages überlassen worden sind (vgl. § 42 Abs. 4 Nr. 1 II. BV, Barthelmess BGB § 564b Rdn. 101c, Fischer-Dieskau–Franke BGB § 564b Rdn. 35.1., MK-Voelskow BGB § 564b Rdn. 66b, Schilling S. 71, a. A. Harke Wohnraummiete, Bd. 2, 1991, S. 170). Der Nebenraum muß **aufgrund eines Wohnraummietverhältnisses überlassen** worden sein. Bei Vermietung von Gewerberaum ist also die Teilkündigung von Nebenräumen nicht zulässig. Eine analoge Anwendung auf die Fälle, in denen das Mietverhältnis über Gewerberaum auch Nebenräume umfaßt, die zu Wohnungen ausbaufähig sind (so Emmerich-Sonnenschein BGB § 564b Rdn. 65c), widerspricht nicht nur dem eindeutigen Gesetzeswortlaut, sondern ist unzulässig, weil § 564b Abs. 2 Nr. 4 BGB als Eingriffsnorm einschränkend auszulegen ist. Handelt es sich um ein Mischmietverhältnis, so ist die Teilkündigung zulässig, sofern der Schwerpunkt des Vertrages auf der Wohnraumüberlassung liegt.

Eine Teilkündigung ist **unzulässig,** wenn der Nebenraum selbst in vertraglich zulässiger Weise zu Wohnzwecken genutzt wird, wobei es auf die öffentlich-rechtliche Zulässigkeit einer solchen Nutzung grundsätzlich nicht ankommt (ebenso Emmerich-Sonnenschein a. a. O.). Das gilt etwa, wenn der Mieter einen Boden- oder Kellerraum mit Zustimmung des Vermieters, die auch schlüssig erklärt werden kann, zu Wohnzwecken hergerichtet hat und nutzt.

A 24 Um nicht nur einen Ausbau von vorhandenem Raum, sondern auch die Erweiterung eines Gebäudes durch Aufstockung oder Ausbau (s. § 17 II. WoBauG) zu ermöglichen, ist der Gegenstand der Teilkündigung auf „**sonstige Teile des Grundstücks**" erstreckt worden. Auch für sie gilt, daß sie außerhalb der Mietwohnung liegen und nach dem Mietvertrag nicht zum Wohnen bestimmt sind. Hierunter fallen etwa Stellfläche, Garagen, Hof- oder sonstige Freiflächen und Gärten. Es genügt, daß dem Mieter ein vertragliches Recht zum Mitgebrauch an diesem Teil des Grundstücks zusteht; er braucht nicht alleiniger Nutzer oder Besitzer zu sein (vgl. auch Emmerich-Sonnenschein a. a. O.). Besteht ein Mitbenutzungsrecht **mehrerer Mieter,** so muß die Teilkündigung allen gegenüber ausgesprochen werden. Dagegen bedarf es keiner Teilkündigung, wenn den Mietern nur widerruflich gestattet worden ist, die benötigten Teile des Grundstücks zu nutzen, ohne daß ihnen ein vertraglicher Anspruch hierauf eingeräumt worden ist. In einem solchen Fall genügt der Widerruf der Gestattung, der allerdings nicht willkürlich erfolgen darf, sondern von einem sachlichen Grund getragen sein muß.

b) Zweck der Teilkündigung

A 25 Die Kündigung ist nur zulässig, wenn der Vermieter den Nebenraum zu **Wohnraum** zum Zwecke der Vermietung ausbauen will oder – aufgrund der Erweiterung durch das 4. MietRÄndG – den neu zu schaffenden und den vorhandenen Wohnraum mit Nebenräumen (z. B. Kellern) oder Grundstücksteilen (z. B. Stellplätzen) ausstatten will.

Der Wohnraum braucht nach der Neufassung des Gesetzes nicht durch Ausbau erstellt zu werden, sondern kann auch durch Aufstockung oder Ausbau geschaffen werden (§ 17 Abs. 2 II. WoBauG). Erforderlich ist, daß **Vermieter und Bauherr personengleich** sind (vgl. Barthelmess BGB § 564b Rdn. 101e). Das ist nicht der Fall, wenn das Mietgebäude in Wohnungseigentum aufgeteilt ist und ein anderer Wohnungseigentümer als der Vermietende oder die Wohnungseigentümergemeinschaft aufstocken oder anbauen wollen.

Die **Vergrößerung einer vorhandenen Wohnung** durch Einbeziehung und Ausbau von Nebenraum führt nicht zur Schaffung von eigenständig vermietbarem Wohnraum und fällt deshalb nicht unter den Anwendungsbereich der Norm (Fischer-Dieskau–Franke BGB § 564b Rdn. 35, anders Bub–Treier Rdn. IV 64a, Schilling HMR 1990, 281, 283). Das gleiche gilt, wenn der Nebenraum einem Aufzugsschacht weichen soll, der mit dem Ausbau des Dachgeschosses errichtet werden könnte (AG München WM 1995, 112). A 26

Ein Ausbau zu Wohnraum zum Zwecke der Vermietung liegt nicht vor, wenn der **Wohnraum gewerblich genutzt** werden soll (z. B. zu Pensionszwecken); dagegen dürfte es unschädlich sein, wenn der Vermieter beabsichtigt, den auszubauenden Wohnraum im Wege der Zwischenvermietung anzubieten (a. A. Barthelmess BGB § 564b Rdn. 101e). Will er den auszubauenden Wohnraum selbst nutzen, so ist eine Teilkündigung ausgeschlossen (Bericht des Rechtsausschusses BT-DS. 12/5110 S. 19 und zu § 564b BGB: Fischer-Dieskau–Franke Rdn. 35.1, Schubart–Kohlenbach Anm. 6a). Dagegen läßt sich eine analoge Anwendung der Vorschrift auf die Fälle, in denen der Vermieter den auszubauenden Wohnraum selbst nutzen und seine bisherige Wohnung dem Wohnungsmarkt zur Vermietung zuführen will, aus dem Zweck der Vorschrift, neuen Wohnraum zugunsten der Mieter auf den Markt zu bringen, rechtfertigen (LG Marburg DWW 192, 16 = ZMR 192, 304, AG Marburg DWW 1991, 220 = ZMR 1991, 304; a. A.: LG Stuttgart WM 1992, 24). Verfassungsrechtlich kann sowohl eine am Wortlaut ausgerichtete enge Auslegung (BVerfG – Kammerbeschluß vom 21. 11. 1991 – WM 1992, 47 = ZMR 1992, 95) als auch eine analoge Anwendung der Vorschrift vertreten werden (BVerfG – Kammerbeschluß vom 11. 3. 1993 – NJW 1992, 1498 = WM 1992, 228).

Unzulässig ist auch, wenn der Vermieter eine frei gewordene Wohnung als Geschäftsraum vermieten und im Wege der Teilkündigung die Schaffung einer Ersatzmietwohnung erreichen will (Rechtsausschuß BT-DS. 12/5110 S. 19, Fischer-Dieskau–Franke BGB § 564b Anm. 35.2., a. A. Blank WM 1993, 576).

Die Teilkündigung kann auch ausgesprochen werden, um die Mieter der zu schaffenden neuen Wohnungen mit Nebenräumen oder sonstigen Grundstücksflächen wie Stellplätze u. ä. zu versorgen. Das gleiche gilt, wenn Mieter, denen gegenüber eine Teilkündigung ausgesprochen worden ist, mit Ersatzflächen versorgt werden sollen (Blank WM 1993, 575). Auch dieser Kündigungsgrund steht in einem unmittelbaren Bezug zur Neuschaffung von Wohnraum. Er kann nicht etwa dazu verwendet werden, unabhängig von baulichen Maßnahmen zur Schaffung von Wohnraum die Verteilung der Nebenräumlichkeiten neu zu ordnen. A 27

Der Gesetzgeber ist davon ausgegangen, daß der Vermieter schon nach geltendem Recht verpflichtet ist, die Flächen nach Durchführung von Baumaßnahmen **sach-**

gerecht auf die einzelnen Mieter zu verteilen; er hat diesen Umstand nicht zur Voraussetzung der Kündigung gemacht (s. Bericht des Rechtsausschusses BT-DS. 12/5110 S. 19).

A 28 Nicht nach dem Wortlaut, jedoch entsprechend dem Zweck des Gesetzes genügt zur Kündigung nicht der bloße Wille oder die Absicht des Vermieters, den Mietraum zu Mietwohnraum auszubauen, sondern er muß den **Willen** nach der Freimachung durch den Mieter auch **in die Tat umsetzen.** Der Wille oder die Absicht des Vermieters müssen sich schon bei Ausspruch der Kündigung entsprechend konkretisiert haben (Emmerich–Sonnenschein BGB § 564b Rdn. 65e). Bloße Vorratskündigungen sind unzulässig. Verwirklicht der Vermieter nach Teilkündigung und Räumung der Nebenfläche seine Absicht endgültig nicht, sondern nutzt die herausgegebene Nebenfläche anders, so kann er sich aus positiver Vertragsverletzung schadensersatzpflichtig machen (vgl. zu § 564b BGB: Barthelmess Rdn. 101e, MK-Voelskow Rdn. 66d). Der Mieter kann in erster Linie Naturalrestitution, d. h. Wiedereinräumung des Besitzes oder Überlassung eines adäquaten Nebenraumes fordern.

A 29 Die beabsichtigte bauliche Maßnahme muß **rechtlich zulässig** sein. Hieran hat sich trotz der Streichung der Worte „in zulässiger Weise" nichts geändert (Blank WM 1993, 575). Dieses Erfordernis muß bei Ausspruch der Kündigung vorliegen. Die Durchführbarkeit der baulichen Maßnahme und damit ihre rechtliche Zulässigkeit ist ein Tatbestandsmerkmal der Kündigungsbefugnis, das sich insbesondere auf die öffentlich-rechtliche Zulässigkeit der Maßnahme bezieht. Es muß spätetens mit Wirksamwerden der Kündigung – d. h. mit Ablauf der Kündigungsfrist – nachweisbar gegeben sein (MK-Voelskow BGB § 564b Rdn. 66c, Schilling S. 72). Hat der Vermieter die entsprechenden Voraussetzungen zu diesem Zeitpunkt noch nicht einmal auf den Weg gebracht, wird man von einer unzulässigen Vorratskündigung ausgehen müssen. Dagegen kann im Anschluß an die RE des OLG Frankfurt vom 25. 6. 1992 (NJW 1992, 2300 = MDR 1992, 964) und des BayObLG vom 31. 8. 1993 (MDR 1993, 1200 = NJW-RR 1994, 78) nicht verlangt werden, daß die erforderlichen öffentlich-rechtlichen Genehmigungen schon bei Ausspruch der Kündigung vorliegen (vgl. auch Bub–Treier Rdn. IV 84a, Emmerich–Sonnenschein BGB § 564b Rdn. 65d). Liegen die Genehmigungen bis zum Ablauf der Kündigungsfrist noch nicht vor, so kann der Mieter nur eine Verlängerung des Mietverhältnisses verlangen (s. § 564b Abs. 2 Nr. 4 S. 3 BGB).

c) Formalien der Teilkündigung

A 30 Die Zulässigkeit der Teilkündigung hängt nicht mehr davon ab, ob das Mietverhältnis insgesamt kündbar wäre. Sie ist also auch bei befristeten Mietverhältnissen während der Laufzeit des Vertrages möglich. Damit ist das Recht des Vermieters zur Teilkündigung **praktisch** zu einem **Sonderkündigungsrecht** für Nebenflächen und sonstige Grundstücksteile erstarkt.

Die Teilkündigung unterliegt den **Regeln der ordentlichen Kündigung** eines Wohmraummietverhältnisses. Sie bedarf der **Schriftform** und soll **Gründe** enthalten, was nach Maßgabe des § 564b Abs. 3 BGB auf ein Wirksamkeitserfordernis hinausläuft. Der Vermieter muß eindeutig erklären, daß sich die Kündigung auf bestimmte Nebenräume oder Grundstücksteile, die zu bezeichnen sind, bezieht (vgl. zu § 564b BGB: Barthelmess Rdn. 101e, Fischer-Dieskau–Franke Anm. 35.1.). Unklarheiten wirken sich zu Lasten des Vermieters aus; eine auch dem Mieter erkennbare Falschbezeichnung ist allerdings unschädlich. Außerdem muß der Vermieter seine konkreten Ausbaupläne bezüglich des gekündigten Nebenraums oder Grundstückteils sowie die Zulässigkeit dieser Pläne identifizierbar mitteilen (AG Hamburg WM 1994, 433). Hieran sind ähnliche Anforderungen zu stellen wie an die Angabe von Gründen bei der sog. **Verwertungskündigung** nach § 564b Abs. 2 Nr. 3 BGB (vgl. Rdn. 1125). Die Wiederholung des Gesetzeswortlauts reicht zur Begründung der Kündigung nicht. Öffentlich-rechtliche Genehmigungen muß er nicht beifügen.

Zur Zulässigkeit der Kündigung gehört nicht, daß der Vermieter dem Mieter schon einen Ersatzraum bzw. eine Ersatzfläche oder eine Herabsetzung der Miete anbietet. Da dieser der Kündigung nach der **Sozialklausel** in § 556a BGB widersprechen kann, soll der Vermieter ihn auf diese Befugnis nach § 564a Abs. 2 BGB hinweisen.

Für die Kündigung gilt eine **einheitliche Kündigungsfrist** von 3 Monaten ohne Rücksicht auf die bisherige Dauer des Mietverhältnisses. Es kommt nicht darauf an, ob das Mietverhältnis an sich unkündbar – etwa weil befristet – wäre. Ist die Kündigung vor dem 1. 9. 1993 ausgesprochen worden, so ist die für das Mietverhältnis geltende Kündigungsfrist nach § 565 Abs. 2 BGB zu beachten. Ist das Mietverhältnis nicht oder noch nicht kündbar, so war auch die Teilkündigung vor dem 1. 9. 1993 ausgeschlossen. Es mußte dann eine neue Kündigung ab dem 1. 9. 1993 ausgesprochen werden; die frühere, unzulässige Kündigung lebte nicht etwa wieder auf.

A 31

Außerdem ist die **automatische Fortsetzung des Mietverhältnisses** nach § 568 BGB zu beachten, wenn der Vermieter es unterläßt, der weiteren Nutzung des Nebenraums bzw. der Grundstücksfläche spätestens 2 Wochen nach Beendigung des hierauf bezogenen Mietverhältnisses zu widersprechen. Zu beachten ist allerdings, daß diese Vorschrift häufig (auch formularmäßig) abbedungen ist. Die Kündigung muß dem Mieter spätestens vor dem 1. 6. 1995 zugegangen sein, weil die Befugnis zur Teilkündigung entsprechend befristet ist (beachte Rdn. A 22).

Hat der Vermieter das Grundstück **nach** Ausspruch einer **Teilkündigung veräußert**, so kann sich der Erwerber auf die Kündigungsfolgen grundsätzlich nicht berufen. Anders kann es sich dann verhalten, wenn er dieselben baulichen Maßnahmen wie der veräußernde Vermieter mit Ablauf der Kündigungsfrist durchführen will (vgl. Emmerich–Sonnenschein, Miete BGB § 564b Rdn. 65d, Bub–Treier Rdn. IV 84a). Das gilt aber dann nicht, wenn er entsprechende Maßnahmen erst für die fernere Zukunft plant.

d) Kündigungswiderspruch und Fortsetzungsverlangen

Der Mieter ist befugt, der Kündigung nach § 556a BGB zu widersprechen. Daran hat sich durch die Erweiterung des Kündigungstatbestandes nichts geändert. Für den Kündigungswiderspruch wird es darauf ankommen, ob und wie stark der Mieter auf den Nebenraum angewiesen ist. Das hängt u. a. davon ab, ob ausreichend Abstellraum in der Wohnung oder in einem mitvermieteten Nebenraum

A 32

(z. B. Keller) vorhanden ist oder der Vermieter einen zumutbaren Ersatzraum anbietet. Auch auf die persönliche Situation des Mieters (Alter, Vorhandensein von Kindern) und die Lage der Wohnung im Haus (Nähe des gekündigten Nebenraums zur Wohnung) sind beachtlich. Zugunsten des Vermieters kann das Ziel des Gesetzes, Wohnraum zu schaffen, nicht doppelt gewertet werden; es ist durch die Gewährung der Befugnis zur Teilkündigung bereits ausgeschöpft.

A 33 Verzögert sich der Beginn der Ausbauarbeiten, so kann der Mieter eine Verlängerung des Mietverhältnisses um einen entsprechenden Zeitraum beanspruchen (§ 564b Abs. 2 Nr. 4 S. 4 BGB). Das setzt voraus, daß überhaupt wirksam gekündigt und der Gebrauchsfortsetzung nach § 568 BGB widersprochen worden ist. Darüber hinaus wird die Fortsetzungsbefugnis des Mieters erst praktisch, wenn man eine Obliegenheit des Vermieters bejaht, etwaige Verzögerungen, die nach Ablauf der Kündigungsfrist auftreten, dem Mieter mitzuteilen. Verzögern sich die Arbeiten auf unbestimmte Zeit, so führt das zu einem Anspruch des Mieters, das Mietverhältnis bezüglich des Nebenraums oder der Teilfläche auf unbestimmte Zeit fortzusetzen. Die Kündigung wird damit praktisch obsolet und muß wiederholt werden.

e) Mietherabsetzung

A 34 Das Gesetz sieht in § 564b Abs. 2 Nr. 4 S. 2 BGB vor, daß der Mieter eine angemessene Herabsetzung des Mietzinses verlangen kann. Diese Regelung ist unverändert geblieben. Der Wortlaut der Bestimmung spricht für einen **Anspruch des Mieters auf Mietsenkung** und gegen eine automatische Mietminderung nach § 537 Abs. 1 BGB (Emmerich–Sonnenschein BGB § 564b Rdn. 65e, Blank Lexikon S. 238, Gather DWW 1990, 190, 196 und zu § 564b BGB: Barthelmess Rdn. 101h, Fischer-Dieskau–Franke Anm. 35.1, Bub–Treier Rdn. IV 84a). Für diese Folge wird angeführt, daß der Gesetzgeber an die Regelung in § 14 Abs. 3 NMV (vgl. nunmehr § 7 Abs. 1 S. 2 NMV) habe anknüpfen wollen (vgl. die Entwurfsbegründung BT-DS. 11/6508 S. 18, Schilling ZMR 1990, 283). Der Anspruch beinhaltet kein Gestaltungsrecht, sondern ist auf eine Vertragsänderung gerichtet (§ 894 ZPO, vgl. auch Emmerich–Sonnenschein a. a. O.). Er entsteht bereits ab dem berechtigten Rückgabeverlangen des Vermieters auf den Zeitpunkt der Rückgabe und nicht erst ab seiner Geltendmachung (anders Fischer-Dieskau–Franke a. a. O., Blank a. a. O.). Daher kann der Mieter auch rückwirkend die Mietsenkung beanspruchen (vgl. Entwurfsbegründung a. a. O.). Er kann – wenn er von seinem Recht Gebrauch macht – bereits zuviel entrichtete Beträge nach Bereicherungsgrundsätzen zurückfordern (vgl. Entwurfsbegründung a. a. O., Barthelmess a. a. O., Emmerich–Sonnenschein a. a. O.).

Da der Anspruch des Mieters nicht zu den Gewährleistungsrechten zählt, ist § 539 BGB nicht anzuwenden. Er kann jedoch nach allgemeinen Grundsätzen **verwirkt** sein, wenn der Mieter hiervon erst nach längerer Zeit Gebrauch macht und der Vermieter damit rechnen durfte und gerechnet hat, der Mieter werde die Herabsetzung nicht mehr verlangen. Dessen bloße Untätigkeit sowie Zeitablauf reichen allerdings nicht aus, um die Verwirkung zu begründen.

A 35 Für den **Umfang**, in dem die Miete herabzusetzen ist, gilt § 537 Abs. 1 S. 1 BGB entsprechend. (Vgl. zu § 564b BGB: Barthelmess Rdn. 101a, Emmerich–Sonnenschein Rdn. 65e, Schubart–Kohlenbach Anm. 6a, Bub–Treier Rdn. IV 84, a. A. Fischer-Dieskau–Franke BGB § 564b Anm. 35.1). Hierbei kommt es nicht auf den abstrakten Mietwert des Nebenraums bzw. der Grundstücksfläche oder deren Wert im Verhältnis zum Mietwert der Wohnräume an (so aber AG Hamburg WM 1993, 616). Vielmehr ist darauf abzustellen, wie stark sich das Fehlen des Nebenraums bzw. des beanspruchten Grundstücksteils auf den Mietgebrauch auswirkt. Dafür wird erheblich sein, ob und wie stark der Mieter gerade auf diese Teile angewiesen ist, ob er noch einen anderen Nebenraum oder eine Ausweichfläche hat, ob u. U. ausreichender Abstellraum in der Wohnung vorhanden ist. Soweit Betriebskosten auf die Nebenräume entfallen, bezieht sich der Anspruch des Mieters auf Mietsenkung auch auf diese. Die Regelung des § 537 Abs. 1 S. 2 BGB ist nicht anzuwenden (Fischer-Dieskau–Franke BGB § 564b Anm. 35, a. A. zu § 564b BGB: Barthelmess Rdn. 101h, Emmerich–Sonnenschein Anm. 65e, MK-Voelskow Rdn. 66d, Bub–Treier Rdn. IV 64a). Das rechtfertigt sich daraus, daß der Mieter bei geringfügigen, nicht zur Minderung berechtigenden Mängeln mit dem Erfüllungsanspruch gleichwohl die Instandsetzung beanspruchen kann. Diese Möglichkeit ist ihm hier versagt. Der Verlust von Nebenraum oder die Einbuße von Nutzungsmöglichkeiten führt daher stets zu einem Ausgleichsanspruch, um das Äquivalenzverhältnis wiederherzustellen.

Die Parteien können sich bei nicht preisgebundenem Wohnraum über den Umfang der Mietherabsetzung im konkreten Fall auf eine **Einmalleistung des Vermieters** verständigen. Der Mieter wird hierbei aber in Betracht ziehen müssen, daß dadurch eine Kapitalisierung seiner Herabsetzungsbefugnis für die Dauer der Mietzeit vorgenommen wird. Ein genereller vertraglicher Ausschluß dieser Befugnis ist dagegen unzulässig (§ 564b Abs. 6 BGB). Bei preisgebundenem Wohnraum kann der Vermieter den Betrag, um den der Mietzins herabgesetzt worden ist, als Zuschlag vom Mieter der ausgebauten Wohnräume verlangen (§ 26 Abs. 7 NMV). A 36

Der Gesetzgeber hat ein **außerordentliches Kündigungsrecht** des Mieters bezüglich des restlichen Mietobjekts nicht vorgesehen; es läßt sich nicht aus einer Analogie zu § 9 Abs. 1 MHG, §§ 9, 11 WoBindG, § 541b Abs. 2 BGB herleiten (vgl. dazu Barthelmess BGB § 564b Rdn. 101a).

5. Erleichterungen bei Abschluß und Beendigung von Zeitmietverträgen

a) Erleichterungen beim Vertragsabschluß

Die Befugnis zum Abschluß von Zeitmietverträgen ist ausgedehnt worden. Um **Anreize für Unternehmen** zu schaffen, in den Bau von Werkwohnungen zu investieren, ist der Katalog der Erlangungsinteressen des Vermieters in § 564c Abs. 2 Nr. 2 BGB erweitert worden. Bei Vermietung einer Werkmietwohnung kann ein Zeitmietvertrag nunmehr auch dann begründet werden, wenn der Vermieter die Wohnung nach Ablauf der Mietzeit an einen anderen Arbeitnehmer vermieten will. Gegenstand des Vertrages muß eine Werkwohnung im Sinne von § 565b BGB sein. Es genügt also nicht, wenn der Mieter nur einer nebenberuflichen Tätigkeit für den Vermieter nachgeht, z. B. Hausmeister- oder Reinigungsdienste nebenher erledigt. Unerheblich ist, ob es sich um eine werkeigene oder werkfremde Wohnung handelt und ob das Unternehmen die Werkwohnung A 37 von einem Dritten zum Zwecke der Untervermietung an eigene Arbeitnehmer angemietet hat.

A 38 Nach wie vor ist es erforderlich, daß der Vermieter dem Mieter die **Verwendungsabsicht** bei Vertragsabschluß **mitteilt.** Anders als bei dem Wunsch nach Eigennutzung (§ 564c Abs. 2 Nr. 2b BGB) braucht die Bedarfsperson nicht benannt zu werden, was dem Vermieter in der Regel auch noch gar nicht möglich wäre. Vielmehr genügt, daß er die Wohnung nach Vertragsabschluß einer anderen Person überlassen will (vgl. Blank WM 1993, 576). Die Dauer von Arbeits- und Mietverhältnis können zwar gekoppelt werden; notwendig ist dies jedoch nicht. Die Befristung ist insbesondere nicht vom Bestand des Arbeitsverhältnisses abhängig. Beibehalten wurde die zulässige Höchstdauer eines Zeitmietvertrages von 5 Jahren.

b) Erleichterungen bei der Vertragsbeendigung

A 39 Die Beendigung des Zeitmietverhältnisses ist erheblich erleichtert worden. Der Gesetzgeber hat zwar nicht das Gebot der Schlußmitteilung beseitigt (s. Begründung des Regierungsentwurfs BT-DS. 12/3254 S. 18, zu § 564c BGB: Barthelmess Rdn. 98, MK-Voelskow Rdn. 38, Blank WM 1993, 576, anders Franke–Geldmacher ZMR 1993, 551, Bub NJW 1993, 2902). Jedoch sind die **Folgen bei verspäteter oder unterbliebener Schlußmitteilung** wesentlich entschärft. Dabei ist zu unterscheiden, ob sich die beabsichtigte Verwendung ohne oder aus Verschulden des Vermieters verzögert oder ob der Vermieter es unterlassen hat, das Fortbestehen der Verwendungsabsicht spätestens drei Monate vor Ablauf der Mietzeit mitzuteilen (s. Rdn. A 40). Entfallen ist die Möglichkeit, daß der Mieter bei einer Verlängerung der Mietzeit über 5 Jahre hinaus die Verlängerung des Mietverhältnisses auf unbestimmte Zeit verlangen kann und das Mietverhältnis alsdann Bestandsschutz nach § 564b Abs. 1, 2 BGB genießt. Der Mieter hat nunmehr nur die Möglichkeit, eine zeitlich beschränkte Verlängerung – nämlich für die Dauer der Verzögerung – zu fordern.

A 40 Im einzelnen sind folgende **Fälle** zu unterscheiden:

(1) Der Vermieter hat nach wie vor die Verwendungsabsicht, unterläßt jedoch die Schlußmitteilung; auch der Mieter äußert sich nicht. Hier endet das Zeitmietverhältnis mit Fristablauf.

(2) Der Vermieter hat die Verwendungsabsicht aufgegeben und dementsprechend eine Schlußmitteilung unterlassen. Das Zeitmietverhältnis setzt sich als Mietverhältnis auf unbestimmte Zeit fort.

(3) Die Verwendungsabsicht des Vermieters besteht fort. Jedoch hat der Vermieter eine Schlußmitteilung unterlassen; der Mieter verlangt Fortsetzung des Mietverhältnisses. In diesem Fall kann er die Fortsetzung für die Dauer des Ankündigungszeitraums – nämlich 3 Monate – verlangen.

(4) Der Vermieter hat die Verwendungsabsicht 6 Monate verspätet mitgeteilt. Hier kann der Mieter die Verlängerung für einen Zeitraum von 3 Monaten seit der Mitteilung verlangen.

(5) Die Umsetzung der Verwendungsabsicht verzögert sich um 4 Monate, was der Vermieter nicht zu vertreten hat und was er dem Mieter unverzüglich

mitteilen sollte. Der Mieter kann die Verlängerung um die Dauer der Verzögerung – hier 4 Monate – beanspruchen.

(6) Die Umsetzung der Verwendungsabsicht verzögert sich, was der Vermieter zu vertreten hat: Der Mieter kann die Fortsetzung des Mietverhältnisses auf unbestimmte Zeit unter den Voraussetzungen des § 564c Abs. 1 BGB verlangen. Das ergibt ein Umkehrschluß aus der gesetzlich geregelten Folge, daß sich der Verlängerungsanspruch nur bei unverschuldeter Verzögerung für die Dauer der Verzögerung beschränkt (anders Fischer-Dieskau–Franke BGB § 564c Anm. 23). Eine solche Beschränkung ist aber nicht geboten, wenn der Vermieter die beabsichtigte Verwendung aus Gründen, die er zu vertreten hat, nicht verwirklicht. Hier entfällt der Schutzzweck der Norm, der den völligen Wegfall des Bestandsschutzes und sogar einer Räumungsfristgewährung trägt.

Die Schlußmitteilung des Vermieters braucht danach nicht unbedingt 3 Monate vor Beendigung des Mietverhältnisses abgegeben zu werden. Sie muß aber spätestens bis zum Ende der **Mietzeit** dem Mieter zugegangen sein. Kann sich das Mietverhältnis nach § 568 BGB verlängern, so kann der Vermieter die Erklärung auch noch binnen der in der genannten Bestimmung vorgesehenen Frist von 2 Wochen abgeben (vgl. Blank WM 1993, 577). Kommt eine Verlängerung nach § 568 BGB nicht in Frage, etwa weil diese Bestimmung vertraglich abbedungen worden ist, so ist der Mieter berechtigt, die Fortsetzung des Mietverhältnisses nach § 564c Abs. 1 BGB zu verlangen, sofern er ein solches Verlangen rechtzeitig – d. h. 2 Monate vor Ende der Mietzeit – gestellt hat. Denkbar ist, daß sich das Mietverhältnis trotz Ausschlusses des § 568 BGB auf unbestimmte Zeit verlängert (vgl. Blank a. a. O., AG Brühl ZMR 1994 S. III Nr. 16). A 41

Die Schlußmitteilung ist nicht ohne weiteres als **Fortsetzungswiderspruch** nach § 568 BGB anzusehen (vgl. Fischer-Dieskau–Franke BGB § 564c Anm. 24; sie ist nach MK-Voelskow BGB § 564c Rdn. 38 sogar entbehrlich). Etwas anderes kann aber gelten, wenn die Schlußmitteilung kurz vor Beendigung des Mietverhältnisses erfolgt.

Die **Fortsetzung des Mietverhältnisses** setzt grundsätzlich ein entsprechendes Verlangen des Mieters voraus; sie kann ihm nicht aufgedrängt werden. Das Fortsetzungsverlangen ist formfrei, sollte aber aus Beweiszwecken schriftlich erklärt werden. Nur wenn der Mieter die Verlängerung auf unbestimmte Zeit nach § 564c Abs. 1 BGB verlangt, muß seine Erklärung schriftlich erfolgen und schon zwei Monate vor Beendigung des Mietverhältnisses dem Vermieter zugehen. Um eine Fristversäumnis zu vermeiden, kann es sich für den Mieter empfehlen, die Verlängerung des Mietverhältnisses auf unbestimmte Zeit nach § 564c Abs. 1 BGB 2 Monate vor Ende der Mietzeit zu beanspruchen; hilfsweise kann er die befristete Fortsetzung verlangen. Fordert er dagegen nur eine Fortsetzung für die Dauer der Verzögerung des Nutzungswunsches des Vermieters, so braucht er hierfür keine Frist einzuhalten (vgl. Fischer-Dieskau–Franke BGB § 564c Anm. 25, anders Bub NJW 1993, 2902). Er braucht keinen bestimmten Verlängerungszeitraum anzugeben; es genügt, daß dieser bestimmbar ist (a. A. Fischer-Dieskau–Franke a. a. O.). Hat der Vermieter die Schlußmitteilung unterlassen, so kann der Mieter die Verlängerung um zunächst 3 Monate verlangen. A 42

Da die Erklärungsfrist des Vermieters sich unmittelbar aus dem Gesetz ergibt, braucht der Mieter sie im Fortsetzungsverlangen nicht noch einmal anzugeben. Teilt der Vermieter mit, daß sich die vorgesehene Verwendung verzögern wird, so genügt es, daß der Mieter sich in seinem Verlängerungsbegehren hierauf bezieht.

c) Übergangsregelungen

A 43 Die neue Regelung über die erleichterte Beendigung des qualifizierten Zeitmietvertrages ist auch auf solche Mietverhältnisse anzuwenden, die vor Inkrafttreten des Gesetzes am 1. 9. 1993 abgeschlossen worden sind. Dagegen ist sie nicht auf bereits vollendete Tatbestände anzuwenden: hatte das Mietverhältnis vor dem 1. 9. 1993 schon länger als 5 Jahre bestanden, so verbleibt es bei dem Anspruch des Mieters auf Fortsetzung des Mietverhältnisses um unbestimmte Zeit.

6. Abbau des Kündigungsschutzes für Werkmietwohnungen

A 44 Die Regelung in § 565c BGB lockert den Kündigungsschutz für Werkmietwohnungen im Vergleich zu anderen Wohnungen schon nach bisherigem Recht auf, sofern das Arbeitsverhältnis beendet ist. Hierbei wird zwischen gewöhnlichen und funktionsgebundenen Werkmietwohnungen unterschieden (vgl. dazu Bub–Treier Rdn. IV 129 f., Fischer-Dieskau–Franke BGB § 565b Anm. 1, 6, Sternel Rdn. IV 257, 267). Der Kündigungsschutz **für gewöhnliche Werkmietwohnungen** ist weiter eingeschränkt worden, um eine zügige Weitervermietung an andere Arbeitnehmer zu erleichtern und damit Anreize für das Engagement der Wirtschaft in die Schaffung von Werkmietwohnungen zu setzen (vgl. Entwurfsbegründung BT-DS. 12/3254 S. 19, vgl. zu den Gesetzesmaterialien Schilling S. 79). Statt eines dringenden Bedarfs ist nur noch ein einfacher Betriebsbedarf erforderlich. Andererseits ist die Kündigungsfrist von 2 auf 3 Monate verlängert worden. Die Kündigungserleichterung gilt nur für solche Mietverhältnisse über Werkwohnungen, die seit dem 1. 9. 1993 begründet worden sind. Für Mietverträge, die vor diesem Stichtag abgeschlossen wurden, gilt die bisherige Rechtslage. Ist der Wohnraum bereits 10 Jahre und länger überlassen worden, so besteht der allgemeine Kündigungsschutz für Wohnraummietverhältnisse nach § 564b BGB; diese Regelung gilt auch für Neuabschlüsse seit dem 1. 9. 1993, sobald die Voraussetzungen vorliegen.

A 45 Auch im Rahmen der erleichterten Kündigungsregelung muß das gesetzgeberische Ziel der **Bestandssicherung von Mietverhältnissen** in der Weise berücksichtigt werden, daß das generelle widerstreitende Interesse eines Mieters an der Beibehaltung der Wohnung als Mittelpunkt seiner privaten Existenz zu beachten ist (so zu § 564b BGB: OLG Stuttgart – RE vom 24. 4. 1991 – WM 1991, 330), während das Bestandsinteresse gerade des konkreten Mieters nur im Rahmen des § 556a BGB erheblich wird.

Die Beendigung des Mietverhältnisses muß den Abschluß oder die Aufrechterhaltung eines für den Betrieb **nützlichen Arbeitsverhältnisses ermöglichen** (LG Karlsruhe WM 1974, 243). Ist ein Vermieter angesichts der konkreten Arbeits-

marktlage nicht darauf angewiesen, dem Arbeitssuchenden eine Wohnung anzubieten, so ist auch ein einfacher Betriebsbedarf zu verneinen.
Die Kündigung ist gemäß §§ 564a, 564b Abs. 3 BGB zu **begründen**. Dafür reicht der Hinweis, die Wohnung werde für einen aktiven Bediensteten benötigt, nicht aus (OLG Stuttgart – RE vom 22. 11. 1985 – WM 1986, 132, vgl. im übrigen Rdn. 933 f., 1140).

Die erleichterte Kündigungsmöglichkeit gilt nicht, **solange** das **Arbeitsverhältnis** mit dem Mieter noch **besteht**. Da sie im Hinblick auf die Beendigung des Arbeitsverhältnisses gewährt ist, muß zwischen diesem Zeitpunkt und dem Ausspruch der Kündigung ein zeitlicher Zusammenhang bestehen. Er wird noch zu bejahen sein, wenn der Vermieter aus Gefälligkeit oder sozialen Erwägungen dem Mieter einen Aufschub gibt. Er sollte hierbei aber einen Vorbehalt im Hinblick auf die besondere Kündigungsmöglichkeit aus § 565c BGB machen (vgl. Sternel Rdn. IV 263 m. w. N., mit Einschränkungen auch Fischer-Dieskau–Franke BGB § 565c Anm. 5, a. A. aber Bub–Treier IV 128, Emmerich–Sonnenschein BGB § 565b Rdn. 20, Erman–Jendrek BGB § 565e Rdn. 10). Die erleichterte Kündigungsmöglichkeit für funktionsgebundene Werkmietwohnungen besteht unverändert fort. Der Vermieter kann statt dessen aber auch unter den Voraussetzungen des § 565c Nr. 1 BGB kündigen.

A 46

7. Vorkaufsrecht des Mieters in Umwandlungsfällen

a) Schutzzweck der Regelung

Das Vorkaufsrecht des Mieters in Umwandlungsfällen der Mietwohnung in Wohnungseigentum dient seinem **Schutz vor Verdrängung;** er erschien dem Gesetzgeber bei frei finanzierten Wohnungen nicht weniger dringlich als bei Sozialwohnungen (vgl. Bundesratsentwurf BT-DS. 12/3254 S. 40, vgl. zu den Gesetzesmaterialien auch Schilling S. 88 f.); für letztere gilt eine entsprechende Regelung in § 2b WoBindG, die durch das Wohnungsbauänderungsgesetz 1980 vom 20. 2. 1980 (BGBl. I/159) eingeführt worden ist. Das Vorkaufsrecht nach § 570b BGB unterscheidet sich jedoch in folgenden Punkten vom Vorkaufsrecht nach § 2b WoBindG (vgl. im einzelnen auch Fischer-Dieskau–Bellinger WoBindG § 2b Anm. 2):

A 47

– es besteht nicht bei einem Verkauf an sog. Bedarfspersonen,
– die Frist zu seiner Ausübung beträgt nur 2 Monate statt 6 Monate,
– das Recht geht grundsätzlich nicht auf die Erben des Mieters über,
– die Unterrichtungspflicht über das Vorkaufsrecht trifft den Vermieter und ist weniger umfassend als die Unterrichtungspflicht der öffentlichen Stelle gegenüber dem Mieter bei Umwandlung von preisgebundenem Wohnraum nach § 2a WoBindG.

Das Vorkaufsrecht wird nur für Verkaufsfälle ausgelöst, die nach Inkrafttreten der Vorschrift am 1. 9. 1993 erfolgt sind (AG Frankfurt ZMR 1995, 317).

b) Voraussetzungen des Vorkaufsrechts

A 48　Das Vorkaufsrecht des Mieters setzt voraus, daß

(1) ein wirksamer Mietvertrag zustande gekommen und die Wohnung dem Mieter überlassen worden ist,

(2) nach der Überlassung Wohnungseigentum an der Wohnung begründet worden ist oder werden soll,

(3) die Wohnung an einen Dritten verkauft wird.

Vgl. zu den Voraussetzungen eingehend Bub–Treier Nachtrag Rdn. I 3 S. 5, Schilling S. 90 f., Maciejewski MM 1994, 137, Schmidt DWW 1994, 65.

zu (1): Der Abschluß eines **wirksamen Mietvertrages** muß der vollendeten Umwandlung vorausgehen. Diese ist nicht schon mit der Teilungsvereinbarung oder Teilungserklärung nach §§ 3, 8 WEG abgeschlossen, sondern erst mit der Anlage des Wohnungsgrundbuchs. Es genügt dabei, daß das Mietverhältnis vor dem letzteren Zeitpunkt begründet worden ist. Das Mietobjekt muß zu diesem Zeitpunkt aber auch schon überlassen worden sein (AG Frankfurt MDR 1995, 145 = ZMR 1995, 317: Vermietung und Überlassung der Wohnung nach Teilungserklärung, aber vor Bildung von Wohnungseigentum).

A 49　zu (2): Es reicht aus, daß an der verkauften Wohnung **Wohnungseigentum** begründet werden soll. Diese Voraussetzung ist jedenfalls gegeben, wenn die Umwandlung etwa durch Teilungsvereinbarung oder Begründungserklärung nach §§ 3, 8 WEG eingeleitet worden ist (s. Bub–Treier Nachtrag Rdn. I 3 S. 6). Jedoch dürften schon vorbereitende Handlungen genügen, etwa das Bewirken der Abgeschlossenheit (a. A. Schmidt DWW 1994, 72, MK-Voelskow BGB § 570b Rdn. 3). Hierdurch kann nämlich im Falle eines Verkaufs des Grundstücks das Teilobjekt so genau bestimmt werden, daß es in Verbindung mit einem Miteigentumsanteil an dem Grundstück der rechtlich selbständige Gegenstand eines Kaufvertrages sein kann (vgl. dazu BayObLG – RE vom 16. 4. 1992 – WM 1992, 351); in diesem Zusammenhang wird es maßgeblich auf den Inhalt des Kaufvertrages ankommen. Der Begründung von Wohnungseigentum ist die Begründung eines Wohnungserbbaurechts nach § 30 WEG entsprechend dem Schutzzweck der Norm gleichzusetzen (vgl. Blank WM 1993, 577, Maciejewski MM 1994, 137 f.).

A 50　zu (3): Über die Wohnung muß ein **wirksamer Kaufvertrag** abgeschlossen worden sein. Das ist auch dann der Fall, wenn der Kaufvertrag ein Rücktrittsrecht beinhaltet und einer der Kaufvertragsparteien hiervon Gebrauch macht, oder wenn der Kaufvertrag durch nachträgliche Vereinbarung aufgehoben wird (vgl. Blank WM 1993, 578).

A 51　Gesetzestypisch ist der Fall, daß die Mietwohnung in eine Eigentumswohnung umgewandelt worden ist und verkauft wird. Kein das Vorkaufsrecht auslösender Vorgang liegt vor, wenn die **Veräußerung im Wege der Zwangsvollstreckung** oder **durch den Konkursverwalter** erfolgt (§ 512 BGB, AG Frankfurt ZMR 1995, 317 für Zwangsversteigerung). Dagegen ist § 511 BGB (Verkauf an den künftigen gesetzlichen Erben) nicht anzuwenden; dem steht der Schutzzweck der gesetzlichen Vorkaufsregelung entgegen (a. A. Blank WM 1993, 577). Die §§ 504 ff. BGB regeln lediglich das rechtsgeschäftlich begründete Vorkaufsrecht. Hier mag es "im Zweifel" angehen, daß die Auslegungsrichtlinie des § 511 BGB eingreift, wenn die Parteien nichts anderes vereinbaren. Demgegenüber handelt es sich bei § 570b BGB um ein gesetzliches Vorkaufsrecht zum Schutze des von der Umwandlung bedrohten Mieters. Der Personenkreis, an den ohne Rücksicht auf das Vorkaufsrecht des Mieters verkauft werden kann, ist durch § 570b Abs. 1 S. 2 BGB auf die Bedarfspersonen nach § 564b Abs. 2 Nr. 2 BGB (vgl. Rdn. A 54) beschränkt. Diese Regelung geht als spezielle dem § 511 BGB vor. Zudem bestünde bei Anwendung des § 511 BGB die Gefahr, daß das Vorkaufsrecht leicht umgangen werden könnte.

Wird ein **Grundstück insgesamt verkauft** und soll erst der Erwerber an den einzelnen Wohnungen Wohnungseigentum begründen, so entsteht das Vorkaufsrecht des Mieters noch nicht (vgl. eingehend Schmidt DWW 1994, 70, ferner Bub–Treier Nachtrag Rdn. I 3 S. 6, MK-Voelskow BGB § 570b Rdn. 3). Das gilt auch dann, wenn der Verkäufer schon gewisse Vorbereitungen zur Aufteilung getroffen hat, z. B. die Abgeschlossenheit bewirkt hat. Der Mieter muß also abwarten, bis der Erwerber des Grundstücks die Umwandlung vornimmt und die Wohnung verkauft. Anders verhält es sich, wenn die einzelnen Wohnungen im Kaufvertrag als Teilobjekte so hinreichend bestimmt sind, daß sie in Verbindung mit Miteigentumsanteilen an dem Grundstück, die rechtlich selbständiger Gegenstand eines Kaufvertrages sein können (BayObLG – RE vom 16. 4. 1992 – WM 1992, 351, 354), konkretisiert sind. Die Vereinbarung eines Gesamtpreises für mehrere so gegenständlich bezeichnete Wohnungen steht dieser Auffassung nicht entgegen (vgl. Maciejewski MM 1994, 138). A 52

Auch für weitere **Veräußerungsarten**, die auf die Bildung von Wohnungseigentum hinauslaufen, gilt das Vorkaufsrecht nach § 570b BGB. Das ist etwa der Fall, wenn mehrere Personen ein Grundstück in **Bruchteilseigentum** erwerben, den einzelnen Eigentümern eine bestimmte Wohnung zur ausschließlichen Nutzung zugewiesen wird, diese Nutzungsregelung und der dauernde Ausschluß des Aufhebungsverlangens ins Grundbuch eingetragen werden, aufgrund des Kaufvertrages innerhalb von 3 Jahren Wohnungseigentum gemäß § 3 WEG gebildet werden soll und bei Abschluß des Kaufvertrages die Abgeschlossenheitsbescheinigung bereits vorgelegen hat (OLG Karlsruhe – RE v. 10. 7. 1992 – WM 1992, 519, vgl. auch Blank WM 1993, 578, Fischer-Dieskau–Franke BGB § 570b Anm. 7). Ebenso verhält es sich bei Veräußerung der Wohnung im sog. „Kellermodell" (Blank a. a. O., Maciejewski MM 1994, 138; zum „Kellermodell" s. Wienecke WEG § 1 Anm. 5, BayObLG WM 1991, 704). A 53

Dagegen kommt das Vorkaufsrecht nicht zum Tragen, wenn mehrere Personen ein Grundstück in Bruchteilseigentum erwerben und durch eine **spätere Teilungsvereinbarung** nach § 3 WEG Wohnungseigentum begründen. Dadurch tritt zwar eine Rechtsänderung auf Vermieterseite ein, jedoch liegt kein Verkauf vor (vgl. auch Blank WM 1993, 578). Darauf, ob in einem solchen Fall die Kündigungssperrfrist des § 564b Abs. 2 Nr. 2 S. 3 BGB gilt, kommt es nicht an (s. dazu Rdn. A 135). Ebensowenig ist § 570b BGB einschlägig, wenn mehrere Personen ein Grundstück in GbR erwerben und durch Gesellschaftsvertrag vereinbaren, daß jedem Gesellschafter an je einer Wohnung ein ausschließliches Nutzungsrecht zusteht (OLG Karlsruhe – RE v. 22. 5. 1990 – NJW 1990, 3278 = WM 1990, 330).

A 54 Das **Vorkaufsrecht** des Mieters ist **ausgeschlossen,** wenn der Vermieter die in Wohnungseigentum umgewandelte Mietwohnung an eine Person, die zu seinem Hausstand gehört, oder an einen Familienangehörigen verkauft. Es handelt sich hierbei um den von § 564b Abs. 2 Nr. 2 BGB erfaßten Kreis der sog. Bedarfspersonen (so auch Blank WM 1993, 577, zu § 570b BGB: Fischer-Dieskau–Franke Anm. 3, MK-Voelskow Rdn. 4). Im Entwurf des Bundesrates war insoweit noch auf § 564b Abs. 2 Nr. 2 BGB Bezug genommen worden; die jetzige Fassung ist nur redaktionell bedingt (Bericht des Rechtsausschusses BT-DS. 12/5110 S. 19). Sie stellt aber auch klar, daß für den begünstigten Personenkreis keine Eigenbedarfslage gegeben zu sein braucht (so auch MK-Voelskow a. a. O.). Damit ist eine nicht zu unterschätzende Umgehungsmöglichkeit für das Vorkaufsrecht eröffnet (zutreffend Emmerich DWW 1993, 319). Bei den Hausstandsangehörigen ist nicht die Aufnahme in die Wohnung des Vermieters, sondern die Begründung eines gemeinsamen Haushaltes entscheidend. Zur Vermeidung von Umgehungen werden hieran strenge Anforderungen gestellt werden müssen.

c) Vorkaufsberechtigter

A 55 Das Vorkaufsrecht entsteht zugunsten desjenigen, während dessen Mietzeit die Voraussetzungen für dieses Recht eintreten. Ist die Wohnung im Bauherrnmodell durch einen Zwischenmieter weitervermietet worden, so steht das Vorkaufsrecht nicht diesem, sondern dem Endmieter zu (so auch Bub–Treier Nachtrag Rdn. I 3 S. 7). Das folgt aus dem Zweck des Gesetzes, denjenigen Mieter vor den Umwandlungsfolgen zu schützen, der nach dem Inhalt des Mietvertrages die Wohnung als Lebensmittelpunkt nutzt bzw. nutzen darf.

Bei einer **Personenmehrheit** auf Mieterseite steht das Recht allen Mietern gemeinschaftlich zu. Berechtigt kann auch der Erbe des Mieters sein, der nach §§ 1922, 569a Abs. 6 BGB in das Mietverhältnis eingetreten ist. Dagegen geht das Vorkaufsrecht, das bereits in der Person des Mieters entstanden ist, nach dessen Tod nicht auf den Erben über (§ 514 BGB).

A 56 Ausnahmsweise geht das zugunsten des Mieters bereits entstandene Vorkaufsrecht beim **Tode des Mieters** auf den Ehegatten oder auf einen Familienangehörigen über, wenn diese Personen mit dem Mieter einen gemeinsamen Hausstand geführt haben (§ 569a Abs. 1, 2 BGB). Ist der Ehegatte gemeinschaftlicher Mieter mit dem verstorbenen Mieter gewesen, so setzt er das Mietverhältnis nach dem Tode des Mieters gemäß § 569b BGB allein fort; ihm steht dann das Vorkaufsrecht aus eigenem Recht ohnehin (nunmehr allein) zu, siehe auch § 513 BGB. Tritt der Ehegatte nach § 569a Abs. 1 BGB nicht in das Mietverhältnis ein, so steht das Vorkaufsrecht den Familienangehörigen zu, die in das Mietverhältnis nach § 569a BGB eingetreten sind. Zum Kreis der Familienangehörigen gehört auch der anders-geschlechtliche Partner des verstorbenen Mieters, mit dem dieser in eheähnlicher Gemeinschaft zusammengelebt hat (BGH – RE vom 13. 1. 1993 – NJW 1993, 999 = WM 1993, 254), nicht dagegen der gleichgeschlechtliche Partner.

A 57 Das Vorkaufsrecht kann grundsätzlich nur für den **ersten Vorkaufsfall** (nach Umwandlung der Mietwohnung in Wohnungseigentum) ausgeübt werden; macht der Mieter von seinem Recht keinen Gebrauch, so erlischt es.

Übergangsrechtlich entsteht es nur in den Fällen, in denen der Verkauf nach Ablauf des 31. 8. 1993 erfolgt ist (vgl. Art. 6 Abs. 4 des 3. MietRÄndG). Die Umwandlung kann dagegen schon vor diesem Zeitpunkt durchgeführt worden sein.

Fraglich ist, ob das Vorkaufsrecht auch dann besteht, wenn vor dem Stichtag die Umwandlung und eine Erstveräußerung stattgefunden haben und die Wohnung nach dem 1. 9. 1993 erneut verkauft wird. Gegen die Gewährung des Vorkaufsrechtes kann sprechen, daß es sich gegen den Umwandler und nicht gegen den Erwerber richtet (vgl. Fischer-Dieskau–Bellinger WoBindG § 2 Anm. 4.1). Jedoch ist aus dem Schutzzweck der Norm zu folgern, daß das Vorkaufsrecht auch in den Fällen gilt, in denen die Wohnung nach dem 1. 9. 1993 zum ersten Mal verkauft wird; denn das Schutzbedürfnis der Mieter einer umgewandelten Wohnung ist gleich – egal ob der Umwandler oder ein Erwerber die Wohnung verkauft (s. Maciejewski MM 1994, 94 Fn. 20). Dagegen besteht das Vorkaufsrecht nicht, wenn die Wohnung nach dem 1. 9. 1993 wiederholt verkauft wird.

Das Vorkaufsrecht setzt voraus, daß der Berechtigte **bei Entstehung des Rechtes** noch **Mieter** war; ein bloßes Nutzungsverhältnis gemäß § 557 BGB nach Kündigung genügt nicht (Blank WM 1993, 279, Maciejewski MM 1993, 138, Schilling S. 91). Umstritten ist dagegen, ob auch noch **bei Ausübung** des Vorkaufsrechts ein wirksames Mietverhältnis bestanden haben muß (so Schilling S. 94, Sonnenschein NJW 1980, 2555, 2557, wohl auch Bub-Treier Nachtrag Rdn. I 3 S. 7 für den Fall, daß der Mieter gekündigt hat, anders Fischer-Dieskau–Bellinger WoBindG § 2b Anm. 3 Nr. 4). Das wird im Grundsatz zu bejahen sein; denn schutzbedürftig erscheint nur der Mieter, der sich in einem ungekündigten Mietverhältnis befindet. Das gilt insbesondere, wenn der Mieter selbst den Anlaß für die Kündigung gesetzt hat (vgl. §§ 553 bis 554a BGB). Jedoch kann die Kündigung des Vermieters im Einzelfall mißbräuchlich sein, wenn sie – wie etwa eine Verwertungskündigung nach § 564b Abs. 2 Nr. 3 BGB – darauf abzielt, das Vorkaufsrecht des Mieters zu unterlaufen.

A 58

Ein **Verzicht** einzelner Vorkaufsberechtigter hindert weder die Entstehung des Vorkaufsrechts noch dessen Ausübung durch die noch Berechtigten (§ 513 S. 2 BGB). Es kann also nicht dadurch unterlaufen werden, daß einzelne Berechtigte es nicht ausüben wollen oder können.

A 59

d) Ausübung des Vorkaufsrechts

Das Vorkaufsrecht wird durch **einseitige empfangsbedürftige Willenserklärung** des Berechtigten gegenüber dem veräußernden Vermieter erklärt. Bei einer Personenmehrheit auf Mieterseite muß die Erklärung von allen abgegeben werden; eine Bevollmächtigung ist zulässig. Besteht die Vermieterseite aus einer Personenmehrheit, so muß die Erklärung an alle gerichtet sein und allen zugehen. Auch hier ist eine Bevollmächtigung zum Empfang der Erklärung zulässig. Auf seiten des Vermieters wird eine Bevollmächtigung anzunehmen sein, wenn er die Verwaltung einem Dritten übertragen hat.

A 60

Die Erklärung über die Ausübung des Vorkaufsrechts ist **formfrei** (§ 505 Abs. 1 S. 2 BGB); aus Beweisgründen empfiehlt sich aber zumindest die Schriftform und

A 61

die Sicherstellung des Zugangs (etwa durch Einschreiben-Rückschein oder durch Einschaltung eines Boten). Die Erklärung über die Ausübung des Vorkaufsrechts ist bedingungsfeindlich; der Mieter kann also keine Abänderungen des Kaufvertrages verlangen. Verknüpft er mit seiner Vorkaufserklärung abändernde Bedingungen, so ist die Erklärung unwirksam. Bei einer Personenmehrheit auf Mieterseite kann das Vorkaufsrecht nur gemeinschaftlich ausgeübt werden.

A 62 Der Mieter kann das Vorkaufsrecht nur **binnen 2 Monaten** ausüben, nachdem ihm der Vorkaufsfall angezeigt, der vollständige Kaufvertrag vom Verkäufer oder dem Käufer mitgeteilt und er über das gesetzliche Vorkaufsrecht unterrichtet worden ist (§ 570b Abs. 2 HGB). Hängt die Wirksamkeit des Kaufvertrages von einer Bedingung oder einer Genehmigung ab, so beginnt die Erklärungsfrist erst ab dem Eintritt der Bedingung bzw. der Genehmigung (vgl. auch Bub–Treier Nachtrag Rdn. I 3 S. 7). Bei einer Personenmehrheit auf Mieterseite müssen Mitteilung und Unterrichtung gegenüber allen Mietern erfolgen; anderenfalls wird die Ausübungsfrist nicht in Lauf gesetzt (vgl. i. e. Schmidt DWW 1994, 69). Es genügt nicht allein, daß die Tatsache des Verkaufs mitgeteilt wird. Vielmehr ist dem Mieter der Vertrag mit allen etwaigen Zusätzen, nachträglichen Abänderungen und erteilten behördlichen Genehmigungen zu übersenden (vgl. Fischer-Dieskau–Bellinger WoBindG § 2b Anm. 4.2). Die Unterrichtung über das Vorkaufsrecht muß sich auf Inhalt, Formfreiheit und Frist für die Ausübung beziehen (vgl. Maciejewski MM 1993, 94). Das folgt aus der mieterschützenden Funktion der Vorschrift.

Der Vermieter braucht den Mieter nicht über die rechtsgeschäftlichen Voraussetzungen – etwa die Bedingungsfeindlichkeit – zu **belehren.** Die Unterrichtung hat mit der Übersendung des Kaufvertrages zu erfolgen. Es handelt sich um einen einheitlichen Akt. Der Vorschrift dürfte allerdings auch dann genügt sein, wenn die Übersendung des Kaufvertrages und die Unterrichtung über das Vorkaufsrecht zeitlich auseinanderfallen. Eine Form ist für die Unterrichtung nicht vorgeschrieben; es empfiehlt sich aber aus Beweisgründen die einfache Schriftform. Bei einer Personenmehrheit auf Mieterseite müssen der Kaufvertrag und die Belehrung allen gegenüber mitgeteilt werden (so auch MK-Voelskow BGB § 570b Rdn. 7).

A 63 Die Verpflichtung zur Übersendung des Kaufvertrages und zur **Unterrichtung über das Vorkaufsrecht** obliegt dem Vermieter. Sie kann für diesen jedoch auch von dem Dritten, mit dem der Kaufvertrag abgeschlossen worden ist, erfüllt werden. Ihr ist unverzüglich nach Abschluß des Kaufvertrages nachzukommen (§ 510 Abs. 1 S. 1 BGB).

Wird der Mieter über sein Vorkaufsrecht nicht oder in den Kernpunkten unrichtig unterrichtet, so wird die Frist von 2 Monaten nicht in Lauf gesetzt (vgl. Fischer-Dieskau–Franke BGB § 570b Anm. 4). Erfolgen die Mitteilung über den Kaufvertrag und die Unterrichtung nicht gleichzeitig, so beginnt die Frist für die Ausübung des Vorkaufsrechts erst, wenn beide Tatbestandsmerkmale erfüllt sind. Das gleiche gilt, wenn sie bei einer Personenmehrheit auf Mieterseite gegenüber auch nur einem Mieter nicht oder nicht ordnungsmäßig erfüllt wird. Die Erfüllung dieser Pflicht ist aber nicht Voraussetzung dafür, daß der Mieter das Vorkaufsrecht ausüben kann. Er ist vielmehr berechtigt, die Ausübung des

Vorkaufsrechts zu erklären, sobald er – auf welche Weise auch immer – vom Verkaufsfall Kenntnis erlangt hat.

Die **Ausübung** des Vorkaufsrechts wird als **rechtsmißbräuchlich** angesehen, A 64
wenn der Mieter ersichtlich nicht in der Lage ist, den Kaufvertrag zu erfüllen (s. Blank WM 1993, 579, Schubart–Kohlenbach–Wienecke BGB § 570b Anm. 4). Da die Frist zur Ausübung des Vorkaufsrechts nur 2 Monate beträgt und der Mieter während dieser Zeit die Finanzierung in Gang setzen muß, wird man dem Vermieter keinen Auskunftsanspruch darüber einräumen können, ob der Mieter über das erforderliche Kapital verfügt (anders Blank a. a. O.).

e) Folgen bei Verletzung der Anzeigepflicht

Hat der Vermieter es unterlassen, dem Mieter den Verkaufsfall anzuzeigen und A 65
ist der Käufer bereits als Eigentümer ins Grundbuch eingetragen oder ist zu seinen Gunsten eine Auflassungsvormerkung eingetragen, so läuft das Vorkaufsrecht des Mieters leer. Er kann es dann nicht mehr wirksam ausüben, sondern ist auf Schadensersatzansprüche angewiesen (Fischer-Dieskau–Bellinger WoBindG § 2b Anm. 5.1, MK-Voelskow BGB § 570b Rdn. 6, Blank WM 1993, 580, Maciejewski MM 1994, 139). Hat der Mieter das Vorkaufsrecht ausgeübt, so kann er sich durch Eintragung einer Auflassungsvormerkung sichern (a. A. Schmidt DWW 1994, 71). Hierfür kann er sich einer einstweiligen Verfügung nach § 885 BGB bedienen; dazu braucht er nicht einmal die Gefährdung des zu sichernden Anspruchs glaubhaft zu machen. Aber auch diese Sicherungsmöglichkeit verfehlt ihre Wirkung, wenn bereits zugunsten des Käufers eine Vormerkung oder dieser sogar als Eigentümer ins Grundbuch eingetragen ist.

f) Abweichende Vereinbarungen

Vereinbarungen über das Vorkaufsrecht, die **zum Nachteil** des Mieters von den A 66
gesetzlichen Vorschriften abweichen, sind unwirksam (§ 570 Abs. 4 BGB); dagegen sind begünstigende Vereinbarungen (z. B. Vereinbarung einer längeren Ausübungsfrist, Vererblichkeit des Vorkaufsrechts) zulässig. Das Verbot von Vereinbarungen, die den Mieter benachteiligen, gilt auch gegenüber dem Dritten, ebenso für vertragliche Absprachen zwischen dem veräußernden Vermieter und dem Dritten. Hierunter fällt auch ein Verzichtsvertrag zwischen dem Mieter und dem Vermieter oder dem Dritten, bevor der Vorkaufsfall eingetreten ist, etwa vor Beurkundung des Kaufvertrages. Zweifelhaft erscheint, ob der Mieter nach Eintritt des Vorkaufsfalls auf sein Recht wirksam verzichten kann. Dafür spricht, daß es ihm freisteht, von diesem Recht Gebrauch zu machen (so Blank WM 1993, 580). Dagegen kann geltend gemacht werden, daß der Verzichtsvertrag, der vor Ablauf der Überlegungsfrist abgeschlossen wird, dem Mieter diesen Schutz nimmt (Fischer-Dieskau–Bellinger WoBindG § 2 Anm. 6, Maciejewski MM 1994, 139). Da der Mieter sich aber dafür entscheiden kann, schon vor Ablauf der Überlegungsfrist sein Vorkaufsrecht auszuüben, wird man ihn nicht davor zu bewahren brauchen, auch vorzeitig auf ein solches Recht zu verzichten (so auch MK-Voelskow BGB § 570b Rdn. 8, wenn zuvor der Verkaufsfall ordnungsmäßig mitgeteilt worden ist). Vor Überrumpelungen ist er außer durch die Möglichkeit der Anfechtung auch durch Schadensersatzansprüche aus Verschulden bei Ver-

tragsverhandlungen (vgl. dazu Sternel Mietrecht I 256 f.) und gegebenenfalls das Haustürwiderrufsgesetz geschützt (zur Anwendung im Mietrecht vgl. Rdn. 32).

B. Änderungen des Miethöhengesetzes

1. Ausweitung des Vergleichsmietenbegriffs

a) Rückgriff auf Mieten der letzten 4 Jahre

A 67 Die ortsübliche Miete ist aus den gezahlten Mieten der letzten 4 Jahre anstatt bisher der letzten 3 Jahre zu ermitteln (§ 2 Abs. 1 S. 1 Nr. 2 MHG). Die **Regelung dient** dazu, den besonders starken Einfluß von Mieten aus Neuvermietungen auf das Mietzinsniveau abzuschwächen, und ist auf den Vorschlag des Bundesrats zurückzuführen, praktisch die frühere Regelung vor der Mietrechtsnovelle vom 20. 12. 1982 (vgl. BGBl. I S. 1912) wiederherzustellen (vgl. BT-DS. 12/3254 S. 28, BT-DS. 12/5224 S. 1). Dadurch hätte der Vergleichsmietenbegriff wieder linear und nicht stufenförmig begriffen werden können. Damit wäre der Kontinuität der Mietentwicklung besser Rechnung getragen und es wären Überschneidungen der Vergleichsmietenphasen vermieden worden.

Die Änderung des Vergleichsmietenbegriffs wird sich nur geringfügig auf das Mietenniveau auswirken. Das haben die Daten für den Hamburger Mietenspiegel 1993 ergeben, die zunächst nach dem bisherigen Vergleichsmietenbegriff ausgewertet wurden und im Verlauf der weiteren Arbeiten am Mietenspiegel dem neuen Vergleichsmietenbegriff angepaßt wurden (Quelle: Grundlagendaten für den Hamburger Mietenspiegel 1993, Endbericht 1994, erstellt vom Institut „Forschung + Beratung für Wohnen, Immobilien und Umwelt", Hamburg).

Maßgeblicher **Zeitpunkt für die Ermittlung** der Vergleichsmiete im konkreten Fall ist der Zugang des Zustimmungsverlangens, nicht etwa der Wirkungszeitpunkt der Mieterhöhung nach § 2 Abs. 3 MHG (vgl. BayObLG – RE vom 27. 10. 1992 – NJW-RR 1993, 202 = WM 1992, 677). Der neue Vergleichsmietenbegriff kommt nur bei solchen Erhöhungsverlangen zum Tragen, die dem Mieter nach dem 31. 8. 1993 zugegangen sind (vgl. Art. 6 Abs. 1 des 4. MietRÄndG).

A 68 Der Vermieter muß dem neuen Vergleichsmietenbegriff bereits bei der Begründung des Zustimmungsverlangens Rechnung tragen und daher eine gewisse **Streuung der Mieten beachten.** Auch wenn die Begründung dem Mieter nur Informationshinweise auf das ortsübliche Mietenniveau geben soll (vgl. BGH – RE vom 20. 9. 1982 – BGHZ 84, 392 = WM 1982, 324, OLG Schleswig – RE vom 31. 10. 1983 – WM 1984, 23, OLG Frankfurt – RE vom 20. 3. 1984 – WM 1984, 123, OLG Karlsruhe – RE vom 7. 5. 1984 – WM 1984, 188), müssen sie dennoch so zuverlässig sein, daß er naheliegend in Betracht ziehen kann, daß die geforderte Miethöhe der ortsüblichen Miete entspricht. Dem wird nicht genügt, wenn der Vermieter sich ausschließlich an Mieten aus Neuabschlüssen orientiert; denn damit verwendet er einen gesetzeswidrigen Maßstab. Dagegen braucht die Streuung im Mieterhöhungsverlangen nicht repräsentativ zu sein; denn die Repräsentanz betrifft nur die materielle Begründetheit des Zustimmungsverlangens.

Es erscheint als grundsätzliches Mißverständnis der Rechtsprechung (vgl. insbesondere OLG Frankfurt a. a. O., OLG Schleswig a. a. O., OLG Karlsruhe a. a. O.), die Begründung des Mieterhöhungsverlangens lediglich als Durchgangsstadium für den späteren Zustimmungsprozeß zu werten und deshalb die Anforderungen hieran derart abzusenken, daß sie ohne Aussagewert sind. Damit wird die Befriedungsfunktion, die von der Begründungspflicht gerade ausgehen soll, konterkariert.

b) Auswirkung auf Mietspiegel

Mietspiegel, die noch auf der Grundlage der bisherigen Regelung erstellt worden sind, gelten als **veraltete Mietspiegel** im Sinne von § 2 Abs. 6 MHG (Art. 6 Abs. 2 des 4. MietRÄndG). Sie können unbedenklich als förmliches Begründungsmittel für ein Erhöhungsverlangen verwendet werden. Als Beweismittel sind sie jedoch nur bedingt tauglich; denn im Zweifel weisen sie nach dem erweiterten Vergleichsmietenbegriff ein zu hohes Mietniveau aus. Man kann nicht ohne weiteres davon ausgehen, daß einerseits das Alter von Mietspiegeln, die auf der Grundlage des bisherigen Vergleichsmietenbegriffs erstellt worden sind, und andererseits das Mietenniveau nach dem neuen Vergleichsmietenbegriff sich in ihren Wirkungen etwa ausgleichen (so aber Blank WM 1993, 504; gegen den Beweiswert veralteter Mietspiegel: Bub NJW 1993, 2897). In Betracht kann aber kommen, den nach dem RE des OLG Stuttgart vom 15. 12. 1993 (WM 1994, 59 = ZMR 1994, 109) zu berücksichtigenden Zeitzuschlag dadurch zu kompensieren, daß den älteren Mietspiegeln noch der bisherige Vergleichsmietenbegriff zugrundeliegt. A 69

2. Änderungen der Kappungsgrenze

a) Beschränkung der Kappungsgrenze für ältere Wohnungen

Die Kappungsgrenze ist für Wohnungen, die **vor dem 1. 1. 1981** fertiggestellt worden sind, befristet **bis zum 31. 8. 1998** auf 20% abgesenkt worden, es sei denn, daß die Ausgangsmiete unter DM 8,–/qm liegt (vgl. § 2 Abs. 1 S. 1 Nr. 3 S. 2 MHG). Es kommt nicht auf die Fertigstellung des Gebäudes, sondern der Wohnung an. Damit ist die Bezugsfertigkeit gemeint. Hierfür kann an die Definition in § 13 Abs. 3 WoBindG angeknüpft werden. Die Ausführung von Restarbeiten, deren Durchführung es dem Mieter nicht unzumutbar macht, die Wohnung zu benutzen, steht der Annahme der Bezugsfertigkeit nicht entgegen (OLG Düsseldorf WM 1995, 439). Auf das Datum der Bezugsfertigkeit ist auch abzustellen, wenn die Wohnung durch Ausbau, Anbau oder Aufstockung geschaffen worden ist. Durch das Zusammenlegen oder die Aufteilung von Wohnungen wird kein neuer Wohnraum geschaffen; daher bleiben solche Maßnahmen außer Betracht (vgl. Begründung zum Regierungsentwurf BT-DS. 12/3254 S. 13, vgl. zu § 2 MHG: Barthelmess Rdn. 49, Schubart–Kohlenbach Anm. 6, Schilling S. 130 f., a. A. Blank WM 1993, 505). Anders kann es sich verhalten, wenn die Aufteilung der Wohnung zugleich als Umbau im Sinne von § 17 II. WoBauG zu werten ist. Die Anknüpfung an den Stichtag 31. 12. 1980 ist damit begründet worden, daß die Investoren, die zur Behebung der Wohnungsnot Anfang der achtziger Jahre beigetragen haben, in ihrem Vertrauen auf den Fortbestand der Regelung nicht enttäuscht werden sollten (Begründung des Regierungsentwurfs a. a. O. S. 8, kritisch hierzu Emmerich DWW 1993, 316, auch Bub NJW 1993, 2898). A 70

A 71 Die verminderte Kappungsgrenze kommt nur zum Tragen, wenn der Mietzins, dessen Erhöhung verlangt wird, nicht mehr als DM 8,-/qm **netto kalt** beträgt (§ 2 Abs. 1 Nr. 3b MHG). Umstritten ist, ob damit der zuletzt gezahlte Mietzins oder die **Ausgangsmiete**, die der Berechnung der Kappungsgrenze zugrunde liegt, gemeint ist (für erstere Auffassung: Börstinghaus WM 1995, 242, LG Freiburg WM 1995, 441, für letztere Auffassung: LG Hamburg MDR 1995, 353 = WM 1995, 271). Der Wortlaut spricht für die erstere Auffassung; Systematik und Sinn der Vorschrift sprechen dagegen für die letztere Auffassung, der der Vorzug zu geben ist. Dabei ist zugrunde zu legen, daß die ermäßigte Kappungsgrenze – welcher Auffassung man auch folgt – von der sog. Ausgangsmiete her zu berechnen ist. Das ist derjenige Mietzins, der vor drei Jahren geschuldet war, zurückgerechnet vom Zeitpunkt der erstrebten Mieterhöhung an (vgl. Barthelmess MHG § 2 Rdn. 56, Bub–Treier, Rdn. III 346 f., Sternel Rdn. III 626 f.). Eine am Wortlaut ausgerichtete Gesetzesauslegung würde zu sinnwidrigen Ergebnissen führen, wie das folgende Beispiel zeigt:

	Mietverhältnis Wohnung A	Mietverhältnis Wohnung B
Miete am 1. 5. 1991	DM 7,- /qm	DM 7,- /qm
Mieterhöhung zum 1. 5. 1993	DM 7,95/qm	DM 8,05/qm
Mieterhöhungsverlangen zum 1. 12. 1994	DM 10,- /qm	DM 10,- /qm
Berechnung der Kappungsgrenze: Miete am 1. 12. 1991	DM 7,- /qm	DM 7,- /qm
nach dem Gesetzeswortlaut	+ 30%	+ 20%
	DM 9,10/qm	DM 8,40/qm
richtig: Miete am 1. 12. 1991	DM 7,- /qm	DM 7,- /qm
Kappungsgrenze	+ 30%	+ 30%
	DM 9,10/qm	DM 9,10/qm

In Fällen, in denen der Wortlaut des Gesetzes eine unplausible Aussage ergibt, kann zur Klärung auf die systematische und historische Auslegungsmethode zurückgegriffen werden. Der Mietzins, dessen Erhöhung verlangt wird, kann mit der Ausgangsmiete identisch sein (so der Sachverhalt, der dem RE des OLG Hamm vom 27. 6. 1990 – WM 1990, 333 – zugrunde lag, oder Fälle der noch nicht erhöhten Neuabschlußmiete, s. Barthelmess MHG § 2 Rdn. 54, Bub–Treier Rdn. III 346). Zwischen beiden Begriffen besteht also kein unüberbrückbarer Gegensatz. Da der Gesetzgeber in den Materialien stets von „Mietzins, dessen Erhöhung verlangt wird (Ausgangsmiete)" gesprochen hat (s. die Nachweise bei Schilling, S. 34 Ziff. 2, 131 Ziff. 1, 5), ist nicht auszuschließen, daß er keine eindeutige begriffliche Trennung vorgenommen hat – möglicherweise weil er die systematische Bedeutung im Laufe des Gesetzgebungsverfahrens nicht im Auge hatte.

A 71a Der Mietzins, der in § 2 Abs. 1 Nr. 3 MHG a. F. nicht um mehr als 30% erhöht werden sollte, war die sog. Ausgangsmiete. Daran hat die Neufassung des Gesetzes nichts geändert. Dafür, daß dieses Verständnis auch für die Ermittlung der ermäßigten Kappungsgrenze gilt, spricht § 2 Abs. 1 Nr. 3b S. 2 MHG („Ist der Mietzins geringer . . ."). Diese Regelung ergibt nur Sinn, wenn die gleiche Ausgangslage besteht wie in § 2 Abs. 1 Nr. 3b S. 1 („. . . der Mietzins sich innerhalb eines Zeitraumes . . ."). Die Kritik von Börstinghaus WM 1995, 242 an der Entscheidung des LG Hamburg WM 1995, 271, deren Ergebnis auch der Verfasser zuneigt, überzeugt nicht. Die Grenzen richterlicher Gesetzesauslegung werden durch dieses Auslegungsergebnis gewahrt (s. BVerfG – Kammerbeschluß vom 11. 7. 1995 – ZMR 1995, 462). Es überrascht, daß Börstinghaus den Mietzinsbegriff in Ziffer 3 („. . . der Mietzins sich innerhalb eines Zeitraumes . . .") nicht als Ausgangsmiete verstehen will. Eben dieser Mietzins darf sich innerhalb eines Zeitraums von drei Jahren nicht um mehr als 30% verändern, weshalb man zwangsläufig in eine retrospektive Betrachtung der Mietentwicklung gelangt. Hiervon geht auch Börstinghaus in anderem Zusammenhang zutreffend aus (s. Mieterhöhung bei Wohnraummietverträgen, 2. Aufl., Rz. 125). Die von ihm zitierten Quellen stützen seine Kritik nicht. Bub–Treier–Schultz verwenden den Begriff „Ausgangsmiete" mehrdeutig, im Zusammenhang mit der Kappungsgrenze im hier verstandenen Sinn (s. Rdn. III A 346). Dem Rechtsentscheid des OLG Hamm vom 27. 6. 1990 (WM 1990, 333) lag der Fall zugrunde, daß Ausgangsmiete und zuletzt gezahlte Miete identisch waren. Der RE des BayObLG vom 23. 1. 1984 (WM 1984, 48) gibt für das hier in Rede stehende Problem nichts her. Die Materialien sind, wie die Nachweise bei Schilling a. a. O. ergeben, nicht eindeutig, was die Differenzierung von zuletzt gezahlten Mieten und Ausgangsmieten anbelangt.

Ist die **Ausgangsmiete niedriger** als DM 8,–/qm und würde deshalb an sich eine Kappungsgrenze von 30% gelten, so ist als Mietobergrenze der Betrag von DM 9,60/qm zu beachten. Sie darf durch den verlangten Mietzins nicht überschritten werden. Die Regelung dient dazu, den Inplausibilitäten zu begegnen, die sich für Ausgangsmieten zwischen DM 7,39 bis DM 8,–/qm (und höher) ergeben würden (vgl. Blank WM 1993, 505, Schilling, S. 139).

A 72

Gilt eine **Inklusiv- oder Teilinklusivmiete**, so muß desweiteren der Betriebskostenanteil aus der Miete herausgerechnet werden. Es handelt sich hierbei um denjenigen Anteil, der bei der letzten Mietzinsbildung durch Vereinbarung oder Mieterhöhung nach §§ 2, 4 Abs. 2 MHG bestand. Der Gesetzgeber hat allerdings im Anschluß an OLG Stuttgart – RE vom 13. 7. 1983 – NJW 1983, 2329 die Meinung geäußert, daß der zur Zeit des Mieterhöhungsverlangens konkret auf die Wohnung entfallende Betriebskostenanteil abzuziehen sei (Rechtsausschuß BT-DS. 12/5110 S. 16, ebenso Börstinghaus WM 1994, 307, Emmerich DWW 1993, 517, Schilling S. 138). Der RE des OLG Stuttgart vom 13. 7. 1983 ist nicht einschlägig. Er mag für die Begründung eines Mieterhöhungsverlangens praktikabel sein. Seine Berücksichtigung bei der Ermittlung der Kappungsgrenze führt jedoch zu einem verfälschten Wert. Geht man von der Erfahrung aus, daß der aktuelle Betriebskostenstand höher ist als derjenige wie vor 3 Jahren, so ergibt sich zum Nachteil des Vermieters eine niedrigere Ausgangsmiete. Da der Gesetzgeber nach der Neuregelung die Kappungsgrenze ausgehend von der Netto-Kaltmiete ermittelt wissen will, erscheint es fraglich, ob die bisherige Auffassung, bei Geltung von Inklusivmieten die Kappungsgrenze einschließlich der Betriebsko-

A 73

stenanteile zu berechnen, noch zutrifft (s. Rdn. 579, dagegen Blank WM 1993, 505). Bejaht man das, so müßte im vorliegenden Zusammenhang die Kappungsgrenze doppelt berechnet werden. Dadurch wird aber auch augenscheinlich, daß in diesem Zusammenhang nicht von dem aktuellen Betriebskostenstand ausgegangen werden darf. Dieser kann aber zu einer Mieterhöhung nach § 4 Abs. 2 MHG Anlaß geben.

A 74 Die ermäßigte Kappungsgrenze ist nur auf solche Erhöhungsverlangen anzuwenden, die dem Mieter nach Inkrafttreten des Gesetzes am 1. 9. 1993 **zugegangen** sind (vgl. OLG Frankfurt – RE vom 8. 12. 1983 – NJW 1984, 741). Sie gilt also nicht für Erhöhungsverlangen, die vor dem Stichtag zugestellt worden sind, jedoch erst danach Wirkungen entfalten (s. Art. 6 Abs. 1 des 4. MietRÄndG). Die Regelung ist zeitlich befristet auf Erhöhungsverlangen, die dem Mieter vor dem 1. 9. 1998 zugegangen sind (§ 2 Abs. 1 S. 1 Nr. 3a MHG).

A 75 Nach bisher herrschender Meinung braucht der Vermieter im Mieterhöhungsverlangen nicht darzulegen, die Kappungsgrenze eingehalten zu haben. Vielmehr handelt es sich um eine **Voraussetzung für die Schlüssigkeit der Zustimmungsklage** nach § 2 MHG (OLG Karlsruhe – Beschluß vom 11. 1. 1984 – 3 RE Miet 6/83, OLG Koblenz WM 1984, 47 = ZMR 1984, 140). Hieran dürfte sich nichts geändert haben, auch wenn die Berechnung der Kappungsgrenze komplizierter geworden ist (abweichend Blank WM 1993, 505). Die Angabe über die Bezugsfertigkeit der Wohnung ist also nicht zwingender Bestandteil des Mieterhöhungsverlangens.

A 76 Für **Wohnungen ehemals gemeinnütziger Wohnungsunternehmen** ist eine weitere Beschränkung der Kappungsgrenze zu beachten: Durch Art. 21 § 4 SteuerreformG 1990 sind die Länder ermächtigt worden, im Verordnungswege die Kappungsgrenze auf 5% jährlich abzusenken, soweit es sich um Mietverhältnisse handelt, die vor dem 1. 1. 1990 begründet worden sind (vgl. dazu Halstenberg WM 1991, 458, ferner MK-Voelskow MHG § 2 Rdn. 33). Von dieser Ermächtigung haben die meisten der alten Bundesländer Gebrauch gemacht. Die Regelungen, die im Ergebnis eine Kappungsgrenze von 15% für Mieterhöhungen innerhalb von 3 Jahren vorsehen, ist verfassungsmäßig (BVerfG – Beschluß vom 10. 8. 1992 – WM 1992, 670, Beschluß vom 27. 7. 1993 – ZMR 1993, 502). Die Regelung über die niedrigere Kappungsgrenze geht als spezielleres Gesetz der Neuregelung der Kappungsgrenze im MHG vor. Sie läuft zum 31. 12. 1995 aus. Ein Mieterhöhungsverlangen kann vor diesem Termin so rechtzeitig zum 1. 1. 1996 gestellt werden, daß der Vermieter die Kappungsgrenze nach § 2 Abs. 1 Nr. 3 MHG berechnen kann. Er muß allerdings dabei die Wartefrist nach § 2 Abs. 1 Nr. 1 MHG beachten (s. dazu Rdn. 566).

b) Modernisierungsbedingte Kürzungsbeträge und Kappungsgrenze

A 77 Hat der Vermieter **öffentliche Förderungsmittel** oder ein **Mieterdarlehn** zur Modernisierung erhalten, so sind die Kürzungsbeträge, die sich aus § 3 Abs. 1 S. 3 bis 7 MHG ergeben, von der Mieterhöhung abzuziehen. Der Gesetzgeber hat durch die Neufassung des § 2 Abs. 1 S. 2 MHG klargestellt, daß der Abzug von der an sich gerechtfertigten Vergleichsmiete und nicht von der „gekappten" Miete vorzunehmen ist. Der Unterschied zur bisherigen Regelung wird an folgendem Beispiel gezeigt.

Der Fall: Die vereinbarte monatliche Miete (= Ausgangsmiete) betrug DM 300,-; angestrebt wird eine ortsübliche Miete von DM 420,-. Wegen öffentlicher Modernisierungsförderung ist ein Kürzungsbetrag von DM 60,- zu beachten.

	bisherige Regelung	neue Regelung
Ausgangsmiete	DM 300,-	DM 300,-
Kappungsgrenze 30%	DM 90,-	DM 90,-
„gekappte" Miete	DM 390,-	DM 390,-
ortsübliche Miete		DM 420,-
Kürzungsbetrag	– DM 60,-	– DM 60,-
Mietobergrenze:	DM 330,-	DM 360,-

Die Neuregelung verbessert also die Rechtsstellung des Vermieters nicht nur unwesentlich.

c) Zur Kappungsgrenze bei fehlbelegten Wohnungen

Eine **modifizierte Regelung** gilt für solche Wohnungen, die mit öffentlichen Mitteln gefördert waren, jedoch nicht mehr preisgebunden sind, sofern der Mieter bis zum Wegfall der Preisbindung verpflichtet war, eine Fehlbelegungsabgabe nach dem AFWoG vom 22. 12. 1982 (BGBl. I 1532, 1542) zu entrichten. Die Tragweite der Regelung erschließt sich aus ihrem Sinn: Die Kappungsgrenze soll die Mieter von billigen Wohnungen vor starken Mietzinssteigerungen schützen. Hierfür besteht bei Fehlbelegern aber kein Anlaß, soweit deren Belastung mit Wohnkosten sinkt, wenn eine Fehlbelegungsabgabe nicht mehr geschuldet wird (vgl. Bericht des Rechtsausschusses BT-DS. 12/5110 S. 16). In dem Umfang, in dem die Wohnkostenbelastung wegen Wegfalls der Fehlbelegungsabgabe sinkt, greift die Kappungsgrenze nicht. Soweit also der Vermieter ein Erhöhungsverlangen stellt, durch das die bisherige Miete zuzüglich der Fehlbelegungsabgabe nicht überschritten wird, gilt die Kappungsgrenze schlechthin nicht. Überschreitet das Mieterhöhungsverlangen diese Grenze, so ist – je nach Baualter und bisheriger Miethöhe – die Kappungsgrenze von 20% oder 30% zu berechnen. In jedem Fall hat der Vermieter alle sonstigen förmlichen und materiellen Voraussetzungen für ein Mieterhöhungsverlangen einzuhalten. Das ist insbesondere für den Wohnungsbestand der früheren gemeinnützigen Wohnungsunternehmen bedeutsam, soweit diese aufgrund des Gesetzes zur Überführung der Wohnungsgemeinnützigkeit in den allgemeinen Wohnungsmarkt vom 25. 7. 1988 (BGBl. I 1093, 1136) und den dazu ergangenen Verordnungen der Länder die Kappungsgrenze von 5% jährlich einhalten müssen. Die Regelung in § 2 Abs. 1a MHG hat gegenüber diesen Vorschriften als Sondernorm den Vorrang. Das folgt daraus, daß jene die Anwendung einer Kappungsgrenze voraussetzen. Daran fehlt es aber im Geltungsbereich des § 2 Abs. 1a MHG. Auch rechtfertigt es nicht der Zweck des Gesetzes, die Fehlbeleger von Wohnungen früherer gemeinnütziger Wohnungsunternehmen gegenüber anderen Fehlbelegern zu bevorzugen.

A 78

A 79 Zu beachten ist, daß die **ortsübliche Miete** in jedem Fall die **Obergrenze** für die Mieterhöhung bleibt. Die Regelung soll anhand des folgenden Beispiels verdeutlicht werden:

preisgebundene Miete	DM 7,00/qm
Fehlbelegungsabgabe	DM 2,80/qm
Wohnkostenbelastung	DM 9,80/qm
verlangte ortsübliche Miete nach § 2 MHG	DM 9,40/qm

Obwohl die **Kappungsgrenze** bei DM 9,10/qm (DM 7,– + 30%) liegt, **kann** diese hier **überschritten werden.** Andererseits kann der Vermieter nicht die bisherige Fehlbelegungsabgabe „abschöpfen", sondern ist an die ortsübliche Miete gebunden. Läge diese bei DM 10,–/qm, so könnte er die Miete bis auf DM 9,80/qm erhöhen. Läge sie dagegen nur bei DM 9,–/qm, so würde dieser Betrag die Obergrenze bilden.

A 80 Dem Vermieter steht gegenüber dem Mieter ein **Auskunftsanspruch** über dessen Verpflichtung zur Ausgleichszahlung und deren Höhe zu. Der Auskunftsanspruch kann frühestens 4 Monate vor dem Wegfall der öffentlichen Bindung geltend gemacht werden. Ein verfrühtes Auskunftsverlangen ist unwirksam und daher unbeachtlich (vgl. Blank WM 1993, 506). Das Auskunftsverlangen bedarf keiner Form. Der Mieter muß die Auskunft innerhalb eines Monats erteilen. Auch die Auskunft ist nicht formgebunden. Von der zuständigen Behörde kann der Vermieter keine Auskunft verlangen und erhalten; dem stehen Gründe des Datenschutzes entgegen.

Erteilt der Mieter die Auskunft nicht, unrichtig oder verspätet, so wird er hierdurch gegenüber dem Vermieter aus positiver Vertragsverletzung schadensersatzpflichtig. Der Schaden wird sich in der Regel auf die zusätzliche Miete beziehen, die der Vermieter bei ordnungsmäßiger Auskunfterteilung hätte erzielen können (vgl. Barthelmess MHG § 2 Rdn. 57 S. 402, Bub WM 1993, 289, Blank WM 1993, 506). Verzögert der Mieter die Auskunft, so kann der Vermieter nicht davon ausgehen, daß der Mieter die höchstzulässige Fehlbelegungsabgabe geschuldet habe (so aber MK-Voelskow MHG § 2 Rdn. 26); vielmehr muß er auf Auskunft klagen (vgl. Bub NJW 1993, 2898).

A 81 Daraus, daß der Vermieter die **Auskunft** noch **während der Zeit der Preisbindung** verlangen kann, läßt sich nicht ableiten, daß er berechtigt ist, noch während dieser Zeit ein Erhöhungsverlangen zu stellen. Die gegenteilige Auffassung entspricht zwar im Anschluß an die Rechtsentscheide des OLG Hamm vom 9. 10. 1980 (WM 1990, 262) und des KG vom 29. 1. 1982 (NJW 1982, 2077) der herrschenden Meinung. Jedoch widerspricht diese der klaren Gesetzeslage, gemäß der das MHG auf Mietverhältnisse über preisgebundenen Wohnraum nicht anzuwenden ist (vgl. § 10 Abs. 3 Nr. 1 MHG). Das gilt nicht etwa nur für die Regelung über die Miethöhe selbst, sondern auch für das Mieterhöhungsverfahren. Für eine verfassungskonforme Auslegung, durch die vermieden werden soll, den Vermieter von ehemals preisgebundenen Wohnraum gegenüber anderen Vermietern zu benachteiligen, damit er alsbald in den Genuß einer marktüblichen Miete gelangen kann, ist kein Raum. Zum einen ist die **Gesetzeslage** selbst **eindeutig** und nicht auslegungsbedürftig. Zum anderen hat das BVerfG wiederholt ausgesprochen, daß der Vermieter durch Inanspruchnahme staatlicher Hilfen eine andere

Qualität von Eigentum gegenüber frei finanziertem Eigentum erworben hat, das die Nachwirkungen der damit verknüpften früheren Bindungen zuläßt (vgl. BVerfGE 71, 230, 250 = WM 1986, 101, WM 1991, 575 zur Kappungsgrenze; ZMR 1992, 483 zur besonderen Kappungsgrenze bei früherer Wohnungsgemeinnützigkeit). Für die hier vertretene Auffassung spricht auch die Neuregelung des § 10 Abs. 3 Nr. 1 MHG (vgl. auch Rdn. 569). Der Grundsatz, daß das MHG nicht auf preisgebundenen Wohnraum anzuwenden ist, wird für die Auskunftspflicht des Fehlbelegers nach § 2 Nr. 1a MHG durchbrochen. Eine solche Regelung ergibt nur einen Sinn, wenn keine Vorschrift – auch keine Verfahrensvorschrift, schon gar keine fristauslösende – während der Dauer der Preisbindung anzuwenden ist. Sie wäre dagegen überflüssig, wenn sich die Verbotsvorschrift in § 10 Abs. 3 Nr. 1 MHG nur auf die Mietzinsgestaltung als solche bezöge.

Die Regelung ist **nicht befristet**. Sie gilt nur für diejenigen Mietverhältnisse, für die die Mietpreisbindung nach Inkrafttreten des Gesetzes am 1. 9. 1993 geendet hat (Barthelmess a. a. O., Schilling S. 141, a. A. Blank WM 1993, 506). Andernfalls würde eine unzulässige Rückwirkung zu Lasten des Mieters eintreten. Mit der Beendigung der Preisbindung erlischt nämlich die Verpflichtung, eine Fehlbelegungsabgabe zu entrichten. Damit sinkt die Wohnbelastung. Dieser einmal eingetretene Vermögensvorteil kann nicht im Nachhinein durch Auslegung beseitigt werden. A 82

3. Mieterhöhung durch bauliche Maßnahmen zur Einsparung von Wasser

Zu den baulichen Maßnahmen zählen nunmehr auch solche, die der Einsparung von Wasser dienen. Gemeint ist insbesondere der **Einbau von Kaltwasserzählern** in Wohnungen. Entsprechend der Neuregelung in § 3 Abs. 1 MHG ist die Duldungspflicht des Mieters in § 541b Abs. 1 BGB erweitert worden. Im Kontext hierzu steht außerdem die dem Vermieter eingeräumte Möglichkeit, die Kosten der Wasserversorgung und Entwässerung ganz oder teilweise nach dem erfaßten unterschiedlichen Wohnverbrauch der Mieter abzurechnen (vgl. § 4 Abs. 5 Nr. 1 MHG). Werden die Kaltwasserzähler nur geleast, so zählen die Leasingkosten zu den Betriebskosten der Wasserversorgung (vgl. § 27 II. BV Anl. 3 Nr. 2). Für den preisgebundenen Wohnraum ergibt sich die entsprechende Rechtslage aus § 11 Abs. 6 II. BV und § 6 NMV. Jedoch darf die Maßnahme nur berücksichtigt werden, wenn ihr die Bewilligungsstelle zugestimmt hat (§ 11 Abs. 7 II. BV). A 83

4. Neuregelung der Wirkungsfrist und der Anzeigepflicht bei modernisierungsbedingten Mieterhöhungen

a) Wirkungszeitpunkt der Mieterhöhung

Der Wirkungszeitpunkt für die Mieterhöhung ist auf den Beginn des auf die Erklärung folgenden übernächsten Monats hinausgeschoben worden (§ 3 Abs. 4 MHG). Es kommt also nicht mehr darauf an, ob das Erhöhungsverlangen dem Mieter vor oder nach dem 15. eines Monats zugegangen ist. Das entspricht der Regelung in § 11 Abs. 5 MHG für Mieterhöhungen in den neuen Bundesländern. Damit ist dem Streit darüber, ob § 11 Abs. 5 MHG auch für Mieterhöhungen nach § 3 MHG in den neuen Bundesländern gilt, der Boden entzogen. A 84

b) Folgen bei Verletzung der Anzeigepflicht des Vermieters

A 85 Die in § 3 Abs. 2 MHG geregelte Obliegenheit des Vermieters, die Mieterhöhung anzukündigen, die neben der Verpflichtung aus § 541b Abs. 2 BGB bestand, ist aus Gründen der Rechtsvereinfachung aufgehoben worden. Außerdem ist vorgesehen, daß der Wirkungszeitpunkt der Mieterhöhung um 6 Monate – bisher 3 Monate – hinausgeschoben wird, wenn der Vermieter in der Ankündigung nach § 541b Abs. 2 BGB die zu erwartende Erhöhung des Mietzinses nicht mitgeteilt hat oder die tatsächliche Mieterhöhung die mitgeteilte um mehr als 10% übersteigt. Zu beachten ist, daß auch der voraussichtliche Anfall von Betriebskosten nach Grund und Höhe mitgeteilt werden muß (LG Berlin ZMR 1992, 546, LG Nürnberg-Fürth WM 1993, 670); denn die hieraus resultierende Belastung des Mieters mit Nebenkosten ist im Rahmen der Zumutbarkeitsprüfung zu beachten.

A 86 Da der Gesetzgeber die unterbliebene oder unrichtige Mitteilung nach § 541b Abs. 2 BGB nur insoweit mit Sanktionen belegt, als es die Mitteilung der Miethöhe anbelangt, bleiben die **Rechtsfolgen** einer im übrigen unrichtigen oder unterbliebenen Anzeige nach wie vor **umstritten.** Die gänzlich unterbliebene Mitteilung kann einer unterbliebenen Mitteilung (nur) der künftigen Mieterhöhung nicht gleichgesetzt werden (a. A. Barthelmess MHG § 3 Rdn. 40a).

Die Rechtslage stellt sich wie folgt dar: Nach dem RE des KG vom 1. 9. 1988 (NJW-RR 1988, 1420) soll die Erfüllung der Anzeigepflicht nach § 541b Abs. 2 BGB zugleich Anspruchsvoraussetzung für die Mieterhöhung nach § 3 MHG sein. Dieser Rechtsentscheid betrifft den Fall der **Außenmodernisierung** (Fassadendämmung), obgleich das KG seine grundsätzlichen Ausführungen nicht auf Fälle der Außenmodernisierung beschränkte.

Für einen Fall der **Innenmodernisierung** (Fenstereinbau) hat das OLG Stuttgart durch RE vom 26. 4. 1991 (WM 1991, 332 = ZMR 1991, 259) den vorher genannten Grundsatz dahin eingeschränkt, daß sich der Mieter auf die fehlende Ankündigung nicht berufen kann, wenn er die Maßnahme tatsächlich geduldet hat; dies verstieße gegen das Verbot des widersprüchlichen Verhaltens. Die Beschlüsse des OLG Frankfurt vom 3. 9. 1991 (WM 1991, 527) und des KG vom 16. 7. 1992 (NJW-RR 1992, 1362) betreffen zwar Außenmaßnahmen (Einbau einer Heizstation sowie eines Fahrstuhls), entfalten aber keine Bindungswirkung nach § 541 ZPO; beide Gerichte hätten die Sache vielmehr gemäß § 541 ZPO dem BGH vorlegen müssen, weil sie vom RE des Kammergerichts vom 1. 9. 1988 abgewichen sind. Letzterer ist für die sog. Außenmodernisierung also immer noch verbindlich.

A 87 Der **Gesetzgeber** hat die unterschiedliche Rechtsprechung, die daran anknüpft, ob es sich um eine Innen- oder Außenmaßnahme handelt, unbeachtet gelassen. Er hat auch nicht geregelt, welche Rechtsfolge gelten soll, wenn der Vermieter andere wesentliche Umstände als die künftige Mieterhöhung nicht oder nicht vollständig oder unrichtig mitgeteilt hat. Demgegenüber hatte der Bundesrat vorgeschlagen, daß in allen Fällen, in denen der Vermieter seine Anknündigungspflicht nicht oder nicht ordnungsmäßig erfüllt hat, der Vermieter eine Mieterhöhung nur insoweit verlangen darf, als der Mieter zur Duldung gemäß § 541b Abs. 2 BGB verpflichtet gewesen wäre (BT-DS. 12/3254 S. 1). Dies wäre ein dogmatisch richtiger Ansatz gewesen, der dem Vermieter außerdem Anlaß gegeben hätte, die erforderliche Sorgfalt auf die Ankündigungspflicht zu legen. Einer solchen Regelung hätte die Anwendung der Grundsätze von Treu und Glauben im Einzelfall nicht entgegengestanden.

Es ergeben sich nach allem die folgenden **Fallgestaltungen:**   A 88

(1) Der Vermieter kündigt die Maßnahme ordnungsmäßig an und teilt auch die künftige Mieterhöhung richtig mit:
Die Mieterhöhung wirkt auf den Beginn des übernächsten Monats.

(2) Der Vermieter kündigt die Maßnahmen ordnungsmäßig an und teilt auch die künftige Mieterhöhung mit; diese fällt aber um 10% höher als angekündigt aus:
Die Mieterhöhung wirkt erst 6 Monate später als im Falle (1).

(3) Der Vermieter kündigt die Maßnahme zwar fehlerhaft an, teilt aber die Mieterhöhung richtig mit:
(a) Bei einer Innenmodernisierung, die der Mieter duldet:
die Mieterhöhung wirkt wie im Falle (1) (OLG Stuttgart – RE vom 26. 4. 1991 – WM 1991, 332).
(b) Es handelt sich um eine Innenmodernisierung; der Mieter duldet die Maßnahme nicht:
Eine Mieterhöhung ist nicht zulässig, solange nicht die Duldungspflicht des Mieters feststeht.
(c) Es handelt sich um eine Außenmodernisierung; eine Duldung des Mieters liegt nicht vor:
Eine Mieterhöhung ist nicht zulässig (KG – RE vom 1. 9. 1988 – WM 1988, 399 – NJW-RR 1988, 1420).

(4) Der Vermieter unterläßt jegliche Ankündigung:
(a) Es handelt sich um eine Innenmodernisierung, die der Mieter duldet:
Die Mieterhöhung wirkt wie im Falle (2).
(b) Es handelt sich um eine Innenmodernisierung, die der Mieter nicht duldet: Eine Mieterhöhung ist nicht zulässig, so lange die Duldungspflicht des Mieters nicht feststeht.
(c) Es handelt sich um eine Außenmodernisierung: Eine Mieterhöhung ist nicht zulässig; auf die tatsächliche Duldung durch den Mieter kommt es nicht an (KG – RE vom 1. 9. 1988 – WM 1988, 389). Letzterem ist zwar das KG in seinem Beschluß vom 16. 7. 1992 (NJW 1992, 1362) entgegengetreten; jedoch bindet dieser Beschluß nicht nach § 541 ZPO.

5. Verbrauchsabhängige Abrechnung für Wasser-, Abwasser- und Müllabfuhrkosten

Der Vorschrift des **§ 4 MHG** ist ein **5. Absatz** hinzugefügt worden. Die darin   A 89
enthaltene Regelung gibt dem Vermieter die Befugnis, durch einseitige rechtsgestaltende Erklärung den Umlagemaßstab für die Kosten der Wasserversorgung, der Entwässerung und der Müllabfuhr verbrauchsbezogen zu ändern oder zu bestimmen, daß die genannten Kosten unmittelbar zwischen den Mietern und dem Leistungsträger abgerechnet werden. Sie steht im Kontext zu § 3 Abs. 1 MHG und § 541b Abs. 1 BGB und gilt unbefristet. Sie erfaßt alle Mietverhältnis-

se, die dem Anwendungsbereich des MHG unterliegen. Auf die Mietstruktur kommt es nicht an; auch wenn die genannten Kosten bisher nicht umlagefähig waren, stehen dem Vermieter die Befugnisse aus § 4 Abs. 5 MHG zu. Der Vermieter kann hierdurch auch die Mietstruktur beeinflussen. Seiner Berechtigung steht im Grundsatz keine entsprechende Verpflichtung gegenüber (vgl. Bub NJW 1993, 2899); eine solche besteht aber für preisgebundenen Wohnraum nach §§ 21, 22a NMV und bis zum 11. 6. 1995 für Wohnraum, der dem Anwendungsbereich der Grundmietenverordnungen unterlag, gemäß §§ 3 Abs. 4 S. 2, 3a BetrKostUV (vgl. Rdn. A 315 f. sowie die Vorauflage Rdn. A 158). Dem Vermieter steht ein Gestaltungsermessen im Rahmen des § 315 Abs. 3 BGB zu, das auf seine Billigkeit überprüfbar ist. Streitig ist, ob der Mieter in Ausnahmefällen vom Vermieter verlangen kann, daß dieser verbrauchsabhängig bzw. verbrauchsorientiert abrechnet (s. dazu Rdn. A 99). Die Regelung kann nicht zum Nachteil des Mieters abgeändert werden (vgl. § 10 Abs. 1 MHG).

a) Gestaltungsbefugnis des Vermieters

A 90 – Der Vermieter kann die Kosten für Wasser und Abwasser nur dann **verbrauchsabhängig abrechnen,** wenn Wohnungswasserzähler installiert sind. Es genügt nicht, wenn er ohne den Einbau solcher Erfassungsgeräte lediglich nach einem verbrauchsorientierten Maßstab – z. B. nach dem Verhältnis der in der Wohnung lebenden Personen oder der Anzahl der Wasserzapfstellen – abrechnen will (Blank WM 1993, 507). Das folgt unmittelbar aus dem Gesetz, in dem vom „**erfaßten Wasserverbrauch**" die Rede ist. Erforderlich ist, daß der Verbrauch für alle abzurechnenden Wohnungen des Gebäudes oder der Wirtschaftseinheit erfaßt wird. Die Voraussetzungen des § 4 Abs. 5 MHG liegen nicht vor, wenn nur ein Teil der Wohnungen mit Wohnungswasserzählern ausgestattet ist (anders wohl Schilling S. 154). Es ist nicht zwingend geboten, daß die gesamten Kosten verbrauchsabhängig abgerechnet werden. Der Vermieter soll ähnlich wie bei der Abrechnung von Heizkosten befugt sein, einen **gemischen Maßstab** anzuwenden (Blank WM 1993, 507, Fischer-Dieskau–Frantzioch MHG § 4 Anm. 11), z. B. zur Hälfte nach anteiliger Wohnfläche, zur Hälfte nach Verbrauch. Zulässig wäre es auch, den Verbrauch nur der Wohnungen gemäß dem Ergebnis des Wohnungswasserzählers und den Gemeinschaftsverbrauch nach anteiliger Wohnfläche abzurechnen. Stets muß der verbrauchsabhängige Maßstab das **maßgebliche** Gewicht haben. Das folgt aus dem gesetzgeberischen Ziel, die Mieter zur Einsparung von Wasser zu veranlassen.

– Die Kosten der Müllentsorgung können nach einem Maßstab umgelegt werden, der der **unterschiedlichen Müllverursachung** Rechnung trägt (z. B. nach der Größe der Müllgefäße). Ob dem eine Umlage nach Kopfanteilen genügen würde, erscheint zweifelhaft; unpraktikabel ist ein solcher Maßstab allemal (s. auch die Zweifel bei Blank WM 1993, 507).

A 91 – Der Vermieter kann vom Mieter auch beanspruchen, daß die genannten Kosten unmittelbar zwischen dem **Versorgungsunternehmen** und dem Mieter abgerechnet werden. Er muß allerdings zunächst sicherstellen, daß das Versorgungsunternehmen bereit und in der Lage ist, ab dem Zeitpunkt, zu dem er sein Gestaltungsrecht ausüben will, auch verbrauchsabhängig bzw. verbrauchsorientiert abrechnet (so auch Schilling S. 154). Ist das Versorgungsunternehmen außerstande oder nicht bereit eine solche Abrechnung durchzuführen, so steht dem Vermieter die Befugnis, die Abrechnungskompetenz zu verlagern, nicht zu (so auch Blank WM 1993, 507). Auch das folgt aus dem Gesetzeszweck, die Mieter zum sparsamen Umgang mit Wasser und zur Müllvermeidung anzuhalten.

Nach dem Gesetzeswortlaut beschränkt sich die Befugnis des Vermieters darauf, die **Abrechnungspflicht** zu **übertragen;** sie bezieht sich hingegen nicht auf die Übertragung der Pflicht zur Versorgung und Entsorgung selbst. Dies ist gewährleistungsrechtlich bedeutsam; denn für Störungen der Wasserversorgung und -entsorgung sowie der Müllabfuhr (z. B. infolge von Streik, Arbeiten am öffentlichen Versorgungsnetz) hat der Vermieter einzustehen; in der Regel ist der Mieter jedenfalls zur Minderung befugt und behält seinen Erfüllungsanspruch. Die Gesetzesmaterialien (BT-DS. 12/5224 S. 3, 4 a. E.) lassen indes darauf schließen, daß dem Gesetzgeber vorgeschwebt haben mag, daß der Vermieter durch einseitige Erklärungen auch unmittelbare Leistungsbeziehungen zwischen dem Mieter und dem Versorgungsunternehmen begründen könnte. Wie dies umzusetzen wäre, ist indes unklar. Über den Wortlaut des Gesetzes hinaus läßt sich ein weitergehendes Eingriffsrecht des Vermieters in das Vertragsgefüge nicht begründen (anders Blank WM 1993, 507, Fn. 12). A 92

An den Leistungsbeziehungen würde sich auch nichts ändern, wenn sich ein Versorgungsunternehmen zur **Direktabrechnung** bereiterklären würde. Daraus folgt nämlich keine Beendigung der Leistungsbeziehungen zum Vermieter und keine Verpflichtung des Versorgungsunternehmens, mit dem Mieter einen Versorgungsvertrag abzuschließen. Angesichts des in der Regel bestehenden erheblichen Ausfallrisikos und des Verwaltungsaufwandes kann ein rechtsgeschäftlich erheblicher Wille des Versorgungsunternehmens, in vertragliche Lieferbeziehungen zum Mieter zu treten, nicht unterstellt werden (so aber Blank a. a. O., Fischer-Dieskau–Frantzioch MHG § 4 Anm. 11).

b) Durchsetzung der Vertragsänderung

In förmlicher Hinsicht ist eine **einseitige, rechtsgestaltende Erklärung** des Vermieters erforderlich, die der gesetzlichen **Schriftform** bedarf. Die Formerleichterung des § 8 MHG ist nicht anzuwenden, weil die Erklärung des Vermieters kein sog. Massengeschäft betrifft (Barthelmess MHG § 4 Rdn. 16c, a. A. Blank WM 1993, 508, Fischer-Dieskau–Frantzioch MHG § 4 Anm. 13, Schilling S. 155). Die Gegenmeinung beachtet nicht, daß der Anwendungsbereich des MHG sich auf Mieterhöhungen nach §§ 2 bis 7 beschränkt, d. h. nur die Gegenleistung des Vermieters betrifft, den Vertrag selbst aber unberührt läßt. Dagegen greift § 4 Abs. 5 MHG auf Dauer in das Vertragsgefüge ein und hat mit seiner vertragsändernden Wirkung ein ungleich stärkeres Gewicht als eine Mieterhöhung. A 93

Inhaltlich muß die Erklärung des Vermieters die angestrebte Vertragsänderung eindeutig kenntlich machen. Dafür wird eine Begründung zu fordern sein, auch wenn sie vom Gesetz nicht ausdrücklich vorgeschrieben ist (vgl. Fischer-Dieskau–Frantzioch a. a. O.). Ist die Erklärung aus der Sicht eines verständigen Mieters nicht nachzuvollziehen, gibt sie insbesondere die gewünschte Vertragsänderung nicht oder nur unvollständig oder unplausibel wieder, so ist sie unwirksam. Der Inhalt der Erklärung hängt davon ab, welches Ziel der Vermieter verfolgt und welche Mietstruktur zwischen den Parteien bislang gilt:

(1) Ist eine **Netto-Kaltmiete** vereinbart, so muß der Vermieter angeben, welcher Umlageschlüssel nunmehr für welche Kosten (Wasser, Abwasser und Müllabfuhr) gelten soll. Er muß den Schlüssel derart konkretisieren, daß der Mieter das Ausmaß seiner künftigen Belastung erkennen kann. Der Vermieter sollte vor allem klarstellen, daß nicht nur der Eigenverbrauch, sondern auch der Gemeinschaftsverbrauch gemäß dem neuen Maßstab abgerechnet wird. Auch wird er mitzuteilen haben, ab welchem Zeitpunkt die Vertragsänderung wirkt.

A 94 (2) Gilt eine **(Teil-)Inklusivmiete** oder ist eine Betriebskostenpauschale vereinbart, so führt das Gestaltungsrecht des Vermieters dazu, daß die Mietstruktur verändert wird (a. A. Barthelmess MHG § 4 Rdn. 16d: Herabsetzung nur im Wege der Vereinbarung). Unerheblich ist, ob die vom Vermieter gemeinten Kosten als umlagefähig vereinbart sind oder nicht (vgl. Börstinghaus, ZMR 1994, 198). Der Vermieter muß auch hier angeben, welcher Umlageschlüssel für welche Kosten ab welchem Zeitpunkt gelten soll und wie sich anhand des geänderten Maßstabes der Anteil des Mieters künftig errechnet. Darüber hinaus sind die Kosten, die bisher durch die Miete oder Pauschale abgegolten waren, herauszurechnen. Die Miete ist entsprechend herabzusetzen. Der Anteil bestimmt sich nach den Verhältnissen zur Zeit der letzten Mieterhöhungsvereinbarung oder einer Mieterhöhung nach §§ 2, 4 MHG. Unrichtig und nicht zum Vorteil des Vermieters wäre es, im Anschluß an die RE des OLG Stuttgart vom 13. 7. 1983 (NJW 1983, 2329 = WM 1983, 285, 313) den aktuellen Kostenstand zugrundezulegen (so aber Blank WM 1993, 508). Hierdurch würde der Kürzungsanteil nämlich zu hoch ausfallen. Eine dem OLG Stuttgart entsprechende Betrachtungsweise wäre nur gerechtfertigt, wenn der Vermieter die Miete zunächst über § 4 Abs. 2 MHG gemäß dem aktuellen Betriebskostenstand erhöhen und anschließend die aktuelle Betriebskostenbelastung aus der Miete herausrechnen würde – sei es auch nur bezüglich derjenigen Betriebskostenarten, die er nunmehr nach Maßgabe des § 4 Abs. 5 MHG getrennt umlegen will. Die Herabsetzung der Miete ist wesentlicher Bestandteil der Gestaltungserklärung des Vermieters; denn sie ist Teil der Vertragsänderung. Der bisherige Mietanteil kann als Vorauszahlungsbetrag verlangt werden. Vermag der Vermieter nachzuweisen, daß dieser Teil zur Kostendeckung nicht ausreichen wird, so kann er einen höheren Betrag verlangen.

A 95 (3) Erstrebt der Vermieter eine **Direktabrechnung** der Kosten zwischen dem Versorgungsunternehmen und dem Mieter, so muß er angeben, welche Kosten hiervon betroffen werden sollen. Gilt eine Netto-Kaltmiete, so muß er die Vorauszahlungen, die der Mieter bislang an ihn entrichtete, senken. Gilt eine (Teil-)Inklusivmiete, so hat er die Mietanteile herauszurechnen und die Miete herabzusetzen. Andernfalls würde die Vertragsänderung nicht deutlich werden (vgl. Blank WM 1993, 508). Schließlich muß der Zeitpunkt, zu dem die Vertragsänderung gelten soll, mitgeteilt werden (s. Rdn. A 93).

c) Rechtsfolgen

Der Vermieter ist an das Ergebnis seiner Gestaltung **gebunden**. Er kann hiervon nach Zugang seiner Erklärung beim Mieter nicht mehr abweichen. Anders kann es sich aber dann verhalten, wenn er sich im Mietvertrag einen Änderungsvorbehalt bezüglich des Umlageschlüssels ausbedungen hat (s. Sternel Rdn. III 362, zu Formularklauseln s. Rdn. 126, 751). A 96

Der Vermieter kann seine **Gestaltungserklärung nur für künftige Abrechnungszeiträume** abgeben (Barthelmess MHG § 4 Rdn. 16c). Sie wirkt nur zum Beginn eines Abrechnungszeitraums. Eine verspätete Erklärung wirkt auf den Beginn des nächstfolgenden Abrechnungszeitraums. Wurde bisher nicht abgerechnet, weil eine Inklusivmiete oder eine Nebenkostenpauschale vereinbart war, so kann der Vermieter den Beginn des künftigen Abrechnungszeitraums im Rahmen des § 4 Abs. 1 MHG bestimmen. Das Gesetz sieht keine Vorankündigungsfrist vor. Fraglich erscheint aber, ob hieraus gefolgert werden muß, daß der Vermieter die Erklärung noch am Tag vor Beginn des neuen Abrechnungszeitraums abgeben darf (so Blank WM 1993, 508). Zu denken wäre vielmehr an eine Analogie zu den Fristen in § 4 Abs. 3 MHG. Wenn schon der Vermieter bei der Mieterhöhung wegen Betriebskostensteigerungen gewisse Fristen beachten muß, so erscheint dies bei dem schwerer wiegenden Eingriff in das Vertragsgefüge erst recht geboten.

Bei einem **Mieterwechsel im Verlauf einer Abrechnungsperiode** kann der Vermieter weder durch Vereinbarung noch durch eine Gestaltungserklärung für die laufende Periode von seiner Gestaltungsbefugnis nach § 4 Abs. 5 MHG Gebrauch machen. Das gilt nicht nur bei dem Eintritt eines Nachmieters in das bestehende Mietverhältnis, sondern auch bei Neuvermietungen. Dadurch wird die Einheitlichkeit des Abrechnungsmaßstabes gewährleistet. Hatte der Vermieter seine Rechte aus § 4 Abs. 4 MHG für die laufende Abrechnungsperiode bereits ausgeübt, so besteht die erwähnte Beschränkung im Falle eines Mieterwechsels nicht. A 97

Hat der Vermieter bestimmt, daß die in § 4 Abs. 5 MHG genannten Kosten zwischen dem Versorgungsunternehmen und dem Mieter **unmittelbar abgerechnet** werden sollen (und ist das Versorgungsunternehmen damit einverstanden), so bestimmt das Unternehmen Beginn und Dauer der Abrechnungsperiode; § 4 Abs. 1 MHG ist für diese Bestimmung nicht einschlägig. A 98

d) Anspruch des Mieters auf verbrauchsabhängige Abrechnung?

Da die Regelung des § 4 Abs. 5 MHG nicht der Verwaltungsvereinfachung zugunsten des Vermieters, sondern ökologischen Gesichtspunkten dient, wird man dem Mieter einen Anspruch auf eine verbrauchsabhängige Änderung des Umlagemaßstabes einräumen müssen, sofern sich der Vermieter ohne triftigen Anlaß weigert, von seinem Gestaltungsrecht Gebrauch zu machen (vgl. dazu Blank WM 1993, 509, Schläger ZMR 1994, 190, 194). Voraussetzung für einen solchen Anspruch ist, daß die Einführung des verbrauchsabhängigen Maßstabes zu erheblich gerechteren Abrechnungsergebnissen führen würde, ferner technisch möglich und dem Vermieter zumutbar ist. Im Hinblick auf die Umlagefähigkeit der Installationskosten nach § 3 MHG wird es dagegen nicht darauf ankommen, ob A 99 die Mieter zur Kostenübernahme bereit sind (anders wohl Schläger a. a. O.). Demgegenüber kann sich der Vermieter nicht darauf berufen, daß in seinen Wirtschaftsplan eingegriffen wird (so aber Fischer-Dieskau–Frantzioch MHG § 4 Anm. 13), wenn keine weiteren Gründe hinzutreten. Hierbei ist auch zu beachten, ob die Mehrheit der Mieter ebenfalls eine Umstellung wünscht. Der Vermieter ist nicht verpflichtet, nur zugunsten der Minderheit der Mieter verbrauchsabhängig oder -orientiert abzurechnen.

A 100 Für die **verbrauchsabhängige Abrechnung** der Kosten für **Wasser und Abwasser** ist zu beachten, daß die Ergebnisse von Wohnungswasserzählern nicht als absolute Verbrauchsdaten, sondern nur als Verhältniszahlen für die Abrechnung der Gesamtkosten des Gebäudes (oder der Wirtschaftseinheit) verstanden werden können. Da sie den Einzelverbrauch nicht exakt erfassen (s. Roth DW 1993, 616, Lange HKA 1993, S. 35), ist ihre Verwendung als Umlagemaßstab nur sinnvoll, wenn sie in allen Wohnungen installiert sind und im Rahmen der technischen Toleranz einwandfrei arbeiten. Fraglich ist, ob bei einem **Ausfall von Wohnungswasserzählern** die Regelung des § 9a HeizKV analog anzuwenden ist. Da die verbrauchsabhängige Abrechnung sowohl der Heizkosten als auch des Kaltwassers auf den gleichen ökologischen Gesichtspunkten beruht, ist die Frage zu bejahen. Man wird dann aber auch die Kürzungsregelung in § 12 Ziffer 1 HeizKV entsprechend berücksichtigen müssen.

6. Erleichterung bei der Vereinbarung von Staffelmieten

A 101 Nach der bisherigen Fassung des § 10 Abs. 2 S. 4 MHG mußte bei Vereinbarung von Staffelmieten der erhöhte Gesamtmietzins ausgewiesen werden. Es reichte nicht, den Erhöhungsbetrag oder die Steigerungsrate im Vertrag festzulegen. Nach der Neufassung der Bestimmung genügt es, daß entweder der jeweils erhöhte Mietzins oder der jeweilige Erhöhungsbetrag angegeben werden. Nicht ausreichend ist, nur die Erhöhungsquote anzuführen (BT-DS. 12/3254 S. 14, Blank WM 1993, 509, zu § 10 MHG: Fischer-Dieskau–Frantzioch Anm. 3, S. 5, Schubart–Kohlenbach Anm. 4). Die Gesetzesänderung kann als Klarstellung des eigentlichen gesetzgeberischen Willens gedeutet werden, der durch die Rechtsprechung zu eng ausgelegt worden ist. Bei einem solchen Verständnis sind Staffelmietvereinbarungen, die vor dem 1. 9. 1993 getroffen worden sind, jedoch nicht der bisherigen, wohl aber der neuen Rechtslage genügen, als wirksam anzusehen (LG Hamburg MDR 1995, 467, anders Blank a. a. O.).

7. Zulassung von Mietanpassungsklauseln

a) Genehmigungsbedürftigkeit der Klauseln

A 102 Durch die neu in das MHG eingefügte Bestimmung des § 10a MHG sind Mietanpassungsklauseln als weiteres Instrument der Mieterhöhung zugelassen. Das gilt jedoch nur für sog. Wertsicherungsklauseln, durch die die Erhöhung der Bezugsgröße an sich automatisch zu einer Mieterhöhung führen würde, soweit die Klausel währungsrechtlich nach § 3 WährG genehmigt wird. Bezüglich der **währungsrechtlichen Genehmigung** gilt in den neuen Bundesländern eine entsprechende Regelung, aufgrund des Einigungsvertrages Anlage I Kap. IV, Sachgebiet

B, Abschnitt III Nr. 1; im früheren West-Berlin gilt die Währungsverordnung von 1948 (Verordnungsblatt 1948, S. 363). Ausgeschlossen sind demnach Klauseln, die keiner währungsrechtlichen Kontrolle unterliegen, wie Spannungsklauseln, Leistungsvorbehalte oder Kostenelementsklauseln, durch die der Vermieter steigende Verwaltungs- oder Instandsetzungskosten auf den Mieter abwälzen könnte (vgl. Regierungsentwurf BT-DS. 12/1254, S. 8; zu den unterschiedlichen Klauseln s. Emmerich–Sonnenschein Rdn. 77 vor §§ 535 f. BGB, MHG § 10 Rdn. 4a, zu praktischen Gestaltungsformen s. Börstinghaus MDR 1995, 6, ferner Sternel Rdn. III Rdn. 430 f.). Nach den geltenden Genehmigungsgrundsätzen der Bundesbank (vgl. Fischer-Dieskau–Frantzioch MHG § 10a Anm. 1, Schilling S. 165, Blank WM 1993, 509, Dürkes BB 1992, 1289) kann die Genehmigung nur erteilt werden, wenn der Mietvertrag mindestens auf die Dauer von 10 Jahren fest abgeschlossen oder das Kündigungsrecht des Vermieters für den entsprechenden Zeitraum ausgeschlossen ist, während ein Kündigungsrecht des Mieters unschädlich ist, oder wenn der Vertrag auf Lebenszeit des Mieters oder des Vermieters befristet ist. Wertsicherungsklauseln und Mietanpassungsklauseln der hier in Rede stehenden Art können nicht vereinbart werden, soweit es sich um Mietverhältnisse handelt, die preisgebunden sind, insbesondere die dem Anwendungsbereich der Grundmietenverordnungen in den neuen Bundesländern unterfallen. Das ergibt sich aus § 11 Abs. 3 Nr. 3 MHG.

Wirksamkeitsvoraussetzung für die Mietanpassungsvereinbarung ist, daß sie **schriftlich** vereinbart wird. Schon im Hinblick auf § 566 BGB ist die gesetzliche Schriftform erforderlich. Es kann zweckmäßig sein, für die Mietänderung Schwellenwerte zu vereinbaren (etwa Indexsteigerung von jeweils 5%) oder Regelungen für den Fall einer Umbasierung zu treffen (vgl. Hamm DWW 1993, 323). A 103

Die währungsrechtliche Genehmigung braucht bei Abschluß des Mietvertrages bzw. Vereinbarung der Mietanpassungsklausel noch nicht vorzuliegen. Sie muß jedoch **spätestens** zu dem Zeitpunkt gegeben sein, zu dem sich eine der Parteien auf die Klausel beruft, insbesondere der Vermieter eine Mieterhöhung hierauf stützt. Eine spätere Genehmigung wirkt auf den Zeitpunkt des Vertrages allerdings zurück. Zur Möglichkeit der Erteilung von Sammelgenehmigungen s. Schilling S. 172. A 104

Solange die Genehmigung nicht erteilt ist, ist die Klausel (**schwebend**) **unwirksam**. Wird die Genehmigung versagt, so ist die Klausel nach § 134 BGB unwirksam (vgl. dazu Sternel Mietrecht Rdn. III 447). Das führt entgegen der Grundregel in § 139 BGB nicht ohne weiteres zur Unwirksamkeit des gesamten Mietvertrages. Bei Verträgen mit kürzerer Laufzeit, aber auch bei Durchführung des Vertragsverhältnisses im übrigen wird man im Zweifel davon ausgehen können, daß die Parteien den Mietvertrag auch ohne die Klausel abgeschlossen hätten (vgl. dazu Sternel Rdn. III 449, Blank WM 1993, 511). Die Möglichkeit, eine unwirksame Wertsicherungsklausel in einen genehmigungsfreien Leistungsvorbehalt umzudeuten (s. dazu Sternel Rdn. III 450) besteht nicht, denn die Vereinbarung solcher Leistungsvorbehalte ist nach § 10 Abs. 1 MHG unzulässig (s. aber Barthelmess MHG § 10a Rdn. 36). Der Vermieter kann dann aber den Mietzins nach §§ 2, 3, 5 MHG erhöhen; es kann ihm nicht über § 1 S. 3 MHG entgegengehalten werden, daß aufgrund der Klausel nur eine Mieterhöhung in beschränktem Umfang zulässig gewesen wäre (OLG Schleswig – RE vom 24. 3. 1981 – NJW 1981, 921 = WM 1981, 149).

b) Ausschluß von Mieterhöhungen nach dem MHG

A 105 Die Folge aus der wirksamen Mietanpassungsklausel ist, daß für die Dauer der Laufzeit Mieterhöhungen nach §§ 2 und 5 MHG ausgeschlossen sind. Eine Mieterhöhung nach § 3 MHG ist nur zulässig, wenn die auslösende bauliche Änderung auf Umständen beruht, die der Vermieter nicht zu vertreten hat. Letzteres ist etwa der Fall bei gesetzlich vorgeschriebenen Maßnahmen zur Energieeinsparung. Die Regelung geht also nicht so weit wie bei Vereinbarung einer Staffelmiete, die Mieterhöhungen nach § 3 MHG schlechthin ausschließt. Damit ist die Durchführung von Modernisierungs- oder Energieeinsparmaßnahmen jedoch nicht blockiert, weil die Duldungsvorschrift des § 541b BGB uneingeschränkt gilt. Zulässig bleiben Mieterhöhungen nach § 4 MHG, einschließlich der Umlage von Betriebskosten bei einer vereinbarten Netto-Kaltmiete.

c) Wirkung der klauselbedingten Mietanpassung

A 106 Die Mieterhöhung wirkt abweichend von der Typik einer Wertsicherungsklausel **nicht automatisch** mit der Veränderung der Bezugsgröße, sondern muß schriftlich angefordert werden. Die **Anforderung** hat rechtsbegründende Wirkung (so auch Blank WM 1993, 510) und unterliegt allen Voraussetzungen einer einseitigen rechtsgeschäftlichen Erklärung. Erforderlich ist die Wahrung der gesetzlichen Schriftform; die Formerleichterung des § 8 MHG gilt nicht (Barthelmess MHG § 10a Rdn. 46, Schilling S. 173, für Analogie: MK-Voelskow MHG § 10a Rdn. 15, Blank WM 1993, 510, Fischer-Dieskau–Frantzioch MHG § 10a Anm. 3). Es handelt sich um eine Ausnahmebestimmung, die der Gesetzgeber auf den vorliegenden Fall nicht erstreckt hat, obwohl dies angesichts der umfangreichen Eingriffe in das MHG nahegelegen hätte. Aus dem Schweigen des Gesetzgebers kann man nicht im Wege einer ergänzenden Gesetzesauslegung zu einer Erweiterung der Vorschrift gelangen.

A 107 In der Anforderung muß die Mieterhöhung berechnet werden, wobei der maßgebliche Index sowie seine Steigerung anzugeben sind. Es müssen also die Verhältnisse ab Vertragsabschluß bzw. der letzten Mieterhöhung denjenigen, die die Erhöhung nunmehr begründen sollen, gegenübergestellt bzw. angegeben werden. Das gilt insbesondere für die Indexentwicklung, die Steigerungsrate und die hieraus errechnete Mieterhöhung (Barthelmess MHG § 10a Rdn. 47, Schilling a. a. O.). Fehlen derartige Angaben ganz oder teilweise, so daß die Mieterhöhung nicht nachvollzogen werden kann, so ist die Anforderungserklärung unwirksam. Eine bloß sachliche Unrichtigkeit (z. B. unrichtige Indexzahl, Rechenfehler) wirkt sich nur auf die materielle Mieterhöhung aus und führt nicht zur Unwirksamkeit der Anforderung.

A 108 Die **Mieterhöhung** wird ab Beginn des auf die ordnungsmäßige Anforderungserklärung folgenden übernächsten Monats **fällig**. Eine Abrede, die eine Rückwirkung etwa auf den Zeitpunkt der Indexänderung zuläßt, ist nach § 10 Abs. 1 MHG unwirksam. Ist die Anforderung nicht wirksam, so löst eine wirksame spätere Anforderung die Mieterhöhung erst für einen späteren Zeitraum aus, wirkt also nicht auf den Zeitpunkt der ersten Geltendmachung zurück.

Der Mietzins muß jeweils für die Dauer eines Jahres unverändert sein. Der Vermieter muß also eine **Wartefrist** von einem Jahr zwischen den klauselabhängigen Mietänderungen einhalten. Eine Erklärung mit vorfristiger Wirkung ist unwirksam (vgl. auch BGH – RE vom 14. 6. 1993 – WM 1993, 388 = ZMR 1993, 453 zur Wartefrist nach § 2 MHG). Da das Gesetz lediglich vorsieht, daß zwischen den einzelnen Mietanpassungen ein Zeitraum von einem Jahr liegen muß, kann der Vermieter die Anpassung bereits zum jeweiligen Fristbeginn anfordern, nachdem die Jahresfrist abgelaufen ist (vgl. zu § 10a MHG: Barthelmess Rdn. 52 f., MK-Voelskow Rdn. 16, Schilling S. 173, a. A. Blank WM 1993, 510). Anders als die Wartefrist in § 2 Abs. 1 Nr. 1 MHG ist die Einhaltung der Jahresfrist nicht formelle, sondern nur materielle Voraussetzung für die Mieterhöhung. Mieterhöhungen nach § 3 MHG, soweit sie zugelassen sind, und Mieterhöhungen aufgrund von Betriebskostensteigerungen nach § 4 MHG werden in die Wartefrist nicht eingerechnet, können also auch außerhalb des Jahresturnus durchgeführt werden. A 109

Materielle Grenze für die Mieterhöhung bildet das Verbot von Mietpreisüberhöhungen nach § 5 WiStG und des Mietwuchers nach § 302a StGB. Ob eine Mietpreisüberhöhung vorliegt, beurteilt sich ebenso wie bei Vereinbarung von Staffelmieten für jede Mietanhebung gesondert (vgl. Hamm DWW 1993, 324, ferner Schilling S. 169 und zu § 10a MHG: Barthelmess Rdn. 55, MK-Voelskow Rdn. 14). Die Wirksamkeit der Mietanpassungsklausel bleibt hiervon unberührt. A 110

Dem Mieter steht – anders als bei Vereinbarung einer Staffelmiete gemäß § 10 Abs. 2 S. 6 MHG – nicht das Recht zu, den Mietvertrag **vorfristig** zu **kündigen.** Ist das Mietverhältnis beendet, so kann sich der Vermieter für die Bemessung der Nutzungsentschädigung nach § 557 Abs. 1 BGB nicht mehr auf die Mietanpassungsklausel berufen; denn die vertragliche Mieterhöhungsbefugnis besteht anders als die automatische Veränderung des Mietzinses aufgrund einer Wertsicherungsklausel nicht mehr (anders Blank WM 1993, 510). Unberührt bleiben allerdings **Ansprüche** des Vermieters **wegen Mietausfalls als Kündigungsfolge – oder Räumungsverzugsschaden.** Sie können im wirtschaftlichen Ergebnis zum gleichen Ziel führen wie die weitergehende Anwendung der Mietanpassungsklausel während der Dauer der Vorenthaltung. Setzt sich das Mietverhältnis nach der Kündigung durch widerspruchslosen Gebrauch gemäß § 568 BGB fort, so gilt die Mietanpassungsklausel nur, wenn das Mietverhältnis schon 10 Jahre bestanden hat; denn die Fortsetzung nach § 568 BGB bezieht sich nur auf unbestimmte Zeit (s. auch Blank WM 1993, 510). A 111

d) Übergangsregelungen

Gleitklauseln, die in früheren Mietverträgen vereinbart waren, waren nach § 10 Abs. 1 MHG, § 134 BGB nichtig. Sie sind durch die Zulassung von Mietanpassungsklauseln im Rahmen des § 10a MHG nicht etwa wirksam geworden (vgl. Regierungsentwurf BT-DS. 12/3254 S. 5 Sp. 2, Blank WM 1993, 509, Hamm DWW 1993, 323, Fischer-Dieskau–Frantzioch MHG § 10a Anm. 1). Vielmehr müssen sie innerhalb des nunmehr Zulässigen neu vereinbart werden. A 112

e) Herabsetzung des Mietzinses

A 113 Die Anwendung der Mietanpassungsklausel kann auch dazu führen, daß der Mietzins herabgesetzt werden muß, **wenn die Bezugsgröße sinkt** (vgl. dazu Blank WM 1993, 511, Fischer-Dieskau–Frantzioch a. a. O. Anm. 3). Die Herabsetzung erfolgt nicht automatisch; vielmehr steht dem Mieter ein Anspruch gegenüber dem Vermieter zu, eine entsprechende Willenserklärung abzugeben. Er ist berechtigt, den zu kürzenden Teil der Miete nach § 273 BGB zurückzuhalten.

C. Änderungen des Wirtschaftsstrafgesetzes

A 114 Die Änderungen bezwecken im wesentlichen, den **Schutz des Mieters vor überhöhter Miete** zu verstärken (Regierungsentwurf BT-DS. 12/3254 S. 16, zu den Materialien s. Schilling S. 178). Soweit hierbei Einschränkungen gemacht worden sind, sind diese restriktiv auszulegen; denn es handelt sich um Ausnahmen von dem Gesetzesziel. Der Verbotstatbestand ist gegenüber der geltenden Rechtspraxis allerdings nicht geändert, sondern nur präzisiert worden. Die als Ausnahmevorschrift gestaltete Regelung, nach der eine wesentliche Überschreitung der Vergleichsmiete zugelassen wird, wenn sie zur Deckung der laufenden Aufwendungen des Vermieters erforderlich ist (vgl. bisher § 5 Abs. 1 S. 3 WiStG), ist eingeschränkt worden.

1. Präzisierung des Verbotstatbestandes

A 115 a) Der Begriff der ortsüblichen Vergleichsmiete ist der Neufassung in § 2 MHG angepaßt: Auch hier ist auf die **üblichen Entgelte** abzustellen, die **in den letzten 4 statt bisher 3 Jahren** vereinbart oder – von Betriebskostenerhöhungen abgesehen – geändert worden sind. Daraus, daß betriebskostenbedingte Mieterhöhungen ausgenommen worden sind, läßt sich der Umkehrschluß ziehen, daß Mieterhöhungen infolge von Modernisierungen oder Kapitalkostenerhöhungen gemäß § 3, 5 MHG in den Vergleichsmietenbegriff einbezogen worden sind. Daraus folgt dann aber auch, daß durch solche Mieterhöhungen die ortsübliche Miete unzulässig wesentlich überschritten werden kann (vgl. Rdn. 700).

A 116 b) Die **Wesentlichkeitsgrenze** ist im Anschluß an die herrschende Rechtsprechung (OLG Stuttgart – RE vom 7. 7. 1981 – WM 1981, 225, OLG Hamburg – RE vom 15. 11. 1982 – WM 1983, 20) mit 20% oberhalb der ortsüblichen Vergleichsmiete = 120% der ortsüblichen Miete normiert worden. Im Hinblick auf die Spannbreite der üblichen Entgelte für unterschiedliche Wohntypen ist eine solche Festlegung nicht unproblematisch (vgl. Sternel ZMR 1983, 75, Schilling FWW 1994, 78 Nr. III 2c, LG Hamburg WM 1978, 222), mag sie im Regelfall auch zutreffen. Sie wirkt sich aber entgegen Emmerich DWW 1993, 318 nicht gegen, sondern eher zugunsten des Vermieters aus, weil sie dem Vermieter von vornherein – auch bei Neuabschlüssen – einen Freiraum von 20% oberhalb der ortsüblichen Miete konzediert. Jedenfalls dient sie der Rechtssicherheit. Die Wesentlichkeitsgrenze kann nicht nur durch Mieterhöhungen aus §§ 3, 5 MHG (s. Rdn. 700), sondern auch durch Vereinbarung von Staffelmieten nach § 10 Abs. 2 MHG oder Mietanpassungsklauseln nach § 10a MHG überschritten werden. Den Gesetzesmaterialien ist zu entnehmen, daß selbst der Gesetzgeber davon ausgegangen ist, daß bei Vereinbarung von Staffelmieten der Mietzins überhöht sein kann, wenn im Verlaufe der Mietzeit die ortsübliche Miete durch Eintritt einer Staffel wesentlich überhöht wird (Bericht des Rechtsausschusses BT-DS. 12/5110 S. 17). Das gilt entsprechend bei Vereinbarung von Mietanpassungsklauseln nach § 10a MHG (vgl. Rdn. A 110). Auch in diesem Zusammenhang hat der Gesetzgeber das Spannungsverhältnis zur ortsüblichen Vergleichsmiete gesehen (vgl. Regierungsentwurf BT-DS 12/3254 S. 16).

Nach Meinung des Gesetzgebers sollen Kostenmieten, die im Rahmen der Mietpreisbindung zulässig waren, **Bestandsschutz** genießen (vgl. Regierungsentwurf BT-DS. 12/3254 S. 16 unter Hinweis auf LG Berlin Grundeigentum 1990, 315). Diese Auffassung hat im Gesetz keinen Niederschlag gefunden, kann aber bei fortbestehender Belastung des Vermieters mit Aufwendungen nur im Rahmen des § 5 Abs. 2 S. 2 WiStG zum Tragen kommen.

2. Einschränkung der aufwandsbezogenen Ausnahmeregelung

Die Regelung des bisherigen **§ 5 Abs. 1 S. 3** WiStG sollte bezwecken, den Vermieter, der aus den Mieterträgen keinen Gewinn erzielte, grundsätzlich nicht noch dem Odium auszusetzen, eine Ordnungswidrigkeit zu begehen (BT-DS. 9/2284 S. 5, vgl. auch BGH – RE v. 5. 4. 1995 – WM 1995, 428 = ZMR 1995, 344). Damit konnte im Hinblick auf die Schutzbedürftigkeit nur der Vermieter gemeint sein, der infolge seiner eigenen hohen tatsächlichen Aufwendungen Verluste erleidet. Beruhen diese nur auf kalkulatorischen Ansätzen, wie sie von der Rechtsprechung zugelassen werden (s. Rdn. 705), so dürfte ein solches Ergebnis mit der ursprünglichen Absicht des Gesetzgebers nicht im Einklang stehen. Das gilt insbesondere für die Eigenkapitalverzinsung, die kein Kostenfaktor, sondern (im Mietpreisrecht allerdings bescheidene) Rendite ist.

A 117

Berücksichtigt man, daß die Kapitalkosten gegenüber den Bewirtschaftungskosten einen Anteil von etwa 75% der Kostenmiete ausmachen (vgl. Jenkis DW 1994, 130, 132) und überträgt man dies größenordnungsmäßig als kalkulatorischen Anteil einer nicht preisgebundenen Miete, so wird hieraus der preistreibende Effekt der genannten Rechtsprechung deutlich. Der Gesetzgeber hat hier nicht korrigierend und klarstellend eingegriffen, jedoch den **Anwendungsbereich** des § 5 Abs. 1 S. 3 WiStG durch Neufassung der Regelung in § 5 Abs. 2 S. 2 WiStG **eingeschränkt**. Danach kann sich der Vermieter auf die mangelnde Deckung der laufenden Aufwendungen nur noch unter folgenden Voraussetzungen, die kumulativ vorliegen müssen, berufen:

– der vereinbarte Mietzins darf nicht die Wuchergrenze überschreiten (150% der ortsüblichen Vergleichsmiete);
– es handelt sich um Räume, die nach dem 1. 1. 1991 fertiggestellt worden sind oder die zwar vor dem 1. 1. 1991 fertiggestellt wurden, für die das Entgelt vor dem 1. 9. 1993 jedoch über der Wesentlichkeitsgrenze liegen durfte.

a) Um die **Schaffung von Wohnraum nicht** zu **gefährden,** bezieht sich die erste Ausnahme auf Räume, die nach dem 1. 1. 1991 errichtet worden sind. Es kommt also nicht auf die Fertigstellung des Gebäudes an, so daß auch durch Ausbau, Aufstockung oder Erweiterung neu geschaffener Wohnraum privilegiert wird.

A 118

Allein durch Teilung oder Zusammenschluß von Wohnungen wird kein neuer Wohnraum geschaffen. Das gilt auch für die Aufteilung einer großen Wohnung in Kleinwohnungen, sofern nicht die Ausnahmeregelung des § 17 II. WoBauG eingreift.

A 119 b) Die weitere Ausnahme bezieht sich auf denjenigen Fall, in dem das Entgelt nach der bisherigen Regelung des § 5 Abs. 1 S. 3 WiStG bis zu 50% über der ortsüblichen Miete liegen durfte (s. OLG Hamburg – RE vom 5. 8. 1992 – NJW-RR 1992, 1366 = MDR 1992, 963 = WM 1992, 527). Im Regierungsentwurf (BT-DS. 12/3254 S. 16) war lediglich ein Bestandsschutz bezüglich der zuletzt gezahlten Miete vorgesehen. Die jetzige Fassung beruht auf einer Anregung des Ausschusses für Raumordnung, Bauen und Städtebau (BT-DS. 12/5110 S. 17). Diese ist mit der „Kontinuität des Rechtes" begründet worden. Geschützt werden danach nicht nur die überhöhten Mieten im Rahmen konkreter Mietverhältnisse, sondern auch die überhöhten Mieten in erst künftig abzuschließenden Mietverträgen, sofern der Vermieter bis zum Inkrafttreten des Gesetzes am 1. 9. 1993 aufgrund seiner Aufwendungen eine Miete hätte verlangen dürfen, die bis zu 50% über der ortsüblichen Vergleichsmiete liegt und diese Voraussetzungen nach wie vor gegeben sind. Bezweckt ist, dem Vermieter alle bis zum 31. 8. 1993 bestehenden Möglichkeiten zu erhalten, um die Wesentlichkeitsgrenze von 20% wegen eigener Aufwendungen zu überschreiten. Das setzt voraus, daß er vor dem Stichtag berechtigt war, die bis zur Wuchergrenze überhöhte Miete zu verlangen. Daran fehlt es, wenn er die Räume vor dem Stichtag dem Wohnungsmarkt nicht zur Verfügung gestellt hat, etwa weil er sie selbst genutzt oder gewerblich vermietet hatte (anders Blank WM 1993, 512, Schilling FWW 1994, 80 Nr. IV 4). In diesen Fällen hätte erst eine Nutzungsänderung zur Erzielung der (überhöhten) Miete geführt. Die hypothetische Vermietung kann in die Vorschrift nicht hineininterpretiert werden; denn jene ist wegen ihres Ausnahmecharakters eng auszulegen.

A 120 Der Bestandsschutz sollte allerdings nicht dazu führen, daß der Vermieter nach dem 1. 9. 1993 eine bessere Rechtsstellung als zuvor erhält. Das spricht dafür, seine Aufwendungen nach dem Stand vom 31. 8. 1993 einzufrieren.

Beispiel:
Die ortsübliche Miete für eine Wohnung beträgt DM 10,–/qm, während DM 15,–/qm vereinbart sind; die Aufwendungen des Vermieters nach dem Stand vom 31. 8. 1993 erfordern eine Kostenmiete von DM 13,–/qm, während er nach dem 1. 9. 1993 eine Kostenmiete von DM 14,–/qm benötigt.

Hier würde der Privilegierung genügt, wenn dem Vermieter die Kostenmiete von DM 13,–/qm erhalten bliebe, während ihm eine weitergehende Steigerung versagt wäre (anders Schilling S. 183 Fall 3). Sowohl der Gesetzeszweck der Mietpreisbegrenzung als auch der Ausnahmecharakter des § 5 Abs. 2 Nr. 2b WiStG rechtfertigen ein solches Ergebnis. Wollte man die Kostenentwicklung fortschreiben, so liefe das darauf hinaus, den früheren Rechtszustand weiterzuführen.

A 121 Unter dem Blickwinkel des Bestandsschutzes ist eine **doppelte Kostenprüfung** geboten. Anhand der gegenwärtigen laufenden Aufwendungen muß geprüft werden, ob die vereinbarte Miete nach dem Kostenstand seit dem 1. 9. 1993 zur Kostendeckung überhaupt erforderlich ist. Ist das der Fall, so ist nach dem Stand per 31. 8. 1993 zu prüfen, ob die bis zu diesem Zeitpunkt laufend angefallenen

Aufwendungen ein bis zur Wuchergrenze überhöhtes Entgelt rechtfertigten, mithin, ob die Voraussetzungen nach § 5 Abs. 2 S. 2 Nr. 2b WiStG gegeben sind. Unrichtig wäre es, diese Prüfung allein anhand der Aufwendungen durchzuführen, die dem aktuellen Stand seit dem 1. 9. 1993 entsprechen; denn das ginge über den angestrebten Bestandsschutz hinaus und würde die Aufrechterhaltung der bisherigen Rechtslage bedeuten. Gerade das ist vom Gesetzgeber nicht gewollt. Bei Erwerbsvorgängen nach dem 1. 9. 1993 kann sich der Erwerber nicht mehr auf seine laufenden Aufwendungen berufen; denn er hat diese Aufwendungen zuvor nicht gehabt und auf die Aufwendungen des Veräußerers kommt es nicht an. Das gilt nicht nur für Fälle der Wiedervermietung, sondern auch des Eintritts in bestehende Mietverhältnisse. Auch in letzterem Fall kann der Erwerber nicht etwa vom Aufwand des Vorgängers profitieren. Die gegenteilige Auffassung (Blank WM 1993, 512) berücksichtigt nicht, daß hier kein schutzwürdiger Vertrauenstatbestand oder vorgegebener Besitzstand gegeben ist und daß sich die Voraussetzungen des § 5 Abs. 2 S. 2 Nr. 2b WiStG nach den Verhältnissen des Erwerbers beurteilen.

3. Sonstige Änderungen

a) Der **Bußgeldrahmen** in § 5 Abs. 3 WiStG ist auf DM 100 000,- erweitert worden.

A 122

b) § 6 WiStG regelte die **Preisüberhöhung bei der Wohnraumvermittlung**. Die Regelung ist im WiStG gestrichen und in die Neufassung des § 8 Abs. 2 WoVermG übernommen worden.

D. Änderungen weiterer Gesetze

1. Änderungen des Gesetzes zur Regelung der Wohnungsvermittlung

a) Beschränkung der Maklercourtage

Nach der geänderten Fassung des § 3 Abs. 2 S. 2 WoVermG ist die Courtage für die Vermittlung des Abschlusses von Wohnraummietverträgen auf **zwei Monatsmieten** zuzüglich etwaiger Mehrwertsteuer beschränkt, soweit es sich um die Zahlungsverpflichtung des Wohnungsmieters handelt (vgl. Schilling S. 197 Nr. 2a). Nebenkosten, über die gesondert abzurechnen ist, bleiben hierbei unberücksichtigt (§ 3 Abs. 2 S. 3). Ist eine Teilinklusivmiete vereinbart, so bildet sie also die Grundlage für die Berechnung der Courtage. Ist statt einer Betriebskostenvorauszahlung eine Betriebskostenpauschale vereinbart, so ist letztere in die Berechnungsgrundlage einzubeziehen (vgl. auch Blank WM 1993, 513). Der Gesetzgeber hat offenbar an die Gesetzesfassung des § 550b Abs. 1 BGB anknüpfen wollen (vgl. BT-DS. 12/3254 S. 17). Der Betrag von zwei Monatsmieten bildet auch dann die Obergrenze, wenn der Mieter verpflichtet ist, den Courtageanteil des Vermieters ganz oder zum Teil zu zahlen (§ 3 Abs. 2 S. 2 WoVermG). Dem Mieter steht nach dem eingefügten Absatz 2 in § 5 WoVermG auch in solchen Fällen ein Rückforderungsanspruch zu.

A 123

Es ist darauf hinzuweisen, daß für **preisgebundenen Wohnraum** keine Courtage oder deren Erstattung verlangt werden darf (§ 2 Abs. 3 WoVermG, § 9 Abs. 1

A 124

WoBindG). Betroffen werden davon insbesondere Wohnungen in den neuen Bundesländern, die in den Anwendungsbereich des § 11 Abs. 2 MHG fallen, ferner Sozialwohnungen. Allerdings könnte fraglich sein, ob der Bestand der preisgebundenen Wohnungen in den neuen Bundesländern unter den Anwendungsbereich des § 2 Abs. 3 WoVermG fällt. Das Gesetz spricht von „sonstigem preisgebundenem Wohnraum", fügt aber eine zeitliche Begrenzung der Bezugsfertigkeit „seit dem 20. 6. 1948" hinzu. Jedenfalls dieser Wohnungsbestand dürfte für den Mieter courtagefrei sein. Nach dem Gesetzeszweck würde es aber zu einem nicht plausiblen Ergebnis führen, den Altbaubestand i. S. von § 11 Abs. 2 MHG vom Anwendungsbereich der Vorschrift auszunehmen. Auch wenn es sich hierbei um eine Ausnahmevorschrift handelt, wäre eine am Wortlaut orientierte enge Auslegung verfehlt. Daran hat das MÜG nichts geändert; denn es regelt in Art. 2 § 2 nach wie vor preisrechtlich wirkende Obergrenzen für die Neuvermietung (s. Rdn. A 489).

Bis zum 11. 6. 1995 waren auf jeden Fall Vereinbarungen zwischen dem Vermieter und dem Mieter über die **Übernahme oder Erstattung einer Courtage** aufgrund eines vom Vermieter erteilten Maklerauftrages unwirksam; denn insoweit liegt eine preiswidrige Absprache vor, die nach § 5 Abs. 2 2. GrundMV unzulässig ist. Auch Einmalleistungen des Mieters fallen unter den Entgeltbegriff.

b) Verbot von Abstandszahlungen

A 125   Gemäß dem ebenfalls neu eingefügten § 4a Abs. 2 WoVermG sind nunmehr Vereinbarungen über Abstandszahlungen zwischen dem bisherigen Mieter und dem Wohnungssuchenden oder einem zu dessen Gunsten handelnden Dritten unwirksam. Erfaßt werden alle **Vermögensvorteile,** die sich der Vormieter **für die Aufgabe des Besitzes** an der Wohnung gewähren läßt. Hierunter fallen auch Vereinbarungen über die Erstattung nicht abgewohnter Schönheitsreparaturen oder die Übernahme von Mietschulden. Zulässig sind dagegen Vereinbarungen über die Erstattung nachgewiesener Umzugskosten. Das gleiche gilt für die vereinbarte Erstattung von Mietsicherheiten, Mietvorauszahlungen oder Finanzierungsbeiträgen, soweit diese Leistungen im Verhältnis zum Vermieter zugunsten des Nachmieters weiterwirken. Hierfür bedarf es einer entsprechenden Vereinbarung unter Einbeziehung des Vermieters. Es kommt nicht darauf an, wem die Leistung des Mieters zugutekommt. Das Verbot gilt daher auch für solche Zahlungen, die der Nachmieter an Dritte zu erbringen hat.

A 126   Verträge zwischen dem bisherigen Mieter und dem Wohnungssuchenden über die **Übernahme einer Einrichtung** oder **von Inventar** gelten im Zweifel unter der aufschiebenden Bedingung abgeschlossen, daß der Mietvertrag über die Wohnung zustandekommt. Ist eine solche Bedingung nicht gewollt, so muß das eindeutig in der Vereinbarung zum Ausdruck gelangen. Die Beweislast dafür, daß die Ablösevereinbarung unabhängig vom Zustandekommen des Mietvertrages gelten sollte, trägt derjenige, der aus ihr Rechte ableitet.

A 127   Soll der Wohnungssuchende für die Übernahme von Gegenständen ein Entgelt entrichten, so ist die Vereinbarung hierüber unwirksam, soweit die Höhe des Entgelts in einem auffälligen **Mißverhältnis** zum Wert der zu übernehmenden Gegenstände steht. Für dieses Tatbestandsmerkmal – aber auch nur für dieses! –

48

wird an den **Wuchertatbestand** des § 138 Abs. 2 BGB, § 302a StGB angeknüpft. Entsprechend dem Schutzzweck der Vorschriften ist ein generalisierender und praktikabler Grenzwert anzuwenden, der mit 50% oberhalb des objektiven Zeitwerts der übernommenen Gegenstände zu bemessen ist (vgl. Blank WM 1993, 514, a. A. Schilling S. 201, der auf den Einzelfall abstellen will). Hierfür spricht, daß der Gesetzgeber keinen Tatbestand des Individualwuchers geregelt hat, sondern den Nachmieter aus wohnungspolitischen Gründen – Verbot des Handelns mit fremdem Eigentum – nur vor überhöhten Preisen schützen will (vgl. BT-DS. 12/5224 S. 5). Liegt ein auffälliges Mißverhältnis vor, was der Anspruchsteller beweisen muß, so tritt entgegen § 139 BGB nur eine Teilnichtigkeit ein. Sie ist gegeben, soweit der geforderte oder gezahlte Preis 150% des objektiven Zeitwerts der Gegenstände übersteigt. Dem Wohnungssuchenden steht nach der Neufassung des § 5 WoVermG ein Rückforderungsanspruch gegenüber dem bisherigen Mieter zu. Die subjektiven Voraussetzungen des Wuchertatbestandes brauchen also nicht geprüft zu werden.

c) Übergangsprobleme

Die Begrenzung der Maklercourtage sowie das Verbot der Vereinbarungen von Abstandszahlungen bzw. überhöhten Ablösebeträgen bezieht sich nur auf Abschlüsse seit dem Inkrafttreten des Gesetzes. Das Gesetz entfaltet jedoch **Vorwirkungen** auch auf solche Streitigkeiten, für deren Entscheidung offene Wertungsmaßstäbe – insbesondere §§ 138, 157, 242 BGB – anzuwenden sind. Insoweit lassen sich aus der gesetzgeberischen Wertung Rückschlüsse ziehen. A 128

2. Änderung des Heimgesetzes

§ 14 Abs. 4 S. 2 HeimG ist dem neu gefaßten § 550b Abs. 2 BGB über die Anlage von Mietsicherheiten angepaßt worden. Zu beachten ist, daß sich diese Änderung nur auf Vereinbarungen bezieht, die nach dem 1. 7. 1993 getroffen worden sind (vgl. Art. 6 Abs. 3 des 4. MietRÄndG). A 129

2. Abschnitt
Verbesserter Schutz des Wohnungsmieters bei Umwandlung von Mietwohnraum in Wohnungseigentum

A. Gesetz zur Verbesserung der Rechtsstellung des Mieters bei Begründung von Wohnungseigentum an vermieteten Wohnungen

Das Gesetz vom 20. 7. 1990 (BGBl. I, 1456) bezweckt, den Mieter in Gemeinden, in denen eine ausreichende Versorgung der Bevölkerung mit Mietwohnungen zu angemessenen Bedingungen besonders gefährdet ist, bei **Umwandlungsfällen** zu schützen. Die Landesregierungen sind ermächtigt, diese Gebiete durch Rechtsverordnungen für die Dauer von jeweils höchstens fünf Jahren zu bestimmen. A 130

Das bedeutet keine Befristung der Regelung bis zum 31. 7. 1995. Von der Ermächtigung haben folgende Bundesländer Gebrauch gemacht:
Baden-Württemberg: Verordnung vom 17. 12. 1990 (GBl. 1991 S. 2),
Bayern: Verordnung vom 26. 1. 1993 (GVBl. S. 30),
Berlin: Verordnung vom 25. 9. 1990 (GVBl. S. 2151),
Brandenburg: KündigungsschutzV vom 20. 5. 1994 (GVBl. S. 365),
Bremen: Verordnung vom 2. 10. 1990 (GVBl. S. 299),
Hamburg: Verordnung vom 31. 7. 1990 (GVBl. S. 165),
Hessen: Verordnung vom 19. 6. 1991 (GVBl. I S. 193),
Niedersachsen: Verordnung vom 22. 11. 1993 (GVBl. S. 579),
Nordrhein-Westfalen: Verordnung vom 15. 3. 1994 (GVBl. NW S. 121),
Rheinland-Pfalz: Verordnung vom 29. 7. 1993 (GVBl. S. 352),
Schleswig-Holstein: Landesverordnung vom 13. 1. 1991 (GVBl. S. 66).

Der Schutz des Wohnungsmieters in den genannten Gebieten ist wie folgt verbessert worden:

1. Eigenbedarfskündigung

A 131 Die **Wartefrist** für die Eigenbedarfskündigung des Erwerbers einer in Wohnungseigentum umgewandelten Mietwohnung ist in Gebieten mit gefährdeter Wohnungsversorgung (s. Rdn. A 130) von drei Jahren auf fünf Jahre verlängert worden (§ 564b Abs. 2 Nr. 2 BGB).

a) Zu beachten ist, daß die **Umwandlung** der Wohnungsüberlassung nachfolgen muß. Dagegen ist auf den Zeitpunkt des Vertragsabschlusses nicht entscheidend abzustellen; denn der Schutz des Gesetzes gilt der Wohnung „als Mittelpunkt der privaten Existenz des Mieters" (BVerfG – Beschl. v. 26. 5. 1993 – WM 1993, 377 = ZMR 1993, 405), nicht dagegen dem Schuldverhältnis als solchen (Anspruch auf Wohnungsüberlassung). Die Wartefrist ist daher auch einzuhalten, wenn die Wohnung zwar vor der Umwandlung überlassen, der Mietvertrag aber erst danach abgeschlossen worden ist (Fischer-Dieskau–Franke BGB § 564b Anm. 23.2, Schmidt-Futterer–Blank B 640). Aus Gründen der Rechtssicherheit kann es auch nicht darauf ankommen, ob der Mieter bei Abschluß des Mietvertrages oder Überlassung der Wohnung von den Umwandlungsplänen oder -vorbereitungen des Vermieters Kenntnis hatte. Unerheblich ist ferner, ob die Begründung von Wohnungseigentum durch Vereinbarung nach § 3 WEG oder durch einseitige Teilungserklärung nach § 8 WEG erfolgt.

A 132 b) Die Wartefrist beginnt, sobald der dingliche Erwerbsvorgang des Ersterwerbers der Eigentumswohnung abgeschlossen ist, d. h. mit dessen **Eintragung als Eigentümer ins Wohnungsgrundbuch.** Ein Eintragungsantrag oder eine Auflassungsvormerkung reichen nicht aus. Einem späteren Erwerber kommt die Frist, die zugunsten des Vorerwerbers verstrichen ist, zugute; es läuft also nicht für jeden Erwerber die Wartefrist erneut (BayObLG – RE v. 24. 11. 1991 – NJW 1982, 451 = WM 1992, 46). Ihr Ablauf ist materielle Voraussetzung für die Kündigung; deshalb ist eine vorfristige Kündigung unwirksam und wirkt nicht etwa ab dem Zeitpunkt, zu dem sie frühestens hätte erklärt werden können (OLG Hamm – RE v. 3. 12. 1980 – NJW 1981, 584). Die nach § 565 Abs. 2 BGB maßgebliche Kündigungsfrist berechnet sich gemäß der Wohndauer des Mieters nach Ablauf der Wartefrist.

Liegt ein **Eigenbedarf** vor, so kann sich der Mieter nicht mit Erfolg darauf berufen, daß der Erwerber seinen Wohnbedarf durch Erwerb einer unvermieteten Wohnung hätte decken können; auch ein sog. „gekaufter Eigenbedarf" kann also zur Kündigung führen (BayObLG – RE v. 14. 7. 1981 – NJW 1981, 2197 = WM 1981, 200).

2. Verwertungskündigung

a) Der Kündigungsgrund in § 564b Abs. 2 Nr. 3 BGB (Hinderung wirtschaftlicher Verwertung) ist in Gebieten mit gefährdeter Wohnraumversorgung (s. Rdn. A 130) für den Fall verschärft, daß der Erwerber einer **Eigentumswohnung** diese wieder **veräußern** will. Er ist gehindert, deswegen das Mietverhältnis vor Ablauf von fünf Jahren, gerechnet seit Veräußerung an ihn, zu kündigen. Diese Vorschrift vervollständigt den Kündigungsschutz, der schon nach bisherigem Recht gegenüber dem veräußernden Vermieter besteht, wenn Wohnungseigentum an Mietwohnungen gebildet und veräußert wird (s. § 564b Abs. 2 Nr. 3 S. 3 BGB). A 133

b) Auch in diesem Zusammenhang ist zu beachten, daß die Überlassung der Wohnung der Umwandlung in Wohnungseigentum vorausgegangen sein muß. Aus dem Wortlaut des § 564b Abs. 2 Nr. 3 BGB kann nicht gefolgert werden, daß eine verkaufsbedingte Verwertungskündigung dann zulässig ist, wenn die Absicht, Wohnungseigentum zu bilden, schon vor der Überlassung der Wohnung bestanden hat. **Zweck des Gesetzes** ist es, spekulative Umwandlungen zu verhindern, da sie die Gefahr in sich tragen, daß der Mieter aus der Wohnung verdrängt wird. Hieraus folgt, daß sich der Eigentümer nicht darauf berufen kann, schon vor der Überlassung an den Mieter alles in die Wege geleitet zu haben, um die Wohnung in Wohnungseigentum umzuwandeln und zu veräußern. A 134

3. Veräußerungsfälle

Für die **Eigenbedarfs- und die Verwertungskündigung** gilt, daß ein Veräußerungsfall auch vorliegt, wenn mehrere Personen ein Grundstück in Gemeinschaft erwerben, darauf durch eine Teilungserklärung nach § 8 WEG Wohnungseigentum begründen und sodann einem Miteigentümer durch Auflassung und Eintragung ins Wohnungsgrundbuch das Eigentum an der umgewandelten Mietwohnung übertragen (BayObLG – RE v. 24. 11. 1981 – NJW 1982, 451 = WM 1982, 46, LG Stuttgart WM 1991, 555, LG München I 1991, 591). A 135

Umstritten ist, ob dies auch dann gilt, wenn das Grundstück von einer **Bruchteilsgemeinschaft** erworben wird und alsdann deren Mitglieder Wohnungseigentum durch Vereinbarung nach § 3 WEG in der Weise begründen, daß sie mit jedem ihnen zustehenden Miteigentumsanteil das Sondereigentum an einer bestimmten Wohnung verbunden haben. Das KG hat die Frage durch RE v. 26. 3. 1987 (DWW 1987, 158 = WM 1987, 138) verneint und deshalb eine Eigenbedarfskündigung ohne Rücksicht auf die Wartefrist zugelassen. Dem ist die überwiegende Meinung gefolgt (vgl. die Nachweise bei Fischer-Dieskau–Franke BGB § 564b Anm. 23.4). Das BayObLG vertritt hierzu einen abweichenden Standpunkt und hat deshalb die Rechtsfrage dem BGH zur Entscheidung vorgelegt (NJW 1994, 1024 = WM 1994, 189). Der BGH hat sich durch Rechtsentscheid vom 6. 7. 1994 (VIII ARZ 2/94) im Ergebnis dem KG angeschlossen. Danach darf der Eigentümer einer Wohnung sich als Vermieter grundsätzlich auf ein berechtigtes Interesse an der Beendigung des Mietverhältnisses im Sinne des § 564b Abs. 2 Nr. 2 Satz 1 BGB (Eigenbedarf) ohne Rücksicht auf die in Satz 2 der Vorschrift bestimmte Wartefrist berufen, wenn er erst nach Überlassung der Wohnung an den Mieter das Hausgrundstück als Miteigentümer in einer Bruchteilsgemeinschaft mit Dritten erworben hat und die Erwerber das Miteigentum gemäß § 3 WEG in der Weise beschränkt haben, daß jedem Miteigentümer abweichend von § 93 BGB Sondereigentum an einer bestimmten Wohnung eingeräumt wird. Der BGH verkennt nicht, daß im Falle des § 3 WEG eine Rechtsänderung auf Vermieterseite eingetreten ist. Anders als beim typischen Veräußerungsgeschäft erfolgt aber kein vollständiger Wechsel im Eigentum; vielmehr bleibt der Sondereigentümer als alleiniger Vermieter übrig. Dieser Fall wird nach Meinung des BGH vom Schutzzweck des § 564b Abs. 2 Nr. 2 S. 3 BGB nicht erfaßt; denn auch bei Fortbestand der Gemeinschaft hätte dem Mieter wegen Eigenbedarfs auch nur eines Miteigentümers gekündigt werden können. In anders gelagerten Fällen könne das Bestandsinteresse des Mieters schon bei der Umwandlung nach § 3 WEG in gleicher Weise wie bei nachfolgender Veräußerung berührt sein. Dies wird nach hier vertretener Auffassung dann in Betracht kommen, wenn im Zusammenhang mit der Umwandlung ein personeller Wechsel in der Rechtsgemeinschaft der Miteigentümer vollzogen oder vorbereitet wird. Der Rechtsentscheid des BGH betrifft nur den Fall der Personenidentität von früheren Gemeinschaftseigentümern und späteren Wohnungseigentümern.

Ein Veräußerungsfall ist auch nicht gegeben, wenn die Erwerber in **Gesellschaft bürgerlichen Rechts** verbunden bleiben, jedoch im Innenverhältnis ein ausschließliches Nutzungsrecht jedes Gesellschafters an einer bestimmten Wohnung begründen (OLG Karlsruhe – RE v. 22. 5. 1990 – NJW 1990, 3278 = WM 1990, 330).

A 136 Eine unzulässige **Gesetzesumgehung** ist angenommen worden, wenn der Miteigentümer Bruchteilseigentum erworben hat, ihm die Wohnung zur ausschließlichen Nutzung zugewiesen worden ist, diese Nutzungsregelung und der dauernde Ausschluß des Aufhebungsverlangens nach § 1010 BGB ins Grundbuch eingetragen sind, nach dem Kaufvertrag innerhalb von 3 Jahren Wohnungseigentum nach § 3 WEG gebildet werden soll und schon beim Abschluß des Kaufvertrages die Abgeschlossenheitsbescheinigung vorgelegen hat (OLG Karlsruhe – RE v. 10. 7. 1992 – WM 1992, 519 = ZMR 1992, 490).

A 137 Hat der Vermieter für einen Angehörigen als Bedarfsperson wegen **Eigenbedarfs** gekündigt und erwirbt letzterer die Wohnung, so wirkt bei fortbestehendem Bedarf die Kündigung für ihn fort, auch wenn er wegen der Sperrfrist selbst noch nicht hätte kündigen können (OLG Hamm – RE v. 21. 7. 1992 – WM 1992, 460 = ZMR 1992, 438).

4. Übergangsregeln

A 138 Die Verbesserungen des Mieterschutzes gelten nur für solche Veräußerungsverträge, die nach dem Inkrafttreten des Gesetzes abgeschlossen worden sind (Art. 2

des Gesetzes vom 20. 7. 1990). Es kommt also im vorliegenden Zusammenhang auf den Zeitpunkt an, zu dem der Vertrag formgerecht (notariell) beurkundet worden ist, dagegen nicht auf die Vollendung des Rechtserwerbs. Die Regelung in § 564b Abs. 2 Nr. 2 BGB ist am 21. 7. 1990, diejenige zu § 564b Abs. 2 Nr. 3 BGB am 1. 8. 1990 in Kraft getreten (Art. 4 des Gesetzes vom 20. 7. 1990).

B. Sozialklauselgesetz

Der Beschluß des gemeinsamen Senats der obersten Gerichtshöfe vom 30. 6. 1992 (NJW 1992, 3290) löste neben den Notwendigkeiten, die zum Entwurf eines Gesetzes zur Begrenzung des Mietanstiegs – jetzt: 4. MietRÄndG – geführt hatte, einen weiteren wohnungspolitischen Handlungsbedarf aus, um die Wohnungsmieter vor den Folgen von Umwandlungen ihrer Mietwohnungen in Wohnungseigentum zu schützen. Der gemeinsame Senat hatte entschieden, daß die Abgeschlossenheit als Voraussetzung für die Bildung von Wohnungseigentum auch dann zu bejahen ist, wenn die Trennwände und Trenndecken nicht den Anforderungen entsprechen, die das Bauordnungsrecht des jeweiligen Bundeslandes aufstellt. Damit war die gegenteilige Verwaltungspraxis obsolet geworden, was zu einer erheblichen Zunahme an Abgeschlossenheitsanträgen und Aufteilungen von Mietwohnungen in Wohnungseigentum führte (s. Gütter-Killisch WM 1992, 455, Börstinghaus-Meyer NJW 1993, 1353). Die Regierungskoalition und ihre Mehrheit im Bundestag strebten über eine Ausweitung der Sozialklausel eine zivilrechtliche Lösung an (vgl. BT-DS. 12/4317 S. 56, BT-DS. 12/4340 S. 19); dagegen gab der Bundesrat der öffentlichen Konzeption eines Umwandlungsverbots mit Genehmigungsvorbehalten den Vorrang (vgl. BT-DS. 12/4494 S. 2, zu den Gesetzesmaterialien s. auch Schilling S. 96 ff.). Im Vermittlungsausschuß setzte sich die zivilrechtliche Lösung durch, die allerdings hinsichtlich des Mieterschutzes der öffentlich-rechtlichen Konzeption gleichwertig sein sollte. Das Gesetz wurde schließlich als **Art. 14 des Investitionserleichterungs- und Wohnbaulandgesetz vom 22. 4. 1993** verkündet (BGBl. I 466, 487) und ist **am 1. 5. 1993 in Kraft** getreten. Seine Überschrift einerseits und sein systemwidriger Standort im Gesetzespaket andererseits dokumentieren den politischen Interessenwiderstreit (vgl. zur Entstehungsgeschichte eingehend Schilling, S. 104 ff., derselbe ZMR 1993, 441, Schubart-Kohlenbach Sozialklauselgesetz Anm. 1).

A 139

1. Kündigungssperrfrist und verbesserte Sozialklausel

a) Regionaler Schutz in Gebieten mit gefährdeter Wohnraumversorgung

Das Gesetz ermächtigt die Landesregierungen, durch Rechtsverordnung Gebiete zu bestimmen, in denen die ausreichende Versorgung der Bevölkerung mit Mietwohnungen zu angemessenen Bedingungen besonders gefährdet ist. Wurden und werden in den so bestimmten Gebieten Mietwohnungen nach der Überlassung an den Mieter in Wohnungseigentum umgewandelt, so wird der **Bestandsschutz** des Mieters wie folgt **gestärkt:**

A 140

(1) Bis zum Ablauf von 10 Jahren nach der Veräußerung werden berechtigte Interessen des Vermieters im Sinne von § 564b Abs. 2 Nr. 2, 3 BGB nicht berücksichtigt (SozKlG S. 2 Nr. 1).

(2) Auch nach Ablauf dieser Frist werden die genannten Interessen des Vermieters nicht berücksichtigt, wenn die vertragsmäßige Beendigung des Mietverhältnisses für den Mieter oder ein bei ihm lebendes Familienmitglied eine nicht zu rechtfertigende Härte bedeuten würde, es sei denn, daß der Vermieter dem Mieter angemessenen Ersatzwohnraum zu zumutbaren Bedingungen nachweist (SozKlG S. 2 Nr. 2).

A 140a Die Länder haben von der Verordnungsermächtigung wie folgt Gebrauch gemacht:

Baden-Württemberg: Verordnung vom 25. 10. 1993 (GBl. S. 630),
Bayern: Verordnung vom 25. 3. 1993 (GVBl. S. 372),
Berlin: Verordnung vom 11. 5. 1993 (GVBl. S. 216),
Brandenburg: Verordnung vom 20. 5. 1994 (GVBl. II S. 365),
Bremen: Verordnung vom 8. 6. 1993 (GVBl. S. 159),
Hamburg: Verordnung vom 18. 5. 1993 (GVBl. S. 98),
Hessen: Verordnung vom 27. 7. 1993 (GVBl. I S. 387),
Niedersachsen: Verordnung vom 15. 6. 1993 (GVBl. S. 152), geändert durch Verordnung vom 22. 11. 1993 (GVBl. S. 578),
Schleswig-Holstein: Verordnung vom 5. 7. 1994 (GVBl. S. 371).

Zu den Tatbestandsvoraussetzungen s. Rdn. A 142 f.

b) Kündigungssperrfrist für Eigenbedarfs- und Verwertungskündigung

A 141 Umstritten ist, ob beide Regelungen die Kündigungsmöglichkeit des Vermieters wegen Eigenbedarfs und Hinderung angemessener wirtschaftlicher Verwertung einschränken (vgl. Bub–Treier Rn. IV 76a, Blank WM 1994, 115, Schubart–Kohlenbach Sozialklauselgesetz Anm. 3) oder – nur – den Schutz des Mieters über die Sozialklausel verstärken (vgl. Staudinger–Sonnenschein BGB § 556a Anhang Rdn. 25, Börstinghaus–Meyer NJW 1993, 1553, AG Hamburg WM 1994, 25) oder ob die erstere Regelung die Kündigungsmöglichkeit beschränkt und letztere einen verstärkten Schutz nach der Sozialklausel gewährt (Barthelmess BGB § 564b Rdn. 88 S. 147, Beuermann GE 1993, 440, Gather DWW 1993, 255, Fischer-Dieskau–Franke Anhang zu § 556a Anm. 4, Schilling S. 105, ders. ZMR 1993, 443, LG Hamburg WM 1994, 320).

Als herrschend kann die Auffassung angesehen werden, daß jedenfalls die Regelung in Nr. 1 des Gesetzes eine Kündigungssperre bewirkt (so auch BayObLG – RE v. 21. 3. 1995 – WM 1995, 380 = ZMR 1995, 304). Dafür sprechen der Wortlaut, der Zweck und die Entstehungsgeschichte des Gesetzes. Das Sozialklauselgesetz regelt „abweichend" und nicht nur „ergänzend" (wie noch nach dem Entwurf BT-DS. 12/4317 S. 56) vom bzw. zum BGB den Bestandsschutz. Während im genannten Entwurf von berechtigten Interessen des Vermieters im Sinne von § 556a Abs. 1 S. 1 BGB die Rede war, werden nach der Gesetzesfassung die berechtigten Interessen des Vermieters im Sinne des § 564b Abs. 2 Nr. 2, 3 BGB als nicht berücksichtigungsfähig angeführt. Die Fassung „nicht berücksichtigt" entspricht inhaltlich den Regelungen in Art. 232 § 2 EGBGB und § 6 Abs. 7 WoBindG: Danach kann sich der Vermieter auf berechtigte Interessen „nicht berufen", was allgemein als Kündigungsausschluß verstanden wird (ebenso Schubart–Kohlenbach a. a. O.).

Das Gesetz bezweckt, dem Mieter mit zivilrechtlichen Mitteln denjenigen Bestandsschutz zu gewähren, den er bei der öffentlich-rechtlichen Konzeption einer Umwandlungssperre mit Genehmigungsvorbehalt auch gehabt hätte (s. Schilling S. 104 Nr. III 1, vgl. auch Staudinger–Sonnenschein BGB § 556a Anhang Rdn. 30). Ein öffentlich-rechtlicher Umwandlungsstop hätte einen **Kündigungsausschluß** bewirkt. Hinzukommt, daß die Verstärkung der Sozialklausel zunächst die Kündigungsmöglichkeiten in Umwandlungsfällen beibehalten und deren psychologisch negativen Auswirkungen – Verunsicherung und Verängstigung der Mieter – nicht abgebaut hätte. Es trifft weder in der rechtlichen noch in der tatsächlichen Konsequenz zu, daß der Mieter durch eine bloße Verbesserung der Sozialklausel in angemessener Weise entsprechend geschützt wäre wie bei einem Kündigungsausschluß (so aber Amtsgericht Hamburg WM 1994, 25). Vielmehr liegt auf der Hand, daß ein gebotenes Abwehrverhalten gegenüber einem rechtlich gegebenen Anspruch ein Weniger ist, geringeren Schutz und unsicherere Prozeßaussichten bietet als der Ausschluß des Anspruchs schlechthin (s. Beuermann GE 1993, 446, Schubart–Kohlenbach a. a. O.). Die Entstehungsgeschichte des Gesetzes ist insofern eindeutig, als der Bundesrat der Regelung über eine Verbesserung der Sozialklausel entschieden widersprochen hat (BT-DS. 12/4494 S. 3); die Änderungen des Entwurfs weisen darauf hin, daß er sich mit diesen Vorstellungen im Vermittlungsausschuß auf Kosten der eigentlich verfolgten Umwandlungssperre hat durchsetzen können. Dafür sprechen auch die Ausführungen der Berichterstatter des Vermittlungsausschusses in der abschließenden Sitzung des Bundestages vom 26. 3. 1993 (zitiert nach Schilling S. 103):

> Der Abgeordnete Kleinert wies darauf hin, daß der schon vorhandene Schutz des Mieters durch eine Verlängerung der Sperrfrist auf die Dauer von 10 Jahren verbessert sei, der Abgeordnete von Stetten sprach zwar von einer „Sozialklausel", die (aber) auf 10 Jahre die Kündigung verbietet, womit die Sozialklausel des § 556a BGB kaum gemeint sein konnte. Die Regelung in Nr. 1 ist nach allem dahin zu verstehen, daß sie die Kündigungssperrfrist des § 564b Abs. 2 Nr. 2 BGB von 3 Jahren bzw. für Gebiete mit gefährdeter Wohnraumversorgung von 5 Jahren überlagert und innerhalb ihres Anwendungsbereichs auf 10 Jahre festlegt.

c) Anwendungsvoraussetzungen

Die Anwendung der Regelung in **Nr. 1** setzt voraus,

– daß die Rechtsverordnung des Landes das **Gebiet**, in dem die Wohnung liegt, als ein solches **bestimmt**, in dem die ausreichende Versorgung der Bevölkerung mit Mietwohnungen zu angemessenen Bedingungen besonders gefährdet ist. Der Begriff deckt sich mit demjenigen in § 564b Abs. 2 Nr. 2 S. 3 BGB und Art. 6 S. 1 MietRVerbG vom 4. 11. 1971 (BGBl. I S. 1745). Für die Anwendung des Sozialklauselgesetzes reicht indes eine Verordnung auf der Grundlage der bisherigen Ermächtigung in § 564b Abs. 2 Nr. 2 nicht aus. Der Landesgesetzgeber ist ermächtigt, aber nicht verpflichtet, eine entsprechende Verordnung zu erlassen. Er kann daher die Dauer der Verordnung befristen, aber auch die Verordnung rückwirkend auf den Zeitpunkt des Inkrafttretens des Gesetzes am 1. 5. 1993 erlassen (s. Schilling, ZMR 1993, 443, Schubart–Kohlenbach SozklG Anm. 5, vgl. auch Staudinger–Sonnenschein a. a. O. Rdn. 17 f.).

A 143 – daß die Mietwohnung dem Mieter **vor** der **Umwandlung** bereits überlassen war. Der Zeitpunkt der **Überlassung** ist nach dem Zweck des Gesetzes, den sozialen Tatbestand des Wohnens zu schützen, auch dann maßgebend, wenn der Vertragsabschluß erst nachträglich erfolgte (ebenso Fischer-Dieskau–Franke BGB § 564b Anm. 23.2, Beispiel 4, Schmidt-Futterer–Blank, B 640, auch Bub–Treier Rn. 76b stellen maßgeblich auf die Überlassung vor Umwandlung ab),

A 144 – daß die überlassene Mietwohnung veräußert wird (vgl. Rdn. A 135). Es muß sich um einen **rechtsgeschäftlichen Erwerb** handeln. Hierunter fällt auch der Erwerb in der Zwangsversteigerung (BayObLG – RE v. 10. 6. 1992 – MDR 1992, 1149 = WM 1992, 424) sowie vom Konkursverwalter nach § 21 Abs. 4 KO, nicht dagegen der Erwerb von Todes wegen. Die Frist von 10 Jahren rechnet ab der (dinglichen) Vollendung des ersten Erwerbsvorgangs; die Eintragung einer Auflassungsvormerkung genügt nicht. Eine Kündigung, die vor Ablauf der Frist ausgesprochen ist, ist unwirksam, weil die materielle Kündigungsbefugnis erst nach Fristablauf entsteht (vgl. OLG Hamm – RE v. 3. 12. 1980 – NJW 1981, 584 = WM 1981, 35). Die vorfristige Kündigung muß also wiederholt werden und wirkt nicht ab dem Zeitpunkt, zu dem sie frühestens hätte erklärt werden dürfen. Entsprechend dem Schutzzweck der Norm, den Mieter (nur) für einen begrenzten Zeitraum vor Eigenbedarfs- und Verwertungskündigung zu schützen, ist die gegen den Erwerber verstrichene Frist zugunsten des Zweiterwerbers anzurechnen; es läuft also nicht für jeden Erwerber eine neue Frist (vgl. BayObLG – RE v. 24. 11. 1981 – NJW 1982, 451 = WM 1982, 46).

d) Verbesserte Sozialklausel

A 145 Die Regelung in **Nr. 2** ist gegenüber derjenigen in Nr. 1 komplexer. Daher ist insbesondere hier umstritten, ob auch sie einen Kündigungsausschluß enthält oder nur den Schutz des Mieters über die Sozialklausel verbessert (zum Meinungsstand siehe Rdn. A 141).

Für einen **Kündigungsausschluß** spricht, daß ebenso wie in Nr. 1 geregelt ist, daß „Interessen des Vermieters im Sinne des § 564b Abs. 2 Nr. 2 und 3 BGB nicht berücksichtigt werden". Man könnte meinen, daß der Gesetzgeber innerhalb einer Gesetzesbestimmung – noch dazu in zwei aufeinanderfolgenden Sätzen – keinen unterschiedlichen Bedeutungsgehalt gewollt hat. Auch der Zweck eines umfassenden Bestandsschutzes des Mieters bei Umwandlungsfällen in bestimmten Gebieten mit gefährdeter Wohnraumversorgung könnte für den gegenüber der Sozialklauselverbesserung weitergehenden Kündigungsausschluß sprechen. Hinzu kommt die Erwägung, daß es sinnwidrig erschiene, das berechtigte Interesse des Vermieters für die Kündigung vorauszusetzen, jedoch bei der Abwägung der Sozialklausel zu eliminieren (so Schubart–Kohlenbach SozklG Anm. 3). Schließlich wird darauf hingewiesen, daß das Sozialklauselgesetz das BGB nicht ergänzt, sondern hierzu abweichende Regelungen trifft; außerdem fehle eine Bezugnahme auf § 556a BGB (s. Blank WM 1994, 115).

Demgegenüber wird mit der überwiegenden Meinung (Rdn. A 141) davon auszugehen sein, daß die Regelung in Nr. 2 die **Sozialklausel** des § 556a BGB eigenständig ausweitet. Auf den unterschiedlichen Sinngehalt des Gesetzes in Nr. 1 und 2 deuten die Ausführungen des Abgeordneten Kleinert (s. Rdn. A 141) hin. Er spricht einerseits von einer Sperrfrist von 10 Jahren, andererseits von einem darüber hinausgehenden Schutz einer Sozialklausel in Härtefällen. Bei der Textauslegung darf nicht übersehen werden, daß die Fassung in Nr. 2 gegenüber derjenigen in Nr. 1 durch den Halbsatz „wenn die vertragsgemäße Beendigung ... eine nicht zu rechtfertigende Härte bedeuten würde" erweitert ist. Das setzt voraus, daß die berechtigten Interessen des Vermieters nach § 564b Abs. 2 Nr. 2, 3 BGB dann zu beachten sind und zu einer Beendigung des Mietverhältnisses führen, wenn eine Härte nicht vorliegt. Da die den Mieter treffende Härte kein Tatbestandsmerkmal für die Kündigung in § 564b Abs. 2 Nr. 2 und 3 BGB ist und als solches auch nicht im Sozialklauselgesetz geregelt ist, kann sie erst aufgrund eines besonderen Verteidigungsverhalten des Mieters beachtlich werden. Dafür spricht auch, daß es sich um Umstände handelt, die in der Einfluß- und Wahrnehmungssphäre des Mieters liegen, die der Vermieter nicht kennen und bewerten kann (so auch Schilling S. 105 Nr. III 4, ders. ZMR 1993, 443). Wäre die Regelung in Nr. 2 dem Kündigungstatbestand zuzurechnen, so müßte auch verlangt werden, daß der Vermieter im Hinblick auf § 564b Abs. 3 BGB schon im Kündigungsschreiben einer etwaigen Kündigungshärte für den Mieter dadurch Rechnung trägt, daß er eine angemessene Ersatzwohnung anbietet, selbst wenn sich dies im Nachhinein als überflüssig herausstellt. Das erscheint offensichtlich sinnwidrig.

Ein abgestufter Schutz des Mieters ist nach den Vorstellungen des Gesetzgebers A 146 auch sachgerecht. Nach Ablauf der Sperrfrist von 10 Jahren soll zunächst nur derjenige Mieter schutzwürdig sein, der sich auf eine besondere Härte berufen kann. Dem läßt sich nicht entgegenhalten, daß eine Bezugnahme auf die Verfahrensvorschriften des § 556a BGB fehlt (so aber Blank WM 1994, 115, vgl. dagegen zutr. Staudinger-Sonnenschein BGB § 556a Anhang Rdn. 37). Ihre Anwendung wird vielmehr vorausgesetzt. Das folgt aus dem gedachten Ablauf bei Anwendung der Vorschrift:

(1) Der Vermieter kündigt (etwa) wegen Eigenbedarfs.
(2) Der Mieter widerspricht und trägt Härtegründe vor.
   (a) Der Vermieter weist angemessenen Ersatzwohnraum nach; in diesem Fall sind im Rahmen der Interessenabwägung die Belange des Vermieters und die Härtegründe des Mieters gegeneinander abzuwägen.
   (b) Der Vermieter weist angemessenen Ersatzwohnraum nicht nach: In diesem Falle ist zu prüfen, ob und gegebenenfalls für welchen Zeitraum die vom Mieter vorgetragenen Gründe eine Fortsetzung des Mietverhältnisses rechtfertigen. Hierbei können zugunsten des Vermieters auch andere Interessen als diejenigen in § 564b Abs. 2 Nr. 2, 3 BGB berücksichtigt werden, die allerdings nach § 556a Abs. 1 S. 3 BGB im Kündigungsschreiben genannt sein müssen.

Weder führt also der Nachweis einer Ersatzwohnung ohne weiteres dazu, daß der Vermieter mit seinem Räumungsverlangen durchdringt, noch führt das Fehlen des Nachweises automatisch dazu, daß der Vermieter allein schon deswegen mit einer Kündigung nicht durchdringt. Wenn also ein Verteidigungsverhalten des

Mieters im Rahmen der Regelung in Nr. 2 vorausgesetzt wird, so bedeutet das verfahrensmäßig, daß der Mieter der Kündigung form- und fristgerecht nach § 556a Abs. 5, 6 BGB widersprechen muß (so auch Schilling, S. 105 Nr. III 5); die Möglichkeit, bei unterbliebener **Widerspruchsbelehrung** nach § 564a Abs. 2 BGB noch im ersten Termin des Rechtsstreits zu widersprechen, bleibt erhalten. Es ist kaum anzunehmen, daß der Gesetzgeber die Wirksamkeit der auf § 564b Abs. 2 Nr. 2, 3 BGB gestützten Kündigung so lange in der Schwebe lassen wollte, bis der Mieter im Termin der letzten mündlichen Verhandlung einwendet, keine Ersatzwohnung zu haben, ohne daß ihn überhaupt die Pflicht träfe, sich entsprechend darum zu bemühen (so aber Blank WM 1994, 116).

A 147 Die Regelung in Nr. 2 ist nicht darauf zu reduzieren, daß als **Härte** nur die Schwierigkeiten des Mieters bei der Ersatzraumsuche zu verstehen sind (so auch Staudinger–Sonnenschein BGB § 556a Anhang Rdn. 38, a. A. Blank a. a. O.). Vielmehr fallen hierunter sämtliche nach §§ 556a Abs. 1 BGB in Betracht kommende Gründe. Die im Entwurfstadium vorgesehene Beschränkung auf alte und kranke Mieter (oder deren Familienmitglieder – s. BT-DS. 12/4317 S. 56) ist nicht einmal in die zweite Beratungsphase über den Bestandsschutz nach Ablauf der Kündigungssperrfrist eingeflossen. Die vom Mieter vorgetragenen Auszugshindernisse können – müssen aber nicht! – ihre Qualifikation als Härtegründe verlieren, wenn der Vermieter angemessenen Ersatzwohnraum anbietet. Dies wird sich nach den Umständen des Einzelfalles, insbesondere dem persönlichen und wirtschaftlichen Status des Mieters, zu richten haben. So können Alter, Verwurzelung in der Wohngegend, Krankheit oder Pflegebedürftigkeit eine unzumutbare Härte auch dann bleiben, wenn der Vermieter angemessenen Ersatzwohnraum angeboten hat (vgl. dazu Staudinger–Sonnenschein a. a. O. Rdn. 40, Schilling, S. 106 Nr. III 7). Beruft sich der Mieter nur auf fehlenden Ersatzraum, so wird nicht von vornherein eine Härte vermutet, sondern der Mieter muß eine solche begründen, indem er seine Bemühungen um angemessenen Wohnraum darlegt. Auch in Gebieten mit einem besonders angespannten Wohnungsmarkt kann er nicht von vornherein die Hände in den Schoß legen (anders Blank WM 1994, 116). Allerdings muß seine Ersatzraumbeschaffungspflicht im Kontext zur jeweiligen Wohnungsmarktlage und zu seinen eigenen wirtschaftlichen Verhältnissen gesehen werden; sie kann sich deshalb darauf reduzieren, behördliche Hilfe zu beanspruchen. Dies muß der Mieter allerdings nachhaltig versuchen, vgl. Rdn. 1256, 1258.

A 148 Der Vermieter kann etwaige Härtegründe – keineswegs alle – dadurch ausräumen, daß er **angemessenen Ersatzwohnraum** zu zumutbaren Bedingungen nachweist. Ob eine Ersatzwohnung diesen Voraussetzungen entspricht, richtet sich im wesentlichen nach den Verhältnissen des Mieters in der gekündigten Wohnung, hängt also von Art, Größe, Ausstattung, Beschaffenheit und Lage der bisherigen Wohnung ab. Für den Begriff der Eignung der Ersatzwohnung ist an § 556a Abs. 1 S. 2 BGB anzuknüpfen. Danach ist auf die Lebensverhältnisse des Mieters abzustellen. Entsprechend den vom BVerfG entwickelten Grundsätzen zum Eigenbedarf kann die Lebensplanung des Mieters nicht gänzlich unberücksichtigt bleiben (z. B. keine Übersiedlung in ein Altersheim gegen den Willen des Mieters, vgl. dazu OLG Karlsruhe RE v. 3. 7. 1970 – NJW 1970, 1746, BVerfG – Beschl. v. 27. 1. 1994 – WM 1994, 257). Der Begriff „Mitglied seiner Familie" geht weiter als „Familienangehörige" und umfaßt auf der Grundlage der zu § 569a BGB ergangenen Entscheidung des BVerfG vom 3. 4. 1990 (WM 1990, 241) und des BGH vom 13. 1. 1993 (MDR 1993, 440) den Partner einer nichtehelichen Lebensgemeinschaft zwischen Frau und Mann; gleichgeschlechtliche Partner bilden hingegen keine Familie. Auch den persönlichen Verhältnissen des Mieters – z. B. Angewiesensein auf eine Erdgeschoßwohnung als Rollstuhlfahrer (s. LG Hannover WM 1991, 346) – muß Rechnung getragen werden.

Zu den angemessenen Bedingungen zählt schließlich die **Miethöhe**. Abzustellen ist nicht auf das Niveau von Abschlußmieten, sondern von Bestandsmieten vergleichbarer Wohnungen. Hier kann eine Spanne bis zur Wesentlichkeitsgrenze des § 5 Abs. 2 Nr. 1 WiStG in Betracht kommen (so auch Blank WM 1994, 116), dagegen ist die Ausnahmeregelung für die Überschreitung der ortsüblichen Miete bis zur Wuchergrenze wegen fehlender Kostendeckung nicht einschlägig. Die Wohnung muß für den Mieter – gegebenenfalls unter Inanspruchnahme von Wohngeld, was zuvor geklärt werden muß – bezahlt werden können. Der Mieter kann zwar keine Verbesserung der Wohnverhältnisse verlangen. Er muß sie aber trotz höherer Miete hinnehmen, wenn sie seinem bisherigen Lebenszuschnitt entspricht und für ihn wirtschaftlich ohne allzu große Einschränkungen tragbar ist. Das wird bei einer Mietbelastung, die 25% des Familieneinkommens nicht übersteigt, im allgemeinen anzunehmen sein, hängt jedoch im Einzelfall von der Personenanzahl des Mieterhaushalts sowie von der Einkommenshöhe ab. Mit einer Verschlechterung seiner Wohnverhältnisse, die sich noch in zumutbarem Rahmen hält, muß sich der Mieter abfinden. Das ist etwa dann der Fall, wenn die Wohnwertmerkmale nur wesentlich schlechter und die Mietbelastung kaum höher ist oder der Sozialstatus des Mieters vom Wohnungswechsel nicht oder nur unwesentlich betroffen werden würde (vgl. LG Hamburg WM 1990, 118). Die immer noch zu beobachtende Praxis, den Mieter bei fehlendem Ersatzwohnraum auf eine **Räumungsfrist** zu verweisen (vgl. etwa LG Hamburg WM 1991, 38), widersprach schon bisher dem Gesetz (vgl. Rdn. 1256) und ist nunmehr erst recht unzulässig.

A 149

Der Vermieter muß dem Mieter Ersatzwohnraum zu **zumutbaren Bedingungen** nachweisen. Es genügt nicht, daß er ihn allgemein darauf verweist, daß Wohnungen angemietet werden können, etwa indem er ihm Zeitungsangebote übersendet. Vielmehr muß er die **Gelegenheit zur Anmietung einer konkreten Wohnung** verschaffen und zwar in einer Weise, daß der Mieter sich in zumutbarer Zeit über die Anmietung schlüssig werden kann (zutreffend Staudinger–Sonnenschein BGB § 556a Anhang 36, Schilling S. 106 Nr. III 7, vgl. auch Schubart–Kohlenbach SozklG Anm. 3, Blank WM 1994, 116). Es muß dem Mieter also ein angemessener, seinen Verhältnissen entsprechender **Überlegungsspielraum** bleiben; er braucht sich nicht zu überstürzten Entscheidungen drängen zu lassen. Andererseits kann der Vermieter die Anmietung der Ersatzwohnung noch im Prozeß oder während des Laufs der Kündigungsfrist anbieten, nicht aber schon vor Ausspruch der Kündigung (anders: Schilling S. 106 Nr. III 8). Hat der Vermieter seine Nachweispflicht erfüllt, kommt es aber gleichwohl nicht zum Abschluß eines Mietvertrages, so ist wie folgt zu unterscheiden: Hat der Mieter vom Vertragsabschluß abgesehen, so kann er sich gegenüber dem Vermieter nicht mehr auf den Härtegrund der fehlenden Ersatzwohnung berufen. Hat der nachgewiesene poten-

A 150

tielle Vermieter den Vertragsabschluß aus Gründen abgelehnt, die nicht in der Person und in der Sphäre des Mieters liegen, so kann nach dem Zweck der Regelung, dem Mieter eine alternative Wohnmöglichkeit zu bieten, der Nachweis nicht als geführt angesehen werden. Damit bedeutet die Nachweispflicht immer noch ein Weniger gegenüber dem Stellen einer Ersatzwohnung und ist ähnlich dem Courtageanspruch des Nachweismaklers zu werten, der den Anspruch erst mit Abschluß des nachzuweisenden Vertrages erlangt.

2. Anwendungsbereich

a) Zeitlicher Anwendungsbereich

A 151   Das am 1. 5. 1993 in Kraft getretene Gesetz enthält keine Übergangsvorschriften. Eine Initiative des Bundesrats im Rahmen der Beratungen des 4. MietRÄndG (vgl. BT-DS. 12/5224 S. 5) die Rückwirkung des Gesetzes auf den 31. 7. 1990 zu begrenzen, ist nicht Gesetz geworden (vgl. dazu eingehend Wiek WM 1995, 376). Das Sozialklauselgesetz ist kein Zeitgesetz, gilt also **unbefristet**.

Umstritten ist, ob das Gesetz auch auf Erwerbsfälle **vor** seinem **Inkrafttreten am 1. 5. 1993** anzuwenden ist. Dies wird zum Teil verneint (OLG Stuttgart DWW 1995, 143 = WM 1995, 262 = ZMR 1995, 200, Barthelmess BGB § 564b Rdn. 88, Bub–Treier Rdn. IV 76a, Franke DWW 1993, 156, 158), zum Teil uneingeschränkt bejaht (Beuermann GE 1993, 448, Blank WM 1994, 115, Schubart–Kohlenbach–Wienicke SozKlG Anm. 4, Staudinger–Sonnenschein, BGB, § 556a Anhang Rdn. 46, Wiek WM 1995, 376, vgl. auch Sternel ZMR 1995, 4), zum Teil mit der Beschränkung auf Erwerbsfälle nach dem 1. 8. 1990 bejaht (Gather DWW 1993, 256, Schilling, S. 107 Nr. III 10, ders. ZMR 1993, 444). Bejaht man die Frage uneingeschränkt oder eingeschränkt, so ist ferner problematisch, ob die Kündigungssperrfrist nach Ziffer 1 des SozKlG für Kündigungen eingreift, die vor Inkrafttreten des Gesetzes ausgesprochen worden sind. Diese Frage wird überwiegend verneint (BayObLG – RE vom 21. 3. 1995 – WM 1995, 380 = ZMR 1995, 304, LG Frankfurt DWW 1994, 152, AG Hamburg WM 1994, 25, Beuermann GE 1993, 448, Blank WM 1994, 116, Gather DWW 1993, 256, Schubart–Kohlenbach–Wienecke SozKlG Anm. 4, Wiek WM 1995, 376). Staudinger–Sonnenschein (BGB § 556a Anhang Rdn. 47) stellen demgegenüber darauf ab, ob bei Inkrafttreten des Gesetzes die Kündigungsfrist abgelaufen war.

A 151a   Nach hier vertretener Auffassung ist das SozKlG uneingeschränkt auch auf Veräußerungsfälle anzuwenden, die vor dem Inkrafttreten des Gesetzes (und der jeweiligen Landesverordnung) liegen. Allgemein anerkannt ist der Grundsatz, daß Dauerschuldverhältnisse, die noch nicht abgewickelt sind, dem jeweiligen gesetzlichen Regelungsgehalt unterliegen. Aus Art. 170 EGBGB läßt sich nichts Gegenteiliges ableiten, wie etwa Art. 171 EGBGB zeigt (anders Beuermann GE 1993, 448). Der Gesetzgeber hat davon abgesehen, eine Überleitungsregelung zu treffen, wie sie im Gesetz vom 20. 7. 1990 (BGBl. I, 1456) für Umwandlungsfälle vor dem 1. 8. 1990 getroffen worden ist (s. Rdn. A 138). Eine Gesetzeslücke liegt nicht vor, da die Schaffung einer Übergangsregelung Gegenstand des Gesetzgebungsverfahrens war (vgl. BT-DS 12/5224 S. 5). Unter Anrufung des Vermittlungsausschusses hat der Bundesrat vorgeschlagen, die Rückwirkung der Sozialklausel auf die Zeit seit dem 1. 8. 1990 zu beschränken. Der Vermittlungsausschuß hat diesen Vorschlag nicht aufgegriffen (s. BT-DS 12/5342). Für eine verfassungsrechtliche Reduktion auf Erwerbsfälle, die nach dem 1. 8. 1990 stattgefunden haben, was dem Gesetz vom 20. 7. 1990 entspricht, ist kein Raum; denn die bloße Möglichkeit, von einer bestimmten Rechtslage Gebrauch machen zu können, ist als bloßer Rechtsreflex nicht durch Art. 14 GG geschützt (vgl. auch Staudinger–Sonnenschein BGB, § 556a Anh. Rdn. 47, Beuermann GE 1993, 440, 448, Wiek WM 1995, 377).

Die gegenteilige Auffassung des OLG Stuttgart (RE vom 22. 2. 1995 – WM 1995, 262 = ZMR 1995, 200) erscheint – unbeschadet ihrer Bindungswirkung nach § 541 ZPO – unrichtig. Es läßt sich nicht nachvollziehen, wenn aus dem vom Gericht für ungewöhnlich gehaltenen Schweigen des Gesetzgebers gefolgert wird, daß er eine Rückwirkungsregelung hätte treffen sollen und – wenn er dies nicht getan hat – es auch nicht gewollt habe. Dabei wird der Zweck des Gesetzes dahin verengt, den Kaufanreiz für künftige Erwerber von Eigentumswohnungen zu vermindern. Die in den Gründen zitierte persönliche Erklärung eines Abgeordneten, die nicht etwa eine Ausschußmeinung referiert, kann schlechterdings nicht für den (subjektiven) Willen des Gesetzgebers stehen (zutreffend Wiek a. a. O.). Auch wird verkannt, daß der Gesetzeszweck primär darauf ausgerichtet ist, den Kündigungsschutz angesichts der stark zunehmenden Umwandlungen von Mietwohnungen in Eigentumswohnungen zu verbessern (BT-DS 12/4340 S. 19). Der Umstand, daß der Bundesrat es für notwendig erachtete, eine Regelung in das Gesetz aufzunehmen, die die Rückwirkung begrenzte, ist ein deutlicher Hinweis dafür, daß der Gesetzgeber nicht von der Vorstellung ausging, das Gesetz erfasse nur Erwerbsfälle seit Inkrafttreten des Gesetzes. Der RE des BayObLG vom 21. 3. 1995 (WM 1995, 380 = ZMR 1995, 304) steht in Widerspruch zum RE des OLG Stuttgart a. a. O.; denn er setzt voraus, daß das SozKlG auf Erwerbsfälle vor dem 1. 5. 1993 anwendbar ist; andernfalls hätte er gar nicht ergehen können, weil es auf die vorgelegte Rechtsfrage – nämlich Anwendung des Gesetzes auf Kündigungen, die vor dem Inkrafttreten des Gesetzes ausgesprochen worden sind – nicht angekommen wäre. A 151b

Ist eine Kündigung ausgesprochen worden, so erwächst hieraus bei Vorliegen der Tatbestandsvoraussetzungen im übrigen ein **Räumungsanspruch,** der mit Ablauf der Kündigungsfrist fällig wird. In diese Rechtsposition kann rückwirkend nicht eingegriffen werden. Daher ist das Sozialklauselgesetz nicht auf Kündigungen anzuwenden, die vor dem 1. 5. 1993 ausgesprochen worden sind (vgl. BayObLG – RE v. 21. 3. 1995 – WM 1995, 380 = ZMR 1995, 304, LG Frankfurt DWW 1994, 152, AG Hamburg WM 1994, 25, Beuermann GE 1993, 448, Blank WM 1994, 116, Gather DWW 1993, 256, Schubart–Kohlenbach–Wienecke SozklG Anm. 4). Entgegen Staudinger–Sonnenschein BGB § 556a Anhang Rdn. 47 kann nicht auf den Ablauf der Kündigungsfrist abgestellt werden; denn sie ist lediglich eine Folgewirkung des vorangegangenen rechtsgeschäftlichen Akts, und eben dieser ist Anknüpfungspunkt für den gebotenen Vertrauensschutz. Das gilt auch bezüglich der erweiterten **Widerspruchsmöglichkeit in Nr. 2** der Regelung, wenn die Kündigung zwar vor dem 1. 5. 1993 erklärt worden ist, die Widerspruchsfrist jedoch noch nicht abgelaufen oder die Möglichkeit zum Widerspruch mangels Belehrung nach § 564a Abs. 2 BGB noch gegeben ist (anders Schilling ZMR 1993, 444). Das folgt aus der Rückbezüglichkeit des Kündigungswiderspruchs auf die Kündigung. A 152

Sie stellt sich als Gegenrecht dar, das die Wirkung der Kündigung suspendiert. Würde man die Rückwirkung dieses Gegenrechtes auf Kündigungen, die vor dem 1. 5. 1993 erklärt worden sind, zulassen, so würde dadurch unzulässig in bereits gegebene Rechtspositionen eingegriffen werden. Der zeitliche Anwendungsbereich hängt zudem von dem Inhalt der jeweiligen Landesverordnung ab. Die Ermächtigung schließt ein, die Verordnung zu einem späteren Zeitpunkt als dem des Inkrafttretens des Gesetzes zu erlassen oder sie zu befristen.

b) Sachlicher Anwendungsbereich

A 153 Das Sozialklauselgesetz **erweitert** den **geltenden Bestandsschutz,** begründet ihn jedoch nicht neu für diejenigen Mietverhältnisse, die bislang nicht in den Anwendungsbereich dieses Schutzes fielen. Aus der Formulierung, daß das Gesetz den Bestandsschutz „abweichend von den Bestimmungen des BGB" regelt, läßt sich nicht dessen umfassende Geltung ableiten (vgl. aber Börstinghaus–Meyer NJW 1993, 1356). Das Gesetz knüpft vielmehr in Nr. 1 an die Anwendbarkeit des § 564b Abs. 2 Nr. 2, 3 BGB an und setzt in Nr. 2 die Anwendbarkeit des § 556a BGB voraus. Danach ist das Sozialklauselgesetz nicht auf Mietverhältnisse der in § 564b Abs. 7 Nr. 1, 2, 4, 5 BGB genannten Art und auch nicht auf Zeitmietverträge nach § 564c Abs. 2 BGB anzuwenden. Anwendbar ist es hingegen auf befristete Mietverhältnisse nach § 564c Abs. 1 BGB und ferner auch insoweit, als nur der Schutz der Sozialklausel nach §§ 556a, b BGB gilt – nämlich für Mietverhältnisse über Wohnraum in Studenten- und Jugendwohnheimen (§ 564b Abs. 7 Nr. 3 BGB) sowie über Einliegerwohnungen nach § 564 Abs. 4 BGB, sofern der Vermieter im Kündigungsschreiben sich auf die erleichterte Kündigungsmöglichkeit berufen hat (vgl. auch Rdn. A 161). In den zuletzt genannten Fällen kommt nur der erweiterte Schutz gemäß § 1 Nr. 2 Sozialklauselgesetz zum Tragen.

A 154 Sofern ein Bestandsschutz gilt, der über denjenigen nach dem Sozialklauselgesetz hinausgeht, bleibt dieser erhalten. Für den Mieter gilt also der **Grundsatz der Meistbegünstigung.** Das kommt für Mietverhältnisse über preisgebundenen Wohnraum in Betracht, für die im Umwandlungs- und Veräußerungsfall eine Eigenbedarfskündigung für die Dauer der Preisbindung (s. §§ 15 bis 17 WoBindG) nach § 6 Abs. 7 WoBindG ausgeschlossen ist. Stützt der Vermieter die Kündigung auf die Hinderung wirtschaftlicher Verwertung (§ 564b Abs. 2 Nr. 3 BGB), so kommen allerdings die Schutzvorschriften des Sozialklauselgesetzes zum Tragen.

In den **neuen Bundesländern** ist für Mietverhältnisse, die vor dem 3. 10. 1990 begründet worden sind, die Verwertungskündigung nach § 564b Abs. 2 Nr. 3 BGB zur Zeit unbegrenzt und die Eigenbedarfskündigung nach § 564b Abs. 2 Nr. 2 BGB befristet bis zum 31. 12. 1995, jedoch mit Ausnahmevorbehalten nach Maßgabe des Art. 232 § 2 Abs. 2, 3 EGBGB ausgeschlossen (s. Rdn. A 270 f.). Dieser Schutz bleibt unberührt. Soweit der Vermieter ausnahmsweise wegen Eigenbedarfs kündigen könnte, ist der Mieter nach dem Sozialklauselgesetz geschützt.

3. Abschnitt
Die mietrechtlichen Regelungen des Wohnungsbau-Erleichterungsgesetzes

Das Wohnungsbau-Erleichterungsgesetz vom 17. 5. 1990 (BGBl. I 926 ff.) ist am 1. 6. 1990 in Kraft getreten und **bis zum 31. 5. 1995 befristet.** Der Gesetzgeber hat es nicht mehr vermocht, die Frist rechtzeitig zu verlängern. Jedoch ist damit zu rechnen, daß er die Vorschriften wieder in Kraft setzen wird (vgl. auch BR-DS 216/95 zur Teilkündigung). Sein Ziel ist, Engpässen auf dem Wohnungsmarkt dadurch zu begegnen, daß es dem Gebäudeeigentümer erleichtert wird, nicht zum Wohnen bestimmte Räume zu Wohnraum um- oder auszubauen. Außerdem soll ein Anreiz gesetzt werden, bislang nicht vermieteten Wohnraum dem Wohnungsmarkt zuzuführen.

A 155

Dem dienen mietrechtlich folgende Maßnahmen:

(1) Einführung der **Teilkündigung** eines Wohnraummietverhältnisses bezüglich von Nebenräumen, die zu Mietwohnraum umgebaut werden sollen (§ 564b Abs. 2 Nr. 4 BGB).

(2) Erweiterung der Kündigungsbefugnis für **Einliegerwohnungen** (§ 564b Abs. 4 BGB) auf den Fall, daß es sich um ein Gebäude mit drei Wohnungen handelt, wenn mindestens eine der Wohnungen in dem vom Vermieter selbst bewohnten Gebäude zwischen dem 1. 6. 1990 und 31. 5. 1995 fertiggestellt worden ist.

(3) Wegfall des Kündigungsschutzes für Wohnraum nach § 564b Abs. 7 Nr. 4, 5 BGB
    (a) für Mietverhältnisse über Ferienhäuser oder -wohnungen, die vor dem 1. 6. 1995 dem Mieter überlassen worden sind, wenn dieser bei Vertragsabschluß auf die Zweckbestimmung des Wohnraums und das Fehlen des Kündigungsschutzes hingewiesen worden ist,
    (b) bei Untermietverhältnissen, die eine juristische Person des öffentlichen Rechts als Zwischenmieter abgeschlossen hat, wenn die Wohnung dem Endmieter vor dem 1. 6. 1995 überlassen worden ist und dem Endmieter die Zweckbestimmung des Wohnraums sowie der Wegfall des Kündigungsschutzes bei Vertragsabschluß mitgeteilt worden ist.

A. Einführung der Teilkündigung von Nebenräumen

Das Wohnungsbau-Erleichterungsgesetz hat die Möglichkeit begründet, das Mietverhältnis bezüglich solcher Nebenräume, die aufgrund eines Wohnraummietverhältnisses überlassen worden, aber nicht zu Wohnzwecken bestimmt sind, zu kündigen, wenn der Vermieter die Nebenräume zu Mietwohnraum ausbauen will. Zu diesem Zweck wurde der Katalog der Kündigungsgründe in § 564b Abs. 2 BGB um Nr. 4 erweitert. Das Recht zur Teilkündigung ist durch das 4. MietRÄndG mit Wirkung ab 1. 9. 1993 erheblich erweitert und zu einem **Sonderkündigungsrecht** ausgestaltet worden (s. Rdn. A 22).

A 156

B. Erweiterung der Kündigungsbefugnis für Einliegerwohnungen

1. Zum neuen Begriff der Einliegerwohnung

A 157 Die Vorschrift des § 564b Abs. 4 ist dahin erweitert worden, daß der Vermieter auch dann das Mietverhältnis unter erleichterten Bedingungen kündigen kann, wenn sich in dem von ihm selbst bewohnten Wohngebäude **drei Wohnungen** befinden und mindestens eine der Wohnungen durch Ausbau oder Erweiterung nach dem 31. 5. 1990 und vor dem 1. 6. 1995 fertiggestellt worden ist. Es kommt also nicht allein darauf an, daß sich in dem Gebäude 3 Wohnungen befinden, sondern daß die zweite und/oder dritte Wohnung in der Zeit nach dem 31. 5. 1990 und vor dem 1. 6. 1995 fertiggestellt worden ist. Ziel der Neuregelung ist, den Ausbau oder die Erweiterung bestehender Ein- oder Zweifamilienhäuser zu fördern. Es ist vorgesehen, die Regelung als Dauerrecht im BGB zu belassen, so daß die Befristung bis zum 1. 6. 1995 entfällt (Bericht des Rechtsausschusses zum Entwurf eines Gesetzes zur Übernahme befristeter Kündigungsmöglichkeiten als Dauerrecht vom 8. 11. 1995 – BT-DS. 13/2942).

Zum Begriff der Einliegerwohnung s. Bub–Treier Rdn. IV 95, Fischer-Dieskau–Franke BGB § 564b Anm. 47.4, Sternel Rdn. IV 2239 f., ferner unter Rdn. 952. Enthält das Gebäude auch vermieteten Gewerberaum, so ist die Kündigungserleichterung nicht gegeben (OLG Frankfurt – RE v. 2. 11. 1981 – NJW 1982, 188). Anders verhält es sich, wenn der Gewerberaum vom Vermieter genutzt wird (OLG Karlsruhe – RE v. 25. 11. 1991 – WM 1992, 49 = ZMR 1992, 105).

A 158 Maßgebend ist der **Zeitpunkt der Bezugsfertigkeit,** der innerhalb der Spanne vom 1. 6. 1990 bis 31. 5. 1995 liegen muß. Die zweite und/oder dritte Wohnung wird also auch dann berücksichtigt, wenn ihr Bau zwar vor dem 31. 5. 1990 begonnen worden ist, die Fertigstellung aber nach dem Stichtag erfolgte. Zum Begriff der Bezugsfertigkeit s. § 13 Abs. 4 WoBindG, Sternel Rdn. II 15. Die Begriffe **„Ausbau"** und **„Erweiterung"** richten sich nach §§ 17, 100 II. WoBauG. Demzufolge fällt hierunter nicht die bloße Aufteilung einer Großwohnung in zwei kleinere Wohnungen ohne wesentlichen Bauaufwand (vgl. Schilling ZMR 1990, 284, a. A. Emmerich–Sonnenschein BGB § 564b Rdn. 96a), ebensowenig ein bloßer Umbau, der keinen zusätzlichen neuen Wohnraum schafft (Fischer-Dieskau–Franke BGB § 564b Anm. 47.5, a. A. Barthelmess BGB § 564b Rdn. 159a). Eine Erweiterung liegt auch in der **Aufstockung** eines Gebäudes. Nach dem Zweck des Gesetzes wird ferner ein Umbau erfaßt, durch den unter gleichzeitiger Umwidmung neuer Wohnraum geschaffen wird (z. B. Umbau von Geschäfts- zu Wohnraum, a. A. Fischer-Dieskau–Franke a. a. O.). Es kann sich auch um ein Einfamilienhaus handeln, das der Vermieter nach dem Stichtag durch Schaffung von zwei weiteren Wohnungen zu einem Dreifamilienhaus erweitert (Bub–Treier Rdn. IV 94a).

2. Hinweispflicht des Vermieters

A 159 Die **erleichterte Kündigungsmöglichkeit** besteht nur, wenn der Vermieter den Mieter bei Abschluß des Mietvertrages hierauf hingewiesen hat. Die Hinweispflicht gilt zunächst zugunsten des Mieters der neugeschaffenen Wohnung, bezieht sich aber auch auf den Fall der **Neuvermietung** der schon vorhandenen Wohnung, denn anderenfalls könnte der neue Mieter von dem grundsätzlichen

Bestandsschutz ausgehen. Sie gilt nicht nur bei der erstmaligen Vermietung nach Eintritt des Sonderkündigungstatbestandes, sondern auch in jedem Fall der späteren Neuvermietung (Fischer-Dieskau–Franke a. a. O., Blank Lexikon S. 301).

Hat der Vermieter bei der **Erstvermietung** der neugeschaffenen Wohnung den erforderlichen Hinweis unterlassen, so handelt es sich insgesamt um ein den allgemeinen Kündigungsvorschriften unterliegendes Dreifamilienhaus mit grundsätzlichem Bestandsschutz der Mieter (Emmerich–Sonnenschein BGB § 564b Rdn. 96a); er kann dann das Versäumte dem neuen Mieter gegenüber später nicht mehr nachholen, wohl aber bei einer späteren Vermietung den Hinweis gegenüber dem späteren Mieter erteilen. Davon wird die einmal zugunsten der vorhandenen anderen Mieter entstandene Rechtslage aber nicht betroffen.

Der **Hinweis** kann während der Vertragsverhandlungen oder auch im Vertragstext selbst erfolgen, aber nicht mehr nach Abschluß des Mietvertrages. Dadurch ist ein gewisser Bestandsschutz für bereits begründete Mietverhältnisse gewährt. Der Hinweis kann formlos erfolgen (MK-Voelskow BGB § 564b Rdn. 32a). Wegen seiner Tragweite sind an ihn inhaltlich strenge Anforderungen zu stellen. Das gilt insbesondere für formularmäßige Hinweise, die deutlich sein müssen. Dem Mieter muß eindeutig klargemacht werden, daß er nur einen beschränkten Kündigungsschutz genießt. Hierfür reicht die Bezugnahme auf einen Paragraphen nicht aus, ebensowenig der Hinweis auf den Zeitpunkt, zu dem die dritte Wohnung geschaffen worden ist (s. Blank, Lexikon a. a. O.). A 160

3. Wirkung der Kündigungserleichterung

Die Kündigungserleichterung besteht für den Vermieter darin, daß er ein berechtigtes Freimachungsinteresse im Sinne von § 564b Abs. 1 BGB nicht im Kündigungsschreiben darzulegen braucht. Die **Kündigungsfrist** verlängert sich dann um drei Monate. Im Kündigungsschreiben muß er aber eindeutig angeben, daß die Kündigung nicht auf die Voraussetzungen des Abs. 1 gestützt wird. Hierbei handelt es sich um eine Wirksamkeitsvoraussetzung der Sonderkündigung (Barthelmess BGB § 564b Rdn. 177, Bub–Treier Rdn. IV 101, Sternel Rdn. IV 246, a. A. Schmidt-Futterer-Blank B 698). In Betracht zu ziehen ist aber, daß sie als ordentliche Kündigung nach §§ 564a, 564b Abs. 1, 2 BGB aufrechterhalten werden kann, wenn der Vermieter ihr ausreichend Gründe beigegeben hat (vgl. § 564b Abs. 3 BGB). Zu den Anforderungen an den Hinweis s. Barthelmess BGB § 564b Rdn. 175 f., Schmidt-Futterer-Blank B 698, Sternel Rdn. IV 246). A 161

Der Vermieter kann **von** seinen **Kündigungsbefugnissen gestaffelt Gebrauch machen;** er kann also die Kündigung in erster Linie auf § 564b Abs. 4 BGB und hilfsweise auf Gründe nach § 564b Abs. 1, 2 BGB stützen (OLG Hamburg – RE v. 7. 7. 1982 – WM 1982, 151). Es handelt sich insoweit um eine zulässige Rechtsbedingung. Er ist auch nicht daran gehindert, neben einer ordentlichen Kündigung eine weitere Kündigung gemäß § 564b Abs. 4 BGB auszusprechen. Nach OLG Karlsruhe – RE v. 22. 10. 1981 – WM 1982, 14 muß er im Kündigungsschreiben zum Ausdruck bringen, daß die Kündigung nunmehr auf berechtigte Interessen nach § 564b Abs. 1, 2 BGB gestützt wird. A 162

Obwohl es für die Wirksamkeit der Sonderkündigung auf die Angabe von Gründen für das Freimachungsinteresse nicht ankommt, empfehlen sich für den Vermieter A 163 solche Angaben, weil bei einem Kündigungswiderspruch des Mieters nach der **Sozialklausel in § 556a BGB** und einer danach gebotenen Interessenabwägung nur solche Umstände berücksichtigt werden, die im Kündigungsschreiben genannt sind (§ 556a Abs. 1 S. 3 BGB, s. auch OLG Hamm – RE v. 16. 3. 1992 – WM 1992, 230 = ZMR 1992, 243). Auch der Mieter einer Einliegerwohnung kann sich auf den Schutz der verstärkten Sozialklausel nach dem SozKlG S. 2 Ziff. 2 berufen.

Die Kündigungserleichterung ist nicht auf die Zeit bis zum 31. 5. 1995 begrenzt, weil nach den Vorstellungen des Gesetzgebers hierdurch kein genügender Anreiz zum Ausbau oder zur Erweiterung geboten worden wäre (BT-DS. 11/6636 S. 33 Sp. 2, s. auch MK-Voelskow BGB § 564b Rdn. 32a). Ohnehin kann davon ausgegangen werden, daß die Befristung bis zum 1. 6. 1995 entfällt und die Regelung als Dauerrecht erhalten bleibt (Bericht des Rechtsausschusses zum Entwurf eines Gesetzes zur Übernahme befristeter Kündigungsmöglichkeiten als Dauerrecht vom 8. 11. 1995 – BT-DS. 13/2942).

C. Befristeter Ausschluß des Kündigungsschutzes für Ferienwohnungen und Sozialunterkünfte

A 164 Der Wohnungsmieter genießt befristet keinen Bestandsschutz, wenn der Wohnraum nach Inkrafttreten des Gesetzes am 1. 6. 1990, aber vor dem 1. 6. 1995 überlassen worden ist, in den folgenden Fällen:

1. Mietverhältnisse in Ferienhäusern und Ferienwohnungen

Handelt es sich bei Mietverhältnissen in Ferienwohnungen oder Ferienhäusern – wie meistens – um solche zu nur vorübergehendem Gebrauch, so besteht ohnehin kein Kündigungsschutz nach § 564b Abs. 7 Nr. 1 BGB. Anders liegt es, wenn die Ferienwohnung wie eine Zweitwohnung genutzt wird (vgl. OLG Hamburg MDR 1993, 43 = WM 1992, 634, MK-Voelskow BGB § 564b Rdn. 29a). Handelt es sich um ein Haus in einem Ferienhausgebiet, ohne daß das Gebäude als Ferienhaus zu qualifizieren ist oder Ferienwohnungen enthält, so gilt der allgemeine Bestandsschutz für Wohnraummietverhältnisse (Fischer-Dieskau–Franke BGB § 564b Anm. 52, Gather DWW 1990, 197).

A 165 Der Begriff des **Ferienhauses** ist nach § 10 Abs. 4 BaunutzungsVO zu bestimmen (s. zu § 564b BGB: Barthelmess Rdn. 47a, Emmerich–Sonnenschein Rdn. 109a, MK-Voelskow Rdn. 29a, Schubart-Kohlenbach Anm. 17, Gather DWW 1990, 197). Danach handelt es sich um Häuser, die aufgrund ihrer Lage, Größe, Ausstattung, Erschließung und Versorgung für den Erholungsaufenthalt geeignet und dazu bestimmt sind, überwiegend und auf Dauer einem wechselnden Personenkreis zur Erholung zu dienen. Entsprechendes gilt für Ferienwohnungen. Die einseitige Zweckwidmung durch den Vermieter macht eine Zweit- oder Drittwohnung noch nicht zu einer Ferienwohnung (vgl. Schilling ZMR 1990, 281). Als **Ferienhausgebiet** sind nur solche Gebiete anzuerkennen, die aufgrund eines Bebauungsplans ausgewiesen sind oder solchen Gebieten baurechtlich gleichgestellt werden (vgl. Entwurfsbegründung BT-DS. 11/6508 S. 19 Sp. 1, Barthelmess BGB § 564b Rdn. 47a, Fischer-Dieskau–Franke BGB § 564b Anm. 52).

A 166 Der Bestandsschutz ist nur dann aufgehoben, wenn der Vermieter den Mieter bei Vertragsabschluß sowohl auf die Zweckbestimmung des Wohnraums als auch auf den Ausschluß des Kündigungsschutzes **hingewiesen** hat. Der Hinweis muß jedenfalls noch vor Zustandekommen des Vertragsabschlusses, spätestens im Vertragstext selbst erfolgen, so daß der Mieter weiß, worauf er sich einläßt. Er bedarf keiner **Form;** jedoch wird es sich für den Vermieter aus Beweisgründen empfehlen, den Hinweis schriftlich zu geben. Dies kann auch formularmäßig geschehen; allerdings darf eine Formularklausel nicht überraschend sein und muß dem Transparenzgebot genügen. Die Regelung ist durch Zeitablauf obsolet geworden. Der Gesetzgeber beabsichtigt nicht, die Frist zu verlängern oder die Regelung auf Dauer ins BGB zu übernehmen.

2. Untermietverhältnisse über Sozialunterkünfte und Ausbildungswohnplätze

Untermietverhältnisse über Wohnungen, die eine **juristische Person des öffentlichen Rechts** als Zwischenmieter im Rahmen ihrer gesetzlichen Aufgaben angeboten hat, um ihn Personen mit dringendem Wohnbedarf oder in Ausbildung befindlichen Personen zu überlassen, sind ebenfalls vom Bestandsschutz ausgenommen (vgl. dazu Otto DWW 1990, 162). Auch diese Regelung wird nach dem Willen des Gesetzgebers als Dauerrecht erhalten bleiben, da die Befristung für die Zeit bis zum 1. 6. 1995 aufgehoben wird (Bericht des Rechtsausschusses zum Entwurf eines Gesetzes zur Übernahme befristeter Kündigungsmöglichkeiten als Dauerrecht vom 8. 11. 1995 – BT-DS. 13/2942). Ihr Zweck ist, leerstehenden Wohnraum durch Zwischenvermietung dem Wohnungsmarkt zuzuführen. Das läßt sich nach Auffassung des Gesetzgebers am ehesten verwirklichen, wenn der Eigentümer darauf vertrauen kann, von einem zuverlässigen und solventen Zwischenmieter die Wohnung nach Beendigung des Mietverhältnisses wieder zurückzuerhalten (vgl. Entwurfsbegründung BT-DS. 11/6508 S. 13, 19). Zu den juristischen Personen des öffentlichen Rechts zählen vor allem Gebietskörperschaften wie Gemeinden, aber auch Kirchen und karitative Verbände sowie Studentenwerke der deutschen Hochschulen (vgl. zu § 564b BGB: Barthelmess Rdn. 47b, Emmerich-Sonnenschein Rdn. 109b, Fischer-Dieskau–Franke Anm. 53, MK-Voelskow Rdn. 29). Bloße Wirtschaftsunternehmen von Gebietskörperschaften, insbesondere kommunale Wohnungsunternehmen, sind nicht begünstigt. Es muß zu den gesetzlichen oder satzungsmäßigen Aufgaben gehören, die Bevölkerung mit Wohnraum zu versorgen. Diesen Zweck verfolgen zwar auch gemeinnützige Wohnungsgesellschaften; ihnen fehlt aber der Status einer öffentlich-rechtlichen juristischen Person.

A 167

Ferner muß es sich um **angemieteten Wohnraum** handeln. Das Kündigungsprivileg bezieht sich also nicht auf den eigenen Wohnungsbestand der juristischen Person des öffentlichen Rechts (Fischer-Dieskau–Franke a. a. O.). Der Kreis der Personen mit dringendem Wohnbedarf ist gesetzlich nicht festgelegt, insbesondere nicht auf die in §§ 25, 26 II. WoBauG genannten Bevölkerungsgruppen beschränkt. Der juristischen Person des öffentlichen Rechts ist vielmehr ein Gestaltungsermessen zuzubilligen, den Kreis der Wohnbedürftigen selbst zu bestimmen. Hierunter fallen nicht nur ältere Menschen, Schwerbehinderte, alleinstehende schwangere Frauen, alleinstehende Elternteile mit Kindern, kinderreiche Familien, sondern auch Vertriebene, Flüchtlinge und Asylanten (vgl. Barthelmess BGB § 564b Rdn. 47b, einschränkend dagegen Fischer-Dieskau–Franke a. a. O.). In der Ausbildung befindliche Personen müssen den Ausbildungsstatus noch bei Abschluß des (Unter-)Mietverhältnisses haben (s. Barthelmess a. a. O.).

A 168

A 169 Der Kündigungsschutz ist nur ausgeschlossen, wenn der (Unter-)Mieter bei Vertragsabschluß – d. h. noch vor Zustandekommen des Vertrages – auf die Zweckbestimmung des Wohnraums und auf den Rechtsausschluß **hingewiesen** worden ist. Gerade weil der Gesetzgeber davon abgesehen hat, diesen Hinweis an die Schriftform zu binden, sind strenge Anforderungen zu stellen, was die **Eindeutigkeit des Erklärungsinhalts** anbelangt. Es genügt nicht, daß der Vermieter allgemein darauf verweist, daß das Mietverhältnis keinen Kündigungsschutz genießt und/oder frei mit einer bestimmten Kündigungsfrist gekündigt werden kann.

Für den Ausschluß des Kündigungsschutzes kommt es nicht darauf an, ob der Untermieter zu dem Personenkreis mit dringendem Wohnbedarf zählt oder sich in der Ausbildung befindet (Emmerich–Sonnenschein BGB § 564b Rdn. 109b). Vielmehr ist die **Zweckbestimmung des Wohnraums** maßgebend. Auf einen Vertrauensschutz kann sich der Untermieter nicht berufen, wenn ihm die Zweckbestimmung mitgeteilt und er über den fehlenden Bestandsschutz belehrt worden ist. Wird also der Wohnraum an andere Personen überlassen (z. B. Betreuungspersonal), so besteht ebenfalls kein Kündigungsschutz (a. A. MK-Voelskow BGB § 564b Rdn. 29).

3. Wirkung der Kündigungserleichterung

A 170 Die Kündigungserleichterung wirkt sich wie folgt aus: In den Fällen unter 1. und unter 2. ist nicht nur der Bestandsschutz zeitlich begrenzt aufgehoben, sondern auch der **Vollstreckungsschutz** wesentlich eingeschränkt. Im einzelnen gilt:

Die Kündigung des Vermieters bedarf der **Schriftform** des § 564a Abs. 1 S. 1 BGB. Der Vermieter braucht aber **keine Kündigungsgründe** anzugeben; denn er kann das Mietverhältnis losgelöst von den materiellen Voraussetzungen des § 564b Abs. 1, 2 BGB kündigen. Auch steht dem Mieter kein Recht zum Kündigungswiderspruch und auf Fortsetzung des Mietverhältnisses nach § 556a BGB zu. Handelt es sich dagegen um eine Wohnung in einem Studentenwohnheim nach § 564b Abs. 8 Nr. 3 BGB, so steht dem Mieter wenigstens das Recht zu, der Kündigung nach der Sozialklausel des § 556a BGB zu widersprechen (vgl. auch Rdn. 969). Stets ist die **Kündigungsfrist** nach § 565 Abs. 2 BGB zu wahren. Handelt es sich um ein befristetes Mietverhältnis, so kann der Mieter nicht die Fortsetzung nach § 564c Abs. 1, 556b BGB beanspruchen. An dieser Rechtslage hat sich durch Neueinführung des § 549a BGB (s. Rdn. A 7) nichts geändert; denn das Rechtsverhältnis von Eigentümer und juristischer Person des öffentlichen Rechts fällt nicht in den Anwendungsbereich jener Vorschrift, da die juristische Person nicht gewerblich, sondern im Rahmen der Daseinsvorsorge tätig wird.

A 171 Wird der Mieter zur Räumung verurteilt, so kann ihm **keine Räumungsfrist** gewährt werden; im Falle eines Räumungsvergleichs kann die ihm gewährte Frist nicht gerichtlich verlängert werden (§§ 721 Abs. 7, 794a Abs. 5). Er kann nur Vollstreckungsschutz nach § 765a ZPO beanspruchen, wenn die Räumungsvollstreckung unter voller Würdigung des Schutzbedürfnisses des Gläubigers wegen ganz besonderer Umstände eine Härte bedeutet, die mit den guten Sitten nicht vereinbar ist. Bei der Interessenabwägung kommt es auf die konkreten Interessen des Gläubigers an; der Gesetzeszweck, der dazu geführt hat, den Bestandsschutz aufzuheben, kann nicht auch noch als Begründung dazu dienen, die Rechtsstellung des Räumungsschuldners nach § 765a ZPO zu verkürzen.

Zu sonstigen Mietverhältnissen ohne Kündigungsschutz s. Rdn. 963. **A 172**
Die verbreitete Meinung, daß bei Vermietung von möbliertem Wohnraum kein Kündigungsschutz besteht, ist unrichtig. Er ist nur dann nicht gegeben, wenn die möblierte Wohnung innerhalb der Wohnung des Vermieters liegt und nicht an eine Familie überlassen ist (§ 564b Abs. 7 Nr. 2 BGB).

4. Abschnitt
Verlängerung der Kündigungsfristen bei der Geschäftsraummiete

1. Gesetzesentwicklung

Nach bisherigem Recht konnten Mietverhältnisse über Geschäftsräume oder gewerblich genutzte unbebaute Grundstücke mit einer Frist von 3 Monaten, jedoch nur für den Ablauf eines Kalendervierteljahres gekündigt werden; außerdem galt eine Karenzfrist von 3 Tagen (§ 565 Abs. 1 Nr. 3 BGB). Diese Regelung war dispositiv. Für die neuen Bundesländer bestimmte Art. 232 § 2 Abs. 7 EGBGB, daß sich die Kündigungsfrist für solche Kündigungen, die vor dem 1. 1. 1994 ausgesprochen waren, um 3 Monate verlängerte. Die Verdrängungskonkurrenz, der sich insbesondere die traditionellen Einzelhandelsgeschäfte in Citylagen gegenüber Warenmärkten und Filialunternehmen ausgesetzt sahen, ließ die Frage nach einem Bestandsschutz auch für Mietverhältnisse über Gewerbe- und Geschäftsraum aufkommen. Eine vom Bundesjustizministerium in Auftrag gegebene Studie relativierte allerdings die anstehenden Probleme und verneinte einen Handlungsbedarf (vgl. Müller-Wollmann, Gewerbebetriebe und Mietrecht, Basel, 1990, S. 181 ff.). Die Forschungsergebnisse wurden allerdings unterschiedlich interpretiert. Der Bundesrat schlug eine Verlängerung der Kündigungsfristen um 3 Monate nach 5jähriger Mietzeit vor und betonte hierbei das Schutzbedürfnis der Mieter vor kurzfristigen Vermieterkündigungen. Dem hielt die Bundesregierung das Interesse von Neugründern, die in ihrer Flexibilität behindert würden, entgegen und befürchtete gar Preissteigerungen als Folge längerer Kündigungsfristen (vgl. BT-DS. 12/3339 S. 4, 5). **A 173**

2. Gesetzesinhalt

a) Das Gesetz vom 29. 10. 1993 (BGBl. I 1838) regelt in einem in § 565 BGB neu eingefügten Absatz 1a eine **generelle Verlängerung der Kündigungsfrist** für Mietverhältnisse über Geschäftsräume für den Ablauf des nächsten Kalendervierteljahres. Da die Kündigung nur zu Beginn eines Kalendervierteljahres – mit einer Karenzzeit von 3 Tagen – erklärt werden kann, läuft die Regelung auf eine Kündigungsfrist von 6 Monaten hinaus. Wie erwähnt, bleibt es dabei, daß die Kündigung stets nur zum Ende eines Kalendervierteljahres erklärt werden kann. Auch genügt es, daß – wie bisher – die Kündigung noch spätestens am 3. Werktag des ersten Monats der Kündigungsfrist dem Kündigungsgegner zusteht. **A 174**

A 175 Die Regelung erfaßt entsprechend der bisherigen Meinung nicht nur Geschäftsräume im engeren Sinne, sondern auch **sonstige gewerblich genutzte Räume**, etwa für Fertigungs- oder Lagerzwecke (vgl. Fischer-Dieskau–Franke BGB § 565 Anm. 5.3, Staudinger–Emmerich BGB § 565 Rdn. 21, Roquette Rdn. 142, 145 vor § 535), ebenso Büros, Arzt- und Anwaltspraxen. Sie gilt nicht bei Vermietung von gewerblich genutzten unbebauten Grundstücken. Werden derartige Flächen zusammen mit Geschäfts- oder Gewerberäumen vermietet, so ist darauf abzustellen, auf welchem Nutzungszweck das Schwergewicht des Vertrages liegt. Im Zweifel ist auf den überwiegenden Nutzzweck für den Betrieb des Mieters abzustellen. Aus der Tendenz der Vorschrift, den Schutz des Mieters zu stärken, ist im Zweifel das größere Gewicht auf die überlassenen Räumlichkeiten zu legen. Das bloße Flächenverhältnis von unbebauter und bebauter Fläche ist dagegen nicht aussagekräftig; denn es spiegelt die Funktionalität der Grundstücksteile nicht ohne weiteres wider. Auch ein im Vergleich zur gesamten Mietfläche verhältnismäßig kleiner Raum kann für den Mietzweck entscheidende Bedeutung haben (z. B. Kfz-Werkstattraum und größere Parkfläche, Lagerhalle und Containerfreifläche) im Gegensatz jeweils zu bloßen Wärterunterständen auf Park-, Lager- und Containerfreiflächen.

A 176 b) Die **Vorschrift gilt** sowohl **für** die Vermieter- als auch für die Mieterkündigung. Sie ist dispositiv, läßt also die Vereinbarung kürzerer oder längerer Fristen zu. Durch sie ist die bis zum 31. 12. 1993 befristete Sonderregelung über die Verlängerung von Kündigungsfristen in den östlichen Bundesländern (Art. 232 § 2 Abs. 7 EGBGB) obsolet geworden und aufgehoben worden. Auch dort richten sich die Kündigungsfristen für Geschäftsräume ab dem 1. 1. 1994 nach § 565 Abs. 1a BGB. Für gewerblich genutzte unbebaute Grundstücke gilt die allgemeine Kündigungsfrist von 3 Monaten nach § 565 Abs. 1 Nr. 3 BGB; die befristete Übergangsregelung ist insoweit nicht verlängert worden.

A 177 Die Regelung enthält eine Lücke insofern, als in § 565 Abs. 5 BGB für Kündigungen mit gesetzlicher Frist – etwa des Erstehers nach § 57a ZVG oder beim Tod des Mieters nach § 569 BGB und im Konkursfall des Mieters nach § 19 KO – eine **Bezugnahme auf § 565 Abs. 1a BGB fehlt**. Diese Gesetzeslücke ist durch eine ergänzende Gesetzesauslegung zu korrigieren. Bei einer Kündigung mit gesetzlicher Frist kann nicht auf die Frist von 3 Monaten in § 565 Abs. 1 Nr. 3 BGB zurückgegriffen werden; denn in jener Vorschrift sind die Worte „Geschäftsräume" gestrichen worden. Ein Rückgriff auf die allgemeine Regelung nach der Bemessung des Mietzinses könnte zu einer Verschlechterung der Position des Mieters gegenüber der bisherigen Regelung führen, weil die Bindung an den Quartalsablauf praktisch meist eine über 3 Monate hinausgehende Kündigungsfrist einschließt. Eine solche Verschlechterung widerspricht dem mit der Novellierung verfolgten Gesetzeszweck, dem Mieter einen größeren Handlungsspielraum zu verschaffen. Auch für die Kündigung mit gesetzlicher Frist ist demnach die verlängerte Kündigungsfrist nach § 565 Abs. 1a BGB zu beachten.

3. Übergangsregelungen

A 178 Das Gesetz ist am 1. 1. 1994 in Kraft getreten; es enthält **keine** Übergangsvorschriften. Deshalb bezieht es sich auf alle bereits begründeten Mietverhältnisse, die zum Zeitpunkt des Inkrafttretens noch nicht gekündigt waren. Soweit im Mietvertrag abweichende Kündigungsfristen vereinbart worden sind, bleiben diese maßgebend; soweit dort etwa nur auf die gesetzlichen Kündigungsfristen Bezug genommen wird, gilt die Neuregelung ab Inkrafttreten. Die bisherigen Kündigungsfristen gelten auch dann, wenn die Kündigung vor dem Zeitpunkt des Inkrafttretens ausgesprochen worden, die Kündigungsfrist aber erst danach abgelaufen ist (vgl. Franke ZMR 1994, 89, 90).

Hat eine Mietpartei bei Ausspruch einer Kündigung nach neuem Recht die verlängerte **Kündigungsfrist** nicht beachtet, so steht dies der Wirksamkeit der Kündigung nicht entgegen; denn die Einhaltung der Kündigungsfrist ist nur eine Rechtsfolge der rechtsgestaltenden Erklärung, nicht aber deren Tatbestandsvoraussetzung wie etwa die Beachtung der Kündigungssperrfrist nach § 564b Abs. 2 Nr. 2 S. 3 BGB in Umwandlungsfällen (unrichtig LG Göttingen WM 1991, 266).

5. Abschnitt
Änderung mietpreisrechtlicher Vorschriften

Das Wohnungsbindungsgesetz (WoBindG) ist durch das Wohnungsbindungs-Änderungsgesetz (WoBindÄndG) vom 17. 5. 1990 (BGBl. I 934), die Neubaumietenverordnung (NMV) und die II. Berechnungsverordnung (II. BV) sind durch die 3. und 4. Verordnung zur Änderung wohnungsrechtlicher Vorschriften vom 20. 8. 1990 (BGBl. I 1813) bzw. 13. 7. 1992 (BGBl. I 1250) geändert worden. Die NMV und die II. BV sind neugefaßt worden durch die Bekanntmachung vom 12. 10. 1990 (BGBl. I 2178 ff., 2203 ff.).

A 179

Die Änderungen bezwecken zunächst, den **Bestand preisgünstiger Sozialwohnungen** zu erhalten, indem wirtschaftliche Anreize für eine vorzeitige Ablösung der öffentlichen Mittel abgebaut worden sind. So ist die **Nachwirkungsfrist** bei freiwilliger vorzeitiger Rückzahlung der öffentlichen Mittel von 8 auf 10 Jahre verlängert worden; auch dürfen die **Ersatzfinanzierungsmittel,** die an die Stelle der abgelösten öffentlichen Mittel treten, nicht mehr mit einem höheren Zinssatz in die Wirtschaftlichkeitsberechnung eingestellt werden, als die öffentlichen Mittel verzinst waren.

Zu beachten ist allerdings, daß den gesetzlichen Regelungen insoweit nur eine **beschränkte Rückwirkung** zukommt: Die Erschwernisse gelten nur, wenn die öffentlichen Mittel erst nach Ablauf des 31. 12. 1989 vollständig abgelöst worden sind; für die Ablösung vor diesem Stichtag verbleibt es dagegen bei den bisherigen Regelungen (Art. 4 Abs. 2 WoBindÄndG, § 34 Abs. 1 NMV, § 46 Abs. 2 II. BV). Das führt dazu, daß auf Jahre hinaus eine zweigleisige Rechtslage besteht.

Die weitere wichtige Änderung liegt darin, daß die preisrechtlichen Voraussetzungen für den Ausbau von Mietwohnungen in Neben- bzw. Zubehörräumen geschaffen und damit das Wohnungsbau-Erleichterungsgesetz vom 17. 5. 1990 (BGBl. I 926) ergänzt worden ist.

Durch die Ergänzung des § 15 Abs. 4 WoBindG gemäß Gesetz vom 24. 8. 1993 (BGBl. I 1525) ist es erleichtert worden, daß ab dem 29. 8. 1990 geförderter Wohnraum, der durch Ausbau oder Erweiterung entstanden ist, aus der öffentlichen Bindung entlassen wird.

A. Änderungen des Wohnungsbindungsgesetzes

A 180 Das WoBindG ist durch das WoBindÄndG vom 17. 5. 1990, das am 30. 5. 1990 in Kraft getreten ist (Art. 4 Abs. 1) erheblich geändert worden; als Nachtrag hierzu ist die Ergänzung des § 15 Abs. 4 WoBindG durch Art. 2 des Gesetzes vom 24. 8. 1993 anzusehen. Sie ist am 1. 9. 1993 in Kraft getreten (Art. 4 des Gesetzes).

1. Änderungen der Nachwirkungsfrist

a) Verlängerung der Nachwirkungsfrist

A 181 Mit der Verlängerung der Nachwirkungsfrist nach Ablösung der öffentlichen Mittel soll der Bestand an Sozialwohnungen zum Zweck der Versorgung gerade einkommensschwächerer Bevölkerungsschichten erhalten bleiben. Bei freiwilliger vorzeitiger und vollständiger **Rückzahlung** der öffentlichen Mittel endet die Eigenschaft des Wohnraums als „öffentlich gefördert" mit dem Ablauf des 10. Kalenderjahres statt bisher des 8. Kalenderjahres nach dem Jahr der Rückzahlung (§ 16 Abs. 1 WoBindG). Wie bisher ist aber zu beachten, daß die Nachwirkungsfrist nicht über die Frist bei planmäßiger Tilgung hinausreicht. Unverändert gilt, daß bei durchschnittlicher Förderung der Wohnungen mit Kleindarlehen (bis DM 3000,-) sowie bei Eigenheimen und selbstgenutzten Eigentumswohnungen die öffentliche Bindung mit der vorzeitigen vollständigen Ablösung der öffentlichen Mittel erlischt (§ 16 Abs. 2, 5 WoBindG).

Bei unfreiwilliger vorzeitiger Rückzahlung ist die Nachwirkungsfrist von 10 Jahren auf 12 Jahre heraufgesetzt worden (§ 15 Abs. 1 S. 1 (b) WoBindG), jedoch nicht über den Ablauf des Kalenderjahres hinaus, in dem das Darlehen ordnungsmäßig vollständig zu tilgen gewesen wäre.

b) Privilegierte Nachwirkung bei Ausbau zu Wohnraum

A 182 Sind nur einzelne Wohnungen eines Gebäudes oder einheitlich mehrere Wohnungen von Gebäuden durch öffentliche Mittel gefördert worden, so gilt der Grundsatz, daß die Bindung erst endet, wenn die öffentlichen Darlehnsmittel für alle Wohnungen zurückgezahlt worden sind oder die als Zuschüsse bewilligten öffentlichen Mittel für keine der geförderten Wohnungen mehr gezahlt werden und die Nachwirkungsfrist nach § 15 Abs. 1, 2 WoBindG abgelaufen ist (§ 15 Abs. 4 S. 1 WoBindG). Von diesem **Grundsatz der Einheitlichkeit** gilt nach der Gesetzesergänzung vom 24. 8. 1993 folgende Ausnahme: Sind durch Ausbau oder Erweiterung in einem Gebäude oder einer Wirtschaftseinheit neue Wohnungen mit öffentlichen Mitteln geschaffen worden (s. dazu Rdn. A 188), so endet deren Eigenschaft als „**öffentlich gefördert**" bereits mit der Rückzahlung der öffentlichen Darlehen oder der Einstellung der Zuschüsse für die geförderten Wohnungen sowie Ablauf der Nachwirkungsfrist. Es kommt auf die Rückzahlung der übrigen für das Gebäude bzw. die Wirtschaftseinheit gewährten Darlehen bzw. auf die Einstellung der öffentlichen Hilfen nicht an.

Die Regelung **gilt rückwirkend** ab dem Inkrafttreten der 3. Verordnung zur Änderung wohnungsrechtlicher Vorschriften am 29. 8. 1990 (s. Rdn. A 187 f.). Hierdurch soll die Bereitschaft der Bauherren vor allem zum nachträglichen Dachgeschoßausbau, der mit öffentlichen Mitteln gefördert ist, erhöht werden (vgl. Entwurfsbegründung BT-DS. 12/5121 S. 7).

A 183

Die Regelung **gilt** aber **nicht,** wenn der Ausbau ohne Genehmigung der Bewilligungsstelle freifinanziert durchgeführt worden ist. Die so geschaffenen neuen Wohnungen gelten als öffentlich gefördert, obwohl keine öffentlichen Mittel beansprucht oder bewilligt worden sind (vgl. § 7 Abs. 3 S. 1 NMV). Ihre Eigenschaft als öffentlich gefördert endet erst, wenn diejenige des im übrigen öffentlich geförderten Gebäudes endet (§ 15 Abs. 4 S. 1 WoBindG). Genehmigt die Bewilligungsstelle den Ausbau nachträglich, so gelten die neugeschaffenen Wohnungen allerdings ab Bezugsfertigkeit nicht als öffentlich gefördert (§ 7 Abs. 4 NMV).

2. Einschränkung bei vorzeitiger Beendigung der Eigenschaft „öffentlich gefördert"

Bei **freiwilliger vorzeitiger Rückzahlung** der Mittel konnte die Eigenschaft der Wohnung als „öffentlich gefördert" auch dann nach Maßgabe des § 16 Abs. 3 WoBindG beendet werden, wenn die Wohnung zur Zeit der Rückzahlung nicht vermietet war oder – mit einer Frist von 6 Monaten – der Mieter seine Wohnberechtigung gegenüber der Bewilligungsstelle trotz Aufforderung des Vermieters nicht nachgewiesen hatte. Diese Möglichkeit entfällt, wenn die Rückzahlung erst nach Ablauf des 31. 12. 1989 erfolgt ist.

A 184

Entfallen ist auch die Privilegierung des Vermieters in kleineren Gemeinden unter 200 000 Einwohnern, wonach bei vorzeitiger freiwilliger Tilgung der öffentlichen Mittel die Bindung an die Kostenmiete 6 Monate nach der Rückzahlung endete (§ 16a WoBindG). Allerdings ist auch hier der Stichtag 31. 12. 1989 zu beachten.

3. Belegungsrechtliche Verbesserungen

Das WoBindÄndG vom 17. 5. 1990 erleichtert durch Neufassung des § 5 Abs. 1 S. 1 (b, aa) WoBindG den **Tausch von öffentlich gefördertem Wohnraum,** wenn damit bewirkt wird, daß billigere Wohnungen freigemacht werden. Zu diesem Zweck ist zugunsten dessen, der eine billigere Sozialwohnung aufgibt, die Einkommensbindung zur Wohnberechtigung für eine andere (teurere) Sozialwohnung entfallen.

A 185

Das **Schwangeren- und Familienhilfegesetz vom 27. 7. 1992** (BGBl. I 1398, 1401) verbessert durch Ergänzungen des II. WoBauG und des WoBindG die Stellung der schwangeren Frauen. Zum einen wird diese Personengruppe in den Kreis derjenigen aufgenommen, zugunsen derer der öffentliche Wohnungsbau vordringlich gefördert wird (§ 26 Abs. 2 Nr. 2 II. WoBauG). Zum anderen sind schwangere Frauen als vorzuschlagende Wohnungssuchende bevorzugt zu berücksichtigen, wie die Einfügung in § 5a WoBindG ergibt.

4. Verordnungsermächtigung

A 186   In § 28 Abs. 1 S. 2 (a) WoBindG ist die Bundesregierung als Verordnungsgeber ermächtigt worden vorzusehen, daß bei vorzeitiger Ablösung der öffentlichen Mittel die Ersatzfinanzierungsmittel nicht mit einem höheren Zinssatz in die Wirtschaftlichkeitsberechnung eingestellt werden, als die öffentlichen Mittel zu verzinsen waren. Damit wird bewirkt, daß die vorzeitige Tilgung nicht zu einer Mieterhöhung führt und damit für den Eigentümer unattraktiv wird. Die Bundesregierung hat mit Zustimmung des Bundesrats von der Ermächtigung Gebrauch gemacht, wie im folgenden auszuführen ist.

B. Dritte Verordnung zur Änderung wohnungsrechtlicher Vorschriften – Änderung der NeubaumietenV und der II. BerechnungsV

Die Verordnung vom 20. 8. 1990 (BGBl. I 1813) beruht auf der Ermächtigung in § 28 Abs. 1 WoBindG und ist am 29. 8. 1990 in Kraft getreten.

1. Zum Zinsansatz von Ersatzfinanzierungsmitteln

A 187   Nach der bisherigen Rechtslage konnte der Eigentümer bei vorzeitiger freiwilliger Ablösung der öffentlichen Mittel die Ersatzfinanzierungsmittel mit einem Zinssatz von 5% in der Wirtschaftlichkeitsberechnung ansetzen, außer wenn die öffentlichen Mittel nach §§ 18a ff. WoBindG mit einem höheren Satz zu verzinsen waren, der dann maßgeblich war. Durch Änderung der §§ 18 Abs. 4 und 23 Abs. 5 S. 2 II. BV dürfen die Ersatzfinanzierungsmittel stets nur noch mit dem **Zinssatz der öffentlichen Mittel** in der Wirtschaftlichkeitsberechnung angesetzt werden. Das gilt allerdings nur, wenn die Rückzahlung nach Ablauf des 31. 12. 1989 erfolgt ist.

2. Kostenmiete bei Ausbau von Zubehörraum zu Mietwohnungen

Ein weiterer Regelungsgehalt setzt die mietrechtlichen Maßnahmen des Wohnungsbau-Erleichterungsgesetzes ins Mietpreisrecht um. Wird Zubehör- oder Nebenraum zu Mietwohnraum ausgebaut, so ist folgendes zu beachten:

A 188   a) Um sicherzustellen, daß bei der Schaffung neuen Wohnraums durch Ausbau oder Erweiterung für die Mieter der schon vorhandenen Wohnungen keine Mieterhöhung eintritt, gilt die bisherige Wirtschaftlichkeitsberechnung (nunmehr) als **Teil-Wirtschaftlichkeitsberechnung** weiter (§ 32 Abs. 4a II. BV). Für die ausgebauten Wohnungen ist eine (weitere) Teil-Wirtschaftlichkeitsberechnung aufzustellen, soweit das erforderlich ist (§§ 34 Abs. 4, 40 Abs. 2 II. BV). Das ist nach der Neufassung des § 7 NMV dann der Fall, wenn der Ausbau mit öffentlichen Mitteln oder zwar freifinanziert, aber ohne Genehmigung der Bewilligungsstelle durchgeführt worden ist (§ 7 Abs. 2, 3 NMV, zu letzterem Fall s. auch Rdn.

A 183). Eine Wirtschaftlichkeitsberechnung braucht dagegen nicht aufgestellt zu werden, wenn der Ausbau freifinanziert und mit Genehmigung der Bewilligungsstelle erfolgt ist; denn dann gelten die neugeschaffenen Wohnungen nicht als öffentlich gefördert (§ 7 Abs. 4 NMV).

b) In die neue Teil-Wirtschaftlichkeitsberechnung dürfen nur die **Kosten** für den Ausbau oder die Erweiterung eingestellt werden, nicht etwa anteilige Kosten für die schon vorhandenen mitverwendeten Gebäudeteile, ebensowenig die Kosten des schon vorhandenen Baugrundstücks (§ 34 Abs. 4 II. BV).
Ähnlich wie in § 564b Abs. 2 Nr. 4 BGB regelt § 7 Abs. 1 S. 2 NMV, daß die **Einzelmiete** zugunsten derjenigen Mieter, deren Zubehörräume für den Ausbau oder die Erweiterung weggefallen sind, um einen angemessenen Betrag zu **senken** ist, sofern kein gleichwertiger Ersatz geschaffen wird. Hierbei kommt es auf die Wohnwertminderung an, deren Umfang u. a. davon abhängt, in welchem Maße der Mieter auf den beanspruchten Raum angewiesen war (vgl. auch Rdn. A 35).
Da die Senkung der Einzelmiete zu einer Kostenunterdeckung des Eigentümers führen würde, was mit dem **Kostenmietenprinzip** nicht zu vereinbaren wäre, sieht die Neufassung des § 26 Abs. 7 NMV einen Mietzuschlag zur Kostenmiete der neu geschaffenen Wohnung vor. Dessen Obergrenze bildet die Mietsenkung nach § 7 Abs. 1 S. 2 NMV bei den Bestandsmieten.

A 189

c) Zum Ende der Eigenschaft „öffentlich gefördert" s. Rdn. A 39, ferner Sternel Rdn. III 878 f.

A 190

3. Betriebskostenabrechnung

a) Abrechnungsfrist und Ausschlußwirkung

Besondere Bedeutung für die Betriebskostenabrechnung hat die **Neuregelung der Abrechnungsfrist** von nunmehr 12 Monaten statt bisher 9 Monate in § 20 Abs. 3 S. 4 NMV. Sie gilt nur für Abrechnungszeiträume, die nach Inkrafttreten der Verordnung beendet sind, entfaltet also keine Rückwirkung für Abrechnungsperioden, die bei Inkrafttreten der Verordnung schon abgelaufen waren (vgl. LG Aachen WM 1991, 504).

A 191

Nach der bisherigen Regelung blieb eine **Überschreitung der Abrechnungsfrist** von bislang 9 Monate nach dem Ende des Abrechnungszeitraums für den Vermieter in der Regel folgenlos; der Mieter wurde nur für berechtigt gehalten, die Vorauszahlungen für den laufenden Abrechnungszeitraum zurückzuhalten (BGH WM 1984, 127, 128 Sp. 2, 185, 187 Sp. 1). Die Abrechnungsfrist von nunmehr 12 Monaten ist demgegenüber zugleich als Ausschlußfrist gestaltet, soweit es Nachforderungen des Vermieters betrifft. Die **Ausschlußwirkung** bezieht sich aber nicht auf den Abrechnungsanspruch des Mieters sowie auf Auszahlung eines Abrechnungsguthabens zu seinen Gunsten. Sie gilt nicht, wenn der Vermieter die verspätete Geltendmachung nach Ablauf der Jahresfrist nicht zu vertreten hat. Hierbei ist aber zu berücksichtigen, daß die Abrechnungsfirmen Erfüllungsgehilfen des Vermieters sind, deren Säumnis er sich zurechnen lassen muß. Unbefriedigend ist, daß die gesetzliche Verwirkung unmittelbar an die Fälligkeit des Abrechnungsanspruchs des Mieters anknüpft.

Ist die fristgemäß erstellte Betriebskostenabrechnung nicht ordnungsmäßig (vgl. dazu Rdn. 746), so soll es dem Vermieter versagt sein, die Abrechnung nach Ablauf der Jahresfrist nachzubessern, da er sonst durch sog. Alibi-Abrechnungen die Verwirkungsfolge umgehen könnte (LG Berlin MM 1994, 281, AG Neukölln MM 1994, 105, AG Tiergarten MM 1994, 213). Das kann aber nicht gelten, wenn es sich nur um die Berichtigung materieller Fehler handelt (z. B. sachlich unrichtige oder zu Unrecht angesetzte oder übersehene Kostenansätze, Korrektur – nicht Auswechseln – des Umlageschlüssels, a. A. zu letzterem Fall: AG Brühl ZMR 1993 S. IV Nr. 18).

A 192   Umstritten ist, ob die Ausschlußwirkung auch für solche Abrechnungszeiträume gilt, über die der Vermieter bis zum Inkrafttreten der Verordnung am 29. 8. 1990 hätte abrechnen können (dafür: LG Verden WM 1993, 362, vgl. auch Sternel MDR 1991, 383, dagegen: LG Bonn und AG Münster WM 1993, 363, Heix WM 1993, 328). Grundsätzlich unterliegt das Mietverhältnis als Dauerschuldverhältnis zwar der jeweiligen Rechtslage (vgl. auch Art. 171 EGBGB). Das gilt aber nicht für bereits entstandene Ansprüche und Rechtspositionen. Die Ausschlußwirkung ist demnach nicht unmittelbar auf bei Inkrafttreten der Verordnung bereits verstrichene Abrechnungsperioden anzuwenden, auch wenn dies vom Gesetzeszweck her naheliegt. Jedoch ist eine entsprechende Anwendung gerechtfertigt, denn der in der Vergangenheit säumige Vermieter verdient keine Besserstellung gegenüber dem Vermieter, der mit den Abrechnungen für die Abrechnungsperioden ab 1990 säumig bleibt. Ihm muß allerdings die gleiche Frist von 12 Monaten eingeräumt werden. Hat er sie verstreichen lassen, so wird man dem Mieter den Einwand der Verwirkung zubilligen müssen, ohne an das Umstandsmoment besondere Anforderungen zu stellen. Andererseits muß dem Vermieter der Nachweis offenbleiben, daß er die Verzögerung nicht zu vertreten hat.

A 193   Die Regelung des § 20 Abs. 3 NMV gilt auch für die **Heizkostenabrechnung** bei Vermietung von preisgebundenem Wohnraum, nicht aber für die Betriebs- und Heizkostenabrechnung bei Vermietung von **preisfreiem Wohnraum**. Zwar orientierte sich die Abrechnungsfrist auch hier bislang an der preisrechtlichen Vorschrift (vgl. Sternel Rdn. III 368, LG Berlin GE 1989, 153, AG Karlsruhe ZMR 1989, 67). Das wird auch für die nunmehr verlängerte Frist zu gelten haben (AG Neuß WM 1991, 547, AG Hannover WM 1991, 561), <u>kann aber nicht für die nunmehr geregelte Ausschlußwirkung gelten (wie hier: AG Hannover WM 1991, 561</u>, vgl. auch Rdn. 805). Daran ändert nichts, daß diese nicht preisrechtlich motiviert ist (vgl. Begründung zum Beschluß des Bundesrats vom 22. 6. 1990, BR-DS. 302/90 S. 5: „Der Mieter sollte sich nach Ablauf einer bestimmten Zeit darauf verlassen können, nicht mehr mit Betriebskostennachforderungen überzogen zu werden."). Immerhin dürfte die Neuregelung Anlaß sein, den **Verwirkungseinwand** des Mieters einer nicht preisgebundenen Wohnung künftig nach großzügigeren Maßstäben zu beurteilen.

b) Veränderte Ansätze bei der Betriebs- und Heizkostenabrechnung

A 194   Der Katalog der Anlage 3 zu § 27 II. BV ist bezüglich der **Kosten der Entwässerung** ergänzt: Statt der Gebühren für die Benutzung einer öffentlichen Entwässerungsanlage zählen hierzu nunmehr die Gebühren für die Haus- und Grundstücksentwässerung. Anlaß für die Änderung war, die Gebühren aufgrund kommunaler Satzungen, nach denen das Oberflächenwasser für befestigte Grundstücksteile wie z. B. Zugänge, Terrassen oder Stellplätze erfaßt wird, zu berücksichtigen (Entwurfsbegründung der Bundesregierung BR-DS. 302/90 S. 24).

Zugunsten des Vermieters wirkt sich auch die Änderung des § 5 Abs. 3 NMV bei A 195
der **Heizkostenabrechnung** aus. Hat der Eigentümer ein Heizwerk auf dem Mietgrundstück errichtet und später an einen Dritten verpachtet, der die Mietwohnungen mit **Fernwärme** beliefert, so wäre es denkbar, daß der Wohnungsmieter mit den Kosten des Heizwerks doppelt belastet wird: zum einen über die Kostenmiete, zum anderen über den Wärmelieferungspreis (s. § 7 Abs. 4 HeizkostenV). Um das zu vermeiden, sah § 5 Abs. 3 NMV in der bisherigen Fassung vor, daß sich im Falle der Umlage der Heizkosten nach §§ 7 Abs. 4, 8 Abs. 4 HeizkostenV die Gesamtkosten, Finanzierungsmittel und laufenden Aufwendungen um den Anteil verringern, der auf die Heizungs- und Warmwasserversorgungsanlage entfällt. Diese Regelung ist durch die Neufassung des § 5 Abs. 3 NMV dahin eingeschränkt, daß die Verringerung nur in dem Maße erfolgt, in dem die Gesamtkosten, Finanzierungsmittel und laufenden Aufwendungen den Kosten der Wärmelieferung zugrundegelegt werden. Damit kann dem in der Praxis häufigen Umstand Rechnung getragen werden, daß dem Betreiber der Anlage nur die Heizzentrale, nicht aber die Hausverteileranlage überlassen wird (vgl. Begründung des Beschlusses des Bundesrats vom 22. 6. 1990, BR-DS. 302/90, Fischer-Dieskau–Pergande–Heix NMV § 5 Anm. 4).

C. Vierte Verordnung zur Änderung wohnungsrechtlicher Vorschriften – Änderung der NeubaumietenV und der II. BerechnungsV

Durch die Verordnung vom 13. 7. 1992 (BGBl. I 1250) werden die II. Berech- A 196
nungsV und die NeubaumietenV, ferner die BetriebskostenumlageV (s. Rdn. A 315) und die WohngeldV geändert. Sie ist am 1. 8. 1992 in Kraft getreten (Art. 5 § 3).

1. Maßnahmen zur Wassereinsparung und Müllvermeidung

a) Die Änderungen der II. BV und der NMV bereiten die Förderung der **ver-** A 197
brauchsabhängigen Abrechnung der Kosten der **Wasserversorgung** vor, die der Einsparung von Wasser dienen soll. So gelten nach der Ergänzung in § 11 Abs. 5 II. BV auch bauliche Maßnahmen, die die nachhaltige Einsparung von Wasser bewirken, als **Modernisierungsmaßnahmen** (vgl. dazu Rdn. A 3). Der Katalog der Kosten der Wasserversorgung in Nr. 2 der Anlage 3 zu § 27 II. BV wird um die Kosten ergänzt, die aus der sonstigen Gebrauchsüberlassung von **Wasserzählern,** ihrer Verwendung sowie der Berechnung und Aufteilung der Wasserkosten herrühren. Hierunter fallen insbesondere die Kosten gewerblicher Abrechnungsunternehmen, die an sich zu den Verwaltungskosten zählen. Entsprechend ist § 21 NMV geändert worden. Ferner gehören hierher die Leasingkosten für Kaltwasserzähler.

Sind die einzelnen Wohnungen mit Wasserzählern ausgestattet, so sieht die Neuregelung in § 21 Abs. 2 S. 3 NMV zwingend vor, daß die Kosten des üblichen, also nicht vorerfaßten Wasserverbrauchs nach dem erfaßten unterschiedlichen Wasserverbrauch der Wohnparteien abzurechnen ist. Demgegenüber besteht für den Vermieter von nicht preisgebundenem Wohnraum grundsätzlich keine Pflicht zur verbrauchsabhängigen Abrechnung, selbst wenn er Kaltwasserzähler installiert hat. Ihm ist jedoch durch das 4. MietRÄndG die Befugnis hierzu eingeräumt worden, wobei er den vertraglichen Abrechnungsmaßstab und selbst die Mietstruktur einseitig ändern kann (s. § 4 Abs. 4 MHG und Rdn. A 89 f.). Die Regelung ist im Zusammenhang mit der ebenfalls durch das 4. MietRÄndG erweiterten Duldungspflicht des Mieters nach § 541b Abs. 1 BGB zu sehen (vgl. Rdn. A 3).

Zur Rechtslage in den neuen Bundesländern s. Rdn. A 319 und Vorauflage A 158.

A 197a b) Für **preisgebundenen Neubauwohnraum** ermöglicht der neu eingeführte § 22a Abs. 2 NMV die Umlage der Kosten der Müllabfuhr nach der unterschiedlichen Müllverursachung der Wohnparteien, ohne diesen Grundsatz allerdings zwingend vorzuschreiben. Eine weitergehende Regelung besteht bei Vermietung von **preisfreiem Wohnraum**. Aufgrund des durch das 4. MietRÄndG eingeführten § 4 Abs. 5 MHG kann der Vermieter verbrauchsorientiert abrechnen und den Umlagemaßstab sowie die Mietstruktur einseitig ändern (s. Rdn. A 89 f.). Diese Möglichkeit ist nunmehr auch in den neuen Ländern für Mietverhältnisse gegeben, die bis zum Inkrafttreten des MÜG am 11. 6. 1995 (vgl. Rdn. A 340) der Mietpreisbindung unterlagen (vgl. Rdn. A 351).

2. Anhebung der Verwaltungskosten- und der Instandhaltungskostenpauschalen

A 198 Die Verwaltungskosten- und die Instandhaltungskostenpauschalen sind mit Wirkung **ab 1. 8. 1992** angehoben worden.

a) Die **Verwaltungskostenpauschale** in § 26 II. BV ist für Wohnungen von DM 320,– je Wohnung auf DM 420,– und für Garagen oder Einstellplätzen von DM 45,– je Garage bzw. Einstellplatz auf DM 55,– angehoben worden.

A 199 b) Die **Instandhaltungskostenpauschalen** sind wie folgt angehoben worden:

Bezugsfertigkeit der Wohnung	bisher DM/qm	ab 1. 8. 1992 DM/qm
bis 31. 12. 1952	15,50	20,–
bis 31. 12. 1969	14,50	18,50
bis 31. 12. 1979	11,50	14,–
ab 1. 1. 1980	9,–	11,–

Die Sätze verringern sich, wenn in der Wohnung weder ein Bad noch eine Dusche vorhanden sind, um DM 1,15/qm (bisher DM 1,30/qm). Sie erhöhen sich bei Vorhandensein einer Sammelheizung um DM 0,80/qm (bisher DM 1,10/qm), bei Bezug von Fernwärme mit eigener Hausstation um DM 0,50/qm (bisher DM 0,75/qm) und bei Vorhandensein eines Fahrstuhls um DM 1,–/qm (unverändert). Unverändert bleibt der Abzug von DM 1,90/qm, wenn der Mieter die Kosten kleiner Reparaturen übernommen hat; dagegen sind die Ansätze für Schönheitsreparaturen erhöht, wenn sie vom Vermieter getragen werden (§ 28 Abs. 4 II. BV).

Zu beachten ist, daß eine **Mieterhöhung** aufgrund der gestiegenen Pauschalen **nicht automatisch** eintritt, sondern nach § 10 Abs. 1 WoBindG, § 4 Abs. 7, 8 NMV angefordert werden muß. Eine Anforderung, die vor Inkrafttreten der Verordnung am 1. 8. 1992 ausgesprochen worden ist, entfaltet keinerlei Rechtswirkungen; denn für sie fehlte die Rechtsgrundlage. Eine allgemeine Vorwirkung von Gesetzen ist dem deutschen Recht fremd. Ist vereinbart, daß die jeweils preisrechtlich zulässige Miete die Vertragsmiete ist (vgl. § 4 Abs. 8 S. 1 NMV), so kann die Mieterhöhung rückwirkend angefordert werden, jedoch grundsätzlich nur für einen Zeitraum ab Beginn des Kalenderjahres, das der wirksamen Mietanforderung vorausgeht.

6. Abschnitt
Neuregelungen für den Mietprozeß

Der Mietprozeß ist durch das **Gesetz zur Entlastung der Rechtspflege** vom 11. 1. 1993 (BGBl. 1993 I 50) erheblich betroffen worden. Das Gesetz ist **am 1. 3. 1993 in Kraft** getreten (Art. 15 Abs. 1). Es ändert die sachliche und örtliche Zuständigkeit bei Miet- und Pachtstreitigkeiten über Geschäftsräume (§§ 23 Nr. 2 Buchst. a GVG, § 29a ZPO). Die Änderung des allgemeinen Zuständigkeitswertes in § 23 Ziffer 1 GVG sowie des Berufungswerts (§ 511a ZPO) führt zu Instanzverlagerungen.

A 200

A. Neue Zuständigkeitsregelungen

1. Belegenheit des Mietobjekts

Die sachliche und örtliche Zuständigkeit des Amtsgerichts in Wohnraummietsachen ist unverändert geblieben, jedoch nunmehr in § 23 Nr. 2 Buchst. a GVG geregelt. Für alle anderen Mietstreitigkeiten über Räume und bebaute Grundstücke besteht jetzt die ausschließliche örtliche Zuständigkeit des Gerichts, in dessen Bezirk das Mietobjekt belegen ist (§ 29a Abs. 1 ZPO). Sie gilt nicht nur für Räumungs- sondern auch für Zahlungsklagen. Bisherige **Gerichtsstandsvereinbarungen** – auch unter Kaufleuten – sind infolge der Ausschließlichkeit des Gerichtsstands unwirksam (vgl. § 40 Abs. 2 ZPO, Demharter WM 1993, 7).

A 201

Wohl aufgrund eines Redaktionsversehens ist § 29a Abs. 2 ZPO unverändert geblieben: Gilt die Zuständigkeitsregelung in § 29a Abs. 1 ZPO nicht für Wohnraum der in § 556a Abs. 8 BGB genannten Art, so wäre für hierauf bezogene Streitigkeiten das Amtsgericht nach § 23 Nr. 2 Buchst. a GVG ausschließlich zuständig. Dann aber wäre die Regelung in § 29a Abs. 2 ZPO obsolet.

2. Höhe des Streitwerts

Im Rahmen des § 29a Abs. 1 ZPO richtet sich die sachliche Zuständigkeit nicht mehr nach der Art des Anspruchs (vgl. früher § 23 Nr. 2 Buchst. a GVG a. F.) sondern allein nach dem Wert des Streitgegenstandes. Die Grenze für die sachli-

A 202

che Zuständigkeit des Amtsgerichts ist auf DM 10 000,- heraufgesetzt worden (§ 23 Nr. 1 GVG). Die Streitwertberechnung hat deshalb für die Beantwortung der Zuständigkeitsfrage eine besondere Bedeutung erhalten (vgl. Rdn. 1523).

B. Streitwert und Rechtsmittel

1. Streitwert

A 203 Es wird immer wieder übersehen, daß der Streitwert zur Bestimmung der sachlichen Zuständigkeit sowie der Berufungswert sich nicht nach den §§ 12 ff. GKG, sondern nach **§§ 3 ff. ZPO** richten. Das gilt insbesondere für den Zuständigkeits- und Rechtsmittelwert von Räumungsklagen. Er berechnet sich keineswegs nach der Jahresmiete gemäß § 16 Abs. 1, 2 GKG, sondern allein nach § 8 ZPO (BGH NJW-RR 1992, 1359 = WM 1992, 465, BGH MDR 1994, 100 = WM 1994, 80). Danach kommt es auf den Mietzins für die gesamte streitige Zeit an (höchstens auf den 25fachen Jahresbetrag). Bei Mietverhältnissen auf unbestimmte Zeit ist die „gesamte streitige Zeit" im allgemeinen nach dem Zeitpunkt zu berechnen, auf den derjenige hätte kündigen können, der die längere Vertragszeit behauptet (BGH NJW-RR 1992, 1359 = MDR 1992, 913 = WM 1992, 465, Zöller-Herget ZPO § 8 Rdn. 5). Das gilt jedenfalls, soweit feststeht, daß und wann das Mietverhältnis aufgrund der Kündigung auf jeden Fall enden würde, sofern derjenige, der die längere Vertragsdauer oder Kündigungsfrist behauptet, gekündigt hätte (OLG Karlsruhe WM 1994, 338). Ausgangspunkt für die Fristberechnung dürfte der Zeitpunkt der Anhängigkeit des Rechtsstreits sein, da dieser Zeitpunkt einfacher zu bestimmen ist als derjenige der Rechtshängigkeit, der von Zustellungsschwierigkeiten beeinflußt sein kann. Bei der Geschäftsraummiete kommt es daher in erster Linie auf die Dauer der vertraglichen, hilfsweise der gesetzlichen Frist für die ordentliche Kündigung nach § 565 Abs. 1 Nr. 1a BGB an. Beruft sich der Mieter jedoch auf eine Mieterschutzregelung, die das Kündigungsrecht des Vermieters einschränkt, so gilt für die Wertbestimmung der 25fache Jahresbetrag des einjährigen Mietzinses (vgl. BGH NJW-RR 1992, 1359 = WM 1992, 465), während der Gebührenwert sich nach § 16 GKG berechnet. Zur Frage, ob die Brutto- oder Nettomiete für die Wertberechnung anzusetzen ist, s. Rdn. 1524.

Wichtig ist ferner die **Bewertungsvorschrift in § 9 ZPO**. Maßgebend ist der $3^1/_2$fache Wert des 1jährigen Bezuges. Auch wenn die Vorschrift nicht unmittelbar für Ansprüche auf künftige Zahlung von Mietzins gilt, wird sie im Rahmen des § 3 ZPO zu beachten sein. Auch der Streitwert einer Klage auf Mieterhöhung für gewerbliche Räume richtet sich nach § 8 ZPO und nicht etwa (nur) nach § 16 Abs. 5 GKG (OLG Frankfurt MDR 1993, 697).

2. Amtsgerichtliches Verfahren

A 204 Die Wertgrenze, bis zu deren Überschreiten das Amtsgericht sein Verfahren nach billigem Ermessen bestimmen kann (§ 495a Abs. 1 ZPO), ist von DM 1000,- auf DM 1200,- heraufgesetzt worden. Der Vereinfachung des Verfahrens vor dem Amtsgericht dient auch die Neufassung des § 313a Abs. 1 ZPO. Danach bedarf es des Tatbestandes nicht, wenn ein Rechtsmittel gegen das Urteil unzweifelhaft nicht eingelegt werden kann. Für Entscheidungsgründe gilt dies – wie bisher –

nur, wenn die Parteien hierauf zusätzlich spätestens am 2. Tag nach Schluß der mündlichen Verhandlung verzichten. Das Merkmal der „Unzweifelhaftigkeit" liegt nicht vor, wenn die Rechtsprechung des Amtsgerichts mit derjenigen des Berufungsgerichts über die Streitwertberechnung nach §§ 3 ff. ZPO divergiert. Auch wenn die Berufungsgrenze nach § 511a ZPO nicht erreicht ist, ist in Wohnraummietsachen eine Divergenzberufung nach § 511a Abs. 2 ZPO in Betracht zu ziehen (vgl. Rdn. 1426).

3. Rechtsmittelwert

Die Berufungsgrenze ist von DM 1200,- auf DM 1500,- angehoben worden (s. § 511a Abs. 1 Nr. 1 ZPO). Für die Wertberechnung gilt entsprechendes wie für den Zuständigkeitswert (s. Rdn. A 203). Nach Auffassung des BGH MDR 1994, 100 = WM 1994, 80 = ZMR 1994, 65 wird der Beschwerdewert durch den Streitwert der ersten Instanz beschränkt; demnach soll es auf die wirtschaftliche Beschwer, die der Rechtsmittelführer durch das erstinstanzliche Urteil erlitten hat, jedenfalls im Rahmen eines Räumungsverfahrens nicht ankommen, weil hier die Wertbestimmung nach § 8 ZPO erfolgt. Die Erhöhung des Berufungswertes läßt die Zulässigkeit einer Divergenzberufung nach § 511a Abs. 2 ZPO (vgl. Rdn. 1426) unberührt.

A 205

C. Übergangsregeln

Die Bestimmungen insbesondere über die örtliche und sachliche Zuständigkeit sowie über die Wertberechnung nach § 9 ZPO gelten für Verfahren, die nach dem Inkrafttreten des Gesetzes am 1. 3. 1993 anhängig geworden sind (Art. 14 Ziffer 2 Rechtspflege-EntlastungsG). Die Zulässigkeit von Berufungen richtet sich nach neuem Recht, wenn die mündliche Verhandlung, auf die das angefochtene Urteil ergangen ist, nach dem 1. 3. 1993 geschlossen worden ist (vgl. auch Demharter WM 1993, 7, 8).

A 206

Einstweilen frei.

A 207–A 209

2. Kapitel
Mietrecht in den neuen Bundesländern

1. Abschnitt
Mietvertragsrecht

Mit dem 3.10.1990 ist das BGB in den neuen Ländern in Kraft getreten (vgl. Art. 230 Abs. 2 EGBGB). Grundsätzlich gelten seitdem für alle Mietverträge die §§ 535 ff. BGB. Das bezieht sich auch auf Verträge, die schon vor dem Stichtag abgeschlossen waren (Art. 232 § 2 Abs. 1 EGBGB). Soweit danach zulässig, gehen vertragliche Regelungen allerdings vor.   A 210

Das **ZGB** ist mit dem 3.10.1990 außer Kraft gesetzt (vgl. Art. 8 des Einigungsvertrages). Es ist jedoch noch zu beachten, soweit es das Zustandekommen von Mietverträgen vor dem 3.10.1990 betrifft und soweit es im Vertragsinhalt seinen Niederschlag gefunden hat (z.B. bezüglich der kurzen Kündigungsfristen zugunsten des Mieters, s. Rdn. A 222),   A 211

> vgl. dazu Sonnenschein PiG 38 (1993), 23 f.: Mietverträge in der ehemaligen DDR – ihre frühere und heutige Bedeutung,
> Janke NJ 1994, 390: Die Anwendung des ZGB der DDR in der Rechtsprechung seit der deutschen Einheit.

Das ZGB läßt sich dagegen nicht mehr zur Ausfüllung von Vertragslücken heranziehen, die sich erst aus dem Wegfall seiner Regelungen ergeben,

> z.B. § 104 ZGB (Pflicht des Mieters zur malermäßigen Instandsetzung), a.A. Hök MDR 1994, 1157.

Das **AGBG** gilt aufgrund des Gesetzes vom 21.6.1990 (GBl. I S. 357) seit dem 1.7.1990 auch in der ehemaligen DDR, und zwar uneingeschränkt für alle Verträge, die seit dem 1.7.1990 abgeschlossen worden sind. Ältere Verträge unterliegen nur der Inhaltskontrolle nach § 9 AGBG (§ 23 Nr. 5 des Gesetzes vom 21.6.1990).   A 212

Die folgende Darstellung beschränkt sich auf Probleme, die sich aus der Rechtsanwendung für die neuen Länder ergeben.

A. Abschluß und Inhalt des Mietvertrages

1. Altverträge

a) Abschluß

Das Zustandekommen und die Wirksamkeit von Mietverträgen, die vor dem 3.10.1990 (Inkrafttreten des Einigungsvertrages vom 31.8.1990 – BGBl. II 889) abgeschlossen sind, richtet sich nach den Vorschriften, die bei Abschluß des Mietvertrages galten (s. Art. 232 EGBGB), also insbesondere nach dem ZGB,   A 213

> eingehend Kinne WM 1992, 403,
> Sonnenschein PiG 38 (1993), 23 f., 35 f.,
> BGH MDR 1993, 141 = WM 1993, 33,

BezG Dresden WM 1991, 391,
BezG Halle WM 1992, 65.

A 214 Das gilt auch für Mietverhältnisse, die auf der Grundlage städtischer **Wohnraumzuweisung** und staatlicher Mietverfügung nach §§ 99, 100 Abs. 2 ZGB begründet worden sind, ohne daß es zu einem Vertragsabschluß gekommen ist,

Fischer-Dieskau–Franke Art. 232 § 1 Anm. 1,
Janke NJ 1994, 390, Sonnenschein PiG 38, 36,
BezG Halle a.a.O., KreisG Halle WM 1991, 426,
KreisG Rostock WM 1991, 427, KreisG Genthin WM 1992, 300,
LG Berlin WM 1992, 461, KreisG Potsdam WM 1992, 533.

Diese Wertung ist verfassungsrechtlich nicht zu beanstanden

BVerfG WM 1992, 667.

Ein ohne Zuweisung abgeschlossener Vertrag war nichtig (vgl. Janke NJ 1994, 391). Ist das Mietverhältnis jedoch über den 3.10.1990 hinaus fortgesetzt worden, so ist von einem erneuten (schlüssigen) Vertragsabschluß auszugehen

LG Berlin WM 1992, 461 = ZOV 1992, 219.

Lautete die Zuweisung nur auf einen der Ehegatten, so konnte der andere, der in die Wohnung nachträglich eingezogen war, gleichwohl gemäß § 100 Abs. 3 ZGB Mitmieter werden

KreisG Genthin WM 1992, 300.

Wegen seines faktischen Bestehens wird es wie ein Altmietverhältnis (d.h. begründet vor dem 3.10.1990) behandelt, wenn die Wohnungszuweisung nicht mehr erfolgt ist. Ist sie dagegen versagt worden, so kann das Mietverhältnis schlüssig erst seit dem 3.10.1990 begründet worden sein, vorausgesetzt daß beide Parteien einen entsprechenden rechtsgeschäftlichen Willen hatten,

so auch Kinne WM 1992, 404, Sonnenschein PiG 38, 36.

Er fehlt z.B., wenn der Vermieter sich auf die Unwirksamkeit des Vertrages stets berufen und Räumung verlangt hat.

A 215 Auch die Mietvertäge, die auf Vermieterseite von einem **staatlichen Verwalter** abgeschlossen worden sind, richten sich nach dem ZGB

KreisG Leipzig-Stadt WM 1992, 108.

Der Verwalter, der den Mietvertrag im eigenen Namen abgeschlossen hat, bleibt Vermieter, bis die Verwaltung auf Antrag des Berechtigten rechtskräftig aufgehoben worden ist (§ 11 Abs. 1 VermG); dem Berechtigten ist es also versagt, in das Mietverhältnis „hineinzuregieren", z.B. zu kündigen, selbst wenn ihm das Grundstück schon übergeben worden ist

LG Berlin ZMR 1994 S. II Nr. 12.

Ebensowenig kann er den Verwaltungsauftrag einseitig widerrufen (vgl. dazu Kinne WM 1992,403). Über die Beendigung der Verwaltung entscheiden nicht die Zivil-, sondern die Verwaltungsgerichte.

Die staatliche Verwaltung ist mit Ablauf des 31.12.1992 beendet worden (vgl. § 11a VermG i.d.F. des Gesetzes vom 14.7.1992 – BGBl. I 1257). Spätestens zu diesem Zeitpunkt gingen die Mietverhältnisse auf den Eigentümer über (§ 17

VermG), es sei denn, daß der Mieter bei Abschluß des Mietvertrages nicht redlich i.S. von § 4 Abs. 3 VermG war, wofür der Eigentümer beweispflichtig ist,
KreisG Potsdam WM 1994, 523.

Ist der Eigentümer oder sein Aufenthalt nicht bekannt und besteht ein Sicherungsbedürfnis, so bestellt der Landkreis (kreisfreie Stadt) des belegenen Grundstücks einen gesetzlichen Vertreter. Bei einer Mehrheit von Eigentümern wird einer der bekannten Eigentümer zum Vertreter unter Befreiung von der Beschränkung des § 181 BGB bestellt (§ 11b VermG). Bis zur Übernahme der Verwaltung durch den Eigentümer oder dessen gesetzlichen Vertreter treffen den bisherigen (staatlichen) Verwalter die Pflichten wie einen Beauftragten nach Auftragsende. Er konnte die Erfüllung der Pflichten längstens bis zum 30.6.1993 ablehnen, soweit sie ihm aus organisatorischen Gründen nicht möglich war (vgl. § 11a Abs. 3 VermG und Kinne WM 1992, 403). A 216

Für den Abschluß von Mietverträgen war eine **Schriftform** auch für langfristige Verträge nicht vorgesehen (s. § 100 Abs. 1 S. 2 ZGB), A 217
s. dazu Pahlke S. 19.

Demzufolge gilt die Sanktionsnorm des § 566 S. 2 BGB für Altverträge nicht; der Parteiwille geht der Rechtssicherheit vor,
so auch zutreffend Hartmann ZMR 1992, 282, vgl. ferner Fischer-Dieskau–Franke EGBGB Art. 232 § 1 Anm. 3.

Ist vor dem 3.10.1990 ein Mietvertrag mündlich abgeschlossen worden, der danach schriftlich erneut vereinbart wird, so handelt es sich gleichwohl um ein sog. Altmietverhältnis
KreisG Nauen WM 1993, 111.

Auch durch **schlüssiges Verhalten** konnten Mietverträge begründet werden, A 218
vgl. dazu Fruth WM 1991, 9, 10, BezG Erfurt WM 1992, 357, ferner MK-Voelskow, Einigungsvertrag Rdn. 74.

Ein besonderer Fall dieser Art war der Eintritt in ein bestehendes Mietverhältnis durch **Wohnungstausch** nach § 126 ZGB,
vgl. dazu Pahlke S. 16 f., 18.

Er bedurfte der staatlichen Genehmigung. Ist eine solche bis zum 3.10.1990 nicht erteilt worden, so ist der Vertrag schwebend unwirksam
BGH MDR 1993, 864 = WM 1993, 532.

Ist jedoch ein Besitzwechsel bereits erfolgt, so kann im Wege der ergänzenden Vertragsauslegung gleichwohl ein Mietverhältnis zwischen dem Eigentümer und dem Tauschpartner angenommen werden (BGH a.a.O.).

Nach der Rechtslage seit dem 3.10.1990 führt ein Wohnungstausch ohne Zustimmung des Vermieters nicht zu einer Auswechselung der Mieter, sondern stellt eine unerlaubte Gebrauchsüberlassung dar, die eine fristlose Kündigung aus § 553 BGB rechtfertigen kann (vgl. dazu Rdn. 1172 f.).

Bei Mietverhältnissen über Wohnraum ist zu beachten, daß beide **Ehegatten** A 219
Mieter wurden, auch wenn der Vertrag nur von einem Ehegatten abgeschlossen

wurde (§ 100 Abs. 3 ZGB). Das galt selbst für den Fall des späteren Zuzugs eines Ehegatten in die vom anderen zuvor angemietete Wohnung

> vgl. Pahlke S. 7, ferner LG Cottbus WM 1993, 665, WM 1995, 38 = ZMR 1995, 31.

Derjenige Ehegatte, der nicht abgeschlossen hat, bleibt auch nach dem 3.10.1990 Mieter,

> Hartmann ZMR 1992, 282, Janke NJ 1994, 392, Mittag WM 1993, 169, Sonnenschein PiG 38, 34,
> a.A. Quarck WM 1993, 224.

Ist die Ehe vor dem 3.10.1990 geschieden worden, ist einer der Ehegatten ausgezogen und hat der andere wieder geheiratet, so hat der neue, in die Wohnung eingezogene Ehegatte die Stellung eines Mieters erworben, während der ausgezogene Ehegatte nicht mehr Mieter ist (Folge aus § 34 Familiengesetzbuch der DDR),

> vgl. dazu Pahlke S. 70, KreisG Genthin WM 1992, 300: Für das Ausscheiden aus dem Mietvertrag sollen die Erklärungen gegenüber dem Rat der Stadt ausreichen, wenn der geschiedene Ehegatte die Wohnung räumte.

Das gilt selbst für den Fall, daß der Mietvertrag allein von dem ausziehenden Ehegatten abgeschlossen worden ist oder nur ihm die Wohnung zugewiesen worden war

> KreisG Genthin WM 1992, 300.

A 220 Die Rechtsfolge aus § 100 Abs. 3 ZGB ist, daß Gestaltungserklärungen wie Mieterhöhungsverlangen und Kündigungen gegenüber beiden Mietern erklärt werden müssen

> LG Chemnitz WM 1993, 665.

Vollmachtsklauseln stoßen auf AGB-rechtliche Bedenken (s. Rdn. A 433; 124). Allein der Auszug aus der Mietwohnung bewirkt noch keine Entlassung aus dem Mietverhältnis, selbst wenn der Vermieter zustimmt; erforderlich ist vielmehr die Mitwirkung des in der Wohnung verbliebenen Mitmieters

> BayObLG DWW 1983, 71 = WM 1983, 107.

Die Regelung in § 100 Abs. 3 ZGB gilt nicht für den nichtehelichen Lebenspartner und für sonstige **Familienangehörige**, insbesondere erwachsene Kinder, die mit dem Mieter einen gemeinsamen Haushalt führen. Das Mieteintrittsrecht nach § 125 ZGB steht ihnen nunmehr unter den Voraussetzungen des § 569 a BGB zu, wenn der Mieter nach dem 2.10.1990 verstorben ist.

Die Einbeziehung des Ehegatten in das Mietverhältnis nach § 100 Abs. 3 ZGB erfolgte nicht, wenn der Mietvertrag eine Werkwohnung betraf und der Ehegatte nicht im Betrieb des Vermieters beschäftigt war. In diesem Fall ging die Regelung des § 130 ZGB vor

> AG Görlitz WM 1994, 268, AG Potsdam WM 1994, 522.

b) Inhalt

A 221 Der Inhalt des **Mietvertrages** richtet sich seit dem 3.10.1990 nach den §§ 535 f. BGB (Art. 232 § 2 EGBGB). Daher hat der Mieter keinen Anspruch mehr darauf, daß der Vermieter baulichen Veränderungen – z.B. der Umrüstung der Heizungsanlage – nach §§ 111 f. ZGB zustimmt

BezG Schwerin WM 1991, 391.

Vereinbarungen im Mietvertrag bestehen über den 3.10.1990 hinaus fort und gehen den §§ 535 f. BGB vor, soweit es sich nicht um zwingendes Recht handelt oder gegen den grundsätzlichen Wertekodex (ordre public) verstoßen wird

Hartmann ZMR 1992, 283, Sonnenschein PiG 38, 33.

Das gilt auch für solche vertraglichen Regelungen, die den Inhalt des ZGB lediglich wiederholen. Die (früheren) gesetzlichen Regelungen sind dann in das Vertragsverhältnis integriert und gelten bei Außerkrafttreten des Gesetzes weiter,

vgl. Janke NJ 1994, 39, Sonnenschein PiG 38, 32.

Die Bezugnahme auf gesetzliche Vorschriften, die als Vertragsbestandteil auch bei Gesetzesänderungen oder -aufhebungen fortgalten, war und ist nach dem Mietvertragsrecht in den alten Bundesländern nichts Ungewöhnliches. Besonders aktuell ist dieses Problem für die Fortgeltung der kurzen **Kündigungsfristen** von 2 Wochen zugunsten des Mieters, das in § 120 Abs. 2 ZGB geregelt war und vielfach in Mietverträge übernommen wurde. Diese Regelungen haben zugunsten des Mieters weiter Bestand, während sich der Vermieter nach § 565 Abs. 2 S. 3 BGB hierauf grundsätzlich nicht berufen kann, A 222

Fischer-Dieskau–Franke EGBGB Art. 232 § 2 Anm. 2, Janke NJ 1994, 390, Sonnenschein PiG 38, 44,

LG Mühlhausen und BezG Cottbus WM 1994, 146, LG Potsdam WM 1995, 268,

a.A. Beuermann GE 1992, 123, Hartmann ZMR 1992, 324, Kinne WM 1992, 406, LG Berlin ZOV 92, 389, AG Berlin- Mitte GE 1993, 1339.

Rechte und Pflichten aus einem schon vor dem 3.10.1990 abgeschlossenen Tatbestand – z.B. entstandener Mietzins, Schadensersatz, Rückforderungsansprüche – richten sich nach bisherigem Recht. Voraussetzung ist, daß Grund und Höhe des Anspruchs schon entstanden waren A 223

Seitz DtZ 1992, 72, 73.

Ist nur der Grund vor dem 3.10.1990 entstanden, so gilt eine gespaltene Rechtsfolge.

Bestimmte sich der Vertragsinhalt nach den Vorschriften des ZGB, ohne daß die Parteien eine besondere vertragliche Regelung getroffen hatten, so treten an die Stelle jener Vorschriften nunmehr die entsprechenden Normen des BGB. Das gilt auch dann, wenn der Vermieter nach letzteren Normen schlechter gestellt ist. Es liegt keine Vertragslücke vor, die eine ergänzende Vertragsauslegung – etwa unter Rückgriff auf die außer Kraft getretenen Vorschriften des ZGB – erforderlich macht, A 224

a.A. Hök MDR 1994, 1157.

Das betrifft insbesondere die Übernahme der laufenden Schönheitsreparaturen. Im übrigen müßte man bei einer Annahme einer Vertragslücke die mietrechtlichen Regelungen des ZGB en bloc in die Mietverträge übernehmen, da es nicht zulässig sein kann, daß sich eine Partei nur die ihr günstigen Regeln des außer Kraft gesetzten ZGB heraussucht.

A 225 Für die Geltung von **Formularverträgen**,

s. Anlage zu § 11 DB zur WLVO vom 16.10.1985, GBl. I Nr. 27 S. 310, 312, ferner Schilling-Heerde S. 21,

ist zu beachten: Ist der Mietvertrag nach dem 30.6.1990 abgeschlossen worden, so ist das AGBG uneingeschränkt anwendbar,

vgl. § 23 Nr. 5 des Gesetzes vom 21.6.1990, GBl. I S. 357.

Formularverträge, die vor diesem Zeitpunkt abgeschlossen worden sind, unterliegen der Inhaltskontrolle des § 9 AGBGB. Da die §§ 10, 11 AGBG als Ausformung der Generalklausel angesehen werden, gilt ihr Inhalt mittelbar auch für Altverträge.

Zu Instandhaltung, Instandsetzung und Schönheitsreparaturen s. Rdn. A 242 ff.
Zur Mietpreisbindung und Mietzinsgestaltung s. Rdn. A 305 ff.
Zum verstärkten Kündigungsschutz bei sog. Altverträgen über Wohnraum s. Rdn. 268 ff.

c) Abwicklung

A 226 Ist das Mietverhältnis vor dem 3.10.1990 beendet worden, hat der Mieter aber nicht geräumt, so richtet sich das Abwicklungsverhältnis gemäß Art. 232 § 2 EGBGB nunmehr nach den Vorschriften des BGB, was etwa Inhalt und Umfang der Räumungspflicht gemäß § 556 BGB oder Zahlung der Nutzungsentschädigung gemäß § 557 BGB anbelangt.

Eine Besonderheit folgt aus Art. 231 § 6 EGBGB bei Anwendung der kurzen **Verjährungsfrist** in § 558 BGB, soweit es sich um Ansprüche handelt, die am 3.10.1990 noch nicht verjährt waren. War die Verjährungsfrist schon vor dem 3.10.1990 in Lauf gesetzt worden, so bestimmen sich Beginn, Hemmung und Unterbrechung nach dem Recht des ZGB (§ 472 f.). Es gilt aber die nach dem BGB kürzere Frist. Würde eine nach früherem Recht längere Frist eher ablaufen als die kürzere Frist nach dem BGB, so ist zugunsten des Schuldners der frühere Ablauf der Verjährungsfrist maßgebend.

d) Gewerbliche Räume

A 227 Für Mietverträge über gewerbliche Räume, die vor dem 3.10.1990 abgeschlossen worden sind, gilt im Grundsatz die gleiche Rechtslage wie für Wohnraummietverhältnisse, was Abschluß und bisherigen Inhalt des Vertrages betrifft,

s. Seitz DtZ 1992, 72, BGH MDR 1993, 141 = ZMR 1993, 63.

Mietverträge über Gewerberaum bedurften nach § 7 GewerberaumVO (GBl. 1986 I Nr. 16 S. 249) der staatlichen Zuweisung; diese Verordnung wurde am 16.5.1990 aufgehoben (VO vom 16.5.1990 – GBl. I Nr. 27 S. 247). Ein vor diesem Zeitpunkt ohne Zuweisung abgeschlossener Mietvertrag ist nichtig, die Berufung hierauf ist nicht treuwidrig (BGH a.a.O.). Er kann jedoch durch weitere Nutzung und Zahlung der Miete schlüssig bestätigt worden sein,

LG Berlin ZMR 1993 S. XIII Nr. 3.

A 228 Handelt es sich um ein **Mischmietverhältnis**, so richtet sich dessen Qualifikation ab dem 3.10.1990 nach der zum Mietrecht des BGB vertretenen sog. Übergewichtstheorie (s. Rdn. 157). Ein Neuabschluß liegt nicht vor, wenn die Parteien ihre Rechtsbeziehungen unter Verwendung eines neuen Vertragsmusters neu gestalten,

im Ergebnis ebenso Seitz DtZ 1992, 73.

Das gilt auch, wenn ein Erwerber nach § 571 BGB in das Mietverhältnis eingetreten ist.

Zur Mietpreisbindung, die bis zum 31.12.1990 bestand, s. Rdn. A 336.
Zum Bestandsschutz für Altverträge, der bis zum 31.12.1994 befristet war, s. Rdn. A 285 f.

2. Neuabschlüsse

a) Abschluß

Mietverträge, die **nach dem 3.10.1990** abgeschlossen worden sind, richten sich – was Zustandekommen und Inhalt anbelangt – an den §§ 145 f., 535 f. BGB aus (Folge aus Art.232 § 2 EGBGB). A 229

Der Ehegatte des Mieters rückt nicht (mehr) automatisch in die Mieterstellung ein (vgl. dazu Rdn. A 219); vielmehr bedarf es eines gesonderten Vertragsabschlusses. Zur Stellvertretung bei Vertragsabschluß s. Rdn. 9 f.

Ein länger als ein Jahr befristeter Vertrag muß nach § 566 BGB schriftlich abgeschlossen werden, damit die Befristung wirksam wird.

b) Inhalt

Bei der inhaltlichen Gestaltung von Mietverträgen über Wohnraum war zu beachten, daß der größte Teil des Wohnungsbestandes in den neuen Bundesländern der Mietpreisbindung unterlag und die Vereinbarung einer höheren als der preisrechtlich zulässigen Miete nicht wirksam war (§ 5 Abs. 2 2. GrundMV, s. dazu Rdn. A 309, 332). Daraus resultierten Schranken, soweit dem Mieter Pflichten übertragen wurden, die Entgeltcharakter haben. Das betrifft insbesondere die Übertragung von Instandhaltungs-, Instandsetzungs- und Wartungsmaßnahmen. A 230

Derartige Beschränkungen dürften aufgrund des Mietenüberleitungsgesetzes im Ergebnis obsolet sein. Zwar schreibt das Gesetz die Mietpreisbindung über die Mieterhöhung gemäß § 12 Abs. 1 MHG, die auf der bisher preisgebundenen Miete aufbaut, fort, läßt aber in § 17 MHG Mieterhöhungsvereinbarungen zu, die ihre Grenze erst an § 5 WiStG finden (vgl. Rdn. A 487). Auch gewährt die Mietobergrenze bei Neuabschlüssen nach Art. 2 § 2 MÜG einen Spielraum, dessen Schranken nicht mit der preisrechtlich erforderlichen Bestimmtheit festgestellt werden können (vgl. Rdn. A 491). Er eröffnet die Möglichkeit, die ohnehin verhältnismäßig schmalen Mietzins-Margen, die sich etwa aus der Abwälzung von kleinen Reparaturen oder aus der Differenz von preisrechtlich zulässiger Überbürdung der malermäßigen Instandsetzung zu weitergehenden Schönheitsreparaturen ergeben, durch den noch preisrechtlich zulässigen Mietzins aufzufangen.

Da die Mietpreisbindung eine „gleitende Unwirksamkeit" bewirkt, brauchen Vereinbarungen über die Übertragung von bisher preiswidrigen Leistungen nicht neu getroffen zu werden. Bei formularmäßiger Überbürdung auf den Mieter bleibt die AGB-rechtliche Kontrolle unberührt (vgl. Rdn. 135 f., 839 f.).

c) Gewerbliche Räume

A 231 Für Mietverträge über gewerbliche Räume und unbebaute gewerblich genutzte Grundstücke, die nach dem 3.10.1990 neu begründet worden sind, gelten keine Besonderheiten gegenüber der Rechtslage für Mietverhältnisse in den alten Bundesländern. Die Preisbindung für diese Mietverhältnisse ist bereits seit dem 1.1.1991 entfallen (vgl. Rdn. A 336).

3. Nutzungsverhältnisse nach dem Schuldrechtsanpassungsgesetz (SchuldRAnpG)

A 232 Das Recht der ehemaligen DDR regelte eine Reihe grundstücksbezogener Nutzungsverhältnisse, bei denen die Unterscheidung zwischen dem Eigentum am Grundstück und der bloßen schuldrechtlichen Nutzungsbefugnis weitgehend aufgegeben war. So konnte der Nutzer eines unbebauten Grundstücks auf der Grundlage sog. dinglicher Nutzungsrechte Eigentum an dem von ihm errichteten Gebäude erwerben (vgl. dazu Schmidt-Räntsch DtZ 1994, 322 f., Grün NJW 1994, 2641 f.). Die Klärung dieser Rechtsverhältnisse und ihrer Einbindung in das Sachenrecht des BGB ist Gegenstand des Sachenrechtsbereinigungsgesetzes – SachenRBerG – vom 23.6.1994 (BGBl. I 2457). Vom Anwendungsbereich dieses Gesetzes werden Nutzungsverhältnisse ausgenommen, die aufgrund eines Überlassungs-, Miet-, Pacht- oder sonstigen Vertrages in bezug auf ein Grundstück vor dem 2.10.1990 begründet worden sind. Diese Rechtsverhältnisse sind Gegenstand des Schuldrechtsanpassungsgesetzes vom 21.9.1994 (BGBl. I 2538, dazu Messerschmidt NJW 1994, 2648). Zu Einzelproblemen aus der Praxis des SchuldRAnpG

Horst DWW 1995, 198,
Schnabel GE 1994, 1138, 1210, 1272, 1341, 1404.

a) Erfaßte Rechtsverhältnisse

A 233 Das SchuldRAnpG erfaßt die folgenden Nutzungsverhältnisse:

(1) Verträge zum Zweck kleingärtnerischer Nutzung, Erholung oder Freizeitgestaltung oder zur Errichtung von Garagen können sich auf bebaute oder unbebaute Grundstücke beziehen. Die Gebäude dürfen jedoch nicht Wohnzwecken dienen (im folgenden: Freizeitgrundstücke). Sie sind in §§ 18–33 SchuldRAnpG geregelt.

(2) Überlassungsverträge (s. Art. 232 § 1a EGBGB) waren auf Überlassung eines Grundstücks gegen Übernahme aller auf dem Grundstück ruhenden Lasten gerichtet, wobei der Nutzer eine Sicherheit zu hinterlegen hatte (vgl. dazu Schmidt-Räntsch ZOV 1992, 2 f.). Auch hier können ursprünglich bebaute oder unbebaute Grundstücke Gegenstand des Vertrages sein. Diese Nutzungsverhältnisse sind in §§ 34–42 SchuldRAnpG geregelt.

(3) Erfaßt werden schließlich Miet-, Pacht- oder sonstige Nutzungsverträge über Grundstücke, wenn der Nutzer auf dem Grundstück bis zum 2.10.1990 mit Billigung staatlicher Stellen der ehemaligen DDR ein Gebäude zu Wohn- oder Gewerbezwecken errichtet, mit dem Bau zumindest begonnen oder ein solches

Bauwerk durch Vereinbarung vom vorigen Nutzer übernommen hat. Sie sind in §§ 43–54 SchuldRAnpG geregelt.

Nicht einbezogen, sondern dem SachenRBerG unterstellt werden die in § 2 SchuldRAnpG aufgeführten Rechtsverhältnisse, insbesondere wenn der Nutzer ein Eigenheim auf ihm übertragenen Bauland oder auf Freizeitgrundstücken zumindest mit Billigung staatlicher Stellen errichtet hatte. Ausgenommen werden also insbesondere Fälle, in denen das Grundstück zu Erholungszwecken überlassen, später aber mit einem Eigenheim bebaut worden ist, sofern der Überlassende der Bebauung nicht widersprochen hat (sog. Datschengrundstücke). Es handelt sich hierbei um die in § 5 Abs. 1 Ziffer 3d, e SachenRBerG aufgeführten Fälle. A 234

In zeitlicher Hinsicht werden die Verträge erfaßt, die bis zum Ablauf des 2.10.1990 abgeschlossen worden sind. Nutzungsverträge über Freizeitgrundstücke (§ 1 Abs. 1 Nr. 1 SchuldRAnpG) bedurften der Schriftform nach § 312 Abs. 1 S. 2 ZGB. Außerdem war für die Bebauung die staatliche Zustimmung nach § 313 Abs. 2 ZGB erforderlich. Fehlen diese Erfordernisse, so steht das der Wirksamkeit des Vertrages bzw. der Zulässigkeit der Bebauung nicht entgegen, wenn im letzteren Falle der Nutzungsvertrag von einer staatlichen Stelle abgeschlossen worden ist und eine Behörde dieser Körperschaft eine Bauzustimmung erteilt hat (§ 19 SchuldRAnpG). War ein Miet- oder Pachtvertrag im Sinne der §§ 1 Abs. 1 Nr. 3, 43 SchuldRAnpG zwar nicht abgeschlossen, die Fläche oder das Gebäude jedoch dem Nutzer nach der GewerberaumlenkungsVO vom 6.2.1986 (GBl. I 249) oder der WohnraumlenkungsVO vom 16.10.1985 (GBl. I 301) zugewiesen, so gilt ein Vertrag zwischen dem Eigentümer und dem Nutzer mit Wirkung ab 1.1.1995 als abgeschlossen, wenn der Nutzer mit Billigung staatlicher Stellen der ehemaligen DDR ein Gebäude errichtet hatte und noch Besitzer ist. A 235

Der Begriff des **Nutzers** ist in § 4 SchuldRAnpG definiert. Es kann sich um eine natürliche oder juristische Person des privaten oder öffentlichen Rechts handeln. Ist eine Personengemeinschaft Nutzer, so regelt sich das Verhältnis der Mitglieder im Zweifel nach den Vorschriften der GBR (§§ 705 ff. BGB, § 4 Abs. 2 SchuldRAnpG). A 236

Der Begriff des **Bauwerks** bezieht sich in erster Linie auf Gebäude, aber auch auf Baulichkeiten nach § 296 Abs. 1 ZGB und Grundstückseinrichtungen wie Einfriedigungen und Erschließungsanlagen. A 237

b) Inhalt

Auf die vom SchuldRAnpG erfaßten Verträge sind die Vorschriften über Miete (§§ 535 ff. BGB) oder Pacht (§§ 581 ff. BGB) anzuwenden, sofern das Gesetz nichts Abweichendes regelt (§ 6 SchuldRAnpG). Das hat für die Miet- und Pachtverträge nach § 43 nur klarstellende Bedeutung. In diese Verträge tritt der Eigentümer ein, was in § 8 vorausgesetzt ist. A 238

Überlassungsverträge nach § 1 Abs. 1 Nr. 2 SchuldRAnpG, Art. 232 § 1a EGBGB, die Wohn- oder Gewerbezwecken dienen, werden als Miet- oder Pachtverhältnisse auf unbestimmte Zeit fortgesetzt (§§ 34, 42 SchuldRAnpG).

Bestehen Pflichten, die nicht unmittelbar die Nutzung des Grundstücks betreffen, so können der Eigentümer und der Nutzer deren Erfüllung verweigern (§ 9 SchuldRAnpG). Der in das Vertragsverhältnis eintretende Eigentümer haftet dem Nutzer nicht für Fehler oder Schäden, die der frühere Vertragspartner des Nutzers zu vertreten hat (§ 10 SchuldRAnpG).

A 239 Bauliche Investitionen in nicht nur unerheblichem Umfang, insbesondere bei Vergrößerung der Nutzfläche oder der Neuerrichtung eines Bauwerks bedürfen nach allgemeinen mietrechtlichen Grundsätzen der Zustimmung des Vermieters. Das entspricht auch der Regelung für Nutzungsverhältnisse an Freizeitgrundstücken (§§ 1 Abs. 1 Nr. 1, 22 Abs. 1 SchuldRAnpG). Die Zustimmung des Eigentümers ist aber nicht erforderlich, wenn der Nutzer die baulichen Maßnahmen dem Eigentümer anzeigt, auf eine Entschädigung verzichtet und sich zur Übernahme der Abbruchkosten verpflichtet (§ 22 Abs. 2).

Ferner ist für Miet- oder Pachtverhältnisse der in §§ 1 Abs. 1 Nr. 3, 43 SchuldRAnpG geregelten Art bestimmt, daß die Zustimmung des Eigentümers für Um- und Anbauten an bestehenden Bauwerken nicht erforderlich ist. Der Mieter/Pächter kann Ersatz für seine Baumaßnahmen, die er nach dem 1.1.1995 durchgeführt hat, nur verlangen, wenn der Eigentümer schriftlich zugestimmt und die Verpflichtung zum Wertersatz insoweit anerkannt hat. Das gilt für Wohn- und Gewerberaummietverhältnisse gleichermaßen (§§ 48, 54 SchuldRAnpG).

Der Mieter bzw. Pächter der in §§ 1 Abs. 1 Nr. 3, 43 SchuldRAnpG erfaßten Objekte ist entgegen § 549 Abs. 1 BGB ohne Erlaubnis des Eigentümers zur Drittüberlassung berechtigt, wenn der Dritte das vom Nutzer errichtete Bauwerk weiter nutzen soll (§§ 46, 54 SchuldRAnpG).

c) Nutzungsentgelt

A 240 Bei Nutzungsverhältnissen über Freizeitgrundstücke (§ 1 Abs. 1 Nr. 1 SchuldRAnpG) schuldet der Nutzer gemäß § 20 grundsätzlich ein Entgelt, dessen Höhe sich nach der NutzungsentgeltVO vom 22.7.1993 (BGBl. I 1339) richtet.

Bei Überlassungsverträgen (§ 1 Abs. 1 Nr. 2 SchuldRAnpG, Art. 232 § 1a EGBGB) sowie bei Mietverträgen der in §§ 1 Abs. 1 Nr. 3, 43 SchuldRAnpG genannten Art, die sich jeweils auf Wohnzwecke beziehen, wird ein Mietzins geschuldet, der der preisrechtlich zulässigen Miete nach der 1. und 2. GrundMV entspricht (§§ 35, 51 Abs. 2 SchuldRAnpG). In diesen Fällen ist der Eigentümer nunmehr zu einer Mieterhöhung nach § 12 MHG berechtigt (s. Art. 3 MÜG). Auch im übrigen sind die Vorschriften des Mietenüberleitungsgesetzes (vgl. Rdn. A 340 ff.) anzuwenden.

Bei Überlassungsverträgen und Miet- bzw. Pachtverträgen, die sich jeweils auf eine gewerbliche Nutzung beziehen, wird das ortsübliche Entgelt geschuldet (§§ 42, 47 SchuldRAnpG). Die Zahlungspflicht beginnt erst auf Anforderung des Eigentümers mit dem Beginn des dritten Monats, der auf den Zugang des Zahlungsverlangens folgt.

d) Vorkaufsrecht

Es besteht ein gesetzliches Vorkaufsrecht zugunsten der Nutzer für den ersten Vorkaufsfall (§ 57 SchuldRAnpG). Über dieses Recht ist der Nutzer zusammen mit der Mitteilung über den Inhalt des Kaufvertrages zu unterrichten. Es erlischt mit der Beendigung des Vertragsverhältnisses. Beim Tode des Nutzers geht es auf denjenigen über, der das Vertragsverhältnis fortsetzt. Es gelten allerdings zahlreiche Ausnahmen vom Vorkaufsrecht (§ 57 Abs. 2, 3), insbesondere wenn der Nutzer das Grundstück nicht vertragsgemäß nutzt oder das Grundstück an Abkömmlinge, den Ehegatten oder an Geschwister des Grundstückseigentümers verkauft wird. Diese Erwerber treten in das Nutzungsverhältnis ein, ohne daß damit der erste Verkaufsfall im Sinne von § 57 Abs. 1 SchuldRAnpG gegeben ist. Das Vorkaufsrecht im übrigen richtet sich nach den §§ 504 ff. BGB.

A 241

B. Instandhaltung – Instandsetzung – Schönheitsreparaturen

1. Instandhaltung und Instandsetzung

a) Pflichteninhalt

Die Verpflichtung hierzu oblag nach § 101 ZGB dem Vermieter. Konnte der Mangel in angemessener Zeit nicht beseitigt werden, so war der Vermieter verpflichtet, durch vorläufige Maßnahmen die Auswirkungen des Mangels einzuschränken. Eine derartige Unterscheidung ist dem § 536 BGB fremd und seit dem 3.10.1990 gegenstandslos

A 242

> Fischer-Dieskau–Franke EGBGB Art. 232 § 1 Anm. 3,
> Sternel PiG 38 (1993), 84.

Der Anspruch auf Instandhaltung und -setzung bezieht sich nicht nur auf das Mietobjekt selbst, sondern auch auf die Teile, die dem gemeinschaftlichen Gebrauch dienen (z.B. Treppenhaus) und/oder von denen infolge ihrer Schadhaftigkeit eine Gefahr für das Mietobjekt ausgeht (Leckage durch undichtes Dach).

Probleme ergeben sich in den Fällen, in denen **Rückübertragungsansprüche** nach dem Vermögensgesetz angemeldet worden sind: Nach § 3 Abs. 3 VermG hat der Verfügungsberechtigte (= Noch-Vermieter) die Eingehung langfristiger vertraglicher Verpflichtungen ohne Zustimmung des Restitutionsberechtigten zu unterlassen. Ausgenommen sind u.a. Rechtsgeschäfte zur Erfüllung von Rechtspflichten des Eigentümers (insbesondere aufgrund eines Modernisierungs- oder Instandsetzungsgebots nach § 177 BauGB) oder zur Erhaltung und Bewirtschaftung des Vermögenswerts, ferner Instandsetzungsmaßnahmen, wenn die hierfür aufzuwendenden Kosten den Verfügungsberechtigten als Vermieter zur Mieterhöhung berechtigten. Der Verfügungsberechtigte hat die Geschäfte so zu führen, wie das Interesse des Restitutionsberechtigten, dessen wirklicher oder mutmaßlicher Wille es erfordert, soweit nicht das Gesamtinteresse Vorrang verdient. Die Neufassung des § 3 Abs. 3 VermG hat klargestellt, daß Instandsetzungsmaßnahmen in den Anwendungsbereich des Gesetzes fallen können,

A 243

> so unter dem Gesichtspunkt der Notgeschäftsführung schon KG NJ 1991, 413,
> BezG Magdeburg DtZ 1991, 251.

A 244 Damit beschränkt sich die Befugnis des Verfügungsberechtigten gegenüber dem Restitutionsberechtigten auf das unbedingt erforderliche Maß an Instandsetzungsmaßnahmen, während er gegenüber dem Mieter in vollem Umfang haftet. Dieses Spannungsverhältnis ist dahin aufzulösen, daß der Begriff der Notgeschäftsführung nicht nur auf vorläufige Maßnahmen zur Gefahrenabwehr und Erfüllung der Verkehrssicherungspflicht zu beschränken ist, sondern alle Maßnahmen einbezieht, die der Erhaltung der wesentlichen Teile des Gebäudes dienen. Anders als bei sonstigen Maßnahmen kann es auch nicht darauf ankommen, ob die Kosten für die Instandhaltung bzw. -setzung aus den laufenden Mieteinnahmen gedeckt werden können (Rdn. A 247). Da sich der Restitutionsberechtigte als Vermieter hierauf gegenüber dem Mieter nicht berufen könnte

AG Görlitz WM 1994, 375,

kann er dies auch nicht dem Verfügungsberechtigten entgegenhalten. Überschreitet jener den Rahmen der Notgeschäftsführung, so wird dem Restitutionsberechtigten ein Unterlassungsanspruch zugebilligt,

KG NJ 1991, 413.

b) Grenze der Vermieterpflicht

A 245 Wegen des häufig schlechten Gebäudezustandes einerseits und der in der Vergangenheit mangelnden Wirtschaftlichkeit des Miethausbestandes andererseits ist die Frage nach den Grenzen der Instandhaltungspflicht aktuell. Sie ergeben sich nach dem Mietrecht des BGB zunächst aus dem vertragsgemäßen Zustand selbst: Waren das Mietobjekt oder die Teile, auf die sich die Instandsetzungspflicht des Vermieters bezieht, schon bei Beginn des Mietverhältnisses schadhaft, so kommt in Betracht, daß eben dieser konkrete schlechte Zustand auch der vertragsgemäße sein sollte (vgl. Rdn. 301). Eine derartige Beschränkung ist anzunehmen, wenn der Mieter das Mietobjekt vor Abschluß des Mietvertrages hat besichtigen können und keinen Vorbehalt gemacht, insbesondere den Mietzins gezahlt hat.

Dem Mieter bleibt aber unbenommen, sich auf eine weitere Verschlechterung des Zustandes bzw. Ausdehnung des Mangels zu berufen; die Darlegungs- und Beweislast hierfür trägt er. Sind die Schäden erst im Verlaufe der Mietzeit aufgetreten, so wird eine entsprechende Anwendung des § 539 BGB auch auf den Erfüllungsanspruch von der herrschenden Meinung verneint. Bei verhälnismäßig kleinen Reparaturen kann jedoch die Berufung des Mieters auf ein Zurückbehaltungsrecht nach § 320 BGB dann treuwidrig sein, wenn er den Mangel längere Zeit unbeanstandet hingenommen hat (vgl. Rdn. 469).

A 246 Darüber hinaus ergeben sich Grenzen aus der typischen baulichen Beschaffenheit des Gebäudes, etwa was Wärmedämmung und Schallschutz im Altbaubereich anbelangt. Das soll auch für Mängel gelten, die typischerweise einer Plattenbauweise anhaften

OLG Naumburg WM 1995, 145, KreisG Erfurt WM 1993, 112.

Es darf sich hierbei aber nicht um Mängel handeln, die auf Planungs- oder Ausführungsfehlern beruhen.

Zu den technischen Bedingungen und dem Sanierungsbedarf von Plattenbauten s. Spaethe PiG 45 (1995) S. 125 f.

Jedenfalls für die vergangene Zeit war anerkannt, daß die westliche Gebäudequalität nicht den Maßstab für den Inhalt des Instandsetzungsanspruchs bildete

KreisG Döbeln WM 1992, 535.

Der Anspruch des Mieters auf Instandsetzung entfällt wegen Unmöglichkeit nach § 275 BGB, wenn es sich um vermieterseits unverschuldete Mängel handelt, deren Beseitigung die **Opfergrenze** überschreiten würde, A 247

vgl. BGH WM 1991, 25 = ZMR 1991, 19, ferner Rdn. 321.

Das ist insbesondere der Fall, wenn Aufwand und Ergebnis der Reparaturmaßnahme in einem krassen wirtschaftlichen Mißverhältnis stünden. Eine allgemeine Anwendung dieser Grundsätze auf die Instandhaltungspflicht des Vermieters in den neuen Ländern ist indes nicht gerechtfertigt,

vgl. Sternel PiG 38 (1993), 87,
anders wohl: MK-Voelskow, Einigungsvertrag Nr. 80,
differenzierend: Geldmacher DWW 1991, 298, 300.

Das gilt insbesondere, nachdem das Mietenniveau erheblich angehoben worden ist. So sind die Wohnungsmieten von 1990 bis 1994 von DM 0,80 bis DM 1,20/qm auf DM 8,– bis DM 8,50/qm gestiegen (Bundestags-DS 13/783 S. 8).

Wenn es in der Vergangenheit zu Reparaturstaus gekommen ist, so ist dieser Umstand der Risikosphäre des Vermieters zuzurechnen. Anerkannt ist, daß die Instandsetzungspflichten des Vermieters weder von der Höhe der Mieteingänge noch von einer etwa bestehenden Mietpreisbindung abhängen, A 248

LG Berlin WM 1991, 538 und Rdn. 149, vgl. dazu auch schon Pahlke S. 22 für das Gebiet der ehemaligen DDR.

Das schließt im Einzelfall die Berufung des Vermieters auf eine **wirtschaftliche Unmöglichkeit** nicht aus, wobei aber neben den wirtschaftlichen Verhältnissen auch der persönliche Status der Mietparteien zu berücksichtigen ist. Liegt an sich ein Fall der wirtschaftlichen Unmöglichkeit vor, so kann sich der Vermieter hierauf gleichwohl nicht berufen, soweit Notmaßnahmen im Sinne der früheren Regelung in § 101 S. 4 ZGB geboten sind,

vgl. BezG Dresden WM 1991, 143.

Im übrigen kann die Berufung auf die Überschreitung der Opfergrenze (meist als Folge jahrzehntelang nicht durchgeführter Reparaturen) billigerweise nicht zum völligen Wegfall der Instandhaltungspflicht, sondern nur zu einem Hinausschieben der Fälligkeit führen. Der Vermieter, der sich auf die Überschreitung der Opfergrenze beruft, ist mithin gehalten, einen **Wirtschaftsplan**, aus dem sich die ratenweise Durchführung der erforderlichen Maßnahmen ergibt, aufzustellen und offenzulegen,

so auch Fischer-Dieskau–Franke EGBGB Art. 232 § 1 Anm. 3, ähnlich Geldmacher a.a.O.

c) Vertragliche Gestaltung

A 249   Die **Instandhaltungs- und Instandsetzungspflicht** des Vermieters nach § 536 BGB ist grundsätzlich abdingbar und kann demzufolge auch ganz oder teilweise auf den Mieter übertragen werden,

vgl. Sternel PiG 38 (1993), 96 f.

Dies findet seine Grenze bei Verwendung von Formularverträgen in §§ 9 bis 11 AGBG (vgl. Rdn. A 225).

Bis zum Inkrafttreten des MÜG am 11.6.1995 (vgl. Rdn. A 340) konnten sich auch preisrechtliche Schranken ergeben, soweit die Überbürdung von Instandsetzungs- und -haltungspflichten auf den Mieter Entgeltcharakter hatte. Das war für die Übertragung von Kleinreparaturen, Wartungsarbeiten und Schönheitsreparaturen, soweit diese über die malermäßige Instandsetzung nach § 104 ZGB hinausgingen, zu bejahen,

s. Sternel PiG 38 (1993), 93, zu Schönheitsreparaturen: Müther DtZ 1995, 116, ferner die Vorauflage Rdn. A 69.

A 250   Hierbei machte es keinen Unterschied, ob der Mieter unmittelbar zur Leistung (Vornahmeklausel) oder nur zu einer Geldzahlung verpflichtet war. Diese Bindungen bestehen an sich fort; denn das MÜG behält von der Struktur her die Preisbindung bei, wie sich aus den Mietobergrenzen in § 12 Abs. 1 MHG und Art. 2 § 2 MÜG ergibt. Indes läßt sich eine mietpreisrechtliche Obergrenze nicht mehr eindeutig definieren, da Mieterhöhungsvereinbarungen nach § 17 MHG nur durch § 5 WiStG beschränkt sind (vgl. Rdn. A 487). Das gilt umso mehr, als sich eine ortsübliche Miete in den neuen Bundesländern erst herausbilden muß. Getroffene Erhöhungsvereinbarungen fließen wiederum in die Mietobergrenze der Neuabschlußmieten ein. Bei Neuabschlüssen wird sich daher ein Preisverstoß praktisch nicht mehr feststellen lassen.

A 251   Bei Mietverhältnissen, die vor dem 11.6.1995 begründet worden sind, bleiben bisher preiswidrige Vereinbarungen mit dem hier in Rede stehenden Inhalt im Rahmen des § 17 MHG bestehen. Zwar läßt diese Bestimmung nur Mieterhöhungsvereinbarungen um einen bestimmten Betrag zu, während das Entgelt in Gestalt der Übernahme von Instandhaltungen und kleinen Reparaturen nur bestimmbar ist. Ein Verstoß gegen § 17 MHG ist indes nur an § 5 WiStG zu messen, der – wie erwähnt – einen weiten Spielraum läßt (vgl. Rdn. A 230). Demgegenüber bleiben AGB-rechtliche Schranken unberührt.

2. Schönheitsreparaturen bei Altverträgen

a) Pflichteninhalt

A 252   Schönheitsreparaturen als Teil der (malermäßigen) Instandhaltung oblagen dem Mieter nach dem Rechtszustand in der ehemaligen DDR insoweit, als sie während der Mietzeit erforderlich wurden (§ 104 S. 2 ZGB),

vgl. zur Rechtslage vor dem 3.10.1990: Müther DtZ 1995, 117.

Die Verpflichtungen zur Durchführung von „Schönheitsreparaturen" i.S. von § 28 Abs. 4 II. BV und zur „**malermäßigen Instandsetzung**" i.S. von § 104 ZGB decken sich nicht,

so auch MK-Voelskow, a.a.O., vgl. ferner Pahlke S. 42,
a.A. LG Berlin GE 1995, 565.

Letzterer Pflichtenkreis ist enger, wie die Verweisung auf § 107 Abs. 2 ZGB zeigt: So stand dem Vermieter ein Anspruch auf Durchführung von Schönheitsreparaturen während der Mietzeit erst zu, wenn und soweit es zu Wohnungsmängeln gekommen war, d.h. Schäden an der Wohnsubstanz drohten,

vgl. Müther DtZ 1995, 117.

Bei Beendigung des Mietverhältnisses oblag dem Mieter eine Schlußrenovierung A 253
allein unter den Voraussetzungen des § 107 Abs. 2, 3 ZGB. Zur Kostenerstattung wegen unterlassener Schönheitsreparaturen sollte er lediglich verpflichtet sein, wenn die Pflichtwidrigkeit zu einem Zustand geführt hatte, der einen über das übliche Maß hinausgehenden Aufwand erforderte, um die Wohnung weitervermieten zu können

NJ 1976, 141.

Bloße vertragsgemäße Abnutzung reichte mithin nicht aus, um die Renovierungspflicht des Mieters bei Mietende zu begründen,

vgl. Pahlke S. 42, ferner Geldmacher DWW 1991, 298.

Inhaltlich übereinstimmend mit der Rechtslage in den alten Bundesländern galt, A 254
daß Schönheitsreparaturen sich nur auf die Behebung solcher Schäden bezogen, die durch den vertragsgemäßen Gebrauch der Wohnung notwendig geworden waren (§ 104 Abs. 1 S. 2 ZGB), d. h. nicht auf die Behebung malermäßig zu behebender Schäden, die durch Mängel oder Modernisierungsmaßnahmen des Vermieters bedingt waren,

s. etwa BezG Suhl NJ 1981, 380.

Ein **Fristenplan** für die malermäßige Instandsetzung galt nicht; vergleichbare Anknüpfungspunkte, wie sie die Rechtsprechung im bisherigen Bundesgebiet zugrundelegte (vgl. Rdn. 860), fehlten.

Der Vermieter schuldete dagegen die Übergabe in einem zum vertragsgemäßen Gebrauch geeigneten Zustand (§ 104 S. 1 ZGB). Zu einer **Schlußrenovierung** war der Mieter nur insoweit verpflichtet, als er die Pflicht zur Durchführung der laufenden Schönheitsreparaturen verletzt hatte; in diesem Fall war er dem Vermieter schadensersatzpflichtig (§ 107 Abs. 2, 3 ZGB).

b) Rechtslage nach der Vereinigung

Bei Mietverhältnissen, die vor dem 3.10.1990 begründet worden sind, ist die A 255
gesetzliche Pflicht des Mieters entfallen. Zur Durchführung der laufenden Schönheitsreparaturen ist deshalb nunmehr der Vermieter nach § 536 BGB verpflichtet,

so auch Müther DtZ 1995, 117, Schilling-Heerde, S. 99, Sonnenschein PiG 38, 40, KreisG Eberswalde GE 1994, 588, 589, eingehend zum folgenden auch Sternel PiG 38, 96 f.

Nur wenn diese Pflicht gleichzeitig auch Gegenstand einer eindeutigen vertraglichen Vereinbarung war, gilt sie als solche weiter. Derartige Bestimmungen finden sich mit unterschiedlichem Inhalt in einer Vielzahl von Formularverträgen der früheren DDR. Angesichts der eindeutigen gesetzlichen Regelung in § 104 ZGB besteht aber keine Vermutung dafür, daß neben der gesetzlichen auch eine vertragliche Pflicht gleichen Inhalts begründet werden sollte; denn hierfür bestand kein Anlaß. Fehlt also eine vertragliche Regelung über die Durchführung von Schönheitsreparaturen, so läßt sich demzufolge aus der Durchführung der gesetzlich geschuldeten malermäßigen Instandsetzung durch den Mieter keine schlüssige Vereinbarung ableiten; es fehlt sowohl an dem erforderlichen Erklärungsbewußtsein als auch an dem entsprechenden Erklärungswillen,

insoweit zutreffend MK-Voelskow, Einigungsvertrag Rdn. 81.

A 256 Diese grundlegenden rechtsgeschäftlichen Erfordernisse sowie das Fehlen eines vertraglichen Regelungsbedarfs in der ehemaligen DDR werden verkannt, wenn man einen „stillschweigenden Vertragsinhalt" unterstellt,

so aber Horst in „Taschenbuch für Hauseigentümer" Bd. 19 (1992) S. 92 f, 93, Pfeifer in „Mietrecht – neue Bundesländer", Merkblatt des Zentralverbandes – 2/1992 Ziff. 11 d.

A 257 Die Konsequenz, daß bei Altverträgen der Vermieter die laufenden Schönheitsreparaturen trägt, sofern sie nicht vom Mieter im Mietvertrag eindeutig übernommen worden sind, führt nicht zu einer Veränderung der Geschäftsgrundlage, als deren Folge die Schönheitsreparaturen nunmehr dem Mieter auferlegt werden könnten,

Müther DtZ 1995, 117, Sonnenschein PiG 38, 40,
a.A. MK-Voelskow, a.a.O., Hök MDR 1994, 1157, 1159, Horst ZAP-DDR Fach 4 S. 32, mit Einschränkungen auch Geldmacher DWW 1991, 298, 299.

Hierbei wird übersehen, daß die Überleitung des Mietrechts aus dem ZGB in das soziale Mietrecht des BGB zu erheblichen wirtschaftlichen Belastungen des Mieters und größeren Handlungsspielräumen des Vermieters geführt hat. Soweit man bei einer Gesamtschau überhaupt die Grundsätze über die Veränderung der Geschäftsgrundlage anwenden kann, müßte dies zu einer Vertragsneugestaltung unter angemessener Wahrung der Mieterbelange führen. Das wiederum würde der anzustrebenden Vertragsautonomie der Parteien zuwiderlaufen.

A 258 Bedenken bestehen auch, im Wege einer ergänzenden Vertragsauslegung eine Pflicht des Mieters, die laufenden Schönheitsreparaturen durchzuführen, zu konstruieren,

so aber Kinne WM 1992, 405, wohl auch Hök MDR 1994, 1159.

Zwar kann eine Regelungslücke auch darauf beruhen, daß sich nachträglich die rechtlichen Verhältnisse ändern. Dann aber ist bei einer (nachträglichen) Lückenfüllung auf die Verhältnisse nach dem 2.10.1990 abzustellen. Es kommt also entgegen Kinne nicht darauf an, ob unter der Geltung des ZGB weitgehend Konsens darüber bestand, daß der Mieter die laufenden Schönheitsreparaturen trug. Ein solcher Konsens kann nur im Zusammenhang mit der damals für den Mieter günstigen Vertrags- und Mietpreissituation gesehen werden. Diese Situation ist nicht mehr gegeben. Zudem darf die ergänzende Vertragsauslegung insbesondere bei gegenseitigen Verträgen nicht zu einer einseitigen Erweiterung des Pflichtenkreises nur einer Partei führen. Das gilt insbesondere für Dauerpflichten, die das Leistungsgefüge betreffen. Unzulässig ist schließlich die ergänzende Vertragsauslegung, wenn sie nur dem Interesse der einen Vertragspartei dient und die wohlverstandenen Belange der anderen Vertragspartei unberücksichtigt bleiben (vgl. für einen ähnlichen Fall LG Freiburg WM 1987, 194).

3. Schönheitsreparaturen bei Neuabschlüssen

Bei **Mietverhältnissen**, die **nach dem** 3.10.1990 begründet worden sind, obliegt die Instandhaltungspflicht und damit die Pflicht zur Durchführung der laufenden Schönheitsreparaturen dem Vermieter nach § 536 BGB. Sie wird allerdings in der Regel teilweise abbedungen, was hinsichtlich der laufenden Schönheitsreparaturen auch formularmäßig zulässig ist (vgl. dazu Rdn. 384). Hierbei sind die gleichen Grenzen wie bei der Übertragung von Instandhaltungs- und Instandsetzungspflichten auf den Mieter zu beachten. Das gilt insbesondere für die **preisrechtlichen Bindungen** für Wohnraum, der vor dem 3.10.1990 bezugsfertig geworden ist. Für diesen Wohnungsbestand kann der Umfang der laufenden Schönheitsreparaturen, die auf den Mieter übertragen werden durften und dürfen, nicht weiter gefaßt werden, als die Pflicht zur malermäßigen Instandsetzung im Sinne von § 104 ZGB reicht, A 259

AG Berlin-Mitte ZMR 1994, 574, Müther DtZ 1995, 116, vgl. auch Rdn. A 252.

Ein Verstoß bleibt jedoch praktisch sanktionslos, da auch für Neuvermietungen gemäß Art. 2 § 2 MÜG eine Mietpreisspanne vorgesehen ist, innerhalb der die Übernahme von Arbeits- und Sachleistungen durch den Mieter preisrechtlich aufgefangen werden dürfte (s. Rdn. A 230).

C. Gewährleistungsrecht

1. Fehlerbegriff

Auch in den neuen Ländern gilt ab 3.10.1990 der von der Rechtsprechung entwickelte **subjektive Fehlerbegriff**, der auf die Beeinträchtigung des Mietgebrauchs abstellt, A 260

s. insbesondere BayObLG – RE. v. 4.2.1987 – NJW 1987, 1950 = WM 1987, 112, vgl. auch Rdn. 348,

während der Vermieter sich grundsätzlich nicht damit entlasten kann, daß bei Errichtung des Gebäudes den damals geltenden technischen Vorschriften entsprochen worden sei,

vgl. OLG Celle WM 1985, 9 = ZMR 1985, 10, 11.

Andererseits begründet die Nichteinhaltung **technischer Vorschriften** noch nicht ohne weiteres einen Mangel, kann aber eine Gebrauchswertbeeinträchtigung indizieren. Hierin liegt der wesentliche Unterschied zu Beschaffenheitsmängeln nach § 2 Abs. 2, 3 2.GrundMV, § 12 Abs. 1 S. 1 MHG (vgl. dazu Rdn. A 390); denn dort ist der sog. objektive Fehlerbegriff maßgebend, der keine Auswirkungen auf den Mietgebrauch zu haben braucht. Sofern solche Auswirkungen bestehen, kann sich der Mieter neben den eine Mieterhöhung ausschließenden Beschaffenheitsmängeln auf Gewährleistungsrechte berufen (vgl. die Begründung zum Entwurf der 2. GrundMV, Bundesrats-DS 437/92 S. 20),

s. auch Pfeifer PiG 41 (1993), 67, 81, 82.

Unerheblich ist, ob der Mangel schon vor dem 3.10.1990 entstanden ist.

A 261 Auch die schlechte Bauqualität ist als Mangel zu werten, wenn sie sich auf den Mietgebrauch auswirkt. In diesem Zusammenhang werden häufig der Fehlerbegriff einerseits und die aus einem Mangel erwachsenden Erfüllungs- und Gewährleistungsansprüche andererseits nicht sorgfältig getrennt. Bei einer schlechten Bauqualität lassen sich dadurch bedingte Beeinträchtigungen des Mietgebrauchs nicht wegdiskutieren. Jedoch können Erfüllungs- und Gewährleistungsrechte ausgeschlossen sein, wenn der schlechte Zustand der bautypischen Beschaffenheit entspricht (vgl. Rdn. A 265; 451). Ein solcher Ausschluß kommt aber nicht zum Tragen, wenn handwerkliche Mängel, insbesondere unsorgfältige Verarbeitung, falsche Materialwahl oder Planungsfehler allein- oder mitursächlich sind,

vgl. dazu Sternel PiG 45 (1995), 53.

Feuchtigkeitsschäden an Betonbauteilen rechtfertigen jedenfalls dann eine Minderung, wenn ihnen auch durch zumutbares Heizen und Lüften nur unzureichend begegnet werden kann,

KreisG Görlitz WM 1993, 113,
ebenso AG Pasewalk WM 1992, 683 bei Plattenbauweise.

Allerdings ist erwogen worden, die Minderungsquote zu reduzieren, da die Gebrauchstauglichkeit einer DDR-Wohnung nicht derjenigen einer Neubauwohnung in den alten Bundesländern entsprochen habe,

vgl. OLG Naumburg WM 1995, 145: eine Minderung von 25% erscheint zu hoch, wenn 2 Fenster undicht sind, ein Fenster sich nicht schließen läßt, Fenster- und Außenwände Schimmelschäden aufweisen, die Heizung tropft und die Zimmerdecke eines Raumes Regen durchläßt,
ähnlich KreisG Döbeln WM 1992, 535, KreisG Erfurt WM 1993, 112.

2. Gewährleistungsrechte des Mieters

A 262 Die Gewährleistungsrechte des Mieters richten sich ab 3.10.1990 nach den §§ 537 f. BGB. Sie greifen auch dann ein, wenn der Mangel schon vor diesem Zeitpunkt eingetreten oder – wie bei der sog. Garantiehaftung nach § 538 Abs. 1 (1. Alt.) BGB – latent vorhanden war. Im Gegensatz zur automatisch wirkenden **Mietminderung**

BGH WM 1987, 215

war die Minderung in § 108 Abs. 1 ZGB als Gestaltungsrecht geregelt. Sie kam also nur in Betracht, wenn der Mieter den Mangel angezeigt hatte.

Die Minderungsbefugnis wird nicht dadurch berührt, daß ein Anspruch des Mieters auf Beseitigung des Mangels möglicherweise an der Opfergrenze scheitert,

so aber MK-Voelskow, Einigungsvertrag Rdn. 80, Pfeifer DWW 1992, 303, ders. PiG 43, 84.

Maßgebend ist vielmehr, daß infolge des Mangels eine Störung des Äquivalenzverhältnisses eingetreten ist, die – unabhängig von der Beseitigung ihrer Ursache oder ihrer Folgen – zum Ausgleich zu bringen ist; eben dies ist die Funktion der Mietminderung

vgl. auch BayObLG NJW 1987, 1950
für Baulärm auf dem Nachbargrundstück.

Außerdem können die Grundsätze über die Opfergrenze von vornherein dort nicht zum Tragen kommen, wo es der Vermieter in der Vergangenheit in zu vertretender Weise zu einem Reparaturstau hat kommen lassen. Ebensowenig wird die Minderung von der schlechten Ertragslage betroffen; sie wird hierdurch nicht etwa prozentual begrenzt (anders Pfeifer PiG 41, 87). Eine Regelungslücke besteht nicht: Der Gesetzgeber hat bewußt die Risiken der Rechtsangleichung in Kauf genommen und von gewährleistungsrechtlichen Übergangsvorschriften abgesehen. Das zeigt ein Umkehrschluß aus Art. 232 § 2 EGBGB, wonach nur der Kündigungsschutz für eine Übergangszeit stärker als in den alten Bundesländern ausgeprägt worden ist (vgl. Rdn. A 268). A 263

Neben der Mietminderung kommt ein Zurückbehaltungsrecht des Mieters am Mietzins in Betracht, soweit ein Anspruch auf Instandhaltung oder -setzung besteht (s. dazu Rdn. A 245 f.; Rdn. 464). A 264

Die Minderung wird vom geschuldeten Entgelt berechnet. Gilt eine Inklusivmiete, so wird der Betriebskostenanteil nicht herausgerechnet. Gilt eine Nettokaltmiete, so nimmt auch die Betriebskostenpauschale oder -vorauszahlung an der Minderung teil. Die Frage ist allerdings streitig (vgl. Rdn. 410).

Hatte der Mieter vor dem 3.10.1990 Mängel beseitigt und einen Aufwendungsersatzanspruch nach § 109 Abs. 1 ZGB erworben, so kann er mit diesem auch gegenüber Mietzinsansprüchen aufrechnen, die erst nach dem 3.10.1990 entstanden sind

KreisG Sömmerda WM 1992, 467.

Eine Garantiehaftung war dem Recht der DDR fremd; nach § 108 Abs. 2 ZGB schuldete der Vermieter Schadensersatz nur bei Verletzung seiner Instandhaltungs- und -setzungspflicht.

3. Gewährleistungsausschlüsse

a) Vertragsgemäße Beschaffenheit

Nach dem Mietrecht des BGB scheidet eine Gewährleistung des Vermieters aus, wenn der objektiv vorhandene Mangel gleichwohl dem als vertragsgemäß vereinbarten Zustand entspricht (s. Rdn. 451). Das wird insbesondere bei Erscheinungen der Fall sein, die der **Typik der Baualterklasse** entsprechen (s. Rdn. A 246; 452). Aber auch ein mangelhafter Zustand, den der Mieter bei Abschluß des Mietvertrages nicht beanstandete, kann als vertragsgemäß vereinbart gewertet werden, A 265

BGH WM 1994, 201,
LG Mannheim ZMR 1990, 220.

Hier gilt Entsprechendes wie für die Instandsetzungspflicht des Vermieters (s. Rdn. A 245; 301). Bei **Altverträgen**, die vor dem 3.10.1990 abgeschlossen worden sind, läßt sich dagegen aus der Hinnahme eines Mangels noch kein Gewährleistungsausschluß ableiten, wohl aber aus einer vorbehaltslosen Zahlung des Mietzinses nach dem 3.10.1990 während einer längeren Zeit.

b) Verwirkung

A 266 Neben dem Gewährleistungsausschluß bei Kenntnis bzw. grob fahrlässiger Unkenntnis von Mängeln z. Zt. des Vertragsabschlusses oder der Übergabe der Mieträume (vgl. § 539 BGB) kommt der entsprechenden Anwendung dieser Bestimmung eine erhebliche Bedeutung zu. Sie greift dann ein, wenn der Mieter nach Beginn des Mietverhältnisses einen Mangel erkennt – grob fahrlässige Unkenntnis genügt hier nicht –, gleichwohl aber den Mietzins vorbehaltslos an den Vermieter über eine längere Zeit weiter entrichtet,

> vgl. Rdn. 456, ferner Bub-Treier, Rdn. III B 1413,
> Sternel, Rdn. III 671, ferner Rdn. 456.

Hatte der Mieter trotz eines Mangels vor dem 3.10.1990 von seiner Minderungsbefugnis nach § 108 Abs. 1 ZGB keinen Gebrauch gemacht, so kann er sich in entsprechender Anwendung des § 539 Abs. 1 BGB nunmehr nicht auf eine Mietminderung berufen.

c) Wiederaufleben von Gewährleistungsrechten nach Mieterhöhung

A 267 Der Ausschluß der Gewährleistungsrechte, von dem der Erfüllungsanspruch unberührt bleibt, wirkt für Vergangenheit und Zukunft

> OLG Düsseldorf NJW-RR 1987, 911.

Die trotz fortbestehender Mängel verlorengegangenen Gewährleistungsrechte stehen dem Mieter jedoch dann und insoweit zu, als der Mietzins erhöht wird und es deswegen zu einer **Änderung des Äquivalenzverhältnisses** kommt (vgl. Rdn. 460). Dies gilt auch dann, wenn der Vermieter eine Mietänderung nach der 1. bzw. 2.GrundMV oder nach §§ 12, 13, 16 MHG vorgenommen hatte. Die Auffassung, daß die Mieterhöhungen nach den Grundmietenverordnungen nicht zu einer Veränderung des Äquivalenzverhältnisses geführt, sondern ähnlich wie ein Währungsausgleich nur der Anpassung an das gestiegene Preisniveau gedient hätten, so daß Minderungsrechte nach diesen Mieterhöhungen nicht wiederauflebten, hat sich zu Recht nicht durchgesetzt,

> wie hier: Kinne WM 1992, 404, Seitz DtZ 1992, 172, 176, AG Potsdam WM 1994, 376, vgl. auch KreisG Cottbus WM 1993, 265 zur Fortgeltung einer vereinbarten Minderungsquote nach einer Mieterhöhung gemäß der 1. GrundMV;
> a.A. Geldmacher DWW 1991, 302 f., Pfeifer DWW 1992, 303, ders. PiG 41 (1993), 91.

Sie ist nach den weiteren Mieterhöhungsmöglichkeiten aufgrund des MÜG überholt (vgl. dazu i.e. die Vorauflage Rdn. A 84 ff.).

D. Besonderer Bestandsschutz für Altverträge

1. Anwendungsbereich

A 268 Besonderen Bestandsschutz genießen die sog. Altverträge über Wohnraum, die **vor dem 3.10.1990** abgeschlossen worden sind,

> eingehend zur Kündigung und zum Kündigungsschutz auch Hartmann ZMR 1992, 279 f., 317 f.

Er soll aber nur bei Mietverträgen gelten, die auf unbestimmte Zeit abgeschlossen sind, nicht hingegen für befristete Mietverhältnisse,

AG Dresden ZMR 1994, 411.

Für diese besteht der Schutz nach den allgemeinen Vorschriften (§§ 556b, 564c Abs. 1 BGB). Der verstärkte Kündigungsschutz gilt aber, wenn durch die Regelung der Befristung der Gesetzeszweck umgangen werden soll

AG Wolgast WM 1994, 267.

Ein Vermieterwechsel, insbesondere im Falle der Rückübertragung von Grundstücken auf den Restitutionsberechtigten nach § 3 VermG ändert daran nichts,

vgl. Hartmann ZMR 1992, 281, Weitemeyer-Sonnenschein DWW 1991, 198 für Fälle des Parteiwechsels.

Nach dem Schutzzweck des Gesetzes greift der Kündigungsausschluß auch für den Fall ein, daß die bisherigen Mietparteien oder der auf einer Seite neu in den Vertrag Eintretende mit der Altpartei einen neuen Mietvertrag abschließen,

vgl. dazu auch Seitz DtZ 1992, 72, 73 „Änderungsverträge".

Im Zweifel wird man bei der Umstellung des Vertragswerks auf ein neues Formular ohnehin nur von einer Vertragsänderung auszugehen haben,

vgl. auch Hartmann ZMR 1992, 280.

Der **besondere Bestandsschutz** gilt grundsätzlich nur befristet und besteht in folgendem: A 269

– Ausschluß der Verwertungskündigung nach § 564b Abs. 2 Nr. 3 BGB: auf unbestimmte Dauer;
– Beschränkung der Eigenbedarfskündigung nach § 564b Abs. 2 Nr. 2 BGB: bis 31.12.1995;
– Beschränkung der Kündigungsmöglichkeit für Einliegerwohnungen nach § 564b Abs. 4 BGB: bis 31.12.1995;

Ein Kündigungsschutz für Mietverhältnisse über Gewerberaum oder gewerblich genutzte unbebaute Flächen bestand nur bis zum 31.12.1994 (vgl. Rdn. A 285). Zum Kündigungsschutz nach dem SchuldRAnpG für Mietverhältnisse über gewerblich genutzte Grundstücke, auf denen der Mieter ein Gebäude oder bestimmte bauliche Maßnahmen getroffen hat, s. Rdn. A 287.

2. Ausschluß der Verwertungskündigung

Das Recht des Vermieters, das Mietverhältnis wegen der **Hinderung wirtschaftlicher Verwertung** nach § 564b Abs. 2 Nr. 3 BGB zu kündigen, ist für die Dauer dieses Mietverhältnisses ausgeschlossen (Art. 232 § 2 Abs. 2 EGBGB). Das gilt auch für Härtefälle. Eine sog. Verwertungskündigung liegt nicht vor, wenn der Vermieter kündigt, um die Wohnung dazu zu verwenden, seine berufliche Existenz aufzubauen und Arbeitsplätze einzurichten. Vielmehr kann die Kündigung wegen eines Betriebsbedarfs nach § 564b Abs. 1 BGB gerechtfertigt sein, A 270

BezG Cottbus WM 1992, 301, das jedoch wegen Abweichung von OLG Hamburg WM 1981, 155 seine Vorlagepflicht nach § 541 ZPO verkannt hat.

Der Kündigungstatbestand gilt aber bei Mietverhältnissen, die nach dem 3.10.1990 begründet worden sind!

3. Beschränkung der Eigenbedarfskündigung

a) Allgemeiner Inhalt

A 271 Die Kündigung wegen **Eigenbedarfs** nach § 564b Abs. 2 Nr. 2 S. 1 BGB ist für die Zeit bis zum 31.12.1995 im Grundsatz ausgeschlossen (Art. 232 § 2 Abs. 3 EGBGB). Die eindeutige Gesetzesformulierung besagt, daß nicht schon zum 31.12.1995, sondern erst nach Ablauf dieses Termins eine Eigenbedarfskündigung ausgesprochen werden darf,

> so auch OLG Hamm NJW 1981, 584 zur Unzulässigkeit einer Eigenbedarfskündigung vor Ablauf der Wartefrist, ebenso Fischer-Dieskau–Franke EGBGB Art. 232 § 2 Anm. 4.5, Hartmann ZMR 1992, 286.

Die Sonderregelung war zunächst bis zum 31.12.1992 befristet. Ihre Geltung ist durch Gesetz vom 21.12.1992 (BGBl. I 2117) bis zum 31.12.1995 verlängert worden. Zugleich ist der Ausnahmetatbestand eingeschränkt worden: Er gilt nicht, wenn die Räume dem Vermieter durch ungerechtfertigte Zwangsmaßnahmen entzogen worden sind oder der Mieter bei Abschluß des Mietvertrages unredlich i.S. des § 4 Abs. 3 VermG war. Außerdem ist dem Vermieterinteresse ein stärkeres Gewicht beigelegt worden: Nach der bisherigen Gesetzesfassung kam eine Eigenbedarfskündigung nur in Betracht, wenn der Kündigungsausschluß eine Härte bedeuten würde, die auch unter Würdigung der Interessen des Vermieters „nicht zu rechtfertigen wäre". Danach wurde auf eine objektive Bedarfsprüfung abgestellt. In der Neufassung heißt es stattdessen „nicht zugemutet werden kann". Dadurch kommen bei der im Rahmen der Vorschrift vorzunehmenden Interessenabwägung subjektive Momente auf der Vermieterseite stärker zum Tragen. Dies entspricht auch der Beschränkung der Kündigungsbefugnis bei Vermietung einer Einliegerwohnung (s. Rdn. A 282). Andererseits ist klargestellt, daß dem Mieter das Recht zum Kündigungswiderspruch nach § 556a BGB zusteht.

b) Ausschlüsse des besonderen Kündigungsschutzes

A 272 Die in Art. 232 § 2 Abs. 3 Nr. 1 EGBGB geregelte Ausnahme vom Kündigungsschutz setzt voraus, daß dem Vermieter die Räume durch ungerechtfertigte Zwangsmaßnahmen oder in Anknüpfung an § 1 Abs. 3 VermG aufgrund unlauterer Machenschaften wie Machtmißbrauch, Korruption, Nötigung oder Täuschung seitens staatlicher Stellen oder Dritter (z.B. Parteiorganisationen) entzogen worden sind.

Zu den Zwangsmaßnahmen zählt etwa, wenn Hauseigentümer aus ihrem Anwesen in Grenznähe umgesiedelt worden sind. Dagegen kann es keine Rolle spielen, ob das Mietverhältnis durch Vertrag oder durch staatliche Wohnungszuweisung nach §§ 99, 100 Abs. 2 ZGB begründet worden war; denn ein solcher Zwangsvertrag entsprach der damaligen Wohnungsbewirtschaftung und ordnungsmäßigen Gesetzespraxis, vgl. Hartmann ZMR 1992, 318, Schilling-Heerde S. 54, wohl auch Fischer-Dieskau–Franke EGBGB Art. 232 § 2 Anm. 4.2, tendenziell anders: BezG Halle WM 1992, 305, das den Umstand, daß die Vermietung gegen den Willen des Vermieters erfolgte, in die Interessenabwägung einbezieht. Auch nach den Gesetzesmaterialien soll ein Fall der Unzumutbarkeit dann in Betracht kommen, wenn sich die Wohnungsbehörden bei der Vergabe der Wohnung über die Interessen und den Willen des Eigentümers hinweggesetzt hatten, selbst wenn keine Willkür vorlag, Bundestags-DS 12/3254 S. 21, Bundesrats-DS 350/92 S. 56].

Jedenfalls kann die Gesetzespraxis in der ehemaligen DDR in diesem Zusammenhang nicht ohne weiteres als Willkürpraxis gekennzeichnet werden, die gegen grundsätzliche Wertungsmaßstäbe verstößt. Dabei darf nicht außer Acht gelassen werden, daß das erst am 31.12.1967 in der Bundesrepublik außer Kraft getretene Wohnraumbewirtschaftungsgesetz in § 16 ebenfalls staatliche Zwangsmietverträge durch Mietverfügungen der Wohnungsbehörden vorsah.   A 273

Die Beschränkung der Eigenbedarfskündigung gilt auch dann nicht, wenn der Mieter bei Abschluß des Mietvertrages nicht redlich i.S. des § 4 Abs. 3 VermG gewesen ist. Diese Bestimmung lautet: A 274

„Als unredlich ist der Rechtserwerb in der Regel dann anzusehen, wenn er

a) nicht im Einklang mit den zum Zeitpunkt des Erwerbs in der DDR geltenden allgemeinen Rechtsvorschriften, Verfahrensgrundsätzen und einer ordnungsmäßigen Verwaltungspraxis stand, und der Erwerber dies wußte oder hätte wissen müssen, oder

b) darauf beruhte, daß der Erwerber durch Korruption oder Ausnutzung einer persönlichen Machtstellung auf den Zeitpunkt oder die Bedingungen des Erwerbs oder auf die Auswahl des Erwerbsgegenstandes eingewirkt hat, oder

c) davon beeinflußt war, daß sich der Erwerber eine von ihm selbst oder von dritter Seite herbeigeführte Zwangslage oder Täuschung des ehemaligen Eigentümers zu Nutze gemacht hat."

c) Gesteigerter Bedarf und unzumutbare Härte

Die Kündigungsbefugnis bei Eigenbedarf aus besonderen Härtegründen des Vermieters ist durch die Neuregelung erweitert worden (vgl. Rdn. A 271). An die Stelle der mangelnden Rechtfertigung des Kündigungsausschlusses ist die Unzumutbarkeit getreten. Auch sie soll allerdings nach objektiven Maßstäben beurteilt werden (Bundestags-DS 12/3254 S. 21). In die Wertung sind die Interessen des Mieters einzubeziehen. Dies war für die Neufassung zunächst nicht vorgesehen und ist erst auf Vorschlag des Vermittlungsausschusses in das Gesetz eingefügt worden (Bundesrats-DS 889/92 vom 11.12.1992). Da in Art. 232 § 2 Abs. 4 EGBGB das Widerspruchsrecht des Mieters entsprechend den Regelungen in § 556a BGB verankert worden ist, kann sich die Berücksichtigung der Mieterinteressen im Rahmen des hier erörterten Tatbestandes nur darauf beziehen, daß das sog. allgemeine Bestandsinteressen (s. dazu Rdn. 978) beachtet werden muß, während die individuellen Interessen des jeweiligen Mieters erst zum Tragen kommen, wenn er der Kündigung widersprochen und Fortsetzung des Mietverhältnisses verlangt hat.   A 275

Für die Berücksichtigung „gesellschaftlich gerechtfertigter Gründe" zugunsten des Vermieters (vgl. § 122 Abs. 1 ZGB) ist kein Raum mehr.

A 276 Auf Seiten des Vermieters muß es sich um einen **gesteigerten Bedarf** handeln, so daß es nicht ausreicht, wenn der Vermieter nur ein vernünftiges und nachvollziehbares Selbstnutzungsinteresse hat. Erforderlich ist zunächst, daß eine „wohnbedarfstypische" Lage vorliegt, d.h. es muß ein innerer Zusammenhang zwischen der bisherigen Wohnung des Vermieters und der Mietwohnung bestehen, auf die sich das Verlangen des Vermieters bezieht,
KG NJW 1981, 1048.

Darüberhinaus muß der Ausschluß der Eigenbedarfskündigung eine **unzumutbare Härte** darstellen. Der ursprüngliche Zweck der Vorschrift, den Bedarfstatbestand des § 122 ZGB abzudecken, muß nach wie vor beachtet werden,
vgl. dazu für Kündigungen vor dem 31.12.1992:
KreisG Leipzig-Stadt WM 1992, 65, KreisG Potsdam WM 1992, 533.

A 277 Nach wie vor müssen die Interessen des Vermieters das Bestandsinteresse des Mieters überwiegen. Die gegenteilige Auffassung (LG Berlin ZMR 1994 S. II Nr. 12) trägt schon dem durch die Entstehungsgeschichte belegten Wortlaut der Bestimmung nicht Rechnung. Die in den Entwürfen vorgesehene Streichung der Mieterinteressen (s. Bundestags-DS 12/3254 S. 21) ist auf Intervention des Bundesrates nach Einschaltung des Vermittlungsausschusses nicht Gesetz geworden.

Die Härte muß für den Vermieter selbst unter Inkaufnahme von Nachteilen und Unbequemlichkeiten nicht anders als durch Räumung abwendbar sein,
LG Berlin DtZ 1991, 247 = MDR 1991, 630.

A 278 Der Wunsch nach einer größeren Wohnung als in der ehemaligen DDR üblich reicht nicht (KreisG Leipzig-Stadt WM 1992, 65), ebensowenig daß die Wohnsituation des Vermieters verbesserungswürdig ist (KreisG Wernigerode WM 1992, 428). An der Unzumutbarkeit fehlt es von vornherein, wenn der Vermieter seinen Wohnbedarf anderweitig decken kann
BezG Potsdam WM 1993, 266, AG Görlitz WM 1993, 600.

Er soll gehalten sein, seine Bemühungen um anderweitigen Ersatzwohnraum im einzelnen darzulegen
LG Halle WM 1995, 42.

Die sog. Lebensplanung des Vermieters spielt also nur eine untergeordnete Rolle; es kommt auf eine objektive Bedarfslage an. Selbst wenn sie gegeben ist, muß hinzukommen, daß ihre Nichtbefriedigung für den Vermieter – gemessen am Bestandsinteresse des Mieters – unzumutbar ist. Ein gesteigerter Eigenbedarf des Vermieters ist bejaht worden, wenn die Kündigung dazu dient, die Wohnsituationen des Vermieters und seiner Haushalts- und Familienangehörigen im Zuge eines Arbeitsplatzwechsels zusammenzuführen
KreisG Königswusterhausen WM 1992, 304.

Zu beachten ist, daß die Anforderungen an den Eigenbedarf nicht deshalb abgesenkt werden dürfen, weil der Mieter im Einzelfall nicht besonders schutzbedürftig erscheint. Dieser Umstand ist erst bei der Interessenabwägung im Rahmen der Zumutbarkeit beachtlich (vgl. Rdn. 984).

Im Gegensatz zu § 564b Abs. 2 Nr. 2 BGB erfaßt der Tatbestand des erhöhten A 279
Eigenbedarfs nicht den **Bedarf dritter Personen**. Das folgt daraus, daß der Eigenbedarfstatbestand des § 122 ZGB sich auf die sog. Bedarfspersonen des § 564b Abs. 2 Nr. 2 BGB nicht erstreckte,

s. Pahlke S. 66, OG DDR NJ 1980, 282

und der Bestandsschutz des Mieters für eine Übergangszeit gegenüber dem bisherigen Rechtszustand nach dem ZGB nicht verschlechtert werden sollte. Angesichts des Ausnahmecharakters der Vorschrift ist eine extensive Auslegung nicht zulässig,

Fischer-Dieskau–Franke EGBGB Art. 232 § 2 Anm. 4.3,
anders Emmerich–Sonnenschein Einigungsvertrag S. 643 f. Rdn. 5, BezG Potsdam WM 1992, 308 bei Aufnahme der pflegebedürftigen Eltern, mit Einschränkungen auch Hartmann ZMR 1992, 318,
zum Pflegebedarf s. auch AG Naumburg WM 1993, 600.

Besonders gelagerten Fällen kann in diesem Zusammenhang durch die Härteklausel in § 564b Abs. 1 BGB Rechnung getragen werden. Ein zusätzlicher **Instandsetzungsbedarf** erfüllt nicht den besonderen Härtetatbestand; denn er betrifft nicht den Wohnbedarf des Vermieters sondern die Nutzbarkeit der Immobilie sowie den Vermögenserhalt und zielt somit auf wirtschaftliche Gesichtspunkte. A 280

Die Gesetzesneufassung stellt in Absatz 4 klar, daß der Mieter der ausnahmsweise zugelassenen Eigenbedarfskündigung widersprechen und **Fortsetzung des Mietverhältnisses** verlangen kann. Die Vorschrift verweist inhaltlich und wegen der Formalien auf §§ 556a, 564a Abs. 2 BGB, ferner auf die prozessualen Vorschriften in §§ 93b Abs. 1–3, 308a Abs. 1 S. 1 und 708 Nr. 7 ZPO. Für die Kündigung des Vermieters bedeutet dies, daß er den Mieter über das Widerspruchsrecht sowie über Form und Frist des Kündigungswiderspruchs belehren muß. Kommt es zu einer Abwägung zwischen den konkreten Interessen der Mietparteien, so werden zugunsten des Vermieters nur diejenigen Gründe berücksichtigt, die im Kündigungsschreiben angeführt sind (§ 556a Abs. 1 S. 3 BGB). A 281

Zugunsten des Mieters kann ins Gewicht fallen, daß er sich in der Vergangenheit um Erhalt und Pflege des Vermietereigentums bemüht hat, weil er auf ein langfristiges Mietverhältnis vertraute

KreisG Potsdam WM 1992, 533.

4. Beschränkung des Kündigungsrechts bei vermieteter Einliegerwohnung

Das Recht des Vermieters zur Kündigung einer sog. **Einliegerwohnung** nach § 564b Abs. 4 S. 1 BGB wird durch die Neufassung des Art. 232 § 2 Abs. 3 EGBGB für die Zeit bis zum Ablauf des 31.12.1995 eingeschränkt: Der Vermieter kann das Mietverhältnis nur kündigen, wenn ihm dessen Fortsetzung wegen seines **Wohn- oder Instandsetzungsbedarfs** oder wegen sonstiger Interessen nicht zugemutet werden kann. Die Anforderungen an den Wohnbedarf entsprechen dem novellierten erhöhten Eigenbedarf (s. Rdn. A 271). Die Kündigung setzt A 282 voraus, daß der Vermieter die herausverlangte Wohnung regelmäßig nutzt und diese nicht praktisch leersteht

AG Halle-Saalkreis WM 1995, 43.

Der Begriff der Einliegerwohnung richtet sich nach der Neufassung durch das Wohnungsbauerleichterungsgesetz vom 17.5.1990 (BGBl. I 926, siehe dazu Rdn. A 157).

A 283 Ein Instandsetzungsbedarf wird als Kündigungsgrund erst dann anzuerkennen sein, wenn der Vermieter seine Sanierungsziele nicht mit Hilfe des Duldungsanspruchs aus §§ 541a,b BGB durchsetzen kann. Die Berufung auf einen solchen Bedarf kann nicht dazu führen, das Verbot der Verwertungskündigung (§ 564b Abs. 2 Nr. 3 BGB, vgl. 270) zu unterlaufen. Ein sonstiges Interesse kann sich aus dem besonderen Wohnbedarf einer dritten Person ergeben, ohne daß deshalb der eng gefaßte Eigenbedarfstatbestand ausgedehnt zu werden braucht,

Fischer-Dieskau–Franke EGBGB Art. 232 § 2 Anm. 6.1.

A 284 Der Vermieter muß die Gründe für die Unzumutbarkeit im Kündigungsschreiben nach Maßgabe des § 564b Abs. 3 BGB (s. Rdn. 933) darlegen. Eine Kündigung unter bloßer Berufung auf das Sonderkündigungsrecht des § 564b Abs. 4 BGB ist vor dem 1.1.1996 unwirksam. Das folgt aus dem grundsätzlichen Ausschluß der Kündigungsbefugnis für ein Mietverhältnis über eine Einliegerwohnung. Ihre ausnahmsweise Zulassung setzt tatbestandsmäßig bestimmte Wirksamkeitsgründe voraus. Es genügen also nicht Härtegründe, die lediglich im Rahmen der Sozialklausel des § 556a BGB nach erfolgtem Kündigungswiderspruch des Mieters zu prüfen wären. Das wird etwa daran deutlich, daß die Kündigung über eine Einliegerwohnung, in der keine Gründe angegeben sind, selbst dann unwirksam ist, wenn der Mieter der Kündigung nicht widersprochen hat,

Hartmann ZMR 1992, 320, 321,
a.A. Fischer-Dieskau–Franke EGBGB Art. 232 § 2 Anm. 6.2.

Von der Kündigungsbeschränkung wird nicht die Kündigungsmöglichkeit nach § 564b Abs. 4 S. 3 BGB erfaßt, wenn sich die gekündigte Wohnung innerhalb der vom Vermieter bewohnten Wohnung befindet,

ebenso Emmerich–Sonnenschein Einigungsvertrag Rdn. 6.

5. Bestandsschutz für Altverträge über Geschäftsräume und gewerblich genutzte unbebaute Grundstücke

A 285 Nach Art. 232 § 2 Abs. 7 EGBGB war die **Frist für die ordentliche Kündigung** gemäß § 565 Abs. 1 Nr. 3 BGB um 3 Monate verlängert worden. Die Regelung war zeitlich begrenzt auf Kündigungen, die vor dem 1.1.1994 erklärt worden waren. Durch Gesetz vom 29.10.1993 (BGBl. I 1838) ist die Kündigungsfrist für Mietverhältnisse über Geschäftsräume – nicht über unbebaute gewerblich genutzte Grundstücke! – generell neu geregelt: die ordentliche Kündigung kann spätestens am 3. Werktag eines Kalendervierteljahres für den Ablauf des nächsten Kalendervierteljahres erklärt werden (s. § 565 Abs. 1a BGB und Rdn. A 174). Danach beträgt die Kündigungsfrist im Geltungsbereich des BGB nunmehr einheitlich mindestens 6 Monate. Die Regelung ist aber abdingbar, so daß auch kürzere Fristen vereinbart werden können. Entsprechende Vereinbarungen in

Altverträgen bleiben wirksam. Die Sonderregelung für die neuen Länder in Art. 232 § 2 Abs. 7 EGBGB ist aufgehoben worden.

Nach Art. 232 § 2 Abs. 5 EGBGB war der Mieter berechtigt, der ordentlichen Kündigung des Vermieters zu **widersprechen** und die Fortsetzung des Mietverhältnisses zu verlangen. Das Recht war dem Widerspruchsrecht des Wohnungsmieters nach der Sozialklausel in § 556a BGB nachgebildet worden. Es galt zunächst nur im Falle von Kündigungen, die bis zum 31.12.1992 ausgesprochen waren. Durch Gesetz vom 21.12.1992 (BGBl. I 2116) ist die Frist bis zum 31.12.1994 verlängert worden, da die Knappheit an Gewerberaum insbesondere für kleinere und mittelständische Unternehmen aus verschiedenen Gründen nicht bis zum ursprünglichen Fristablauf habe beseitigt werden können. Die Planung und Erschließung von Gewerbeflächen hätten Ende 1992 noch nicht den Stand erreicht, der den Betrieben in naher Zukunft hinreichende Ausweichmöglichkeiten biete (vgl. Bundestags-DS. 12/3862 S. 5). Die Regelung ist durch Zeitablauf gegenstandslos geworden.

A 286

Zum Rechtszustand bis zum 31.12.1994

s. Fischer-Dieskau–Franke EGBGB Art. 232 § 2 Anm. 7.1, Kinne WM 1992, 413, Seitz DtZ 1992, 72, 74, Weitemeyer–Sonnenschein DWW 1991, 204; vgl. ferner die Vorauflage Rdn. A 99 f.

6. Bestandsschutz und Vertragsabwicklung nach dem SchuldRAnpG

a) Kündigung und Kündigungsschutz

aa) Allgemeine Grundsätze: Zu den vom SchuldRAnpG erfaßten Rechtsverhältnissen s. Rdn. A 233.

A 287

Der Bestandsschutz ist nach Nutzungstypen unterschiedlich geregelt. Ihm vorgeschaltet ist ein allgemeines Moratorium in § 7 SchuldRAnpG. Danach sind grundsätzlich alle Kündigungen, die nach dem 2.10.1990 ausgesprochen worden sind, unwirksam, wenn der Nutzer gemäß Art. 233 § 2a Abs. 1 EGBGB gegenüber dem Grundstückseigentümer zum Besitz berechtigt war und den Besitz noch ausübt. Zum Besitz berechtigt waren

– der berechtigte Bebauer, wenn die Bebauung vor dem 3.10.1990 begonnen hatte und baurechtlich zulässig war, mithin entweder eine bestandskräftige Baugenehmigung vorlag oder die Bebauung mit Billigung staatlicher oder gesellschaftlicher (z.B. Partei oder Gewerkschaft) Organe erfolgte;

– Genossenschaften und VEB-Wohnungswirtschaft, wenn die Gebäude unter den vorher genannten Voraussetzungen vor dem 3.10.1990 errichtet worden sind und zur Nutzung sowie selbständigen Bewirtschaftung überlassen waren;

– Nutzer aufgrund eines Übertragungsvertrages, der sich auf ein mit einem Wohnhaus bebautes Grundstück bezieht, wenn das Grundstück bis dahin unter staatlicher oder treuhänderischer Verwaltung gestanden hatte. Dem Nutzer stehen diejenigen, die mit ihm einen gemeinsamen Haushalt führen, gleich; der Käufer eines auf dem Grundstück errichteten Gebäudes, wenn das Erwerbsgeschäft nach DDR-Recht wirksam war (z.B. Eigenheim auf volkseigenen Grundstücken). Es genügt, daß der Kauf beantragt war.

A 288   Das Moratorium gilt nicht für Kündigungen wegen vertragswidrigen Gebrauchs (§ 553 BGB), Zahlungsverzugs (§ 554 BGB) oder aus anderen wichtigen Gründen. Hierzu zählen nur solche, die eine fristlose Kündigung nach § 554a BGB oder §§ 242, 626, 723 BGB rechtfertigen würden. Das folgt aus dem Sinnzusammenhang der Bestimmung, der auf die Gleichgewichtigkeit der Kündigungsgründe schließen läßt. Das für Garagenflächen in Art. 232 § 4a EGBGB geregelte Moratorium bleibt unberührt. Andererseits kann der Eigentümer das Nutzungsverhältnis kündigen, wenn der Nutzer unredlich im Sinne von § 4 VermG gewesen ist (s. Rdn. A 274).

Die Kündigungsfrist beträgt sechs Monate abzüglich einer Karenzfrist von 3 Tagen. Diese Kündigungsbefugnis besteht aber nur bis zum 31.12.1996. Macht der Eigentümer von ihr keinen Gebrauch, so genießt der Nutzer den gleichen Bestandsschutz wie andere Nutzer.

A 289   Stirbt der Nutzer, so besteht für den Eigentümer und für den Erben des Nutzers ein außerordentliches Kündigungsrecht nach § 569 BGB. Es ist anders als bei der Wohnraummiete nicht an ein berechtigtes Interesse des Vermieters nach § 564 b Abs. 1 BGB geknüpft.

A 290   Auch **Teilkündigungen** sind zugelassen, wenn die überlassene Fläche über 500 qm groß ist, die Restfläche abtrennbar ist und selbständig bebaut werden kann. Soll dem Nutzer eine Fläche von wenigstens 1.000 qm verbleiben, so kann der Erwerber kündigen, wenn die restliche Fläche abtrennbar und angemessen wirtschaftlich verwertbar ist. Die Kündigungsfrist beträgt ebenfalls sechs Monate abzüglich einer Karenzfrist von 3 Tagen (s. für Nutzungsverhältnisse über Freizeitgrundstücke: § 25 SchuldRAnpG, für Überlassungsverträge i.S. von Art. 232 § 1a EGBGB: § 40 SchuldRAnpG, für vermietete, zu Wohnzwecken genutzte Grundstücke: § 53 SchuldRAnpG).

Eine Ausnahme von dem Grundsatz, daß bei einer Eigentümergemeinschaft nur alle Mitglieder gemeinschaftlich kündigen können, ist in § 26 Abs. 3 SchuldRAnpG für Nutzungsverträge über Freizeitgrundstücke geregelt. Danach kann ein einzelner Grundstückseigentümer allein kündigen, wenn die auf seinem Grundstück befindliche Teilfläche selbständig nutzbar ist. Der Nutzer kann die Fortsetzung des Nutzungsverhältnisses über die restlichen Teilflächen von den anderen Eigentümern durch schriftliche Erklärung verlangen.

A 291   **bb) Bestandsschutz für Nutzungsverhältnisse über Freizeitgrundstücke (§ 1 Abs. 1 Nr. 1 SchuldRAnpG):** Es gilt ein gestaffelter Kündigungsschutz bis längstens zum 3.10.2015 (§ 23). Er bezieht sich allerdings nur auf die ordentliche Kündigung, nicht dagegen auf die außerordentliche Kündigung mit gesetzlicher Kündigungsfrist und schon gar nicht auf Fälle der fristlosen Kündigung.

Bis zum Ablauf des 31.12.1999 kann das Nutzungsverhältnis schlechthin nicht gekündigt werden. Ab 1.1.2000 kann jedenfalls dann gekündigt werden, wenn ein dringender Eigenbefarf vorliegt, ein Ein- oder Zweifamilienhaus auf dem Grundstück zu errichten, und der Ausschluß der Kündigung auch unter Beachtung der Interessen des Nutzers dem Eigentümer nicht zugemutet werden kann. Gekündigt werden kann ebenfalls, wenn das Grundstück alsbald der im Bebauungsplan festgesetzten anderen Nutzung zugeführt oder für diese Nutzung vorbereitet werden soll.

Ab 1.1.2005 genügt für die Kündigung, daß der Vermieter das Grundstück mit einem Ein- oder Zweifamilienhaus bebauen will, um seinen Eigenbedarf zu decken, oder das Grundstück kleingärtnerisch oder zu Erholungszwecken nutzen will und der Kündigungsausschluß ihm auch unter Berücksichtigung der Nutzerinteressen nicht zuzumuten wäre.

Wichtig ist, daß das ordentliche Kündigungsrecht zu Lebzeiten des Nutzers gänzlich ausgeschlossen ist, wenn dieser am 3.10.1990 das 60. Lebensjahr vollendet hatte. Das gilt aber nicht, wenn der Nutzer stirbt und der überlebende Ehegatte, der das Vertragsverhältnis nach § 16 Abs. 2 SchuldRAnpG fortsetzt, das 60. Lebensjahr am 3.10.1990 noch nicht erreicht hatte. Der Kündigungsausschluß ist personenbezogen („dieses Nutzers"). A 292

Sonderregelungen gelten, wenn der Nutzer in einem zum dauernden Wohnen geeigneten Wochenendhaus wohnt, etwa einer sog. „winterfest gemachten Datscha". In diesen Fällen kann er einer ordentlichen Kündigung des Vermieters entsprechend der Sozialklausel des § 556a BGB widersprechen. Auch besteht im Falle einer Veräußerung eine Kündigungssperrfrist für die in § 23 Abs. 2 Nr. 1 und Abs. 3 SchuldRAnpG geregelten Bedarfsfälle (s. § 24 Abs. 2), es sei denn, daß der Veräußerungsvertrag vor dem 13.1.1994 abgeschlossen worden ist.

cc) Bestandsschutz bei Überlassungsverhältnissen (§ 1 Abs. 1 Nr. 2 SchuldR-AnpG): Ist der Überlassungsvertrag zu Wohnzwecken abgeschlossen worden, so ist die Kündigung bis zum 31.12.1995 schlechthin ausgeschlossen. Bis zum 31.12.2000 wird als Grund für eine ordentliche Kündigung nur ein gesteigerter Eigenbedarf des Eigentümers, seiner Hausstands- oder Familienangehörigen zugelassen. Er entspricht dem Regelungsfall des Art. 232 § 2 Abs. 3 Nr. 3 EGBGB. Für den Erwerber gilt eine Sperrfrist von drei Jahren seit der Eigentumsumschreibung, sofern der Veräußerungsvertrag nach dem 13.1.1994 abgeschlossen worden ist. A 293

Die bis zum 31.12.2000 geltende Kündigungsschutzfrist kann um 10 Jahre bis zum 31.12.2010 verlängert werden, wenn der Nutzer vor dem 20.7.1993 erhebliche Um-, Ausbau- oder Instandhaltungsmaßnahmen vorgenommen hat. Die Maßnahmen werden stets dann erheblich sein, wenn sie den in § 12 Abs. 2 SachenRBerG geregelten Umfang erreichen; sie können jedoch auch dann noch erheblich sein, wenn sie hinter diesem Umfang zurückbleiben. A 294

Für Nutzungsverhältnisse, die gewerblichen oder anderen Zwecken dienen, ist ein Kündigungsausschluß bis zum 31.12.1995 vorgesehen. Ein weitergehender Schutz besteht nicht.

dd) Bestandsschutz bei Miet- und Pachtverträgen (§ 1 Abs. 2 Nr. 3 SchuldR-AnpG): Zu den erfaßten Verträgen s. Rdn. A 233. A 295

Achtung: Hat der Nutzer ein Eigenheim im Sinne des § 5 Abs. 1 Nr. 3 d), e) SachenRBerG errichtet, so gelten die Vorschriften des SchuldRAnpG nicht. Das gleiche gilt, wenn der Nutzer auf einem ehemaligen volkseigenen Grundstück einen Neubau zu gewerblichen Zwecken errichtet hat (s. § 2 Abs. 1 SchuldR-AnpG).

Wird das vom Nutzer bebaute Grundstück vertragsgemäß zu Wohnzwecken genutzt, so kann sich ein Kündigungsschutz bis längstens zum 31.12.2020 erge- A 296 ben. Bis zum 31.12.2000 kann eine ordentliche Kündigung nur dann erklärt werden, wenn das Gebäude nicht mehr nutzbar und mit einer Wiederherstellung der Nutzbarkeit nicht mehr zu rechnen ist (§ 52 Abs. 1 SchuldRAnpG). Es müssen also die Voraussetzungen der Unbewohnbarkeit vorliegen. In den folgenden fünf Jahren – d.h. bis zum Ablauf des 31.12.2005 – kann der Eigentümer nur wegen dringenden Eigenbedarfs kündigen. Es gelten die gleichen Voraussetzungen wie sie in Art. 232 § 2 Abs. 3 EGBGB geregelt sind (s. Rdn. A 271). Diese Frist verlängert sich um die Restnutzdauer des vom Nutzer errichteten Gebäudes, längstens bis zum 31.12.2020.

Da ein Kündigungswiderspruch entsprechend § 556a BGB nicht vorgesehen ist, ist den Interessen des Mieters schon im Rahmen des Kündigungstatbestandes nach § 52 Abs. 3 SchuldRAnpG besondere Beachtung zu schenken. Ist das Grundstück nach dem 13.1.1994 veräußert worden, muß der Erwerber eine Sperrfrist von drei Jahren abwarten, bevor er wegen Eigenbedarfs kündigen kann.

A 297 Wird das Grundstück vertraglich zu Gewerbezwecken genutzt, so gilt ein ähnlicher Bestandsschutz bis zum Ablauf des 31.12.2000. Es kann nur gekündigt werden, wenn das Bauwerk nicht mehr nutzbar und mit der Wiederherstellung der Nutzbarkeit nicht mehr zu rechnen ist. Hierfür besteht eine Vermutung, wenn die Nutzung seit mindestens einem Jahr aufgegeben worden ist (§ 49 Abs. 1 SchuldRAnpG).

In den folgenden fünf Jahren kann auch dann gekündigt werden, wenn der Grundstückseigentümer einen Wohn- oder Betriebsbedarf hat, den er nicht anderweitig decken kann, so daß er auf das Grundstück angewiesen ist. Eine Kündigung ist auch dann zulässig, wenn der Eigentümer Inhaber eines Unternehmens ist und das Gebäude des Nutzers auf dem Betriebsgrundstück steht und die Nutzung des Grundstücks erheblich beeinträchtigt oder ein Erweiterungs- bzw. Investitionsbedarf besteht.

A 298 Die Kündigung ist ausgeschlossen, wenn den Belangen des Nutzers eine erheblich höhere Bedeutung zukommt als dem Freimachungsinteresse des Vermieters. Es muß also schon im Kündigungstatbestand selbst eine Abwägung der widerstreitenden Interessen vorgenommen werden.

Die bis zum 31.12.2005 geltende Kündigungsschutzfrist kann sich auch hier um die Restdauer des vom Nutzer errichteten Gebäudes – längstens bis zum 31.12.2020 – verlängern.

b) Vertragsabwicklung

A 299 **aa) Allgemein gilt:** Der Nutzer bleibt während der Dauer des Vertragsverhältnisses Eigentümer seiner Baulichkeiten. Das bedeutet, daß ihn auch die Instandhaltungslast hieran trifft. Erst mit der Beendigung des Vertragsverhältnisses geht das Eigentum, das nach dem Recht der ehemaligen DDR begründet worden war, auf den Grundstückseigentümer über (§ 11 Abs. 1 SchuldRAnpG). Rechte Dritter, die am Gebäude bestehen, erlöschen; ausgenommen sind Sicherungsrechte. Sie setzen sich an der vom Eigentümer nach § 12 SchuldRAnpG zu leistenden Entschädigung fort.

Die Entschädigungspflicht des Eigentümers ist für rechtmäßig errichtete Baulichkeiten in §§ 12 bis 14 geregelt. Ihr Umfang hängt vom Anlaß der Beendigung des Nutzungsverhältnisses ab.

Endet das Nutzungsverhältnis durch Kündigung des Grundstückseigentümers, so bemißt sich die Entschädigung nach dem Zeitwert des Bauwerks bei Rückgabe des Grundstücks. Das gilt aber nicht, wenn der Nutzer durch sein Verhalten Anlaß zur Kündigung aus wichtigem Grund (§§ 553, 554, 554a BGB) gegeben hat oder die Kündigungsschutzfrist (s. §§ 23, 38, 39, 49, 52 SchuldRAnpG) seit mindestens sieben Jahren verstrichen ist. In allen anderen Fällen richtet sich die Höhe der Entschädigung für rechtmäßig errichtete Bauwerke nach der Werterhöhung, die das Grundstück durch die Baulichkeit erfahren hat (§ 12 Abs. 3). A 300

Ist das Bauwerk rechtswidrig errichtet worden, so hat der Nutzer nur einen Anspruch auf Herausgabe der ungerechtfertigten Bereicherung nach §§ 812 ff. BGB (s. § 12 Abs. 1 S. 2 SchuldRAnpG). Dieser Anspruch wird im Hinblick auf eine aufgedrängte Bereicherung häufig nicht zum Tragen kommen.

Neben der Entschädigung für das Bauwerk kann noch Entschädigung für sonstige Vermögensnachteile gefordert werden, wenn der Eigentümer das Nutzungsverhältnis vor Ablauf der Kündigungsschutzfrist gekündigt hat, ohne daß der Mieter hierzu Anlaß gegeben hat (s. § 14 SchuldRAnpG). A 301

Der Nutzer ist einerseits berechtigt, das Bauwerk wegzunehmen, muß aber dann den früheren Zustand wiederherstellen (§ 12 Abs. 4 SchuldRAnpG, § 258 BGB). Daraus ist zu folgern, daß er nicht nur die für ihn brauchbaren Teile mitnehmen und sozusagen eine Bauruine zurücklassen darf. Andererseits ist er zu einem Rückbau nicht verpflichtet (§ 15 Abs. 1 S. 1 SchuldRAnpG). Ebensowenig ist er gehalten, die Kosten des Rückbaus dem Grundstückseigentümer zu erstatten.

Eine Pflicht zur Übernahme der hälftigen Kosten des Abbruchs kommt nur in folgenden Fällen in Betracht (§ 15 Abs. 1 S. 2 SchuldRAnpG): A 302
– Der Nutzer kündigt selbst das Nutzungsverhältnis.
– Der Eigentümer kündigt das Nutzungsverhältnis, nachdem die Kündigungsschutzfrist seit mindestens 7 Jahren verstrichen ist.
– Der Nutzer hat Anlaß zu einer Kündigung aus wichtigem Grund gegeben (§§ 553, 554, 554a BGB).
– Der Eigentümer bricht das Gebäude innerhalb eines Jahres nach dem Besitzübergang ab.

Der Eigentümer hat dem Nutzer den beabsichtigten Abbruch so rechtzeitig anzuzeigen, daß dieser selbst anstelle einer Kostenbeteiligung den Abbruch vornehmen kann (§ 15 Abs. 2 SchuldRAnpG). Wird die Anzeigepflicht verletzt, so beschränkt sich die Erstattungspflicht des Nutzers auf den Betrag, den er bei eigenem Abbruch – u.U. in Eigenhilfe – hätte aufwenden müssen und erspart hat. Es kommt also nicht auf Unternehmerpreise an.

Eine Rückbaupflicht des Nutzers besteht nach allgemeinen Grundsätzen, wenn das Vertragsverhältnis nach Ablauf des 31.12.2022 endet (§ 15 Abs. 3 SchuldRAnpG).

A 303   bb) **Besonderheiten** gelten für die einzelnen in § 1 Abs. 1 Nr. 1 bis 3 SchuldR-AnpG aufgeführten Nutzungsverhältnisse.

Bei **Freizeitgrundstücken** (§ 1 Abs. 1 Nr. 1 SchuldRAnpG) hat der Nutzer auch einen Anspruch auf Entschädigung für Anpflanzungen (§ 27).

Bei **Überlassungsverträgen** (§ 1 Abs. 1 Nr. 2 SchuldRAnpG) hat der Nutzer einen Anspruch auf Wertersatz für alle werterhöhenden Maßnahmen, die er bis zum 1.1.1995 vorgenommen hat. Die Höhe richtet sich nach den Bestimmungen des zwischen dem Verwalter und dem Nutzer abgeschlossenen Vertrages (s. § 41 SchuldRAnpG). Fehlen derartige Regelungen, so richtet sich die Entschädigung nach der noch vorhandenen Werterhöhung des Grundstücks zur Zeit der Herausgabe. Der Anspruch ist nicht um den Betrag zu kürzen, den der Nutzer dadurch erspart, daß er die Verwendungen nicht zu entfernen braucht. Diese mindern nämlich nicht den Wertzuwachs, den der Eigentümer erhält und den er erstatten muß.

A 304   Bei **Miet- und Pachtverträgen** der in § 1 Abs. 1 Nr. 3 SchuldRAnpG genannten Art richtet sich der Verwendungsanspruch für bauliche Maßnahmen, die der Nutzer vor dem 1.1.1995 durchgeführt hat, nach allgemeinen mietrechtlichen Vorschriften (§§ 547, 547a BGB, § 12 Abs. 5 SchuldRAnpG). Einschränkend hierzu bestimmt § 48 Abs. 2 SchuldRAnpG, daß der Nutzer für Maßnahmen, die er nach dem 1.1.1995 durchgeführt hat, nur dann eine Entschädigung (nach dem Zeitwert der Maßnahme) erhält, wenn der Eigentümer der Maßnahme schriftlich zugestimmt hat und die Zustimmung zugleich ein Anerkenntnis der Verpflichtung zum Wertersatz enthält. Die Berufung des Eigentümers darauf, daß die Zustimmung und das verpflichtende Anerkenntnis nicht in einer Urkunde enthalten oder nicht gleichzeitig erklärt worden sind, wird in der Regel rechtsmißbräuchlich sein; denn der Eigentümer erhält den Wertzuwachs, der grundsätzlich dann zu vergüten ist, wenn er ihm nicht aufgedrängt worden ist. Die Regelung des § 48 gilt auch, wenn das genutzte Grundstück Wohnzwecken dient (§ 54 SchuldRAnpG).

2. Abschnitt
Mietpreisrecht

A. Zum bisherigen Rechtszustand in den neuen Bundesländern

A 305   **1. Übersicht über die Mietpreisbindung bis zum Inkrafttreten des Einigungsvertrages**

Vgl. ausführlich Kinne WM 1992, 403, 408, Pfeifer MDR 1991, 693, NJ 1992, 18, ZMR 1991, 321, Schultz DtZ 1991, 285, Seitz DtZ 1992, 172, ferner Schilling-Heerde S. 70 und zu den Gesetzestexten Börstinghaus–Meyer Rdn. 591 ff.

Es galten

– die Preisanordnung Nr. 415 vom 6.5.1955 (GBl. I Nr. 39 S. 330), durch die die Mieten nach dem Stand vom 1.8.1954 eingefroren wurden,

- die Verordnung zur Verbesserung der Wohnverhältnisse der Arbeiter, Angestellten und Genossenschaftsbauern vom 10.5.1972 (GBl. II Nr. 27 S. 318), die sich auf Wohnungen bezog, die nach dem 1.1.1967 errichtet worden sind. Sie wurde geändert durch
- die Verordnung über die Festsetzung von Mietpreisen in volkseigenen und genossenschaftlichen Neubauwohnungen vom 19.11.1981 (GBl. I Nr. 34 S. 389). Sie galt auch für Räume und Objekte, die von Handwerkern und Gewerbetreibenden gewerblich genutzt wurden.
- Für Pachten galt ebenfalls die erwähnte Preisanordnung Nr. 415 vom 6.5.1955, und zwar auch für durch Handwerker und Gewerbetreibende gewerblich genutzte Objekte und Räume.

Die genannten Bestimmungen sind durch die Verordnung über die Aufhebung bzw. Beibehaltung von Rechtsvorschriften auf dem Gebiet der Preise vom 25.6.1990 (GBl. I Nr. 37 S. 472) aufrechterhalten worden. Nach Art. 9 des Einigungsvertrages in Verbindung mit der Anlage II (Kapitel V, Sachgebiet A, Abschnitt III) gilt die DDR-Verordnung vom 25.6.1990 und damit das Preisrecht der früheren DDR weiter A 306

- für Mieten und Pachten von Wohnraum bis zum 31.12.1991,
- für Mieten und Pachten von anderen – also insbesondere gewerblich genutzten – Räumen und Objekten bis zum 31.12.1990.

Die Vorschriften für Wohnraum sind nach wie vor bedeutsam, weil das Mietensystem bis zur Gegenwart auf der bisher preisrechtlich zulässigen Miete aufbaut. Da die Mieten nach der 1. GrundMV und der 2. GrundMV Höchstmieten waren (vgl. § 5 Abs. 1 2. GrundMV) und die Mieterhöhung nach § 12 Abs. 1 MHG i.d.F. des Mietenüberleitungsgesetzes vom 6.6.1995 (BGBl. I 748) hieran anknüpft, muß im Streitfall geprüft werden, ob die Sockelmiete vor der Mieterhöhung nach der 1. GrundMV (und Umstellung der Mietstruktur nach der BetrKostUV) zulässig war.

Soweit nach früheren preisrechtlichen Vorschriften (s. dazu auch Beuermann MHG § 11 a.F. Rdn. 38, 39) und Richtlinien der ehemaligen DDR pauschale Zuschläge für Wertverbesserungen zugelassen waren, sind diese nach wie vor zu berücksichtigen; denn die Vorschriften der 1. und 2. GrundMV bestimmten lediglich Zuschläge zu der bis zum 2.10.1990 preisrechtlich zulässigen Miete, ohne selbst Höchstbeträge festzulegen. Allerdings durfte auch aufgrund der sog. Modernisierungszuschläge die Grundmiete bis zum Stichtag nicht mehr als DDR-M 0,90/qm für ofenbeheizte Wohnungen bzw. DDR-M 1,–/qm für zentralbeheizte Wohnungen (jeweils zuzüglich DDR-M 0,05/qm für Warmwasser) betragen. A 307

Auch vermietete **Einfamilienhäuser** unterlagen grundsätzlich der Mietpreisbindung. Das folgt für Ost-Berlin aus der Arbeitsrichtlinie des ehemaligen Magistrats für die Bildung, Festsetzung und Anwendung von Mietpreisen vom 12.4.1985. Danach sollten zwar für Eigenheime, die auf der Grundlage der Eigenheim-VO vom 31.8.1978 (GBl. I Nr. 40 S. 425) errichtet waren, keine Mietpreise festgesetzt werden. Vielmehr sollten die Rechtsträger in eigener Verantwortung sichern, daß alle durch den Bau und für die Erhaltung, Bewirtschaftung und Verwaltung des Eigenheims erforderlichen Aufwendungen durch den Nutzer A 308 gedeckt wurden. Das lief auf eine eigenverantwortlich zu bildende Kostenmiete hinaus und belegt, daß eine freie Vereinbarung der Preise nicht zugelassen war. Damit fällt auch dieser Wohnungsbestand in den Anwendungsbereich des § 11 Abs. 2 MHG (vgl. Rdn. A 309, 351).

Die Anordnung über die Ermittlung der Mietpreise und Nutzungsentgelte für Gewerberäume und -objekte vom 23.8.1990 (GBl. I 1424) bestätigte das bisherige Preisrecht und hat ebenfalls bis zum 31.12.1990 weitergegolten,

> vgl. dazu Bub–Treier Rdn. III 202a, Schultz DtZ 1991, 286, Seitz DtZ 1992, 74, a.A. KG GE 1994, 1379 für Außerkrafttreten zum 3.10.1990, dagegen zutr. Beuermann GE 1994, 1346.

2. Übersicht über die Mietpreisbindung nach Inkrafttreten des Einigungsvertrages

a) Preisrechtlich erhebliche Wohnungsgruppen

A 309 Der Einigungsvertrag vom 31.8.1990 (BGBl. II 889) sieht in Kap. III Art. 8 das Inkrafttreten des Bundesrechts im Beitrittsgebiet vor, soweit durch den Vertrag, insbesondere dessen Anlage I nichts anderes bestimmt wurde. Durch die Anlage I (Kap. XIV Abschnitt II Nr. 7) wurde das MHG um die Bestimmung des § 11 ergänzt, die nur im Beitrittsgebiet gilt. Dessen Absatz 1 regelte die Anwendbarkeit des MHG auf Wohnungen,

– die nicht mit Mitteln aus öffentlichen Haushalten gefördert und seit dem 3.10.1990 fertiggestellt worden sind,

– die ohne Inanspruchnahme von Mitteln aus öffentlichen Haushalten wiederhergestellt oder aus Räumen geschaffen wurden, die nach ihrer baulichen Anlage und Ausstattung nicht zu Wohnzwecken dienten (vgl. dazu Rdn. A 343).

Dieser Wohnungsbestand unterliegt seit dem 3.10.1990 nicht mehr mietpreisrechtlichen Vorschriften (§ 11 Abs. 1 S. 2 MHG a.F.). Für den übrigen Wohnungsbestand galt die bisherige Mietpreisbindung fort. Das bezog sich insbesondere auf Wohnraum, der vor dem 3.10.1990 bezugsfertig geworden ist, wobei es weder auf das Baualter noch auf die Baufinanzierung ankam (vgl. Rdn. A 351). Das im MHG (§ 1 S. 1) verankerte Verbot der Änderungskündigung galt ebenso wie die Möglichkeit der Mieterhöhung nach § 3 MHG. Ungeregelt blieb das Schicksal der sog. Wendewohnungen, deren Bau vor dem 3.10.1990 mit staatlichen Mitteln der ehemaligen DDR gefördert wurde, die jedoch erst nach dem Stichtag mit Hilfe von Bundes- und Landesmitteln aus dem sog. Fertigstellungsprogramm fertiggestellt wurden (vgl. Rdn. A 349).

b) Rechtsgestaltung nach § 11 Abs. 2 MHG

A 310 Zum Zwecke der Rechtsangleichung, aber auch zur Anpassung des Mietenniveaus und der Verbesserung der Wirtschaftlichkeit des Mietwohnungsbestandes sah § 11 Abs. 3 MHG a.F. eine umfassende Verordnungsermächtigung der Bundesregierung vor, die an die Zustimmung des Bundesrats gebunden war. Sie bezog sich insbesondere auf folgende Punkte:

(1) Die höchstzulässigen Mieten durften schrittweise mit dem Ziel erhöht werden, die ortsübliche Vergleichsmiete zuzulassen. Dabei sollte die Einkommensentwicklung berücksichtigt werden. Die Bundesregierung hat von dieser Ermächtigung durch die Erste und die Zweite Grundmietenverordnung vom 17.6.1991 (BGBl. I 1269) und 27.7.1992 (BGBl. I 1416) Gebrauch gemacht (s. Rdn. A 312, 325). Sie war damit jedoch noch nicht ausgeschöpft.

(2) Betriebskosten oder Teile davon durften nach § 4 MHG anteilig auf den Mieter umgelegt werden. Auch diese Ermächtigung ist in Gestalt der Betriebskosten-Umlageverordnung vom 17.6.1991 (BGBl. I 1270) umgesetzt worden (vgl. Rdn. A 315). Von den weiteren Ermächtigungen zur Einführung von Zuschlägen, Staffelmieten und Mietanpassungsklauseln (§ 11 Abs. 3 Nr. 3 MHG a.F.) und insbesondere zur Umlage von Instandsetzungskosten hat die Bundesregierung keinen Gebrauch gemacht.

In Frage gestellt wurde, ob nicht die Grundlage des bestehenden Preisrechts – nämlich die Preisbindung nach Maßgabe der DDR-VO über die Aufhebung bzw. Beibehaltung von Rechtsvorschriften auf dem Gebiete der Preise vom 25.6.1990 (GBl. I 472) – mit Ablauf des 31.12.1991 außer Kraft getreten ist (so Bellinger WM 1991, 519). Die Geltung dieser VO war nämlich nach dem Einigungsvertrag (Anlage II Kap. V Sachgebiet A Abschnitt III) bis zu diesem Termin befristet. Das besagt aber nicht, daß die Preisbindung beendet wurde. Ihre Beibehaltung folgt vielmehr aus der Ermächtigungsregelung in § 11 Abs. 3 MHG über die Anlage I zum Einigungsvertrag (Kap. XIV Abschnitt II), — A 311

 Schubart-Kohlenbach 1. GrundMV § 1 Anm. 2 (Anhang E 30),
 Kinne WM 1992, 408, Pfeifer NJ 1992, 21, Seeger WM 1991, 567, Seitz DtZ 1992, 173.

Diese Regelung setzte den Fortbestand der preisrechtlich vorgegebenen Basis voraus, indem sie die Bundesregierung ermächtigt, die preisrechtliche Höchstmiete unter Berücksichtigung bestimmter Kriterien festzulegen. Der Regelungsgehalt des § 11 Abs. 3 MHG läßt sich nicht nur auf bestehende Mietverhältnisse beschränken. Der Wortlaut gebietet eine derartige Auslegung nicht; sie widerspräche auch dem zum Ausdruck gekommenen Willen des Gesetzgebers, den Mietzins in den neuen Bundesländern schrittweise dem Mietenniveau des bisherigen Bundesgebiets anzupassen.

Der Fortbestand der Mietpreisbindung auf der Grundlage des Einigungsvertrages und der 1. sowie 2. GrundmietenV verstößt nicht gegen die Eigentumsgarantie des Art. 14 Abs. 1 GG,

 BVerfG NJW 1995, 511 = WM 1995, 22 = ZMR 1995, 110.

3. Mieterhöhung nach der 1. Grundmietenverordnung (1. GrundMV)

Die Verordnung vom 17.6.1991 (BGBl. I 1269) ist am 26.6.1991 in Kraft getreten (§ 2). Sie ließ eine Mieterhöhung mit Wirkung vom 1.10.1991 zu. Zugleich schrieb sie die Mietobergrenze auch für Neuabschlüsse fest (§ 1 Abs. 3). Hatte der Vermieter vor der Mieterhöhung die bisherige Miete schon nach § 3 MHG erhöht, so wurde die Mietobergrenze um die zulässige Mieterhöhung auch bei Neuvermietungen erweitert, — A 312

 vgl. auch Schubart-Kohlenbach–Wienicke Anh. E 31 1. GrundMV § 1 Anm. 2.

Der **Regelumfang der Mieterhöhung** betrug DM 1,– / qm Wohnfläche. Auszugehen war von dem vereinbarten höchstzulässigen Mietzins aufgrund der bisherigen preisrechtlichen Bestimmungen (s. Rdn. A 365) einschließlich aller Zuschläge etwa für Modernisierungen und Teilmöblierungen. Dagegen wurden Mietgutschriften aus der Verzinsung von Genossenschaftsanteilen (z.B. bei sog. Arbeiter-Wohnungsbaugenossenschaften) nicht mindernd berücksichtigt. Sie waren also der bisher gezahlten Miete wieder hinzuzurechnen, wenn die preisrechtliche Höchstgrenze zu bestimmen war. Nicht einbezogen wurden Entgelte für Sonderleistungen des Vermieters wie z.B. für Überlassung von Garagen oder Gärten. Diese Entgelte konnten nicht erhöht werden.

Bei bestehenden Mietverhältnissen kam es auf die vom Mieter tatsächlich geschuldete **preisrechtlich zulässige Miete** an, nicht dagegen auf das Entgelt, das nach den preisrechtlichen Vorschriften hätte verlangt werden können. Hatte der Vermieter den preisrechtlich zulässigen Rahmen nicht ausgeschöpft, so konnte er dies anläßlich der Mieterhöhung gemäß der 1. GrundMV nicht nachholen. Der vereinbarte bisher höchstzulässige Mietzins bildete den **Sockelbetrag**, von dem ausgehend die weitere Mieterhöhung berechnet wurde. Der Sockelbetrag wurde – anders als die Mieterhöhung – preisrechtlich nicht auf eine qm-Miete umgerechnet.

A 313 Die Mieterhöhung knüpfte an die **Wohnfläche** an. Maßgebend war zunächst diejenige Fläche, die bisher zwischen den Parteien galt oder die vom Vermieter aufgrund einer Bauzeichnung, früherer technischer Normen der DDR (TGL 7798 von 1960) oder aufgrund einer Schätzung bestimmt worden war,

    vgl. Schubart–Kohlenbach–Wienicke Anh. E 31 1. GrundMV § 1 Anm. 3, Pfeifer ZMR 1991, 322.

Allerdings ist der Gesetzgeber davon ausgegangen, daß die Wohnfläche auf der Grundlage der §§ 42 bis 44 II. BV bestimmt werden sollte und die zunächst zugrundegelegten Maße nur vorläufig sind. Demzufolge kann jede Partei eine Neuberechnung der Mieterhöhung verlangen, wenn die Wohnflächenberechnung nach §§ 42 f. II. BV vorliegt (§ 1 S. 2 1. GrundMV).

Aufgrund einer Nebenpflicht aus dem Mietverhältnis ist (auch gegenwärtig noch) ein wechselseitiger Anspruch der Parteien auf **Neuberechnung der Wohnfläche** zu bejahen. Er konnte und kann dazu führen, daß auch die preisrechtlich zulässige Miete neu zu berechnen ist,

    vgl. dazu Beuermann MHG § 13 Rdn. 11,
    Sternel PiG 45, 58 f., s. auch Rdn. A 319a.

Die Kosten der Neuvermessung sind grundsätzlich vom Vermieter als Verwaltungskosten zu tragen. Weil es hier um seine gesetzliche Verpflichtung geht, die Grundlagen für die preisrechtlich zulässige Miete zu ermitteln, sind die §§ 809, 811 Abs. 2 BGB nicht einschlägig (a.A. Pfeifer NJ 1992, 20). Ihm steht ein Erstattungsanspruch gegenüber dem Mieter nur dann zu, wenn dieser aus ihm zuzurechnenden Gründen eine Nachvermessung verlangt, die nicht zu einer Berichtigung der Wohnfläche führt.

A 314 Der **Umfang der Mieterhöhung** konnte durch ausstattungs- und lagebedingte Umstände beeinflußt sein.

- Bei Wohnungen, die am 2.10.1990 mit **Bad oder Zentralheizung** ausgestattet waren, wurde ein Erhöhungsbetrag von DM 0,15/qm gewährt. Selbst wenn beide Ausstattungsmerkmale vorlagen, blieb es bei diesem Betrag; eine **Kumulation** erfolgte **nicht**. Erforderlich war, daß die Ausstattungen vermieterseits gestellt wurden und den Vermieter die Sacherhaltungspflicht traf. Zu den Begriffen „Zentralheizung" und „Bad" s. Rdn. A 394, 395.
- Bei Wohnungen in **Gemeinden mit mehr als 100.000 Einwohnern** erhöhte sich der Grundbetrag von DM 1,- / qm ebenfalls um DM 0,15 / qm. Diese Erhöhung konnte kumulativ neben die ausstattungsbedingte Erhöhung treten. Maßgebend waren die Verhältnisse zur Zeit der Abgabe des Mieterhöhungsverlangens.

Die nach § 1 Abs. 1 1. GrundMV zugelassene Mieterhöhung verringerte sich jeweils um DM 0,15 / qm bei Wohnungen mit **Außen-WC** sowie bei Wohnungen, die nicht in sich abgeschlossen waren. Die Verringerung konnte kumulativ eintreten.

Vereinbarungen, die zu Lasten des Mieters von der 1. GrundMV abwichen, waren unwirksam (§ 1 Abs. 4 1. GrundMV).

4. Mietänderung nach der Betriebskosten-Umlageverordnung (BetrKostUV)

Die BetrKostUV ist zusammen mit der 1. GrundMV am 17.6.1991 erlassen worden (BGBl. I 1270) und mit dieser am 26.6.1991 in Kraft getreten. Sie berechtigte den Vermieter, die bisherige **Mietstruktur** auf „netto kalt" umzugestalten und alle anfallenden Betriebskosten gemäß der Anlage zur Verordnung, die mit der Anlage 3 zu § 27 II. BV identisch ist, auf den Mieter umzulegen.

Der Anspruch besteht für Mietverträge, die vor dem Inkrafttreten der Verordnung abgeschlossen worden sind. Er soll auch für solche Mietverträge gegeben sein, die erst nach Inkrafttreten der Verordnung abgeschlossen worden sind,

Beuermann MHG § 14 Rdn. 7, Börstinghaus–Meyer Rdn. 236,
Pfeifer ZMR 1991, 324.

Dagegen bestehen Bedenken, weil hier dem Vermieter schon die entsprechende vertragliche Gestaltungsmöglichkeit zustand. Die Befugnis gilt nach der Neueinfügung des § 14 Abs. 1 MHG durch das MietenüberleitungsG bis zum 31.12.1997 fort (vgl. Rdn. A 472 f.).

a) Änderung der Mietstruktur

Dem Vermieter wurde durch § 1 Abs. 1, 2 BetrKostUV ein **einseitiges Gestaltungsrecht** eingeräumt, um die bisherige Mietstruktur – in der Regel eine Inklusivmiete – in eine Netto- oder Teil-Inklusivmiete umzuwandeln und gleichzeitig Vorauszahlungen für die abzurechnenden Betriebskosten zu erheben. Er ist allerdings nicht verpflichtet worden, von seinem Recht Gebrauch zu machen, sondern konnte es auch bei einer Inklusiv- oder Teilinklusivmiete belassen. Auch durften die Parteien abweichende Mietstrukturen vereinbaren wie Netto-Kaltmiete und Betriebskostenpauschale oder eine Teil-Inklusivmiete, bei der einige, besonders ausgewiesene Betriebskosten neben der Miete im Umlagewege oder pauschal erhoben werden.

A 317   Der Gesetzgeber ist allerdings von einer Betriebskosten-Vollumlage und damit von dem Modell der **Netto-Kaltmiete** ausgegangen, wie dies für den Vermieter regelmäßig am wirtschaftlichsten sein wird. Die Erklärung des Vermieters wirkte und wirkt – ähnlich wie in § 20 Abs. 1 NMV – rechtsgestaltend und vertragsändernd. Hat er sich für eine bestimmte Mietstruktur entschieden, so bleibt er hieran für die Zukunft gebunden. Die Änderungsbefugnis in § 2 Abs. 3 BetrKostUV bezog sich nur auf den Umlagemaßstab, nicht aber auf die Mietstruktur.

Die Änderung der Mietstruktur machte es erforderlich, die bislang in der Miete enthaltenen **Betriebskosten herauszurechnen** (s. dazu § 10 BetrKostUV). Zu den hierfür erforderlichen Schritten s. die Vorauflage Rdn. A 149 ff.

b) Umlagemaßstäbe

A 318   Eine **Vereinbarung** über den Umlagemaßstab bezüglich einzelner oder aller Betriebskosten ist zwar zugelassen worden. Sie ist aber nur wirksam, wenn sie **mit allen Mietern** des Gebäudes oder der Wirtschaftseinheit getroffen worden ist (§ 2 Abs. 1 BetrKostUV). Das gleiche gilt für die Fortgeltung schon geschlossener Vereinbarungen: Sie haben nur Bestand, wenn sie einheitlich für alle Mieter gelten.

A 319   Kam es nicht zu einer einheitlichen Vereinbarung, so wurde dem Vermieter ein **Leistungsbestimmungsrecht** nach § 315 BGB eingeräumt, um den Umlegungsmaßstab zu vereinheitlichen. Dabei war sein billiges Ermessen an die §§ 3–9 gebunden (§ 2 Abs. 2 BetrKostUV). Die dort geregelten Umlagemaßstäbe für einzelne Betriebskostengruppen orientierten sich bis auf die Kosten der Heizung und Warmwasserversorgung an den Vorschriften der §§ 20 f. NMV; soweit nichts anderes geregelt war, waren die Betriebskosten nach dem Verhältnis der Wohnflächen umzulegen (§ 9 BetrKostUV). Zwischen mehreren zugelassenen Umlagemaßstäben durfte der Vermieter wählen (§ 2 Abs. 2 S. 2 BetrKostUV). Ihm ist bis zum Ablauf von drei Abrechnungszeiträumen eine **Änderungsbefugnis** für künftige Abrechnungen nach Maßgabe der §§ 3–9 BetrKostUV eingeräumt worden. Von ihr konnte insbesondere Gebrauch gemacht werden, wenn durch bauliche Änderungen eine verbrauchsabhängige Abrechnung der Betriebskosten möglich wurde (§ 2 Abs. 3 BetrKostUV).

A 319a   Ergibt eine Nachvermessung der Fläche berichtigte Maße, so sind diese (ohne Rücksicht auf etwaige abweichende Angaben im Mietvertrag) zugrunde zu legen. Bereits erteilte Abrechnungen müssen wegen der bisherigen Mietpreisbindung auch dann rückwirkend korrigiert werden, wenn der Abrechnungssaldo ausgeglichen worden ist (s. hierzu Rdn. 816). Etwas anderes gilt nur dann, wenn die Wohnflächenberechnung erstmals auf die §§ 42 f. II. BV umgestellt worden ist,

vgl. Hannig PiG 38 (1993), 61, 72,
Sternel PiG 45 (1995), 59 zu § 1 1. GrundMV.

Zum Anspruch der Parteien auf Neuberechnung der Mietfläche s. Rdn. A 313.

A 320   Der Katalog der umlagefähigen Betriebskosten in der Anlage zu § 1 Abs. 5 BetrKostUV entspricht der Anlage 3 zu § 27 II. BV. Andere Betriebskosten – erst recht sonstige Bewirtschaftungs- oder Instandhaltungskosten – dürfen nicht angesetzt werden. Fallen sie mit Betriebskosten zusammen und ist ihr Ansatz nicht ausnahmsweise zugelassen (z.B. Wartungskosten von Warmwassergeräten und Personenaufzügen, Instandhaltungskosten im Rahmen der Gartenpflege), so müssen sie aus den Betriebskosten herausgerechnet werden.

Das Recht des Vermieters, die Mietstruktur zu ändern (§ 1 Abs. 1 BetrKostUV), ist mit dem Recht verknüpft worden, für die umzulegenden Betriebskosten **Vorauszahlungen** in angemessener Höhe zu verlangen. Die Höhe muß dem voraussichtlichen Verbrauch entsprechen. Über die Betriebskostenvorauszahlungen ist **jährlich abzurechnen** (§ 1 Abs. 2 S. 2 BetrKostUV). Damit ist nicht das Kalenderjahr, sondern das vom Vermieter zu bestimmende Wirtschaftsjahr – umfassend 12 Monate – gemeint. Zur Überleitungsregelung in § 11 Abs. 1 BetrKostUV für angefallene Betriebskosten aus der Zeit vor dem 1.10.1991 s. die Vorauflage Rdn. A 164.

Waren in der Miete noch Betriebskosten enthalten, etwa weil der Vermieter von einer Änderung der Mietstruktur abgesehen oder nur eine Teil-Inklusivmiete gebildet hatte, so konnten schon nach der bisherigen Rechtslage Betriebskostenerhöhungen, die seit dem 1.10.1991 entstanden sind, nach Maßgabe des § 4 Abs. 2, 3 MHG auf den Mieter umgelegt werden (§ 11 Abs. 3 BetrKostUV).

c) **Abweichende Vereinbarungen**, die bis zum Inkrafttreten der Verordnung am 26.6.1991 getroffen worden waren, sind durch die BetrKostUV verdrängt worden; diese ging also vor. Das betrifft insbesondere auch solche Vereinbarungen, die den Mieter begünstigen. Im übrigen waren Vereinbarungen, die nach Inkrafttreten der Verordnung getroffen worden waren, nur insoweit unwirksam, als durch sie der Mieter benachteiligt werden würde. Das konnte etwa der Fall sein, wenn andere Kosten, die nicht zu den Betriebskosten zählen, oder das Umlageausfallwagnis umgelegt werden sollten oder eine von den §§ 42 f. II. BV abweichende Wohnfläche vereinbart wurde.

A 321

d) Umlage von Heiz- und Warmwasserkosten

Die **HeizkostenV** ist in den neuen Ländern am 1.1.1991 in Kraft getreten (Art.8 des Einigungsvertrages in Verbindung mit der Anlage I Kapitel V Sachgebiet D Abschnitt III Nr. 10). Bis zum 31.12.1990 konnte noch nach den bisherigen Regeln verfahren werden. Räume, die vor dem 1.1.1991 bezugsfertig geworden sind, müssen bis spätestens zum 31.12.1995 mit Geräten zur Verbrauchserfassung ausgestattet sein. Bis zum Ablauf dieser Frist besteht keine Pflicht zur verbrauchsabhängigen Abrechnung, sofern Heizkostenverteiler noch nicht installiert sind. Die Vorschriften der HeizkostenV sind erstmals für denjenigen Abrechnungszeitraum anzuwenden, der nach dem Anbringen der Heizkostenverteiler beginnt. Damit ist gewährleistet, daß eine Heizperiode einheitlich abgerechnet werden kann.

A 322

Für Gebäude, die nach dem 1.1.1991 bezugsfertig geworden sind, ist die HeizkostenV uneingeschränkt anzuwenden. Für Wohnungen, die bis zum 3.10.1990 bezugsfertig geworden sind und bisher der Mietpreisbindung unterlagen, ist zu beachten: Die Abrechnung der Kosten für zentrale **Heiz- und Warmwasserversorgung** braucht bis zum Ablauf der Übergangsfrist bis 31.12.1995 noch nicht nach der HeizkostenV zu erfolgen. Diese Kosten dürfen gemäß § 4 BetrKostUV in Anlehnung an die Umlage der sog. Grundkosten in § 6 Abs. 2 Nr. 1 HeizkostenV nach dem Verhältnis der Wohnfläche oder des umbauten Raums (auch nur der beheizten Räume) umgelegt werden. Nach der HeizkostenV ist abzurechnen, sofern bereits eine Ausstattung mit Wärmeerfassungsgeräten gemäß § 5 HeizkostenV erfolgt ist.

A 323 Die umlegbaren Heizungs- und Warmwasserkosten ergeben sich aus Nr. 4–6 der Anlage 1 zu § 1 Abs. 5 BetrKostUV. Für ihren Ansatz galt gemäß § 4 Abs. 3 BetrKostUV eine Kappungsgrenze auf monatlich DM 3,–/qm bei gleichzeitiger Warmwasserbereitung bzw. DM 2,60/qm. Sie wurde mit Wirkung ab 1.1.1994 auf DM 2,50/qm bzw. DM 2,10/qm abgesenkt (Art. 1 BetrKostUÄndV v. 27.7.1992 – BGBl. I 1415). Rechnet der Vermieter die Heizkosten nach der beheizten Fläche ab, so hat er die gekappten Beträge nach der Wohnfläche abzurechnen; er ist also an den vereinbarten oder gewählten Umlagemaßstab nicht gebunden,

Pistorius PiG 41 (1993), 112, Eisenschmid PiG 41, 103.

Wurde eine ofenbeheizte Wohnung vermieterseits nur mit Warmwasser versorgt, so ist als Kappungsgrenze für die umlegbaren Warmwasserkosten nur ein monatlicher Betrag von DM 0,40/qm anerkannt worden,

so AG Berlin Mitte (Abt. 2, 4, 11) MM 1995, 145, 146,
a.A. AG Berlin Mitte (Abt. 8) MM 1995, 146.

A 324 Umstritten ist, ob die Kappungsgrenze auch dann zu beachten ist, wenn der Vermieter verbrauchsabhängig abgerechnet hat. Der Streit ist noch bedeutsam, soweit es die Abrechnung der Heiz- und Warmwasserkosten bis 1995 betrifft (s. § 14 Abs. 2 MHG und Rdn. A 477). Die Streitfrage ist zu bejahen, wie sich aus der Systematik der Gesamtregelung in § 4 BetrKostUV, aber auch aus dem Gesetzeszweck ergibt,

vgl. Beuermann MHG § 14 Rdn. 11, Sternel PiG 45 (1995), 72, Wüstefeld WM 1994, 57, AG Halberstadt WM 1995, 489, a.A. Pfeifer DWW 1993, 283, ders. „Die Heizkostenverordnung", 3. Aufl., S. 141, AG Zwickau DWW 1993, 373, AG Gardelegen WM 1994, 69.

Im Zusammenhang damit steht das Problem, ob die Kappungsbeträge auf die Wohnfläche des einzelnen Mieters,

so Beuermann MHG § 14 Rdn. 12, Eisenschmid PiG 43 (1993), 103, ebenso Hannig PiG 38 (1993), 61, 75

oder vorab auf die Gesamtfläche des Gebäudes bzw. der Wirtschaftseinheit zu berechnen waren, so Pistorius a.a.O. Das konnte sich gerade auf die verbrauchsabhängige Abrechnung auswirken, bei der es innerhalb des Wohnungsbestandes zu erheblichen Kostenspreizungen kommen konnte. Unterstellt man, daß ein Mieter durch unvernünftiges Heizverhalten einen hohen Wärmeverbrauch hatte, so käme er bei wohnungsbezogener Berechnung der Kappungsgrenze in deren Genuß, und der Vermieter hätte die höheren Differenzkosten zu tragen. Der sparsamer heizende Mieter würde demgegenüber benachteiligt. Eine Berechnung des Kappungsbetrages nach der Gesamtwohnfläche würde dagegen zu einem höheren Ansatz der zu kappenden Heizkosten führen und das Risiko eines überhöhten Verbrauchs durch einzelne Mieter auf die Gemeinschaft der Mieter verteilen. Indes entspricht der unvernünftig heizende Mieter nicht dem gesetzestypischen Fall. Soweit Gesichtspunkte der Energieeinsparung für die Einführung der Kappungsbeträge ausschlaggebend waren, ging es darum, die Vermieter zu veranlassen, durch Investitionen das allgemeine Kostenniveau zu senken (vgl.

Mietpreisrecht Rdn. A 325–A 327

dazu i.e. Sternel PiG 45, 71). Der Kappungsbetrag sollte aus sozialen Gründen dem jeweiligen Mieter zugute kommen; er ist daher wohnungsbezogen zu ermitteln.

5. Mieterhöhung nach der 2. Grundmietenverordnung (2. GrundMV)

Die 2. GrundMV vom 27.7.1992 (BGBl. I 1416) trat am 5.8.1992 in Kraft (§ 6). Sie ließ eine allgemeine Mieterhöhung mit Wirkung ab 1.1.1993 (§ 1) und weitere Mieterhöhungen je nach Gebäudebeschaffenheit ab 1.1.1993 und 1.1.1994 zu (§ 2). Eine Mieterhöhungsvereinbarung nach Instandsetzung um 5,5% der auf die Wohnung entfallenden Instandsetzungskosten, höchstens bis zu einem Drittel des höchstzulässigen Mietzinses wurde ermöglicht (§ 3). Ferner konnte die Miete für Garagen und Einstellplätze, die zusammen mit Wohnraum vermietet worden sind, erhöht werden (§ 4).   A 325

a) Regelung der Mieterhöhung

Der **Regelumfang** der Mieterhöhung betrug mit Wirkung ab 1.1.1993 DM 1,20/qm Wohnfläche, und zwar aufbauend auf der nach § 1 1. GrundMV erhöhten Miete. War die Miete nicht nach der 1. GrundMV erhöht worden, so mußte auf die preisrechtlich zulässige Miete nach dem Stand vom 2.10.1990 (s. Rdn. A 305) zurückgegangen werden. Diese Miete zuzüglich der zulässigen Mieterhöhungen nach der 1. GrundMV bildete den Sockelbetrag als Grundlage für die Mieterhöhung nach der 2. GrundMV. Der Regelumfang der Mieterhöhung berechnete sich ebenso wie derjenige gemäß der 1. GrundMV nach der Wohnfläche.   A 326

Die 2. GrundMV sah keine ausstattungsabhängigen Zuschläge, wohl aber **ausstattungsbedingte Abschläge** vor. Bei Wohnungen, die am 2.10.1990 nicht mit einem Bad ausgestattet waren, verringerte sich der allgemeine Zuschlag um DM 0,30/qm und bei Fehlen eines Innen-WC um weitere DM 0,15/qm. Ein nach diesem Zeitpunkt vom Vermieter geschaffenes Ausstattungsmerkmal blieb in diesem Zusammenhang unberücksichtigt; dem Vermieter war es unbenommen, deswegen gegebenenfalls eine Mieterhöhung nach § 3 MHG durchzuführen. Zum Wohnungsmerkmal „Bad" siehe Rdn. A 395.

Privilegiert wurde Wohnraum in **Einfamilienhäusern** in Gemeinden, die am 5.8.1992 mehr als 20.000 Einwohner zählen: Für sie erhöhte sich der Regelbetrag von DM 1,20/qm um monatlich DM 0,30/qm. Überstieg die Einwohnerzahl die Grenze von 20.000 Einwohnern nach dem 5.8.1992, so wurde der Zuschlag erst ab diesem Zeitpunkt zulässig. Zum Begriff des Einfamilienhauses s. Rdn. A 403.

b) Beschaffenheitszuschläge

Eine weitere Mieterhöhung ist je nach Beschaffenheit des Wohngebäudes zugelassen worden. Allerdings hat der Gesetzgeber das Prinzip, dem Vermieter eine Mieterhöhung im Falle erheblicher Instandsetzungsmaßnahmen zu gewähren, auf den Kopf gestellt: Nach § 2 Abs. 1 2. GrundMV erhielt der Vermieter die Befugnis, den Mietzins ab 1.1.1993 um DM 0,90/qm und ab 1.1.1994 um weitere   A 327

DM 0,60/qm zu erhöhen, wenn keine erheblichen Schäden an näher bestimmten Bauteilen vorliegen. Bezweckt war, Anreize für die Bereitschaft zur Instandsetzung zu geben (Bundesrats-DS 437/92 S. 5, 10).

Zum Begriff der erheblichen Schäden an Gebäudeteilen und Hausinstallationen s. Rdn. A 385 f. Das Fehlen erheblicher Schäden war Anspruchsvoraussetzung und deshalb im Streitfall vom Vermieter zu beweisen (s. Rdn. A 392).

Durch die Möglichkeit zur Mieterhöhung nach § 2 2. GrundMV wurden Gewährleistungrechte des Mieters – insbesondere die Befugnis zur Minderung nach § 537 BGB – nicht berührt (vgl. Bundesrats-DS 437/92 S. 20).

c) Instandsetzungsbedingte Mieterhöhungsvereinbarungen

A 328 Nach § 3 2. GrundMV konnten bei schon bestehenden Mietverhältnissen sowie bei seit dem 1.1.1993 begründeten Mietverhältnissen instandsetzungsbedingte Mieterhöhungen schriftlich vereinbart werden. Sie betrugen 5,5% der auf die Wohnung entfallenden Instandsetzungskosten, durften jedoch die preisrechtlich höchstzulässige Miete nach §§ 1 und 2 der 2. GrundMV um nicht mehr als ein Drittel übersteigen. Nicht ausgeschlossen war, daß Maßnahmen, die zur Behebung erheblicher Schäden i. S. von § 2 Abs. 2, 3 der 2. GrundMV führten und eine hieraus abgeleitete Mieterhöhung rechtfertigten, zum Anlaß für die Vereinbarung einer weiteren Mieterhöhung im Rahmen des § 3 2. GrundMV genommen wurden. Eine Kombination der Mieterhöhungsmöglichkeiten nach §§ 2, 3 der 2. GrundMV war preisrechtlich nicht ausgeschlossen,

Beuermann MHG § 16 Rdn. 10, Pfeifer DtZ 1992, 343, Sternel PiG 45 (1995), 56 unter Aufgabe der in der Vorauflage abweichenden Auffassung.

Die Vereinbarung konnte vor, aber auch nach Durchführung der Maßnahme getroffen werden (vgl. Sternel PiG 45, 57).

A 329 Wurde eine Mieterhöhungsvereinbarung im Rahmen eines bestehenden Mietverhältnisses nach § 3 Abs. 1 2. GrundMV getroffen, so stand dem Mieter ein Widerrufsrecht zu, um ihn vor Überrumpelungen zu schützen. Seine Erklärung war an die gesetzliche Schriftform (§ 126 BGB) gebunden. Die Widerrufsfrist betrug einen Monat seit Einverständniserklärung des Mieters. Eine Belehrungspflicht der Vermieters war nicht vorgeschrieben. Das Widerrufsrecht des Mieters bestand nicht, wenn eine gemäß § 3 Abs. 1, 3 2. GrundMV zulässige Miethöhe bei Neuabschluß eines Mietverhältnisses nach dem 31.12.1992 vereinbart worden war. Wurde ein Mietvertrag vor dem 31.12.1992 abgeschlossen, jedoch erst danach eine Mieterhöhung gemäß § 3 Abs. 1, 3 2. GrundMV vereinbart, so war das Widerrufsrecht allerdings gegeben.

A 330 Instandsetzungs- oder modernisierungsbedingte Mietzuschläge nach § 3 2. GrundMV, § 3 MHG durften bei Neuabschluß eines Mietvertrages auch für solche Maßnahmen vereinbart werden, die der Vermieter während des Leerstandes der Wohnung vor der Vermietung durchgeführt hatte,

LG Berlin MM 1994, 328, LG Magdeburg WM 1995, 432.

Mietpreisrecht   Rdn. A 331–A 334

d) Mieterhöhung für Garagen

Eine Mieterhöhung für Garagen oder Einstellplätze, die zusammen mit Wohn-   A 331
raum vermietet worden sind, ist mit Inkrafttreten der 2. GrundMV am 5.8.1992
zugelassen worden (§ 4 2. GrundMV). Voraussetzung war, daß der Vermieter die
Garage zur Verfügung gestellt hatte. Die Befugnis zur Mieterhöhung war nicht
gegeben, wenn der Mieter oder eine Interessengemeinschaft der Mieter die Garage oder die Einstellplätze errichtet hatten (s. auch Rdn. A 314). Ebensowenig war § 4 2. GrundMV einschlägig, wenn die Garage unabhängig von einer Wohnung vermietet worden war. Die Mieterhöhung betrug monatlich DM 15,–.

e) Höchstpreisgrenzen

Die in der 2. GrundMV zugelassenen Mieterhöhungen waren preisrechtlich zu-   A 332
lässige Höchstmieten (§ 5 Abs. 2 2. GrundMV). Die Anforderung oder Vereinbarung einer höheren Miete führte zur Teilnichtigkeit der Mieterhöhungsanforderung oder -vereinbarung. Das gilt auch für die instandsetzungsbedingten Vereinbarungen nach § 3 2. GrundMV. Der Rahmen der nach der 1. und 2. Grundmietenverordnungen sowie der Betriebskostenumlageverordnung zugelassenen Miethöhe wurde durch modernisierungsbedingte Mieterhöhungen nach § 3 MHG erweitert.

Die folgende Übersicht soll helfen, die preisrechtlich zulässige Miete zu berech-   A 333
nen; denn sie ist für die Ermittlung der sog. Stichtagsmiete maßgebend, die die
Grundlage für die Mieterhöhung nach § 12 MHG (vgl. Rdn. A 381 f.) bildet:

(1) Zulässige Höchstmiete am 2.10.1990 (auch zu ermitteln, wenn die Wohnung nicht vermietet war);

(2) Bereinigung der zulässigen Höchstmiete um die darin enthaltenen Betriebskosten nach § 10 BetrKostUV.;

(3) Mieterhöhung nach der 1. GrundMV
 – allgemeine Mieterhöhung,
 – ausstattungs- und lagebedingte Mieterhöhung;

(4) Mieterhöhung nach der 2. GrundMV
 – allgemeine Mieterhöhung nach § 1 2. GrundMV,
 – beschaffenheitsbedingte Mieterhöhung nach § 2 II. GrundMV;

(5) instandsetzungsbedingte Mieterhöhungsvereinbarung
 – höchstens ein Drittel der nach (1) bis (4) ermittelten zulässigen Miete;

(6) Mieterhöhung nach § 3 MHG
 – jährlich 11% der aufgewendeten Modernisierungskosten.

6. Öffentlich geförderter Neubauwohnraum

a) Wendewohnungen

Wohnraum, der vor dem 3.10.1990 bezugsfertig geworden und mit staatlichen   A 334
Mitteln der ehemaligen DDR gefördert worden ist, unterliegt der bisherigen
Preisbindung. Das gleiche wird von der überwiegenden Meinung angenommen,
wenn der mit staatlichen Mitteln der ehemaligen DDR geförderte Wohnraum im

komplexen Wohnungsbau erst nach dem 3.10.1990 bezugsfertig geworden ist (sog. Wendewohnungen),

so Beuermann MHG § 11 a.F. Rdn. 8, ders. GE 1994, 557, Hannig PiG 41 (1993), 42, Kinne WM 1992, 409 Sp. 2, Pfeifer ZMR 1993, 338 Fn. 3, Schubart-Kohlenbach–Wienicke II. WoBauG § 116a Anm. 2, LG Magdeburg WM 1994, 148, AG Werningerode WM 1994, 528, KreisG Cottbus WM 1993, 113.

Dagegen bestehen Bedenken. Der Gesetzgeber hat eine zeitliche und eine förderungsbezogene Abgrenzung vorgenommen, um die Mietpreisbindung zu bestimmen. In zeitlicher Hinsicht knüpft er an die Bezugsfertigkeit der Wohnung bis zum 2.10.1990 an, und zwar ohne Rücksicht auf die Art und Weise der Baufinanzierung. Wohnungen, die nach diesem Zeitpunkt bezugsfertig geworden sind, unterliegen jedenfalls nicht der Preisbindung nach § 11 Abs. 2 MHG. Das mietpreisrechtliche Schicksal dieses Wohnungsbestandes ist förderungsbezogen bestimmt. Dieser Umstand ist in § 11 Abs. 1 MHG negativ formuliert: Wohnungen, die nach dem 3.10.1990 bezugsfertig geworden und nicht mit Mitteln aus öffentlichen Haushalten gefördert worden sind, sind nicht mietpreisgebunden; sie unterliegen unmittelbar dem Anwendungsbereich des MHG. Das steht im Kontext zu § 116a Nr. 1 II. WoBauG. Dort ist geregelt, daß die so geförderten Wohnungen der nach jenem Gesetz begründeten Preisbindung unterworfen sind (s. auch § 33 WoBindG). Der Begriff der „Mittel aus öffentlichen Haushalten" ist mithin aus dem bestehenden Preisrechtssystem in den alten Bundesländern definiert worden. Hierunter fallen staatliche Mittel der ehemaligen DDR nicht. Das gleiche gilt für die Finanzierungshilfen des Bundes und der Länder zur Fertigstellung von Mietwohnungen, mit deren Bau vor dem 3.10.1990 begonnen worden war,

s. dazu Fischer-Dieskau–Berkefeld Wohnungsbaurecht II. WoBauG, Anhang A – Neue Länder – Nr. 5, Einführung.

Ebensowenig begründete die Belegungsbindung der sog. Wendewohnungen nach § 1 Abs. 1 (3. Spiegelstrich) WoBelG eine Preisbindung; denn § 18 Abs. 2 WoBelG ist keine eigenständige Preisrechtsnorm und § 18 Abs. 3 WoBelG setzt eine (anderweit gegebene) Preisbindung voraus,

vgl. i.e. Sternel PiG 45 (1995), 45, Fischer-Dieskau–Bellinger Wohnungsbaurecht, WoBelG § 1 Anm. 3.4 S. 13, s. auch Rdn. A 349 f., A 404.

b) Öffentliche Förderung nach der Vereinigung

A 335   Die preisrechtlichen Vorschriften für mit öffentlichen Mitteln geförderten Wohnraum (II. Wohnungsbaugesetz, Wohnungsbindungsgesetz, Neubaumietenverordnung, II. Berechnungsverordnung) sind nur anzuwenden, wenn nach dem 3.10.1990 Wohnraum neu geschaffen worden ist und nach diesem Stichtag erstmals Mittel aus öffentlichen Haushalten, insbesondere Mittel i.S. von § 6 II. WoBauG bewilligt worden sind (§ 116a Nr. 1 II. WoBauG, § 33 Nr. 1 WoBindG).

7. Geschäfts- und Gewerberaum

a) Wegfall der Mietpreisbindung

A 336   Die aufgrund der DDR-Verordnung vom 25.6.1990 (GBl. I 472) fortbestehende Mietpreisbindung ist mit Ablauf des 31.12.1990 beendet (Art. 9 Abs. 2 Einigungsvertrag in Verbindung mit der Anlage II Kapitel V Sachgebiet A Abschnitt III Nr. 1a, cc). Das gilt auch für die Anordnung über die Ermittlung der Mietpreise und Nutzungsentgelte für Gewerberäume und -objekte vom 23.8.1990 (GBl. I 1424 = GE 1990, 987). Die darin geregelten Höchstpreise waren Nettomieten, zu denen noch bestimmte Bewirtschaftungskosten (einschließlich Reparaturkosten) hinzukommen konnten (s. § 3 Abs. 3f). Ab dem 1.1.1991 können die Miethöhe ebenso wie Staffelmieten und Mietanpassungsklauseln frei vereinbart werden. Einer Änderungskündigung waren nur für die Zeit bis zum 31.12.1994 Grenzen gesetzt (Art. 232 § 2 Abs. 5 EGBGB, s. Rdn. A 285). Die Auffassung des KG GE 1994, 1379, die Anordnung vom 23.8.1990 sei schon zum 3.10.1990 außer Kraft getreten, trägt den gesetzlichen Vorgaben nicht Rechnung (zutreffend Beuermann GE 1994, 1346).

b) Rechtsfolgen preiswidriger Vereinbarungen

Vereinbarungen, die bis zum 31.12.1990 preiswidrig waren, haben mit dem 1.1.1991 **keine Wirksamkeit** erlangt,

> vgl. Beuermann GE 1994, 1346, Schilling-Heerde S. 21, Seitz DtZ 1992, 74, LG Hamburg ZMR 1992, 453, ferner Kinne WM 1992, 409,
> anders Schultz ZMR 1990, 441 unter unzutreffendem Hinweis auf OLG Hamm WM 1980, 262 und DtZ 1991, 286, KG GE 1994, 1379, vgl. auch Sternel Rdn. III 41.

A 337

Grundsätzlich wird die einmal eingetretene Nichtigkeit nach § 134 BGB durch spätere Umstände nicht berührt. Durchbrechungen dieses Grundsatzes können sich aber aus der Natur des Verbotsgesetzes ergeben. Hat die Norm preisregulierende Funktion, so kann es bei an sich fortbestehender Preisbindung zulässig sein, von einer „gleitenden Nichtigkeit" auszugehen. Dort bleibt die Mietzinsvereinbarung noch unter preisrechtlicher Kontrolle; der Umfang der Nichtigkeit wird lediglich in einer für alle Mietverhältnisse geltenden Weise eingeschränkt. Anders liegen die Dinge bei Aufhebung der Preisbindung schlechthin, so daß jegliches Regulativ fehlt. Wollte man hier die preiswidrige Vereinbarung in vollem Umfang wiederaufleben lassen, so würde das zu einer ungerechtfertigten wirtschaftlichen Begünstigung derjenigen führen, die sich über die Preisvorschriften hinweggesetzt haben. Umgekehrt würde der Bürger, der sich rechtstreu verhalten hatte, benachteiligt, dem – anders als bei einer alle in gleicher Weise treffenden Preisbindung – keine ausreichende Korrekturmöglichkeit zu Gebote steht. Die Vertragsfreiheit verdient keinen verfassungsrechtlichen Schutz, wo sie darauf hinausläuft, sich aufgrund (früheren) gesetzeswidrigen Verhaltens Vermögens- und Wettbewerbsvorteile zu verschaffen. Ebensowenig wird Art. 14 Abs. 1 GG berührt; denn zum einen handelt es sich bei der durch eine preiswidrige Absprache erlangten Stellung nicht um eine grundrechtlich schützenswerte Rechtsposition. Zum anderen läßt sich aus der verfassungsrechtlichen Garantie des Eigentums kein Anspruch darauf ableiten, solche Nutzungsmöglichkeiten zu gewähren, die den größtmöglichen wirtschaftlichen Vorteil eröffnen,

> vgl. auch BVerfG WM 1991, 575 zur Einbeziehung von Mieterhöhungen aus preisgebundener Zeit in die Berechnung der Kappungsgrenze nach § 2 MHG,
> BVerfG DWW 1992, 13 = ZMR 1992, 50 zu § 564b Abs. 2 Nr. 3 BGB, BVerfG WM 1994, 139 = ZMR 1993, 502 zur Kappungsgrenze für Mieterhöhungen der ehemaligen gemeinnützigen Wohnungsunternehmen nach Art. 21 § 4 SteuerreformG 1990.

A 338 Wirksam dagegen sind Vereinbarungen, die auf den Zeitpunkt der Mietpreisfreigabe abgeschlossen worden sind. Zahlte der Mieter den preisrechtlich überhöhten Mietzins nach dem 1.1.1991 weiter, so kann darin eine **Bestätigung** gemäß § 141 BGB liegen. Das setzt allerdings voraus, daß dem Mieter die Nichtigkeit infolge des Preisrechtsverstoßes bekannt war.

A 339 Überzahlte Beträge können nach § 812 BGB zurückgefordert werden; derartige Ansprüche unterliegen einer Verjährungsfrist von 4 Jahren (vgl. OLG Hamburg – RE. v. 30.1.1989 – NJW-RR 1989, 458 = WM 1989, 126).

B. Zum Rechtszustand nach dem Mietenüberleitungsgesetz (MÜG)

1. Entstehungsgeschichte und Inkrafttreten des MÜG

A 340 Die Überleitung des preisgebundenen Wohnungsbestandes in den neuen Bundesländern in das Vergleichsmietensystem war bereits im Einigungsvertrag vorgesehen (Bundestags-DS 11/7817 S. 174 zu Abschnitt II Nr. 7) und in der Magdeburger Erklärung der Bauminister der neuen Bundesländer sowie des Bundesbauministers vom 27.6.1992 auf Juli 1995 programmiert. Dieser Termin stand in unmittelbarem Zusammenhang mit dem Auslaufen der Zinshilfe für die Altschulden der Wohnungsunternehmen am 1.7.1995 (s. § 7 Altschuldenhilfe G). Infolgedessen müssen die Wohnungsunternehmen seitdem eine Zinsbelastung von DM 1,–/qm Wohnfläche aufbringen. Nachdem die Bundesregierung den Gesetzesentwurf am 15.2.1995 beraten hatte und ein Referentenentwurf u.a. mit den Verbänden der Wohnungswirtschaft diskutiert worden war, brachten die Fraktionen der Regierungskoalition den Entwurf eines Mietenüberleitungsgesetzes in den Bundestag ein (Bundestags-DS 13/783 vom 14.3.1995). Der Entwurf stimmt mit demjenigen der Bundesregierung vom 9.3.1995 überein, der am 4.4.1995 dem Bundestag zugeleitet wurde (Bundestags-DS 13/1041). Den zum Teil abweichenden Vorschlägen des Bundesrats folgte die Bundesregierung in ihrer Gegenäußerung nur in unwesentlichen Punkten (Bundestags-DS 13/1187 vom 25.4.1995). In den Beratungen des Ausschusses für Raumordnung, Bauwesen und Städtebau kam es noch zu nicht unwesentlichen Änderungen, u.a. zur Einfügung der Regionalisierungsklausel in § 12 Abs. 2 MHG, der Zustimmungsfiktion in § 12 Abs. 6 Nr. 2 MHG sowie der Mietobergrenze bei Neuvermietungen in Art. 2 § 2 MÜG (Bundestags-DS 13/1386 vom 17.5.1995). Das Gesetz wurde am 18.5.1995 im Bundestag mit klarer Mehrheit aus den Fraktionen der Regierungskoalition und der SPD verabschiedet. Der Bundesrat stimmte ihm am 2.6.1995 zu.

Das Gesetz ist am 10.6.1995 im BGBl. 1995 Teil I Nr. 28 S. 748 verkündet worden. Nach seinem Art. 6 sind seine mietrechtlichen Bestimmungen am Tag nach der Verkündung – d.h. am 11.6.1995 – in Kraft getreten. Gleichzeitig sind außer Kraft getreten:

die 1. GrundmietenV vom 17.6.1991,
die 2. GrundmietenV vom 27.7.1992,
die BetriebskostenumlageV vom 17.6.1991.

2. Überblick über das MÜG

a) Aufbau des Gesetzes

Das MÜG ist ein sog. Artikelgesetz, das mehrere Materien regelt.

Art. 1 ergänzt das MHG um die Vorschriften, die die Überleitung in das Vergleichsmietensystem regeln. Damit soll die Einheitlichkeit der Rechtsmaterie verdeutlicht werden (Bundestags-DS 13/783 S. 11). Die wichtigste Bestimmung bildet der neue § 12 MHG, der Mieterhöhungen bis zu 20% der bisher geschuldeten Miete (ohne Mieterhöhungen wegen Modernisierungen oder Instandsetzungsvereinbarungen) zuläßt.

Art. 2 enthält das Gesetz über die Angemessenheit von Entgelten. Der Artikel schafft in § 1 eine Ausnahme für den Anwendungsbereich des § 5 WiStG, soweit es sich um Mieterhöhungen wegen Modernisierungen nach §§ 3, 13, 17 MHG handelt. Ferner ist in § 2 die Mietobergrenze bei Neuvermietungen geregelt, die bei 15% oberhalb der gesetzlich höchstmöglichen Miete liegt.

Art. 3 ändert das Schuldrechtsanpassungsgesetz und eröffnet dem Eigentümer entsprechende Mieterhöhungsmöglichkeiten wie bei Wohnraummietverhältnissen.

Art. 4 und 5 ändern das Wohngeldsondergesetz sowie das Wohngeldgesetz. Die Änderungen sind erforderlich, um die Mieterhöhungen sozial verträglicher zu gestalten.

Art. 6 regelt das Inkrafttreten des Gesetzes und das Außerkrafttreten der bisherigen preisrechtlichen Vorschriften.

b) Zeitliche Wirkungen des Gesetzes

Das MÜG ist zwar kein Zeitgesetz, das zu einem bestimmten Termin außer Kraft treten wird. Seine Regelungen gelten im Kernbereich jedoch nur befristet bis zum 31.12.1997, so

- die Mieterhöhungsbefugnis nach § 12 Abs. 1 MHG,
- die Kappungsgrenze für modernisierungsbedingte Mieterhöhungen nach § 13 MHG,
- die Umlagebefugnis für Betriebskosten gemäß den bisherigen Vorschriften bei Altmietverhältnissen nach § 14 Abs. 1 MHG,
- die Nachholung von Beschaffenheitszuschlägen nach § 16 Abs.1 MHG,
- die Aufhebung der Wesentlichkeitsgrenze in § 5 Abs. 1 WiStG für Mieterhöhungen nach §§ 3, 13 MHG gemäß Art. 2 § 1 MÜG.

Die Mietobergrenze für Neuvermietungen in Art. 2 § 2 MÜG ist nur für Vereinbarungen beachtlich, die bis zum 30.6.1997 getroffen worden sind.

3. Anwendungsbereich des Miethöhengesetzes (MHG)

Der Anwendungsbereich des MHG auf den Wohnungsbestand in den neuen Ländern ist in § 11 MHG geregelt.

a) Unbeschränkte Anwendung auf preisfreien Wohnraum (§ 11 Abs. 1 MHG)

Schon nach der bisherigen Rechtslage galt für Mietverhältnisse über Wohnungen, die seit dem 3.10.1990 ohne Inanspruchnahme von Mitteln aus öffentlichen Haushalten fertiggestellt worden – also frei finanziert – waren, unmittelbar und ausnahmslos das MHG mit dem gleichen Regelungsgehalt wie in den alten Bundesländern. Für den Begriff der Fertigstellung kann an die Bezugsfähigkeit i.S. von § 13 Abs. 4 WoBindG angeknüpft werden.

A 344 In die Gruppe der seit dem 3.10.1990 preisfreien Wohnungen fallen auch solche, die durch Ausbau des Dachgeschosses in schon vorhandenen Gebäuden errichtet worden sind. Erfaßt werden aber nicht Wohnungen, die mit wesentlichem Bauaufwand durch Umbau geschaffen worden sind, wenn sie infolge einer Änderung der Wohngewohnheiten nicht mehr für Wohnzwecke geeignet sind. Die Vorschrift des § 17 II. WoBauG ist nicht anzuwenden, sondern wird durch die speziellere und engere Regelung in § 11 Abs. 1 Nr. 2 MHG verdrängt,

> s. auch Beuermann Mietenüberleitungsgesetz und Miethöhengesetz Kommentar, 1995, MHG § 11 a.F. Rdn. 4, a.A. LG Berlin MM 1995, 223, wonach neugeschaffener Wohnraum i.S. von § 11 Abs. 1 Nr. 2 MHG analog § 17 Abs. 1 S. 2 II. WoBauG auch dann vorliegt, wenn die Wiederherrichtung aufwandsmäßig der Neuerstellung von Wohnraum gleichkommt.

Angesichts der Vielzahl erheblich sanierungsbedürftiger Wohngebäude könnte anderenfalls die Preisbindung unterlaufen werden, indem eine Grundsanierung durchgeführt wird.

A 345 Es dürfen keine Mittel aus öffentlichen Haushalten in Anspruch genommen worden sein. Dieser Begriff entspricht demjenigen in § 116a II. WoBauG. Hierunter fallen also nicht nur öffentliche Mittel i.S. von § 6 II. WoBauG, sondern auch Wohnungsfürsorgemittel nach § 87a II. WoBauG sowie Aufwendungsdarlehen oder -zuschüsse nach § 88 II. WoBauG. Zur Förderung nach dem sog. dritten Förderweg gemäß §§ 88d, e II. WoBauG s. Rdn. A 348.

A 346 Der Neuerrichtung steht gleich, wenn Wohnraum seit dem 3.10.1990 ohne Inanspruchnahme von Mitteln aus öffentlichen Haushalten aus Räumen **wiederhergestellt** wird, die auf Dauer zu Wohnzwecken nicht mehr benutzbar waren, oder aus Räumen geschaffen wird, die nach ihrer baulichen Anlage und Ausstattung anderen als Wohnzwecken dienten. Ob Räume auf Dauer zu Wohnzwecken nicht mehr benutzbar waren, wird sich an § 16 II. WoBauG auszurichten haben

> Barthelmess MHG § 11 Rdn. 8.

Indizwirkung haben auch die wohnungspflegerischen Tatbestände der Wohnungsaufsichtsgesetze der Länder,

> vgl. Beuermann MHG § 11 a.F. Rdn. 4, Fischer-Dieskau–Franke MHG § 11 Anm. 3, Schultz ZMR 1991, 1, 2.

Das kann etwa der Fall sein, wenn weder Heizung noch sanitäre Anlagen vorhanden sind und ein Zustand vorliegt, der nach der polizeilichen Generalklausel zur Anordnung der Unbewohnbarkeit führen würde. Dagegen reicht die Notwendigkeit, gesundheitsgefährdende Mängel i.S. von § 544 BGB zu beheben, noch nicht ohne weiteres aus. Ebensowenig kann allgemein angenommen werden, daß nicht mehr bewohnte und vermietete Wohnungen in der Regel als nicht benutzbar anzusehen sind,

so aber Schilling-Heerde S. 72.

Für die Unbenutzbarkeit kommt es auf den Zustand am 3.10.1990 an. Hat der Vermieter erst nach diesem Zeitpunkt das Wohngebäude verfallen lassen, so rechtfertigt das nach ihrer Wiederherstellung nicht den Wegfall der (bis dahin gegebenen) Preisbindung,

a.A. Börstinghaus–Meyer Rdn. 22.

Zu den Räumen, die nach ihrer baulichen Anlage und Ausstattung anderen als Wohnzwecken dienten, zählen nur solche, die nach ihrer **ursprünglichen Bestimmungsart** zu anderen als Wohnzwecken bestimmt waren. Es reicht nicht aus, daß es sich um Räume handelt, die einmal Wohnräume waren, dann zweckentfremdet wurden und nun wieder Wohnzwecken zugeführt werden sollen, A 347

Barthelmess MHG § 11 Rdn. 8, Schilling-Heerde a.a.O.

Hierunter fallen etwa neben Gewerberäumen auch Gebäude, die früher Schulungs- oder Unterbringungszwecken dienten.

Neu ist, daß das MHG uneingeschränkt auch für Wohnungen gilt, deren Errichtung mit Mitteln aus öffentlichen Haushalten im Wege der vereinbarten Förderung nach § 88d II. WoBauG gefördert worden ist (§ 11 Abs. 1 S. 2 MHG). Die gewährten Mittel gelten nicht als öffentliche Mittel; die geförderten Wohnungen sind kein preisgebundener Wohnraum. Soweit sich der Vermieter gegenüber der die Mittel gewährenden Stelle vertraglich verpflichtet hat, eine bestimmte Miete nicht zu überschreiten, handelt es sich um einen Vertrag mit unmittelbaren Rechtswirkungen zugunsten des Mieters (vgl. § 88d Abs. 1 S. 3 II. WoBauG). Diesem stehen bei Verstößen Rückforderungsansprüche gegenüber dem Mieter nach § 812 BGB zu, A 348

vgl. Schubart–Kohlenbach–Wienicke II. WoBauG § 88d Anm. 5.

Denkbar sind auch andere vertragliche Gestaltungsmöglichkeiten zwischen der öffentlichen Hand und dem Vermieter, die letztlich aber das gleiche Ergebnis sicherstellen müssen,

vgl. Fischer-Dieskau–Dyong II. WoBauG § 88d Anm. 4.

Nicht eindeutig erscheint das preisrechtliche Schicksal von Wendewohnungen. Ist deren Fertigstellung nach dem 3.10.1990 in den sozialen Wohnungsbau übernommen worden, so sind sie preisgebunden und es gelten das II. WoBauG (§ 116a), das WoBindG (§ 33a), die NMV und die II. BV. Sind Wendewohnungen aber ohne Mittel aus öffentlichen Haushalten fertiggestellt worden, so erscheint es sachgerecht, sie nicht der bisherigen Preisbindung zu unterstellen. Dieser Wohnungsbestand ist unbestreitbar nach dem 3.10.1990 bezugsfertig geworden. Weder die staatlichen Mittel der ehemaligen DDR noch die seit Frühjahr 1991 gewährten einmaligen Zuschüsse zur Fertigstellung der Wendewohnungen sind „Mittel aus öffentlichen Haushalten" i.S. von § 11 Abs. 1 MHG, § 116a II. WoBauG; für die einmaligen Zuschüsse ergibt sich das aus den Wohnungsbauprogrammen und den hierzu erlassenen Förderrichtlinien der neuen Länder. Allein der Umstand, daß diese Wohnungen der Belegungsbindung nach § 1 WoBelG unterliegen, rechtfertigt noch nicht die Preisbindung, da § 18 Abs. 2 WoBelG A 349 keine eigenständige preisrechtliche Regelung enthält, sondern den Erlaß einer besonderen Verordnung voraussetzt,

> s. dazu ausführlich Sternel in „Partner im Gespräch" PiG 45 (1995), 45 f., 47–52, Fischer-Dieskau–Bellinger Wohnungsbaurecht, WoBelG § 1 Anm. 3.4 S. 13, a.A. die überwiegende Meinung, s. die Nachweise bei Sternel a.a.O. Fn. 4, ferner Beuermann MHG § 11 a.F. Rdn. 8, Börstinghaus–Meyer Rdn. 243, s. auch Rdn. A 334.

A 350 Der Gesetzgeber geht offenbar im Anschluß an die nicht näher begründete Auffassung der Bundesregierung bei Erlaß der 1. GrundMV (s. Bundesrats-DS 174/91 S. 8) davon aus, daß Wendewohnungen in den Anwendungsbereich des § 11 Abs. 2 MHG fielen bzw. fallen. Dafür kann die Einbindung des besser ausgestatteten Bestandes an Wendewohnungen in das Preisrecht nach § 12 Abs. 3 Nr. 2 sprechen (s. Rdn. A 404), wenngleich nach der Gesetzesfassung auch eine Auslegung in Betracht kommt, daß nur solche Wohnungen erfaßt werden, die nach dem 30.6.1990 und bis zum 3.10.1990 fertiggestellt worden sind.

b) Beschränkte Anwendung nach § 11 Abs. 2 MHG

A 351 Aus § 11 Abs. 2 MHG ergibt sich der Wohnungsbestand, auf den das MHG nur beschränkt anzuwenden ist. Danach gelten die Vorschriften in §§ 12 bis 17 MHG für Wohnungen, für die bisher die Mietpreisbindung nach der 1. und 2. Grund-MVO und damit die Mietpreisobergrenze gemäß § 5 Abs. 4 der 2. GrundMV bestand,

> vgl. dazu Beuermann MHG § 11 a.F. Rdn. 10 f. und Rdn. A 309.

A 352 Handelt es sich um ein Mischmietverhältnis, so ist auf das Schwergewicht des Vertrages gemäß dem Willen der Mietparteien abzustellen. Dieser Wille kann aus objektiven Umständen gefolgert werden, insbesondere aus dem Verhältnis von Wohn- und Gewerbeflächen (vgl. Rdn. 157), aber auch aus der Ausstattung der Räume. Dagegen ist das Verhältnis der Mietwerte in den neuen Ländern angesichts der bisherigen Mietpreisbindung ein ungeeigneter Maßstab. Allein die Erwägung, daß der gewerblich genutzte Teil die Stätte ist, die dem Mieter die Gelegenheit bietet, die Geldmittel zu erwerben, um seinen Lebensunterhalt und damit die Zahlung der Wohnraummiete bestreiten zu können,

> s. BGH WM 1986, 274 = ZMR 1986, 278 f.,

rechtfertigt noch nicht die Nichtanwendung von Wohnraummietrecht; denn diese Erwägung wird nahezu auf jegliches Mischmietverhältnis mit gewerblicher Teilnutzung anzuwenden sein. Sie kann jedoch umgekehrt den Schluß begründen, daß dann, wenn der Mieter aus der in den Miettäumen ausgeübten gewerblichen Tätigkeit nicht oder nur zu einem geringen Teil seinen Unterhalt erwirtschaftet, das Schwergewicht nicht auf dem Gewerbeteil liegt,

> LG Berlin MM 1995, 63 für Anwaltskanzlei.

Dagegen wirkt sich die Erlaubnis zur teilgewerblichen Nutzung einer Wohnung mietpreisrechtlich nicht aus. Mietpreiszuschläge waren und sind hierfür – anders als in § 26 NMV – nicht vorgesehen und können wegen der restriktiven Funktion des Preisrechts auch nicht im Wege der Analogie zu anderen preisrechtlichen Vorschriften statuiert werden,

> a.A. Beuermann MHG § 11 a.F. Rdn. 29.

Aus § 12 Abs. 3 Nr. 2 MHG läßt sich ableiten, daß nach den Vorstellungen des A 353 Gesetzgebers auch Wendewohnungen in den Anwendungsbereich des § 11 Abs. 2 MHG fallen sollen. Das erscheint allerdings nicht richtig; vielmehr sind sie als preisfrei i.S. von § 11 Abs. 1 Nr. 1 MHG zu qualifizieren (s. Rdn. A 334, A 349).

c) Unanwendbarkeit nach § 10 Abs. 3 MHG

Die Ausschlußtatbestände, die in § 10 Abs. 3 MHG geregelt sind, gelten nunmehr uneingeschränkt für den bisher preisgebundenen Wohnungsbestand nach § 11 Abs. 2 MHG. In dieser Vorschrift wird nämlich auf die §§ 1 bis 10a MHG und damit auch auf § 10 Abs. 3 MHG Bezug genommen. A 354

aa) Zu den **preisgebundenen Wohnungen** (§ 10 Abs. 3 Nr. 1 MHG) zählen diejenigen, für die die Kostenmiete aufgrund gesetzlicher Bindung oder vertraglicher Verpflichtung gegenüber derjenigen Stelle, die die Mittel bewilligt hat, gilt (vgl. §§ 87a, b, 88a, b II. WoBauG). Hierunter fallen kraft ausdrücklicher Bestimmung aber nicht Wohnungen, die im sog. 3. Förderweg nach §§ 88d, e II. WoBauG errichtet worden sind (s. Rdn. A 348).

Streitig ist, ob der Vermieter ein Mieterhöhungsverlangen noch während der Preisbindung mit Wirkung für den frühesten Zeitpunkt nach ihrem Wegfall erklären kann,

so insbes. OLG Hamm – RE v. 9.10.1980 – WM 1980, 262 = ZMR 1981, KG – RE v. 29.1.1982 – NJW 1982, 2077.

Das ist zu verneinen,

s. Rdn. A 81, ferner LG Kiel WM 1995, 541, AG Köln WM 1995, 396, a.A. LG Berlin WM 1995, 541.

Dagegen sprach schon der Gesetzeswortlaut vor seiner Änderung durch das 4. MietRÄndG. Durch diese Änderung ist die Anwendung des MHG auf preisgebundene Wohnungen ausdrücklich auf § 2 Abs. 1a S. 2 MHG – nämlich die Mitteilungspflicht des Mieters einer fehlbelegten Wohnung – beschränkt. Im Wege des Umkehrschlusses ergibt sich, daß andere Vorschriften des MHG nicht anzuwenden sind. Durch die Gesetzesänderung sind die gegenteiligen Rechtsentscheide gegenstandslos geworden. Sie entsprachen auch keineswegs einer teleologischen Auslegung; denn es war und ist durchaus sachgerecht, zwischen dem Eigentum zu unterscheiden, das freifinanziert oder mit Hilfe öffentlicher Mittel erworben worden ist,

vgl. BVerfGE 71, 230 = NJW 1986, 1726, BVerfG WM 1991, 575.

Endet die Preisbindung, die aufgrund der Förderung mit öffentlichen Mitteln bestanden hat, so kann der Vermieter vom Mieter einer solchen Wohnung die Zustimmung zur ortsüblichen Miete nach § 2 MHG verlangen. Die Beschränkungen der §§ 12 ff. MHG gelten dann nicht.

bb) Wohnungen zum **vorübergehenden Gebrauch** (§ 10 Abs. 3 Nr. 2 MHG) sind A 355 solche, bei denen nur ein vorübergehendes Wohnbedürfnis befriedigt werden soll (z.B. Wohnungen für Arbeitnehmer während eines bestimmten Bauvorhabens, für Geschäftsleute während einer Messe). Nicht hierher gehören Wohnungen, die dazu dienen, einen an sich gegebenen Wohnbedarf nur vorübergehend zu decken, z.B. zum Abbruch vorgesehene Gebäude, die noch vorübergehend an Wohnungssuchende vermietet werden,

vgl. OLG Frankfurt – RE. v. 19.11.1990 – WM 1991, 17 = ZMR 1991, 63.

A 356 cc) Ausgenommen ist auch Wohnraum, der **Teil der vom Vermieter selbst bewohnten Wohnung** ist und den dieser ganz oder überwiegend möbliert auszustatten hat, sofern der Wohnraum nicht zum dauernden Gebrauch für eine Familie überlassen ist. Die Vorschrift entspricht dem § 564b Abs. 7 Nr. 2 BGB. Ihr Schutzzweck erfordert – schon als Ausnahmebestimmung – eine restriktive Handhabung. Zu fordern wird daher sein, daß der Vermieter die Wohnung als Lebensmittelpunkt nutzt, zumal er anderenfalls durch Begründung einer beliebigen Zahl von Nebenwohnsitzen das Gesetz leicht unterlaufen könnte,

Sternel Mietrecht Rdn. III 507, vgl. auch Fischer-Dieskau–Franke BGB § 565 Anm. 10.1.

A 357 **Teil der Vermieterwohnung** ist der Wohnraum nur dann, wenn er räumlich oder zumindest wirtschaftlich-funktional in die Vermieterwohnung einbezogen ist, z.B. bei gemeinsamer Küchen- oder Badbenutzung, nicht dagegen, wenn nur das Treppenhaus oder ein Flur gemeinsam genutzt werden.

Maßgeblich sind zunächst die Verhältnisse bei Vertragsabschluß. Ändern sie sich danach, so ist wie folgt zu unterscheiden: Durch nachträgliche bauliche Änderungen kann der Vermieter die einmal gegebenen Tatbestandsvoraussetzungen nicht beseitigen; anders verhält es sich durch späteren eigenen, auf Dauer angelegten Bezug,

so für Einliegerwohnung: BayObLG – RE v. 31.1.1991 – WM 1991, 249, OLG Karlsruhe – RE v. 25.11.1991 – WM 1992, 49.

A 358 Fallen die Tatbestandsvoraussetzungen durch späteren Auszug des Vermieters weg, so ist seine Berufung auf den Ausschlußtatbestand mißbräuchlich. Ändern sich die Verhältnisse des Mieters in persönlicher Hinsicht – etwa durch Auszug eines Ehegatten oder Lebenspartners –, so bleibt der einmal begründete Schutz dem in der Wohnung verbliebenen Mieter erhalten. Umstritten ist der umgekehrte Fall, ob durch Aufnahme eines Ehegatten oder Partners dieser Schutz erworben werden kann. Das wird zu bejahen sein,

s. dazu Beuermann MHG § 11 Rdn. 23, Sternel Mietrecht Rdn. III 512.

A 359 Die (vollständige oder überwiegende) **Möblierung** durch den Vermieter ist funktionsbezogen zu werten: Es kommt darauf an, daß die zum Bewohnen unbedingt erforderlichen Gegenstände wie Tisch, 2 Stühle, Bett und Schrank mindestens vorhanden sein müssen,

vgl. i.e. Barthelmess BGB § 564b Rdn. 39, Beuermann MHG § 11 Rdn. 16.

A 360 dd) Mietverhältnisse über Wohnraum, der **Teil eines Studenten- oder Jugendwohnheims** ist (§ 10 Abs. 3 Nr. 4 MHG), sind ebenfalls vom Anwendungsbereich des MHG ausgenommen,

vgl. dazu Sternel Mietrecht Rdn. III 513; s. auch Rdn. 969.

4. Anwendbare Vorschriften des MHG auf den bisher preisgebundenen Wohnungsbestand

a) Verbot der Änderungskündigung und Mieterhöhungsausschlüsse nach § 1 MHG

Das Verbot der Änderungskündigung galt bisher schon nach § 11 Abs. 2 MHG a.F.

A 361

Eine Mieterhöhung kann durch Vereinbarung ausgeschlossen sein; das wird vermutet, wenn ein Mietverhältnis auf bestimmte Zeit mit einem festen Mietzins vereinbart worden ist. Auch diese Regelung galt bisher schon über § 11 Abs. 4 MHG a.F. Bei Mietverhältnissen auf bestimmte Zeit zu einem bestimmten Mietzins soll sich darüber hinaus eindeutig ergeben müssen, daß der Mietzins für die Dauer der Vertragszeit nicht verändert werden soll,

OLG Stuttgart – RE v. 31.5.1994 – NJW-RR 1994, 1291 = WM 1994, 420.

Damit wird die gesetzliche Vermutung in § 1 S. 3 MHG entwertet. Das wird bei einem Vergleich mit Mietverhältnissen über andere Räume als Wohnraum deutlich. Wird z.B. ein Gewerberaum für bestimmte Zeit vermietet und sieht der Mietvertrag keine Mieterhöhungsmöglichkeit vor, so ist es selbstverständlich, daß der Mietzins während der Mietdauer unverändert bleibt; das braucht nicht noch besonders vereinbart zu werden. Von dieser allgemeinen Regelung ging auch der Gesetzgeber bei der Regelung des § 1 S. 3 MHG aus,

vgl. Blank WM 1994, 421.

b) Fristen – Kappungsgrenze – Mietspiegel nach § 2 MHG

Der Kern der Vorschrift – nämlich die Befugnis des Vermieters, die Zustimmung zur Anpassung an die ortsübliche Miete zu verlangen – gilt nicht. Jedoch sind die Verfahrensregelungen anzuwenden, allerdings mit einigen Modifizierungen. Insbesondere gelten die Regelungen über:

A 362

aa) die Wartefrist: Sie kommt wegen der in § 12 Abs. 4 MHG geregelten Ausnahmen allerdings nur zum Tragen, wenn ein neues Mietverhältnis vor Jahresfrist begründet oder eine Mieterhöhung nach Instandsetzung gemäß § 3 der 2. GrundMV vereinbart worden war (vgl. Rdn. A 417).

bb) die Kappungsgrenze: Wegen des im allgemeinen noch niedrigen Mietenniveaus wird nahezu ausnahmslos die Kappungsgrenze von 30% (und nicht diejenige von 20%) zu beachten sein. Die Kappungsgrenze wird nach § 12 Abs. 4 MHG unter Einbeziehung der Mieterhöhungen nach der 1. und 2. GrundMV berechnet (vgl. Rdn. A 410).

cc) Überlegungs- und Klagefrist, Wirkungszeitpunkt (s. Rdn. A 450, 453): Diese Umstände sind in § 2 Abs. 3, 4 MHG geregelt; es bestehen keine Sondervorschriften für „übergeleitete" Mietverhältnisse. Die vorgesehene Verkürzung der Überlegungsfrist und des Wirkungszeitpunkts für die Mieterhöhung nach § 12 Abs. 1 MHG ist nicht Gesetz geworden. Eine wichtige Ausnahme besteht nach § 12 Abs. 6 Nr. 3 MHG, wenn das Mieterhöhungsverlangen dem Mieter noch vor dem 1.7.1995 zu gegangen ist (s. Rdn. A 453).

A 363

A 364   dd) **Erstellung von Mietspiegeln:** Nach § 2 Abs. 5 S. 2 MHG sollen bei der Aufstellung von Mietspiegeln Entgelte, die aufgrund gesetzlicher Bestimmungen an Höchstbeträge gebunden sind, außer Betracht bleiben. Als Ausnahme hierzu sieht § 12 Abs. 7 MHG vor, daß bei der Erstellung von Mietspiegeln, die nicht über den 30.6.1999 hinaus gelten, auch die nach § 12 Abs. 1–4 MHG zulässigen Entgelte zugrundegelegt werden dürfen. Die Vorschrift bezweckt, für den bisher preisgebundenen Wohnungsbestand den Übergang in das Vergleichsmietensystem nach Ablauf der Übergangsfrist (31.12.1997) zu erleichtern (Bundestags-DS 13/783 S. 13). Sie ist also nicht auf die Erstellung solcher Mietspiegel anzuwenden, die gegenwärtig für bisher schon nach § 11 Abs. 1 MHG preisfreien Wohnraum aufgestellt werden können; denn in diesem Fall würde unzulässigerweise ein Mietenbestand in die Vergleichsmiete eingebracht werden, für den das Vergleichsmietensystem nicht gilt. Für die Zeit ab dem 1.1.1998 soll die Vergleichsmiete aus allen Wohnungsbeständen gebildet werden, was mit Rücksicht auf § 12 Abs. 7 MHG zu einer gewissen Absenkung des Mietenniveaus führen kann. In welchem Umfang die bislang über § 12 Abs. 1–4 MHG preisgebundenen Mieten in einem Mietspiegel zu berücksichtigen sind, ist nicht geregelt. Dies kann nicht durch einen Proporz vorgegeben werden; denn damit würde das Ergebnis einer empirisch zu ermittelnden Vergleichsmiete verfälscht werden,

anders aber Beuermann MHG § 12 Rdn. 183 m.w.N., MÜG Art. 2 § 1 Rdn. 21.

Vielmehr ist eine zuverlässige statistische Methode zu wählen, nach der jede Mietwohnung die gleiche Chance hat, berücksichtigt zu werden. Durch das vorgegebene Raster – gekennzeichnet durch Baualters-, Ausstattungs- und Lageklassen – wird danach eine wohnwertbezogene Mietspreizung aus den unterschiedlichen Beständen möglich sein.

c) Modernisierungsbedingte Mieterhöhungen nach § 3 MHG

A 365   Die Vorschrift des § 3 MHG galt schon bisher uneingeschränkt nach § 11 Abs. 2 MHG in der Fassung bis zum 10.6.1995 (vgl. dazu die Vorauflage Rdn. A 120 f., zur aktuellen Rechtsprechung s. Rdn. 653 f.). Die neue Regelung in § 13 Abs. 1 MHG bringt für den Vermieter eine Verschlechterung der bisherigen Rechtslage, soweit es sich um bauliche Maßnahmen handelt, mit denen erst nach dem 30.6.1995 begonnen wird; denn die Mieterhöhung wird grundsätzlich auf DM 3,–/qm monatlich gekappt (s. Rdn.A 463).

d) Mieterhöhung wegen Kostensteigerungen nach §§ 4, 5 MHG

A 366   aa) Die Vorschrift des **§ 4 MHG** wird durch § 14 MHG modifiziert (s. Rdn. A 472). § 4 Abs. 1 MHG ist anzuwenden, wenn eine Netto-Kaltmiete gilt und daneben Betriebskosten auf der Grundlage von Vorauszahlungen erhoben werden, über die abzurechnen ist. Altverträge, die vor dem 11.6.1995 abgeschlossen sind, werden privilegiert. Betroffen sind die Fälle, in denen der Vermieter es entgegen § 1 Abs.1 BetrKostUV unterlassen hat, alle oder bestimmte Betriebskosten auf den Mieter umzulegen (s. dazu Rdn. A 315 f. und die Vorauflage Rdn. A 145 ff.). Ihm steht diese Befugnis noch bis zum 31.12.1997 zu.

Die Kappungsgrenze bei der Heizkostenabrechnung nach § 4 Abs. 3 BetrKostUV ist mit dem 11.6.1995 entfallen. Sie muß aber bis zu diesem Zeitpunkt noch beachtet werden (vgl. § 14 Abs. 2 MHG, Rdn A 477).

§ 4 Abs. 2 MHG gilt für die Fälle, in denen eine Inklusiv- oder Teilinklusiv-Miete vereinbart worden ist und der Vermieter es hierbei belassen will, also von der Umstellungsbefugnis nach § 14 Abs. 1 MHG keinen Gebrauch macht. Wichtig ist, daß Mieterhöhungen wegen rückwirkender Kostenbelastungen nur beschränkt möglich sind, nämlich höchstens für den Zeitraum, der sich auf das der Mietanforderung vorausgehende Kalenderjahr bezieht. Das gilt aber nur, wenn der Vermieter die Erklärung innerhalb von drei Monaten nach Kenntnis von der Kostenbelastung abgibt. Auch diese beschränkte Rückwirkung kommt nur zum Tragen, wenn zu dem frühestmöglichen Wirkungszeitpunkt die Bestimmung des § 4 MHG bereits galt.

bb) § 5 MHG ist uneingeschränkt anwendbar. Die Vorschrift hat besondere wirtschaftliche Bedeutung für neu begründete Mietverhältnisse, wenn der Vermieter zuvor das Mietobjekt unter Inanspruchnahme von dinglich gesichertem Fremdkapital erworben, ausgebaut, saniert, modernisiert oder wiederhergestellt hat und nach Abschluß des Mietvertrages die Kapitalkosten gestiegen sind, ohne daß der Vermieter dies zu vertreten hat. In § 15 MHG ist allerdings klargestellt, daß die Vorschrift bei einer Erhöhung der Kapitalkosten für Altverbindlichkeiten im Sinne von § 3 des AltschuldenhilfeG nicht gilt. Die Wohnungsunternehmen sind daher nicht in der Lage, die Mehrbelastungen an Zinsen, die durch den Wegfall der Zinshilfen nach §§ 3, 7 AltschuldenhilfeG eingetreten ist, auf den Mieter abzuwälzen,

A 367

zu den rechtlichen Grundlagen des AltschuldenhilfeG sowie zu aktuellen Rechtsproblemen bei der Umsetzung des Gesetzes s. Wulf PiG 45 (1995), 7 f. und Düllmann PiG 45, 27 f.

Eigenkapitalkosten finden keinerlei Berücksichtigung. Der Gesetzgeber hat bei der Regelung der Mietobergrenzen für Neuvertragsmieten in Art. 2 § 2 MÜG Mieterhöhungen nach § 5 MHG nicht berücksichtigt (s. Rdn. A 490).

§ 5 MHG hat folgende **Voraussetzungen:**

A 368

– Es liegt eine Erhöhung der Kapitalkosten infolge der Erhöhung des Zinssatzes aus einem dinglich gesicherten Darlehen vor.

– Das Darlehen ist vor Abschluß des Mietvertrages aufgenommen und dinglich besichert worden.

– Die Zinserhöhung ist nach Abschluß des Mietvertrages eingetreten.

– Die Zinserhöhung beruht nicht auf Umständen, die der Vermieter zu vertreten hat.

– Das Darlehen dient der Finanzierung
    – des Neubaus, – des Ausbaus, – der Wiederherstellung,
    – des Erwerbs,
    – der Durchführung von baulichen Maßnahmen nach § 3 MHG vor Begründung des Mietverhältnisses.

A 369   Es kommt nur auf die tatsächliche **Mehrbelastung** der Kapitalkosten an. Der Kapitalkostenerhöhung für ein Darlehen sind also etwaige Ermäßigungen der Kapitalkosten für andere Darlehen gegenüberzustellen.

Kapitaltilgungen zwischen der Begründung des Mietverhältnisses und dem Eintritt der Zinserhöhung müssen berücksichtigt werden,

OLG Hamburg – RE v. 10.5.1984 – NJW 1984, 2895 = WM 1984, 180.

Das **Disagio** wird wie eine Kapitalkostenbelastung behandelt. Das gilt nicht nur bei späteren Zinssatzänderungen, wenn statt eines variablen Zinssatzes ein fester Zinssatz in Verbindung mit einem Disagio vereinbart wird,

OLG Stuttgart – RE v. 26.4.1984 – WM 1984, 191 = ZMR 1984, 314.

Vielmehr ist das Disagio auch bei der Ermittlung der ursprünglichen Kapitalkostenbelastung mit anzusetzen,

BVerfG – Beschl. v. 4.1.1995 – WM 1995, 46 = ZMR 1995, 151.

A 370   Bei **Tilgungshypotheken** soll die Tilgung innerhalb der gleichmäßigen Annuitäten nicht berücksichtigt werden,

Barthelmess MHG § 5 Rdn. 17, Beuermann MHG § 15 Rdn. 9, Bub–Treier Rdn. III 615, Schmidt-Futterer–Blank C 383.

Dagegen bestehen Bedenken; denn die für den preisgebundenen Wohnraum geltenden Vorschriften, nach denen die Tilgungen zu den Kapitalkosten gerechnet werden (§§ 21 Abs. 2, 23 Abs. 4 S. 2 II. BV), sind nicht anzuwenden, weil dort bei Tilgung von Fremdkapital durch Eigenkapital eine Eigenkapitalverzinsung eingreift und deshalb das Herausrechnen im wirtschaftlichen Ergebnis die Gesamtkapitalkostenbelastung nicht wesentlich verändert. Demgegenüber gibt es eine Eigenkapitalverzinsung innerhalb des § 5 MHG nicht.

A 371   Kapitalkostenerhöhungen können auch dann auf den Mieter umgelegt werden, wenn das Darlehen zwar für das Mietgrundstück verwendet worden ist, jedoch auf einem anderen Grundstück des Vermieters abgesichert ist

OLG Hamm – RE v. 30.4.1993 – WM 1993, 338.

Eine derart extensive Auslegung, die Anlaß für Umgehungsversuche bietet, ist mit dem Ausnahmecharakter der Regelung in § 5 MHG nicht zu vereinbaren.

Um so wichtiger ist das Gegenrecht des Mieters, die **Offenlegung** derjenigen dinglich gesicherten Darlehen zu verlangen, für die sich der Zinssatz erhöhen kann. Beantwortet der Vermieter die Anfrage nicht, unvollständig oder irreführend, so kann er bei einer Zinserhöhung wegen des nicht offengelegten Darlehens keine Mieterhöhung verlangen (§ 5 Abs. 4 MHG).

Zu beachten ist auch, daß erwerbsbedingte Kapitalkostenerhöhungen nach § 5 Abs. 5 MHG nicht zu einer Mieterhöhung führen dürfen.

e) Formerfordernisse nach § 8 MHG

A 372   Eine entsprechende Regelung bestand bisher schon in § 11 Abs. 4 MHG a.F.

Die Vorschrift ermöglicht eine Formerleichterung, wenn das Mieterhöhungsverlangen mit Hilfe automatischer Einrichtungen (vollständig) gefertigt worden ist;

es braucht dann nicht eigenhändig unterschrieben zu werden. Es reicht nicht aus, daß die Erklärung automatisch „halbgefertigt" wird und die individuellen Angaben alsdann hand- oder maschinenschriftlich nachgetragen werden

OLG Schleswig – RE v. 13.8.1983 – WM 1983, 338 = ZMR 1984, 242.

Die Mietanforderung muß die Person, die es unterzeichnet hat bzw. hierfür verantwortlich zeichnet, erkennen lassen. Dafür genügt nicht, daß die zeichnungsberechtigten Personen an anderer Stelle – z.B. aus dem Briefkopf oder aus der Fußleiste des Schreibens – hervorgehen. Entscheidend ist nämlich, daß sich aus dem Anforderungsschreiben ergeben muß, von welcher Person es autorisiert worden ist,

insoweit zutreffend KreisG Cottbus WM 1992, 109.

Die Schriftform wird durch Telefax nicht gewahrt; es handelt sich hierbei nicht um die Fertigung einer Vielzahl gleichlautender Erklärungen, sondern um die Übermittlung schon gefertigter Erklärungen. Für die Wohnungsmiete ist die Frage ohne besondere praktische Bedeutung, da Mieterhöhungsverlangen und -anforderungen nicht per Telefax versandt zu werden pflegen, **A 373**

eingehend hierzu Börstinghaus–Meyer Rdn. 57, Börstinghaus ZMR 1994, 396.

Die Formerleichterung nach § 8 MHG wird auch für eine etwa beizufügende Vollmacht zu gelten haben,

Bub–Treier Rdn. III 385, Münchner Kommentar-Voelskow MHG § 8 Rdn. 2, Sternel Mietrecht Rdn. III 649.

f) Kündigungsregelungen nach § 9 MHG

Die Vorschrift gewährt in Abs. 1 dem Mieter ein Sonderkündigungsrecht bei Mieterhöhungen nach §§ 2 bis 5, 12, 13 und 16 MHG. Das Kündigungsrecht kann bei Mieterhöhungen nach §§ 2, 12 innerhalb der Überlegungsfrist ausgeübt werden. Es galt über § 11 Abs. 6 MHG a.F. schon bisher für Mieterhöhungen nach der 1. und 2. GrundMV und hat in der Praxis nur geringe Bedeutung. **A 374**

Zweifelhaft erscheint, ob dem Mieter das Kündigungsrecht auch dann zusteht, wenn das Erhöhungsverlangen unwirksam ist. Das wird im Grundsatz zu verneinen sein, weil nur rechtswirksame Akte Rechtswirkungen auslösen können, sofern nichts anderes gesetzlich geregelt ist,

Barthelmess MHG § 9 Rdn. 4, Sternel Mietrecht Rdn. III 859, a.A. Emmerich–Sonnenschein Miete, 6. Aufl., MHG § 9 Rdn. 2, Münchner Kommentar-Voelskow MHG § 9 Rdn. 4, Schmidt-Futterer–Blank C 455.

Jedoch kann es im Einzelfall treuwidrig sein, wenn der Vermieter gegenüber einer Kündigung des Mieters nach § 9 Abs. 1 MHG die Unwirksamkeit seiner eigenen Erklärung geltend macht

Sternel a.a.O., AG Andernach WM 1994, 547.

Im Ergebnis wird sich der Mieter nur dann nicht auf die Kündigungsbefugnis berufen dürfen, wenn er die Unwirksamkeit des Erhöhungsverlangens kannte oder sie offensichtlich war.

A 375 Neu ist die Anwendung des § 9 Abs. 2 MHG auf „übergeleitete Mietverhältnisse", auch wenn sie von einem Teil der Rechtsprechung schon bisher analog angewendet worden war,

s. BezG Chemnitz WM 1993, 34, AG Görlitz WM 1994, 617, Beuermann GE 1993, 395.

Die Vorschrift erschwert die Befugnis des Vermieters zur fristlosen Kündigung wegen Zahlungsverzuges, soweit der Verzug auf Mieterhöhungen nach §§ 2 bis 5, 12, 13, 16 MHG gestützt wird: Der Vermieter kann nicht vor Ablauf von 2 Monaten nach rechtskräftiger Verurteilung des Mieters zur Zustimmung oder Zahlung der Mieterhöhung fristlos kündigen. Diese Beschränkung gilt natürlich nicht, wenn der Mieter mit dem Mietzins im übrigen derart in Verzug geraten ist, daß die Kündigungsvoraussetzungen des § 554 BGB ohnehin vorliegen.

Die Kündigungsregelung in § 9 MHG gilt nicht bei Mieterhöhungen aufgrund einer Vereinbarung nach § 17 MHG, ebensowenig aufgrund eines Prozeßvergleichs,

OLG Hamm – RE v. 27.12.1991 – NJW-RR 1992, 340 = WM 1992, 54.

g) Vereinbarte Mietänderungen nach §§ 10, 10a MHG

A 376 **aa)** In § 10 Abs. 1 MHG ist geregelt, daß Vereinbarungen, die zum Nachteil des Mieters von den §§ 1 bis 9 MHG abweichen, unwirksam sind, es sei denn, daß der Mieter während der Mietzeit einer **Mieterhöhung um einen bestimmten Betrag** zugestimmt hat. Diese Vorschrift ist durch § 17 MHG insoweit erweitert worden, als auch von den Regelungen in §§ 10 Abs. 2 bis 16 MHG durch Vereinbarung nicht zum Nachteil des Mieters abgewichen werden kann. Das gilt auch für bloße Verfahrensvorschriften (z.B. kein Hinausschieben und keine Verlängerung der Klagefrist für Mieterhöhungen nach §§ 2, 12 MHG). Darunter fallen auch Vereinbarungen, die sich nur mittelbar auf die Miethöhe auswirken, z.B. die Vereinbarung einer größeren als der tatsächlichen Wohnfläche oder über das Vorhandensein eines vermieterseits nicht gestellten Ausstattungsmerkmals. Zugelassen sind dagegen Mieterhöhungsvereinbarungen im Einzelfall um einen bestimmten Betrag (s. Rdn. A 483).

A 377 **bb)** Die Vereinbarung einer **Staffelmiete** nach § 10 Abs. 2 MHG ist an sich zulässig; denn § 11 Abs. 2 MHG nimmt diese Vorschrift aus dem Anwendungsbereich für „übergeleitete Wohnungen" nicht aus. Die Begrenzung der Neuabschlußmieten in Art. 2 § 2 MÜG wirkt sich nur auf die Eingangmiete aus,

vgl. Beuermann MÜG Art. 2 § 2 Rdn. 19.

Das rechtfertigt sich daraus, daß während der Mietzeit Mieterhöhungsvereinbarungen getroffen werden können, die nicht der Mietobergrenze nach Art. 2 § 2 MÜG unterliegen. Weil während der Geltung der vereinbarten Staffelmiete Mieterhöhungen nicht nur nach §§ 2, 12 MHG, sondern auch nach §§ 3, 13 MHG infolge baulicher Veränderungen und nach § 5 MHG wegen gestiegener Kapitalkosten ausgeschlossen sind, empfiehlt sich die Vereinbarung von Staffelmieten nicht.

A 378 Ausgeschlossen sind auch Mieterhöhungen nach § 16 MHG,

a.A. Börstinghaus-Meyer Rdn. 513.

Sie kommen bei Neuabschlüssen nach Inkrafttreten des MÜG am 11.6.1995 ohnehin nicht zum Tragen. Wird in einem zuvor schon begründeten Mietverhältnis eine Staffelmiete vereinbart, gilt die Mieterhöhungsmöglichkeit nach § 16 MHG durch die vereinbarte Staffelung als abbedungen. Ist vor Inkrafttreten des MÜG eine Staffelmiete vereinbart worden, so lebt die Vereinbarung nach dem 11.6.1995 nicht auf, sondern muß neu begründet werden,

so auch Beuermann MHG §§ 17, 10 Rdn. 33.

cc) Zulässig sind auch **Mietanpassungsvereinbarungen** nach § 10a MHG. Jedoch dürfte die Bindung der Miete an den Preisindex für Lebenshaltungskosten in den neuen Ländern nicht möglich sein,

vgl. Beuermann §§ 17, 10a Rdn. 16.

Hier gilt ähnliches wie für Staffelmieten: Nur die Eingangsmiete ist durch die Mietobergrenze für Neuabschlüsse in Art. 2 § 2 MÜG beschränkt. Die vorausgesetzte währungsrechtliche Genehmigung wird nur erteilt, wenn das Mietverhältnis für den Vermieter wenigstens 10 Jahre lang nicht kündbar ist. Auch sind Mieterhöhungen wegen Modernisierungen nach § 3 MHG für die Laufzeit des Vertrages ausgeschlossen. Es ist daher nicht zweckmäßig, Mietanpassungsklauseln für Mietverhältnisse über „übergeleitete Wohnungen" zu vereinbaren (vgl. i.e. Rdn. A 102).

A 379

5. Mieterhöhung nach § 12 MHG – materielle Voraussetzungen

Die Mieterhöhung nach § 12 Abs. 1 MHG kommt nur für den Wohnungsbestand in Betracht, der bisher nach § 11 Abs. 2 MHG dem Geltungsbereich der 1. und 2. GrundMV sowie der BetrKostUV unterlag (vgl. Rdn. A 309). Problematisch erscheint die preisrechtliche Behandlung von Wendewohnungen (vgl. Rdn. A 334, A 349).

A 380

Die Mieterhöhung beträgt grundsätzlich 20% des am 11.6.1995 preisrechtlich geschuldeten Mietzinses (§ 12 Abs. 1 S. 1 MHG). Für Wohnraum, der nicht mit einer Zentralheizung und einem Bad ausgestattet ist, ermäßigt sich der Erhöhungssatz um 5% (§ 12 Abs. 1 S. 2 MHG, s. Rdn. A 393). Handelt es sich um Wohnraum in einem Einfamilienhaus oder im komplexen Wohnungsbau, der nach dem 30.6.1990 fertiggestellt worden ist und erheblich über dem üblichen Standard im komplexen Wohnungsbau hinausgeht, so tritt eine Erhöhung um je 5% ein (§ 12 Abs. 3 MHG, s. Rdn. A 402). Die Mieterhöhung nach § 12 Abs. 1 MHG darf in der Region von Ballungszentren nur in zwei Schritten durchgeführt werden, wobei 5% erst zum 1.1.1997 verlangt werden dürfen (§ 12 Abs. 2 MHG, s. Rdn. A 406).

a) Ermittlung der Stichtagsmiete

Ausgangspunkt für die Mieterhöhung ist der am 11.6.1995 geschuldete preisrechtlich zulässige Mietzins. Es kommt nicht darauf an, welcher Mietzins zulässig gewesen wäre und ob der Vermieter von seinen Erhöhungsmöglichkeiten hätte Gebrauch machen können. Vielmehr ist nur zu prüfen:

A 381

aa) Wie hoch ist der Mietzins am 11.6.1995 gewesen?

bb) Ist diese Miete gemäß § 5 2. GrundMV preisrechtlich zulässig gewesen?

A 382 Zu aa): Betriebskosten werden aus der Stichtagsmiete nicht herausgerechnet, wenn es sich um eine Inklusiv- oder Teilinklusivmiete handelt,

Börstinghaus WM 1995, 469, Eisenschmid WM 1995, 367, a.A. Beuermann MHG § 12 Rdn. 15.

Zwar mag der Gesetzgeber davon ausgegangen sein, daß im Regelfall Nettokaltmieten gelten; diese Mietstruktur war aber nicht preisrechtlich vorgeschrieben (vgl. Rdn. A 316). Der Gesetzgeber hat sich in § 12 Abs. 1 MHG auch nicht für eine bestimmte Mietstruktur entschieden, sondern spricht nur von dem am 11. Juni 1995 (preisrechtlich zulässig) geschuldeten Mietzins und legt fest, welche Mietbestandteile – nämlich Mieterhöhungen nach § 3 MHG und § 3 2. GrundMV – auszusondern sind. Werden allerdings Betriebskosten neben der Miete umgelegt, so bleiben sie für die Ermittlung der Stichtagsmiete außer Betracht. Dabei macht es keinen Unterschied, ob es sich um Vorauszahlungen, über die abzurechnen ist, oder um eine Pauschale handelt.

Ist durch den Wohnungsmietvertrag eine Garage mitvermietet und gilt hierfür ein besonderes Entgelt (vgl. § 4 2. GrundMV), so ist dieses in die Stichtagsmiete einzubeziehen.

Hatte der Mieter den Mietzins wegen Mängel gemindert, so bleibt diese Minderung für die Ermittlung der Stichtagsmiete außer Betracht,

a.A. Eisenschmid WM 1995, 367;

denn der Gesetzgeber bestimmt in § 12 Abs. 1 MHG einen preisrechtlichen Höchstrahmen und legt für diesen den Normfall zugrunde, daß das Mietobjekt von vertragsgemäßer Beschaffenheit ist,

ebenso Börstinghaus WM 1995, 469.

A 383 Zu bb): Hatte der Vermieter die Mieterhöhungsmöglichkeit nach § 2 Abs. 2, 3 der 2. GrundMV bis zum 11.6.1995 nicht ausgeschöpft, so verbleibt es für die Berechnung der Mieterhöhung bei der niedrigeren preisrechtlich geschuldeten Miete. Hat er eine Mieterhöhung nach § 2 Abs. 3 der 2. GrundMV im Mai 1995 gefordert, die erst zum 1.7.1995 wirksam werden würde, so partizipiert dieser Teil der Miete nicht an der Mieterhöhung nach § 12 Abs. 1 MHG. Das ist erst recht der Fall, wenn der Vermieter nach dem 11.6.1995 eine Mieterhöhung wegen eines Beschaffenheitszuschlages nach § 16 MHG nachholt.

Hat der Vermieter in der Vergangenheit irrig eine zu geringe Wohnfläche angesetzt, so bleibt er für die Mieterhöhung nach § 12 MHG hieran gebunden. Da er die nach der geringeren Fläche ermittelte Stichtagsmiete per 11.6.1995 zugrunde legen muß, auf der die Mieterhöhung aufbaut, kommt die zutreffende Wohnfläche nur für künftige Mieterhöhungen nach §§ 3–5, 13, 16 MHG sowie für die künftige Abrechnung der Betriebskosten zum Tragen.

War die Miete bisher nach § 5 Abs. 2 2. GrundMV preisrechtlich überhöht, so darf nur der preisrechtlich zulässige Teil als Stichtagsmiete angesetzt werden.

A 384 Aus der Stichtagsmiete sind Mieterhöhungen nach Modernisierung gemäß § 3 MHG und aufgrund von Instandsetzungsvereinbarungen nach § 3 2. GrundMV herauszurechnen. Da das Gesetz hier nur von Modernisierungen, an anderer Stelle aber von baulichen Änderungen spricht, könnte fraglich sein, ob Mieterhöhungen, die auf Energiesparmaßnahmen oder auf baulichen Maßnahmen, die der

Vermieter nicht zu vertreten hat, beruhen, nicht herausgerechnet zu werden brauchen, sondern an der Mieterhöhung teilhaben. Den Gesetzesmaterialien ist indes zu entnehmen, daß die Mieterhöhung auf der Grundlage der Mieten nach den Grundmietenverordnungen ermittelt werden sollte, um Verzerrungen des Mietenniveaus durch weitere Zuschläge auf schon erhöhte Mieten zu vermeiden (Bundestags-DS 13/783 S. 12). Es sind daher alle Mieterhöhungen nach § 3 MHG aus der zu ermittelnden Stichtagsmiete herauszurechnen (so auch Börstinghaus WM 1995, 470). Dabei macht es keinen Unterschied, ob sie auf einer einseitigen Anforderung oder einer Mieterhöhungsvereinbarung innerhalb des materiellen Rahmens des § 3 MHG beruhen. Da es nicht auf die förmliche Art der Mieterhöhung, sondern auf den materiellen Inhalt der Mieterhöhung als preisrechtlichen Faktor ankommt, sind die genannten Mietbestandteile auch aus Neuabschlußmieten herauszurechnen,

so auch Beuermann MHG § 12 Rdn. 12.

b) Schadensfreiheit der Gebäudeteile

Die Mieterhöhung setzt voraus, daß mindestens 3 der in § 12 Abs. 1 S. 1 MHG A 385 aufgezählten Gebäudeteile keine erheblichen Schäden aufweisen, nämlich

1. Dach,
2. Fenster,
3. Außenwände,
4. Hausflure oder Treppenräume oder
5. Elektro-, Gas- oder Wasser- und Sanitärinstallationen.

Der Katalog übernimmt denjenigen in § 2 Abs. 2, 3 2. GrundMV. Damit sollte vermieden werden, daß bei schlecht instandgehaltenen Wohnungen die Miete erhöht wird (Bundestags-DS 13/783 S. 12). In der vom Deutschen Mieterbund herausgegebenen und von der Gesellschaft der behutsamen Stadterneuerung Berlin mbH verfaßten Checkliste „Beschaffenheitszuschläge" sind folgende Gesichtspunkte für die Beurteilung der Erheblichkeit von Schäden zusammengefaßt:

– Wohnqualität: Sie wird bei den genannten Bauteilen durch deren Funktion als Wetterschutz bestimmt. Der Schutz soll nicht geringer sein als die Standards oder Normen der Entstehungszeit des Gebäudes vorsahen, sonst liegt ein erheblicher Schaden vor.

– Substanzerhalt: Auch ohne spürbare Auswirkungen im Gebäudeinneren können witterungsbedingte Veränderungen am Gebäude erhebliche Schäden für die Bausubstanz mit sich bringen. Das schließt auch Schäden ein, deren Beseitigung nur einen geringen Aufwand erfordert, da sich aus ihnen Flächen- und Folgeschäden entwickeln.

– Stabilität: In der Regel werden sich die hierher gehörenden Schäden mit den soeben zuvor genannten decken. Aber es gibt auch noch erhebliche Mängel durch die Gefährdung von Bewohnern und Passanten.

– Kosten: Es kann Schäden geben, die, ohne den Wetterschutz aktuell zu beeinträchtigen, im Inneren eine große Ausdehnung erreichen. Diese Schäden sollen als erheblich gelten, da ihre Reparatur notwendig ist, um den Instandsetzungsaufwand nicht noch weiter zu erhöhen.

A 386 Nach den Gesetzesmaterialien (Bundesrats-DS 437/92 S. 19) lassen sich folgende Beispiele für die Erheblichkeit von Schäden bilden:

– am Dach:
 Wenn nicht nur vereinzelte Ziegel oder kleine Teile der Dachhaut abgelöst sind und deshalb kein ausreichender Nässeschutz besteht oder wenn die Dachkonstruktion, die Dachrinnen oder Regenfallrohre überwiegend schadhaft sind;

– an den Außenwänden:
 Wenn Risse und Putzabplatzungen nicht nur geringen Umfangs vorliegen oder Fugen undicht sind, insbesondere wenn Durchfeuchtungen vorliegen;

– an den Fenstern:
 Wenn Schäden durch Korrosion und Verrottung bei den Rahmen oder Rahmenteilen sowie an den Eindichtungen vorliegen;

– an Hausfluren oder Treppenräumen:
 Wenn die Treppen oder Geländer beschädigt sind, so daß die Verkehrssicherheit beeinträchtigt ist, wenn Putzrisse, Abplatzungen, Durchfeuchtungen und unterlassene Schönheitsreparaturen einen insgesamt vernachlässigten und ungepflegten Eindruck vermitteln;

– an der Hausinstallation:
 Wenn das Leitungsnetz nicht funktionssicher ist, die Wasser- und Sanitärinstallation umfangreiche Korrosions- und Inkrustationsschäden aufweisen, es insbesondere wiederholt zu Rohrbrüchen gekommen ist, wenn Absperrvorrichtungen (zum Beispiel Sielverschlüsse) funktionsuntüchtig sind.

A 387 Ein Beschaffenheitsmangel liegt nicht vor, wenn das Gebäude über das betreffende Ausstattungsmerkmal nicht verfügt. So führt der Umstand, daß Einfamilienhäuser in der Regel keinen Hausflur aufweisen, nicht dazu, dies als Beschaffenheitsmangel i.S. von § 12 Abs. 1 S. 1 Nr. 4 MHG anzusehen,

AG Pankow-Weißensee MM 1995, 102, AG Rostock WM 1994, 671, Beuermann MHG § 12 Rdn. 50, a.A. AG Potsdam WM 1995, 189, 545, AG Aschersleben WM 1995, 44, Eisenschmid WM 1995, 365.

Bei einer solchen Betrachtungsweise wird der Beschaffenheitszuschlag, der nach der Gesetzesdefinition in § 2 Abs. 2, 3 2. GrundMV eigentlich ein Abschlag war, als mietwerterhöhendes Wohnwertmerkmal mißverstanden. Zweck des Gesetzes war und ist, für den Vermieter Anreize zur Instandsetzung zu setzen. Das wäre aber verfehlt bei solchen Teilen, die ein Gebäude gar nicht aufweist.

A 388 Auf die Beseitigung eines Schadens kann sich der Vermieter erst dann berufen, wenn der betroffene Bauteil seine volle Funktionsfähigkeit auf Dauer wiedererhalten hat. Provisorische und nur kurzzeitig wirkende Schadensbeseitigungen reichen nicht aus, weil sie nicht dem Gesetzeszweck entsprechen, den Wohnungsstandard auf Dauer zu heben.

Hat der Mieter die Mängel auf eigene Kosten beseitigt, so kann sich der Vermieter nicht auf die Mängelfreiheit berufen, sofern er nicht die gesamten Kosten dem Mieter erstattet hat. Hier gilt Entsprechendes wie für die Nichtberücksichtigung von Wohnwertmerkmalen bei Anwendung des § 2 MHG, die der Mieter geschaffen hat,

BayObLG – RE v. 24.6.1981 – NJW 1981, 2259 = WM 1981, 208, ausführlich dazu Sternel PiG 45 (1995), 54, ferner Beuermann MHG § 12 Rdn. 57.

Das gilt erst recht, wenn die Parteien eine Instandsetzungsvereinbarung zu Lasten des Mieters getroffen haben; denn dann ist es als ausgeschlossen anzusehen, daß der Vermieter aus der Mangelfreiheit eine Mieterhöhung ableitet,

vgl. auch AG Berlin-Mitte MM 1994, 140.

Hervorzuheben sind folgende Problempunkte: A 389

aa) Umstritten ist der **Gebäudebegriff.** Es entspricht sowohl dem Katalog des Bundesbauministeriums über die Beschaffenheitskriterien nach § 2 2. GrundMV (DWW 1992, 290, 292) als auch den Anwendungshinweisen des Deutschen Mieterbundes, den Gebäudebegriff einschränkend dahin zu verstehen, daß bei einem Wohnblock mit mehreren Hauseingängen und Treppenhäusern von mehreren selbständig zu beurteilenden Gebäuden auszugehen ist. Das ist für Schäden am Dach in der Rechtsprechung anerkannt worden,

AG Pasewalk WM 1993, 666, vgl. auch Beuermann MHG § 12 Rdn. 49.

Vor einer schematischen Anwendung dieser Grundregel ist allerdings zu warnen; sie wirkt sich keineswegs durchweg zugunsten des Vermieters aus, wie zum Teil angenommen wird,

so Pfeifer in Taschenbuch für Hauseigentümer 20 (1993) S. 24, kritisch dagegen Hannig PiG 41 (1993), 75.

Diese Betrachtungsweise kann nämlich dazu führen, daß die Erheblichkeitsschwelle abgesenkt wird: Schäden, die bei einer Bewertung des ganzen Wohnblocks eher noch als unerheblich einzustufen wären, können nunmehr zu Abschlägen führen, weil sie sich auf die kleinere Gebäudeeinheit, die fingiert wird, erheblich auswirken. Daher wird maßgeblich auf die Verkehrsauffassung abzustellen sein. Gebäude mit nur 2 bis 3 Hauseingängen und Treppenhäusern können danach noch als ein Gebäude angesehen werden.

bb) Anders als im Gewährleistungsrecht kommt es hier auf die **objektive Mangelhaftigkeit** des Gebäudes an, die keinen Bezug zum Mietgebrauch im einzelnen Mietverhältnis zu haben braucht. Das folgt zum einen aus dem Gesetzeszweck, durch die beschaffenheitsbedingten Mietkürzungen Anreize zur Gebäudeinstandsetzung zu geben, und zum anderen daraus, daß nach den Vorstellungen des Gesetzgebers die Gewährleistungsrechte des Mieters unberührt bleiben sollen (vgl. Begründung zum Entwurf der 2. GrundMV Bundesrats-DS 437/92 S. 20). Allgemein wird die Auffassung vertreten, daß systembedingte Mängel keine Schäden im Sinne von § 2 2. GrundMV darstellten; seien die zur Zeit der Errichtung des Gebäudes maßgebenden technischen Normen eingehalten, so sei damit dem Gesetz genügt, A 390

Hannig PiG 41, 36 f., Pfeifer PiG 41, 78; ebenso für den Instandsetzungsanspruch des Mieters nach § 536 BGB: OLG Naumburg WM 1995, 145, KreisG Erfurt WM 1993, 112, andererseits AG Pasewalk WM 1992, 683 für Plattenbauweise, KreisG Görlitz WM 1993, 113 für Betonbauten, differenzierend: KreisG Döbeln WM 1992, 535.

Das muß in doppelter Hinsicht eingeschränkt werden: Auf den technischen Standard nach den Verhältnissen des Baualters kommt es nicht an, sofern die Schäden durch handwerkliche Mängel, insbesondere unsorgfältige Verarbeitung, falsche Materialwahl, Planungsfehler und dergl. allein- oder mitverursacht worden sind. Ebensowenig kann sich der Vermieter auf den bauüblichen Standard berufen, wenn er es in der Vergangenheit schuldhaft unterlassen hat, regelmäßige Instandhaltungen durchzuführen, so daß die Schäden auf einem Reparaturstau zumindest mitberuhen. Das betrifft insbesondere den Altbaubestand aus der Vorkriegszeit. Der im öffentlichen Baurecht geltende Grundsatz des Bestandsschutzes spielt hier keine Rolle (anders Pfeifer a.a.O.); denn es ist gerade ein Anliegen des Gesetzgebers, durch Vermeidung von Mietkürzungen dem Vermieter Anreize zur Instandsetzung zu geben (s. die Entwurfsbegründung zur 2. GrundMV Bundesrats-DS 437/92 S. 10).

A 391   cc) Ob die **Mängel erheblich** sind, bestimmt sich nach ihren Auswirkungen auf den Funktionswert. Dabei kommt es nicht darauf an, ob die einzelne Wohnung von dem Mangel betroffen wird. Indiz für die Erheblichkeit ist aber die Anzahl der Wohnungen, auf die sich der Mangel auswirkt. Dagegen kommt es nicht entscheidend auf den Kostenaufwand zur Behebung des Mangels an; dieser Umstand hat aber Indizwirkung,

so auch Beuermann MHG § 12 Rdn. 25.

Zwar ist keine völlige Fehlerfreiheit vorausgesetzt,

zutr. Börstinghaus MDR 1995, 655.

Eine Vielzahl kleiner Mängel an einem Gebäudeteil kann aber dazu führen, daß die Erheblichkeitsschwelle überschritten wird.

Erhebliche Schäden an den Außenwänden sind angenommen worden, wenn mindestens 20% der Gesamtfassadenfläche von Putzabplatzungen und/oder Feuchtigkeitsschäden betroffen sind,

AG Berlin-Mitte GE 1994, 1319.

Die Erheblichkeit von Schäden an Fenstern ist bejaht worden, wenn zumindest 2/3 der Fenster einer Gebäudeeinheit erhebliche Schäden aufweisen,

AG Berlin-Mitte GE 1994, 815.

Auch ein durchgehender ca. 2 mm breiter Riß an der Außenfassade mit umgebenden Putzabplatzungen von 2 cm ist als erheblicher Mangel der äußeren Wärmedämmung und als erhebliche optische Beeinträchtigung gewertet worden,

AG Nebra WM 1995, 398.

A 392   dd) Im Streitfall muß der Vermieter darlegen und **beweisen,** daß die Gebäude keine erheblichen Schäden aufweisen; denn es handelt sich bei der Schadensfreiheit um eine Anspruchsvoraussetzung und nicht um eine vom Mieter darzulegende Einwendungstatsache,

Börstinghaus MDR 1995, 656, ders. WM 1995, 468,
a.A. Beuermann MHG § 12 Rdn. 59.

Das entsprach schon unter der Geltung der 2. GrundMV der herrschenden Meinung,

LG Berlin GE 1995, 59, AG Köpenick MM 1994, 23, AG Greifswald WM 1994, 269, AG Lichtenberg MM 1994, 284, AG Nebra WM 1995, 398, AG Schwerin WM 1994, 530

und ergibt sich nunmehr aus dem Gesetzeswortlaut. Der Vermieter kann zunächst allgemein die Schadensfreiheit behaupten. Erst wenn der Mieter sich auf konkrete Schäden beruft, muß er deren Fehlen darlegen und beweisen. Macht der Mieter geltend, daß das Gebäude erhebliche Schäden aufgewiesen habe, die er behoben habe, so liegt hierin keine Einwendung, sondern ein bloßes Bestreiten der Anspruchsgrundlagen. Dieses muß aber substantiiert erfolgen, was die Mängelbeseitigung durch ihn – den Mieter – anbelangt,

vgl. Sternel PiG 45 (1995), 55.

Der Umstand, daß der Vermieter in der Vergangenheit Mieterhöhungen aufgrund der Beschaffenheit nach § 2 Abs. 2, 3 2. GrundMV hat durchführen können, sagt noch nichts über die Schadensfreiheit für die Mieterhöhung nach § 12 MHG aus. Das gilt auch, wenn der Vermieter auf Zahlung der Mieterhöhung nach § 2 Abs. 2, 3 2. GrundMV geklagt und obsiegt hatte; denn das tatsächliche Vorbringen erwächst nicht in Rechtskraft. Die gerichtliche Entscheidung kann jedoch indizielle Bedeutung haben,

vgl. Beuermann MHG § 12 Rdn. 58, Maciejewski MM 1995, 267.

c) Ausstattungsbedingte Abschläge

Die Mieterhöhung ermäßigt sich um 5% für Wohnraum, der nicht mit einer Zentralheizung und einem Bad ausgestattet ist. Gemeint ist eine Herabsetzung der Erhöhungsquote von 20% auf 15% und nicht etwa – wie es der Wortlaut nahelegen könnte – eine Ermäßigung des Erhöhungssatzes von 20% um 5%, was auf eine reale Ermäßigung um 1% hinausliefe.

A 393

Beide Ausstattungsmerkmale müssen vom Vermieter zur Verfügung gestellt worden sein. Das ist nur dann der Fall, wenn er die Ausstattungen auf eigene Kosten geschaffen oder sie zusammen mit dem Grundstück oder vom Vormieter erworben hat. Entscheidend ist, ob die Merkmale Gegenstand seiner Gebrauchsgewährpflicht nach §§ 535, 536 BGB gegenüber dem jetzigen Mieter sind. Hat letzterer sie geschaffen, so kann der Vermieter sie sich nicht – auch nicht nach wirtschaftlicher Abschreibung – zurechnen lassen,

BayObLG – RE v. 24.6.1981 – NJW 1981, 2259 = WM 1981, 208.

Hat sich der Mieter an den Kosten beteiligt, so wird es nach dem wirtschaftlichen Gewicht der Leistung zu bewerten sein, ob die Einrichtung dem Vermieter oder dem Mieter zuzuordnen ist.

Die Reduzierung soll dem niedrigeren Wohnwert einer nicht mit Zentralheizung und Bad ausgestatteten Wohnung Rechnung tragen (so die Begründung des Ausschusses für Raumordnung, Bauwesen und Städtebau, Bundestags-DS 13/1386 S. 26).

Entscheidend ist die Ausstattung bei Inkrafttreten des MÜG am 11.6.1995. Installiert der Vermieter zu einem späteren Zeitpunkt ein Bad oder eine Zentralheizung, so führt das nur zu einer Mieterhöhung nach § 3 MHG, nicht aber auch zu einer solchen nach § 12 Abs. 1 MHG. Das folgt daraus, daß das Gesetz lediglich eine Erhöhung der Stichtagsmiete vorsieht, nicht aber spätere ausstattungsbedingte Erhöhungen zuläßt,

a.A. Börstinghaus WM 1995, 471, Börstinghaus–Meyer Rdn. 234, Schilling Betrieb und Wirtschaft 1995, 655.

Die Stichtagsmiete knüpft indes an den Ausstattungsstand per 11.6.1995 an. Daraus, daß nachträglich die Voraussetzungen für die Ermäßigung *entfallen*, wird noch kein Mieterhöhungstatbestand ausgelöst. Anders verhält es sich, wenn erst nach dem 11.6.1995 die Tatbestandsvoraussetzungen für eine Mieterhöhung nach § 12 Abs. 1 S. 1 *geschaffen* werden, indem z.B. die Schadensfreiheit von (wenigstens) 3 der normierten Gebäudeteile (s. Rdn. A 385) herbeigeführt wird.

A 394 **aa)** Der Begriff der **Zentralheizung** knüpft an die Regelung in § 1 Abs. 2 1. GrundMV an,

vgl. Bundestags-DS 13/1386 S. 26, ausführlich dazu Beuermann MHG § 12 Rdn. 62 f.

Als Zentralheizung kommt ein Heizungssystem in Betracht, das von einer zentralen Feuerungsstelle aus ein Gebäude, mehrere Wohnungen, eine Etage oder auch nur eine Wohnung beheizt. Auch der Anschluß einer Wohnung an eine Fernheizung oder an ein Blockheizwerk fällt unter diesen Begriff. Auf die Art der Heizenergie kommt es nicht an,

vgl. auch Schubart-Kohlenbach–Wienicke Anh. E 33 1. GrundMV § 1 Anm. 5 unter Hinweis auf § 21 Abs. 2 WoSoG vom 20.6.1991 (BGBl. I 1250), ferner Kinne WM 1992,409, Pfeifer NJ 1992, 21, Beuermann MHG § 12 Rdn. 62, 63, Börstinghaus–Meyer Rdn. 230.

Eine Zentralheizung liegt dagegen nicht vor, wenn der Ort der Wärmeerzeugung und der Wärmeabgabe identisch sind,

Schmidt-Futterer–Blank C 299.

Dementsprechend wirkt sich die Beheizung durch einzelne Nachtstromspeichergeräte oder einzelne Gas-(Außenwand)öfen nicht mieterhöhend aus,

AG Bad Liebenwerda MDR 1995, 1213,

erst recht nicht die Ausstattung mit kohlebetriebener Naragheizung oder manuell zu versorgenden Ölöfen.

Unschädlich ist es, wenn Küche und Bad sowie Abstellräume und Flure, ferner in Großwohnungen das frühere sog. Mädchenzimmer nicht an die Zentralheizung angeschlossen sind, sondern extra oder gar nicht beheizt werden,

a.A. Eisenschmid WM 1995, 367,
zweifelnd Maciejewski MM 1995, 267.

A 395 **bb)** Ein **Bad** ist ein gesonderter Raum innerhalb der Wohnung mit Badewanne und/oder Dusche und einer Warmwasserversorgungsanlage. Unerheblich ist, ob es sich um einen Kohlebadeofen, einen Elektrospeicher, Gasboiler oder um eine verbundene Heizungs- und Warmwasserversorgungsanlage handelt,

Kinne WM 1992, 409, Seitz DtZ 1992, 172, 175, Beuermann MHG § 12 Rdn. 64, Börstinghaus–Meyer Rdn. 229, Eisenschmid WM 1995, 366, Maciejewski MM 1995, 267.

Wichtig ist, daß das Bad in die Wohnung integriert ist. Es kommt nicht darauf an, ob der Mieter eine Möglichkeit zur Badbenutzung hat, sondern ob das Bad baulicher Wohnungsbestandteil ist. Ein außerhalb der Wohnung liegendes, nur über das Treppenhaus erreichbares Badezimmer erfüllt den Ausstattungstatbestand nicht (Maciejewski a.a.O.), ebensowenig eine Duschkabine in der Küche oder in einer Flurnische.

Mietpreisrecht   Rdn. A 396–A 401

cc) Der Erhöhungssatz ermäßigt sich bei „Wohnraum, der nicht mit einer Zen- A 396
tralheizung und einem Bad ausgestattet ist". Umstritten ist bislang, ob die
Ermäßigung sich nur auf Wohnraum bezieht, dem beide Ausstattungsmerkmale
fehlen,

    Beuermann MHG § 12 Rdn. 65, Blümmel GE 1995, 659, 662, 730, 796, Happ HmbGE
    1995, 208, vgl. auch Sternel GE 1995, 838, ders. ZMR 1995, 437, 445, MDR 1995, 1181 ff.,
    AG Freienwald WM 1995, 657 v. 28.9.1995, AG Pankow-Weißensee – Urt. v. 19.10.1995.

oder bereits dann eingreift, wenn auch nur eines der Ausstattungsmerkmale
nicht vorhanden ist,

    Börstinghaus MDR 1995, 654, 655, ders. WM 1995, 467, Börstinghaus–Meyer Rdn. 227,
    Eisenschmidt WM 1995, 363, 366, Funke GE 1995, 312, Pfeifer DWW 1995, 213, 214,
    Maciejewski MM 1995, 307, Schilling Betrieb und Wirtschaft 1995, 653, AG Bad Lieben-
    werda MDR 1995, 1213, AG Köpenick WM 1995, 658.

Dieser Meinungsstreit dürfte sich nunmehr erledigen, nachdem der Gesetzgeber A 397
in einem in Vorbereitung befindlichen „Gesetz zur Änderung des Gesetzes zur
Regelung der Miethöhe" (Bundesrats-DS 13/3083 vom 21.11.1995) seinen Willen
klarstellt. Danach wird § 12 Abs. 1 S. 2 MHG wie folgt neu gefaßt:

    Der Erhöhungssatz ermäßigt sich auf 15 vom Hundert bei Wohnraum, bei dem die
    Zentralheizung oder das Bad oder beide Ausstattungsmerkmale fehlen.

Außerdem wird dem Absatz 1 der folgende Absatz 1a angefügt:

    Absatz 1 Satz 2 gilt auch für Ansprüche, die der Vermieter vor dem 1. Januar 1996
    geltend gemacht hat. Hat der Mieter einem nicht ermäßigten Erhöhungssatz zuge-
    stimmt oder ist er zur Zustimmung verurteilt worden, obwohl die Zentralheizung oder
    das Bad fehlte, kann er seine Zustimmung insoweit widerrufen. Der Widerruf ist dem
    Vermieter bis zum 31. März 1996 schriftlich zu erklären. Er wirkt ab dem Zeitpunkt, zu
    dem das Mieterhöhungsverlangen wirksam geworden ist. Soweit die Zustimmung wi-
    derrufen ist, hat der Vermieter den Mietzins zurückzuzahlen. Auf diese Änderung des
    Mietzinses ist § 2 Abs. 1 Satz 1 Nr. 1 nicht anzuwenden.

Da der Gesetzesentwurf von einer breiten Mehrheit – nämlich gemeinsam von A 398
den Fraktionen von CDU/CSU, SPD und F.D.P. – eingebracht worden ist, kann
mit einer alsbaldigen Verabschiedung gerechnet werden. Vorgesehen ist das Inkrafttreten zum 1. Januar 1996.

Damit ist klargestellt, daß die Reduzierung bereits dann eintritt, wenn auch nur A 399
eines der Ausstattungsmerkmale fehlt. Bedenklich erscheint, dem Mieter einen
Rückforderungsanspruch einzuräumen, wenn er zuvor der fraglichen Mieterhöhung zugestimmt hat und insbesondere wenn er zur Zustimmung verurteilt
worden ist. Darin dürfte ein Eingriff in die vom Vermieter erworbene Rechts-
und Vermögensposition liegen, gegen den Art. 14 Abs. 1 GG spricht.

Die durch das Gesetz bewirkte Mietreduzierung hat keinen Einfluß auf die
Wartefrist des § 2 Abs. 1 Nr. 1 MHG.

Einstweilen frei.   A 400–A 401

d) Zuschläge bei Wohnungen in Einfamilienhäusern und in Wendewohnungen

A 402 Ein Zuschlag von jeweils weiteren 5% wird zugelassen, wenn es sich um Wohnraum in einem Einfamilienhaus oder in einer überdurchschnittlich beschaffenen Wendewohnung handelt (§ 12 Abs. 3 MHG). Der Zuschlag wird nicht auf die nach § 12 Abs. 1 MHG bereits erhöhte Miete, sondern auf die Stichtagsmiete berechnet.

A 403 **aa)** Der Begriff des **Einfamilienhauses** orientiert sich an § 75 Abs. 5 BewertungsG. Danach sind Einfamilienhäuser Wohngrundstücke, die nur eine abgeschlossene Wohnung enthalten. Maßgebend ist die Abgeschlossenheit; wird ein Einfamilienhaus an mehrere Parteien vermietet, ohne daß die Wohnungen in sich abgeschlossen sind, so geht dadurch der Charakter des Gebäudes nicht verloren. Der Einfamilienhauszuschlag von 5% rechtfertigt sich erst aus dem besonderen Wohnwert. Dieser ist dann gegeben, wenn das Gebäude von nur einer Familie bewohnt wird. Befindet sich in dem Gebäude noch eine Einliegerwohnung, so handelt es sich nicht mehr um ein Einfamilienhaus,

Beuermann MHG § 12 Rdn. 72, vgl. auch Börstinghaus–Meyer Rdn. 238 f.

Wird diese aber an denselben Mieter mitvermietet, so ist wohnwertmäßig ein Einfamilienhaus gegeben. Entsprechendes muß gelten, wenn es sich um ein Zweifamilienhaus handelt, der Mieter jedoch beide Wohnungen angemietet hat. Der Einfamilienhauszuschlag ist dagegen nicht zu gewähren, wenn in einem Zweifamilienhaus der Mieter nur eine Wohnung bewohnt, die andere Wohnung dagegen leersteht. Eine Untervermietung läßt den Einfamilienhauszuschlag unberührt.

Das Fehlen eines Hausflurs kann nicht als Beschaffenheitsmangel gewertet werden (s. auch Rdn. A 387).

A 404 **bb)** Ein Zuschlag von 5% wird auch bei Vermietung von Wohnraum gewährt, der im **komplexen Wohnungsbau** geplant war und der nach dem 30.6.1990 fertiggestellt worden ist, sofern seine Ausstattung über den im komplexen Wohnungsbau üblichen Standard erheblich hinausgeht,

vgl. dazu Beuermann MHG § 12 Rdn. 75 f., Börstinghaus–Meyer Rdn. 247.

Die Regelung beruht auf der Grundlage, daß Wendewohnungen der Preisbindung nach § 11 Abs. 2 MHG a.F. unterlagen, was zweifelhaft erscheint (s. Rdn. A 334, A 349). Denkbar wäre immerhin eine Beschränkung auf Wohnungen des komplexen Wohnungsbaus, die zwischen dem 1.7.1990 und dem 2.10.1990 bezugsfertig geworden sind,

vgl. auch Beuermann MHG § 12 Rdn. 89.

Der übliche Standard wird erheblich überschritten, wenn die Wohnung nach ihrer Ausstattung Weststandard erreicht oder diesem zumindest nahekommt bzw. ein vergleichbarer Wohnwert gegeben ist (Bundestags-DS 13/783 S. 10, 13). Es kommt also nicht nur auf einen Vergleich mit den Wohnungen des komplexen Wohnungsbaus nach üblichem Standard an,

so aber Börstinghaus MDR 1995, 655, Börstinghaus–Meyer Rdn. 249.

Daher genügt es nicht, daß die Wohnungen über eine sog. erweiterte Ausstattung i.S. von §§ 3 ff. der Anordnung über die Ausstattung der Wohnungen im volkseigenen und genossenschaftlichen Wohnungsbau vom 10.7.1973 (GBl. der DDR 1973 I Nr. 37 S. 389) verfügen. Vielmehr ist ein Vergleich mit Wohnungen der gleichen Baualtersstufe in den alten Bundesländern geboten.

Als **überdurchschnittlich** können z.b. folgende Ausstattungsmerkmale angesehen werden: A 405

Einbauküche mit mindestens 2 elektrischen Markengeräten (Herd, Kühlschrank),
Edelstahlspüle,
gefliester Arbeitsbereich,
Rundumverfliesung im Bad, bessere Qualität von Fliesen und Armaturen,
hochwertige Fußböden,
Isolierverglasung,
Gegensprechanlage, Gemeinschaftsantenne.

Nicht ausreichend erscheint, wenn Wendewohnungen zwar über dem Standard im komplexen Wohnungsbau liegen, jedoch erheblich hinter dem Westniveau zurückbleiben. So ist es selbstverständlich, daß

– die Türen Türrahmen haben,

– die Fenster eingeschäumt worden sind,

– die Wohnungstür einbruchsgeschützt ist,

– die Armaturen und Installationen neuzeitlich sind, z.B. der WC-Wasserkasten nicht hochhängt.

Nicht erforderlich ist, daß auch das Wohnumfeld einen höheren Wohnwert aufweist; denn das Gesetz verknüpft den Mietzuschlag nur mit der besseren Ausstattung der Wohnung, nicht aber mit Lagemerkmalen,

a.A. Beuermann MHG § 12 Rdn. 85 f.

Liegen auch nur zwei Beschaffenheitsmängel i.S. von § 12 Abs. 1 S. 1 MHG vor, so kann ein überdurchschnittlicher Standard nicht mehr bejaht werden. Andererseits genügt es nicht, wenn die Wohnung drei Ausstattungsmerkmale aufweist, die Westniveau entsprechen,

so aber Beuermann MHG § 12 Rdn. 88.

Vielmehr ist auf den Gesamteindruck, das Gepräge der Wohnung abzustellen.

e) Abstufung der Mieterhöhung in Ballungsregionen

Die Mieterhöhung von 20% nach § 12 Abs. 1 MHG wird gestreckt, wenn die Wohnung in einer Gemeinde mit mindestens 20.000 Einwohnern liegt oder an eine Gemeinde angrenzt, die mindestens 100.000 Einwohner hat. In diesem Fall können 5% des Erhöhungssatzes – gemeint ist natürlich die absolute Erhöhungsquote von 5% – erst zum 1. Januar 1997 verlangt werden. Bezweckt ist damit nicht, der größeren Attraktivität zu einer Großstadtlage Rechnung zu tragen und damit ein lagebedingtes Wohnwertmerkmal zu schaffen. In diese Richtung weist aber die Stellungnahme des Bundesrates (Bundestags-DS 13/1187 S. 1, ferner Bericht des 18. Ausschusses Bundestags-DS 13/1386 S. 19). Vielmehr steht hinter der Regelung, den Mietanstieg in den Ballungsräumen und deren Umgebung zu dämpfen und sozialverträglicher zu gestalten. A 406

A 407 Maßgeblich sind die Verhältnisse zur Zeit des Mieterhöhungsverlangens,

so auch Beuermann MHG § 12 Rdn. 70, Börstinghaus–Meyer Rdn. 251, a.A. jeweils zu § 1 1. GrundMV: Schubert-Kohlenbach–Wienicke 1. GrundMV § 1 Anm. 5, die auf den Wirkungszeitpunkt der Mieterhöhung abstellen; Seitz DtZ 1992, 174 hält die Verhältnisse zur Zeit des Inkrafttretens der Norm für maßgebend.

Für die Einwohnerzahlen ist auf die politische Gemeindegrenze, nicht auf soziale Ballungszentren abzustellen. Das gilt auch für die angrenzenden Gemeinden: Die kleinere Gemeinde muß mit der Großstadtgemeinde mindestens eine – wenn auch vielleicht kurze – gemeinsame Grenze haben. Es genügt nicht die Lage im sog. Einzugsbereich.

A 408 Unzulässig ist es, die Mieterhöhung in einer einheitlichen Erklärung durchzuführen und sofort einen Teil zum frühestmöglichen Zeitpunkt, den anderen Teil von 5% erst zum 1.1.1997 zu verlangen,

Beuermann MHG § 12 Rdn. 68, Eisenschmid WM 1995, 365, Maciejewski MM 1995, 268.

Dieses Verfahren ließe sich mit den zwingenden Fristen (Wirkungsfrist, Klagefrist) nicht vereinbaren. Außerdem würde das Widerspruchsrecht des Mieters nach § 12 Abs. 5 MHG beeinträchtigt.

Damit die Mieterhöhung von 5% zum 1.1.1997 wirkt, muß der Vermieter das Zustimmungsverlangen so rechtzeitig stellen, daß es dem Mieter noch Ende Oktober 1996 zugeht. Ein Mieterhöhungsverlangen, das vor dem 1.10.1996 gestellt werden würde, wäre aber unwirksam,

Beuermann MHG § 12 Rdn. 69;

denn es würde zu einer Fristenverschiebung führen, was unzulässig ist. Unschädlich ist dagegen, wenn der Vermieter die weitere Mieterhöhung erst mit Wirkung nach dem 1.1.1997 erklärt.

A 409 Zu beachten ist, daß § 12 Abs. 2 MHG keine zusätzliche Erhöhungsbefugnis gewährt. Ausgangspunkt für die Berechnung der Mieterhöhung bleibt die Stichtagsmiete zum 11.6.1995. Danach durchgeführte Mieterhöhungen nehmen also an dem Zuschlag nicht teil. Nach dem 11.6.1995 geschaffene Ausstattungsmerkmale wie Zentralheizung oder Bad oder beseitigte Mängel an wesentlichen Gebäudeteilen beeinflussen also die Stichtagsmiete nicht.

f) Kappungsgrenze

A 410 **aa)** Die durch Gesetz vom 20.12.1982 in § 2 Abs. 1 Nr. 3 MHG eingefügte Kappungsgrenze ist – entgegen mancher in den alten Bundesländern geübter Vermieterpraxis – kein Maßstab für die Mieterhöhung, sondern bildet eine Begrenzung der ortsüblichen Miete. Es gilt jeweils die niedrigere Grenze. Die Kappungsgrenze lag zunächst bei 30% Mietsteigerung innerhalb von 3 Jahren, nicht eingerechnet die Mieterhöhungen nach §§ 3–5 MHG. Der Zeitraum von 3 Jahren ist nach h.M. rückbezüglich und nicht zukunftsbezogen anzusetzen,

Barthelmess MHG § 2 Rdn. 53, Bub-Treier Rdn. III 345, vgl. auch Rdn. 577.

Besteht das Mietverhältnis weniger als 3 Jahre, so gilt statt der Frist von 3 Jahren die bisherige kürzere Vertragszeit und als Ausgangsmiete die im Mietvertrag

vereinbarte Anfangsmiete; die Kappungsgrenze wird in diesem Fall nicht etwa im Verhältnis der bisherigen Mietdauer zur Dreijahresfrist prozentual gekürzt,
LG Karlsruhe ZMR 1990, 222.

Von dieser Betrachtungsweise der h.M. geht auch der Gesetzgeber in § 12 Abs. 4 MHG aus. Grundsätzlich ist also danach zu fragen, wie hoch die Miete vor 3 Jahren war – zurückgerechnet ab dem Zeitpunkt der angestrebten höheren Miete. Diese „zurückgerechnete" Miete wird als Ausgangsmiete bezeichnet.

Durch das 4. MietRÄndG ist die Kappungsgrenze für Wohnraum, der vor dem 1.1.1981 fertiggestellt worden ist, mit Wirkung ab 1.9.1993 auf 20% abgesenkt worden, wenn der Mietzins, „dessen Erhöhung verlangt wird", ohne Betriebskosten mehr als DM 8,–/qm monatlich beträgt. Liegt er darunter, so bleibt es bei der Kappungsgrenze von 30%; jedoch darf der verlangte Mietzins DM 9,60/qm nicht überschreiten. Auf die Streitfrage, ob mit dem Betrag von DM 8,–/qm die Ausgangsmiete oder die zuletzt gezahlte Miete gemeint ist, kann hier nur kurz hingewiesen werden. Der Gesetzeswortlaut spricht für letzteres, was aber zu sinnwidrigen Ergebnissen führt. Daher spricht eine teleologische Auslegung eher dafür, den Betrag als Ausgangsmiete zu verstehen (vgl. Rdn. A 70). A 411

Die verminderte Kappungsgrenze gilt zeitlich befristet nur für Mieterhöhungsverlangen, die dem Mieter bis zum 1.9.1998 zugehen.

Auf die ebenfalls durch das 4. MietRÄndG eingefügte Ausnahmeregelung in § 2 Abs. 1a MHG für sog. Fehlbeleger braucht hier nicht eingegangen zu werden (vgl. dazu Rdn. A 78).

bb) Die Besonderheit für den „übergeleiteten" Wohnungsbestand liegt gemäß § 12 Abs. 4 MHG darin, daß in die Ausgangsmiete die Mieterhöhungen nach der 1. GrundMV und den §§ 1, 2, 4 der 2. GrundMV einbezogen werden. A 412

Beispiel:

geschuldeter Mietzins vor 3 Jahren:	DM 200,–
Mieterhöhung nach der 1. GrundMV	DM 30,–
Mieterhöhung nach der 2. GrundMV	DM 45,–
Ausgangsmiete	DM 275,–
Kappungsgrenze 30%	+ DM 87,50
höchstzulässige Miete	DM 357,50

Die Formulierung des Gesetzestextes könnte zu dem Schluß verleiten, daß Mieterhöhungen nach der 1. GrundMV doppelt berücksichtigt werden. Gemäß dem frühest möglichen Wirkungszeitpunkt für die Mieterhöhung – dem 1.8.1995 nach § 12 Abs. 6 Nr. 3 MHG – wäre nämlich die Ausgangsmiete zum 1.8.1992 zu bestimmen. Zu diesem Zeitpunkt waren die ab dem 1.10.1991 zulässigen Mieterhöhungen nach der 1. GrundMV in der Regel längst durchgeführt worden. Eine solche Doppelberücksichtigung war vom Gesetzgeber aber nicht gewollt,
vgl. Sternel GE 1995, 839.

Mieterhöhungen nach § 3 MHG, die innerhalb der letzten 3 Jahre durchgeführt worden sind, werden auf die Kappungsgrenze sozusagen „draufgesattelt". Das ergibt sich unmittelbar aus § 2 Abs. 1 Nr. 3 MHG und gilt auch für § 12 MHG, unklar insoweit Eisenschmid WM 1995, 368, zutreffend dagegen das Berechnungsbeispiel bei Beuermann MHG § 12 Rdn. 93. A 413

Darüber darf nicht hinwegtäuschen, daß in § 12 Abs. 4 MHG die Bestimmung des § 3 MHG ebensowenig erwähnt ist wie § 3 2. GrundMV; denn die Vorschrift regelt lediglich den Begriff der Ausgangsmiete. Nur insoweit ist sie eine Spezialregelung zu der im übrigen anwendbaren Vorschrift des § 2 Abs. 1 Nr. 3 MHG. Letztere ermöglicht durch die Worte „von Erhöhungen nach §§ 3–5 MHG abgesehen" die Hinzurechnung jener Mieterhöhungen zur Kappungsgrenze. Eine Hinzurechnung der Mieterhöhung aufgrund einer Vereinbarung nach § 3 2. GrundMV unterbleibt, weil sie in § 2 Abs. 1 Nr. 3 MHG nicht mit aufgeführt ist und eine diesbezügliche Spezialregelung nicht beabsichtigt war.

Zum besseren Verständnis ist anzumerken, daß der Gesetzesentwurf vorsah, daß die Mieterhöhungen nach der 1. GrundMV und nach §§ 1, 2, 4 2. GrundMV bei der Ermittlung der Kappungsgrenze außer Betracht bleiben sollten, d.h. zur Kappungsgrenze – ermittelt nach den Mieten vor (!) Inkrafttreten der beiden Grundmietenverordnungen – hinzugerechnet werden sollten (Bundestags-DS 13/783 S. 4, 13). Das wäre zwar systemgerecht gewesen, hätte jedoch zu niedrigeren Kappungsgrenzen geführt. Das war nicht gewollt (Bundestags-DS 13/1386 S. 28).

A 414 Vereinbarungen nach § 3 2. GrundMV bleiben wirksam (§ 16 Abs. 2 MHG, vgl. Rdn. A 328, 478). Der Vermieter muß sie sich aber auf die durch die Kappungsgrenze beschränkte zulässige Höchstmiete anrechnen lassen. Es kann also sein, daß der durch die Kappungsgrenze beschränkte Spielraum für eine Mieterhöhung mehr oder weniger durch eine Mieterhöhungsvereinbarung nach § 3 2. GrundMV aufgezehrt worden ist.

A 415 Will man die Kappungsgrenze berechnen, so muß die Mietentwicklung der letzten 3 Jahre, zurückgerechnet ab dem Zeitpunkt der erstrebten Mieterhöhung, nachvollzogen werden. Hierzu soll das folgende *Beispiel* dienen:

– **Mietenentwicklung**
1.10.1991: Miete nach Erhöhung gem. der 1. GrundMV   DM 160,–
1. 2.1992: Mieterhöhung nach § 3 MHG   + DM 20,–
1.11.1992: Mieterhöhung nach §§ 1, 2 2. GrundMV   + DM 35,–
1. 5.1993: Mieterhöhung nach § 3 MHG   + DM 40,–
1.10.1993: vereinbarte Mieterhöhung § 3 2. GrundMV   + DM 25,–
1. 2.1994: Mieterhöhung nach § 2 2. GrundMV   + DM 20,–
11. 6.1995: gegenwärtige Miete   DM 300,–
1. 8.1995: Zeitpunkt der beabsichtigten Mieterhöhung

– **Berechnung der Kappungsgrenze**
1. 8.1992: Ausgangsmiete einschließlich Mieterhöhung nach
           der 1. GrundMV   DM 180,–
           Mieterhöhungen nach der 2. GrundMV   + DM 55,–
                                                            DM 235,–
           Kappungsgrenze 30%   + DM 70,50
                                                            DM 305,50
           Mieterhöhung nach § 3 MHG v. 1.5.93*   + DM 40,–
Die Miete wird danach gekappt bei   DM 345,50

* Zu beachten ist, daß die Mieterhöhung nach § 3 MHG vom 1.2.1992 – anders als diejenige vom 1.5.1993 – in die Berechnung der Kappungsgrenze einbezogen wird, da sie länger als 3 Jahre zurückliegt.

Mietpreisrecht   Rdn. A 416–A 418

– **Berechnung der zulässigen Miete**

Miete am 11.6.1995:	DM 300,–
abzüglich Mieterhöhungen nach § 3 MHG	– DM 60,–
abzüglich Mieterhöhung nach § 3 2. GrundMV	– DM 25,–
Stichtagsmiete	DM 215,–
Mieterhöhung nach § 12 Abs. 1 MHG von 20%	+ DM 43,–
	DM 258,–
zuzüglich Mieterhöhungen nach § 3 MHG*	+ DM 60,–
zuzüglich Mieterhöhung nach § 3 2. GrundMV	+ DM 25,–
zulässige Miete:	DM 343,–

* Die Mieterhöhungen nach § 3 MHG sind für die Ermittlung der Mieterhöhung nach § 12 MHG ohne Rücksicht auf den Zeitpunkt ihrer Geltendmachung herauszurechnen.

Die erhöhte Miete liegt also noch innerhalb der Kappungsgrenze.

cc) Die Kappungsgrenze kommt auch dann zum Tragen, wenn der Vermieter zunächst (nach Durchführung von Instandsetzungen) eine Mieterhöhung nach § 16 Abs. 1 MHG durchführt und anschließend die Zustimmung zu einer Mieterhöhung nach § 12 MHG verlangt. Allerdings löst sie die Wartefrist nach §§ 2 Abs. 1 Nr. 1, 12 Abs. 4 MHG für die spätere Mieterhöhung nach § 12 Abs. 1 MHG aus (s. Rdn. A 419, 481).

A 416

g) Wartefrist

Die in § 2 Abs. 1 Nr. 1 MHG geregelte Warte- oder Sperrfrist von einem Jahr bezweckt, den Mietanstieg zu verlangsamen. Auch nach Neuabschlüssen muß sie verstrichen sein, ehe der Vermieter eine Mieterhöhung nach § 12 MHG durchführen kann,

Beuermann GE 1995, 968, 970, Börstinghaus–Meyer Rdn. 202, Eisenschmid WM 1995, 367, Maciejewski MM 1995, 269.

Die Anwendung der Wartefrist auf Neuabschlußmieten ist nicht unproblematisch; denn wegen der Mietpreisbindung bis zum 11.6.1995 nach § 5 2. GrundMV entsprachen auch die Neuabschlußmieten nur den erhöhten Bestandsmieten. Daher könnte erwogen werden, Neuabschlußmieten und Bestandsmieten gleich zu behandeln, was die Anwendung der Wartefrist anbelangt. Enthält die Neuabschlußmiete keinen (kalkulatorischen) Mietbestandteil nach § 3 2. GrundMV, so käme die Wartefrist für ein Mieterhöhungsverlangen nach § 12 MHG nicht zum Tragen. Da es sich aber um eine Ausnahmeregelung handelt, ist ihre Erstreckung auf weitere Tatbestände unzulässig.

Unerheblich ist, ob der Vertragsabschluß oder die Mieterhöhungen noch zu einer Zeit erfolgten, als die Wohnung preisgebunden war,

OLG Hamm – RE v. 15.3.1995 – WM 1995, 263 = ZMR 1995, 247.

A 417

In die Wartefrist werden nicht einbezogen

gemäß § 2 Abs. 1 Ziffer 1 MHG:

Mieterhöhungen nach §§ 3 bis 5 MHG;
das gilt auch für Mieterhöhungen nach § 3 MHG,
die vor dem 11.6.1995 durchgeführt worden sind.

A 418

gemäß § 12 Abs. 4 MHG:

Mieterhöhungen nach der 1. GrundMV,
Mieterhöhungen nach §§ 1, 2, 4 der 2. GrundMV.

Danach wirken sich zur Zeit nur Neuabschlußmieten und Mieterhöhungen aufgrund einer Instandsetzungsvereinbarung gemäß § 3 2. GrundMV auf die Wartefrist aus.

A 419 Auch Mieterhöhungen wegen nachgeholter Beschaffenheitszuschläge nach § 16 Abs. 1 MHG lösen für eine spätere Mieterhöhung gemäß § 12 MHG die Wartefrist aus,

Börstinghaus MDR 1995, 658, Eisenschmid WM 1995, 370, Schilling Betrieb und Wirtschaft 1995, 653, 655, a.A. Beuermann MHG § 12 Rdn. 9, § 16 Rdn. 7.

Letzteres folgt daraus, daß § 16 Abs. 1 MHG einen eigenständigen Erhöhungstatbestand bildet, der von § 12 Abs. 4 MHG nicht erfaßt wird. Auch ist es ein Unterschied, ob das Gesetz für Mieterhöhungen aus preisgebundener Zeit Ausnahmen von der Wartefrist zuläßt oder Mieterhöhungen der entsprechenden Art aus späterer Zeit den allgemeinen Vorschriften unterwirft.

A 420 Die Wartefrist muß seit der letzten Mieterhöhung (bzw. bei Neuabschlüssen seit Vereinbarung der Anfangsmiete) bis zur Erklärung des Mieterhöhungsverlangens verstrichen sein. Ihr Ablauf ist eine materielle Voraussetzung dafür, daß der Anspruch auf Zustimmung zu einer Mieterhöhung entsteht. Deshalb ist ein Zustimmungsverlangen, das vor Ablauf der Wartefrist erklärt wird, nichtig,

BGH – RE v. 16.6.1993 – WM 1993, 388 = DWW 1993, 230.

Es wird nicht etwa nach Ablauf der Wartefrist wirksam, sondern muß neu erklärt werden (vgl. § 141 BGB). Dabei ist den Formalien und Fristen in §§ 2, 12 MHG Rechnung zu tragen. Eine bloße Bezugnahme auf das frühere Mieterhöhungsverlangen reicht in keinem Fall aus. Dem stehen die gesetzliche Schriftform (§ 8 MHG), verbunden mit dem Grundsatz der Urkundeneinheit und des Bezugnahmeverbots, ferner Gründe der Rechtsklarheit und Sicherheit im Rechtsverkehr entgegen. Damit wird dem Vermieter, der selbst fehlerhaft gehandelt hat, nichts Unzumutbares abverlangt,

a.A. Beuermann MHG § 12 Rdn. 7.

6. Mieterhöhung nach § 12 MHG – förmliche Voraussetzungen und Wirkung

a) Mieterhöhungsverlangen

A 421 **aa) Gläubiger** des Anspruchs auf Zustimmung zur Mieterhöhung ist derjenige, der z.Z. der Abgabe des Erhöhungsverlangens Vermieter ist. Handelt es sich um eine Personenmehrheit, müssen alle Mitglieder mitwirken; die Erklärung muß (ebenso wie ein Vertragsangebot) gemeinschaftlich abgegeben werden. Jedoch ist die Bevollmächtigung einzelner zulässig. Es empfiehlt sich, eine Vollmacht – es muß sich grundsätzlich um eine Originalvollmacht handeln – beizufügen, um zu vermeiden, daß der Mieter die Erklärung nach § 174 BGB zurückweist, was er allerdings unverzüglich (§ 121 Abs. 1 BGB) tun müßte. Bedient sich der Vermieter zur Abgabe des Mieterhöhungsverlangens einer automatischen Einrichtung nach Maßgabe des § 8 MHG (s. Rdn. A 372), so partizipiert auch die Vollmacht

Mietpreisrecht Rdn. A 422–A 423

an der Formerleichterung; denn für sie kann keine strengere Form als für das Rechtsgeschäft selbst gelten, wenn nicht die mit § 8 MHG bezweckte Rationalisierung wesentlich beeinträchtigt werden soll.

Im Falle der Auftragsverwaltung fremder Wohnungsbestände muß das Erhöhungsverlangen im Namen des Auftraggebers erklärt werden. Im eigenen Namen ist es nur dann zu erklären, wenn der Verwalter den Mietvertrag im eigenen Namen abgeschlossen hat.

Der noch nicht im Grundbuch eingetragene Erwerber kann ein Mieterhöhungsverlangen nicht im eigenen Namen stellen; er kann sich hierzu auch nicht ermächtigen lassen. Der Veräußerer kann ihn jedoch bevollmächtigen,

vgl. auch Beuermann MHG § 12 Rdn. 112, ferner Rdn. 552.

Ein Mieterhöhungsverlangen des Veräußerers wirkt zugunsten des Erwerbers, sobald dieser als Eigentümer ins Grundbuch eingetragen ist.

In Rückerstattungsfällen ist auf den Zeitpunkt abzustellen, zu dem der Rückerstattungsbescheid Bestandskraft erhält,

vgl. Fieberg-Reichenbach VermG § 16 Rdn. 2.

Schuldner des Anspruchs auf Zustimmung zur Mieterhöhung ist derjenige, der z.Z. des Zugangs des Erhöhungsverlangens die Mieterstellung innehat. Tritt danach ein Mieterwechsel ein, so wirkt das Erhöhungsverlangen gegen den neuen Mieter nur dann, wenn dieser in das fortbestehende Mietverhältnis eintritt, nicht dagegen, wenn mit ihm ein neuer Mietvertrag abgeschlossen wird. Entscheidend ist die Identität des Mietverhältnisses. A 422

Bei einer Personenmehrheit auf Mieterseite schulden alle Mitmieter die Zustimmung gesamthänderisch im Gegensatz zur nur gesamtschuldnerischen Haftung für bloße Zahlungsansprüche. Dies beruht darauf, daß der Anspruch des Vermieters auf eine Vertragsänderung abzielt, an der alle Vertragspartner mitwirken müssen. Für Altverträge, die vor dem 3.10.1990 abgeschlossen worden sind, ist zu beachten, daß § 100 Abs. 3 ZGB über Art. 232 §§ 1, 2 EGBGB weitergilt,

LG Chemnitz WM 1993, 665, KreisG Cottbus WM 1993, 665, s. auch Rdn. A 219.

Zog vor dem 3.10.1990 ein Ehegatte in die Wohnung des Mieters zu, so wurde er ebenfalls Mitmieter,

LG Cottbus WM 1995, 38 = ZMR 1995, 31.

Das ist jedoch bei einem Zuzug nach dem 3.10.1990 nicht mehr der Fall.

An der Mieterstellung ändert sich grundsätzlich nichts, wenn einer der Mitmieter ausgezogen ist, A 423

BayObLG DWW 1983, 71 = WM 1983, 107.

Hierfür ist vielmehr eine eindeutige Entlassungsvereinbarung nötig, an der alle am Vertragsverhältnis Beteiligten mitwirken müssen, insbesondere auch der in der Wohnung Verbleibende. An eine Entlassung durch schlüssiges Verhalten werden strenge Anforderungen gestellt. Auch hier kommt es auf das Verhalten aller Beteiligten an. Ist vor dem 3.10.1990 die Ehe der Mieter geschieden worden und hat sich darauf einer der Ehegatten beim Rat des Kreises abgemeldet und ist ausgezogen, so soll dadurch das Mietverhältnis für seine Person aufgelöst worden sein,

KreisG Genthin DtZ 1992, 400.

Vollmachtserteilung an einen der Mieter ist zulässig, der im Namen der anderen Mieter auch die Zustimmung erteilen kann. Die Geltung von Vollmachtsklauseln ist jedoch umstritten (s. Rdn. A 433). Zur Adressierung des Mieterhöhungsverlangens s. Rdn. A 430.

A 424 **bb) Schriftform und Erläuterung:** Das Mieterhöhungsverlangen bedarf der gesetzlichen Schriftform nach § 126 BGB. Wird es vollständig automatisch erstellt, so ist die Eigenhändigkeit der Unterschrift nach § 8 MHG nicht erforderlich (siehe i.e. Rdn. A 372).

Der Mieter ist zur Zustimmung, nicht zur Zahlung aufzufordern,

LG Gießen NJW-RR 1995, 462.

Anders als nach § 2 Abs. 2 MHG muß das Mieterhöhungsverlangen nicht begründet werden; es muß jedoch „erläutert" werden, was keinesfalls geringere Anforderungen als eine Begründung mit sich bringt,

zutr. Beuermann MHG § 12 Rdn. 129, einschränkend Börstinghaus–Meyer Rdn. 267.

Die Erläuterung schließt die Berechnung ein. Dem Mieter müssen diejenigen Elemente mitgeteilt werden, die die Mieterhöhung begründen. Das Zahlenwerk muß – auch für einen Laien – nachvollziehbar dargestellt werden.

A 425 Im einzelnen sind folgende Angaben erforderlich (vgl. auch Beuermann MHG § 12 Rdn. 131, auch Börstinghaus–Meyer Rdn. 268):

Angabe der **Stichtagsmiete:** Enthält sie Modernisierungs- oder Instandsetzungszuschläge, so sind diese in einer für den Mieter verständlichen und nachvollziehbaren Weise herauszurechnen. Das gilt auch, wenn die Zuschläge wie bei Neuvermietungen in die Neuabschlußmiete einbezogen sind.

Schadensfreie Bestandteile: Es müssen (wenigstens) drei Bestandteile, die für schadensfrei gehalten werden, angegeben werden.

Zuschläge für eine Wohnung in einem Einfamilienhaus oder für eine über dem Standard liegende Wendewohnung müssen stichwortartig begründet werden, insbesondere muß ersichtlich sein, aufgrund welcher Umstände der Vermieter von einem überdurchschnittlichen Zuschlag ausgeht,

so auch Beuermann MHG § 12 Rdn. 132.

Erläuterungen zur Ermäßigung oder zur regionalbedingten Aufteilung der Mieterhöhung sind an sich nicht erforderlich. Diese Umstände müssen jedoch bei der Berechnung erwähnt werden, damit der Mieter ersehen kann, aus welchem Grund der Vermieter einen bestimmten Prozentsatz zugrunde gelegt hat.

Die Rechenschritte für die Berechnung der neuen Miete sind offenzulegen, also Stichtagsmiete zuzüglich Erhöhungsbetrag zuzüglich etwaiger bestehengebliebener Zuschläge nach § 3 MHG und § 3 2. GrundMV.

Es genügt nicht, daß nur ein Betrag als Stichtagsmiete, der Prozentsatz der Mieterhöhung und das betragsmäßige Ergebnis mitgeteilt werden.

Hat der Vermieter mit Hilfe öffentlicher Mittel modernisiert und eine Mieterhöhung nach § 3 MHG durchgeführt, so muß er die Kürzungsbeträge nach § 3 Abs. 1 S. 3–7 MHG von der Vergleichsmietenerhöhung nach § 2 Abs. 1 S. 2 MHG abziehen. Fraglich ist, ob dieser Abzug auch von der Mieterhöhung nach § 12 MHG geboten ist. Dies ist zu verneinen,

A 426

so auch Beuermann MHG § 12 Rdn. 100 f.,
a.A. Maciejewski MM 1995, 268.

Der Abzug von der Vergleichsmietenerhöhung nach § 2 MHG ist sinnvoll, weil anderenfalls der Vermieter die öffentliche Förderung über eine marktbezogene Mieterhöhung nach § 2 MHG kompensieren könnte. Das widerspräche dem Förderungszweck, den Mieter an der öffentlichen Förderung durch eine niedrigere Miete teilhaben zu lassen. Dagegen ist eine Kompensierung der öffentlichen Mittel durch eine Mieterhöhung nach § 12 MHG nicht möglich, weil es sich um eine preisrechtlich regulierte, nicht marktbezogene Miete handelt.

Wichtig ist die Angabe des **Wirkungszeitpunkts** der Mieterhöhung. Fehlen Angaben hierüber, so ist das Erhöhungsverlangen aber nicht unwirksam; denn der Wirkungszeitpunkt ergibt sich unmittelbar aus dem Gesetz. Hat der Vermieter einen früheren Zeitpunkt angegeben, so gilt der gesetzliche; bei Angabe eines späteren ist der Vermieter aus Gründen des Vertrauensschutzes hieran gebunden. Er muß allerdings beachten, daß hierdurch die Überlegungs- und die Klagefrist nicht hinausgeschoben werden, da sie nicht disponibel sind,

A 427

LG München I WM 1994, 383, LG Kiel WM 1994, 547, vgl. auch Beuermann MHG § 12 Rdn. 154.

Nicht erforderlich sind Angaben zur Warte- und zur Überlegungsfrist sowie zur Einhaltung der Kappungsgrenze. Die Darlegung dieser Umstände gehört aber zur schlüssigen Klagebegründung,

vgl. Beuermann MHG § 12 Rdn. 134.

Das Mieterhöhungsverlangen ist eine **einheitliche rechtsgeschäftliche Erklärung**; sie kann nicht in mehreren Teilabschnitten – sozusagen scheibchenweise –, sondern muß in einem Akt erklärt werden. Fehlt ein wesentlicher inhaltlicher Bestandteil und ist die Erklärung deshalb nichtig, so muß sie vollständig wiederholt werden (§ 141 BGB). Es besteht nicht etwa nur eine Teilnichtigkeit nach § 139 BGB, da das Mieterhöhungsverlangen kein in sich teilbares Rechtsgeschäft ist. Es genügt nicht, die fehlenden Bestandteile nachzuschieben,

A 428

a.A. Beuermann MHG § 12 Rdn. 110, 135.

Ebensowenig reicht die **Bezugnahme** auf frühere Erklärungen, da hierdurch die Schriftform (Urkundeneinheit!) nicht gewahrt wird. Darin liegt auch kein übertriebener Formalismus; denn den Mieter trifft keine Aufbewahrungspflicht unwirksamer Erklärungen, so daß nicht unterstellt oder verlangt werden kann, er müsse die früheren Erklärungen noch besitzen und kennen. Entsprechendes gilt, wenn der Mieter das Erhöhungsverlangen eines Bevollmächtigten des Vermieters mangels Beifügung einer Vollmacht zurückgewiesen hat. Es genügt nicht, die Vollmacht nachzureichen.

Von der auf Formfehlern beruhenden Unwirksamkeit ist die materielle Unrichtigkeit des Erhöhungsverlangens zu unterscheiden. Unrichtige Angaben oder

A 429

Rechenfehler bewirken im allgemeinen nur, daß das Erhöhungsverlangen sachlich unbegründet ist

LG Berlin GE 1994, 457.

Das gleiche gilt für unrichtige Angaben zur Mängelfreiheit von Gebäudeteilen, auch wenn diese Angaben die Berechnungsgrundlage betreffen,

a.A. AG Naumburg WM 1992, 681, WM 1993, 666.

Erst wenn es unverständlich ist und die Berechnung nicht mehr oder allenfalls durch einen Fachjuristen nachvollzogen werden kann, kann dies zur Unwirksamkeit führen.

A 430 **cc) Zugang:** Das Mieterhöhungsverlangen wird erst wirksam, wenn es dem Mieter zugeht. Das Zugangsrisiko trägt grundsätzlich der Vermieter als Erklärender. Er muß alles ihm Zumutbare tun, um den Zugang zu bewirken, insbesondere auf die richtige Adressierung achten. Sind Eheleute Mieter, so genügt die Adressierung unter der Bezeichnung „Eheleute" und Namensnennung eines Ehegatten,

AG Greifswald WM 1994, 268.

Das gilt im Regelfall auch für die Anrede „Familie...",

a.A. AG Greifswald WM 1994, 268, wenn nicht alle Familienmitglieder Mieter sind.

Etwaige Zweifel wirken sich zu Lasten des Vermieters aus. Ist ihm bekannt, daß der Mieter (oder einer von mehreren Mietern) nicht mehr in der Wohnung wohnt, so kann er dort den Zugang nicht bewirken. Haben sich die Mieter getrennt und dem Vermieter die neue Anschrift des ausgezogenen Mitmieters mitgeteilt, so muß er dies beachten.

Sichere Zugangsmöglichkeiten sind: Aushändigung gegen Quittung, Überbringen durch Boten, der den Inhalt des Erhöhungsverlangens zur Kenntnis genommen hat und den Zugangszeitpunkt auf der Kopie vermerkt. Einschreiben gegen Rückschein sind – auch aus Kostengründen – nur bedingt geeignet; jedenfalls sollte ein Zeuge zur Verfügung stehen, der den Inhalt der Sendung bekunden kann.

A 431 Bei Personenmehrheit auf Mieterseite muß die Erklärung allen Mietern zugehen. Das gilt auch dann, wenn die Mieter an verschiedenen Orten wohnen. In einem solchen Fall ist erforderlich, daß die Erklärung den Mietern in einem engen zeitlichen Zusammenhang, der dem unterschiedlichen Postlauf entspricht, zugeht,

OLG Düsseldorf NJW-RR 1987, 1369.

Für die Fristenberechnung kommt es auf den spätesten Zugang des Erhöhungsverlangens an.

A 432 Ist dem Vermieter der Auszug und die neue Anschrift des Mieters nicht mitgeteilt worden und ist der in der Wohnung verbliebene Mieter dazu nicht in der Lage, so kann es treuwidrig sein, wenn er sich darauf beruft, das Mieterhöhungsverlangen hätte auch dem anderen Mieter zugehen müssen,

OLG Frankfurt WM 1991, 76 = ZMR 1991, 103 für eine Kündigung.

Hieran sind aber strenge Anforderungen zu stellen, da es dem Vermieter immerhin noch möglich wäre, eine öffentliche Zustellung nach § 132 Abs. 2 BGB zu bewirken.

Die Zugangsschwierigkeiten bei einer Personenmehrheit auf Mieterseite lassen A 433
sich vermeiden, wenn sich die Mieter untereinander Empfangsvollmacht erteilen. Entsprechende Formularklauseln finden sich häufig in Mietverträgen. Ihre
Geltung ist allerdings umstritten,

für Wirksamkeit bei Empfangnahme des Mieterhöhungsverlangens: OLG Schleswig – RE
v. 22.3.1983 – WM 1983, 130 = ZMR 1983, 249, OLG Hamm WM 1984, 20 = ZMR 1984,
284,
s. auch Beuermann MHG § 12 Rdn. 121 f., Börstinghaus–Meyer Rdn. 98 f.

Sie wird mit der neueren AGB-rechtlichen Rechtsprechung zu verneinen sein,
wenn die Klausel den Kreis der in Frage kommenden Rechtsgeschäfte nicht
hinreichend umreißt oder keinen Hinweis auf die Widerrufsmöglichkeit zumindest aus wichtigem Grund enthält,

OLG Celle WM 1990, 103, 113, OLG Frankfurt WM 1992, 56, 61.

Der Vermieter kann sich dann nicht auf eine Empfangsvollmacht berufen, wenn
ihm bekannt ist, daß die Grundlagen hierfür im Innenverhältnis der Mieter
entfallen sind (z.b. bei Scheidung und Trennung von Ehegatten-Mietern), insbesondere wenn ihm ein Widerruf der Vollmacht zugegangen ist.

b) Zustimmung des Mieters

aa) Die Zustimmung des Mieters ist **formlos** wirksam und kann auch durch A 434
schlüssiges Verhalten erteilt werden, z.B. durch Änderung eines Dauerauftrages
und anschließender Zahlung,

LG Kiel WM 1993, 198, s. auch Eisenschmid WM 1995, 369.

Der Vermieter hat keinen Anspruch auf eine ausdrückliche Zustimmungserklärung, wenn der Mieter schlüssig zu erkennen gegeben hat, der Mieterhöhung
zuzustimmen. Will der Vermieter sicher gehen, so wird er den Mieter unter
Klagandrohung zu einer eindeutigen, ausdrücklichen Erklärung auffordern. Erkennt darauf der Mieter den Kläganspruch im Rechtsstreit (ganz oder teilweise)
an, so muß er grundsätzlich die Kosten tragen, es sei denn, daß er sich darauf
berufen kann, zur Klage keine Veranlassung gegeben zu haben (§ 93 ZPO),

vgl. auch LG Trier WM 1994, 217.

Eine vertragliche Nebenpflicht, auf das Mieterhöhungsverlangen zu reagieren,
also schriftlich zuzustimmen oder abzulehnen, besteht ebensowenig wie eine
Verhaltenspflicht bei Empfang eines Vertragsangebots oder einer einseitigen Willenserklärung,

a.A. Beuermann MHG § 12 Rdn. 143.

Handelt es sich um ein längerfristiges Mietverhältnis, so muß die Zustimmung
des Mieters nach § 566 BGB schriftlich erklärt werden; anderenfalls wandelt sich
das Mietverhältnis in ein kündbares um. Allerdings wird die Berufung des Vermieters auf diese Rechtsfolge im allgemeinen treuwidrig sein, da allein er Vorteile aus der formwidrigen Vertragsänderung genossen hat,

vgl. Sternel Mietrecht Rdn. III 209 m.w.N.

Bei einer **Personenmehrheit** auf Mieterseite wird die Zustimmung „gesamthän- A 435
derisch" geschuldet, d.h. eine wirksame Zustimmung liegt nur vor, wenn alle

Mieter zugestimmt haben. Dementsprechend müssen auch alle Mieter (als notwendige Streitgenossen) auf Zustimmung verklagt werden.

A 436 Stimmt der Mieter dem Erhöhungsverlangen zu, so kommt es zu einer Mieterhöhung auch dann, wenn das Erhöhungsverlangen des Vermieters formelle oder inhaltliche **Mängel** aufweist oder die neue Miete zu hoch – aber nicht überhöht, s. § 17 MHG, § 5 WiStG – berechnet worden ist. Das unwirksame Erhöhungsverlangen kann nämlich ein konkludentes Vertragsangebot auf Abschluß einer Mieterhöhungsvereinbarung enthalten, das der Mieter annehmen kann (s. Rdn. A 484). In einem solchen Fall kann er sich später nicht mehr auf die nicht eingehaltenen Formalien oder auf Inhaltsmängel berufen.

A 437 Der Mieter kann seine Zustimmung auf einen Teil der verlangten Mieterhöhung beschränken, wenn er den darüber hinausgehenden Teil für unbegründet hält. Er braucht dies gegenüber dem Vermieter nicht zu begründen. Eine **Teilzutimmung** empfiehlt sich für ihn, um das Prozeßrisiko zu senken. Bei einer Teilzustimmung muß der Vermieter wegen des noch offenen Teils die Klage auf Zustimmung innerhalb der Klagefrist erheben. Unterläßt er dies, so kommt es im Umfang der Zustimmung des Mieters zu einer Mieterhöhung, die die Wartefrist nach § 2 Abs. 1 Nr. 1 MHG auslöst und ein neues Mieterhöhungsverlangen auf ein Jahr blockiert,

LG Mannheim ZMR 1994, 516.

Kann das unwirksame Mieterhöhungsverlangen als Angebot auf Abschluß einer Mieterhöhungsvereinbarung verstanden werden (s. Rdn. A 484), so kann der Mieter dieses nur im Ganzen annehmen oder ablehnen. Eine Teilzustimmung gilt als Ablehnung, verbunden mit einem neuen Angebot (§ 150 Abs. 2 BGB). Dieses kann der Vermieter – auch durch schlüssiges Verhalten – annehmen, z.B. durch wiederholte Annahme des vom Mieter angebotenen und gezahlten Teilbetrages. Stattdessen kann der Vermieter auch ein neues Mieterhöhungsverlangen stellen (LG Mannheim a.a.O.).

A 438 **bb) Zustimmungsfiktion bei Zahlung und Mieteinzug:** Nach § 12 Abs. 6 Nr. 2 MHG soll die zweimalige Entrichtung des erhöhten Mietzinses oder die zweimalige Duldung des Einzugs der erhöhten Miete im Lastschriftverfahren als Zustimmung gelten. Daß in der wiederholten Zahlung der Mieterhöhung das Einverständnis des Mieters liegen kann, entspricht – wie oben erwähnt – der Lebenswirklichkeit und der gerichtlichen Praxis. Die einseitige Abbuchung seitens des Vermieters ist dagegen bislang nicht als Zustimmung des Mieters, sondern als Vertragswidrigkeit des Vermieters gewertet worden,

vgl. LG Göttingen WM 1991, 280.

Die Regelung geht auf einen Vorschlag des Bundesrates zurück, nach dem die dreimalige Zahlung des erhöhten Betrages als Zustimmung gelten sollte (Bundestags-DS 13/1187 S. 2). Als Grund hierfür wurde angegeben, eine mögliche Prozeßlawine zu Lasten der Mieter (!) zu vermeiden, die ihn infolge der dadurch verursachten Prozeßkosten zusätzlich belasten würden. Die zweimalige Zahlung wurde jedoch für ausreichend gehalten, da anderenfalls ein Konflikt mit der Einhaltung der Klagefrist entstanden wäre (Bundestags-DS 13/1386 S. 29). Obwohl dem Gesetzgeber die Rechtsprechung bekannt war, daß eine Abbuchung der erhöhten

Miete ohne vorherige Zustimmung des Mieters rechtswidrig ist, hat er diese Vertragswidrigkeit legalisiert, indem er die zweimalige Duldung des Mieteinzugs der vorbehaltlosen Zahlung gleichgesetzt hat.

Problematisch an der gesetzlichen Regelung ist, daß sie nicht nur eine widerlegbare Vermutung, sondern eine **Fiktion** begründet. Vor allem hat der Gesetzgeber nicht bedacht oder sich darüber hinweggesetzt, daß ein passives Verhalten im allgemeinen nicht als schlüssiges Verhalten verstanden werden kann – es sei denn, daß besondere Handlungspflichten bestehen,

vgl. auch Eisenschmid WM 1995, 369.

A 439

Mietenpolitisch erscheint die Regelung verfehlt, soweit sie die Duldung des Mieteinzugs der Zahlung gleichstellt; denn sie birgt die Gefahr in sich, daß die Mieter in größerem Umfang die Einzugsermächtigungen widerrufen können und möglicherweise auch werden. Das gilt insbesondere, wenn Streit über die Wirksamkeit des Erhöhungsverlangens entsteht und der Vermieter gleichwohl die erhöhte Miete einzieht.

Die Fiktion der Zustimmung greift nur dann ein, wenn das Mieterhöhungsverlangen rechtswirksam und begründet ist,

so auch Eisenschmid WM 1995, 370.

Wie die Verweisung auf § 2 Abs. 4 MHG zeigt, ist diejenige Zustimmung gemeint, auf deren Erteilung der Vermieter einen Anspruch hat und die alsdann die Mietschuld ab Beginn des 3. Kalendermonats begründet. Ist das Mieterhöhungsverlangen unwirksam oder unbegründet, so kann darin allenfalls ein Angebot auf Abschluß einer Erhöhungsvereinbarung liegen. Auf die Annahme dieses Angebots hat der Vermieter aber keinen Anspruch, so daß die Zustimmungsfiktion des § 12 Abs. 6 Nr. 2 MHG hierfür nicht gilt.

A 440

Die oben zitierten Gesetzesmaterialien ergeben, daß ein zweimaliges Verhalten des Mieters erforderlich ist. Der Mieter muß also zweimal jeweils die höhere Miete gezahlt haben. Es genügt nicht, daß er den Erhöhungsbetrag für zwei Monate zahlt,

so auch Eisenschmid WM 1995, 369.

A 441

Im übrigen kommt es auf die Zahlungsweise – bar oder bargeldlos – nicht an. Eine Zahlung unter Vorbehalt reicht nicht aus, um als unbedingte Zustimmung gewertet zu werden,

Beuermann MHG § 12 Rdn. 144, Börstinghaus-Meyer Rdn. 291, vgl. auch Barthelmess MHG § 2 Rdn. 133, Schmidt-Futterer-Blank C 115.

Zwar kann eine Zahlung unter Vorbehalt Erfüllungswirkung haben, wenn bereits eine Mietzinsvereinbarung besteht,

vgl. Blank WM 1995, 567, 570, Börstinghaus DWW 1995, 33, LG Berlin MM 1994, 361, a.A. LG Berlin GE 1994, 1057.

Hier geht es jedoch um die darüber hinausgehende Frage, ob durch die Zahlung überhaupt erst die Rechtsgrundlage für die Zahlungsverpflichtung geschaffen werden kann. Ein Vorbehalt – sei es auch derjenige der rechtlichen Nachprüfung – ist hier nicht nur eine (unbeachtliche) Rechtsbedingung, sondern die für den

Vermieter erkennbare Einschränkung der Zustimmung zur Mieterhöhung. Zum Tatbestand der Zahlung muß also deren Vorbehaltlosigkeit hinzutreten.

Leistet das Sozialamt die erhöhte Miete zweimal für den Mieter, so wird hierdurch die Zustimmungsfiktion nicht ausgelöst,

so auch Beuermann MHG § 12 Rdn. 145;

denn unter die Vorschrift des § 12 Abs. 6 Nr. 2 MHG fallen nur Zahlungsvorgänge, die unmittelbar vom Mieter veranlaßt werden. Dieses Verständnis gebietet schon der Ausnahmecharakter der Vorschrift. Zwar ist es denkbar, daß bei Hinzutreten weiterer Umstände in der Zahlung des Sozialamts eine schlüssige Zustimmung des Mieters gesehen werden kann. Diese weiteren Umstände nehmen aber an der Fiktionswirkung des § 12 Abs. 6 Nr. 2 MHG nicht teil; sie könnten höchstens eine *widerlegbare* Vermutung begründen.

A 442 Die Regelung, daß die zweimalige Duldung des Einzugs des erhöhten Mietzinses im **Lastschriftverfahren** in dieser Höhe als Zustimmung zu gelten habe, muß in mehrfacher Hinsicht einschränkend ausgelegt werden. Rechtlich umfaßt das Lastschriftverfahren sowohl das sog. Abbuchungsverfahren als auch das Verfahren der Einzugsermächtigung,

vgl. Palandt-Thomas BGB, 54. Aufl., § 675 Rdn. 13 f.

Da ersteres dem Inhaber des belasteten Kontos keine Widerrufsmöglichkeit gewährt, eine solche aber nach § 12 Abs. 6 Nr. 2 MHG vorausgesetzt wird, kann sich die Regelung nur auf das **Einzugsverfahren** beziehen. Die Einzugsermächtigung des Vermieters muß derart gefaßt sein, daß er berechtigt ist, eine veränderliche Miete einzuziehen. Ist die Ermächtigung auf einen bestimmten Betrag bezogen, so gibt sie dem Vermieter nicht die Befugnis zum Einzug eines höheren Betrages. Erst recht steht dem Vermieter die Einzugsbefugnis nicht zu, wenn der Mieter die Ermächtigung widerrufen hat – gleichgültig ob der Vermieter den Widerruf für unwirksam hält,

so auch Beuermann MHG § 12 Rdn. 146.

A 443 Die Zustimmungsfiktion wirkt grundsätzlich **nur zu Lasten des Kontoinhabers**, nicht aber gegen einen anderen Mitmieter; denn das würde voraussetzen, daß über die Zustimmungsfiktion hinaus auch eine Vollmachtsfiktion begründet worden wäre. Die gegenteilige Auffassung des Gesetzgebers (Bundestags-DS 13/1386 S. 30) hat im Gesetz auch nicht andeutungsweise einen Niederschlag gefunden und wäre angesichts der von allen Mietern gesamthänderisch geschuldeten Zustimmung dogmatisch nicht haltbar. Zwar kann bei Hinzutreten weiterer Umstände aus der Leistung von einem Konto des einen Mieters auf die Zustimmung des anderen Mieters, der nicht Kontoinhaber ist, geschlossen werden. Aber auch in diesem Zusammenhang nehmen die *weiteren* Umstände, aus denen u.U. ein schlüssiges Verhalten des (anderen) Mieters gefolgert werden kann, an der Fiktionswirkung nicht teil, sondern begründen nur eine (widerlegbare) Vermutung. Sie mag etwa bei Ehegattenmieter eingreifen, folgt aber noch nicht daraus, daß von einem Konto nur eines Mieters der Mietzins geleistet wird. Daraus, daß sich der andere Mieter die Erfüllungswirkung gefallen läßt, kann man keine weitergehenden Schlüsse auf das Einverständnis mit der Erhöhung der Mietschuld ziehen. Das mag anhand des folgenden *Beispiels* verdeutlicht werden:

Die Mieter haben sich getrennt; ein Mieter ist in Kenntnis des Vermieters endgültig aus der Wohnung ausgezogen; ein gemeinsames Konto besteht nicht. Der aus der Wohnung ausgezogene Mieter widerspricht der Mieterhöhung ausdrücklich; der in der Wohnung verbliebene Mieter, von dessen Konto die erhöhte Miete zweimal abgebucht wird, verhält sich passiv.

Daraus ergibt sich, daß das Verhalten des anderen Mieters, das Innenverhältnis der Mieter zueinander durchaus Rückschlüsse auf eine stillschweigende Zustimmung zulassen kann. Aber dieses Verhalten geht über das zweimalige Dulden des Einzugs hinaus und kann daher zwangsläufig nicht von § 12 Abs. 6 Nr. 2 MHG erfaßt werden. Die Zustimmungsfiktion kann auch dann nicht eintreten, wenn die Miete nicht vom Konto des Mieters, sondern von demjenigen eines nicht mietenden Dritten (z.B. des Ehegatten oder Partners des Mieters) eingezogen wird. Hier mag die schlüssige Zustimmung möglicherweise aus anderen Gründen gefolgert werden, nicht aber aus dem Tatbestand des zweimaligen Mieteinzugs. A 444

Ebensowenig kann der Vermieter die Zustimmungsfiktion dadurch herbeiführen, daß er sich über eine Verweigerung der Zustimmung hinwegsetzt; denn darin liegt für ihn erkennbar die Beschränkung der Einzugsermächtigung auf die bisherige Miete.

Auch in diesem Zusammenhang muß hervorgehoben werden, daß die Zustimmungsfiktion nur gilt, wenn das Mieterhöhungsverlangen zulässig und begründet ist,

Eisenschmid WM 1995, 370.

Der Mieteinzug aufgrund eines unzulässigen oder unbegründeten Erhöhungsverlangens ohne entsprechende eindeutige Zustimmung des Mieters ist eine **positive Vertragsverletzung**. Beharrt der Vermieter auf der Mieterhöhung und muß der Mieter mit weiteren Mieteinzügen rechnen, so ist er berechtigt, die Ermächtigung zu **widerrufen**. Das gleiche gilt, wenn der Vermieter die erhöhte Miete vor Ablauf der Überlegungsfrist abbucht. Die vermieterseits geübte Praxis, die vor dem 1.7.1995 angeforderten Mieterhöhungen bereits zum Wirkungszeitpunkt nach § 12 Abs. 6 Nr. 3 MHG – nämlich zum 1.8.1995 – einzuziehen, obwohl die Überlegungsfrist erst zum 31.8.1995 ablief, ist ebenfalls eindeutig vertragswidrig. Dieses Verhalten berechtigt den Mieter zumindest zum Rückruf. Dem Gesetz ist nicht zu entnehmen, daß die Überlegungsfrist des Mieters verkürzt werden sollte und daß dem Vermieter, dem eine Einzugsermächtigung erteilt worden ist, gegenüber anderen Vermietern, die eine solche nicht erhalten haben, ein Wettbewerbsvorsprung eingeräumt werden sollte. Die Gesetzesmaterialien sprechen dagegen (Bundestags-DS 13/1386 S. 30). A 445

Der Mieter ist unbeschadet seiner Zustimmungspflicht aus § 12 MHG berechtigt, den Bankeinzug binnen 6 Wochen durch Erklärung gegenüber seiner Bank zurückzurufen (vgl. das Abkommen über das Lastschriftverfahren vom 1.7.1982, ZIP 1982, 750). Er braucht die Fiktionswirkung des § 12 Abs. 6 Nr. 2 MHG nicht gegen sich gelten zu lassen und kann diese auch gar nicht anders als durch einen Rückruf verhindern. Darin liegt keineswegs ein Rechtsmißbrauch, A 446

so aber Blümmel GE 1995, 659, 669.

Der Vermieter genießt beim Mieteinzug keinen Vertrauensschutz, soweit es die Zustimmungsfiktion anbelangt. Das gilt grundsätzlich auch, wenn der zweite

Widerruf erst nach Ablauf der Klagefrist erfolgt und deshalb die Zustimmungsfiktion nicht greift. Allerdings kann aufgrund der besonderen Umstände des Einzelfalles in Betracht kommen, daß schon im ein- oder zweimaligen Dulden des Mieteinzugs die Zustimmung schlüssig erklärt worden sein kann, ohne daß es auf die Fiktionswirkung ankommt. Unberührt bleibt auch die Arglisteinrede des Vermieters, wenn der Mieter bewußt oder ohne erkennbaren vernünftigen Grund den Widerruf solange hinausgezögert hat, bis die Klagefrist verstrichen war.

A 447 cc) **Schadensersatz bei unredlich erlangter Zustimmungserklärung:** Der Gesetzgeber hat im Zusammenhang mit der Zulassung von Mieterhöhungsvereinbarungen nach § 17 MHG bewußt davon abgesehen, dem Mieter ein Widerrufsrecht, wie es in § 3 Abs. 1 S. 4 2. GrundMV vorgesehen war, zu gewähren. Vielmehr hielt er den Schutz durch das HaustürwiderrufsG für ausreichend (Bundestags-DS 13/783 S. 15). Hält man dieses Gesetz auf Mieterhöhungsvereinbarungen für anwendbar, was nach dem Rechtsentscheid des

OLG Koblenz vom 9.2.1994 WM 1994, 257 = ZMR 1994, 210

nunmehr der h.M. entspricht, so gilt das auch für die Zustimmung des Mieters nach §§ 2, 12 MHG. Das folgt daraus, daß das Mieterhöhungsverfahren als Vertragsmodell konzipiert ist. Der Anwendungsbereich ist allerdings auf Fälle beschränkt, in denen dem Mieter die Zustimmung mittels eines Wohnungsbesuchs abverlangt wird, sei es auch nach entsprechender Ankündigung,

vgl. auch Beuermann MHG §§ 17, 10 Rdn. 14, Börstinghaus–Meyer Rdn. 187 f., 192.

Daneben bleiben die rechtlichen Möglichkeiten bestehen, die Zustimmungserklärung wegen arglistiger Täuschng (oder Bedrohung) nach § 123 BGB anzufechten oder sie im Wege des Schadensersatzes aus Verschulden bei Vertragsverhandlungen zu kompensieren,

vgl. dazu Sternel Mietrecht Rdn. I 256, III 424.

c) Verweigerungsrecht des Mieters

A 448 Der Mieter kann nach § 12 Abs. 5 MHG die Zustimmung verweigern, wenn und soweit die verlangte neue Miete die übliche Miete übersteigt, die in der Gemeinde oder in vergleichbaren Gemeinden für Wohnungen vergleichbarer Art, Größe, Ausstattung, Beschaffenheit und Lage seit dem 11.6.1995 vereinbart sind. Nach Auffassung des Gesetzgebers (Bundestags-DS 13/1187 S. 8) spricht eine gesetzliche Vermutung dafür, daß die nach § 12 Abs. 1 bis 3 MHG erhöhte Miete nicht über der am Markt gebildeten Vergleichsmiete liegt. Deshalb wird dem Mieter die Beweislast aufgebürdet, wenn er geltend macht, daß die ortsübliche Miete (z.B. in strukturschwachen Gebieten) niedriger als die verlangte Mieterhöhung ist,

Bundestags-DS 13/783 S. 13, 13/1386 S. 19, Beuermann MHG § 12 Rdn. 105, Börstinghaus–Meyer Rdn. 282.

Der Mieter kann sich nicht nur auf Mieten berufen, die seit dem 11.6.1995 vereinbart worden sind,

so aber Beuermann MHG § 12 Rdn. 104: nur Neuvertragsmieten seit dem 11.6.1995,

sondern auch auf solche, die durch Mieterhöhungen gemäß dem MHG aufgrund freiwilliger Zustimmung, Verurteilung zur Zustimmung oder einseitiger Anforderung gebildet worden sind. Das folgt aus dem Zweck des Gesetzes, Mieterhöhungen zu begegnen, die regional bei einer Neuvermietung (noch) nicht zu erreichen wären. Selbst wenn dem Mieter ein solcher Nachweis gelingen sollte, schuldet er jedenfalls die „ortsübliche Miete". Er schuldet aber keine höhere Miete, als sie sich aus den Absätzen 1 bis 4 errechnet. Das bedeutet, daß er nur der jeweils niedrigeren Miete zuzustimmen braucht,

vgl. auch Eisenschmid WM 1995, 368.

Die Regelung hat gegenwärtig kaum praktische Bedeutung. Sie kann jedoch für die 2. Stufe der Mieterhöhung um 5% ab 1.1.1997 gemäß § 12 Abs. 2 MHG bedeutsam werden, wenn sich bis dahin ein differenzierterer, stärker wohnwertbezogener Mietenbestand gebildet haben sollte.

Der Mieter kann sich gegenüber dem Zustimmungsverlangen des Vermieters nicht darauf berufen, daß die Wohnung Mängel hat, A 449

vgl. Rdn. 596, a.A. LG München II NJW-RR 1993, 336;

ihm steht deswegen kein Zurückbehaltungsrecht gegenüber dem Anspruch des Mieters auf Zustimmung zu,

vgl. Rdn. 605, Börstinghaus–Meyer Rdn. 194.

Unberührt bleiben aber die Gewährleistungsrechte des Mieters gegenüber dem Zahlungsanspruch des Vermieters nach erfolgter Zustimmung. Hat der Mieter zugestimmt oder ist er hierzu verurteilt worden, so leben etwa nach § 539 BGB verwirkte Gewährleistungsansprüche im Umfang der Mieterhöhung wieder auf (vgl. Rdn. 460). Zahlt der Mieter aber die erhöhte Miete, so verwirkt er regelmäßig etwaige Gewährleistungsansprüche.

d) Überlegungs- und Klagefrist

Die Überlegungs- und die Klagefrist sowie der Wirkungszeitpunkt für die Mieterhöhung nach § 12 MHG sind in § 2 Abs. 3, 4 MHG geregelt. Insoweit bestehen keine Unterschiede zu den bisher schon preisfreien Wohnungsbeständen in den alten und neuen Ländern. Die vorgesehene Verkürzung der Überlegungsfrist und des Wirkungszeitpunkts ist nicht Gesetz geworden. A 450

aa) Die Überlegungsfrist läuft bis zum Ablauf des 2. Kalendermonats, der auf den Zugang des Mieterhöhungsverlangens folgt. A 451

Beispiel:
Zugang des Mieterhöhungsverlangens am 20. Juni 1995,
Ablauf der Überlegungsfrist am 31. August 1995.

Sie ist auch dann einzuhalten, wenn der Vermieter durch Erklärung bis zum 30.6.1995 die Mieterhöhung schon ab 1.8.1995 – d.h. vor Ablauf der Überlegungsfrist – verlangen kann,

Bundestags-DS 13/1386 S. 30, Börstinghaus–Meyer Rdn. 265.

Der Mieter braucht sich vor Ablauf der Überlegungsfrist nicht zu erklären. Eine Klage des Vermieters vor Fristablauf ist unzulässig. Der Vermieter kann die Zustimmungserklärung nicht dadurch erzwingen, daß er vor Ablauf der Frist die Mieterhöhung vom Konto des Mieters abbucht (vgl. dazu § 12 Abs. 6 Nr. 2 MHG und Rdn. A 445).

Eine Vereinbarung, durch die die Überlegungsfrist verlängert und die anschließenden Fristen hinausgeschoben werden, ist unwirksam,

LG München I WM 1994, 383, LG Kiel WM 1994, 547.

A 452 **bb)** Die Klagefrist von weiteren zwei Monaten schließt sich an die Überlegungsfrist an. Ihre Berechnung richtet sich nach den allgemeinen Vorschriften der §§ 187 f. BGB (vgl. Beuermann GE 1995, 848).

Beispiel:
Ablauf der Überlegungsfrist am 31. August 1995,
Lauf der Klagefrist vom 1. September bis 31. Oktober 1995.

Es reicht aus, daß die Klage innerhalb der Frist rechtzeitig eingereicht worden ist, sofern sie „demnächst" zugestellt wird (§ 270 Abs. 3 ZPO). Der Vermieter muß aber das seinige getan haben, damit die Zustellung der Klage alsbald erfolgen kann, z.B. das richtige Passivrubrum angegeben oder den Gerichtskostenvorschuß unverzüglich eingezahlt haben.

Die Klage muß auf Zustimmung zur Mieterhöhung um einen bestimmten Betrag auf eine bestimmte Miete gerichtet sein. Eine Zahlungsklage wirkt nicht fristwahrend.

Die Klagefrist wird durch die Gerichtsferien nicht gehemmt; denn hiervon werden nur die in der ZPO geregelten Fristen betroffen. Ebensowenig kommt eine Wiedereinsetzung in den vorigen Stand bei Fristversäumnis nach §§ 230 f. ZPO in Frage.

e) Wirkungszeitpunkt der Mieterhöhung

A 453 Der Wirkungszeitpunkt schließt sich unmittelbar an die Überlegungsfrist an. Eine Ausnahme gilt nur für Mieterhöhungsverlangen, die vor dem 30.6.1995 erklärt worden sind und nach allgemeiner Berechnung erst zum 1.9.1995 wirken würden. Nach der Sonderregelung in § 12 Abs. 6 Nr. 3 MHG ist der Wirkungszeitpunkt um einen Monat auf den 1.8.1995 vorverlegt worden. Damit sollte die Liquidität der Wohnungsunternehmen möglichst zeitnah mit dem Auslaufen der Zinshilfe für Altschulden verbessert werden (Bundestags-DS 13/1386 S. 30). Das berechtigt den Vermieter aber nicht, vor Ablauf der Überlegungsfrist die Zustimmung oder gar Zahlung der Mieterhöhung zu verlangen,

so auch Eisenschmid WM 1995, 369.

Ebensowenig darf er den erhöhten Mietzins schon zum 1.8.1995 einziehen (s. Rdn. A 445).

f) Klageverfahren

A 454 **aa)** Die Klage auf Zustimmung zur Mieterhöhung nach § 12 MHG weist gegenüber der Zustimmungsklage nach § 2 MHG keine Besonderheiten auf. Sie ist nach § 23 Nr. 2a GVG, § 29a ZPO stets vor dem Amtsgericht, in dessen Bezirk die Wohnung liegt, zu erheben. Der **Klagantrag** lautet auf Zustimmung zur Mieterhöhung auf einen bestimmten Betrag ab einem bestimmten Zeitpunkt für eine bestimmte Wohnung. Letzteres ist nicht unbedingt erforderlich, aber üblich. Durch eine Zahlungsklage wird die Klagefrist (s. Rdn. A 452) nicht gewahrt.

Neben den Angaben im Mieterhöhungsverlangen, insbesondere der Darlegung der Stichtagsmiete und der Schadensfreiheit der in § 12 Abs. 1 S. 1 Nr. 1–5 MHG genannten Bauteile, gehört zur schlüssigen Klagbegründung, daß die Wartefrist und die Kappungsgrenze eingehalten worden sind. Hat der Mieter der Mieterhöhung vorprozessual zum Teil zugestimmt, so bezieht sich der Streitgegenstand nur noch auf die offene Differenz.

bb) Da die Zustimmungsklage auf eine Vertragsänderung abzielt, besteht bei Personenmehrheit auf Vermieter- oder Mieterseite eine **notwendige Streitgenossenschaft**. Das gilt auch, soweit einzelne Mieter vorprozessual der Mieterhöhung ganz oder zum Teil zugestimmt haben oder ihre Zustimmung nach § 12 Abs. 6 Nr. 2 MHG fingiert wird; denn die Einzelzustimmung bleibt genauso ohne Wirkung, wie es sonst bei der Annahme eines Vertragsangebots nur durch einen von mehreren Mietern der Fall wäre. Der Mieter muß also trotz seiner Zustimmung verklagt werden. Erscheint einer von mehreren Mietern nicht zum Verhandlungstermin, so kann gegen ihn kein Versäumnisurteil ergehen; denn er wird durch den oder die erschienenen Mitmieter vertreten (§ 62 ZPO). A 455

cc) Stimmt der Mieter im Prozeß der Mieterhöhung ganz oder zum Teil zu, so liegt hierin ein den Rechtsstreit in der Hauptsache **erledigendes Ereignis**. Für ein Anerkenntnisurteil ist kein Raum. Im Rahmen der Kostenentscheidung nach § 91a ZPO können die Grundsätze des § 93 ZPO mit berücksichtigt werden. So hat zum Beispiel der Mieter keinen Anlaß zur Klage gegeben, wenn er einem unzulässigen oder unbegründeten oder im Prozeß nachgeschobenen Mieterhöhungsverlangen sofort zustimmt. Im letzteren Fall erfolgt die Zustimmung sofort, wenn sie noch bis zum Ablauf der Überlegungsfrist erklärt wird. A 456

dd) Stellt sich im Prozeß heraus, daß das Mieterhöhungsverlangen unwirksam ist, so kann der Vermieter noch im laufenden Verfahren ein **neues Erhöhungsverlangen** stellen (§ 2 Abs. 3 MHG). Für dieses laufen dann erneut die Überlegungs- und die Klagefrist. Letztere ist zu beachten, wenn der Vermieter das neue Erhöhungsverlangen außerhalb des Prozesses erklärt hat. Es muß innerhalb der Klagefrist im Wege der Klagänderung in den Rechtsstreit durch einen sog. bestimmenden Schriftsatz, der zugestellt werden muß, eingeführt werden. Der Klagantrag muß entsprechend geändert werden. A 457

Ist die Überlegungsfrist für das nachgeschobene Erhöhungsverlangen bis zum Verhandlungstermin noch nicht abgelaufen, so kann ein der Klage ganz oder teilweise stattgebendes Urteil nicht – auch nicht bei Säumnis des Beklagten – ergehen. Die Klage ist vielmehr ohne weitere sachliche Prüfung abweisungsreif. Umstritten ist, ob das Gericht stattdessen einen neuen Termin nach Ablauf der Überlegungfrist anberaumen sollte,

dafür: Barthelmess MHG § 2 Rdn. 171, Bub–Treier Rdn. VII 77, Münchner Kommentar-Voelkow MHG § 2 Rdn. 62, a.A. Emmerich–Sonnenschein Miete, 6. Aufl., MHG § 2 Rdn. 49d, Sternel Mietrecht Rdn. III 731,

differenzierend Schmidt-Futterer–Blank C 139k ff.

Gründe der Prozeßwirtschaftlichkeit lassen sich für beide Entscheidungsvarianten anführen. Durch Anberaumung eines neuen Termins nach Ablauf der Überlegungsfrist kann möglicherweise ein neuer Rechtsstreit zwischen den Parteien vermieden werden. Getreu der Devise, daß der kürzeste Prozeß der wirtschaft- A 458 lichste ist, läßt sich auch die sofortige Klagabweisung rechtfertigen. Für letzteres spricht, daß der Beklagte einen Anspruch auf Sachentscheidung hat, wenn der Rechtsstreit am Schluß der mündlichen Verhandlung entscheidungsreif ist, während der Kläger keinen Anspruch auf Vertagung hat. Darüber helfen keine prozeßwirtschaftlichen Erwägungen hinweg. Wollen die Parteien einen neuen Rechtsstreit vermeiden, so können sie übereinstimmend das Ruhen des Verfahrens bis zum Ablauf der Überlegungfrist beantragen (§ 251 ZPO) oder einfacher um einen neuen Termin bitten. Auf entsprechende Anträge mag das Gericht hinwirken, wenn es dies für sinnvoll hält. Es setzt sich jedoch dem Verdacht der Parteilichkeit (§ 42 ZPO) aus, wenn es trotz Entscheidungsreife und gegen den Widerspruch des Beklagten einen neuen Termin anberaumt, wodurch der abweisungsreifen Klage ganz oder zum Teil zum Erfolg verholfen werden könnte. Im Falle eines neuen Termins kann sich der Beklagte dem Kostenrisiko entziehen, wenn und soweit er bis zum Ablauf der Überlegungsfrist dem Mieterhöhungsverlangen zustimmt (§§ 91a, 93 ZPO).

A 459   Der Vermieter kann ein weiteres Mieterhöhungsverlangen auch hilfsweise für den Fall erklären und in den Prozeß einführen, daß das erstere Mieterhöhungsverlangen rechtsunwirksam sein sollte. Eine solche Bedingung ist als bloße Rechtsbedingung unschädlich. Der Vermieter muß das 2. Erhöhungsverlangen durch einen Hilfsantrag innerhalb der der für jenes Erhöhungsverlangen laufenden Klagefrist im Rechtsstreit geltend machen. Es wird erst dann zum Gegenstand der Entscheidungsfindung durch das Gericht, wenn das erstere unzulässig oder vollständig unbegründet ist, so daß die Klage abzuweisen wäre. Ist jenes dagegen auch nur zum Teil begründet, so ist kein Raum mehr, über den Hilfsantrag bezüglich des nachgeschobenen Erhöhungsverlangens zu entscheiden.

A 460   Solange der Mieter dem ersten Mieterhöhungsverlangen nicht ganz oder teilweise zugestimmt hat, was auch noch nach Ablauf der Überlegungsfrist möglich ist, kann der Vermieter sein Verlangen zurücknehmen und sich auf das 2. Erhöhungsverlangen beschränken. Hat der Mieter dagegen einem vorangegangenen wirksamen Erhöhungsverlangen zumindest zum Teil und einem unwirksamen Erhöhungsverlangen vollen Umfangs zugestimmt, so kommt es zu einer Mietänderung und es wird hierdurch die Wartefrist nach § 2 Abs. 1 Nr. 1 MHG ausgelöst. Das zweite (oder folgende) Erhöhungsverlangen ist damit unzulässig geworden.

A 461   Ist die Zustimmungsklage in erster Instanz abgewiesen worden, so kann die Berufung nicht allein auf ein erst jetzt in den Prozeß eingeführtes Mieterhöhungsverlangen gestützt werden; denn damit würde ein neuer Streitgegenstand begründet werden, über den erstinstanzlich nicht entschieden worden ist. Dem Vermieter würde die sog. Beschwer durch das erstinstanzliche Urteil fehlen. Er kann jedoch ein neues Erhöhungsverlangen nach § 2 Abs. 3 MHG auch in der Berufungsinstanz klagändernd (auch hilfsweise) verfolgen, wenn der Beklagte zustimmt oder das Gericht die Klagänderung für sachdienlich hält (§§ 263, 523 ZPO). Sachdienlich ist die Klagänderung dann, wenn über sie ohne weitere Aufklärung des Prozeßstoffes entschieden werden kann. Ist dagegen eine umfangreichere Aufklärung erforderlich, kann gegen die Sachdienlichkeit sprechen, daß dem Beklagten bei Zulassung der Klagänderung eine Tatsacheninstanz verlorenginge.

Mietpreisrecht   Rdn. A 462–A 465

ee) Die Zulässigkeit der Berufung hängt davon ab, daß die Berufungssumme von   A 462
über DM 1.500,– erreicht sein muß (§ 511a Abs. 1 ZPO), sofern nicht ausnahmsweise eine sog. Divergenzberufung nach § 511a Abs. 2 ZPO in Betracht kommt. Die Berufungssumme berechnet sich nach einem Vielfachen des Mieterhöhungsbetrages. Nach wohl überwiegender Meinung beträgt sie das Drei- bis Vierfache der jährlichen Mieterhöhung. Es wird aber auch die Auffassung vertreten, daß nur der Erhöhungsbetrag für ein Jahr, der nach § 16 Abs. 5 GKG für die Gebührenberechnung maßgebend ist, Maßstab für den Berufungswert ist,

vgl. die Nachweise bei Barthelmess MHG § 2 Rdn. 200, ferner Rdn. 1455 f.

7. Kappung der Mieterhöhung bei baulichen Maßnahmen

a) Berechnung und Auswirkung der Kappung

Die Kappung der Mieterhöhung nach § 13 MHG gilt nur für denjenigen Woh-   A 463
nungsbestand, der bisher der Preisbindung nach § 11 Abs. 2 MHG a.F., § 5 2. GrundMV unterlag (vgl. dazu Rdn. A 309).
Mieterhöhungen nach § 3 MHG werden gemäß § 13 MHG auf DM 3,–/qm monatlich gekappt. Die Kappung tritt nicht ein, wenn der Mieter der weitergehenden Mieterhöhung zustimmt. Die Kappung bezieht sich nur auf Mieterhöhungen, die bis zum 31.12.1997 erklärt worden sind. Maßgebend ist der Zeitpunkt des Zugangs beim Mieter. Dagegen ist nicht auf den Zeitpunkt der Durchführung bzw. Fertigstellung der Maßnahme abzustellen. Ein hierauf bezogener Vorschlag des Bundesrates, der auf die sich aufdrängende Gefahr der Umgehung hinwies (Bundestags-DS 13/1187 S. 2), ist nicht Gesetz geworden. Deshalb kann es zulässig sein, daß der Vermieter zwar bis Ende des Jahres 1997 eine Modernisierungsmaßnahme fertigstellt, die Mieterhöhung aber erst nach dem 31.12.1997 anfordert, um auf diese Weise der Kappung zu entgehen,

ebenso Börstinghaus–Meyer Rdn. 350, Börstinghaus MDR 1995, 657.

Hat der Vermieter die gekappte Mieterhöhung vor dem 1.1.1998 angefordert, so   A 464
kann er wegen des die Kappung übersteigenden Betrages eine Mieterhöhung nach dem 1.1.1998 nicht nachholen,

Börstinghaus WM 1995, 473, Eisenschmid WM 1995, 372.

Er kann sich auch nicht vorbehalten, eine DM 3,–/qm übersteigende Mieterhöhung erst nach dem 1.1.1998 anzufordern. Das gilt auch bei komplexen Maßnahmen, etwa der Einsparung von Heizenergie,

a.A. Beuermann MHG § 13 Rdn. 7.

Gekappt wird die nach § 3 Abs. 1 MHG zu ermittelnde Mieterhöhung. Diese   A 465
berechnet sich nach dem für die einzelne Wohnung getätigten Bauaufwand; nur bei Gemeinschaftsmaßnahmen kommt eine Umlage nach anteiliger Wohnfläche in Betracht. Unzulässig wäre es, ohne Rücksicht auf den Bauaufwand für die jeweilige Wohnung pauschal den gekappten Betrag von DM 3,–/qm gemäß dem Gesamtaufwand zugrunde zu legen. Der Vermieter kann also nicht die höhere Kappung infolge größeren Bauaufwands für die eine Wohnung durch die niedrigere Kappung infolge geringeren Aufwand für eine andere Wohnung kompensieren. Das wird zum Beispiel erheblich, wenn für eine Wohnung durch eine geringere

Modernisierung die Kappungsgrenze nicht ausgeschöpft werden würde. Aber auch für Mieterhöhungsvereinbarungen nach §§ 13, 17 MHG und für die Angemessenheitsgrenze nach Art. 1 § 1 MÜG stellt sich die Frage nach der richtigen Berechnung der Mieterhöhung.

Eine Mieterhöhung nach § 3 MHG, die über die Kappungsgrenze hinausgeht, ohne daß ein Ausnahmetatbestand vorliegt, ist insoweit unwirksam. Wegen überzahlter Beträge steht dem Mieter ein Rückforderungsanspruch nach § 812 BGB zu.

b) Ausnahmetatbestände

A 466 Die Kappung tritt in folgenden Fällen nicht ein:

aa) Der Mieter stimmt der Mieterhöhung nach §§ 13, 17 MHG zu. Dies kann auch schon vor Durchführung der baulichen Maßnahme geschehen
  Beuermann MHG § 13 Rdn. 16.

Die Zustimmung ist formlos wirksam und kann auch schlüssig – etwa durch Zahlung – erklärt werden. In diesem Fall muß aber deutlich werden, daß der Mieter nicht nur zahlt, weil er sich hierzu entsprechend der Mietanforderung für verpflichtet hält, sondern daß er einen rechtsgeschäftlichen Willen hat, die Mieterhöhung zu akzeptieren (s. Rdn. A 484). Es ist also Sache des Vermieters, das Angebot auf Abschluß einer Mieterhöhungsvereinbarung so zu formulieren, daß der Mieter eindeutig erkennt, frei entscheiden zu können, ob er der Mieterhöhung zustimmt oder nicht. Diesbezügliche Zweifel bei der Auslegung gehen zu Lasten des Vermieters. Die Zustimmungsfiktion des § 12 Abs. 6 Nr. 2 MHG gilt keinesfalls, auch nicht im Wege der sog. Fernwirkung. Zu beachten ist, daß die Mieterhöhungsvereinbarung die Wartefrist für Mieterhöhungen nach §§ 2, 12 MHG jedenfalls dann auslöst, wenn sie den materiell zulässigen Rahmen einer Mieterhöhung nach §§ 3, 13 MHG überschreitet. Das ist auch dann der Fall, wenn ohne die Vereinbarung der Vermieter nur die gekappte Mieterhöung nach § 13 Abs. 1 MHG verlangen könnte.

A 467 **bb)** Ausgenommen sind auch Maßnahmen, die der Vermieter nicht zu vertreten hat, z.B. Umstellung von Stadtgas auf Erdgas, Nachrüstungen aufgrund behördlicher Auflagen, z.B. Einbau von Grenzwertgebern oder Sicherungstüren in Fahrstühle, nicht dagegen bei Instandsetzungsauflagen. Führt der Vermieter eine Modernisierung durch, kommt es aber infolge behördlicher Auflagen zu Kostenerhöhungen, so werden diese Erhöhungen nicht von der Kappung ausgenommen. Der Gesetzgeber hat diese ursprünglich erwogene Ausnahme gestrichen (Bundestags-DS 13/1386 S. 31). Es kommt also allein darauf an, ob sich der Vermieter entschieden hat, eine bestimmte Maßnahme durchzuführen
  Eisenschmid WM 1995, 372.

A 468 **cc)** Die Kappung gilt ferner nicht für Maßnahmen, mit denen der Vermieter vor dem 1.7.1995 begonnen hat. Der technische Beginn setzt Arbeiten voraus, die über das bloße Planungs- und Vorbereitungsstadium hinausgehen. Das ist etwa beim Aufstellen von Gerüsten, aber noch nicht bei der Anlieferung von Material der Fall,
  vgl. Beuermann MHG § 13 Rdn. 22: maßgeblich ist der erste Hammerschlag.

Ob Vorarbeiten jedenfalls dann schon zum Beginn zählen, wenn die weiteren Arbeiten zügig durchgeführt werden,

so Börstinghaus–Meyer Rdn. 347, Börstinghaus MDR 1995, 657,

erscheint fraglich; denn damit würde eine Grenzziehung erschwert. Es läßt sich nämlich erst im nachhinein bestimmen, ob und welche Arbeiten „zügig weitergeführt" worden sind; der Stichtag zum 30.6.1995 könnte auf diese Weise ohne klare Abgrenzungskriterien hinausgeschoben werden.

Hinzukommen muß aber auch, daß der Beginn vertragsgemäß ist, d.h. vom Mieter zu dulden wäre. Das erfordert in förmlicher Hinsicht zumindest, daß der Vermieter den Mieter zuvor rechtzeitig und ordnungsgemäß zur Duldung aufgefordert, ihn insbesondere nach § 541b Abs. 2 BGB unterrichtet haben muß,

so auch Beuermann MHG § 13 Rdn. 24, Eisenschmid WM 1995, 373.

Hat der Mieter der Maßnahme widersprochen und beginnt der Vermieter gleichwohl mit ihr, ohne einen Duldungstitel erwirkt zu haben, so ist die Maßnahme nicht vertragsgemäß.

A 469

Stellt sich nachträglich heraus, daß der Mieter sich zu Unrecht geweigert hatte, die Maßnahme zu dulden, so ist er dem Vermieter aus positiver Vertragsverletzung schadensersatzpflichtig. Er muß ihn – was die Mieterhöhung betrifft – so stellen, als wäre die Maßnahme vor dem 1.7.1995 begonnen worden,

so auch Börstinghaus–Meyer Rdn. 348.

Handelt es sich um eine kombinierte Maßnahme, so genügt der Beginn des ersten Bauabschnitts, sofern die Maßnahmen aufeinander aufbauen (z.B. Fassadendämmung und Fenstereinbau, nicht aber Fenstereinbau und Fahrstuhlinstallation). Das muß auch bei sukzessiven Maßnahmen gelten, die in zeitlicher Folge in verschiedenen Wohnungen eines Gebäudes oder einer Wirtschaftseinheit durchgeführt werden (z.B. Fenstersanierung),

zutreffend Börstinghaus–Meyer Rdn. 348.

dd) Schließlich sind Maßnahmen, die mit Mitteln der einkommensorientierten Förderung im Sinne des § 88e II. WoBauG gefördert worden sind, von der Kappung ausgenommen. Der Vermieter, der sich auf diesen Ausnahmetatbestand beruft, muß die Förderung gegenüber dem Mieter im Erhöhungsverlangen nachweisen. Handelt es sich um eine degressive Förderung, so wird es erforderlich sein, die Mieterhöhung von vornherein durch eine einheitliche Erklärung gestaffelt anzufordern. Eine Nachholung der Mieterhöhung infolge des sukzessiven Abbaus der öffentlichen Förderungsmittel wird von der herrschenden Meinung nicht zugelassen,

A 470

vgl. Bub–Treier Rdn. III 585, Fischer-Dieskau–Frantzioch MHG § 3 Anm. 5.3.

c) Auswirkung der Regelung auf die Duldungspflicht des Mieters

In den Gesetzesmaterialien ist ausgeführt, durch die Kappungsgrenze werde klargestellt, daß in aller Regel die gekappte Mieterhöhung für den Mieter eine zumutbare Mietbelastung bilde und somit davon ausgegangen werden könne, daß Modernisierungsumlagen bis zu DM 3,–/qm monatlich keine Härte für den

A 471

Mieter nach § 541b Abs. 1 BGB darstellten (Bundestags-DS 13/783 S. 14). Das trifft nicht zu,

so auch Beuermann MHG § 13 Rdn. 2, Eisenschmid WM 1995, 373.

Die finanzielle Belastung des Mieters durch die Mieterhöhung bleibt außer Betracht, wenn durch die baulichen Maßnahmen der allgemein übliche Zustand hergestellt wird (§ 541b Abs. 1 S. 3 BGB). Ist das nicht der Fall, so ist nach den Einkommensverhältnissen des Mieters und seiner Mietbelastung die Zumutbarkeit im Einzelfall zu beurteilen. Dabei muß ein etwa möglicher Wohngeldbezug berücksichtigt werden. Die Auffassung des Gesetzgebers hat auch keinen Niederschlag in § 541b BGB gefunden. Zu Recht ist darauf hingewiesen worden, daß durch § 13 Abs. 1 MHG ein zusätzlicher Schutz des Mieters geschaffen, nicht aber seine Duldungspflicht erweitert worden ist (Beuermann a.a.O.).

8. Umlage und Abrechnung von Betriebskosten

a) Umlage von Betriebskosten

A 472   Die Befugnis des Vermieters, die **Mietstruktur** zu verändern und Betriebskosten umzulegen sowie hierfür Vorauszahlungen zu verlangen (§ 1 Abs. 1, 2 BetrKostUV, s. Rdn. A 315 f.), bleibt für Mietverhältnisse, die vor dem 11.6.1995 begründet worden sind, bis zum 31.12.1997 erhalten (§ 14 Abs. 1 MHG). Zweifelhaft ist, ob dies auch für Mietverhältnisse gilt, die nach Inkrafttreten der BetrKostUV am 26.6.1991 begründet worden sind (vgl. Rdn. A 315). Dies wird im Ergebnis bejaht von

Beuermann MHG § 14 Rdn. 7, Börstinghaus–Meyer Rdn. 396, Eisenschmid WM 1995, 371.

Der Vermieter kann von der Befugnis aber nur mit Wirkung für die Zukunft Gebrauch machen. Der Zeitpunkt, zu dem die Gestaltungswirkung eintritt, ist nicht geregelt. Die gesetzliche Lücke ist unter Rückgriff auf die bisherige Regelung in § 11 Abs. 5 MHG a.F., die bisher einschlägig war, zu schließen,

dagegen für Rückgriff auf § 4 Abs. 3 MHG: Eisenschmid WM 1995, 372.

Danach wirkt die Umlage ab dem Ersten des auf die Erklärung folgenden übernächsten Monats.

Beispiel:
Zugang der Erklärung am 10. August 1995,
Gestaltungswirkung ab 1. Oktober 1995.

A 473   Soweit im Mietzins Betriebskosten enthalten waren, muß der Vermieter diesen Anteil nach den Verhältnissen zur Zeit des Vertragsabschlusses herausrechnen,

vgl. auch Eisenschmid WM 1995, 371, wegen des maßgeblichen Zeitpunkts s. BayObLG – RE v. 23.6.1988 – WM 1988, 257, 258 Sp. 2.

Hat der Vermieter von seiner Befugnis bis zum 31.12.1997 Gebrauch gemacht, so gelten die bis dahin angeforderten Betriebskosten und angemessenen Vorauszahlungen für die Zukunft – also für die Zeit ab 1.1.1998 – als vertraglich vereinbart.

A 474   Der Vermieter darf außer der Umlage der Betriebskosten **Vorauszahlungen** im angemessenen Umfang verlangen. Die Angemessenheit richtet sich nach dem

Erfordernis, die voraussichtlichen Kosten durch die Vorschüsse zu decken. Hierfür hat der Vermieter im Streitfall den bisherigen Betriebskostenanfall darzulegen, dem ein Steigerungsbetrag von ca. 10% hinzugerechnet werden kann, sofern er nicht konkret voraussichtlich höhere Kostensteigerungen belegen kann.

In § 14 Abs. 1 MHG ist nicht geregelt, welche Umlagemaßstäbe zu gelten haben. Die in der BetrKostUV vorgesehenen Maßstäbe sind nicht mehr verbindlich, nachdem die Verordnung am 11.6.1995 außer Kraft getreten ist. Daher ist von einem Leistungsbestimmungsrecht des Vermieters nach § 315 BGB auszugehen, A 475

vgl. OLG Hamm – RE v. 27.9.1983 – WM 1983, 315 = ZMR 1984, 14, OLG Koblenz – RE v. 27.2.1990 – WM 1990, 268 = ZMR 1990, 297.

Sein billiges Ermessen wird sich an den Umlagemaßstäben der BetrKostUV zu orientieren haben,

so auch Beuermann MHG § 14 Rdn. 5.

Eine Umlage nach anteiliger Wohnfläche dürfte auch bei verbrauchsabhängigen Kosten vertretbar sein (OLG Hamm a.a.O.).

Für die **Anforderung von Betriebskosten** und Vorauszahlungen gemäß § 14 Abs. 1 MHG ist die Schriftform zu beachten; die Formerleichterung des § 8 MHG gilt auch hier. A 476

Bei Mietverhältnissen, die seit dem 11.6.1995 begründet worden sind, müssen

– die Betriebskosten, die neben der Miete umgelegt werden sollen,
– der Umlageschlüssel,
– die Vorauszahlungen und
– die Befugnis, diese zu erhöhen,

vereinbart werden. Es reicht aus, wenn im Mietvertrag zur Bezeichnung der umzulegenden Betriebskosten auf die Anlage 3 zu § 27 II. BV Bezug genommen wird,

BayObLG – RE v. 24.2.1984 – WM 1984, 105 = ZMR 1984, 203,
s. auch Rdn. 756.

Die Anlage sollte dem Mietvertrag beigefügt werden.

Eine stillschweigende Vereinbarung kommt nicht dadurch zustande, daß der Vermieter nicht vereinbarte Betriebskosten in die Abrechnung einstellt und der Mieter den Saldo ohne Beanstandungen wiederholt zahlt,

OLG Hamm WM 1981, 62, LG Mannheim ZMR 1994, XVI Nr. 21.

b) Betriebskostenabrechnung

Nach § 14 Abs. 2 MHG sind Betriebskosten, die auf einen Zeitraum vor dem 11.6.1995 entfallen, nach den bisherigen Vorschriften abzurechnen. Später anfallende Betriebskosten aus einem Abrechnungszeitraum, der vor dem 11.6.1995 begonnen hat, können nach den bisherigen Vorschriften abgerechnet werden. A 477

Die Regelung wirkt sich insbesondere auf die Abrechnung von Heiz- und Warmwasserkosten aus, vgl. dazu Hannig PiG 38 (1993), 61 ff., Eisenschmidt und Pistorius PiG 41 (1993), 97 f., 102, 105 f., 112, zu Rechtsgrundlagen und praktischen Beispielen der Betriebskostenabrechnung Sternel PiG 45 (1995), 45 f., 59 f., 69 f., zur Kappungsgrenze s. auch Pfeifer DWW 1993, 283, Wüstefeld WM 1994, 57.

Da die Kappungsgrenze des § 4 Abs. 3 BetrKostUV (s. Rdn. A 323) seit dem 11.6.1995 aufgehoben ist, muß der Vermieter die Abrechnung für noch nicht beendete Zeiträume zum Stichtag splitten. Für den bis dahin abgelaufenen Zeitraum greift noch die Kappungsgrenze von DM 2,50 bzw. DM 2,10/qm ein. Die Aufteilung hinsichtlich der angefallenen Kosten dürfte entsprechend § 9 b HeizkostenV nach Gradtagszahlen vorzunehmen sein,

a.A. Beuermann MHG § 14 Rdn. 15: Abgrenzung nach dem Rechnungsdatum gemäß dem sog. Geldabflußprinzip; gegen diesen Ansatz Sternel PiG 49 (1991), 83, 94.

Um einen einheitlichen Abrechnungsschlüssel innerhalb eines Abrechnungsjahres beibehalten zu können, darf der Vermieter die Betriebskosten aus der Abrechnungsperiode, die vor Inkrafttreten des Gesetzes begonnen hat, nach den bisherigen Vorschriften abrechnen.

9. Nachholung von Mieterhöhungen wegen Beschaffenheitszuschlägen

a) Form und Frist der Mieterhöhungserklärung

A 478   aa) Hat der Vermieter die Mieterhöhung nach § 2 der 2. GrundMV nicht ausgeschöpft oder ausschöpfen können, so hat er nach § 16 Abs. 1 MHG hierzu noch bis zum 31.12.1997 Gelegenheit. Die Regelung gilt sowohl für den Fall, daß der Vermieter es unterlassen hat, eine an sich mögliche Mieterhöhung durchzuführen, als auch für den Fall, daß er nach dem 11.6.1995 erhebliche Schäden an den in § 2 Abs. 2, 3 2. GrundMV genannten Gebäudeteilen behoben hat. Der dort aufgeführte Katalog entspricht demjenigen in § 12 Abs. 1 S. 1 Nr. 1–5 MHG (vgl. Rdn. A 385 f.). Die monatliche Mieterhöhung beträgt für die Behebung erheblicher Schäden in den aufgeführten Fällen je DM 0,30/qm. Hatte der Vermieter eine Mieterhöhung nach § 2 Abs. 2. GrundMV durchgeführt, so ist eine weitere Mieterhöhung nach § 16 MHG nur insoweit zulässig, als er Beschaffenheitszuschläge nach § 2 Abs. 2, 3 2. GrundMV nicht berücksichtigt hatte. Dagegen kommt es nicht darauf an, ob er wegen Fehlens erheblicher Schäden an 3 Gebäudeteilen deswegen eine Mieterhöhung nach § 12 Abs. 1 MHG durchgeführt hat.

Beispiel:
Obwohl das Dach und die Fenster keine erheblichen Schäden aufwiesen, hat der Vermieter nur eine Mieterhöhung von DM 0,30/qm nach § 2 Abs. 1 2. GrundMV verlangt. Er hat die Mieterhöhung nach § 12 Abs. 1 MHG aber mit der Schadensfreiheit u.a. von Dach und Fenster begründet.
Das schließt die Mieterhöhung um DM 0,60/qm nach § 16 Abs. 1 MHG nicht aus.

A 479   Die jetzige Formulierung des Gesetzes (Mieterhöhung, „wenn ... erhebliche Schäden nicht vorhanden sind ...") stellt klar, daß das Fehlen von Schäden eine Anspruchsvoraussetzung ist, die vom Vermieter im Streitfall bewiesen werden muß,

Eisenschmid WM 1995, 370, a.A. Beuermann MHG § 16 Rdn. 3.

Das entspricht der h.M. zur bisherigen Mieterhöhung nach § 2 2. GrundMV und steht im Einklang zur Beweis- und Darlegungslast nach § 12 MHG (s. Rdn. A

Mietpreisrecht   Rdn. A 480–A 481

392). Die Mieterhöhung ist erst zulässig, wenn der Schaden behoben ist; eine Mieterhöhung vor Abschluß der Arbeiten ist unzulässig. Im übrigen kommt es nicht auf die Durchführung von Reparaturarbeiten, sondern auf deren Erfolg an.

bb) Die Erhöhung nach § 16 Abs. 1 MHG wird (wie bisher die Mieterhöhung nach § 2 2. GrundMV) durch einseitige schriftliche Erklärung gegenüber dem Mieter angefordert und muß erläutert sowie berechnet werden. Sie wirkt zum Ersten des auf die Erklärung folgenden übernächsten Monats, wie bisher in § 11 Abs. 5 MHG a.F. geregelt. A 480

Beispiel:
Abgabe der Erhöhungserklärung: 20.8.1995,
Wirkung der Mieterhöhung: 1.10.1995.

Die Formerleichterung nach § 8 MHG gilt auch hier. Eine Wartefrist oder eine Kappungsgrenze sind für die Mieterhöhung nicht vorgesehen. Das Mieterhöhungsverlangen muß dem Mieter spätestens am 31.12.1997 zugegangen sein.

Die Mieterhöhung nach § 16 Abs. 1 MHG löst sowohl das außerordentliche Kündigungsrecht des Mieters nach § 9 Abs. 1 MHG als auch die Erschwerung der fristlosen Kündigung wegen Zahlungsverzugs nach § 9 Abs. 2 MHG aus. Das folgt aus der Verweisung in § 11 Abs. 2 MHG u.a. auf § 9 MHG, soweit sich aus den §§ 12–17 MHG nichts anderes ergibt. Das ist hier der Fall. Für eine nachfolgende Mieterhöhung nach § 12 MHG löst sie außerdem die Wartefrist aus (s. Rdn. A 419).

b) Verhältnis zur Mieterhöhung nach § 12 MHG

Hatte der Vermieter vor dem 11.6.1995 erhebliche Schäden an (wenigstens) 3 Gebäudeteilen nach § 12 Abs. 1 S. 1 Nr. 1–5 MHG behoben, ohne die Miete nach der 2. GrundMV deshalb erhöht zu haben, so ist er zunächst berechtigt, die Mieterhöhung nach § 12 Abs. 1 MHG durchzuführen. Bei jener Mieterhöhung bleibt die an sich früher möglich gewesene Mieterhöhung nach § 2 Abs. 2, 3 2. GrundMV außer Betracht, weil es auf die am 11.6.1995 geschuldete preisrechtlich zulässige Miete ankommt. Führt der Vermieter zuerst die Mieterhöhung nach § 16 Abs. 1 MHG und erst anschließend diejenige nach § 12 MHG durch, so ändert sich an der Stichtagsmiete nichts. Der Vermieter muß in diesem Fall aber die Wartefrist von einem Jahr beachten. A 481

Das gleiche gilt, wenn der Vermieter erst nach dem 11.6.1995 erhebliche Schäden beseitigt hat; die mögliche Mieterhöhung nach § 16 Abs. 1 MHG hat hier erst recht keinen Einfluß auf die bei Inkrafttreten des MÜG geschuldete preisrechtlich zulässige Miete. Für den Vermieter empfiehlt es sich allerdings stets, eine Mieterhöhung nach § 12 MHG vor derjenigen nach § 16 MHG durchzuführen. Für letztere gilt nämlich keine Wartefrist. Umgekehrt löst sie aber eine solche für die nachfolgende Mieterhöhung nach § 12 MHG aus (s. Rdn. A 419).

10. Mieterhöhungsvereinbarungen und Mietobergrenzen

a) Zulässigkeit von Mieterhöhungsvereinbarungen

A 482 § 17 MHG erweitert den Anwendungsbereich des § 10 Abs. 1 MHG um die Vorschriften in §§ 10 Abs. 2, 10a – 16 MHG. Das hat bezüglich der ersteren beiden Vorschriften nur klarstellende Bedeutung; denn sie sind nach § 11 Abs. 2 MHG auf den übergeleiteten, bisher preisgebundenen Wohnungsbestand anzuwenden (s. Rdn. A 307) und enthalten als Ausnahmevorschriften zu § 10 Abs. 1 MHG das Unabdingbarkeitsgebot zugunsten des Mieters.

Unzulässig sind danach Vereinbarungen, durch die allgemein oder im Einzelfall ein Tatbestandsmerkmal der von §§ 10 Abs. 1, 17 MHG erfaßten Vorschriften abweichend vom Gesetz geregelt wird. Das gilt auch dann, wenn die Vereinbarung nur einmal (mittelbar) zu einer Mieterhöhung führt, ohne daß es sich dabei um eine Mieterhöhung um einen bestimmten Betrag handelt (s. dazu Rdn. A 376).

Der Gesetzgeber hielt es nicht für erforderlich, zum Schutz des Mieters ein Widerrufsrecht entsprechend demjenigen in § 3 Abs. 1 S. 4 2. GrundMV zu begründen (Bundestags-DS 13/783 S. 15). Der gegenteilige Vorschlag des Bundesrats (Bundestags-DS 13/1187 S. 3, 8) wurde abgelehnt. Zur Anwendung des HaustürwiderrufsG auf Mieterhöhungsvereinbarungen und zu Ansprüchen des Mieters aus Verschulden bei Vertragsverhandlungen s. Rdn. A 447; 32.

A 483 **aa)** Zulässig sind Vereinbarungen über eine Mieterhöhung um einen **bestimmten Betrag**, die im Rahmen eines Mietverhältnisses getroffen werden. Eine bloße Bestimmbarkeit des Mieterhöhungsbetrages (z.B. um 5% oder die Erhebung eines Umlageausfallwagnisses bei Beriebskosten) genügt nicht

Eisenschmid WM 1995, 374.

Eine **Form** für die Vereinbarung ist nicht gesetzlich vorgeschrieben. Handelt es sich um ein Mietverhältnis mit einer längeren Laufzeit als ein Jahr, so muß allerdings die Schriftform gemäß § 566 BGB gewahrt werden

Beuermann MHG §§ 17, 10 Rdn. 24.

Auch durch schlüssiges Verhalten kann eine Mieterhöhungsvereinbarung begründet werden. Es ist jedoch eine unzulässig verkürzende Wertung, allein schon in der wiederholten Zahlung einer geforderten Mieterhöhung die entsprechende Zustimmung des Mieters zu sehen,

so aber Beuermann a.a.O. Rdn. 18–20.

Die Zahlung ist vielmehr stets im Kontext mit der Mietanforderung und dem daraus zu folgenden Verständnis des Vermieters von der erhöhten Mietzahlung zu werten

zutreffend Eisenschmid WM 1995, 374.

A 484 Unterbreitet der Vermieter dem Mieter eindeutig ein Angebot auf Abschluß einer Mieterhöhungsvereinbarung, so wird bereits in der einmaligen Zahlung des erhöhten Betrages die Annahme des Angebots liegen, die durch weitere Zahlungen in der Folgezeit noch bestätigt, aber nicht – schon gar nicht sukzessive – erst begründet wird. Fordert andererseits der Vermieter eine Mieterhöhung an und erweckt er hierdurch – insbesondere durch Hinweis auf eine gesetzlich begründete Zahlungspflicht – beim Mieter den Eindruck, zur Zahlung ohnehin verpflichtet zu sein, so kann er bei entsprechenden Zahlungen des Mieters nicht davon ausgehen, dieser habe freiwillig lediglich aufgrund eines Angebots, das er ebensogut hätte ablehnen können, geleistet

LG München I WM 1992, 490, AG München NJW-RR 1994, 973.

Vielmehr muß er das (spätere) bestreitende Vorbringen des Mieters, aufgrund einer vermeintlichen gesetzlichen Pflicht geleistet und keinen rechtsgeschäftlichen Änderungswillen gehabt zu haben, entkräften. In diesem Zusammenhang ist auch zu beachten, daß einseitig rechtsgestaltende Erklärungen wie Mieterhöhungsverlangen etwa nach §§ 3, 13, 16 MHG nur dann in ein Vertragsangebot umgedeutet werden können, wenn sich der Vermieter bewußt war, seine Erklärung könnte nicht wirksam sein,

vgl. BGH MDR 1981, 135 = WM 1981, 57, BGH ZMR 1984, 163, 164 a.E. für Kündigung und Mietaufhebungsvereinbarung, s. auch Eisenschmid WM 1995, 374.

Auf der Grenze liegen Mieterhöhungsverlangen nach § 12 MHG. Sie haben bei korrekter Formulierung den Charakter eines Vertragsangebots, auch wenn der Vermieter einen Anspruch auf die Annahme hat. Je mehr durch die Formulierung der Angebotscharakter zugunsten eines einseitigen Verlangens nach einer Mieterhöhung – auch im Wege eines Hinweises auf gesetzliche Vorschriften – zurückgedrängt wird, desto eher kann die Erhöhungsanforderung beim Mieter den Eindruck auslösen, keinen Entscheidungsspielraum mehr zu haben. Es ist daher möglich, daß selbst durch wiederholte Zahlung der Mieterhöhung aufgrund eines unwirksamen Mieterhöhungsverlangens – bei einem wirksamen greift die Zustimmungsfiktion des § 12 Abs. 6 Nr. 2 MHG ein – eine Mieterhöhungsvereinbarung noch nicht zustande kommt.

A 485

Eine Teilzustimmung ist grundsätzlich als Ablehnung des Vermieterangebots, verbunden mit einem eigenen Angebot des Mieters, zu werten (§ 150 Abs. 2 BGB). Sie führt nur ausnahmsweise bei einem wirksamen Mieterhöhungsverlangen nach §§ 2, 12 MHG zu einer Mieterhöhung,

A 486

a.A. wohl Beuermann MHG §§ 17, 10 Rdn. 21; OLG Karlsruhe WM 1984, 21 bezieht sich auf die Teilzustimmung zu einem wirksamen Mieterhöhungsverlangen nach § 2 MHG.

Dieses Angebot kann der Vermieter – auch schlüssig, etwa durch vorbehaltlose Entgegennahme des vom Mieter angebotenen und geleisteten höheren Mietzinses – annehmen.

bb) Eine **Begrenzung der Miethöhe** ist in § 17 MHG nicht enthalten. Sie ergibt sich nur aus § 5 WiStG, dessen Anwendbarkeit in Art. 2 § 1 MÜG vorausgesetzt ist, was aber wegen Fehlens einer ortsüblichen Vergleichsmiete gegenwärtig ins Leere stößt,

A 487

so ausdrücklich Bundestags-DS 13/1386 S. 33, Beuermann MHG § 17 Rdn. 1, 4.

Eine Mietbegrenzung läßt sich indes für modernisierungsbedingte Erhöhungsvereinbarungen aus §§ 13, 17 MHG in Verbindung mit Art. 2 § 1 MÜG ableiten. Diese werden nur dann aus dem Anwendungsbereich des § 5 WiStG herausgenommen, wenn die nicht durch § 13 Abs. 1 MHG gekappte Obergrenze einer möglichen Mieterhöhung nach § 3 MHG eingehalten worden ist. Zwar sind auch darüber hinausgehende Mieterhöhungsvereinbarungen zulässig; sie genießen dann aber nicht mehr das Privileg des Art. 2 § 1 MÜG, von dem Anwendungsbereich des § 5 WiStG ausgenommen zu sein (s. Rdn. A 498).

b) Weitergeltung von instandsetzungsbedingten Mieterhöhungsvereinbarungen

A 488 Instandsetzungsvereinbarungen nach § 3 2. GrundMV, die vor dem 11.6.1995 getroffen worden sind (s. Rdn. A 328), bleiben wirksam. Das soll auch dann gelten, wenn die Vereinbarung vor Inkrafttreten des MÜG abgeschlossen, die Maßnahme aber erst danach durchgeführt worden ist,
 Beuermann MHG § 16 Rdn. 8.

Dem Gesetz ist nicht zu entnehmen, daß die Vereinbarung nur dann fortgelten soll, wenn die Widerrufsfrist des § 3 Abs. 1 S. 4 2. GrundMV noch vor dem 11.6.1995 abgelaufen ist,
 so aber Eisenschmid WM 1995, 371.

Mieterhöhungen infolge von Instandsetzungsvereinbarungen lösen die Wartefrist für Mieterhöhungen nach § 12 MHG aus. Auch bleiben sie – anders als Mieterhöhungen nach § 3 MHG – bei der Berechnung der Kappungsgrenze gemäß § 12 Abs. 4 MHG unberücksichtigt. Derartige Vereinbarungen können nach dem Außerkrafttreten der 2. GrundMV nicht mehr getroffen werden; hierfür besteht im Hinblick auf § 17 MHG auch kein Bedürfnis.

c) Mietobergrenzen bei Neuvermietungen

A 489 aa) Artikel 2 § 2 MÜG regelt die Obergrenze bei Neuabschlüssen, die seit Inkrafttreten des Gesetzes bis zum 30.6.1997 getätigt worden sind. Sie liegt bei 15% oberhalb des Mietzinses, der aus den §§ 3, 12, 13, 16 und 17 MHG gebildet worden ist. Der Gesetzgeber hat zwischen den §§ 16 und 17 MHG das Wort „oder" verwendet. Dieser Wortlaut ist aber sprachlich sinnwidrig und muß daher im Wege der Auslegung dahin korrigiert werden, daß es hier statt „oder" richtig „und" – besser: „und/oder" – heißt; denn die im Gesetz aufgeführten Mieterhöhungen können nebeneinander stehen,
 vgl. dazu Sternel GE 1995, 838, 840.

A 490 In dem Katalog der aufgeführten Vorschriften fehlt § 5 MHG. Kommt es zu einer Mieterhöhung nach dieser Bestimmung, so wirkt sie sich auf Neuabschlüsse nicht aus; insoweit gilt also kein Bestandsschutz.

Für die Ermittlung der Mietobergrenze ist vorauszusetzen, daß die in Art. 2 § 2 MÜG aufgeführten Mieterhöhungstatbestände tatsächlich vor der Neuvermietung erfüllt waren, ohne daß es darauf ankommt, ob der Vermieter die daraus abzuleitende Mieterhöhung geltend gemacht hat. Das gilt etwa für Modernisierungen (vgl. § 3 MHG) oder die Behebung von Schäden (vgl. § 16 MHG). Auch wenn er deswegen die Miete nicht erhöht hat, obwohl er dazu berechtigt gewesen wäre, kann er die errechneten Erhöhungsbeträge in die Miete bei Neuvermietung einbeziehen.

Mieterhöhungen nach § 17 MHG werden nur berücksichtigt, wenn es mit dem Vormieter zu einer Erhöhungsvereinbarung gekommen war,
 so auch Eisenschmid WM 1995, 375, zu den Umgehungsmöglichkeiten s. Börstinghaus-Meyer Rdn. 508.

Problematisch ist, daß die Mieterhöhung nach § 17 MHG nur durch § 5 WiStG A 491
begrenzt wird. Damit ist ein Element in die Ermittlung der Mietobergrenze
eingeführt, das die Miete bis zur Wesentlichkeitsgrenze hochführen kann. Dadurch könnte ein Summierungseffekt von Wesentlichkeitsgrenze nach § 5
WiStG (= 20% über der ortsüblichen Miete) plus Obergrenze nach Art. 2 § 2
MÜG (= 15% über der zuletzt zulässigen Miete) bewirkt werden. Das wäre ein
unsinniges Ergebnis, das vom Gesetzgeber nicht gewollt war. Vielmehr sollte
eine Grenze unterhalb der Wesentlichkeitsgrenze des § 5 WiStG gezogen werden,
damit die (spätere) ortsübliche Miete nicht überproportional durch Neuvermietungsmieten geprägt werde und Ausreißermieten unberücksichtigt blieben. Ferner sollte Mietern von zu großen Wohnungen ein Anreiz gegeben werden, diese
gegen kleinere zu tauschen, ohne durch die Neuanmietung einen zu starken
Mietanstieg befürchten zu müssen. Schließlich sollte ein Beitrag zur Mietenspreizung geleistet werden (Bundestags-DS 13/1386 S. 20, 24, 33, vgl. auch die
Stellungnahme des Bundesrats Bundestags-DS 13/1187 S. 4). Es bleibt allerdings
das Dilemma, daß sich eine eindeutige Obergrenze bei Neuvermietungen zur
Zeit nicht bestimmen läßt, zumal es eine ortsübliche Miete gegenwärtig in den
neuen Ländern noch nicht gibt. Deshalb läuft § 5 WiStG ohnehin leer, was auch
der Gesetzgeber nicht verkannt hat,

vgl. Bundestags-DS 13/1386 S. 33, Börstinghaus–Meyer Rdn. 505.

Mietzuschläge für Leistungen, die der Vermieter zwar gegenüber dem Vormieter, A 492
nicht aber gegenüber dem Neumieter erbringt (z.B. Überlassung von Mobiliar,
eines Stellplatzes, Erlaubnis der teilgewerblichen Nutzung), sind aus der bisherigen Miete herauszurechnen, werden also bei der Berechnung der Mietobergrenze
nicht berücksichtigt

Beuermann MÜG Art. 2 § 2 Rdn. 10.

bb) Wird die Wohnung in der Zeit zwischen dem 11.6.1995 und dem 30.6.1997 A 493
ein zweites Mal wiedervermietet, so erhöht sich die bei der ersten Wiedervermietung um 15% angehobene Miete nicht noch einmal um 15%,

vgl. Eisenschmid WM 1995, 375.

Der Steigerungsbetrag kann höchstens auf die Erhöhungstatbestände berechnet A 494
werden, die im Laufe des ersteren (Wiedervermietungs-)Mietverhältnisses durchgeführt bzw. deren Voraussetzungen geschaffen worden sind. Das soll anhand
von zwei Beispielen verdeutlicht werden:

1. Beispiel:
Das 1. Mietverhältnis dauert bis zum 31.10.1995; die Miete beträgt unter Einschluß der
Mieterhöhung nach § 12 MHG DM 360,–.
Das 2. Mietverhältnis dauert vom 1.11.1995 bis 31.7.1996; die Mietobergrenze beträgt
DM 360,– + 15% = DM 414,–.
Das 3. Mietverhältnis beginnt am 1.8.1996; die Mietobergrenze liegt ebenfalls bei DM 414,–.

2. Beispiel:
Das 1. Mietverhältnis dauert bis zum 31.10.1995; die Miete beträgt unter Einschluß der
Mieterhöhung nach § 12 MHG DM 360,–.
Der Vermieter modernisiert im November 1995.
Das 2. Mietverhältnis dauert vom 1.12.1995 bis 31.7.1996; die Mietobergrenze beträgt
(DM 360,– + mögliche Mieterhöhung nach § 3 MHG, z.B. DM 50,–) = DM 410,– + 15% =

181

471,50. Außerdem erhöht der Vermieter die Miete nach § 16 MHG um DM 23,– und trifft eine Erhöhungsvereinbarung um DM 15,50, so daß die Miete schließlich DM 510,– beträgt.

Das 3. Mietverhältnis beginnt am 1.8.1996. Die Mietobergrenze beträgt DM 471,50 + 23,– + 15,50 = DM 510 + 15% von (DM 23,– + 15,50) = 510,– + 5,78 = DM 515,78.

A 495   cc) Dem Mieter steht gegenüber dem Vermieter ein **Auskunftsanspruch** darüber zu, wie sich die Neuabschlußmiete zusammensetzt,

Beuermann MÜG Art. 2 § 2 Rdn. 18, Eisenschmid WM 1995, 375, ausführlich Erbarth WM 1995, 418.

Der Vermieter hat also die bis zum 10.6.1995 gezahlte preisrechtlich zulässige Miete und die seit dem 11.6.1995 eingetretene Mietentwicklung offenzulegen. So muß er die einzelnen Modernisierungs- und Instandsetzungsmaßnahmen aufschlüsseln und den Ausstattungsstandard vor der Modernisierung darlegen

AG Schöneberg MM 1995, 30.

A 496   dd) Soweit die Mietzinsvereinbarung die Mietobergrenze überschreitet, ist sie nach § 134 BGB nichtig. In diesem Umfang steht dem Mieter ein **Rückforderungsanspruch** aus § 812 BGB zu, dem der Vermieter nicht entgegenhalten kann, der Mieter sei mit der Miethöhe einverstanden gewesen,

Bub–Treier Rdn. II 691, Sternel Mietrecht Rdn. III 43, Beuermann MÜG Art. 2 § 2 Rdn. 13, 16, Börstinghaus–Meyer Rdn. 506.

Dagegen ist bewußt von bußgeldrechtlichen Wirkungen abgesehen worden (Bundestags-DS 13/1386 S. 33).

A 497   ee) Für die Zeit ab dem 1.7.1997 richtet sich die Mietobergrenze bei Neuvermietungen nach § 5 WiStG – vorausgesetzt, daß sich bis dahin eine ortsübliche Miete gebildet hat. Eine preiswidrige Vereinbarung wird jedoch nicht wirksam, sondern kann allenfalls (durch schlüssige Neuvornahme) bestätigt werden. Die Bestätigung setzt allerdings die Kenntnis von der Nichtigkeit voraus. Zulässig ist die Vereinbarung einer Staffelmiete nach § 10 Abs. 2 MHG, durch die eine erst nach dem 1.7.1997 wirkende Mietstaffel die Obergrenze des Art. 2 § 2 MÜG überschreitet (vgl. auch Rdn. A 377).

d) Lockerung des Tatbestandes der Mietpreisüberhöhung bei Mieterhöhungen wegen baulicher Änderungen

A 498   Eine wesentliche Mietpreisüberhöhung kann auch dadurch bewirkt werden, daß der Vermieter die Miete nach § 3 MHG erhöht,

OLG Karlsruhe – RE v. 19.8.1983 – WM 1983, 314 = ZMR 1984, 201, KG WM 1992, 140.

In diesem Zusammenhang ist es sogar für unzulässig gehalten worden, den Modernisierungsaufwand im Rahmen des § 5 Abs. 1 S. 3 WiStG a.F. zu berücksichtigen, weil der Modernisierung schon durch die höhere ortsübliche Miete Rechnung getragen werde (KG a.a.O.). Hiervon gewährt Art. 2 § 1 MÜG eine Ausnahme: Entgelte, die nach §§ 3, 13 MHG geändert oder nach §§ 13, 17 MHG vereinbart worden sind, sind für die Zeit bis zum 31.12.1997 nicht als unangemessen i.S. von § 5 WiStG anzusehen. Voraussetzung ist, daß die Mietpreisüberhöhung erst durch eine der genannten Mieterhöhungen bewirkt worden ist. Ist das Entgelt aus anderen Gründen überhöht, so bleibt der Verstoß gegen § 5 Abs. 1 WiStG in diesem Umfang bestehen.

Beispiel:

bisherige Miete/qm	DM 6,-	
ortsübliche Miete/qm		DM 7,-
Mieterhöhung nach § 13 MHG	+ DM 3,-	
Wesentlichkeitsgrenze nach § 5 WiStG (20%)		+ DM 1,40
preisrechtlich zulässige Miete/qm bei Modernisierung (Art. 2 § 1 MÜG)	DM 9,-	
ohne Modernisierung (§ 5 WiStG)		DM 8,40

Unerheblich ist, ob die Mieterhöhung einseitig angefordert oder vereinbart worden ist. Sie darf materiell den Rahmen der §§ 3, 13 MHG nicht überschreiten. Das gilt auch für die Einhaltung der Kappungsgrenze, sofern kein Ausnahmetatbestand vorliegt (s. dazu Rdn. A 466 f.). Die Vorschrift bezieht sich nur auf Mieterhöhungen, die bis zum 31.12.1997 durchgeführt worden sind; es kann sich andererseits aber auch um Mieterhöhungen nach § 3 MHG aus der Zeit vor dem 11.6.1995 handeln

A 499

Börstinghaus–Meyer Rdn. 498.

Nach Ablauf der Frist unterliegen die gemäß §§ 3, 13, 17 MHG erhöhten Mieten nur noch der Überprüfung nach § 5 WiStG. Ein Bestandsschutz über diesen Zeitpunkt hinaus wird nicht gewährt.

Die Vergünstigung ist auch vorgesehen, wenn die Wohnung wieder vermietet wird und die Miete nur deshalb wesentlich überhöht i.S. von § 5 WiStG ist, weil in sie gemäß Art. 2 § 2 MÜG Mieterhöhungen nach §§ 3, 13, 17 MHG aus dem vorangegangenen Mietverhältnis einbezogen worden sind. Es handelt sich insoweit um einen Bestandsschutz für schon durchgeführte Mieterhöhungen.

Unklar ist, wie zu verfahren ist, wenn der Vermieter nach Beendigung eines vorangegangenen Mietverhältnisses und vor Neuvermietung modernisiert hat. In diesem Fall ist die Miete des Vormieters nicht gemäß §§ 3, 13, 17 MHG erhöht worden. Jedoch kommt es hier nur auf eine Mietzinsvereinbarung „in entsprechender Höhe" an. Das läßt die Auslegung zu, daß auch solche fiktiven Mieterhöhungen, die gegenüber dem Vormieter nicht mehr durchgesetzt werden konnten, unter den Schutz des Art. 2 § 1 MÜG fallen,

A 500

so auch Eisenschmid WM 1995, 375.

Dafür spricht auch, daß es nach Art. 2 § 2 MÜG nur auf den „zulässigen Mietzins" ankommt. Das ist aber schon dann der Fall, wenn die Mieterhöhungsvoraussetzungen geschaffen worden sind. Das entspricht der ähnlichen Rechtslage bei Bestimmung der Mietobergrenze nach § 5 2. GrundMV, wenn der Vermieter zwischen zwei Vermietungen modernisiert hatte,

LG Berlin MM 1994, 328.

3. Kapitel
Aktuelle Rechtsprechung zum Mietrecht

I. Vertragsabschluß

1. Abgrenzung der Miete zu anderen Rechtsverhältnissen

Miete und **Pacht** werden voneinander danach abgegrenzt, ob neben der Verschaffung des Besitzes an den Geschäfts- oder Gewerberäumen auch ein Fruchtgenuß gewährt wird. Dabei sind vor allem wirtschaftliche Gesichtspunkte zu berücksichtigen. Eine **Inventarüberlassung** ist zwar kennzeichnend für die Pacht, aber nicht immer erforderlich. Es kann auch genügen, wenn in den Geschäftsräumen für den Geschäftsbetrieb geeignetes Inventar vorhanden ist und dazu der die Räume überlassende Vertragspartner wesentlich beigetragen hat, z.B. durch Nachweis einer günstigen Bezugsquelle oder Bereitstellung eines günstigen Anschaffungskredits

BGH MDR 1991, 1063 = WM 1991, 335 = ZMR 1991, 257.

Muß derjenige, der die Räume übernimmt, erst noch die Einrichtung besorgen, um dadurch die wirtschaftlichen Voraussetzungen für eine Fruchtziehung zu schaffen, so handelt es sich um die Überlassung leerer Räume, mithin um Miete. Anders verhält es sich aber, wenn nach dem Vertrag auch das Inventar mitüberlassen werden soll, der Übernehmende dies jedoch vom Vorpächter erwirbt, obwohl er gegenüber dem Überlassenden einen Erfüllungsanspruch gehabt hätte. In diesem Fall ist Pacht angenommen worden

OLG Düsseldorf MDR 1994, 271 = WM 1994, 80.

Miete und **Leihe** unterscheiden sich im wesentlichen durch die Entgeltlichkeit der Gebrauchsüberlassung. Ein Leihvertrag über eine Wohnung ist auch auf Lebenszeit möglich; er kann formlos abgeschlossen werden, ohne daß § 566 BGB analog anwendbar ist, und kann fristlos gekündigt werden, wenn dem Verleiher die Fortsetzung des Nutzungsverhältnisses unzumutbar geworden ist

OLG Köln WM 1994, 332.

Nicht Wohnungsleihe sondern Miete ist angenommen worden, wenn einer langjährigen Hausangestellten durch Testament des Grundeigentümers ein freies Wohnen im Hause auf Lebenszeit eingeräumt worden ist; die Überlassung ist als Teil des Entgelts für die früher erbrachte Arbeitsleistung gewertet worden

OLG Hamm MDR 1992, 673.

Wird ein Gebäude unentgeltlich ohne zeitliche Befristung überlassen, damit der Entleiher das Gebäude zu eigenen Wohnzwecken ausbauen und herrichten kann, so kann der Leihvertrag nicht vor Erreichen des Zwecks gekündigt werden. Die Zweckerreichung kann ein lebenslanges unentgeltliches Wohnen voraussetzen. Die Absicht des Verleihers, das Grundstück zu verkaufen, begründet keinen Herausgabeanspruch. Soweit er wirtschaftliche Nachteile erleiden würde, kann aber § 564b Abs. 2 Nr. 3 BGB analog berücksichtigt werden

LG Göttingen WM 1992, 440.

5   Überlassen Eltern dem (erwachsenen) Kind Wohnraum in ihrer Wohnung, so ist das Überlassungsverhältnis regelmäßig als Leihe zu behandeln
    LG Hamburg WM 1994, 545.

6   Nicht Reisevertragsrecht sondern Mietrecht ist anzuwenden, wenn ein **Ferienhaus** unmittelbar vom Eigentümer selbst angemietet wird
    OLG München ZMR 1993, 524,
    LG Düsseldorf MDR 1991, 440.
    Zum Gerichtsstand nach Art. 16 EuGVÜ (lex rei sitae) s. Rdn. 1406 und
    EuGH NJW 1992, 1029.

2. Abschluß des Mietvertrages

a) Zustandekommen des Vertrages

7   Zum Abschluß eines Mietvertrages gehört nicht unbedingt eine **Einigung über den Mietzins** in bestimmter Höhe. Vielmehr genügt es, wenn die Parteien sich auf einen bestimmbaren Mietzins einigen, wobei die Vereinbarung der „angemessenen" oder „ortsüblichen" Miete als Einigung über eine bestimmbare Leistungspflicht des Mieters anzusehen ist. Selbst ohne jegliche Vereinbarung über den Mietzins kann also ein Mietvertrag zustandekommen, sofern die Parteien sich bindend über eine entgeltliche Überlassung des Gebrauchs einigen. Alsdann gilt eine angemessene oder ortsübliche Miete als vereinbart, sei es im Wege ergänzender Vertragsauslegung (vgl. OLG Hamm NJW 1976, 1212, 1213), sei es entsprechend §§ 612 Abs. 2, 632 Abs. 2 BGB (Staudinger–Emmerich Rdn. 179 vor § 535 BGB). Ob deren genaue Höhe bei Streit das Gericht festlegt (so OLG Hamm a.a.O.) oder vom Vermieter nach §§ 315, 316 BGB bestimmt wird (Soergel–Kummer BGB § 535 Rdn. 88), bleibt offen
    BGH WM 1992, 312 = ZMR 1992, 237 = NJW-RR 1992, 517.
    Das gilt auch bei einer Klausel, nach der der Mieter nach Ablauf der ersten Mietlaufzeit von 10 Jahren auf weitere 10 Jahre mieten kann, ohne daß eine Regelung über die Miethöhe für die zweite Mietzeit getroffen worden ist
    BGH a.a.O.

8   Nicht erforderlich soll sein, daß die Gegenleistung des Mieters in periodisch wiederkehrenden Geldzahlungen besteht; vielmehr kann sie auch in der Gebrauchsüberlassung eines anderen Grundstücks an den Vermieter (BGH MDR 1994, 796 = NJW-RR 1994, 971 = WM 1994, 460) oder in der Übernahme einer Verwaltertätigkeit oder der Bauaufsicht bestehen (LG Hamburg WM 1993, 667). Das führt allerdings zu gewährleistungsrechtlichen Schwierigkeiten, insbesondere bei der Mietminderung. Näher liegt es, in diesen Fällen ein atypisches Vertragsverhältnis anzunehmen.

9   Gegen **Kettenmietverträge**, die für dieselbe Wohnung mehrfach nacheinander nur für ein Jahr geschlossen werden, sind keine Bedenken erhoben worden; der Mieter sei gegen den wiederholten Vertragsschluß durch seinen Fortsetzungsanspruch nach § 564c Abs. 1 BGB hinreichend geschützt,
    OLG Frankfurt – RE v. 19.11.1990 – WM 1991, 17 = ZMR 1991, 63.

Vertragsabschluß   Rdn. 10–14

Kaum erörtert wird die naheliegende Möglichkeit, daß diese Vertragsgestaltung einer Umgehung der unabdingbaren Schutzrechte des Mieters in § 564b Abs. 6 BGB und § 10 Abs. 1 MHG Vorschub leistet.

Ist die **Vermietungsbefugnis einer Eigentumswohnung** in der Gemeinschaftsordnung von der Zustimmung der anderen Wohnungseigentümer abhängig gemacht, so wirkt die Vereinbarung nicht dinglich in der Weise, daß der Mietvertrag etwa schwebend unwirksam ist, bis die Zustimmung vorliegt, 10

    LG Bonn ZMR 1990, 458.

Wollen die Parteien einen **schriftlichen Mietvertrag** mit einer Laufzeit von über einem Jahr abschließen, so ist davon auszugehen, daß ohne Einhaltung der Form ein Vertrag noch nicht zustande gekommen ist, wie schon aus § 154 Abs. 2 BGB folgt 11

    OLG Düsseldorf ZMR 1988, 54.

Ob man in einem solchen Fall annehmen kann, die Einhaltung der Form habe nur Beweiszwecken dienen sollen, ist zweifelhaft,

    so aber OLG Hamburg ZMR 1974, 242, wenn es nicht zum Abschluß gemäß dem vorgesehenen Mustervertrag gekommen ist.

Trotz eines offenen Dissenses ist gleichwohl eine vertragliche **Bindung** der Mietparteien **aus Treu und Glauben** bejaht worden, wenn sie mit der tatsächlichen Vertragsdurchführung begonnen haben (z.B. Übergabe der Schlüssel an den Mieter, der Renovierungsarbeiten durchführt, einzieht und Miete zahlt). In diesen Fällen soll ein Verhandlungsspielraum nur noch hinsichtlich der offengebliebenen Teilpunkte bestehen 12

    LG Landau ZMR 1993, 569,
    vgl. auch LG Hamburg WM 1987, 270.

Verhandeln die Parteien nach Kündigung des bisherigen Mietverhältnisses über den Abschluß eines Anschlußmietvertrages, so besteht bis zum Abschluß des vorgesehenen Mietvertrages ein sog. **Überbrückungsvertrag**, der das Mietverhältnis vorläufig fortsetzt und mangels Vereinbarung mit den gesetzlichen Fristen gekündigt werden kann 13

    LG Freiburg WM 1991, 81 (bestätigt durch
    OLG Karlsruhe ebenda).

An das Zustandekommen eines Mietvertrages durch **schlüssiges Verhalten** werden hohe Anforderungen gestellt. Ein solcher Vertragsschluß zwischen Vermieter und dem Untermieter ist verneint worden, wenn letzterer nach Auszug des Hauptmieters wohnen bleibt und den Mietzins unmittelbar an den Vermieter zahlt 14

    OLG Düsseldorf ZMR 1988, 22.

Nach LG Düsseldorf DWW 1991, 24 soll ein Mietvertrag durch schlüssiges Verhalten schon dann zustandekommen, wenn dem Mieter der Schlüssel überlassen worden ist, er die Wohnung nach seinen eigenen Wünschen gestaltet und zwei Mieten gezahlt hat.

Kommt es durch die tatsächliche Übernahme der Mieträume und Zahlung des Entgelts zu einem schlüssigen Vertrag, so richtet sich dessen Inhalt nicht nach dem vorgesehenen schriftlichen Mietvertrag sondern nach der tatsächlichen Handhabung

OLG Düsseldorf ZMR 1988, 54 für Höhe des Miet- bzw. Pachtzinses.

15 Aus der unterbliebenen Rücksendung des Mietvertrages innerhalb der angemessenen Frist (ca. 3 bis 4 Wochen) ist aus §§ 147 Abs. 2, 150 Abs. 1 BGB aber auch gefolgert worden, daß ein Mietvertrag gar nicht zustandegekommen ist

LG Berlin WM 1987, 378,
LG Köln WM 1988, 50.

b) Bezeichnung der Vertragsparteien – Personenmehrheiten als Mieter

16 Wichtig ist, sowohl im **Kopf des Mietvertrages** als auch bei der Unterschrift darauf zu achten, daß die richtige Partei Vertragspartei wird. Hierauf kommt es für die Abgabe und Empfangnahme von einseitigen empfangsbedürftigen Willenserklärungen oder ähnlichen rechtsgeschäftlichen Erklärungen wie Mieterhöhungen, Modernisierungsanzeigen, Kündigungen, aber auch für die (u.U. fristgebundene) Klageerhebung an.

Sind im Kopf des Mietvertrages zwei Personen als Vertragspartner des Vermieters angegeben, unterschreibt aber nur eine Person, so ist es zur Wahrung der Schriftform nach § 566 BGB erforderlich, daß aus der Vertragsurkunde irgendwie die Vollmacht des Unterschreibenden ersichtlich wird, zugleich im Namen des Vertretenen zu unterzeichnen

LG Mannheim WM 1987, 414,
ebenso BGH MDR 1994, 579 für eine Verlängerungsvereinbarung.

Im Wege der Vertragsauslegung ist zu ermitteln, ob der Vermieter das Angebot an jeden der Adressaten macht, die es jeder für sich annehmen können, oder ob es nur von beiden Adressaten gemeinsam angenommen werden kann.

Vollmachtsklauseln im Mietvertrag (vgl. Rdn. 124, 553) geben keinen Aufschluß, ob eine Vollmacht zum Vertragsabschluß besteht.

Ist in einem Mietvertrag nur der Name einer GbR als Vermieter angegeben, so soll darin ein stillschweigendes Einverständnis des Mieters mit einem Wechsel der Vertragspartner liegen, so daß der jeweilige Gesellschafterbestand die Vermieterstellung innehat

LG Berlin GE 1994, 1317.

17 Eine wichtige Ausnahme gilt bei **Mietverträgen insbesondere über Wohnraum mit Eheleuten** als Mietern: Sind im Kopf beide Eheleute als Parteien bezeichnet, unterschreibt aber nur einer von ihnen, so wird im Zweifel anzunehmen sein, daß der unterschreibende Ehegatte den anderen vertreten hat

OLG Düsseldorf WM 1989, 362,
OLG Oldenburg MDR 1991, 969 = ZMR 1991, 268,
LG Berlin GE 1995, 567,
LG Köln ZMR 1993 S. IX Nr. 2 für Unterzeichnung auf Vermieterseite;
a.A. LG Berlin ZMR 1993 S. VI Nr. 6,
LG Mannheim NJW-RR 1994, 274, ZMR 1993, 415: es müssen besondere Umstände für die Vollmachtserteilung vorliegen, z.B. wenn der nicht Unterschreibende verhindert ist oder die Verhandlungen und den Vertragsabschluß dem anderen als dem kundigeren

Vertragsabschluß   Rdn. 18-22

überläßt. Nimmt er an den Verhandlungen teil und unterzeichnet nicht, so soll vermutet werden, daß er keine Vollmacht erteilt hat.
Der BGH hat die Frage für ein Mietverhältnis über die Ehewohnung offengelassen, für eine Verlängerungsvereinbarung zu einem Landpachtvertrag jedoch verneint
  BGH MDR 1994, 579.

Fraglich ist, ob dieses Ergebnis auch für den umgekehrten Fall gilt, daß nur ein **18** Ehegatte im Kopf des Mietvertrages aufgeführt ist, jedoch beide den Mietvertrag unterschreiben,
  so Sternel Rdn. I 2,
  verneinend: LG Berlin ZMR 1988, 103.
Der im Kopf nicht mit aufgeführte Ehegatte wäre verneinendenfalls nur als Mitschuldner anzusehen, der keine geschützte Rechtsstellung innehält.

Haben die Eheleute den Mietvertrag gemeinschaftlich als Mieter abgeschlossen, **19** so bleiben sie auch dann Mitmieter, wenn sie nach Scheidung und Auszug des einen vereinbart haben, daß der in der Wohnung verbliebene Partner den anderen von allen Verbindlichkeiten aus dem Mietvertrag freistellt
  LG Heidelberg WM 1993, 342.

Für das Gebiet der neuen Bundesländer ist zu beachten: Die Regelung in § 100 **20** Abs. 3 ZGB, nach der beide Ehegatten auch dann Mieter einer Wohnung werden, wenn nur einer der Ehegatten den Vertrag abgeschlossen hat, gilt nur für Mietverträge, die vor dem 3.10.1990 abgeschlossen worden sind, fort (s. auch Rdn. A 219 f.).

In der Rechtsprechung ist angenommen worden, daß derjenige, der den Miet- **21** trag als Vermieter unterschreibt, grundsätzlich auch dann Vertragspartner ist, wenn er im Kopf des Mietvertrages als solcher nicht ausgewiesen ist
  LG Schweinfurt WM 1989, 362;
  anders aber AG Hamburg WM 1989, 282.
Hier empfiehlt sich ein auf eine Vollmacht hinweisender Zusatz. In diesem Zusammenhang wird für ausreichend gehalten, daß ein Hausverwalter einen Mietvertrag im eigenen Namen, aber unter der Bezeichnung „Hausverwaltung" bzw. „als Verwalter des Grundstücks" abgeschlossen hat, ohne den Namen des Eigentümers zu erwähnen
  KG MDR 1983, 1023, LG Berlin ZMR 1993 S. VIII Nr. 23;
  a.A. LG Berlin MDR 1988, 54, LG Berlin ZMR 1995 S. II Nr. 11, wenn der Hinweis auf die Vetretung des Eigentümers fehlt.
Hat der Hausverwalter im eigenen Namen vermietet, so kann der Mieter daraus gegenüber dem Eigentümer kein Recht zum Besitz ableiten
  LG Berlin GE 1995, 1207.

Ist nur der Name einer GbR als Vermieter angegeben, so ist das Einverständnis des Mieters unterstellt worden, daß der jeweilige Gesellschafterbestand die Vermieterstellung innehaben solle
  LG Berlin GE 1994, 1317.

Ergibt der Mietvertrag, daß der Verwalter für den nicht näher bezeichneten **22** Eigentümer abgeschlossen hat, so ist dem Mieter gegenüber dem Verwalter ein

189

Anspruch auf Auskunft über die Identität des Eigentümers/Vermieters zugebilligt worden

AG Berlin-Mitte MM 1994, 104.

23 Schließen **mehrere Mieter** als Wohngemeinschaft den Mietvertrag ab, so sind sie regelmäßig als Mitglieder einer Gesellschaft bürgerlichen Rechts miteinander verbunden

KG WM 1992, 323,
OLG München ZMR 1994, 216 für nichteheliche Lebensgemeinschaft,
vgl. auch OLG Hamm BB 1976, 529.

Im Außenverhältnis sind sie grundsätzlich nur **gesamthandsberechtigt**, z.B. was eine Kündigung oder Aufrechnung (LG Berlin ZMR 1992, 450) anbelangt. Einzelne Rechte im Rahmen des Mietverhältnisses können aber auch von einzelnen Mitmietern zugleich zugunsten der anderen geltend gemacht werden (actio pro socio), so der Anspruch auf

– Instandhaltung: LG Kassel WM 1994, 534,

– Vorschuß für die Mängelbeseitigung: LG Berlin GE 1994, 997,

– Erteilung der Untermieterlaubnis: LG Berlin NJW-RR 1992, 13, a.A. LG Saarbrücken NJW-RR 1992, 781 für Auswechseln von Mitgliedern einer Wohngemeinschaft.

24 Fraglich ist, ob einzelne Mitmieter ihren Anteil an einer gemeinschaftlichen Forderung mit Zustimmung der anderen Berechtigten auf einen oder alle übrigen Mitgläubiger übertragen können,

so LG Aachen WM 1994, 461.

25 Mehrere Mieter sind dann **Gesamthandschuldner**, wenn das Mietverhältnis selbst betroffen wird (z.B. Mieterhöhung, Kündigung, Vertragsänderung); sie haften dagegen als **Gesamtschuldner** wegen einzelner Verbindlichkeiten aus dem Mietverhältnis (z.B. auf Zahlung von Mietzins, Durchführung von Schönheitsreparaturen, Räumung).

26 Endet die Lebensgemeinschaft und sind beide Partner Mieter, so können die Partner wechselseitig verlangen, daß der andere einer Kündigung des Mietverhältnisses zustimmt

LG Hamburg WM 1993, 343, LG München I WM 1993, 611,
LG Köln WM 1993, 613, AG Köln WM 1994, 194;
a.A. AG Schöneberg NJW-RR 1993, 1038;
zum Streitwert: KG WM 1992, 323.

Der Anspruch auf Zustimmung zu einer sofortigen Kündigung kann aber rechtsmißbräuchlich sein, wenn der in der Wohnung verbliebene Partner keine Ersatzwohnung hat oder er aus anderen gewichtigen Gründen nicht in der Lage ist, die Wohnung sofort zu räumen

LG Mannheim ZMR 1993 S. XIV Nr. 9.

Die Auszahlung der anteiligen Mietkaution kann aber erst verlangt werden, nachdem der Kautionsrückzahlungsanspruch gegenüber dem Vermieter fällig geworden ist

AG Köln WM 1994, 194.

Vertragsabschluß   Rdn. 27-29

Ist nur einer der Partner der Lebensgemeinschaft Mieter geworden, so kann er bei 27
Beendigung des Mietverhältnisses von dem anderen die Räumung verlangen
  AG Potsdam WM 1994, 528 unter Hinweis auf § 723 BGB.

Allerdings wird dem Partner, der nicht Mieter geworden ist, noch für eine gewisse Übergangszeit Besitzschutz gegenüber dem anderen Partner vor verbotener Eigenmacht eingeräumt
  AG Waldshut-Tiengen NJW-RR 1994, 712.

Scheidet ein Gesellschafter aus einer GbR aus, deren Mitglieder Mieter sind, so 28
verjähren Ansprüche gegen ihn nach bisheriger Rechtslage grundsätzlich analog des § 159 Abs. 1 HGB, sofern sie nicht einer kürzeren Verjährung unterliegen. Die Verjährung beginnt ab dem Zeitpunkt, zu dem der Gläubiger (Vermieter) von dem Ausscheiden des Gesellschafters aus der GbR erfährt
  BGH NJW 1992, 1615.

Eine entsprechende Haftungsbeschränkung besteht, wenn eine KG Mieterin ist und ein Gesellschafter ausscheidet; seine Haftung ist auf Ansprüche beschränkt, die nicht mehr als 5 Jahre nach der Eintragung des Ausscheidens ins Handelsregister fällig werden
  OLG Hamm ZMR 1995, 250.

Dieser Rechtslage wird nunmehr im wesentlichen durch das Nachhaftungsbegrenzungsgesetz vom 18.3.1994 (BGBl. I 560) Rechnung getragen. Die 5-Jahres-Frist beginnt für den Gesellschafter einer Handelsgesellschaft mit der Eintragung seines Ausscheidens ins Handelsregister (§ 160 Abs. 1 S. 2 HGB). Dies gilt nach § 736 Abs. 2 BGB beim Ausscheiden eines Gesellschafters aus einer GbR entsprechend: an die Stelle der Eintragung des Ausscheidens ins Handelsregister soll die Mitteilung des ausscheidenden Gesellschafters an die Gläubiger treten,
  s. Palandt-Thomas BGB, 54. Aufl., § 736 Rdn. 14, ferner Wolf-Eckert Rdn. 1480, Reinhold NJW 1994, 1617.

Besteht die Eigentümerseite aus einer Personenmehrheit, schließt aber nur einer 29
der Eigentümer im eigenen Namen den Mietvertrag ab, so ist dieser wirksam. Jedoch besteht für den Mieter ein doppeltes Risiko: Zum einen kann die **Eigentümergemeinschaft** die Herausgabe an sich verlangen, wenn ihr gegenüber der Mietvertrag nicht bindend ist. Zum anderen tritt im Falle der Veräußerung ein Erwerber nicht in den Mietvertrag nach § 571 BGB ein (fehlende Personenidentität zwischen Vermieter, Eigentümer und Veräußerer)
  LG Berlin WM 1988, 367 = ZMR 1988, 61.

Um dieses Ergebnis abzumildern, genügt es aber, wenn die übrigen Eigentümer der Vermietung - sei es auch schlüssig - zugestimmt haben
  BGH WM 1985, 63,
  OLG Karlsruhe - RE v. 10.2.1981 - NJW 1981, 1278.

Sie rücken damit aber noch nicht in die Vermieterstellung ein.

c) Verschulden bei Vertragsverhandlungen und Offenbarungspflichten

30 Ausgedehnt hat der BGH die Haftung wegen **Verschuldens bei Vertragsverhandlungen** (cic): Wer gegenüber dem Partner im Laufe der Verhandlungen den späteren Vertragsabschluß ausdrücklich oder schlüssig als sicher hinstellt, haftet aus cic auch dann, wenn er das berechtigte Interesse des anderen Teils am Zustandekommen des Vertrages nicht schuldhaft herbeigeführt hat,

BGH MDR 1989, 732 im Anschluß an BGH WPM 1974, 508.

Das gleiche gilt, wenn jemand durch unrichtige Angaben seines späteren Vertragspartners zum Abschluß eines Vertrages veranlaßt wird, den er in Kenntnis des Sachverhalts in dieser Form nicht abgeschlossen hätte

BGH MDR 1994, 250.

31 Der Geschädigte kann aufgrund des Anspruchs auf Ersatz des Vertrauensschadens nicht nur verlangen, daß der Vertrag rückgängig gemacht wird. Vielmehr kann der Anspruch auch auf Ersatz der durch die Handlung des anderen Teils verursachten Mehraufwendungen gerichtet sein, ohne daß es in jedem Fall darauf ankommt, ob dessen Leistung dem verlangten Entgelt objektiv entsprochen hat

BGH MDR 1994, 250.

Im Falle einer Täuschung, die zu einer Anfechtung nach § 123 BGB führen würde, soll ein Anspruch aus Verschulden bei Vertragsverhandlungen dann nicht in Betracht kommen, wenn die Jahresfrist des § 124 BGB abgelaufen ist, die anderenfalls ausgehöhlt werden würde

OLG Hamm NJW-RR 1995, 205 gegen BGH NJW 1992, 1196, 1198.

32 Auf Mietänderungsvereinbarungen, die anläßlich eines Hausbesuchs des Vermieters beim Mieter geschlossen wurden, ist das **HaustürwiderrufsG** anzuwenden

OLG Koblenz – RE v. 9.2.1994 – MDR 1994, 475 = WM 1994, 257,
LG Braunschweig WM 1991, 671,
LG Mannheim ZMR 1994 S. III Nr. 20,
vgl. auch Engels WM 1991, 321.

Ebensowenig sind Mietaufhebungsvereinbarungen vom Anwendungsbereich dieses Gesetzes ausgeschlossen, die dem Mieter aus Anlaß einer Gesamtsanierung des Gebäudes angetragen werden

LG Heidelberg WM 1993, 397.

Jedoch ist ein geschäftsmäßiges Handeln verneint worden, wenn der Eigentümer lediglich 2 Wohnungen längerfristig vermietet hat

BayObLG – Beschl. v. 13.4.1993 – MDR 1993, 754 = WM 1993, 385;
a.A. LG Mannheim ZMR 1994 S. III Nr. 20 bei Vermietung von 10 Wohnungen durch einen Verwalter.

33 Unabhängig von der Befugnis des Widerrufs kann sich der Vermieter aus cic schadensersatzpflichtig machen, wenn er den Mieter durch Überrumpelung zu einer Vertragsänderung bringt

AG Hamburg WM 1989, 187,
AG Leverkusen WM 1992, 186,
vgl. auch Sternel Rdn. I 256 f.

Der Mieter von Gewerberaum, der in den Mieträumen seinen Betrieb aufnimmt und die Nebenkosten, nicht aber die Miete zahlt, bestätigt damit noch nicht den von ihm für anfechtbar gehaltenen Mietvertrag i.S. von § 141 BGB

BGH NJW-RR 1992, 779.

Auf den Umfang der **Offenbarungspflicht** des Mieters wirkt sich der Beschluß des BVerfG vom 11.6.1991 aus: Danach braucht ein wegen Geistesschwäche Entmündigter dem Vermieter die Beschränkung seiner Geschäftsfähigkeit nicht mitzuteilen, weil dies sein Recht auf informationelle Selbstbestimmung verletzt (und seine Integration behindert) 34

BVerfG DWW 1991, 280 = WM 1991, 463 = ZMR 1991, 366.

Die Aufklärungspflicht des Mieters bezieht sich nicht auf Fragen nach dem Arbeitgeber, dem Arbeitsverhältnis, der Art der Beendigung des früheren Mietverhältnisses oder Vorstrafen

AG Rendsburg WM 1990, 507, 508;
a.A. AG Bonn WM 1992, 597 für Fragen nach der Bonität, dem Arbeitsverhältnis und dem Einkommen.

Unrichtige Angaben in der Selbstauskunft reichen zur Kündigung des Mietverhältnisses nur aus, wenn die Unrichtigkeit sich auf Umstände bezieht, die bei objektiver Würdigung für den Abschluß des Mietvertrages wesentlich waren und vom Vermieter erfragt werden durften 35

AG Rendsburg WM 1990, 507, 508,
vgl. auch AG Hamburg WM 1992, 598;
dagegen für Anfechtung aus § 123 BGB: AG Bonn WM 1992, 597.

3. Schriftform

a) Anforderungen an die gesetzliche Schriftform

Soll ein schriftlicher Mietvertrag abgeschlossen werden und wird die Vertragsurkunde nicht in Gegenwart der Vertragsparteien von Vermieter und Mieter unterzeichnet, so ist die gesetzliche oder vereinbarte Schriftform erst dann gewahrt, wenn jede Partei eine Vertragsausfertigung mit der Unterschrift der anderen erhalten hat; es genügt nicht die Mitteilung, die Vertragsurkunde sei unterzeichnet worden 36

BGH NJW 1962, 1388.

Die Schriftform ist nach § 566 BGB für Mietverträge erforderlich, die eine längere Laufzeit als ein Jahr haben sollen. Dies gilt auch für Untermietverträge

BGH MDR 1981, 1009 = ZMR 1981, 311,

obwohl hier der Schutzzweck, der zugunsten des Grundstückserwerbers angenommen wird, entfällt.

Die Schriftform wird nicht dadurch verletzt, daß es die Parteien versehentlich unterlassen haben, eine vorformulierte Klausel, die nicht Vertragsbestandteil werden sollte, zu streichen

OLG Düsseldorf MDR 1995, 1009 = WM 1995, 485.

37 Die Wahrung der Form beinhaltet den Grundsatz der **Urkundeneinheit**. Danach muß das von den Parteien unterzeichnete Schriftstück alle Abreden enthalten, die nach ihrem Willen Vertragsinhalt sind. Eine Bezugnahme auf andere Urkunden genügt dem Schriftformerfordernis im Grundsatz nur, wenn die andere Urkunde der nunmehr unterzeichneten als Anlage beigefügt und mit ihr verbunden wird (grundsätzliches **Bezugnahmeverbot**). Das gilt auch, wenn der ursprünglich formgültig geschlossene Mietvertrag nachträglich geändert oder ergänzt wird und diese Änderung in einer zusätzlichen Urkunde enthalten ist. Der BGH hat daher eine körperliche Zusammenfassung zu einer Urkunde zunächst auch dann verlangt, wenn es sich um einen Ausgangs- und einen späteren Änderungsvertrag handelt (BGHZ 40, 255, 262; 50, 39, 41, 43; 65, 49, 54), dieses Erfordernis später aber wesentlich gelockert (vgl. Rdn. 44)

BGH NJW-RR 1992, 654 = WM 1992, 316 = ZMR 1992, 292, s. auch Schlemminger NJW 1992, 2249.

38 Auch die Zusammenfassung mehrerer Schriftstücke zu einer Urkunde muß mit dem übereinstimmenden Willen beider Vertragsteile bei Abgabe der Unterschriften erfolgen; es genügt die Zusammenfassung in einem Ordner. Dagegen reicht es nicht, daß eine Partei die für sie bestimmte Ausfertigung mit Heftklammern zusammenfügt. Darüber hinaus wird für erforderlich gehalten, daß in der Haupturkunde auf die ergänzenden Urkunden Bezug genommen worden ist

OLG Düsseldorf WM 1994, 271 = ZMR 1994, 213.

39 Andererseits soll der Grundsatz der Urkundeneinheit selbst dann noch nicht verletzt sein, wenn die einzelnen Blätter eines Mietvertrages durch Zusammenheften, durchgehende Numerierung oder den Sinnzusammenhang des fortlaufenden Textes eine Einheit bilden

LG Frankfurt DWW 1992, 84.

Die letzteren beiden Möglichkeiten sind wegen der Gefahr der Manipulation im Interesse der Verkehrssicherheit abzulehnen.

40 Besteht nur eine Vertragsurkunde und werden auf dieser Zusätze angebracht, so ist eine erneute Unterschrift erforderlich; die frühere Unterschrift deckt einen späteren Nachtrag nämlich nicht

BGH NJW-RR 1990, 518.

Eine Ausnahme vom Grundsatz der Urkundeneinheit ist aber zugelassen, wenn die Urkunden wechselseitig eindeutig aufeinander Bezug nehmen

OLG Düsseldorf MDR 1989, 641.

41 Die Jahresfrist, nach deren Ablauf ein nicht formwirksam abgeschlossener Mietvertrag gekündigt werden kann, rechnet seit Abschluß des Vertrages bzw. der Nachtragsvereinbarung jedenfalls dann, wenn der vereinbarte Mietbeginn mit erheblichem zeitlichen Abstand erfolgt

BGH NJW-RR 1990, 518.

Muß der formbedürftige Vertrag zu seiner Wirksamkeit von einem Dritten genehmigt werden, so braucht für die Genehmigung die Schriftform nicht eingehalten zu werden; es genügt sogar ein schlüssiges Verhalten des Dritten

OLG Karlsruhe NJW-RR 1994, 1290.

Telefax genügt nach allgemeiner Meinung nicht der gesetzlichen Schriftform; 41a
jedoch soll diese Übermittlungsart für die gewillkürte Form nach § 127 BGB
ausreichen
   LG Berlin GE 1995, 1209.
Dagegen bestehen Bedenken, weil die Übereinstimmung von Originalerklärung
und übermittelter Erklärung nicht gesichert ist.

b) Nachträge

Auch bei Nachträgen muß die Schriftform beachtet werden. Ist nur eine Urkunde 42
erstellt, so muß sie von beiden Vertragsparteien unterzeichnet werden; eine
frühere Unterschrift deckt den späteren Nachtrag nicht
   BGH NJW-RR 1990, 518 = WM 1990, 141,
   OLG Hamm MDR 1994, 56.
Wird der Nachtrag nur von einem von mehreren Mietern unterschrieben, so ist
die Schriftform nicht gewahrt, wenn nicht aus der Urkunde selbst hervorgeht,
daß der Unterzeichnende auch in Vollmacht der anderen Mieter gehandelt hat
   BGH MDR 1994, 579,
   vgl. auch LG Mannheim WM 1987, 414, NJW-RR 1994, 274.
Das gilt auch bei Ehegattenmieter jedenfalls dann, wenn es sich nicht um ein
Mietverhältnis über die Ehewohnung handelt
   BGH MDR 1994, 579.
Durch nicht formgerechte Nachträge kann ein ursprünglich formwirksamer lang- 43
fristiger Vertrag insgesamt formwidrig und damit nach Maßgabe des § 566 BGB
kündbar werden
   BGHZ 99, 54 = BGH MDR 1987, 228 = WM 1987, 56.
Denkbar ist aber auch der umgekehrte Fall: durch einen der gesetzlichen Form
genügenden Nachtrag können Formmängel des ursprünglichen Hauptvertrages,
die darin bestehen, daß nicht alle wesentlichen Vertragsmerkmale in die Urkun-
de aufgenommen waren, behoben werden, so daß ein insgesamt längerfristiger
Vertrag wirksam entstehen kann
   BGH NJW-RR 1988, 201.

Bei reinen **Ergänzungsverträgen**, die den Inhalt des ursprünglichen Vertrages 44
nicht ändern, beziehen sich die Folgen eines Formverstoßes allerdings nicht auf
den ursprünglich formgültigen Vertrag, sondern beschränken sich auf die jeweilige Vertragsergänzung (BGHZ 50, 39, BGHZ 65, 49). Das gleiche gilt, wenn sich
die **Nachtragsvereinbarung** nur auf eine Verlängerung oder auf einen unwesentlichen Punkt bezieht (BGHZ 99, 54),
   zusammenfassend zur Rechtsprechung des BGH:
   BGH – Urt. v. 26.2.1992 – NJW-RR 1992, 654 = WM 1992, 316 = ZMR 1992, 292.

Für die Wahrung der Schriftform und der damit an sich gebotenen Urkundenein- 45
heit wird nicht mehr gefordert, daß die Nachtragsvereinbarung fest mit der
Ursprungsurkunde verbunden ist (vgl. BGH ZMR 1990, 170, 171). Vielmehr
reicht es aus, wenn die Nachtragsurkunde auf den ursprünglichen Vertrag Bezug

nimmt und zum Ausdruck bringt, es solle unter Einbeziehung des Nachtrags bei dem verbleiben, was früher bereits formgültig niedergelegt war, vorausgesetzt, daß die neue Urkunde ebenfalls von beiden Parteien unterzeichnet ist (BGH WPM 1974, 453, 455; WPM 1988, 270, 272; Urt. v. 29.1.1992 – XII ZR 175/90)

BGH WM 1992, 316 = ZMR 1992, 292, OLG Düsseldorf WM 1995, 486,
LG Berlin ZMR 1988, 465.

Dafür genügt es nicht, daß im Nachtrag nur von einem „bisher bestehenden Mietvertrag" ohne Angabe des Abschlußzeitpunktes, des Mietobjekts und der früheren Vertragsparteien die Rede ist

OLG Düsseldorf DWW 1991, 51.

c) Berufung auf Formmängel

46 Die Berufung auf Formmängel wird nur in Ausnahmefällen als treuwidrig gewertet, nämlich dann, wenn die Nichtigkeit zu einem schlechthin untragbaren Ergebnis führen würde. Dazu reicht weder, daß der Vermieter die Unterschrift des Mieters leicht hätte erreichen können noch daß beide Parteien von einem langfristigen Vertrag ausgegangen sind noch daß sie die Schriftform vereinbart haben

BGH NJW-RR 1990, 518 = WM 1990, 141,
OLG Hamm MDR 1994, 56.

47 Anders liegt es, wenn sich derjenige, der die Vorteile aus der formunwirksamen Vereinbarung genossen hat, sich auf die fehlende Form beruft und kündigt

BGHZ 65, 52,
BGH MDR 1986, 749 für Mietsenkung, die der Vermieter nachfordern kann, wenn der Mieter wegen der Formwidrigkeit der Abrede das als befristet vereinbarte Mietverhältnis vorzeitig kündigt;

oder die Berufung auf die Formunwirksamkeit zu einer außergewöhnlichen Belastung für den Mieter führen würde

BGH WPM 1993, 172, 173.

48 Ein Ausweg aus der Rechtsfolge des § 566 BGB könnte die individuell ausgehandelte Schriftformklausel als Wirksamkeitsvoraussetzung für Nebenabreden sein. Für wirksam gehalten wird eine lediglich mündlich getroffene Änderungsvereinbarung nur dann, wenn die Parteien den durch die mündliche Vereinbarung bewirkten Fortfall der langfristigen Bindung erkannt und gebilligt haben

OLG Düsseldorf NJW-RR 1988, 398.

d) Schriftformklauseln

49 Schriftformklauseln werden im allgemeinen für unzulässig gehalten, weil sie dem Mieter den Eindruck vermitteln, dieser könne sich nicht auf nur mündlich Vereinbartes berufen. Sie verstoßen damit gegen das Transparenzgebot

OLG München WM 1989, 128,
OLG Frankfurt WM 1992, 56,
OLG Nürnberg DWW 1992, 143.

Die Klausel, daß Nebenabreden nicht getroffen sind, ist als bloße **Vollständig-** 50
keitsklausel wirksam. Sie beruht auf der allgemeinen Beweisvermutung der Vollständigkeit einer Vertragsurkunde, was den Vertragsinhalt anbelangt
OLG Nürnberg a.a.O.
Diese Vermutung kann aber widerlegt werden.

Umstritten ist, ob eine **Mietaufhebungsvereinbarung** der im Mietvertrag für Vertragsänderungen vorgesehenen Schriftform bedarf (vgl. Rdn. 972).

e) **Strengere Formerfordernisse**

Enthält der Mietvertrag ein Rechtsgeschäft, das einer strengeren Form unterliegt, 51
so ist diese zu wahren
BGH DWW 1994, 283 für die Einräumung eines Vorkaufsrechts.

Wird diese Form nicht beachtet, so ist der gesamte Mietvertrag formnichtig, wenn die Bedeutung des formbedürftigen Teils (z.B. Einräumung eines Vorkaufsrechts) ergibt, daß die Parteien den Mietvertrag nicht ohne diesen Teil abgeschlossen hätten. Wer sich demgegenüber auf bloße Teilnichtigkeit nach § 139 BGB beruft, muß dies beweisen
BGH a.a.O.

4. Wechsel der Mietparteien

a) **Vermieterwechsel**

Den wichtigsten Fall des Vermieterwechsels bildet die **Veräußerung** des Miet- 52
grundstücks durch den vermietenden Eigentümer, sofern dem Mieter das Grundstück bereits überlassen war (§ 571 BGB)
vgl. dazu Scholz ZMR 1988, 285, Marquard ZMR 1989, 84,
Mayer ZMR 1990, 122, insbesondere Gather DWW 1992, 37;
zum Übergang von vertraglichen Bindungen (von früher) gemeinnützigen Wohnungsunternehmen:
Riebandt-Korfmacher WM 1986, 127,
Kummer WM 1987, 298.

Maßgeblicher Zeitpunkt für den Übergang der Rechte und Pflichten ist die 53
Vollendung des Eigentumserwerbs durch **Grundbuchumschreibung**; die Eintragung einer Auflassungsvormerkung reicht nicht
BGH NJW 1989, 451 = MDR 1989, 247.

Es handelt sich um eine Ausnahmebestimmung, die nicht entsprechend auf die Untervermietung bei Wechsel des Untervermieters anzuwenden ist
BGH MDR 1989, 906 = ZMR 1989, 331.

Ebensowenig gilt § 571 BGB für den Fall der Leihe
OLG Düsseldorf ZMR 1989, 19.

oder für den Fall, daß in eine GbR auf Vermieterseite ein weiterer Gesellschafter eintritt
OLG Düsseldorf DWW 1992, 242, LG Berlin GE 1995, 941,
vgl. dazu aber auch Rdn. 66.

54 Die Vorschrift kommt auch dann nicht zum Tragen, wenn der Vermieter nicht zugleich (alleiniger) Eigentümer ist. Gleichwohl greift die Regelung aber ein, wenn der andere Miteigentümer der Vermietung – sei es auch schlüssig – zugestimmt hat

    BGH WM 1985, 63,
    OLG Karlsruhe – RE v. 10.2.1981 – NJW 1981, 1278 = WM 1981, 179,
    LG Berlin ZMR 1993 S. VI Nr. 13.

Auch wenn jener dadurch nicht Mit-Vermieter wird, kann sich der Mieter ihm gegenüber auf sein Recht zum Besitz berufen

    LG Berlin ZMR 1993 S. VI Nr. 13.

Ausnahmsweise ist § 571 BGB aber auf den Fall entsprechend angewendet worden, daß der Mietvertrag von mehreren Personen auf Vermieterseite abgeschlossen worden ist, von denen nur einer Eigentümer war

    LG Waldshut-Tiengen WM 1993, 56: Abschluß des Mietvertrages auf Vermieterseite durch die Eltern, wobei nur ein Elternteil Eigentümer war, und anschließendem Erwerb durch den Sohn.

55 Nach allerdings umstrittener Rechtsauffassung tritt der **Ersteher** in einen vom Schuldner/Vermieter nach der Beschlagnahme des Grundstücks abgeschlossenen Mietvertrag nicht ein, wenn dieser nicht den Regeln einer ordnungsmäßigen Wirtschaft entspricht

    LG Kassel NJW-RR 1990, 976.

56 Nach Aufhebung der **Zwangsverwaltung** tritt der Schuldner automatisch als Vermieter in die vom Zwangsverwalter im eigenen Namen abgeschlossenen Mietverträge ein

    LG Berlin WM 1992, 9.

Die Bindungswirkung der noch vom Zwangsverwalter abgeschlossenen Mietverträge beruht aber nicht auf einer unpassenden Analogie zu § 571 BGB, sondern fußt auf der Verpflichtungsermächtigung des Zwangsverwalters nach § 152 ZVG.

57 Die Auffassung, daß die Wirkungen des § 571 BGB nur eintreten könnten, wenn zur Zeit der Eigentumsumschreibung das Mietverhältnis noch fortbestehe (so OLG Düsseldorf DWW 1995, 98 = NJW-RR 1994, 1101), läßt außer Acht, daß der Erwerber auch in ein bestehendes Abwicklungsverhältnis nach Beendigung des Mietverhältnisses eintritt

    BGH NJW 1978, 2148, OLG Karlsruhe NJW-RR 1993, 1230,
    LG Berlin ZMR 1993 S. VI Nr. 11.

58 Vor der Eigentumsumschreibung stehen dem **Erwerber** Mietzinsansprüche gegen den Mieter nur dann zu, wenn der veräußernde Vermieter diese Ansprüche abgetreten hat

    OLG Düsseldorf DWW 1993, 76 = ZMR 1993, 15.

In der Abrede im Kaufvertrag, daß Nutzungen und Lasten zu einem bestimmten Zeitpunkt (Verrechnungstag) auf den Erwerber übergehen, soll allerdings regelmäßig keine Abtretung liegen

    OLG Düsseldorf DWW 1993, 175.

Das Gleiche soll für die Regelung im Grundstückskaufvertrag gelten, daß der Käufer in die bestehenden Mietverträge eintritt; denn diese Bestimmung regelt nur das Innenverhältnis zwischen Verkäufer und Käufer des Grundstücks

OLG Düsseldorf MDR 1994, 1009.

Bei **preisgebundenem Wohnraum** ist der Erwerber dem Mieter über die Zusammensetzung der Kostenmiete auch hinsichtlich des Zeitraumes vor seinem Eintritt in das Mietverhältnis auskunftpflichtig 59

LG Berlin WM 1992, 430.

Er soll nach LG Köln ZMR 1990, 221 nicht an die Handhabung des Voreigentümers bei der Bildung von Einzelmieten gemäß § 8a Abs. 5 WoBindG gebunden sein. Dies erscheint nicht richtig, weil die frühere Praxis das Mietverhältnis gestaltend prägte und nur insoweit abgeändert werden könnte, als dem Erwerber ein Änderungsvorbehalt zusteht.

Nach herrschender Ansicht kann der Erwerber erst ab Eigentumserwerb ein **Mieterhöhungsverlangen** stellen oder kündigen 60

LG Ellwangen WM 1991, 489,
AG Hamburg WM 1986, 139 für § 2 MHG,
LG Osnabrück WM 1990, 81,
LG Münster WM 1991, 105,
LG Hamburg WM 1993, 48 für Kündigung.

Er kann diese Rechte auch nicht im Wege der **Prozeßstandschaft** geltend machen, weil sie nicht abtretbar sind. Ein bereits vor dem Eigentumswechsel entstandener und fälliger Schadensersatzanspruch des Vermieters wegen unterlassener Schönheitsreparaturen geht nicht auf den Erwerber über; auf den Zeitpunkt der Auflassung kommt es nicht an; eine Klausel, nach der die Nutzungen und Lasten an einem bestimmten Tag auf den Erwerber übergehen, braucht noch nicht als Abtretung der Schadensersatzansprüche gedeutet zu werden

BGH MDR 1989, 247 = WM 1989, 141.

Umgekehrt kann der bisherige Vermieter nach Eintragung des Erwerbers ins Grundbuch keine Erfüllungsansprüche mehr geltendmachen; Schadensersatzansprüche wegen Nichterfüllung stehen ihm nur zu, wenn sie vor dem Eigentumswechsel abschließend nach Grund und Höhe entstanden waren; das gilt auch für konkurrierende Ansprüche aus unerlaubter Handlung 61

LG Lübeck WM 1989, 562.

Dagegen haftet der Erwerber auf Zahlung eines **Vorschusses** nach § 538 Abs. 2 BGB, wenn er mit der Beseitigung des Mangels in Verzug geraten ist, selbst wenn der Mangel schon zur Zeit der Veräußerung bestanden hat 62

LG Berlin ZMR 1987, 19.

Er haftet aber nicht auf Rückerstattung **preiswidriger Zahlungen**, soweit die Ansprüche schon gegen den früheren Vermieter entstanden waren,

AG Köln WM 1990, 564.

Der Erwerber tritt auch in solche **mündlichen Nebenabreden** ein, die er bei Abschluß des Kaufvertrages nicht kannte

LG Frankfurt DWW 1992, 84.

63 Auf den Erwerber gehen selbst solche vertraglichen **Kündigungsbeschränkungen** über, die auf der Gemeinnützigkeit des veräußernden Vermieters beruhen, auch wenn der Erwerber nicht der Gemeinnützigkeitsbindung unterliegt; das gilt selbst für eine Kündigung wegen Eigenbedarfs

OLG Karlsruhe – RE v. 21.1.1985 – NJW-RR 1986, 89,
AG Trier WM 1992, 612, Kummer WM 1987, 298;
vgl. auch LG Arnsberg WM 1994, 540: Der Erwerber muß sich die Erwartung des Mieters auf den längeren Bestand des Mietverhältnisses zurechnen lassen, wie sie sich aus dem Inhalt des Vertragsverhältnisses mit dem früheren Vermieter erschließen läßt.

Das gleiche gilt für vertragliche Beschränkungen der Mieterhöhungsbefugnis in Gestalt der Bindung an die Kostenmiete

LG Frankfurt WM 1990, 440.

Hat der Vermieter auf Eigenbedarf verzichtet, so soll das auch den Grundstückserwerber binden

AG Viechtach WM 1991, 690.

Zur Betriebskostenabrechnung bei Eigentumswechsel s. Rdn. 749.

64 Ein **Mietaufhebungsvertrag**, den der Erwerber vor Eigentumserwerb ohne Mitwirkung des bisherigen Eigentümers abschließt, soll unwirksam sein

LG Ellwangen WM 1991, 489.

Etwas anderes wird wegen der obligatorischen Natur des Vertrages aber dann gelten müssen, wenn die Vereinbarung unter der aufschiebenden Bedingung getroffen wird, daß der Erwerber als Eigentümer ins Grundbuch eingetragen worden ist.

65 Tritt der Vermieterwechsel während einer Abrechnungsperiode ein, so muß der Erwerber über die Nebenkosten für die gesamte Periode abrechnen, ohne daß es darauf ankommt, ob er die noch an den Veräußerer geleisteten Vorauszahlungen von diesem erhalten hat

AG Coesfeld WM 1992, 379,
AG Hamburg WM 1992, 380.

Anders verhält es sich mit der Abrechnung für solche Perioden, die bei Vermieterwechsel schon beendet waren; für diese bleibt der Veräußerer abrechnungspflichtig

LG Osnabrück WM 1990, 357,
LG Lüneburg WM 1992, 380.

Er haftet auch für die Rückerstattung überzahlter Nebenkosten, wenn der Anspruch vor dem Eigentumswechsel entstanden ist; § 572 BGB ist auf diesen Anspruch nicht entsprechend anzuwenden

OLG Düsseldorf DWW 1995, 83 = NJW-RR 1994, 1101.

66 Ein wichtiger Fall des Vermieterwechsels außerhalb des Grundbuchs liegt vor, wenn eine BGB-Gesellschaft oder Gemeinschaft Vermieterin ist. Bei **Übertragung des Gesellschafteranteils** tritt der Erwerber im Wege der „Anwachsung" nach § 738 BGB in das Mietverhältnis ein, während der veräußernde Gesellschafter ausscheidet

LG München I WM 1985, 26,
LG Berlin GE 1994, 931, a.A. LG Berlin GE 1995, 761;
vgl. hierzu auch BayObLG RPfleger 1983, 431.

Dagegen wird geltendgemacht, daß das „Anwachsen" und „Abwachsen" des Gesellschaftsanteils keine Veräußerung i.S. von § 571 BGB sei, so daß weder bei der Übertragung eines Gesellschafteranteils im Falle eines Gesellschafterwechseln noch bei Aufnahme eines weiteren Gesellschafters ein Vermieterwechsel stattfindet

OLG Düsseldorf DWW 1992, 242,
LG Berlin GE 1994, 223, 1057, GE 1994, 941.

Dem kann nicht gefolgt werden. „Anwachsen" und „Abwachsen" haben unmittelbar dingliche Wirkungen; sie beruhen auf schuldrechtlichen Übertragungsverträgen, die einem Veräußerungsgeschäft entsprechen. Daß hierbei ein vollständiger Personenwechsel auf Veräußerer- und Erwerberseite stattfinden müsse, ist weder für § 571 BGB noch sonst ersichtlich. Die zumindest entsprechende Anwendung des § 571 BGB ist nach dem Gesetzeszweck geboten; denn anderenfalls könnte der Mieter durch den sukzessiven Austausch von Gesellschaftern im Ergebnis aus dem Mietverhältnis herausgedrängt werden, wenn die ausscheidenden Gesellschafter zwar Vermieter blieben, aber zur Erfüllung nicht mehr in der Lage wären.

Die Änderung des Gesellschafterbestandes im Grundbuch hat nur deklaratorische Bedeutung.

Zu einem Vermieterwechsel kann es schließlich durch eine **Dreiecksvereinbarung** zwischen Veräußerer, Erwerber und Mieter kommen; die bloße Abrede im Kaufvertrag ohne Mitwirkung des Mieters reicht aber nicht aus, ebensowenig die Zahlung des Mietzinses an den Erwerber oder die diesem gegenüber erklärte Zustimmung zu einer Mieterhöhung 67

LG Hamburg WM 1993, 48.

Letzteres geht aber jedenfalls in die Richtung einer schlüssigen Zustimmung.

b) Mieterwechsel

Ein Wechsel des Mieters ist gesetzlich nur für den **Todesfall** geregelt und im übrigen rechtsgeschäftlich möglich. Es entspricht nunmehr gesicherter Rechtsmeinung, daß der Vermieter von seinem Kündigungsrecht nach § 569 BGB beim Tode des Mieters gegenüber den Erben nur Gebrauch machen darf, wenn er ein berechtigtes Interesse im Sinne von § 564b BGB hat. Das gilt auch dann, wenn der Erbe die Wohnung nicht bewohnt 68

OLG Karlsruhe – RE v. 29.12.1989 – WM 1990, 60 =
ZMR 1990, 108 im Anschluß an
OLG Hamburg – RE v. 21.9.1983 – NJW 1984, 60,
BayObLG – RE v. 4.12.1984 – WM 1985, 52.

Dies wird aus der Entstehungsgeschichte des 2. WKSchG abgeleitet und hieraus gefolgert, daß der Gesetzgeber einen umfassenden Kündigungsschutz für alle Arten der ordentlichen und außerordentlich befristeten Kündigung angestrebt hat.

Eine formularmäßige Abbedingung des § 569 BGB ist für unwirksam gehalten worden

LG Frankfurt WM 1990, 82.

69 Die Kündigungsfrist des § 569 BGB beginnt für den Vermieter erst zu laufen, wenn er Kenntnis sowohl vom Tod des Mieters als auch von dessen Erben erlangt hat

LG Berlin ZMR 1988, 181.

Schlägt der Erbe die Erbschaft aus, nachdem der Vermieter gekündigt hat, so bleibt die Kündigung gleichwohl wirksam (§ 1959 Abs. 3 BGB).

Aus der unterlassenen Ausübung des Kündigungsrechts kann nicht ohne weiteres auf die Annahme der Erbschaft geschlossen werden; vielmehr setzt das die sichere Kenntnis des Erben von seiner Erbenstellung voraus

OLG Düsseldorf WM 1993, 78 = ZMR 1994, 14.

70 Das **Mieteintrittsrecht** nach § 569a BGB für Ehegatten und Familienangehörige, die mit dem Mieter einen gemeinsamen Haushalt geführt haben, besteht auch dann, wenn es sich um eine Genossenschaftswohnung handelt, sofern der Eintrittsberechtigte bereit ist, der Genossenschaft beizutreten

LG Köln WM 1994, 23.

Es ist auf den Partner einer **eheähnlichen Gemeinschaft** erstreckt worden, wenn die Gemeinschaft auf Dauer angelegt war und beide Teile unverheiratet waren; gleichgeschlechtliche Partnerschaften scheiden aus

BGH – RE v. 13.1.1993 – NJW 1993, 999 = WM 1993, 254,
OLG Saarbrücken – RE v. 6.3.1991 – NJW 1991, 1760;
dagegen für Erstreckung auf homosexuelle Partnerschaften:
LG Hannover NJW-RR 1993, 1103 = WM 1992, 692, AG Wedding NJW-RR 1994, 524, Lützenkirchen WM 1993, 373.

70a Das Bundesverfassungsgericht hat gegen das Ergebnis der nunmehr h.M. keine verfassungsrechtlichen Bedenken geäußert.

BVerfG DWW 1990, 199 = WM 1990, 241 = ZMR 1990, 290.

Es sieht die eheähnliche Lebensgemeinschaft mittlerweile als typische Erscheinung des sozialen Lebens an, die sich von anderen Gemeinschaften hinreichend deutlich abhebt. Gemeint ist eine Lebensgemeinschaft zwischen einer Frau und einem Mann, die auf Dauer angelegt ist, daneben keine weitere Lebensgemeinschaft gleicher Art zuläßt und sich durch innere Bindungen auszeichnet, die ein gegenseitiges Einstehen als Partner füreinander begründen, also über die Beziehungen in einer reinen Haushalts- und Wirtschaftsgemeinschaft hinausgeht

BVerfG – Beschl. v. 17.11.1992 – WM 1993, 240.

Andererseits ist die dem Ehegatten des Mieters nach § 569b BGB zugebilligte Fortsetzungsbefugnis nicht auf den Lebenspartner des Mieters erstreckt worden

LG Hamburg WM 1988, 24.

71 Das Eintrittsrecht nach § 569a BGB ist auch dann gegeben, wenn einer von mehreren Mietern stirbt. Dies wird aus dem Schutzzweck der Norm abgeleitet,

der sich auf die Familienangehörigen des verstorbenen Mieters bezieht, um ihnen den bisherigen Lebensmittelpunkt zu erhalten

OLG Karlsruhe – RE v. 18.10.1989 – WM 1989, 610 = ZMR 1990, 6.

Handelt es sich um eine Sozialwohnung, so benötigt der nach § 569a BGB in das Mietverhältnis eintretende Ehegatte oder Familienangehörige keinen Wohnberechtigungsschein nach § 5 WoBindG (s. § 4 Abs. 7 WoBindG). Das gleiche gilt für den Lebenspartner des verstorbenen Mieters,

a.A. VG Berlin GE 1995, 119.

c) Mietnachfolgergestellung

Ein Mieterwechsel ist – von §§ 569, 569a BGB abgesehen – nur durch eine Mieteintrittsvereinbarung oder bei Vereinbarung einer sog. **Ersatzmieterklausel** zulässig. Hierbei kann es sich um eine „echte" oder „unechte" handeln, 72

vgl. dazu im einzelnen Sternel Rdn. I 97 f.,
OLG Frankfurt WM 1991, 475 = ZMR 1991, 382.

Erstere zielt darauf ab, dem Mieter die Befugnis zu geben, einen Ersatzmieter für die restliche Laufzeit des Vertrages zu stellen, etwa um sich von diesem die Investitionen entgelten zu lassen

s. BGH MDR 1977, 46.

Letztere beschränkt sich darauf, dem Mieter ein vorzeitiges Ausscheiden aus dem Mietverhältnis zu ermöglichen. Die Unterscheidung ist wichtig für den Inhalt eines Schadensersatzanspruches bei Verletzung der Ersatzmieterklausel durch den Vermieter: nur bei der sog. „echten" Klausel kann der Mieter Ersatz des Betrages verlangen, den ein Nachfolger ihm im Falle des Eintritts in das Mietverhältnis geleistet hätte.

Eine Vereinbarung, die dem Mieter nur das vorzeitige Ausscheiden ermöglicht und ihm nicht das Recht gibt, einen Ersatzmieter zu stellen, den der Vermieter bei Eignung akzeptieren muß, muß diese Beschränkung erkennen lassen; dies kann sich aber auch aus dem Anlaß der Vereinbarung ergeben. Für eine **echte Ersatzmieterklausel** spricht regelmäßig, daß dem Mieter erlaubt worden ist, erhebliche Investitionen zu tätigen, oder der Mietvertrag derartige Investitionen voraussetzt oder der Mieter nach dem Mietvertrag berechtigt sein soll, den nicht „abgewohnten" Teil seines Finanzierungsbeitrages sich vom Mietnachfolger erstatten zu lassen 73

OLG Frankfurt WM 1991, 475 = ZMR 1991, 382.

Die echte Ersatzmieterklausel begründet für den Vermieter eine Hauptpflicht, bei deren Verletzung er schadensersatzpflichtig wird. Das soll jedoch dann nicht der Fall sein, wenn er zur fristlosen Kündigung berechtigt gewesen ist und deshalb seine Leistung (einen geeigneten Nachfolger zu akzeptieren) zurückhalten durfte

KG WM 1992, 8.

Hat sich der Vermieter bei einer „echten" Ersatzmieterklausel vorbehalten, bei Vorliegen eines wichtigen Grundes dem Mieterwechsel zu widersprechen, so übt er sein Widerspruchsrecht wirksam aus, wenn der vorgeschlagene Ersatzmieter keine vergleichbare wirtschaftliche Sicherheit wie der bisherige Mieter bietet. Der Ersatzmieter muß sich an der Person und den Verhältnissen des (bisherigen) Mieters messen lassen

OLG Düsseldorf MDR 1995, 570 = WM 1995, 391.

74 Die Auffassung, daß der Mieter auch ohne Vereinbarung einer Ersatzmieterklausel berechtigt ist, vorzeitig aus einem befristeten Mietverhältnis auszuscheiden, sofern er einen **geeigneten Nachfolger** stellt, ist unrichtig. Hinzukommen muß vielmehr ein wichtiger Grund, der das Interesse des Vermieters, den Mieter am Vertrag festzuhalten, deutlich überwiegt (z.B. Familienvergrößerung, berufliche Versetzung) und eine noch längere Laufzeit des Mietvertrages

OLG Karlsruhe – RE v. 25.3.1981 – NJW 1981, 1741, OLG Hamm – RE v. 22.8.1995 – ZMR 1995, 525, LG Berlin WM 1992, 472,
einschränkend LG Bonn WM 1992, 16 bei Vergrößerung der Familie, solange die Wohnung nicht unzumutbar klein ist.

Als gewichtiger Grund soll nicht genügen, daß der Mieter komfortabler oder kostengünstiger in einer anderen Wohnung leben würde. Offengeblieben ist dagegen, ob solche Gründe ausnahmsweise dann ausreichen, wenn das Interesse des Vermieters am Fortbestand des Mietverhältnisses gerade mit dem betreffenden Mieter besonders gering ist, etwa weil er Wohnraum in großem Umfang vermietet und keine persönlichen Beziehungen zum Mieter bestehen.

Ein Festhalten am Vertrag für noch drei Monate ist auf jeden Fall zumutbar

OLG Oldenburg – RE v. 10.11.1980 – WM 1981, 177, ebenso LG Gießen NJW-RR 1995, 395 für eine restliche Vertragszeit von 7 Monaten.

Zur **Nachmietergestellung** nach Treu und Glauben (§ 242 BGB) ist der Mieter auch bei noch einjähriger Kündigungsfrist berechtigt

LG Arnsberg DWW 1991, 285.

75 Weigert sich der Vermieter, den Mieter trotz Eintritts der genannten Bedingungen vorzeitig aus dem Mietverhältnis zu entlassen, so kann der Mieter verlangen, so gestellt zu werden, als sei er zu demjenigen Zeitpunkt aus dem Mietverhältnis ausgeschieden, zu dem der Vermieter zumutbarerweise mit einem geeigneten Nachfolger einen Anschlußvertrag abgeschlossen hätte. Umstritten ist, ob eine Weigerung auch darin zu sehen ist, daß der Vermieter von dem vorgeschlagenen Ersatzmieter eine höhere Miete als die bisherige fordert. Das ist bei jedenfalls nur noch kurzer Restlaufzeit des Vertrages (ca. 3 Monate) verneint worden

LG Hamburg NJW-RR 1988, 723, LG Köln WM 1989, 374, LG Saarbrücken WM 1995, 313, wenn eine Staffelmiete vereinbart war;
ebenso OLG Düsseldorf DWW 1989, 85 bei einem Mietvertrag über Gewerberaum und dem Verlangen des Vermieters nach einer höheren Kaution vom Nachfolger oder einer Mietbürgschaft durch den bisherigen Mieter;
anders OLG Düsseldorf DWW 1992, 242, wenn sich der Vermieter mit der vorzeitigen Entlassung bei Stellung eines geeigneten Ersatzmieters einverstanden erklärt hat,
anders auch OLG München ZMR 1995, 156 für das unberechtigte Fordern einer Provision durch die Hausverwaltung des Vermieters.

76 Hinsichtlich der Solvenz kann der Vermieter grundsätzlich nicht verlangen, besser und sicherer gestellt zu werden, als er gegenüber dem bisherigen Mieter stand

LG Hamburg WM 1986, 326.

Voraussetzung ist dabei aber, daß der bisherige Mieter seinen Zahlungspflichten vollständig und pünktlich nachgekommen ist.

Dem Vermieter ist eine angemessene Überlegungsfrist einzuräumen, innerhalb der er prüfen kann, ob der vorgeschlagene Nachmieter akzeptabel ist; sie kann bis zu 3 Monaten betragen, richtet sich aber nach den Umständen des Einzelfalles
LG Saarbrücken WM 1995, 313 (2 Monate).

Für die **gewerbliche Miete** gelten strengere Anforderungen. Das Betriebsrisiko – etwa schlechte Ertragslage – gibt grundsätzlich noch kein berechtigtes Interesse ab. Auch verstößt es nicht gegen Treu und Glauben, wenn der Vermieter versucht, mit dem Nachfolger günstigere, marktgerechte Mietbedingungen auszuhandeln 77

OLG Hamburg DWW 1987, 71, 98, ZMR 1987, 93, 173,
vgl. auch Heile ZMR 1990, 249: Ersatzmietergestellung bei Wohn- und Geschäftsraummiete, OLG München ZMR 1995, 579.

Andererseits darf er den Abschluß eines neuen Mietvertrages nicht dadurch vereiteln, daß er die Konditionen wesentlich zu seinen Gunsten verändert, insbesondere von einer erheblich höheren Miete abhängig macht (z.B. um je 50% erhöhte Miete und Kaution) oder durch seinen Verwalter unberechtigt eine Provision fordern läßt. Er muß sich dann so behandeln lassen, als ob das Mietverhältnis einverständlich zum Zeitpunkt der möglichen Anmietung durch den Nachfolger beendet worden wäre 78

OLG Düsseldorf DWW 1992, 242 = NJW-RR 1992, 657 für Zusage der Vermieters, den Mieter bei Stellung eines geeigneten Ersatzmieters aus dem Mietverhältnis zu entlassen, OLG München ZMR 1995, 156, wenn sich der Vermieter zu einer vorzeitigen Vertragsaufhebung grundsätzlich bereit erklärt hat.

Eine Formularklausel in einem Gewerberaummietvertrag, nach welcher der Vermieter nicht verpflichtet ist, bei vorzeitiger Beendigung des Mietverhältnisses einen vom Mieter gestellten Nachmieter zu akzeptieren, ist auf erhebliche Bedenken gestoßen, wenn die Regelung nicht durch Billigkeitserwägungen gemildert wird 79

BGH DWW 1993, 69 = ZMR 1993, 57.

Bittet der Mieter um vorzeitige Entlassung aus dem Mietverhältnis und findet der Vermieter einen Ersatzmieter, dem er die Mieträume 2 Monate vor dem neuen Mietbeginn zu Renovierungszwecken mietfrei überläßt, so kann er vom bisherigen Mieter für diese Zeit noch den Mietzins verlangen, ohne daß § 552 S. 3 BGB entgegensteht
OLG Koblenz MDR 1995, 251 = WM 1995, 154.

Wird an eine **Wohngemeinschaft** vermietet, so entspricht es dem Vertragsinhalt, daß aus der WG ausscheidende Mitglieder die Vertragsentlassung und die verbleibenden Mitglieder den Eintritt neuer Mitglieder als Vertragspartner oder zumindest die Erlaubnis zur Untervermietung vom Vermieter beanspruchen können 80

LG Frankfurt WM 1991, 33,
LG Göttingen WM 1993, 341,
a.A. LG Berlin GE 1994, 1265.

Eine solche Auslegung aufgrund vertraglicher Handhabung ist verfassungsrechtlich nicht zu beanstanden

BVerfG – Beschl. v. 28.1.1993 – WM 1993, 104 = ZMR 1993, 210.

Das gilt nicht bei Anmietung einer Wohnung durch eine (bloße) Zweiergemeinschaft; die Mieter können hier aber nach § 549 Abs. 2 BGB zur Untervermietung berechtigt sein, wenn ein Partner aus der Wohnung auszieht

LG Köln WM 1991, 483, vgl. auch Rdn. 214.

81 Der Anspruch auf Zustimmung zur Auswechselung eines Mitmieters kann nach

LG Saarbrücken NJW-RR 1992, 781

nur von allen Mietern gemeinsam und nicht im Wege der actio pro socio durch einen Mitmieter zugunsten aller Mitmieter geltendgemacht werden (vgl. auch Rdn. 23, 1412).

82 Im Einzug des Mietwilligen vor erteilter Zustimmung ist eine Zerstörung der Vertrauensgrundlage gesehen worden, so daß der Vermieter vom Mietwilligen die Räumung verlangen kann, ohne ihn als Nachmieter akzeptieren zu müssen

LG Göttingen WM 1993, 341.

Im Falle eines Mieterwechsels übernimmt der Nachfolger nicht die Mietschulden des Vorgängers, sofern dies nicht vereinbart ist

OLG Frankfurt WM 1988, 12;

er haftet auch nicht für Vertragsverletzungen des ausscheidenden Mieters

LG Lübeck WM 1990, 294.

Dementsprechend kann der Vermieter das Mietverhältnis gegenüber dem Nachmieter nicht wegen der Mietrückstände des Vormieters aus § 554 BGB kündigen

LG Berlin WM 1991, 675.

5. Option

83 Die Vereinbarung einer Option bedarf bei einem Grundstücksmietvertrag der Schriftform des § 566 BGB, wenn die Gesamtmietzeit ein Jahr übersteigt

BGH NJW-RR 1987, 1277.

Die Einräumung eines „Vorpachtrechts" ist als Verlängerungsoption gedeutet worden, wenn das Recht „1 × 5 Jahre" gewährt wird und spätestens 6 Monate vor Ablauf der Mietzeit auszuüben ist

OLG Hamm ZMR 1995, 248.

Ist vereinbart, daß sich die Vertragszeit automatisch um eine bestimmte Zeit verlängert, wenn keine Partei bis spätestens zwei Jahre vor Ablauf des Vertrages kündigt, und ist dem Mieter (darüberhinaus) eine Verlängerungsoption ohne ausdrückliche Bestimmung einer **Optionsfrist** eingeräumt worden, so muß er dieses Recht – wenn der Vermieter kündigt – unverzüglich ausüben, jedoch nicht vor Ablauf der Kündigungsfrist

BGH ZMR 1985, 260.

Grundsätzlich soll davon ausgegangen werden, daß für die Optionsausübung eine 84
Frist vereinbart wird; etwas anderes müsse ausdrücklich vertraglich geregelt
werden

OLG Düsseldorf ZMR 1991, 378.

Mangels Vereinbarung von Form und Frist für die Ausübung der Option sollen
diejenigen vertraglichen Erfordernisse gelten, die die Parteien ansonsten für die
Beendigung oder Fortsetzung des Mietvertrages aufgestellt haben

OLG Düsseldorf ZMR 1992, 52.

Hat die Ausübung einer Verlängerungsoption durch Einschreiben zu erfolgen, so
hat nur die Schriftform rechtsbegründende Bedeutung; der Übermittlungsform
durch Einschreiben kommt lediglich Beweisfunktion zu

OLG Hamm ZMR 1995, 248.

Auch wenn der Mieter rechtskräftig zur künftigen Räumung verurteilt worden
ist, ist er nicht gehindert, noch eine Verlängerungsoption auszuüben, und dies im
Wege der Vollstreckungsgegenklage geltendzumachen

BGH MDR 1985, 574 = ZMR 1985, 230.

Nimmt der Mieter die eingeräumte Option wahr, so kann der Vermieter allein
deswegen keine höhere Miete verlangen, wenn dies nicht ausdrücklich vereinbart ist

OLG Düsseldorf MDR 1995, 794 = WM 1995, 433.

Sieht ein Mietvertrag mit einer Optionsklausel für die ersten 10 Mietjahre einen
festen Mietzins vor und setzt eine Klausel die Neufestsetzung „zum Beginn der
Option" an, dann ist das im Zweifel als reine Zeitbestimmung für die Mieterhöhung und nicht nur als Erhöhungsmöglichkeit im Optionsfall zu verstehen. Für
letztere Auslegung müßten Umstände zum Vertragszweck und der Interessenlage
der Parteien vorliegen

BGH NJW 1992, 2281.

Formularklauseln, die ein Optionsrecht derart aushöhlen, daß der Mieter nur das 85
Recht hat, den Vermieter bis zu einem bestimmten Zeitpunkt vor Ablauf der
Mietzeit um ein Angebot zur Fortsetzung des Mietvertrages zu geänderten Bedingungen bitten zu dürfen, verstoßen gegen § 9 AGBG

OLG Hamburg DWW 1990, 176 = ZMR 1990, 273;
zur Unwirksamkeit einer zugunsten des Mieters als Verwenders vereinbarten Option:
OLG Hamburg ZMR 1991, 476.

6. Vorvertrag

Der Mietvorvertrag bedarf nicht der für den Hauptvertrag vorgesehenen Form des 86
§ 566 BGB. Ein Vorvertrag muß nur ein solches Maß an **Bestimmtheit** oder
Bestimmbarkeit und Vollständigkeit enthalten, daß im Streitfall der Inhalt des
Vertrages richterlich festgestellt werden kann, notfalls durch eine richterliche
Vertragsergänzung (BGH NJW 1990, 1234). Zum wesentlichen Inhalt eines gewerblichen Mietvertrages gehört die Einigung über das Mietobjekt, die Mietdauer
und den Mietzins. Für den Inhalt eines Vorvertrages reicht demgemäß die Einigung über diese Punkte aus; die Ausgestaltung näherer Vertragsbedingungen

kann den weiteren Verhandlungen, die zum Abschluß des Hauptvertrages führen sollen, vorbehalten bleiben

BGH MDR 1993, 341 = NJW-RR 1993, 139 = WM 1992, 685.

Haben die Parteien eine Vereinbarung als Vorvertrag bezeichnet, enthält diese aber alle wesentlichen Punkte eines Mietvertrages über eine noch nicht bezugsfertige Wohnung, so kann die Vereinbarung auch als auflösend bedingter Mietvertrag ausgelegt werden

LG Gießen NJW-RR 1995, 524.

87 Aufgrund eines Vorvertrages sind grundsätzlich beide Parteien zur Abgabe eines Vertragsantrages verpflichtet und gehalten, ein Angebot der Gegenseite entweder anzunehmen oder an dem weiteren Aushandeln der Vertragsbedingungen mitzuwirken (vgl. BGH WPM 1981, 695, 697). Dies schließt die Pflicht des (beklagten) Vermieters ein, sich mit Vorschlägen des (klagenden) Mieters zum Inhalt der angestrebten Vereinbarung auseinanderzusetzen. Im Prozeß war der Mieter deshalb nicht gehindert, vom Vermieter die Erfüllung der übernommenen Verpflichtung in Gestalt einer von ihm selbst vollständig formulierten Vertragserklärung zu verlangen. Einen möglichen eigenen Gestaltungsspielraum hätte der Vermieter einwendungsweise durch konkrete Alternativregelungen geltend machen können. Es wäre dann Sache des Mieters gewesen, solche Abweichungen unter Änderung des Klagantrags – ggfs. hilfsweise – zum Gegenstand des Klagebegehrens zu machen oder aber, mit dem Risiko der Klagabweisung, auf der Abgabe der Erklärung nach seinem ursprünglichen Antrag zu beharren

BGH MDR 1994, 827 = WM 1994, 71 = ZMR 1994, 106.

88 Der aus einem Vorvertrag abgeleitete **Klagantrag** auf Abschluß eines Hauptmietvertrages ist nur dann bestimmt im Sinne von § 253 Abs. 2 Nr. 2 ZPO, wenn er so gefaßt ist, daß er nach § 894 ZPO vollstreckt werden kann (BGH NJW 1959, 1371). Bestimmt genug ist er, wenn er alles enthält, was nach der Vorstellung des Klägers Inhalt der Verpflichtung des Beklagten zum Abschluß des gewünschten Vertrages bilden soll (BGH WPM 1961, 1053, 1055). Anderenfalls bestünde die Gefahr, daß es wegen noch ausstehender Regelungen zu weiteren Rechtsstreitigkeiten zwischen den Parteien kommt. Für eine stückweise Herbeiführung des Gesamtvertrages im Wege von Teilleistungsklagen ist ein Rechtsschutzbedürfnis grundsätzlich nicht anzuerkennen

BGH MDR 1994, 827 = WM 1994, 71 = ZMR 1994, 106.

89 Ergibt sich, daß der Beklagte nur zum Abschluß eines Hauptvertrages mit einem vom Klagantrag abweichenden Inhalt (auch lediglich mit kürzerer Laufzeit) verpflichtet ist, kann das Gericht ihn wegen der Bindung an die Sachanträge der Parteien hierzu nur dann verurteilen, wenn der Kläger einen entsprechende Hilfsantrag gestellt hat. Unterläßt er dies trotz Hinweises des Gerichts, so ist die Klage abzuweisen

OLG Köln DWW 1992, 210 = ZMR 1992, 387.

90 Verlangt der Eigentümer Räumung, weil ein Mietvertrag nicht besteht, so kann der Besitzer mit dem Einwand der unzulässigen Rechtsausübung geltendmachen, daß der Eigentümer kraft eines Vorvertrages zum Abschluß eines Mietvertrages verpflichtet ist. Der Einwand greift aber nicht durch, wenn der Besitzer einen

Grund gesetzt hat, der den Eigentümer zur fristlosen Kündigung eines Mietverhältnisses berechtigt hätte

OLG Köln WM 1992, 361 = ZMR 1992, 387.

II. Vertragsgestaltung

1. Allgemeine Grundsätze bei der Verwendung von Formularverträgen

a) Anwendungsbereich

Das AGBG gilt für Verträge, die erst nach dem 1.4.1977 abgschlossen sind (§ 28 AGBG). Sogenannte **Altverträge** unterliegen insgesamt dann dem AGB-Gesetz, wenn sie nachträglich nicht nur unwesentlich geändert worden sind. Änderungen, die schon im Vertrag angelegt waren, bleiben außer Betracht 91

OLG Frankfurt NJW 1987, 1650 für Mietanpassungsklauseln.

Das ist wichtig wegen des Umfangs der Inhaltskontrolle. Bei Altverträgen gilt nämlich nur § 9 AGBG, und zwar mit der Einschränkung, daß die vor Inkrafttreten des Gesetzes geltenden Maßstäbe anzuwenden sind

BGH NJW 1984, 2404.

So kann z.B. der Ausschluß der Aufrechnung in einem Altvertrag wirksam sein, die Berufung hierauf aber im Einzelfall gegen Treu und Glauben verstoßen, soweit der Verbotstatbestand des § 11 Nr. 3 AGBG vorliegt. Die eingeschränkte Anwendbarkeit des Gesetzes im kaufmännischen Verkehr gilt auch für **Minderkaufleute**, die nicht ins Handelsregister eingetragen sind

OLG Düsseldorf ZMR 1987, 375.

Zur Geltung des AGB-Gesetzes in den neuen Bundesländern s. Rdn. A 225.

b) Formularvertrag und Individualvereinbarung

Benutzt der Vermieter einen Verbands-Mustervertrag, so unterliegt schon dessen erstmalige Verwendung dem AGBG. Erstellt er selbst einen **Mustervertrag**, so liegt die unterste Grenze der geplanten Verwendung bei 3 Fällen. Hält er einen solchen Mustervertrag zur wiederholten Verwendung bereit, so genügt sogar eine einmalige Verwendung 92

LG Aachen ZMR 1988, 60,
LG Düsseldorf VuR 1991, 54.

Selbständige Klauseln, die einem Formularmietvertrag hinzugefügt werden, sind keine Formularklauseln, sofern sie vom Vermieter nicht schon vorher verwendet worden sind oder bei Vertragsabschluß die Absicht besteht, sie häufiger zu verwenden 93

BGH DWW 1994, 248 = ZMR 1994, 253.

Ein **Aushandeln** ist dann anzunehmen, wenn der Verwender den in seinen AGB enthaltenen „gesetzesfremden" Kerngehalt, also die den wesentlichen Inhalt der gesetzlichen Regelung abändernden oder ergänzenden Bestimmungen inhaltlich 94 ernsthaft zur Disposition stellt und dem Verhandlungspartner Gestaltungsfreiheit zur Wahrung eigener Interessen einräumt mit zumindest der realen Möglichkeit, die inhaltliche Ausgestaltung der Vertragsbedingungen beeinflussen zu können

BGH MDR 1992, 1058.

Daran fehlt es, wenn der Verwender (Vermieter) dem Kunden (Mieter) die Klausel erläutert und dieser sie angesichts der vermeintlich zutreffenden Erläuterung akzeptiert (BGH a.a.O).

95 Indiz für ein individuelles Aushandeln kann sein, daß im vorformulierten Vertragstext nachträglich Änderungen eingefügt werden, sofern es sich nicht nur um unselbständige Ergänzungen, sondern um solche mit einem eigenen Regelungsgehalt handelt. Aushandeln i.S. von § 1 Abs. 2 AGBG bedeutet andererseits nicht, daß die vom Verwender der AGB vorformulierte Bestimmung tatsächlich abgeändert oder mit weiterem Regelungsgehalt ergänzt worden ist (BGHZ 84, 109, 111). Auch bei unverändertem Text kann § 1 Abs. 2 AGBG gegeben sein, wenn der andere Teil nach gründlicher Erörterung sich ausdrücklich einverstanden erklärt hat. Im **kaufmännischen Verkehr** kann ein individuelles Aushandeln im übrigen auch dann vorliegen, wenn der Verwender eine bestimmte Klausel als unabdingbar erklärt

BGH NJW-RR 1992, 654 = WM 1992, 316 = ZMR 1992, 292.

96 Andererseits liegt eine Individualvereinbarung nicht vor, wenn sog. unselbständige Ergänzungen in ergänzungsbedürftige Formulare eingetragen werden. Ebensowenig ist eine Individualvereinbarung gegeben, wenn die Parteien eine in dem vorgedruckten Formular enthaltene (unzulässige) Klausel in einer Ergänzung des Vertrages lediglich dem Einzelfall anpassen, ohne daß diese Ergänzung den Kerngehalt der vorformulierten Klausel verdrängt (BGH NJW 1992, 1107 f.)

BGH DWW 1994, 248 = ZMR 1994, 253, LG Osnabrück WM 1995, 33 für die handschriftliche Abänderung einer Vorauszahlungsklausel vom 3. auf den 10. eines Monats.

97 Selbst bei handschriftlichen Klauseln, die unter der Klausel „Besonders ausgehandelte Bedingungen" eingefügt sind, kann es sich um Formularklauseln handeln. Zwar bilden die äußeren Merkmale ein Indiz für ein Aushandeln, das aber entkräftet ist, wenn die Zusätze schon eingefügt waren, bevor dem Kunden (Mieter) der Vertrag erstmals vorgelegt und der Inhalt der handschriftlichen Klauseln nicht verhandelt worden war

LG Düsseldorf VuR 1991, 54.

Das gleiche gilt, wenn eine Formularklausel durch eine handschriftliche Einfügung zum Nachteil des Kunden abgeändert wird (z.B. Endrenovierung bei Vertragsende ohne Rücksicht auf die letzte Renovierung): Sache des Vermieters soll es sein zu beweisen, daß diese Abrede ausgehandelt worden ist

LG Köln WM 1994, 19.

Wird ein Mustervertrag verwendet, so ist der Verwender – in der Regel also der Vermieter – dafür **beweispflichtig**, daß gleichwohl der Inhalt individuell ausgehandelt worden ist. Klauseln, in denen der Mieter bestätigt, der Vertrag sei ausgehandelt bzw. er habe ausreichend Zeit zur Kenntnisnahme gehabt und sei mit allen Bestimmungen einverstanden, verstoßen gegen § 11 Nr. 15 AGBG

OLG Hamm – RE v. 27.2.1981 – NJW 1981, 1049.

Verwender ist derjenige, auf dessen Initiative es zurückzuführen ist, daß das 98
Vertragsformular vorgeschlagen wurde; dagegen soll es für die Verwendereigenschaft nicht darauf ankommen, zu wessen Gunsten der Mietvertrag vorformuliert worden ist,

BGH WM 1995, 481 = ZMR 1995, 397
gegen OLG Düsseldorf DWW 1994, 285 = WM 1994, 467.

Diese Wertung ist bedenklich und berücksichtigt nicht ausreichend, daß derjenige, der die Verwendung eines Formulars vorschlägt, damit noch nicht die darin enthaltenen Bedingungen stellt.

c) Einbeziehung

Im kaufmännischen Verkehr liegt eine Einbeziehung i.S. von § 2 AGBG schon 99
dann vor, wenn der Kunde (Mieter) vom Vorhandensein der AGB (Mietbedingungen) wußte oder bei Beobachtung gehöriger Sorgfalt hätte wissen müssen und wenn für ihn erkennbar war, daß der Verwender (Vermieter) den Vertrag nur unter Einbeziehung seiner AGB schließen wollte

OLG Düsseldorf ZMR 1989, 61.

Für die Einbeziehung umfangreicher gesetzlicher Vorschriften in den Vertrag kann die bloße Bezugnahme genügen, wenn der dadurch eindeutig zum Ausdruck gebrachte Begriff in seiner Tragweite für den Durchschnittsmieter verständlich ist und die Verweisung der Klarstellung und Vermeidung von Streitigkeiten dient. Dagegen kann der bloße Hinweis auf eine Paragraphenzahl ohne Angabe des Inhalts im Einzelfall unverständlich und damit unzumutbar sein

BayObLG - RE v. 24.2.1984 - DWW 1984, 73 = WM 1984, 104 = ZMR 1984, 203 zur Einbeziehung des Betriebskostenkataloges in § 27 II. BV, Anlage 3 mit krit. Anm, von Löwe WM 1984, 193.

d) Überraschende Klauseln

Von einer überraschenden Klausel ist auszugehen, wenn ihr ein Überrumpelungseffekt innewohnt. Sie muß eine Regelung enthalten, die von den Erwartungen des Vertragspartners deutlich abweicht und mit der dieser den Umständen nach vernünftigerweise nicht zu rechnen braucht. Diese Erwartungen werden von allgemeinen und besonderen Begleitumständen des Vertragsschlusses bestimmt. Zu den erstgenannten zählen etwa der Grad der Abweichung vom dispositiven Gesetzesrecht und die für den Geschäftskreis übliche Gestaltung, zu den letztgenannten der Gang und der Inhalt der Vertragsverhandlungen sowie der äußere Zuschnitt des Vertrages (BGHZ 102, 152, 158, BGH MDR 1988, 304, MDR 1989, 990, MDR 1990, 324) 100

BGH MDR 1992, 866 für Formularbürgschaft.

Eine Formularklausel erweist sich also auch dann als überraschend, wenn ihr 101
Inhalt nicht schon objektiv ungewöhnlich ist, aber wesentlich von dem abweicht, was der Vertragspartner des Verwenders als seine Vorstellungen und Absichten bei den Vertragsverhandlungen zum Ausdruck gebracht hat, ohne daß ihm darin widersprochen wurde

BGH MDR 1994, 769.

102 Der Überrachungseffekt ist für eine Klausel bejaht worden, die den Gewerberaummieter zur Zahlung einer Werbeabgabe an die Werbegemeinschaft eines Einkaufszentrums auch ohne seinen Beitritt zu dieser Gemeinschaft verpflichtet
OLG Düsseldorf MDR 1993, 1078 = ZMR 1993, 469.

e) Auslegung

103 Für die Auslegung ist zu beachten, daß Unklarheiten im vorformulierten Vertragswerk zu Lasten des Verwenders gehen. Haben die Parteien einen auf 4 Jahre befristeten Mietvertrag abgeschlossen, ist jedoch die Klausel, nach der der Mieter mit einer Frist von 3 Monaten zur Kündigung berechtigt ist, wenn seit Überlassung der Wohnung weniger als 5 Jahre verstrichen sind, nicht gestrichen, so muß der Vermieter als Verwender sich dies zurechnen lassen
LG Wiesbaden WM 1994, 430.

2. Inhaltskontrolle

104 In der Rechtsprechung nimmt die Überprüfung von Formularverträgen im Rahmen von Verbandsklagen nach § 13 AGBG einen immer breiteren Raum ein. Daneben steht eine umfangreiche Rechtsprechung zur Inhaltskontrolle einzelner Klauseln nach §§ 9–11 AGBG.

Allgemein ist zu beachten, daß bei Prüfung einer Klausel nach § 9 AGBG der gesamte Vertragsinhalt einschließlich seiner Individualteile zu würdigen ist (BGH WPM 1990, 1339, NJW 1990, 761, WPM 1991, 1944, 2055). Dies gilt auch bei Regelungen zur Schönheitsreparaturverpflichtung des Mieters und ihrer Kostentragung. Jeweils für sich (noch) unbedenkliche Klauseln können einen Summierungseffekt haben und in ihrer Gesamtwirkung zu einer unangemessenen Benachteiligung führen
BGH – Beschl. v. 2.12.1992 – WM 1993, 175 = ZMR 1993, 216.

Auch kann sich die Unwirksamkeit erst aus einer Kombination mehrerer, für sich genommen wirksamer und bedenkenfreier Klauseln ergeben, etwa aus der Kombination von Vorauszahlungs- und Aufrechnungsklausel.
BGH – RE v. 26.10.1994 – WM 1995, 26 = MDR 1995, 142 = ZMR 1995, 60.

Durch Verwendung von unwirksamen Klauseln kann der Verwender u.U. seine vorvertragliche Pflicht zur Rücksichtnahme gegenüber dem Kunden verletzt haben, so daß der Kunde verlangen kann, so gestellt zu werden, als wäre es nicht zum Vertragsschluß gekommen,
OLG Köln ZMR 1995, 489 für einen Vertrag über den Vertrieb von Nutzungsrechten an Ferienwohnungen.

a) Wertungskriterien

105 Häufige Kriterien für die Inhaltskontrolle mietrechtlicher Klauseln sind:
(1) Es kommt auf eine **generalisierende Betrachtungsweise**, nicht auf die Umstände des Einzelfalls bei der Bewertung der Klausel an. Zu fragen ist, ob die Klausel für Vermieter und Mieter im allgemeinen für alle typischen Anwendungsfälle

eine angemessene und billige Regelung darstellt. Dabei ist von wesentlicher Bedeutung, ob die abbedungene gesetzliche Regelung nur auf Zweckmäßigkeitserwägungen beruht oder eine Ausprägung des Gerechtigkeitsgehalts darstellt
BGH MDR 1992, 643 = ZMR 1992, 295.

(2) Der Art des Mietverhältnisses als eines personenbezogenen Dauerschuldverhältnisses ist Rechnung zu tragen (**Leitbildfunktion**). So lassen sich zum Leasingrecht vorgenommene Wertungen nicht ohne weiteres auf die Raummiete übertragen. Das vom Gesetzgeber typisierte Schutzbedürfnis einer Vertragspartei – häufig des Mieters – ist zu beachten. 106

Beispiele:
BGH NJW 1986, 2102 zur Übernahme von Schönheitsreparaturen durch den Mieter bei Übergabe einer unrenovierten Wohnung,
BGH WM 1991, 384 zur Heizpflicht des Vermieters und zur Duldungspflicht des Mieters bei Installation von Antennen,
BGH BB 1990, 1796, WM 1995, 481 = ZMR 1995, 397 zum Ausschluß des Kündigungsrechts nach § 549 Abs. 1 S. 2 BGB einerseits beim Leasingvertrag, anderseits bei einem Mietverhältnis (über Gewerberaum);
OLG Celle WM 1990, 110 zur Tilgungsregelung und der dadurch bewirkten Verschlechterung der Kündigungslage nach § 554 BGB zum Nachteil des Mieters,
OLG Frankfurt WM 1992, 60 zum Tierhalteverbot.

(3) In die Wertung einer Klausel ist der **Vertragsinhalt** im übrigen einzubeziehen. Die benachteiligende Wirkung einer Klausel wird verstärkt, wenn sie mit Klauseln ähnlicher Tendenz im Zusammenhang steht; das kann zur Unwirksamkeit der Klausel auch dann führen, wenn sie isoliert oder in anderem Zusammenhang gesehen noch vertretbar erschiene. Das gilt aber nicht ohne weiteres in umgekehrter Richtung: ein für den Kunden wirtschaftlich günstig ausgestalteter Vertrag kompensiert nicht die Unwirksamkeit einer unangemessenen einzelnen Vertragsklausel 107

vgl. Ulmer–Brandner–Hensen AGBG § 9 Rdn. 85,
dagegen für Kompensation: BayObLG – RE v. 9.7.1987 – WM 1987, 344 zum Fristenplan bei Schönheitsreparaturen,
vgl. auch BGH – Beschl. v. 2.12.1992 – WM 1993, 175 zum Summierungseffekt bei Renovierungsklauseln.

Hiervon ist die Frage zu unterscheiden, ob eine Klausel mit zu beanstandendem Inhalt **trennbar** ist und sich die Unwirksamkeit deshalb nur auf einen Teil der Klausel bezieht. Dies beurteilt sich danach, ob der Teil, der Bestand hätte, eine in sich geschlossene, verständliche Regelung eines bestimmten Komplexes enthält, die losgelöst von dem unwirksamen Teil einen sinnvollen Inhalt ergibt 108
BGH NJW 1989, 3215 = MDR 1989, 810.
Beispiel:
BGH WM 1991, 381, 382 zur Schriftlichkeit der Untermieterlaubnis.

(4) Die Notwendigkeit der **Risikobegrenzung** und der Überschaubarkeit des Risikos fällt häufig mit dem Transparenzgebot zusammen. Erforderlich ist, daß das auf den Mieter abgewälzte Risiko zumindest gegenständlich, insbesondere bei der Wohnraummiete auch betragsmäßig eingegrenzt wird 109

Beispiele:
BGH NJW 1989, 2247 zur Übertragung der Kosten für Kleinrepararturen,

BGH WM 1991, 381 = ZMR 1991, 290 zur Übertragung der Wartung von Thermen und zur Erstreckung der Mieterhaftung für das Verhalten „sonstiger Personen".

110 Wesentliche Bedeutung bei der Bewertung von Haftungsklauseln kommt auch dem Umstand zu, ob das überbürdete Risiko für den Mieter beherrschbar ist

BGH ZMR 1992, 295, 296.

Eine formularmäßig begründete uneingeschränkte Zufallshaftung des Mieters benachteiligt diesen unangemessen. Sie kann nur ausnahmsweise aufgrund weiterer Umstände zulässig sein (z.B. Beherrschbarkeit des Risikos oder typische Versicherung des Risikos durch den Mieter)

BGH a.a.O.

Auch wird die Überbürdung der Erhaltungslast auf den Mieter (von Gewerberaum) nur insoweit für zulässig erachtet, als die Schäden dem Mietgebrauch oder dem Risikobereich des Mieters zuzuordnen sind

OLG Düsseldorf DWW 1992, 241.

111 (5) Das **Transparenzgebot** soll sichern, daß die Rechtslage, die gestaltet werden soll, für den Mieter zutreffend dargestellt wird, so daß er die Folgen der Klausel verstehen kann. Eine Klauselgestaltung, die dem Verwender die Gelegenheit eröffnet, begründete Ansprüche unter Hinweis auf eine in der Sache nicht – stets – zutreffende Darstellung der Rechtslage in seinen AGB abzuwehren, benachteiligt den Vertragspartner entgegen den Geboten von Treu und Glauben unangemessen

BGH WM 1991, 381 für Schriftlichkeit der Untermieterlaubnis.

112 Ein Verstoß gegen dieses Gebot liegt insbesondere vor, wenn der Mieter über die wirkliche Rechtslage hinweggetäuscht wird.

Beispiele:
BGH WM 1991, 381, 384 zur Beschränkung der Heizpflicht des Vermieters auf die „hauptsächlich genutzten Räume",
OLG München WM 1989, 133 für Schriftformklausel,
LG Hamburg WM 1990, 416 zur Kautionsabrede ohne Hinweis auf die Ratenzahlungsmöglichkeit.

Hierzu zählt auch, daß Leistungsschmälerungen oder Pflichtenüberbürdungen an sich unzulässige Haftungsausschlüsse kaschieren

BGH – VIII ZR 129/91 – Urt. v. 6.5.1992 – MDR 1992, 669 = WM 1992, 355,
OLG München WM 1991, 388 zur Überbürdung von Kleinreparaturen auf den Mieter,
OLG Celle WM 1990, 113, 114 zur Heizpflicht und Fahrstuhlnutzung,
LG Frankfurt WM 1990, 279 zur „Ungezieferklausel".

113 (6) **Preisargument**: Das Argument des günstigeren Preises kann grundsätzlich nicht dazu führen, die Unangemessenheit einer Klausel zu rechtfertigen. Das gilt insbesondere bei fehlender Tarifwahl. Trotzdem kann die Verkehrsanschauung zu einem anderen Ergebnis führen. So wird etwa angenommen, daß die Übertragung laufender Schönheitsreparaturen auf den Mieter (auch) durch den hierdurch bedingten niedrigeren Mietpreis den Mieter nicht unangemessen benachteiligt

BGH – RE v. 30.10.1984 – BGHZ 93, 363 = NJW 1985, 480,
BGH – RE v. 6.7.1988 – BGHZ 105, 51 = NJW 1988, 2790.

(7) Die **Versicherbarkeit** des vom Mieter übernommenen Risikos kann der Haftungsüberbürdung die Unangemessenheit nehmen, wenn Mieter eine diesbezügliche Versicherung verkehrsüblich abschließen (z.B. Hausratsversicherung)

BGH MDR 1992, 643 = ZMR 1992, 295, 296 Sp.2,
OLG Stuttgart WM 1984, 188 Sp.2 für Haftungsausschluß wegen Feuchtigkeitsschäden an Sachen des Mieters.

b) Verbandsklagen gegen einzelne Musterverträge

Erhebliche Bedeutung haben die Entscheidungen über Verbandsklagen nach § 13 AGBG, die sich umfassend mit Formularmietverträgen für Wohnraum befassen. Um dem Verwender jede Möglichkeit zu nehmen, sich gegenüber seinem Vertragspartner auf eine nach dem Wortlaut mögliche, ihm günstigere Auslegung zu berufen, ist für die Inhaltskontrolle nach §§ 9, 13 AGBG von der sog. kundenfeindlichsten Auslegung auszugehen

BGHZ 91, 55, 61; BGHZ 95, 363, 365,
BGH MDR 1992, 643 = ZMR 1992, 295.

Hervorzuheben sind die Entscheidungen zum
– Mietvertrag des niedersächsischen Grundeigentümerverbandes:
BGH – Urt. v. 15.5.1991 – DWW 1991, 212 = WM 1991, 381 = ZMR 1991, 290 (Vorinstanzen: OLG Celle WM 1990, 103, LG Hannover WM 1988, 259),
– Mietvertrag des hessischen Grundeigentümerverbandes:
BGH – Urt. v. 20.1.1993 – DWW 1993, 74 = WM 1993, 109 = ZMR 1993, 204 (Vorinstanzen: OLG Frankfurt WM 1992, 56, LG Frankfurt WM 1990, 271),
– Mietvertrag des Münchener Grundeigentümerverbandes:
OLG München – Urt. v. 12.1.1989 – WM 1989, 128 (Vorinstanz: LG München I WM 1988, 145),

Die Bedeutung liegt darin, daß den Entscheidungen über ihre regionalen Grenzen hinaus **Bindungswirkung** nach § 541 ZPO zukommt und sie über § 511a ZPO auch von den Amtsgerichten beachtet werden müssen (vgl. dazu Frantzioch DWW 1992, 172).

Der BGH – Urt. v. 15.5.1991 – DWW 1991, 212 = WM 1991, 381 = ZMR 1991, 290 hält die folgenden Klauseln in einem Wohnraummietvertrag für unzulässig (§ 9 Abs. 1, 2 AGBG):

„Der Mieter ist ohne ausdrückliche schriftliche Erlaubnis des Vermieters *weder zu einer Untervermietung der Mieträume* noch zu einer sonstigen Gebrauchsüberlassung an Dritte, ausgenommen besuchsweise sich aufhaltende Personen, berechtigt."

„Der Mieter hat auf seine Kosten die *mitvermieteten Anlagen* und Einrichtungen in den Mieträumen wie ... und ähnliche Einrichtungen in *gebrauchsfähigem Zustand* zu halten und alle an diesen Anlagen notwendig werdenden Reparaturen auf seine Kosten durchführen zu lassen. Die Kosten sind je Reparaturmaßnahme bis zur Höhe von maximal 25% des jeweiligen Mietzinses ... begrenzt."

„*Thermen* sind auf Kosten des Mieters wenigstens einmal im Jahr von einem Fachmann zu reinigen."

117 „Schäden in den Mieträumen, am Gebäude, an dem zum Gebäude oder Grundstück gehörenden Einrichtungen und Anlagen, die über den Rahmen der §§ 15 und 16 hinausgehen, hat der Mieter auf seine Kosten beseitigen zu lassen, wenn und soweit ihn, die zu seinem Haushalt gehörenden Personen, seine Untermieter und Besucher, die von ihm beauftragten Handwerker *oder sonstige, zu ihm in Beziehung stehende Personen* durch Vernachlässigung der Obhutspflicht oder in sonstiger Weise ein Verschulden trifft. Leistet der Mieter Schadensersatz, so ist der Vermieter verpflichtet, seine etwaigen Ansprüche gegen den Verursacher des Schadens abzutreten."

„Die anliegende *Hausordnung* ist Bestandteil dieses Vertrages."

118 „Eine Temperatur von mindestens 20°C für die Zeit von 7.00 bis 22.00 Uhr *in den vom Mieter hauptsächlich benutzten Räumen* gilt als vertragsgemäß."

„Der Mieter ist verpflichtet, auch nach Abschluß des Mietvertrages die *Installation einer Gemeinschaftsantenne* oder eines Kabelanschlusses zu *dulden*."

119 Hervorzuheben ist, daß Wartungsklauseln schon deshalb unwirksam sind, weil sie keine jährliche Kostenobergrenze enthalten; die Klausel über die schriftliche Erlaubnis zur Untervermietung ist nicht teilbar und deswegen insgesamt unwirksam.

120 Der Inhaltskontrolle halten dagegen die folgenden Klauseln stand:

„Setzt der Mieter den Gebrauch der Mietsache nach Ablauf der Mietzeit fort, so gilt das Mietverhältnis nicht als verlängert. § 568 BGB findet keine Anwendung."

„Wenn und insoweit eine der Bestimmungen dieses Vertrages gegen zwingende gesetzliche Vorschriften verstößt, tritt an ihre Stelle die entsprechende gesetzliche Regelung."

121 Das OLG Celle WM 1990, 103 hat darüberhinaus (rechtskräftig) die weiteren Klauseln für unzulässig gehalten:

„Der Mieter tritt dem Vermieter schon jetzt für den Fall der Untervermietung die ihm gegenüber dem Untermieter zustehenden Forderungen nebst Pfandrecht in Höhe der Mietforderungen des Vermieters zur Sicherheit ab."

„Der Mieter haftet für alle Schäden, die im Zusammenhang mit Anlagen dieser Art (= vom Mieter angebrachte Schilder) stehen."

122 „*Bei Neueinführung von Betriebskosten* ist der Vermieter berechtigt, die erhöhten Kosten neben der Miete anteilig zu erheben. Maßgeblich ist der Zeitpunkt der Entstehung der Kosten". (S. auch OLG Frankfurt WM 1992, 62)

„Bei verspäteter Zahlung ist der Vermieter berechtigt, mindestens DM 10,- für jede schriftliche Mahnung als Auslagenersatz zu erheben."

„Die Höhe des Zinssatzes *bei Verzug* wird mit 2% über dem jeweiligen Diskontsatz der Deutschen Bundesbank vereinbart."

123 „Befindet sich der Mieter mit der Zahlung des Mietzinses im Rückstand, so sind eingehende Zahlungen zunächst auf die Kosten einschließlich etwaiger Prozeßkosten, dann auf die Zinsen und zuletzt auf die Hauptschuld, und zwar zunächst auf die ältere Schuld anzurechnen."

„Der Mieter kann gegenüber dem Mietzins nur *aufrechnen* oder ein *Zurückbehaltungsrecht* ausüben, wenn seine Gegenforderung auf dem Mietverhältnis beruht, unbestritten ist oder ein rechtskräftiger Titel vorliegt und er die Ausübung seines Zurückbehaltungsrechts mindestens einen Monat vor Fälligkeit des Mietzinses dem Vermieter schriftlich angekündigt hat".

„Die Mieter *bevollmächtigen sich untereinander*, daß jeder von ihnen allein berechtigt 124
ist, Willenserklärungen mit Wirkung für alle entgegenzunehmen oder abzugeben. (Das
gilt nicht für Kündigungen und Mieterhöhungserklärungen des Vermieters.)."

Vgl. auch AG Köln ZMR 1994 S. XVI Nr. 20: Die Vollmachtsklausel wäre nur wirksam,
wenn sie besonders weitreichende Erklärungen, wie Kündigungen und Mieterhöhungen,
ausnimmt.

„Für eine *gleichmäßige Temperatur* wird eine Gewähr nicht übernommen, insbesondere 125
nicht bei etwaiger Überbelegung des Hauses."

„Die *Benutzung des Fahrstuhls* geschieht auf eigene Gefahr. Für etwaige, durch die
Benutzung des Fahrstuhls entstehende Schäden haftet der Vermieter nur, soweit ihn
vorsätzliches oder grob fahrlässiges Verschulden trifft."

„*Kosten und Abgaben*, die mit dem Abschluß dieses Vertrages verbunden sind, gehen zu
Lasten des Mieters."

„Bisherige schriftliche oder mündliche Mietvereinbarungen treten mit dem Wirksamwerden des vorliegenden Vertrages außer Kraft."

Der BGH – Urt. v. 20.1.1993 – DWW 1993, 74 = MDR 1993, 339 = WM 1993, 109 126
= ZMR 1993, 264 hält folgende Klauseln des hessischen Mustervertrages für
unwirksam:

„Ist ein *Umlagemaßstab* nicht vereinbart, so kann der Vermieter einen geeigneten, auch
unterschiedlichen Umlagemaßstab bestimmen."

Die Klausel ist unwirksam, weil sie hinsichtlich der Heiz- und Warmwasserkosten von den zwingenden Voschriften der §§ 6–9 HeizKV abweicht und weil sie
nicht erkennen läßt, daß das Bestimmungsrecht des Vermieters an §§ 315, 316
BGB gebunden und damit eingeschränkt ist.

„Der Vermieter kann während der Mietzeit zu Anfang eines neuen Berechnungszeitraums, soweit zulässig, den *Verteilungsschlüssel neu bilden*."

Ein unterschiedsloses Abänderungsrecht verstößt gegen die Regeln der HeizKostenV trotz des Einschubs „soweit zulässig". Auch kann der Vermieter sich eine
Abänderung des Umlageschlüssels nach billigem Ermessen nur vorbehalten,
wenn sachliche Gründe dafür vorliegen.

„Soweit zulässig, ist der Vermieter bei *Erhöhung* oder Neueinführung *von Betriebskosten*
berechtigt, den entsprechenden Mehrbetrag vom Zeitpunkt der Entstehung umzulegen.
Das gleiche gilt für eine *Erhöhung der Kapitalkosten*."

Die Klausel enthält keine Beschränkung auf den Katalog der Anlage 3 zu § 27 II.
BV und verstößt hinsichtlich des Zeitpunkts gegen § 4 Abs. 2 MHG.

„Soweit ein *Breitbandkabelanschluß* in der Wohnung vorhanden ist, der von einem 127
Dritten, der das Haus verkabelt hat, betrieben wird, ist der Vermieter nicht verpflichtet,
einen *Kabelanschluß* herzustellen, noch dem Mieter zu gestatten, eine eigene Antenne
anzubringen."

Diese Klausel ist bezüglich des 1. Halbsatzes wirksam; denn das Interesse des
Mieters am Rundfunk- und Fernsehempfang ist dann ausreichend gewahrt, wenn er
hierfür entweder eine Antenne oder einen vorhandenen Kabelanschluß nutzen kann.
(Über die Wirksamkeit des 2. Halbsatzes hatte der BGH nicht zu entscheiden.)

„Das *Halten von Haustieren* ist unzulässig."

Die Klausel verstößt gegen das Übermaßverbot.

128 „Bei Beendigung des Mietverhältnisses ist der Mieter verpflichtet, Dübeleinsätze zu entfernen, Löcher ordnungsmäßig und unkenntlich zu verschließen, etwa durchbohrte Kacheln durch gleichartige zu ersetzen."

Die Klausel erstreckt unzulässig die Beseitigungspflicht auch auf Fälle, in denen das Anbringen von Dübeln und Löchern zum vertragsgemäßen Gebrauch unerläßlich ist.

129 Wirksam ist dagegen die Klausel

„Für einen durch *nicht rechtzeitige Anzeige* verursachten weiteren Schaden ist der Mieter ersatzpflichtig."

Sie wiederholt, wenn auch verkürzt, nur den Gesetzeswortlaut, der auch nicht das Verschuldenserfordernis erkennen läßt.

130 Das OLG Frankfurt WM 1992, 56 hat in der Vorinstanz rechtskräftig noch die weiteren Klauseln als unwirksam bewertet:

„*Beheizung* kann nicht verlangt werden bei Störungen, höherer Gewalt, behördlicher Anordnung oder bei sonstiger Unmöglichkeit der Leistung (z.B. Brennstoffknappheit)."

„Der Vermieter ist berechtigt, bei Errichtung einer Gemeinschaftsantenne/Breitbandanschluß die *Entfernung der Einzelantenne/Einzelanschluß* des Mieters auf dessen Kosten zu verlangen."

„Der Mieter hat die in den Mieträumen vorhandenen *Wasserzu- und abflußleitungen* vor dem Einfrieren zu schützen."

„Der Mieter hat die *Mietsache von Ungeziefer freizuhalten*, es sei denn, er beweist, daß der Befall nicht von ihm oder den zu seinem Haushalt gehörenden Personen sowie Untermietern, Besuchern, Lieferanten, Handwerkern usw. verursacht worden ist."

„Für Schäden, die durch Nichtbeseitigung von Ungeziefer entstehen, haftet der Mieter ebenso wie für Schäden durch das Beseitigen des Ungeziefers, auch wenn dies vom Vermieter veranlaßt wird."

131 „Die Erhöhung oder Senkung von *Betriebskosten* berechtigt den Vermieter, die Vorauszahlungen entsprechend anzupassen."

„*Gewerbepolizeiliche betriebsbedingte Auflagen* (z.B. Anbringen von feuerfesten Türen) hat der Mieter zu tragen".

„*Veränderungen an und in der Mietsache*, insbesondere Um- und Einbauten, Installationen und dergleichen, dürfen nur mit schriftlicher Einwilligung des Vermieters vorgenommen werden. Auf Verlangen des Vermieters ist der Mieter verpflichtet, die Um- und Einbauten ganz oder teilweise im Falle des Auszugs zu entfernen und den früheren Zustand wiederherzustellen, ohne daß es eines Vorbehalts des Vermieters bei Einwilligung bedarf."

Die Klausel verstößt gegen das Schiftform- und das Übermaßverbot.

„Nebenabreden, Änderungen, Ergänzungen und Aufhebungen des Vertrages müssen schriftlich vereinbart werden. Das gleiche gilt für Zusagen, Zustimmungen, Verzichte und Vergleiche aller Art."

132 Das OLG München – Urt. v. 12.1.1989 – WM 1989, 128 hat die folgenden Klauseln als unwirksam angesehen:

„Der Vermieter haftet nicht für *rechtzeitige Freistellung* der vermieteten Räume durch den bisherigen Mieter, es sei denn, der dadurch dem Mieter entstehende Schaden beruht auf einer vorsätzlichen oder grob fahrlässigen Vertragsverletzung des Vermieters, dessen gesetzlichen Vertreters oder Erfüllungsgehilfen."

Vertragsgestaltung   Rdn. 133–136

„Dem Mieter obliegt der *Beweis* dafür, daß *schuldhaftes Verhalten* nicht vorgelegen hat."

„Zum Zwecke der Ausübung des *Pfandrechts* ist der Vermieter oder ein Beauftragter desselben berechtigt, die Miträume allein oder in Begleitung eines Zeugen zu betreten." 133

„*Nachträgliche Änderungen* und Ergänzungen des Mietvertrages sind nur wirksam, wenn sie schriftlich niedergelegt sind."

c) Einzelne Klauseln

Die Ausgestaltung und Wirksamkeit von Formularklauseln wird auch im Zusammenhang mit den jeweiligen mietrechtlichen Problemlagen erörtert. Hier werden nur einige besonders wichtige Klauseln behandelt. 134

aa) Kleinreparaturen

Von praktischer Bedeutung sind Formularklauseln, durch die dem Mieter die kleinen Reparaturen übertragen werden. Hierbei ist zwischen sog. Kostenklauseln und Vornahmeklauseln (s. Rdn. 139) zu unterscheiden. 135

Nach Auffassung des

BGH – Urt. v. 7.6.1989 – NJW 1989, 2247 = WM 1989, 324

benachteiligt eine Klausel in einem Wohnraummietvertrag, nach der der Mieter die **Kosten von Kleinreparaturen** (Reparaturen bis zu DM 100,–) ohne Rücksicht auf ein Verschulden zu tragen hat, den Mieter unangemessen, wenn sie

– auch solche Teile der Mietsache umfaßt, die nicht dem häufigen Zugriff des Mieters ausgesetzt sind, und

– keinen Höchstbetrag für den Fall enthält, daß innerhalb eines bestimmten Zeitraumes mehrere Kleinreparaturen anfallen.

Unwirksam sind außerdem Formularklauseln, wonach der Mieter von Wohnraum sich sowohl bei Reparaturen, die höhere Kosten als DM 100,– verursachen, als auch bei Neuanschaffungen mit einem Betrag in dieser Höhe zu beteiligen hat. Der BGH verneint die Verkehrsüblichkeit der Kostenüberbürdung für kleine Reparaturen, hält sie aber unter dem Gesichtspunkt des Rechtsfriedens – Vermeidung von Streitigkeiten über Bagatellfälle in einem Dauerschuldverhältnis – noch für tragbar. Eine über die auf Bagatellschäden begrenzte Belastung des Mieters könne diesem aber formularmäßig nicht auferlegt werden. Es handele sich nicht um eine Erweiterung der Obhutspflicht sondern um die Übernahme einer den Vermieter treffenden Pflicht. Der BGH setzt eine Höchstgrenze für den Einzelfall und einen Jahreshöchstbetrag nicht fest, hält aber einen Kostenaufwand bis zu DM 100,– für den Einzelfall für tragbar. Als Orientierungspunkt für den Jahresaufwand könnten die Ansätze in § 28 Abs. 2 II. BV dienen. Die Verwendung eines bestimmten Prozentsatzes diene eher dem Schutzbedürfnis des sozial schwächeren Mieters. Die im Schrifttum genannten Grenzen (DM 300,– bzw. 8% der Jahresmiete) hat der BGH sich aber nicht zu eigen gemacht. 136

Das Urteil hat zur Folge, daß die meisten sog. Kleinreparaturklauseln in älteren Verträgen mangels Begrenzung zumindest des Gesamtaufwandes unwirksam sind und damit dem Mieter Erfüllungs- und Gewährleistungsansprüche auch bezüglich der sog. Bagatellschäden zustehen.

137 Nach

OLG Hamburg WM 1991, 385
(Vorinstanz LG Hamburg WM 1990, 416)

ist eine Höchstgrenze von DM 150,- je Einzelfall tragbar, dagegen eine Jahresbelastung von DM 600,-, höchstens 10% der jeweiligen Jahres-Nettokaltmiete unangemessen. Die Kleinreparaturklausel kann nicht auf die Erneuerung zerbrochener Fensterscheiben erstreckt werden.

138 Die Klausel ist beim Fehlen der vom BGH hervorgehobenen Kriterien auch bei Mietverhältnissen über preisgebundenen Wohnraum unwirksam, selbst wenn in der Kostenmiete der Abschlag nach § 28 II. BV berücksichtigt worden ist

AG Freiburg NJW-RR 1990, 652.

Das führt dazu, daß der Vermieter berechtigt ist, die Kostenmiete um die entsprechenden Pauschalansätze in § 28 Abs. 3 II. BV zu erhöhen und zwar auch rückwirkend, wenn die Voraussetzungen des § 4 Abs. 8 NMV gegeben sind

LG Hamburg NJW-RR 1993, 18 = WM 1992, 593,
LG Freiburg WM 1992, 594, AG Leverkusen WM 1992, 596;
a.A. LG Braunschweig WM 1992, 593, das zu Unrecht die preisrechtliche und die AGB-rechtliche Zulässigkeit nicht auseinanderhält.

139 **Vornahmeklauseln** verpflichten den Mieter nicht nur, einen bestimmten Kostenanteil der (vom Vermieter durchzuführenden) Kleinreparaturen zu tragen, sondern erlegen ihm auf, diese Reparaturen selbst durchzuführen. Sie beziehen sich schon vom Wortlaut her nicht auf die erstmalige Herstellung des vertragsgemäßen Zustands. Jedoch können sie dazu führen, die Minderungsbefugnis des Mieters auszuschließen. Deshalb verstoßen sie bei der Wohnraummiete gegen § 537 Abs. 3 BGB. Während der BGH in seinem Urteil vom 15.5.1991 eine Vornahmeklausel allein schon daran scheitern ließ, daß eine Obergrenze für die (jährliche) Gesamtbelastung nicht festgelegt war

BGH DWW 1991, 212 = WM 1991, 381 = ZMR 1991, 290,
ebenso OLG München WM 1989, 128, OLG Celle WM 1990, 103, 111,

hat der BGH im Urteil vom 6.5.1992 (VIII 129/91) auf die gewährleistungsrechtliche Benachteiligung abgestellt. Die für die Wohnraummiete zwingenden Minderungsregelungen können nicht dadurch umgangen werden, daß Erhaltungspflichten des Vermieters nach § 536 BGB dem Mieter auferlegt werden. Eine Parallele zur Übertragung von Schönheitsreparaturen auf den Mieter besteht nicht, zumal letztere grundsätzlich erst in größeren Abständen anfallen und ihr Unterlassen in der Regel noch nicht zu einer Gebrauchsminderung führt. Die Vornahmeklausel bringt über die Kostenbelastung hinaus weitere Nachteile, da der Mieter das Risiko des Gelingens der Reparatur gegenüber dem Vermieter trägt und etwaige Ansprüche gegenüber den Handwerkern sowie Erstattungsansprüche bei Kostenüberschreitung gegenüber dem Vermieter selbst verfolgen muß

BGH MDR 1992, 669 = WM 1992, 355 = ZMR 1992, 332.

Schon das OLG München WM 1991, 388 = ZMR 1991, 334 hatte Vornahmeklauseln nicht für zulässig gehalten, weil sie die Gewährleistungsrechte des Mieters verkürzen und nicht streithemmend wirken.

bb) Wartungsklauseln

Eine Klausel, nach der der Mieter die Thermen innerhalb der Wohnung wenigstens einmal im Jahr von einem Fachmann reinigen lassen muß, hat der BGH schon mangels einer Kostenbegrenzung für unzulässig gehalten 140

> BGH – Urt. v. 15.5.1991 – DWW 1991, 212 = WM 1991, 381 = ZMR 1992, 290.

Auch in diesem Zusammenhang wird indes entscheidend darauf abzustellen sein, daß durch die Überbürdung der Wartungspflicht dem Mieter Gewährleistungsrechte unzulässig entzogen werden,

> vgl. auch LG Berlin ZMR 1992, 302 für Unzulässigkeit einer Klausel, nach der der Mieter die Etagenheizung auf eigene Kosten einschließlich Wartung und Reinigung zu betreiben hat.

Dagegen dürften Kostenklauseln unbedenklich sein. Da Wartungskosten zu den Betriebskosten zählen (s. § 27 II. BV Anlage 3 Nr. 5c), die aufgrund einer Vereinbarung auf den Mieter umgelegt werden dürfen, erscheint fraglich, ob in diesem Zusammenhang ebenfalls eine Kostenbegrenzung innerhalb der Klausel geboten ist.

cc) Gewährleistungs- und Haftungsausschlüsse sowie Freizeichnungen

Gewährleistungs- und Haftungsausschlüsse sowie Freizeichnungen finden ihre Schranken nicht erst an § 11 Nr. 7 AGBG sondern auch an § 9 AGBG, sofern es sich um Kardinalpflichten des Vermieters handelt. Hierzu hat der 141

> BGH – Urt. v. 11.11.1992 – MDR 1993, 212

ausgeführt:

> Zwar ist der formularmäßige Ausschluß der Haftung für leichte Fahrlässigkeit nach § 11 Nr. 7 AGBG grundsätzlich zulässig. Er ist aber dann unwirksam, wenn er wie die hier verwendete Klausel wesentliche Pflichten, die sich aus der Natur des Vertrages ergeben, so einschränkt, daß die Erreichung des Vertragszwecks gefährdet ist. Das in § 9 Abs. 2 Nr. 2 AGBG enthaltene Verbot der Aushöhlung wesentlicher vertraglicher Rechte und Pflichten beruht auf der Rechtsprechung des BGH, wonach AGB dem Vertragspartner nicht solche Rechtspositionen wegnehmen oder einschränken dürfen, die ihm der Vertrag nach seinem Inhalt und Zweck zu gewähren hat. Vor allem darf sich der Klauselverwender – auch gegenüber einem Kaufmann – nicht formularmäßig von Pflichten freizeichnen, deren Erfüllung die ordnungsgemäße Durchführung des Vertrages überhaupt erst ermöglicht, auf deren Erfüllung der Vertragspartner daher vertraut und auch vertrauen darf.

Dementsprechend ist die formularmäßige Haftungsbeschränkung des Vermieters auf Vorsatz und grobe Fahrlässigkeit bei nicht rechtzeitiger **Fertigstellung von Gewerberäumen** unwirksam

OLG Düsseldorf DWW 1993, 199.

Die Klausel 142

> „Der Mieter erkennt mit der Übernahme der Räume an, daß die Mietsache in einem zum vertragsgemäßen Gebrauch geeigneten Zustand ist, es sei denn, es handelt sich um versteckte Mängel"

bezieht sich nur auf Gewährleistungsfolgen, nicht dagegen auf den Erfüllungsanspruch

OLG Köln MDR 1993, 973 = WM 1995, 35.

143 Die formularmäßige **Freizeichnung** des Vermieters für Schäden durch Feuchtigkeit, Feuer, Rauch und Sott, die nicht durch grobe Vernachlässigung der Instandhaltungspflicht des Vermieters entstanden sind, ist nach

OLG Hamburg – RE v. 26.4.1991 – DWW 1991, 216 = WM 1991, 328

wirksam. Der Haftungsausschluß soll sich aber nur auf den Fall beziehen, daß der Mieter die ihm obliegende Pflicht zur rechtzeitigen Anzeige verletzt hat; liegt die Schadensursache nicht im Herrschafts- und Einflußbereich des Mieters, so soll der Vermieter die Beweislast für die Pflichtwidrigkeit des Mieters tragen.

Zudem soll die Klausel von vornherin nicht für Mängel gelten, die schon bei Vertragsabschluß vorhanden waren

OLG Hamburg DWW 1990, 201 = WM 1990, 71 = ZMR 1990, 11.

144 Eine Klausel, nach der die **Instandhaltung** des gesamten Mietobjekts einschließlich der Schönheitsreparaturen dem Mieter auferlegt worden ist, ist einschränkend dahin ausgelegt worden, daß der einwandfreie Zustand des Mietobjekts vorauszusetzen ist und nur die durch den Mietgebrauch veranlaßten Instandsetzungen erfaßt werden

OLG Köln NJW-RR 1994, 524WM 1994, 274.

Bürdet die Klausel dem Mieter nur die Instandhaltung und Ausbesserung auf, so soll er zur Instandsetzung – Auswechseln eines Heizkessels – nicht verpflichtet sein

OLG Hamm NJW-RR 1993, 1229.

145 Ebenso ist nach Auffassung von

OLG Düsseldorf DWW 1992, 241

die Überbürdung der Erhaltungslast (und damit die umfassende Freizeichnung des Vermieters) nur soweit zulässig, als die Schäden dem Mietgebrauch oder dem Risikobereich des Mieters zuzuordnen sind. Das soll auch dann gelten, wenn der Mietgebrauch und ein Fehler innerhalb des Risikobereichs des Mieters bei der Beschädigung des Mietobjekts zusammengewirkt haben. Problematisch an der Entscheidung erscheint es allerdings, den Risikobereich auf alle Teile innerhalb des Mietobjekts zu beziehen, auch wenn der Mieter hierauf keinen Zugriff hat (hier: Unterboden).

Dementsprechend hält die formularmäßige Überwälzung der Instandsetzungspflicht auf den Mieter auch für anfängliche Mängel einer Inhaltskontrolle nicht stand,

OLG Düsseldorf WM 1995, 435 für Gewerberaummiete.

146 Eine Formularklausel, nach der der Mieter nicht berechtigt ist, bei auftretender Baufeuchtigkeit Schadensersatz zu verlangen, ist für wirksam gehalten worden, da nur die Garantiehaftung des Vermieters hiervon betroffen werde,

LG Mönchengladbach ZMR 1993, 420,

die abdingbar ist (s. Rdn. 151, 421).

Vertragsgestaltung Rdn. 147–151

Auch eine Klausel, die die Solidarhaftung der Mieter bei **Leitungsverstopfungen** 147
für den Fall regelt, daß der Schädiger nicht ermittelt werden kann, ist für unwirksam erachtet worden
OLG Hamm – RE v. 19.5.1982 – NJW 1982, 2005,

ebenso eine Formularklausel, nach der der Mieter zerbrochene **Innen- und Außenscheiben** in den Mieträumen ersetzen muß
LG Hamburg WM 1991, 681.

Die formularmäßige Überbürdung der verschuldensunabhängigen Haftung auf den Mieter ist grundsätzlich als unangemessene Benachteiligung zu werten
BGH – Urt. v. 1.4.1992 – MDR 1992, 643 = ZMR 1992, 295.

Die Abrede in einem Mietvertrag über Gewerberäume, der Mieter habe das 148
Mietobjekt umfassend gegen Schäden zu **versichern**, kann einen Haftungsausschluß zugunsten des Vermieters beinhalten
OLG Düsseldorf DWW 1995, 110 = WM 1994, 674.

Eine bei Gewerbemietverträgen häufig verwendete Formularklausel, nach der der 149
Mieter die für den Betrieb des Mietobjekts erforderlichen **behördlichen Erlaubnisse** auf seine Kosten und sein Risiko beizubringen hat, verstößt gegen § 9 Abs. 2 Nr. 1, 2 AGBG
BGH NJW 1988, 2662 = WM 1988, 302 = ZMR 1988, 376,
BGH DWW 1993, 170 = ZMR 1993, 320,
OLG Düsseldorf DWW 1991, 236 = ZMR 1992, 446.

Die **Mietminderung** kann in Mietverträgen, die nicht Wohnraum betreffen, nur 150
insoweit ausgeschlossen werden, als es ihre automatische Wirkung betrifft; zulässig ist also eine Formularklausel, nach der der Mieter den Mietzins zunächst ungekürzt zahlen muß, ihm aber nicht das Recht genommen wird, das zuviel Geleistete nach § 812 BGB zurückzufordern
BGHZ 91, 375 = NJW 1984, 2404,
BGH DWW 1993, 170 = ZMR 1993, 320,
ebenso OLG Düsseldorf DWW 1990, 85, WM 1995, 392.

Würde auch der Rückforderungsanspruch ausgeschlossen werden, so wäre die Klausel unwirksam, weil durch sie das Äquivalenzprinzip außer Kraft gesetzt werden würde
OLG Düsseldorf WM 1995, 392 = ZMR 1995, 303.

Anerkannt ist ferner, daß die **Garantiehaftung** des § 538 Abs. 1 BGB (selbst bei 151
der Wohnraummiete) formularmäßig abdingbar ist
BGH NJW-RR 1991, 74 = DWW 1992, 14 = WM 1992, 316,
BGH DWW 1993, 170 = ZMR 1993, 320,
LG Mannheim ZMR 1990, 220,
LG Mönchengladbach ZMR 1993, 420.

Eine Formularklausel, nach der der Mieter nicht berechtigt ist, einen Mangel auf Kosten des Vermieters zu beseitigen, wenn sich die Reparaturarbeiten verzögern, ist für unwirksam gehalten worden
AG Dortmund WM 1993, 606.

dd) Mietzins- und Aufrechnungsklauseln

152 Zu Mietzinsklauseln, insbesondere Vorauszahlungs- und Rechtzeitigkeitsklauseln s. Rdn. 490, 492, 494.

Die Schranken für ein Aufrechnungsverbot nach § 11 Nr. 3 AGBG sind auch im kaufmännischen Geschäftsverkehr zu beachten

OLG Düsseldorf ZMR 1989, 61,
OLG Celle WM 1989, 234.

Ebensowenig kann das **Zurückbehaltungsrecht** nach § 320 BGB ausgeschlossen werden, jedenfalls soweit der Gegenanspruch des Mieters rechtskräftig festgestellt, unstreitig oder entscheidungsreif ist

BGH DWW 1993, 170 = ZMR 1993, 320,
OLG Düsseldorf ZMR 1989, 300,
vgl. auch LG Berlin WM 1992, 239: Die Beschränkung des Zurückbehaltungsrechts des Mieters auf unbestrittene Gegenansprüche ist in einem Formularmietvertrag zwischen Kaufleuten nicht unwirksam,
für Ausschluß im kaufmännischen Verkehr aber OLG Düsseldorf WM 1995, 392 = ZMR 1995, 303.

In beiden Fällen ist die Regelung über eine Ankündigungspflicht zulässig.

ee) Sonstige Klauseln

153 Der formularmäßige **Ausschluß des außerordentlichen Kündigungsrechts** des Mieters nach § 549 Abs. 1 S. 2 BGB bei verweigerter Untermieterlaubnis ist auch bei der Geschäftsraummiete unwirksam, wenn der Vermieter die erforderliche Erlaubnis nach Belieben verweigern kann,

BGH WM 1995, 481 = ZMR 1995, 397
gegen OLG Düsseldorf WM 1994, 467.

Die formularmäßige Verlängerung der **Mindestkündigungsfrist** in Wohnraummietverhältnissen auf 6 Monate ist für wirksam gehalten worden

OLG Zweibrücken – RE v. 23.11.1989 – WM 1990, 8 = ZMR 90, 106,

ebenso der formularmäßige Ausschluß der Verlängerungsfiktion nach § 568 BGB

BGH NJW 1991, 1750 = WM 1991, 381,
OLG Hamm – RE v. 9.12.1982 – WM 1983, 48.

154 Eine Klausel, nach der der Mieter bei vorzeitiger Vertragsauflösung bis zur **Weitervermietung** forthaftet, wirkt bei interessengerechter Auslegung nicht, wenn die Parteien das Mietverhältnis einverständlich beendet haben

OLG Düsseldorf DWW 1991, 17.

Ist eine Pauschalabgeltung für den Fall einer vorzeitigen Vertragsauflösung formularmäßig vereinbart, so ist die Klausel unwirksam, wenn dem Mieter der Beweis eines geringeren Aufwandes abgeschnitten ist

LG Frankfurt/M. WM 1994, 605 = ZMR 1995, 75,
a.A. OLG Hamburg – RE v. 17.4.1990 – MDR 1990, 724 = WM 1994, 244, vgl. auch Rdn. 519.

III. Mietgebrauch

1. Vertragszweck

a) Abgrenzung von Wohnraum- und Geschäftsraummiete

Für den Inhalt des Mietgebrauchs ist die **vereinbarte Zweckbestimmung** wesentlich. Ob Räume zu Wohn- oder anderen Zwecken vermietet werden, richtet sich in erster Linie nach dem Willen der Parteien; äußere Kriterien wie Beschaffenheit oder Ausstattung haben nur Indizwert

155

> BGHZ 94, 11,
> BGH MDR 1986, 842 = WM 1986, 274 = ZMR 1986, 278, 279,
> OLG Hamburg ZMR 1995, 120, KG GE 1995, 1205.

Indiz kann auch die Art des verwendeten Formularvertrages sein

> OLG Hamburg a.a.O.,
> anders LG Berlin MDR 1995, 228, wenn die tatsächliche Nutzung zu Wohnzwecken vom Vermieter gebilligt worden ist.

Werden Wohnräume vermietet, die nach dem Vertragszweck an dritte Personen untervermietet werden, so handelt es sich nicht um ein Wohnraummietverhältnis

> OLG Düsseldorf ZMR 1995, 203,
> vgl. auch OLG Karlsruhe – RE v. 24.10.1983 – WM 1984, 10 = ZMR 1984, 52, OLG Braunschweig – RE v. 27.6.1984 – WM 1984, 237 = ZMR 1985, 14, OLG Stuttgart – RE v. 25.10.1984 – WM 1985, 80 = ZMR 1985, 14, BayObLG – RE v. 28.7.1995 – WM 1995, 638 = ZMR 1995, 526: Vermietung an karitativen Verein zur Unterbringung von betreuungsbedürftigen Personen, s. auch Rdn. 229.

Das gilt insbesondere, wenn ein Arbeitgeber eine Wohnung vom Eigentümer angemietet hat, um sie gemäß dem Vertragszweck an betriebsangehörige Personen weiterzuvermieten, selbst wenn der Arbeitgeber durch die Weitervermietung keinen Gewinn erzielen will und sich der Eigentümer ein Mitspracherecht bei der Auswahl des Endmieters vorbehalten hat

> BayObLG – RE v. 30.8.1995 – WM 1995, 645.

Das maßgebliche Kriterium kann allerdings nicht im eigenen Bewohnen durch den Mieter liegen; denn es ist durchaus möglich, ein Wohnraummietverhältnis zugunsten Dritter zu begründen (z.B. Anmietung einer Wohnung für in der Ausbildung befindliche Angehörige oder für den geschiedenen einkommenslosen Ehepartner in Abgeltung der Unterhaltspflicht).

Umstritten ist, ob ein Wohnraummietverhältnis dann vorliegt, wenn jemand eine Wohnung anmietet, um dadurch den Wohnbedarf einer bestimmten dritten Person zu decken,

156

> so LG München I WM 1991, 37 für Anmietung der Wohnung durch eine OHG für ihre Gesellschafter,
> so LG Frankfurt ZMR 1991, 348, wenn Einvernehmen besteht, daß der Mietraum einer namentlich benannten dritten Person zum Wohnen überlassen werden soll;
> anders AG und LG Frankfurt WM 1990, 335 für Anmietung der Wohnung zugunsten eines namentlich genannten Mitarbeiters des Mieters,
> LG Hamburg NJW-RR 1992, 842 = ZMR 1992, 343: Liegt der vertragsgemäße Gebrauch durch den Mieter für beide Vertragsteile nicht im Wohnen des Mieters sondern im

Weitervermieten oder -überlassen an Dritte, so handelt es sich grundsätzlich nicht um eine Mietverhältnis über Wohnraum (für den Fall, daß es nicht um die Deckung des Wohnbedarfs zugunsten einer konkreten Person geht).
vgl. auch Sternel Rdn. I 145; der dort (Fn. 12) zitierte Beschluß des BVerfG v. 27.6.1986 ist in ZMR 1989, 211 veröffentlicht.

Die Frage ist jedenfalls dann zu bejahen, wenn die Parteien ausdrücklich einen Wohnraummietvertrag abschließen wollen

OLG Naumburg WM 1995, 142 für ein Mietverhältnis mit einer Kirchengemeinde zur Unterbringung von deren Mitarbeitern.

b) Mischmietverhältnisse

157 Für sog. Mischmietverhältnisse, die vertraglich eine Nutzung zu Wohn- und zu anderen Zwecken zulassen, gilt die Übergewichtstheorie: Wohnraummietrecht gilt nicht, wenn der Wohnzweck nicht überwiegt

BGH MDR 1986, 842 = WM 1986, 274 = ZMR 278, 279,
OLG Hamm ZMR 1986, 11, OLG München ZMR 1995, 295, KG GE 1995, 1205,
OLG Schleswig – RE v. 18.8.1982 – WM 1982, 266.

Der BGH a.a.O. hat hierzu grundlegend ausgeführt:

Entscheidend ist der **Vertragszweck**, wie er sich aus dem Parteiwillen ergibt. Im Rahmen der Prüfung, ob nach dem Vertrag überwiegend Wohnraummiete oder eine andere Nutzungsart anzunehmen ist, sind alle Umstände des Einzelfalles zu würdigen und sind daher auch die auf die verschiedenen Nutzungsarten entfallenden Flächen und deren Mietwerte zu berücksichtigen, soweit sich nicht bereits aus anderen Gründen ein Übergewicht eines bestimmten Gebrauchszwecks ergibt. Maßgebend ist stets der wahre Vertragszweck.

Steht also die gewerbliche Nutzung des Mietobjekts nach dem vereinbarten Vertragszweck im Vordergrund, so handelt es sich auch dann um ein einheitliches Geschäftsraummietverhältnis, wenn die zu Wohnzwecken genutzten Flächen überwiegen

LG Hamburg WM 1993, 36 bei Anmietung eines Einzelhandelsgeschäfts mit Wohnung.

Indizien können sich auch aus der Art des verwendeten Formularvertrages sowie aus der Mietwertrelation von Wohn- und Gewerbeanteil ergeben

OLG Hamburg ZMR 1995, 120.

Gleichwohl kann ein Mietverhältnis über Wohnraum vorliegen, wenn der Vermieter die Wohnungsnutzung durch den Mieter gebilligt hat

LG Berlin MM 1995, 228.

158 Bei Gleichwertigkeit der Nutzungszwecke ist es vertretbar, Wohnraummietrecht anzuwenden

OLG Schleswig a.a.O., der BGH a.a.O. hat diese Frage offengelassen.

Nur im Zweifel richtet sich die Wertigkeit nach Mietwert und Mietfläche der unterschiedlich genutzten Flächen

BGH a.a.O., OLG Schleswig a.a.O.

Läßt der Mietvertrag nicht erkennen, ob die Mieträume überwiegend zu gewerblichen oder zu Wohnzwecken genutzt werden, nutzt der Mieter die Räume aber überwiegend zum Wohnen, so ist dies vertragsgemäß 159

LG Berlin ZMR 1988, 464, ähnlich LG Essen WM 1990, 506: Der Mietvertrag unterliegt unabhängig von seiner Bezeichnung dem Kündigungsschutz, wenn er die konkrete Nutzung des Mietobjekts offen läßt und dieses sodann zu Wohnzwecken genutzt wird.

Auch LG Frankfurt WM 1992, 112 hält bei Vermietung von Wohn- und Geschäftsraum allein Wohnraummietrecht für anwendbar, wenn sich aus dem schriftlichen Mietvertrag nicht feststellen läßt, welche Nutzungsart überwiegt. Wird der Vertrag zum Schein als Gewerbemietvertrag abgeschlossen, so soll Wohnraummiete als verdecktes Rechtsgeschäft gelten.

Wird dem Mieter von gemischt genutzten Räumen gestattet, den Umfang der jeweiligen Nutzung selbst zu bestimmen, so steht nach Auffassung des BGH der gewerbliche Nutzungszweck im Vordergrund, selbst wenn die gewerblich genutzten Flächen geringer als die zu Wohnzwecken genutzten Flächen sind. Die Gewerbefläche sei nämlich die Stätte, ohne die der Mieter im allgemeinen seine Berufstätigkeit nicht ausüben und die Geldmittel erwerben könne, um seinen Lebensunterhalt zu bestreiten, zu dem auch die Miete für die Wohnung gehöre 160

BGH WM 1986, 274 = ZMR 1986, 278 f.,
KG GE 1995, 1205 für kleine Schuhmacherei mit angehängter Wohnung.

Diese Aussage darf allerdings nicht verallgemeinert werden, sondern ist fallbezogen zu werten. Anderenfalls ließe sich mit einer solchen Begründung ein Mischmietverhältnis stets als Gewerberaummiete qualifizieren. Jedenfalls dann, wenn das Schwergewicht der beruflichen Tätigkeit außerhalb der Mieträume liegt, wird Wohnraummiete angenommen werden können. Bezieht etwa ein Rechtsanwalt nur einen geringfügigen Teil seiner Einkünfte aus dem Betrieb seiner Anwaltskanzlei, welche in der teilgewerblich genutzten Wohnung betrieben wird, so liegt das Schwergewicht auf der Wohnraummiete

LG Berlin MM 1995, 63.

Die Klage auf Feststellung, daß das Mietverhältnis zwischen den Parteien als Wohnraum- und nicht als Gewerberaummietverhältnis zu qualifizieren ist, ist für zulässig gehalten worden

LG Berlin MM 1995, 228.

Weicht der Mieter von der vereinbarten Nutzungsart ab, so liegt darin eine Vertragswidrigkeit. Bloßes Dulden des Vermieters soll nicht ausreichen, um den Vertragszweck zu ändern. Hierfür soll nach KG GE 1995, 1205 eine ausdrückliche Vereinbarung nötig sein. Das erscheint nicht richtig; denn die Vereinbarung einer Nutzungsänderung ist für sich genommen formfrei und kann daher auch schlüssig getroffen werden.

Gilt Wohnraummietrecht und damit das MHG, so ergeben sich Schwierigkeiten für die Bestimmung der **ortsüblichen Miete,** 161

vgl. dazu Sternel Rdn. III 605a m.w.N.

Ist im Mietvertrag die Miete für den Wohn- und den Gewerbeteil getrennt ausgewiesen, so soll der Vermieter die Wahl haben, ob er ein einheitliches Mieterhöhungsverlangen unter den Voraussetzungen des § 2 MHG stellt oder es nur für die Wohnung stellt und die Erhöhung für den gewerblichen Teil an der ortsüblichen Gewerbemiete orientiert

AG und LG Wiesbaden WM 1991, 593, 594.

Ist ein einheitlicher Mietzins und daneben kein Gewerbezuschlag vereinbart, so ist bei Verwendung eines Mietspiegels im Rahmen eines Mieterhöhungsverfahrens nach § 2 MHG zugelassen worden, die übliche Miete für Wohnraum um einen Zuschlag bis zu 50% anteilig für die gewerblich genutzten Flächen analog § 26 Abs. 2 NMV zu erhöhen

LG Hamburg – 316 S 160/90 – Urt. v. 18.9.1990.

c) Garage

162 Wird dem Wohnungsmieter eine Garage mit vermietet, so wird in der Regel eine Einbeziehung in den Wohnraummietvertrag oder bei späterer Anmietung dessen Ergänzung gewollt sein, so daß von einem einheitlichen Mietverhältnis auszugehen ist

LG Köln ZMR 1992, 251.

Davon kann aber bei einem abweichenden und hinreichend deutlich gewordenen Parteiwillen – etwa bei Verwendung eines besonderen Vertragsformulars oder Belegenheit der Garage auf einem anderen Grundstück – nicht ausgegangen werden

OLG Karlsruhe – RE v. 30.3.1983 – NJW 1983, 1499,
BayObLG WM 1991, 78 = ZMR 1991, 174.

163 Gegen die Einheitlichkeit des Wohnraummietvertrages mit der gleichzeitig gemieteten Garage spricht, wenn nicht alle Wohnungsmieter auch Garagenmieter sind oder besondere Vertragsurkunden bestehen oder unterschiedliche Laufzeiten oder (auch formularmäßig) unterschiedliche Kündigungsbedingungen gelten

BayObLG WM 1991, 78,
LG Hamburg WM 1991, 672,
LG München I WM 1992, 15,
LG Köln ZMR 1993 S. X Nr. 12;
anders LG Stuttgart WM 1991, 589.

Andererseits soll bei späterem Hinzumieten der Garage die Einheitlichkeit mit dem Wohnraummietverhältnis nicht (schon) daran scheitern, daß ein selbständiger Formularvertrag abgeschlossen wird, sofern der Vermieter mit der Überlassung der Garage bzw. des Stellplatzes zugleich seine öffentlichrechtliche Pflicht, die Hausbewohner mit Abstellplätzen zu versorgen, erfüllt

LG Frankfurt WM 1991, 36.

164 Die Einheitlichkeit des Mietverhältnisses wird indes nicht dadurch aufgehoben, daß für die mitvermietete Garage im Vertrag ein besonderer Mietanteil ausgewiesen wird, wohl aber dadurch, daß der Mieter mit einem späteren Erwerber der Garage eine gesonderte Vereinbarung über die Miethöhe trifft

LG Baden-Baden WM 1991, 34, 35.

165 Liegt eine Vertragseinheit vor, so ist eine **Teilkündigung** etwa nur der Garage unzulässig, sofern nicht die Voraussetzungen des § 564b Abs. 2 Nr. 4 BGB gege-

ben sind (vgl. Rdn. A 22). Das gilt auch dann, wenn nach Vertragsschluß Wohnungseigentum und Teileigentum begründet werden und der Erwerber des Teileigentums das Mietverhältnis bezüglich der Garage kündigen will. Das Mietverhältnis wird nicht in mehrere Mietverhältnisse aufgespalten

BayObLG WM 1991, 78 = ZMR 1991, 174,
ebenso KG WM 1993, 423 bei Vermietung eines Kellerraums, der bei Umwandlung in Wohnungseigentum gemeinschaftliches Eigentum geworden ist: eine hierauf bezogene Teilkündigung ist unzulässig, LG Hamburg WM 1994, 539: auch bei Begründung eines Sondernutzungsrechts für den vermietenden Wohnungseigentümer,
AG Dorsten WM 1991, 35, AG Wuppertal WM 1992, 611

2. Rechte und Pflichten des Mieters

a) Umfang des Mietgebrauchs

Inhalt und Umfang des Mietgebrauchs werden durch die Verkehrsanschauung mitbestimmt 166

OLG Köln WM 1994, 272 = ZMR 1994, 111 für Mitvermietung eines Gartens zu einem vermieteten Einfamilienhaus.

Eine **Ausweitung des Gebrauchs** kommt auch durch langjährige widerspruchslose Nutzung in Betracht

OLG Düsseldorf DWW 1992, 82 für gastronomische Nutzung einer Außenfläche,
LG Hamburg WM 1988, 67 für über zwanzigjährige widerspruchslose Nutzung eines Gartens.

Auch kann sich der Mietgebrauch durch eine vom Vermieter über längere Zeit hingenommene abweichende Nutzung wandeln bis hin zur Grenze der Umwidmung

OLG Karlsruhe ZMR 1987, 419, 420.

Handelt es sich um ein **Wohnraummietverhältnis**, so ist prägend für den Mietgebrauch der Rechtsentscheid des 167

BayObLG v. 19.1.1981 – NJW 1981, 1275 :

„In diesem Rahmen umfaßt Wohnen alles, was zur Benutzung der gemieteten Räume als existenziellem Lebensmittelpunkt des Mieters und seiner Familie gehört, also die gesamte Lebensführung des Mieters in allen ihren Ausgestaltungen und mit allen ihren Bedürfnissen. Bei deren Verwirklichung kann sich der Mieter auch solcher Errungenschaften der Technik bedienen, die als wirtschaftliche Hilfsmittel aus dem gesamten Leben nicht mehr wegzudenken sind. Technische Neuerungen können folglich zu einer **Ausweitung** des vertragsgemäßen Gebrauchs führen, insbesondere dann, wenn sie für weite Schichten der Bevölkerung eine Selbstverständlichkeit geworden sind und zum allgemeinen Lebensstandard gehören."

Damit erfolgt zum einen eine Abgrenzung von **typischer Wohnungsnutzung** zur Sondernutzung. Die Unterscheidung ist erheblich, wenn der Mietgebrauch vertraglich von einer Erlaubnis des Vermieters abhängt. Handelt es sich um einen typischen Wohngebrauch, so hat der Vermieter nur ein gebundenes Ermessen, während ihm bei der Erlaubnis für eine **Sondernutzung** im Zweifel ein freies Ermessen eingeräumt wird

OLG Hamm – RE v. 13.1.1981 – NJW 1981, 1626 zur Tierhaltung, BayObLG a.a.O. für CB-Funkantenne.

168 Grenze ist aber auch hier der Ermessensmißbrauch. In diesem Zusammenhang gebieten es Treu und Glauben, daß der Vermieter nicht ohne triftigen Grund dem Mieter Einrichtungen versagt, die ihm das Leben in der Mietwohnung erheblich angenehmer gestalten können, durch die er als Vermieter nur unerheblich beeinträchtigt und durch die die Mietsache nicht verschlechtert wird (BayObLG a.a.O.). Ferner macht auch der Rechtsentscheid des BayObLG vom 19.1.1981 deutlich, daß der Mietgebrauch sich den jeweiligen sozialen, kulturellen und wirtschaftlichen Verhältnissen anpaßt.

169 Für die Entscheidung des Vermieters, die Erlaubnis zu erteilen oder zu versagen, können nach dem RE des BayObLG vom 19.1.1981 folgende Erwägungen maßgebend sein:

– Werden schutzwürdige Belange anderer Mieter oder Nachbarn berührt?
– Ist das Mietobjekt/Mietgebäude für den erweiterten Mietgebrauch geeignet?
– Wird durch die begehrte Maßnahme das äußere Erscheinungsbild des Mietgebäudes betroffen, insbesondere verunziert?
– Führt die Erteilung der Erlaubnis dazu, daß die Bewohner ungleich behandelt werden?
– Ist die vom Mieter begehrte Maßnahme öffentlich-rechtlich zulässig?
– Ist die handwerksgerechte Durchführung sichergestellt?
– Besteht eine ausreichende Haftpflichtversicherung des Mieters, die etwaige Schäden aus der Sondernutzung abdeckt?

170 Eine Formularklausel, nach der der Mieter für bestimmte Handlungen die **schriftliche Erlaubnis** des Vermieters einzuholen hat, ist gemäß § 9 AGBG für unwirksam gehalten worden, weil die für die Erlaubnis vorgesehene Schriftlichkeit den unrichtigen Eindruck vermittelt, der Mieter könne sich nicht auf eine nur mündlich erteilte Erlaubnis oder Abrede berufen. Damit verstößt die Klausel gegen das Transparenzgebot

BGH – Urt. v. 15.5.1991 – DWW 1991, 212 = NJW 1991, 1750 = WM 1991, 381 für Erlaubnis zur Untervermietung,
ebenso LG Mannheim WM 1992, 470 für Anbringen einer Antenne, LG Mannheim ZMR 1992, 545 für Tierhaltung.

Sachgerechter erscheint, die Formularklausel als teilbar anzusehen, so daß zwar die Schriftlichkeit entfällt, jedoch der Erlaubnisvorbehalt als solcher bestehen bleibt,

so auch OLG Frankfurt WM 1992, 56, 62.

171 Sind nach Auffassung des BGH Formularkauseln, die schriftliche Erlaubnisvorbehalte vorsehen, unwirksam, so gilt folgendes:

Engte der Erlaubnisvorbehalt den typischen Mietgebrauch ein (z.B. Aufnahme von Besuch), so braucht der Mieter die Erlaubnis nicht mehr einzuholen. Erweiterte der Erlaubnisvorbehalt den Mietgebrauch um eine Sondernutzung, so muß der Mieter die Erlaubnis des Vermieters auch ohne Erlaubnisvorbehalt einholen; anderenfalls wäre die Sondernutzung angemaßt und damit vertragswidrig. Problematisch und umstritten wird im Einzelfall sein, ob eine bestimmte Nutzung zum typischen Mietgebrauch zählt oder nicht. So hat z.B. das BVerfG es als verfassungswidrig gewertet, den Anspruchs des Mieters, eine Parabolantenne zu installieren, als Sondernutzung zu qualifizieren

BVerfG – Beschl. v. 9.2.1994 – DWW 1994, 148 = WM 1994, 251 = MDR 1994, 547 (Schmittmann).

Ist für eine bestimmte Gebrauchsmöglichkeit die Erlaubnis des Vermieters erforderlich, so handelt der Mieter, der diese nicht eingeholt hat, auch dann vertragswidrig, wenn er einen Anspruch auf ihre Erteilung hat; jedoch kann der Vermieter rechtsmißbräuchlich handeln, wenn er deswegen fristlos kündigt

BayObLG – RE v. 26.10.1990 – WM 1991, 18 = ZMR 1991, 64 für Drittüberlassung; strenger für ordentliche Kündigung: BayObLG – RE v. 26.4.1995 – MDR 1995, 689 = WM 1995, 378.

b) Einzelne Gebrauchsrechte

Vgl. dazu eingehend Gather DWW 1993, 345 PiG 46 (1995), 61 f. 172

aa) Bauliche Veränderungen

Bauliche Veränderungen und Einbauten darf der Mieter nicht ohne ausdrückliche Erlaubnis des Vermieters durchführen. Dieser Grundsatz ist aber durchbrochen. Als vertragsgemäß ist gewertet worden: Das Aufstellen von Leichtbauwänden und das Verkleben von Fußbodenplatten ohne Substanzbeeinträchtigung der Mietsache (LG Essen WM 1987, 257), Anbringen einer Holzvertäfelung (LG Osnabrück WM 1986, 231), dagegen nicht von Styroporplatten (LG Braunschweig NJW 1986, 322, AG und LG Bad Kreuznach WM 1990, 292), Einbau einer Gasetagenheizung (LG Berlin GE 1995, 109, AG Lübeck DWW 1988, 143, anders AG Wuppertal DWW 1980, 30 für Ersatz einer Ofenheizung durch Gasheizung), Einbau einer Einbauküche (LG Konstanz WM 1989, 67), Aufstellen einer transportablen Duschkabine (LG Berlin WM 1990, 421), aber nicht Einbau eines Duschbades (LG Berlin GE 1995, 429), auch nicht Umbau eines vom Vermieter vor 7 Jahren installierten Bades aus geschmacklichen Gründen (LG Hamburg HmbGE 1992, 51), jedoch Neuverfliesung eines Bades (AG Schöneberg GE 1995, 703), Anbringen einer Wäschetrockenvorrichtung auf dem Hinterhofbalkon (LG Nürnberg-Fürth WM 1990, 199) oder eine Außenjalousie vor Tür und Fenster hinter einer Loggia (LG Hamburg HmbGE 1995, 291), nicht aber einer Balkonverkleidung (LG Hamburg HmbGE 1990, 185), anders für die Installations eines Plexiglasvordachs am Balkon, wenn der Vermieter das Anbringen von Markisen gestattet hatte (LG Nürnberg-Fürth WM 1990, 422).

Soweit der Vermieter verpflichtet ist, einer Mietermodernisierung zuzustimmen, ist er berechtigt, die Zustimmung von der Leistung einer Kaution zur Absicherung der Rückbaukosten zu verlangen,

LG Berlin GE 1994, 112, a.A. LG Hamburg HmbGE 1995, 291.

Das kann aber nur gelten, wenn und soweit der nach § 550b Abs. 1 BGB zulässige Kautionsrahmen noch nicht ausgefüllt ist.

Gestattet ist auch das **Dübeln** in angemessenem Umfang, insbesondere um notwendige Installationen zu befestigen (LG Darmstadt NJW-RR 1988, 80, LG Aurich DWW 1989, 223, 225, LG Göttingen WM 1990, 199). 173

Eine Formularklausel, nach der der Mieter verpflichtet ist, bei Beendigung des Mietverhältnisses Dübeleinsätze zu entfernen, Löcher ordnungsmäßig und unkenntlich zu verschließen sowie etwa durchbohrte Kacheln durch gleichartige zu ersetzen, ist für unwirksam angesehen worden, weil damit die Beseitigungspflicht auch auf die Fälle erstreckt werden würde, in denen das Anbringen von Dübeln und Bohren von Löchern zum vertragsgemäßen Gebrauch unerläßlich ist
> BGH – Urt. v. 20.1.1993 – DWW 1993, 109 = WM 1993, 109.

Damit hat der BGH derartige Maßnahmen im notwendigen Umfang als vertragsgemäß anerkannt.

174 Aktuell erscheint immer noch die Entscheidung des LG Hamburg WM 1974, 145, 146 Sp. 1, da sie die Kriterien für die Grenzen des Mietgebrauchs herausarbeitet, nämlich ob

> ein Eingriff in die bauliche Substanz erfolgt,
> eine endgültige Veränderung vorgenommen wird,
> die Einheitlichkeit der Wohnanlage beeinträchtigt wird,
> Mitbewohner gestört werden und
> nachteilige Folgewirkungen zu befürchten sind.

175 Auch wenn der Mieter mit Erlaubnis des Vermieters **Modernisierungen** vorgenommen hat, ist damit ein Duldungsanspruch des Vermieters, der selbst modernisieren will, nicht ausgeschlossen. Ob nämlich eine Modernisierung vorliegt, beurteilt sich aus einem Vergleich zwischen dem vom Vermieter bisher geschuldeten Zustand und der von ihm angestrebten Maßnahme; die Modernisierung des Mieters ist im Rahmen der Zumutbarkeit nach den sog. Abwohngrundsätzen zu berücksichtigen

> LG Hamburg MDR 1983, 1026 = ZMR 1984, 60,
> vgl. auch Sternel Rdn. II 309.

Aus einer Modernisierungsmaßnahme des Mieters kann der Vermieter grundsätzlich keine Mieterhöhung ableiten; „Abwohngrundsätze" kommen hier nicht zum Tragen

> BayObLG – RE v. 24.6.1981 – NJW 1981, 2259,
> ebenso BGH MDR 1992, 581 für die Bemessung von Gebrauchsvorteilen eines Grundstücks anhand des objektiven Mietwerts, wenn die werterhöhenden Investitionen vom Schuldner herrühren.

176 Der Vermieter kann verlangen, daß der Mieter nicht genehmigte Installationen oder Einbauten entfernt (§ 550 BGB), es sei denn, daß der Mieter einen Anspruch auf Erteilung der Erlaubnis oder Duldung hat. Zutreffend wird angenommen, daß der Vermieter die Entfernung während der Mietzeit nur verlangen kann, wenn er hieran ein besonderes Interesse hat

> LG Berlin GE 1994, 53.

Es wird insbesondere bei der Besorgnis vor Schäden am Mietobjekt, Störungen der Mitbewohner, optischen Beeinträchtigungen des Gebäudes u.ä. zu bejahen sein.

177 Bei Beendigung des Mietverhältnisses muß der Mieter seine **Einbauten** grundsätzlich **entfernen**, es sei denn, dieser Anspruch ist – auch schlüssig – abbedungen,

vgl. dazu OLG Düsseldorf DWW 1990, 119 = ZMR 1990, 218, OLG Hamburg ZMR 1990, 341 für vom Vormieter übernommene Einrichtungen; anders aber, wenn der Mieter Verpflichtet war, die Räume erst in den vertragsgemäßen Zustand zu versetzen; zur Unwirksamkeit einer Formularklausel, nach der der Mieter bei Vertragsende verpflichtet ist, Dübel zu entfernen, Löcher zu verschließen und angebohrte Fliesen zu ersetzen s. BGH DWW 1993, 74 = WM 1993, 109.
vgl. auch Rdn. 128, 173, 1287 f.

Die vertragliche **Rückbaupflicht** ist jedenfalls dann, wenn erhebliche Kosten zur Wiederherstellung des früheren Zustandes aufgewendet werden müssen (im entschiedenen Fall ca. DM 8.000,-) als Hauptleistung zu werten 178

BGH NJW 1988, 1778, WM 1989, 376,
OLG Hamburg WM 1992, 70.

Das hat praktische Folgen insofern, als ein Schadensersatzanspruch wegen Verletzung dieser Pflicht den strengen Voraussetzungen des § 326 BGB unterliegt.

bb) Radio und Fernsehen

Vgl. dazu ausführlich Pfeifer, Rechtsfragen des Kabelfernsehanschlusses, Neue Wirtschaftsbriefe Nr. 25 vom 15.6.1992 Fach 28 S. 648. 179

Die Befugnis des Mieters, eine Radio- oder Fernsehempfangsanlage zu installieren, ist maßgeblich durch die Rechtsprechung des BVerfG und die einschlägigen Rechtsentscheide der Oberlandesgerichte geprägt worden. Die in Einzelfragen kontroverse Rechtsprechung der Instanzgerichte hat demgegenüber an Bedeutung verloren.

Allgemein anerkannt ist, daß der Mieter einen Anspruch darauf hat, eine **Einzelantenne** (Hochantenne) außerhalb der Miträume anzubringen, solange keine ausreichende Gemeinschaftsantenne vorhanden ist

BayObLG – RE v. 19.1.1981 – NJW 1981, 1275 = WM 1981, 80.

Auch soll der Mieter zur **Verkabelung** auf eigene Kosten dann berechtigt sein, wenn damit nur geringfügige Eingriffe in die Bausubstanz erforderlich sind (LG Berlin DWW 1990, 206). Das Gleiche ist für eine Erweiterung der Gemeinschaftsantenne angenommen worden (LG Hamburg WM 1990, 422). Weitergehend ist der Vermieter für verpflichtet angesehen worden, durch geeignete Maßnahmen sicherzustellen, daß der Mieter die von den Sendeanstalten ausgestrahlten Informationen erlangen kann (AG Andernach WM 1990, 492). 180

Ein Anspruch des Mieters auf Zustimmung des Vermieters zur Heranführung des Breitbandkabelnetzes vom schon vorhandenen Hausanschluß zur Mietwohnung ist unter folgenden Voraussetzungen bejaht worden: 181

(1) Der Mieter übernimmt sämtliche Kosten.

(2) Der Mieter hält den Vermieter von ihn möglicherweise treffenden Kosten und Forderungen Dritter frei.

(3) Die zur Installation erforderlichen Maßnahmen führen zu keinem erheblichen Eingriff in die Bausubstanz.

(4) Der Mieter leistet auf Verlangen des Vermieters für die nach (1) und (2) übernommenen Pflichten eine Sicherheit. (Hier wird aber die Kappungsgrenze des § 550b Abs. 1 BGB zu beachten sein.)

(5) Es liegen keine das Informationsinteresse des Mieters übersteigenden Interessen des Vermieters vor

LG Heilbronn ZMR 1991, 388, 390.

182 Ist eine **Gemeinschaftsanlage** vorhanden, so hat der Mieter einen Anspruch auf Erlaubnis, die *Antennenanlage* zu *erweitern*. Ihm kann nicht entgegengehalten werden, daß er mittels der vorhandenen Anlage die ortsüblichen Programme empfangen könne. Das widerspräche dem Grundrecht der Informationsfreiheit, sich aus allgemein zugänglichen Quellen zu unterrichten. Eine Informationsquelle ist allgemein zugänglich, wenn sie technisch geeignet und bestimmt ist, einem individuell nicht eingegrenzten Personenkreis – der Allgemeinheit – Informationen zu vermitteln. Daran ändert nichts, daß diese u.U. nur mit überdurchschnittlichem Aufwand empfangen werden können. Das Recht des Mieters ist aber nicht schrankenlos: sofern eine Gemeinschaftsanlage vorhanden ist, benötigt der Mieter die Zustimmung des Vermieters. Diesem steht bei ihrer Erteilung ein Ermessen nach den Kriterien des RE des BayObLG vom 19.1.1981 (MDR 1981, 583 = NJW 1981, 1275 = WM 1981, 80) zu

BVerfG – Beschl. v. 15.10.1991 – WM 1991, 573 = ZMR 1992, 15.

183 Dieser Beschluß ist auch maßgeblich für die Bewertung, ob der Mieter berechtigt ist, eine **Parabolantenne** zu installieren. Er hat eine Änderung der zu dieser Frage eher restriktiven Rechtsprechung geführt (vgl. die Nachweise in der Vorauflage Rdn. 92).

Nach

OLG Frankfurt – RE v. 22.7.1992 – MDR 1992, 869 = WM 1992, 458

kann der Mieter von Wohnraum grundsätzlich vom vermietenden Hauseigentümer, der nicht in demselben Haus wohnt, verlangen, daß er die baurechtlich zulässige, von einem Fachmann ausgeführte Installation einer möglichst unauffälligen, technisch geeigneten Parabolantenne an einem für den Empfang der Satellitenprogramme tauglichen Ort gestattet, an dem sie optisch am wenigsten stört, sofern

– das Haus weder eine Gemeinschaftsparabolantenne noch einen Breitbandkabelanschluß hat und ungewiß ist, ob ein solcher Anschluß verlegt werden wird, und

– der Mieter den Vermieter von allen dabei anfallenden Kosten und Gebühren freistellt.

184 Nach Auffassung des OLG Frankfurt besteht ein Übergewicht zugunsten der Informationsfreiheit des Mieters, dem gegenüber das Eigentumsrecht des Vermieters grundsätzlich zurücktreten muß. Dieser benötigt vielmehr sachbezogene Gründe, um die Erlaubnis zu versagen. Sie orientieren sich an den im Rechtsentscheid des BayObLG vom 19.1.1981 (WM 1981, 80) aufgezählten Kriterien (vgl. Rdn. 169). Der möglichen optischen Beeinträchtigung des Gebäudes soll nur untergeordnete Bedeutung zukommen. Zum einen ist der Vermieter berechtigt, den – für den Empfang allerdings auch geeigneten – Ort zu bestimmen, an dem die Parabolantenne installiert wird und am wenigsten stört. Zum anderen soll eine Beeinträchtigung des Vermieters weitgehend ausscheiden, wenn dieser – wie ein Wohnungsunternehmen – keinen direkten Kontakt zu der Wohnung des

Mieters hat. Der Gefahr eines „Antennenwaldes" könne der Vermieter dadurch begegnen, daß er einen Breitbandkabelanschluß herstellen lasse. Sofern es sich um eine vermietete Eigentumswohnung handelt, muß der Vermieter einen Anspruch gegen die übrigen Wohnungseigentümer auf Zustimmung zum Anbringen einer Parabolantenne haben (der von der bisherigen Rechtsprechung allerdings überwiegend versagt wird, vgl. OLG Hamm MDR 1993, 233, anders bei ausländischem Wohnungseigentümer: OLG Düsseldorf MDR 1993, 233, einschränkend aber für deutschen Staatsangehörigen ausländischer Volkszugehörigkeit: BayObLG MDR 1995, 467).

Diese Rechtsprechung läuft darauf hinaus, daß ein Anspruch des Mieters, eine Parabolantenne zu installieren, in der Regel jedenfalls dann nicht besteht, wenn das Mietgebäude über einen Breitbandkabelanschluß verfügt oder der Vermieter einen solchen in absehbarer Zeit verlegen wird, 185

vgl. OLG Naumburg DWW 1994, 22.

Das ist verfassungsrechtlich nicht zu beanstanden

BVerfG – Beschl. v. 10.3.1993 – MDR 1993, 533 = WM 1993, 229 = ZMR 1993, 259,
BVerfG – Beschl. v. 16.4.1993 – WM 1993, 231

und gilt auch für das Wohnungseigentumsrecht

BVerfG – Beschl. v. 13.3.1995 – DWW 1995, 186 = ZMR 1995, 241.

Eine wichtige Ausnahme besteht für **ausländische Mieter**, wenn über den Breitbandkabelanschluß keine Programme aus dem Heimatland dieser Mieter angeboten werden. In diesem Fall kann ein ausländischer Mieter in der Regel vom Vermieter verlangen, daß er die baurechtlich zulässige, von einem Fachmann ausgeführte Installation einer möglichst unauffälligen, technisch geeigneten Parabolantenne an einem für den Empfang von Satellitenprogrammen aus seinem Heimatland tauglichen Ort gestattet, an dem sie nach Einschätzung des Vermieters am wenigsten stört, sofern 186

– mit der Anbringung kein erheblicher Eingriff in die Bausubstanz verbunden ist,
– der Mieter den Vermieter von allen anfallenden Kosten und Gebühren freistellt,
– der Mieter das Haftungsrisiko des Vermieters abdeckt und ihm auf dessen Verlangen Sicherheit leistet für die voraussichtlichen Kosten der Wiederentfernung der Anlage

OLG Karlsruhe – RE. v. 24.8.1993 – DWW 1993, 294 = WM 1993, 525 = ZMR 1993, 511.

Im Anschluß an diesen Rechtsentscheid erledigten sich die Vorlageverfahren in ähnlich gelagerten Fällen

OLG Hamburg WM 1993, 527: spanischer Mieter,
OLG Stuttgart – 8 REMiet 1/93 – Beschl. v. 8.9.1993: türkischer Mieter,
OLG Hamm DWW 1993, 331: jordanischer Mieter.

Die Ausnahme zugunsten ausländischer Mieter kommt allerdings nicht zum Tragen, wenn ein deutscher Mieter fremder (z.B. arabischer) Herkunft eine Parabolantenne installieren will, um seine Kinder nach den Wertvorstellungen seines Heimatlandes zu erziehen

LG Berlin DWW 1995, 115, ähnlich BayObLG MDR 1995, 467 für Wohnungseigentümer, der im Ausland geboren ist und die deutsche Staatsangehörigkeit angenommen hat.

187 Umstritten war bislang, ob dem Informationsbedürfnis des ausländischen Mieters dann hinreichend Rechnung getragen wird, wenn auch nur ein Programm des Heimatlandes in das Breitbandkabelnetz eingespeist wird. Auch wurde geltend gemacht, daß ein Verstoß gegen den **Gleichheitssatz** vorliege, wenn einem ausländischen Mieter die Installation einer Parabolantenne erlaubt, dem deutschen Mieter aber versagt werde; dadurch werde zudem der **Hausfrieden** gestört,

> LG Aachen MDR 1993, 234: der Mieter könne sich türkische Zeitungen kaufen, LG Dortmund WM 1993, 37, LG Frankfurt WM 1993, 668, LG Kaiserslautern DWW 1993, 201, LG Arnsberg MDR 1994, 577, LG Braunschweig DWW 1994, 22, LG Kleve NJW-RR 1994, 23, LG Köln DWW 1994, 23,
> a.A. LG Krefeld DWW 1993, 141, AG Bremen WM 1994, 381.

188 Dieser Praxis ist das BVerfG entgegengetreten. In Fortführung seiner bisherigen Rechtsprechung hat es ausgeführt, daß zu den allgemein zugänglichen Informationsquellen auch ausländische Rundfunk- und Fernsehprogramme gehören. Soweit der Empfang von technischen Anlagen abhängt, die eine allgemein zugängliche Informationsquelle erst erschließen, erstreckt sich der Grundrechtsschutz auch auf die Beschaffung und Benutzung solcher Anlagen. **Verfassungswidrig** ist bereits, den Anspruch des Mieters auf Erlaubnis, eine Parabolantenne zu installieren, als Sondernutzung zu qualifizieren. Das BVerfG hält daran fest, daß es verfassungsrechtlich nicht zu beanstanden ist, im Regelfall einen Anspruch des Mieters auf Zustimmung des Vermieters zur Errichtung einer Parabolantenne zu verneinen, wenn dieser einen Kabelanschluß bereithält. Das Interesse ständig in Deutschland lebender Ausländer am Empfang von Heimatprogrammen ist aber bei der gebotenen Interessenabwägung zu berücksichtigen. Ein Verstoß gegen den Gleichheitsgrundsatz liegt nicht vor, wenn dem ausländischen Mieter die Erlaubnis erteilt wird, dem deutschen Mieter aber nicht. Der ausländische Mieter darf nicht auf andere Informationsmöglichkeiten wie Hörfunk, Zeitungen, aber auch nicht auf die ohne Parabolantenne empfangbaren Fernsehprogramme verwiesen werden, etwa auf die Empfangbarkeit *eines* türkischen Fernsehprogramms über das Kabelnetz

> BVerfG – Beschl. v. 9.2.1994 – DWW 1994, 148 = MDR 1994, 547 (Schmittmann) = WM 1994, 251,
> BVerfG – Beschl. v. 9.6.1994 – NJW 1994, 2143.

189 Das Argument des Vermieters, er müsse bei Erteilung der Erlaubnis seinen anderen Mietern erläutern, warum er nur den türkischen Mietern eine Erlaubnis erteile, was den Hausfrieden gefährde, hat das BVerfG nicht gelten lassen

> BVerfG – Beschl. v. 30.6.1994 – NJW-RR 1994, 1232.

190 In die gebotene Abwägung von Vermieter- und Mieterinteressen ist aber auch einzubeziehen,
- daß zahlreiche Mieter einer Wirtschaftseinheit aufgrund ihrer jeweiligen besonderen Umstände ein berechtigtes Interesse an der Installation einer eigenen Parabolantenne haben und dieses Interesse sich nicht durch eine Gemeinschaftsanlage befriedigen läßt,
- in welchem Umfang der Mieter bereits Programme seines Heimatlandes ohne Parabolantenne empfangen kann

> BVerfG – Beschl. v. 9.2.1994 – WM 1994, 251,

– daß der Vermieter berechtigt ist, seine Zustimmung von der Bedingung abhängig zu machen, daß der Mieter die Vorgaben des Baurechts und des Denkmalschutzes beachtet
    BVerfG – Beschl. v. 21.6.1994 – NJW-RR 1994, 1232.

In letzterem Fall muß allerdings geprüft werden, ob denkmalschutzrechtliche Beschränkungen überhaupt bestehen und der Vermieter deren Beachtung dem Mieter aufgegeben hat
    BVerfG a.a.O.

Die Formularklausel 191
    „Das Gebäude, in welchem sich die Wohnung befindet, ist mit einer Gemeinschaftsantenne für Rundfunk und Fernsehen ausgerüstet. Der Mieter darf keine eigene, außen sichtbare Antenne anbringen"

ist für wirksam gehalten worden, weil sie dem normalen Informationsinteresse deutschsprachiger Mieter gerecht werde. Dem Informationsinteresse des ausländischen Mieters werde dadurch entsprochen, daß über das Kabelnetz *eine* Fernsehsendung in türkischer Sprache empfangbar sei
    LG Kempten DWW 1993, 366.

Diese Entscheidung ist allerdings überholt, da sie der neuen Rechtsprechung des BVerfG nicht Rechnung trägt. Da die Klausel nicht zwischen deutschen und ausländischen Mietern unterscheidet und daher nicht trennbar ist, ist sie insgesamt unwirksam.

Andererseits wird nach wie vor ein Anspruch des Mieters auf Umrüstung auf 192 **Kabelfernsehen** durch den Vermieter verneint (AG Göttingen DWW 1989, 231, AG Hamburg WM 1989, 557, WM 1990, 70), ebenso auf Umrüstung einer Gemeinschaftsantenne zum Empfang neuer Sender (AG Düsseldorf WM 1990, 423).

Nach herrschender Ansicht ist der Vermieter berechtigt, eine Verkabelung 193 durchzuführen, da es sich hierbei um eine **Modernisierungsmaßnahme** handelt (so auch BGH WM 1991, 381 = ZMR 1991, 290); jedoch darf er die Empfangsqualität (auch im Mittelwellenbereich) nicht verschlechtern
    KG – RE v. 27.6.1985 – NJW 1985, 2031 zum Umfang der Duldungspflicht.

War der Mieter an sich berechtigt, eine Parabolantenne zu installieren, hat er 194 aber die dafür erforderliche Erlaubnis des Vermieters nicht eingeholt, so kann dieser verlangen, daß der Mieter die an der Fassade angebrachte Antenne auf das Dach – die Eignung vorausgesetzt – auf eigene Kosten umsetzt; ein Aufwand von ca. DM 3.000,– wäre diesem zuzumuten
    LG Wiesbaden DWW 1995, 53.

Fraglich ist, ob der Vermieter nach erfolgter Verkabelung verlangen kann, daß der 195 Mieter eine zuvor angebrachte Parabolantenne entfernt,
    so LG Gera WM 1994, 523, AG Arnsberg DWW 1995, 317 für ausländischen Mieter, der nach der Verkabelung 2 Heimatsender empfangen kann.

Das wird jedenfalls dann zu bejahen sein, wenn der Mieter die Erlaubnis des Vermieters nicht eingeholt hat; denn zu dessen Gunsten kann unterstellt werden, daß er einen entsprechenden Enfernungsvorbehalt gemacht hätte.

cc) Nutzung von Gemeinschaftsflächen und -gärten

196 Der Vermieter ist nicht berechtigt, den Mietern die Benutzung der Waschküche oder des Trockenbodens zu entziehen, da der Mieter an diesen Räumen zum Mitbesitz berechtigt ist

LG Köln ZMR 1994 S. I Nr. 2, LG Hamburg WM 1995, 533, AG Wuppertal DWW 1992, 28.

Dabei soll es nicht darauf ankommen, daß der Mieter die Räume bzw. Flächen jahrelang nicht genutzt hat (LG Köln a.a.O.). In Betracht kommt allerdings auch eine Teilkündigung nach § 564b Abs. 2 Nr. 4 BGB (s. dazu Rdn. A 22 f.).

Ist dagegen kein bestimmter Wasch- oder Trockenraum nach dem Mietvertrag zur Nutzung überlassen, so kann der Vermieter einen anderen Raum für diese Zwecke bestimmen und zur Verfügung stellen, vorausgesetzt, daß dieser vergleichbare Ausstattungsmerkmale aufweist und für die vorgesehene Nutzung geeignet ist,

LG Köln ZMR 1994 S. I Nr. 4, a.A. LG Hamburg WM 1995, 533 bei Überlassung zur Mitbenutzung aufgrund des Mietvertrages.

197 Hat der Vermieter jahrelang geduldet, daß der Mieter einen Teil der **Hoffläche** als Stellplatz nutzt, so kann er ihm den Platz nicht entziehen und gegen Zahlung einer Miete wieder zur Nutzung anbieten

AG Gießen WM 1994, 198;
anders AG Neubrandenburg WM 1994, 262.

198 Wertet man die Überlassung der Stellfläche als Leihe, so wird der Mieter in der Regel damit rechnen können, daß ihm die unentgeltliche Nutzungsmöglichkeit bis zur Beendigung des Mietverhältnisses über die Mieträume erhalten bleibt. Der Vermieter benötigt für die Rückgabe vor diesem Zeitpunkt einen Kündigungsgrund nach § 605 BGB

LG Berlin ZMR 1992 S. XV Nr. 19.

199 Ist der Mieter darauf angewiesen, das Treppenhaus oder den **Hausflur** zum Abstellen eines Kinderwagens zu benutzen, so hat er einen entsprechenden Anspruch. Das gilt aber nur für den Kinderwagen für eigene Kinder, nicht für solche fremder Kinder, die er als Tagesmutter beaufsichtigt

LG Hamburg WM 1992, 188,
vgl. auch AG Neuß DWW 1992, 179: die Vereinbarung, nach der Kinderwagen nur vorübergehend abgestellt werden dürfen, steht der Befugnis einer auf einen Stellplatz angewiesenen Mieterin nicht entgegen, den Kinderwagen auch andauernd abzustellen.

200 Das Abstellen von Kinderwagen im Hausflur oder auf ähnlichen Gemeinschaftsflächen kann formularmäßig nicht generell ausgeschlossen werden; eine entsprechende Verbotsklausel soll nur dann eingreifen, wenn für den Mieter eine zumutbare anderweitige Abstellmöglichkeit besteht

LG Bielefeld WM 1993, 37.

Entgegen der Regelung in einer Hausordnung, die die Benutzung des Fahrradraums regelt, kann der Mieter berechtigt sein, ein besonders wertvolles Rad in dem zur Wohnung gehörenden Keller abzustellen

AG Münster WM 1994, 198.

Der formularmäßige **Haftungsausschluß** des Vermieters von Stellplätzen für 201
Sach- und Personenschäden ohne Rücksicht auf die Schadensursache ist als
unwirksam angesehen worden; der Vermieter muß vielmehr Vorkehrungen treffen, um Beschädigungen eines Kfz des Mieters durch die automatische Steuerung
der Schrankenanlage auszuschließen

AG Köln WM 1992, 362.

Nach LG Aachen DWW 1991, 22 wird ein **Garten** – außer bei Vermietung von 202
Einfamilienhäusern – nur bei ausrücklicher Vereinbarung mitvermietet; liegt nur
eine Gestattung der Mitbenutzung vor, so soll diese frei widerruflich sein. Bei
Vermietung eines Einfamilienhauses wird hingegen davon auszugehen sein, daß
der gesamte Garten mitvermietet ist, der sich auf dem Grundstück befindet

OLG Köln WM 1994, 272 = ZMR 1994, 111,
ebenso für Balkon- und Terrassennutzung: AG Eschweiler WM 1994, 427.

Ist der Garten mitvermietet, so ist der Mieter auch zu geringfügigen Umgestal- 203
tungen berechtigt, soweit bei Mietende der alte Zustand wieder hergestellt werden kann

AG Dortmund WM 1991, 219.

Das ist etwa für die Anlage eines Teichs (LG Lübeck WM 1993, 669) oder eines
Spielplatzes (AG Bonn WM 1994, 20) unter der Voraussetzung bejaht worden, daß
die Anlagen fachgerecht errichtet werden und bei Vertragsende beseitigt werden
können. Das gleiche gilt für die Anpflanzung von Rankpflanzen, solange eine
Gefährdung der Bausubstanz nicht gegeben ist (AG Köln WM 1993, 604, AG
Bonn WM 1993, 735).
Nach AG Leverkusen WM 1994, 199 umfaßt die Gartennutzung bei Vermietung
eines Einfamilienhauses mangels abweichender Vereinbarung auch, das im Garten wachsende Obst zu ernten, wenn der Mieter auch zur Gartenpflege verpflichtet ist.
Die vom Mieter übernommene Gartenpflege umfaßt nur die einfache Pflegetätigkeit wie Rasenmähen u.ä.

LG Siegen WM 1991, 85.

dd) Drittüberlassung und Untermiete

Der Mieter benötigt zur **Untervermietung** grundsätzlich die Erlaubnis des Ver- 204
mieters nach § 549 Abs. 1 BGB. Enthält der gewerbliche Mietvertrag keine Abrede über die Berechtigung des Mieters zur Untervermietung, so macht sich der
Vermieter regelmäßig nicht wegen positiver Vertragsverletzung schadensersatzpflichtig, wenn er – selbst grundlos – einen vom Mieter präsentierten Untermieter ablehnt. Dies löst allenfalls die Berechtigung des Mieters zur Kündigung des
Mietverhältnisses unter Einhaltung der gesetzlichen Frist aus (§ 549 Abs. 1 S. 2
BGB, zur Abdingbarkeit s. Rdn. 206)

OLG Düsseldorf WM 1993, 399.

Hat sich der Vermieter von Gewerberäumen die Erlaubnis zur Untervermietung
vorbehalten, so kann er ausnahmsweise zu deren Erteilung verpflichtet sein

OLG Hamburg WM 1993, 737 bei Vermietung zum Betrieb einer psychotherapeutischen
Praxis und Aufnahme eines weiteren Therapeuten.

205 Eine Formularklausel, nach der der Mieter einer Wohnung ohne ausdrückliche schriftliche Erlaubnis des Vermieters weder zur Untervermietung noch zu einer sonstigen Gebrauchsüberlassung berechtigt ist, verstößt wegen der Schriftlichkeit gegen das Transparenzgebot und damit gegen § 9 AGBG
BGH DWW 1991, 212 = WM 1991, 381 = ZMR 1991, 290.

Sachgerechter erscheint allerdings, von einer Trennbarkeit der Klausel auszugehen, so daß nur die Schriftlichkeit zu beanstanden wäre (s. auch Rdn. 108, 170).

Eine Formularklausel in einem Mietvertrag über Gewerberaum, nach der der Vermieter die Erlaubnis zur Untervermietung jederzeit widerrufen kann, ist unwirksam
BGH ZMR 1987, 295.

206 Wird die Erlaubnis zur Untervermietung vom Vermieter generell von vornherein verweigert, so wird damit das Recht des Mieters zur **außerordentlichen Kündigung** (auch ohne Benennung eines konkreten Untermietinteressenten) nicht ausgeschlossen
LG Köln WM 1994, 468.

Das Schweigen des Vermieters auf die unter Fristsetzung ausgesprochene Bitte des Mieters, die Untervermietung zu gestatten, ist als Verweigerung der Erlaubnis gewertet worden, so daß dem Mieter die Kündigungsbefugnis nach § 549 Abs. 1 S. 2 BGB zugebilligt worden ist
LG Nürnberg-Fürth WM 1995, 587.

Hat der Mieter einen vertraglichen Anspruch auf Gestattung der Untervermietung, so ist er im Falle der unberechtigten Versagung befugt, nicht nur nach § 549 Abs. 1 S. 2 BGB, sondern auch gemäß § 542 BGB fristlos nach Abmahnung zu kündigen
OLG Düsseldorf WM 1995, 585.

Nach herrschender Meinung ist der formularmäßige Ausschluß des Sonderkündigungsrechts des Mieters bei Versagung der Untermieterlaubnis nach § 549 Abs. 1 S. 2 BGB jedenfalls bei der Wohnraummiete unzulässig
vgl. LG Ellwangen WM 1982, 297, ausführlich LG Hamburg ZMR 1992, 452;

das gilt auch für die Vermietung von Gewerberaum, wenn eine Untervermietung nicht vertraglich ausgeschlossen ist, aber der Vermieter die erforderliche Erlaubnis nach Belieben verweigern kann,
BGH WM 1995, 481 = ZMR 1995, 387
gegen OLG Düsseldorf WM 1994, 467,
anders BGH BB 1990, 1796 für Finanzierungsleasing wegen des Eigengepräges dieses Vertragstyps.

207 Ist für die **Drittüberlassung** die Erlaubnis des Vermieters erforderlich, so handelt der Mieter, der die Erlaubnis nicht eingeholt hat, auch dann vertragswidrig, wenn er einen Anspruch auf Erteilung der Erlaubnis hat; jedoch kann der Vermieter rechtsmißbräuchlich handeln, wenn er deswegen kündigt
BayObLG – RE v. 26.10.1990 – WM 1991, 18 = ZMR 1991, 64,
dagegen BayObLG – RE v. 26.4.1995 – MDR 1995, 689 = WM 1995, 378 für ordentliche Kündigung nach § 564b Abs. 2 Nr. 1 BGB; das Bestehen eines Anspruchs auf Erteilung

der Untermieterlaubnis kann aber u.U. der Erheblichkeit der Pflichtverletzung sowie einem Verschulden des Mieters entgegenstehen.

Duldet der Vermieter die Untervermietung rügelos über eineinhalb Jahre, so ist hieraus die schlüssige Zustimmung gefolgert worden

LG Frankfurt DWW 1992, 84

Die Befugnis des Mieters, dritte Personen in die Wohnung aufzunehmen, ist durch 208

OLG Hamm – RE v. 17.8.1982 – WM 1982, 318 = ZMR 1983, 28

eingeschränkt, indem dieses Recht grundsätzlich unter die Voraussetzungen des § 549 Abs. 2 BGB gestellt ist und damit nur nach Vertragsabschluß neu auftretende Interessen des Mieters beachtlich sein sollen. Darüber darf nicht hinwegtäuschen, daß die Anforderungen an das **berechtigte Interesse** des Mieters, einen Teil der Räume an einen Dritten zu überlassen (§ 549 Abs. 2 BGB), erheblich abgesenkt sind. Nach Auffassung des BGH ist ein solches schon dann anzunehmen, wenn ihm **vernünftige Gründe** zur Seite stehen, die seinen Wunsch nach Überlassung eines Teils der Wohnung an Dritte nachvollziehbar erscheinen lassen. Es genügt jedes, auch höchstpersönliche Interesse des Mieters von nicht ganz unerheblichem Gewicht, das mit der geltenden Rechts- und Sozialordnung im Einklang steht. Hierzu gehört auch die Entscheidung des Mieters, sein Privatleben „innerhalb der eigenen vier Wände" nach seinen Vorstellungen zu gestalten. Die Grenzen dieser Befugnis sind die gleichen wie diejenigen für das allgemeine Persönlichkeitsrecht in Art. 2 Abs. 1 GG. Eine Abwägung der Interessen von Vermieter und Mieter findet nicht statt; die Belange des Vermieters sind nur im Rahmen des § 549 Abs. 2 S. 1 BGB beachtlich

BGH – RE v. 3.10.1984 – BGHZ 92, 213 = NJW 1985, 130.

Demzufolge gilt als gesichert, daß der Mieter berechtigt ist, einen **Partner** in die Wohnung aufzunehmen, ohne daß es auf dessen Geschlecht ankommt, sofern nur die Partnerschaft nicht schon bei Beginn des Mietverhältnisses bestand; 208a

einschränkend LG Berlin WM 1995, 38: nur solange die Lebensgemeinschaft durch eine gemeinsame Wirtschafts- und Haushaltsführung besteht, was bei einem überwiegenden Auslandsaufenthalt des Mieters zu verneinen ist. Diese Beschränkung greift unzulässig in die Lebensplanung des Mieters ein. Allerdings muß der Mieter den Anschein entkräften, daß auf kaltem Wege ein Bewohnerwechsel stattfindet.

Konfessionelle Vorbehalte allein rechtfertigen die Versagung der Erlaubnis selbst dann nicht, wenn eine kirchliche Institution Vermieter ist; anders kann es sich aber verhalten, wenn ein darüber hinausgehender Bezug zwischen Vermieter und Mieter besteht oder sonstige Umstände (auch aus dem sozialen Umfeld) ein Versagungsinteresse des Vermieters rechtfertigen 209

OLG Hamm – RE v. 23.10.1991 – WM 1991, 668 = ZMR 1992, 20.

Auch ist der Mieter für berechtigt gehalten worden, nahe **Angehörige** jedenfalls vorübergehend **aufzunehmen**, sofern die Wohnung nicht überbelegt wird, 210

LG Kassel WM 1989, 72: vorübergehende Aufnahme des Bruders,
AG Koblenz WM 1989, 175: Aufnahme von Tochter und Enkelkind,
AG Limburg WM 1989, 372: Aufnahme des Schwiegersohns.

Nach dem RE des BayObLG vom 29.11.1983, WM 1984, 13, folgt die Befugnis zur Aufnahme naher Angehöriger (Bruder des Mieters) aber noch nicht aus dem Mietgebrauch; vielmehr soll es sich stets um eine erlaubnispflichtige Drittüberlassung handeln. Das gilt allerdings nicht bei bloß besuchsweiser Aufnahme. Ein Zeitraum von 3 Jahren wird die normale Besuchsdauer überschreiten,

so AG Frankfurt WM 1995, 396.

211 Die Gesetzesfassung spricht dafür, daß es sich bei dem „Teil des Wohnraums", den der Mieter untervermieten will, um eine räumlich abgegrenzte Fläche der Wohnung handelt

LG Berlin GE 1992, 1043,
a.A. LG Berlin MM 1994, 323 für 1-Zimmerwohnung.

Obwohl § 549 Abs. 2 BGB nur den Anspruch für eine teilweise Überlassung der Wohnung vorsieht, wird die **vollständige Drittüberlassung** der Wohnung in die Regelung einbezogen, sofern es sich nur um eine vorübergehende Überlassung für kürzere, absehbare Zeit handelt

LG Berlin GE 1994, 703, 931, MM 1993, 109, MM 1994, 210,
LG Hamburg WM 1994, 535.

Bei einer Abwesenheit des Mieters von voraussichtlich 4 Jahren kann nicht mehr davon ausgegangen werden, daß der Mieter in der Wohnung noch seinen Lebensmittelpunkt behält

LG Berlin GE 1995, 1277.

Nach LG Berlin NJW-RR 1994, 1289 darf der Vermieter die Erlaubnis zur Untervermietung nicht versagen, wenn der Mieter auf diese Weise seine Wohnung während eines längeren Auslandsaufenthalts aus beruflichen Gründen bis zu seiner Rückkehr betreuen lassen will; das gilt aber nur dann, wenn der Untermieter die Wohnung nicht insgesamt zum selbständigen Gebrauch erhalten soll, sie also z.B. möbliert anmietet.

Auch kann sich der Mieter hierauf nicht berufen, wenn er sich auf Dauer ins Ausland begibt und deshalb die Obhut über die Wohnung nicht mehr ausüben kann,

LG Frankfurt WM 1989, 237,
LG Berlin GE 1994, 703,
LG Berlin GE 1995, 569, wenn der Mieter wegen eines Auslandsaufenthalts die gemietete Einzimmerwohnung für eine Dauer von über 12 Monaten seinem Bruder überläßt.

212 Der gesetzliche Anspruch des Wohnungsmieters auf Erteilung der **Untermieterlaubnis** ist ohne Bedingungen, Auflagen und Befristungen zu erfüllen, wenn die materiellen Voraussetzungen für die Erlaubnis gegeben sind

LG Hamburg WM 1993, 737.

Die Erlaubnis bedarf auch bei längerfristigen Mietverhältnissen nicht der Schriftform des § 566 BGB; sie bindet den späteren Erwerber

LG Kiel WM 1994, 610.

213 Verletzt der Vermieter die Pflicht, aufgrund des berechtigten Interesses die Erlaubnis zur Untervermietung zu erteilen, so macht er sich aus positiver Vertrags-

verletzung schadensersatzpflichtig; der Schaden liegt im entgangenen Untermietzins bzw. der entsprechenden Mietentlastung

AG Offenbach WM 1994, 537.

Zum Untermietzuschlag s. Rdn. 222.

Das berechtigte Interesse des Mieters nach § 549 Abs. 2 BGB kann auch auf **wirtschaftlichen Gründen** (Auszug eines Mitmieters nach Scheitern einer Wohngemeinschaft, Tod des Ehegatten-Mitmieters) beruhen 214

LG Hamburg WM 1989, 510, WM 1994, 203,
LG Landau ZMR 1989, 259,
LG Köln WM 1991, 483,
AG Fürth WM 1991, 32,
AG Bielefeld WM 1992, 122.

Andererseits setzt das berechtigte Interesse des Mieters an der Untervermietung keine Verschlechterung seiner Einkommensverhältnisse voraus; ebensowenig kommt es bei der Wohnraummiete auf die Solvenz des Untermieters an

LG Berlin WM 1993, 344;
a.A. LG Frankfurt WM 1993, 345: die Erlaubnis setzt eine wirtschaftliche Notwendigkeit zur Untervermietung voraus.

Für ältere Mieter kann sich ein Anspruch auf eine Erlaubnis zur Untervermietung daraus ergeben, daß sie nach Auszug der Kinder der zunehmenden Vereinsamung vorbeugen wollen 215

AG Hamburg WM 1990, 500.

Als berechtigt ist auch das Interesse des Mieters angesehen worden, nach Auszug eines Mitmieters durch Aufnahme eines Untermieters weiter in einer **Wohngemeinschaft** leben zu können

LG Hamburg WM 1992, 432.

Es genügt, daß die beabsichtigte Bildung einer Wohngemeinschaft dargelegt wird; Einzelheiten der gemeinsamen Haushaltsführung braucht der Mieter nicht anzugeben

LG Berlin NJW-RR 1992, 13.

Erforderlich soll aber sein, daß es sich um ein Interesse aus der unmittelbaren Sphäre des Mieters handelt; humanitäre und billigenswerte Gründe, die allein im Interesse des Untermieters geltendgemacht werden können, sollen für einen Anspruch auf Erteilung der Erlaubnis nicht ausreichen 216

LG Berlin, AG Neukölln WM 1994, 326;
dagegen zu Recht Derleder WM 1994, 305.

Eine Abwägung der Interessen zwischen Vermieter und Mieter erfolgt im Rahmen des § 549 Abs. 2 BGB nicht (BGHZ 92, 213 = NJW 1985, 130). Deshalb kann der Vermieter gegenüber dem Anspruch des Mieters auf Erteilung der Erlaubnis nicht einwenden, er beabsichtige, die Mietwohnung zu verkaufen 217

LG Hamburg WM 1994, 203.

Der Anspruch des Mieters auf Erteilung einer Erlaubnis hängt davon ab, daß der Mieter dem Vermieter den in Aussicht genommenen Untermieter benennt; er 218 hat keinen Anspruch auf Erteilung einer generellen, nicht personenbezogenen Untermieterlaubnis

KG – RE v. 11.6.1992 – DWW 1992, 240 = WM 1992, 350,
AG Potsdam WM 1995, 40;
a.A. LG Berlin NJW-RR 1990, 457.

219 Bei einer **Personenmehrheit** auf Mieterseite sollen die einzelnen Mieter nach § 432 BGB aktivlegitimiert sein; zur Darlegungslast bei beabsichtiger Bildung einer Wohngemeinschaft siehe

LG Berlin NJW-RR 1992, 13; gegen die Klagebefugnis einzelner Mieter auf Zustimmung des Vermieters zur Auswechselung von Mitgliedern einer Wohngemeinschaft: LG Saarbrücken NJW-RR 1992, 781.

220 Der Mieter ist verpflichtet, die Aufnahme eines Dritten in die Wohnung, die nicht nur besuchsweise erfolgt, dem Vermieter anzuzeigen. Nach

OLG Hamburg NJW-RR 1988, 1481

hat der Mieter seine **Anzeigepflicht** gegenüber dem Vermieter erfüllt, wenn er das Namensschild des Dritten an der Wohnungstür anbringt, der Hausmeister hiervon Kenntnis erhält, die sich der Vermieter zurechnen lassen muß, und letzterer sich über längere Zeit (im Streitfall über drei Jahre) passiv verhält (vgl. auch LG Frankfurt DWW 1992, 84: schlüssige Zustimmung durch Duldung). Andererseits wird dem Vermieter im Rahmen des § 549 Abs. 2 BGB nur ein beschränktes Informationsinteresse zugebilligt: Er kann nur Namen, Geburtsdatum und Beruf des künftigen Untermieters erfragen, dagegen keine Angaben über Geburtsort, letzte Meldeanschrift und Einkommensverhältnisse verlangen

LG Hamburg DWW 1991, 241 = WM 1991, 585.

221 Die Erfüllung der Ankündigungspflicht hat auch vollstreckungsrechtliche Bedeutung: Unterläßt der Mieter die Anzeige insbesondere bei Aufnahme eines Partners oder Angehörigen, so kann der Vermieter aus einem Räumungstitel gegen den Mieter auch gegenüber dem Dritten die Zwangsvollstreckung betreiben und benötigt keinen besonderen Titel gegen diesen, weil es gegen Treu und Glauben verstößt, daß der Dritte sich auf seinen verschwiegenen Mitbesitz beruft

OLG Hamburg MDR 1993, 274 = WM 1992, 548 = ZMR 1993, 16, vgl. auch Rdn. 1482.

222 Die Vereinbarung in einem Mietvertrag, daß im Falle des Einzuges einer weiteren Person in die Wohnung ein **Mietzuschlag** von DM 80,- zu zahlen ist, ist als wirksam angesehen worden

LG Köln WM 1990, 219,
a.A. AG Langenfeld WM 1992, 477.

Das ist von Blank in der Urteilsanmerkung zu Recht beanstandet worden, schon weil § 549 Abs. 2 S. 2 BGB nicht beachtet worden ist. Überhaupt soll der Vermieter nicht berechtigt sein, einen höheren Mietzins allein deshalb zu fordern, weil der Mieter einen Lebensgefährten aufgenommen hat (AG Trier WM 1992, 239).

Der Untermietzuschlag ist Entgelt für eine Sondernutzung; seine Erhöhung muß nicht auf dem Wege des § 2 MHG erwirkt werden, sondern kann besonderer Vereinbarung unterliegen

BayObLG – RE v. 25.3.1986 – NJW-RR 1986, 892 = WM 1986, 205.

Daher nimmt er auch nicht an der Berechnung der Kappungsgrenze für eine Erhöhung der Wohnraummiete nach § 2 MHG teil (a.A. AG Hamburg WM 1992, 257).

Der Mieter (von Gewerberaum) ist im Falle unberechtigter Untervermietung aus keinem Rechtsgrund verpflichtet, dem Vermieter den aus der Untervermietung erzielten Untermietzins, und zwar auch nicht einen etwaigen den Hauptmietzins übersteigenden **Mehrerlös**, herauszugeben 223

OLG Celle ZMR 1995, 159;
a.A. LG Berlin GE 1995, 495: Haftung des Mieters aus positiver Vertragsverletzung und in Analogie zu § 281 BGB. Diese Auffassung beruht auf einer gekünstelten Konstruktion der Unmöglichkeit, die unerlaubte Untervermietung mit Wirkung für die Vergangenheit zu beenden; sie ist abzulehnen.

Eine besondere Form der Untervermietung stellt die **Vermietung im Bauherrenmodell** dar 224

dazu Gather DWW 1988, 131, Buun WM 1988, 386.

Mit den Rechtsbeziehungen zwischen Eigentümer und Zwischenmieter befaßt sich

OLG Hamburg DWW 1988, 105.

Eine Vereinbarung, nach der der Eigentümer bei vorfristiger Kündigung des auf bestimmte Zeit abgeschlossenen Mietvertrages in die Rechtsposition des Zwischenmieters gegenüber dem Endmieter einrücken soll, gilt nicht auch bei regelmäßigem Ende des Zwischenmietverhältnisses. An eine entsprechende Regelung nur im Vertrag zwischen Zwischenmieter und Endmieter ist weder der Ersteher noch der rechtsgeschäftliche Erwerber des Grundstücks bzw. der Eigentumswohnung gebunden

LG München I WM 1989, 412.

Der Zwischenmieter muß dem Untermieter dafür einstehen, daß dieser für die vorgesehene Dauer des Untermietverhältnisses den Gebrauch behält. Entweder sind die nacheinander geschalteten Verhältnisse aufeinander abzustimmen oder der Untermieter muß über das Risiko der (jederzeitigen) Kündbarkeit des Hauptmietverhältnisses und seine Rechtsstellung ausdrücklich aufgeklärt werden 225

LG Düsseldorf WM 1990, 419,
LG Köln NJW-RR 1990, 1427.

Anderenfalls hat der Untermieter einen Schadensersatzanspruch aus Verschulden bei Vertragsverhandlungen, der darauf gerichtet ist, den Vertrag rückgängig zu machen.

Aus der Beendigung des Hauptmietverhältnisses kann der Zwischenmieter gegenüber dem Untermieter kein berechtigtes Interesse an der Beendigung des Untermietverhältnisses i.S. von § 564b BGB ableiten 226

LG München I WM 1992, 246,
vgl. auch Rdn. 1148 und
OLG Stuttgart – RE v. 7.5.1993 – WM 1993, 386.

Der **Bestandsschutz** des Endmieters von Wohnraum im Falle der Beendigung des Hauptmietverhältnisses ist nunmehr in § 549a BGB geregelt. Danach tritt der Vermieter kraft Gesetzes in das Endmietverhältnis ein, kann aber auch einen neuen Zwischenmieter einsetzen (vgl. i.e. Rdn. A 7 f.). Da die Regelung auch 227 dann für anwendbar gehalten wird, wenn das Zwischenmietverhältnis schon vor Inkrafttreten der Neuregelung am 1.9.1993 beendet worden ist

LG Hamburg WM 1994, 279,

ist die bisherige Rechtsprechung zum Bestandsschutz des Endmieters und zum Anspruch des Vermieters auf Zahlung einer Nutzungsentschädigung gegenstandslos geworden (vgl. dazu die Vorauflage Rdn. 108 f.).

228 Problematisch können allerdings die Fälle sein, die nicht in den Anwendungsbereich des § 549a Abs. 1 BGB fallen, in denen der Untermieter jedoch in gleicher Weise wie ein Hauptmieter schutzbedürftig ist. Hier könnte die Rechtsprechung des BVerfG Lösungen anbieten.

Das BVerfG hat den Bestandsschutz des Endmieters daraus abgeleitet, daß es dem Gleichheitsgrundsatz widerspricht, dem vertragstreuen Endmieter, der vom Zwischenmieter angemietet hat, den Kündigungsschutz zu versagen. Gewichtige Interessen des Eigentümers stünden dem nicht entgegen; denn er selbst habe sich das Institut der Untermiete durch Einsetzung des Zwischenmieters zunutze gemacht

BVerfG – Beschl. v. 11.6.1991 – BVerfGE 84, 197 = NJW 1991, 2272 = WM 1991, 422 = ZMR 1991, 368,
BVerfG – Beschl. v. 6.8.1993 – WM 1994, 123 = ZMR 1993, 500.

229 Das BVerfG hat seine Auffassung jedoch eingeschränkt: Bei Vermietung im Bauherrenmodell gilt der Bestandsschutz nicht, wenn auch im Endmietverhältnis die Vermietung zu gewerblichen Zwecken erfolgte. Das gilt auch dann, wenn der Endmieter die Mieträume bewohnt. Anders kann es sich aber verhalten, wenn die Mieträume etwa wegen einer fehlenden Zweckentfremdungsgenehmigung nicht gewerblich genutzt werden dürfen

BVerfG – Beschl. v. 6.8.1993 – WM 1994, 123 = ZMR 1993, 500.

Ebensowenig kommt ein Bestandsschutz zum Tragen, wenn es sich um ein Untermietverhältnis „klassischer Art" handelt

BVerfG – Beschl. v. 3.2.1994 – WM 1994, 182 = ZMR 1994, 142 (Hamburger Hafenstraße), vgl. auch OLG Hamburg – RE v. 16.4.1993 – MDR 1993, 640 = WM 1993, 249 = ZMR 1993, 271).

Die Regelung des § 549a BGB ist an der Rechtsprechung des BVerfG ausgerichtet. Dementsprechend genießt der Endmieter nicht den Schutz dieser Bestimmung, wenn der Eigentümer ein Mehrfamilienhaus an einen karitativen Verein vermietet, der die Wohnungen an Betreuungsbedürftige weiterüberläßt

BayObLG – RE v. 28.7.1995 – WM 1995, 638 = ZMR 1995, 526, RE v. 30.8.1995 – WM 1995, 642.

230 Macht der Vermieter gegenüber dem Zwischenmieter berechtigten Eigenbedarf geltend und kündigt der Zwischenmieter deswegen das Endmietverhältnis, indem er den Eigenbedarfsgrund des Vermieters gegenüber dem Endmieter ordnungsgemäß darlegt, so soll sich der Endmieter gegenüber dem Zwischenmieter nicht auf einen Kündigungsschutz berufen können

OLG Stuttgart – RE v. 7.5.1993 – WM 1993, 386.

Diesem Rechtsentscheid dürfte durch die Neuregelung in § 549a BGB der Boden entzogen sein.

Der Zwischenmieter, der aus eigenem Recht das Wohnraummietverhältnis mit 231
dem Endmieter nicht kündigen konnte, ist diesem ersatzpflichtig, wenn nach
Beendigung des Hauptmietverhältnisses der Eigentümer berechtigt ist, Räumung
und Herausgabe vom Endmieter zu verlangen

LG Hamburg WM 1995, 160.

ee) Gewerbliche Nutzung

Die Ausübung eines Gewerbes in der Wohnung ist nur dann als vertragswidrig 232
gewertet worden, wenn damit eine unzumutbare Störung für den Vermieter oder
andere Mitmieter etwa durch Publikumsverkehr einhergeht, der Charakter des
Mietobjekts als Wohnraum verändert wird oder ein Gefährdung der Wohnung,
insbesondere durch übermäßige Beanspruchung und Abnutzung zu besorgen ist

LG Köln ZMR 1995 S. II Nr. 6.

Zulässig ist eine berufliche Tätigkeit in der Wohnung, die nach ihrer Art nicht
ins Gewicht fällt (z.B. Schriftsteller) oder die nur gelegentlich ausgeübt wird

LG Berlin MDR 1993, 236.

Ebensowenig ist die gelegentliche büromäßige Nutzung der Wohnung oder die
Erledigung von **Büroarbeiten** abends oder an Wochenenden ein unzulässiger gewerblicher Gebrauch

LG Hamburg WM 1992, 241, LG Stuttgart WM 1992, 250,
vgl. auch AG Gronau WM 1991, 339: ein Handelsvertreter von Fensterbildern darf in der
Mietwohnung Musterobjekte vorzeigen.

Unzulässig soll dagegen eine kommerzielle Tätigkeit mit Außenwirkung sein. 233
Das ist für eine Großpflegestelle in der Mietwohnung, in der werktäglich 5
Kinder gegen Entgelt betreut werden, bejaht worden

LG Berlin MDR 1993, 236,
vgl. andererseits die Nachweise bei Sternel Rdn. II 157 Fn. 22

Eine teilgewerbliche Nutzung der Wohnung ist auf Verlangen des Vermieters zu 234
unterlassen, wenn sie mit unzumutbaren Störungen oder einer erhöhten Abnutzung der Mieträume verbunden ist. Das ist für ein astrologisches Beratungsge-
werbe mit 10 bis 15 Kunden im Monat verneint worden

LG Hamburg WM 1993, 188.

Ist dem Mieter die teilweise gewerbliche Nutzung innerhalb der Wohnung gestattet worden, so ist er berechtigt, diese Nutzung einzustellen; er braucht dann
auch nicht mehr einen vereinbarten Gewerbezuschlag zu zahlen

LG Berlin GE 1994 = MM 1994, 357,
a.A. LG Berlin GE 1995, 497, 703.

ff) Tierhaltung

Nach 235

BGH MDR 1993, 339 = WM 1993, 109,
OLG Frankfurt WM 1992, 56

ist der formularmäßige **Ausschluß** jeglicher Tierhaltung wegen Verstoßes gegen das Übermaßverbot unzulässig. Anders verhält es sich, wenn Kleintiere von dem Verbot ausgenommen sind

LG Hamburg WM 1993, 120.

oder nur ein genereller Erlaubnisvorbehalt im Mietvertrag vorgesehen ist

LG Berlin GE 1995, 619.

Zum Vergleich: ein unangefochtener Mehrheitsbeschluß der Wohnungseigentümer, der die Hundehaltung in einer Wohnanlage generell verbietet, bindet alle Wohnungseigentümer, da er weder sittenwidrig ist noch in den dinglichen Kernbereich des Wohnungseigentums eingreift

BGH ZMR 1995, 417.

Ob der Mehrheitsbeschluß hätte angefochten werden können, läßt der BGH offen.

236 Ein formularmäßiger **Erlaubnisvorbehalt** soll jedenfalls dann unwirksam sein, wenn die die Erlaubnis schriftlich erteilt werden muß

BGH NJW 1991, 1750 = WM 1991, 381,
LG Mannheim ZMR 1992, 545;
a.A. LG Berlin GE 1995, 699.

Man wird allerdings entgegen der Annahme des BGH von einer Trennbarkeit zwischen Erlaubnis und deren Form ausgehen können, so daß nur das Schriftformerfordernis unwirksam ist

OLG Frankfurt WM 1992, 56, 62, vgl. auch Rdn. 170.

237 Die Erlaubnis kann auch stillschweigend erteilt werden, etwa wenn der Vermieter von der nicht erlaubten Tierhaltung Kenntnis erhält, was der Mieter weiß, und geraume Zeit untätig bleibt

AG Köln WM 1992, 596,
a.A. AG Westerberg WM 1992, 600.

Er wird sich hierbei die Kenntnis seines Hausmeisters nach § 278 BGB zurechnen lassen müssen

vgl. OLG Hamburg NJW-RR 1988, 1481 zur Untervermietung,
s. auch Rdn. 220.

238 Der Rechtsentscheid des

OLG Hamm vom 13.1.1981 NJW 1981, 1626,

daß die vertraglich vorgesehene Erteilung der Erlaubnis des Vermieters zur Tierhaltung dessen freier Entscheidung – seinem **Ermessen** schlechthin – unterliegt, wenn sich aus dem Gesamtverhalten der Parteien vor, bei und nach Vertragsschluß keine Anhaltspunkte für einen anderweitigen Vertragswillen ergeben, beruht auf der ungesicherten Annahme, die Tierhaltung zähle zu einer Sondernutzung und nicht zum typischen Mietgebrauch. Er dürfte auch nur einschlägig sein, soweit es um die Tierhaltung in Mehrfamilienhäuser geht (LG Saarbrücken DWW 1993, 203). Der durch die Entscheidung noch eröffnete Wertungsspielraum ist von der Rechtsprechung nur unzureichend genutzt worden

vgl. Schmid WM 1988, 343, Steinig HmbGE 1990, 153.

Die **Versagung der Erlaubnis** ist auch dann für berechtigt gehalten worden, wenn 239
von dem Tier keine konkreten Störungen ausgehen
: AG und LG Frankfurt NJW-RR 1988, 783,
: LG Bonn ZMR 1989, 179,
: LG Hamburg HmbGE 1988, 105, HmbGE 1989, 57,
: LG Köln DWW 1994, 185.

Erst recht kann sie mit der potentiellen Gefahr begründet werden, die sich aus den Eigenschaften der Tiergattung oder Rasse ergibt,
: LG Nürnberg-Fürth ZMR 1991, 29 für Bullterrier,
: LG München I WM 1993, 669 für Kampfhund;
: weitergehend LG Göttingen WM 1991, 536 unter Hinweis auf die „bei Hunden nie ganz auszuschließende Gefahr der Gefährdung oder auch nur Belästigung von Mitbewohnern".

Eine Ermessensbindung ist andererseits daraus abgeleitet worden, daß in der 240
Hausordnung auf die Belange der Mitbewohner abgestellt wird und das Tier des
Mieters nicht stört
: LG Stuttgart WM 1988, 121.

Auch ist ein **Anspruch** des Mieters **auf Erlaubnis** zur Tierhaltung dann zugebil- 241
ligt worden, wenn die beiden (kastrierten) Katzen in der Wohnung artgerecht
gehalten werden und von den Tieren keine Belästigungen ausgehen
: AG Sinzig NJW-RR 1990, 652,
: ähnlich AG Aachen WM 1992, 601;
: weitergehend LG Düsseldorf WM 1993, 604: das Halten eines kleinen Hundes (Yorkshire-Terrier) soll vom vertragsgemäßen Gebrauch noch gedeckt sein.

Ebensowenig kann der Vermieter in einem solchen Fall die Entfernung der Tiere verlangen
: LG Mönchengladbach ZMR 1989, 21.

Auch wenn die Gestattung der Tierhaltung ins freie Ermessen des Vermieters gestellt ist, kann die Versagung im Einzelfall treuwidrig sein, so etwa bei der Übernahme zur Pflege des alten Hundes der kranken Mutter des Mieters
: LG Ulm WM 1990, 343.

Anerkannt ist ferner, daß der Mieter trotz eines Tierhalteverbots ein Tier halten 242
darf, wenn er hierauf aus gesundheitlichen Gründen – auch zur psychischen
Stabilisierung – angewiesen ist
: AG Münster WM 1992, 116 für querschnittsgelähmtes Kind.

Auf der Grundlage, daß die Tierhaltung (doch) zum typischen Wohngebrauch 243
gehört, ist ein Entfernungsanspruch des Vermieters verneint worden, wenn der
Mietvertrag über die Tierhaltung keine Regelung enthält
: LG Hildesheim WM 1989, 9,
: LG Düsseldorf WM 1993, 604,
: ebenso AG Dortmund WM 1989, 495,
: AG Neuß DWW 1992, 344.

Der Vermieter kann grundsätzlich nicht untersagen, daß Besucher des Mieters einen Hund in die Wohnung mitbringen, wenn es nicht zu Unzuträglichkeiten kommt
: AG Aachen WM 1992, 432.

244 Ein Urteil auf Entfernung eines Hundes ist nach § 887 ZPO zu vollstrecken. Erst wenn diese **Vollstreckung** nicht durchzuführen ist, darf der Gläubiger nach § 888 ZPO vorgehen

LG Hamburg WM 1989, 445 = ZMR 1985, 302.

Bei Vollstreckungsmaßnahmen ist stets 765a Abs. 1 S. 2 ZPO zu beachten (vgl. Zöller-Stöber ZPO, 19. Aufl., § 765a Rdn. 10a).

245 Veranlaßt ein Mieter, der sich durch die Tierhaltung eines Mitbewohners gestört fühlt, den Vermieter zur Klage auf Unterlassung gegen den Störer und wird die Klage abgewiesen, so hat der Vermieter gegenüber dem Anzeigenden keinen materiellen Anspruch auf **Kostenerstattung**, es sei denn, daß dieser den Vermieter durch unrichtige Angaben zur Klagerhebung veranlaßt hat

LG Hannover WM 1989, 9.

Diese Entscheidung ist aufschlußreich auch für andere Fälle, in denen der Mieter im Wege des Erfüllungsanspruchs vom Vermieter verlangt, daß Störungen des Mietgebrauchs (z.B. durch Lärm) abgestellt werden.

Zu Lärmstörungen durch Hundegebell s. Gaisbaur DWW 1994, 72.

c) Pflichten des Mieters

aa) Gebrauchspflicht

246 Eine Verpflichtung zum Mietgebrauch besteht im allgemeinen nicht, wie aus § 552 S. 1 BGB gefolgert wird. Anders kann es sich bei der Vermietung von Gewerberaum verhalten. Eine **Betriebspflicht** des Mieters muß grundsätzlich vereinbart werden, was sich jedoch auch schlüssig aus dem Betriebszweck ergeben kann

OLG Düsseldorf ZMR 1994, 402 für Gaststätte.

Auch eine diesbezügliche Formularvereinbarung ist zulässig. Ein Verstoß gegen die Betriebspflicht stellt eine positive Vertragsverletzung dar und berechtigt den Vermieter zur fristlosen Kündigung nach § 554a BGB

BGH DWW 1993, 69 = ZMR 1993, 57.

Selbst wenn eine Betriebspflicht nicht vereinbart ist, kann der Vermieter zur fristlosen Kündigung berechtigt sein, sofern der Gewerberaummieter den Betrieb seines in den Mieträumen unterhaltenen Lebensmittel-Supermarkts in einem Einkaufszentrum einstellt und seinen Betrieb ca. 400 m weiter verlagert

LG Hannover ZMR 1994, 280.

247 **bb)** Im Rahmen des Mietgebrauchs obliegt dem Mieter die Pflicht zur Rücksichtnahme auf die berechtigten Belange des Vermieters und der Mitbewohner. Das gilt insbesondere für Störungen durch **Lärm**

vgl. Gramlich NJW 1985, 2121, Pfeifer ZMR 1987, 362 zum Musizieren in der Wohnung, andererseits Sternel PiG 31 (1989), 71 f.: Lärmbelastung des Mieters.

Als Maßstab dient nicht die besondere Geräuschempfindlichkeit des jeweils betroffenen Bewohners sondern gemäß der neueren Rechtsprechung des BGH das Empfinden eines verständigen Durchschnittsmenschen

BGH – Urt. v. 20.11.1992 – DWW 1993, 70: Froschlärm,
BGH WM 1993, 277 = ZMR 1993, 269: Lärm vom Zeltlager,
s. auch AG Kiel WM 1989, 570, AG Starnberg WM 1992, 471 für Lärm durch Kinder.

Die **Hausordnung** als Bestandteil des Mietvertrages kann in diesem Zusammenhang als Vertrag zugunsten Dritter angesehen werden; sie ist jedenfalls bei der Bestimmung dessen, was „haus"-üblich ist, von Bedeutung. Hält sich der (musizierende) Mieter an die dort festgelegten Zeiten, so kann ein anderer Bewohner nicht Unterlassung verlangen 248

OLG München WM 1992, 238 = ZMR 1992, 246.

Sind im Mietvertrag Musizierzeiten zu jeweils unterschiedlichen Tageszeiten festgelegt, so soll es der Gleichheitsgrundsatz gebieten, daß keinem Mieter untersagt werden darf, was dem anderen Mieter vertraglich gestattet ist, etwa das Überschreiten der festgelegten Übungszeiten

LG Freiburg WM 1993, 120.

Klargestellt ist, daß Art. 2 GG dem Wohnungsinhaber nicht das Recht gibt, einmal im Monat durch lautstarkes **Feiern** die Nachtruhe zu stören 249

OLG Düsseldorf WM 1990, 116.

Andererseits soll den Nachbarn zuzumuten sein, Haus- und Gartenfeste im üblichen Umfang (etwa viermal im Sommer) bis 22.00 Uhr hinzunehmen

LG Frankfurt WM 1989, 575.

Auch außerhalb der sog. Ruhezeiten darf der Mieter Tonübertragungsgeräte nur in **Zimmerlautstärke** betreiben, d.h. sie nur so laut stellen, daß sie in anderen Wohnungen nicht oder lediglich kaum zu hören sind 250

LG Berlin DWW 1988, 83,
AG Neuss DWW 1988, 355,
AG Düsseldorf DWW 1988, 357.

Die Zimmerlautstärke soll auch dann überschritten sein, wenn die Geräusche in den Räumen des Lärmbetroffenen zwar unter 40 Dezibel tagsüber liegen, aber nach dem Empfinden eines Durchschnittsmenschen als störend und auf die Nerven gehend empfunden werden

LG Kleve DWW 1992, 26 für Grundstücksnachbarn.

Das **Musizieren** auf Instrumenten läßt sich seiner Art nach in der Regel nicht auf Zimmerlautstärke begrenzen. Deswegen gilt hierfür eine zeitliche Schranke, die auch formularmäßig in der Hausordnung geregelt werden kann. 251

Das nur ein- bis zweistündige tägliche Klavierüben eines Mieters kann allerdings so nervenaufreibend sein, daß es die Kündigung nach § 564b Abs. 2 S. 1 BGB zu begründen vermag

LG Düsseldorf DWW 1989, 393.

Da Akkordeonspielen nicht auf Zimmerlautstärke reduziert werden kann, ist das Spielen auf eineinhalb Stunden pro Tag zwischen 9.00 und 13.00 sowie 15.00 und 22.00 Uhr zu beschränken

LG Kleve DWW 1992, 26.

Die Übungszeiten eines Schlagzeugspielers in einem Wohngebäude sollen in zumutbarem Rahmen von den Nachbarn in die eigene Lebensgestaltung eingeplant werden (tägliche Übungszeiten im Sommerhalbjahr 45 Min., im Winterhalbjahr 90 Min.)

LG Nürnberg-Fürth WM 1992, 253.

Zur zeitlichen Begrenzung des Musizierens in der Familie eines Berufsmusikers s. LG Flensburg DWW 1993, 102.

252 Geräusche durch nächtliches **Baden** oder Duschen in einem Mehrfamilienhaus müssen grundsätzlich als sozialadäquat hingenommen werden, wenn die Dauer von 30 Minuten nicht überschritten wird

OLG Düsseldorf WM 1991, 288 = ZMR 1991, 226.

Sieht die Hausordnung vor, daß Baden und Duschen in der Zeit zwischen 22.00 Uhr und 6.00 Uhr morgens mit Rücksicht auf die Mitbewohner zu unterbleiben hat, wenn kein Ausnahmefall vorliegt, so ist der Mieter hieran gebunden

AG Rottenburg ZMR 1995, 163.

253 Auch Geräusche, die naturgemäß dem Bewegungs- und Spieldrang von **Kleinkindern** entsprechen, müssen von Mietern in einem Mehrfamilienhaus hingenommen werden

AG Starnberg WM 1992, 471,
ebenso AG Köln WM 1993, 606 für Geräusche, die von einem Spielplatz in einer Wohnanlage durch spielende Kinder und Jugendliche ausgehen;
AG Schöneberg MM 1995, 397 für Spielen von Kindern auf dem Hof außerhalb der Ruhezeiten in sozialadäquatem Rahmen (nicht: Ballspielen gegen Hauswände oder Müllgefäße, Spielen mit anderem lärmverursachendem Gerät);
vgl. auch AG Köln WM 1993, 606, das eines Mietminderung wegen der von einem Spielplatz einer Wohnanlage ausgehenden Geräusche spielender Kinder verneint.

Allerdings muß von den Erziehungsberechtigten oder Aufsichtspflichtigen erwartet werden, daß sie die Kinder zur Rücksichtnahme auf das Ruhebedürfnis anderer erziehen.

254 In diesem Zusammenhang sind zwei Fragen aufzuwerfen: Muß sich der Mieter den besonderen Verhältnissen des Gebäudes (Hellhörigkeit) anpassen? Hat er einen Anspruch auf Verbesserung der akustischen Verhältnisse? Beide Fragen finden ihre Parallele zur vergleichbaren Problematik bei nicht ausreichender Wärmedämmung eines Hauses und der Instandhaltungspflicht des Vermieters. Hier wie dort wird man vom Mieter im Rahmen des Zumutbaren eine **Einschränkung seines Wohnverhaltens** dann fordern können, wenn das Gebäude dem Standard seiner Baualtersklasse entspricht, die damals geltenden technischen Baunormen eingehalten worden sind und die Beeinträchtigungen nicht über das bei Gebäuden der entsprechenden Baualtersklasse übliche Maß hinausgehen. Nach den gleichen Voraussetzungen ist zu beantworten, ob der Mieter einen Nachrüstungsanspruch hat. Zum umgekehrten Fall des „Milieuschutzes", wenn sich ein hinzugezogener Mieter durch die lärmenden Lebensgewohnheiten der übrigen Bewohner gestört fühlt, siehe

AG Jülich WM 1992, 370.

255 Auch der Vermieter ist an die Ruhezeiten in der Hausordnung gebunden. Etwas anderes gilt aber für bauliche Maßnahmen, die der Mieter nach §§ 541a, 541b BGB dulden muß; hier ergeben sich Einschränkungen bis zur Grenze des Zumutbaren

LG Hamburg – 16 S 264/89 – Urt. v. 13.3.1990.

cc) Reinigungspflicht

Die Pflicht, Gemeinschaftsflächen zu reinigen oder den sog. Winterdienst durch- 256
zuführen, obliegt an sich dem Vermieter (s. Rdn. 337). Sie ist nicht aus der
Obhutspflicht des Mieters abzuleiten, sondern muß eindeutig vereinbart sein
   LG Stuttgart WM 1988, 399 für Winterdienst;
   anders LG Aachen NJW-RR 1988, 783, das eine allgemeine Übung annimmt.

Übernimmt es der Mieter eines ca. 700 qm großen Supermarktes in einem von
ihm vorformulierten Standardmietvertrag, die Kosten der „Straßen- und Fußweg-
reinigung" und des Winterdienstes anteilig seiner Nettomietfläche zu tragen, so
umfaßt diese Verpflichtung nicht nur den öffentlichen Grund sondern auch alle
von den Kunden zu benutzenden Grundstücksflächen einschließlich der zur
gemeinsamen Nutzung durch alle Mieter bestimmten Kfz-Stellplätze
   LG Hannover MDR 1994, 796.

Die formularmäßige Regelung der Reinigungsdpflicht in der **Hausordnung** soll 257
ausreichen
   OLG Frankfurt NJW-RR 1989, 41.

Das ist wegen des Überraschungseffekts – die Hausordnung ist nicht der Platz,
um mietvertragliche Pflichten zu begründen – nach § 3 AGBG zu bezweifeln (LG
Frankfurt NJW-RR 1988, 782).

Soll die Reinigung von den Mietern nach einem „Dienstplan" durchgeführt
werden, so ist der Vermieter zu dessen Aufstellung nach § 315 BGB berechtigt; er
kann darin den wöchentlichen Reinigungsturnus der Mieter im Haus bestimmen
   LG Göttingen WM 1992, 11.

Die Übernahme der Reinigungspflicht durch einen Mieter gibt einem anderen
Mieter (Bewohner), der durch Verletzung der Reinigungspflicht einen Schaden
erleidet, keinen vertraglichen Anspruch über § 328 BGB, sondern allenfalls einen
deliktischen Anspruch gegen den seine Pflicht verletzenden Mieter
   OLG Köln WM 1995, 316.

Umstritten ist, ob der Mieter von seiner Verpflichtung befreit wird, wenn er dazu 258
infolge Alters oder Krankheit nicht in der Lage ist. Die Frage wird zum Teil mit
der Begründung bejaht, daß ein Fall der subjektiven nachträglichen **Unmöglichkeit** vorliegt (LG Darmstadt WM 1988, 300, AG Bonn ZMR 1989, 498). Von der
überwiegenden Rechtsprechung wird sie mit der Begründung verneint, die Pflicht
sei auf Vornahme einer vertretbaren Handlung gerichtet, so daß der Mieter für
eine Ersatzperson sorgen müsse
   LG Wuppertal WM 1987, 381,
   LG Flensburg ZMR 1988, 140,
   LG Düsseldorf WM 1988, 400,
   LG Hagen WM 1988, 58 (für Gartenpflege),
   LG Kassel WM 1991, 580,
   AG Bochum DWW 1988, 149.

Indes wird zu beachten sein, daß es sich bei der übernommenen Pflicht um eine 259
Dienstleistung (zur Einsparung von Bewirtschaftungskosten) handelt, so daß
einerseits die Leistung zwar nicht höchstpersönlich erbracht zu werden braucht,

andererseits eine Unmöglichkeit eintritt, wenn ein Verhinderungsfall auf Dauer gegeben ist; die Gestellung einer Ersatzkraft oder eine Geldleistung würde zu einer Inhaltsänderung der übernommenen Pflicht führen

LG Hamburg WM 1989, 622 = ZMR 1989, 422,
AG Bonn WM 1989, 498,
AG Münster WM 1995, 36, falls der Übernahme der Winterdienstpflicht kein Miethöhevorteil entspricht,
ferner Fuchs-Wissemann WM 1988, 377.

dd) Obhuts- und Anzeigepflicht

260 Die **Obhutspflicht** des Mieters besteht auch dann, wenn er den Gebrauch der Mietsache bereits seit längerem aufgegeben hat; er hat auch in einem solchen Falle die Pflicht, alles zu tun, um Beschädigungen des Mietobjekts zu vermeiden,

OLG Düsseldorf WM 1994, 461: Sicherung des früher als Schrottplatz genutzten Grundstücks davor, daß Behälter mit umweltschädlichem Inhalt auf das Grundstück verbracht werden und zur Bodenverunreinigung führen.

Sie geht aber geht nicht so weit, ihm eine Prüfungspflicht auf Mängel der Miträume aufzuerlegen

LG Berlin WM 1987, 387.

261 Ausdruck findet sie in der **Anzeigepflicht** des § 545 Abs. 1 BGB: Sie ist nur gegeben, wenn sich objektiv wahrnehmbare Mängel dem Mieter aufdrängen oder er ganz naheliegende Feststellungen unterläßt

OLG Hamburg – RE v. 26.4.1991 – WM 1991, 328 = ZMR 1991, 262 zur Freizeichnung des Vermieters von Schäden durch Wasser, Feuchtigkeit, Sott u.ä.
(vgl. Rdn. 143).

Der Mieter kommt ihr erst dann nach, wenn er die Beanstandungen so hinreichend konkretisiert, daß dem Vermieter Anlaß gegeben wird, sachgemäß tätig zu werden

LG Köln WM 1990, 17.

Unterläßt er es, einen Defekt an der Wasserspülanlage des WC anzuzeigen, so schuldet er die Kosten der verlorenen Wassermenge als Schadensersatz

LG Frankfurt WM 1990, 425,
AG Rosenheim DWW 1994, 360.

Auch für den aus der Wohnung ausgezogenen Mitmieter soll die Anzeigepflicht fortbestehen, so daß er bei unterlassener Anzeige schadensersatzpflichtig wird

LG Lübeck WM 1991, 482.

262 Sie besteht dann nicht, wenn der **Vermieter Kenntnis vom Mangel** hat oder haben muß

OLG Hamburg – RE v. 26.4.1991 – WM 1991, 328 = ZMR 1991, 262.

Das ist etwa der Fall, wenn er eine Wartungsfirma mit der Überprüfung beauftragt hat und diese feststellt, daß eine Reparatur oder ein Austausch des Gerätes (Warmwasserbereiter) notwendig ist

LG Berlin ZMR 1992, 302.

Ist dem Vermieter der Mangel bekannt, so ist die Mietminderung nicht nach 263
§ 545 Abs. 2 BGB deswegen ausgeschlossen, weil der Mieter den Mangel nicht
angezeigt hat

OLG Saarbrücken WM 1989, 133.

Hat der Vermieter ihn allerdings behoben, hat dies aber keinen dauerhaften
Erfolg gebracht, so obliegt dem Mieter in der Regel erneut die Anzeige

OLG Düsseldorf ZMR 1991, 24.

Eine gesteigerte Obhutspflicht trifft den Mieter nicht schon deshalb, weil er 264
Haushaltsgeräte installiert hat: Er verletzt seine Sorgfaltspflicht nicht schon
dadurch, daß er moderne vollautomatische Haushaltsgeräte eine Zeitlang unbe-
aufsichtigt läßt; mit der entfernten Möglichkeit eines technischen Defekts
braucht er nicht zu rechnen; eine Formularklausel, die eine verschuldensunab-
hängige Haftung des Mieters vorsieht, ist unwirksam

LG Saarbrücken NJW-RR 1987, 1496;
im Gegensatz zu LG Koblenz VersR 1985, 72 nimmt LG Mannheim ZMR 1991, 441 aber
an, daß der Mieter jedenfalls bei der ersten Inbetriebnahme einer fabrikneuen Waschmaschine den Waschvorgang ständig überwachen müsse;
für gesteigerte Kontrollpflicht auch LG München I ZMR 1994, 478, wenn der Raum, in
dem der Mieter eine Waschmaschine installiert hat, keinen Bodenablauf für Wasser hat.

Ebensowenig haftet der Mieter für einen **Brandschaden** durch Implosion eines 265
modernen Fernsehgerätes

OLG Köln DWW 1988, 278,
LG Stendal NJW-RR 1994, 275 = WM 1994, 85: Haftung nur bei unsachgemäßer Bedienung oder gewaltsamen Einwirken.

Andererseits ist es als grob fahrlässig gewertet worden, wenn der Mieter vor
Antritt einer längeren Urlaubsreise es unterlassen hat, das Absperrventil der
Kaltwasserleitung des Geschirrspülers zu verschließen

OLG Düsseldorf MDR 1989, 645.

Kommt es zu Gebäudeschäden, die vom Gebäudeversicherer des Vermie- 266
ters reguliert werden, so stellt sich im Rückgriffsprozeß die Frage, ob der Mieter in den **Schutzbereich des Versicherungsvertrages** einbezogen wird und somit
nur bei Vorsatz oder grober Fahrlässigkeit in Haftung genommen werden kann.
Dies wird überwiegend verneint; in der Zahlung der Versicherungsprämie ist
im allgemeinen nicht mehr zu sehen als die Entrichtung eines Teils des Mietzinses,

für *Feuerversicherung*: BGH WM 1992, 133, ZMR 1992, 140, OLG Hamm ZMR 1988,
301, vgl. auch Jendrek WM 1992, 341 zur Haftung des Mieters für Brand- und Leitungs-
wasserschäden;
a.A. LG Kiel WM 1992, 120,
für *Leitungswasserversicherung*: BGH WM 1991, 206 = ZMR 1991, 168.

Aufgrund besonderer Umstände – etwa bei Verpflichtung des Vermieters gegen- 267
über dem Mieter, eine Feuerversicherung abzuschließen, wobei dieser die Prämien zu tragen hat – kann etwas anderes gelten

BGH MDR 1990, 805 = WM 1990, 257 unter Hinweis auf Honsell VersR 1985, 301.

In diesem Zusammenhang ist noch zu erwähnen, daß ein Mieter oder Pächter nicht Repräsentant des Vermieters im versicherungsrechtlichen Sinne ist, so daß sich der Vermieter dessen Verschulden nicht zurechnen zu lassen braucht
BGHZ 107, 229 = NJW 1989, 1861.

268 Die Obhutspflicht wird insbesondere diskutiert, soweit es um die Vermeidung von **Feuchtigkeitsschäden** geht und sie sich auf das Heizungs-, Lüftungs- und Wohnverhalten des Mieters bezieht. Das
OLG Celle WM 1985, 9 = ZMR 1985, 11
hat den Mieter für verpflichtet gesehen, sein Verhalten auf die Beschaffenheit der Wohnung abzustellen, wenn das Entstehen der Feuchtigkeitsschäden nur über den Umgang mit der Mietsache zu beeinflussen ist. Das von ihm abgeforderte Verhalten (sog. Normverhalten) ist unter Zumutbarkeitsgesichtspunkten zu prüfen; der Mieter schuldet danach ein sog. **zumutbares Normverhalten**. Es genügt im Prozeß also nicht, wenn der Vermieter behauptet, der Mieter habe nicht ausreichend geheizt und gelüftet, sofern er nicht vorträgt, wie er hätte heizen und lüften müssen. (Abgesehen davon, muß er die Möglichkeit von Fremdeinflüssen – z.B. undichte Fenster, unzureichende Wärmedämmung – ausschließen, s. dazu Rdn. 303a, 361, 471 f.).

269 Auch die neuere Rechtsprechung nimmt an, daß der Mieter verpflichtet ist, sein Heizungs- und Lüftungsverhalten den durch Einbau isolierverglaster Fenster veränderten Umständen in zumutbarem Umfang anzupassen
LG Münster WM 1987, 271,
LG Hannover WM 1988, 354,
LG Lübeck WM 1990, 202,
LG Hamburg WM 1990, 290.

Das soll aber nicht so weit gehen, daß der Mieter gehalten wäre, bauphysikalische Schwachstellen der Mieträume durch Absehen von der allgemein üblichen Nutzung bei der Möblierung auszugleichen
LG München I WM 1991, 584 im Anschluß an
LG Hamburg WM 1985, 22.

Ebensowenig ist ihm zuzumuten, täglich mehrere Stoßlüftungen durchzuführen und in sämtlichen Räumen die Temperatur nicht unter 17°C absinken zu lassen
LG Düsseldorf DWW 1992, 243.

Erst recht ist ihm eine Klimapflege mit Hilfe von Hygrometern nicht zuzumuten
LG Hamburg WM 1988, 106.

270 Ein Verschulden des Mieters im Zusammenhang mit unrichtigem Heizen und Lüften wird voraussetzen, daß der Vermieter den Mieter in geeigneter Weise auf ein richtiges und zumutbares Verhalten hingewiesen hat (LG Lübeck a.a.O., LG Aachen WM 1991, 90). Die Hinweise müssen konkret auf die baulichen Schwachstellen der Wohnung bezogen sein; allgemeine Belehrungen sollen nicht ausreichen,
vgl. AG Neuß WM 1994, 382: Nach einer Fenstermodernisierung muß der Vermieter den Mieter sachgerecht auf das Wohnverhalten unter einem veränderten Raumklima hinweisen.

Wäre bei verändertem zumutbaren Heiz- und Lüftungsverhalten ein feuchtigkeitsbedingter Schaden zum Teil vermeidbar gewesen, so muß der Mieter sich dies als Mitverschulden anrechnen lassen
LG Bonn ZMR 1991, 300.

Auch trifft den Mieter eines Mehrfamilienhauses eine Verkehrssicherungspflicht 271 gegenüber anderen Bewohnern und Besuchern. Hiergegen verstößt er, wenn er zur Vermeidung des „Schmutzeintrags" ins Treppenhaus als Fußmattenprovisorium einen trockenen Putzlappen verwendet, was einen Unfall verursachte
OLG Koblenz MDR 1992, 348.

dd) Haftung des Mieters aus positiver Vertragsverletzung

Verletzt der Mieter schuldhaft seine Pflichten, so haftet er dem Vermieter in der 272 Regel aus positiver Vertragsverletzung auf Schadensersatz. Beschädigt er schuldhaft das Mietobjekt, so soll dem Vermieter nur ein Vorschußanspruch auf Verwendungsersatz zustehen, wenn ein über das Erfüllungsinteresse hinausgehender Schaden fehlt
LG Berlin ZMR 1995, 258 mit krit. Anm. von Schläger.

Das überzeugt nicht, da eine Parallele zur Rechtsprechung des BGH bei Verletzung der Renovierungspflicht während der Mietzeit (s. BGH ZMR 1990, 450 und Rdn. 868) nicht besteht.

3. Rechte und Pflichten des Vermieters

a) Einwirkungsrechte

aa) Der Anspruch des Vermieters auf **Duldung von Erhaltungsmaßnahmen** nach 273 § 541a BGB bezieht sich auch auf vorbeugende Maßnahmen (z.B. Austausch der brüchigen Wasser- und Abwasserleitungen)
LG Hamburg WM 1995, 267.

Nicht dringliche Erhaltungsmaßnahmen muß der Vermieter zurückstellen, wenn das Mietverhältnis beendet und der Auszug des Mieters abzusehen ist
LG Köln WM 1995, 312.

Das wird allerdings nur dann gelten können, wenn die Duldung dem Mieter unzumutbar ist, wofür mindestens die Maßstäbe in §§ 541b Abs. 1, 556a Abs. 1 BGB anzulegen sind, da sich der Mieter bereits im Räumungsverzug befindet.

bb) Der **Duldungsanspruch** des Vermieters aus § 541b BGB ist durch das 4. Miet- 273a RÄndG auf Maßnahmen zur Schaffung neuen Wohnraums, etwa durch Anbau oder Aufstockung des Gebäudes, aber auch zur Einsparung von Wasser ausgedehnt worden (vgl. Rdn. A 3). Handelt es sich dagegen um andere Umgestaltungen, die nicht die Schaffung von Wohnraum – nicht notwendig Mietwohnraum! – betreffen, so kann nur ausnahmsweise ein Duldungsanspruch aus § 242 BGB in Betracht kommen, wenn es dem Vermieter nicht zuzumuten ist, die Maßnahme so lange zurückzustellen, bis das Mietverhältnis beendet ist
LG Göttingen WM 1990, 205,
zur früheren Rechtslage s. auch LG Berlin ZMR 1988, 180.

Die Bestimmung ist auch auf solche Maßnahmen anzuwenden, die nur anderen Wohnungen zugutekommt, z.B. Durchziehen von Leitungssträngen durch die Wohnung zur Versorgung anderer Wohnungen

LG Berlin GE 1994, 227, 927, ZMR 1994 S. X Nr. 11,
vgl. auch LG Berlin GE 1994, 455.

274 Betrifft die Maßnahme eine in **Wohnungseigentum** umgewandelte Mietwohnung und bezieht sie sich auf Teile des gemeinschaftlichen Eigentums, so muß der Duldungsanspruch von allen Wohnungseigentümern geltend gemacht werden. Eine Ermächtigung des Wohnungseigentümers, der zugleich Vermieter ist, zur Prozeßführung durch die Wohnungseigentümergemeinschaft ist zugelassen worden

LG Hamburg WM 1995, 267.

275 Eine **Modernisierungsmaßnahme** liegt vor, wenn der Gebrauchswert des Mietobjekts oder sonstiger Teile des Gebäudes erhöht wird. Dies bestimmt sich nach objektiven Kriterien und nicht aus der Sicht des duldungspflichtigen Mieters. Die Verbesserung kann trotz erheblicher Umbaumaßnahmen in der Wohnung zu verneinen sein

LG Karlsruhe WM 1992, 121 bei Verkleinerung des Bades als nunmehr reines Innenbad, bei Verbesserung der Ausstattung, Vergrößerung der Küche um die ehemalige Speisekammer.

Sie ist für die Umstellung einer Nachtstromheizung auf eine Gasetagenheizung mit Warmwasserversorgung bejaht worden

AG Hamburg WM 1991, 30,

ebenso die Umstellung einer Sammelheizung von Öl auf Erdgas

OLG Celle WM 1993, 89 als sog. modernisierende Instandsetzung bei Wohnungseigentum: Im Kern ist allgemeinkundig, daß die Erdgasheizung in ökologischer Hinsicht gegenüber der Ölzentralheizung technisch fortschrittlicher ist.

276 Dagegen stellt der Austausch von einfach verglasten Fenstern gegen isolierverglaste Fenster nur in Küche und Speisekammer weder eine Wertverbesserung noch eine Energiesparmaßnahme dar

LG Berlin ZMR 1992, 546 = GE 1994, 455.

277 Der Anschluß an das Breitbandkabelnetz der Bundespost wird überwiegend als gebrauchswertverbessernde Modernisierung anerkannt

BGH WM 1991, 381, 384,
BayVGH ZMR 1992, 211,
vgl. auch schon KG – RE v. 27.6.1985 – NJW 1985, 2031.

278 **Dulden** im Rahmen des § 541b BGB bedeutet lediglich, daß sich der Mieter in Kenntnis der Absicht des Vermieters passiv verhält. In Kenntnis des Modernisierungsvorhabens befindet sich der Mieter, wenn er über die Art und den Umfang wenigstens in groben Zügen unterrichtet ist. Passiv verhält er sich, wenn er dem Vermieter gegenüber der ihm bekannten Modernisierungsabsicht weder mündlich noch schriftlich widerspricht noch diesen durch Verweigerung des Zutritts bei Innenmaßnahmen oder durch gerichtliche Untersagungsverfügung bei Au-

ßenmodernisierung an der Durchführung der Wertverbesserungsmaßnahme hindert

KG - Beschl. v. 16.7.1992 - WM 1992, 514 = ZMR 1992, 486.

Die **Zumutbarkeitsprüfung** im Rahmen des Duldungsanspruchs nach § 541b 279
BGB schließt ein, das sog. Äquivalenzprinzip mit zu berücksichtigen: So hat das

KG - RE v. 22.6.1981 - NJW 1981, 2307

ausgeführt:

„Das Gestaltungsrecht des Vermieters darf mit dem Gebot der Vertragstreue, an das er gebunden ist, nicht in einen unvereinbaren Widerspruch treten. Der Mieter, der eine Wohnung mit bisher als normal angesehener Ausstattung gemietet hat, braucht es gegen seinen Willen nicht hinzunehmen, daß die Wohnung einen wesentlich anderen Zuschnitt erhält, wenn dieser Umstand zu einer unverhältnismäßigen Mieterhöhung führt. Unter diesem Gesichtspunkt ist es nicht entscheidend, ob der Mieter aufgrund seiner finanziellen Lage imstande wäre, ohne größere persönliche Einschränkung die höhere Miete zu zahlen."

Die Rechtsprechung hat es abgelehnt, eine strikte „Quotenregelung" zwischen 280
Einkommen und Mieterhöhung bzw. erhöhter Miete aufzustellen, wenn es darum geht, ob dem Mieter die modernisierungsbedingte Mieterhöhung noch zuzumuten ist

KG a.a.O.,
LG Frankfurt WM 1986, 312, das einen Anteil von 20% des Nettoeinkommens für die Miete als üblich ansieht und einen Rechtssatz verneint, wonach der Mieter die Modernisierung nicht zu dulden brauche, wenn sich der Mietzins dadurch um 50% erhöhe.
LG Berlin ZMR 1992, 546: Bedenken gegen die finanzielle Zumutbarkeit bestehen, wenn sich die bisherige Miete aufgrund der Modernisierungsumlage um 110% erhöht.
LG Berlin WM 1993, 186: Bei einer Mietbelastung von 25-30% des Nettoeinkommens des Mieters (einschließlich Wohngeld) ist eine finanzielle Härte zu bejahen.
LG Berlin MM 1994, 102: Bei einem Einkommen von über DM 1.500,- netto ist eine Bruttokaltmiete von 30% des Nettoeinkommens zumutbar.

Das schließt aber nicht die Beachtung empirischer und statistischer Erfahrungs- 281
werte aus; so ist etwa zu berücksichtigen, daß einkommensschwächere Bevölkerungskreise tendenziell eine höhere Mietbelastung haben (vgl. dazu Bielefeld DWW 1984, 126: Entwicklung und Struktur des Mietwohnungsbestandes und der Mieterhaushalte 1981/1982). Ob die künftige Mieterhöhung aus dem Familieneinkommen zumutbarerweise bezahlt werden kann, soll nicht davon abhängen, ob der Mieter Ratenkreditverpflichtungen hat

LG Berlin WM 1990, 206.

Auf die Unzumutbarkeit der Mieterhöhung soll sich der Mieter nicht berufen können, wenn die künftige Miete nach der Modernisierung noch vollständig förderungsfähig gemäß dem Wohngeldgesetz ist

LG Köln WM 1992, 431.

Demgegenüber müßte wohl eher geprüft werden, inwieweit die erhöhte Miete konkret durch Wohngeld abgedeckt werden würde und welcher Eigenanteil zu Lasten des Mieters verbliebe.

Auf die **künftige Mietbelastung** kann sich der Mieter dann nicht berufen, wenn 282
der Vermieter die Räume lediglich in einen **Zustand** versetzen will, wie er

allgemein üblich ist. Das ist dann der Fall, wenn dieser Zustand bei der überwiegenden Mehrheit von Mieträumen – mindestens zwei Drittel – in Gebäuden gleichen Alters innerhalb der Region angetroffen wird

BGH – RE v. 19.2.1992 – NJW 1992, 1386 = WM 1992, 181.

Damit ist die modernisierungshemmende Auffassung des

KG – RE v. 19.9.1985 – NJW 1986, 137

aufgegeben, nach der ein abstrakter Maßstab anzulegen und für die Üblichkeit eine Quote von (mindestens) 90% zugrunde zu legen war. Der BGH stellt auf den tatsächlich vorhandenen **Ist-Zustand**, nicht auf einen erst anzustrebenden Soll-Zustand ab. Dementsprechend kann es nicht darauf ankommen, ob die Modernisierungsmaßnahmen des Vermieters nach der Verkehrsauffassung als wohnungswirtschaftlich objektiv notwendige und wirtschaftlich vernünftige Grundausstattung anzusehen ist (so aber das vorlegende OLG Karlsruhe DWW 1991, 365 = WM 1991, 575). Offengelassen hat der BGH, ob die von ihm aufgestellten Kriterien auch in den neuen Bundesländern zu gelten haben.

283 Für das Land Berlin ist nach den Verhältnissen der früheren Zuordnung in Ost- und Westberlin differenziert worden

LG Berlin WM 1993, 186.

Die Ausstattung von Altbauwohnungen in Westberlin mit einem Bad soll allgemein üblich sein, nicht aber mit einer Sammelheizung (LG Berlin a.a.O.).

Bei der Zumutbarkeitsprüfung ist mit besonderer Sorgfalt darauf zu achten, ob Leben oder Gesundheit des Mieters gefährdet werden können

BVerfG – Beschl. v. 14.1.1992 – WM 1992, 104.

284 Die form- und fristgerechte Erfüllung der **Ankündigungspflicht** des Vermieters nach § 541b Abs. 2 BGB ist Voraussetzung dafür, daß der Duldungsanspruch des Vermieters **fällig** wird

OLG München WM 1991, 481.

Darüberhinaus soll sie auch Voraussetzung für den Anspruch auf Mieterhöhung nach § 3 MHG sein, ohne daß es darauf ankommt, ob der Mieter die Maßnahme tatsächlich geduldet hat

KG – RE v. 1.9.1988 – NJW-RR 1988, 1420 für Wärmedämmung an der Außenfassade des Mietgebäudes.

285 Die Unterlassung oder Verletzung der Anzeigepflicht soll nach Treu und Glauben und entgegen dem Rechtsentscheid des KG vom 1.9.1988 aber dann nicht Voraussetzung für die Mieterhöhung nach § 3 MHG sein, wenn es sich um Maßnahmen im Inneren der Mieträume handelt, die der Mieter durch Gestattung des Zutritts geduldet hat

OLG Stuttgart – RE v. 26.4.1991, WM 1991, 332 = ZMR 1991, 259,
OLG Frankfurt – Beschl. v. 5.9.1991, DWW 1991, 336 = WM 1991, 527.

286 Dem ist im Ergebnis zu folgen. Bedenken bestehen freilich, einen Rechtsentscheid über Treu und Glauben zu begründen. Auch hätte das OLG Frankfurt die Frage dem BGH zum Rechtsentscheid vorlegen müssen, weil es vom Rechtsentscheid des KG abgewichen ist, soweit es den Einbau der Heizungsanlage außer-

halb der Mietwohnung betrifft. Der dogmatische Ausgangspunkt im Rechtsentscheid des KG vom 1.9.1988 trifft zu: Der Vermieter kann eine Mieterhöhung wegen Veränderungen am Mietobjekt nur verlangen, wenn die Maßnahme „**in Gemäßheit des Mietvertrages**" durchgeführt worden ist. Das ist der Fall, sofern der Mieter entweder ihr zugestimmt hat oder zur Duldung verpflichtet ist. Nicht gefolgt werden kann dem KG darin, daß die **Ankündigung** Tatbestandsvoraussetzung für die Entstehung der Duldungspflicht ist. Vielmehr ist sie bloße **Fälligkeitsvoraussetzung**, auf die es grundsätzlich nicht mehr ankommt, sofern der Mieter geduldet hat. Der Anwendungsbereich des Rechtsentscheids des KG ist nur noch auf die Fälle beschränkt, in denen der Vermieter Maßnahmen außerhalb der Mieträume ohne Wissen des Mieters durchgeführt hat.

Offenbar will das KG an dem RE vom 1.9.1988 nicht mehr festhalten. Es hat im Beschluß vom 16.7.1992 für eine sog. Außenmodernisierung (Einbau eines Fahrstuhls) ausgeführt, daß Voraussetzung für die Mieterhöhung nach § 3 MHG nicht eine ordnungsmäßige Modernisierungsankündigung ist, sondern das bloße Dulden der Maßnahme genügt (zum Duldungsbegriff vgl. Rdn. 278)

KG NJW-RR 1992, 1362 = WM 1992, 514 = ZMR 1992, 486.

Das KG hat gleichwohl keinen Rechtsentscheid erlassen, weil es auf die Rechtsfrage im vorgelegten Fall nach seiner Auffassung nicht ankam; sein Beschluß hat also keine Bindungswirkung nach § 541 ZPO.

An die **Ankündigungspflicht** werden erhebliche Anforderungen gestellt, die aber nicht überspannt werden dürfen,

vgl. LG Berlin MDR 1991, 445: Die mitzuteilende künftige Mieterhöhung muß rechnerisch überprüfbar sein;
a.A. insoweit LG Fulda WM 1992, 243;
LG Berlin ZMR 1992, 546, GE 1994, 455, LG Nürnberg–Fürth WM 1993, 670: Es müssen die modernisierungsbedingten voraussichtlich zusätzlich anfallenden Betriebs- bzw. Heizkosten aufgeführt werden; handelt es sich um mehrere Modernisierungsmaßnahmen, so müssen die erforderlichen Angaben für jede einzelne Maßnahme gemacht werden,
LG Hamburg WM 1992, 121: genaue Beschreibung bei Einbau einer Zentralheizung (Anzahl, Bauart und Ort der Aufstellung der Heizkörper, Verlauf der Rohrleistungen in der Wohnung), ferner AG Neukölln MM 1995, 147, Blümmel-Kinne DWW 1988, 302.

Die Zeitangabe für den **Beginn** der Maßnahme muß möglichst genau sein. Die Angabe „im Juni" oder „Mitte/Ende April" soll nicht ausreichen

LG Berlin GE 1994, 227,
AG Neukölln MM 1995, 147.

Unerheblich ist allerdings, wenn der Termin für den Beginn der Arbeiten zur Zeit der gerichtlichen Entscheidung über den Duldungsanspruch schon verstrichen ist

LG Berlin GE 1994, 455.

Überschreitet der Vermieter den mitgeteilten Zeitpunkt des Modernisierungsbeginns nicht nur unerheblich, so muß er erneut ankündigen

LG Berlin WM 1989, 287.

290 Ebenso strenge Anforderungen werden auch an die Angaben zur **Dauer** der Maßnahme gestellt

AG Neukölln MM 1995, 147: Die Angabe, daß die Arbeiten 6 bis 8 Wochen dauern werden, soll nicht ausreichen.

Die Ankündigungserklärung muß als **einheitliche Erklärung** abgegeben werden; eine sukzessive Ankündigung („scheibchenweise") ist unzulässig

LG Berlin ZMR 1992, 546.

291 Die Ankündigungspflicht besteht aber auch dann, wenn der Mieter allgemein Kenntnis von den Maßnahmen hat

LG Essen WM 1990, 513,
KreisG Weißwasser WM 1992, 468: trotz mündlicher Ankündigung.

Andererseits soll sich der Mieter im Prozeß nicht auf eine fehlende Ankündigung berufen können, wenn er über alle nötigen Informationen verfügt und auch die 2-Monatsfrist abgelaufen ist

LG Mannheim WM 1987, 385.

292 Sie entfällt bei sog. **Bagatellmaßnahmen**; eine solche liegt nicht vor, wenn sie eine Mieterhöhung von 7,5% zur Folge hat

LG Detmold WM 1990, 121;
anders LG Berlin ZMR 1986, 444 bei einer Mieterhöhung von 5%.

293 Problematisch ist, ob der Vermieter bei umfassender **Sanierung** zur **Kündigung** nach § 564b Abs. 1, 2 Nr. 3 BGB berechtigt ist (vgl. Rdn. 1093 f.). Das ist für den Fall bejaht worden, daß die gekündigte Wohnung durch die Modernisierung wegfallen würde

BayObLG – RE v. 17.11.1983 – NJW 1984, 372,

aber auch bei Umbau einer Großwohnung in Kleinwohnungen

LG Hamburg WM 1989, 393;
verneinend: AG Konstanz WM 1989, 255,

oder bei umfassender Altbausanierung

LG Düsseldorf ZMR 1991, 438,

oder bei Abbruch des Wohnhauses und Errichtung eines Neubaus zu gewerblichen Zwecken

LG Osnabrück WM 1994, 214.

294 Ist mit der Modernisierung eine vermeidbare Verschlechterung der Wohnung in Einzelbereichen eingetreten, so ist der Mieter grundsätzlich berechtigt, die Wiederherstellung eines der früheren Gebrauchstauglichkeit entsprechenden Wohnungsstandes zu verlangen,

LG Bonn WM 1990, 388 für abschließbare Balkontüren.

295 Dem Mieter steht ein **Aufwendungsersatzanspruch** wegen der Gegenstände, die er modernisierungsbedingt entfernen muß, auch dann zu, wenn er die Einrichtungen bei Beendigung des Mietverhältnisses ohnehin entfernen müßte, das Ende des Mietverhältnisses aber noch unbestimmt ist; anders verhält es sich, wenn er in absehbarer Zeit zu einem bestimmten Termin räumen müßte

LG Hamburg WM 1993, 398 für Nachtspeicherheizung.

Haben die Parteien vereinbart, daß der Mieter für die Dauer der Wohnungssanierung unter Fortsetzung des bisherigen Mietverhältnisses eine Ersatzwohnung bezieht, so muß der Vermieter ihm die frühere Wohnung nach Abschluß der Arbeiten wieder überlassen. Ist ihm dies nicht mehr möglich, weil er die Wohnung verkauft hat und diese anderweitig vermietet worden ist, so ist das Mietverhältnis in der Ersatzwohnung zu erfüllen, und zwar unabhängig von den Eigentumsverhältnissen daran. Außerdem macht sich der Vermieter gegenüber dem Mieter schadensersatzpflichtig

LG Köln WM 1995, 151, 155.

Das **Sonderkündigungsrecht** nach § 541b Abs. 2 S. 2 BGB ist dem Mieter auch 296
dann eingeräumt worden, wenn der Vermieter die bauliche Maßnahme (Dachgeschoßausbau) nicht angekündigt hat; es soll das Kündigungsrecht nach § 542 Abs. 1 BGB verdrängen

LG Berlin MM 1995, 188.

cc) Der Vermieter kann die Mieträume mit Handwerkern betreten, kann aber 297
auch beanspruchen, daß der Mieter das **Betreten** allein durch Handwerker duldet. Andererseits soll der Mieter nicht verpflichtet sein, den Handwerkern Einlaß in die Mieträume zu gewähren, wenn der Vermieter sich weigert, die Namen der Handwerker anzugeben, so daß er mit seinen Pflichten nicht in Verzug gerät

LG Berlin MM 1995, 227.

Das Recht des Vermieters zur **Besichtigung der Wohnung** mit Kaufinteressenten ist auf einmal in der Woche beschränkt worden

LG Kiel WM 1993, 52;
zu eng AG Hamburg WM 1992, 540: einmal monatlich.

Eine Formularklausel, die den Vermieter befugt, die Wohnung täglich auch mehrstündig mit Kaufinteressenten ohne Rücksicht auf die Belange des Mieters zu besichtigen, ist unwirksam

AG Hamburg WM 1992, 540.

Nach AG Waldbröl WM 1992, 599 muß der Vermieter auf die religiösen Belange 298
des Mieters bei der Besichtigung Rücksicht nehmen (z.B. Überziehen von Filzpantoffeln vor Betreten der Wohnung). Anders verhält es sich, wenn so schwerwiegende Belange des Mieters nicht berührt werden

AG München WM 1994, 425.

Auch ist er verpflichtet, das Betreten der Wohnung durch den Vermieter und einen Mitarbeiter der zuständigen Behörde zu dulden, um eine Bauprüfung zur Erteilung der sog. Abgeschlossenheit der Wohnung durchzuführen

LG Hamburg WM 1994, 425.

Der Mieter eines Einfamilienhauses muß es dulden, daß der Vermieter eine 299
Verkaufs-Hinweistafel auf dem Grundstück anbringt, sofern keine unmittelbaren Störungen durch Kaufinteressenten zu erwarten sind

AG Hamburg WM 1993, 603.

b) Instandsetzungspflichten

300 Treten Schäden am Mietobjekt auf, die nicht auf vertragsgemäßer Abnutzung oder vertragswidrigem Gebrauch beruhen, so ist der Vermieter zur Instandsetzung auch dann verpflichtet, wenn die Pflicht auf den Mieter abgewälzt worden ist; das gilt übrigens auch für die Durchführung von Schönheitsreparaturen (z.B. Schäden infolge von Brandstiftung oder Leckagen)
BGH MDR 1987, 752 = ZMR 1987, 257,
OLG Koblenz ZMR 1989, 464 = WM 1990, 16 für Mauerschäden.

Der Instandhaltungs- und -setzungsanspruch des Mieters beschränkt sich nicht nur auf die gemieteten Räume, sondern bezieht sich auf alle Teile, die vertragsgemäß mitgenutzt werden, so etwa auf **Gemeinschaftsräume** wie das Treppenhaus
BGH BB 1966, 1286.

aa) Inhalt der Pflicht

301 Inhalt und Umfang dieses Anspruchs hängen jedoch vom Zustand dieser Teile bei Beginn des Mietverhältnisses ab: dadurch wird der vertragsgemäße Zustand festgeschrieben
BGH WM 1994, 201 für sanierungsbedürftiges Wohnhaus,
KG WM 1984, 42, LG Berlin GE 1994, 997 für Renovierungspflicht des Vermieters im Treppenhaus,
LG München I WM 1993, 736 für Ausbesserung beschädigter Putzflächen und Schönheitsreparaturen im Treppenhaus,
vgl. auch BGH WM 1994, 201 für sanierungsbedürftiges Gebäude.

Der Anspruch des Mieters bezieht sich auch auf die Beseitigung von Schmierereien beleidigenden Inhalts im Hausflur
AG Schöneberg MM 1994, 211.

302 Aufgrund seiner Instandsetzungspflicht muß der Vermieters im Nachhinein erkannte umweltbedingte Mängel beheben, soweit anderenfalls Gesundheitsschäden des Mieters zu befürchten sind (vgl. Rdn. 314). Er ist auch gehalten, einen außenliegenden Sonnenschutz anzubringen, wenn in nach Süden belegenen gewerblichen Miträumen ganzjährig zeitweise derart hohe Temperaturen auftreten, daß die Nutzung erheblich beeinträchtigt wird
OLG Köln MDR 1993, 973 = WM 1995, 35.

303 Der Vermieter ist verpflichtet, die Ursache von **Feuchtigkeitsschäden** zu beseitigen, soweit sie auf konstruktiven Schwachstellen des Gebäudes (Kältebrücken) beruht
LG Flensburg WM 1991, 582;

jedoch beinhaltet der Erfüllungsanspruch des Mieters nicht, die **Wärmedämmung** zu erneuern, wenn nicht feststeht, daß die Feuchtigkeitsschäden auf bauseitige Schwachstellen zurückzuführen sind,
ähnlich für schallisolierende Maßnahmen: LG Berlin MM 1994, 281.

303a Ist streitig, ob die Ursache eines Feuchtigkeitsschadens in der Wohnung aus der Sphäre des Vermieters oder des Mieters stammt, muß der Vermieter die Möglich-

keit einer aus seinem Verantwortungs- und Pflichtenkreis herrührenden Schadensursache zunächst ausschließen, wenn Anhaltspunkte dafür vorhanden sind
LG Berlin GE 1995, 761.

Letzteres dürfte der Fall sein, wenn der Vermieter in die ursprünglich gegebenen raumklimatischen Verhältnisse – etwa durch Einbau isolierverglaster Fenster – eingegriffen hat.

Sind Feuchtigkeitsschäden in einer Wohnung aufgetreten, so muß der Vermieter beweisen, daß die Mietsache frei von Baumängeln ist und der Zustand der Fenster, Türen sowie Heizung keinen Einfluß auf die Kondensatbildung ausübt. Ist der Nachweis geführt, so muß sich der Mieter entlasten und darlegen, wie er geheizt und gelüftet hat und daß die Möblierung nicht ursächlich für die Feuchtigkeitsschäden ist. Bleibt offen, ob nicht auch Einflüsse außerhalb des Mieterverhaltens ursächlich für die Feuchtigkeitsschäden sind, so trägt der Vermieter die **Beweislast**
LG Mannheim ZMR 1991, 481 (LS),
LG Bochum DWW 1991, 188 f.,
s. auch LG Mannheim ZMR 1989, 424 und Blank PiG 31 (1989), 91: Wärmedämmung und Feuchtigkeitsschäden, ferner allgemein zur Beweislast Rdn. 361 f.

Es ist eine unzutreffende Vereinfachung, dem Vermieter nur von außen eindringende Feuchtigkeit anzulasten; auch die Folgen von Kältebrücken und Eingriffen in die raumklimatischen Verhältnisse fallen in seine Sphäre.

Hat der Vermieter in einem Altbau mit verhältnismäßig geringer Wärmedämmung nachträglich isolierverglaste Fenster oder dicht schließende Doppelfenster eingebaut, so muß er beweisen, daß diese bauliche Maßnahme nicht für Feuchtigkeitsschäden ursächlich geworden ist
LG Düsseldorf WM 1992, 187.

Die Pflicht des Vermieters zur Instandsetzung beinhaltet nicht auch das Recht, 304
die Mietsache zu verändern, ohne daß eine Modernisierung im Sinne von § 541 b BGB, § 3 MHG vorliegt. Jedoch ist im Rahmen von Treu und Glauben auch der **Grundsatz der Wirtschaftlichkeit** zu berücksichtigen. So ist der Vermieter für berechtigt gehalten worden, verstärkte elektrische Leitungen in die Küche des Mieters zu verlegen anstatt die defekte Gasleitung zu reparieren
LG Hannover WM 1991, 482;
a.A. AG Köln WM 1987, 385 für Reparatur der Gasheizung innerhalb der Mietwohnung, auch wenn ein Anschluß der Wohnung an die Gebäudezentralheizung kostengünstiger wäre;
AG Berlin-Tiergarten WM 1989, 365, MM 1995, 400: Der Vermieter darf den defekten Gasherd nicht durch einen Elektroherd ersetzen.

Andererseits ist ihm versagt worden, die notwendige Instandsetzung von Kasten-Doppelfenstern durch den Einbau von isolierverglasten Fenstern zu unterlaufen (LG Berlin 1987, 384, AG Hamburg WM 1990, 68).

Der Instandsetzungsanspruch ist grundsätzlich bei **Fälligkeit** zu erfüllen; aller- 305
dings ist ein konkretes Sanierungsvorhaben des Vermieters zu berücksichtigen; dagegen kommt es für die Durchsetzung des Anspruchs nicht darauf an, wie häufig der Mieter die Räumlichkeiten nutzt
LG Bonn WM 1989, 367.

306 Bei einer Personenmehrheit auf Mieterseite kann jeder Mitmieter den Instandsetzungsanspruch als Leistung an alle Mitmieter geltendmachen
LG Kassel WM 1994, 534.

307 Die **Zwangsvollstreckung** des Anspruchs erfolgt nach § 887 ZPO. Das Recht des Mieters auf Ersatzvornahme wird nicht dadurch ausgeschlossen, daß der Vermieter, der zur Behebung von Feuchtigkeitsschäden verurteilt worden ist, nur unzureichende Malerarbeiten ausführen lassen will. Es wird also im Vollstreckungsverfahren geprüft werden müssen, ob die Mängel dauerhaft abgestellt worden sind oder werden
OLG Frankfurt WM 1989, 284.

308 Bei Vermietung einer **Eigentumswohnung** bezieht sich die mietvertragliche Instandhaltungs- und Instandsetzungspflicht des Vermieters auch auf Teile des Gemeinschaftseigentums, soweit sich der Mietgebrauch auf sie erstreckt. Der Anspruch des Mieters scheitert nicht etwa an einer rechtlichen Unmöglichkeit (so aber noch LG Berlin WM 1988, 156).

309 Folgen Umwandlung und Veräußerung der Vermietung nach, so tritt die Wohnungseigentümergemeinschaft auch haftungsrechtlich an die Stelle des bisherigen Vermieters (vgl. KG WM 1993, 423). Mit der Veräußerung und dem Eigentumsübergang auf den Erwerber tritt dieser in die Wohnungseigentümergemeinschaft ein, so daß sich an der Haftung der Gemeinschaft (und des Erwerbers im Rahmen der Gemeinschaft) nichts ändert, soweit es Teile des Gemeinschaftseigentums betrifft. Folgt die Vermietung der Umwandlung und Veräußerung nach, so trifft den Vermieter die allgemeine schuldrechtliche Einstandspflicht für sein eigenes Leistungsvermögen (vgl. dazu Sternel, Erfüllungs- und Gewährleistungsansprüche des Wohnungsmieters bei nachfolgender Umwandlung in Wohnungseigentum in Festschrift für Bärmann und Weitnauer, 1990, S. 661 f.). Wichtig ist in diesem Zusammenhang der Rechtsentscheid des
KG v. 25.6.1990, WM 1990, 367 = ZMR 1990, 336:
Der Mieter einer Eigentumswohnung hat gegen seinen Vermieter auch dann einen gerichtlich durchsetzbaren Anspruch auf Mängelbeseitigung, wenn die zur Mängelbeseitigung erforderlichen Maßnahmen Eingriffe in das **gemeinschaftliche Eigentum** der Wohnungseigentümer notwendig machen und – soweit erforderlich – ein zustimmender Beschluß der Wohnungseigentümerversammlung noch nicht vorliegt.

310 Die gleiche Verpflichtung trifft auch den gewerblichen Zwischenmieter einer Eigentumswohnung gegenüber dem Endmieter
OLG Zweibrücken – RE v. 14.12.1994 – ZMR 1995, 119,
LG Lübeck WM 1991, 30 für Horizontalisolierung des Mauerwerks;
auch hier liegt kein Fall der rechtlichen Unmöglichkeit vor.

311 Die **Zwangsvollstreckung** aus einem Titel auf Durchführung von Instandsetzungsmaßnahmen an Teilen, die im Gemeinschaftseigentum stehen, richtet sich bei der vermieteten Eigentumswohnung nicht nach § 887 ZPO, sondern nach § 888 Abs. 2 ZPO. Der Vermieter muß alle zumutbaren Rechtsmittel gegenüber den Miteigentümern und dem Verwalter ausschöpfen, um seiner mietvertraglichen Pflicht zu genügen.

Ähnliche Probleme ergeben sich beim Duldungsanspruch, wenn sich die Modernisierung auf Gemeinschaftseigentum bezieht (vgl. dazu Teitge ZMR 1987, 281, LG Hamburg WM 1995, 267).

Umstritten ist, ob den Vermieter eine **Nachrüstungspflicht** trifft, um ein Mietgebäude mit veralteter Ausstattung dem gegen wärtigen Standard anzupassen. Die Frage wird verneint, wenn die Wohnung dem Standard zur Zeit der Bauerrichtung entsprach und keine technischen Mängel vorlagen, 312

LG München I ZMR 1987, 468 für Nachisolierung,
ebenso LG Berlin ZMR 1987, 338 bei Außenwohnung, LG Köln WM 1990, 424 für Fenster, die der WärmeSchutzV nicht mehr entsprechen, LG Hannover WM 1991, 540 für Heizungsanlage;
anders aber LG Frankfurt DWW 1987, 99 für Nachisolierung, LG Waldshut-Tiengen WM 1991, 479 wenn ein ungewöhnlich hoher Heizenergieverbrauch infolge einer unzureichenden Wärmeisolierung entsteht, die zwar dem Baualter des Gebäudes entspricht, jedoch mit wirtschaftlich vernünftigem Aufwand ohne Schwierigkeiten verbessert werden kann,
AG Bremerhaven WM 1992, 601 für unzureichende Beheizung wegen mangelnder Dimensionierung der Heizungsanlage,
AG Gelsenkirchen WM 1993, 735 für Ausstattung der Heizungsanlage mit Thermostatventilen, soweit eine öffentlich-rechtliche Verpflichtung des Vermieters nach § 2 Abs. 5 HeizungsanlagenV besteht,
ferner AG Bensheim WM 1987, 315.

Auch hat der Mieter einen Anspruch auf Verbesserung des Schallschutzes, wenn die Wand zur Nachbarwohnung extrem dünn ist und es nicht nur darum geht, die neuen Schallschutzvorschriften einzuhalten 313

LG Berlin MM 1994, 281.

Eine Instandsetzungspflicht des Vermieters wird jedenfalls zu bejahen sein, wenn die standardmäßige Beschaffenheit zu **Gesundheitsschäden** führt (z.B. bei Auswirkung von Asbest, Blei, Formaldehyd) 314

LG Berlin DWW 1987, 130,
LG Frankfurt ZMR 1990, 17,
AG Hamburg ZMR 1988, 101, bestätigt durch LG Hamburg NJW 1991, 1898 = WM 1991, 161, WM 1992, 11 = ZMR 1992, 26,
ferner AG Hamburg ZMR 1994 S. X Nr. 7 für den Anspruch des Mieters auf Austausch asbesthaltiger Nachtspeichergeräte durch schadstofffreie Geräte.

Nach wohl überwiegender Auffassung wird eine Gesundheitsgefährdung indiziert, wenn der Grenzwert der TrinkwasserV (0, 04 mg/l) nicht nur ganz unerheblich nach Umfang und Dauer überschritten wird 315

OLG Köln ZMR 1992, 155 für Büroräume, LG Frankfurt a.a.O., LG Hamburg a.a.O.
Zur Maßgeblichkeit des Grenzwerts bei Formaldehydausgasungen s. auch OLG Düsseldorf NJW-RR 1991, 1495,
LG München I WM 1991, 584, ferner OLG Düsseldorf DWW 1992, 140, OLG Nürnberg DWW 1992, 143 jeweils für Werkverträge,
zum ähnlichen Fall der PER-Belastung: LG Hannover WM 1990, 337,
zu den Gefahren von Asbest in Nachtspeicheröfen älterer Bauart s. OVG Hamburg WM 1991, 540 = ZMR 1991, 408, Halstenberg WM 1993, 155, Isenmann DWW 1994, 197;
einschränkend AG Bonn WM 1991, 543, wenn Asbestfasern in der Raumluft praktisch nicht mehr nachgewiesen werden können;

zur Wirkung elektromagnetischer Wellen auf den Menschen s. Käs DWW 1992, 204, s. auch Rdn. 393.

316 Ein Anspruch des Mieters auf **Modernisierung** wird verneint, so etwa auf Verstärkung der elektrischen Leitungen, um in der Wohnung einen Mikrowellenherd betreiben zu können (AG Osnabrück ZMR 1989, 339), ebenso ein Anspruch auf Verkabelung (AG Bonn WM 1990, 14),

> anders mit eingehender Begründung: AG Schöneberg WM 1992, 113 bei völlig unzureichender Absicherung der Stromversorgung der Wohnung mit 6 Amp.

Für den Modernisierungsanspruch des Mieters sind vom AG Schöneberg a.a.O. folgende (nicht abschließende) Voraussetzungen aufgestellt worden:

– Seit Abschluß des Mietvertrages ist eine erhebliche Zeit verstrichen.
– Es haben sich seitdem die tatsächlichen Verhältnisse im Durchschnitt vergleichbarer Haushalte – nicht unterster Standard – geändert.
– Es kann nicht durch andere, den Vermieter stärker schonende Mittel in geeigneter Weise Abhilfe geschaffen werden.
– Die Modernisierung muß dem Vermieter (auch wirtschaftlich) zuzumuten sein.

bb) Grenzen der Pflicht

317 Der Mieter verliert den Erfüllungsangspruch grundsätzlich noch nicht deshalb, weil er den Mangel bei Abschluß des Mietvertrages kennt; § 539 BGB ist in diesem Zusammenhang nicht – auch nicht entsprechend – anzuwenden

> OLG Köln MDR 1993, 973 = WM 1995, 35, LG Berlin MM 1994, 281;
> a.A. LG Berlin GE 1993, 99.

Die Formularklausel, gemäß der der Mieter mit der Übernahme der Mieträume anerkennt, daß diese sich in einem zum vertragsgemäßen Gebrauch geeigneten Zustand befinden (ausgenommen versteckte Mängel), bezieht sich nur auf Gewährleistungsrechte, nicht aber auf den Erfüllungsanspruch

> OLG Köln a.a.O.

318 In Betracht zu ziehen ist aber, ob nicht aus der **Mangelkenntnis** des Mieters gefolgert werden kann, daß er sich mit dem Mangel zumindest abgefunden hat und dieser damit den „vertragsgemäßen Zustand" kennzeichnet (s. Rdn. 451); alsdann besteht die Instandsetzungspflicht des Vermieters nicht

> BGH WM 1994, 201 bei Vermietung eines renovierungsbedürftigen Hauses in einem unter dem Mindeststandard liegenden Zustand,
> LG Düsseldorf DWW 1991, 284,
> LG Mannheim ZMR 1990, 220: Wird ein Haus zu Wohnzwecken vermietet, so können die Parteien einen konkret gegebenen schlechten Bauzustand als vertragsgemäß vereinbaren.

319 Der letztere Gesichtspunkt gilt auch für den Anspruch des Mieters auf eine Anfangsrenovierung

> BGH – RE v. 1.7.1987 – BGHZ 101, 253 = WM 1987, 306, 310,

oder auf Instandhaltungsmaßnahmen in den Mieträumen (hier Abschleifen des Parkettbodens): War der Boden schon zu Beginn des Mietverhältnisses in einem

abgenutzten Zustand, so ist dem Mieter der Anspruch – anders als bei vertragsgemäßer Abnutzung im Verlauf der Mietzeit – versagt worden
LG Berlin ZMR 1989, 259.

Will der Mieter seine Rechte wahren, so muß er bei Vertragsabschluß, spätestens bei Übergabe, falls keine Vorbesichtigung erfolgte, einen entsprechenden **Vorbehalt** erklären
LG Berlin ZMR 1990, 420 für unrenovierte Wohnung.

Daraus resultiert der Wert eines **Übergabeprotokolls.**

Die Pflicht des Vermieters zur Instandsetzung endet ferner bei vollständiger tatsächlicher oder wirtschaftlicher **Zerstörung**, wenn diese nicht vom Vermieter zu vertreten ist (§ 275 BGB). Die Aufbaupflicht ist nämlich eine Folgewirkung der Pflicht zur Gebrauchsüberlassung; entfällt jene, so besteht auch diese nicht. Das soll auch bei Teilunmöglichkeit gelten, sofern die Vermieterleistung teilbar ist. Die Teilbarkeit wird bejaht, wenn der Mietgebrauch auch ohne den zerstörten Teil möglich bleibt 320
BGH WM 1992, 133 = ZMR 1992, 140 für Zerstörung einer Scheune bei Verpachtung eines ländlichen Anwesens, vgl. auch Rdn. 397 f.

Sie ist dagegen zu verneinen, wenn der Mieter mit der an sich noch möglichen Teilleistung des Vermieters nichts anfangen kann (vgl. Emmerich PiG 46 [1995], 119, 126). Daher ist die Wiederaufbaupflicht auch dann verneint worden, wenn der Vermieter ein durch Brand nur teilweise zerstörtes Gebäude gänzlich abgerissen hat, sofern die Teilzerstörung wirtschaftlich einer vollständigen Zerstörung gleichkommt (z.B. bei vollständiger Zerstörung des Dachs, so daß kein Schutz gegen Witterungseinflüsse gegeben war) oder der erforderliche Aufwand die Opfergrenze überschreiten würde 321
OLG Karlsruhe ZMR 1995, 201.

Die **Opfergrenze** bildet eine generelle Grenze der Instandsetzungspflicht
BGH MDR 1991, 329 = ZMR 1991, 19,
OLG Karlsruhe a.a.O., BezG Dresden WM 1991, 143.

Nach OLG Karlsruhe a.a.O. kommt dies in Betracht bei einem krassen Mißverhältnis
- zwischen dem Reparaturaufwand und dem Nutzen der Reparatur für den Mieter,
- zwischen dem Wert des Mietobjekts und den aus ihm zu erzielenden Einkünften.

Hieran werden allerdings hohe Anforderungen gestellt:
LG Wuppertal WM 1991, 178 für Außensanierung gegen Feuchtigkeitsschäden: keine Überschreitung bei einem Bauaufwand von ca. DM 26.000,–,
LG Berlin WM 1991, 538 für Balkonsanierung: Die Höhe der Mieteingänge bildet keine Grenze, ebenso auch LG Berlin GE 1995, 1013 bei einem Bauaufwand von über DM 33.000,–, LG Osnabrück WM 1992, 119 für Trockenlegung eines Kellers: Kosten der Aufgrabung ca. DM 40.000,–,
OLG Köln WM 1995, 35: wenn es sich um Investitionen in einem Umfang handelt, der auch bei sachgerechter Planung und Ausführung des Bauwerks von vornherein aufzubringen gewesen wäre.

322 Das Verlangen des Mieters kann aber rechtsmißbräuchlich sein, wenn der Vermieter eine bevorstehende Sanierungsmaßnahme am Hause plant

LG Berlin, AG Tempelhof-Kreuzberg MM 1993, 107.

Die Grenzen der Instandhaltungs- und Instandsetzungspflicht sind von besonderer Bedeutung für den Wohnungsbestand in den neuen Bundesländern (s. dazu Rdn. A 245).

Zum Zurückbehaltungsrecht des Mieters s. Rdn. 464.

323 Nach **Beendigung des Mietverhältnisses** beschränkt sich die Instandhaltungs- und Instandsetzungspflicht auf solche Maßnahmen, die erforderlich sind, um die Mindestbedingungen von Nutzungsmöglichkeiten aufrechtzuerhalten (z.B. Lieferung von Wasser, Strom, Heizung, Entsorgung), sowie auf Maßnahmen der Gefahrenabwehr und Verkehrssicherung

LG Berlin MDR 1992, 478, LG Aachen MDR 1992, 578 jeweils zur Beseitigung von Feuchtigkeitsschäden.

c) Nebenpflichten

324 Der Vermieter ist zur **Beheizung** der Wohnung auch dann verpflichtet, wenn Streit über die Höhe der Miete aus Anlaß der Modernisierung der Heizungsanlage besteht

AG Burg WM 1992, 588.

Er kann seine Leistung selbst dann nicht zurückbehalten, wenn der Mieter mit der Zahlung der Heizkosten im Rückstand ist; denn seine Leistung ist nicht nachholbar

OLG Hamburg WM 1978, 169.

Eine Temperatur von 17°C tagsüber ist nicht vertragsgemäß; vielmehr sind (jedenfalls) 20°C zu fordern

LG Landshut WM 1989, 175.

325 Formularmäßige Regelungen über die Mindesttemperaturen in den zentralbeheizten Räumen sind zulässig; dabei darf jedoch der gewöhnliche, am zeitgemäßen Wohnstandard zu bemessende Gebrauch nicht oder allenfalls nur unerheblich eingeschränkt werden. Differenzierungen nach einzelnen Räumen sind zulässig. Es muß aber klargestellt sein, für welche Räume die Heizpflicht in welchem Umfang besteht. Das ist bei einer Formularklausel, die auf die *„vom Mieter hauptsächlich benutzten Räume"* abstellt, verneint worden, so daß die Klausel wegen Verstoßes gegen das Transparenzgebot unwirksam ist

BGH – Urt. v. 15.5.1991 – DWW 1991, 212 = WM 1991, 381.

326 Die Zwangsvollstreckung aus einem Titel wegen Beheizens der Räume erfolgt nach §§ 887, 888 ZPO, nicht nach § 890 ZPO

OLG Köln ZMR 1994, 325, das offen läßt, ob es sich um eine vertretbare Handlung (so OLG Zweibrücken OLGZ 1974, 317) oder um eine unvertretbare Handlung (OLG Hamm NJW-RR 1988, 63) handelt.

327 Der Mieter kann vom Vermieter grundsätzlich verlangen, daß er eine Anschlußmöglichkeit an die allgemeine **elektrische Stromversorgung** erhält. Er braucht sich nicht darauf verweisen zu lassen, nur über den Vermieter den Strom zu

beziehen, sofern dies nicht vereinbart ist. Vielmehr muß der Vermieter dafür einstehen, daß die Mieträume über einen Stromanschluß an das allgemeine Versorgungsnetz verfügen

BGH NJW-RR 1993, 1159 = WM 1993, 533.

Haben die Mietparteien eines Gewerbeobjekts ein Pauschalentgelt für die Energieversorgung vereinbart, so kann der Vermieter keine Änderung des Vertrages verlangen, weil später ein gesonderter Zähler für den Ladenbereich installiert worden ist; vielmehr muß er den Zähler für sich selbst anmelden

LG Leipzig MDR 1994, 1010.

Zur Gebrauchsgewährpflicht gehört auch, ausreichende Anlagen für die Abfall- und **Müllentsorgung** vorzuhalten und die Entsorgung sicherzustellen, z.B. indem die Müllgefäße zur Leerung an die Straße geschafft werden, soweit dies die kommunale Müllsatzung vorschreibt   328

AG Bergisch Gladbach ZMR 1994 S. IX Nr. 4.

Die allgemeine **Schutzpflicht** des Vermieters hat zum Inhalt, den Mietgebrauch von Störungen Dritter freizuhalten. So ist er verpflichtet, gegen Lärm und sonstige **Immissionen** eines Dritten vorzugehen   329

LG Hamburg WM 1984, 79 für Ladenbetrieb und Warenanlieferungen eines Mitmieters,
LG Hamburg WM 1987, 218 für Lärm und Gerüche aus einer Gaststätte,
LG Köln WM 1990, 385 für Abluft aus dem Wäschetrockner eines Mitbewohners,
LG Offenburg DWW 1990, 273 für störendes Klavierspiel,
LG Berlin MM 1995, 353: für Lärm- und Geruchsbelästigung durch eine im Haus befindliche Bäckerei, AG Schöneberg MM 1995, 397 für Kinderlärm, der nicht mehr sozialadäquat ist, wie Fußballspielen auf dem Hof, Spielen mit lärmverursachenden Geräten.

Er kann verpflichtet sein, dem störenden Mieter zu kündigen (LG Hamburg WM 1987, 218, AG Emmendingen WM 1989, 231).

Der Vermieter muß dafür sorgen, daß der Mieter nicht durch „ungebetene Besucher" in Treppenhaus, Tiefgaragen oder leerstehenden Wohnungen belästigt wird und daß sich die Zugänge verschließen lassen   330

LG Berlin ZMR 1987, 334,
LG München I ZMR 1988, 434,
LG Göttingen WM 1990, 75.

Daher soll der Vermieter auf Verlangen einer Mietpartei verpflichtet sein, die Hauseingangstür zumindest mit einem Schnappschloß zu versehen, wenn die Gefahr besteht, daß sich im Treppenhaus Drogensüchtige und Stadtstreicher aufhalten

AG Hamburg WM 1994, 676.

Der Vermieter muß den Mieter über alle Umstände **informieren**, durch die Gefahren für dessen Eigentum bestehen, damit er Vorsorge treffen kann   331

BGH NJW-RR 1990, 1422.

Das gilt etwa für das Aufstellen eines Baugerüsts am Haus, wenn dadurch die Einbruchsgefahr erhöht wird,

LG Hamburg HmbGE 1990, 303.

Kommt es zu Einbrüchen in die Wohnung einer Wohnanlage mit Hilfe von manipulierten Schlüsseln, so trifft den Vermieter zumindest eine Warn- und Informationspflicht

OLG Hamburg NJW-RR 1988, 1481.

aa) Prüfungs- und Verkehrssicherungspflicht

332 Der Vermieter muß im Rahmen der ihn treffenden Instandhaltungspflicht die elektrische Anlage des vermieteten Gebäudes nach Maßgabe der anerkannten Regeln der Technik, den VDE-Bestimmungen und den wegen der Prüffristen einschlägigen Unfallverhütungsvorschriften „Elektrische Anlagen und Betriebsmittel" (VGB 4) regelmäßig **überprüfen**. Kommt er seiner Prüfpflicht nicht nach und wird der Mieter durch einen in der elektrischen Anlage aufgetretenen Fehler geschädigt (Kabelbrand), so ist der Vermieter dem Mieter ersatzpflichtig. Dabei spricht eine – widerlegbare – Vermutung dafür, daß das auf dem Fehler der Elektroinstallation beruhende Schadensereignis bei Beachtung der anerkannten Regeln der Technik (Einhaltung der Überprüfungsfristen) vermieden worden wäre. Diese aus § 536 BGB herzuleitenden Überprüfungsfristen treffen private wie gewerbliche Vermieter gleichermaßen

OLG Saarbrücken NJW 1993, 3077.

333 Ohne besonderen Anlaß ist der Vermieter aber nicht verpflichtet, nicht zugängliche und offenliegende Teile des Mietobjekts auf ihre **Bestandssicherheit** zu überprüfen; seine Prüfungspflicht findet nach Treu und Glauben ihre Grenze dort, wo die Kontrolle einen unzumutbaren Aufwand erfordert und und keine Gewähr für eine dauerhafte Funktionstauglichkeit bietet

BGH MDR 1993, 866 = WM 1993, 123 unter Hinweis auf BGH ZMR 1957, 305 (zum Aufgraben einer Wasserleitung).

334 Andererseits ist der Vermieter für verpflichtet gehalten worden, regelmäßig Druckproben der Gasleitungen durchzuführen; ein bloßes Abklopfen der Leitungen reicht nicht aus

OLG Stuttgart DWW 1972, 82, MDR 1973, 588 = ZMR 1973, 145,
vgl. auch Bub–Treier Rdn. III 1290, Sternel Rdn. II 87.

Er kann sich von dieser Verpflichtung nicht durch den Hinweis auf die Mängelanzeigepflicht des Mieters nach § 545 BGB entlasten

OLG Stuttgart a.a.O.

Dagegen ist eine Verpflichtung des Vermieters verneint worden, den alten Gasherd in der Wohnung des Mieters zu überprüfen, auch wenn er dies über 20 Jahre lang nicht getan hat; der Mieter hätte etwaige Mängel (Gasgeruch) anzeigen müssen

LG Hamburg DWW 1992, 83 = ZMR 1991, 440.

Dieser Entscheidung wird man nur dann zustimmen können, wenn der Vermieter jedenfalls bei Beginn des Mietverhältnisses den Herd überprüft hat.

335 Der Vermieter haftet aufgrund seiner **Verkehrssicherungspflicht** für die Folgen eines Sturzes auf extrem glatten Treppenstufen. Er ist deshalb verpflichtet, bei der Reinigung von Treppen im Treppenhaus die Wahl des Pflegemittels dem

Belag anzupassen und auch sonst darauf zu achten, daß keine übermäßige Glätte durch die Bodenpflege auftritt. Der Geschädigte (Mieter) muß den Sturz und die extreme Glätte beweisen; alsdann spricht der Beweis des ersten Anscheins für eine Pflichtverletzung des Vermieters und deren Ursächlichkeit für den Schadensfall

BGH MDR 1994, 613 = WM 1994, 218 = ZMR 1994, 149.

Auch verstößt er gegen die Verkehrssicherungspflicht, wenn er bei für ihn erkennbarer Gefahrenlage, die sich aus der Verglasung einer Treppenhausaußenwand mit gewöhnlichem Fensterglas ergibt, keine Abhilfe schafft

BGH WM 1994, 480.

Ferner haftet er für Schäden an den Sachen des Mieters, die durch von ihm 336 beauftragte Handwerker schuldhaft verursacht worden sind; diese sind auch dann seine Erfüllungsgehilfen, wenn sie nicht in den Mieträumen arbeiten, jedoch eine Gefährdung des Mietgebrauchs bzw. der Sachen des Mieters durch die Arbeiten gegeben ist

LG Hamburg WM 1994, 676.

Er haftet dagegen nicht, wenn sich ein Kleinkind des Mieters, das auf einen Heizkörper klettert und dabei mit einem Fuß zwischen die Heizplatten gerät, verletzt

OLG Köln DWW 1992, 338 = WM 1992, 620.

Die Pflicht des Vermieters zur **Eis- und Schneebeseitigung** (soweit er sie nicht auf 337 den Mieter übertragen hat) ist gegenüber der allgemeinen Verkehrssicherungspflicht gesteigert: sie orientiert sich am Sicherungsbedürfnis der Mieter zu den Zeiten, zu denen sie üblicherweise morgens das Haus zu verlassen pflegen. Auf die diesbezüglichen wegepolizeilichen Vorschriften soll es dagegen nicht ankommen

OLG Hamburg HmbGE 1990, 417, auch zum Umfang der Streupflicht bei gefrierendem Regen;
a.A. LG Köln WM 1995, 107: Die Pflicht besteht mangels anderweitiger Vereinbarung nur in den zeitlichen Grenzen der öffentlich-rechtlichen Wegereinigungspflicht.

Der Vermieter ist ferner für verpflichtet gehalten worden, den Sperrschieber 338 eines Löschwasserrohres in dem jedermann zugänglichen Keller eines Hauses stets darauf zu überprüfen, ob er verschlossen ist

BGH NJW 1989, 76.

Aus der Schutzpflicht ist der Anspruch des Mieters abgeleitet worden, die Ver- 339 wendung von chemischen Unkrautvernichtungsmitteln auf Wegen und Rasen zu unterlassen, wenn auf diesen Flächen auch Kinderspielgeräte, eine Ruhebank und Fahrradständer aufgestellt sind

LG München I WM 1989, 500.

bb) Konkurrenzschutzpflicht

Eine besondere Ausprägung der Schutzpflicht besteht bei Vermietung von ge- 340 werblichen Räumen in der Konkurrenzschutzpflicht, die als vertragsimmanent nicht besonders vereinbart zu werden braucht. Die Klausel

„Für das Mietobjekt wird Konkurrenzschutz gewährt"

bezieht sich nicht ohne weiteres auf Nebenartikel, im Gegensatz zu einer Klausel

„Der Vermieter verpflichtet sich, während der Mietdauer Verkaufsflächen nicht an ein Unternehmen zu vermieten, das den Vertrieb von Waren zum Gegenstand hat, die vom Mieter geführt werden"
BGH MDR 1986, 46 = ZMR 1985, 374.

Eine Abrede, nach der der Vermieter versichert, im selben Gebäudekomplex keinen Laden zum Verkauf des gleichen Warensortiments zu vermieten, soll keinen Schutz vor bereits bei Anmietung bestehender Konkurrenz bieten
LG Köln WM 1990, 379.

341 Der Konkurrenzschutz ist – auch formularmäßig – abdingbar
OLG Hamburg MDR 1987, 321 = ZMR 1987, 94,
OLG Düsseldorf DWW 1992, 368 = ZMR 1992, 445.

Nur dann, wenn der Wettbewerber ein völlig gleiches Warensortiment anbietet, soll im Ausschluß des Konkurrenzschutzes eine unangemessene Benachteiligung des Mieters liegen
OLG Düsseldorf a.a.O.

342 Der Schutz besteht innerhalb desselben Gebäudes auch auf einer besonders attraktiven Einkaufsstraße
OLG Frankfurt NJW-RR 1988, 396;
anders LG Frankfurt NJW-RR 1989, 1246 und
LG Karlsruhe WM 1991, 83 zugunsten des Untermieters in einem Einkaufszentrum.

Dagegen ist er bei Vermietung einer Lagerhalle zur Einlagerung von Büro- und Wohnmöbeln an ein konkurrierendes Speditionsunternehmen verneint worden
OLG Karlsruhe NJW-RR 1987, 848.

343 Konkurrenzschutz gilt auch zugunsten von Mietern, die als **Freiberufler** wie Rechtsanwälte oder Ärzte tätig sind,
s. OLG Hamm NJW-RR 1991, 1483 für Konkurrenzschutzklausel zugunsten eines Facharztes.

344 **Umgehungen** dadurch, daß die Konkurrenz von einem Dritten ausgeübt wird, der entweder vom Vermieter abhängt oder diesen als Konzernunternehmen beherrscht, sind unzulässig
OLG Karlsruhe EWiR § 537 BGB I/90, 667 (Sternel) = ZMR 1990, 214.

345 Verstöße lösen nicht nur Schadensersatzansprüche des Mieters aus, sondern rechtfertigen auch eine **Mietminderung**, obwohl die Miträume selbst mängelfrei sind (OLG Karlsruhe a.a.O.). Dies rechtfertigt sich aus dem heute herrschenden subjektiven Fehlerbegriff (vgl. Rdn. 348).

Zum Antrag des Mieters auf Erlaß einer einstweiligen Verfügung bei Verstoß des Vermieters gegen die vertragliche Konkurrenzschutzpflicht siehe
OLG Hamm NJW-RR 1990, 1236.

346 Vom Konkurrenzschutz sind **wettbewerbsbeschränkende Abreden** zu trennen. Eine Formularklausel, nach der sich der Mieter eines Ladens in einem Einkaufs-

Mietgebrauch   Rdn. 347–348

zentrum verpflichtet, keine Waren zu führen, die bereits in einem anderen Geschätslokal des Hauses geführt werden, ist grundsätzlich zulässig und gilt auch gegen den Mieter/Betreiber eines Supermarktes im Verhältnis zu den im Einkaufszentrum befindlichen Einzelhandelgeschäften. Das gilt jedenfalls dann, wenn die Artikel des Supermarkts das Angebot eines Fachgeschäfts ganz oder zum Teil mit abdecken

OLG Celle DWW 1995, 216 = WM 1992, 538 = ZMR 1992, 449.

Hierbei ist generell auf die Unterscheidung von Haupt- und Nebenartikeln abzustellen,

vgl. BGH WPM 1985, 1175 f.: Konkurrenzschutz im Verhältnis eines Groß- und Einzelhandels mit keramischen Fliesen zu dem Fliesensortiment eines benachbarten Baumarktes.

Eine Vertragsbestimmung, nach der sich der Verpächter eines Imbißlokals verpflichtet, während der Pachtzeit von 10 Jahren in der ganzen Stadt kein Imbißlokal zu betreiben, ist als sittenwidrig gewertet worden

OLG Hamm MDR 1987, 320.

Dagegen ist eine Wettbewerbsklausel ist für zulässig gehalten worden, nach der 347
sich der Pächter einer Kfz-Werkstatt mit Tankstelle verpflichtet, für die Dauer von 3 Jahren nach Beendigung des Pachtverhältnisses im Umkreis von 5 km eine entsprechende gewerbliche Betätigung zu unterlassen. Hierauf soll sich u.U. auch der Erwerber des Pachtgrundstücks nach § 571 BGB berufen können

OLG Celle NJW-RR 1990, 974 = ZMR 1990, 414.

Als Gegenstück zum Konkurrenzschutz kann die Betriebspflicht des Mieters gewertet werden (s. dazu Rdn. 246).

IV. Gewährleistung

1. Der mietrechtliche Fehlerbegriff

a) Subjektiver Fehlerbegriff

Der mietrechtliche Fehlerbegriff ist das Kernstück des Gewährleistungsrechts. Es 348
kommt nicht nur auf Mängel an, die dem Mietobjekt anhaften, sondern maßgebend ist, ob der **Mietgebrauch** beeinträchtigt wird, was auch durch Umstände veranlaßt sein kann, die außerhalb des Mietobjekts liegen. Hervorzuheben ist noch immer der Rechtsentscheid des

BayObLG v. 4.2.1987 – NJW 1987, 1950.

Danach ist der Mieter zur Minderung wegen Baulärms, der von einem Nachbargrundstück ausgeht, auch dann berechtigt, wenn der Vermieter gegenüber dem Nachbarn die Lärmbeeinträchtigung entschädigungslos hinnehmen muß. Umstritten ist, ob die Minderungsbefugnis des Mieters dort ihre Grenze findet, wo der Eigentümer weder Abwehr- noch Entschädigungsansprüche durchsetzen kann. Dafür ist geltend gemacht worden, daß die Rechte des Mieters nicht weitergehen können als diejenigen des vermietenden Eigentümers (so OLG Düsseldorf DWW 1991, 50). Das BayObLG hat es demgegenüber abgelehnt, die nachbarrechtlichen Grundsätze des § 906 Abs. 2 BGB analog auf das Mietverhältnis zu übertragen.

Die Interessenlage im Verhältnis des Eigentümers zum Störer sei anders als diejenige der Mietparteien. Ob der Vermieter gegenüber dem Störer Regreß nehmen könne, liege in dessen Risikobereich. Ein Zusammenhang zwischen der Mietminderung und § 906 Abs. 2 BGB bestehe nur insofern, als der Vermieter gegenüber dem Störer einen Ausgleichsanspruch habe, sofern der Mieter mit der Mietminderung durchdringe (und darüber hinaus der Ertrag des Grundstücks über das zumutbare Maß hinaus beeinträchtigt wird).

349 Die Entscheidung trägt dem **Äquivalenzverhältnis** und der Risikoverteilung zwischen den Mietparteien Rechnung. Baulärm vom Nachbargrundstück soll aber dann keine Mietminderung rechtfertigen, wenn vor der Anmietung erkennbar war, in welchem Ausmaß Baumaßnahmen, die den Mietgebrauch beeinträchtigen, während der Mietzeit anfallen würden

OLG München WM 1993, 607.

Alsdann kann die Störung als vertraglich vorausgesetzt angesehen werden (s. Rdn. 318, 451).

350 In der neueren Rechtsprechung finden sich Einschränkungen des subjektiven Fehlerbegriffs, die zum Teil darauf beruhen, daß die Unterschiede zwischen *Mangel – Zurechnung – Verschulden* als stufenweisem Aufbau des Gewährleistungsschemas nicht beachtet werden. So ist die offene Fuge in einer Trennwand, durch die Schmutzwasser eindrang, deshalb nicht als Mangel gewertet worden, weil der Vermieter nicht damit habe rechnen können, daß ein anderer Mieter durch Verstopfung des Abwasserrohrs den Schaden hätte verursachen können

OLG Frankfurt WM 1991, 88.

351 Ebensowenig soll ein Mangel vorliegen, wenn der Vermieter nach § 906 BGB gehindert ist, gegen den Störer vorzugehen

OLG Düsseldorf DWW 1991, 50 ohne Auseinandersetzung mit BayObLG NJW 1987, 1950 – RE v. 4.2.1987, gegen die Heranziehung von § 906 BGB auch OLG München WM 1993, 607, das allerdings auf die Absehbarkeit der Störung bei Vertragsabschluß abstellt.

Schließlich ist ein Mangel hinsichtlich solcher Gefahrenquellen verneint worden, gegen die sich der Vermieter selbst nicht schützen könne

OLG München WM 1991, 681;
anders aber OLG München WM 1993, 607.

Gegen diese Tendenz bestehen Bedenken. Zum einen wird verkannt, daß der Vermieter den ungestörten Mietgebrauch und nicht nur einen bestimmten Zustand der Mietsache schuldet. Zum anderen wird die oben erwähnte Unterscheidung zwischen Mangel – Zurechnung – Verschulden nicht hinreichend berücksichtigt.

352 Nicht eindeutig ist die Rechtsprechung des BGH. Im Zusammenhang mit der Wiederherstellungspflicht des Vermieters hat der

BGH – Urt. v. 26.9.1990 – MDR 1991, 329 = WM 1990, 546 = ZMR 1991, 19,

ausgeführt, daß ein Fehler nur vorliegt, wenn der Vermieter noch die Gebrauchsgewähr schuldet, also zur Beseitigung des Schadens verpflichtet ist. Dies hat der

BGH im konkreten Fall (für Kfz-Leasing) verneint, weil die **Opfergrenze** überschritten worden wäre. Er hat demnach eine Erfüllungsunmöglichkeit für den Vermieter nach § 275 BGB angenommen mit der Folge, daß der Mieter von der Mietzahlungspflicht nach § 323 BGB freigeworden ist. Der Auffassung, daß § 537 Abs. 1 BGB auch gelte, wenn dem Vermieter die Beseitigung des Mangels nicht zuzumuten sei, werde nicht beigepflichtet; sie lasse außer Acht, daß bereits der Tatbestand eines Fehlers nicht vorliege, soweit der Vermieter zur Behebung des Schadens nicht mehr verpflichtet sei. Eine nähere Begründung für die letztere Aussage hat der BGH nicht gegeben; insbesondere läßt die Entscheidung eine grundsätzliche Auseinandersetzung mit dem mietrechtlichen Fehlerbegriff vermissen. Vermutlich hat der BGH aber nur eine Abgrenzung zur Unmöglichkeit vornehmen wollen, ohne die Auswirkungen der Entscheidung auf das Gewährleistungsrecht ausgelotet zu haben. Anderenfalls wäre zu erwarten gewesen, daß sich der BGH auch mit dem Rechtsentscheid des BayObLG vom 4.2.1987 auseinandergesetzt hätte.

Im Fall der **Doppelvermietung** und der daraus folgenden Unmöglichkeit der Erfüllung hat der BGH den Vorrang der Gewährleistungsvorschriften vor denjenigen über die Unmöglichkeit bejaht

BGH – Urt. v. 5.7.1991 – MDR 1992, 159 = WM 1991, 545 = ZMR 1991, 418.

353

Für die Frage, ob ein Fehler vorliegt, kommt es nicht darauf an, ob die entsprechenden **technischen Normen** eingehalten sind, sondern ob die den Erfordernissen des vertragsgemäßen Gebrauchs entsprechende Sollbeschaffenheit der Mietsache gegeben ist

354

OLG Celle – Beschl. v. 19.7.1984 – WM 1985, 9 = ZMR 1985, 11 für Feuchtigkeitsschäden,
KG WM 1980, 255, LG Karlsruhe DWW 1987, 234 für Schallschutz,
LG Berlin MDR 1982, 671 für undichte Fenster.

Eine Mindermeinung verneint dagegen das Vorliegen von Mängeln schon dann, wenn nur die zur Zeit der Bauerrichtung geltenden Baunormen eingehalten wurden (LG Frankenthal ZMR 1985, 301, LG Lüneburg WM 1987, 214, LG Konstanz WM 1988, 353 mit dem Hinweis, daß es sich – wenn es bei normalem Wohnverhalten zwangsläufig zu Feuchtigkeitsschäden komme – nur um ein negatives Wohnwertmerkmal im Sinne von § 2 MHG handele).

Geht man davon aus, daß der Fehlerbegriff sich nicht von der Mietsache, sondern vom Mietgebrauch her definiert, so ist es folgerichtig, der Einhaltung technischer Normen keine entscheidende Rolle beizumessen,

kritisch zu DIN-Normen und VDI-Richtlinien als „vorweggenommene Sachverständigengutachten": BVerwG WM 1987, 413, auch BGH DWW 1988, 80.

Andererseits kann die Nichteinhaltung technischer Normen die Gebrauchsbeeinträchtigung indizieren, was etwa Schallschutz und Wärmedämmung anbelangt,

vgl. OLG Köln MDR 1993, 973 für die DIN-Norm betr. Raumlufttechnik: Grenzwerte dafür, ob behagliche Arbeitstemperaturen eingehalten werden,
BayObLG WM 1993, 287 für Schallschutzvorschriften,
s. auch Rdn. 387 f.

355 Auch **Gefährdungstatbestände** können einen Fehler begründen. Das wird deutlich anhand der Entscheidung des

OLG Hamm – Beschl. v. 25.3.1987 – WM 1987, 248 = ZMR 1987, 267:

Danach besteht ein Mangel wegen **umweltbedingter Schäden** (Bodenverseuchung) schon dann, wenn die Mietsache in Bezug zu einer Gefahrenquelle steht und der Mieter sie nur in der Befürchtung der Gefahrverwirklichung benutzen kann. Die Gefahrenlage braucht sich noch nicht aktualisiert zu haben. Wichtig ist, daß die befürchtete Gefahr wissenschaftlich verifizierbar ist, was von der Zusammensetzung und Konzentration der Schadstoffe, Dauer der Mietzeit und damit der Einwirkung der Schadstoffe sowie von dem persönlichen Status des Mieters und seiner Familie mitbestimmt wird. Die Entscheidung knüpft an die Rechtsprechung des

BGH NJW 1972, 944 = WM 1972, 92

an: Danach liegt ein **anfänglicher Mangel** auch in einer Gefahrenquelle außerhalb der Mieträume, die bei Vertragsabschluß besteht, selbst wenn sie zu diesem Zeitpunkt noch nicht hervorgetreten und auch noch nicht erkennbar war, sondern die Gefahr sich erst während der Mietzeit realisiert (hier: eine unvorschriftsmäßig gelegte elektrische Leitung, die geeignet war, einen Kurzschluß zu verursachen und dadurch einen Brand herbeizuführen, wobei sich das Risiko erst verwirklichte, als die Isolierung durch Alterung versprödete).

356 Für einen anfänglichen Mangel genügt, daß bei Vertragsabschluß nur die Ursachen der späteren Schädigung vorhanden oder angelegt waren; der Mangel braucht nicht offen zutage getreten sein

OLG Karlsruhe ZMR 1991, 378,
OLG Düsseldorf ZMR 1992, 149,
LG Köln WM 1990, 386.

Es kommt nicht darauf an, daß der Mangel sich lange Zeit nicht aktualisiert hat, z.B. eine frostgefährdete Leitung jahrzehntelang nicht eingefroren war

LG Köln a.a.O.

357 Auch **öffentlichrechtliche Nutzungshindernisse** bilden einen Mangel, soweit sich behördliche Gebrauchsbeschränkungen auf die Beschaffenheit oder Lage des Grundstücks beziehen und nicht in persönlichen oder betrieblichen Umständen des Mieters ihre Ursache haben (s. Rdn. 382).

In diesem Zusammenhang zeigt sich die hier hervorgehobene Unterscheidung von Mängeln einerseits und deren Folgen (Haftung) andererseits: Erweist sich im Verlaufe der Mietzeit, daß die vermieteten Wohnräume einer baurechtlichen Nutzungsbeschränkung unterliegen (Vermietung Räumen im Souterrain zu Wohnzwecken, die baurechtlich hierfür nicht zugelassen sind), so mindert sich die Miete erst ab dem Zeitpunkt, zu dem der Mieter Kenntnis von der Beschränkung erhielt und – so muß man ergänzen – sich danach richten mußte

LG Lüneburg WM 1989, 368.

358 Andererseits kann der Mieter bereits dann mindern, wenn er sich durch die Androhung einer Behörde auf die Zwangsräumung einrichten muß. Ihm ist nicht zuzumuten, einen langfristigen Rechtsstreit wegen solcher Umstände zu

Gewährleistung Rdn. 359–362

führen, die außerhalb seines Einwirkungsbereichs (fehlende Baugenehmigung) liegen

LG Mönchengladbach ZMR 1992, 304.

b) Häufige Anwendungsfälle

Folgende Beispielsgruppen lassen sich aus der Rechtsprechung der neueren Zeit bilden: 359

aa) Feuchtigkeitsschäden

Allgemein anerkannt ist, daß Feuchtigkeitserscheinungen, insbesondere Schimmel und Spak in der Wohnung einen Mangel bilden, ohne daß es auf die Ursache (zunächst) ankommt (vgl. OLG Celle WM 1985, 9). Das Problem liegt in der Frage der Zurechnung des Mangels zur Vermieter- oder Mietersphäre und in der daran anschließenden Frage der Haftung

dazu Blank PiG 31 (1989), 91 f.: Wärmedämmung und Feuchtigkeitsschäden, zur Beweislast bei Feuchtigkeitsschäden s. auch Lammel ZMR 1990, 41, ferner Rdn. 303a.

Hierbei ist nach den unterschiedlichen Anspruchslagen zu differenzieren, nämlich ob der Vermieter Mietzins geltend macht und der Mieter demgegenüber sich auf eine Mietminderung beruft oder ob der Vermieter Schadensersatz wegen Verletzung der Obhutspflicht verlangt oder der Mieter Beseitigung von Feuchtigkeitsschäden vom Vermieter fordert. Die herrschende Rechtsprechung orientiert sich für die Frage der Verteilung der Darlegungs- und Beweislast an 360

OLG Karlsruhe – RE v. 9.8.1984 – NJW 1985, 142 = WM 1984, 267 – (s. dazu Rdn. 127, 139, 220, 223),

vgl. nunmehr ebenso BGH MDR 1994, 911 = WM 1994, 466 für Zurechnung eines Brandschadens.

Danach ist eine Aufteilung nach **Gefahrenkreisen** vorgenommen worden: Ist offen, worauf das Entstehen von Feuchtigkeitsschäden in der Wohnung beruht, so hat der Vermieter den Nachweis zu führen, daß die Schadensursache in dem der unmittelbaren Einflußsphäre, Herrschaft und Obhut des Mieters unterliegenden Bereich gesetzt worden ist, wobei er die Möglichkeit ausräumen muß, daß eine aus seinem Verantwortungsbereich und Pflichtenkreis herrührende Schadensursache besteht. Dabei ist es nicht erheblich und entlastet den Vermieter (für sich genommen) noch nicht, daß die Wärmedämmung des Gebäudes den bei Errichtung geltenden DIN-Normen entsprach 361

LG Berlin ZMR 1988, 464, LG Mannheim ZMR 1989, 424, ZMR 1991, 481, LG Freiburg WM 1989, 559, LG Bochum DWW 1991, 188, 189, LG Flensburg WM 1991, 582, LG Düsseldorf WM 1992, 187; LG Berlin GE 1995, 761 für Feuchtigkeitsschäden, s. auch Rdn. 268, 303a, 471;
ähnlich LG Osnabrück WM 1989, 370;
dagegen für Beweislast zum Nachteil des Mieters: LG München I WM 1988, 352, LG Konstanz WM 1988, 353, AG Marburg DWW 1988, 282.

Ist also streitig, ob die Ursache für den Feuchtigkeitsschaden in der Wohnung aus der Sphäre des Vermieters oder des Mieters stammt, so muß der Vermieter die Möglichkeit einer aus seinem Verantwortungs- und Pflichtenkreis herrührenden 362

Schadensursache zunächst ausschließen, wenn Anhaltspunkte dafür vorhanden sind

LG Berlin GE 1995, 761.

Dementsprechend hat das LG Mannheim ZMR 1989, 424 ausgeführt:

> Ist streitig, ob der Mangel auf fehlerhafter Beschaffenheit des Gebäudes oder ungenügendem Heizen oder Lüften seitens des Mieters zurückzuführen ist, so trägt der Vermieter die Darlegungs- und Beweislast dafür, daß der Schaden nicht infolge der Beschaffenheit der Mietsache oder Außeneinflüsse, sondern durch den Mietgebrauch entstanden ist, d.h. die Schadensursache im Bereich des Mieters gesetzt worden ist. Für letzteres genügt der Negativbeweis, daß Schadensmöglichkeiten, die in seinem Bereich liegen, ausgeschlossen sind, das Mietobjekt also frei von Baumängeln ist und der Zustand der Fenster, Türen und Heizung keinen Einfluß auf die Feuchtigkeitserscheinungen ausüben. Erst wenn dieser Beweis geführt ist, muß sich der Mieter entlasten. Er muß dann darlegen, wie er geheizt und gelüftet hat und daß die Möblierung sich auf die Mängel nicht auswirkt.

Auch das LG Freiburg WM 1989, 559 geht davon aus, daß der Vermieter verpflichtet ist, den Negativbeweis zu führen, wenn offen ist, ob die Feuchtigkeitsschäden auf dem Wohnver halten des Mieters oder auf der Beschaffenheit der Räume beruhen.

363 Um die Verantwortlichkeit des Vermieters auszuschließen, genügt in der Regel noch nicht, daß Außenfeuchte nicht vorliegt, das Gebäude wärmetechnisch den Anforderungen der Baualtersklasse entspricht, Schäden beim Vormieter und Mieter vergleichbarer Wohnungen nicht aufgetreten sind; indes handelt es sich hierbei um **Beweisanzeichen** zugunsten des Vermieters. Eine bauphysikalische Überprüfung wird sich darauf beziehen müssen, ob Kältebrücken vorhanden sind und die Raumthermik so beschaffen ist, daß jedenfalls eine Gefahrenquelle in bezug auf Feuchtigkeitsschäden ausscheidet. Eine solche Gefahrenquelle kann durch einen nachträglichen Eingriff in die raumklimatischen Verhältnisse indiziert sein z.B. Einbau von Isolierglasfenstern

LG Düsseldorf WM 1989, 13, WM 1992, 187 = DWW 1992, 243,
LG Hamburg WM 1990, 290, AG Neuß WM 1994, 382,

oder Abriß einer Nachbarbebauung.

364 Kommt es zu diesen Schäden erst im Zusammenwirken von Mängeln des Mietobjekts und dem vertragsgemäßen Nutzungsverhalten des Mieters, so sollen sie vom Vermieter zu vertreten sein

LG Mannheim ZMR 1989, 424 beim Zusammenwirken von aufsteigender Feuchtigkeit und Raumfeuchte durch einen Friseurbetrieb in den Mieträumen.

365 Daß das (Wohn-)Verhalten des Mieters mitursächlich und vielleicht sogar – bei einer Schadensgeneigtheit des Objekts – der auslösende Faktor ist, schließt danach die Zurechnung des Mangels zu Lasten des Vermieters und Gewährleistungsansprüche des Mieters noch nicht aus. Ein Gewährleistungsausschluß kommt aber zum Tragen, wenn der Mieter seine Obhutspflicht schuldhaft verletzt hat. Diese Pflicht umfaßt ein ausreichendes Heizen und Lüften und gegebenenfalls eine Änderung des Wohnverhaltens in zumutbarem Rahmen (s. Rdn. 268)

s. OLG Celle WM 1985, 9 = ZMR 1985, 11,
LG Lübeck WM 1990, 202,
LG Hamburg WM 1990, 290.

Dagegen ist eine Pflicht des Mieters zum verstärkten Heizen und Lüften bei 366
Neubaufeuchte verneint worden

LG Nürnberg-Fürth WM 1988, 155.

Unzumutbar ist auch das Halten einer Tagestemperatur von 22°C und 5 bis 6 mal tägliches Lüften (LG Hamburg WM 1988, 353), täglich mehrfaches Stoßlüften und ein Halten der Raumtemperatur nicht unter 19°C auch in den Schlafräumen (LG Düsseldorf WM 1992, 187), ebenso die ständige Beheizung des Schlafzimmers mit 20°C (AG Köln WM 1988, 358).

Beruht die Schimmelpilzbildung sowohl auf Baumängeln als auch auf vermeidbarem Verhalten des Mieters, so sind die Gewährleistungsfolgen entsprechend § 254 BGB zu kürzen 367

LG Bonn WM 1991, 300.

Im Grundsatz ist allerdings davon auszugehen, daß eine Wohnung so beschaffen 368
sein muß, daß etwa Möbel mit einem Abstand von nur wenigen Zentimetern auch an die Außenwände gestellt werden können, sie also im Rahmen des Üblichen möbliert werden kann

LG Berlin ZMR 1987, 378, ZMR 1988, 464,
LG München I WM 1991, 584,
vgl. auch LG Hamburg WM 1985, 21 und
LG Nürnberg–Fürth WM 1988, 155.

Auch muß der Vermieter ein Bad mit Innen- bzw. Zwangsentlüftung in einem baulichen Zustand überlassen, daß Feuchtigkeitsschäden durch Duschen ausgeschlossen sind

LG Bochum WM 1992, 431.

Stützt der Mieter eine **Mietminderung** auf behauptete Feuchtigkeitsschäden, so 369
kann der Vermieter diese nicht pauschal bestreiten, wenn der Mieter die Mängel angezeigt hatte, der Vermieter sich aber nicht alsbald um eine Feststellung gekümmert hatte

AG Neuß WM 1994, 382.

Verlangt der Vermieter **Schadensersatz wegen Obhutspflichtverletzungen**, so ge- 370
nügt nicht, daß er sich bezüglich der aufgetretenen Feuchtigkeitsschäden entlastet, sondern er muß konkrete Pflichtverletzungen und ein Verschulden des Mieters darlegen. Da letzteres Kenntnisse über die bauphysikalischen und raumklimatischen Verhältnisse voraussetzt, muß eine ausreichende Belehrung des Vermieters in der Regel vorangegangen sein

LG Berlin ZMR 1987, 378,
LG Düsseldorf WM 1989, 13,
AG Neuß WM 1994, 382.

Verlangt der Mieter vom Vermieter die **Beseitigung** von Feuchtigkeitsschäden, so 371
trifft ihn die Beweislast dafür, daß die aufgetretenen Schäden nicht auf einem pflichtwidrigen Wohnverhalten beruhen

LG Wuppertal DWW 1988, 252,
LG Osnabrück WM 1989, 370,
LG Hamburg HmbGE 1990, 133, WM 1990, 290.

bb) Beheizung

372 Ein Mangel liegt nicht schon darin, daß der Vermieter nicht die am wirtschaftlichsten arbeitende Heizungsanlage gewählt hat; innerhalb der gewählten Art schuldet er aber eine wirtschaftlich arbeitende Anlage

OLG Düsseldorf MDR 1985, 586 unter Abgrenzung zu
OLG Düsseldorf MDR 1983, 229.

Ein Mangel ist auch nicht in einem überalterten (15 Jahre alten) Heizkessel gesehen worden, wenn dieser ständig ordnungsmäßig gewartet worden ist

LG Darmstadt NJW-RR 1987, 787;

denn der Vermieter ist nicht verpflichtet, die Anlage ständig auf dem Stand der neuesten Technik zu halten (LG Berlin ZMR 1989, 305, LG Hannover WM 1991, 540). Ebensowenig ist die wärmetechnisch ungünstige Beschaffenheit der Wohnung (z.B. Außenwohnung, große Fenster einfacher Bauart) ein Mangel

LG Hamburg WM 1988, 350.

373 Demgegenüber ist ein Mangel bejaht worden, wenn die Heizkörper unterdimensioniert sind, so daß keine ausreichende Wärmeleistung zu erzielen ist

AG Münster WM 1987, 382,
AG Kerpen WM 1990, 62,
AG Bremerhaven WM 1992, 601,
ebenso OLG Hamm MDR 1987, 764 für Überdimensionierung einer Entlüftungsanlage und dadurch bedingtem Mehrverbrauch an Strom.

374 Als Mangel ist es gewertet worden, wenn eine Wohnung nicht ausreichend isoliert ist und hierdurch ein ungewöhnlich **hoher Heizenergieverbrauch** entsteht; dabei soll es dem Vermieter versagt sein, sich darauf zu berufen, daß die Wärmedämmung dem Baualter entspricht, sofern die Wärmedämmung mit wirtschaftlich vernünftigem Aufwand ohne Schwierigkeiten verbessert werden kann

LG Waldshut-Tiengen WM 1991, 479.

Fällt die Heizungsanlage in den Sommermonaten aus, so ist das kein zur Minderung berechtigender Mangel

LG Wiesbaden WM 1990, 71.

375 Dagegen kann die fehlende Beheizbarkeit der Wohnung während der Heizperiode eine Mietminderung von mindestens 75% rechtfertigen

LG Berlin ZMR 1992, 302;
weitergehend LG Berlin WM 1993, 185: vollständige Gebrauchsuntauglichkeit, wenn eine Wohnung ab Beginn der Heizperiode ohne nötige Gasversorgung für Heizung, Kochen und Warmwasserversorgung ist.

cc) Lärm

376 Ein Mangel ist bejaht worden, wenn man wegen des aus den oberen Räumen hörbaren Trittschalls sich nicht auf seine Arbeit konzentrieren kann, weil man ständig auf das nächste Geräusch wartet und automatisch nach oben schaut, wobei es für das Ausmaß des Lärms nicht so sehr auf objektive Schallpegelwerte als vielmehr auf die Lästigkeit des Lärms ankommt

LG Karlsruhe DWW 1987, 234,
vgl. auch AG Hildesheim DWW 1988, 212;
zur Lärmbelastung des Mieters s. auch Sternel PiG 31 (1989), 71 f.

Demgegenüber ist eine Minderung verneint worden, weil es zu den Geräuschbe- 377
lästigungen infolge gegenüber heutigen Normen zu geringen Schallschutzvor-
richtungen gekommen ist (AG Düsseldorf DWW 1989, 33). Das wird im Hinblick
auf OLG Celle WM 1985, 9 so undifferenziert nicht aufrechterhalten werden
können. Allerdings kann der vertragsgemäße Zustand einer Wohnung eine gewisse Lärmbelastung einschließen, etwa bei Anmietung einer Wohnung, die über
einer Tiefgarageneinfahrt liegt
AG Bonn WM 1990, 71
einschränkend AG Köln WM 1990, 291.

Ist dem Mieter bei Vertragsschluß bekannt, daß sich im Hause eine Gaststätte 378
befindet, so rechtfertigt das aber noch nicht den Schluß auf seine positive Kenntnis, daß der Gaststättenlärm die Lärmschutzwerte überschreitet
AG Bonn WM 1990, 497,
vgl. auch OVG Münster DWW 1994, 158 für Gaststättenlärm,
AG Köln WM 1990, 291.

Den Eigentümer eines Gebäudes, der dieses in Wohnungseigentum aufteilt und 379
verkauft, jedoch noch Eigentümer und Vermieter einer Wohnung bleibt, trifft
gegenüber diesem Mieter die Schutz- und Gewährleistungspflicht dafür, daß er
durch den Baulärm der anderen Wohnungseigentümer nicht gestört wird
LG Hamburg WM 1988, 262.

Bei **Lärm- und Schmutzbeeinträchtigungen** durch Baumaßnahmen auf dem 380
Nachbargrundstück kann sich der Vermieter gegenüber der Mietminderung nicht
darauf berufen, daß der Mieter während der Arbeitszeit von der Wohnung abwesend sei
AG Regensburg WM 1992, 476.

Die ortsüblichen Lärmbelästigungen, die aus einer Innenstadtlage des Mietob- 381
jekts folgen, sind jedoch keine Beschaffenheitsmängel
LG Wiesbaden WM 1994, 430,
LG Hannover WM 1994, 463.

Sie können sich aber mindernd bei der Mietbewertung etwa nach § 2 MHG
auswirken. Dagegen liegt eine Gebrauchsbeeinträchtigung vor, wenn Lärm durch
den Einwurf von Glasflaschen in entsprechende Container an Werktagen nach
22 Uhr sowie an Samstagen, Sonn- und Feiertagen nach 20 Uhr auf dem Mietgrundstück verursacht wird
LG Berlin GE 1995, 427.

Zu Kinderlärm s. Rdn. 253.

dd) Öffentlich-rechtliche Nutzungshindernisse

Zu gewerblichen Zwecken vermietete Räume sind grundsätzlich mangelhaft, 382
wenn der Aufnahme des vertraglich vorgesehenen Gewerbebetriebs öffentlich-

rechtliche Hindernisse entgegenstehen, die sich auf die Beschaffenheit der Mieträume beziehen und nicht in persönlichen oder betrieblichen Umständen des
Mieters ihre Ursache haben

BGH NJW-RR 1992, 267 = WM 1992, 313,
BGH WM 1992, 687 = ZMR 1993, 7,
BGH DWW 1994, 248 = ZMR 1994, 253,
OLG Düsseldorf DWW 1991, 236,
OLG München ZMR 1995, 401 für fehlenden Nachweis von Stellplätzen,
OLG Düsseldorf DWW 1993, 100 = ZMR 1993, 275: brandschutzmäßige Beanstandungen
der Behörde, die nicht ohne weiteres behebbar sind und zur Versagung der Gaststättener-
laubnis führen.
LG Berlin NJW-RR 1990, 852 für Nichterteilung einer Genehmigung zur Nutzungsände-
rung.

383 Ein Mangel ist verneint worden, wenn sich die Übergabe eines erst zu errichten-
den Mietobjekts infolge eines gegen das Bauvorhaben eingelegten Nachbarwider-
spruchs verzögert; denn dieser Umstand hat seine Ursache nicht in der konkreten
Beschaffenheit oder der Lage des Mietobjekts

BGH MDR 1992, 1147 = WM 1992, 687 = ZMR 1993, 7.

Diese Auffassung entspricht nicht dem im Mietrecht geltenden Fehlerbegriff, der
auf die Beeinträchtigung des Mietgebrauchs abstellt, ohne daß es auf die Beschaffenheit oder die Lage des Mietgrundstücks ankommt.

384 Der Mieter soll andererseits aber bereits dann zur Minderung berechtigt sein,
wenn er sich aufgrund einer Androhung des Bauordnungsamtes auf die Zwangsräumung einrichten muß, er also in seinen (längerfristigen) wirtschaftlichen
Dispositionen beschränkt wird. Ihm ist nicht zuzumuten, einen u.U. langwieri-
gen Rechtsstreit gegen die Behörde über Umstände zu führen, die außerhalb
seines Einwirkungsbereiches liegen

LG Mönchengladbach ZMR 1992, 304,
vgl. auch BGH WPM 1991, 531, 532, Wolf-Eckert Rdn. 83.

385 Die fehlende **Zweckentfremdungsgenehmigung** nach Art. VI § 1 MietRVerbG
führt nicht zur Nichtigkeit des Mietvertrages; denn die Vorschrift sowie die
entsprechenden landesrechtlichen Regelungen enthalten keine Verbotsgesetze
i.S. von § 134 BGB

BGH DWW 1994, 246 = ZMR 1994, 255.

Dieser Umstand soll auch keinen Mangel nach § 537 Abs. 1 BGB bilden, solange
er sich nicht auf den Mietgebrauch auswirkt

LG Berlin GE 1994, 459.

Das ist bedenklich, da der Mieter mit dem jederzeitigen Einschreiten der Behörde
rechnen muß und sich deshalb an längerfristigen Dispositionen gehindert sehen
kann. Darauf kann er sich allerdings nicht berufen, wenn die Frage der Zweckentfremdung im Mietvertrag ausdrücklich angesprochen worden ist (s. LG Berlin
a.a.O.).

386 Eine Formularklausel, nach der der Mieter die für den Betrieb des Mietobjekts
(z.B. Gaststätte) erforderlichen behördlichen Erlaubnisse auf seine Kosten und

sein Risiko beizubringen hat, verstößt gegen § 9 Abs. 2 Nr. 1, 2 AGBG, weil die Klausel auch Umstände aus dem Risikobereich des Vermieters erfaßt

BGH NJW 1988, 2664 = WM 1988, 302,
BGH DWW 1993, 170 = ZMR 1993, 320,
OLG Düsseldorf DWW 1992, 366 = ZMR 1992, 446,
OLG München ZMR 1995, 401 hält die Berufung des Vermieters auf eine solche Klausel für treuwidrig.

Der Haftungsausschluß ist indes wirksam, wenn die Parteien individuell vereinbaren, daß „für die Genehmigung der Konzession der Mieter zuständig ist".

BGH ZMR 1994, 253.

Es wird aber auch in einem solchen Fall vorausgesetzt werden müssen, daß das Grundstück dafür geeignet ist, daß mit zumutbarem Aufwand ein konzessionsfähiger Zustand geschaffen werden kann.

ee) Umweltmängel

Soweit es sich um Umweltgifte handelt, die auf den Mietgebrauch einwirken, reicht die „begründete Gefahrbesorgnis" 387

OLG Hamm DWW 1987, 226 = WM 1987, 248 = ZMR 1987, 267.

Zu schädlichen Stoffen und Umweltbelastung bei der Wohnraummiete

s. Eisenschmid WM 1989, 357, WM 1992, 1, Schläger ZMR 1988, 407, ZMR 1990, 161, ZMR 1992, 85, ZMR 1994, 189, Halstenberg 1993, 155, Isenmann DWW 1994, 197, Mutter ZMR 1995, 189, 191.

Es entspricht nunmehr überwiegender Auffassung, daß für die Beurteilung, ob 388 eine gesundheitsgefährdende Beschaffenheit gegeben ist, auf das Überschreiten der einschlägigen **Grenzwerte** abzustellen ist, auch wenn es sich dabei nur um sog. Vorsorgerichtwerte handelt

LG München I WM 1991, 584,
AG Mettmann VuR 1990, 208 für **Formaldehyd** in der Raumluft,
ferner – für Kauf- und Werkvertragsrecht – : OLG Düsseldorf DWW 1992, 140;
weitergehend OLG Nürnberg DWW 1992, 143 bei Unterschreiten der Grenzwerte.

OLG Köln ZMR 1992, 155, LG Hamburg NJW 1991, 1898, AG Hamburg ZMR 1992, 26, 389
AG Hamburg WM 1993, 736 für **Blei im Trinkwasser,**
ob dem Mieter zuzumuten ist, sich mit einfachen Mitteln – etwa Ablaufenlassen von 2 l Wasser, Verwendung von Wasserfiltern – zu behelfen, ist zweifelhaft (so aber AG Frankfurt ZMR 1988, 435, verneinend LG Hamburg NJW 1991, 1898 = WM 1991, 161).

LG Köln NJW 1991, 1898 für **Nitrat** im Trinkwasser,
LG Hannover WM 1990, 337, LG Hamburg – 316 S 261/88 – Urt. v. 17.9.1991 für PER in der Raumluft;
Ist die Ursache für die **PER-Immission** beseitigt worden und die PER-Konzentration in der Raumluft ständig im Abnehmen begriffen, so ist ein Anspruch des Mieters auf Durchführung aufwendiger Maßnahmen, um diesen Vorgang zu beschleunigen, verneint worden (LG Hamburg WM 1990, 66);
s. auch OLG Frankfurt MDR 1988, 963, OLG Düsseldorf NJW-RR 1991, 1495 für Mängel i.S.v. § 459 BGB.

390 Als Mangel ist auch die bräunliche Verfärbung des Trinkwasser, die nicht auf die Wasserqualität des Versorgungsunternehmens zurückzuführen ist und deren Ursache unbekannt ist, gewertet worden.

    LG Braunschweig WM 1990, 144.

391 Asbesthaltige Nachtspeicherheizungen sind dann mängelbehaftet, wenn von ihnen Gesundheitsgefahren für den Mieter naheliegend ausgehen; das Gefährdungspotential der Nachtspeicheröfen soll unter Einbeziehung der Kriterien wie Zustand, Alter, Nutzungsumfang ermittelt werden

    LG Dortmund ZMR 1994, 410.

392 Abzulehnen ist die Auffassung, nach der es für die Schädlichkeit der Umweltgifte auf die Richtwerte zur Zeit des Vertragsabschlußes abkommt,

    so LG Traunstein NJW-RR 1994, 1423 für PCB-Belastung von Wohnräumen.

Eine spätere, bessere (wissenschaftliche) Erkenntnis und die hierauf beruhende Absenkung der Richtwerte durch das Bundesgesundheitsamt betreffen nämlich den Mangel an sich nicht, sondern beziehen sich auf seine Einschätzung. Die Parallele zur Änderung von technischen Normen kann nicht gezogen werden; denn hier geht es nicht um die Verbesserung eines Baustandards sondern um eine objektive Gebrauchsbeeinträchtigung, die – wie bei anfänglichen Mängeln häufig – mangels besserer Erkenntnismöglichkeiten zunächst noch nicht festgestellt werden konnte (im Ergebnis ebenso Mutter ZMR 1995, 191).

393 Zu beachten sind auch die gesundheitsgefährdenden Auswirkungen elektromagnetischer Wellen auf den Menschen, die z.B. von unzureichend isolierten Starkstromkabeln ausgehen können (Käs DWW 1992, 204, Schläger ZMR 1994, 190, 195, Mutter ZMR 1995, 189, 192; ablehnend AG Köln ZMR 1994, 369, das zu Unrecht annimmt, es fehle an anerkannten Grenzwerten und wissenschaftlich gesicherten Erkenntnissen über etwaige schädliche Einflüsse).

ff) Wohnfläche

394 Nach herrschender Ansicht bedeutet die Abweichung der Wohnfläche von den Angaben im Mietvertrag weder einen Mangel noch das Fehlen einer zugesicherten Eigenschaft, sofern nicht besondere Umstände vorliegen. Hierin wird vielmehr nur eine **Objektbeschreibung** gesehen, deren Inhalt sich auf die Nutzung des Mietobjekts nicht auswirkt. Auch wird geltend gemacht, daß für den Mieter die Kenntnis der genauen Flächenangabe bei der Nutzung des Objekts in der Regel unwichtig ist

    LG Mannheim WM 1989, 11,
    LG Wuppertal DWW 1988, 253,
    LG Düsseldorf DWW 1989, 26, WM 1990, 69,
    LG Münster WM 1990, 146 = DWW 1990, 310,
    LG Hamburg WM 1990, 497,
    LG Berlin GE 1994, 763,
    AG Dortmund DWW 1990, 56,
    vgl. auch Wiese ZMR 1990, 81.

Derartige besondere Umstände können darin liegen, daß ein Quadratmeter-Mietzins vereinbart wird, die Flächengröße nach dem Vertragszweck bedeutsam ist (z.B. Anmietung von gewerblicher Lagerfläche) oder der Mieter sonst erkennbar Wert auf eine bestimmte Flächengröße legt 395

vgl. OLG Koblenz WM 1992, 549 zu einem Fall betrügerischer Zusicherung.

Gegenüber der herrschenden Meinung ist zu bedenken, daß die Flächenangabe im Mietvertrag häufig auf entsprechenden Anpreisungen in Annoncen oder Vorgesprächen zurückzuführen ist und diese für den Mieter vor Abschluß des Vertrages dann Kalkulationsbestandteil auch bei der Prüfung anderer vergleichbarer Mietangebote ist.

Die im Mietvertrag vereinbarte geringere Wohnfläche ist nach § 1 S. 3 MHG zugunsten des Mieters bei einem **Mieterhöhungsverlangen** nach § 2 MHG zugrundezulegen, wenn die tatsächliche Wohnfläche größer ist, 396

so LG Aachen WM 1991, 501, aber streitig.

Nach LG Köln WM 1993, 362 soll die Angabe der Wohnfläche im Mietvertrag den Zweck haben, Streitigkeiten über die Größe zwischen den Parteien zu vermeiden, so daß diese an die Angaben im Mietvertrag – von gravierenden Abweichungen abgesehen – gebunden sind, etwa was die Abrechnung von Betriebskosten anbelangt. Das erscheint gewährleistungsrechtlich inkonsequent, unterstellt den Parteien eine Absicht, die auf Mieterseite wirklichkeitsfremd ist und verfälscht das Ergebnis von Betriebskostenabrechnungen. Zudem ist die Auffassung mietpreisrechtlich nicht haltbar, da sie für den Fall, daß die tatsächliche Fläche kleiner als die vereinbarte ist, gegen § 10 Abs. 1 MHG, § 8 WoBindG verstößt.

c) Zerstörung des Mietobjekts

Die Zerstörung des Mietobjekts führt noch nicht zur Beendigung des Vertrages; vielmehr besteht er mit allerdings wesentlich verändertem Inhalt fort (BGH WPM 1974, 908, WM 1977, 5). Hat der Vermieter die Zerstörung nicht zu vertreten, so trifft ihn keine Pflicht zum Wiederaufbau. Diese folgt aus der Pflicht zur Gebrauchsüberlassung. Entfällt letztere (§ 275 Abs. 1 BGB), so besteht auch erstere nicht 397

BGH MDR 1992, 371 = WM 1992, 133 = ZMR 1992, 140,
OLG Karlsruhe ZMR 1995, 201.

Auch wenn der Vermieter aufgrund der Zerstörung eine Versicherungsentschädigung erhält, ist er in seiner Entscheidung frei, auf welche Weise er das Grundstück künftig nutzen will (BGH WM 1977, 5). Selbst wenn er sich zum Wiederaufbau entschließt, soll seine Pflicht zur Gewährung des Mietgebrauchs nicht wiederaufleben; insbesondere soll er nicht zum Abschluß neuer Mietverträge mit den bisherigen Mietern verpflichtet sein. Eine solche Pflicht ließe sich allenfalls aus Treu und Glauben ableiten 398

OLG Hamm WM 1991, 260.

Hat auch der Mieter die Zerstörung nicht zu vertreten, so wird er von der Zahlung des Mietzinses frei (§ 537 BGB) und ist zur **fristlosen Kündigung** nach 399

§ 542 BGB berechtigt. Dem kann der Vermieter nicht damit begegnen, daß er die Instandhaltung und -setzung auf den Mieter abwälzt. Will er die Kündigung des Mieters vermeiden, so muß er das Mietobjekt wiederherstellen und dem Mieter überlassen

BGH MDR 1987, 752 = ZMR 1987, 257.

400 Bei nur **teilweiser Zerstörung** des Mietobjekts wird der Vermieter von seiner Verpflichtung zur Wiederherstellung nur frei, wenn die Teilzerstörung wirtschaftlich einer vollständigen Zerstörung gleichkommt, ferner wenn die zumutbare Opfergrenze überschritten werden würde

BGH MDR 1991, 329 = WM 1990, 546 = ZMR 1991, 19,
OLG Karlsruhe ZMR 1995, 201.

An das Überschreiten der Opfergrenze werden allerdings strenge Anforderungen gestellt (s. Rdn. 321).

401 Ist die Vermieterleistung teilbar, etwa bei Vermietung von Haus und Garage oder Nebengebäuden auf einem Grundstück, und wird nur ein Teil zerstört, so besteht bezüglich dieses Teils ebenfalls keine Aufbaupflicht; der Mietgebrauch beschränkt sich dann auf die unzerstörten Teile

BGH MDR 1992, 371 = WM 1992, 133 = ZMR 1992, 140 für Zerstörung einer Scheune auf einem landwirtschaftlichen Anwesen.

Von einer Teilbarkeit der Vermieterleistung kann man aber nur ausgehen, wenn die Nutzung auch ohne das zerstörte Gebäude möglich war und ist (BGH a.a.O.).

402 Sind Gaststättenräume durch Brand unbenutzbar geworden, hat der Vermieter die Räume aber wiederhergerichtet, so ist der vertragsgemäße Gebrauch gleichwohl insgesamt aufgehoben, solange die Verwaltungsbehörde die erneute Erteilung der Genehmigung für die Wiederbenutzung der Räume versagt, selbst wenn nur noch restliche Wiederherstellungsarbeiten auszuführen sind

BGH MDR 1987, 752 = ZMR 1987, 257.

Zur Beweislast, ob die Zerstörung vom Vermieter oder Mieter zu vertreten ist, s. Rdn. 471 f.

403 Die Zerstörung des Mietobjekts etwa durch Brand läßt die Räumungspflicht des Mieters unberührt, wenn das Mietverhältnis beendet wird. Das gilt auch, wenn der Mieter die Zerstörung nicht zu vertreten hat. Seine Räumungspflicht ist aber gehemmt, solange der Vermieter den Brandschutt der vom Mieter zu räumenden Sachen nicht von dem von Dach und Fach herrührenden Brandschutt getrennt hat

KG GE 1995, 249.

2. Gewährleistungsrechte

404 Zum Verhältnis der allgemeinen Vorschriften in §§ 275, 323 BGB zu § 537 BGB hat der BGH (VIII. Zivilsenat) im Urteil vom 26.9.1990 die Auffassung vertreten, daß die allgemeinen Vorschriften anzuwenden sind, wenn nach Überlassung der Mietsache ein Mangel eintritt, dessen Behebung dem Vermieter wirtschaftlich nicht zugemutet werden kann

BGH WM 1990, 546 = ZMR 1991, 19.

Ob mit dieser Entscheidung, die zum Kfz-Leasing ergangen ist, über den Einzelfall hinaus neue Weichen gestellt werden, bleibt abzuwarten. Man wird sie wohl eher dahin zu deuten haben, daß sie sich auf die Abgrenzung von Unmöglichkeits- und Gewährleistungsregeln bezieht. Immerhin hat der BGH (V. Zivilsenat) für den Fall der **Doppelvermietung** ausgeführt, daß in diesem Fall der Leistungsunmöglichkeit die Gewährleistungsregelungen die Vorschriften über die nachträgliche Unmöglichkeit verdrängen

BGH WM 1991, 545 = ZMR 1991, 418.

Jedenfalls ist es grundsätzlich ausgeschlossen, die Regeln über den Wegfall der Geschäftsgrundlage im Anwendungsbereich der §§ 537 f. BGB heranzuziehen 405

BGH WM 1992, 313 = ZMR 1992, 239.

Das gilt auch, wenn die Störungen des Vertragszwecks außerhalb des Einflußbereichs des Vermieters liegen oder wenn der Mieter durch vorbehaltslose Zahlung des Mietzinses Gewährleistungsrechte verloren hat (BGH a.a.O.).

Der Schadensersatzanspruch wegen Nichterfüllung nach § 538 Abs. 1 BGB und das Recht zur fristlosen Kündigung nach § 542 BGB bestehen *nicht* alternativ nebeneinander

BGH DWW 1995, 279 = ZMR 1995, 480.

a) Minderung

Die Mangelhaftigkeit führt automatisch dazu, daß der Mietzins vom Beginn der Beeinträchtigung an auch ohne ausdrückliche Geltendmachung herabgesetzt ist 406

BGH WM 1987, 215, NJW-RR 1991, 779 = WM 1991, 544.

Der BGH hat die **Darlegungslast** des Mieters zum Umfang der Minderung erheblich erleichtert. Er braucht nur konkrete Sachmängel darzulegen. Hingegen fällt das Maß der Gebrauchsbeeinträchtigung durch den Mangel nicht in die Darlegungslast; denn die Mietzinsminderung tritt automatisch in dem Umfang ein, in dem die Gebrauchstauglichkeit herabgesetzt ist. 407

War die Zuluftanlage in der gemieteten Gaststätte außer Betrieb, so brauchte der Mieter nur noch darzulegen, daß die Tauglichkeit nicht nur unerheblich beeinträchtigt wurde. Hingegen obliegt es ihm nicht, das Maß der Beeinträchtigung durch den Mangel darzutun. Dies zu ermitteln, ist Aufgabe des Gerichts, ggfs. unter Heranziehung eines Sachverständigen

BGH NJW-RR 1991, 779 = WM 1991, 544.

Nach LG Berlin MM 1994, 396 kann eine minutiöse Darlegung von Lärm- und Schmutzbeeinträchtigungen über einen Zeitraum von einem Jahr nicht verlangt werden.

Nach AG Neuß WM 1994, 382 muß sich der Vermieter aufgrund einer Mängelanzeige um die Feststellung der Beanstandungen kümmern, um Beweisnachteile im späteren Zahlungsprozeß zu vermeiden. Verhält er sich auf die Anzeige passiv, so soll es ihm versagt sein, die Mängel pauschal zu bestreiten. Zur Verwirkung von Mietzinsforderungen im Zusammenhang mit der Minderung s. Rdn. 414. 408

409 Ist unstreitig, daß der Mieter aus bestimmten Anlaß zur Minderung berechtigt war, so soll der Vermieter beweispflichtig dafür sein, daß die für die Minderung maßgebenden Gründe weggefallen sind
AG Charlottenburg MM 1995, 27.
Das entspricht dem Grundsatz, daß der Vermieter als Schuldner für die Erfüllung seiner Gebrauchspflicht beweisbelastet ist.

410 Umstritten ist, ob die **Minderungsquote** von der Bruttomiete (d.h. unter Einschluß der Betriebskostenvorauszahlung) oder der Nettomiete berechnet wird
für ersteres: OLG Frankfurt WM 1986, 19,
OLG Hamburg – 4 U 23/93 – Urt. v. 18.8.1993,
OLG Düsseldorf MDR 1994, 371 = WM 1994, 324 für die Berücksichtigung des Heizkostenanteils bei der Minderung jedenfalls dann, wenn die Beheizung unzureichend ist,
LG Siegen WM 1990, 16, LG Kiel WM 1994, 608, LG Köln ZMR 1994 S. I Nr. 4,
LG Hamburg WM 1990, 148, 149, WM 1991, 90 (Brutto-Kaltmiete); anders AG Miesbach WM 1989, 368,
vgl. auch Staudinger–Emmerich BGB § 537 Rdn. 71, Emmerich–Sonnenschein BGB § 537 Rdn. 16, Sternel Rdn. II 556, ferner Eisenschmid PiG 46 (1995), 103, 109: Sachmängelhaftung des Vermieters, a.A. Bub–Treier Rdn. III 1362, LG Berlin GE 1994, 1381: Die Minderung bezieht sich nur auf diejenigen Nebenkosten, die vom Mangel betroffen werden.

411 Die Frage beantwortet sich danach, ob man den Entgeltanteil, der auf die Betriebskosten entfällt, zum Mietzins rechnet. Das ist bei Geltung einer Inklusivmiete zu bejahen und findet seine Entsprechung etwa bei der Kündigung nach § 554 BGB. Die jeweils vereinbarte Mietstruktur kann für die Berechnung der Minderungsquote nicht ausschlaggebend sein. Hinzukommt, daß eine eindeutige Trennung von verbrauchs- und verbrauchsunabhängigen Betriebskosten kaum möglich ist und den Vermieter auch insoweit, als verbrauchsabhängige Kosten anfallen (z.B. für Wasser), eine Gebrauchsgewährpflicht treffen kann. Deshalb sind die Betriebskostenvorauszahlungen als Teil des Mietentgelts bei der Mietminderung zu berücksichtigen. Man wird jedoch nicht so weit gehen können die Minderung aufgrund des späteren Betriebskostensaldos „nachzuberechnen". Hier bietet sich die Parallele zu § 554 BGB insofern an, als es sich bei dem Abrechnungssaldo nicht um den „laufenden Mietzins" handelt (vgl. Rdn. 1189, 1237).

412 Auch bei Vermietung von Gewerberäumen sind optische Mängel, die den Geltungswert betreffen, zu beachten; es kommen also nicht nur Mängel in Betracht, die zu einer Betriebsbeeinträchtigung führen
OLG Celle ZMR 1995, 204, 205 für rein optisch hervortretende Mängel an einem Teppichboden in einem Alten- und Pflegeheim
gegen OLG Düsseldorf BB 1989, 1934.

413 Gegenüber der Minderung kann der Vermieter nicht einwenden, der Mieter hätte das Mietobjekt auch im vertragsgeeigneten Zustand nicht genutzt
BGH ZMR 1987, 51,
LG Köln WM 1993, 670 für Entzug der Waschküche und des Trockenraums,
AG Regensburg WM 1992, 476 für Beeinträchtigungen durch Baumaßnahmen bei tagsüber berufsbedingter Abwesenheit des Mieters.

Andererseits kommt sie nicht in Betracht, solange sich der Mangel auf den Mietgebrauch nicht auswirkt

LG Lüneburg WM 1989, 368 zu öffentlichrechtlichen Nutzungshindernissen,
LG Wiesbaden WM 1990, 71 bei Ausfall der Heizungsanlage in den Sommermonaten.

oder sobald der Mieter den Mangel selbst behoben hat

AG Pankow–Weißensee MM 1995, 397.

Hat der Mieter den Mietzins gemindert und der Vermieter dies über längere Zeit widerspruchslos hingenommen, so kann er den hieraus berechneten Mietrückstand nicht mehr – schon gar nicht nach Beendigung des Mietverhältnisses – geltend machen; dieser ist **verwirkt** 414

LG Hamburg WM 1990, 203 (eineinhalb Jahre nach Mietende),
LG Hamburg WM 1990, 498 (über 2 Jahre bei andauerndem Mietverhältnis),
LG Hamburg WM 1991, 38 (fast 3 Jahre bei andauerndem Mietverhältnis),
LG Hamburg WM 1994, 608 (Geltendmachung des Mietzinsanspruchs, den der Vermieter trotz Zweifels an der Minderungsbefugnis zuvor nicht verfolgt hat, erst nach Vertragsende),
LG Berlin MM 1994, 361, AG Dortmund WM 94, 535 (Geltendmachung des Mietzinsanspruchs erst nach 32 Monaten);
anders LG Aachen WM 1992, 243, obwohl der Vermieter die Minderung 17 Monate hingenommen hatte.

Die Verwirkung muß auch der in das Mietverhältnis eintretende Erwerber gegen sich gelten lassen

AG Dortmund WM 1994, 535.

Während im Rahmen des Mieterhöhungsverfahrens nach § 2 MHG der Mieter sich nicht auf behebbare Mängel berufen kann (vgl. Rdn. 596), wird ihm der Einwand, die Mietsache sei mangelhaft, gegenüber einem Mieterhöhungsverlangen aufgrund einer vertraglichen Indexklausel bei Vermietung von Gewerbeflächen zugebilligt 415

OLG Düsseldorf MDR 1994, 371 = WM 1994, 324.

Haben sich die Parteien über die **neue Miethöhe** im Rahmen des § 2 MHG geeinigt, so bleibt das Recht des Mieters, die Miete wegen behebbarer Mängel zu mindern, hiervon unberührt (LG Hamburg WM 1988, 121). Das Recht muß unverzüglich zur Vermeidung eines Rechtsnachteils nach § 539 BGB ausgeübt werden.

Die Minderung kann nach einheitlicher Rechtsauffassung bei der Wohnraummiete weder ausgeschlossen noch eingeschränkt – etwa von einer Ankündigung abhängig gemacht – werden. Zum formularmäßigen Ausschluß bei Vermietung von Gewerberaum s. Rdn. 150. 416

b) Schadensersatz

Für die **Garantiehaftung** des Vermieters genügt, daß die Mängelursache und damit die Ursache der späteren Schädigung des Mieters schon bei Vertragsschluß vorhanden waren 417

LG Köln WM 1990, 836 für frostgefährdete Leitungen,
OLG München NJW-RR 1990, 1099 für Betonplatte im Acker,

OLG Karlsruhe ZMR 1991, 378,
OLG Düsseldorf DWW 1991, 236 für behördliche Gebrauchsbeschränkung, ZMR 1992, 149.

Beruft sich der Mieter auf die Garantiehaftung für **anfängliche Mängel**, so muß er deren Vorhandensein bei Vertragsabschluß beweisen. Eine Beweislastumkehr etwa deshalb, weil der Mieter keinen Einblick in die Verhältnisse hat, wird abgelehnt. Ein erst im Verlauf der Mietzeit schließlich durch Verschleiß funktionsuntüchtig gewordenes Bauteil (Wassereinlauf auf Flachdach) ist nicht schon als z.Zt. des Vertragsabschlusses als latent mangelhaft anzusehen

OLG Hamburg WM 1990, 71 = ZMR 1990, 111.

418 Ein anfänglicher Mangel ist darin gesehen worden, daß ein zu Lagerzwecken vermieteter Kellerraum nicht ausreichend gegen Überschwemmungen infolge Abwasserrückstaus gesichert war. Zwar hätte für Kellerräume eine 20 cm hohe Schwelle genügt; hier ergab aber der Vertragszweck, daß der Mieter auf „knochentrockene" Räume angewiesen war. Allein deswegen, weil es sich bei dem schadensstiftenden Ereignis um besonders schwere, äußerst selten auftretende Regenfälle gehandelt hat, ist die Haftung des Vermieters nicht etwa wegen höherer Gewalt ausgeschlossen worden

OLG Düsseldorf ZMR 1988, 222.

419 Interessant ist in diesem Zusammenhang, daß das OLG Frankfurt WM 1984, 78 eine Mangelhaftigkeit abgelehnt hat, weil es infolge eines funktionsuntüchtigen – da nicht gewarteten – Rückstauventils zu einem Überschwemmungsschaden gekommen ist; jedoch wurde eine Haftung des Vermieters aus positiver Vertragsverletzung (unterlassener Wartung) bejaht.

Andererseits hat das OLG München WM 1991, 681 einen Schadensersatzanspruch infolge eines Wassereinbruchs durch Rückstau im städtischen Kanalnetz verneint, weil der Vermieter sich hiergegen nicht schützen könne und deshalb kein Fehler vorliege. Diese Auffassung erstreckt unzulässig den Fehlerbegriff auf Zurechnung und Vertretenmüssen (s. Rdn. 350).

420 Dem Mieter sollen regelmäßig dann keine Schadensersatzansprüche zustehen, wenn durch eine von ihm gewünschte Veränderung der Mietsache diese ohne Verschulden des Vermieters mangelhaft wird. Das gilt aber dann nicht, wenn es sich um eine bauseits (vermieterseits) zu schaffende Voraussetzung handelt, damit die vom Mieter gewünschte Einrichtung hergestellt werden kann

OLG Düsseldorf ZMR 1992, 149.

421 Die Garantiehaftung kann auch **formularmäßig** abbedungen werden
BGH NJW-RR 1991, 74 = WM 1992, 316,
BGH DWW 1993, 170 = ZMR 1993, 320,
LG Mannheim ZMR 1990, 220, s. auch Rdn. 151.

422 Ein Schadensersatz **wegen Verzugs** mit der Mängelbeseitigung (§ 538 Abs. 1 Fall 3 BGB) und ein **Aufwendungsersatzanspruch** nach § 538 Abs. 2 BGB sind nur gegeben, wenn der Mieter den Vermieter in Verzug gesetzt hat. Die nötige Beseitigungsaufforderung muß sich eindeutig von der bloßen Mängelanzeige abheben (AG Neuß WM 1989, 565: Hinweise auf vorhandene Mängel reichen nicht). Sie muß auch klar erkennen lassen, welche Mängel abgestellt werden

sollen. Für den Anspruch auf Aufwendungsersatz nach § 538 Abs. 2 BGB ist (ausnahmsweise) keine Mahnung erforderlich, wenn sie infolge der Umstände – z.B. Schmutzentfernung bei Wasserrohrbruch – wegen Eilbedürftigkeit nicht möglich ist

LG Hagen WM 1984, 215,
AG Hamburg WM 1994, 609.

Entsteht Streit, ob der Vermieter einen gegebenen Mangel behoben hat, so trägt dieser hierfür die Beweislast. Das folgt aus einer analogen Anwendung des § 542 Abs. 3 (2. Alt.) BGB

OLG Hamm NJW-RR 1995, 525.

Hat der Mieter nach Mahnung gegenüber dem Vermieter den Reparaturauftrag (für einen Boiler) erteilt, stellt sich dann aber heraus, daß eine Erneuerung geboten ist, und veranlaßt der Mieter sie, ohne den Vermieter noch einmal im Hinblick auf die Erneuerung zu mahnen, so ist streitig, ob er Ersatz seiner Aufwendungen beanspruchen kann 423

dafür: LG Itzehoe WM 1988, 87,
dagegen: LG Hamburg WM 1988, 87, LG Gießen ZMR 1995 S. IV Nr. 20.

Da sich der Vermieter schon aufgrund der ersten Mahnung in Verzug befunden hat, wird man eine weitere Mahnung nur unter dem Gesichtspunkt der entsprechenden Anwendung des § 254 Abs. 2 BGB fordern dürfen.

Ließe sich der ursprüngliche Zustand nur durch Maßnahmen wiederherstellen, die gegen die Regeln der Technik verstoßen und wirtschaftlich unvertretbar wären, so ist der Mieter ausnahmsweise berechtigt, den Schaden abweichend vom ursprünglichen Zustand in der Weise zu beheben, der den Mindestanforderungen der Technik entspricht 424

LG Köln WM 1994, 73.

Der Ersatzanspruch des Mieters ist auf die Kosten der handwerksgerechten Mängelbeseitigung, die auch der Vermieter hätte aufwenden müssen, beschränkt

LG Köln a.a.O.

Nach dem Rechtsentscheid des 425

KG v. 29.2.1988 NJW-RR 1988, 1039

ist der Mieter berechtigt, einen **Vorschuß** zur Mängelbeseitigung zu verlangen. Dies entsprach schon bisher der herrschenden Ansicht (vgl. BGHZ 56, 136), war aber u.a. mit dem Argument in Frage gestellt worden, daß der Mieter über die Zwangsvollstreckung aus einem auf Erfüllung gerichteten Titel ebenfalls einen Anspruch auf Vorschuß – und zwar in einem einfacheren Verfahren – erlangen könne. Dem Argument, daß der Vermieter einem Verzug schon durch ein wörtliches Angebot zur Mängelbeseitigung entgehen könne, hält das KG entgegen, daß der Verzug erst durch die Leistungsvornahme beendet werde. Bei einer Personenmehrheit auf Mieterseite kann auch der einzelne Mieter den Anspruch auf Vorschuß durch Klage auf Leistung an alle Mitmieter geltendmachen

LG Berlin GE 1994, 997.

426 Dem Vermieter soll es wegen der Zweckgebundenheit des Verwendungsersatzanspruchs nach Treu und Glauben versagt sein, hiergegen mit eigenen Forderungen aufzurechnen,

vgl. Beuermann GE 1994, 252.

427 Der Mieter kann Schadensersatz wegen Schäden an Tapeten und Anstrichen verlangen, die im Zuge von Umbau- oder Modernisierungsarbeiten entstanden sind. Der Anspruch ist jedoch nicht gegeben, wenn der Mieter seiner vertraglichen Renovierungspflicht nicht nachgekommen ist und die Wohnung ohnehin renovieren muß

LG Aachen ZMR 1991, 145.

Das kann jedoch nicht für etwaige Mehrkosten gelten, die infolge der Maßnahmen des Vermieter angefallen sind.

428 Bei Vermietung von **Gewerbeobjekten** kann der Mieter auch **Ersatz nutzloser Aufwendungen** verlangen; denn zu seinen Gunsten gilt die sog. Rentabilitätsvermutung, nach der er seinen Aufwand wieder hereingewirtschaftet hätte. Sie ist aber ausnahmsweise nicht gegeben, solange wegen der besonderen Gestaltung des Mietvertrages nicht endgültig feststeht, ob der Vermieter dem Mieter das Mietobjekt überlassen muß

BGH DWW 1994, 248 = ZMR 1994, 253,

ebensowenig wenn der andere Vertragspartner berechtigt war, vom Vertrag zurückzutreten

BGH MDR 1993, 1077 m.w.N.

Die Rentabilitätsvermutung kommt auch nicht bei Vermietung von Wohnraum in Betracht

LG Gießen NJW-RR 1995, 524.

429 Hat der Mieter wegen Schäden an seinem eingebrachten Eigentum, die durch einen Baumangel verursacht worden sind, Ansprüche gegen den Vermieter und den Bauunternehmer, so haften ihm beide als Gesamtschuldner

BGH ZMR 1994, 400, auch zum Ausgleichsanspruch der Gesamtschuldner.

430 Nicht eindeutig ist das Regelungsverhältnis zwischen § 538 Abs. 1 BGB und § 547 Abs. 1, 2 BGB. Einerseits hat

OLG Hamm NJW 1985, 1847 = WM 1984, 239

den Erlaß eines Rechtsentscheids zu der Frage abgelehnt, ob der **Aufwendungsersatzanspruch** nach § 538 Abs. 2 BGB den Anspruch des Mieters auf Verwendungsersatz nach § 547 Abs. 1 BGB verdrängt, weil diese Frage bejahend bereits geklärt sei (vgl. auch Emmerich-Sonnenschein BGB § 538 Rdn. 13, Wolf-Eckert Rdn. 331 f., differenzierend Bub-Treier Rdn. III 1395). Danach kann der Mieter seinen Anspruch auf Aufwendungsersatz nicht auf § 547 Abs. 1 BGB stützen, wenn er die erforderliche Mahnung unterlassen hat, weil § 538 Abs. 2 BGB die speziellere Regelung ist.

431 Dies entspricht auch der Auffassung des BGH. Er hält den Anspruch aus § 538 Abs. 2 BGB gegenüber demjenigen aus § 547 Abs. 1 BGB für vorrangig, soweit es

Gewährleistung Rdn. 432–436

sich um Aufwendungen des Mieters handelt, um den vertragsgemäßen Zustand der Mietsache wiederherzustellen. Notwendige Verwendungen i.S. von § 547 Abs. 1 BGB sind demgegenüber Leistungen, die zur Erhaltung oder Wiederherstellung erforderlich sind und die auch der Eigentümer ohne Rücksicht auf die Vermietung hätte aufwenden müssen, um die Sache zu erhalten

BGH WM 1994, 201 bejahend für Erneuerung des Dachstuhls, der Dacheindeckung, der Erneuerung der Sanitär- und Elektroinstallation sowie der Beseitigung von Feuchtigkeitsschäden bei Vermietung eines von vornherein renovierungsbedürftigen Hauses, welches insoweit den „vertraggemäßen Zustand" darstellte, so daß der Mieter wegen der von ihm durchgeführten Maßnahmen keinen Erfüllungsanspruch und keine Gewährleistungsrechte besaß.

Jedoch wird eine **Anspruchskonkurrenz** zwischen § 538 Abs. 2 BGB und § 547 Abs. 2 BGB zugelassen, da der Mieter nicht schlechter als jeder Dritte gestellt werden dürfe 432

OLG Düsseldorf ZMR 1990, 57, NJW-RR 1992, 716 = WM 1993, 271,
AG Regensburg WM 1993, 185.

Verwendungsersatz für nützliche bauliche Veränderungen und Umbauten erhält der Mieter nach §§ 547 Abs. 2, 683 BGB, wenn die Arbeiten dem wirklichen oder mutmaßlichen Willen des Vermieters entsprechen. An das Vorliegen des mutmaßlichen Willens sind strenge Anforderungen zu stellen. 433

Ist durch die Maßnahmen des Mieters ein Wertzuwachs, insbesondere eine Erhöhung des Verkehrswerts eingetreten, so kann dem Mieter ein Anspruch aus § 812 BGB zustehen 434

BGH WM 1994, 201.

Der Bereicherungsanspruch zielt nicht auf den Wert der Aufwendungen sondern auf die Wertsteigerung des Mietobjekts

LG Berlin MM 1995, 68.

Ein Anspruch aus Geschäftsführung ohne Auftrag ist verneint worden, wenn die nach dem Mietvertrag erforderliche Zustimmung des Vermieters zu baulichen Veränderungen durch den Mieter nicht vorliegt; ein Bereicherungsanspruch ist versagt worden, wenn der Vermieter mit den baulichen Maßnahmen nicht einverstanden war und im übrigen eine Steigerung des Verkehrswerts nicht festzustellen ist 435

LG Berlin GE 1994, 403.

Auf den vertraglichen Genehmigungsvorbehalt wäre allerdings nicht abzustellen gewesen; denn er bezieht sich nur auf Maßnahmen des Mieters, die er im eigenen Interesse durchführt.

Der Anspruch aus § 547 BGB besteht gegenüber demjenigen, der zur Zeit der Vornahme der Verwendungen Vermieter war, also nicht gegenüber einem Erwerber, der in das Mietverhältnis erst später eingetreten ist 436

LG Berlin GE 1994, 403,
AG Potsdam WM 1994, 527,
vgl. auch BGH NJW 1965, 1225.

Zu beachten ist, daß der Anspruch des Mieters der kurzen Verjährung nach § 558 BGB unterliegt und die Verjährungsfrist im Falle des Vermieterwechsels eben mit diesem beginnt.

c) Haftung wegen Rechtsmängel

437 Die Haftung wegen Rechtsmängel nach § 541 BGB verdrängt die Regeln über die nachträgliche Unmöglichkeit

> BGH WM 1991, 545 = ZMR 1991, 418 für Doppelvermietung.

Kein Rechts-, sondern ein **Sachmangel** liegt vor, wenn ein Wohnungseigentümer Gewerberäume entgegen den Nutzungsangaben im Teilungsplan zu Gaststättenzwecken vermietet hat und die übrigen Wohnungseigentümer dies nicht dulden wollen; für das Vorliegen eines Sachmangels reicht es aus, daß der Rechtsinhaber die Geltendmachung seines Beseitigungsrechts androht

> BGH DWW 1995, 279 = ZMR 1995, 480.

Die Rechtsmängelhaftung hat besondere Bedeutung bei der Vermietung im **Bauherrenmodell** im Verhältnis zwischen Mieter und Endmieter. Durch Rechtsentscheid des

> OLG Hamm v. 26.8.1987, NJW-RR 1987, 1304

ist der Zeitpunkt, ab dem der Endmieter sich gegenüber dem Zwischenmieter darauf berufen kann, ihm sei der Gebrauch entzogen, vorverlegt: Es genügt bereits die Aufforderung des Haupt-Vermieters, den Mietzins an ihn zu zahlen, verbunden mit der Drohung, andernfalls Räumung und Herausgabe der Wohnung zu verlangen. Damit ist dem Endmieter erleichtert, gegen den Zwischenmieter vorzugehen. In Abgrenzung hierzu hat das

> OLG Hamburg WM 1990, 340

die Auffassung vertreten, daß in einem entsprechenden Fall eine Entziehung des vertragsgemäßen Gebrauchs der Untermietsache dann nicht vorliegt, solange der Hauptmietvertrag nicht beendet ist.

438 Umstritten ist, ob im Falle der **Doppelvermietung** der nicht besitzende Mieter gegenüber dem Vermieter einen Erfüllungsanspruch auch nach Überlassung an den Dritten behält, so

> LG Köln WM 1990, 65, LG Berlin WM 1995, 123,

oder auf Schadensersatzansprüche beschränkt bleibt, so

> LG Berlin ZMR 1988, 178, AG Freiburg WM 1993, 117.

Ob ein Erfüllungsanspruch gegeben ist, hängt davon ab, ob die Pflicht des Vermieters zur Überlassung der Mietsache objektiv oder subjektiv nachträglich unmöglich geworden ist. Dabei ist auch das Verhalten des gegenwärtigen Besitzers und die Möglichkeit einer einverständlichen Aufhebung des Vertrages – etwa unter Zahlung einer Abfindung – zwischen ihm und dem Vermieter in die Würdigung einzubeziehen (LG Köln a.a.O., LG Berlin WM 1995, 123).

439 Enthält der Vermieter dem Mieter die Wohnung nach durchgeführter Modernisierung vor, so ist der Schadensersatzanspruch des Mieters auf den Zeitraum beschränkt, für dessen Ablauf der Vermieter das Mietverhältnis durch ordentli-

Gewährleistung Rdn. 440–443

che Kündigung beenden konnte. Ist bei Vermietung von Wohnraum nicht ersichtlich, daß und wann der Vermieter ein berechtigtes Freimachungsinteresse i.S. von § 564b BGB gehabt hätte, so ist von einer Befristung des Schadensersatzanspruchs auf 3 Jahre auszugehen
LG Köln WM 1992, 14, vgl. auch Rdn. 1090.

d) Kündigungsbefugnisse

Der Mieter kann gemäß § 542 BGB fristlos kündigen, wenn die Heizung ausfällt, weil die Versorgungswerke den elektrischen Strom infolge von Zahlungsrückständen des Vermieters abgestellt haben   440
LG Saarbrücken WM 1995, 159.

Verschweigt der Vermieter, daß er nicht Eigentümer der Mietsache ist, ohne daß hieraus eine Gebrauchsbeeinträchtigung resultiert, so soll der Mieter weder aus § 542 BGB noch aus § 554a BGB zur Kündigung berechtigt sein
OLG Düsseldorf DWW 1992, 15.

Das wird allerdings einzuschränken sein, wenn das Mietverhältnis länger befristet ist und der Mieter im Vertrauen hierauf seine Dispositionen abstellt, insbesondere nicht unerheblich investiert.

Die Kündigung eines Untermietverhältnisses durch den Untermieter aus § 542   441
Abs. 1 BGB kann noch nicht darauf gestützt werden, daß die **Untermieterlaubnis** nicht vorliegt; denn das bloße Bestehen des Rechts des Eigentümers als des Hauptvermieters, dem Untermieter den Gebrauch zu entziehen – d.h. das Hauptmietverhältnis zu kündigen und vom Untermieter die Herausgabe zu verlangen – reicht nicht
BGH WM 1987, 116 = ZMR 1987, 143.

Der Untermieter hat aber gegenüber dem Mieter einen Anspruch darauf, daß   442
binnen angemessener Frist die Erlaubnis beigebracht wird; anderenfalls kann er nach Auffassung des BGH a.a.O. zur fristlosen Kündigung aus wichtigem Grund berechtigt sein, weil ihm (bei gewerblicher Miete) die Unsicherheit nicht zuzumuten ist. Hat der Mieter einen Anspruch auf Erlaubnis zur Untervermietung und verweigert der Vermieter sie ohne Grund, so kann der Mieter nicht nur nach § 549 Abs. 1 S. 2 BGB, sondern auch nach § 542 Abs. 1 BGB kündigen
OLG Düsseldorf WM 1995, 585, LG Berlin MM 1995, 144.

Zur Unabdingbarkeit der Kündigungsbefugnis nach § 549 Abs. 1 S. 2 BGB s. Rdn. 206.

Die vom Mieter zu setzende **Frist** muß so ausreichend sein, daß der Vermieter   443
Abhilfe schaffen kann; es kann genügen, daß er binnen dieser Frist das Erforderliche getan hat, auch wenn die Abhilfe damit noch nicht vollständig bewirkt ist
AG Lübeck DWW 1988, 180 für Lärmstörungen durch Mitbewohner: Der Vermieter hatte binnen der ihm gesetzten Frist von 6 Wochen abgemahnt und danach fristlos gekündigt, aber noch nicht Räumungsklage erhoben.

Eine zu kurz bemessene Frist setzt eine angemessene in Lauf; die Angemessenheit richtet sich auch danach, ob dem Vermieter der Mangel schon bekannt war
LG Frankfurt WM 1987, 55.

Eine Frist zur Abhilfe ist unnötig, wenn die Beseitigung der Mängel binnen angemessener Zeit dem Mieter (!) unmöglich erscheinen muß

OLG Karlsruhe ZMR 1988, 223 für Miete eines Wohnmobils.

444 Grundsätzlich darf das Kündigungsrecht nach § 542 Abs. 1 BGB nur innerhalb einer angemessenen Frist, nachdem der Berechtigte von den Kündigungsgründen Kenntnis erlangt hat, ausgeübt werden, ein längeres Zuwarten läßt auf die (mangelnde) Erheblichkeit der Vertragsverletzung oder auf die Zumutbarkeit der Vertragsfortsetzung schließen,

OLG Celle ZMR 1995, 298: Kenntnis von den Kündigungsvoraussetzungen seit etwa 3 Jahren; Mängelrügen sind in diesem Zusammenhang nicht erheblich.

Streitig ist, ob der Mieter noch kündigen kann, wenn der Vermieter zwar nach Ablauf der ihm gesetzten Frist, aber vor Ausspruch der Kündigung Abhilfe geschaffen hat. Die Frage ist bejaht worden von

OLG Düsseldorf MDR 1988, 866.

Dem einmal entstandenen Kündigungsrecht könne nicht Verwirkung entgegengehalten werden, wenn es kurze Zeit nach Fristablauf ausgeübt worden sei. Hier wird auf die Umstände abgestellt werden müssen und unter Zumutbarkeitsgesichtspunkten zu fragen sein,

– wie schwer der Mangel wog,

– wie groß die Fristüberschreitung für die Beseitigung war,

– welcher Zeitraum zwischen dem Fristablauf für die Mängelbeseitigung und dem Ausspruch der Kündigung lag,

– ob und wann der Mieter nach Fristablauf bereits Dispositionen für eine Vertragsänderung getroffen hat.

Hat der Vermieter ihm vom Mieter gesetzte Fristen zur Herstellung des vertragsgemäßen Zustands wiederholt ungenutzt verstreichen lassen, so steht der Wirksamkeit der fristlosen Kündigung gem. § 542 Abs. 1 BGB nicht entgegen, daß der Vermieter am Tag des Ablaufs einer ihm neuerlich gesetzten Frist mit den Instandsetzungsarbeiten beginnt

OLG Düsseldorf WM 1995, 393 = ZMR 1995, 351.

445 Hat der Mieter durch sein eigenes Verhalten maßgeblich die Fertigstellung des Mietobjekts verzögert, so steht ihm die Kündigungsbefugnis wegen nicht rechtzeitiger Gewährung des Mietgebrauchs nicht zu

OLG Düsseldorf ZMR 1993, 522.

Das gleiche gilt, wenn der Mangel auf ein Verschulden oder Mitverschulden des Mieters zurückzuführen ist

OLG Düsseldorf ZMR 1994, 402.

Es wird allerdings für den Kündigungsausschluß zu fordern sein, daß das Mitverschulden des Mieters überwiegt.

446 Der **Kündigungsfolgeschaden** des Mieters umfaßt u.a. die Anwaltskosten, die Kosten für die Herrichtung der neuen Räume einschließlich Telefonanschluß und die Kautionskontogebühr

LG Saarbrücken WM 1995, 159.

Gewährleistung   Rdn. 447–451

Das Kündigungsrecht wegen **Gesundheitsgefährdung** aus § 544 BGB (vgl. dazu   447
Harsch WM 1989, 162) ist unverzichtbar; § 539 BGB ist in diesem Zusammenhang nicht anzuwenden. Ein Befall von Ungeziefer in einem Vorratslager, das nur
vorübergehend von Menschen aufgesucht wird, rechtfertigt indes die Kündigung
aus dieser Bestimmung nicht
   OLG Düsseldorf ZMR 1987, 263;
   anders zu § 539 BGB: AG Leer DWW 1989, 223.

Das gleiche ist für Gefährdungen des Personals eines Ladenlokals angenommen
worden, die durch wiederholte widerrechtliche Übergriffe und Ausschreitungen
von Kunden und Bewohnern aus der Nachbarschaft verursacht worden sind
   OLG Koblenz NJW-RR 1989, 1247 für Lebensmittel-SB-Markt.

Das Kündigungsrecht nach § 544 BGB ist auch dann bejaht worden, wenn der   448
Mieter vernünftigerweise vom Bestehen einer erheblichen Gefahr ausgehen
konnte, die aber tatsächlich nicht gegeben war
   AG Saarlouis WM 1990, 389 für fehlende Standsicherheit des Gebäudes.

Das Kündigungsrecht ist versagt worden, wenn die Gesundheitsgefährdung durch   449
verhältnismäßig leicht und kurzfristig zu beseitigende Mißstände verursacht
wird und der Vermieter zur sofortigen Abhilfe bereit ist
   LG Saarbrücken WM 1991, 91,
   LG Kiel WM 1992, 122.

Hat der Mieter einer Wohnung berechtigt gekündigt, so kann er nicht Ersatz der   450
nutzlos gewordenen Aufwendungen (z.B. Maklerprovision, Renovierungskosten
für die bisherige Wohnung) verlangen; denn hierbei handelt es sich um das sog.
negative Interesse
   LG Saarbrücken WM 1991, 91 f.;
   a.A. LG Mannheim ZMR 1991, 108;
   zum Ersatz des negativen Interesses als Kündigungsfolgeschaden bei Vermietung von
   Gewerberaum vgl. Rdn. 428.

3. Gewährleistungsausschlüsse

a) Vereinbarter Zustand

Haben die Parteien einen konkret gegebenen schlechten Bauzustand als **vertrags-**   451
gemäß vereinbart, so sind Erfüllungs- und Gewährleistungsansprüche des Mieters ausgeschlossen
   BGH WM 1994, 201: Anmietung eines renovierungsbedürftigen Wohnhauses, das unter
   dem Mindeststandard liegt,
   LG Mannheim ZMR 1990, 220 (die Ansprüche sind aber gegeben, wenn die Räume zu
   Wohnzwecken ungeeignet sind und durch die vereinbarten Reparaturen nicht hierfür
   hergestellt werden können),
   LG Berlin ZMR 1990, 420: für unrenovierte Wohnung, vgl. dazu auch BGH – RE v.
   1.7.1987 – BGHZ 101, 253 = WM 1987, 306, 310,
   LG Düsseldorf DWW 1991, 284 aufgrund der Individualvereinbarung „In gebrauchtem
   Zustand, dem Baujahr 19.. entsprechend; aufgrund Detailkenntnis nach eingehender
   Besichtigung",
   vgl. auch KG WM 1984, 42, LG Hannover WM 1994, 463 für Zustand des Treppenhauses,

AG Neuß WM 1989, 10 für fehlende Beleuchtung der Grundstückszufahrt,
OLG München WM 1993, 607 für bei Vertragsabschluß erkennbare Beeinträchtigungen durch künftige Baumaßnahmen.

452 Entsprechendes gilt für die Anmietung von Wohnraum in Plattenbauweise, soweit es sich um art-typische Mängel handelt; wenn schon nicht ein Ausschluß der Gewährleistung, so ist doch ein erheblicher Abschlag der Minderungsquoten in Betracht zu ziehen

OLG Naumburg WM 1995, 145 unter Hinweis auf KreisG Döbeln WM 1992, 535, KreisG Erfurt WM 1993, 112.

b) Kenntnis oder grobfahrlässige Unkenntnis vom Mangel bei Vertragsabschluß

453 Die Kenntnis des Mieters von Mängeln nach § 539 BGB ist nicht schon dann zu bejahen, wenn er das äußere Erscheinungsbild kennt, solange er nicht auch das Wissen um die Ursachen und die konkreten Auswirkungen des Mangels auf die Gebrauchstauglichkeit der Mietsache hat

LG Köln WM 1990, 387;
anders LG Düsseldorf WM 1992, 368: Die Fehleinschätzung von Feuchtigkeitsschäden nach Grund und Tragweite soll die Mängelkenntnis i.S. von § 539 BGB nicht ausschließen.

Ebensowenig folgt die Kenntnis des Mangels (hier: erheblicher Lärm) schon daraus, daß der Mieter bei Vertragsschluß weiß, daß sich im Hause eine Gaststätte oder ein Büro befindet

LG Karlsruhe DWW 1987, 234,
AG Bonn WM 1990, 497,
auch AG Köln WM 1990, 291.

454 Grobe Fahrlässigkeit liegt erst dann vor, wenn der Mieter die erforderliche Sorgfalt in einem ungewöhnlich hohen Maße verletzt und dasjenige unbeachtet läßt, was im gegebenen Fall jedem hätte einleuchten müssen,

OLG München ZMR 1995, 401 bei baurechtlichen Hindernissen, wenn Umstände gegeben waren, die den Verdacht eines dadurch begründeten Mangels besonders nahelegten; demnach muß der Mieter ihm ohne weiteres zumutbare Nachforschungen unterlassen haben.

Ist bei Abschluß des Mietvertrages ein behördliches Genehmigungsverfahren anhängig, so begründet die Kenntnis hiervon noch keine grobe Fahrlässigkeit, wenn später die Genehmigung versagt wird, sofern der Mieter mit einem positiven Ausgang des Genehmigungsverfahrens rechnen durfte

OLG Hamburg ZMR 1995, 533.

Bloße Zweifel des Mieters bei Vertragsschluß, ob dem Gebrauch der Mietsache keine baurechtlichen Hindernisse entgegenstehen, rechtfertigen regelmäßig nicht die Annahme, ihm sei der Mangel infolge grober Fahrlässigkeit unbekannt geblieben

OLG Düsseldorf DWW 1991, 236.

455 Der BGH hat bekräftigt, daß § 539 BGB auf den **Erfüllungsanspruch** des Mieters nicht anzuwenden ist,

Gewährleistung Rdn. 456–459

BGH MDR 1990, 147 für Computer-hardware-Leasing,
ebenso OLG Köln MDR 1993, 973, LG Berlin GE 1994, 281;
anders LG Berlin GE 1993, 99.

Jedoch soll im Rahmen des § 320 Abs. 2 BGB der Rechtsgedanke des § 539 BGB herangezogen werden können

BGH a.a.O.

c) Vorbehaltslose Mietzahlung trotz Kenntnis von Mangel

Die Bedeutung des Gewährleistungsausschlusses nach § 539 BGB liegt weniger 456 in der unmittelbaren als vielmehr in der entsprechenden Anwendung der Bestimmung: Setzt der Mieter **trotz längerer Kenntnis** von den Mängeln den Mietgebrauch fort und **zahlt vorbehaltslos** den vollen Mietzins, ohne Beanstandungen zu erheben, so verliert er die Gewährleistungsrechte einschließlich des Kündigungsrechts aus § 542 BGB für die Vergangenheit und für die Zukunft

OLG Düsseldorf NJW-RR 1987, 911.

Ebenso verhält es sich, wenn der Mieter den Mietzins wegen eines bestimmten Mangels in einer bestimmten Höhe mindert, ohne sich eine weitergehende Mietminderung vorzubehalten

LG Hamburg HmbGE 1991, 253;
anders LG Hannover WM 1994, 463, wenn der Mieter nur in bestimmtem Umfang mindert, im übrigen jedoch unter Vorbehalt zahlt.

An diesen Grundsatz sind jedoch entsprechend den **Verwirkungsregeln** strenge 457 Anforderungen zu stellen. Eine analoge Anwendung des § 539 BGB ist nur gerechtfertigt, wenn der Mieter durch sein Verhalten zu erkennen gibt, daß die Mietsache ihm trotz des erkannten Mangels den vereinbarten Mietzins wert ist

OLG Düsseldorf DWW 1991, 236, WM 1994, 324.

Ein Zeitraum von etwa 6 Monaten seit Kenntnis und vorbehaltsloser Zahlung kann zum Rechtsverlust ausreichen

LG Köln WM 1988, 15,
LG Paderborn MDR 1989, 455,
AG Frankfurt NJW-RR 1992, 973 = WM 1992, 242.

Nach OLG München ZMR 1993, 466 soll für einen schlüssigen Verzicht auf Gewährleistungsrechte sogar ausreichen, daß der Mieter erklärt, er werde den Mietzins (die Nutzungsentschädigung) in voller Höhe entrichten, und dann (nur) einmal zahlt.

Die Verwirkungsfolge gilt auch, wenn der Mieter das Mietverhältnis nach § 568 BGB fortsetzt

OLG Hamm MDR 1988, 410.

Für einen Vorbehalt reichen wiederholte Beanstandungen nicht aus 458
OLG Düsseldorf ZMR 1987, 329,
AG Frankfurt NJW-RR 1992, 973 =WM 1992, 242.

Andererseits hat die Rechtsprechung des BGH NJW 1974, 2233 = ZMR 1975, 185 459 Bestand, nach der der Mieter seine Gewährleistungsrechte trotz vorbehaltsloser

Zahlung nicht verliert, wenn er in der dem Vermieter bekannten berechtigten Annahme geleistet hat, dieser werde die Mängel alsbald beheben (OLG Düsseldorf WM 1995, 435 = ZMR 1995, 400). In diesem Zusammenhang kommt es auf die Ernsthaftigkeit der Beanstandungen und die Länge der Zeit, während der gezahlt worden ist, an.

460 Ist der Mieter mit seinen Gewährleistungsrechten nach § 539 BGB ausgeschlossen, so leben sie durch eine **Mieterhöhungsvereinbarung** im Umfang der Erhöhung wieder auf; denn der Ausschluß beschränkt sich auf das davor bestehende Äquivalenzverhältnis

OLG Düsseldorf MDR 1994, 371 = WM 1994, 324,
LG Köln WM 1990, 17,
LG Frankfurt WM 1990, 425 (LS),
AG Köln ZMR 1994 S. X Nr. 10, ZMR 1995, 260.

Allerdings muß der Mieter einen entsprechenden Vorbehalt machen. Ist er zur Zustimmung zur Mieterhöhung nach § 2 MHG verurteilt worden, so muß er den **Vorbehalt** unverzüglich nach Rechtskraft des Urteils erklären

LG Hamburg WM 1990, 149,
LG Köln WM 1994, 129.

461 Die nach § 539 BGB verwirkte Minderungsbefugnis lebt auch dann wieder auf, wenn und soweit sich der Mangel im Laufe der Mietzeit erheblich verstärkt

AG Schöneberg MM 1995, 28 für Gaststättenlärm.

462 Hat der Mieter, der sein Recht zur fristlosen Kündigung analog § 539 BGB verwirkt hat, nach Ausspruch seiner Kündigung das gemietete Tankstellenobjekt geschlossen, so steht ihm ein Minderungsrecht auch dann nicht zu, wenn die Wiedereröffnung der Tankstelle daran scheitert, daß die alten – ehemals Bestandsschutz genießenden – Betriebseinrichtungen nun nicht mehr genehmigungsfähig sind

OLG Düsseldorf ZMR 1994, 539.

Ebensowenig kann der Mieter mindern, wenn er dem Vermieter den Zutritt zum Mietobjekt verweigert, um die Mängel zu begutachten. Anders soll es sich dann verhalten, wenn der Vermieter positive Kenntnis von den Mängeln und den Möglichkeiten ihrer Beseitigung hat, jedoch eine erneute Mängelbegutachtung durchführen will

LG Berlin WM 1994, 464.

Hier wird jedoch ein rechtsmißbräuchliches – z.B. auf Verzögerung abzielendes – Verhalten des Vermieters hinzutreten müssen.

463 Der Mieter verliert seine Gewährleistungsansprüche nach Maßgabe des § 545 Abs. 2 BGB dann, wenn er seine **Anzeigepflicht** verletzt hat und der Vermieter deswegen eine ursprünglich mögliche Abhilfe nicht mehr ausführen kann, was er beweisen muß

BGH WM 1987, 215.

4. Zurückbehaltungsrecht

Als gesichert kann gelten, daß dem Mieter bei Mängeln neben den Gewährleistungsrechten ein Zurückbehaltungsrecht am laufend zu entrichtenden Mietzins aus § 320 BGB wegen seines fortbestehenden Erfüllungsanspruchs zusteht 464

> BGHZ 84, 42 = NJW 1982, 2242,
> OLG Düsseldorf ZMR 1989, 300, 301,
> LG Köln WM 1990, 385, 386,
> LG Berlin WM 1994, 464.

Es führt grundsätzlich nur zu einer **Zug-um-Zug-Verurteilung**, außer wenn feststeht, daß der Vermieter seine Leistung – etwa wegen Konkurs – nicht mehr erbringen kann (OLG Düsseldorf a.a.O.). Um als Druckmittel wirksam sein zu können, wird es auf den 3 bis 5-fachen Minderungsbetrag bezogen 465

> LG Hamburg WM 1989, 566,
> LG Bonn WM 1991, 262,
> LG Berlin GE 1994, 403.

Um den Verzug auszuschließen, genügt das Bestehen des Zurückbehaltungsrechts (LG Berlin WM 1994, 464); anders verhält es sich beim Zurückbehaltungsrecht nach § 273 BGB wegen nicht synallagmatischer Ansprüche: Hier wird der Verzug nur ausgeschlossen, wenn das Zurückbehaltungsrecht spätestens bei Fälligkeit der davon betroffenen Miete ausgeübt wird 466

> OLG Düsseldorf ZMR 1988, 304.

Nach überwiegender Meinung steht dem Mieter wegen seines Erfüllungsanspruchs auf Behebung von Mängeln nicht das Recht zu, die Zustimmung zu einem **Mieterhöhungsverlangen** nach § 2 MHG zurückzuhalten. Da dem Mieter ein effizienteres Zurückbehaltungsrecht gegenüber dem Mietzinsanspruch zusteht, wird einem Zurückbehaltungsrecht gegenüber dem Zustimmungsanspruch des Vermieters aus § 2 MHG das Schutzbedürfnis fehlen. Daraus läßt sich begründen, daß sich „aus dem Schuldverhältnis ein anderes ergibt". 467

> LG Berlin WM 1985, 331,
> LG Konstanz WM 1991, 279,
> LG Hamburg WM 1991, 593,
> AG Kassel WM 1992, 137;
> a.A. LG Itzehoe WM 1990, 157,
> AG Hamburg-Altona WM 1991, 279.

Ebensowenig kann der Mieter gegenüber dem Anspruch des Vermieters auf Zahlung der Mietkaution ein Zurückbehaltungsrecht ausüben 468

> LG Hamburg WM 1991, 586,
> LG Köln WM 1993, 605.

Der Rechtsgedanke des § 539 BGB soll auch im Rahmen des § 320 Abs. 2 BGB beachtet werden; hierbei ist besonders zu berücksichtigen, welches Vertrauen der Mieter in die Nachholung der noch ausstehenden restlichen Erfüllung setzen durfte 469

> BGH MDR 1990, 147.

470 Das Zurückbehaltungsrecht wegen Mängel der Mietsache kann bei Wohnraummietverhältnissen **formularmäßig** nicht ausgeschlossen oder eingeschränkt – etwa von einer Ankündigung abhängig gemacht – werden (§ 11 Nr. 2 AGBG)
> LG Osnabrück WM 1989, 370,
> LG Berlin GE 1994, 403.

Auch im kaufmännischen Verkehr kann das Zurückbehaltungsrecht formularmäßig jedenfalls dann nicht ausgeschlossen werden, wenn die Gegenansprüche des Mieters rechtskräftig feststehen, unstreitig oder entscheidungsreif sind
> BGH DWW 1993, 170 = ZMR 1993, 320,
> OLG Düsseldorf ZMR 1989, 300;
> a.A. OLG Düsseldorf WM 1995, 392 = ZMR 1995, 303,
> vgl. auch LG Berlin WM 1992, 239: Die formularmäßige Beschränkung des Zurückbehaltungsrechts auf unbestrittene Gegenansprüche ist wirksam.

Auch in diesen Fällen kann das Zurückbehaltungsrecht selbst formularmäßig von einer Ankündigung mit Fristsetzung abhängig gemacht werden
> BGH a.a.O.,
> OLG Hamburg – 4 U 139/86 – Urt. v. 25.3.1987,
> OLG Hamburg – 4 U 150/91 – Urt. v. 18.12.1991.

5. Beweislast bei Schäden am Mietobjekt

471 Prägend für die **Beweislastverteilung bei Schäden** am Mietobjekt und deren Zurechnung zu der einen oder anderen Partei ist der Rechtsentscheid des
> OLG Karlsruhe v. 9.8.1984 – NJW 1985, 142.

Er hat die früher aus § 548 BGB gegen den Mieter abgeleitete Beweislastverteilung durch eine an den Grundsätzen der positiven Vertragsverletzung nach § 282 BGB entwickelten Verteilung gemäß Risikosphären ersetzt, wenn nicht feststeht, daß der Schaden infolge des Mietgebrauchs entstanden ist. Danach muß der Vermieter, der den Mieter auf Schadensersatz beansprucht, beweisen,

– daß ein Schaden entstanden ist,

– daß die Schadensursache in dem der unmittelbaren Einflußnahme, Herrschaft und Obhut des Mieters unterliegenden Bereich gesetzt worden ist;

dazu muß er die Möglichkeit einer aus seinem Verantwortungs- und Pflichtenkreis und demjenigen eines anderen Mieters des selben Hauses oder der von einem Dritten herrührenden Schadensursache ausräumen.

Ist der Beweis geführt, so muß sich der Mieter hinsichtlich Verursachung und Verschulden entlasten.

472 Dieser Auffassung hat sich der BGH ausdrücklich angeschlossen:
> Die aus § 548 BGB hergeleitete Beweislastverteilung betrifft grundsätzlich Fälle, in denen die Mietsache „durch den Mietgebrauch" Schaden erlitten hat. Handelt es sich dagegen um einen Sachverhalt, bei dem sich kein „im Gebrauch" der Mietsache liegendes Risiko verwirklicht hat, greift diese Regelung so nicht ein.
> Ist streitig, ob vermietete Räume infolge des Mietgebrauchs beschädigt worden sind, trägt der Vermieter die Beweislast dafür, daß die Schadensursache dem Obhutsbereich des Mieters entstammt; eine in seinen eigenen Verantwortungsbereich fallende Schadensursache muß der Vermieter ausräumen.

(Hier handelte es sich um einen Brandschaden, wobei offengeblieben ist, ob der Brand durch einen Punktstrahler vor leicht brennbarer Teppichrolle oder durch einen Kabelbrand eines nicht dem Mietgebrauch unterliegenden Kabels verursacht worden ist.) Diese Grundsätzen zur Beweislastverteilung in Fällen ungeklärter Schadensursache entsprechen der Pflichtenlage zwischen den Mietvertrtagsparteien und führen in der Regel zu angemessenen Ergebnissen. Ferner entsprechen sie den Grundsätzen, die nach der Rechtsprechung des BGH für den Fall gelten, daß Ansprüche aus positiver Vertragsverletzung geltend gemacht werden
BGH – Urt. v. 18.5.1994 – MDR 1994, 911 = WM 1994, 466 = ZMR 1994, 465.

Das Gleiche gilt für **Brandschäden**, wenn zwar feststeht, daß der Brandherd innerhalb der Mieträume lag, die Brandursache aber ungeklärt ist   473
OLG Hamm ZMR 1988, 300 gegen
BGHZ 66, 349, 353 = ZMR 1976, 211,
BGH MDR 1994, 911 = WM 1994, 466 = ZMR 1994, 465.

Der Vermieter muß also die Möglichkeit einer Brandursache, die in seinem Verantwortungsbereich liegen könnte, ausräumen, bevor eine Beweislast des Mieters hinsichtlich der Schadensursache in Betracht kommt
LG Kiel WM 1992, 120.

Der Vermieter braucht aber nicht eine bestimmte Schadensursache aus dem   474
Bereich des Mieters nachzuweisen; ist die konkrete Ursache unbekannt, so genügt es, daß aufgrund der Umstände des Einzelfalles nur eine Ursache aus dem Gefahrenbereich des Mieters in Betracht kommen kann (OLG Karlsruhe a.a.O.). Er genügt seiner Pflicht, wenn er Umstände darlegt und beweist, aufgrund derer die Brandursache selbst hinreichend wahrscheinlich festgestellt werden kann und diese von ihm nicht zu vertreten ist. Es kann von ihm nicht verlangt werden, daß er sein mangelndes Verschulden für rein abstrakte Möglichkeiten anderer Brandursachen beweist
BGH WM 1992, 133 = ZMR 1992, 140.

Kommt als Ursache für einen Defekt einer Gasheizung sowohl ein unsachgemä-   475
ßer Gebrauch durch den Mieter als auch der technische Verschleiß des Gerätes in Betracht, so muß sich der Vermieter hinsichtlich der letzteren Ursachenmöglichkeit zunächst entlasten
LG Berlin ZMR 1992, 302.

Auch muß der Vermieter beweisen, daß der Mieter einen Sprung in der Scheibe verursacht hat, weil auch Verursachungsmöglichkeiten außerhalb des Einflußbereichs des Mieters möglich sind
AG Hannover WM 1988, 106.

Entsprechend liegt es bei einem Schadensfall durch Rohrverstopfungen: auch wenn die Verstopfung des Abflußrohrs aus dem Wohnbereich des Mieters herrührt, soll der Vermieter beweispflichtig dafür sein, daß diese nicht auf Schwachpunkte oder Mängel des Baukörpers zurückzuführen ist
LG Kiel WM 1990, 499.

Zur Beweislast bei Ölschäden siehe   476
BGH MDR 1994, 684: Ist ungeklärt, ob das Grundstück schon zu Beginn des Mietverhältnisses kontaminiert war, so kann sich der Vermieter nicht auf den Beweis des ersten Anscheins dafür berufen, daß der Mieter den Ölschaden verursacht hat.

Ohnehin haftet der Mieter nicht für Bodenverschmutzungen, die lediglich durch den vertragsgemäßen Gebrauch der Mietsache entstanden sind, soweit ihm nicht die Erhaltungslast vertraglich übertragen worden ist

OLG Düsseldorf DWW 1993, 138.

477 Der Rechtsentscheid des OLG Karlsruhe vom 9.8.1984 (vgl. Rdn. 471) ist auch auf die Haftung für Feuchtigkeitsschäden erstreckt worden (s. Rdn. 303a, 361). Ferner ist die dort vorgenommene Beweislastverteilung auf den Fall angewendet worden, daß bei Beendigung des Mietverhältnisses unklar geblieben ist, ob eine Veränderung oder Verschlechterung der Mieträume nach ihrem objektiven Erscheinungsbild entweder auf einem **vertragswidrigen Verhalten** oder auf vertragsgemäßer Abnutzung beruhen kann. Nach

OLG Saarbrücken NJW-RR 1988, 652

muß der Vermieter beweisen, daß die Verschlechterung (hier Verschmutzung der Wände, Decken und Böden der zum Betrieb einer Kfz-Werkstatt vermieteten Halle durch Schmierfette, Dreck und Ruß) infolge eines objektiv vertragswidrigen Gebrauchs des Mieters herbeigeführt worden ist.

Grundsätzlich anders ist die Beweislast zu verteilen, wenn der Schaden infolge des Mietgebrauchs entstanden ist. Sehr weitgehend ist die Auffassung des

LG Mannheim DWW 1995, 286,

nach der jedenfalls solche Schäden, die während des Aufenthalts des Mieters in den Mieträumen entstehen, bis zum Beweis des Gegenteils als durch den Gebrauch verursacht anzusehen sind. Eine solche Wertung wird vielmehr von der Art des Schadens abhängen.

478 Grundsätzlich anders soll es sich verhalten, wenn der Mieter vertraglich die Erhaltungslast übernommen hat; alsdann soll ihn bei einem Streit darüber, wer die Zerstörung oder Beschädigung der Mietsache verursacht hat, die Beweislast dafür treffen, daß er den Schaden nicht zu vertreten hat

OLG Düsseldorf DWW 1992, 241.

Das erscheint bedenklich, denn die Pflichtenüberbürdung ändert zunächst nichts an der allgemeinen Beweislastverteilung, nach der der Geschädigte die Verletzung seines Rechtsgutes durch den Schädiger beweisen muß. Ebensowenig folgt aus der Pflichtenüberbürdung zwingend eine Änderung der Risikosphären.

479 Hinzuweisen ist auch auf

BGH NJW-RR 1990, 1422

zur Beweislast für den Schadensersatzanspruch des Mieters wegen Verletzung von **Schutzpflichten** durch den Vermieter. Danach trägt der Geschädigte grundsätzlich die Beweislast für eine Pflichtverletzung, auch wenn diese in einem Unterlassen (hier: einer gebotenen Aufklärung) besteht. Insofern wird vom Geschädigten ein Negativbeweis erwartet. Die beanspruchte Partei muß aber substantiiert bestreiten und der Geschädigte muß dann die Unrichtigkeit dieser Darstellung beweisen. Handelt es sich um Umstände, die seinem Kenntnis- und Gefahrenbereich entzogen sind, so muß sich der als Schädiger Beanspruchte dann entlasten, wenn sich aus der Sachlage zunächst der Schluß rechtfertigt, daß er die ihm obliegende Sorgfaltspflicht verletzt hat und die Schadensursache aus einem Gefahrenbereich hervorgegangen ist, für den er im Zweifel verantwortlich ist.

Wichtig ist, daß der BGH den Beweis des ersten Anscheins nunmehr auch bei 480
einer Verletzung der **Verkehrssicherungspflicht** zuläßt, wenn sich im Schadensfall gerade diejenige Gefahr verwirklicht, der durch die Auferlegung besonderer Verhaltenspflichten begegnet werden soll

BGH DWW 1994, 46 = MDR 1994, 613 = WM 1994, 218 für Sturz auf zu glatt gebohnerter Treppe im Treppenhaus.

Streit besteht häufig über den **Anfangszustand** des Mietobjekts: Der auf Scha- 481
densersatz in Anspruch genommene Mieter behauptet, der beschädigte Zustand sei schon bei Beginn des Mietverhältnisses vorhanden gewesen. Hier bleibt der Vermieter **beweispflichtig** dafür, daß das Mietobjekt bei Beginn des Mietverhältnisses einwandfrei gewesen ist; denn er muß als Schuldner die Erfüllung seiner Übergabepflicht beweisen

OLG Stuttgart WM 1987, 250, 251 Sp. 2,
LG Berlin ZMR 1987, 270 für Übergabe der Wohnung in unrenoviertem Zustand,
AG Rosenheim WM 1995, 583.

Ein **selbständiges Beweisverfahren** nach §§ 485 f. ZPO kann zu einer materiellen 482
Verschiebung der Beweislast führen: Hat der Gegner im Beweisverfahren eine mögliche und zumutbare Einwendung unterlassen, so soll ihn im Hauptprozeß die Beweislast dafür treffen, daß das im Beweisverfahren erzielte Ergebnis unzutreffend ist

OLG Düsseldorf ZMR 1988, 174 für nachträgliches Bestreiten, daß sanitäre Anlagen verschmutzt waren, was der Sachverständige im Beweisverfahren ohne Widerspruch des Gegners festgestellt hatte.

Das ist nicht bedenkenfrei; denn es führt dazu, daß ein Teil des Hauptprozesses bereits vorverlagert wird. Ist der Beweisgegner im selbständigen Beweisverfahren anwaltlich nicht vertreten, so kann das zu erheblichen Nachteilen für ihn führen.

V. Mietzins

1. Mietzinsvereinbarung

Nach Auffassung des BGH gehört zum Abschluß eines Mietvertrages nicht unbe- 483
dingt eine Einigung über den Mietzins in bestimmter Höhe. Vielmehr genügt es, wenn die Parteien sich auf einen bestimmbaren Mietzins einigen, wobei die Vereinbarung der „angemessenen" oder „ortsüblichen" Miete als Einigung über eine bestimmbare Leistungspflicht des Mieters anzusehen ist. Selbst ohne jegliche Vereinbarung über den Mietzins kann ein Mietvertrag zustande kommen, sofern die Parteien sich bindend über eine entgeltliche Überlassung des Gebrauchs einigen. Alsdann gilt eine angemessene oder ortsübliche Miete als vereinbart, sei es im Wege ergänzender Vertragsauslegung (vgl. OLG Hamm NJW 1976, 1212, 1213), sei es entsprechend §§ 612 Abs. 2, 632 Abs. 2 BGB (Staudinger–Emmerich Rdn. 179 vor § 535 BGB). Ob deren genaue Höhe bei Streit das Gericht festlegt (so OLG Hamm a.a.O.) oder vom Vermieter nach §§ 315, 316 BGB bestimmt wird (Soergel–Kummer § 535 Rdn. 88) bleibt offen.

Das soll auch bei einer Klausel gelten, nach der der Mieter nach Ablauf der ersten Mietlaufzeit von 10 Jahren auf weitere 10 Jahre mieten kann, ohne daß eine Regelung über die Miethöhe für diese zweite Mietzeit getroffen worden ist
BGH – Urt. v. 2.10.1991 – NJW-RR 1992, 517 = WM 1992, 312 = ZMR 1992, 237.

2. Art des Mietzinses

484 Der Mietzins muß nicht in Geld bestehen, vielmehr können Leistungen jeglicher Art als Gegenleistung für den Mietgebrauch vereinbart werden, auch eine einmalige Leistung
BGH WM 1989, 229, 230 für Gewährung eines Überfahrtrechts,
BGH MDR 1994, 796: Gebrauchsüberlassung eines Grundstücks,
LG Hamburg WM 1993, 667: Dienstleistungen wie Verwaltertätigkeit, Bauaufsicht.

485 Aus der Vereinbarung einer **Umsatzmiete** folgt noch nicht eine Betriebspflicht des Mieters; andererseits schuldet er aber auch nicht nur die vereinbarte Mindestmiete, wenn er sein Geschäft in den Mieträumen nicht betreibt, sondern den Betrag, der als Miete geschuldet worden wäre, wenn er die Räume weiterhin zu dem im Mietvertrag vorgesehenen Zweck genutzt hätte. Dies wird aus einer Vertrauenslage gefolgert
BGH NJW 1979, 2351.

Der Mieter hat zum Jahresende eine genaue Ertragsberechnung mit allen Belegen entsprechend der kaufmännischen Buchführungspflicht aufzustellen und dem Vermieter Einsicht zu gewähren
OLG Düsseldorf MDR 1990, 720.

486 Möglich ist die Vereinbarung einer sog. **negativen Umsatzpacht**, die in der Zahlung eines Ausgleichsbetrages liegt, wenn der vorgesehene Umsatz nicht erzielt wird; das verstößt auch bei der Gaststättenpacht nicht gegen § 138 Abs. 1 BGB
BGH ZMR 1990, 130.

487 Durch das Steuer-Änderungsgesetz 1992 ist die Vermietung von **Garagen** und Einstellplätzen der **Mehrwertsteuer** unterworfen worden, sofern diese unabhängig von Wohn- oder Gewerberaum vermietet worden sind (vgl. dazu Fritz WM 1992, 292, 415, Beck GE 1992, 842, Steins DWW 1993, 95). Erfolgt die Überlassung der Garage oder des Einstellplatzes nur als Nebenpflicht zur Vermietung einer Wohnung oder von Gewerberaum, so handelt es sich nicht um einen der Mehrwertsteuer unterworfenen Vorgang. Der Vermieter kann die Mehrwertsteuer auf den Mieter abwälzen und eine entsprechende Vertragsänderung verlangen, sofern zwischen den Parteien nicht etwas anderes vereinbart ist (§ 29 Abs. 1 UStG).

3. Mietstruktur

488 Die zulässigerweise vereinbarte Mietzinsstruktur kann im Einvernehmen der Parteien geändert werden. Das gilt auch, wenn für die Wohnung aufgrund einer Mietpreisbindung, die längst beendet ist, eine Inklusivmiete bestand
LG Duisburg WM 1994, 533.

Das einseitige Gestaltungsrecht des Vermieters nach § 20 Abs. 1 NMV (vgl. Rdn. 724) besteht seit Wegfall der Preisbindung dann nicht mehr.

Fehlt eine klare Vereinbarung über die abzurechnenden Betriebskosten (vgl. Rdn. 755), so ist von einer vereinbarten Inklusivmiete auch dann auszugehen, wenn der Mieter einmalig eine Betriebskostennachzahlung geleistet hat

LG Detmold WM 1991, 701.

Dagegen führt die Vereinbarung von in die Nebenkostenabrechnung einzustellenden, aber nicht umlagefähigen Nebenkosten (z.B. Verwaltungskosten) nicht dazu, daß dieser unwirksame Teil der Grundmiete zugeschlagen wird 489

LG Mönchengladbach WM 1992, 200.

Anders verhält es sich, wenn nicht umlagefähige Kosten als fester Betrag neben der Miete vereinbart werden: sie zählen zur sog. Grund- oder Nettokaltmiete.

4. Mietzahlung

a) Vorauszahlungspflicht

Nach h.M. kann formularmäßig geregelt werden, daß der Mietzins monatlich **im voraus** zu entrichten ist und es für die Rechtzeitigkeit der Leistung auf die Gutschrift auf dem Vermieterkonto ankommt 490

LG Heilbronn ZMR 1991, 388,
AG Köln WM 1991, 345,
LG Berlin WM 1993, 190,
LG Köln MDR 1993, 443,
einschränkend Blank WM 1995, 567.

Eine **Vorauszahlungsklausel** in einem Mietvertrag über Wohnraum ist jedoch unwirksam, wenn der Vertrag auch eine Formularklausel enthält, die es dem Mieter verwehrt, mit einem Rückzahlungsanspruch wegen überzahlter Miete aufzurechnen, sofern die Überzahlung darauf beruht, daß der Mieter infolge der Vorausleistung des Mietzinses eine danach eingetretene Mietminderung nicht zu berücksichtigen vermag. Der Mieter müßte in einem solchen Fall seinen Rückzahlungsanspruch – sofern er streitig ist – einklagen. Darin liegt gegenüber der gesetzlichen Automatik der Minderung wegen deren Unabdingbarkeit bei der Wohnraummiete eine wesentliche Benachteiligung. Sie wird nicht dadurch ausgeglichen, daß der Mieter bei Fortbestehen des Mangels ein Zurückbehaltungsrecht ausüben könnte; denn bei Behebung des Mangels müßte er den zurückbehaltenen Teil nachentrichten

BGH – RE v. 26.10.1994 – WM 1995, 28 im Anschluß an
OLG München WM 1992, 232,
LG Berlin WM 1992, 605,
LG Hamburg NJW-RR 1993, 658 = ZMR 1993, 338.

Damit ist der gegenteilige Rechtsentscheid des BayObLG v. 6.5.1993 – NJW-RR 1993, 1097 = WM 1993, 325 überholt.

Eine wesentliche Benachteiligung i.S. von § 9 Abs. 1 AGBG sieht der BGH bereits dann als gegeben, wenn der Mieter auch nur wegen eines Minderungsbetrages in die Klagerolle gedrängt werden würde. Das wäre etwa der Fall, wenn die 491

Befugnis zur Minderung von einer Ankündigung abhängig gemacht werden würde, was ohnehin gegen § 537 Abs. 3 BGB verstieße.

Nach Auffassung des BGH kommt es nicht darauf an, ob die Aufrechnungsklausel für sich genommen wirksam ist oder nicht. Ist die Klausel wirksam und ergibt sich die unangemessene Benachteiligung des Mieters erst aus der Gesamtwirkung beider Klauseln, so sind beide unwirksam. Sollte dagegen die Aufrechnungsklausel schon für sich genommen nicht wirksam sein, so soll es dem Verwender/Vermieter mit Blick auf das Transparenzgebot verwehrt sein, sich auf die Unwirksamkeit gerade dieser Klausel zu berufen.

Die Unwirksamkeit einer Aufrechnungsklausel kann schon daraus gefolgert werden, daß sie die Aufrechnung mit Rückforderungsansprüchen des Mieters wegen geminderter Miete ausschließt (vgl. Rdn. 522). Ist die **Aufrechnung** lediglich eingeschränkt, indem sie von einer **Ankündigung** abhängt, so verliert der Mieter die Aufrechnungsbefugnis nicht. Nur ihre Wirkung wird um den Ankündigungszeitraum verschoben. Darin liegt keine erhebliche Benachteiligung

OLG Hamm – RE v. 15.3.1993 – MDR 1993, 336 = WM 1993, 176.

Die Vorauszahlungsklausel bleibt also wirksam. Das gleiche gilt, wenn die die Aufrechnung ausschließende Klausel Ansprüche des Mieters wegen Rückzahlung geminderter Miete vom Aufrechnungsausschluß ausnimmt.

492 Auch **Rechtzeitigkeitsklauseln**, nach denen es für die Rechtzeitigkeit der Mieterleistung entgegen der Gesetzeslage nicht auf die rechtzeitige Vornahme der Leistungshandlung (s. LG Mönchengladbach ZMR 1993 S. V Nr. 5), sondern auf den Geldeingang beim Vermieter bzw. auf die Kontogutschrift ankommt, werden allgemein für wirksam gehalten

OLG Koblenz MDR 1993, 213,
LG Berlin WM 1992, 605, LG Kassel WM 1992, 605,
einschränkend Blank WM 1995, 567, 569.

Dagegen bestehen Bedenken. Zum einen überbürdet sie – über die Vorauszahlungspflicht hinausgehend – dem Mieter das Risiko der Transportgefahr, auch soweit sie sich aus dem Bereich der Empfängerbank ergibt. Zum anderen verstößt sie gegen das Transparenzgebot; denn sie offenbart nicht die erhebliche Konsequenz bei einem auch nur geringfügigen Verzug im Blick auf die Kündigungsmöglichkeiten des Vermieters nach §§ 554, 554a BGB. Jedenfalls soll die „Rechtzeitigkeitsklausel" nur für den laufenden Mietzins gelten, nicht aber für die Befreiungsmöglichkeit des Mieters in § 554 Abs. 2 Nr. 2 BGB, soweit es sich um die Zahlung innerhalb der Schonfrist handelt; anderenfalls würde die Klausel gegen § 554 Abs. 2 Nr. 3 BGB verstoßen

LG Hamburg WM 1992, 124,
LG Berlin NJW-RR 1993, 144 = ZMR 1992, 394.

b) Abbuchungs- und Einzugsermächtigung

493 Beabsichtigt der Vermieter, von der ihm erteilten **Einzugsermächtigung** keinen Gebrauch zu machen, weil er dies in der Vergangenheit vergeblich versucht hatte, so muß er seine Absicht dem Mieter zuvor anzeigen; anderenfalls gerät dieser nicht in Zahlungsverzug

AG Bergheim WM 1992, 478.

Formularmäßige **Abbuchungsermächtigungen** sind jedenfalls dann für unzulässig gehalten worden, wenn sie keine Widerrufsmöglichkeit zugunsten des Mieters enthalten; daß ein solches Recht bei Mißbrauch besteht, reicht nicht, weil die Formularklausel, die dieses Recht nicht kenntlich macht, den Mieter hierüber „hinwegtäuscht"
   LG Hamburg WM 1990, 115, 116,
   weitergehend Gutmann WM 1989, 164,
   ausführlich auch LG Köln WM 1990, 380 gegen formularmäßige Abbuchungsermächtigung im Gegensatz zur Regelung des Bankeinzugsverfahrens.

c) Verrechnungsbestimmung bei Teilleistungen

In der Zahlung der laufenden Miete kann die stillschweigende **Verrechnungsbestimmung** liegen, daß damit nicht Rückstände oder (noch ausstehende) Nebenkostenforderungen des Vermieters, sondern die gerade fälligen Mietzinsansprüche erfüllt werden 494
   LG Köln WM 1991, 98, 99, AG Wesel WM 1987, 222.
Reicht die Leistung des Mieters nicht aus, um den Mietzinsrückstand vollen Umfangs auszugleichen, insbesondere wenn sich dieser aus mehreren Mietzinsraten zusammensetzt, so gilt § 366 BGB entsprechend. Die Bestimmung ist auch anzuwenden, wenn es darum geht, das Guthaben des Mieters aus einer Nebenkostenabrechnung auf bestehende Mietschulden anzurechnen, und der Mieter keine Leistungsbestimmung getroffen hat. Im Zweifel will er die lästigere Schuld tilgen. Das wird diejenige sein, die am ehesten eine fristlose Kündigung wegen Zahlungsverzuges nach sich ziehen würde
   LG Hamburg DWW 1993, 237.
Immer wieder wird übersehen, daß dem Gläubiger nach dem Gesetz nie ein Verrechnungsrecht zusteht. Es kann jedoch vereinbart werden.

Entsprechende **Formularklauseln** sind nur wirksam, wenn sie die Belange des Mieters angemessen berücksichtigen 495
   BGHZ 91, 375,
   BGH ZMR 1984, 370.
Er muß wenigstens von vornherein wissen, auf welche Schuld er leistet, so daß sich der Verwender bei Vertragsabschluß auf eine bestimmte Tilgungsfolge festlegen muß. Nach Auffassung des BGH hält eine Formularklausel, die dem Vermieter die Befugnis gibt, über die Verrechnung von Fall zu Fall zu entscheiden, einer Inhaltskontrolle nicht stand.

Weitergehend hält das 496
   OLG Celle WM 1990, 109
eine Klausel für unwirksam, nach der bei Rückstand des Mieters eingehende Zahlungen zunächst auf die Kosten, dann auf die Zinsen und zuletzt auf die Hauptschuld, und zwar zu nächst auf die ältere, anzurechnen sind. Die Unangemessenheit der Regelung wird darin gesehen, daß dem Mieter das Recht zur Verrechnungsbestimmung abweichend von § 366 Abs. 2 BGB genommen wird, was sich insbesondere bei Kündigungslagen nach § 554 BGB nachteilig auswirken kann.

Unwirksam sind auch Formularklauseln in Wohnraummietverträgen, nach denen der Mieter *„unwiderruflich sein Einverständnis erklärt, daß der Vermieter Teilleistungen auf die jeweils ältere Schuld verrechnen darf"*

LG Mannheim DWW 1995, 112,

oder Zahlungen des Mieters zuerst auf Betriebskostenforderungen und erst danach auf den rückständigen Mietzins zu verrechnen sind

LG Köln WM 1995, 315;

denn sie erschweren entgegen § 554 Abs. 2 Nr. 2 BGB, eine Kündigung durch Zahlung innerhalb der Schonfrist unwirksam zu machen.

d) Leistung unter Vorbehalt

497   Auch eine **Zahlung unter Vorbehalt** der Rückforderung ist eine Erfüllung und darf – bei Vermeidung eines Gläubigerverzuges – nicht zurückgewiesen werden

LG München I WM 1987, 223,
LG Frankfurt WM 1987, 318,
Blank WM 1995, 567, 570.

Das gilt jedenfalls, wenn sich der Vorbehalt – wie in der Regel – darauf beschränkt, die Wirkung des § 814 BGB auszuschließen und das Geleistete u.U. nach § 812 BGB zurückzufordern

LG Berlin MM 1994, 361, a.A. LG Berlin GE 1994, 1057 für den Vorbehalt der rechtlichen Klärung.

Die Klage, einen Vorbehalt „fallen zu lassen", ist in Wirklichkeit auf die negative Feststellung gerichtet, daß dem Mieter kein Rückforderungsanspruch zusteht.

e) Verzug

498   Zahlt der Mieter den fälligen Mietzins durch **Scheck**, den der Vermieter erfüllungshalber hinnimmt, so soll der Mietzins bis zur Einreichung durch den Vermieter als gestundet gelten. Ist das Konto zu diesem Zeitpunkt gesperrt, so gerät der Mieter in Verzug

LG Berlin WM 1988, 51.

499   Die Rechtsprechung der Instanzgerichte ist bei Annahme eines entschuldbaren und damit einen Verzug ausschließenden **Irrtums** insbesondere über die richtige Bemessung der Minderungsquote sehr großzügig, gerade auch wenn der Mieter den Rat eines Anwalts oder eines Mietervereins eingeholt hat

LG Mannheim WM 1987, 317,
LG Wiesbaden WM 1989, 512,
LG Görlitz WM 1994, 601.

500   Er hat einen etwaigen **Rechtsirrtum** über die Minderungsquote zu vertreten, wenn er den Anwalt unzutreffend über die tatsächlichen Voraussetzungen der Minderung unterrichtet hat

LG Aachen WM 1989, 371.

Andererseits ist der ihn beratende Rechtsanwalt nicht als sein Erfüllungsgehilfe gewertet worden, weil er bei der Ratserteilung nicht in bezug auf Verpflichtungen des Mieters aus dem Mietvertrag tätig geworden sei
LG Karlsruhe WM 1990, 294.

Auch der Irrtum des Mieters über die Zusammensetzung der Kostenmiete kann entschuldbar sein und den Verzug ausschließen
LG Itzehoe WM 1990, 548,
BezG Chemnitz WM 1993, 34: Irrtum über eine Mieterhöhung nach der 1. GrundMV.

f) Erfüllungsort

Erfüllungsort für die Mietzinszahlung ist mangels besonderer Vereinbarung der Ort, an dem der Mieter bei Abschluß des Mietvertrages seinen (Wohn-)Sitz hat, und nicht die Belegenheit des Mietobjekts 501
BGH NJW 1988, 1914 für Leasing,
siehe auch RGZ 140, 67.

Allerdings sollte im Wege der ergänzenden Vertragsauslegung geprüft werden, ob es nicht eher dem Willen der Parteien entsprochen hätte, als Erfüllungsort die Belegenheit des Mietobjekts zu bestimmen (vgl. auch Staudinger-Emmerich BGB §§ 535, 536 Rdn. 164).

g) Mahnkosten

Eine Formularklausel, nach der der Vermieter berechtigt ist, bei verspäteter 502
Zahlung für jede Mahnung mindestens DM 10,- als Mahnkosten zu erheben, ist als Verstoß gegen § 11 Nr. 5b AGBG gewertet worden, weil durch die Formulierung „mindestens" und „zu erheben" aus der Sicht des Mieters die Möglichkeit eines Gegenbeweises als ausgeschlossen anzusehen ist
OLG Celle WM 1990, 103, 109,
LG Hamburg WM 1990, 116 bei Mahnkosten von DM 13,-.
Dagegen wird die Vereinbarung von Mahngebühren in Höhe von DM 3,- bis 5,- je Mahnung zugelassen.

Gegen § 11 Nr. 5b AGBG verstößt auch eine Formularklausel in einem Mietvertrag über Wohnraum, nach der die Höhe der **Verzugszinsen** mit 2% über dem jeweiligen Diskontsatz der Deutschen Bundesbank liegen soll (OLG Celle a.a.O.). Andererseits ist die Formularklausel in einem Leasingvertrag für wirksam angesehen worden, nach der im Falle des Zahlungsverzuges eine Zinspauschale von 4% über dem jeweiligen Bundesbankdiskontsatz zu zahlen ist (vgl. auch § 11 Abs. 1 VerbraucherkreditG) 503
OLG Köln MDR 1994, 137.

h) Zwangsvollstreckung und Zwangsversteigerung

Der Mieter kann, ehe er nicht selbst von der Beschlagnahme erfahren hat, weiter 504
mit befreiender Wirkung an den bisherigen Eigentümer als Vermieter zahlen. Die

Kenntnis des Untermieters von der Anordnung der Zwangsverwaltung braucht er sich nicht zurechnen zu lassen

LG Berlin GE 1994, 705.

5. Mietzinshaftung

a) Vorzeitige Aufgabe des Mietobjekts

505 Räumt der Mieter vor Ablauf der Mietzeit, so schuldet er gleichwohl Mietzins (§ 552 S. 1 BGB). Das soll auch dann gelten, wenn der Vermieter wegen Eigenbedarfs gekündigt hat

LG Wuppertal DWW 1988, 64.

Demgegenüber wird die Geltendmachung von Mietzinsansprüchen als **rechtsmißbräuchlich** angesehen, wenn der Mieter einen Monat vor Ablauf der Kündigungsfrist auszieht, weil er eine Ersatzwohnung gefunden hat

AG Dortmund WM 1988, 300,

oder wenn der Vermieter – ohne förmlich gekündigt zu haben – den Eigenbedarf als dringlich dargestellt hat

LG Frankfurt WM 1989, 494.

506 Die Mietzahlungspflicht bleibt nach § 552 S. 1 BGB auch dann bestehen, wenn die Übergabe des Mietobjekts unterbleibt, weil der Mieter es aus Gründen, die in seiner Verantwortungssphäre liegen, nicht abnimmt; dabei ist unerheblich, ob das Gebrauchshindernis schon von Anfang an bestand

BGH NJW-RR 1991, 267 mit Anm. Rädler NJW-RR 1993, 689 = WM 1991, 328 = ZMR 1991, 57 (bei Nichtgenehmigung der Nutzungsänderung).

Lehnt der Mieter es bereits vor Mietbeginn endgültig ab, das Mietverhältnis anzutreten, so kann er den Mietzins- sowie den Schadensersatzansprüchen des Vermieters wegen Mietausfalls nicht mit Erfolg entgegensetzen, dieser habe die Fertigstellung des Mietobjekts nicht mehr weiterbetrieben

OLG Düsseldorf ZMR 1994, 510.

Zur rechtsmißbräuchlichen Geltendmachung des Mietzinsanspruchs s. Rdn. 514 f.

507 Nimmt der Vermieter die Räume nach **vorzeitigem freiwilligen Auszug** des Mieters in Besitz und benutzt sie, um Umbau- oder Modernisierungsarbeiten vorzunehmen, so entfällt ein Mietzinsanspruch

LG Köln WM 1987, 84.

Räumt der Mieter die Wohnung vor Ablauf der Kündigungsfrist und überläßt der Vermieter darauf den Gebrauch einem Dritten, ohne daß dem Mieter der Gebrauch streitig gemacht wird, so bleibt dieser zur Mietzahlung verpflichtet; jedoch muß sich der Vermieter etwaige Leistungen des Dritten anrechnen lassen

LG Kassel WM 1989, 410,

vgl. auch AG Neuwied WM 1992, 188, wenn der Vermieter dem Nachmieter die Wohnung zur Durchführung von Schönheitsreparaturen überlassen hat.

Gleiches gilt, wenn der Mieter bei einem befristeten Mietverhältnis vorzeitig auszieht

LG Berlin MDR 1989, 1103.

Zumindest verstößt der Mieter gegen Treu und Glauben, wenn er sich auf die (unentgeltliche) Überlassung an einen Nachmieter (etwa zu Renovierungszwecken) beruft, sofern durch die Neuvermietung das Mietverhältnis ohnehin früher als sonst vertragsgemäß endet und ihm die vorzeitige Beendigung zugute kommt 508

OLG Hamburg – 4 U 6/89 – Urt. v. 1.3.1989,
OLG Koblenz DWW 1995, 81 = MDR 1995, 251 = WM 1995, 154.

Umstritten ist die Rechtslage, wenn der Mieter bei einem langfristigen Mietverhältnis **vorzeitig geräumt** hat und keinen Mietzins mehr zahlt, der Vermieter einerseits nicht fristlos kündigt, andererseits aber das Mietobjekt zu niedrigerem Mietzins weitervermietet. Zum Teil wird dem Vermieter ein Anspruch auf Zahlung der Differenzmiete unter Hinweis auf § 552 S. 3 BGB versagt 509

OLG München ZMR 1992, 251,
ferner OLG Düsseldorf ZMR 1986, 164.

Zum Teil hält man die Berufung des Mieters auf diese Rechtsfolge für treuwidrig, wenn er sie durch sein eigenes vertragswidriges Verhalten (z.B. im Falle des Zahlungsverzuges) sozusagen provoziert hat

OLG Düsseldorf NJW-RR 1991, 1484 = MDR 1992, 160,
OLG Düsseldorf DWW 1993, 18 = ZMR 1993, 114.

Schließlich wird die Auffassung vertreten, daß der Vermieter einen Anspruch auf die Differenzmiete nur hat, wenn er bei der Neuvermietung – wie in den Fällen der Geschäftsführung ohne Auftrag – auch das Interesse des Mieters wahrnehmen will und dies dem ausgezogenen Mieter auch zu erkennen gibt

OLG Hamm – RE v. 13.3.1986 – NJW 1986, 2321 = WM 1986, 201.

In eine ähnliche Richtung geht die Rechtsprechung des BGH: Ist der Mieter ohne Rücksicht auf den Fortbestand des Mietverhältnisses ausgezogen, ohne noch Miete zu zahlen, so handelt er regelmäßig rechtsmißbräuchlich, wenn er sich unter Berufung auf § 552 S. 3 BGB weigert, die Mietdifferenz zu zahlen. Allerdings kann nicht in allen Fällen, in denen der Mieter endgültig ausgezogen ist, ein grober Vertragsbruch angenommen werden, der den Einwand des rechtsmißbräuchlichen Verhaltens rechtfertigen würde. Je eher er Anlaß zur Annahme haben kann, das Mietverhältnis sei beendet, desto weniger handelt er rechtsmißbräuchlich. Aber auch bei einem groben Vertragsverstoß soll es dem Mieter nur dann verwehrt sein, sich auf die Rechtsfolgen aus § 552 S. 3 BGB zu berufen, wenn sich der Vermieter redlich bemüht hat, durch Weitervermietung im beiderseitigen Interesse das Beste aus der Lage zu machen. Das ist nicht der Fall, wenn er im Vertrauen darauf, daß der Mieter die Mietdifferenz zahlen müsse, das Mietobjekt unter dem erzielbaren Marktpreis vermietet. In Zweifelsfällen sollte der Vermieter dem Mieter mitteilen, er werde versuchen, das Mietobjekt im beiderseitigen Interesse weiterzuvermieten und dann nur noch eine Mietdifferenz geltend machen. Reagiert der Mieter nicht darauf, so soll es ihm regelmäßig verwehrt sein, nachträglich geltend zu machen, er habe die Mieträume noch 510 nicht endgültig aufgeben wollen, sondern diese nur vorübergehend nicht genutzt

BGH DWW 1993, 168 = WM 1993, 346 = ZMR 1993, 317.

511 Die auf Billigkeitsgesichtspunkten gründende Auffassung des BGH überzeugt nicht. Vielmehr ist der Auffassung des OLG München zu folgen. Das Gesetz hat in Fällen der vom Vermieter veranlaßten **Gebrauchsverhinderung** in § 552 S. 3 BGB eine klare Regelung zugunsten des Mieters getroffen, die auch mit § 552 S. 1 BGB korrespondiert. Der Vermieter ist nicht schutzlos: hat der Mieter Anlaß gegeben, daß der Vermieter das Mietverhältnis kündigen könnte, so mag er von seinem Recht Gebrauch machen und nach Neuvermietung die Differenzmiete als Mietausfallschaden geltendmachen. Hat der Mieter keinen Grund zur Vertragsauflösung gesetzt, so steht dem Vermieter auch bei unterbliebener Nutzung seitens des Mieters ein Erfüllungsanspruch auf Zahlung des vollen Mietzinses zu (§ 552 S. 1 BGB). Macht er sich die eigene Erfüllung durch zurechenbares Verhalten im Wege der Neuvermietung unmöglich, so verliert er in Übereinstimmung mit allgemeinen Grundsätzen (s. § 324 BGB) seinen Erfüllungsanspruch.

512 Die verallgemeinernde Auffassung, daß derjenige Mieter, der vor Beendigung des Mietverhältnisses auszieht und seine Mietzahlungen einstellt, sich regelmäßig nicht auf § 552 S. 3 BGB berufen kann (so OLG Düsseldorf MDR 1994, 1008 = WM 1994, 469, OLG Frankfurt WM 1995, 483), geht über das durch Billigkeitserwägungen gesteckte Ziel hinaus und stellt die Risikoabgrenzung der Vorschrift auf den Kopf.

513 Bei Vermietung einer Messestandfläche steht § 552 S. 3 BGB dem Mietzinsanspruch nicht entgegen, wenn der Vermieter den vom Mieter nicht genutzten Platz an einen Dritten weitergibt, der sonst eine andere freie Fläche belegt hätte

OLG Köln NJW-RR 1990, 1232.

Ähnlich verhält es sich bei der Anmietung eines Hotelzimers, das der Besteller später nicht bezieht: Dieser kann sich auf eine mögliche anderweitige Vermietung nicht berufen, wenn das Hotel während der fraglichen Zeit nicht ausgebucht war; auch ist der Hotelinhaber grundsätzlich nicht verpflichtet, sich um eine anderweitige Vermietung zu bemühen

OLG Köln MDR 1992, 579.

514 Der Mieter kann nicht geltend machen, daß der Vermieter gegen seine **Schadensminderungspflicht** verstößt, weil er sich nicht genügend um eine Neuvermietung gekümmert hat. Verlangt dieser nämlich die Erfüllung der Mietzahlungspflicht, so macht er keinen Schadensersatzanspruch geltend und § 254 Abs. 2 BGB ist nicht anzuwenden

BGH NJW 1981, 43 = WM 1981, 57.

Der Erfüllungsanspruch kann aber unter besonderen Umständen entfallen, wenn der Vermieter es arglistig unterläßt, die Räume vor Ablauf einer festen Mietzeit an einen vom Mieter gebrachten akzeptablen Nachfolger weiterzuvermieten

BGH a.a.O, s. auch Rdn. 74 f., 77, vgl. auch OLG Frankfurt WM 1995, 483.

Ein derart **rechtsmißbräuchliches Verhalten** kommt insbesondere in Betracht, 515
wenn es sich um nachgefragten Wohnraum handelt und der Vermieter Wartelisten führt

LG Berlin GE 1995, 113 = WM 1995, 106,
vgl. auch LG Hannover WM 1994, 424 unter der Voraussetzung, daß die Wohnung im vertragsgerechten Zustand zurückgegeben worden ist.

b) Haftung von Nachmieter und Gesellschafter

Tritt ein **Nachmieter** in das bestehende Mietverhältnis ein, so übernimmt er 516
damit nicht ohne weiteres die Mietschulden des Mietvorgängers, wenn keine eindeutige Vereinbarung vorliegt. Diese ist noch nicht darin gesehen worden, daß vereinbart ist, der Mieter trete „mit allen Rechten und Pflichten in den Vertrag ein"

OLG Frankfurt WM 1988, 12,
LG Berlin WM 1991, 675 (zugleich zur Unwirksamkeit einer auf derartige Rückstände des Vormieters gestützten fristlosen Kündigung).

Wirtschaftlich riskant ist die Stellung des **Gesellschafters**, der aus einer auf 517
Mieterseite bestehenden GbR ausgetreten ist: Er haftet auf Zahlung des Mietzinses weiter bis zu dem Zeitpunkt, zu dem das Mietverhältnis durch ordentliche Kündigung beendet werden kann

BGH NJW 1984, 1899.

Bei befristeten Mietverhältnissen haftet er analog § 159 HGB jedenfalls noch für den Mietzins, der innerhalb von 5 Jahren nach seinem Ausscheiden fällig wird; er kann sich nicht darauf berufen, daß der Vermieter das Mietverhältnis nach § 554 BGB hätte kündigen können

OLG München DWW 1987, 354.

Ist eine KG Mieterin, so beschränkt sich die Haftung des ausgeschiedenen Gesellschafters für Verbindlichkeiten der KG analog § 159 HGB auf solche, die in einem Zeitraum von 5 Jahren seit Eintragung des Ausscheidens ins Handelsregister fällig werden

OLG Hamm ZMR 1995, 250.

§ 159 Abs. 1 HGB gilt entsprechend auch für die **Verjährung** von Ansprüchen 518
gegenüber dem aus einer GbR ausgeschiedenen Gesellschafter, sofern keine kürzere Verjährungsfrist eingreift. Die Verjährungsfrist beginnt in dem Zeitpunkt, in dem der Gläubiger von dem Ausscheiden des Gesellschafters Kenntnis erlangt

BGH NJW 1992, 1615.

Zur neuen Rechtslage nach dem Nachhaftungsgesetz vom 18.3.1994 (BGBl. I 560) s. Rdn. 28a.

Umstritten ist, ob bei vorzeitiger Vertragsbeendigung eine Formularklausel in 519
einem **Mietaufhebungsvertrag** wirksam ist, nach der der Mieter zur Zahlung einer Monatsmiete für die pauschale Abgeltung der Unkosten bei vorzeitiger Entlassung verpflichtet ist. Das ist bejaht worden von

OLG Hamburg – RE v. 17.4.1990 – MDR 1990, 724 = WM 1990, 244, jedenfalls für die Fälle, in denen der Mietaufhebungsvertrag auf Wunsch des Mieters abgeschlossen worden ist. In der übernommenen Zahlung liege keine Vertragsstrafe sondern eine **Aufwendungsersatzpauschale**, die nicht unter § 550a BGB falle. Ein Verstoß gegen § 10 Nr. 7 AGBG sei nicht gegeben, da die Pauschalabgeltung nicht an ein gesetzliches oder vertragliches Rücktrittsrecht anknüpfe. Dem Mieter werde auch nicht der Nachweis abgeschnitten, daß dem Vermieter nur ein niedrigerer Aufwand entstanden sei. Die Höhe der Pauschale sei bei generalisierender Betrachtung und mit Rücksicht darauf, daß die Vereinbarung auf Wunsch des Mieters abgeschlossen werde, nicht unangemessen hoch.

Die Entscheidung trägt dem Umstand nicht Rechnung, daß dem Mieter nach Treu und Glauben durchaus ein Recht auf vorzeitige Vertragsentlassung zustehen kann (vgl. Rdn. 74) und dieser Anspruch häufig in der Form einer Mietaufhebungsvereinbarung realisiert wird. Der Rechtsentscheid hätte daher auf diejenigen Fälle beschränkt werden müssen, in denen dem Mieter kein Anspruch auf vorzeitige Vertragsentlassung zusteht (vgl. auch Rdn. 154).

6. Aufrechnung

520 Eine **Formularklausel**, die die Aufrechnung gänzlich ausschließt, ist auch im kaufmännischen Verkehr unzulässig; denn der Inhalt des § 11 Nr. 3 AGBG ist im Rahmen des § 9 AGBG zu beachten. Bei Altverträgen, die vor dem 1.4.1977 abgeschlossen sind, kann die Berufung auf den Aufrechnungsausschluß treuwidrig sein, wenn materiell die Voraussetzungen des § 11 Nr. 3 AGBG gegeben sind

BGH ZMR 1984, 370, 372,
auch OLG Düsseldorf ZMR 1989, 61
und OLG Celle WM 1989, 234.

Für Aufrechnungsklauseln in **Wohnraummietverträgen** ist zu beachten, daß den Voraussetzungen sowohl des § 552a BGB als auch denjenigen in § 11 Nr. 3 AGBG Rechnung getragen werden muß. Die Aufrechnungsregelung des § 552a BGB soll analog für den Aufwendungsersatzanspruch des Mieters nach § 541b Abs. 3 BGB gelten

AG Pinneberg WM 1990, 74.

521 Enthält der Mietvertrag über Wohnraum neben einer Aufrechnungsklausel, die in den Grenzen des § 11 Nr. 3 AGBG die Aufrechnung des Mieters mit Rückforderungsansprüchen wegen geminderter Miete ausschließt, zugleich eine Vorauszahlungsklausel, so sind beide Klauseln unwirksam, weil sie die Minderungsbefugnis des Mieters unangemessen beschränken und daher gegen § 9 Abs. 1 AGBG verstoßen

BGH – RE v. 26.10.1994 – WM 1995, 28, s. Rdn. 491.

522 Dies gilt aber nicht, wenn die Klausel nur vorsieht, die Aufrechnung (mit einer Frist) anzukündigen. Darüberhinaus dürfte wegen der Unabdingbarkeit der Mietminderung bei der Wohnraummiete auch eine Formularklausel unwirksam sein, die dem Mieter die Aufrechnung mit Rückforderungsansprüchen wegen geminderten Mietzinses nur unter den Voraussetzungen des § 11 Nr. 3 AGBG erlaubt; denn sie würde den Mieter deshalb unangemessen benachteiligen, weil er seinen

Rückforderungsanspruch gerichtlich verfolgen müßte, sofern der Vermieter die Berechtigung bestreiten sollte.

Die weit verbreitete Klausel 523

„Der Mieter kann gegenüber dem Mietzins mit einer Gegenforderung nur aufrechnen oder ein Zurückbehaltungsrecht ausüben, wenn die Gegenforderung auf dem Mietverhältnis beruht, unbestritten ist oder ein rechtskräftiger Titel vorliegt und er die Ausübung seines Zurückbehaltungsrechts mindestens einen Monat vor Fälligkeit des Mietzinses dem Vermieter schriftlich angezeigt hat"

ist für unwirksam gehalten worden

OLG Celle WM 1990, 103, 111,

weil sich die Aufrechnung auf Gegenforderungen aus dem Mietverhältnis beschränkt, entscheidungsreife Forderungen nicht berücksichtigt und weil das Recht des Mieters, mit Schadensersatzansprüchen aus § 538 BGB aufzurechnen, nach § 552a BGB nicht an die Voraussetzungen des § 11 Nr. 3 AGBG geknüpft sein darf. Würde dagegen die einzige Beschränkung der Aufrechnung darin bestehen, daß sie einen Monat vorher angekündigt werden muß, so wäre das zulässig

LG Berlin MDR 1986, 852,
vgl. auch Ulmer–Brandner–Hensen AGBG § 11 Nr. 3 Rdn. 8.

Eine Inhaltskontrolle in Einzelfällen könnte allerdings zu einem anderen Ergebnis bei der Bewertung der Klausel führen: So läßt sich nach § 5 AGBG der erste Teil der Klausel grammatisch dahin auslegen, daß der Mieter mit allen Ansprüchen aus dem Mietverhältnis aufrechnen darf, außerdem mit anderen Ansprüchen, die unstreitig oder rechtskräftig festgestellt sind 524

OLG Hamburg WM 1986, 82.

Ferner ist bei der Einzelkontrolle nach § 9 AGBG eine Auslegung dahin zulässig, daß unter den Begriff der unstreitigen oder titulierten Ansprüche auch die liquiden und unter den Begriff der rechtskräftig festgestellten Forderungen auch die unstreitigen fallen 525

vgl. BGH NJW 1989, 3215,
BGH DWW 1993, 170 = ZMR 1993, 320.

Jedenfalls ist die Berufung auf ein vertragliches Aufrechnungsverbot im Prozeß **treuwidrig**, wenn die zur Aufrechnung gestellte Forderung ebenfalls entscheidungsreif ist

OLG Düsseldorf DWW 1990, 85.

Zwar gilt nach allgemeiner Meinung eine Aufrechnungsbeschränkung nach Vertragsbeendigung weiter; jedoch kann sich der Vermieter auf eine **Ankündigungsfrist** nicht (mehr) berufen, wenn das Mietverhältnis beendet ist und der Mieter geräumt hat, so daß nur noch über die wechselseitigen Ansprüche abzurechnen ist 526

BGH MDR 1988, 488 = WM 1988, 159 = ZMR 1988, 135.

Das wird der Interessenlage nicht gerecht, weil der zahlungssäumige Mieter bei Vertragsende zum Nachteil des Vermieters begünstigt wird (vgl. OLG Karlsruhe ZMR 1987, 261, LG Mannheim MDR 1974, 934). Nach OLG Hamm NJW-RR 1994, 711 wirkt ein vertragliches Aufrechnungsverbot über die Vertragsbeendigung und die Rückgabe der Mietsache hinaus fort; die Entscheidung des BGH MDR 1988, 488 beziehe sich nur auf das Anzeigeerfordernis.

527 Wichtig erscheint der Hinweis auf eine Rechtsprechung des BGH außerhalb des Mietrechts: Danach soll sich der Gläubiger nicht auf ein Aufrechnungsverbot berufen dürfen, wenn er in Vermögensverfall geraten ist und der Schuldner nur noch im Wege der Aufrechnung Befriedigung finden kann

BGH MDR 1987, 816, MDR 1989, 44.

528 Das **Zurückbehaltungsrecht** kann im nichtkaufmännischen Verkehr im Hinblick auf § 11 Nr. 2 AGBG dagegen nicht von einer Ankündigung abhängig gemacht werden

OLG Celle WM 1990, 103, 111.

Es kann dagegen im kaufmännischen Verkehr auf rechtskräftige oder unstreitige Forderungen beschränkt und von einer Ankündigung abhängig gemacht werden

BGH DWW 1993, 170 = ZMR 1993, 320.

529 Ein **Aufrechnungsausschluß** wird angenommen, wenn der Vermieter gegen Ansprüche des Mieters auf Erstattung preiswidriger Überzahlungen (LG Hamburg ZMR 1993, 169) oder Auszahlung von Betriebskostenguthaben (LG Berlin GE 1995, 1085) aufrechnen will.

7. Mieterhöhungs- und Änderungsvereinbarungen

a) Mieterhöhungsvereinbarung

530 Eine Mieterhöhungsvereinbarung kommt ebenso wie eine sonstige Mietänderungsvereinbarung, etwa über die Änderung der Mietstruktur (auch durch schlüssiges Verhalten) nur zustande, wenn ein entsprechender rechtsgeschäftlicher Wille auf beiden Seiten festzustellen ist

vgl. OLG Hamm WM 1981, 62 zur Umlage nicht vereinbarter Nebenkosten,
OLG Hamburg ZMR 1985, 237, 238.

Demnach kann bereits in der einmaligen Zahlung des Mieters je nach den begleitenden Umständen die Annahme des Angebots des Vermieters, eine Erhöhungsvereinbarung abzuschließen, gesehen werden (vgl. Rdn. A 483 f.),

LG Berlin ZMR 1987, 309, MDR 1989, 822,
AG Frankfurt DWW 1987, 283;
anders LG Berlin ZMR 1990, 180, wonach erst bei Zahlungen über einen längeren Zeitraum eine schlüssige Mietänderungsvereinbarung zustande kommen soll;
LG Berlin MM 1994, 326: Die zweimalige Zahlung eines Mieterhöhungsbetrages reicht für eine stillschweigende Einverständniserklärung des Mieters nicht aus.

Dagegen kann nicht ohne weiteres ein schlüssiger Annahmewille des Mieters daraus gefolgert werden, daß der Vermieter auf grund einer **Einzugsermächtigung** die geforderte Mieterhöhung zweimal vom Konto des Mieters abgerufen hat

LG Göttingen WM 1991, 280, vgl. demgegenüber § 12 Abs. 6 Nr. 2 MHG und dazu Rdn. A 438 f.

531 Auch fehlt ein entsprechender rechtsgeschäftlicher Wille, wenn der Mieter die Mieterhöhung in der Annahme zahlt, hierzu kraft Gesetzes verpflichtet zu sein,

sofern er das Aufforderungsschreiben des Vermieters nicht als Vertragsangebot zu verstehen brauchte

LG Hamburg WM 1989, 580,
LG München I WM 1992, 490,
AG München NJW-RR 1994, 973;
anders LG Duisburg WM 1989, 192, wenn der Mieter jahrelang eine unwirksam angeforderte Mieterhöhung nach § 5 MHG gezahlt hat.

Irrt sich der Mieter nur darüber, daß gesetzliche Schutzrechte bestehen, kraft derer er zu einer Mieterhöhung oder einer Zustimmung nicht oder noch nicht verpflichtet gewesen wäre, so handelt es sich um einen unbeachtlichen **Motivirrtum** (Rechtsirrtum)

LG Aachen WM 1988, 280.

Wird der Mietzins für den Mieter vom Sozialamt gezahlt und ist dies dem Vermieter bekannt, so soll bei einer Mieterhöhungsvereinbarung im Zweifel davon auszugehen sein, daß die Zustimmung des Sozialamts eine Bedingung für das Inkrafttreten der Vereinbarung ist

LG Köln WM 1993, 42.

Das erscheint bedenklich, weil das Sozialamt im Verhältnis zum Vermieter nur zahlender Dritter i.S. von § 267 BGB ist.

Ist in einem Mietvertrag über eine **preisgebundene Wohnung** eine über der preisrechtlich zulässigen Miete liegende Miethöhe vereinbart, die erst nach Ablauf der Preisbindung gelten soll, so verstößt diese Vereinbarung gegen § 10 Abs. 1 MHG, weil sie dem Vermieter eine günstigere Rechtsstellung einräumt, als er nach dem MHG bei Wegfall der Preisbindung hätte, so etwa hinsichtlich der Kappungsgrenze

OLG Stuttgart NJW-RR, 1989, 1357.

Unter dem Gesichtspunkt der Staffelmietvereinbarung brauchte die Abrede nicht geprüft zu werden, weil das Ende der Preisbindung im Vertrage nicht festgelegt war.

Behauptet der Mieter, es sei vereinbart worden, daß eine Mieterhöhung ausgeschlossen sei, bis er seine **Investitionen** abgewohnt habe, so ist ein solches Vorbringen zu unbestimmt, wenn weder über Umfang und Wert der Investitionen noch über den Anrechnungsschlüssel noch über die anrechnungsfähigen Investitionen eine Vereinbarung getroffen worden ist

BGH WM 1990, 140 = ZMR 1990, 170.

Hat der Vermieter eines nicht preisgebundenen Mietobjekts unter Inanspruchnahme von degressiv gestaffelten öffentlichen Förderungsmitteln modernisiert und ist vereinbart, daß sich der Mietzins durch Fortfall der **öffentlichen Zuschüsse** ab einem bestimmten Zeitpunkt um einen bestimmten Betrag/qm erhöht, so kann diese Mieterhöhung nur im Rahmen des MHG durchgesetzt werden; aus der Vereinbarung selbst folgt kein Anspruch, zumal sie den Anforderungen an eine Staffelmietvereinbarung nach § 10 Abs. 2 MHG nicht genügt

LG Hamburg WM 1990, 443.

b) Haftung aus Verschulden bei Vertragsverhandlungen

536 Geklärt ist nunmehr, daß auf Mieterhöhungsvereinbarungen, die anläßlich eines Hausbesuchs des Vermieters beim Mieter zustande kommen, das **Haustürwiderrufsg** anwendbar ist

OLG Koblenz – RE v. 9.2.1994 – DWW 1994, 115 = WM 1994, 257,
ferner LG Mannheim ZMR 1994 S. III Nr. 20,
siehe i.e. Rdn. 32.

Im übrigen kann ein Schadensersatzanspruch des Mieters aus Verschulden bei Vertragsverhandlungen in Betracht kommen, wenn er vom Vermieter bei Abschluß der Mieterhöhungsvereinbarung „überfahren" worden ist,

vgl. AG Hamburg WM 1989, 187,
AG Leverkusen WM 1992, 186,
Sternel Rdn. III 424.

8. Staffelmiete

537 Die Vereinbarung einer Staffelmiete bei nicht preisgebundenem Wohnraum ist nach der Neufassung des § 10 Abs. 2 S. 4 MHG durch das 4. MietRÄndG ab 1.9.1993 auch dann wirksam, wenn entweder der jeweilige Mietzins oder die jeweilige Erhöhung betragsmäßig ausgewiesen sind (vgl. Rdn. A 101, dort auch zum Wiederaufleben von Altvereinbarungen). Damit ist die früher einschränkende Rechtsprechung (s. Vorauflage Rdn. 255) gegenstandslos geworden. Diesen Voraussetzungen genügt eine Vereinbarung nicht, die nur die ersten Staffeln wiedergibt, z.B.

„Die Miete erhöht sich für 8 Jahre jährlich um DM 20,-, nämlich ab 1.3.1994 von DM 580,- auf DM 600,-, ab 1.3.1995 von DM 600,- auf DM 620,- u.s.w."
LG Gießen WM 1994, 693.

538 Weist eine Staffelmietvereinbarung nur die jeweiligen Erhöhungsbeträge aus, nicht aber auch den jeweils erhöhten Mietzins, so ist die Vereinbarung nach der Neufassung des § 10 Abs. 2 MHG durch das 4. MietRÄndG wirksam. Das betrifft nicht nur Neuabschlüsse sondern auch Vereinbarungen, die vor Inkrafttreten der Neufassung abgeschlossen worden sind; denn durch jene ist nur der ursprüngliche Wille des Gesetzgebers, der von der früheren Rechtsprechung eingeschränkt ausgelegt worden war (vgl. die Vorauflage Rdn. 255), klargestellt worden

LG Hamburg MDR 1995, 467.

539 Ist eine Staffelmiete nicht wirksam vereinbart, so kann hieraus gleichwohl eine **Begrenzung der Mieterhöhungsbefugnis** des Vermietes i.S. von § 1 S. 3 MHG gefolgert werden

LG Berlin WM 1992, 198,
LG Bonn WM 1992, 199.

540 Aus § 10 Abs. 2 S. 5 MHG wird die Befugnis des Mieters abgeleitet, das Mietverhältnis zu **kündigen**, soweit sich der Ausschluß der Kündigung auf einen Zeitraum von mehr als 4 Jahren seit Abschluß des Mietvertrages erstreckt. Das betrifft insbesondere längerfristige Verträge. Die Streitfrage, ob der Mieter erst

nach Ablauf einer Mietzeit von 4 Jahren oder bereits zum Ablauf einer vierjährigen Mietzeit kündigen kann, ist in letzterem Sinne beantwortet worden

OLG Hamm – RE v. 11.8.1989 – NJW-RR 1989, 1288.

Dies wird aus dem Gesetzeszweck gefolgert, den Mieter nicht allzu lange an einer ihn belastenden Vereinbarung festzuhalten. Das könnte der Fall sein, wenn zu der Frist von 4 Jahren noch die Kündigungsfrist hinzukäme, die im Einzelfall länger als nur 3 Monate betragen könne. Der Schutz der Mieter müsse unabhängig von ihrer Wohnzeit gleich gestaltet sein.

9. Mietanpassungklauseln

a) Mietverhältnisse über Wohnraum

Mietanpassungsklauseln sind bei Vermietung von **preisfreiem Wohnraum** aufgrund des durch das 4. MietRÄndG eingefügten § 10a MHG beschränkt zugelassen (vgl. Rdn. A 102). 541

b) Mietverhältnisse über Geschäfts- und Gewerberaum

Eine automatisch wirkende Wertsicherungsklausel verpflichtet den Mieter, die erhöhte Miete auch ohne zusätzliche Neufestsetzung zu zahlen, jedoch kommt eine Verwirkung in Betracht (s. dazu Rdn. 549 f.) 542

OLG Düsseldorf DWW 1993, 199 = MDR 1995, 155.

Gilt bei Vermietung von Geschäfts- und Gewerberaum eine Wertsicherungsklausel und ist diese nicht genehmigungsfähig, so ist die Klausel im Wege ergänzender Vertragsauslegung in einen genehmigungsfähigen Leistungsvorbehalt umzudeuten; gleichwohl muß aber ein von den Parteien für den Fall der Mieterhöhung vereinbartes Verfahren beachtet werden

OLG Hamburg WM 1991, 471.

Hat der Vermieter über einen längeren Zeitraum davon abgesehen, den Mietzins auf der Grundlage einer vereinbarten Indexmiete anzuheben, und wurden stattdessen (geringere) Mieterhöhungen auf der Basis von Vergleichsmieten vereinbart, so darf der Mieter darauf vertrauen, daß weitere Mieterhöhungen nach der Indexklausel nur auf der Basis der zuletzt vereinbarten Vergleichsmiete stattfinden

OLG Düsseldorf WM 1995, 580.

Ist eine Mietanpassungsklausel vereinbart und ändert sich die Bezugsgröße, so kann eine Änderung der Miete nur in der gleichen Bewegungsrichtung der Bezugsgröße, nicht aber in die entgegengesetzte Richtung verlangt werden. Es entspricht nämlich dem üblichen Zweck solcher Klauseln, eine Renditesicherung vor Geldwerteinbußen infolge sinkender Kaufkraft und eine Renditesteigerung zu gewährleisten 543

OLG Schleswig ZMR 1992, 534.

544 Darf der Vermieter bei Vereinbarung eines Leistungsvorbehalts nach bestimmter Indexsteigerung den Mietzins erhöhen, so soll es ihm bei Unwirksamkeit der Bestimmung verwehrt sein, ein zweites Mal den Mietzins neu zu bestimmen
OLG Düsseldorf MDR 1994, 476 = WM 1994, 273.

Dagegen bestehen Bedenken. Sollte die zunächst getroffene Bestimmung nicht nur sachlich unrichtig, sondern rechtsunwirksam sein, so wäre die Erhöhungsbefugnis des Vermieters noch nicht verbraucht. Sollte die Bestimmung inhaltlich unrichtig sein, so wäre eine Korrektur über § 315 Abs. 3 BGB geboten.

545 Gegenüber einer Mieterhöhung aufgrund einer Indexklausel kann der Mieter – anders als bei einer Mieterhöhung gemäß § 2 MHG für die Wohnraummiete – einwenden, daß dem Vermieter die geforderte Erhöhung wegen Mangelhaftigkeit der Miträume minderungsbedingt nicht zusteht
OLG Düsseldorf NJW-RR 1994, 399 = WM 1994, 324.

546 Die Leistungsbestimmung eines **Schiedsgutachters** ist nur bei offenbarer Unbilligkeit oder Unrichtigkeit nach § 319 BGB unverbindlich. Das ist nicht nur dann der Fall, wenn sich einem sachkundigen und unbefangenen Beobachter – sei es auch erst nach eingehender Prüfung – offensichtliche Fehler aufdrängen, die das Gesamtergebnis verfälschen (BGH NJW-RR 1993, 1034), sondern auch dann, wenn die Ausführungen des Gutachters so lückenhaft sind, daß selbst der Fachmann das Ergebnis aus dem Zusammenhang des Gutachtens nicht überprüfen kann
BGH MDR 1988, 381 für Unternehmensbewertung.

547 Andererseits ist zu beachten, daß es maßgebend auf die **Offensichtlichkeit** der Unbilligkeit bzw. Unrichtigkeit des Ergebnisses ankommt. So soll die Leistungsbestimmung des Schiedsgutachters dann nicht offenbar unbillig sein, wenn sie um 17–18% von dem Ergebnis abweicht, zu dem der Schiedsgutachter bei fehlerfreier Bewertung gekommen wäre. Dies entspreche dem Zweck der Schiedsgutachtervereinbarung, ein zeitraubendes, kostspieliges Verfahren zur Leistungsbestimmung zu vermeiden
BGH MDR 1991, 1169 für Erbbauzinserhöhung.

548 Die strengen Anforderungen, die an ein gerichtliches Sachverständigengutachten zu stellen sind, was die Offenlegung der Vergleichsmieten anbelangt,
s. dazu BGH MDR 1994, 941,
ferner BVerfG NJW 1995, 40 = WM 1994, 661 für Gutachten zur ortsüblichen Wohnraummiete (s. Rdn. 1423),
dürften auf ein Schiedsgutachten nicht zu übertragen sein.

So ist ein Schiedsgutachten nicht deswegen offenbar unrichtig, weil der Gutachter im Gutachten die Vergleichsobjekte nur nach Anschrift mit der jeweiligen Straßenbezeichnung, individuellen Beschaffenheitsmerkmalen und Mietpreisen ohne weitergehende Individualisierung bezeichnet hat
BGH und OLG Hamburg WM 1995, 650.

Die offenbare Unrichtigkeit ist verneint worden, wenn der Schiedsgutachter bei Bestimmung der Miethöhe den Zustand der Miträume ohne Berücksichtigung der werterhöhenden Einrichtungen durch den Mieter zugrunde gelegt hat, weil ihm die Zuordnung der Einrichtungen zum Mieter nicht mitgeteilt worden waren

OLG Frankfurt WM 1992, 429.

Hiergegen bestehen Bedenken. Läßt der Schiedsgutachter unberücksichtigt, ob mietwertbildende Umstände vom Mieter geschaffen worden sind, so führt das zu einer offensichtlichen Fehlbewertung. Auf ein Verschulden des Gutachters kommt es dabei nicht an. Das Schweigen des Mieters mag haftungsrechtliche Konsequenzen haben, wirkt sich aber im Rahmen des § 319 BGB nicht aus, sofern man nicht über § 242 BGB (Widerspruch zu eigenem früheren Verhalten) zu einer Bindung des Mieters gelangt.

Der Nachforderung von Mietzins aufgrund einer vertraglichen Wertsicherungsklausel kann der Einwand der **Verwirkung** nach § 242 BGB entgegenstehen, wenn gemäß einer langjährigen Vertragspraxis anstelle der indexbezogenen Mieterhöhung in unregelmäßigen Abständen Zuschläge zum Mietzins verlangt und geleistet worden waren 549

OLG Celle ZMR 1990, 412, OLG Düsseldorf ZMR 1995, 155.

Verwirkung ist ebenfalls angenommen worden, wenn der Vermieter die Mieterhöhung über 4 Jahre nicht geltendgemacht hat und Umstände vorliegen, die den Mieter in der Annahme bestärkt haben, wegen der Mieterhöhung nicht mehr beansprucht zu werden. Die Verwirkung wirkt zeitlich bis zur nunmehrigen Geltendmachung der Mieterhöhung durch den Vermieter; die Mieterhöhung wirkt ab diesem Zeitpunkt für die Zukunft 550

OLG Düsseldorf DWW 1993, 199, ZMR 1995, 155.

VI. Mieterhöhung bei preisfreiem Wohnraum

1. Mieterhöhung bis zur ortsüblichen Miete

a) Erklärung des Mieterhöhungsverlangens

Das Erhöhungsverlangen muß erkennen lassen, daß der Vermieter vom Mieter die Zustimmung zur Neufestsetzung der Miete erwartet; die Erklärung, die Miete betrage künftig DM „x", reicht nicht, ebensowenig die Aufforderung, eine aufgrund eines zuvor übersandten Gutachtens ersichtliche höhere Miete zu zahlen 551

LG Gießen NJW-RR 1995, 462,

oder das Verlangen im Prozeß, den Mieter zur Zustimmung zu einer Mieterhöhung aufgrund eines früher gestellten (unwirksamen) Erhöhungsverlangens zu verurteilen

LG Karlsruhe WM 1991, 48.

Das Mieterhöhungsverlangen kann nur vom Vermieter, nicht vom noch nicht eingetragenen **Erwerber** erklärt werden 552

OLG Celle DWW 1984, 289 = WM 1984, 193,
LG Karlsruhe WM 1991, 48,
AG Regensburg WM 1990, 226.

Da die Berechtigung aus § 2 MHG nicht als abtretbar angesehen wird, wird auch eine **Prozeßstandschaft** des Erwerbers abgelehnt

LG Augsburg WM 1990, 226,
LG Köln ZMR 1993 S. IX Nr. 2.

553 Bei einer **Personenmehrheit** auf Mieterseite muß das Erhöhungsverlangen grundsätzlich allen gegenüber erklärt werden (LG Hannover WM 1992, 441). Die Anrede *„Sehr geehrte Familie X"* soll zur nötigen Identifizierung nicht ausreichen

BezG Chemnitz WM 1993, 343,

wohl aber die Anrede *„Eheleute Fritz X"*

AG Greifswald WM 1994, 268.

Empfangsvollmacht, die auch formularmäßig erteilt sein kann, wird für zulässig gehalten

OLG Schleswig – RE v. 22.3.1982 – WM 1983, 130,
OLG Hamm WM 1984, 20.

Das muß aber in Frage gestellt werden, nachdem formularmäßige **Vollmachtsklauseln** im Rahmen von Verbandsklagen für unzulässig gehalten worden sind, wenn ihr Umfang auch bei Erklärungen innerhalb des Mietverhältnisses nicht hinreichend bestimmt ist und sie keinen Widerrufsvorbehalt zugunsten des Mieters enthalten

OLG Celle WM 1990, 103, 112,
OLG Frankfurt WM 1992, 56, 61.

554 Fehlt das Einverständnis eines Mit-Vermieters zum Erhöhungsverlangen des von allen Vermietern bestellten Verwalters, so ist dies unerheblich, solange die Vollmacht des Verwalters besteht

LG Hannover WM 1992, 441.

555 Mehrere Mieter bilden im Prozeß eine **notwendige Streitgenossenschaft**

KG – RE v. 5.12.1985 – NJW-RR 1986, 439.

Die Auffassung des

LG Kiel WM 1989, 429,

bei einer Mehrheit von Mietern brauche derjenige nicht mitverklagt zu werden, der schon vorprozessual der Mieterhöhung zugestimmt hat, erscheint wegen der gesamthänderischen Bindung der Mieter materiellrechtlich und wegen der daraus folgenden notwendigen Streitgenossenschaft zwischen ihnen auch prozessual bedenklich (vgl. auch AG Wiesbaden WM 1992, 135, aber auch Zöller–Vollkommer ZPO § 62 Rdn. 18: Es bestehe kein Zwang zur einheitlichen Klage sondern nur zur einheitlichen Entscheidung, wenn einheitlich gegen die Verpflichteten geklagt werde).

556 Das Erfordernis des **Zugangs** gegenüber allen Mietern gilt auch, wenn einer der Mieter aus der Wohnung ausgezogen ist. Dieser kann nur mit seinem Einver-

ständnis und sowohl im Einverständnis des in der Wohnung verbliebenen Mieters als auch des Vermieters entlassen werden. Das Einverständnis des in der Wohnung verbliebenen Partners kann nicht daraus gefolgert werden, daß die Partner sich – sei es auch einvernehmlich – getrennt haben

BayObLG DWW 1983, 71 = WM 1983, 107.

Unter besonderen Umständen kann es aber gegen Treu und Glauben verstoßen, wenn sich der in der Wohnung verbliebene Mieter darauf beruft, daß die Erklärung dem ausgezogenen Mieter nicht zugegangen ist

vgl. OLG Frankfurt WM 1991, 76 = ZMR 1991, 103 für Kündigung.

Ein **Bevollmächtigter** des Vermieter sollte seine Vollmacht der Erklärung beifügen, um eine Zurückweisung nach § 174 BGB zu vermeiden 557

OLG Hamm – RE v. 28.5.1982 – NJW 1982, 2076.

Aus einer Prozeßvollmacht soll sich noch nicht die Vollmacht ergeben, ein Mieterhöhungsverlangen zu erklären

LG Berlin ZMR 1990, 181,
AG Neuß NJW-RR 1994, 1036.

Die Erleichterung der **Schriftform** beim Mieterhöhungsverlangen durch automatische Erklärung bezieht sich nur auf die Eigenhändigkeit der Unterschrift; sie muß (etwa durch Briefkopf und Grußformel) die handelnde Person erkennen lassen 558

LG München I WM 1994, 335.

Die Originalunterschrift unter einem Mieterhöhungsverlangen und dessen Übermittlung durch Telefax den vereinfachten Formanforderungen des § 8 MHG genügt nicht,

so auch Börstinghaus ZMR 1994, 396.

Für die Wahrung der Schriftform ist es nicht erforderlich, daß eine Liste mit Vergleichswohnungen, auf die im Mieterhöhungsverlangen Bezug genommen wird und die diesem beigefügt ist, mit dem Erhöhungsverlangen zu einer einheitlichen Urkunde verbunden wird 559

KG – RE v. 22.2.1984 – WM 1984, 101 = ZMR 1984, 168,
LG München I a.a.O.

Die **Mietstruktur** ist für das Mieterhöhungsverlangen ohne Belang; auch ein Mieterhöhungsverlangen, das auf einer vereinbarten Bruttowarmmiete basiert, ist wirksam 560

LG Berlin GE 1994, 1319.

Besteht ein **Mietspiegel,** der die Betriebskosten einschließt, so ist bei vertraglicher Geltung einer Nettokaltmiete nebst Betriebskostenvorauszahlungen die aus diesen beiden Bestandteilen rechnerisch gebildete Bruttokaltmiete (und nicht etwa die Nettokaltmiete zuzüglich durchschnittlicher Betriebskostenanteile) mit dem Mietspiegelwert zu vergleichen

LG Berlin GE 1995, 115.

Gilt eine **Inklusivmiete,** steht aber nur ein Mietspiegel auf der Grundlage von Netto-Kaltmieten zur Verfügung, so hat der Vermieter keinen Anspruch, die

Umgestaltung der vertraglichen Mietstruktur vom Mieter zu verlangen. Er ist andererseits nicht gehalten, aus der bisherigen Miete den Betriebskostenanteil herauszurechnen, der z.Zt. der letzten Mietzinsvereinbarung galt oder später nach § 4 Abs. 2 MHG erhöht worden ist. Vielmehr darf er im Erhöhungsverlangen den Netto-Kaltmietwert aus dem Mietspiegel aufnehmen, der für die Wohnung in Betracht kommt, und dazu den auf die Wohnung konkret entfallenden (aktuellen) Betriebskostenanteil rechnen

OLG Stuttgart – RE v. 13.7.1983 – NJW 1983, 2329,
OLG Hamm – RE v. 3.12.1992 – DWW 1993, 39 = WM 1993, 29.

Damit bleibt sowohl der Vergleichsmietenbegriff als auch die vereinbarte Mietstruktur weitgehend unberücksichtigt, insbesondere wenn noch dem Mieter die Beweislast dafür auferlegt wird, daß der von ihm geforderte Betriebskostenanteil nicht der ortsübliche ist. Diese Auffassung führt zudem zu Schwierigkeiten bei der Ermittlung der Kappungsgrenze nach § 2 Abs. 1 Nr. 3b MHG (vgl. Rdn. A 73).

561 Verlangt der Vermieter im Mieterhöhungsverlangen eine weitere Vertragsänderung – z.B. der Mietstruktur –, so soll das Mieterhöhungsverlangen insgesamt unwirksam sein

LG Wiesbaden WM 1991, 98,
LG Köln WM 1992, 255, WM 1994, 27,
LG München I WM 1995, 113.

Das kann aber nur gelten, wenn die Anforderung der Zustimmung zur Mieterhöhung und das Angebot zur Änderung der Mietstruktur inhaltlich derart miteinander verquickt sind, daß der Mieter keinen hinreichend sicheren Aufschluß darüber erhält, in welchem Umfang das Erhöhungsverlangen sich auf die begehrte Vertragsänderung (Umstellung der Mietstruktur) richtet und in welcher Höhe es sich auf § 2 MHG stützt

OLG Hamburg – RE v. 20.12.1982 – WM 1983, 49,
ebenso LG Berlin MM 1994, 248.

562 Die **Mietstruktur** kann auch durch schlüssige Vereinbarung geändert werden. Hierzu ist ein entsprechendes Erklärungsbewußtsein erforderlich. Auf dessen Fehlen kann sich der Mieter nicht berufen, wenn er erhebliche Zeit die vom Vertrag abweichende Mietstruktur akzeptiert hat. Anders verhält es sich aber, wenn der Vermieter keinen Vertrauensschutz verdient, etwa weil er – wie dies im vorliegenden Zusammenhang häufig der Fall sein wird – durch sein eigenes zurechenbares Fehlverhalten das Verhalten des Mieters ausgelöst hat

LG Hamburg WM 1991, 676.

563 § 2 Abs. 3 MHG läßt die **Nachholung des Erhöhungsverlangens** auch im Prozeß zu. Das soll aber nicht gelten, wenn der Vermieter gleichzeitig Klage einreicht, weil dann kein wirksames Erhöhungsverlangen vorliegt

LG Dortmund NJW-RR 1988, 12,
vgl. ähnlich auch schon LG Frankenthal NJW 1985, 273.

Diese Entscheidung respektiert zwar den Ablauf der Überlegungsfrist als Prozeßvoraussetzung und trägt der Befriedungsfunktion der Überlegungsgfrist Rechnung. Nach den Vorstellungen des Gesetzgebers kann aber sogar die Überlegungsfrist für ein im Prozeß gestelltes Erhöhungsverlangen ablaufen. Wird ein

Erhöhungsverlangen erst während des Rechtsstreits erklärt, so ist das Gericht nicht gehalten, das Verfahren entweder auszusetzen oder so weiträumig zu terminieren, bis die Überlegungsfrist abgelaufen ist

LG Hamburg WM 1985, 314, 321.

Wollen die Parteien einen neuen Rechtsstreit vermeiden, so können sie übereinstimmend das Ruhen des Verfahrens nach § 251 ZPO beantragen, bis die Überlegungsfrist abgelaufen ist. Es bestehen deshalb Bedenken, ein Mieterhöhungsverlangen, das nach Schluß der mündlichen Verhandlung in einem nicht nachgelassenen Schriftsatz enthalten ist, zu berücksichtigen und als sachdienliche Klagänderung zuzulassen sowie den Rechtsstreit daraufhin an das Amtsgericht zur materiellen Überprüfung zurückzuverweisen (so aber LG München I WM 1994, 336). Das Berufungsgericht ist zu einer Wiedereröffnung nicht verpflichtet (§ 156 ZPO). Sie ist angesichts der Entscheidungsreife des Rechtsstreits auch nicht prozeßwirtschaftlich; vielmehr hat der Mieter einen prozessualen Anspruch auf abschließende Entscheidung. Ob ohnehin ein neuer Rechtsstreit geführt werden müßte, steht dahin. Kann der Mieter die Mieterhöhung aus dem neuen Mieterhöhungsverlangen nicht sofort anerkennen, so läuft er Gefahr, auch mit den Kosten des vorangegangenen Berufungsverfahrens belastet zu werden. 564

Ein unwirksames Erhöhungsverlangen kann nur einheitlich im Ganzen neu erklärt und nicht nach und nach „scheibchenweise" **nachgebessert** werden 565

LG Saarbrücken WM 1990, 393,
LG Düsseldorf WM 1992, 255,
LG Mönchengladbach WM 1993, 197.

Eine **Bezugnahme** auf frühere Erklärungen reicht nicht (LG Düsseldorf a.a.O.), ebensowenig die Ergänzung der fehlenden Angaben zu gerichtlichem Protokoll

AG Bad Urach WM 1992, 255.

Enthält die nachgeschobene Erklärung aber alle Bestandteile eines Mieterhöhungsverlangens, so soll es unschädlich sein, daß der Vermieter meint, sein früheres Verlangen lediglich nachzubessern, ohne das Bewußtsein zu haben, eine neue Erklärung abzugeben

LG Düsseldorf WM 1992, 197.

Dieses Ergebnis mag im einzelnen Fall der Billigkeit entsprechen, ist aber rechtsdogmatisch bedenklich, weil das Erklärungsbewußtsein wesentlicher Bestandteil einer Willenserklärung ist.

b) Fristen

Ein Mieterhöhungsverlangen, das dem Mieter vor Ablauf der einjährigen **Wartefrist** zugeht, ist unwirksam 566

BGH – RE v. 16.6.1993 – DWW 1993, 230 = WM 1993, 388.

Diese Auffassung entspricht der eindeutigen Gesetzeslage, nach der der Ablauf der Wartefrist als materielle Anspruchsvoraussetzung geregelt ist. Damit ist die gegenteilige Rechtsprechung (s. dazu die Vorauflage Rdn. 265) überholt.

567 Eine Ausnahme galt bis zum 31.12.1995 für Wohnungen der früheren gemeinnützigen Wohnungsunternehmen, soweit dort nach Art. 21 § 4 SteuerreformG 1990 eine Mietbegrenzung von 5% jährlich für Bestandsmietverhältnisse – also nicht bei Neuvermietungen nach Inkrafttreten des Gesetzes – vorgesehen war. In diesen Fällen durfte das Mieterhöhungsverlangen innerhalb der Jahresfrist so rechtzeitig erklärt werden, daß die Mieterhöhung zum frühestmöglichen Zeitpunkt wirkt (vgl. auch Rdn. 587).

568 Immer noch entspricht es der herrschenden Meinung, daß bei auslaufender **Mietpreisbindung**, die aufgrund der Inanspruchnahme öffentlicher Mittel begründet worden war, der Vermieter das Mieterhöhungsverlangen noch während der Preisbindung so frühzeitig stellen darf, daß die erhöhte Miete zum frühestmöglichen Zeitpunkt gilt

OLG Hamm – RE v. 9.10.1980 – WM 1980, 262 = ZMR 1991, 56,
KG – RE v. 29.1.1982 – NJW 1982, 2077 = WM 1982, 102,
LG Berlin WM 1995, 541.

569 Dies wird damit begründet, daß es anderenfalls zu einem systemwidrigen Ergebnis käme, indem der Vermieter noch eine gewisse Zeit an die Kostenmiete gebunden bliebe. Die Regelung in § 10 Abs. 3 Nr. 1 MHG, nach der die Vorschriften in §§ 1–9 MHG nicht für Mietverhältnisse über preisgebundenen Wohnraum gelten, könne nach dem Zweck des Gesetzes nur so verstanden werden, daß lediglich der Eintritt einer Mieterhöhung nach § 2 MHG während der Preisbindung nicht möglich sei. Diese konstruierte Auslegung, die dem Gesetzeswortlaut widerspricht, erscheint verfehlt, weil sie den Gesetzeszweck überdehnt. Das BVerfG hat im Zusammenhang mit der Regelung der Kappungsgrenze (s. Rdn. 584) ausgeführt, daß die Schlechterstellung des Vermieters von preisgebundenem Wohnraum sich daraus rechtfertige, daß er das Eigentum nicht in gleicher Weise wie andere Vermieter „eigenerworben" habe

BVerfGE 71, 230 = NJW 1986, 1726,
vgl. auch BVerfG WM 1994, 139 = ZMR 1993, 502: frühere Steuervorteile und deren Nachwirkungen rechtfertigen vorübergehend eine Ungleichbehandlung bei der Mieterhöhung nach § 2 MHG;
gegen die h.M. mit Recht auch LG Berlin GE 1995, 111, AG Spandau GE 1994, 1001 mit ausführlicher Begründung, ferner LG Kiel WM 1995, 541, AG Köln WM 1995, 396.

Auch hat das BVerfG wiederholt entschieden, daß die Möglichkeit, ohne jede Verzögerung die höchstmögliche Rendite zu erzielen, durch Art. 14 Abs. 1 S. 1 GG nicht geschützt wird

BVerfG WM 1991, 575.

570 Geklärt ist nunmehr, daß die Wartefrist auch dann zu beachten ist, wenn es sich um die Erhöhung der Kostenmiete einer ehemals preisgebundenen Wohnung handelt, es sei denn, die frühere Erhöhung beruht auf entsprechenden Anlässen wie sie in §§ 3–5 MHG geregelt sind

OLG Hamm – RE v. 15.3.1995 – WM 1995, 263,
ebenso LG Köln ZMR 1994, 569,
LG Bonn WM 1995, 113.

571 Stimmt der Mieter einem **wirksamen** Erhöhungsverlangen nur **zum Teil** zu und erhebt der Vermieter wegen des Restes Klage, so kann der Mieter der weiter

verfolgten Mieterhöhung nicht entgegenhalten, daß infolge seiner **Teilzustimmung** die Wartefrist in Lauf gesetzt worden ist

LG Hamburg WM 1987, 86.

Versäumt der Vermieter allerdings wegen des Restes die Klagefrist, so wird die Wartefrist ab dem Zeitpunkt der Teilzustimmung ausgelöst

LG Mannheim ZMR 1994, 516,
AG Wermelskirchen WM 1992, 442.

Die Wartefrist wird dagegen nicht in Lauf gesetzt, wenn der Mieter einem **unwirksamen** Erhöhungsverlangen nur **zum Teil** zustimmt; denn soweit in diesem Erhöhungsverlangen ein Vertragsangebot gesehen werden kann, ist es wegen der nur teilweisen Annahme nicht zur Vereinbarung gekommen; eine Teilzustimmung zeitigt nur bei einem rechtswirksamen Erhöhungsverlangen Rechtsfolgen 572

LG Landshut WM 1990, 223,
LG Frankfurt WM 1990, 224;
anders LG Mainz WM 1992, 136,
AG Neuß DWW 1992, 344, die vom Zustandekommen einer Mieterhöhungsvereinbarung ausgeht.

Der Vermieter kann also in diesem Fall sofort ein neues Mieterhöhungsverlangen nach § 2 MHG stellen

LG Mannheim ZMR 1994, 516.

Stimmt der Mieter dagegen einem unwirksamen Erhöhungsverlangen vollen Umfangs zu, so kommt es zu einer einverständlichen Mieterhöhungsvereinbarung, die die Wartefrist auslöst

LG Wiesbaden WM 1993, 196.

Die Wartefrist soll dann nicht zum Tragen kommen, wenn das Erhöhungsverlangen des Vermieters teilweise unwirksam ist, die Klage deswegen zum Teil abgewiesen wird, er in der Berufungsinstanz ein weiteres Erhöhungsverlangen „nachholt" und aufgrund dessen letztlich mit der angestrebten Mieterhöhung durchdringt 573

BayObLG – RE v. 30.6.1989 – NJW-RR 1989, 1172,
ebenso LG Ravensburg ZMR 1990, 19.

Das BayObLG ist der Auffassung, daß hinsichtlich des (erstinstanzlich) abgewiesenen Teils des Erhöhungsverlangens der Beginn der Wartefrist erst durch das rechtskräftige Urteil bestimmt wird. Solange nicht das gesamte Mieterhöhungsverlangen durch den Rechtsstreit erledigt ist, steht daher der Nachholung des Erhöhungsverlangens im Berufungsrechtszug eine Wartefrist nicht entgegen. Problematisch ist, daß das „gesamte Erhöhungsverlangen" keinen einheitlichen Streitgegenstand bildet. Vielmehr wird durch das zweite Erhöhungsverlangen ein neuer Streitgegenstand (hilfsweise) in den Rechtsstreit eingeführt. Die materiellen Auswirkungen dieses prozeßtechnischen Schrittes können nicht anders sein, als würde der Vermieter das zweite Erhöhungsverlangen in einem neuen Prozeß verfolgen: hier würde sich die Wartefrist zu seinem Nachteil vollen Umfangs auswirken. Das gleiche würde gelten, wenn das Gericht die (hilfsweise) Kläganderung nicht als sachdienlich zulassen würde.

574 Fraglich ist, ob die **Überlegungsfrist** der Disposition der Parteien in der Weise unterliegt, daß der Vermieter dem Mieter eine längere als die gesetzliche Überlegungsfrist einräumen kann mit der Folge, daß dadurch auch der Ablauf der Klagefrist herausgeschoben wird. Diese Frage ist aus Gründen der Rechtsklarheit verneint worden; die Klagefrist wird also nach dem gesetzlich normierten Fristenverlauf berechnet

>LG München I WM 1994, 383,
>LG Kiel WM 1994, 547,
>AG Hamburg WM 1988, 129.

575 Wird ein Erhöhungsverlangen außerprozessual wiederholt, so ist darauf zu achten, daß für dieses eine besondere Klagefrist läuft. Nur innerhalb dieser Frist kann es in den Rechtsstreit eingeführt werden

>LG Kassel WM 1988, 168.

c) Kappungsgrenze

576 Die Kappungsgrenze ist durch das 4. MietRÄndG mit Wirkung ab 1.9.1993 neu geregelt. Sie beträgt für Wohnraum, der vor dem 1.1.1981 fertiggestellt worden ist, 20%, sofern die Ausgangsmiete – d.h. diejenige Miete, von der ausgehend die Kappungsgrenze berechnet wird (LG Hamburg DWW 1995, 114 = MDR 1995, 353 = ZMR 1995, 161) – ohne Betriebskosten mehr als DM 8,–/qm beträgt. Liegt die Ausgangsmiete unter diesem Betrag, so verbleibt es bei der Kappungsgrenze von 30%. Jedoch darf in letzterem Fall der verlangte Mietzins DM 9, 60/qm nicht übersteigen. Die Regelung gilt nur für Mieterhöhungsverlangen, die dem Mieter vor dem 1.9.1998 zugehen (siehe i.e. Rdn. A 71).

577 Die Kappungsgrenze ist nach dem **Dreijahreszeitraum** rückwirkend vom Stichtag der gewünschten Mieterhöhung zu berechnen und nicht unter prospektiver Betrachtung

>LG Hannover WM 1990, 517;
>a.A. Voelskow DWW 1993, 221.

Sie bewirkt nicht etwa, daß für die Dauer der ersten drei Vertragsjahre eine Mieterhöhung ausgeschlossen ist

>LG Hamburg HmbGE 1990, 305,

oder einer proportional niedrigeren Kappungsgrenze unterliegt

>LG Koblenz ZMR 1990, 222.

578 Ein **Untermietzuschlag** ist nicht in die Berechnung der Kappungsgrenze einzubeziehen, weil es sich hierbei um ein Entgelt für eine Sondernutzung handelt, das für sich genommen nicht nach § 2 MHG erhöht wird (vgl. Rdn. 222, 600)

>a.A. AG Hamburg WM 1992, 257.

579 Die Kappungsgrenze wird bei Geltung einer **Inklusiv-** oder **Teil-Inklusivmiete** nicht etwa nur nach dem Netto-Kaltmietanteil, sondern nach dem maßgeblich vereinbarten Mietzins berechnet; lediglich die neben der Miete gesondert zu leistenden Umlagen bleiben unberücksichtigt

>LG München I WM 1985, 330,
>LG Karlsruhe WM 1985, 325,

LG Hamburg WM 1991, 593,
AG Hagen WM 1990, 555,
AG Münster WM 1993, 198.

Besonderheiten bestehen für die ermäßigte Kappungsgrenze nach § 2 Abs. 1 S. 2 Nr. 3b MHG: hier ist von der Nettokaltmiete auszugehen.

War die Wohnung innerhalb der Dreijahresfrist noch **preisgebunden**, so ist die Kappungsgrenze ausgehend von der zuletzt zulässigerweise zu zahlenden Kostenmiete zu berechnen 580

OLG Stuttgart WM 1989, 552,
LG München I WM 1989, 634.

Mieterhöhungen nach §§ 3–5 MHG, die in den letzten 3 Jahren – gerechnet vom Wirkungszeitpunkt der erstrebten Mieterhöhung – werden durch die Kappungsgrenze nicht aufgezehrt, sondern der gekappten Miete hinzugerechnet. Hat der Vermieter modernisiert, ohne eine Mieterhöhung nach § 3 MHG (formwirksam) angefordert zu haben, und verlangt er die Zustimmung zur Mieterhöhung nach § 2 MHG für die modernisierte Wohnung, so sind die nach § 3 MHG umlagefähigen Modernisierungskosten für die Berechnung der Kappungsgrenze so zu behandeln, als hätte der Vermieter die Mieterhöhung nach § 3 MHG durchgeführt 581

OLG Hamm – RE v. 30.12.1992 – DWW 1993, 40 = WM 1993, 106 = ZMR 1993, 161.

Beispiel: 582
Die ortsübliche Miete für die 60 qm große Wohnung
betrug am 1.5.1992 DM 9/qm   DM 540,—
Der Vermieter hat die Wohnung mit einem Aufwand
von DM 8.000 modernisiert, ohne deswegen die Miete
nach § 3 MHG erhöht zu haben. Er strebt eine Mietanhebung zum 1.5.1995 auf DM 13/qm an   DM 780,—.

Berechnung der Kappungsgrenze
Ausgangsmiete   DM 540,—
zuzüglich 30%   DM 162,—
                                                                               DM 702,—

fiktiver Modernisierungszuschlag
(11% von DM 8000 =) DM 880:12   DM 73,33
Die Kapungsgrenze liegt bei   DM 775,33.

Die Darlegung, daß die Kappungsgrenze gewahrt ist, gehört zur **Schlüssigkeit** der Zustimmungsklage; nach herrschender Ansicht braucht sie dagegen nicht im Erhöhungsverlangen vorgetragen oder gar vorgerechnet zu werden, 583

a.A. AG Schöneberg WM 1990, 516 mit ausführlicher Begründung.

Der Rechtsentscheid des 584
BayObLG v. 23.1.1984, NJW 1984, 742,

nach dem die Kappungsgrenze auch dann gilt, wenn ein Mieterhöhungsverlangen erstmals nach **Wegfall der Preisbindung** gestellt wird, ist vom Bundesverfassungsgericht wiederholt bestätigt worden

BVerfGE 71, 230 = NJW 1986, 1726,
BVerfG Beschl. v. 31.5.1991 – WM 1991, 575.

Die Möglichkeit, ohne jede Verzögerung die höchstmögliche Rendite zu erzielen, werde durch Art. 14 Abs. 1 S. 1 GG nicht garantiert.

585 Hat der Vermieter die öffentlichen Mittel abgelöst und entfällt deshalb die Preisbindung, so sind für die Berechnung der Kappungsgrenze die während der Preisbindung vorgenommenen Mieterhöhungen wegen gestiegener Kapitalkosten nicht von der Ausgangsmiete abzuziehen. § 5 Abs. 3 S. 2 MHG ist insoweit nicht entsprechend anzuwenden

OLG Hamm – RE v. 27.6.1990 – WM 1990, 333 = ZMR 1990, 375.

586 Hat der Vermieter ein Erhöhungsverlangen gestellt, ohne die Kappungsgrenze zu beachten, so war schon nach bisher herrschender Ansicht das Erhöhungsverlangen nicht (ganz oder teilweise) förmlich unwirksam, sondern lediglich in dem die Kappungsgrenze übersteigenden Umfang unbegründet. Das BayObLG hat der Dreijahresfrist darüber hinaus eine eher formale Bedeutung eingeräumt: Wird ein Erhöhungsverlangen vor Ablauf der Dreijahresfrist gestellt, so werde die Überlegungsfrist bereits vor Ablauf eben dieser Frist ausgelöst, die Mieterhöhung wirke aber erst nach Ablauf der Dreijahresfrist

BayObLG – RE v. 10.3.1988 – NJW-RR 1988, 721.

Die gezogene Parallele zur Wartefrist ist verfehlt; die Dreijahresfrist ist keine Sperrfrist für die Erklärung eines Erhöhungsverlangens sondern nur eine Berechnungsgröße für das Ausmaß (Grenzwert) der dem Vermieter zustehenden Mieterhöhung.

587 Durch Art. 21 § 4 SteuerreformG 1990 wurden die Länder ermächtigt, die Kappungsgrenze für Wohnungen der ehemals gemeinnützigen Wohnungsunternehmen auf 5% jährlich zu begrenzen, soweit es sich um Bestandsmieten handelt. Sowohl die Ermächtigungsgrundlage als auch die vom BVerfG geprüften Landesverordnungen sind verfassungsgemäß

BVerfG DWW 1992, 328 = ZMR 1992, 483,
BVerfG WM 1994, 139 = ZMR 1993, 502.

Erfaßt wurde nicht nur der unternehmenseigene Wohnungsbestand sondern auch der von den Unternehmen verwaltete Bestand

AG/LG München I WM 1993, 407,
LG Kassel WM 1993, 408,
LG Münster WM 1993, 409.

Hatte der Vermieter von der jährlichen Erhöhungsmöglichkeit bis 5% keinen Gebrauch gemacht, so kann er diese nicht für mehrere Jahre summierend nachholen

AG/LG München I WM 1993, 407.

Zu Besonderheiten der Wartefrist s. Rdn. 567.

d) Ortsübliche Miete

588 Für die Ermittlung der ortsüblichen Miete ist auf den Zeitpunkt abzustellen, zu dem das Erhöhungsverlangen dem Mieter zugegangen ist

BayObLG – RE v. 27.10.1992 – NJW-RR 1993, 202 = WM 1992, 677 = ZMR 1993, 11.

Das Gericht ist bei der Ermittlung der ortsüblichen Miete nicht an das vom Vermieter im Mieterhöhungsverlangen verwendete Begründungsmittel gebunden
LG Essen WM 1991, 120,
LG Bochum WM 1991, 700.

Die verlangte Miethöhe muß der bisher vereinbarten **Mietstruktur** entsprechen; der Vermieter hat keinen Anspruch auf Umstellung dieser Struktur (etwa um mit einem Mietspiegel arbeiten zu können, der auf einer anderen Struktur basiert, vgl. Rdn. 560) 589

LG Berlin MDR 1988, 234,
LG Stade WM 1988, 279.

Ist das Mieterhöhungsverlangen untrennbar mit dem Angebot zur Änderung der Mietstruktur verbunden, so ist es unwirksam
LG Berlin MM 1994, 248,
vgl. auch OLG Hamburg – RE v. 20.12.1982 – DWW 1983, 47 = WM 1983, 49 und Rdn. 561.

Hat es der Vermieter einer früher preisgebundenen Wohnung entgegen § 20 NMV versäumt, die Kostenmiete von brutto-kalt auf netto-kalt umzustellen (vgl. Rdn. 724), so bleibt es bei dieser (preiswidrigen) Mietstruktur nach Beendigung der Preisbindung 590

AG Dortmund WM 1989, 333.

Er kann wegen einer Steigerung der in der früheren Kostenmiete enthaltenen Betriebskosten nur eine Mieterhöhung nach § 4 Abs. 2 MHG geltend machen
LG Kiel WM 1995, 546,

ist also nicht berechtigt, die Betriebskosten gesondert umzulegen
LG Aachen WM 1995, 545.

Nach wie vor ist der Rechtsentscheid des 591
BayObLG v. 24.6.1981 – NJW 1981, 2259,

aktuell, nach dem **Einrichtungen des Mieters**, die den Wohnwert der Mietsache erhöht haben, bei der Ermittlung der ortsüblichen Miete nicht zu berücksichtigen sind, sofern nichts anderes zwischen den Parteien vereinbart ist oder der Vermieter die vom Mieter verauslagten Kosten erstattet hat. Das gilt auf Dauer (LG Baden-Baden WM 1993, 358) und auch im Falle eines Vermieterwechsels
LG Köln WM 1985, 326,

oder für den Fall, daß der Mieter vom Vormieter wohnwerterhöhende Einbauten durch Zahlung eines Abstandes übernimmt
LG Hamburg WM 1987, 126, WM 1990, 441.

Dagegen sollen Modernisierungsmaßnahmen des Mieters, die dieser im Rahmen eines früheren Mietverhältnisses vorgenommen hat, dann den Mietwert erhöhen, wenn später mit dem Rechtsnachfolger des früheren Vermieters ein neuer Mietvertrag abgeschlossen worden ist 592

LG München I WM 1993, 451.

Dies erscheint nicht zutreffend; denn der jetzige Vermieter hat keine Leistung erbracht, gemäß der er wegen der vom Mieter geschaffenen Merkmale eine

Mieterhöhung verlangen könnte. Insofern ist das grundlegende Äquivalenzverhältnis nicht beachtet. Verfehlt erscheint auch die Erwägung, daß nach Abschluß des neuen Mietvertrages eine Zurechnung der Mietermodernisierungen zu Lasten des neuen Vermieters grundsätzlich nicht möglich sei. Sie werden nicht zu seinen Lasten gerechnet, sondern neutralisiert, d.h. sie kommen ihm im Rahmen des § 2 MHG nicht zugute, weil sie von der Vermieterleistung nicht erfaßt werden. Die Zurechnung zur Vermieterleistung kann allerdings vereinbart werden. Dies muß jedoch eindeutig geschehen und hat zur Folge, daß der Vermieter für die Instandhaltung und -setzung aufkommen muß und den Mieter bei Vertragsende keine Rückbaupflicht trifft. Ändert sich der Pflichtenkreis der Parteien nicht in dieser Weise, so bleibt die Mietermodernisierung bei der Mieterhöhung nach § 2 MHG außer Betracht

vgl. LG Hamburg WM 1990, 441.

593 Nach herrschender Meinung kommt es für die Berechnung der Miethöhe nicht auf die im Mietvertrag genannte, sondern auf die tatsächliche **Wohnfläche** an

LG Köln WM 1986, 121,
LG Frankfurt WM 1990, 157,
AG Köln WM 1987, 273,
vgl. auch Rdn. 394 f.,

jeweils für den Fall, daß die Wohnfläche kleiner als die im Mietvertrag angegebene Fläche ist. Hingegen ist im umgekehrten Fall, daß die tatsächliche Fläche größer als die im Mietvertrag genannte ist, ein teilweiser Erhöhungsausschluß i.S. von § 1 S. 3 MHG angenommen worden

LG Aachen WM 1991, 501.

Die Auffassung, es komme stets auf die Angaben im Mietvertrag an, weil die Parteien hierdurch Streitigkeiten über die Größe der Wohnfläche vermeiden wollten (LG Köln WM 1993, 362) ist abzulehnen, denn sie geht an den Vorstellungen der Parteien vorbei: Das Ergebnis würde gegen § 10 Abs. 1 MHG verstoßen, sofern die im Mietvertrag ausgewiesene Fläche größer als die tatsächliche wäre. Im umgekehrten Falle hätte der Vermieter eine Mieteinbuße (über § 1 S. 3 MHG) hinzunehmen, was er bei Abschluß des Mietvertrages kaum gewollt haben wird.

594 Besondere wohnwertmindernde Eigenschaften können dazu führen, einen Teil der Wohnfläche mietwertmäßig überhaupt nicht zu berücksichtigen, so etwa die Fläche eines nach Norden und zu einer verkehrsreichen Straßenkreuzung belegenen Balkons einer Erdgeschoßwohnung

AG Krefeld DWW 1992, 243 im Anschluß an
BayObLG – RE v. 20.7.1983 – WM 1983, 254 = ZMR 1984, 66,
LG Kiel WM 1995, 307,
vgl. auch LG Düsseldorf WM 1992, 695 zur Anrechnung der Fläche eines im Kellergeschoß belegenen Hobbyraumes.

Umgekehrt können Flächen, die nicht zur Wohnfläche rechnen, den Wohnwert erhöhen,

für Einbeziehung der Fläche eines Freisitzes: AG Neuß DWW 1993, 410;
a.A. AG Neuß DWW 1994, 186.
Beide Entscheidungen differenzieren allerdings nicht exakt zwischen der Berechnung der Wohnfläche, die insoweit unzulässig wäre, und der Auswirkung nicht anrechenbarer Flächen auf den Mietwert.

Ein sog. „Frankfurter Bad" (gefangenes Bad im Schlafzimmer) zählt nicht als **Bad** 595
im Sinne eines eigenständigen Wohnwertmerkmales, bietet aber immerhin Vorteile gegenüber einer Wohnung ohne jegliches Bad und rechtfertigt einen Zuschlag zu einem Mietspiegelwert für „Wohnungen ohne Bad"

AG Wiesbaden WM 1993, 68.

Eine Wohnung mit Außenwandgasöfen und einem Elektrostrahler im Bad ist nicht mit einer Wohnung zu vergleichen, die mit einer **Gaszentralheizung** ausgestattet ist

LG Hamburg WM 1993, 744.

Zwar sind behebbare **Mängel** nicht zu berücksichtigen 596

LG Braunschweig WM 1989, 578;
a.A. LG München II NJW-RR 1994, 336 bei Wassereinbrüchen und Leckagen,

ebensowenig vom Mieter behobene Mängel, wenn die Voraussetzungen des § 538 Abs. 2 BGB nicht vorlagen,

LG Mannheim ZMR 1991, 107.

Anders verhält es sich aber bei fortbestehenden **Dauerbeeinträchtigungen**, etwa 597
Lärmbelastungen durch Fluglärm oder eine Gaststätte

LG Saarbrücken WM 1989, 578.

Ein unzureichender Schallschutz ist (nur) dann nicht wohnwertmindernd zu berücksichtigen, wenn er dem Standard der Baualtersklasse entspricht

AG Rosenheim WM 1989, 81.

Das setzt aber auch voraus, daß die ortsübliche Miete nach **Baualtersklassen** differenziert wird. Werden mehrere Baualtersklassen zu einer größeren zusammengefaßt, so kann ein schlechterer Standard durchaus mietwertmindernd beachtlich werden.

Hat der Vermieter **Modernisierungen** nach § 3 MHG durchgeführt, so geht die 598
hierauf beruhende Mieterhöhung in der bisherigen Miete auf; der Vermieter kann eine Mieterhöhung nach § 2 MHG erst verlangen, wenn die bisherige Miete einschließlich der Erhöhungen nach § 3 MHG hinter der ortsüblichen Miete zurückbleibt. Der Mietzuschlag nach § 3 MHG wird also nicht aus der Miete herausgerechnet und nach Erhöhung gemäß § 2 MHG wieder hinzugerechnet

LG Frankfurt WM 1989, 273,
LG Hamburg WM 1989, 82,
AG Osnabrück WM 1989, 635.

Eine Ausnahme ist für den Fall zugelassen worden, daß der Vermieter modernisiert 599
hat und unmittelbar daran anschließend eine Mieterhöhung für die unmodernisierte Wohnung nach § 2 MHG fordert: Er soll dann nicht gehindert sein, die Mieterhöhung nach § 3 MHG nachzuschieben

OLG Hamm – RE v. 30.10.1982 – WM 1983, 17.

Ist neben der Miete ein **Zuschlag für Untervermietung** oder gewerbliche Nutzung 600
vereinbart und hat sich der Vermieter dessen Erhöhung im Vertrag vorbehalten,

so verstößt das nicht gegen § 10 Abs. 1 MHG; vielmehr vollzieht sich die diesbezügliche Mieterhöhung außerhalb des § 2 MHG, nämlich nach § 315 BGB

BayObLG – RE v. 25.3.1986 – NJW-RR 1986, 892.

Diese Entscheidung ist wichtig, wenn eine andere Sondernutzung eingeräumt wird, z.B. bei Überlassung einer Garage. Voraussetzung ist aber, daß hierfür ein besonderes Entgelt im Mietvertrag ausgewiesen ist. Auch wird zu prüfen sein, ob nicht ein Erhöhungsvorbehalt vereinbart sein müßte.

Ist dem Mieter eine **teilgewerbliche Nutzung** der Wohnung erlaubt, ohne daß dafür ein Gewerbezuschlag vereinbart worden ist, so ist der Vermieter nicht berechtigt, aus dem einheitlich vereinbarten Mietzins einen solchen Zuschlag herauszurechnen und (neben der Wohnungsmiete) zu erhöhen

LG Berlin GE 1995, 1209.

Zur Mietzinsbewertung bei Mischmietverhältnissen s. Sternel Rdn. III 605a.

e) Zustimmung des Mieters

601 Die Zustimmung des Mieters zur Mieterhöhung ist grundsätzlich **formfrei**; der Vermieter soll nicht berechtigt sein, vom Mieter die schriftliche Zustimmung zu verlangen

LG Hannover WM 1990, 222.

Einen solchen Anspruch wird man auch nicht aus einer **Schriftformklausel** ableiten können, weil diese unwirksam ist (vgl. insoweit OLG München WM 1989, 133). Handelt es sich um einen längerfristigen Vertrag, so dürfte der Anspruch auf schriftliche Zustimmung aus einer vertraglichen Nebenpflicht abzuleiten sein, um dem Zweck des Vertrages – nämlich seinen vorgesehenen Bestand – gemäß § 566 BGB Rechnung zu tragen (vgl. Sternel Rdn. I 205).

Dementsprechend kann die Zustimmung auch schlüssig erklärt werden, etwa durch Änderung des bisherigen Dauerauftrages mit Überweisung der höheren Miete

LG Kiel WM 1993, 198.

602 Bei schlüssiger Erklärung kann es wegen der Einheitlichkeit der Willenerklärung nicht auf die Häufigkeit der erhöhten Zahlungen ankommen. Auch eine nur einmalige Zahlung kann als Zustimmung gewertet werden, wenn nicht der Mieter plausible Gründe vorträgt, daß sein Verhalten für den Vermieter erkennbar anders zu verstehen und zu werten war (vgl. auch Rdn. A 434, A 484).

603 Allgemein anerkannt ist, daß auch eine **teilweise Zustimmung** des Mieters zu einem wirksamen Erhöhungsverlangen des Vermieters (entgegen § 150 Abs. 2 BGB) zulässig ist und insoweit unabhängig vom Willen des Vermieters zur Teilerfüllung seines Anspruchs führt

LG Landshut WM 1990, 223.

Dies muß er in seinem Klagantrag berücksichtigen. Ist das Erhöhungsverlangen dagegen nicht wirksam, so kann es zwar als Angebot zum Abschluß einer Mieterhöhungsvereinbarung gedeutet werden; jedoch gelten für dessen Annahme die allgemeinen Grundsätze, also auch § 150 Abs. 2 BGB

LG Frankfurt WM 1990, 224,
a.A. LG Mainz WM 1992, 136.

Zur Auswirkung der Teilzustimmung auf die Wartefrist s. Rdn. 571.

Die Zustimmung nur eines von mehreren Mietern ist wegen deren **gesamthände-** 604
rischen Bindung unwirksam und daher materiellrechtlich und prozessual unbeachtlich.

AG Wiesbaden WM 1992, 135 gegen LG Kiel WM 1989, 429.

Mängel der Mietsache berechtigen den Mieter nicht, seine Zustimmung bis zur 605
Mängelbehebung zurückzuhalten; der Mieter ist vielmehr durch das **Zurückbehaltungsrecht** am vereinbarten oder nach § 2 MHG erhöhten Mietzins hinreichend geschützt (vgl. Rdn. 467).

f) Begründungsmittel

Für die Anforderungen, die an die Begründung des Erhöhungsverlangens gestellt 606
werden dürfen, ist immer noch maßgebend

BVerfGE 37, 132 – Urt. v. 23.4.1974.

Danach darf der Vermieter nicht durch eine formale, nicht an der materiellen Regelung orientierten Auslegung des Gesetzes gehindert werden, die zulässige Miete mit Hilfe der Gerichte durchzusetzen. Er hat einen **Anspruch auf effektiven Rechtsschutz**. Das wird aber nicht heißen dürfen, daß er aufgrund des Art. 14 GG gegenüber anderen Parteien in anderen Prozessen zu privilegieren ist. Die Rechtsprechung läßt es ausreichen, daß der Vermieter „weiterführende Hinweise" gibt und postuliert eine Informationspflicht des Mieters.

Stützt sich der Vermieter auf bestimmte Begründungsmittel (z.B. Vergleichwoh- 607
nungen), so ist das Gericht nicht gehindert, auf andere Beweismittel zurückzugreifen (z.B. auf einen Mietspiegel)

LG Hamburg WM 1990, 31, WM 1991, 699,
LG Duisburg WM 1991, 502,
LG Dortmund WM 1991, 559.

aa) Mietspiegel

Hat die Gemeinde einen Mietspiegel aufgestellt, so handelt es sich dabei nicht 608
um eine normkonkretisierende Verwaltungsvorschrift. Vielmehr stellt der Mietspiegel eine statistisch aufbereitete Sammlung von Vergleichsmieten dar. Für eine verwaltungsgerichtliche Klage wegen eines kommunalen Mietspiegels ist zwar der Verwaltungsrechtsweg eröffnet; jedoch wird einer Mietpartei das Rechtsschutzbedürfnis für eine Feststellungsklage und die Klagebefugnis für eine Leistungsklage fehlen. Eine Anfechtungsklage scheidet aus, weil der Mietspiegel mangels Regelungsqualität weder ein Verwaltungsakt noch eine Allgemeinverfügung ist

BayVG München ZMR 1994, 81.

Allgemein wird der Mietspiegel als ein dem Sachverständigengutachten überlege- 609
nes Begründungs- und Beweismittel angesehen

LG Hamburg WM 1990, 31, WM 1995, 543,
LG Landshut WM 1990, 223,
LG Berlin WM 1991, 119 für Altbau-Mietspiegel,
LG Berlin MM 1995, 185, GE 1995, 565,
LG Bochum DWW 1991, 83 für 2 Jahre alten Mietspiegel,
LG Frankfurt WM 1991, 595, WM 1992, 694,
LG Bonn WM 1994, 692, LG Lübeck WM 1995, 189,
vgl. auch Rdn. 619.

Das beruht zu einem wesentlichen Teil darauf, daß der Sachverständige das Datenmaterial nicht auf derart breiter und repräsentativer Grundlage erheben kann, wie das bei Erstellung eines Mietspiegels auf wissenschaftlicher Grundlage der Fall ist,

vgl. LG Berlin GE 1995, 565.

610 Stets wird es darauf ankommen, ob der Mietspiegel eine Mietbewertung nach den Wohnwertkriterien des § 2 Abs. 1 MHG ermöglicht und seine Daten nach einer statistisch-wissenschaftlich einwandfreien Methode erhoben sowie ausgewertet worden sind. Das ist dann verneint worden, wenn ein Mietspiegel für die Beschaffenheit der Wohnung im wesentlichen auf das Baualter abstellt und für die Wohnlage keine mietrelevanten Merkmale berücksichtigt (LG Kiel HmbGE 1994, 235). Dagegen sind Werte eines Mietspiegels nicht deshalb unplausibel, weil besser ausgestattete und belegene Wohnungen u.U. niedrigere Mieten als schlechter ausgestattete und belegene Wohnungen ausweisen (anders aber LG Kiel a.a.O.). Das kann nämlich darauf beruhen, daß der Katalog der mietwertbestimmenden Merkmale nicht abschließend ist und insbesondere die Wohndauer (z.B. hohe Fluktuation) oder die soziale Schichtung der Mieterschaft (z.B. Ausländeranteil) nicht signifikant berücksichtigt werden.

611 Ein nur von einem Interessenverband herausgegebener Mietspiegel ist kein geeignetes Begründungsmittel im Sinne von § 2 Abs. 1 MHG, auch kein „sonstiges". Allerdings kann ein Mietspiegel zur förmlichen Begründung des Erhöhungsverlangens auch dann herangezogen werden, wenn der mitgliedstärkste Interessenverband der Mieter dem Mietspiegel nicht zugestimmt hat

OLG Hamm – RE v. 11.10.1990 – WM 1990, 538 = ZMR 1991, 22.

612 Bezieht sich der Vermieter zur Begründung des Erhöhungsverlangens auf einen Mietspiegel, so muß er die Bezugspunkte für die Einstufung der Wohnung in das Mietraster angeben, soweit sie der Mieter benötigt, um die Berechnung des Vermieters nachvollziehen zu können

LG Köln WM 1994, 691.

Dabei sind solche Angaben zu Umständen entbehrlich, die dem Mieter bekannt sind. Rechnerische Fehler führen für sich genommen nicht zur Unwirksamkeit des Mieterhöhungsverlangens

LG München WM 1993, 67.

613 Es ist nicht erforderlich, das Mietspiegelfeld selbst zu bezeichnen, wenn nur die Koordinaten (Baualtersklasse, Größe, Ausstattung, Wohnlage) angegeben werden, aus denen sich das einschlägige Rasterfeld des Mietspiegels ermitteln läßt (LG Berlin GE 1995, 812). Verlangt der Vermieter eine Miete, die den Oberwert des

einschlägigen Rasterfeldes übersteigt, so soll das Erhöhungsverlangen insgesamt unwirksam sein

LG Hamburg MDR 1993, 1150,
ebenso LG Düsseldorf WM 1994, 284 bei Zuschlag von 10% für Gartennutzung.

Richtiger erscheint, das Mieterhöhungsverlangen bis zur Obergrenze des Rasterfeldes als formell wirksam anzusehen und unzulässige Mietzuschläge unberücksichtigt zu lassen.

Im Mieterhöhungsverlangen braucht der Vermieter die zur Eingruppierung der Wohnung in den Mietspiegel wesentlichen Kategorien dann nicht ausdrücklich aufzuführen, wenn er eine Kopie des Mietspiegels beigefügt und darin den verlangten Höchstbetrag gekennzeichnet hat und wenn der Mietspiegel allgemein zugänglich ist 614

LG Mönchengladbach WM 1992, 196.

Ein Mieterhöhungsverlangen ist nicht deshalb unwirksam, weil der Vermieter versehentlich ein unrichtiges Rasterfeld im Mietspiegel angegeben hat und der Mieter den Fehler ohne weiteres erkennen kann. Unwirksam ist es aber, wenn der Mietspiegel für die betreffende Wohnung keine Daten – d.h. ein Leerfeld – ausweist 615

LG Berlin WM 1990, 158,
LG Essen WM 1991, 120.

Ebenso verhält es sich, wenn der Mietenspiegel zu bestimmten Wohnungsgrößen keine Aussage trifft, wobei Abweichungen von 20% noch toleriert werden können

LG Köln WM 1994, 333.

Der Vermieter ist an die im Mietspiegel vorgegebenen **Baualtersklassen** gebunden und kann nicht auf eine ihm angemesse ner erscheinende Baualtersklasse zurückgreifen 616

LG Dortmund WM 1992, 28.

Der Vermieter darf einen Mietspiegel, der älter als 2 Jahre ist, nicht nach dem Wohnungsmietenindex fortschreiben oder sonst durch **Zeitzuschläge** zum Ausgleich der Stichtagsdifferenz aktualisieren 617

OLG Hamburg – RE v. 12.11.1982 – WM 1983, 11,
OLG Hamburg – RE v. 16.2.1983 – WM 1983, 80.

Eine andere Frage ist, ob die Werte eines älteren Mietspiegels im Rahmen der Beweiswürdigung durch das Gericht aktualisiert werden dürfen oder gar müssen (s. Rdn. 623).

Ist der Mietspiegel allgemein zugänglich, so braucht er dem Erhöhungsverlangen nicht beigefügt zu werden 618

LG Berlin WM 1990, 519.

Nach LG Frankfurt NJW-RR 1991, 14 = WM 1990, 519 ist der **Beweis** für die ortsübliche Miete grundsätzlich durch den Mietspiegel zu führen; das Gericht hat zur Feststellung der Vergleichsmiete möglichst die Hilfsmittel auszuwählen, die den Parteien am wenigsten Kosten verursachen und (trotzdem) zu den gleichen Erkenntnissen (wie etwa Sachverständigengutachten) führen (vgl. auch Rdn. 609). 619

Nach dem Rechtsentscheid des

KG v. 6.6.1991 – WM 1991, 425

handelt es sich bei einem Mietspiegel nicht um ein Beweismittel i.S. der ZPO; auch besteht keine Vermutung dafür, daß ein Mietspiegel die ortsübliche Miete tatsächlich wiedergibt. Es soll vielmehr allein Sache des Tatrichters sein, ob und in welcher Weise er das allgemeinkundige, im Mietspiegel enthaltene Zahlenmaterial bei der Überzeugungsbildung als Hilfsmittel heranzieht. Zum Teil wird ein Mietspiegel auch als antizipiertes Sachverständigengutachten gewertet, das in seinen Feststellungen nicht unmittelbar verbindlich ist und bei schematischer Handhabung als alleiniges Beweismittel ungeeignet ist

OLG Frankfurt NJW-RR 1994, 1233 = WM 1994, 436.

620 Demgegenüber ist nach hier vertretener Auffassung ein Mietspiegel im Wege des Freibeweises zu verwerten, ohne daß das Gericht an die in der ZPO aufgeführten Beweismittel gebunden ist

LG Arnsberg WM 1992, 443, 625.

Dabei ist klarzustellen, daß sein Beweiswert sich nur auf das allgemeine Mietenniveau bezieht. Für die konkrete Ermittlung des Mietwerts der einzelnen Wohnung müssen die Umstände des Einzelfalles – z.B. aufwendige Renovierung durch den Vermieter, Adressenlage u.ä., ebenso wie negative Umstände wie Merkmale einer früheren Sozialwohnung, Verkehrsbelastung – durch richterlichen Augenschein, notfalls durch Sachverständigengutachten berücksichtigt werden.

621 Aus verfassungsrechtlichen Gründen ist es dem Gericht nicht verwehrt, einen geeigneten Mietspiegel zur Feststellung der ortsüblichen Vergleichsmiete ohne zusätzliches Sachverständigengutachten heranzuziehen. Dadurch ist der Anspruch des Vermieters auf rechtliches Gehör in seiner Bedeutung als Willkürverbot nicht verletzt

BVerfG – Beschl. v. 20.3.1991 – WM 1991, 523.

622 Vorbehalte bestehen gegenüber dem Beweiswert von Mietspiegeln, die nach der Regressionsmethode erstellt worden sind. Sie richten sich aber nicht gegen die Methode als solche sondern gegen die Umsetzung im konkreten Fall.

Zur Regressionsmethode bei der Erstellung von Mietspiegeln s. Alles WM 1988, 241, Krämer WMM 1992, 172, Gaede-Kredler WM 1992, 577, Leutner WM 1992, 658, Clar WM 1992, 662, Voelskow ZMR 1992, 326, ders. WM 1993, 21, Aigner u.a. WM 1993, 10, 16, Oberhofer-Schmidt WM 1993, 585 und WM 1995, 157, Hummel WM 1993, 637, Klein-Martin WM 1994, 513, Blinkert-Höfflin WM 1994, 589, Schießl WM 1995, 18.

So ist den nach der Regressionsmethode erstellten Mietspiegeln für München und Kiel weitgehend der Beweiswert im Mieterhöhungsprozeß abgesprochen worden

LG München I NJW-RR 1993, 1427 = WM 1993, 451,
LG Kiel HmbGE 1994, 235.

623 Im Grundsatz ist nunmehr anerkannt, daß das Gericht – nicht der Vermieter im Erhöhungsverlangen! – wegen der Steigerung der ortsüblichen Vergleichsmiete, die in der Zeit zwischen der Datenerhebung zum Mietspiegel und dem Zugang des Erhöhungsverlangens eingetreten ist (sog. Stichtagsdifferenz), einen **Zeitzu-**

schlag zu dem für die Wohnung in Betracht kommenden Mietspiegelwert machen darf

OLG Stuttgart – RE v. 15.12.1993 – DWW 1994, 47 = WM 1994, 59 = ZMR 1994, 109, ebenso LG Düsseldorf DWW 1992, 284 für gerichtliches Sachverständigengutachten; zum bisherigen Mienungsstand s. die Vorauflage Rdn. 289.

Dabei soll es sich aber nicht um einen pauschalen Zuschlag handeln, geschätzt etwa aufgrund eines allgemeinen Preisindex für die Lebenshaltungskosten oder eines undifferenzierten Wohnungsmietenindex. Vielmehr soll die Steigerung der ortsüblichen Vergleichsmiete zu ermitteln sein, die bei vergleichbaren Wohnungen in der Gemeinde eingetreten ist. Das erscheint prozeßunwirtschaftlich (vgl. Blank ZMR 1994, 137). Dementsprechend wird der Rechtsentscheid des OLG Stuttgart vom 15.12.1993 nicht für anwendbar gehalten, wenn der Stichtagszuschlag sich nicht mit vertretbarem Aufwand ermitteln läßt, 624

LG Frankfurt WM 1994, 605;
nach LG Berlin MM 1995, 185 steht ein Zeitzuschlag im Ermessen des Gerichts („kann"), ablehnend auch AG Köln WM 1995, 115.

Andererseits kann die ortsübliche Vergleichsmiete nicht unter Vorgriff auf einen neuen Mietspiegel bestimmt werden, der weder zum Zeitpunkt der Erklärung des Erhöhungsverlangens noch zum Zeitpunkt der Wirkung der verlangten Mieterhöhung in Kraft war 625

LG Hamburg WM 1990, 310.

Das ist verfassungsrechtlich nicht beanstandet worden: Das Gericht brauche eine Rückrechnung der späteren und möglicherweise aktuelleren Werte eines Mietspiegels, der zur Zeit der letzten mündlichen Verhandlung bereits gilt, nicht zu veranlassen

BVerfG – Beschl. v. 3.4.1990 – NJW 1992, 1377 = WM 1992, 48.

Ist in der Gemeinde kein aktueller Mietspiegel vorhanden (vgl. § 2 Abs. 5 S. 3 MHG), so kann das Mieterhöhungsverlangen auf den Mietspiegel einer **Nachbargemeinde** gestützt werden (§ 2 Abs. 2 S. 2 MHG). Der Vermieter braucht die Vergleichbarkeit der Gemeinde im Erhöhungsverlangen nicht weiter zu begründen; seine Behauptung darf aber nicht offensichtlich unbegründet sein 626

OLG Stuttgart – RE v. 2.2.1982 – NJW 1982, 945,
LG Mönchengladbach WM 1993, 197: es reicht die Behauptung des Vermieters, die Gemeinden seien vergleichbar,
ebenso AG Bad Segeberg WM 1994, 485, sofern die Behauptung des Vermieters nicht offensichtlich unbegründet ist.

Zur Vergleichbarkeit von Gemeinden vgl.

Haase WM 1993, 441,
LG Nürnberg-Fürth NJW-RR 1988, 400,
AG Ahaus WM 1988, 66:

Maßgebende Kriterien sind Größe der Gemeinde, Bevölkerung, Infrastruktur, Versorgung im Schul- und Bildungsbereich, Lärmbelästigungen, verkehrsmäßige Erschließung und Anbindung.

bb) Sachverständigengutachten

627 Ein Sachverständigengutachten muß dem Erhöhungsverlangen beigefügt werden: Die bloße Bezugnahme reicht nicht aus

OLG Braunschweig WM 1982, 272 – RE v. 19.4.1982.

Das soll selbst dann erforderlich sein, wenn der Mieter aufgrund eines früheren Erhöhungsverlangens schon im Besitz des Gutachtens ist

LG Berlin WM 1987, 285.

628 Die an die förmliche Begründung gestellten Anforderungen sind nicht hoch. Nach

BVerfG WM 1986, 237 = ZMR 1986, 273

soll es genügen, daß der Sachverständige in einer für den Mieter verständlichen und nachvollziehbaren Weise darlegt, warum die nunmehr begehrte Miete nach seiner Auffassung der ortsüblichen Miete entspricht. Ob das Gutachten in allen Punkten unangreifbar ist, soll für die Frage der Zulässigkeit unerheblich sein. Es genügt, daß der Sachverständige Preisspannen für vergleichbare Wohnungen ermittelt und die Wohnung des Mieters in methodisch nachvollziehbarer Weise in das örtliche Mietpreisgefüge einfügt

ähnlich OLG Karlsruhe – RE v. 20.7.1982 – NJW 1983, 1863 = WM 1982, 269, RE v. 29.12.1982 – WM 1983, 133.

Andererseits hat das

BVerfG WM 1986, 239

die Entscheidung des LG Itzehoe WM 1986, 238 für verfassungsmäßig gehalten; dieses hatte ein Gutachten als unzureichend angesehen, in dem der Sachverständige die Vergleichsmiete anhand einer Hochrechnung des Mietenindex und einer Übergewichtigkeit von Daten aus Neuvermietungen (zwei Drittel) ermittelt hatte.

629 Nach dem Rechtsentscheid des

BayObLG v. 23.7.1987, NJW-RR 1987, 1302,

können Sachverständige auch überregional eingesetzt werden: Der Sachverständige braucht nicht bei derjenigen IHK zugelassen zu sein, in deren Bezirk die zu begutachtende Wohnung liegt. Es soll ausreichen, daß er nur mittelbare Kenntnisse von der Höhe der ortsüblichen Miete hat.

Das Mietwertgutachten eines örtlich zuständigen Gutachterausschusses für Grundstückswerte reicht als Begründungsmittel nicht aus; denn solche Gutachten ermitteln als Ertragswert die erzielbaren Mieten und richten sich nicht auch an den Bestandsmieten aus

LG Mönchengladbach WM 1993, 197,
a.A. LG München II ZMR 1994, 22.

630 Ein veraltetes Sachverständigengutachten ist als Begründungsmittel ungeeignet

AG Bonn WM 1993, 66 für ein fast 2 Jahre altes Gutachten.

Ungeeignet ist auch ein Gutachten, das die Mieterinvestitionen fälschlich als Ausstattungsmerkmale mietwerterhöhend berücksichtigt

LG Baden-Baden WM 1993, 358.

Handelt es sich um ein sog. **Sammelgutachten**, das für eine Wohnanlage erstellt wird, so braucht der Sachverständige die zu begutachtende Wohnung des Mieters nicht besichtigt zu haben, wenn er nur eine genügende Zahl anderer Wohnungen von nahezu gleicher Art, Größe, Beschaffenheit und Ausstattung besichtigt hat 631

OLG Oldenburg – RE v. 2.1.1981 – WM 1981, 150,
OLG Celle – RE v. 27.4.1982 – WM 1982, 180 = ZMR 1980, 341.

Das ist bedenklich, weil hier der Sachverständige ein Gutachten über eine Wohnung abgibt, von der er nicht weiß, ob sie dem von ihm vorgegebenen Standard entspricht. So hat

LG Koblenz DWW 1991, 22

ein Mieterhöhungsverlangen als unwirksam angesehen, wenn der Sachverständige im Sammelgutachten zu wertbestimmenden Merkmalen wie Lage der Wohnung im Gebäude, vorhandene Nebenräume, Art und Qualität der Ausstattung, Vorhandensein von Balkon oder Terrasse keine Stellung nimmt. Zumindest muß dem Gutachten zu entnehmen sein, welche Wohnungen der Sachverständige besichtigt hat, damit der Mieter die Tatsachengrundlage des Gutachtens überprüfen kann

AG Sinzig DWW 1990, 120.

Erheblich strengere Anforderungen sind demgegenüber an Mietgutachten im Rahmen der **gerichtlichen Beweiserhebung** zu stellen: Der Sachverständige soll die von ihm herangezogenen Vergleichswohnungen nach den gesetzlichen Wohnwertmerkmalen genau beschreiben 632

LG Göttingen WM 1989, 520.

Die hiergegen aus Datenschutzgründen erhobenen Bedenken

LG Köln WM 1989, 311, LG Bonn WM 1993, 133

stehen hinter der Prüfungspflicht des Gerichts und dem Anspruch der Parteien auf Gehör zu den Entscheidungsgrundlagen zurück, sofern es sich nicht um Daten aus der engsten Privat- und Intimsphäre handelt, was bezüglich der gezahlten Miete zu verneinen ist

BVerfG – Beschl. v. 11.10.1994 – NJW 1995, 40 = WM 1994, 661.

Danach kann auf eine Offenlegung von Mietpreis und Adressen der Vergleichswohnungen oder sonstiger Angaben über deren Beschaffenheit in der Regel nicht verzichtet werden, soweit deren Kenntnis für eine Überprüfung des Gutachtens praktisch unentbehrlich ist,

vgl. BVerfG a.a.O. und Rdn. 1423.

Ist ein Mietspiegel vorhanden, so muß der Sachverständige begründen, weshalb er von dessen Werten abweicht (LG Wiesbaden WM 1992, 286). Eine Abweichung ist nur gerechtfertigt, wenn der Sachverständige seinerseits die Miethöhe methodisch einwandfrei und aufgrund des tatsächlichen Marktgeschehens ermittelt (LG Köln WM 1992, 256). 633

cc) Vergleichsmieten

634 Der Informationswert einer Begründung mit **Vergleichswohnungen** ist nach dem Rechtsentscheid des

OLG Frankfurt v. 20.3.1984, WM 1984, 124

stets gering, weil der Vermieter bestrebt sein wird, nur solche Wohnungen zu benennen, die seinem Erhöhungsverlangen in besonderer Weise entsprechen; hinreichende Rückschlüsse auf die ortsübliche Miete lassen sich daraus regelmäßig noch nicht ziehen,

> LG Düsseldorf WM 1990, 393: Das gilt selbst dann, wenn die Wohnung des Mieters und die im Erhöhungsverlangen genannten Wohnungen vergleichbar sind.

635 Die Rechtsprechung hat ihrerseits nichts unternommen, um den Informationswert zu verbessern, im Gegenteil: Für die Wirksamkeit des Erhöhungsverlangens soll es nicht darauf ankommen, ob die Vergleichswohnungen und die Wohnung des Mieters eine vergleichbare Wohnfläche haben (denn maßgebend sei die Vergleichbarkeit des Quadratmeterpreises)

OLG Schleswig – RE v. 3.10.1986 – WM 1987, 140,

oder auch nur besichtigt werden können

OLG Schleswig – RE v. 31.10.1983 – NJW 1984, 245.

636 Demzufolge entspricht es der herrschenden Ansicht, daß der Vermieter das Erhöhungsverlangen ausschließlich mit Wohnungsmieten aus dem **eigenen Bestand** und sogar aus ein- und demselben Haus begründen darf

OLG Frankfurt a.a.O.,
OLG Karlsruhe – RE v. 7.5.1984 – WM 1984, 188, KG WM 1984, 73,
BVerfG – Beschl. v. 12.5.1993 – WM 1994, 139 = ZMR 1993, 362.

637 Die herrschende Meinung differenziert zu Unrecht nicht danach, ob die Vergleichsmieten aus dem eigenen Bestand des Vermieters stammen oder nicht. Jedenfalls für den ersteren Bestand trifft die Auffassung des BVerfG (Urt. v. 23.4.1974, BVerfGE 37, 134) nicht zu, dem Vermieter sei eine weitergehende Begründung nicht zuzumuten.

638 Wenigstens drei der vom Vermieter benannten Vergleichsmieten müssen die angestrebte Miethöhe ausweisen; es ist **keine Durchschnittsmiete** aus den Vergleichsmieten zu bilden

OLG Karlsruhe – RE v. 15.12.1983 – WM 1984, 21,
BayObLG WM 1984, 276, ZMR 1985, 25.

639 Hat der Vermieter eines der drei Vergleichsobjekte „zurückgezogen", so wird das Erhöhungsverlangen unwirksam und kann nicht nachgebessert werden (vgl. Rdn. 565). Vielmehr muß der Vermieter ein neues Verlangen mit eigenem Fristenlauf stellen

AG Pinneberg WM 1991, 277.

640 Wird ein Mieterhöhungsverlangen mit dem Hinweis auf entsprechende Entgelte für einzelne vergleichbare Wohnungen begründet, so ist die Benennung von Vergleichswohnungen nicht auf eine bestimmte Höchstzahl beschränkt

BayObLG - RE v. 25.9.1991 - WM 1992, 52 = ZMR 1992, 144:
Eine Liste kann zur Nachprüfung eines Mieterhöhungsverlangens aber dann ungeeignet sein, wenn sie neben vergleichbaren Wohnungen eine nicht nur unerhebliche Anzahl solcher enthält, die nicht als vergleichbar in Betracht kommen.

Das BVerfG hat im Beschluß vom 8.11.1988 641

BVerfG WM 1989, 62 = ZMR 1989, 142

die Rechtsprechung gebilligt, daß die Vergleichswohnungen nur insoweit **beschrieben** zu werden brauchen, als der Mieter sie identifizieren kann (vgl. dazu BGH - RE v. 20.9.1982 - BGHZ 84, 392 = NJW 1982, 2867):

Es genügten Angaben über den Namen des Wohnungsinhabers, (oder) Adresse, Geschoß und Quadratmeterpreis. In der Mitteilung dieser Daten liege zugleich die stillschweigende Erklärung des Vermieters, daß er die zum Vergleich benannten Wohnungen hinsichtlich sämtlicher gesetzlicher Wohnwertmerkmale für vergleichbar halte (so auch BVerfG NJW-RR 1993, 1485 = WM 1994, 137). Angaben zur Ausstattung müsse er nur dann machen, wenn die Wohnung des Mieters evidente Besonderheiten aufweise und der Mieter deshalb an der Vergleichbarkeit der Wohnungen zweifeln sowie schriftlichen Aufschluß über das Vorhandensein der wertbestimmenden Faktoren erwarten dürfe (die Wohnung des Mieters war nur über einen einzigen Außenwandgasofen zu beheizen, während die Vergleichswohnungen zentralbeheizt waren).

Auch nach LG Berlin ZMR 1992, 62 reicht die Angabe der Namen der Wohnungs- 642 inhaber, Adresse, Geschoß und Mietpreis/qm der Wohnungen, während deren Komfortmerkmale nicht angegeben zu werden brauchen. Legt der Vermieter die im Mieterhöhungsver langen bezeichneten Wohnungen nicht offen und beruft er sich insoweit auf datenschutzrechtliche Bedenken, so ist das Erhöhungsverlangen unwirksam

AG Hamburg WM 1993, 360.

Unschädlich soll auch sein, daß die Mietstruktur der Vergleichswohnungen von 643 der Wohnung des Mieters abweicht (Teil inklusivmiete statt Nettokaltmiete)

BVerfG - Beschl. v. 8.9.1993 - NJW-RR 1993, 1485 = WM 1994, 137.

Auch Dachgeschoßwohnungen mit Schrägen, deren Ausbau in jüngster Zeit erfolgt ist, sollen mit (älteren) Etagenwohnungen vergleichbar sein (LG Hannover WM 1992, 255), ebenso Wohnungen, die knapp 10 Jahre älter als die Mietwohnung sind (LG Düsseldorf DWW 1994, 284).

Entgegen der überwiegenden Meinung, insbesondere in der obergerichtlichen 644 Rechtsprechung, ist anzunehmen, daß erhebliche Größenabweichungen von der Mietwohnung dazu führen, daß Vergleichswohnungen ungeeignet sind

LG Köln WM 1994, 691,
LG Berlin GE 1995, 1121: eine Mehrzimmerwohnung kann nicht mit einer Einzimmerwohnung oder mit einer anderen Mehrzimmerwohnung, deren Wohnfläche um mehr als 50% größer ist, verglichen werden;
AG Frankfurt WM 1993, 197 für Flächenabweichungen von etwa einem Drittel;
anders BayObLG - RE v. 1.4.1982 - WM 1982, 154,
OLG Schleswig - RE v. 3.10.1986 - WM 1987, 140: Die Wirksamkeit des Mieterhöhungsverlangens ist nicht davon abhängig, daß die Vergleichswohnungen und die Mietwohnung eine vegleichbare Größe haben.

dd) Sonstige Begründungsmittel

645 Zu den „sonstigen Begründungsmitteln" ist auch die Offenkundigkeit der Ortsüblichkeit einer bestimmten Miete gezählt worden

LG Aurich WM 1990, 222.

Offenkundigkeit im Sinne einer Allgemeinkundigkeit sei dann gegeben, wenn der Zustand so allgemein verbreitet sei, daß ein besonnener Mensch von seiner Wahrheit überzeugt sein könne. Auch ein Gutachten, das nicht für die Wohnung des Mieters erstellt worden ist, sondern sich nur auf einen vergleichbaren Wohnungstyp bezieht, ist als „sonstiges Begründungsmittel" gewertet worden

LG Nürnberg-Fürth NJW-RR 1991, 13 = ZMR 1990, 420.

646 Dagegen ist ein Wertermittlungsgutachten, das zur Ertragsberechnung auf die erzielbaren Mieten abstellt, kein geeignetes Begründungsmittel

LG Mönchengladbach WM 1993, 197.

g) Ausschluß der Mieterhöhung

647 Ein Ausschluß der Mieterhöhung wird vermutet, wenn ein Mietverhältnis auf bestimmte Zeit mit festem Mietzins vereinbart ist (§ 1 S. 3 MHG). Für die Annahme eines festen Mietzinses soll noch nicht ausreichen, daß in einem befristeten Mietvertrag ein bestimmter Mietzins vereinbart ist, auch wenn der Vertrag eine Erhöhungsmöglichkeit nicht vorsieht

OLG Stuttgart – RE v. 31.5.1994 – NJW-RR 1994, 1291 = WM 1994, 420 = ZMR 1994, 401.

Damit wird die gesetzliche Beweisvermutung auf den Kopf gestellt. Sind eine feste Mietzeit und ein bestimmter Mietzins vereinbart, so ist es vielmehr Sache des Vermieters, darzulegen und zu beweisen, daß der Mietzins nach dem Willen der Parteien während der Laufzeit des Vertrages erhöht werden darf (ablehnend auch Blank WM 1994, 421). Dementsprechend ist das Recht auf Mieterhöhung bei einem Mietverhältnis auf Lebenszeit des Mieters als ausgeschlossen angesehen worden, sofern der Vermieter es sich nicht vorbehalten hat

AG Trier WM 1993, 196.

648 Die gesetzliche Vermutung des § 1 S. 3 MHG soll bei befristeten Mietverhältnissen nicht durch folgende Formularklauseln widerlegt werden:

„Der Vermieter kann während der vereinbarten Vertragszeit die gesetzlich zugelassenen Mieterhöhungen verlangen" (LG Köln WM 1991, 353, a.A. LG Kiel WM 1992, 623),
„Für sonstige Mieterhöhungen gelten die gesetzlichen Vorschriften und Fristen" (AG und LG Bonn WM 1992, 254, AG Tettnang WM 1993, 406),
„Der Vermieter hat einen sofortigen Anspruch auf die preisrechtlich zulässige Miete" (AG Neumünster WM 1991, 353).

649 Der individuellen Abrede einer Befristung des Mietverhältnisses mit festem Mietzins (und der dadurch begründeten Vermutung eines Mieterhöhungsausschlusses) soll nach § 4 AGBG der Vorrang vor formularmäßigen Anpassungsklauseln gebühren.

In der unwirksamen Vereinbarung einer Staffelmiete kann zugleich der Wille der 650
Parteien zum Ausdruck kommen, eine Mieterhöhung nach § 2 MHG teilweise
auszuschließen

LG Berlin WM 1992, 198,
LG Bonn WM 1992, 199.

h) Kündigungsregelungen

Umstritten ist, ob das Kündigungsrecht des Mieters nach § 9 Abs. 1 MHG auch 651
durch ein unwirksames Mieterhöhungsverlangen ausgelöst wird. Jedenfalls soll
es treuwidrig sein, wenn der Vermieter sich gegenüber einer Kündigung des
Mieters auf die formelle Unwirksamkeit seines Erhöhungsverlangens beruft

AG Andernach WM 1994, 547,
vgl. auch Sternel Rdn. III 859.

Die Kündigungsbeschränkung des Vermieters bei Zahlungsverzug des Mieters 652
mit den Erhöhungsbeträgen nach § 9 Abs. 2 MHG soll analog auch auf diejenigen
Mieterhöhungen für Wohnraum anzuwenden sein, die nicht auf den §§ 3–7 MHG
beruhen

LG Berlin MM 1994, 20 für Mieterhöhungen nach § 18 1. BMG,
ebenso BezG Chemnitz WM 1993, 34, Beuermann GE 1993, 395,
für Mieterhöhung nach § 12 MHG s. Rdn. A 374.

Das gleiche ist für Kündigungen wegen Zahlungsverzugs mit Mieterhöhungen
nach §§ 8, 10 WoBindG angenommen worden

LG Köln WM 1995, 593.

2. Mieterhöhung wegen Modernisierungs- und Energiesparmaßnahmen

Die Vorschrift des § 3 MHG ist durch das 4. MietRÄndG mit Wirkung ab 653
1. 9. 1993 geändert worden. Zu den Maßnahmen, die eine Mieterhöhung auslösen, zählen nunmehr auch solche, die eine nachhaltige Einsparung von Wasser
bewirken. Die Regelung über die Hinweispflichten § 3 Abs. 2 MHG ist aufgehoben worden. Die Wirkungsfrist für den Eintritt der Mieterhöhung ist geringfügig
verlängert worden. Die Sanktionsfrist bei unterbliebener oder erheblich unrichtiger Mitteilung der künftigen Mieterhöhuhng ist von 3 auf 6 Monate verlängert
worden (vgl. i.e. Rdn. A 85).

a) Mieterhöhende Maßnahmen

Nur solche Maßnahmen führen zu einer Mieterhöhung, die der **Vermieter als** 654
Bauherr aufgewendet hat. Ist er lediglich Kostenträger wie etwa bei städtischen
Erschließungsmaßnahmen, so läßt sich hieraus keine Mieterhöhung ableiten

OLG Hamm – RE v. 30.5.1983 – NJW 1983, 2331,
LG Berlin MM 1994, 246, GE 1995, 430 für Maßnahmen des Voreigentümers.

Dies gilt aber nicht für die Anschließung an das Breitbandkabelnetz der Bundespost; denn es besteht kein Anschlußzwang und der Vermieter ist jedenfalls
Veranlasser der Maßnahme

BayVGH DWW 1992, 119 = ZMR 1992, 211 (zum Ansatz der Anschlußgebühr); anders AG Hanau WM 1989, 189.

655 Eine Mieterhöhung ist nicht zugelassen worden, wenn die Modernisierungsmaßnahme vom Baubetreuer mit Mitteln der Bauherren als erst künftige Eigentümer durchgeführt worden ist, insbesondere wenn diese mit Erwerb der Eigentumswohnung ein sog. Modernisierungspaket mitgekauft haben

AG Hamburg WM 1987, 356,
LG Hamburg WM 1991, 121,
LG Berlin GE 1995, 430, MM 1994, 246 für Maßnahmen des Voreigentümers.

656 Nach herrschender Ansicht ist der Anschluß an das **Breitbandkabelnetz** eine die Mieterhöhung auslösende Modernisierungsmaßnahme

BGH WM 1991, 381, 384 Sp. 2,
BayVGH ZMR 1992, 211;
differenzierend KG – RE v. 27.6.1985 – NJW 1985, 2031,
ferner LG Wiesbaden WM 1988, 66.

657 Eine Wohnwertverbesserung ist auch darin gesehen worden, wenn bei gleichbleibender Wohnungsgröße durch Änderung des Grundrisses ein weiteres Zimmer geschaffen worden ist

OVG Berlin ZMR 1990, 36.

Das wird aber nur gelten können, wenn dadurch die bisherige Funktionalität des Wohnungsgrundrisses sowie der einzelnen Räume zumindest nicht verschlechtert worden ist.

658 Problematisch ist, ob der Einbau eines **Fahrstuhls** für den Mieter der Erdgeschoßwohnung als Wohnwertverbesserung anzusehen ist. Hier ist angenommen worden, daß der Vermieter einen Verteilungsmaßstab für die Kosten wählen muß, der dem Gebrauchsvorteil entsprechend der Geschoßlage Rechnung trägt

LG Hamburg HmbGE 1995, 513,
AG Düsseldorf WM 1994, 548,
AG München WM 1986, 91,
ebenso AG Celle WM 1992, 339 für Maßnahmen der Wärmedämmung an einem Mehrfamilienhaus.

659 Die Umstellung einer **Gasetagenheizung** auf eine ölbeheizte Zentralheizung ist dagegen nicht als Wohnwertverbesserung gewertet worden

OVG Berlin ZMR 1990, 75.

Anders wird es sich bei einer Umstellung der Energiequelle nur dann verhalten, wenn damit eine wesentliche Energieeinsparung verbunden ist

AG Rheine WM 1987, 127.

Das Gleiche gilt für die Umstellung einer Kokszentralheizung auf Fernwärme

LG Berlin WM 1991, 482,
vgl. auch OLG Celle WM 1993, 89 für Umrüstung einer Ölzentralheizung auf Erdgasbefeuerung: Im Kern ist allgemeinkundig, daß die Erdgasbeheizung in ökologischer Hinsicht gegenüber der Ölzentralheizungtechnisch fortschrittlicher ist.

Werden Bleirohre gegen verzinkte Wasserrohre ausgetauscht, so handelt es sich 660
auch dann nicht um eine Modernisierung, wenn eine Sanierung der Bleirohre
etwa wegen bleihaltigen Wassers nicht geboten ist

AG Halle/Saalkreis WM 1992, 682.

Eine **Energiesparmaßnahme** ist bejaht worden, wenn anstelle einer Beheizung mit 661
Nachtstrom eine Gasetagenheizung mit Warmwasserversorgung installiert wird

AG Hamburg WM 1991, 30,
ferner AG Siegburg WM 1994, 612, sofern der Vermieter nicht die nachhaltige Energieeinsparung nachweist;
anders LG Hamburg WM 1990, 18,
AG Hamburg WM 1993, 684.

Die bessere Regulierbarkeit sowie das bessere Raumklima einer Gaszentralheizung gegenüber einer Nachtstromheizung sprechen allein schon für eine den Wohnwert wesentlich verbessernde Maßnahme.

Ersetzt der Vermieter eine Ausstattung zur Verbrauchserfassung durch eine andere, so handelt es sich dabei grundsätzlich um eine nicht umlagefähige Instandsetzungsmaßnahme, 662

zutreffend AG Hamburg WM 1994, 695.

Die Verklinkerung der früher nur verputzten Gebäudeaußenwand unter Einbringung einer Wärmeisolierung soll der Energieeinsparung auch dann dienen, wenn weitere Energiesparmaßnahmen wie Einbau isolierverglaster Fenster unterbleiben 663

LG Paderborn WM 1993, 360.

Der Austausch einfachverglaster Fenster durch isolierverglaste im Treppenhaus, 664
der zu einer Energieeinsparung von (nur) 2, 5% führt, stellt keine wesentliche
Verbesserung der Wärmedämmung dar und rechtfertigt deshalb keine Mieterhöhung

VG Berlin NJW-RR 1992, 657.

Für den Anspruch auf Mieterhöhung soll es unschädlich sein, daß der Vermieter 665
statt der angekündigten Ölzentralheizung eine Gaszentralheizung installiert hat,
da sich hierbei lediglich die Energiequelle geändert hat

LG Berlin WM 1992, 444.

Eine **nicht zu vertretende Maßnahme** stellt der Austausch eines Gasherds wegen 666
einer Umstellung von Stadtgas auf Erdgas dar

LG Berlin GE 1995, 430.

Ist der Gasherd allerdings über 30 Jahre alt, so spricht die Vermutung dafür, daß
es sich zugleich um eine Instandsetzungsmaßnahme handelt, die eine Mieterhöhung ausschließt (LG Berlin a.a.O.).

b) Umlagefähige Kosten

Umstritten ist, ob die einmalige **Anschlußgebühr** für das Kabelfernsehen (jetzt: 667
einmaliger Preis für die erstmalige Bereitstellung) zu den Modernisierungskosten
bei der Verkabelung zählt. Das ist bejaht worden von

BayVGH DWW 1992, 119 = ZMR 1992, 211,
vgl. dazu ausführlich Pfeifer, Rechtsfragen des Kabelfernsehens in NWB Fach 28 S. 647 f., 655;
a.A. AG Hanau WM 1989, 189.

668 Aktuell ist nach wie vor der Rechtsentscheid des

OLG Karlsruhe v. 20.9.1984 – WM 1985, 17,

nach dem der Vermieter auch aus der Sicht des Mieters das **Gebot der Wirtschaftlichkeit** berücksichtigen und das Verhältnis zwischen einzusparenden Heizkosten und Mieterhöhung prüfen muß. Ist das Verhältnis nicht gewahrt, so sollen nur diejenigen Kosten umlagefähig sein, die auch bei Berücksichtigung der Wirtschaftlichkeitsgrundsätze entstanden wären. Dagegen richtet sich die Höhe des Vermieteranspruchs nicht nach dem Betrag der einzusparenden Heizkosten. Nach Auffassung des OLG Karlsruhe kann die Zumutbarkeitsgrenze überschritten sein, wenn zwar eine nachhaltige Einsparung von Heizenergie von 35% erzielt wird, die Mieterhöhung aufgrund der baulichen Maßnahme aber die Einsparung um mehr als 200% übersteigt. Es sind also die jährlich eingesparten Kosten und die jährliche Mieterhöhung ins Verhältnis zu setzen. Wie zu verfahren ist, wenn die Maßnahme selbst nicht kostengünstiger durchzuführen war, wird offen gelassen. Eine Mieterhöhung, die die monatlichen Kosten der Energieeinsparung um das Doppelte übersteigt, ist als gerade noch akzeptabel angesehen worden,

für Kappung der Kosten oberhalb der Grenze von 200%:
LG Freiburg WM 1985, 340,
LG Aachen WM 1991, 356,
LG Hamburg ZMR 1991, 302,
AG Braunschweig ZMR 1994, 24;
dagegen für eine Kappung oberhalb der Grenze von 300%:
LG Berlin MM 1994, 397 mit ablehnender Anm. von Maciejewski.

669 Die Verhältnismäßigkeit ist verneint worden, wenn die jährliche Energieeinsparung etwa DM 150,- beträgt und ihr eine jährliche Mieterhöhung von DM 600,- gegenübersteht

AG Köln WM 1986, 344.

Auch das BVerwG ist der Auffassung, daß dem Gebot der Wirtschaftlichkeit bei der modernisierungsbedingten Mieterhöhung Rechnung getragen werden muß

BVerwG WM 1990, 566 für Prüfmerkmal im Rahmen des Genehmigungsverfahrens nach § 11 Ab.7 II.BV bei Einbau isolierverglaster Aluminiumfenster statt preisgünstigerer Kunststoffenster.

670 Macht der Mieter die mangelnde Wirtschaftlichkeit geltend, so liegt darin ein Bestreiten der Anspruchsvoraussetzungen; der Vermieter muß deshalb nach Einbau von Isolierglasfenstern die Energieeinsparung darlegen und beweisen

LG Hamburg WM 1988, 168,
LG Bückeburg WM 1992, 378,
LG Lübeck WM 1990, 499 (zu § 541b BGB: es müsse zumindest ansatzweise erkennbar sein, wie hoch die behauptete Heizenergieeinsparung sei).

Ebenso verhält es sich, wenn der Mieter die angesetzten Modernisierungskosten mit der Begründung bestreitet, es handele sich um **ersparten Instandhaltungsaufwand** 671

LG Braunschweig WM 1990, 158,
AG Neunkirchen WM 1991, 560,
anders AG Gießen WM 1991, 280.

Der Vermieter muß tatsächlich ersparte Instandsetzungskosten von dem getätigten Bauaufwand abziehen. Beim Austausch eines über 30 Jahre alten Gasherds wegen einer Umstellung auf Erdgas spricht die Vermutung für einen vollständigen Instandsetzungsbedarf

LG Berlin GE 1995, 430.

c) Durchführung der Mieterhöhung

Voraussetzung für den Anspruch aus § 3 MHG ist nach dem Rechtsentscheid des 672
KG v. 1.9.1988 – NJW-RR 1988, 1420,

daß der Vermieter die Maßnahme „**in Gemäßheit des Vertrages**" durchgeführt hat. Das ist dann der Fall, wenn entweder der Mieter der Maßnahme zugestimmt oder sie geduldet hat. Nach dem Rechtsentscheid des Kammergerichts soll es aber allein darauf ankommen, ob der Mieter zur Duldung verpflichtet war. Eine Duldungspflicht wird nur bejaht, wenn der Vermieter die Maßnahme ordnungsmäßig nach § 541b Abs. 2 BGB angekündigt hat. Gegen die letztere Annahme bestehen Bedenken, weil die **Ankündigung** nur Fälligkeitsvoraussetzung für den Duldungsanspruch ist, die unterbliebene oder nicht ordnungsmäßige Ankündigung dem Mieter also ein Leistungsverweigerungsrecht gibt (vgl. Rdn. 284).

Nach dem Rechtsentscheid des 673

OLG Stuttgart v. 26.4.1991 – WM 1991, 332 = ZMR 1991, 259

kann sich der Mieter nach Treu und Glauben (§ 242 BGB) auf die nicht ordnungsmäßige Ankündigung dann nicht berufen, wenn er die **Maßnahme innerhalb der Mieträume** dadurch geduldet hat, daß er den Handwerkern Zutritt gewährt hat. Das hat

OLG Frankfurt WM 1991, 527 = ZMR 1991, 432,

auch für den Fall des Einbaus einer Heizungsanlge in ein Mehrfamilienwohnhaus angenommen, sich damit jedoch in Widerspruch zum Rechtsentscheid des KG vom 1.9.1988 gesetzt, soweit es sich um Maßnahmen außerhalb der Wohnung des Mieters handelte. Es hätte (jedenfalls insoweit) ein Rechtsentscheid des BGH eingeholt werden müssen.

Das KG ist im Beschluß vom 16.7.1992 (NJW-RR 1992, 1362 = WM 1992, 514) 674
von seiner Auffassung, die ordnungsmäßige Modernisierungsankündigung sei auch bei einer Außenmodernisierung (Fahrstuhleinbau) Voraussetzung für die Mieterhöhung nach § 3 MHG abgerückt. Es sei vielmehr ausreichend, daß der Mieter die Maßnahme geduldet habe, d.h. sich in Kenntnis der Modernisierungsmaßnahme des Vermieters passiv verhalten habe. Passiv verhält sich der Mieter, wenn er der Maßnahme weder mündlich noch schriftlich widerspricht oder bei Außenmaßnahmen den Vermieters durch eine Untersagungsverfügung an der

Durchführung der Maßnahme hindert. Da das KG nicht durch Rechtsentscheid entschieden hat, ist die Entscheidung nicht bindend i.S. von § 541 ZPO.

675 Die Mieterhöhung aus § 3 MHG steht dem Vermieter erst zu, wenn die jeweilige **Modernisierungsmaßnahme abgeschlossen** ist

LG Berlin WM 1990, 311 = ZMR 1990, 422.

Das bedeutet, daß sie ihre wohnwertverbessernde bzw. energieeinsparende Funktion zu erfüllen vermag. Hat der Vermieter noch zur Zeit der Preisbindung modernisiert, so soll er nach Ablauf der Preisbindung deswegen nicht zu einer Mieterhöhung nach § 3 MHG berechtigt sein,

AG Stuttgart-Bad Cannstatt, WM 1987, 429.

Das wird man nur unter dem Gesichtspunkt des Rechtsmißbrauchs rechtfertigen können, wenn nämlich der Vermieter in der Lage gewesen wäre, die Mieterhöhung zur Zeit der Preisbindung durchzuführen, hiervon aber abgesehen hat, weil er eine Mieterhöhung nach § 3 MHG für günstiger hielt.

Ist die Maßnahme schon vor Abschluß des Mietvertrages fertiggestellt worden, so steht dem Vermieter eine Mieterhöhungsmöglichkeit nach § 3 MHG nicht zu

AG Bad Segeberg WM 1992, 197.

676 Inhaltlich muß die Mietanforderung für jede Maßnahme eine **spezifizierte Berechnung** unter Erläuterung

– der Einzelposten,

– des Gesamtaufwandes,

– den auf die Wohnung entfallenden Teilbetrag und

– des angewendeten Verteilerschlüssels

enthalten; die Aufführung der Gewerke und der Rechnungsbeträge der Handwerker allein reicht nicht aus

LG Köln WM 1987, 273,
LG Kassel NJW-RR 1992, 1361 = WM 1992, 444.

677 Das wird auch dann gefordert, wenn nur eine Art von Modernisierung (z.B. Einbau von isolierverglasten Fenstern) stattgefunden hat; hier reicht die Mitteilung einer nicht aufgeschlüsselten Endsumme nicht aus

LG Köln WM 1989, 308, 579.

Hat der Vermieter mit dem Handwerker einen Pauschalpreis vereinbart, so kann er diesen Betrag ohne weitere Erläuterung der Mieterhöhungserklärung zugrundelegen

LG Berlin GE 1994, 765.

678 Grundlage für die **Berechnung der Mieterhöhung** sind die für die konkrete Wohnung aufgewendeten Kosten; nur bei Maßnahmen, die sich gleichermaßen auf mehrere Wohnungen beziehen (z.B. Gemeinschaftsanlagen Fahrstuhl), ist eine Kostenzusammenfassung zulässig. Gründe der Gleichbehandlung und Zweckmäßigkeit sprechen für eine Umlage nach anteiliger Wohnfläche. Zum Teil wird jedoch auf den unterschiedlichen Nutzen der Maßnahme für die Mieter der jeweiligen Wohnung abgestellt

LG Berlin GE 1994, 703,
LG Hamburg HmbGE 1995, 315,
AG Düsseldorf WM 1994, 548 für Fahrstuhl,
AG Celle WM 1992, 379 für Wärmedämmung eines Mehrfamilienhauses.

Hat der Vermieter den Mietzins nach § 3 MHG erhöht, ohne die gesetzlichen Möglichkeiten auszuschöpfen, so ist seine weitergehende Mieterhöhungbefugnis verbraucht, jedenfalls aber **verwirkt** 679
AG Albstadt ZMR 1991, 484.

Ähnlich verhält es sich, wenn der Vermieter degressive Förderungsmittel in Anspruch nimmt und es unterläßt, in der Ersterklärung die späteren Erhöhungen, die aus dem sukzessiven Wegfall der Fördermittel herrühren, zu berechnen. 680

Hat der Vermieter von der Durchführung der Mieterhöhung zunächst ganz abgesehen und macht er sie erst nach 4 Jahren geltend, so ist sein Anspruch – auch mit Wirkung für die Zukunft – verwirkt 681
LG Hamburg WM 1989, 308,
vgl. auch AG Hamburg WM 1985, 366 für Verwirkung schon nach 1 Jahr, was zu kurz erscheint.

Die Verwirkung bezieht sich aber nicht auf Mieterhöhungen nach § 2 MHG, die die modernisierungsbedingten Wohnwertmerkmale einbeziehen.

Ist die Mieterhöhung nicht ordnungsmäßig angefordert, nimmt der Mieter jedoch die Modernisierung in Gebrauch, etwa indem er den neu eingebauten Fahrstuhl benutzt, so schuldet er keine Nutzungsentschädigung aus ungerechtfertigter Bereicherung, schon gar nicht monatlich in Höhe des Modernisierungszuschlags (so aber KG NJW-RR 1992, 1362 = WM 1992, 514). Die Fahrstuhlnutzung zu privaten Zwecken erleichtert die allgemeine Lebensführung und ist für sich gesehen keine Vermögensvermehrung, auch nicht unter dem Gesichtspunkt der Eingriffskondiktion. Abgesehen davon würde ein solcher Anspruch von Umfang und Dauer der Nutzung abhängen, was vom Vermieter zu beweisen wäre. 682

3. Mieterhöhung wegen Kostensteigerungen

a) Betriebskosten

Die Vorschrift des § 4 MHG ist durch das 4. MietRÄndG seit dem 1.9.1993 geändert, indem ein neuer Absatz 5 eingefügt worden ist, der die verbrauchsabhängige Abrechnung der Kosten für Wasser, Abwasser und Müllbeseitigung erleichtern soll (s. Rdn. A 89 f.). 683

Die Mieterhöhung nach § 4 Abs. 2 MHG kommt nur bezüglich solcher Betriebskostensteigerungen in Betracht, die seit der letzten Mieterhöhung nach § 2 MHG (oder einer entsprechenden Erhöhungsvereinbarung) eingetreten sind
LG Berlin MM 1994, 396,
AG Tempelhof-Kreuzberg MM 1994, 285.

Ist vereinbart, daß bestimmte Betriebskosten im Vorauszahlungs- und Abrechnungsweg erhoben werden, und ist ferner formularmäßig geregelt, daß der Mieter 684 andere, nicht weiter genannte Betriebskosten im Verhältnis der Wohnfläche zu tragen hat, enthält der Mietvertrag außerdem eine sog. Mehrbelastungsklausel, so gibt diese dem Vermieter das Recht, die Mehrbelastung auch infolge solcher Betriebskosten auf den Mieter umzulegen, die im Mietvertrag nicht gesondert aufgeführt sind

OLG Karlsruhe – RE v. 22.4.1993 – NJW-RR 1993, 977 = WM 1993, 257.

Damit wird die frühere Rechtsprechung zu § 4 Abs. 2 MHG (s. OLG Karlsruhe – RE v. 4.11.1980 – NJW 1981, 1051) lediglich eingeschränkt. Es ist indes fraglich, ob sie durch die Einfügung des Abs. 5 in § 4 MHG nicht obsolet geworden ist (vgl. Börstinghaus ZMR 1994, 198). Zu prüfen ist aber auch, ob die Mehrbelastungsklausel wirksam ist (vgl. Rdn. 126, 753).

685 Ist eine **Nebenkostenpauschale** vereinbart, so wird überwiegend angenommen, daß diese nicht nach § 4 Abs. 2 MHG erhöht werden kann, wenn der Mietvertrag hierüber nichts vorsieht

Bub–Treier Rdn. III 42, Schmidt-Futterer–Blank C 283, Sternel Rdn. III 811, offengelassen von OLG Zweibrücken – RE v. 21.4.1981 – NJW 1981, 1622;
anders AG Waiblingen WM 1988, 129.

Klauseln, nach denen der Vermieter **Mehrbelastungen** durch Erhöhung oder Neueinführung von Betriebskosten rückwirkend ab dem Zeitpunkt des Eintritts der Erhöhung umlegen darf, verstoßen gegen den gesetzlichen Wirkungszeitpunkt in § 4 Abs. 2 MHG und sind unwirksam. Das gilt auch für Formularklauseln, die sich auf die Neueinführung von Betriebskosten beziehen: auch hier kann nicht entgegen § 4 Abs. 2 MHG eine Umlage rückwirkend ab dem Zeitpunkt der Entstehung der Kosten vereinbart werden

BGH – Urt. v. 20.1.1993 – DWW 1993, 74 = WM 1993, 109,
OLG Celle WM 1990, 103, 108,
OLG Frankfurt WM 1992, 56, 62.

686 Ohnehin können **neu angefallene**, im einzelnen nicht vereinbarte Betriebskosten nur umgelegt werden, wenn dies auf zwingenden Gründen der Grundstücksbewirtschaftung beruht

AG Hamburg WM 1989, 522.

Eine rückwirkende Mieterhöhung kommt nur für solche Betriebskosten infrage, die selbst rückwirkend in Kraft gesetzt oder erhöht worden sind

AG Charlottenburg GE 1995, 571.

Werden Betriebskosten erst nach Beendigung des Mietverhältnisses **rückwirkend** für die Zeit vor Beendigung erhöht, so kann der Vermieter sie nicht mehr auf den Mieter umlegen; ihm steht ein Gestaltungsrecht nicht mehr zu

AG Hannover MDR 1988, 676.

687 Zulässig ist eine Vereinbarung, nach der der Mieter eine **Verwaltervergütung** von monatlich DM 5,– zu zahlen hat (AG Elmshorn WM 1988, 398, vgl. auch LG Siegen WM 1990, 523). Zwar darf der Kreis der umlagefähigen Betriebskosten in § 4 MHG i.V.m. der Anlage 3 zu § 27 II. BV nicht erweitert werden,

vgl. OLG Karlsruhe – RE v. 6.5.1988 – WM 1988, 204.

Ein fester Betrag zählt indes zum Netto- oder Grundmietzins. Eine diesbezügliche Formularklausel ist aber für unwirksam gehalten worden

LG Bremen WM 1988, 397,
LG Braunschweig WM 1991, 339.

Das läßt sich damit begründen, daß der Mieter über den Kreis der umlagefähigen Nebenkosten „hinweggetäuscht" wird.

b) Kapitalkosten

Für die Berechnung der Kapitalkostenerhöhung ist die **effektive Mehrbelastung** 688 des Vermieters seit Vertragsabschluß bzw. dem gesetzlichen Stichtag maßgebend, so daß zwischenzeitliche Tilgungen zu berücksichtigen sind

OLG Hamburg – RE v. 10.5.1984 – NJW 1984, 2895, s. auch Rdn. A 369.

Abzustellen ist auf die Gesamtmehrbelastung an Kapitalkosten, die wegen etwaiger Tilgung anderer Finanzierungsmittel und damit gesenkter Kapitalkosten offenzulegen ist. Das gilt auch, wenn weitere Darlehen auf anderen Grundstücken als auf dem Mietgrundstück abgesichert sind

LG Bonn WM 1995, 116, 117, vgl. auch Rdn. 696.

Zu beachten ist, daß eine Mieterhöhung nach § 5 MHG nur in Betracht kommt, 689 wenn das Darlehen *vor* Beginn des Mietverhältnisses aufgenommen worden war (vgl. i.e. Sternel Rdn. III 827 ff.). Ein **Disagio**, das in der Ausgangsfinanzierung enthalten ist, muß zu Lasten des Vermieters den Zinsen hinzugerechnet werden, um die Kapitalkostenmehrbelastung zu ermitteln

BVerfG – Beschl. v. 4.1.1995 – DWW 1995, 49 = WM 1995, 96, LG Köln WM 1992, 445, AG Leverkusen WM 1995, 118.

Wird ein Darlehen (zunächst) nicht getilgt, weil der Vermieter (stattdessen) 690 regelmäßig Beiträge auf eine zur Sicherheit abgetretene Lebensversicherung zahlt, so müssen bei einer Mieterhöhung nach § 5 MHG die Lebensversicherungsbeiträge wie Tilgungsleistungen bewertet und vom Darlehnskapital abgezogen werden

LG Berlin NJW-RR 1993, 1100,
AG Leverkusen WM 1995, 118,
AG Hagen WM 1995, 118.

Eine Umlage der Mehrbelastung kommt nicht in Betracht, wenn diese – wie etwa 691 der Wegfall einer Zinsvergünstigung – schon im Darlehensvertrag vorgesehen ist

OLG Karlsruhe – RE v. 23.12.1981 – NJW 1982, 893,
ähnlich LG Hamburg WM 1993, 685: eine Mieterhöhung nach § 5 MHG kommt nur in Betracht, wenn die Erhöhung der Kapitalkosten für den Vermieter nicht kalkulierbar war.

Wurden die Kapitalkosten für ein Darlehn erhöht, das nur zum Teil durch ein 692 Grundpfandrecht gesichert ist, so kann die Miete nach § 5 MHG nur bezüglich der Mehrbelastung an Kapitalkosten erhöht werden, die dem Nennbetrag des Grundpfandrechts entspricht

BayObLG – RE v. 9.10.1992 – DWW 1993, 38 = WM 1992, 584 = ZMR 1993, 13.

693 Tritt der Eigentümer nach Beendigung des **gewerblichen Zwischenmietverhältnisses** in das Mietverhältnis mit dem Endmieter ein, so kann er eine Mieterhöhung nicht auf eine Kapitalkostenerhöhung für solche dinglich gesicherten Darlehen verlangen, deren Schuldner er selbst ist

    LG Heidelberg WM 1992, 198,
    LG Hamburg WM 1994, 279.

Das gilt insbesondere wegen gestiegener Kapitalkosten des Darlehns zur Kaufpreisfinanzierung, die in entsprechender Anwendung des § 5 Abs. 5 MHG nicht geltend gemacht werden können

    AG Freiburg WM 1995, 116.

694 Bei **Tilgungshypotheken** sollen die Tilgungsbeträge nicht aus der Annuität herausgerechnet werden, sondern an der Mieterhöhung partizipieren; es soll das gleiche gelten wie nach §§ 21 Abs. 2, 23 Abs. 4 S. 2 II. BV für preisgebunden Wohnraum

    LG Stuttgart DWW 1991, 371, vgl. kritisch dazu Rdn. A 370.

695 Die Kapitalkostenerhöhung darf nicht auf Umständen beruhen, die der Vermieter zu vertreten hat. Ein Vertretenmüssen kann nur dann angenommen werden, wenn der Rahmen des üblichen Finanzierungsgeschehens vermeidbar zum Nachteil des Mieters verlassen wird. Das ist zu verneinen, wenn der Vermieter einen Darlehnsvertrag in einer Niedrigzinsphase auf nur 5 Jahre abgeschlossen hat und deshalb nach Ablauf dieser Zeit eine Neufinanzierung zu deutlich höherem Zinssatz notwendig wird

    OLG Karlsruhe – RE v. 26.5.1994 – WM 1994, 318 = ZMR 1994, 361.

696 Kapitalkostenerhöhungen aus Darlehen für Zwecke des Mietgrundstücks sollen gemäß § 5 MHG auf den Mieter umgelegt werden können, wenn die Darlehen auf anderen Grundstücken des Vermieters als dem Mietgrundstück abgesichert sind

    OLG Hamm – RE v. 30.4.1993 – WM 1993, 338 = ZMR 1993, 333.

Diese extensive Auslegung der Vorschrift widerspricht ihrem Ausnahmecharakter und führt dazu, daß der Offenlegungspflicht des Vermieters nach § 5 Abs. 4 MHG umso größere Beachtung zu schenken ist.

697 Die Möglichkeit der Mieterhöhung nach § 5 MHG findet ihre Grenze an § 5 WiStG, § 302a StGB

    OLG Karlsruhe – RE v. 26.5.1994 – WM 1994, 318 = ZMR 1994, 361.

698 Endet die Zinsfestschreibung für ein dinglich gesichertes Darlehen kurze Zeit nach Abschluß des Mietvertrages, so soll eine Mieterhöhung nach § 5 MHG gegen Treu und Glauben verstoßen, wenn der Vermieter dem Mieter die mögliche Zinserhöhung nicht offenbart hat

    AG Köln WM 1995, 115.

Allerdings wird man hierbei auch beachten müssen, daß dem Mieter nach § 5 Abs. 4 MHG ein Auskunftsanspruch zusteht.

4. Mietpreisüberhöhung

a) Begriff der überhöhten Miete

Wegen der starken Mietenentwicklung sah sich der Gesetzgeber veranlaßt, § 5 WiStG zu verschärfen (vgl. Rdn. A 114). Im Grundsatz ist die Möglichkeit, die ortsübliche Miete wegen mangelnder Kostendeckung bis zu 50% zu überschreiten, für die Zukunft erheblich eingeschränkt. Jedoch ist durch gravierende Ausnahmen und einen überzogenen Bestandsschutz nahezu der bisherige Rechtszustand erhalten geblieben (vgl. Rdn. A 119). Verfassungsrechtliche Bedenken gegen diese Vorschrift bestehen nicht 699

> BVerfG – Kammerbeschl. v. 19. 7. 1995 – WM 1995, 636.

Die früheren Rechtsentscheide, die den mietbegrenzenden Zweck des § 5 WiStG herausstellten, sind nach wie vor aktuell: Unzulässig ist ein Mietzuschlag zur ortsüblichen Miete, der mit der Ausländereigenschaft des Mieters begründet wird

> OLG Stuttgart – RE v. 26.2.1982 – NJW 1982, 1160,
> OLG Hamm – RE v. 13.3.1986 – NJW-RR 1986, 812.

Ebensowenig sind Zuschläge für bestimmte **Teilmärkte** zulässig, selbst wenn sie von einer besonderen Nutzungsform geprägt sind, wie etwa durch studentische Wohngemeinschaften

> OLG Hamm – RE v. 3.3.1983 – NJW 1983, 1622.

Die Mietpreisüberhöhung kann auch aus einer **Mieterhöhung nach § 3 MHG** resultieren; dem Vermieter soll es in diesem Zusammenhang versagt sein, sich im Rahmen des § 5 Abs. 1 S. 3 WiStG auf die Modernisierungskosten zu berufen 700

> KG WM 1992, 140,
> LG Berlin MM 1995, 355,
> vgl. außerdem OLG Karlsruhe – RE v. 19.8.1983 – WM 1983, 314,
> BayObLG WM 1988, 318.

Zur eingeschränkten Geltung des § 5 WiStG bei modernisierungsbedingten Mieterhöhungen in den neuen Ländern nach Art. 2 § 1 MÜG s. Rdn. A 498.

Auch durch Mieterhöhungen nach § 5 MHG kann die Wesentlichkeitsgrenze gemäß § 5 Abs. 1 WiStG überschritten werden.

> OLG Karlsruhe – RE v. 26.5.1994 – NJW-RR 1994, 1034 = WM 1994, 318 = ZMR 1994, 361 gegen OLG Hamm – RE v. 23.11.1982 – WM 1983, 18; jener RE ist durch die Neufassung des Gesetzes v. 20.12.1982 (BGBl. I 1912) gegen standslos geworden; wie OLG Karlsruhe: LG Stuttgart WM 1993, 361;
> a.A. LG Köln WM 1992, 445.

Zweifelhaft ist, ob eine Miete, die während der Zeit der **Preisbindung** zulässig war, nach deren Wegfall in den Anwendungsbereich des § 5 WiStG gerät, 701

> verneinend LG Berlin GE 1990, 315.

Hier besteht ein Zielkonflikt, der zugunsten der mietpreisbegrenzenden Funktion des Gesetzes zu lösen ist.

Werden – wie in der Regel – Mietüberhöhungen für die Vergangenheit zurückgefordert, so muß den **Veränderungen** des ortsüblichen Mietzinses Rechnung getragen werden 702

OLG Frankfurt – RE v. 4.4.1985 – WM 1985, 139,
KG – RE v. 20.4.1995 – WM 1995, 384 = ZMR 1995, 309,
LG Berlin ZMR 1995 S. IV Nr. 22,

ohne daß es auf die sonstigen Erfordernisse des § 2 MHG (Wartefrist, Kappungsgrenze) ankommt, weil die letztere Vorschrift keine preisrechtliche Norm ist.

b) Laufende Aufwendungen des Vermieters

703 Die Wirkung des § 5 WiStG wird durch die mit Gesetz vom 20.12.1982 (BGBl. I 1912) eingefügte Regelung abgeschwächt, nach der solche Entgelte nicht unangemessen hoch sind, die zur Deckung der laufenden Aufwendungen des Vermieters erforderlich sind. Hierdurch kann die **Wesentlichkeitsgrenze** von 20% oberhalb der ortsüblichen Miete (vgl. BGHZ 89, 316, OLG Stuttgart WM 1981, 225) bis zur Wuchergrenze von 50% über der ortsüblichen Miete überschritten werden.

704 Für die Ermittlung der laufenden Aufwendungen sind die §§ 8, 8a WoBindG, §§ 18 ff. II. BV entsprechend heranzuziehen. Anzusetzen sind daher Eigen- und Fremdkapitalkosten, Betriebskosten, Instandhaltungs- und Verwaltungskosten, Abschreibung und Mietausfallwagnis

OLG Stuttgart – RE v. 30.9.1988 – NJW-RR 1989, 11 = WM 1988, 395 = ZMR 1988, 463,
LG Berlin ZMR 1994, 19, ZMR 1995, 77.

705 Die (fiktiven) **Eigenkapitalkosten** sind im Falle der Herstellung des Wohnraums durch den Vermieter nach den Herstellungskosten und im Falle des entgeltlichen Erwerbs nach den Erwerbskosten zu berechnen. Der Ansatz nach den Herstellungskosten ist auch dann maßgebend, wenn der Vermieter das Grundstück oder die Wohnung gecrbt hat. Eine Gleichbehandlung beider Fälle ist nicht geboten

BGH – RE v. 5.4.1995 – DWW 1995, 280 = WM 1995, 428 = ZMR 1995, 344 im Anschluß an OLG Hamburg WM 1994, 456 = ZMR 1994, 470.

Damit hat sich die dem Zweck des Gesetzes widersprechende Auffassung des

OLG Stuttgart – RE v. 8.11.1989 – NJW-RR 1990, 150 = WM 1990, 11

erledigt, nach der für die Ermittlung der Eigenkapitalkosten der Verkehrswert oder die Erwerbskosten zugrunde gelegt werden sollten und der Beginn des Mietverhältnisses der maßgebliche Zeitpunkt für die Ermittlung der Eigenkapitalkosten sein sollte (vgl. dazu die Vorauflage Rdn. 324).

705a Der Ansatz von Eigenkapitalkosten erscheint nicht gerechtfertigt; denn hierbei handelt es sich nicht um Kosten, die dem Eigentümer entstehen, sondern um Rendite, wie sie auch bei jeder anderen Kapitalanlage anfiele. Deren Ansatz im Rahmen der Ermittlung der preisgebundenen Miete erscheint gerechtfertigt, da sich der Eigentümer bei Inanspruchnahme staatlicher Förderungen öffentlich-rechtlichen Bindungen im Interesse staatlicher Wohnungsbauziele unterwirft und insoweit auch sein eigenes Kapital hierfür einsetzt. Anders verhält es sich, wenn zu prüfen ist, ob der Vermieter die im Verhältnis zur ortsüblichen Miete überhöhte Miete benötigt, um seine Kosten zu decken. Damit kann schlechterdings nicht die Deckung seiner eigenen Rendite (in Gestalt der Eigenkapitalverzinsung) gemeint sein; denn das widerspräche dem Zweck der Regelung, denjenigen Eigentümer nicht zu kriminalisieren, der trotz überhöhter Miete „rote Zahlen schreibt". Zudem würde derjenige Eigentümer benachteiligt, der nur infolge sparsamer Bewirtschaftung zu einer angemessenen Rendite gelangt, ohne die ortsübliche Miete wesentlich zu überschreiten. § 5 WiStG ist keineswegs eine Vorschrift, die eine Mindestrendite des Eigentümers (in Form der Eigenkapitalverzinsung) sicherstellen soll, sondern eine Strafvorschrift. Die einschränkenden Regelungen in § 5 Abs. 2 S. 2 WiStG sind entsprechend dem primären Normzweck eng auszulegen.

Bei einer Vermietung im **Bauherrenmodell** sollen auch die Mietbeträge, die der Zwischenmieter an den Eigentümer zahlt, zu den laufenden Aufwendungen zählen, jedoch nur bis zur Höhe der eigenen laufenden Aufwendungen des Eigentümers. Damit ist bezweckt, daß sich die Vermietung im Bauherrenmodell nicht besonders mietpreissteigernd auswirken soll 706

OLG Stuttgart – RE v. 18.1.1990 – WM 1990, 102 = ZMR 1990, 140.

Ein **Modernisierungsaufwand** des Vermieters im laufenden Mietverhältnis soll nicht im Rahmen des § 5 Abs. 1 S. 3 WiStG a.F. (siehe jetzt § 5 Abs. 2 S. 2 WiStG) berücksichtigt werden können, weil dies zu einer unzulässigen Doppelwirkung führen würde. Die modernisierungsbedingte bessere Qualität der Wohnung schlage sich schon in der höheren Miete nieder 707

KG WM 1992, 140, GE 1994, 991,
LG Berlin MM 1995, 355.

Umstritten ist, ob sich der Vermieter zur Höhe seiner laufenden Aufwendungen einer **Steuerersparnis** z.B. durch Verluste aus Vermietung und Verpachtung anrechnen lassen muß, 708

bejahend LG Frankfurt WM 1995, 443.

Der Vermieter ist jedenfalls bezüglich der Verwaltungskosten an den Ansatz in § 26 II. BV gebunden 708a

LG Berlin GE 1994, 345.

Er ist im Regelfall gehalten, seine laufenden Aufwendungen in Form einer Wirtschaftlichkeitsberechnung nachzuweisen 709

LG Frankfurt WM 1994, 605 = ZMR 1995, 75.

Davon wird aber abgesehen werden können, wenn er allein durch den Ansatz von Kapitalkosten die mangelnden Kostendeckung belegt.

Übersteigt der vereinbarte Mietzins die **Wuchergrenze** und kann der Vermieter nachweisen, daß diese Miethöhe zur Deckung der laufenden Aufwendungen erforderlich ist, so bleibt die Vereinbarung bis zur Höhe von 150% der ortsüblichen Vergleichsmiete wirksam 710

OLG Hamburg – RE v. 5.8.1992 – NJW-RR 1992, 1366 = WM 1992, 527,
OLG Frankfurt NJW-RR 1994, 1233 = WM 1994, 436 = ZMR 1994, 519.

Privilegiert wird also nicht nur der Vermieter, der bei der Mietzinsbildung die Wesentlichkeitsgenze von 20% bis zur Wuchergrenze von 50% überschreitet, sondern auch derjenige Vermieter, dessen Mietzinshöhe objektiv wucherisch ist. Es erscheint zweifelhaft, ob der Gesetzgeber dies gewollt hat. Der Wortlaut spricht dagegen, der Zweck des Gesetzes „zur Begrenzung des Mietanstiegs" 711 ebenfalls. Auch die gegenwärtige Mietenentwicklung hätte eine andere – mögliche und näherliegende – Auslegung plausibler gemacht,

vgl. BayObLG WM 1988, 318: ein Verstoß gegen § 5 Abs. 1 WiStG liegt stets vor, wenn die Wuchergrenze von 50% oberhalb der ortsüblichen Miete überschritten wird; von der Feststellung der laufenden Aufwendungen i.S. von § 5 Abs. 1 S. 3 WiStG kann dann abgesehen werden.

c) Geringes Angebot an Wohnraum

712 Besondere Bedeutung im Rahmen § 5 WiStG hat auch der Begriff des geringen Angebots. Er verlangt keine Wohnraumunterversorgung. Vielmehr ist ein geringes Angebot schon dann anzunehmen, wenn es die **Nachfrage nicht spürbar** übersteigt. Hierbei muß auf regionale Teilmärkte innerhalb einer Gemeinde abgestellt werden

OLG Hamm WM 1995, 323: Teilmarkt für Kleinwohnungen,
LG Hamburg WM 1989, 523, WM 1994, 696,
vgl. auch AG und LG Braunschweig WM 1990, 162.

713 Aber auch personelle **Teilmärkte** – d. h. ein besonders knappes Angebot an Wohnungen für Studenten, Ausländer, Wohngemeinschaften – sind zu beachten, mithin für alle Mietergruppen, für die infolge mangelnder Vertragsbereitschaft der Vermieter der Marktzugang verengt ist

OLG Hamm – RE v. 13.3.1986 – NJW-RR 1986, 812,
LG Essen WM 1987, 268.

d) Rückforderungsansprüche des Mieters

714 Dem Rückforderungsanspruch des Mieters kann der Vermieter nicht § 817 S. 2 BGB entgegenhalten; denn diese Norm ist bei einem Verstoß gegen Preisvorschriften nicht gegen denjenigen anzuwenden, den die Preisvorschriften schützen wollen

LG Berlin WM 1993, 185, GE 1994, 1123.

Der Rückforderungsanspruch verjährt bei fortbestehendem Mietverhältnis entsprechend § 197 BGB nach Ablauf von 4 Jahren

OLG Hamburg – RE v. 30.1.1989 – NJW-RR 1989, 458 = WM 1989, 126,
LG Stuttgart WM 1990, 357.

VII. Mieterhöhung bei preisgebundenem Wohnraum

1. Zur Bildung der Kostenmiete

715 Der **Einfrierungsgrundsatz** (§ 4a II. BV) hindert grundsätzlich nicht daran, innerhalb der Aufstellung der Gesamtkosten Kostenerhöhungen bei einzelnen Positionen mit Einsparungen bei anderen Kosten zu verrechnen. In diesem Rahmen darf sich die Zusammensetzung der Gesamtkosten aus verschiedenen Einzelkosten im Rahmen der Wirtschaftlichkeitsberechnung gegenüber früheren Wirtschaft-

lichkeitsberechnungen ändern. Der Vermieter kann daher Kostenansätze aus der Zeit vor Bewilligung der öffentlichen Mittel nachholen, soweit ein Ausgleich mit anderen Teilen der Gesamtkosten möglich ist und der Ansatz die Gesamtkosten nicht erhöht

LG Dortmund WM 1994, 81 = ZMR 1994 S. VIII Nr. 26 (LS).

Auch Tilgungsdarlehen und Sonderabschreibungen unterliegen dem Einfrierungsgrundsatz, so daß eine Restwertabschreibung ausgeschlossen ist

LG Dortmund a.a.O.

Die Wohnungen einer **Wirtschaftseinheit** sind erst zu dem Zeitpunkt **bezugsfertig** i.S. von § 13 WoBindG, zu dem die letzte Wohnung fertiggestellt ist   716

LG Dortmund a.a.O.

Der im Mietvertrag vereinbarte Maßstab zur Ermittlung der Einzelmiete kann vom Vermieter für die Zukunft nach einheitlicher Verfahrensweise geändert werden, wenn der Maßstab Bestandteil der vorläufigen Miete war

LG Dortmund a.a.O.

Hat der Vermieter bei der Bildung der **Einzelmiete** (§ 8a Abs. 5 WoBindG, § 3   717
Abs. 3 NMV im Hinblick auf die Beschaffenheit der Wohnung die Durchschnittsmiete unterschritten, so bleibt dieser Abschlag auch bei späteren Mieterhöhungen erhalten

AG Hannover WM 1994, 434.

Dagegen soll der Erwerber nach

LG Köln ZMR 1990, 221

an die Handhabung des Voreigentümers nicht gebunden sein, die Einzelmiete für eine bestimmte Wohnung gegenüber der Durchschnittsmiete um einen bestimmten Prozentsatz zu senken.

Gewährt die öffentliche Kreditanstalt dem Vermieter **Aufwendungsbeihilfen** als   718
Nachsubventionierung in der Weise, daß jeweils Zuschüsse zu den Einzelmieten gewährt werden, so soll es sich um Zahlungen eines Dritten auf die Mietschuld nach § 267 BGB handeln. Das hat zur Folge, daß der Mieter die Miete in voller Höhe automatisch wieder zahlen muß, wenn die Nachsubventionierung eingestellt wird, ohne daß der Vermieter eine Mieterhöhungserklärung nach § 10 WoBindG abzugeben braucht

AG Hamburg WM 1991, 676.

Werden Aufwendungsbeihilfen nach § 88 II.WoBauG bewilligt und ist deren   719
degressiver Abbau im Mietvertrag derart berücksichtigt, daß die Mieterhöhungsbeträge gestaffelt vereinbart werden, so ist gleichwohl eine gesonderte Mieterhöhungerklärung des Vermieters erforderlich

LG Freiburg WM 1992, 594,
a.A. LG Berlin ZMR 1988, 309.

Das läßt sich mit § 88b Abs. 2 II. WoBauG, der auf § 10 Wo BindG, § 4 NMV verweist, begründen.

720 Entfallen die **Aufwendungszuschüsse**, so ist streitig, ob eine hieraus resultierende Erhöhung der Kostenmiete selbst dann nicht rückwirkend verlangt werden darf, wenn der Mietvertrag eine Anpassungsklausel i.S. von § 4 Abs. 8 S. 1 NMV enthält. Die Mieterhöhungsbefugnis ist aufgrund einer analogen Anwendung der § 4 Abs. 8 S. 3 NMV, § 18 f Abs. 2 WoBindG verneint worden
> AG Brühl WM 1991, 677,
> vgl. auch AG Hamburg WM 1989, 331;
> a.A. Bellinger WM 1991, 648.

721 Kostensteigerungen führen nur dann zu einer Mieterhöhung, wenn sie vom Vermieter nicht zu vertreten sind. **Vertretenmüssen** ist (bei einer Erhöhung der Kapitalkosten) dann angenommen worden, wenn der Rahmen des üblichen Finanzierungsgeschehens vermeidbar zum Nachteil des Mieters verlassen worden ist
> OLG Karlsruhe – RE v. 26.5.1994 – WM 1994, 318 verneint dieses Tatbestandsmerkmal, wenn der Vermieter in einer Niedrigzinsphase einen Darlehnsvertrag nur auf 5 Jahre abgeschlossen hat und im Anschluß an diese Frist eine Neufinanzierung zu einem deutlich höheren Zinssatz erforderlich wird.

722 Sind die **kleinen Reparaturen** auf den Mieter nicht rechtswirksam übertragen worden (vgl. Rdn. 135), so kann der Vermieter die erhöhte Instandhaltungspauschale verlangen, bei Geltung einer vertraglichen Mietanpassungsklausel im Rahmen des § 4 Abs. 8 NMV auch rückwirkend
> LG Hamburg WM 1992, 593,
> s. auch LG Freiburg WM 1992, 594,
> AG Leverkusen WM 1992, 594.

723 Die Erhebung eines **Möblierungszuschlags** zur Kostenmiete (s. § 27 NMV, § 9 Abs. 6 WoBindG) setzt eine gesonderte mietvertragliche Vereinbarung und die Genehmigung der zuständigen öffentlichen Stelle (§ 3 WoBindG) voraus
> LG Hamburg WM 1992, 591 = ZMR 1993, 169.

724 Die **Umwandlung der Kostenmietstruktur** auf netto-kalt, die bis zum 31.12.1986 abgeschlossen sein mußte (s. § 25b NMV), erforderte eine rechtsgestaltende Erklärung nach § 10 WoBindG mit Berechnung und Erläuterung unter Beifügung einer Wirtschaftlichkeitsberechnung
> LG Kleve WM 1992, 201,
> LG Köln WM 1992, 254.

Die neue Kostenmiete war unter Herausrechnung der Betriebskosten zu ermitteln, die umzulegenden Betriebskosten sowie die jeweiligen Beträge waren dem Mieter mitzuteilen. Die Frist bis zum 31.12.1986 war keine Ausschlußfrist. Solange die Mietpreisbindung besteht, kann (und muß!) der Vermieter die Umstellung mit Wirkung für die Zukunft nachholen
> LG Dortmund DWW 1991, 242,
> AG Hamburg-Altona HmbGE 1995, 315.

725 Hatte der Vermieter die Kostenmiete nicht bis zum 31.12.1986 wirksam auf netto-kalt umgestellt, so ist die bisherige Mietstruktur als Inklusivmiete preiswidrig. Hatte der Mieter trotzdem Betriebskostenvorauszahlungen geleistet, so

kann er diese nur zurückfordern, wenn die Kostenmiete materiell überschritten worden ist

AG Dortmund DWW 1991, 373,
vgl. auch AG Wuppertal ZMR 1992, 549: Der Mieter kann die in der Kostenmiete enthaltenen Betriebskostenanteile zurückfordern.

Die umzulegenden Betriebskosten sind dem Mieter bei Vertragsabschluß nicht nur der Art nach, sondern auch der Höhe nach bekanntzugeben. Andere Betriebskosten dürfen nicht umgelegt werden 726

LG Berlin MM 1995, 65.

Die Bekanntgabe erfordert eine Spezifikation in solcher Weise, daß der Mieter die Zusammensetzung des Entgelts und der Belastung, für die er Vorauszahlungen leisten soll, erfährt

so auch LG Mannheim ZMR 1994 S. IV Nr. 26.

Ersatzweise kann ausreichen, daß der Vermieter dem Mieter die (letzte) Betriebskostenabrechnung übersendet und damit zu erkennen gibt, daß er die darin aufgeführten Betriebskosten künftig umlegen will. Ergibt sich zudem aus der Abrechnung, daß diese nach anteiliger Wohnfläche erfolgt, so liegt in der Übersendung eine für die Zukunft wirkende Umstellungserklärung nach § 20 Abs. 1 NMV

LG Köln ZMR 1993 S. XV Nr. 232,
LG Berlin MM 1995, 65.

Ist ein Mietvertrag nach dem 30.4.1984 abgeschlossen worden, so kann der Vermieter durch eine Gestaltungserklärung mit Wirkung für die Zukunft auch solche Betriebskosten umlegen, deren Umlagefähigkeit im Mietvertrag nicht vereinbart ist 727

LG Köln MDR 1991, 447 = WM 1991, 259,
AG Wetter ZMR 1989, 433;
anders AG Hildesheim WM 1989, 636,
WM 1990, 557: es sind nur die Betriebskosten umlagefähig, die als solche im Mietvertrag ausdrücklich vereinbart sind.

Voraussetzung ist allerdings, daß der Vermieter die Erklärung nach § 20 Abs. 1 NMV vor Beginn der Verbrauchsperiode, für die die Kosten verlangt werden, ordnungsmäßig abgegeben hat und sich aus dem Mietvertrag kein eindeutiger Ausschluß i.S. von § 11 WoBindG ergibt. 728

Hat der Vermieter die Betriebskostenbelastung nicht spezifiziert, sondern nur pauschal angegeben, so soll dies zur Folge haben, daß er über die geleisteten Vorauszahlungen hinaus keine Nachforderungen geltend machen kann

LG Mannheim ZMR 1994 S. IV Nr. 26.

Hat der Vermieter während der Preisbindung die Umstellung der Kostenmiete auf netto-kalt unterlassen, so kann er das nach Beendigung der Preisbindung nicht mehr nachholen 729

AG Neuss DWW 1990, 154 = WM 1990, 557.

2. Mietanforderung

730 Nach wie vor werden strenge Anforderungen an die **Mieterhöhungserklärung** nach § 10 WoBindG gestellt, da der Mieter durch die Berechnung und Erläuterung in die Lage versetzt werden soll, die Berechtigung der Mieterhöhung nach Grund und Höhe zu erkennen und nachzuprüfen. Obwohl der BGH (RE v. 11.1.1984 – BGHZ 89, 284) vor übersteigerten Anforderungen gewarnt hat, genügt es nicht, daß der Vermieter lediglich den Genehmigungsbescheid übermittelt

LG Münster ZMR 1988, 100.

Ebensowenig werden Berechnung und Erläuterung der Mieterhöhung durch Übersenden einer neuen Wirtschaftlichkeitsberechnung ersetzt

LG Berlin WM 1988, 214, ZMR 1991, 303,
AG Köln WM 1988, 214.

Indes soll der Vermieter nicht verpflichtet sein, eine sog. Kostensynopse zu erstellen, in der jeweils die alten und neuen Kosten gegenübergestellt werden

LG Dortmund DWW 1990, 86.

731 Auch Mietsteigerungen aufgrund einer degressiven Aufwendungsförderung müssen nach § 10 WoBindG angefordert werden, selbst wenn sie im Mietvertrag bereits vorgesehen sind

LG Freiburg WM 1992, 594,
a.A. LG Berlin ZMR 1988, 309.

Hier bietet sich die Vereinbarung einer Staffelmiete an, die auch bei preisgebundenem Wohnraum für zulässig gehalten wird, soweit die höchste Staffel die bei Vertragsabschluß geltende Kostenmiete nicht übersteigt

OLG Hamm – Beschl. v. 29.1.1993 – NJW-RR 1993, 659 = WM 1993, 108.

Bei modernisierungsbedingter Mieterhöhung müssen in der Mieterhöhungserklärung die Kosten jeder einzelnen Baumaßnahme aufgegliedert und spezifiziert berechnet werden

LG Köln WM 1991, 503,
vgl. auch LG Essen WM 1992, 592.

732 Eine **Mieterhöhungserklärung** ist nicht deshalb unwirksam, weil sie sehr umfangreich ist und auch schwierige Berechnungen zum Gegenstand hat oder weil sie einzelne Rechenfehler enthält. Nur dann, wenn die Erläuterungen und Berechnungen nicht hinreichend klar und durchschaubar sind, ist das Erhöhungsverlangen unwirksam

LG Dortmund WM 1994, 81.

733 Die Formerleichterung bei automatisch gefertigten Mieterhöhungserklärungen nach § 10 Abs. 1 S. 4 WoBindG bezieht sich nur auf die Eigenhändigkeit der Unterschrift. Ist nur der Firmenname des Wohnungsunternehmens angegeben, so ist die Erklärung formnichtig

LG Hamburg WM 1993, 65.

Die der Mieterhöhungserklärung beigefügte Berechnung braucht vom Vermieter aber nicht unterschrieben zu werden

LG Essen WM 1992, 592.

Die Formalien sind deshalb wichtig, weil sie (außer bei Vereinbarung einer 734
Anpassungsklausel i.S. von § 4 Abs. 8 NMV) konstitutive Bedeutung für die
Mieterhöhung haben. Eine wesentliche Verbesserung für den Vermieter bringt
die Standardklausel, daß die jeweils zulässige Kostenmiete als vertraglich vereinbart gilt (vgl. auch § 4 Abs. 8 S. 1 NMV). Zwar entbindet sie den Vermieter nicht
von einer ordnungsmäßigen Anforderung nach § 10 Abs. 1 WoBindG

> LG Münster WM 1988, 214;

jedoch haben die Formalien hier nicht konstitutive Bedeutung, sondern bilden
nur eine **Fälligkeitsvoraussetzung**: Dem Mieter steht bei Nichtbeachtung der
Förmlichkeiten lediglich ein Leistungsverweigerungsrecht zu

> OLG Schleswig WM 1984, 327 im Anschluß an BGH NJW 1982, 1587.

Streitig ist, ob eine sog. Gleitklausel nach § 4 Abs. 8 S. 1 NMV eine rückwirken- 735
de Mieterhöhung wegen Modernisierungskosten zuläßt,

> bejahend LG Essen WM 1988, 219;
> verneinend AG Hamburg WM 1990, 571, weil § 6 NMV nur auf § 4 Abs. 5 NMV, nicht
> aber auf § 4 Abs. 8 NMV verweist.

Wenn der Mieter die Berechnung der Kostenmiete als unrichtig bestreitet, muß 736
er seinen Vortrag hinreichend substantiieren und darlegen, inwieweit sich eine
im Wege der Berichtigung vorzunehmende Kostenkürzung auf die Ermittlung der
Durchschnittsmiete auswirken würde

> OLG Hamm DWW 1989, 330 = ZMR 1990, 15.

Geklärt ist nunmehr, daß in einem Rechtsstreit über die Höhe der Kostenmiete 737
das ordentliche Gericht deren materielle Berechtigung nachprüfen kann, ohne an
den Genehmigungsbescheid der zuständigen Stelle gebunden zu sein

> OLG Hamm – RE v. 20.8.1993 – NJW-RR 1993, 1424 = WM 1993, 591 unter Aufgabe des
> RE v. 10.9.1984 (WM 1984, 321),
> ebenso BVerwG WM 1986, 179,
> in der Tendenz auch BGH WM 1987, 185.

Entsprechend ist die Nachprüfbarkeit für den Fall bejaht worden, daß die preisgebundene Wohnung in Wohnungseigentum umgewandelt worden ist und die
Bewilligungsstelle die nach § 5a Abs. 1 WoBindG aufgestellte Wirtschaftlichkeitsberechnung genehmigt hat

> OLG Hamburg – RE v. 18.1.1991 – MDR 1991, 446 = WM 1991, 152 = ZMR 1991, 137.

Eine bloße Bestätigung der vermieterseits berechneten Kostenmiete durch die 738
Wohnungsbaukreditanstalt entbindet die Gerichte erst recht nicht, die Kostenmiete nachzuprüfen; der Bestätigung oder Prüfung kommt keine Bindungswirkung zu

> OLG Hamm – Beschl. v. 18.2.1991 – DWW 1991, 187 = WM 1991, 331.

3. Rückforderungsansprüche des Mieters

Leistet der Mieter aufgrund einer nicht wirksamen Mieterhöhungsanforderung, 739
so erwächst ihm ein **Rückforderungsanspruch** (vgl. dazu eingehend Sonnen-

schein–Weitemeyer NJW 1993, 2201, Wrobel ZMR 1992, 478). Dieser ist nicht aus § 8 Abs. 2 WoBindG, sondern aus § 812 BGB abgeleitet worden

OLG Karlsruhe – RE v. 26.3.1986 – NJW 1986, 887;

für ihn läuft auch nicht die kurze **Verjährungsfrist** des § 8 Abs. 2 WoBindG

BayObLG – RE v. 23.5.1985 – WM 1985, 217,
vgl. auch Heinze NJW 1991, 1849.

740 Die Vorschrift des § 8 Abs. 2 WoBindG soll nur gelten, soweit ein die Kostenmiete übersteigendes Entgelt vereinbart und entrichtet ist.

Gegen diese Differenzierung bestehen Bedenken. § 8 Abs. 2 WoBindG dürfte als speziellere Regelung vorrangig sein, zumal auch eine einseitig angeforderte Mieterhöhung formal vertragsgemäß ist, da sie über § 10 Abs. 1 WoBindG die Zustimmung des Mieters entbehrlich macht. Ist eine Gleitklausel nach § 4 Abs. 8 NMV vereinbart, so hat der Mieter einer künftigen (materiell zulässigen) Mieterhöhung bereits im Vorwege zugestimmt, so daß jedenfalls hier § 8 Abs. 2 WoBindG bei nur überhöhter Anforderung anzuwenden wäre. Der Rückforderungsanspruch besteht in einem solchen Fall allerdings nur insoweit, als der Mieter ein höheres Entgelt als die zulässige Kostenmiete geleistet hat.

741 Durch den Rechtsentscheid des

OLG Hamm v. 4.5.1988 NJW-RR 1988, 1037

ist geklärt, daß auch der nicht nach § 5 WoBindG wohnberechtigte Mieter befugt ist, die **überzahlte Miete** nach § 8 Abs. 2 WoBindG zurückzufordern.

Eine **Aufrechnung** des Vermieters gegenüber dem Rückforderungsanspruch des Mieters soll entsprechend § 393 BGB ausgeschlossen sein, weil das mit dem Sanktionscharakter der Vorschrift in § 8 Abs. 2 WoBindG nicht zu vereinbaren sei

LG Hamburg WM 1992, 591.

4. Kontrollrechte des Mieters

742 Nach Auffassung des Bundesgerichtshofs

BGH – RE v. 11.1.1984 – BGHZ 89, 284 = NJW 1984, 1032

stellt der **Auskunftsanspruch** des Mieters nach § 29 NMV ein eigenständiges Recht dar, das nicht auf eine bestimmte Mieterhöhung oder einen Rückforderungsanspruch des Mieters bezogen ist. Demzufolge läßt sich seine Geltendmachung auch nicht damit verknüpfen, ob ihm noch Rückforderungsansprüche wegen überzahlter Miete zustehen (so aber LG Wuppertal DWW 1988, 86, AG Wuppertal WM 1988, 431). Die Auffassung, daß dem nicht wohnberechtigten Mieter kein Auskunftsanspruch zusteht (so LG Münster WM 1987, 379), ist durch den Rechtsentscheid des

OLG Hamm v. 4.5.1989 – NJW-RR 1988, 1037

überholt.

Die Auskunftspflicht über die Zusammensetzung der Kostenmiete trifft auch den in das Mietverhältnis eingetretenen Erwerber, und zwar selbst hinsichtlich der Zeiträume, die vor dem Eintritt liegen

LG Berlin WM 1992, 430.

Verlangt der Mieter anstelle der Einsichtnahme die Übersendung von **Kopien**, so 743
ist der Vermieter berechtigt, diesen Sonderaufwand dem Mieter zu berechnen
  LG Duisburg WM 1990, 562: DM 0,50/je Kopie,
  AG Neubrandenburg WM 1994, 531: DM 1/je Kopie.

5. Vorkaufsrecht des Mieters

Das Vorkaufsrecht des Mieters nach § 2b WoBindG im Falle der Umwandlung 744
der Mietwohnung in Wohnungseigentum besteht noch nicht, wenn das gesamte
Grundstück verkauft wird und alsdann in Wohnungseigentum umgewandelt
werden soll, es sei denn, daß die einzelne Wohnung als Teilobjekt im Veräuße-
rungsvertrag so hinreichend bestimmt ist, daß sie in Verbindung mit einem
Miteigentumsanteil am Grundstück der rechtlich selbständige Gegenstand eines
Kaufvertrages sein kann
  BayObLG – RE v. 16.4.1992 – WM 1992, 351.

VIII. Nebenkosten

1. Betriebskostenabrechnung

Die Betriebskostenabrechnung ist als Leistungsbestimmung i.S. von § 315 BGB 745
gewertet worden, da es sich nicht um eine Abrechnung von Fremdvermögen
handelt; denn Betriebskosten sind Mietentgelt
  LG Hamburg ZMR 1995, 32,
  dazu auch Sternel PiG 40 (1993), 83, 93.
Für ihren Inhalt ist immer noch das Urteil des
  BGH v. 23.11.1981 – NJW 1982, 573 = WM 1982, 207,
  ebenso OLG Düsseldorf DWW 1993, 261 = WM 1993, 411
grundlegend. Danach wird der Anspruch des Vermieters auf Zahlung der (restlichen) Nebenkosten grundsätzlich erst mit der Erteilung einer ordnungsmäßigen
Abrechnung fällig, die sich an den zwischen den Parteien getroffenen Vereinbarungen orientiert. Sie muß den allgemeinen Anforderungen des § 259 BGB entsprechen, also eine geordnete Zusammenstellung der Einnahmen und Ausgaben,
d. h. eine zweckmäßige und übersichtliche Aufgliederung in Abrechnungsposten
enthalten. Eine Nebenkostenabrechnung soll darüber hinaus den Mieter in die
Lage versetzen, den Anspruch des Vermieters nachzuprüfen. Dazu muß er die
Abrechnung gedanklich und rechnerisch nachvollziehen können. Sowohl die
Einzelangaben als auch die Abrechnung insgesamt müssen klar, übersichtlich
und aus sich heraus verständlich sein. Abzustellen ist dabei auf das durchschnitt-
liche Verständnisvermögen eines juristisch und betriebswirtschaftlich nicht ge-
schulten Mieters. Welche Angaben im einzelnen in der Nebenkostenabrechnung
enthalten sein müssen, hängt in erster Linie von der Ausgestaltung des jeweiligen Mietverhältnisses ab (vgl. auch Blank DWW 1992, 65 f.).

Soweit keine besonderen Abreden vorliegen, werden vom BGH bei Gebäuden mit 746
mehreren Wohnungen regelmäßig folgende **Mindestangaben** verlangt

- eine Zusammenstellung der Gesamtkosten,
- die Angabe und Erläuterung der zugrunde gelegten Verteilerschlüssel,
- die Berechnung des Anteils des Mieters,
- der Abzug der Vorauszahlungen des Mieters.

Es genügt nicht, daß der Vermieter einen bestimmten Prozentsatz oder Bruchteil angibt, er muß offenlegen, wie er die jeweiligen Quoten ermittelt hat. Eine Erläuterung des Verteilerschlüssels ist allerdings dann nicht mehr erforderlich, wenn entsprechende Kenntnisse des Mieters nach dem Mietvertrag oder aufgrund früherer Abrechnungen vorausgesetzt werden können. Die Größe eines Mietobjekts rechtfertigt es nicht, den Vermieter teilweise von seinen Abrechnungspflichten freizustellen (so auch OLG Schleswig – RE v. 4.10.1990 – DWW 1990, 355 = WM 1991, 333).

747 Bei der Abrechnung von Betriebskosten einer vermieteten **Eigentumswohnung** soll der Vermieter berechtigt sein, den Mieter auf die Abrechnung des Verwalters zu verweisen, wenn diese den Anforderungen des § 259 BGB genügt

LG Düsseldorf DWW 1990, 201,
dazu Schmid DWW 1990, 351.

748 Die Abrechnung bezieht sich nur auf die Kosten für diejenigen Leistungen, die in der **Verbrauchsperiode** erbracht bzw. verbraucht und berechnet worden sind; dagegen ist nicht erheblich, wann die Kosten berechnet und die Mittel hierfür abgeflossen sind

AG Neuß DWW 1994, 318 = WM 1994, 46,
AG Hannover WM 1994, 435 für Wasserkosten,
vgl. auch Sternel PiG 40 (1993), 94.

Die Berufung auf diesen Grundsatz kann aber im Einzelfall mißbräuchlich sein, insbesondere bei Altmietern, für die sich die zeitliche Zuordnung der Kosten zu einer früheren oder späteren Verbrauchsperiode nicht auswirkt,

vgl. LG Düsseldorf DWW 1990, 51,
AG Köln ZMR 1995, 210 (Ls).

749 Zur Abrechnung der laufenden Verbrauchsperiode ist der **Erwerber** verpflichtet, der als Vermieter in das Mietverhältnis nach § 571 BGB eintritt. Es kommt nicht darauf an, ob er die Vorauszahlungen, die der Mieter vor dem Eigentümerwechsel an den Veräußerer geleistet hat, erhalten hat

AG Coesfeld WM 1992, 379,
AG Hamburg WM 1992, 380.

Dagegen bleibt der Veräußerer abrechnungspflichtig bezüglich derjenigen Verbrauchsperioden, die vor dem Eigentümerwechsel abgeschlossen waren

LG Osnabrück WM 1990, 357,
LG Lüneburg WM 1992, 380.

Hat der Erwerber über die Betriebskosten aus einer Verbrauchsperiode abgerechnet, die vor dem Eigentumsübergang abgeschlossen war, so muß sich der Mieter wegen der Erstattung eines Abrechnungsguthabens (gleichwohl) an seinen früheren Vermieter halten

LG Berlin GE 1995, 945.

Nach LG Kassel WM 1991, 358 bedarf die **Klage** auf Vorlage einer vertragsgemä- 750
ßen Betriebskostenabrechnung keines Klagantrags, der die Einzelheiten der Abrechnungsweise präzisiert. Das gilt auch, wenn der Vermieter bereits eine Abrechnung erteilt hat, die der Mieter aber als nicht vertragsgemäß bezeichnet.

Der BGH hat die folgenden Formularklauseln in einem Mietvertrag über Wohn- 751
raum, die die Betriebskostenumlage betreffen, für unwirksam gehalten:

„Ist ein Umlagemaßstab nicht vereinbart, so kann der Vermieter einen geeigneten, auch unterschiedlichen Umlagemaßstab bestimmen."

Die Klausel ist unwirksam, weil sie hinsichtlich der Heiz- und Warmwasserkosten von den zwingenden Vorschriften der §§ 6–9 HeizKV abweicht und weil sie nicht erkennen läßt, daß das Bestimmungsrecht des Vermieters an §§ 315, 316 BGB gebunden und damit eingeschränkt ist.

Die Klausel 752

„Der Vermieter kann während der Mietzeit zu Anfang eines neuen Berechnungszeitraums, soweit zulässig, den Verteilungsschlüssel neu bilden."

verstößt wegen des undifferenzierten Abänderungsrechts gegen die Regeln der HeizKV trotz des Einschubs „soweit zulässig". Auch kann der Vermieter sich eine Abänderung des Umlageschlüssels nach billigem Ermessen nur vorbehalten, wenn sachliche Gründe dafür vorliegen.

Die Klausel 753

„Soweit zulässig, ist der Vermieter bei Erhöhung oder Neueinführung von Betriebskosten berechtigt, den entsprechenden Mehrbetrag vom Zeitpunkt der Entstehung umzulegen. Das gleiche gilt für eine Erhöhung der Kapitalkosten."

enthält keine Beschränkung auf den Katalog der Anlage 3 zu § 27 II. BV und verstößt hinsichtlich des Zeitpunkts gegen § 4 Abs. 2 MHG

BGH – Urt. v. 20.1.1993 – DWW 1993, 74 = WM 1993, 109.

2. Ansatzfähige Kosten

Zum Ansatz nur der Kosten für solche Leistungen, die während der Verbrauchs- 754
periode erbracht worden sind, s. Rdn. 748.

Es dürfen nur die Kosten angesetzt werden, die

– als umlagefähig **vereinbart** und
– bei der Wohnraummiete **gesetzlich zulässig** sind.

a) Vertraglich umlegbare Betriebskosten

Die umzulegenden Betriebskosten müssen **eindeutig** vereinbart sein (vgl. dazu 755
Geldmacher DWW 1994, 333).

Die Rechtsprechung hält daran fest, daß Vereinbarungen, die von der Regelung in § 546 BGB abweichen, eng auszulegen sind sowie inhaltlich eindeutig und bestimmt getroffen werden müssen

OLG Köln WM 1991, 357.

Das gilt insbesondere für **Formularklauseln**, wenn sie den Mieter bei Vertragsabschluß einem unübersehbaren Risiko aussetzen

OLG Düsseldorf BB 1991, 1150.

756 Eine Vereinbarung, nach der der Mieter „sämtliche" Nebenkosten zu tragen hat, wobei einige Nebenkosten beispielhaft einleitend mit den Worten „insbesondere" und ausleitend mit „etc." genannt werden, ist zu unbestimmt; das gleiche gilt für die Abrede, daß der Mieter „alle Nebenkosten" zu tragen hat

OLG Hamburg HmbGE 1990, 97,
OLG Düsseldorf DWW 1991, 283 = MDR 1991, 964,
LG Mannheim ZMR 1994, 22 für (Individual-)Vereinbarung, nach der alle Nebenkosten vom Mieter übernommen werden.

Die formularmäßige Verweisung auf die Anlage 3 zu § 27 II. BV soll zur Bestimmtheit der umzulegenden Betriebskosten auch dann ausreichen, wenn die Anlage dem Mietvertrag nicht beigefügt worden ist

BayObLG – RE v. 24.2.1984 – WM 1984, 104, WM 1984, 192,
LG Aachen DWW 1993, 41, 42,
s. Rdn. 51.

757 Eine **stillschweigende Vereinbarung** der Übernahme von Betriebskosten kommt noch nicht dadurch zustande, daß der Mieter bislang nicht geschuldete Nebenkosten gezahlt hat, wenn er rechtsirrig meinte, diese Kosten zu schulden; es fehlt ein entsprechender rechtsgeschäftlicher Wille

OLG Hamm WM 1981, 62, OLG Hamburg WM 1988, 347,
LG Hamburg und LG Itzehoe WM 1985, 367,
LG Kassel WM 1990, 159, LG Essen WM 1991, 121 (für Umlageschlüssel),
LG Mannheim ZMR 1994 S. XVI Nr. 21: In der Übersendung einer vom Mietvertrag abweichenden Betriebskostenabrechnung liegt nur dann ein schlüssiges Angebot zum Abschluß einer Änderungsvereinbarung, wenn die Parteien diese Frage zuvor erörtert haben und der Vermieter darauf den Eindruck gewinnen konnte, daß der Mieter mit einer Erweiterung der Umlagenvereinbarung einverstanden sei.

758 Dafür reicht noch nicht aus, daß der Mieter ein- oder zweimal eine Betriebskostennachzahlung geleistet hat

LG Detmold WM 1991, 701,
AG Neuß ZMR 1994, 571,
vgl. auch LG Mannheim ZMR 1994 S. XVI Nr. 21: vertragsabweichende Handhabung über 9 Jahre.

Andererseits ist das Schweigen des Mieters auf eine nähere Bestimmung der im Vertrag nicht weiter konkretisierten Betriebskosten durch den Vermieter als Zustimmung aufgefaßt worden, wenn er die vereinbarten Vorauszahlungen vorbehaltlos weiter gezahlt hat

LG Koblenz WM 1990, 312.

Indes kann im Wege der ergänzenden Vertragsauslegung in Betracht kommen, daß der Mieter jedenfalls die Betriebskosten tragen muß, die erst durch die von ihm veranlaßte Umgestaltung der Mietfläche (Acker zu Parkplatz) angefallen sind

OLG Köln ZMR 1995, 69.

Zweifelhaft kann manchmal sein, ob die Parteien eine Nebenkostenumlage auf 759
Abrechnungsbasis oder als Pauschale vereinbart haben. Hat der Vermieter über
einen längeren Zeitraum nicht abgerechnet, so kann dies für eine Pauschalvereinbarung sprechen. Das soll selbst dann in Betracht kommen, wenn der Mietvertrag die Abrechnungspflicht des Vermieters vorsieht

LG Köln ZMR 1992 S. XVI Nr. 2, wenn über 14 Jahre nicht abgerechnet wurde.

Eine Besonderheit ist bei der **Vermietung im Bauherrenmodell** im Wege der 760
Vertragsauslegung angenommen worden: Vermietet der Bauherr, der Gewerbeflächen nach dem Bauherrenmodell erworben hat, diese an den ihm vom Baubetreuer präsentierten Zwischenmieter und ist als Mietzins ein fester Betrag in DM/qm
netto vereinbart, dann darf der Bauherr davon ausgehen, daß der Mietpreis nicht
als Inklusivmiete zu verstehen ist. Vielmehr hat der Zwischenmieter auch die
anfallenden umlegbaren Betriebskosten vom Endmieter einzuziehen und an den
Bauherren (Eigentümer) weiterzuleiten

OLG Hamburg NJW-RR 1988, 399 = DWW 1988, 105.

b) Gesetzlich umlagefähige Betriebskosten

Bei der Wohnraummiete sind nur die in der Anlage 3 zu § 27 II. BV genannten 761
Kosten **umlagefähig**. Die Vereinbarung der Umlagefähigkeit anderer Kosten, z.B.
Verwaltungskosten, verstößt gegen § 10 Abs. 1 MHG

OLG Koblenz – RE v. 7.1.1986 – NJW 1986, 995.

Dies gilt auch für Vereinbarungen, die erst im Verlaufe der Mietzeit getroffen
werden

OLG Karlsruhe – RE v. 6.5.1988 – NJW-RR 1988, 1036.

Verwaltungskosten können aber kalkulatorisch ein fester Bestandteil der Grundmiete sein. Ergibt allerdings die Vertragsauslegung, daß sie den abzurechnenden
Betriebskosten zugeordnet werden, so ist die Vereinbarung insoweit nichtig

AG Neuß DWW 1994, 317, vgl. auch Rdn. 687.

Es dürfen nur die tatsächlich entstandenen und erforderlichen Kosten angesetzt 762
werden; der Vermieter unterliegt dem **Gebot der Wirtschaftlichkeit** und hat nach
Auftragsgrundsätzen die wohlverstandenen Belange des Mieters zu berücksichtigen (z.B. Ausnutzung von Sommerpreisen, Weitergabe von Rabatten)

OLG Koblenz MDR 1986, 59.

Dieses Gebot ist als Grenze für das Ermessen des Vermieters bei der Leistungsbestimmung nach § 315 Abs. 3 BGB anzusehen, wenn man die Abrechnung als
Leistungsbestimmung versteht

LG Hamburg ZMR 1995, 32,
zum Gebot der Wirtschaftlichkeit s. Klas ZMR 1994, 5.

Ein Verstoß hiergegen führt noch nicht zur förmlichen Unwirksamkeit der Abrechnung, sondern betrifft nur deren materielle Richtigkeit

AG Köln ZMR 1995, 210.

Der Vermieter als natürliche Person kann für **Eigenleistungen** den Betrag ansetzen, der für gleichwertige Leistungen eines Dritten angesetzt werden könnte (vgl. 763

§ 27 Abs. 2 II. BV). Diese Regelung gilt auch bei Vermietung von nicht preisgebundenem Wohnraum. Handelt es sich beim Vermieter um eine juristische Person oder eine Handelsgesellschaft, so ist § 27 Abs. 2 II. BV dann anzuwenden, wenn der Vermieter mit der Durchführung der Arbeiten (z.B Gartenpflege) einen rechtlich verselbständigten Regiebetrieb beauftragt

LG Hamburg ZMR 1995, 32.

764 Enthalten Kosten betriebskostenfremde Anteile, so sind diese herauszurechnen; das gilt insbesondere für Instandhaltungs- und Verwaltungskosten

LG Essen WM 1991, 702, LG Aachen DWW 1993, 42 (Vollwartungsvertrag für Fahrstuhl: Kürzung um 50% bzw. 40%),
LG Köln ZMR 1992, 115 (Hausmeisterkosten: Kürzung wegen Aufgaben der Verwaltung und Instandhaltung um 50%),
AG Köln WM 1995, 120: Kürzung um 1/6,
LG Hamburg – 316 S 402/88 – Urt. v. 15.1.1991 (Hausmeisterkosten: Kürzung um 10%),
AG Köln WM 1994, 612: Kürzung wegen Reparaturdurchführung.

c) Einzelne Betriebskostengruppen

765 Durch die 4. VO zur Änderung wohnungsrechtlicher Vorschriften vom 13.7.1992 (s. Rdn. A 196) sind die Kosten der Wasserversorgung dahin erweitert worden, daß auch Leasingkosten für Wasserzähler sowie die Kosten der Berechnung und Aufteilung der Wasserverbrauchskosten erfaßt werden. Nach AG Neuß DWW 1988, 284 dürfen die nach 5–8 Jahren anfallenden Kosten für den Austausch von Warm- und Kaltwasserzählern gemäß ihrem tatsächlich erfolgten Anfall umgelegt werden. Interessant an der Entscheidung ist, daß diese Kosten an sich zur Instandhaltung zählen und es sich um **aperiodische Kosten** handelt. Ihre Verteilung kann nach Auffassung des AG Neuss auf mehrere Jahre erfolgen (ebenso LAG Frankfurt WM 1992, 545), was aber streitig ist und nach hier vertretener Ansicht verneint wird (vgl. dazu Sternel Rdn. III 302).

766 Betriebskosten, deren Anfall mit dem **Abrechnungszeitraum** nicht übereinstimmt, müssen grundsätzlich aufgeteilt werden

AG Hagen DWW 1990, 211,
Geldmacher DWW 1991, 220;
a.A. Blank DWW 1992, 65, der entgegen der herrschenden Meinung für eine ausgabenorientierte Abrechnung eintritt.

Dem Mieter kann es aber nach Treu und Glauben verwehrt sein, sich hierauf zu berufen, wenn das Mietverhältnis sowohl in der vorangegangenen als auch in der aktuell abzurechnenden Periode bestanden hat

LG Düsseldorf DWW 1990, 51,
AG Köln ZMR 1995, 210 (LS).

767 **Wartungskosten** können nur angesetzt werden, soweit die Ansätze in der Anlage 3 zu § 27 II. BV ausdrücklich aufgeführt sind. Es handelt sich insoweit um Ausnahmen von dem Grundsatz, daß die Wartung zur Instandhaltung zählt (und der Aufwand hierfür durch die Pauschalen in § 28 II. BV abgedeckt wird). Dementsprechend sind die Wartungskosten für die elektrische Anlage nicht als Betriebskosten anzusetzen

AG Schöneberg MM 1995, 102,
ebenso AG Regensburg WM 1995, 319 für Kosten des Korrosionsschutzes am Heizöltank.

Die Kosten für **Wasserverbrauch** und **Entwässerung** dürfen nur in der während 768
der Verbrauchsperiode tatsächlich angefallenen Höhe angesetzt werden. Die vorläufige Rechnungserteilung des Versorgungsunternehmens während der Abrechnungsperiode soll nicht maßgebend sein, vielmehr ist auf die Endabrechnung abzustellen
AG Hannover WM 1994, 435.

Die Kosten für Maßnahmen des Korrosionsschutzes der Wasserleitungen können nicht als Kosten der Wasseraufbereitung umgelegt werden
AG Lörrach WM 1995, 593.

Werden die Wasserkosten nach Personenanzahl je Haushalt ab gerechnet, so ist 769
ein sog. Waschmaschinenzuschlag von 25% für eine Haushaltswaschmaschine im Mieterhaushalt fehlerhaft
AG Bergisch Gladbach WM 1994, 549.

Der Ansatz von Kosten des Wasserverbrauchs ist nicht plausibel, wenn der 770
Wasserverbrauch im Vergleich zu den Vorjahren um das Doppelte gestiegen ist, sofern erkennbare Anhaltspunkte für einen Mehrverbrauch nicht vorliegen und die Erhöhung nicht aus Gebührensteigerungen zu begründen ist. Das Risiko dafür, daß der Wasserverbrauch nicht korrekt festzustellen ist oder die Kosten nicht angemessen verteilt werden können trägt der Vermieter auch dann, wenn nicht auszuschließen ist, daß einige Mieter einen unvernünftig hohen Verbrauch hatten
AG Düsseldorf ZMR 1994 S. V Nr. 4,
vgl. auch LG Düsseldorf DWW 1995, 286 zur Beweislast des Vermieters bei mangelnder Plausibilität einer Heizkostenabrechnung, wenn der Heizölverbrauch in einer Periode um mehr als 70% gegenüber dem Vorjahr und den Folgejahren gestiegen ist.

Streitig ist, ob bei gemischt genutzten Gebäuden der Vermieter die **Grundsteuer** 771
insgesamt nach anteiliger Fläche umlegen darf oder den Anteil für die gewerblich genutzten Flächen herausrechnen muß,
für *Gesamtumlage:* AG Essen-Steele WM 1993, 198,
für *Vorerfassung:* Laug WM 1993, 171 mit Berechnungsbeispielen.

Nach überwiegender Meinung kann der Mieter des Erdgeschosses an den Kosten 772
des **Fahrstuhls** beteiligt werden
LG Hannover WM 1990, 228,
LG Berlin WM 1990, 559,
LG Duisburg WM 1991, 597,
AG Trier NJW-RR 1989, 1170,
AG Frankfurt NJW-RR 1989, 1359,
AG Verden WM 1994, 385.

Hierbei wird zu unterscheiden sein, ob die Einbeziehung des Erdgeschoßmieters in die Umlage vereinbart ist, was auch formularmäßig geschehen kann
LG Berlin MM 1994, 279, GE 1995, 567
a.A. AG Schöneberg MM 1994, 68,

oder ob der Vermieter von einem ausbedungenen Leistungsbestimmungsrecht Gebrauch macht, was ermessensfehlerhaft sein dürfte,

so LG Berlin GE 1994, 765.

773 Zu den **Gartenpflegekosten** zählen auch die Kosten für Pflanzenerneuerung, die dadurch verursacht werden, daß unter gartenpflegerischen Gesichtspunkten der vorhandene Bewuchs gegen neuen ausgewechselt werden muß, der nicht unbedingt gleichartig zu sein braucht

AG Neuß DWW 1993, 296.

774 Auch die Kosten für die Beseitigung von Sturmschäden fallen hierunter

LG Hamburg WM 1989, 640;
a.A. AG Königstein WM 1993, 410,

ebenso die Kosten für die Erneuerung von Plattenwegen zu Spielplätzen und dort befindlicher Sitzbänke. Dagegen hat das Amtsgericht Hamburg WM 1989, 641 das Fällen von kranken Bäumen der Instandhaltung zugerechnet. Wird nach längerer unterlassener Gartenpflege der Garten einer Grundpflege unterzogen, so sind die hierfür aufgewendeten höheren Kosten nicht umlagefähig

LG Hamburg WM 1994, 695 = ZMR 1993 S. XVI Nr. 29;
a.A. AG Münster WM 1992, 258.

775 Die Behebung eines Wartungsstaus ist über die Instandhaltung hinaus nämlich als Instandsetzung zu werten. Jedenfalls verstößt der Ansatz von Mehrkosten gegenüber einer regelmäßigen Pflege, die durchzuführen gewesen wäre, gegen das Gebot der Wirtschaftlichkeit. Dem kann nicht entgegengehalten werden, daß der Mieter in der Vergangenheit mit keinen oder geringeren Gartenpflegekosten belastet worden ist.

776 Aus den **Hausmeisterkosten** sind die Kostenanteile herauszurechnen, die sich auf Verwaltung und Instandsetzung beziehen

LG Köln WM 1992, 115: bis zu 50%,
AG Köln WM 1995, 120: ca. 15%,
AG Köln WM 1994, 612, AG Hannover WM 1994, 435, 612: Herausrechnen von Instandhaltungs- bzw. Telefonkosten als Verwaltungskosten, s. auch Rdn. 764.

Nach dem Grundsatz der Wirtschaftlichkeit beurteilt sich, ob es überhaupt erforderlich ist, einen Hausmeister zu beauftragen. Die Kosten hierfür können bei einem Verstoß gegen den genannten Grundsatz selbst dann nicht angesetzt werden, wenn ihre Umlage vereinbart ist

LG Köln ZMR 1995 S. XII Nr. 22 bei erstmaliger Beauftragung einer Hausmeisterfirma.

777 Zu den Kosten der **Müllabfuhr** zählen nicht die Kosten der Beseitigung von Sperrmüll, den Unbekannte (Mieter) vertragswidrig auf dem Mietgrundstück abgestellt haben

AG Köln ZMR 1993 S. IV Nr. 21;
a.A. AG Düsseldorf ZMR 1993 S. XII Nr. 29: Die Mieter haften als Solidargemeinschaft entsprechend §§ 830, 840 BGB.

Anders soll es sich aber dann verhalten, wenn der Vermieter darlegt, daß diese Kosten auch bei ordnungsmäßiger Bewirtschaftung laufend entstanden wären

LG Berlin GE 1986, 1121, GE 1995, 941 = ZMR 1995, 353.

Bei gemischt genutzten Grundstücken muß der Vermieter zwischen dem Wohnhausmüll und dem gewerblichen Müll, sofern dieser ins Gewicht fällt, unterscheiden, indem er für eine Trennung der Müllgefäße sorgt
AG Köln ZMR 1994 S. IV Nr. 27.

Die Kosten müssen nicht schon deswegen nach Personenzahl je Haushalt abgerechnet werden, weil die Gebühren der Müllabfuhr von der Gemeinde nach der Wohnungsbelegung erhoben werden
AG Siegburg WM 1995, 120.

Kosten der **Ungezieferbeseitigung** können nur umgelegt werden, wenn sie laufend (z.B. im jährlichen Turnus) entstehen 778
LG Siegen WM 1992, 630,
AG Köln WM 1992, 630.

Die Umlagefähigkeit soll nicht an die Voraussetzung geknüpft sein, daß die Bekämpfungsmaßnahmen turnusmäßig anfallen; auch die Kosten für eine aktuelle Ungezieferbekämpfung sind als umlagefähig angesehen worden
LG Köln ZMR 1995 S. XII Nr. 22.

In der Überbürdung von **Versicherungskosten** auf den Mieter ist noch keine 779
Einbeziehung des Mieters in den Versicherungsvertrag mit der Folge gesehen worden, daß der Versicherer gegen diesen nur bei Vorsatz und grober Fahrlässigkeit Rückgriff nehmen kann
BGH WM 1991, 206 = ZMR 1991, 168 für Leistungswasserversicherung,
BGH WM 1992, 133 = ZMR 1992, 140 für Feuerversicherung,
OLG Hamm ZMR 1988, 300, 301.

Dies ist vom BGH WM 1990, 257 in einem besonders gelagerten Fall in Zweifel gezogen worden (s. Rdn. 267).

Die Mietverlustversicherung gehört nicht zu den umlagefähigen Betriebskosten, da sie nicht auf das Gebäude bzw. die Wirtschaftseinheit bezogen ist,
vgl. AG Charlottenburg MM 1994, 66.

Prämien für die Rechtsschutzversicherung des Vermieters sind auch bei der Gewerberaummiete nicht ohne weiteres umlagefähig; eine diesbezügliche Vereinbarung kann sittenwidrig sein, was u.a. von der Kostenhöhe abhängt
OLG Düsseldorf ZMR 1995, 203.

Zum Begriff der **sonstigen Betriebskosten** 780
s. Pfeifer ZMR 1993, 353,
der den Anwendungsbereich im Hinblick auf Wartungs- und Instandhaltungskosten aber erheblich überdehnt.

Nach neuerer Meinung soll es geboten sein, die „sonstigen Betriebskosten" bereits im Mietvertrag zu spezifizieren; andernfalls können sie nicht umgelegt werden,
OLG Oldenburg WM 1995, 430,
LG Osnabrück WM 1995, 434.

Zu den sonstigen Betriebskosten werden auch die Kosten für die Wartung von Feuerlöschgeräten gezählt (AG Neuß ZMR 1994 S. XII Nr. 24), nicht aber die Kosten der Dachrinnenreinigung (LG Berlin MM 1994, 66).

781 **Umsatzsteuer** auf die Betriebskosten kann der Vermieter nur verlangen, wenn dies vereinbart ist und er umsatzsteuerpflichtig ist; dagegen ist unerheblich, ob der Vermieter die Umsatzsteuer vom Finanzamt erstattet erhält
LG Berlin GE 1995, 497.

3. Umlageschlüssel und Wirtschaftseinheit

782 Das 4. MietRÄndG ermöglicht durch § 4 Abs. 5 MHG die verbrauchsbezogene Abrechnung der Kosten für Wasser, Abwasser und Müllabfuhr nunmehr auch für den preisfreien Wohnraum; der Vermieter ist befugt, durch einseitige Erklärung die Mietstruktur zu ändern, wenn die genannten Kosten bisher durch die Miete abgegolten wurden (siehe i.e. Rdn. A 89 f.).

783 Der Vermieter ist auch bei preisfreiem Wohnungen berechtigt, für die Umlage von verbrauchsabhängigen und verbrauchsunabhängigen Betriebskosten **Wirtschafts- und Verwaltungseinheiten** aus mehreren Gebäuden zu bilden und den Mieter anteilig zu belasten, wenn er dies im Mietvertrag vereinbart oder sich ein Bestimmungsrecht für den Umlagemaßstab ausbedungen hat
OLG Koblenz – RE v. 27.2.1990 – WM 1990, 268,
ebenso schon AG Neuss DWW 1988, 148.

784 Das steht im Gegensatz zu der Tendenz in der bisherigen Rechtsprechung, die Abrechnung nach möglichst kleinen verbrauchsnahen Abrechnungseinheiten bzw. auch im Rahmen von Wirtschaftseinheiten durch Bildung von **Abrechnungskreisen** zu fordern (vgl. AG Köln WM 1989, 83). Die Entscheidung des Vermieters muß allerdings der Billigkeit entsprechen (§ 315 Abs. 3 BGB); diese wird dann zu bejahen sein, wenn die materiellen Voraussetzungen für die Bildung einer Wirtschaftseinheit vorliegen (vgl. dazu KG WM 1987, 181, OLG Koblenz a.a.O.), nämlich:

– Die Gebäude müssen einen gemeinsamen Eigentümer haben oder zumindest einheitlich verwaltet werden,

– sie müssen in einem unmittelbaren örtlichen Zusammenhang stehen, indem sie ein zusammenhängendes Bau- und Wohngebiet bilden,

– zwischen den Gebäuden dürfen keine wesentlichen Unterschiede im Wohnwert bestehen (Einrichtung nach demselben bautechnischen Stand, dieselbe Bauweise und Ausstattung),

– die Gebäude müssen gleichartiger Nutzung dienen.

785 Es muß allerdings beachtet werden, daß die wohnwertbezogenen und nutzungsbedingten Merkmale nicht schematisch zu fordern sind, sondern nur dort berücksichtigt werden müssen, wo sie sich kostenmäßig auswirken (z.B. Vorhandensein eines Fahrstuhls in nicht allen Gebäuden der Wirtschaftseinheit, Ausstattung nicht aller Wohnungen mit einem Bad). Hier wird es geboten sein, innerhalb der Wirtschaftseinheit Abrechnungskreise zu bilden.

786 In mietpreisrechtlicher Hinsicht ist für die Bildung einer Wirtschafteinheit außerdem erforderlich, daß der Errichtung der Gebäude ein einheitlicher Finanzierungsplan zugrunde liegt (§ 2 Abs. 2 II. BV). Auch muß die zuständige Stelle nach

§ 3 WoBindG der Bildung einer Wirtschaftseinheit zugestimmt haben (s. § 8b Abs. 2 WoBindG, § 2 Abs. 6 II. BV). Hierauf kommt es beim freifinanzierten Wohnraum nicht an.

Wird im Mietvertrag die Wohnung nur dem Hausgrundstück verwaltungsmäßig zugeordnet, ist also nicht zu erkennen, daß der Vermieter eine Wirtschafts- oder Verwaltungseinheit gebildet hat, so soll eine Betriebskostenabrechnung nach dieser größeren Einheit unzulässig sein 787

LG Köln WM 1991, 281.

Bei Vermietung von preisgebundenem Wohnraum in einem gemischt genutzten Gebäude ist eine **Vorerfassung** des Verbrauchs, der nicht mit der üblichen Benutzung der Wohnungen zusammenhängt, geboten (§ 21 Abs. 2 NMV). Sind Wohnungs-Wasserzähler installiert, so ist der Vermieter nach der Neufassung des § 21 Abs. 2 NMV zu einer verbrauchsabhängigen Abrechnung verpflichtet. Bei nicht preisgebundenem Wohnraum besteht für den Vermieter die Befugnis, grundsätzlich aber nicht die Pflicht, die Kosten für Wasserverbrauch, Abwasser und Müllabfuhr verbrauchsabhängig bzw. -orientiert abzurechnen (vgl. Rdn. A 90). 788

Streitig ist, ob der Vermieter auch für den preisfreien Wohnraum entsprechend § 20 Abs. 2 NMV zu einer **Vorerfassung** der auf den gewerblich genutzten Teil entfallenden Betriebskosten bzw. des zugrundeliegenden Verbrauchs verpflichtet ist, 789

bejahend LG Lübeck WM 1989, 83, AG Köln WM 1990, 32, ZMR 1995, 210, ZMR 1995 S. XII Nr. 24, 25 für Grundsteuer und Versicherungskosten;
dagegen hält LG Düsseldorf DWW 1990, 240 einen pauschalierten Vorwegabzug für ausreichend (25% für Dentallabor).

Ist keine Vorerfassung erfolgt, so kann jedenfalls bei nicht verbrauchsabhängigen Kosten eine Aufteilung entsprechend dem Flächenverhältnis zugelassen werden (s. auch § 20 Abs. 2 S. 2 NMV) 790

vgl. Teitge ZMR 1986, 261;
anders LG Frankfurt WM 1986, 234, AG Frankfurt WM 1988, 170, AG Köln ZMR 1995 S. XII Nr. 24 für Grundsteuer.

Bei Vermietung von **Wohnungseigentum** soll der Vermieter – falls nichts Abweichendes vereinbart ist – berechtigt sein, als Umlagemaßstab für die Verteilung der Nebenkosten den in der Teilungserklärung festgelegten Schlüssel zu bestimmen 791

LG Düsseldorf DWW 1988, 210,
Blank DWW 1992, 65, 67.

Das birgt das Risiko in sich, daß der Mieter anteilmäßig mit höheren Betriebskosten belastet wird, als es der Mietfläche entspricht.

Ist im Mietvertrag eine **Wohnungsgröße** festgelegt, so soll sie auch als Umlagemaßstab für die Abrechnung der Betriebskosten gelten 792

LG Hannover WM 1990, 228;
nach LG Köln WM 1993, 362 handelt es sich zwar nicht um die Zusicherung einer Eigenschaft, jedoch soll die Angabe der Wohnfläche den Zweck haben, Streitigkeiten hierüber zwischen den Parteien zu vermeiden (s. hierzu Rdn. 396, 592).

Das steht nicht im Einklang mit der Rechtsprechung, die Wohnflächenangabe im Mietvertrag nur als Objektbeschreibung zu qualifizieren (vgl. Rdn. 394). Auch kann es näher liegen, daß bei Vereinbarung der anteiligen Fläche als Umlagemaßstab das wirkliche Verhältnis gemeint war.

793 Haben die Parteien einen Umlagemaßstab nach **Personenanzahl** vereinbart, so kann der Mieter nicht einwenden, daß er eine zeitlang abwesend gewesen sei
AG Karlsruhe DWW 1993, 21.

794 Ist kein Umlagemaßstab vereinbart und steht deshalb dem Vermieter ein **Leistungsbestimmungsrecht** nach §§ 315, 316 BGB zu, so entspricht es nicht billigem Ermessen, wenn der Vermieter die Betriebskosten anteilig nach der Personenanzahl umlegt, sofern verschieden große Wohnungen von einer unterschiedlichen Anzahl von Personen bewohnt werden (z.B. eine Person bewohnt eine 150 qm große Wohnung, 3 Personen bewohnen eine nur 86 qm große Wohnung)
AG Neuss DWW 1988, 54 = WM 1988, 131.

Ein vereinbarter Umlagemaßstab kann nur durch (erneute) Vereinbarung (oder bei vereinbartem Änderungsvorbehalt) geändert werden; daraus, daß der Mieter den nicht vertragsgemäßen Maßstab in der Vergangenheit unbeanstandet gelassen hat, soll nicht auf einen entsprechenden Rechtsbindungswillen geschlossen werden können,
AG Köln ZMR 1995 S. XII Nr. 23,
s. auch Rdn. 757.

Zu formularmäßigen Änderungsvorbehalten s. Rdn. 126, 751 f.

795 Dem Mieter ist ein Anspruch auf **Änderung des Umlagemaßstabs** eingeräumt worden, wenn sich der vom Vermieter bestimmte (anteilige Wohnfläche) wegen Änderung der Verhältnisse (Belegungsdichte durch an Ausländer vermietete Wohnungen) als unbillig erweist
LG Aachen DWW 1991, 284 = ZMR 1991, 345.

Das muß aber auf Ausnahmefälle, die die Geschäftsgrundlage berühren, beschränkt bleiben,
vgl. ähnlich für Wohnungseigentum BayObLG NJW-RR 1993, 663 = WM 1993, 298: Führt die der HeizkostenV entsprechende Abrechnung wegen der besonderen Umstände des Einzelfalles zu einer nach Treu und Glauben unzumutbaren Mehrbelastung eines Wohnungseigentümers, so kann dieser eine Änderung der Abrechnung verlangen. Hierbei ist ein strenger Maßstab anzuwenden.

4. Vorauszahlungen

796 Sobald die Verbrauchsperiode beendet und die **Abrechnungsfrist** verstrichen ist, hat der Vermieter keinen Anspruch mehr auf Vorauszahlungen; soweit er sie bereits eingeklagt hat, muß er den Rechtsstreit gegebenenfalls für erledigt erklären oder die Klage auf Zahlung des Abrechnungssaldos umstellen
OLG Hamburg DWW 1988, 379 = WM 1989, 150 = ZMR 1989, 18,
LG Köln WM 1988, 63.

797 Nach wie vor umstritten ist die Auffassung des
OLG Stuttgart – RE v. 10.8.1982 – NJW 1982, 2506,

wonach dem Vermieter von Wohnraum die ungekürzte Nachforderung von Nebenkosten auch dann nicht verwehrt ist, wenn er die Vorauszahlungen erheblich zu niedrig bemessen hat
dagegen LG Arnsberg NJW-RR 1988, 397,
AG Rendsburg NJW- RR 1988, 398.

Erweisen sich die in einem Wohnraummietvertrag vereinbarten monatlichen Vorauszahlungen für Heizungs- und Warmwasserkosten erst im späteren Verlauf des Mietverhältnisses als unangemessen hoch, so kann der Mieter vom Vermieter die Herabsetzung der Vorauszahlungen verlangen, auch wenn der Mietvertrag keine entsprechende Regelung enthält. Zur einseitigen Herabsetzung der vereinbarten monatlichen Vorauszahlungen ist der Mieter jedoch nicht berechtigt. Zur Durchsetzung des Herabsetzungsanspruchs kann ein Zurückbehaltungsrecht des Mieters in Betracht kommen,
BayObLG – RE v. 5.10.1995 – BayObLGZ 1995 Nr. 61, s. auch
AG Neuß DWW 1994, 317 = WM 1995, 46.

Hat der Vermieter über die Betriebskosten nicht abgerechnet und sind die angefallenen Kosten auch nicht feststellbar, so kann der Mieter die weiteren Vorauszahlungen zurückbehalten 798
BGH – RE v. 11.4.1984 – WM 1984, 185, 187.

Das **Zurückbehaltungsrecht** bezieht sich aber nur auf die laufenden Vorauszahlungen und nicht auf die Mietzahlungen im übrigen
OLG Koblenz WM 1995, 154.

Anders liegt es, wenn nach Beendigung des Mietverhältnisses der Mieter Mietschulden hat, jedoch Abrechnung der Nebenkosten verlangen kann
LG Mönchengladbach ZMR 1993 S. V Nr. 2.

Darüberhinaus soll dem Mieter ein Anspruch auf Rückzahlung der geleisteten 799
Vorauszahlungen zustehen
LG Essen WM 1992, 200,
LG Lüneburg WM 1992, 380,
LG Stade WM 1995, 343,
LG Gießen WM 1995, 442,
AG Oberhausen WM 1993, 68,
vgl. auch LG Koblenz WM 1995, 98: Erstattungsanspruch nur insoweit, als nicht unstreitig Betriebskosten angefallen sind, deren Höhe vom Gericht geschätzt werden kann;
vgl. dazu auch Geldmacher DWW 1995, 105.

Dem Vermieter obliegt die Beweislast, daß der Rückforderungsanspruch nicht besteht, weil er noch Betriebskostenforderungen hat
LG Stade WM 1995, 343.

Fallen Meßeinrichtungen aus und ist aus diesem Anlaß oder aus anderen Grün- 800
den eine Schätzung erforderlich, so kann der Vermieter nicht von einem Durchschnittsverbrauch ausgehen; § 9a Abs. 1 HeizkostenV enthält für diesen Fall keinen allgemeinen Grundsatz. Zu Lasten des Mieters geht nur ein Mindestverbrauch.

801 Hat das Sozialamt die Vorauszahlungen für den Mieter direkt an den Vermieter geleistet, so soll ein Guthaben aus der Betriebskostenabrechnung nicht dem Mieter, sondern dem Sozialamt als Drittem i.S. von § 267 BGB zustehen

AG Frankfurt WM 1992, 446 = ZMR 1993, 20,
vgl. auch AG Braunschweig WM 1990, 556.

Das erscheint bedenklich; denn das Abrechnungsverhältnis besteht allein zwischen den Mietparteien.

802 Ist die **Zwangsverwaltung** angeordnet, so muß der Zwangsverwalter, der zur Abrechnung verpflichtet ist (mit der Aufhebung der Zwangsverwaltung endet die Abrechnungspflicht: AG Bergisch Gladbach WM 1990, 230), dem Mieter ein etwaiges Guthaben auch dann auszahlen, wenn dieser die Vorauszahlungen noch an den Vermieter (= Schuldner) geleistet hatte

OLG Hamburg – RE v. 8.11.1989 – WM 1990, 10.

803 Der Vermieter darf im Anschluß an eine Betriebskostenabrechnung die Vorauszahlungen für die Zukunft auch dann anheben, wenn darüber keine ausdrückliche Vereinbarung getroffen worden ist

AG Karlsruhe DWW 1993, 21.

Das ergibt eine ergänzende Vertragsauslegung; sie verpflichtet allerdings den Vermieter auch, die Vorauszahlungen zu senken, soweit sie zur Kostendeckung nicht erforderlich sind. Das läßt sich jedoch in aller Regel erst nach Abschluß der Verbrauchsperiode beurteilen. Andererseits ist eine Formularklausel, die den Vermieter berechtigt, bei Erhöhung oder Senkung der Betriebskosten die Vorauszahlungen entsprechend anzupassen, als unzulässig nach § 9 Abs. 1 AGBG bewertet worden, weil sie nicht erkennen läßt, daß das Anpassungsrecht eine ordnungsmäßige Abrechnung voraussetzt und nur mit Wirkung für die Zukunft ausgeübt werden kann

OLG Frankfurt WM 1992, 56.

5. Abrechnungsfrist und Fälligkeit des Abrechnungssaldos

804 Zu beachten ist, daß die **Abrechnungfrist** in § 20 Abs. 3 NMV für preisgebundenen Wohnraum durch die 3. Verordnung zur Änderung mietpreisrechtlicher Vorschriften vom 20.8.1990 (BGBl.I, 1813) von 9 auf 12 Monate verlängert und ihr Ausschlußwirkung für Nachforderungen des Vermieters beigelegt worden ist (vgl. dazu Rdn. A 191).

Unklar ist, ob diese Regelung nur für künftige Abrechnungsperioden gilt oder auch für solche, die bei Inkrafttreten der Verordnung schon abgelaufen waren

LG Aachen WM 1991, 504 für nur künftige Wirkung.

805 Die Regelung über die Länge der Abrechnungsfrist wird analog auch auf **preisfreien Wohnraum** angewendet, allerdings ohne die Ausschlußwirkung bei Fristüberschreitung

LG Wuppertal WM 1987, 428,
LG Berlin ZMR 1988, 182,
AG Neuß WM 1991, 547,
AG Hanover WM 1991, 561.

Bei **preisgebundenem Wohnraum** wird eine Berichtigung der Abrechnung, die erst nach Ablauf der Jahresfrist erfolgt, nicht mehr zugelassen, da andernfalls die Ausschlußwirkung (vgl. Rdn. 824) umgangen werden könnte

LG Berlin MM 1994, 281,
AG Neukölln MM 1994, 105,
AG Tiergarten MM 1994, 213.

Bei Vermietung von **Gewerberaum** ist dem Vermieter eine Abrechnungsfrist von einem Jahr zugebilligt worden

OLG Hamburg DWW 1988, 379.

Tritt die sog. **Abrechnungsreife** ein, so ist der Mieter berechtigt, die laufenden Vorauszahlungen bis zur Erteilung der Abrechnung zurückzubehalten 806

BGH WM 1984, 185, 187, vgl. auch Rdn. 798, 813.

Der Abrechnungssaldo wird erst bei ordnungsmäßiger Abrechnung fällig. Allerdings kann eine **Teilfälligkeit** vorliegen, wenn sich Abrechnungsfehler nur auf einzelne Positionen beziehen, bei deren einstweiliger Herausnahme aus der Abrechnung immer noch ein Guthaben zugunsten des Vermieters verbliebe

LG Hamburg DWW 1988, 147,
AG Neuß DWW 1994, 318 = WM 1995, 46 für die Heizkostenabrechnung.

Andererseits soll der Mieter nicht verpflichtet sein, eine fehlerhafte Betriebskostenabrechnung zu korrigieren und selbst den geschuldeten Saldo herauszurechnen. Lassen sich einzelne unrichtige Abrechnungspositionen ausgliedern und führt das nur zu einer rechnerischen Korrektur, so soll das Gericht hierzu berechtigt sein, anstatt den Vermieter mangels Fälligkeit des Saldos auf einen neuen Prozeß zu verweisen

LG Hamburg WM 1989, 28.

Eine Heizkostenabrechnung ist nicht schon dann nicht prüffähig und in ihrem Saldo deshalb nicht fällig, wenn der ihr zugrundegelegte Abrechnungszeitraum und der tatsächliche Ablesezeitraum um Wochen auseinanderfallen

OLG Schleswig – RE v. 4.10.1990 – DWW 1990, 355 = NJW-RR 1991, 78,
AG Köln ZMR 1995, 210 (LS).

Dem Mieter ist ein angemessener Zeitraum zur Überprüfung der Abrechnung 807
einzuräumen, ehe er in Verzug gerät. Dieser ist analog den Fristen in § 4 Abs. 2 MHG, § 10 Abs. 2 WoBindG zu bestimmen; denn eine betriebskostenbezogene Mieterhöhung würde erst nach Ablauf dieser Fristen wirken (s. auch § 20 Abs. 4 NMV),

vgl. Sternel PiG (1993), 83, 86;
AG Gelsenkirchen-Buer WM 1994, 549 für Prüfungsfrist von einem Monat.

Ergibt die Abrechnung ein Guthaben zugunsten des Mieters, so soll der Vermieter nicht berechtigt sein, hiergegen mit eigenen Forderungen **aufzurechnen**; dem stehe das Treuhandverhältnis bezüglich der Vorauszahlungen entgegen 808

LG Berlin GE 1994, 999.

Dem kann nicht gefolgt werden. Die Vorauszahlungen des Mieters sind Mietentgelt, das der späteren Leistungsbestimmung durch den Vermieter unterliegt. Das Guthaben des Mieters bildet eine gewöhnliche Geldforderung, für deren Privilegierung kein Anlaß besteht.

6. Kontrollrechte des Mieters

809 Der Saldo aus der Betriebskostenabrechnung wird nicht fällig, solange der Vermieter nicht die verlangte vollständige **Einsicht** in die **Originalbelege** der Abrechnung gewährt hat

AG Siegburg WM 1991, 598,
AG Brühl WM 1992, 201 für das Verlangen des Mieters nach Kopien der Belege,
AG Aachen MDR 1994, 271.

Zwar gehört die Vorlage von Belegen nicht zur formellen Ordnungsmäßigkeit der Abrechnung; jedoch steht dem Mieter ein **Zurückbehaltungsrecht** nach § 273 BGB zu, solange der Vermieter keine Belegeinsicht gewährt.

Dem Mieter ist eine Prüffrist von einem Monat zugebilligt worden

AG Gelsenkirchen-Buer WM 1994, 549.

810 Der Vermieter ist nicht generell verpflichtet, jedem Mieter auf dessen globale Anforderung hin alle vorhandenen Rechnungsbelege zu kopieren, sondern nur diejenigen, die jener konkret bezeichnet

AG Neubrandenburg WM 1994, 531.

Ebensowenig kann der Mieter Fotokopien der Originalbelege verlangen, wenn ihm die Einsicht in die Originale als der einfachere und für den Vermieter weniger belastende Weg möglich ist

OLG Düsseldorf DWW 1993, 261 = WM 1993, 411.

811 Das Recht des Mieters, die Belege einzusehen, ist nach überwiegender Meinung grundsätzlich am **Sitz des Vermieters** bzw. der Verwaltung auszuüben

AG Hannover WM 1987, 275,
AG Arnsberg DWW 1988, 52.

812 Es wirkt sich aber auch zu Lasten des Mieters aus: In der Rechtsprechung besteht die Tendenz, ein schlichtes Bestreiten der Kostenansätze etwa mit „Nichtwissen" durch den Mieter als unsubstantiiert anzusehen, wenn er nicht von seinem Einsichtsrecht Gebrauch gemacht hat

LG Berlin ZMR 1987, 380,
LG Hannover WM 1990, 228,
AG Köln und AG Helmstedt WM 1987, 275,
AG Bergisch Gladbach ZMR 1994 S. V Nr. 3.

Nach LG Kiel WM 1992, 696 sind allerdings Einwendungen des Mieters gegen eine Forderung aus einer Betriebskostenabrechnung im Prozeß nicht auf die in der Vorkorrespondenz erhobenen Beanstandungen beschränkt.

813 Der Mieter kann wegen unterlassener oder wegen nicht ordnungsmäßiger Abrechnung ein **Zurückbehaltungsrecht** an den Vorauszahlungen für die laufende Verbrauchsperiode ausüben, nicht dagegen am Grundmietzins

OLG Koblenz WM 1995, 154, s. auch Rdn. 798.

Beruft er sich wegen unrichtiger Abrechnung auf ein Zurückbehaltungsrecht, so soll er gehalten sein, eine konkrete Gegenrechnung aufzumachen

LG Düsseldorf DWW 1992, 26.

Verlangt der Mieter anstelle der Einsichtnahme die Überlassung von **Kopien**, so 814
kann der Vermieter hierfür einen Sonderaufwand berechnen (vgl. zur Höhe Rdn.
743, ferner Blank DWW 1992, 65).

Das Recht auf Einsicht in die Belege schließt das Recht auf Kopien gegen Kosten- 815
erstattung nicht aus
   AG Köln WM 1992, 201.

7. Korrektur unrichtiger Abrechnungen

In der Rechtsprechung besteht die Tendenz, jedenfalls dann von einem **deklarato-** 816
rischen Anerkenntnis auszugehen, wenn der Vermieter abgerechnet und der
Mieter diesen Saldo ausgeglichen hat; alsdann ist der Vermieter mit Nachforderungen aus geschlossen
   OLG Hamburg WM 1991, 599,
   AG Aachen WM 1994, 436,
   AG Köln ZMR 1994 S. X Nr. 6,
   ferner Klas WM 1994, 594;
   zur älteren Rechtsprechung s. die Vorauflage Rdn. 372.

Nach OLG Hamburg a.a.O. ist der **vorbehaltlose Ausgleich** als vertragliche
Vereinbarung anzusehen, welche ein Einverständnis mit dem Ergebnis und den
Modalitäten der Abrechnung zum Inhalt hat. Möglichkeiten einer nachträglichen
Korrektur sollen sich aber nach den Grundsätzen über den Wegfall der Geschäfts-
grundlage ergeben. Diese soll darin bestehen, daß wenigstens größenordnungs-
mäßig der errechnete Verbrauch dem tatsächlichen annähernd entspricht.

Fraglich ist, ob der **Einwendungsausschluß** auch zu Lasten des Mieters gilt. Das 817
wird zu verneinen sein, wenn die Unrichtigkeit der Abrechnung eine positive
Vertragsverletzung des Vermieters darstellt und der Mieter keinen Anlaß hatte,
dem Vermieter zu mißtrauen.

Hat der Vermieter bei der Abrechnung eine Rechnung übersehen, so soll er
berechtigt sein, die mit einem Guthaben zugunsten des Mieters abschließende
Abrechnung wegen Irrtums anzufechten
   LG Berlin MDR 1990, 550.

Dagegen ist der Irrtum des Vermieters als bloßer, die Anfechtung nicht rechtfer- 818
tigender Motivirrtum angesehen worden, weil er sich auf die Willensbildung,
nicht auf den Erklärungsinhalt selbst bezieht
   LG Kassel WM 1989, 582.

8. Verjährung und Verwirkung

a) Nachforderungen des Vermieters und Rückforderungsansprüche des Mieters 819
von nicht verbrauchten Vorauszahlungen **verjähren** entsprechend § 197 BGB
nach 4 Jahren,
   für Ansprüche des Vermieters: OLG Düsseldorf ZMR 1990, 411, 412,
   für Ansprüche des Mieters: OLG Hamburg – RE v. 19.1.1988 – NJW 1988, 1097, OLG
   Düsseldorf WM 1993, 411,
   OLG Hamm ZMR 1995, 294.

Für die **Berechnung des Fristbeginns** der Verjährung der Ansprüche ist auf die Erteilung der Abrechnung abzustellen

> BGH – RE v. 19.12.1990 – MDR 1991, 524 = WM 1991, 151 = ZMR 1991, 133 gegen KG WM 1990, 481 = ZMR 1990, 408.

820 b) An die **Verwirkung** werden von der obergerichtlichen Rechtsprechung strenge Anforderungen gestellt, was das sog. Umstandsmoment anbelangt. Allein deswegen, weil der Vermieter nicht binnen angemesener Frist abrechnet, tritt noch keine Verwirkung ein; der Mieter ist auch nicht schutzbedürftig, weil er auf Abrechnung klagen und die Leistung weiterer Vorauszahlungen verweigern kann

> BGH DWW 1984, 166 = NJW 1984, 1684 = WM 1984, 127,
> BGH – RE v. 11.4.1984 – BGHZ 91, 62 = WM 1985, 185, 187.

Es müssen vielmehr weitere Umstände hinzutreten, die den Schluß zulassen, der Schuldner (Mieter) habe bereits darauf vertrauen dürfen und auch darauf vertraut, daß der Gläubiger (Vermieter) die Forderung nicht mehr geltendmachen werde, und er sich entsprechend eingerichtet habe

> BGH a.a.O.,
> OLG Hamburg WM 1992, 76,
> OLG Düsseldorf DWW 1993, 261.

821 Allgemein hat der BGH zur Verwirkung von Ansprüchen ausgeführt:

> Beweisschwierigkeiten, denen der Schuldner ausgesetzt ist, wenn der Gläubiger nach längerer Zeit Ansprüche geltend macht, vermögen den Einwand der Verwirkung grundsätzlich nicht zu rechtfertigen; anderes kann allerdings gelten, wenn der Schuldner im Vertrauen darauf, daß der Gläubiger nach Ablauf eines längeren Zeitraums mit Ansprüchen nicht hervortreten werde, Beweismittel vernichtet hat.
> Das durch Richterrecht geschaffene Institut der Verwirkung darf in seiner Anwendung nicht dazu führen, daß die gesetzliche Verjährungsregelung in weitem Maße unterlaufen wird
>
> BGH – Urt. v. 26.5.1992 – MDR 1993, 26.

822 Die Rechtsprechung der unteren Gerichte ist demgegenüber häufig großzügiger. So ist Verwirkung angenommen worden, wenn der Vermieter über die Nebenkosten 1983/84 erst im Oktober 1985 abrechnet, während das Mietverhältnis schon im Oktober 1984 endete und der Mieter ausgezogen ist

> LG Essen WM 1989, 399,
> vgl. auch LG Mannheim ZMR 1990, 378,
> LG Berlin ZMR 1992, 543.

Zur Verwirkung bei preisgebundenem Wohnraum s. Rdn. 824.

9. Besonderheiten bei preisgebundenem Wohnraum

823 Die Mitteilungspflicht des Vermieters über Art und Höhe der umzulegenden Betriebskosten nach § 20 Abs. 1 S. 3 NMV erfordert, daß der Mieter eine Information über die Höhe jeder einzelnen Betriebskostenposition erhält. Es genügt nicht, wenn dem Mieter lediglich die Gesamtbelastung mitgeteilt wird. Ist die Betriebskostenbelastung nicht spezifiziert angegeben, so hat dies zur Folge, daß der Vermieter über die geleisteten Vorauszahlungen hinaus keine Nachforderungen geltendmachen kann

> LG Mannheim WM 1994, 693 = ZMR 1994 S. IV Nr. 26.

Der Vermieter kann nur den Betrag hinsichtlich der im Mietvertrag ausgewiesenen Betriebskosten umlegen. Für künftige Abrechnungen kann er die Mitteilung nachholen. Hat er Betriebskosten entgegen der Mitteilung nach § 20 Abs. 1 S. 3 NMV in die Abrechnung eingestellt, so kann die Abrechnung insoweit als (neue) Mitteilung angesehen werden 823a

LG Mannheim a.a.O.,
LG Berlin MM 1995, 65.

Für Mietverhältnisse über preisgebundenen Wohnraum ist zu beachten, daß der Vermieter nach fruchtlosem Ablauf der Abrechnungfrist von 12 Monaten mit Nachforderungsansprüchen ausgeschlossen ist (§ 20 Abs. 3 NMV in der Fassung der VO vom 20.8.1990, BGBl. I, 1813, s. dazu Rdn. A 191).

Die **Ausschlußwirkung** soll nicht eintreten, wenn der Vermieter nach einem einschlägigen Rechtsstreit zwischen den Parteien die Betriebskostenabrechnung unverzüglich erstellt und dem Mieter zuleitet 824

AG Köln WM 1995, 399.

Sie gilt wegen der Spezialität der Sonderregelung nicht für den bisher nach § 11 Abs. 2 MHG preisgebundenen Wohnraum in den neuen Ländern,

a.A. AG Potsdam GE 1995, 1213.

Dem Vermieter ist versagt worden, die Betriebskostenabrechnung nach Ablauf der Abrechnungsfrist zu berichtigen, da anderenfalls die Ausschlußwirkung umgangen werden könnte,

LG Berlin MM 1994, 281,
AG Neukölln MM 1994, 105,
AG Tiergarten MM 1994, 213.

10. Besonderheiten der Heizkostenabrechnung

Sind sich die Parteien über eine von der HeizkostenV abweichende Gestaltung ihrer Vertragsbeziehungen einig, so gilt diese Regelung, bis sich eine Vertragspartei (mit Wirkung für die Zukunft) auf die Bestimmungen der HeizkostenV beruft und eine verbrauchsabhängige Abrechnung verlangt 825

LG Berlin MM 1994, 279 = WM 1995, 192,
vgl. auch Lammel HeizkostenV § 2 Rdn. 6.

Die Unverhältnismäßigkeit des Kostenaufwandes i.S. von § 11 Abs. 1 Nr. 1a HeizkostenV läßt sich nur aufgrund eines Vergleichs der Kosten für die **Installation der Meßgeräte** sowie des Meß- und Abrechnungsaufwandes mit der möglichen Einsparung von Energiekosten feststellen 826

BGH MDR 1991, 630 = NJW-RR 1991, 647 = WM 1991, 282.

Unverhältnismäßig hohe Kosten, die eine verbrauchsabhängige Abrechnung der Heizkosten entbehrlich machen, sind jedenfalls dann gegeben, wenn in einem 10-Jahres-Vergleich die Kosten für die Installation der Meßgeräte sowie für deren Wartung und Ablesung die voraussichtliche Einsparung von Energiekosten übersteigen

KG WM 1993, 300,
BayObLG WM 1993, 753,
vgl. auch LG Hamburg WM 1992, 490.

827 Die Erschwernis, Heizkostenverteiler dort anzubringen, wo die Heizkörper verkleidet sind, ist kein technischer Hinderungsgrund i.S. von § 11 Abs. 1 Nr. 1a HeizkV

LG Hamburg WM 1992, 259.

828 In die Heizkostenabrechnung dürfen nur die Kosten eingestellt werden, die in der Abrechnungsperiode tatsächlich angefallen sind; unerheblich ist das Datum der Rechnung oder der Zahlung. Das gilt auch für die Lieferung von Fernwärme

AG Neuß DWW 1993, 296,

vgl. auch AG Köln ZMR 1995, 210: Die Abrechnung der Heizkosten, die zum Teil aufgrund eines periodenfremden, also außerhalb des der Heizkostenabrechnung zugrundeliegenden Abrechnungsjahrs erfolgten Verbrauchs entstanden sind, ist nicht unzulässig. Hieraus erwachsen dem Mieter keine Nachteile, da ihm die Phasenverschiebung im weiteren Verlauf des Mietverhältnisses wieder zugute kommt.

829 **Leasingkosten** für Heizkostenverteiler sind nur nach Maßgabe des § 4 Abs. 2 S. 2 HeizkV (Anzeigepflicht des Vermieters, kein mehrheitlicher Widerspruch der Mieter) zulässig. Die Anzeige des Vermieters ist nicht formbedürftig und bedarf keiner weiteren Erläuterung oder Begründung

AG Neuß DWW 1994, 318 = WM 1995, 46,
AG Hamburg WM 1994, 695.

Ein Aushang im Treppenhaus reicht aber nicht aus (AG Neuß a.a.O.). Der Ansatz der Leasingkosten kann gegen das Gebot der Wirtschaftlichkeit verstoßen (AG Hamburg a.a.O., wenn die Leasingkosten ein Viertel der Energiekosten der Heizungsanlage ausmachen).

829a Kosten des **Austausches** von Geräten zur Verbrauchserfassung sind weder Modernisierungskosten noch Kosten aufgrund von Umständen, die der Vermieter nicht zu vertreten hat; anders kann es sich insbesondere dann verhalten, wenn der Vermieter wegen der Modernisierung der Heizungsanlage die Heizkostenverteiler umrüsten muß,

vgl. dazu Sternel PiG 45 (1995), 45, 74.

830 Ob die Kosten der **Öltankreinigung** als Betriebskosten i.S. von § 7 HeizkV oder als nicht umlagefähige Instandhaltungskosten anzusehen sind, ist streitig,

für letzteres: AG Wennigsen WM 1991, 358,
AG Karlsruhe WM 1992, 139.

831 Der Vermieter muß Bedenken gegen die **Plausibilität** der Kostenansätze ausräumen. Erhöht sich der Heizkostenverbrauch gegenüber den Vorjahren und den Folgejahren um fast das Doppelte, so trifft den Vermieter die Beweislast für die Umstände, die zum Mehrverbrauch geführt haben. Lassen sich keine vernünftigen Gründe angeben, so braucht der Mieter die auf den Mehrverbrauch entfallenden Kosten nicht zu tragen

LG Düsseldorf DWW 1995, 286.

Weicht das Schätzergebnis für den **Betriebsstrom** der Heizungsanlage erheblich von den üblichen Werten ab, so muß der Vermieter die Schätzgrundlagen offenlegen

AG Hamburg WM 1991, 50.

Wird durch vermieterseits gestellte Heizkörperverkleidungen die Wärmeabgabe der Heizkörper am Verdunstergerät verfälscht erfaßt und die Funktion von Thermostatventilen (mit Fernfühlern) gestört, so fehlt es an der **ordnungsmäßigen Verbrauchserfassung**, um eine Heizkostenabrechnung verbrauchsabhängig erstellen zu können 832

LG Hamburg WM 1991, 561.

Werden die Meßgeräte in unterschiedlicher Höhe an den Heizkörpern angebracht, so verfälscht das die Werte und damit das Ergebnis der Abrechnung

AG Eschweiler WM 1993, 135.

In den beiden zuletzt genannten Fällen ist die dem Mieter erteilte Heizkostenabrechnung insgesamt – nicht etwa nur der verbrauchsabhängig ermittelte Anteil – nach § 12 Abs. 1 HeizkV um 15% zu kürzen.

Fehlerhafte Heizkostenverteiler führen aber nur dann dazu, die Heizkostenabrechnung zu verwerfen, wenn der Fehler sich zum Nachteil des Mieters auswirken kann und nicht korrigierbar ist. Überdimensionierte Heizkörper oder ein nicht normgerechter Heizwasserumlauf, die weder die Erfassung des Wärmeverbrauchs verfälschen noch unnötig Heizenergie verbrauchen, sind für die Heizkostenabrechnung unbeachtlich 833

LG Hamburg WM 1990, 561.

Für das Mietrecht ist auch die folgende Entscheidung aus dem Wohnungseigentumsrecht wichtig: 834

Der sich aus der Lage und den baulichen Besonderheiten einer Wohnung ergebende größere Wärmebedarf ist grundsätzlich nicht durch Zu- und Abschläge bei der Heizkostenabrechnung unter den anderen Wohnungseigentümern auszugleichen. Führt die der HeizkostenV entsprechende Abrechnung jedoch wegen der besonderen Umstände des Einzelfalles zu einer nach Treu und Glauben unzumutbaren Mehrbelastung eines Wohnungseigentümers, so kann dieser eine Änderung der Abrechnung verlangen. Hierbei ist ein strenger Maßstab anzuwenden

BayObLG WM 1993, 298.

Aus der Pflicht zur **Zwischenablesung** nach § 9b HeizkV folgt nicht die Pflicht zur Zwischenabrechnung bei Auszug des Mieters während der Heizperiode 835

AG Neuß WM 1991, 547,
AG Oberhausen DWW 1994, 24.

Umstritten ist, ob beim Auszug des Mieters während der Verbrauchsperiode die **Kosten** der Zwischenablesung von dem ausziehenden Mieter, vom ausziehenden und neuen Mieter anteilig, von allen Mietern oder vom Vermieter zu tragen sind. 836

AG Oberhausen DWW 1994, 24: Einstellen der Kosten in die Gesamtabrechnung für alle Mieter der Abrechnungseinheit,
AG Münster ZMR 1994, 371: Kostentragung durch den Vermieter,
AG Lörrach WM 1993, 68: die Kosten sind jedenfalls nicht vom vertragstreuen Mieter zu tragen;
AG Coesfeld WM 1994, 696: die Kosten trägt grundsätzlich der weichende Vormieter,
vgl. auch Harsch WM 1991, 521, Schmid und Ropertz WM 1992, 291, Rudolph MDR 1995, 227.

Nach hier vertretener Auffassung zählen die Kosten der Zwischenablesung zu denen der Verbrauchserfassung nach § 7 Abs. 2 HeizkV. Da sie nutzerbezogen ermittelt werden können, sind sie grundsätzlich vom ausziehenden Mieter zu tragen und nicht über die Gesamtabrechnung allen Mietern aufzuerlegen. Hat der Vermieter Anlaß zu Vertragsbeendigung gegeben – etwa infolge einer Mieterkündigung nach §§ 542, 544 oder 554a BGB –, so kann der Mieter Ersatz dieser Kosten verlangen und somit ihrem Ansatz mit der Arglisteinrede begegnen (vgl. Sternel PiG 45 [1995], 73).

IX. Schönheitsreparaturen

1. Leitlinien der Rechtsprechung des BGH

837 Die im Zusammenhang mit Schönheitsreparaturen auftretenden Rechtsprobleme sind durch die Rechtsprechung des BGH der letzten Jahre im wesentlichen geklärt. Das betrifft die Frage der Überbürdung der laufenden Schönheitsreparaturen und die Verpflichtung zu deren Durchführung auch bei Überlassung einer unrenovierten Wohnung

BGHZ 92, 363 = NJW 1985, 480,
BGHZ 101, 253 = NJW 1987, 2575,

die Verpflichtung zum Schadensersatz nach § 326 BGB

BGH NJW 1977, 36,
BGHZ 92, 363, BGH DWW 1995, 279.

sowie die Geltung einer Quotenhaftungklausel, selbst bei Überlassung einer unrenovierten Wohnung

BGHZ 105, 71 = NJW 1988, 2790,

schließlich die Zubilligung eines Ausgleichsanspruchs im Wege ergänzender Vertragsauslegung

BGHZ 92, 363 = NJW 1985, 480.

838 Die Rechtsprechung des BGH ist von folgenden Leitgedanken geprägt:
- Die Durchführung von Schönheitsreparaturen ist eine **Hauptpflicht**; daran ändert nichts, daß sie auf den Mieter übertragen wird. Das wirkt sich auf die Voraussetzungen für einen Schadensersatzanspruch wegen unterlassener Schönheitsreparaturen aus.
- Die Übertragung auf den Mieter hat **Entgeltcharakter**; die Übernahme der Schönheitsreparaturen ist also Teil des geschuldeten Mietzinses. Darin liegt das wesentliche Argument für die Zulässigkeit formularmäßiger Überbürdung der laufenden Schönheitsreparaturen auf den Mieter; außerdem bietet es die Grundlage für die Rechtfertigung der Quotenhaftungklausel sowie der Zubilligung eines Ausgleichsanspruchs.
- Die Übertragung von Schönheitsreparaturen auf den Mieter bezweckt nicht nur, die während der Mietzeit für Schönheitsreparaturen anfallenden Kosten auf den Mieter abzuwälzen, sondern dient auch dazu, den Vermieter bei **Neuvermietung** der Notwendigkeit zu entheben, Schönheitsreparaturen auf eigene

Kosten vornehmen zu müssen. Dadurch wird der vom Mieter bei Rückgabe geschuldete Zustand vorgezeichnet. Eine abweichende Wertung ergibt sich aber dann, wenn ein Fristenplan gilt.

Schönheitsreparaturen umfassen grundsätzlich nur die Beseitigung solcher Mängel, die durch den **vertragsgemäßen Gebrauch** der Mietsache herbeigeführt worden und nicht vom Mieter zu vertreten sind; hat dagegen der Mieter die Grenzen des vertragsgemäßen Gebrauchs überschritten und dadurch die Mietsache beschädigt, so haftet er aus positiver Vertragsverletzung

BGH NJW 1991, 2416, DWW 1995, 279.

Damit wird der Anwendungsbereich des § 326 BGB (s. Rdn. 868 f.) erheblich eingeschränkt, andererseits aber auch die Rechtsprechung des BGH zur „Verdoppelung der Verjährungsfrist" (s. Rdn. 1387).

Siehe auch

Krämer WM 1991, 237: Die Schönheitsreparaturen in der höchstrichterlichen Rechtsprechung,
Wolf WPM 1990, 1769: Schönheitsreparaturen an Mieträumen ... nach der Rechtsprechung des BGH.

2. Übertragung der Schönheitsreparaturen auf den Mieter

Geklärt ist, daß die formularmäßige Überbürdung der **Schlußrenovierung** ohne Rücksicht auf die Durchführung von laufenden Schönheitsreparaturen während der Mietzeit unzulässig ist 839

OLG Hamm – RE v. 27.2.1981 – NJW 1981, 1049,
OLG Frankfurt – RE v. 22.9.1981 – NJW 1982, 453.

Das soll auch für Mietverhältnisse über Gewerberäume gelten

LG Hamburg MDR 1993, 533 = WM 1994, 675 („*Rückgabe komplett renoviert*").

Aber auch die formularmäßige Übertragung der **Anfangsrenovierung** auf den Mieter von Wohnraum hält einer Inhaltskontrolle nach § 9 AGBG nicht stand 840

OLG Hamburg – RE v. 13.9.1991 – MDR 1991, 1166 = WM 1991, 523 = ZMR 1991, 469.

In beiden Fällen wird der Mieter mit Renovierungsarbeiten belastet, ohne daß dem entsprechende Vermieterleistungen gegenüberstehen, weil sich die Renovierungsmaßnahmen auf einen Abnutzzeitraum außerhalb des vertraglichen Mietgebrauchs beziehen und auswirken.

Dagegen ist die – auch formularmäßige – Überbürdung der Anfangsrenovierung auf den Mieter von Gewerberaum für zulässig gehalten worden

KG GE 1995, 1011.

Nach nunmehr herrschender Meinung ist die formularmäßige Übertragung der **laufenden Schönheitsreparaturen** auf den Mieter zulässig 841

BGH – RE v. 30.10.1984 – BGHZ 92, 363,
BGH – RE v. 1.7.1987 – BGHZ 101, 253,
BGH – RE v. 6.7.1988 – BGHZ 105, 71.

Dies wird im wesentlichen damit begründet, daß die Schönheitsreparaturen in der Regel in die Miete einkalkuliert sind (**Preisargument**) und daß die Übertragung der **Verkehrssitte** enspricht (was der BGH übrigens für die Übertragung der sog. Kleinreparaturen auf den Mieter verneint). Dem Umstand, daß in der Klausel die durchzuführenden Arbeiten und die Fälligkeitszeiträume nicht angegeben sind, kann nach Meinung des BGH durch Auslegung begegnet werden: Für den **Umfang** gelte im Zweifel § 28 Abs. 4 II. BV; hinsichtlich der Fristen kann im Wege der ergänzenden Vertragsauslegung auf den **Fristenplan** im Mustermietvertrag '76 zurückgegriffen werden. Die Verpflichtung zur Durchführung laufender Schönheitsreparaturen gilt auch, wenn dem Mieter eine **unrenovierte Wohnung** übergeben worden ist; jedoch ist er zur Renovierung bei Vertragsende nur unter den folgenden Voraussetzungen verpflichtet:

– Zwischen den Parteien gilt ein Fristenplan,

– der Fristenlauf beginnt mit dem Mietverhältnis,

– die Fristen sind bei Mietende (mindestens einmal) abgelaufen,

BGH – RE v. 1.7.1987 – BGHZ 101, 253 = NJW 1987, 2575.

842 Nicht eindeutig geklärt ist, wann eine Wohnung als „unrenoviert" anzusehen ist. Da der Mieter keinen Anspruch auf Übergabe einer frisch renovierten Wohnung hat (BGH ZMR 1982, 180, KG DWW 1987, 156), ist angenommen worden, daß „frisch renoviert" mit „vertragsgerecht renoviert" gleichgesetzt werden könne. Die Wohnung müsse sich in einem solchen Zustand befinden, daß der Mieter nicht alsbald zu renovieren brauche

LG Hamburg MDR 1986, 938.

Nach Auffassung des

OLG Stuttgart NJW-RR 1989, 520

braucht die Wohnung zwar nicht zum Einzug bzw. Beginn des Mietverhältnisses renoviert zu sein, muß aber immerhin „kurz zuvor" gerichtet worden sein, um als frisch renoviert zu gelten. Eine Wohnung, die ein viertel Jahr vor Einzug des Mieters renoviert, dann aber noch einem Vormieter überlassen worden ist, ist nicht als „frisch renoviert" gewertet worden

LG Karlsruhe WM 1990, 201.

843 Verzichtet der Mieter auf die Überlassung renovierter Räume, so liegt darin noch nicht die Übernahme der Pflicht zur Erstrenovierung

LG und OLG Köln WM 1989, 502,

wohl aber der Verzicht auf den Anspruch gegenüber dem Vermieter auf Durchführung der **Anfangsrenovierung**

LG Berlin ZMR 1990, 420.

Er kann dann gegenüber dem Vermieter auch nicht mehr einwenden, daß die Wohnung bei Mietbeginn nicht renoviert gewesen ist

LG Essen ZMR 1991, 70.

Will er sich den Anspruch auf eine Anfangsrenovierung der Wohnung gegenüber dem Vermieter vorbehalten, so muß er dies bei Abschluß des Mietvertrages tun.

844 Die Formulierung in einer Individualvereinbarung, daß Schönheitsreparaturen „*zu Lasten*" des Mieters gehen, enthält nicht nur eine Freizeichnung des Vermieters, sondern eine Pflichtenüberbürdung auf den Mieter

Schönheitsreparaturen Rdn. 845–849

OLG Köln ZMR 1991, 217 unter Hinweis auf
BGHZ 92, 369 und OLG Koblenz ZMR 1989, 464.

Das Gleiche ist für die Formularklausel

„Schönheitsreparaturen werden vom Mieter getragen"

angenommen worden

OLG Karlsruhe – RE v. 16.4.1992 – NJW-RR 1992, 969 = WM 1992, 349 = ZMR 1992, 337.

Hat der Mieter nach dem Mietvertrag die Räumlichkeiten ordnungsmäßig und 845
schonend zu behandeln und bei Mietende in dem aus einer ordnungsmäßigen
Benutzung sich ergebenden Zustand zurückzugeben, so liegt hierin noch nicht
die Überbürdung der dem Vermieter obliegenden Erhaltungslast

OLG Düsseldorf DWW 1992, 365.

Hat der Mieter vertraglich keine ausdrückliche Auszugsrenovierung, sondern 846
lediglich die regelmäßige Vornahme der Schönheitsreparaturen übernommen
und sich verpflichtet, bei Beendigung der Mietzeit die Räume in bezugsgeeigne-
tem Zustand zu übergeben, so bedeutet das zwar nicht, daß bei Auszug stets eine
vollständige Renovierung zu erfolgen hat; ob und inwieweit die Räume aber
einem Nachmieter bezugsfertig übergeben werden können, ist anhand der konkreten Umstände des Einzelfalles zu beurteilen

OLG Düsseldorf WM 1994, 323 = ZMR 1994, 259, s. auch Rdn. 866.

Fehlt eine ausdrückliche Vereinbarung, hat der Mieter aber die laufenden Schön- 847
heitsreparaturen jahrelang auf eigene Kosten durchgeführt, so wird darin weniger
die Übernahme einer Verpflichtung zur Durchführung von Schönheitsreparaturen zu sehen sein als vielmehr eine sog. **Freistellungsabrede** zugunsten des Vermieters

LG Berlin WM 1989, 232,
AG Baden-Baden DWW 1988, 52.

Hat sich der Vermieter zur Renovierung der Mieträume nach deren Sanierung 848
verpflichtet, so werden hiervon auch die Malerarbeiten erfaßt. Die vom Mieter
übernommene Pflicht zur Durchführung von Schönheitsreparaturen betrifft die
Räume erst im renovierten Zustand

OLG Nürnberg WM 1993, 121.

3. Inhalt und Umfang der laufenden Schönheitsreparaturen

Ist der Umfang der Schönheitsreparaturen nicht anderweitig vertraglich be- 849
stimmt, so dient die Begriffsbestimmung in § 28 Abs. 4 II. BV als **Auslegungsrichtlinie**

BGH – RE v. 30.10.1984 – BGHZ 92, 363.

Nicht hierzu gehört die Erneuerung eines infolge vertragsgemäßen Gebrauchs
verschlissenen Teppichbodens

OLG Hamm – RE v. 22.3.1991 – WM 1991, 219 = ZMR 1991, 248;
anders OLG Düsseldorf WM 1989, 508 bei Vermietung von Gewerberaum,
aber wiederum einschränkend NJW-RR 1990, 1162 für einen vom Mieter selbst eingebrachten Teppichboden,

oder das Abschleifen des Parketts (LG Köln WM 1994, 200, AG Freiburg WM 1989, 233). Dagegen zählen geringfügige Ausbesserungsarbeiten, die vom Malergewerk mit erfaßt werden, zu den Schönheitsreparaturen (KG GE 1981, 1065).

850 Wird dem Mieter formularmäßig ein **Übermaß** an Schönheitsreparaturen auferlegt, so ist die Klausel insgesamt unzulässig

LG Köln WM 1989, 70, 506 für Abschleifen von Parkett, Ausbessern von Putzschäden sowie Schäden am Bodenbelag und einen zu knapp bemessenen Fristenplan.

Eine Formularklausel, nach der der Mieter verpflichtet ist, bei Auszug die **Teppichböden** durch eine Fachfirma auf eigene Kosten **reinigen** zu lassen, ist für unwirksam gehalten worden, soweit es die Durchführung durch Fachhandwerker betrifft

OLG Stuttgart – RE v. 19.8.1993 – NJW-RR 1993, 1422 = WM 1993, 528 = ZMR 1993, 513.

851 Das gleiche gilt für eine Klausel, die dem Mieter bei Auszug auferlegt, bei möglichem Überstreichen von **Rauhfasertapete** einen anteiligen Betrag für die später durchzuführende Neutapezierung zu zahlen, wenn sich die Renovierungspflicht des Mieters auch auf die Tapete bezieht

AG Neuss WM 1990, 144,
AG Bielefeld WM 1990, 497 hält eine entsprechende Formularklausel sogar für sittenwidrig.

Die formularmäßige Regelung einer sog. Tapetenabwohnpauschale für den Verschleiß einer erst künftig zu überstreichenden Rauhfasertapete ist unzulässig, wenn der Mieter die laufenden Schönheitsreparaturen übernommen hat

AG Köln WM 1991, 579.

852 Die Pflicht zur Durchführung der laufenden Schönheitsreparaturen bezieht sich nur auf die **Beseitigung eigener Gebrauchsspuren**, nicht auf die Behebung von Dekorationsschäden aufgrund von Dritteinwirkungen

BGH ZMR 1987, 257 für Brandschäden,
ebenso BGH DWW 1995, 279,
LG Köln WM 1991, 87,
LG Mannheim ZMR 1993 S. XIV Nr. 8 bei Leckageschäden.

Gleichwohl soll er verpflichtet sein, derartige Schäden zu beheben, wenn die von ihm übernommenen Schönheitsreparaturen ohnehin fällig geworden sind (vgl. LG Aachen WM 1991, 341). Das kann aber nicht für etwa anfallende Mehrarbeiten gelten und auch nicht für den Fall, daß Vorarbeiten erforderlich sind, die nicht zu den laufenden Schönheitsreparaturen zählen.

853 Vergilbungen und Nikotinablagerungen infolge starken Rauchens zählen nach hier vertretener Auffassung nicht mehr zur vertragsgemäßen Abnutzung, sondern müssen vom Mieter auf jeden Fall entfernt werden,

so auch AG Rosenheim WM 1995, 583;
a.A. LG Köln WM 1991, 578.

854 Der Mieter kann zwar die geschuldeten Arbeiten selbst ausführen, das besagt aber nicht, daß er nur Hobby-Qualität mittlerer Art und Güte schuldet, die unter dem fachhandwerklichen Niveau liegen dürfte

LG Kassel WM 1989, 135,
AG Köln WM 1989, 136,
vgl. auch Lützenkirchen WM 1988, 380;
a.A. LG Wiesbaden WM 1992, 602: es genügt ein insgesamt ordnungsmäßiger Standard, ohne daß ein Maßstab für Fachhandwerker angelegt werden kann.

Bei **Schlechtausführung** haftet er auf Schadensersatz wegen positiver Vertragsverletzung; das gilt auch, wenn er zur Durchführung von Schönheitsreparaturen an sich nicht verpflichtet gewesen wäre 855

LG Düsseldorf DWW 1989, 392,
LG Berlin GE 1995, 115.

Fachhandwerkerklauseln sind unwirksam; sie lassen sich nicht dahin auslegen, daß der Mieter nur fachmännische Arbeit schuldet. Jedoch ergreift die Unwirksamkeit nicht die Verpflichtung des Mieters zur Durchführung von Schönheitsreparaturen an sich 856

OLG Stuttgart – RE v. 19.8.1993 – WM 1993, 528,
vgl. auch LG Köln WM 1991, 87,
LG Stuttgart NJW-RR 1991, 1110 = ZMR 1991, 301, 442.

Die Klausel kann nicht dadurch aufrechterhalten werden, daß die Worte „durch Fachhandwerker" nachträglich gestrichen werden

LG Stuttgart NJW-RR 1992, 454.

Auch eine Individualvereinbarung, nach der der Mieter die Schönheitsreparaturen durch eine bestimmte Fachfirma ausführen lassen muß, ist wegen wirtschaftlicher Knebelung nach § 138 Abs. 1 BGB als unwirksam angesehen worden

LG Koblenz WM 1992, 431.

Umstritten ist, ob es bei Beurteilung des vom Mieter bei Mietende geschuldeten Zustandes auf die von ihm gewählte **farbliche Gestaltung** ankommt. Das wird man dann verneinen müssen, wenn man mit dem BGH den Zweck der Überbürdung von Schönheitsreparaturen auch darin sieht, die Renovierungskosten bei der Anschlußvermietung zu sparen, 857

vgl. etwa OLG Düsseldorf WM 1994, 323 = ZMR 1994, 259,
LG Aachen DWW 1988, 46,
LG Berlin GE 1995, 115: blau lackierte Fensterrahmen,
LG Berlin GE 1995, 249: Wandanstriche in türkis, lila, rot und schwarz,
AG Schwandorf DWW 1988, 217;
anders LG Münster WM 1988, 110.

Zu einer abweichenden Beurteilung gelangt man, wenn man lediglich darauf abstellt, daß der Mieter bei Vertragsende Schönheitsreparaturen nur insoweit schuldet, als er sie auch bei fortbestehendem Mietverhältnis hätte erbringen müssen. 858

Nach anderer Auffassung ist zwischen Gewerbe- und Wohnraummiete zu unterscheiden: bei der Wohnraummiete sollen Schönheitsreparaturen nicht wegen vorrangig geschmacklicher Beanstandungen verlangt werden dürfen, das gelte jedoch nicht für die Vermietung von Gewerberäumen, 859

KG GE 1995, 1011 für tiefblauen Decken- und Wandanstrich.

Eine individuell ausgehandelte Vereinbarung, nach der der Mieter bei Beendigung des Mietverhältnisses die Wohnung in weiß bzw. hell gestrichenem Zustand zurückzugeben hat, ist wirksam und bedeutet, daß die gesamte Wohnung einheitlich hell und neutral gestrichen sein muß

LG Hamburg HmbGE 1990, 457.

Dagegen sind entsprechende formularmäßige Farbwahlklauseln unwirksam, weil sie den Mieter zur Durchführung von Renovierungsmaßnahmen selbst dann verpflichten, wenn laufende Schönheitsreparaturen noch nicht fällig wären. Jedenfalls können sie als überraschend gewertet werden

AG Freiburg WM 1989, 561.

4. Fälligkeit

860 Die formularmäßige Vereinbarung von **Fristenplänen** ist wirksam

BayObLG – RE v. 9.7.1987 – NJW-RR 1987, 1298.

Wichtig ist jedoch, daß die Klausel einen Spielraum vorsieht, damit die Frist nach den gegebenen Umständen verlängert oder abgekürzt werden kann. Andernfalls könnte sie gegen § 11 Nr. 15 b AGBG verstoßen. Auch muß sich ein **Fristenplan** an den üblichen Renovierungsfristen ausrichten. Sieht ein formularmäßiger Fristenplan unangemessen kurze Fristen vor, so ist die Regelung unwirksam; eine geltungserhaltende Reduktion auf noch angemessene Fristen ist unzulässig

LG Aachen ZMR 1988, 60, LG Hamburg WM 1992, 476 für Fristenpläne von 3 Jahren, ferner LG Köln WM 1989, 70, 506.

Nach LG Hamburg WM 1992, 476 erfaßt die Unwirksamkeit nicht nur den Fristenplan sondern die gesamte Klausel über die Übertragung von Schönheitsreparaturen.

861 Die Formulierung „in den üblichen Zeitabständen je nach dem Grad der Abnutzung oder Beschädigung" enthält keine unzulässige Regelung, daß Schönheitsreparaturen „bei Bedarf" auszuführen sind (s. Rdn. 862), sondern ist nach dem Fristenplan im Mustermietvertrag '76 auszulegen

OLG Hamburg – RE v. 13.9.1991 – NJW-RR 1992, 10 = WM 1991, 523.

Die Fristen im Mustermietvertrag '76 können auch dann als Auslegungsrichtlinie für die Fälligkeit von Schönheitsreparaturen herangezogen werden, wenn kein Fristenplan vereinbart ist

BGHZ 92, 363 = NJW 1985, 480.

862 Eine Klausel, nach der der Mieter **bei Bedarf** renovieren muß und ein Bedarf mindestens dann als gegeben gilt, wenn die in einem Fristenplan festgelegten Zeiträume verstrichen sind, ist (jedenfalls) dann für unwirksam angesehen worden, wenn dem Mieter eine unrenovierte Wohnung überlassen worden ist und der Vermieter zur Renovierung nicht verpflichtet ist

OLG Stuttgart – RE v. 17.2.1989 – NJW-RR 1989, 520,
ebenso LG Karlsruhe WM 1990, 201,
offengelassen von OLG Hamm WM 1994, 188 = ZMR 1994, 153 für Klauseln in Altverträgen aus der Zeit vor 1948.

Dabei wird an die in den Rechtsentscheiden des OLG Stuttgart vom 28.8.1984 (WM 1984, 266) und vom 6.3.1986 (NJW 1986, 2115) vertretene Rechtsauffassung angeknüpft, daß bei Vermietung einer nicht renovierten Wohnung die formularmäßige Überbürdung laufender Schönheitsreparaturen auf den Mieter unwirksam ist. Andererseits ist die Klausel, nach der Schönheitsreparaturen bei Erforderlichkeit, mindestens aber nach einem Fristenplan durchzuführen sind, dahin ausgelegt worden, daß die Regelung erst ab Mietbeginn gilt und erst dann die Renovierungsfristen laufen

OLG Frankfurt DWW 1990, 116 = WM 1990, 136.

Der BGH hat den Erlaß eines Rechtsentscheids zur sog. Bedarfsklausel bei Überlassung einer unrenovierten Wohnung abgelehnt, weil die Vorlagevoraussetzungen nicht gegeben waren. Er hat ausgeführt: Liegt es im Ermessen des Mieters, ob und in welchem Umfang er eine Anfangsrenovierung vornehmen will, so steht dem Vermieter ein Anspruch auf Anfangsrenovierung nicht zu. Eine entsprechende Klausel ist dahin zu verstehen, daß der Mieter trotz einer Bedarfs- und Fristenregelung weder eine Anfangsrenovierung schuldet noch ein bereits (bei Mietbeginn) angefallener Renovierungsbedarf zu seinen Lasten gehen soll 863

BGH WM 1990, 415 = ZMR 1990, 449.

Schönheitsreparaturen werden nicht **fällig**, wenn ohne die vorherige Durchführung von Instandsetzungsmaßnahmen eine Renovierung unzweckmäßig wäre 864

LG Berlin WM 1987, 147.

Endet das Mietverhältnis, so sollen Schönheitsreparaturen am Tag der Beendigung des Mietverhältnisses fällig werden

BGH ZMR 1989, 57,
vgl. auch OLG Düsseldorf MDR 1988, 497: Nicht durchgeführte turnusmäßige Renovierungen sind spätestens bei Auszug nachzuholen.

Gilt ein Fristenplan und sind die Fristen noch nicht abgelaufen, so schuldet der Mieter keine laufende Renovierung auf Grund vertragsmäßiger Abnutzung 865

BGH – RE v. 30.10.1984 – BGHZ 92, 363,
BGH – RE v. 1.7.1987 – BGHZ 101, 253.

Mithin kommt es bei Geltung eines Fristenplanes – und das müßte nach dem Rechtsentscheid des BGH vom 30.10.1984 bei formularmäßiger Überbürdung von Schönheitsreparaturen regelmäßig der Fall sein – für den Umfang der Renovierungspflicht nicht darauf an, ob die Wohnung einem Nachmieter als (noch)vertragsgemäß überlassen werden könnte. Hier erweist sich der wirtschaftliche Wert der sog. Quotenhaftungsklausel (vgl. Rdn. 888).

Bei Vermietung von **Gewerberaum** kann (auch formularmäßig) vereinbart werden, daß der Mieter die Mieträume in bezugsfertigem Zustand zurückzugeben hat. Das bedeutet nicht, daß er bei Auszug stets das Mietobjekt vollständig instandsetzen muß. Es genügt, daß der Vermieter in die Lage versetzt wird, dem Nachmieter die Räume in einem bezugsgeeigneten, vertragsgemäßen Zustand zu überlassen; dazu brauchen sie nicht neu hergerichtet zu werden 866

BGH NJW 1991, 2416 = WM 1991, 550,
s. auch LG Hamburg MDR 1993, 533 = WM 1994, 675: die Formularklausel
„Rückgabe komplett renoviert" ist auch bei Vermietung von Gewerberaum unwirksam.

867 Enthält ein Mietvertrag über Gewerberäume die Pflicht des Mieters zur Durchführung von Schönheitsreparaturen, ohne daß ein Fristenplan vorgesehen ist, so obliegt es dem Vermieter, substantiiert darzulegen, in welchen Zeiträumen üblicherweise bei derartigen Räumen Schönheitsreparaturen durchgeführt werden müssen und inwiefern die Räume überobligationsmäßig abgenutzt sind

OLG Köln NJW-RR 1994, 524.

5. Rechtsfolgen unterlassener Schönheitsreparaturen
a) Erfüllung und Schadensersatz

868 Abgesehen von der Erfüllung kann der Vermieter Schadensersatz nach § 326 BGB verlangen. Allerdings soll nach Auffassung des BGH § 326 BGB bei **fortbestehenden Mietverhältnissen** nicht unbeschränkt anwendbar sein. Vielmehr wird dem Vermieter nur ein Anspruch auf Zahlung eines **Vorschusses** in Höhe der erforderlichen Renovierungskosten eingeräumt, wenn sich der Mieter im Verzug mit den geschuldeten laufenden Schönheitsreparaturen befindet. Für den Verzug genügt die Mahnung; Nachfristsetzung und Ablehnungsandrohung sind entbehrlich. Andererseits soll § 326 BGB zum Tragen kommen, wenn der Vermieter die Schönheitsreparaturen bereits ausgeführt hat und Ersatz der aufgewendeten Kosten oder eines anderen Schadens begehrt

BGH DWW 1990, 266 = WM 1990, 494.

Demgegenüber hält LG Hamburg WM 1990, 65 die Regelung des § 326 BGB während der Mietzeit schlechthin für nicht anwendbar.

869 **Nach Beendigung** des Mietverhältnisses schuldet der Mieter für nicht durchgeführte Schönheitsreparaturen Schadensersatz nur unter den Voraussetzungen des § 326 BGB. Hiergegen läßt sich nicht einwenden, daß der Mieter dann nicht mehr berechtigt ist, das Mietobjekt zu betreten, um Schönheitsreparaturen durchzuführen (so aber OLG München DWW 1986, 16); denn die Bestimmung gibt dem Mieter nicht das Recht, noch zu erfüllen, sondern verpflichtet den Vermieter, dem Mieter noch eine Erfüllungsgelegenheit einzuräumen.

870 Die Regelung ist nicht anzuwenden, wenn der Mieter auf Schadensersatz wegen positiver Vertragsverletzung haftet. Das ist z.B. der Fall, wenn er Schönheitsreparaturen, zu deren Durchführung er nicht verpflichtet ist, nicht fachgerecht durchgeführt hat,

LG Berlin GE 1995, 115,
ferner LG Düsseldorf DWW 1989, 392,

oder Schönheitsreparaturen wegen vertragswidriger Nutzung erforderlich geworden sind

BGH DWW 1995, 279.

Zur Entbehrlichkeit von Nachfristsetzung und Ablehnungsandrohung, wenn der Mieter die Erfüllung endgültig abgelehnt hat, s. Rdn. 876.

b) Verzug und Abmahnung

Fraglich ist, ob der Vermieter den Mieter durch Mahnung noch gesondert in Verzug setzen muß, ehe er das Verfahren nach § 326 BGB betreibt. Nach Auffassung des 871

BGH WM 1989, 141, 142 = ZMR 1989, 57

gerät der Mieter mit den nicht durchgeführten Schönheitsreparaturen automatisch bei Beendigung des Mietverhältnisses in Verzug. Das kann jedoch nur bei ordentlicher Beendigung des Mietverhältnisses der Fall sein, nicht aber wenn das Mietverhältnis außerordentlich, insbesondere fristlos gekündigt wird. Allerdings können die verzugsbegründende Mahnung und die Abmahnung nach § 326 Abs. 1 BGB zu einer Erklärung zusammengefaßt werden (vgl. BGH NJW-RR 1990, 444).

Eine **Abmahnung** ist unwirksam, wenn sie vor Fälligkeit der geschuldeten Leistung – hier: Rückgabe der Miträume in vertraglich vereinbartem bezugsfertigen Zustand – erklärt wird

BGH NJW 1991, 2416.

Eine unwirksame Abmahnung kann allerdings im Rahmen der Wertung, ob später eine endgültige Erfüllungsvereinbarung des Mieters anzunehmen ist, beachtlich sein.

In der Abmahnung müssen die Mängel so spezifiziert werden, daß der Mieter erkennt, was von ihm verlangt wird, und überprüfen kann, ob das Verlangte gerechtfertigt ist. Die einzelnen Beanstandungen müssen so genau angegeben werden, daß er erkennen kann, inwieweit der Vermieter den Vertrag nicht als erfüllt ansieht 872

OLG Hamburg WM 1992, 70,
LG Hamburg WM 1990, 66,
LG Karlsruhe WM 1991, 88.

Dafür reicht in der Regel nicht aus, nur die geforderten Arbeiten aufzulisten. So genügt nicht die Aufforderung, „hinsichtlich der Schönheitsreparaturen die notwendigen Arbeiten auszuführen"

LG Berlin ZMR 1988, 177,
LG Berlin GE 1994, 1119: Angaben wie *„die Tapeten der Wohnung sind stark beschädigt und verschmutzt, ebenso der Farbanstrich der Türen und Türrahmen"* reicht nicht aus; einschränkend KG GE 1995, 1011: Ein Aufforderungsschreiben an den Mieter, daß *„die Renovierung der Räume einschließlich Fenster, Türen und Böden erfolgt, Heizkörper und Rohre gestrichen werden"*, ist hinreichend konkretisiert. Das soll jedenfalls gelten, wenn dem Schreiben die Zusammenstellung der gerügten Mängel nebst Fotodokumentation beigefügt ist.

Die Abmahnung muß sich auf die Behebung der Mängel beziehen. Die Aufforderung an den Schuldner, seine Erfüllungsbereitschaft binnen bestimmter Frist zu erklären, reicht nicht 873

OLG Düsseldorf DWW 1992, 339.

Die **Fristsetzung** muß so ausreichend sein, daß dem Mieter die Möglichkeit eröffnet wird, die Schönheitsreparaturen durchzuführen 874

LG Berlin GE 1988, 411.

875 Wird das Verfahren nach § 326 BGB nicht beachtet, unterläßt der Vermieter insbesondere, die **Ablehnung anzudrohen**, so wandelt sich der Erfüllungsanspruch nicht in einen Schadensersatzanspruch um,

vgl. BGHZ 104, 6, 10 = NJW 1988, 1778 = WM 1988, 272,
LG München I WM 1993, 346.

Erhebt der Vermieter gleichwohl Zahlungsklage (wegen des vermeintlichen Schadensersatzanspruchs), so unterbricht diese nicht die Verjährung des Erfüllungsanspruchs nach § 558 BGB. Ist die Verjährung eingetreten, so kann der Erfüllungsanspruch nicht mehr in einen Schadensersatzanspruch nach § 326 BGB umgewandelt werden; denn es fehlt schon am Verzug, weil die Verjährungseinrede ein dauerndes Leistungshindernis bildet

BGH a.a.O., dort auch zur Verjährung des Erfüllungsanspruchs nach § 558 BGB.

876 An eine **endgültige Erfüllungsverweigerung**, die Fristsetzung und Ablehnungsandrohung überflüssig macht, werden erhebliche Anforderungen gestellt. Im Hinblick auf die schwerwiegenden Folgen der Annahme einer Erfüllungsverweigerung muß außer Zweifel stehen, daß sich der Schuldner über das auf die vertragliche Leistung gerichtete Erfüllungsverlangen des Gläubigers klar ist und ohne Rücksicht auf die möglichen Folgen – gewissermaßen als sein letztes Wort – seine Weigerung zum Ausdruck bringt.

BGH – Urt. v. 21.10.1992 – NJW-RR 1993, 139 = WM 1992, 685 = ZMR 1993, 55.

Sie liegt vor, wenn der Mieter erklärt, keine der von ihm verlangten Arbeiten noch ausführen zu lassen

BGH ZMR 1989, 57.

Das gleiche gilt, wenn der Mieter in sonstiger Weise eindeutig zum Ausdruck bringt, keine Schönheitsreparaturen mehr auszuführen, und räumt, ohne Anstalten für die Vorbereitung oder Ausführung von Schönheitsreparaturen getroffen zu haben

BGH NJW 1991, 2416 = WM 1991, 550 = ZMR 1991, 420,

oder wenn er sich weigert, die im Abnahmeprotokoll anerkannten Schönheitsreparaturen auszuführen

LG Berlin ZMR 1992, 25.

877 Dagegen reicht nicht ohne weiteres, wenn der Mieter auszieht, ohne seine neue Anschrift mitzuteilen

LG Itzehoe WM 1989, 508;
anders bei offensichtlicher Renovierungsbedürftigkeit:
LG Berlin ZMR 1988, 464,

oder wenn der Mieter Schönheitsreparaturen ausgeführt hat und sich weigert, weitere Renovierungsarbeiten auszuführen, weil seine Arbeiten nach seiner Meinung ordnungsmäßig sind oder weil rechtliche Zweifel an der Renovierungspflicht bestehen

LG München I WM 1993, 346.

Nach OLG Hamburg WM 1992, 70 soll es im Falle des Auszuges des Mieters für die Endgültigkeit der Erfüllungsverweigerung auf die Umstände des Einzelfalles ankommen.

Das Abmahnverfahren nach § 326 Abs. 1 BGB ist auch zu beachten, wenn der 878
Mieter seine vertragliche Rückbaupflicht verletzt hat, sofern deren Erfüllung mit
erheblichem Aufwand verbunden ist
> BGHZ 104, 6, 10 = NJW 1988, 1778 = WM 1988, 272, BGH WM 1989, 376,
> OLG Hamburg WM 1992, 70, vgl. auch Rdn. 1289.

c) Schaden

Der Vermieter hat keinen Schadensersatzanspruch, wenn er den Schaden vor 879
Ablauf der gesetzten Frist selbst beseitigt hat
> LG Berlin GE 1988, 411.

Ebensowenig erlangt er einen Schadensersatzanspruch, wenn er das Verfahren
des § 326 BGB erst betreibt, nachdem der Nachmieter renoviert hat
> LG Wiesbaden WM 1987, 214.

Hat der Vermieter das Mietobjekt **veräußert**, ist ihm aber noch ein Schaden 880
wegen unterlassener Schönheitsreparaturen entstanden, so soll sich die Geldentschädigung nicht nach dem für die Wiederherstellung erforderlichen Aufwand richten; vielmehr ist auf die eingetretene Vermögensminderung abzustellen, wobei auch die fiktiven Kosten der Maßnahme herangezogen werden können
> OLG Düsseldorf MDR 1989, 262.

Eher erscheint beachtlich, ob der Vermieter infolge der unterlassenen Schönheitsreparaturen einen **Mindererlös** erzielt hat. Der unbefangenen Bewertung des Schadensersatzanspruchs steht aber die grundsätzliche Wertung des BGH entgegen, daß die Schönheitsreparaturen als Teil des Mietentgelts zu verstehen sind. Aus dieser Sicht würde die Verneinung eines Vermögensschadens zu einem ungerechtfertigten Vorteil des Mieters führen.

Der Vermieter kann zu den Kosten für die Behebung des Schadens auch die 881
fiktive **Mehrwertsteuer** verlangen, es sei denn, daß er vorsteuerabzugsberechtigt
ist
> KG GE 1995, 109.

Kosten für ein **Gutachten** können grundsätzlich als Schadensersatz verlangt 882
werden,
> KG GE 1995, 1011,
> a.A. LG Berlin GE 95, 115, das den Vermieter auf das Kostenfestsetzungsverfahren
> verweist.

Das gilt aber dann nicht, wenn nach Art der behaupteten Schäden ein Gutachten
nicht erforderlich war, sondern die Feststellungen auch von einem Laien hätten
getroffen werden können
> OLG Hamburg WM 1990, 75, 77,

oder wenn das Gutachten sich ganz überwiegend mit Mängeln an der Bausubstanz befaßt, die der Mieter nicht zu vertreten hat, und zu den Schönheitsreparaturen nur beiläufig pauschale Angaben enthält
> OLG Köln WM 1994, 274.

883 Um einen Ersatzanspruch wegen **Mietausfalls** zu begründen, muß der Vermieter darlegen, daß ein bestimmter Mietinteressent zu bestimmten Bedingungen abschlußbereit war

OLG Hamburg WM 1990, 77 Sp. 1.

In diesem Zusammenhang ist die Entscheidung

BGH WM 1982, 297

noch aktuell, nach der der Vermieter dafür sorgen muß, die Räume alsbald in einen bezugsfertigen Zustand zu versetzen, wenn er nicht gegen seine **Schadensminderungspflicht** verstoßen will.

884 Entgegen BGHZ 49, 56 f. (Urt. v. 15.11.1967) ist ein Schadensersatzanspruch des Vermieters verneint worden, wenn ein **Nachmieter** die Wohnung auf eigene Kosten renoviert hat. Angesichts der gegenwärtigen Wohnungsknappheit und der allgemein üblichen formularmäßigen Überbürdung der Schönheitsreparaturen auf den Mieter könne nicht mehr davon ausgegangen werden, daß eine unrenovierte Wohnung nicht zum Marktwert angeboten werden könne und ein besonderer Verhandlungsaufwand des Vermieters erforderlich sei, um den Nachmieter zur Übernahme von Schönheitsreparaturen zu veranlassen

LG Itzehoe WM 1992, 242,
AG Berlin-Tiergarten GE 1995, 501.

885 Ein Schadensersatzanspruch wegen unterlassener Schönheitsreparaturen ist ebenfalls verneint worden, wenn der Mieter dem Vermieter Nachmieter angeboten hat, die die Renovierung bei Einzug vornehmen wollten, was der Vermieter aber ohne Grund ablehnte; darin ist ein Verstoß gegen die Schadensminderungspflicht gesehen worden

LG Aurich WM 1991, 342.

Die Entscheidung ist bedenklich, weil der Mieter zur Gestellung eines Nachmieters grundsätzlich nicht berechtigt ist (vgl. Rdn. 74) und es dem Vermieter unbenommen bleiben muß, einem Nachmieter die Räume in vertragsgemäßem Zustand anzubieten. Dagegen bestehen keine Bedenken, daß Vor- und Nachmieter eine Schuldübernahme vereinbaren, der der Vermieter nach Treu und Glauben zustimmen muß.

d) Ausgleichsanspruch

886 Werden die vom Mieter geschuldeten Renovierungsmaßnahmen deshalb vollen Umfangs überflüssig, weil der Vermieter das Mietobjekt umgestalten will, so steht ihm nach neuerer Rechtsprechung ein Ausgleichsanspruch im Wege der ergänzenden Vertragsauslegung zu. Der Anspruch geht auf **Erstattung der ersparten Kosten**; dafür sind nicht die üblichen Handwerkerpreise, sondern die für eine Selbstvornahme anfallenden Kosten anzusetzen

BGHZ 92, 363 – RE v. 30.10.1984 unter Rückgriff auf BGHZ 77, 301 = NJW 1980, 2347,
OLG Düsseldorf ZMR 1988, 96, WM 1994, 323 = ZMR 1994, 259,
OLG Oldenburg – RE v. 21.2.1991 – WM 1992, 229;
verneinend LG Hannover WM 1994, 428, wenn nicht die gesamte Wohnung von den Umbaumaßnahmen betroffen ist und insoweit die Durchführung von Schönheitsreparaturen in einzelnen Raumteilen nicht sinnlos gewesen wäre.

Diese Auslegung wird maßgeblich darauf gestützt, daß die Durchführung der Schönheitsreparaturen einen Teil der laufenden Miete bildet. Fehlt eine solche Bindung zum Mietzins, so kommt die ergänzende Vertragsauslegung nicht zum Zuge
BGH NJW 1985, 2413 für Ersatz von Beschädigungen,
BGH NJW 1986, 309 für Schließen von Mauerdurchbrüchen.

Darüberhinaus wird im Wege der ergänzenden Vertragsauslegung eine Verpflichtung des Mieters von Gewerberaum zur Zahlung eines Ausgleichsbetrages auch dann angenommen, wenn der Mieter Instandhaltungsmaßnahmen schuldet, die aber durch den vom Vermieter geplanten Umbau wirtschaftlich sinnlos würden
OLG Düsseldorf ZMR 1994, 402.

887

Das erscheint nicht richtig; denn da derartige Arbeiten anders als Schönheitsreparaturen nicht regelmäßig anfallen, ist eine enge Verknüpfung mit dem Mietzins, wie vom BGH vorausgesetzt, hier nicht gegeben.

Ebensowenig kann die Konstruktion eines Ausgleichsanspruchs greifen, wenn Schönheitsreparaturen nur als Folge vertragswidrigen Gebrauchs geschuldet werden; denn auch hier fehlt es an der erforderlichen Wechselbezüglichkeit der Ansprüche.

6. Ersatzklauseln

Besondere Bedeutung hat die **Quotenhaftungsklausel** für den Fall, daß der Mieter bei Mietende noch keine Schönheitsreparaturen schuldet, weil der Fristenplan noch nicht abgelaufen ist. Derartige Klauseln sind im Grundsatz gebilligt worden
BGH – RE v. 6.7.1988 – BGHZ 105, 71 = NJW 1988, 2790,
jedoch mit folgender Einschränkung:

888

- Der Kostenvoranschlag, der für die Kostenverquotung maßgeblich sein soll, darf nicht ausdrücklich für verbindlich erklärt werden; dem Mieter muß also der Nachweis offen bleiben, daß die Arbeiten fachmännisch preisgünstiger erledigt werden können (andernfalls ist die Klausel unwirksam: LG Duisburg WM 1990, 201).
- Die für die Abgeltung maßgeblichen Fristen und Prozentsätze müssen sich am Verhältnis zu den üblichen Renovierungsfristen ausrichten.
- Dem Mieter darf nicht untersagt werden, seiner anteiligen Zahlungsverpflichtung dadurch nachzukommen, daß er vor dem Ende des Mietvertrages Schönheitsreparaturen in kostensparender Eigenarbeit ausführt; (anderenfalls ist die Klausel nach LG Stuttgart ZMR 1991, 301 unwirksam).

Gerade an letzterem Erfordernis dürften die gebräuchlichen Klauseln scheitern, weil sie häufig so formuliert sind, daß sie den Mieter über sein Recht zur Selbstvornahme „hinwegtäuschen". Sie verstoßen damit gegen das Transparenzgebot.

Derartige Klauseln sind auch bei Vermietung einer unrenovierten oder renovierungsbedürftigen Wohnung wirksam. Vorausgesetzt ist, daß die für die Berechnung der Quote maßgebenden Fristen nicht vor dem Anfang des Mietverhältnisses zu laufen beginnen (BGH a.a.O.).

889

890 Demgegenüber hält

OLG Stuttgart – RE v. 17.2.1989 – NJW-RR 1989, 520

eine Quotenhaftungsklausel für unwirksam, wenn zwar die für die Berechnung der Quote maßgebenden Fristen erst mit Beginn des Mietverhältnisses laufen, der Mieter aber zusätzlich zur laufenden Renovierung bei Bedarf, jedenfalls aber nach einem Fristenplan verpflichtet ist. Das OLG Stuttgart stellt also die Quotenhaftungsklausel in einen Kontext zur Verpflichtung, laufende Schönheitsreparaturen durchzuführen, und sieht sich insoweit in Übereinstimmung mit dem Rechtsentscheid des BGH vom 6.7.1988 (BGHZ 105, 71). Der BGH (WM 1990, 415 = ZMR 1990, 449) hat die Vorlage des OLG Frankfurt DWW 1990, 116, das vom Rechtsentscheid des OLG Stuttgart vom 17.2.1989 abweichen wollte, zurückgewiesen (vgl. Rdn. 863).

891 Sie soll auch dann zur Anwendung kommen, wenn der Vermieter die Wohnung umbauen will

LG Düsseldorf WM 1992, 431.

Hier muß indes berücksichtigt werden, daß die ergänzende Vertragsauslegung daran anknüpft, daß der Mieter fällige Schönheitsreparaturen nicht ausgeführt hat, während diese hier mangels Fälligkeit gar nicht geschuldet werden.

892 Die Klausel ist – ihre Trennbarkeit vorausgesetzt – jedenfalls insoweit unwirksam, als sie dem Mieter sämtliche Renovierungskosten auferlegt, wenn er nach fünfjähriger Mietdauer auszieht, obwohl nach dem Fristenplan zu diesem Zeitpunkt noch nicht sämtliche Schönheitsreparaturen fällig sind

LG Stuttgart WM 1994, 462.

Sie ist auch dann unwirksam, wenn sie auf eine Umgehung des § 11 Nr. 4 AGBG hinausläuft. Das ist dann der Fall, wenn der Mieter wegen unterlassener Schönheitsreparaturen nach 5 Jahren 100% der Kosten für die erforderlichen Arbeiten zu zahlen hat,

vgl. OLG Karlsruhe – RE v. 24.8.1992 – NJW 1982, 2829 = WM 1982, 291,
a.A. LG Berlin GE 1995, 1083.

X. Kündigung

1. Formalien der Kündigung

a) Kündigungserklärung

aa) Rechtsgeschäftliche Voraussetzungen

893 Die Kündigungserklärung muß in ihrer rechtsgestaltenden Wirkung eindeutig gewollt und erklärt werden. Ein Schreiben „Aus diesen Gründen bleibt die Kündigung aufrechterhalten" ist keine neue Kündigung

LG Münster WM 1992, 372, 373, WM 1993, 541.

Erforderlich ist nicht nur das Bewußtsein des Erklärenden, überhaupt eine rechtsgeschäftliche Erklärung abzugeben, sondern auch, daß der Erklärungsempfänger die Äußerung als Kündigung verstehen muß. Hieran sind im Interesse der Rechtssicherheit und des Verkehrsinteresses strenge Anforderungen zu stellen. Für den Ausspruch einer (erneuten) Kündigung genügt nicht die Erklärung, die (frühere) Kündigung werde auch auf diese oder jene Umstände gestützt. Wird auf Räumung und Zahlung geklagt, so kann in der Erhöhung der Zahlungsklage keine Kündigung gesehen werden,

> anders aber OLG Düsseldorf WM 1995, 434 = ZMR 1995, 203,
> dagegen zutreffend BayObLG - RE v. 14.7.1981 - NJW 1981, 2197 = WM 1981, 200 = ZMR 1981, 333,
> LG Berlin ZMR 1995, 353: da die Klage eine Prozeßhandlung ist, ist eine ausdrückliche Erklärung zu verlangen, wenn eine materiell-rechtliche Erklärung abgegeben werden soll.

Die Angabe eines unrichtigen Kündigungstermins hat nicht die Unwirksamkeit der Kündigung zur Folge 894

> LG Köln ZMR 1992, 343 unter unzutreffendem Hinweis auf Sternel Rdn. IV 23 für die gegenteilige Meinung.

Wird die gekündigte Wohnung nicht richtig bezeichnet, so wird das im Regelfall als unschädliche Falschbezeichnung zu werten sein, sofern der Kündigungsempfänger erkennt oder nach Treu und Glauben erkennen muß, welches Mietverhältnis von der Kündigung betroffen wird

> a.A. LG Berlin ZMR 1992, 346: die Kündigung ist unwirksam.

Soll im Rahmen einer Räumungsklage eine Kündigung (erneut) ausgesprochen werden, so muß die entsprechende materiell-rechtliche Willenserklärung für den Kündigungsempfänger deutlich erkennbar sein 895

> LG Osnabrück WM 1991, 690,
> LG Berlin ZMR 1995, 353, 355, im Anschluß an
> BayObLG - RE v. 14.7.1981 - NJW 1981, 2197 = WM 1981, 200;
> unrichtig: OLG Düsseldorf ZMR 1995, 203: die Erhöhung der Zahlungsklage im Räumungs- und Zahlungsprozeß bedeute eine erneute Kündigung.

Davon ist der Fall zu unterscheiden, daß eine Kündigung im Verlaufe des Rechtsstreits - u.U. erst in der Berufungsinstanz - ausgesprochen wird. Die hieraus folgende Klagänderung ist für sachdienlich gehalten worden, sofern es sich nicht um einen gänzlich neuen Klagegrund handelt 896

> LG Gießen ZMR 1994, 332 für eine fristlose Kündigung in der Berufungsinstanz, wenn nur der Betrag des Mietrückstandes ausgeweitet und deshalb erneut gekündigt worden ist, insoweit zutreffend OLG Düsseldorf ZMR 1995, 203.

bb) Personenmehrheit

Bei einer Personenmehrheit auf der einen oder anderen Vertragsseite muß eine Kündigung von allen auf einer Vertragsseite Beteiligten gegenüber den auf der anderen Vertragsseite Beteiligten erklärt werden 897

> OLG Frankfurt WM 1991, 103,
> LG Köln WM 1990, 298,
> LG Limburg WM 1993, 47,
> LG Mannheim WM 1994, 539.

898 Jedoch kann die Berufung des Kündigungsempfängers hierauf im Einzelfall treuwidrig sein, wenn der Mitmieter die Wohnung verläßt, keine neue Anschrift angibt und für den Vermieter nicht mehr erreichbar ist

OLG Frankfurt a.a.O.,
LG Frankfurt WM 1992, 128,
LG Limburg WM 1993, 47,
LG Berlin ZMR 1993 S. II Nr. 8,
vgl. auch LG Mannheim WM 1994, 539, wenn der in der Wohnung verbliebene Mieter erklärt, es genüge, daß eine Kündigung allein ihm gegenüber ausgesprochen werde.

899 Ein Auszug ohne Mitteilung der neuen Anschrift genügt also noch nicht ohne weiteres, damit der Vermieter die Kündigung gegenüber dem noch im Mietobjekt verbliebenen Mieter erklären kann.

Bei einer ungeteilten Erbengemeinschaft als Vermieter kann der einzelne Miterbe das Mietverhältnis über eine Wohnung auch dann nicht allein kündigen, wenn er testamentarisch als „Erbe" des Wohnhauses bestimmt worden ist

AG Rheine WM 1992, 372.

900 Ist gegenüber einer Mehrheit von Mietern zu kündigen, die nicht am gleichen Ort wohnen, so daß es mehrerer Kündigungserklärungen bedarf, so ist die Kündigung nur wirksam, wenn die Gesamtheit der Erklärungen gegenüber den mehreren Mietern in einem unmittelbaren engen **zeitlichen Zusammenhang** steht

LG Cottbus NJW-RR 1995, 524 = WM 1995, 38 im Anschluß an
OLG Düsseldorf NJW-RR 1987, 1369.

901 Allein dadurch, daß ein Mieter auszieht, scheidet er nicht schon aus dem Mietverhältnis aus (LG Mannheim WM 1994, 539), selbst dann nicht, wenn seit dem Auszug lange Zeit (25 Jahre) verstrichen ist

AG Hamburg HmbGE 1989, 449,
vgl. auch BayObLG WM 1983, 107 zu § 2 MHG.

Ist dem Vermieter der Auszug bekannt, so kann er dem ausgezogenen Mieter die Kündigung nicht unter der bisherigen Anschrift zustellen (AG Hamburg a.a.O.).

cc) Stellvertretung und Vollmacht

902 Eine im Mietvertrag erteilte wechselseitige **Vollmacht** der Mieter zur Abgabe und Empfangnahme von Erklärungen ist dahin auszulegen, daß sie sich nur auf Erklärungen bezieht, die im Rahmen des bestehenden Mietverhältnisses abzugeben sind. Handelt es sich um eine Formularvollmacht, so ist sie nach § 9 AGBG unwirksam, wenn ihr Wirkungskreis nicht hinreichend genau umrissen oder eine Widerrufsmöglichkeit – sei es auch nur aus wichtigem Grund – nicht vorgesehen ist,

vgl. OLG Celle WM 1990, 103, 112,
OLG Frankfurt WM 1992, 56, 61.

903 Ob eine **Prozeßvollmacht** auch den Ausspruch einer Kündigung mit umfaßt, ist nicht gänzlich gesichert; wiederholt ist die Auffassung vertreten worden, daß diese Vollmacht die Abgabe materiellrechtlicher Erklärungen nicht deckt

LG Karlsruhe WM 1985, 320, LG Berlin ZMR 1990, 180 jeweils für Mieterhöhungserklärungen,
ferner AG Düsseldorf DWW 1986, 247;
anders LG Berlin ZMR 1993 S. II Nr. 8.

Vorsorglich sollte daher einer Kündigung im Prozeß eine hierauf gerichtete Vollmacht beigefügt werden, auch um eine Zurückweisung nach § 174 BGB zu vermeiden. Die Zurückweisung ist auch dann zulässig, wenn der Mangel der Prozeßvollmacht nicht gerügt wurde 904

LG Berlin GE 1994, 1315.

Immer wieder wird nicht beachtet, daß es sich dabei um die von der Partei selbst erteilte Vollmacht handeln muß, die von einem Verwalter erteilte Vollmacht nicht ausreicht und die Vollmachtsurkunde im Original vorgelegt werden muß (vgl. zu letzterem: BGH WM 1981, 258). Zwar kann der Hausverwalter aufgrund der Verwaltungsvollmacht zur Kündigung berechtigt sein (vgl. LG Bremen WM 1993, 605). Kündigt er im Namen des Vermieters, so muß er seine Verwaltervollmacht vorlegen. Beauftragt er mit der Kündigung einen Dritten (z.B. einen Rechtsanwalt), so müssen sowohl die Verwalter- als auch die Untervollmacht im Orginal der Kündigung beigefügt werden, um eine Zurückweisung nach § 174 BGB zu vermeiden.

Ebensowenig enthält eine Prozeßvollmacht schon eine Empfangsvollmacht für die Kündigung (LG Berlin WM 1987, 25). Die Grundsätze der Duldungsvollmacht kommen aber zum Tragen, soweit der zum Empfang der Kündigung nicht bevollmächtigte Rechtsanwalt den Auftrag der Partei annimmt, gegen die Kündigung nicht nur wegen Fehlens der Prozeßvollmacht, sondern auch materiell vorzugehen (BGH MDR 1980, 573). 905

Eine Zurückweisung der Kündigung nach § 174 BGB soll unzulässig sein, wenn die Vollmachtsurkunde früher einmal vorgelegt worden ist, sofern die Vollmacht auch die weiteren Geschäfte – hier Kündigung – abdeckt 906

LG Freiburg WM 1991, 689, im Ergebnis ebenso
LG Düsseldorf WM 1991, 588,
LG Bremen WM 1993, 605 für Verwaltervollmacht,
LG Bonn ZMR 1992, 18,
LG Berlin GE 1994, 1315: einschränkend für Kündigungen im Prozeß.

Eine **verdeckte Stellvertretung** ist bei Erklärung der Kündigung nicht zugelassen worden 907

LG München I WM 1989, 282,
LG Augsburg NJW-RR 1992, 520.

Ebenso bestehen Zweifel, ob § 185 BGB anzuwenden ist. Für Abs. 2 der genannten Vorschrift ist dies mit Rücksicht darauf, daß hierdurch eine Unsicherheit wegen des Schwebezustandes eintreten würde, verneint worden

LG Osnabrück WM 1990, 81,
LG Hamburg NJW-RR 1993, 145 = ZMR 1993, 167.

Da die **Kündigungsbefugnis** als **nicht abtretbar** angesehen wird 908

LG Wiesbaden WM 1987, 392,
LG München I WM 1989, 282,

LG Osnabrück a.a.O.,
LG Kiel WM 1992, 128,
LG Augsburg NJW-RR 1992, 520,

kann ein Erwerber erst nach Eintritt in das Mietverhältnis gemäß § 571 BGB kündigen, d. h. nach Vollendung des Rechtserwerbs. Eine Auflassungsvormerkung reicht hierfür nicht

BGH WM 1989, 141,
zur Kündigung und Rechtsnachfolge s. Sonnenschein ZMR 1992, 417.

909 Kündigt der **Pfleger** (Betreuer) namens des Pfleglings (Betreuten) als Vermieter, so liegt eine nach §§ 1812, 1815 BGB genehmigungsbedürftige Verfügung vor

OLG Hamm MDR 1991, 251.

Die **Genehmigung des Vormundschaftsgerichts** ist auch erforderlich, wenn der Betreuer das Wohnraummietverhältnis des Betreuten kündigen oder durch Aufhebungsvereinbarung beenden will (§ 1907 BGB i.d.F. des Betreuungsgesetzes vom 12.9.1990).

910 Wird eine Kündigung gegenüber dem **Prozeßpfleger** ausgesprochen, so ist sie nicht wirksam zugegangen, wenn sich die Pflegschaft ausweislich der Bestellungsurkunde nur auf Vornahme von Prozeßhandlungen bezieht. Erforderlich ist demnach, den Wirkungskreis des Pflegers/Betreuers auf den Empfang von Kündigungserklärungen zu erstrecken

LG Hamburg MDR 1993, 44 = WM 1993, 60;
weitergehend LG Frankfurt WM 1993, 60 für Gebrechlichkeitspfleger.

911 Besteht eine **Betreuung**, so ist die Kündigung an den Betreuer zu richten

LG Dresden WM 1994, 377.

Sie wird nicht dadurch wirksam, daß der Pfleger in die Prozeßakte Einsicht und Kenntnis von der Kündigung nimmt,

a.A. LG Frankfurt WM 1993, 487.

dd) Zugang der Kündigung

912 Die Kündigungserklärung geht dem Mieter nicht zu, wenn der Vermieter sie ihm unter einer Anschrift zustellt, von der er weiß, daß der Mieter den Anschriftsort schon vor vielen Jahren verlassen hat

AG Hamburg HmbGE 1989, 449.

Jedoch muß der Mieter den Einwurf eines Kündigungsschreibens in den nach außen nicht sichtbar beschädigten Hausbriefkasten gegen sich gelten lassen, wenn er trotz Kenntnis von der Beschädigung diesen Mangel längere Zeit hingenommen hat, ohne ihn dem Vermieter anzuzeigen

LG Berlin ZMR 1995 S. III Nr. 14.

Verweigert der Empfänger unberechtigt die Annahme des die Kündigung enthaltenden Briefs, so ist die Kündigung zum Zeitpunkt des Angebots der Aushändigung zugegangen

OLG Düsseldorf WM 1995, 585.

Von einem Großvermieter ist verlangt worden, daß er geeignete Vorkehrungen 913
für den Zugang trifft, damit ihn Kündigungserklärungen per Einschreiben erreichen können
    LG Göttingen WM 1989, 183.

Fordert andererseits der Mieter eine Einschreibesendung bei der Post nicht ab, 914
gilt sie damit nicht automatisch mit der Hinterlegung des Benachrichtigungszet-
tels der Post als zugegangen. Vielmehr kommt es auf die Umstände des Einzelfalles an, etwa wenn der Empfänger mit dem Zugang rechtsgeschäftlicher Erklärungen rechnen muß. Alsdann muß er auch bei nur vorübergehender Abwesenheit –
etwa infolge Urlaubs – für Zugangsmöglichkeiten sorgen
    LG Saarbrücken WM 1993, 339.

Darüberhinaus wird die Auffassung vertreten, daß der Mieter, der eine Einschrei- 915
besendung nicht abgefordert hat, sich nach Treu und Glauben so behandeln
lassen muß, als sei ihm die Sendung zugegangen
    LG Aachen WM 1989, 250,
    LG Berlin ZMR 1995 S. III Nr. 14.

Andererseits soll es dem Kündigenden versagt sein, sich auf eine Verhinderung
des Zugangs der Kündigung zu berufen, wenn er noch vor Ablauf der Kündigungsfrist von der mangelnden Zustellbarkeit erfährt und Gelegenheit hat, die Kündigung nochmals fristgerecht vorzunehmen sowie die Zustellung sicherzustellen
    AG Hamburg WM 1989, 80.

ee) Schriftform

Es entspricht allgemeiner Meinung, daß die für die Wohnraummiete erforderli- 916
che gesetzliche Schriftform der Kündigung durch einen Prozeßschriftsatz nur
dann gewahrt ist, wenn der Verfasser und der Beglaubiger personengleich sind
    BGH WM 1987, 209,
    ferner OLG Zweibrücken WM 1981, 177,
    OLG Hamm NJW 1982, 452;
dagegen ist die Kündigung zu gerichtlichem Protokoll formnichtig
    AG Münster WM 1987, 273,
    AG Braunschweig WM 1990, 153.

Durch Telefax wird die gesetzliche Schriftform nicht gewahrt, 917
    vgl. allgemein dazu OLG Hamburg NJW 1990, 1613,
    OLG Hamm NJW 1991, 1185,
    OLG Frankfurt NJW 1991, 2154;
    a. A. AG Schöneberg WM 1985, 286,
    AG Köln WM 1992, 194 (ohne Gründe).

ff) Teilkündigung

Eine Teilkündigung, die sich **auf einzelne Vertragspunkte** bezieht, ist **unzulässig** 918
    KG WM 1993, 423 = ZMR 1993, 380 zur Teilkündigung eines Kellerraums,
    AG Hannover WM 1994, 426 zur Teilkündigung eines Gartens,
    vgl. auch LG Aachen ZMR 1989, 227.

Das gilt auch dann, wenn einheitlich eine Wohnung und eine Garage vermietet sind, darauf das Grundstück in Wohnungs- und Teileigentum umgewandelt wird und der Erwerber der Garage das Mietverhältnis insoweit kündigt

    BayObLG – RE v. 12.12.1990 – WM 1991, 78 = ZMR 1991, 174,
    AG Dorsten WM 1991, 35.

In einem solchen Fall müssen die Eigentümer der verschiedenen Teile des Mietobjekts gemeinschaftlich kündigen. Das gilt entsprechend für den Fall, daß der teilende Eigentümer an einen Wohnungsmieter einen Kellerraum mitvermietet hat und der Keller bei der Umwandlung in Wohnungseigentum gemeinschaftliches Eigentum wird. Hier tritt die Eigentümergemeinschaft zumindest bezüglich des Kellerraums in das Mietverhältnis ein; sie kann vor Beendigung des Mietverhältnisses über die Wohnung nicht die Herausgabe des Kellerraums verlangen

    KG WM 1993, 423 = ZMR 1993, 380,
    ebenso LG Hamburg WM 1994, 539, wenn dem Wohnungseigentümer an dem mitvermieteten Keller nur ein Sondernutzungsrecht eingeräumt worden ist, der Keller aber nicht in seinem Sondereigentum steht.

Das KG führt aus, daß die Eigentümergemeinschaft fortan als Vermietergemeinschaft nach §§ 741, 744 BGB dem Mieter den Gebrauch des Kellerraums bis zu einer Beendigung des gesamten Mietverhältnisses oder – falls ausnahmsweise eine gesonderte Kündigung des Kellerraums rechtlich möglich sein sollte – bis zur Teilkündigung des Kellerraums schuldet. Daneben schuldet die Eigentümergemeinschaft dem Mieter den erforderlichen Mitgebrauch des Gemeinschaftseigentums wie Treppenhaus und Hauszugang. Im Unterschied hierzu dürfte die Gebrauchsgewährung an den Wohnräumen vor allem von dem betreffenden Wohnungseigentümer geschuldet sein, dem hieran das Sondereigentum zusteht.

919 Eine Teilkündigung wird durch **§ 564b Abs. 2 Nr. 4 BGB in der Fassung des WoBauErlG** vom 17. 5. 1990 (BGBl. I, 926) zugelassen. Ihre **Zulässigkeit** ist durch das 4. MietRÄndG ausgeweitet worden (vgl. Rdn. A 22). Für diese Kündigung gelten die allgemeinen Vorschriften, was Form und Frist anbelangt. Die Kündigungsbefugnis ist bis zum 1. 6. 1995 befristet. Diese Frist ist bislang nicht verlängert worden; jedoch laufen entsprechende Gesetzesvorhaben, so daß mit einer Verlängerung zu rechnen ist. Es gehört zur Begründung der Kündigung, daß die konkreten Ausbaupläne und die baurechtliche Zulässigkeit der Maßnahme dargelegt wird

    AG Hamburg WM 1994, 433.

920 Sie ist unzulässig, wenn der Nebenraum nicht zu neuem Wohnraum ausgebaut werden soll, sondern seine Fläche einem Schacht für einen Fahrstuhl dienen soll, der mit dem künftigen Ausbau des Dachgeschosses installiert werden soll

    AG München WM 1995, 112.

921 Die angemessene Herabsetzung des Mietzinses wegen des gekündigten Nebenraums bemißt sich nach dem Funktionswert, den der Raum für die Wohnung hat. Zu schematisch ist, den Mietwert für einen solchen Raum als Maßstab für die Herabsetzung anzuwenden (so aber AG Hamburg WM 1993, 616).

Kündigung   Rdn. 922-926

gg) Umdeutung

Die Umdeutung einer fristlosen Kündigung in eine ordentliche Kündigung soll 922
dann zulässig sein, wenn der Wille, den Vertrag auf jeden Fall zu beenden, für den
Empfänger der Kündigungserklärung bei deren Zugang zweifelsfrei erkennbar war,
was sich – ausnahmsweise – auch aus den Umständen schlüssig ergeben kann
    OLG Düsseldorf DWW 1990, 304.

Demgegenüber ist bei Wohnraummietverhältnissen eine Umdeutung nur zurückhaltend zugelassen worden
    LG Hamburg WM 1989, 385, WM 1990, 19,
zumal die Erwägung des OLG Düsseldorf a.a.O. dort nicht zum Tragen kommt,
wo auch die ordentliche Kündigung vom Vorliegen bestimmter Gründe abhängt.
Auch soll eine Umdeutung bei inhaltlich eindeutigem Anwaltsschreiben ausscheiden
    LG Heilbronn WM 1991, 388, 390.

Schon gar nicht kann eine nichtige Kündigung in eine Kündigung zum nächst 923
zulässigen Termin umgedeutet werden
    LG Osnabrück WM 1990, 81, 82.

Zurückhaltung ist auch geboten, eine unwirksame fristlose Kündigung in ein 924
Angebot auf Abschluß eines **Mietaufhebungsvertrages** umzudeuten, welches der
Mieter schlüssig durch seinen Auszug annimmt
    LG Freiburg und AG Offenbach WM 1989, 7;
denn das setzt nach der Rechtsprechung des BGH voraus, daß sich der Erklärende
bei Ausspruch der Kündigung bewußt gewesen ist, daß die Erklärung für den Fall,
daß sie nicht wirksam ist, von der Zustimmung des Empfängers abhängt, um
eine Beendigung des Mietverhältnisses herbeizuführen (BGH MDR 1981, 135,
ZMR 1984, 163, 164 a.E.). Ebensowenig ist eine Mietaufhebungsvereinbarung
daraus abgeleitet worden, daß der Mieter auf eine Kündigungserklärung des
Vermieters mitteilt, er habe eine neue Wohnung gefunden
    LG Düsseldorf WM 1991, 673.

b) Kündigungsfrist

Zur Änderung der Kündigungsfristen bei Vermietung von Gewerberaum s. Rdn. 925
A 173.

Für die Berechnung der Karenzzeit von 3 Werktagen zählt der Samstag als Werktag nach h. M. nicht mit,
    LG Kiel WM 1994, 543, wenn der 3. Werktag auf einen Samstag fällt;
    a.A. LG Wuppertal NJW-RR 1993, 1232 = WM 1993, 450, sofern der Samstag der 1. oder
    2. Werktag ist.

Für die Wohndauer als Kriterium zur Berechnung der Kündigungsfrist soll ein 926
Wohnungswewchsel in demselben Haus nicht beachtlich sein, wenn der Wechsel
vom Vermieter mitveranlaßt worden ist
    AG Kerpen WM 1994, 77.

411

927 Zweifelhaft ist, ob der Mieter nach ordentlicher Kündigung durch den Vermieter eine **Abkürzung** der Kündigungsfrist verlangen kann, wenn der Vermieter zu erkennen gegeben hat, daß er den Mieter loswerden will und dieser eine Ersatzwohnung gefunden hat

> bejahend LG Mannheim WM 1987, 335 bei Kündigungsfrist von 15 Monaten;
> anders: LG Wuppertal DWW 1988, 84 bei Eigenbedarfskündigung und fortbestehender Mietzahlungspflicht des Mieters.

928 Die formularmäßige Verlängerung der Kündigungsfrist ist bei einem Mietverhältnis über Wohnraum als wirksam angesehen worden

> OLG Zweibrücken – RE v. 23.11.1989 – WM 1990, 8 = ZMR 1990, 106.

929 Umstritten ist, ob unwirksame Fristenregelungen insoweit aufrechterhalten bleiben, als sie den Mieter begünstigen, wie etwa die Klausel, daß nur **zum Quartalsende** gekündigt werden dürfe

> so LG Karlsruhe WM 1988, 403;
> anders LG Köln WM 1988, 404.

930 Problematisch ist schließlich, ob ein Mietverhältnis schon mit Abschluß des Vertrages oder erst ab seinem Beginn kündbar wird, insbesondere ob die Kündigungsfrist schon **vor Beginn des Mietverhältnisses** in Gang gesetzt werden kann (vgl. dazu Bub–Treier Rdn. IV 47, Schmidt-Futterer–Blank, B 837, Sternel Rdn. IV 4, Wegener WM 1989, 405). Der BGH hat für die ordentliche Kündigung die Auffassung vertreten, daß die Frist schon vor Vertragsbeginn in Lauf gesetzt werden könne, sofern eine Vertragsauslegung nichts anderes ergebe

> BGH NJW 1979, 1288 = WM 1979, 139,
> ebenso OLG Düsseldorf WM 1995, 439 = ZMR 1995, 465 für die fristlose Kündigung.

931 Wird mit einer zu kurzen als der gesetzlichen Frist gekündigt, so ist die Kündigung deshalb nicht unwirksam, sondern es wird die gesetzliche Frist in Lauf gesetzt

> LG Köln ZMR 1992, 343 unter unzutreffendem Hinweis auf Sternel Rdn. IV 23 für die Gegenmeinung;
> a.A. LG Osnabrück WM 1990, 81, 82,
> LG Göttingen WM 1991, 266.

Zur Fortgeltung kürzerer vertraglicher Kündigungsfristen in Altverträgen zugunsten des Mieters in den neuen Bundesländern s. Rdn. A 222.

2. Angabe und Nachschieben von Kündigungsgründen

a) Anwendungsbereich der §§ 564a, 564b Abs. 3 BGB

932 Die Angabe von Kündigungsgründen ist nur bei der Wohnraummiete geboten (kritisch dazu Sternel „Die Pflicht zur Begründung der Kündigung im Mietrecht" in Festschrift Seuß, München 1987, S. 281 f.). Obwohl § 564a BGB die Angabe von Kündigungsgründen nur als Sollvorschrift regelt, ist sie nach § 564b Abs. 3 BGB **Wirksamkeitsvoraussetzung** für die ordentliche Kündigung,

> grundlegend BayObLG – RE v. 14.7.1981 – NJW 1981, 2197.

Das gilt auch für die außerordentlich befristete Kündigung etwa aus § 569 BGB, selbst wenn der Erbe des Mieters nicht mit diesem einen Haushalt geführt hat

OLG Karlsruhe – RE v. 29.12.1989 – WM 1990, 60 = ZMR 1990, 108 im Anschluß an
OLG Hamburg NJW 1984, 60,
BayObLG WM 1985, 22,

oder die Kündigung des Erstehers nach § 57a ZVG

OLG Hamm – Beschl. v. 22.8.1994 – NJW-RR 1994, 1496 = WM 1994, 520,

was verfassungsgemäß ist (BVerfG ZMR 1989, 410).

Die Begründungspflicht soll aber nicht für die fristlose Kündigung gelten

OLG Karlsruhe – RE v. 8.6.1982 – NJW 1982, 2004,
LG Köln WM 1989, 569.

b) Inhaltliche Anforderungen

Zum notwendigen Inhalt der Kündigung ist der Rechtsentscheid des BayObLG vom 14.7.1981 NJW 1981, 2197 = WM 1981, 200 noch immer richtungsweisend: 933

– In dem Kündigungsschreiben sind sämtliche Gründe, die als berechtigtes Interesse des Vermieters für die ausgesprochene Kündigung berücksichtigt werden sollen, grundsätzlich auch dann nochmals anzugeben, wenn sie dem Mieter bereits zuvor mündlich oder schriftlich mitgeteilt oder in einem Vorprozeß geltend gemacht worden waren.

– Der Vermieter genügt der Begründung einer Kündigung, wenn er in dem Kündigungsschreiben einen konkreten Lebenssachverhalt (Lebensvorgang) darlegt, auf den er das Interesse an der Erlangung der Wohnung stützt. Ein nach § 564b Abs. 3 BGB zu berücksichtigender Kündigungsgrund braucht im Kündigungsschreiben nur so ausführlich bezeichnet zu sein, daß er identifiziert und von anderen Gründen (Sachverhalten, Lebensvorgängen) unterschieden werden kann.

Zweck dieser Obliegenheit ist aber nicht nur die spätere Identifizierbarkeit im Prozeß, sondern es dem Mieter frühzeitig zu ermöglichen, die Berechtigung der Kündigung sachlich zu überprüfen und seine **Rechtsverteidigung** hierauf einzurichten 934

BVerfG – Beschl. v. 20.10.1988 – WM 1989, 483,
BVerfG – Beschl. v. 28.1.1992 – WM 1992, 178,
BVerfG – Beschl. v. 15.6.1992 – WM 1992, 417,
LG Freiburg WM 1991, 592,
LG Düsseldorf ZMR 1991, 438.

Dieser Zweck erfordert es nicht, daß der Vermieter solche persönlichen Daten mitteilt, die für die Entscheidung des Mieters, der Kündigung zu widersprechen oder sie zu befolgen, nicht von Bedeutung sein können. Stützt der Vermieter einen Eigenbedarf nicht darauf, daß er oder die Bedarfsperson bisher unzureichend untergebracht sind, sondern daß er nicht mehr Mieter sein wolle (vgl. Rdn. 995), so können keine Angaben zu seinen bisherigen Wohnverhältnissen verlangt werden

BVerfG – Beschl. v. 23.11.1993 – ZMR 1994, 59.

935 Wird andererseits der Eigenbedarf aus einer Belastung des Grundstücks begründet, so muß der Vermieter die Lasten und Einkünfte des Grundstücks im Kündigingsschreiben nachvollziehbar darlegen

BVerfG – Beschl. v. 17.7.1992 – WM 1993, 231.

936 Gegen die Regelung des § 564b Abs. 3 BGB bestehen keine verfassungsrechtlichen Bedenken. Dem Vermieter werde nichts Unzumutbares abverlangt, wenn er die Gründe für seine Kündigung (wegen Eigenbedarfs) näher erläutern müsse.

Grenze hierfür ist das **Informationsinteresse** des Mieters

BVerfG – Beschl. v. 28.1.1992 – WM 1992, 178: Zur Angabe der Kündigungsgründe gehört auch die Bekanntgabe von Umständen, die für die Beurteilung von Bedeutung sein können, ob der Vermieter vernünftige und nachvollziehbare Gründe dafür hat, seinen Wohnbedarf in der gekündigten Wohnung zu befriedigen.

Andererseits ist der Vermieter nicht verpflichtet, solche Daten seines privaten Lebensbereichs mitzuteilen, die für den Entschluß des Mieters, der Kündigung zu widersprechen oder diese hinzunehmen, nicht von Bedeutung sein können.

BVerfG – Beschl. v. 8.4.1994 – ZMR 1994, 252: Läßt das Kündigungsschreiben nicht erkennen, weshalb es dem Vermieter gerade auf die Nutzung der Erdgeschoßwohnung angesichts seines jetzigen Besitzes an einer Obergeschoßwohnung ankam, so begegnet die Abweisung der Räumungsklage keinen verfassungsrechtlichen Bedenken.

937 Soweit also das Informationsinteresse des Mieters reicht, müssen Gesichtspunkte des Datenschutzes zurückstehen. Darin liegt keine Mißachtung des Vermieters, seine Befugnisse als Eigentümer durchzusetzen. Verfassungsrechtlich ist es nicht zu beanstanden, den Vermieter für verpflichtet zu halten, sich nicht auf pauschale Darlegungen zu beschränken, sondern die in seiner Sphäre liegenden Gründe konkret und für den Mieter nachvollziehbar darzulegen

BVerfG – Beschl. v. 29.5.1991 – ZMR 1991, 418.

938 Andererseits dürfen die Anforderungen an die Spezifizierung nicht überspannt werden: die mietrechtlichen Verfahrensvorschriften dürfen nicht in einer Weise ausgelegt werden, die die Verfolgung der Vermieterinteressen unzumutbar erschwert. Das gilt auch, soweit von den Gerichten eine genaue Übereinstimmung des Kündigungsgrundes sowohl im Kündigungsschreiben als auch in der Klagbegründung verlangt wird

BVerfG – Beschl. v. 15.6.1992 – WM 1992, 417 = ZMR 1992, 429: In der Verwertungskündigung hatte der Vermieter einen zu erwartenden Mindererlös von mindestens 30%, in der Klagbegründung einen solchen von etwa 40% behauptet. Wegen dieser unterschiedlichen Angaben war die Kündigung als unzulässig angesehen worden, was einer verfassungsgerichtlichen Überprüfung nicht standhielt.

939 Auch in der obergerichtlichen Rechtsprechung ist an den Rechtsentscheiden des BayObLG vom 14.7.1981 (NJW 1981, 2197) und 17.12.1984 (WM 1985, 50) festgehalten worden

OLG Karlsruhe WM 1989, 124 = ZMR 1989, 144.

Die Rechtsprechung der Instanzgerichte ist dem gefolgt und hat damit eine gewisse formale Korrektur vor allem zu den sich häufenden Eigenbedarfskündigungen vorgenommen (s. Rdn. 1002).

Nach bisheriger Auffasung müssen Kündigungsgründe insbesondere auch dann 940
angegeben werden, wenn der Vermieter den Mieter hierüber schon vorher unterrichtet hatte
LG Freiburg WM 1990, 300,
LG Gießen und LG Detmold WM 1990, 301,
im Anschluß an BayObLG – RE v. 14.7.1981 – NJW 1991, 2197 = WM 1991, 200.

Dies ist vom BVerfG für den Fall nicht gebilligt worden, daß der Vermieter zur Begründung einer Kündigung ausdrücklich und eindeutig auf ein früheres Kündigungsschreiben Bezug genommen hat, so daß für den Mieter kein Zweifel aufkommen konnte, aus welchen Gründen die neuerliche Kündigung erklärt worden war. Werde die Kündigung des Vermieters durch Formerfordernisse erschwert, die ersichtlich nicht durch Sinn und Zweck der Begründungspflicht gerechtfertigt, insbesondere zum Schutz des Mieters nicht erforderlich seien, so würden die Grundrechte des Vermieters aus Art. 14 Abs. 1 S. 1 GG verletzt
BVerfG – Beschl. v. 31.3.1992 – ZMR 1992, 288,
Beschl. v. 10.7.1992 – NJW 1992, 2752 = WM 1993, 234 = ZMR 1992, 430.

Hierin liegt eine erhebliche Aufweichung der Kündigungsformalien und des § 564b Abs. 3 BGB, die der Rechtssicherheit nicht dienlich ist. Zudem wird dem Grundsatz der Urkundeneinheit als Prinzip der gesetzlichen Schriftform nicht Rechnung getragen. Jedenfalls sind an eine Bezugnahme strenge Anforderungen gestellt worden: sie muß eindeutig die Gründe für die erneute Kündigung erkennen lassen
LG Hamburg NJW-RR 1993, 145 = WM 1993, 49.

Ist der Kündigung eine **Abmahnung** vorausgegangen, so muß sich aus dem Kün- 941
digungsschreiben ergeben, welche Vertragsverletzungen der Mieter nach dem Zugang der Abmahnung begangen haben soll. In diesem Falle genügt eine Bezugnahme auf die frühere Abmahnung nicht
LG Mosbach WM 1992, 18.

Verfassungsrechtlich unbedenklich ist, daß ein Kündigungsgrund, über den in 942
einem früheren Verfahren entschieden worden ist, bei einer erneuten Kündigung nicht mehr berücksichtigt wird. Das setzt aber voraus, daß dieser Grund im Vorprozeß unter allen rechtlichen Gesichtspunkten geprüft worden ist, wobei die Gerichte sich nicht auf die vom Vermieter vorgegebene rechtliche Bewertung beschränken dürfen
BVerfG – Beschl. v. 8.10.1991 – WM 1991, 661 = ZMR 1992, 10.

Zur Präklusion von Kündigungsgründen s. auch LG Hamburg MDR 1978, 847, Stadie MDR 1978, 798.

c) Nachschieben von Gründen

Soweit die ordentliche Kündigung eines Wohnraummietverhältnisses nicht aus- 943
reichend begründet ist, kann sie nicht durch nachgeschobene Gründe geheilt werden; es kommt nur eine eindeutige Neuvornahme in Betracht
LG Köln WM 1990, 155,
LG Düsseldorf WM 1990, 505,

LG Koblenz WM 1990, 509, 510,
LG Essen WM 1995, 142.

Für die Neuvornahme genügt nicht die Erklärung, daß die bisherige Kündigung aufrechterhalten bleibt

LG Münster WM 1992, 372, 373;
anders OLG Düsseldorf ZMR 1995, 203, s. Rdn. 893.

Auch diese Rechtsprechung ist verfassungsrechtlich nicht zu beanstanden; sie läßt sich zwar nicht aus dem Wortlaut des § 564b Abs. 3 BGB ableiten, entspricht aber dem Zweck der Vorschrift, dem Mieter zum frühestmöglichen Zeitpunkt Klarheit über seine Rechtsposition zu verschaffen und ihn so in die Lage zu versetzen, rechtzeitig alles Erforderliche zur Wahrung seiner Interessen zu veranlassen

BVerfG – Beschl. v. 22.9.1992 – WM 1993, 2325.

944 Zulässig ist es dagegen, daß die angegebenen Gründe in der vorprozessualen Korrespondenz oder im späteren Räumungsrechtsstreit ausführlicher dargestellt werden, sofern sie im Kündigungsschreiben dem Mindestinhalt genügten.

Das BVerfG hat zunächst einen sehr großzügigen Maßstab zu gunsten des Vermieters angelegt

BVerfG WM 1988, 246 = ZMR 1989, 210 für den Fall, daß der Vermieter die Kündigung darauf gestützt hatte, daß er das Haus erworben habe, um darin zu wohnen, und diesen Grund im Prozeß dahin ergänzte, er sei unzureichend und nicht repräsentativ untergebracht und habe sein bisheriges Mietverhältnis gekündigt.

Es hat später aber strengere Anforderungen der Fachgerichte gebilligt und dem Vermieter zugemutet, im Kündigungsschreiben anzugeben, in welcher Weise er seinen gewöhnlichen und regelmäßigen Wohnbedarf deckt

BVerfG – Beschl. v. 28.1.1992 – WM 1992, 178.

945 Auch im Räumungsprozeß kann eine unwirksame Kündigung **nicht nachgebessert** werden; erforderlich ist eine erneute Kündigung

LG Düsseldorf WM 1990, 505,
vgl. auch LG Hamburg WM 1993, 679 wenn der im Kündigungsschreiben vorgetragene Sachverhalt nicht mit dem Prozeßvortrag übereinstimmt, selbst wenn in dem einen wie in dem anderen Fall bei isolierter Betrachtung die Kündigung hinreichend begründet wäre.

946 Erst recht können erstmals in der Berufungsverhandlung vorgetragene Kündigungsgründe nicht berücksichtigt werden, so weit sie nicht ausnahmsweise erst nach Ausspruch der Kündigung (und nach Einlegung der Berufung) entstanden sind, da nur die im Kündigungsschreiben angegebenen Gründe maßgeblich sind

LG Essen, AG Gelsenkirchen WM 1995, 142,
die hiergegen gerichtete Verfassungsbeschwerde des Vermieters wurde nicht zur Entscheidung angenommen: BVerfG WM 1995, 142.

Die Einführung einer neuen Kündigung bedeutet eine (u.U. hilfsweise) Klagänderung, die in der Berufungsinstanz als nicht sachdienlich angesehen worden ist, wenn noch eine umfangreichere Sachaufklärung nötig wäre (LG Düsseldorf a.a.O., zur Sachdienlichkeit s. auch LG Mannheim WM 1991, 686). Ein **Nachschieben von Gründen** kommt aber nach § 564 b Abs. 3 BGB in Betracht, wenn die Kündigung zunächst wirksam war, die ursprünglichen Gründe entfallen, jedoch nach Ausspruch der Kündigung neue Gründe entstanden sind.

Umstritten ist, ob die entfallenen und die neuen Gründe gleichartig sein müssen
verneinend LG Hamburg WM 1989, 256 für Gründe aus § 564b Abs. 2 Nr. 2 und 3 BGB, ebenso Barthelmess BGB § 564b Rdn. 142, Schmidt-Futterer–Blank B 714.

Im Gegensatz zur ordentlichen Kündigung wird es für die fristlose Kündigung 947 zugelassen, Kündigungsgründe nachzuschieben, sofern sie bereits vor Zugang der Kündigung entstanden sind, weil die Regelung des § 564b Abs. 3 BGB hier nicht gelten soll
LG Berlin GE 1995, 757,
LG Dresden WM 1995, 484, vgl. auch
OLG Karlsruhe – RE v. 8.6.1982 – NJW 1982, 2004 = WM 1982, 242.

3. Kündigung von Einliegerwohnungen

Die Befugnis des Vermieters, ohne Vorliegen eines berechtigten Interesses 948 i.S. von § 564b Abs. 1, 2 BGB zu kündigen, ist durch das WoBauErlG vom 17.5.1990 (BGBl. I, 926, vgl. dazu Rdn. 157 f.) dahin erweitert worden, daß das Wohngebäude auch über 3 Wohnungen verfügen kann, wenn eine der Wohnungen durch Ausbau oder Erweiterung nach dem 31. 5. 1990 und vor dem 1. 6. 1995 fertiggestellt worden ist und der Vermieter den Mieter bei Vertragsabschluß auf diese Kündigungsmöglichkeit hingewiesen hat. Dadurch ist ein Bestandsschutz für die bisherigen Mietverhältnisse gewährleistet. Das Kündigungsprivileg ist verfassungsrechtlich zulässig
BVerfG WM 1994, 520.

a) Kündigungsvoraussetzungen

Die Voraussetzungen für die Kündigung einer Einliegerwohnung müssen bereits 949 bei der Begründung des Mietverhältnisses vorliegen, soweit es auf die Lage der Mieträume in einem Gebäude mit 2 bzw. 3 Wohnungen ankommt. Dagegen brauchen die Voraussetzungen in den Verhältnissen des Vermieters erst bei Ausspruch der Kündigung gegeben zu sein; insbesondere braucht der Vermieter nicht schon bei Abschluß des Mietvertrages im Hause gewohnt zu haben
BayObLG – RE v. 31.1.1991 – WM 1991, 249,
OLG Karlsruhe – RE v. 25.11.1991 – NJW-RR 1992, 336 = WM 1992, 49.

Das Vorhandensein einer Einliegerwohnung setzt Räumlichkeiten voraus, die 950 eine **selbständige Haushalts- und Lebensführung** ermöglichen, während Komfort und Standard von Versorgungseinrichtungen von untergeordneter Bedeutung sind, wenn sie nur vorhanden sind
LG Bonn WM 1992, 24.

Der Anlaß für die Sonderregelung, nämlich das enge Zusammenleben von Ver- 951 mieter und Mieter, hat zu einer extensiven Auslegung des § 564b Abs. 4 BGB geführt. Die Anwendung dieser Vorschrift erfordert nach
OLG Saarbrücken – RE v. 2.7.1992 – NJW-RR 1993, 20 = WM 1992, 520

bei einem Mietverhältnis über eine Wohnung in einem vom Vermieter selbst bewohnten Wohngebäude mit nicht mehr als 2 Wohnungen nicht, daß der Vermieter und der Mieter im Zusammenhang mit der Benutzung ihrer Wohnungen in dem Wohngebäude eine Gelegenheit zum Zusammentreffen haben; insbesondere ist nicht erforderlich, daß ein gemeinsames Treppenhaus, ein gemeinsamer Hauseingang oder sonstige gemeinschaftlich zu nutzende Räume oder Flächen vorhanden sind;

> vgl. andererseits noch LG Kleve WM 1992, 437 für neben einanderliegende Gebäudeteile eines Zweifamilienhauses mit getrennten Hauseingängen und nur einem gemeinsamen Versorgungraum im Keller.

952 Da es auf die **Anzahl der Wohnungen** im Gebäude ankommt, ist der Wohnungsbegriff problematisiert worden. Ausreichend für die Annahme einer Wohnung soll sein, daß die Räumlichkeiten mit Einrichtungen versehen sind, die es dem Mieter ermöglichen, seine elementarsten Lebensbedürfnisse zu befriedigen. Dazu gehören Kochgelegenheit und die hierfür erforderlichen Anschlüsse, Wasserversorgung, Ausguß und Toilette

> LG Aachen WM 1993, 616.

953 Unabdingbar soll ein Ausguß sein, während eine Küche nicht gefordert wird, sondern eine Kochplatte genügt (LG Lübeck WM 1992, 616). Nach LG Kempten WM 1994, 254 ist für eine Wohnung nicht nur ein Herd, sondern auch eine Spüle erforderlich. Nach AG Rostock DWW 1993, 142 kann die Toilette außerhalb der übrigen genutzten Räumlichkeiten liegen. Ein 9,5 qm großes Zimmer mit separatem Eingang, ausgestattet mit gesondertem WC und Handwaschbecken sowie einem kleinen eigenen Vorflur, ist nicht als Wohnung gewertet worden (LG Hamburg WM 1994, 215).

954 In räumlicher Hinsicht greift das Kündigungsprivileg des § 564b Abs. 4 S. 1 Nr. 1 BGB dann ein, wenn sich in einem Wohngebäude (ein solches liegt auch vor, wenn bei **gemischter Nutzung** der Wohncharakter den gewerblichen eindeutig überwiegt) außer zwei Wohnungen, die vom Mieter und Vermieter bewohnt werden, Gewerberäume befinden, falls diese vom Vermieter für eigene betriebliche Belange selbst benutzt werden

> OLG Karlsruhe – RE v. 25.11.1991 = NJW-RR 1992, 336 = WM 1992, 49

oder leerstehen

> LG Stuttgart WM 1993, 404.

955 Anders verhält es sich nach dem Rechtsentscheid des OLG Frankfurt vom 2.11.1881 – NJW 1982, 188 = WM 1982, 15 – dann, wenn die gewerblichen Räume an einen Dritten vermietet sind.

Das Kündigungsprivileg greift auch dann ein, wenn der vermietete Wohnraum innerhalb der vom Vermieter selbst bewohnten Wohnung liegt (§ 564b Abs. 4 S. 3 BGB). Das ist nur dann der Fall, wenn der Wohnraum baulich und funktional in den Wohn- und Lebensbereich des Vermieters einbezogen ist. Eine bloße Mitbenutzung von Treppenaufgängen oder Wirtschaftsräumen soll dafür nicht ausreichen

> AG Königswinter WM 1994, 689.

Ein vermietetes möbliertes Zimmer, das seinen eigenen Eingang zum Treppenhaus hat, soll trotz Fehlens von Küche und Bad und trotz einer Verbindungstür zur Vermieterwohnung nicht als deren Teil gelten, wenn die Verbindungstür mit Möbeln zugestellt ist und der Mieter nicht auf die Benutzung von Küche und Bad in der Vermieterwohnung angewiesen ist 956

LG Detmold NJW-RR 1991, 77.

Eine Ausnahme von dem Grundsatz, daß die gebäudebezogenen Kündigungsvoraussetzungen schon bei Abschluß des Mietvertrages über die Einliegerwohnung gegeben sein müssen, ist für den Fall anerkannt worden, daß der Vermieter den Mieter bei Begründung des Mietverhältnisses konkret darauf hingewiesen hat, in naher Zukunft bauliche Veränderungen durch Zusammenlegen von zwei Wohnungen vornehmen zu wollen, um selbst dort zu wohnen 957

LG Memmingen NJW-RR 1992, 523.

Was das **Bewohnen** seitens des Vermieters anbelangt, 958

soll die erleichterte Kündigungsmöglichkeit nur dann greifen, wenn der Vermieter in einer der Wohnungen das Zentrum seiner privaten Lebensführung hat

LG Wuppertal WM 1990, 156,
AG Walsrode WM 1992, 616,
a.A. AG Hamburg-Blankenese WM 1991, 112 für Nebenwohnung, die der Vermieter nur 5 Monate im Jahr bewohnt.

Werden zwei Wohnungen in einem Dreifamilienhaus vom Vermieter bewohnt, so kann die dritte Wohnung nicht als Einliegerwohnung gekündigt werden. Daran soll sich auch nichts ändern, wenn die eine der vom Vermieter bewohnten Wohnungen gegenüber dem Treppenhaus nicht abgeschlossen ist 959

AG Bochum WM 1992, 132.

Die maßgeblichen Voraussetzungen des Kündigungsgrundes nach § 564b Abs. 4 BGB müssen sowohl im Zeitpunkt des Zugangs der Kündigung als auch bis zum Abschluß eines etwaigen Räumungsrechtsstreits vorliegen. Fallen sie nach Ausspruch der Kündigung – etwa durch Tod des Vermieters – weg, so sollen die Erben des Vermieters nicht berechtigt sein, die Räumung zu verlangen 960

OLG Karlsruhe NJW-RR 1994, 80 = WM 1993, 405 = ZMR 1993, 335,
LG Karlsruhe WM 1989, 257.

b) Ausübung des Sonderkündigungsrechts

Der Vermieter muß in einer für den Mieter als juristischen Laien verständlichen Weise deutlich machen, daß er von seinem **Sonderkündigungsrecht** für ein Zweifamilienhaus Gebrauch machen will; der Hinweis auf einen Paragraphen reicht nicht aus 961

LG Osnabrück WM 1990, 307,
a.A. AG Karlsruhe DWW 1990, 212.

Er kann von dieser Kündigungsbefugnis auch **hilfsweise** – etwa zu einer auf Eigenbedarf gestützten Kündigung – Gebrauch machen (LG Kiel DWW 1992, 85). Das gilt auch für den umgekehrten Fall (OLG Hamburg – RE v. 7.4.1982 – NJW 1983, 182).

962 Zur Wirksamkeit der Kündigung selbst bedarf es nicht der **Angabe von Kündigungsgründen**. Jedoch ist nach dem Rechtsentscheid des

OLG Hamm – v. 16.3.1992 – WM 1992, 230 = ZMR 1992, 243.

die Vorschrift des § 556a Abs. 1 S. 3 BGB auch auf die besondere Kündigung nach § 564b Abs. 4 anzuwenden, weil anderenfalls der Rechtsschutz des Mieters geringer wäre als vor Einführung des § 564b BGB. Damit seine Belange bei der Interessenabwägung nach der Sozialklausel berücksichtigt werden können, muß der Vermieter sie vollständig und abschließend – ein Nachschieben wird nicht zugelassen – in das Kündigungsschreiben aufnehmen. Allerdings sollen nicht so strenge Anforderungen an die Darlegungslast des Vermieters wie bei einer Kündigung gestellt werden

LG Kempten WM 1994, 254.

4. Mietverhältnisse ohne Kündigungsschutz

Es werden nur die Fälle dargestellt, in denen aktuelle Rechtsprechung vorliegt.

a) Qualifizierte Zeitmietverträge

963 Zur Erweiterung der Kündigungsbefugnis durch das 4. MietRÄndG s. Rdn A 39.

Der Grund für die Befristung nach § 564c Abs. 2 Nr. 2 BGB muß so ausreichend bezeichnet werden, daß der Mieter seine Situation einschätzen kann. Dafür müssen die Angaben des Vermieters derart umfassend sein, daß geprüft werden kann, ob die Tatbestandsvoraussetzungen des § 564c Abs. 2 Nr. 2 BGB vorliegen. Allgemeine schlagwortartige Angaben wie „Das Haus soll saniert werden" reichen nicht

LG Hamburg NJW-RR 1993, 201 = WM 1992, 374, 375,
AG Freiburg WM 1992, 193,
LG München I WM 1994, 543: An die Anfangsmitteilung sind strenge Anforderungen zu stellen, da der Mieter wissen muß, worauf er sich einläßt; der Kreis der Bedarfspersonen muß identifizierbar abgegrenzt sein, ebenso LG Stuttgart WM 1994, 690.

964 Hat sich der Vermieter bei Vertragsabschluß nicht auf eine bestimmte Verwendungsabsicht festgelegt, so muß er sie spätestens bei der Schlußanzeige 3 Monate vor Beendigung konkretisieren; die Bezugnahme auf die Anfangsmitteilung reicht nicht, wenn diese ihrerseits nicht ausreichend bestimmt war

AG München ZMR 1994 S. XV Nr. 19.

965 Liegen nicht alle Voraussetzungen des § 564c Abs. 2 BGB vor, so besteht zwischen den Parteien ein befristetes Mietverhältnis nach Maßgabe des § 564c Abs. 1 BGB (AG München a.a.O.).

Die gesetzliche Schriftform ist auch dann zu wahren, wenn der Vermieter dem Mieter seine Absicht mündlich mitgeteilt hat

AG Freiburg WM 1992, 193.

b) Mietverhältnisse zu vorübergehendem Gebrauch

Mietverhältnisse zu nur vorübergehendem Gebrauch sind vom Kündigungsschutz nach § 564b Abs. 7 Nr. 1 BGB ausgenommen. Wesentliches Abgrenzungskriterium zu einem geschützten Mietverhältnis ist, ob nur ein vorübergehender Wohnbedarf oder ein allgemeiner Wohnbedarf (mangels anderer Bleibe) nur kurzfristig vorübergehend gedeckt werden soll 966

OLG Frankfurt – RE v. 19.11.1990 – WM 1991, 17 = ZMR 1991, 63,
ebenso LG Freiburg WM 1991, 172.

Die Vermietung an eine **studentische Wohngemeinschaft** erfolgt in der Regel nicht zu nur vorübergehendem Gebrauch, selbst wenn anstelle der ursprünglichen Mieter andere in das Mietverhältnis eingetreten sind 967

LG Berlin WM 1992, 251,
vgl. auch OLG Bremen – RE v. 7.11.1980 – WM 1991, 8,
AG Bonn WM 1988, 23.

Bei langfristiger Vermietung eines **Ferienhauses** handelt es sich nicht um eine Vermietung zu nur vorübergehendem Gebrauch. Als Zweit- oder Ferienwohnung kann auch die zu Erholungszwwecken genutzte Wohnung Lebensmittelpunkt sein, so daß ein Kündigungsschutz in Betracht kommt 968

OLG Hamburg MDR 1993, 43 = WM 1992, 634, das sich für die ausschließliche gerichtliche Zuständigkeit nach § 29a Abs. 1 ZPO a.F. (jetzt § 23 Nr. 2a GVG) ausgesprochen hat.

c) Mietverhältnisse in Studentenwohnheimen

Ein Studentenwohnheim erfordert folgende Tatbestandsvoraussetzungen: 969
- das Gebäude muß vom Eigentümer dem studentischen Wohnen gewidmet sein,
- es muß nach seiner baulichen Anlage und Ausstattung geeignet sein, Studenten mit preisgünstigem Wohnraum zu versorgen,
- der Mietpreis muß im Vergleich zur ortsüblichen Miete günstig sein,
- die Vergabepraxis muß darauf ausgerichtet sein, eine Vielzahl von Studenten mit Wohnraum zu versorgen.

Nicht erforderlich sind
- das Vorhandensein von Gemeinschaftseinrichtungen,
- eine Heimverfassung und eine Heimleitung,
- die ausschließliche Nutzung durch Studenten
    LG Konstanz WM 1995, 539.

Bei Vermietung „für die Dauer des Studiums" richtet sich die Mietdauer nach der voraussichtlichen Studienzeit

LG Berlin WM 1989, 632, NJW-RR 1990, 592.

Der Vermieter soll zum vorgesehenen Termin selbst dann die Beendigung verlangen dürfen, wenn der Mieter gerade im Examen steht

AG Gießen NJW-RR 1990, 653.

Zu beachten ist jedoch, daß die Mieter in Studenten- oder Jugendwohnheimen sich auf den Schutz der **Sozialklausel** in § 556a BGB berufen können.

5. Mietaufhebungsvereinbarung

970 Nach überwiegender Meinung bedarf der Mietaufhebungsvertrag selbst dann nicht der **Schriftform**, wenn diese gemäß dem Mietvertrag für Vertragsänderungen vorgesehen ist, zumal die Parteien von ihr – auch schlüssig – abgehen können.

OLG Düsseldorf DWW 1990, 363 = MDR 1991, 349,
LG Aachen WM 1993, 734,
LG Köln ZMR 1993, 166,
s. auch OLG Düsseldorf NJW-RR 1988, 398 = ZMR 1988, 58;
a.A. LG Düsseldorf WM 1993, 341, AG Neuß ebenda, AG Köln WM 1993, 119 unter Hinweis auf die Warnfunktion der vereinbarten Form, ferner AG Münster WM 1994, 424.

Auch Mietaufhebungsverträge unterfallen dem HaustürwiderrufsG

LG Heidelberg WM 1993, 397, s. auch Rdn. 32.

971 Einigen sich bei Vermietung an eine **Personenmehrheit** der Vermieter und einer von mehreren Mietern über dessen Entlassung aus dem Mietverhältnis, so ist dessen Ausscheiden wirksam, wenn die anderen Mieter zustimmen. Die Zustimmung ist auch dann wirksam, wenn sie nur gegenüber dem Ausscheidenden erklärt wird. Stimmen die übrigen Mieter nicht zu, so kann die Vereinbarung zwischen dem Vermieter und dem Ausscheidenden als Abrede angesehen werden, sich wechselseitig nicht mehr auf Erfüllung aus dem Mietverhältnis in Anspruch zu nehmen

LG Berlin GE 1995, 113 = WM 1995, 105.

Das Innenverhältnis der Mieter bleibt allerdings von dieser Abrede unberührt; das betrifft insbesondere etwaige Ausgleichsansprüche der übrigen Mieter gegenüber dem ausscheidungswilligen.

972 Im Auszug eines Mitmieters liegt grundsätzlich noch nicht dessen Entlassung aus dem Mietverhältnis, selbst wenn der Vermieter hiermit einverstanden ist; vielmehr muß auch der im Mietobjekt verbleibende Mieter zustimmen,

vgl. BayObLG – Beschl. v. 21.2.1983 – DWW 1983, 71 = WM 1983, 107,
vgl. auch LG Mannheim WM 1994, 539.

Indes ist eine einverständliche Entlassung eines Ehegatten-Mitmieters unter folgenden Voraussetzungen bejaht worden:

– der Auszug hat endgültigen Charakter,
– der Vermieter hat hiervon Kenntnis erlangt und dem Auszug z.B. bei der Abrechnung personenabhängig umzulegender Betriebskosten Rechnung getragen,
– der verbleibende Mitmieter ist mit der Entlassung des anderen einverstanden und gibt dies z.B. durch Zahlung des Mietzinses und der Nebenkosten schlüssig kund

LG Köln NJW-RR 1993, 1096 = ZMR 1993, 166.

Es erscheint jedoch zweifelhaft, ob aus der Kenntnis des Vermieters vom Auszug, der Abrechnung von personenabhängig abgerechneten Nebenkosten und der Entgegennahme von Zahlungen schon auf das Einverständnis mit der Entlassung aus dem Mietverhältnis geschlossen werden kann.

Haben die Parteien eine Mietaufhebungsvereinbarung unter Zahlung einer Abstandssumme abgeschlossen, so soll der Vermieter nicht berechtigt sein, die Vereinbarung wegen arglistiger Täuschung anzufechten, weil der Mieter nicht offenbart hat, eine Ersatzwohnung in Aussicht oder bereits angemietet zu haben; es bestehe keine diesbezügliche Offenbarungspflicht des Mieters, sondern sein Verhalten liege noch im Bereich „geschickten Taktierens"
LG Braunschweig WM 1995, 184.

Die Aufhebungsvereinbarung soll novierende Wirkung haben: Vereinbaren die Parteien im Rahmen eines solchen Vertrages die vorzeitige Rückgabe der Wohnung gegen eine Abfindungszahlung des Vermieters, so soll diese Regelung beinhalten, daß der Mieter das Mietobjekt ohne Durchführung weiterer Schönheitsreparaturen zurückgeben darf
LG Stuttgart WM 1995, 392.

Ob der Aufhebungsvereinbarung ein so weitreichender Inhalt beizumessen ist, erscheint zweifelhaft und hängt von weiteren Umständen ab. Es empfiehlt sich ein klarstellender Zusatz, etwa daß es im übrigen bei den Rechten und Pflichten aus dem bisherigen Mietvertrag bleibt.

Zu Abstandsvereinbarungen im Räumungsvergleich s. auch Rdn. 1273.

Zur Umdeutung von Kündigung und anschließender Räumung in eine Mietaufhebungsvereinbarung s. Rdn. 924.

XI. Gründe für die ordentliche Kündigung des Vermieters

Die Gerichte haben im Räumungsrechtsstreit das Vorbringen des Eigentümers unter jedem einschlägigen rechtlichen Gesichtspunkt zu würdigen. Insbesondere darf sich bei einer Kündigung, die sowohl unter dem Aspekt des Eigenbedarfs als auch der Hinderung angemessener wirtschaftlicher Verwertung zu sehen ist, die Subsumtion nicht lediglich auf § 564b Abs. 2 BGB beschränken; vielmehr hat sich die Prüfung auch auf den generalklauselartigen Kündigungstatbestand des § 564b Abs. 1 BGB zu erstrecken.
BVerfG – Beschl. v. 8.10.1991 – DWW 1991, 363 = WM 1991, 661 = ZMR 1992, 10.

Noch nicht abschließend geklärt sind die Auswirkungen der Entscheidung des
BVerfG – Beschl. v. 26.5.1993 – DWW 1993, 224 = MDR 1993, 728 = WM 1993, 377 = ZMR 1993, 405 mit Anmerkungen von
Finger ZMR 1993, 545, Franke DWW 1993, 281, Gather DWW 1994, 348, 357, Rüthers NJW 1993, 2587, Sternel MDR 1993, 728; eingehend vor allem Derleder WM 1993, 514, vgl. auch MK-Voelskow BGB § 564b Rdn. 10.

Danach ist das Besitzrecht des Mieters an der gemieteten Wohnung Eigentum i.S. von Art. 14 Abs. 1 S. 1 GG. Dieses Recht genießt gegenüber Dritten absoluten

Schutz. Gegenüber dem Vermieter tritt es in Konkurrenz zu dessen Eigentumsrecht, das durch dieselbe Verfassungsbestimmung geschützt ist. Es ist Aufgabe des Gesetzgebers, die miteinander konkurrierenden Eigentumspositionen inhaltlich auszugestalten und gegeneinander abzugrenzen, daß beide Eigentumspositionen angemessen gewahrt bleiben. Ein Eigentumsschutz des Mieters für sein Besitzrecht dient dabei der Abwehr solcher Regelungen, die sein Bestandsinteresse gänzlich mißachten oder unverhältnismäßig beschränken. Die Eigentumsgarantie des Mieters bleibt also – wie auch sonst – staatsgerichtet. Für die Regelfälle der ordentlichen Kündigung hat der Gesetzgeber die notwendige Interessenabwägung mit § 564b BGB und § 556a BGB vorgenommen. Das Besitzrecht des Mieters endet zwar mit einer wirksamen Kündigung. Indes kann der Fortbestand eines einmal entstandenen Rechts, also der Bestandsschutz, Gegenstand des Grundrechtsschutzes sein.

Der Senat hat seine Auffassung bestätigt

BVerfG – Beschl. v. 18.10.1993 – WM 1994, 119 = ZMR 1994, 10.

Danach ist der Eigentumsschutz des Mieters verletzt, wenn das Fachgericht es bei einer fristlosen Kündigung wegen Überbelegung unterläßt zu prüfen, welche konkreten Nachteile dem Vermieter aus der Überbelegung erwachsen, und den Vermieterinteressen den Vorrang gibt, ohne die entgegenstehen den Belange des Mieters zu berücksichtigen.

976 Die Rechtsprechung des BVerfG bringt nichts Neues, soweit sie schuldrechtliche Ansprüche (wie solche des Mieters nach §§ 535 ff. BGB) unter Grundrechtsschutz stellt. Problematisch kann dies aber innerhalb eines Schuldverhältnisses sein, wenn beide Vertragsparteien sich wechselseitig auf Grundrechtspositionen berufen. Das BVerfG löst den Konflikt, indem es auf die einfachrechtliche Lage, die sich aus dem Verhältnis von § 564b BGB zu § 556a BGB ergibt, verweist und hierin einen sachgerechten Interessenausgleich sieht. Für diese Erkenntnis hätte es möglicherweise nicht des Umwegs über den Grundrechtsschutz des Mieters bedurft.

977 Dessen Anerkennung hat indes zwei für die Praxis erhebliche Folgen:
– Zum einen kann nunmehr auch der Mieter mit der Verfassungsbeschwerde sich auf einen materiellen Grundrechtsschutz berufen, während er zuvor darauf beschränkt war, über die Rüge verfahrensrechtlicher Garantien – insbesondere der Verletzung rechtlichen Gehörs – seine Grundrechtsposition zu wahren.

978 – Zum anderen wirkt sich die Entscheidung materiell-rechtlich dahin aus, daß die Fachgerichte den Grundrechtsschutz des Mieters nur dann ernstnehmen, wenn sie bei der Auslegung sog. offener Tatbestände das **generelle Bestandsinteresse** des Mieters beachten und dieses in die Wertung mit einbeziehen. So genügt nach

OLG Stuttgart – RE v. 24.4.1991 – WM 1991, 330

für die ordentliche Kündigung des Vermieters nicht jedes verständliche Interesse an der Beendigung des Mietverhältnisses; es muß vielmehr ein solches Gewicht haben, daß es das generelle Interesse des Mieters an der Beibehaltung der Wohnung als Mittelpunkt der Lebensführung überwiegt, ebenso

OLG Stuttgart – RE v. 11.6.1991 – WM 1991, 379 und bereits
OLG Karlsruhe – RE v. 26.10.1982 – NJW 1983, 579 = WM 1983, 9.

Was bereits für den Tatbestand des „berechtigten Interesses" in § 564b Abs. 1 BGB anerkannt ist, gilt auch für die „Erheblichkeit" der schuldhaften Vertragsverletzung in § 564b Abs. 2 Nr. 1 BGB ebenso für das „Benötigen" in § 564b Abs. 2 Nr. 2 BGB und für die „Angemessenheit" der Verwertung sowie die „Erheblichkeit" der Nachteile in § 564b Abs. 2 Nr. 3 BGB. Dieses Verständnis leitet sich daraus ab, daß die in § 564b Abs. 2 BGB geregelten Tatbestände nur Anwendungsfälle der Generalklausel in § 564b Abs. 1 BGB sind. Aber auch für die Tatbestände der fristlosen Kündigung ist das generelle Mieterinteresse im Auge zu behalten und gegen das Freimachungsinteresse abzuwägen, soweit der Kündigungstatbestand für eine solche Abwägung Raum läßt, 979

vgl. BGH – RE v. 14.7.1993 – WM 1993, 529 = ZMR 1993, 508 für Kündigung wegen Überbelegung der Wohnung.

Herausragende Bedeutung in der Praxis haben die Kündigungsgründe „Eigenbedarf" und „Hinderung wirtschaftlicher Verwertung" in § 564b Abs. 2 Nr. 2, 3 BGB.

1. Eigenbedarf

a) Leitlinien der Rechtsprechung des BGH und des BVerfG

Für die Auslegung einfachen Rechts ist allein der Rechtsentscheid des BGH vom 20.1.1988 980

BGHZ 103, 91 = NJW 1988, 904

maßgebend; denn nur ihm kommt Bindungswirkung nach § 541 ZPO zu. Die Absicht, von einer Entscheidung des BVerfG abzuweichen, begründet keine Vorlagepflicht zum Rechtsentscheid

BVerfG WM 1989, 552.

Nur soweit es darum geht, ob eine Gesetzesauslegung noch mit Art. 14 Abs. 1 GG zu vereinbaren ist, gewinnen die verfassungsrechtlichen Entscheidungen, denen für die einfachrechtliche Auslegung ein zu starkes Gewicht zugemessen wird, ihre Bedeutung

siehe auch Roellecke NJW 1992, 1649: Das Mietrecht des BVerfG,
Sonnenschein NJW 1993, 161: Die Rechtsprechung des BVerfG zum Mietrecht,
Gather DWW 1994, 97: Das Mietrecht im Spiegel der jüngsten höchstrichterlichen und obergerichtlichen Rechtsprechung,
Lammel NJW 1994, 3320: Die Rechtsprechung des BVerfG zur Eigenbedarfskündigung.

Nach dem Rechtsentscheid des BGH vom 20.1.1988 981

BGHZ 103, 91 = NJW 1988, 904 = WM 1988, 47

reicht zur Annahme eines Eigenbedarfs die Absicht des Vermieters, in den vermieteten Räumen zu wohnen oder eine Bedarfsperson im Sinne von § 564b Abs. 2 Nr. 2 BGB wohnen zu lassen, nur aus, wenn er hierfür **vernünftige Gründe** hat; eine unzureichende Unterbringung des Vermieters ist nicht erforderlich. Für die Auslegung des Begriffs „berechtigtes Interesse" knüpft der BGH an § 549 Abs. 2 BGB an. Zu dieser Bestimmung hatte der BGH die Auffassung vertreten, daß es nur „vernünftige" Gründe zu sein brauchen, die einen Anspruch des Mieters auf Erlaubnis zur Drittüberlassung begründen (BGHZ 92, 213, RE v. 3.10.1984, s. Rdn. 208). Er sieht sich damit in Übereinstimmung mit dem Gesetzgeber, der eine Not- oder Zwangslage oder einen Wohnraummangel des Vermieters nicht zur Voraussetzung der Eigenbedarfskündigung gemacht habe. Die Belange des Mieters seien in diesem Zusammenhang nicht zu beachten, sondern erst im Rahmen des § 556a BGB zu prüfen.

982 Der BGH hat drei Beispielsfälle genannt, die einen solchen vernünftigen Grund abgeben sollen, nämlich

– wenn der Vermieter sich eine Wohnung kauft, um dort seinen Altersruhesitz zu begründen,

– wenn die vermietenden Eltern kündigen, um die Wohnung ihrem Kind zu überlassen, das sich sonst vom Elternhaus lösen würde,

– wenn der Vermieter im eigenen Haus wohnen will, um die Heizung zu warten und das Haus verwalten zu können.

983 Der BGH hat damit dem allein an subjektiven Kriterien orientierten Verständnis des Eigenbedarfs eine Absage erteilt. Seine Entscheidung krankt aber daran, daß die Parallele zu § 549 Abs. 2 BGB verfehlt ist. Der Begriff des berechtigten Interesses kann nicht losgelöst von der Zielrichtung, die mit dem Interesse verfolgt wird, gesehen werden. Je einschneidender diese Zielrichtung die Sphäre des Vertragsgegners berührt, desto enger werden die Grenzen des Interesses zu definieren sein. So mag einem Interesse, das sich wie dasjenige in § 549 Abs. 2 BGB nur auf die Ausgestaltung des Vertragsverhältnisses bezieht, durchaus ein weitergehender Raum gewährt werden als es bei einem Interesse, das auf eine Vertragsbeendigung abzielt, der Fall sein darf.

984 Das BVerfG hat in seiner Entscheidung v. 14.2.1989

BVerfGE 79, 292 = NJW 1989, 970 = WM 1989, 118

zunächst klargestellt, daß die Regelungen über den Kündigungsschutz unabhängig von der Lage auf dem Wohnungsmarkt gerechtfertigt sind. Der vertragstreue Mieter verdiene Schutz davor, daß ihm die Folgen eines Wohnungsverlustes auferlegt würden, ohne daß dies durch berechtigte Interessen des Vermieters begründet wäre. Der Schutz werde ihm unabhängig von seiner individuellen Situation zuteil und durch die Rechtsprechung des BGH gewährleistet. Zur Substanz des Eigentums gehöre aber die Selbstnutzung. Eine Gesetzesauslegung, die diesen Willen des Vermieters nicht respektiere, sei mit Art. 14 Abs. 1 GG nicht zu vereinbaren. Der Entschluß bzw. Wunsch des Vermieters sei nicht unbeschränkt (aber immerhin doch!) nachzuprüfen. In die Lebensplanung des Vermieters hätten die Gerichte zwar nicht einzugreifen, so daß sie den Entschluß, die vermietete Wohnung selbst zu nutzen, grundsätzlich zu akzeptieren hätten. Wohl aber seien die Gerichte befugt zu prüfen, ob die Durchsetzung des Wunsches im Einzelfall gerechtfertigt sei. Dies soll nach objektiven Kriterien erfolgen. Maßstab ist dabei der Mißbrauch, dessen Grenzen das BVerfG weit zieht, wie etwa

– bei Vorhandensein einer Alternativwohnung, sofern nicht der Vermieter trotzdem wichtige Gründe an der Herausgabe der gekündigten Wohnung hat,

- ferner wesentlich überhöhter Eigenbedarf oder
- mangelnde Eignung der Wohnung für das Vermieterinteresse.

Für den Eigenbedarf des Vermieters oder einer Bedarfsperson ist es nicht erforderlich, daß die **bisherige Unterbringung** unzureichend war 985
BVerfG - Beschl. v. 19.3.1993 - WM 1994, 130 = ZMR 1993, 315,
BVerfG - Beschl. v. 11.11.1993 - WM 1993, 729 = ZMR 1994, 208.

Dagegen ist es verfassungsrechtlich nicht zu beanstanden, dem Vermieter eine Berufung auf Eigenbedarf, der auf schon **bei Vertragsabschluß vorliegende Umstände** gestützt wird, zu versagen 986
BVerfG - Beschl. v. 19.7.1993 - WM 1994, 132 = ZMR 1993, 505,
vgl. auch BVerfG - Beschl. v. 19.10.1993 - WM 1994, 127 = ZMR 1994, 207.

Zu beachten sind nur die gegenwärtig absehbaren Nutzungswünsche; eine **Vorratskündigung** braucht hingegen nicht berücksichtigt zu werden (z.B. der Fall einer künftigen, noch nicht absehbaren Familiengründung) 987
BVerfG - Beschl. v. 23.8.1990 - NJW 1990, 3259 = ZMR 1990, 448.

Eine unzulässige Vorratskündigung ist aber nicht gegeben, wenn die mit der Kündigung vom Vermieter angestrebte deutliche Verbesserung der Wohnverhältnisse auch die Möglichkeit einer späteren, weitergehenden Wohnungsnutzung als künftiges Kinderzimmer einschließt
BVerfG - Beschl. v. 19.3.1993 - WM 1994, 130 = ZMR 1993, 315,
BVerfG - Kammerbeschl. v. 20.2.1995 - WM 1995, 260 = ZMR 1995, 198.

Ebensowenig kann dem Vermieter ein überhöhter Bedarf entgegengehalten werden, wenn er den Eigenbedarf mit der beabsichtigten Eheschließung und der Verwirklichung des Kinderwunsches begründet 988
BVerfG - Beschl. v. 2.2.1994 - WM 1994, 184 = ZMR 1994, 145;
BVerfG - Beschl. v. 20.2.1995 - GE 1995, 418 = WM 1995, 260 = ZMR 1995, 198: Auf eine Eheschließung kommt es nicht an; eine Konkretisierung des Kinderwunsches durch eine zur Zeit der Kündigung bereits vorliegende oder während des Räumungsrechtsstreits eintretende Schwangerschaft kann nicht vorausgesetzt werden.

Ein weit **überhöhter Bedarf** ist nur anhand objektiver Kriterien aufgrund tatsächlicher Feststellungen und einer Würdigung im Einzelfall nachprüfbar. Hierbei ist auch die Haushaltsgröße des Mieters gegenüber der Wohngröße und eine künftige Bedarfsentwicklung (Kinderwunsch des Vermieters) mit zu beachten 989
BVerfG - Beschl. v. 19.3.1993 - WM 1994, 130 = ZMR 1993, 315,
BVerfG - Beschl. v. 2.2.1994 - WM 1994, 184 = ZMR 1994, 145.

Die vom Vermieter vorgetragenen Umstände für sein Freimachungsinteresse sind von den Gerichten unter allen einschlägigen **rechtlichen Gesichtspunkten** zu würdigen; das Gericht darf sich nicht auf den vom Vermieter eingenommenen rechtlichen Blickwinkel beschränken. Wird z.B. wegen einer Eigenbedarfskündigung geklagt, so muß der Kündigungsgrund auch nach der Generalklausel des § 564b Abs. 1 BGB geprüft werden 990
BVerfG - Beschl. v. 8.10.1991 - DWW 1991, 363 = WM 1991, 661.

Das BVerfG hat im Beschluß vom 14.9.1989 991
BVerfG WM 1989, 481 = ZMR 1989, 408.

klargestellt, daß das vom Vermieter beanspruchte Selbstnutzungsinteresse „notwendigerweise" auf seine **Vernünftigkeit** und **Nachvollziehbarkeit** zu überprüfen sei. Gegen die für die einfachrechtliche Anwendung des Gesetzes maßgebende Formel des BGH, der Vermieter müsse vernünftige und nachvollziehbare Gründe für seinen Nutzungswunsch anführen können, bestünden keine verfassungsrechtlichen Vorbehalte. Beide Entscheidungen müßten von den Fachgerichten nebeneinander beachtet werden.

992 Wiederholt hat das BVerfG hervorgehoben, daß es den Fachgerichten versagt ist, in die **Lebensplanung** des Vermieters einzugreifen, sondern diese respektieren muß. So darf der Vermieter nicht darauf verwiesen werden, daß er seinen Raumbedarf durch Umbaumaßnahmen in seinem Haus decken könnte
BVerfG – Beschl. v. 31.1.1994 – WM 1994, 183.

993 Geht es darum, ob der Vermieter einen **absehbaren Bedarf** schon bei Abschluß des Mietvertrages hätte berücksichtigen können, so darf von ihm nicht eine Lebensplanung verlangt werden, die er bei Vermietung der Wohnung an den Mieter noch nicht hätte vorzunehmen brauchen. Der Abschluß eines Zeitmietvertrages kann ihm nicht angesonnen werden, wenn der Begründung der Befristung entgegengehalten werden könnte, sie beruhe auf bloßer Spekualtion
BVerfG – Beschl. v. 19.7.1993 – WM 1994, 132 = ZMR 1993, 505.

994 Kommt es bei der Abwägung der Vermieter- und Mieterinteressen im Rahmen der §§ 556a, 564b Abs. 2 Nr. 2 BGB darauf an, daß die eine oder die andere Mietpartei ihre Lebensplanung ändern müßte, so räumt das BVerfG dem Vermieterinteresse den Vorrang ein
BVerfG – Beschl. v. 4.8.1993 – WM 1994, 126: Bedarf des Vermieters an einem Arbeitsraum und einem Raum zum Sammeln von antiken Möbeln gegenüber dem Raumbedarf des Mieters als Stadtlandschaftsmaler.

995 In der Rechtsprechung des BVerfG verwischen sich „Bedarf" und „Wunsch", die herausverlangte Wohnung zu beziehen: so hat es das BVerfG im Einzelfall ausreichen lassen, daß der Vermieter, der mit seinem Ersparten Eigentum erworben hat, deshalb kündigt, „weil er Herr seiner eigenen vier Wände" und „nicht mehr Mieter" sein will
BVerfG – Beschl. v. 11.11.1993 – WM 1993, 729 = ZMR 1994, 208, BVerfG – Beschl. v. 23.11.1993 – ZMR 1994, 59.

Dieser Gesichtspunkt kommt aber allenfalls zum Tragen, wenn der Vermieter das Mietobjekt zum Zwecke des Bewohnens erworben hat. Hat er dagegen vermietet oder ist er in ein Mietverhältnis nach § 571 BGB eingetreten, ohne den Eigenbedarf alsbald angemeldet zu haben, so genügt es für die Kündigung nicht, „in seinem Eigentum wohnen zu wollen"
BGH – RE v. 20.1.1988 – BGHZ 103, 91 = NJW 1988, 904 = WM 1988, 47.

996 Benötigt der Vermieter nur einen Teil der Mietwohnung, so kann er sowohl mit einer Teilkündigung der Wohnung als auch mit einer Kündigung der gesamten Wohnung zur Deckung eines **Teilbedarfs** ausgeschlossen werden
BVerfG – Beschl. v. 19.10.1993 – WM 1994, 127 = ZMR 1994, 207.

Das Freiwerden einer **Alternativwohnung** muß auch in einer Weise berücksichtigt werden, welche den Belangen des Mieters Rechnung trägt. Allerdings kann von Bedeutung sein, ob der Vermieter vernünftige und nachvollziehbare Gründe hat, am Bezug gerade der gekündigten Wohnung festzuhalten 997

BVerfG – Beschl. v. 1.3.1991 – WM 1991, 247 ZMR 1991, 212.

Ihm ist es jedenfalls verwehrt, sich allein darauf zu berufen, die an sich geeignete Alternativwohnung sei anderweitig vermietet worden

BVerfG – Beschl. v. 13.10.1990 – WM 1990, 535 = ZMR 1991, 54.

Andererseits steht es in seiner Entscheidung, ob er eine Wohnung überhaupt dem Wohnungsmarkt zuführen will. So hat das BVerfG in seinem Beschluß vom 3.10.1989 beanstandet, daß der Vermieter auf ein nicht geeignetes Alternativobjekt verwiesen worden sei

BVerfGE 81, 29, 343 = DWW 1990, 16 = NJW 1990, 309 = WM 1989, 607 = ZMR 1990, 48.

Die Verweisung auf eine freistehende Wohnung, die er sonst gewerblich als Ferienwohnung vermiete, verletze seine Entscheidung, weitere Immobilien nicht dem allgemeinen Wohnungsmarkt zur Verfügung zu stellen. Die Gerichte dürften sich nicht in den Entscheidungsprozeß des Vermieters hineinbegeben. Daher kann er auch nicht auf eine leerstehende Wohnung verwiesen werden, die er aber nicht vermieten, sondern als Übergangswohnung seiner Ehefrau überlassen will 998

BVerfG – Beschl. v. 23.11.1993 – DWW 1994, 44 = WM 1994, 13.

Ebensowenig dürfen sie sich von sachfremden und damit willkürlichen Erwägungen leiten lassen. Das BVerfG hat dies etwa für die Auffassung bejaht, daß die Zusammenlegung von 2 Wohnungen zu einer Wohnung der Zweckentfremdungsgenemigung nach Art. 6 MietRVerbG bedürfe und eine Eigenbedarfskündigung des Vermieters, der die Wohnung beziehen wolle, ohne Vorlage einer solchen Genehmigung unwirksam sei (so LG Frankfurt DWW 1992, 116). Zwar werde gegen das **Willkürverbot** nicht schon bei jeder fehlerhaften Rechtsanwendung verstoßen. Vielmehr müsse hinzukommen, daß die Rechtsanwendung unter keinem denkbaren Aspekt mehr rechtlich vertretbar sei, so daß sich der Schluß aufdränge, daß die Entscheidung auf sachfremden und damit willkürlichen Erwägungen beruhe. Willkür sei als eine Maßnahme zu verstehen, welche im Verhältnis zu der Situation, der sie Herr werden wolle, tatsächlich und eindeutig unangemessen sei 999

BVerfG – Beschl. v. 7.4.1992 – DWW 1992, 175 = ZMR 1992, 287.

Andererseits müssen die Fachgerichte den vom Mieter dargelegten Umständen, die gegen die Ernsthaftigkeit des Nutzungswunsches sprechen, nachgehen und über das Bestehen des Nutzungswillens ggfs. Beweis erheben 1000

BVerfG – Beschl. v. 18.1.1991 – WM 1991, 146, 147,
BVerfG – Beschl. v. 13.1.1995 – WM 1995, 140 = ZMR 1995, 150.

Das schließt nicht aus, daß das Mietervorbringen u.U. als verspätet zurückgewiesen wird, soweit dies zulässig ist

BVerfG – Beschl. v. 7.6.1991 – WM 1991, 465, 466, aber auch BVerfG – Beschl. v. 29.11.1991 – DWW 1991, 77 = WM 1991, 147.

Hat der Vermieter die Eigenbedarfskündigung damit begründet, die herausverlangte Wohnung zusammen mit seiner Lebensgefährtin beziehen zu wollen und 1001 fällt diese als Bedarfsperson weg, so darf das Fachgericht bei Wegfall dieser Person nicht zugrundelegen, daß ein Alleinbedarf des Vermieters zur Kündigung ausreicht. Vielmehr wäre zu prüfen, ob der verbleibende Wohnbedarf des Vermieters auch ohne Räumung der Mietwohnung befriedigt werden kann

BVerfG – Beschl. v. 30.6.1993 – WM 1993, 380.

b) Eigenbedarfsgründe in der Kündigung

1002 Zur Angabe von Gründen s. Rdn. 932.

Für die Eigenbedarfskündigung ist gefordert worden, die Gründe so konkret und ausführlich anzugeben, daß sie auch auf ihre „Vernünftigkeit" hin nachgeprüft werden können und eine gerichtliche Auseinandersetzung möglichst vermieden wird

LG Koblenz WM 1990, 509, LG Köln WM 1990, 155.

Andererseits dürfen die Anforderungen nicht überspannt werden, insbesondere was die Übereinstimmung von Kündigungs- und Klagebegründung anbelangt,

vgl. BVerfG WM 1992, 417 und Rdn. 938,
s. aber auch LG Hamburg WM 1993, 679, das auf eine weitgehende Übereinstimmung von Kündigungsgründen und Prozeßvortrag abstellt.

Wird ein Mietverhältnis gekündigt, in der eine Familie lebt, so stellt Art. 6 Abs. 1 GG keine zusätzlichen Anforderungen an die Konkretisierung des Eigenbedarfs; dem Interesse der Mieterfamilie ist vielmehr durch die Sozialklausel des § 556a BGB Rechnung zu tragen

BVerfG – Kammerbeschl. v. 20.2.1995 – GE 1995, 418 = WM 1995, 260 = ZMR 1995, 198.

1003 Der Vermieter muß grundsätzlich seine eigene Wohnsituation im Kündigungsschreiben darstellen.

Das ist jedoch dann nicht erforderlich, wenn er den Eigenbedarf nicht auf die bisher unzureichende Unterbringung stützt, sondern die Kündigungsgründe mit seinen gegenwärtigen Wohnverhältnissen in keinem Bezug stehen

BVerfG – Beschl. v. 23.11.1993 – ZMR 1994, 59: Kündigung, weil der Vermieter in die eigenen vier Wände einziehen und seinerseits nicht mehr Mieter sein will.

1004 Beruht die Eigenbedarfskündigung auf dem mit einem Ortswechsel verbundenen Wunsch nach einem neuen Arbeitsplatz, so muß in den Kündigungsgründen substantiiert und konkret der bestehende Wunsch nach einem (neuen) Arbeitsplatz vorgetragen werden

LG Bremen WM 1994, 209.

1005 Hat der Vermieter noch weiteren Grundbesitz, so braucht er diesen in der Kündigung nur insoweit offenzulegen, als dort freie oder in absehbarer Zeit freiwerdende Alternativwohnungen vorhanden sind, durch die er seinen Bedarf decken oder die er dem Mieter zum Tausch anbieten könnte,

weitergehend LG Bielefeld WM 1993, 539,
AG Hamburg WM 1993, 539.

1006 Nimmt der Vermieter zur Begründung auf die Gründe in einer früheren Kündigung Bezug (vgl. Rdn. 939), so müssen sich hieraus eindeutig die Gründe für die neue Kündigung erkennen lassen

LG Hamburg NJW-RR 1993, 49.

Der Hinweis auf einen schriftsätzlichen Vortrag in einem vorangegangenen Prozeß ersetzt die fehlende Begründung nicht
LG Mannheim ZMR 1994, 67.

Soll für eine sog. **Bedarfsperson** gekündigt werden, so muß auch deren Bedarfslage, insbesondere deren gegenwärtige Wohnsituation in der Kündigung dargelegt werden 1007
LG Gießen WM 1991, 39, LG Berlin GE 1995, 315 bei einer Kündigung für eine Mehrheit von Personen.

Will der Vermieter die Wohnung einem Familienangehörigen überlassen, so muß er schon im Kündigungsschreiben das Verwandtschaftsverhältnis und die bisherigen Wohnverhältnisse der Bedarfsperson offenbaren
LG Bochum WM 1993, 540, LG Mannheim NJW-RR 1994, 656 = ZMR 1994, 67.

Wird der Eigenbedarf auf eine Krankheit der Bedarfsperson gestützt, so muß deren Art angegeben werden
LG Berlin MM 1995, 225.

Zur ausreichenden Begründung genügen nach neuerer Rechtsprechung folgende Angaben nicht: „Der Vermieter will die Wohnung für sich nutzen" (LG Köln NJW-RR 1990, 250), „Die Wohnung wird für S oder N benötigt" (AG Frankfurt WM 1991, 39), „Die Wohnung wird für die 24-jährige Tochter benötigt" (LG Göttingen NJW-RR 1990, 592), „Wegen Eigenbedarfs der Wohnung für eine Pflegeperson" (AG Frankfurt NJW-RR 1990, 591), „Die Tochter ist verlobt, die Verlobten wollen zusammenziehen" (LG Aachen WM 1990, 302), „Die Tochter des Vermieters will mit ihrem Partner die Wohnung beziehen" (LG Gießen WM 1991, 39) „Die Wohnung ist erworben worden, damit der Vermieter dort einzieht" (LG Mannheim ZMR 1990, 19, abweichend aber LG Gießen WM 1989, 289), „Dringender Eigenbedarf für den Enkel" (LG Karlsruhe WM 1989, 384), „Die Wohnung wird dringend für die eigene Nutzung benötigt" (LG Berlin WM 1988, 401), „Die Tochter des Vermieters will mit ihrem Partner die Wohnung beziehen" (LG Gießen WM 1991, 39), die bisherige Wohnung des Vermieters sei durch die „vielköpfige Familie völlig überbelegt" und es herrschten „unzumutbare" Wohnverhältnisse (LG Gießen NJW-RR 1994, 1290 = WM 1994, 684), die Mietwohnung des Vermieters sei diesem gekündigt worden (LG Stuttgart WM 1995, 472). 1008

Andererseits: Will der Vermieter einem Kind und dessen Partner die gekündigte Wohnung zur Verfügung stellen, so soll es nicht erforderlich sein, Namen und Wohnverhältnisse des Partners im Kündigungsschreiben anzugeben 1009
LG Gießen ZMR 1994, 565,
a.A. LG Hamburg NJW-RR 1992, 1364 = WM 1993, 50.

c) **Anwendungsfälle**

Es wird davon abgesehen, die stark wertungsabhängige neuere Rechtsprechung zum Eigenbedarf aufzulisten (s. dazu Barthelmess § 564 b Rdn. 81 ff., Eisenschmid WM 1990, 129, Harke ZMR 1991, 81, Wolf WPM 1990, 1565: Das Recht des Vermieters von Wohnraum zur Kündigung wegen Eigenbedarfs in der Rechtsprechung des BGH und des BVerfG). Vielmehr soll auf einzelne Problemfelder eingegangen werden. 1010

1011 Grundsätzlich ist Eigenbedarf zu verneinen, wenn das Nutzungsinteresse nur ein unerhebliches Gewicht hat (LG Mannheim WM 1991, 692). In diesem Zusammenhang ist auf die Ausführungen des OLG Stuttgart im RE v. 24.4.1991 zum Betriebsbedarf (WM 1991, 330 = ZMR 1991, 260) hinzuweisen:

> Bei der Prüfung des berechtigten Interesses des Vermieters an der Kündigung ist das gesetzgeberische Ziel der Bestandssicherung von Mietverhältnissen, d.h. das widerstreitende Interesse des Mieters an der Beibehaltung der Wohnung als Mittelpunkt seiner privaten Existenz mitzuberücksichtigen; das konkrete Interesse des Mieters kann erst im Rahmen des § 556a BGB Beachtung finden. Nach allgemeiner Ansicht genügt nicht jedes verständliche Interesse des Vermieters an der Beendigung des Mietverhältnisses, es muß vielmehr ein solches Gewicht haben, daß es das „generelle Interesse des Mieters an der Beibehaltung der Wohnung überwiegt"; vgl. auch Rdn. 978.

1012 Auch nach LG Hamburg HmbGE 1992, 253 ist das generelle Bestandsinteresse des Mieters, ferner die allgemeine Wohnungsmarktsituation am Ort der Mietwohnung zu berücksichtigen, um die Erheblichkeit des Selbstnutzungswunsches des Vermieters zu beurteilen. Andererseits kann der Bedarf zeitlich begrenzt sein

BayObLG – RE v. 23.3.1993 – NJW-RR 1993, 979 = WM 1993, 253.

aa) Bedarfsfälle

– bauliche Maßnahmen:

1013 Dem Eigenbedarf steht nicht entgegen, daß er zunächst bauliche Maßnahmen voraussetzt, so die Zusammenlegung eines Teils der Wohnung des Vermieters mit der Mietwohnung, damit der Vermieter die von ihm genutzten Räume erreichen kann, ohne deswegen das öffentliche Treppenhaus benutzen zu müssen

BVerfG – Beschl. v. 23.11.1993 – WM 1994, 101 = ZMR 1994, 101.

Will der Vermieter zwei Wohnungen zu einer Wohnung zusammen legen, um diese zu beziehen, so benötigt er zum Ausspruch der Eigenbedarfskündigung keine Zweckentfremdungsgenehmigung, weil der Wohnraum erhalten bleibt

BVerfG DWW 1992, 175 = ZMR 1992, 287 unter Aufhebung von LG Frankfurt DWW 1992, 116.

1014 Setzt der Selbstnutzungswunsch des Vermieters Umbaumaßnahmen voraus, für die er eine Baugenehmigung benötigt, so braucht diese bei Ausspruch der Kündigung nicht vorzuliegen; jedoch muß im Rahmen der Begründetheit der Kündigung geprüft werden, ob der Eigennutzungswunsch baurechtlich verwirklicht werden kann

OLG Frankfurt – RE v. 25.6.1992 – NJW 1992, 2300 = WM 1992, 421.

Der Vermieter muß allerdings in der Kündigung darlegen, daß bis zum Ablauf der Kündigungsfrist das Nutzungsvorhaben bauplanerisch umgesetzt werden kann und die u.U. erforderliche Zustimmung Dritter erteilt werden wird

LG Kiel WM 1992, 691.

– **Bedarfspersonen:**

Geklärt ist, daß der Kreis der Bedarfspersonen sich nicht nach § 8 II. WoBauG richtet, sondern enger zu ziehen ist 1015

OLG Oldenburg – RE v. 16.12.1992 – DWW 1993, 171 = WM 1993, 386.

Zu den Bedarfspersonen zählen die Geschwister des Vermieters (OLG Oldenburg a.a.O.). Bei weiter entfernten Verwandten oder bei Verschwägerten wird darauf abgestellt, wie eng die sonstigen familiären und sonstigen Kontakte sind, aus denen sich eine moralische bzw. sittliche Pflicht zur Unterstützung, insbesondere zur Wohnraumgewährung ergibt,

so für Abkömmlinge einer Schwester der Mutter des Vermieters:

OLG Braunschweig – RE v. 1.11.1993 – WM 1993, 731,

für Nichten, Neffen, Cousinen und Cousins:

LG Wiesbaden WM 1991, 491, LG Ravensburg WM 1993, 51, LG Braunschweig WM 1994, 210,

für Schwager:

LG Mainz WM 1991, 544, LG Freiburg WM 1993, 126, offengelassen von OLG Oldenburg a.a.O.

für Schwiegermutter:

LG Köln WM 1994, 541.

Unerheblich ist, ob die Bedarfsperson die Miete für die freizumachende Wohnung wird tragen können; denn dem Vermieter steht es frei, die Wohnung unentgeltlich oder gegen ein geringes Entgelt der Bedarfsperson zu überlassen 1016

LG Köln WM 1995, 110.

Wird ein Mietverhältnis über eine **Sozialwohnung** gekündigt, so muß die Bedarfsperson wohnberechtigt sein. Ist das nicht der Fall, so wird gefordert, daß der Vermieter entweder einen Freistellungsbescheid nach § 7 WoBindG besitzt oder eine entsprechende Zusage der zuständigen Behörde vorweisen kann 1017

LG Essen WM 1993, 676 mit ablehnender Anm. Rankenhorn WM 1993, 656.

Handelt es sich um einen ausländischen Familienangehörigen, so ist vorauszusetzen, daß dieser eine ausländerpolizeiliches Aufenthaltsrecht am Ort der Mietwohnung hat

LG Hamburg WM 1994, 210.

Hat der Vermieter für einen Angehörigen wegen dessen Wohnbedarfs gekündigt, so wirkt die Kündigung fort, wenn der Angehörige die Wohnung anschließend erwirbt. Das gilt auch dann, wenn der Angehörige wegen der Sperrfrist nach § 564b Abs. 2 Nr. 2 BGB noch nicht hätte kündigen können 1018

OLG Hamm – RE v. 21.7.1992 – WM 1992, 460 = ZMR 1992, 438.

Wird wegen Erkrankung der Bedarfsperson gekündigt, so muß die Art der Erkrankung in der Kündigung angegeben werden

LG Berlin MM 1995, 225.

– **befristeter Bedarf:**

1019 Eigenbedarf kann auch dann gegeben sein, wenn der Vermieter die Räume nur für begrenzte Zeit nutzen will. Ob ihm in einem solchen Fall vernünftige, nachvollziehbare Gründe für die Inanspruchnahme der Räume zur Seite stehen, kann nur aufgrund einer umfassenden Würdigung der Umstände des Einzelfalles beurteilt werden

BayObLG – RE v. 23.3.1993 – NJW-RR 1993, 979 = WM 1993, 253.

1020 Der Eigenbedarf läßt sich also nicht generell schon wegen der Kürze der erstrebten Nutzungsdauer verneinen

vgl. aber LG München I WM 1993, 677: wenigstens 3 Jahre,
LG Landau ZMR 1992, 396: für weniger als 1 Jahr,
AG Köln WM 1992, 250: für 2 Jahre.

Je kürzer die angestrebte Nutzdauer ist, desto gewichtiger muß der Anlaß sein, den Mieter aus der Wohnung zu verdrängen.

– **berufsbedingter Bedarf:**

1021 Muß der Vermieter erwarten, daß sein berufliches Arbeitsverhältnis altersbedingt kurzfristig durch Entlassung beendet werden kann, so kann er Vorsorge für seinen zukünftigen Wohnsitz dadurch treffen, daß er eine geeignete, vermietete Wohnung mit der Eigenbedarfskündigung beansprucht

OLG Düsseldorf WM 1993, 49 = ZMR 1992, 386.

1022 Ein Betriebsbedarf fällt nicht unter den Begriff des Eigenbedarfs, da er nicht aus dem Wohnbedarf des Vermieters, sondern seinen betrieblichen Belangen herrührt (vgl. Rdn. 1135). Daher kann eine Eigenbedarfskündigung auch nicht auf einen Bedarf an Arbeitsraum gestützt werden, sondern allenfalls ein berechtigtes Interesse nach § 564b Abs. 1 BGB begründen

LG Wiesbaden WM 1990, 501.

1023 Dagegen kann eine erhebliche Verkürzung des Arbeitsweges einen Eigenbedarf rechtfertigen

LG Stuttgart WM 1991, 106.

Das ist bei einem täglichen Arbeitsweg von 37 km trotz eines Arbeitstages von 12 Stunden verneint worden (LG Hamburg NJW-RR 1992, 1365 = WM 1993, 351), ebenso bei Verkürzung der täglichen Fahrzeit zwischen bisheriger Wohnung und Arbeitsplatz um jeweils 30 Minuten (LG Mannheim ZMR 1992 S. XIV Nr. 13).

Es genügt, wenn der Vermieter die herausverlangte Wohnung berufsbedingt an wenigstens 8 bis 10 Tagen im Monat nutzen will

LG Hamburg WM 1994, 431.

– **Pflegebedarf:**

1024 Es reicht aus, daß aufgrund äußerer Umstände mit einiger Sicherheit damit gerechnet werden kann, daß der betagte Vermieter die Dienste einer Hilfsperson in naher Zukunft für Pflege und Wartung benötigt; der Pflegebedarf braucht also noch nicht aktuell zu sein

BayObLG – RE v. 2.3.1982 – WM 1982, 125.

Umstritten ist in der neueren Rechtsprechung, ob bei der Kündigung wegen Aufnahme einer Pflegeperson diese bereits benannt werden oder der Vermieter sich zumindest nachhaltig um eine Pflegeperson bemüht haben muß, 1025

so LG Kiel WM 1990, 22,
LG Trier WM 1990, 349;
anders LG Hamburg WM 1990, 302: Der Vermieter muß allenfalls sondieren.

Im Hinblick auf Dauer und Unwägbarkeiten des Räumungsrechtsstreits wird man dem Vermieter nicht zumuten können, sich bei Ausspruch der Kündigung auf eine Pflegeperson festzulegen (vgl. auch OLG Hamm – RE v. 24.7.1986 – WM 1986, 269).

Ein sog. Pflegebedarf als Kündigungsgrund ist bejaht worden, wenn der betagte Vermieter die herausverlangte Wohnung selbst beziehen will, um seine bisherige Wohnung einer noch einzustellenden Pflegeperson zu überlassen 1026

LG Karlsruhe DWW 1990, 238.

Andererseits ist ein berechtigtes Interesse verneint worden, wenn die akute Hilfeleistung durch Angehörige gesichert ist

AG Stuttgart WM 1990, 350.

Erhebliche Anforderungen an die Begründungspflicht schon in der Kündigung stellt 1027

AG Frankfurt NJW-RR 1992, 661:

Der Vermieter soll konkrete Behinderungen sowie konkrete Tätigkeiten, die den Pflegebedarf begründen, und die Eignung der Pflegeperson darlegen. Dies erscheint zu weitgehend.

– **wirtschaftliche Gründe:**

Ein Eigenbedarf ist bejaht worden, wenn der Vermieter durch den Bezug der herausverlangten Wohnung eigene Mietausgaben ersparen will (hier: Differenz zur eingenommenen Miete: monatlich DM 242) 1028

LG Berlin MM 1994, 325.

– **Wohnbedarf:**

Eine Eigenbedarfskündigung kann nur ausgesprochen werden, um einen Wohnbedarf zu decken, nicht dagegen für einen betriebsbezogenen Bedarf (LG Köln ZMR 1994 S. VII Nr. 16). Andererseits genügt es, daß die herausverlangte Wohnung besser geschnitten und etwas größer ist sowie einen höheren Wohnwert hat (LG Landau ZMR 1992, 396). 1029

Nach der neueren Rechtsprechung des BVerfG soll es sogar ausreichen, daß der Vermieter eine erworbene Wohnung beziehen will, weil er „schlichtweg Herr seiner eigenen vier Wände" sein will bzw. nicht mehr zur Miete, sondern im eigenen Haus leben will

BVerfG – Beschl. v. 11.11.1993 – WM 1993, 729,
BVerfG – Beschl. v. 23.11.1993 – ZMR 1994, 59.

Diese Auffassung steht im Widerspruch zum Rechtsentscheid des BGH vom 20.1.1988

BGHZ 103, 91 = NJW 1988, 904 = WM 1988, 47,

den das BVerfG als verfassungsgemäß angesehen hat

BVerfG – Beschl. v. 14.9.1989 – WM 1989, 481 = ZMR 1989, 408,
BVerfG – Beschl. v. 23.8.1990 – NJW 1990, 3259 = WM 1990, 479, 480.

Die Auffassung des BVerfG ist jedenfalls nicht für die Fälle einschlägig, in denen der Vermieter, der den Mietvertrag abgeschlossen hat, sich nachträglich entscheidet, nunmehr in seinem Eigentum wohnen zu wollen. Dies mag ein Nutzungswunsch i.S. von § 564c Abs. 2 Nr. 2 BGB sein, stellt jedoch keinen Eigenbedarf dar (vgl. auch Rdn. 995).

1030 Will der Vermieter die vermietete Wohnung aufteilen, weil er nur einen Teil benötigt, so kann er deswegen weder eine **Teilkündigung** aussprechen noch die gesamte Wohnung wegen seines Teilbedarfs kündigen.

Bietet sich das Mietobjekt objektiv für eine Aufteilung in mehrere Wohnungen an, so läßt sich das regelmäßig schon bei der Vermietung übersehen. Vermietet der Eigentümer das Objekt gleichwohl einheitlich, kann er daran festgehalten werden. Die Verfügungsbefugnis über sein Eigenum gibt ihm nicht die Freiheit, sich über besondere vertragliche Bindungen hinwegzusetzen, sobald er deren Auswirkungen als nachteilig empfindet. Dabei ist zu berücksichtigen, daß mit einer Teilkündigung in erheblichem Maße in die private Lebensgestaltung des Mieters eingegriffen werden würde.

Infolgedessen dürfen die Fachgerichte nicht nur die Teilkündigung einer Wohnung für ausgeschlossen halten, sondern auch die Kündigung der ganzen Wohnung für einen Teilbedarf. Soweit dieser ausnahmsweise gewichtiger ist als das Interesse des Mieters an einem Erhalt der Wohnung, brauchte der Gesetzgeber für solche atypischen Einzelfälle keine Vorsorge zu treffen

BVerfG – Beschl. v. 19.10.1993 – WM 1994, 1217 = ZMR 1994, 207.

1031 Zum Wohnbedarf rechnet auch, daß der Vermieter in der herausverlangten Wohnung längerfristigen **Besuch** von Kindern und Enkelkindern ohne größere Umstände beherbergen kann

LG Hamburg WM 1994, 683.

1032 Sind **Kellerräume** als Wohnung vermietet worden, die baupolizeilich als Aufenthaltsräume nicht zugelassen sind, so berührt das zwar nicht die Wirksamkeit des Mietvertrages; der Vermieter kann aber nicht wegen Eigenbedarfs kündigen, um in den Räumen den Bedarf eines Angehörigen zu decken

LG Hamburg WM 1994, 432.

1033 Mit einem besonderen Fall hatte sich das LG München I WM 1990, 211 zu befassen: Vermietet waren zwei Eigentumswohnungen, die mittels eines Durchbruchs miteinander verbunden waren. Der Vermieter hatte eine der Eigentumswohnungen verkauft, die der Erwerber beziehen wollte. Das Gericht hat sowohl den Teilbedarf bejaht als auch die Teilkündigung zugelassen, da anderenfalls eine Kündigung nahezu ausgeschlossen sei. Diese Auffassung dürfte schon einfachrechtlich nicht haltbar sein, weil eine Teilkündigung außerhalb der Grenzen des § 564b Abs. 2 Nr. 4 BGB unzulässig ist und im Gegensatz zum Beschluß des BVerfG vom 19.10.1993 a.a.O. steht.

bb) Wohnungseigentum

Zur Verlängerung der Wartefrist in Ballungsgebieten mit gefährdeter Wohnraumversorgung durch Gesetz vom 20.7.1990 (BGBl. I, 1456) s. Rdn. A 130. 1034

Der Schutz des Mieters in Umwandlungsfällen ist weiter erheblich durch das sog. Sozialklauselgesetz vom 22.4.1993 (BGBl. I, 466, 487, abgedruckt unten Textanhang Nr. 2, erläutert Rdn. A 139 f.) verbessert worden.

Die **Kündigungssperrfrist** soll nicht in Lauf gesetzt werden, wenn nach Umwandlung in Wohnungseigentum das gesamte Gebäude en bloc an eine (juristische) Person veräußert wird; sie soll vielmehr nur dann gelten, wenn an einen Erwerber veräußert wird, der in Hinsicht auf die vermietete Eigentumswohnung Eigenbedarf geltend machen könnte 1035

AG München WM 1993, 740.

Aktuell ist noch der Rechtsentscheid des 1036

OLG Hamm v. 3.12.1980 – NJW 1981, 584.

Danach ist eine Kündigung, die vor Ablauf der Wartefrist ausgesprochen worden ist, unwirksam.

Die Eigenbedarfs-Kündigung des Vermieters für einen Angehörigen wirkt zu dessen Gunsten fort, auch wenn dieser die Wohnung anschließend erwirbt. Das gilt auch dann, wenn er wegen der Kündigungssperrfrist selbst nicht kündigen könnte.

OLG Hamm – RE v. 21.7.1992 – WM 1992, 460 = ZMR 1992, 438.

Das Kamergericht hat die Umgehung der Wartefrist zugelassen, die dadurch bewirkt werden kann, daß ein Gebäude in **Bruchteilseigentum** aufgeteilt und veräußert wird und die Erwerber alsdann das Bruchteilseigentum in Wohnungseigentum nach § 3 WEG aufteilen 1037

KG – RE v. 26.3.1987 – WM 1987, 138 = ZMR 1987, 216.

Das BayObLG ist dieser Auffassung mit guten Gründen entgegengetreten (NJW 1994, 1024 = WM 1994, 189 = ZMR 1994, 154). Der BGH hat sich indes der Auffassung des KG angeschlossen

BGH – RE v. 6.7.1994 – WM 1994, 452 = ZMR 1994, 554.

Er sieht in der Begründung von Wohnungseigentum nach § 3 WEG nicht zugleich einen Veräußerungsfall i.S. von § 571 BGB. Zwar verkennt er nicht, daß eine Rechtsänderung auf Vermieterseite eintritt. Diese ist aber nicht wie beim typischen Veräußerungsgeschäft personalbezogen. Schon vor der Begründung von Wohnungseigentum und unabhängig hiervon hätten die Miteigentümer zugunsten eines von ihnen wegen Eigenbedarfs kündigen können, so daß die Schutzfunktion der Sperrfristregelung in § 564b Abs. 2 Nr. 2 S. 3 BGB hier nicht eingreife. Wichtig erscheint die Aussage, daß der Umwandlungsfall nicht mit einer Veränderung der Identität der Eigentümer verknüpft ist; nur in einem solchen Fall läge eine Veräußerung vor.

1038 Eine unzulässige Umgehung der Regelung über die Sperrfrist ist angenommen worden, wenn dem Erwerber von **Bruchteilseigentum** eine bestimmte Wohnung zur ausschließlichen Nutzung zugewiesen worden ist, diese Nutzungsregelung und der dauernde Ausschluß des Aufhebungsverlangens ins Grundbuch eingetragen sind, der Kaufvertrag die Verpflichtung enthält, innerhalb von 3 Jahren Wohnungseigentum nach § 3 WEG zu bilden und bei Abschluß des Kaufvertrages die Abgeschlossenheitsbescheinigung bereits vorgelegen hat

OLG Karlsruhe – RE v. 10.7.1992 – WM 1992, 519 = ZMR 1992, 490.

Dieser Mißbrauchsfall wird von der Auffassung des BGH ausdrücklich nicht gedeckt.

1039 Schließt der **Erwerber einer Eigentumswohnung** über diese einen Mietvertrag ab, nachdem der Veräußerer die Teilungserklärung abgegeben hat, aber bevor das Wohnungsgrundbuch angelegt wird, und wird die Wohnung dem Mieter überlassen, so ist der Erwerber als Vermieter nach seiner späteren Eintragung ins Grundbuch an die Sperrfrist gebunden

AG Hamburg WM 1991, 349.

1040 Eine analoge Anwendung der Regelung über die Wartefrist ist abgelehnt worden, wenn eine GbR das Grundstück erwirbt und im Gesellschaftsvertrag vereinbart ist, daß jedem Gesellschafter an je einer Wohneinheit ein ausschließliches Nutzungsrecht zusteht

OLG Karlsruhe – RE v. 22.5.1990 – WM 1990, 330.

Das mag rechtspolitisch bedenklich sein, weil es zur Umgehung des Gesetzes einlädt, ist aber folgerichtig; denn die gesellschaftsrechtliche Regelung wirkt sich nur auf das Innenverhältnis aus.

1041 Geklärt ist nunmehr, daß der Zuschlag von Wohnungseigentum in der **Zwangsversteigerung** als Veräußerung i.S. von § 564b Abs. 2 Nr. 2 S. 2 BGB anzusehen ist, so daß die Kündigungssperrfrist ausgelöst wird. Der Ersteher kann von dem Sonderkündigungsrecht nach § 57a ZVG, dessen Ausübung ein berechtigtes Interesse nach § 564b BGB voraussetzt und das Widerspruchsrecht des Mieters nach § 556a BGB auslöst, erst Gebrauch machen, nachdem die Sperrfrist abgelaufen ist

BayObLG – RE v. 10.6.1992 – WM 1992, 424 = ZMR 1992, 440,
vgl. auch AG Langenfeld WM 1992, 373.

cc) Kündigungsausschlüsse und Mißbrauchsfälle

– **Alternativwohnung:**

1042 Ein Festhalten am Bezugswunsch gerade für die gekündigte Wohnung ist regelmäßig dann mißbräuchlich, wenn während der Kündigungsfrist eine gleichgeeig-

nete Alternativwohnung frei wird, sofern nicht die Belange des Vermieters die des Mieters überwiegen.
> OLG Düsseldorf WM 1993, 49 = ZMR 1992, 386 (Die Eignung ist verneint worden, wenn die herausverlangte Wohnung 11 qm größer ist und ein Zimmer mehr als die Alternativwohnung hat).

Eine Alternativwohnung muß den Bedürfnissen des Vermieters nach dessen (vom Gericht nicht zu überprüfender) Lebensplanung genügen. Gleichwohl ist zu prüfen, ob er vernünftige und nachvollziehbare Gründe dafür hat, gerade die gekündigte Wohnung zu beziehen 1043
> BVerfG – Kammerbeschl. v. 7.11.1990 – ZMR 1991, 56.

Diese Auffassung hat das BVerfG durch Beschluß vom 1.3.1991 (DWW 1991, 185 = WM 1991, 247) bestätigt. Hierbei muß das Fachgericht das Freiwerden einer Alternativwohnung jedenfalls in einer Weise berücksichtigen, welche auch den Belangen des Mieters Rechnung trägt (vgl. i.e. BVerfG NJW 1991, 157 = WM 1990, 535).

Es reicht also nicht aus, daß eine Alternativwohnung frei geworden ist; vielmehr muß hinzukommen, daß sie geeignet ist, den vom Vermieter bestimmten Wohnbedarf ohne wesentliche Abstriche zu befriedigen. Das setzt voraus, daß sie – auch nach Größe, Lage und Zuschnitt – den vom Vermieter erstrebten Zweck im Wesentlichen in gleicher Weise erfüllt 1044
> BVerfGE 79, 292, 307 = WM 1989, 117 Sp. 2,
> OLG Düsseldorf WM 1993, 49 = ZMR 1992, 386 (wenn die herausverlangte Wohnung 11 qm größer ist und ein Zimmer mehr aufweist),
> LG Trier WM 1989, 390, LG Berlin WM 1989, 25,
> LG Wiesbaden WM 1990, 213, LG Hannover WM 1990, 305,
> LG Köln MDR 1992, 161,
> anderer Ansicht LG Münster NJW-RR 1990, 398.

Auch in diesem Zusammenhang ist es nicht Aufgabe der Gerichte, die Lebensplanung des Vermieters oder der Bedarfsperson, zu deren Gunsten gekündigt worden ist, zu überprüfen 1045
> BVerfG Kammerbeschl. v. 7.11.1990, ZMR 1991, 56: Das Festhalten am Nutzungswunsch ist nicht mißbräuchlich, wenn hierfür trotz Vorhandenseins einer anderen freien Wohnung vernünftige, nachvollziehbare Gründe vorliegen. Der Vermieter darf auf ein Alternativobjekt nur verwiesen werden, wenn der von ihm selbst bestimmte Wohnbedarf dort ohne wesentliche Abstriche verwirklicht werden kann.

Indes kann der Vermieter dem Einwand des Mieters, es habe eine geeignete Ersatzwohnung zur Verfügung gestanden, nicht schon mit der Begründung begegnen, diese Wohnung sei anderweitig vermietet worden
> BVerfG – Beschl. v. 13.11.1990 – WM 1990, 535 = ZMR 1991, 54.

Auf eine Alternativwohnung soll der Vermieter schon dann nicht verwiesen werden können, wenn er aus ihr wesentlich höhere Mieteinnahmen als aus der gekündigten Wohnung erzielt 1046
> LG Düsseldorf WM 1989, 248,
> LG Hannover WM 1989, 302: Vermietung als Geschäftsräume; einschränkend: LG Frankfurt WM 1987, 224, LG Stuttgart NJW-RR 1991, 77,

LG Mannheim DWW 1993, 140 bei jährlichem Mietverlust von etwas über DM 2.000;
LG Heidelberg WM 1992, 612,

oder wenn er sie mit Rücksicht auf jahrelange geschäftliche Beziehungen anderweitig vermieten will

LG Karlsruhe DWW 1990, 274, LG Regenburg WM 1991, 109,

oder sie weniger günstig zum Arbeitsplatz

LG Duisburg WM 1990, 512

oder weniger günstig zur Vermieterwohnung liegt, sofern sie für eine Pflegekraft benötigt wird

LG Frankfurt WM 1990, 79, LG Hamburg WM 1990, 302.

Auch eine Kündigung zugunsten einer Bedarfsperson ist mißbräuchlich, wenn diese eine geeignete Alternativwohnung vermietet hat, anstatt sie selbst zu beziehen

LG Hannover WM 1992, 488.

1047 Im Grundsatz geklärt ist die Frage, ob der Vermieter in den Fällen, in denen sich die Alternativwohnung für seine Bedürfnisse als nicht geeignet herausstellt, zumindest eine Pflicht besteht, diese Wohnung dem Mieter anzubieten bzw. ein **Tauschangebot** des Mieters anzunehmen. Sie ist aus der Treuepflicht des Vermieters abgeleitet worden, die aus dem Verlust der Wohnung resultierenden negativen Folgen, soweit es ihm möglich ist, zu mindern

LG Hamburg WM 1990, 302, 304 Sp. 1, WM 1992, 192,
LG Nürnberg-Fürth WM 1991, 40, 110,
LG Bochum WM 1994, 473, AG Frankfurt WM 1990, 349,
ferner LG Stuttgart WM 1988, 276 für Tauschangebot des Mieters bezüglich der Vermieterwohnung.

1048 Das OLG Karlsruhe hat diese Auffassung bestätigt:

Dem wegen Eigenbedarf nach § 564b BGB berechtigt kündigenden Vermieter obliegt es, dem gekündigten Mieter eine nach Zugang der Kündigung frei gewordene andere Wohnung im selben Hauswesen zur Anmietung anzubieten; widrigenfalls ist sein Räumungsbegehren rechtsmißbräuchlich, sofern nicht Umstände hinzutreten, die die Neubegründung eines Mietverhältnisses mit diesem Mieter als unzumutbar erscheinen lassen.
OLG Karlsruhe – RE v. 27.1.1993 – DWW 1993, 40 = NJW-RR 1993, 660 = WM 1993, 105 = ZMR 1993, 159.

1049 Das Angebot muß zu angemessenen Bedingungen erfolgen. Überzogene Forderungen darf der Vermieter mit seinem Angebot nicht stellen. Andererseits wird er im Hinblick auf Treu und Glauben nicht gehindert sein, dem Mieter einen Vertragsschluß zu den bisher für die Vermietung der Alternativwohnung geltenden Bedingungen anzubieten. Gleiches wird im Regelfall gelten für das Begehren der ortsüblichen oder der im betreffenden Wohnanwesen üblichen Miete

OLG Karlsruhe a.a.O.

Der Vermieter soll sich nicht darauf berufen können, daß das Angebot nicht mehr möglich gewesen sei, nachdem er die Wohnung anderweitig vermietet habe. Es verhalte sich hier ebenso wie bei der Selbstnutzung

LG Hamburg WM 1992, 192.

Ebensowenig kann die Verpflichtung des Vermieters mit der Begründung verneint werden, die freigewordene Wohnung sei für den Mieter ungeeignet; denn dies zu entscheiden, sei Sache des Mieters. Eine Grenze ergebe sich allerdings bei Überbelegung

BVerfG – Kammerbeschl. v. 28.1.1992 – WM 1992.180.

Eine Anbietpflicht ist aber zu verneinen, wenn der Vermieter eine unvermietete Wohung dem allgemeinen Mietwohnungsmarkt nicht zur Verfügung stellen, sondern sie nach seinen Vorstellungen nutzen will (hier: als Übergangswohnung für die Ehefrau). Die Pflicht soll allenfalls für Wohnungen erwogen werden können, die freistehen und die der Vermieter ohnehin zu vermieten beabsichtigt 1050

BVerfG – Beschl. v. 23.11.1993 – WM 1994, 13.

Die Anbietpflicht ist ferner verneint worden, wenn der Mieter durch sein Verhalten das Vertrauensverhältnis erschüttert hat

LG Karlsruhe WM 1991, 41, LG Regenburg WM 1991, 109,

oder es sich bei der leerstehenden Wohnung um die Hausmeisterwohnung handelt und der Mieter aus der Sicht des Vermieters als Hausmeister nicht in Betracht kommt

AG Hamburg WM 1992, 373.

Der wegen Eigenbedarfs gekündigte Mieter hat ein berechtigtes Interesse an einer **Grundbucheinsicht** (§ 12 GBO), wenn er geltend macht, daß er prüfen will, ob der Vermieter noch anderen Grundbesitz hat, in dem sich möglicherweise freistehende oder freiwerdende Wohnungen befinden. Die Einsicht beschränkt sich auf Abteilung I des Grundbuchs und das dort in Bezug genommene Bestandsverzeichnis 1051

BayObLG WM 1993, 135,
LG Mannheim WM 1992, 130,
a.A. LG Hamburg WM 1993, 136.

Das Gleiche wird für die Einsicht in die Grundeigentümerkartei zu gelten haben.

Außerdem ist dem Mieter gegenüber dem Vermieter ein Auskunftsanspruch über den zu dessen Verfügung stehenden Grundbesitz sowie darüber zugebilligt worden, welche Wohnungen innerhalb dieses Grundbesitzes frei sind und frei geworden bzw. gekündigt worden sind 1052

LG Berlin MM 1994, 21 = NJW-RR 1994, 850 = WM 1994, 75.

– **Ernsthaftigkeit des Nutzungswunsches:**

Die Gerichte haben wiederholt die Ernsthaftigkeit des Nutzungswunsches des Vermieters überprüft und verneint, wenn er aus der Lebensführung des Vermieters widerlegt erschien 1053

LG München I WM 1990, 346,
AG Köln WM 1989, 245.

Die Ernsthaftigkeit des Erlangungsinteresses ist im Prozeß vom Vermieter darzulegen

LG Gießen WM 1989, 384.

1054 Sie ist zu verneinen, wenn der Entschluß zur Selbstnutzung noch nicht über das Stadium einer allgemeinenn Absicht (des späteren Zusammenlebens) hinausgekommen ist

LG Aachen WM 1990, 301.

Zweifel an der Ernsthaftigkeit ergeben sich auch aus einem früher vorgetäuschten Eigenbedarf

LG Karlsruhe ZMR 1989, 427

oder aus den wechselnden Einlassungen des Vermieters im Prozeß

LG Frankfurt WM 1989, 517, LG München I WM 1990, 346

oder aus einem kurz zuvor mißlungenen Versuch, den Mietzins zu erhöhen

LG Limburg WM 1991, 111, LG Köln WM 1995, 109.

Zum vorgeschobenen Eigenbedarf siehe auch

AG Münster WM 1991, 111.

1055 Die Plausibilität des Eigenbedarfs ist verneint worden, wenn der Vermieter die Wohnung einem Makler vorübergehend zum Verkauf an die Hand gibt, der die Wohnung dann auch als kurzfristig freistehend anbietet

LG Kleve WM 1991, 271.

1056 Die Ernsthaftigkeit des Eigenbedarfs für den Sohn des Vermieters und dessen Verlobte ist nicht als bewiesen angesehen worden, wenn die Verlobte die Wohnung vor Ausspruch der Kündigung nicht kannte, ihr diese subjektiv unattraktiv war und der Nutzungswunsch erst nach Ausspruch der Kündigung entstanden ist

LG Mosbach WM 1992, 18.

1057 Für den Eigenbedarf reicht auch nicht der Wunsch, die eigenen Mieteinnahmen um monatlich DM 260,- zu steigern, es sei denn, daß der Vermieter in beengten wirtschaftlichen Verhältnissen lebt und auf die Mehreinnahmen angewiesen ist

LG Mannheim WM 1991, 692.

Dann handelt es sich aber nicht um einen Eigenbedarf sondern um ein sonstiges (wirtschafliches) Interesse, das im Rahmen des § 564b Abs. 1 BGB zu würdigen ist.

– **Mißbrauch:**

1058 Als Mißbrauch ist die Eigenbedarfskündigung bewertet worden, wenn sie schon einen Monat nach Abschluß des Mietvertrages bzw. 11 Monate nach Verlängerung des Mietvertrages auf unbestimmte Zeit ausgesprochen wurde

LG Heidelberg WM 1991, 270,
LG Trier NJW-RR 1992, 718.

Ein Mißbrauch des Kündigungsrechts ist auch für den Fall bejaht worden, daß der Vermieter einen rechtskräftigen Räumungstitel bezüglich einer anderen Wohnung hat, die seinen Wohnbedarf decken würde

LG Berlin NJW-RR 1992, 336.

1059 Hat die Bedarfsperson den Wohnbedarf dadurch herbeigeführt, daß sie eine zum Selbstbezug geeignete Wohnung vermietet hat, so ist die Geltendmachung des Eigenbedarfs treuwidrig

LG Hannover WM 1992, 488.

Ein Mißbrauch ist aber verneint worden, wenn der Vermieter in der Lage wäre, 1060
mit mehr oder weniger großem finanziellen Aufwand seine bisherige Wohnung
so zu verändern, daß sie zumindest durchschnittlichen Wohnbedürfnissen genügen würde

LG Berlin MM 1994, 327 (Installation von Bad und Warmwasserbereiter).

– **überhöhter Bedarf:**

Weit überhöhter Wohnbedarf ist nur anhand objektiver Kriterien aufgrund tat- 1061
sächlicher Feststellungen und einer Würdigung im Einzelfall nachprüfbar. Dabei
ist der Umstand der Haushaltsgröße des Mieters (hier: Ehepaar) gegenüber der
Wohnungsgröße und der beabsichtigten Selbstnutzung (hier: Familiengründung
mit Kindern) vom Fachgericht in Hinsicht auf das Vorliegen weit überhöhten
Wohnbedarfs zu beurteilen

BVerfG – Kammerbeschl. v. 2.2.1994 – WM 1994, 184 = ZMR 1994, 145.

Ob ein überhöhter Wohnbedarf vorliegt, ist also nicht nur nach den gegenwärtigen Lebensumständen, sondern auch nach der langfristigen Lebensplanung der
Bedarfsperson zu prüfen (vgl. Rdn. 989)

a.A. LG Kiel WM 1991, 492.

Allerdings ist es hier nur ein schmaler Grat zur unzulässigen Vorratskündigung,
vgl. Rdn. 987.

Der alleinstehende Vermieter kann in jedem Fall den Wohnflächenbedarf geltend 1062
machen, den der alleinstehende Mieter vertraglich beanspruchen konnte

OLG Düsseldorf WM 1993, 49 = ZMR 1992, 386.

Ein weit überhöhter Bedarf ist bejaht worden, wenn eine 3-Zimmer-Wohnung 1063
oder ein Einfamilienhaus für das alleinstehende Kind herausverlangt wird

LG München I WM 1990, 346,
vgl. auch LG Köln WM 1990, 119,
AG Bonn WM 1990, 214.

Das gleiche ist für die Kündigung eines Mietverhältnisses über eine 4-Zimmer-Wohnung zugunsten einer 22jährigen Studentin angenommen worden

LG Frankfurt WM 1990, 479,
das BVerfG Beschl. v. 23.8.1990 – WM 1990, 480 hat die Verfassungsbeschwerde des
Vermieters zurückgewiesen,

ebenso

– eine 3-Zimmer-Wohnung mit 105 qm und einer Miete von DM 950 für eine
  18jährige Schülerin
  LG Bremen WM 1992, 20,
– eine Wohnung mit 150 qm für einen Studenten
  AG Schöneberg WM 1992, 19,
– eine 134 qm große und DM 2030 teure Wohnung für eine Studentin
  AG Bonn WM 1992, 613
– eine 100 qm große Wohnung für einen Alleinstehenden, der bisher in einer
  50 qm großen Wohnung lebte
  LG Münster WM 1992, 372.

– eine 84 qm große Penthouse-Wohnung bei einer Miete von DM 700 für einen 19jährigen Auszubildenden.

1064 Demgegenüber ist ein überhöhter Bedarf verneint worden, wenn der Vermieter eine 4-Zimmer-Wohnung für seinen Sohn und dessen Gefährtin kündigt
   LG Kassel WM 1989, 416, LG Hannover WM 1989, 418.

Ein erhebliches Gewicht kommt in diesem Zusammenhang dem Umstand zu, ob der Vermieter bzw. die Bedarfsperson bereits eine selbständige Lebensstellung erlangt hat, um die herausverlangte Wohnung sich leisten zu können
   LG Berlin NJW-RR 1994, 850 für eine berufstätige Einzelperson eine Wohnfläche von 150 qm bei Bedarf auch eines Arbeitszimmers.

– **vorhersehbarer Bedarf:**

1065 Die Auffassung, daß eine Eigenbedarfskündigung nicht aus Gründen ausgesprochen werden darf, die bereits bei Abschluß des Mietvertrages vorgelegen haben (vgl. LG Karlsruhe WM 1988, 276, AG Köln WM 1988, 90), ist durch den Vertrauensgrundsatz gerechtfertigt und verfassungsrechtlich nicht zu beanstanden
   BVerfGE 79, 292, 305,
   BVerfG – Beschl. v. 19.7.1993 – NJW-RR 1993, 1357 = WM 1994, 132 = ZMR 1993, 305.

Dagegen erscheint es zweifelhaft, schon aus der Vereinbarung einer Staffelmiete einen Vertrauenstatbestand zugunsten des Mieters zu folgern, daß der Vermieter sich langfristig habe binden wollen,
   so aber AG Hamburg-Bergedorf NJW-RR 1993, 1292.

1066 In der Rechtsprechung wird für die Vorhersehbarkeit darauf abgestellt, ob dem Vermieter zuzumuten war, einen Zeitmietvertrag nach § 564c Abs. 2 BGB über die gekündigte Wohnung abzuschließen, um auf diese Weise seinen absehbaren Bedarf leichter und für den Mieter vorhersehbar zu decken. Das ist zu verneinen, wenn dem Abschluß eines Zeitmietvertrages die Begründung der Befristung als bloße Spekulation entgegengehalten werden könnte
   BVerfG – Beschl. v. 19.7.1993 a.a.O

1067 Der Vermieter, der die bisher selbst genutzte Wohnung vermietet, obgleich er zunächst nur wegen einer 6-monatigen Probezeit für ein neues Beschäftigungsverhältnis die Wohnung wechselt, kann nicht kündigen, wenn die Anstellung fehlschlägt und er zum alten Wohnort zurückkehrt
   LG Berlin NJW-RR 1993, 661.

1068 An die Vorhersehbarkeit des Bedarfs werden unterschiedliche Anforderungen gestellt. Für den künftigen Wohnbedarf eines heranwachsenden Kindes ist eine planende Vorausschau für mehrere Jahre verlangt worden,
   LG Wuppertal WM 1991, 691, LG Hamburg WM 1993, 667: der Vermieter hatte bei Abschluß des Mietvertrages einen Sohn von 16 Jahren – Vorausschau von 5 Jahren,
   LG Hamburg WM 1993, 50 = ZMR 1993, 79, 667 = NJW-RR 1994, 465: der Vermieter hatte eine Tochter von 18 Jahren – Vorausschau von etwa 5 Jahren,
   LG Paderborn WM 1994, 33: bei heranwachsenden Kindern: Vorausschau von 5 Jahren.

Entsprechendes gilt für einen Pflegebedarf eines alten, gebrechlichen Menschen. Andererseits sind großzügigere Maßstäbe verwendet worden. So soll der Vermieter den späteren Eigenbedarf eines 16jährigen Kindes im Vorgriff auf 6 Jahre nicht zu berücksichtigen brauchen 1069
LG Stuttgart WM 1989, 249.

Das Gleiche ist für den Fall angenommen worden, daß zur Familie des Vermieters heranwachsende Kinder gehören, von denen er nicht weiß, wann sie sich vom elterlichen Haus lösen und an welchem Ort sie selbständig leben wollen
LG Mannheim DWW 1990, 309

– **Vorratskündigung:**

Eine Vorratskündigung liegt vor, wenn sie das Mietverhältnis zu einem Zeitpunkt beenden soll, zu dem der Bedarf des Vermieters vorhersehbar nicht gegeben ist 1070
LG München I WM 1992, 612 für Kündigung wegen Abbruchs des Hauses und Neubau eines Eigenheims, wenn die Abbruchs- und die Baugenehmigung erst erheblich längere Zeit nach Ablauf der Kündigungsfrist erteilt wurden.

Eine unzulässige Vorratskündigung ist angenommen worden, wenn der Vermieter vorsorglich mehrere Wohnungen wegen Eigenbedarfs kündigt; daran soll auch nichts ändern, wenn er die anderen Kündigungen später zurücknimmt, weil sich die Rechtmäßigkeit der Kündigung nach den Verhältnissen z.Z. ihres Ausspruchs richtet
LG Köln WM 1991, 590.

Demgegenüber führt die Berücksichtigung der künftigen Entwicklung innerhalb des Eigenbedarfs nicht ohne weiteres zur Annahme einer Vorratskündigung. Sie ist nicht gegeben, wenn die mit der Kündigung vom Vermieter angestrebte deutliche Verbesserung der Wohnverhältnisse auch die Möglichkeit einer späteren, weitergehenden Wohnnutzung (hier: Räume als Kinderzimmer) einschließt 1071
BVerfG – Kammerbeschl. v. 19.3.1993 – WM 1994, 130 = ZMR 1993, 315,
ebenso BVerfG – Kammerbeschl. v. 2.2.1994 – WM 1994, 184 = ZMR 1994, 145,

schlechthin, wenn in einer Partnerschaft ein Wunsch nach Kindern besteht
BVerfG – Kammerbeschl. v. 20.2.1995 – GE 1995, 418 = WM 1995, 260 = ZMR 1995, 198.

Das gleiche gilt für einen künftigen Pflegebedarf, auch wenn die Pflegeperson noch nicht feststeht
LG Saarbrücken WM 1992, 690.

d) Wegfall des Eigenbedarfs

Der Vermieter wird allgemein für verpflichtet gehalten, dem Mieter den Wegfall des Eigenbedarfs **anzuzeigen** 1072
OLG Karlsruhe NJW 1982, 54 – RE v. 7.10.1981 –.

Die Verpflichtung wird aber verneint, wenn der Vermieter einen Räumungstitel erwirkt hat und der Eigenbedarf nach Rechtskraft weggefallen ist
LG Köln WM 1994, 212.

Zum dem Mieter verbleibenden Schadensersatzanspruch aus § 826 BGB wegen Erschleichens oder Ausnutzens eines unrichtigen Titels vgl. Rdn. 1088.

1073 Unterschiedlich wird beantwortet, bis zu welchem Zeitpunkt eine **Benachrichtigungspflicht** besteht:

- bis zum Ablauf der Kündigungsfrist : LG Köln WM 1993, 195,
- bis zur Räumung: BayObLG WM 1987, 129 = ZMR 1987, 222, LG Berlin ZMR 1994, 18,
- während des Räumungsrechtsstreits: OLG Zweibrücken 1983, 237 = ZMR 1983, 209,
- bis zum Abschluß des Räumungsrechtsstreits: AG Wittlich, OLG Koblenz WM 1989, 253,
- noch nach Schluß der mündlichen Verhandlung: LG Braunschweig WM 1989, 573,
- selbst wenn der Mieter während des Laufs der Kündigungsfrist ausgezogen ist: LG Stuttgart WM 1991, 41,
- auch wenn der Mieter schon während der Kündigungsfrist eine andere Wohnung angemietet und deshalb seinerseits das Mietverhältnis gekündigt hat: LG Stuttgart WM 1991, 41 (bedenklich!).

1074 Verfassungsrechtlich ist es nicht zu beanstanden, daß das Fachgericht die Behauptung des Mieters erst nach Schluß der mündlichen Verhandlung, eine freistehende Wohnung sei an einen Dritten vermietet worden, unberücksichtigt läßt
BVerfG WM 1991, 465, 466 – Beschl. v. 7.6.1991.

Andererseits muß das Fachgericht bei Zurückweisung eines solchen Vorbringens seine etwa von der h.M. abweichende Rechtsfindung zu den Präklusionsvorschriften ausreichend darlegen
BVerfG – Beschl. v. 29.11.1990 – DWW 1991, 77 = WM 1991, 147.

1075 Der Mieter kann den nachträglichen Wegfall des Erlangungsinteresses nach Titulierung des Räumungsanspruchs im Wege der Zwangsvollstreckungsgegenklage geltend machen
AG Bonn WM 1991, 495,
vgl. dazu auch BVerfG NJW 1990, 3259 = WM 1990, 536.

e) Schadensersatz wegen unberechtigter Eigenbedarfskündigung

1076 Ein Schadensersatzanspruch wegen unberechtigter Eigenbedarfskündigung ist aus positiver Vertragsverletzung allgemein anerkannt
OLG Karlsruhe – RE v. 7.10.1981 – NJW 1982, 54,
BayObLG – RE v. 25.5.1982 – NJW 1982, 2003: auch bei formunwirksamer Kündigung und trotz einvernehmlicher vorzeitiger Beendigung des Mietverhältnisses.

Hierbei sind folgende Grundtatbestände zu unterscheiden:

- Der Eigenbedarf besteht von Anfang an nicht, sondern wurde vorgespiegelt,
- die Geltendmachung des Eigenbedarfs beruht auf einer fehlerhaften Rechtsanwendung,

– der Eigenbedarf ist nachträglich weggefallen, der Vermieter offenbart dies aber nicht (vgl. dazu Rdn. 1085).

Ein Schadensersatzanspruch des Mieters ist bejaht worden, wenn der Vermieter gegenüber dem Mieter erklärt hat, daß er Eigenbedarf an der Wohnung habe, obwohl sein Entschluß zum Umzug in Wahrheit noch nicht sicher feststand, und der Mieter darauf freiwillig ausgezogen ist 1077
LG Mannheim WM 1991, 693.

Hat der Mieter aufgrund einer Eigenbedarfskündigung zugunsten einer bestimmten Person geräumt, wird die Wohnung alsdann aber von einer anderen Person bezogen, zu deren Gunsten auch wegen Eigenbedarfs hätte gekündigt werden können, so hat der Mieter keinen Schadensersatzanspruch 1078
LG Münster WM 1995, 171.

Das gleiche gilt, wenn der Mieter aufgrund einer fristlosen Kündigung wegen Zahlungsverzugs ohnehin zur Räumung verpflichtet gewesen wäre
LG Gießen WM 1995, 163

oder der Räumungstitel auf einen vom angegebenen Kündigungsgrund abweichenden Sachverhalt abstellt
LG Kiel WM 1995, 169.

Daß eine vom Mieter erkannte formal unwirksame Kündigung dem Schadensersatzanspruch nicht entgegensteht, wird auch anerkannt von 1079
LG Saarbrücken WM 1992, 20, LG Mosbach WM 1992, 192, AG Saarlouis DWW 1995, 16 = WM 1995, 173 übereinstimmend mit BayObLG a.a.O.;
a.A. LG Kassel WM 1989, 392, weil den Mieter ein überwiegendes Mitverschulden treffe.

Ein Schadensersatzanspruch wegen vorgetäuschten Eigenbedarfs ist aber verneint worden, wenn der Mieter den Eigenbedarf zunächst bestritten hat, dann aber sich auf einen Räumungsvergleich eingelassen hat, sofern durch den Vergleich gerade der Streit darüber beigelegt worden ist, ob der behauptete Eigenbedarf gegeben war 1080
OLG Frankfurt – RE v. 6.9.1994 – WM 1994, 600 = ZMR 1995, 68,
OLG Celle MDR 1995, 252,
ebenso LG Köln DWW 1990, 210, ZMR 1990, 382,
LG Tübingen WM 1993, 353,
LG Gießen MDR 1995, 253 = WM 1995, 183.

Nach OLG Frankfurt a.a.O. kommt es insbesondere darauf an, ob die Parteien nur den Streit hinsichtlich der Schlüssigkeit und der Beweisbarkeit des Eigenbedarfstatbestandes oder auch den Streit darüber beseitigen wollten, ob die vom Vermieter behauptete Bedarfslage besteht oder ob sie nur vorgetäuscht war. Nur in letzterem Fall kann im Abschluß des Vergleichs ein Verzicht auf Schadensersatzansprüche durch den Mieter gesehen werden. Zweckmäßigerweise wird daher im Vergleich zu regeln sein, daß der Selbstnutzungswunsch des Vermieters, den er mit der Kündigung verfolgt, Geschäftsgrundlage des Vergleichs ist oder daß sich der Mieter Schadensersatzansprüche bei vom geltend gemachten Eigenbedarf abweichender Nutzung vorbehält.

1081 Desgleichen ist ein Schadensersatzanspruch verneint worden, wenn der Mieter seinen freiwilligen Auszug anbietet und räumt, nachdem er eine Ersatzwohnung gefunden hat
   LG Osnabrück WM 1990, 435 unter unzutreffender Annahme, daß es an der Kausalität fehle;
   ähnlich auch LG Arnsberg DWW 1990, 308,

oder wenn der Mieter aufgrund einer ihm erkennbaren **unwirksamen Kündigung** räumt, weil ihn dann ein überwiegendes Mitverschulden treffe
   LG Kassel WM 1989, 392 unter Außerachtlassung von BayObLG – RE v. 25.5.1982 – NJW 1982, 2003,
   ebenso LG Berlin ZMR 1994, 330, wenn den Mieter ein überwiegendes Mitverschulden an der falschen Einschätzung des Kündigungsgrundes trifft,
   LG Kiel WM 1995, 169 für Ausschluß des Schadensersatzes, wenn die Kündigung wegen unzureichender Begründung un wirksam war.

1082 Haben die Parteien in einem Räumungsvergleich vereinbart, daß mit Erfüllung des Vergleichs sämtliche wechselseitigen Ansprüche aus dem Mietverhältnis erledigt sind, so bezieht sich die **Generalquittung** nur auf die bei Abschluß des Vergleichs bestehenden (oder absehbar künftigen) Ansprüche, nicht aber auf einen Schadensersatz, weil der Vermieter den Wegfall des Eigenbedarfs vor Auszug des Mieters nicht angezeigt hat
   LG Hamburg WM 1995, 168.

1083 Entspricht die Nutzung durch den Vermieter nach Auszug des Mieters nicht dem in der Kündigung angegebenen Grund, so muß der Vermieter **beweisen**, daß der Eigenbedarf bestanden hat und erst nach dem Auszug weggefallen ist
   LG Berlin ZMR 1988, 387, LG Saarbrücken WM 1992, 20,
   LG Köln WM 1993, 195, LG Hamburg ZMR 1993, 281, WM 1995, 175, LG Aachen WM 1995, 164, AG Bonn WM 1992, 131;
   a.A. LG Frankfurt WM 1995, 165, das nicht berücksichtigt, daß die erheblichen Umstände in der Sphäre des Vermieters liegen, die dem Mieter nicht zugänglich sind, und der Vermieter durch sein Verhalten sozusagen „den Stein ins Rollen gebracht hat" (versari in re illicita).

1084 Beruht die ungerechtfertigte Kündigung nicht auf der Vorspiegelung unrichtiger Tatsachen, sondern auf einer unrichtigen rechtlichen Wertung des Vermieters, so wird im Anschluß an
   OLG Hamm – RE v. 31.1.1984 – WM 1984, 95

ein Schadensersatzanspruch ebenfalls verneint
   LG Freiburg WM 1989, 251,
   LG Heidelberg DWW 1990, 151,
   LG Berlin ZMR 1994, 18, 330,
   AG Sinzig DWW 1991, 27.

Diese Auffassung steht nicht im Einklang mit der Rechtsprechung des
   BGH MDR 1984, 571 = ZMR 1984, 163,
   vgl. auch BGH ZMR 1988, 170.

Zutreffend ist deshalb angenommen worden, daß auch die auf Fahrlässigkeit beruhende Fehleinschätzung des Vermieters, den mit der Kündigung geltend

gemachten Eigenbedarf umsetzen zu können, einen Schadensersatzanspruch auszulösen vermag
LG Essen WM 1991, 494.

Von der Vorspiegelung tatsächlich unrichtiger Kündigungsgründe ist der Fall zu unterscheiden, daß der Vermieter es unterlassen hat, den **Wegfall des Eigenbedarfs** (auch noch im Prozeß) mitzuteilen 1085

vgl. OLG Zweibrücken WM 1983, 209 = ZMR 1983, 237: Die unterlassene Mitteilung ist Prozeßbetrug,
ferner AG Wittlich und OLG Koblenz WM 1989, 253, s. auch Rdn. 1073.

Hat der Vermieter wegen Eigenbedarfs gekündigt, beenden die Parteien darauf das Mietverhältnis einvernehmlich, entfällt erst darauf der Eigenbedarf und teilt der Vermieter dies dem Mieter nicht bis zur Räumung mit, so macht er sich schadensersatzpflichtig. Die Aufhebungsvereinbarung steht dem Schadensersatzanspruch nicht entgegen, wenn sie durch die Eigenbedarfskündigung adäquatkausal verursacht worden ist 1086
LG Berlin ZMR 1994, 18.

Ein Schadensersatzanspruch des Mieters ist jedoch verneint worden, wenn der Vermieter verspätet den Wegfall des Eigenbedarfs anzeigt, der Mieter aber eine Ersatzwohnung gefunden hat, die seinen Vorstellungen entsprach; ihm sei zuzumuten gewesen, mit dem neuen Vermieter über die Aufhebung des Mietverhältnisses zu verhandeln
LG Arnsberg DWW 1990, 308.

Abgesehen davon, daß diese Auffassung lebensfremd erscheint, wäre jedenfalls ein Schaden zu ersetzen, der dem Mieter vor der verspäteten Anzeige entstanden ist.

Liegt bereits ein rechtskräftiger **Räumungstitel** vor, so ist eine Pflicht, den danach eingetretenen Wegfall des Kündigungsgrundes mitzuteilen, verneint worden; vielmehr soll der Vermieter zur Räumungsvollstreckung berechtigt sein 1087
LG Köln WM 1994, 212.

Nach 1088
LG Düsseldorf ZMR 1994 S. III Nr. 17
soll die Frage des Eigenbedarfs in einem Schadensersatzprozeß nicht abweichend von dem vorangegangenen Räumungsurteil beurteilt werden können; vielmehr ist der Mieter auf Schadensersatzansprüche aus § 826 BGB wegen Erschleichens oder Ausnutzens eines unrichtigen rechtskräftigen Titels beschränkt. Das kommt etwa in Betracht, wenn der Vermieter sein Eigentum an weiteren Mietwohnungen verschwiegen hat, durch die er seinen Bedarf hätte decken können
LG Mönchengladbach WM 1995, 186,
vgl. auch Pankow NJW 1994, 1182.

In Betracht kommt eine Vollstreckungsabwehrklage aus § 767 ZPO, weil die Geschäftsgrundlage für den Räumungsvergleich nachträglich weggefallen ist (s. Rdn. 1483). Hat der Mieter den Räumungsvergleich wegen arglistiger Täuschung angefochten oder liegt ein gemeinsamer Irrtum nach § 779 BGB vor, so muß der nicht beendete Räumgsrechtsstreit fortgesetzt werden. 1089

1090 Der Schadensersatzanspruch des Mieters bezieht sich auch auf die **Mietdifferenz** (LG Hamburg ZMR 1993, 281). Er wird für die Zeit zu berechnen sein, bis das Mietverhältnis infolge Befristung oder Kündigung endet. Soweit der Mieter Kündigungsschutz genießt, ist darauf abzustellen, ob der Vermieter einen Kündigungsgrund hätte. Losgelöst hiervon, ist bei einem unbefristeten Mietverhältnis der Anspruch auf einen Zeitraum von 3 bis 4 Jahren begrenzt worden,

vgl. LG Köln WM 1992, 14, LG Saarbrücken, AG Saarlouis WM 1995, 173, LG Berlin MM 1994, 176: 3 Jahre für einen Schadensersatzanspruch des Mieters wegen Vorenthaltung der Mietsache;
LG Darmstadt ZMR 1994, 165: 4 Jahre in Anlehnung an § 197 Abs. 1 BGB.

Mögliche Mieterhöhungen für die bisherige Wohnung während der fraglichen Zeit sind zu berücksichtigen (LG Berlin a.a.O.).

1091 Bezieht der Mieter eine besser ausgestattete, belegene oder größere Wohnung als die bisherige, so muß er sich die Wohnwertvorteile anrechnen lassen. Sie können wie folgt berechnet werden: Gegenüberzustellen sind zunächst die gezahlten Mieten für beide Wohnungen zum Stichtag des Umzugs. Danach ist die ortsübliche Miete für beide Wohnungen (etwa anhand eines Mietspiegels) zu ermitteln. Die Differenz der Vergleichsmieten entspricht dem Vorteil, den der Mieter sich anrechnen lassen muß.

Beispiel:	gezahlte Miete	ortsübliche Miete
bisherige Wohnung	DM 350	DM 325
neue Wohnung	<u>DM 550</u>	<u>DM 480</u>
Differenz	DM 200	DM 155
Schaden des Mieters monatlich:	DM 200	
abzüglich	<u>DM 155</u>	
	DM 45	

1092 Der Schadensersatzanspruch des Mieters erfaßt neben Umzugskosten auch die notwendigen Kosten für Neueinrichtung (Spüle, Gardinen) und den Zeitaufwand für das Ein- und Auspacken sowie Anbringen aller Gegenstände, die doppelt gezahlte Miete für die neue Wohnung

LG Hamburg ZMR 1993, 281, WM 1995, 175,
AG Saarlouis DWW 1995, 16,

die Kosten des Vorprozesses, der Wohnungssuche (einschließlich aufgewendeten Urlaubs), der Telefonummeldung

LG Karlsruhe DWW 1995, 144,

nicht aber auch die Finanzierungskosten für den Erwerb eines Eigenheimes

LG Karlsruhe DWW 1992, 22.

2. Verwertungskündigung

a) Verfassungsrechtliche Leitlinien

1093 Im Vordergrund steht die Kündigung zum Zwecke des **Verkaufs** in „entmietetem" Zustand und aus sanierungsbedingten Gründen. Das BVerfG hat durch Urteil vom 14.2.1989

BVerfG NJW 1989, 972 = MDR 1989, 517 = WM 1989, 118

die verfassungsrechtliche Reichweite des ersteren Kündigungsgrundes aufgezeigt. Die Hinderung wirtschaftlicher Verwertung hat in der verfassungsrechtlichen Rangordnung einen geringeren Stellenwert als der Eigenbedarf, so daß die dort entwickelten Maßstäbe nicht auf den Kündigungsgrund aus § 564 b Abs. 2 Nr. 3 BGB übertragen werden können. Zum Kernbereich der Eigentumsnutzung gehört aber die Freiheit der **Veräußerung**; sie darf als Nutzungsform nicht von vornherein ausgeschlossen werden. Ebensowenig darf sie auf die Fälle des sonst drohenden Existenzverlustes reduziert werden, wobei die Frage der Wirtschaftlichkeit nicht auf das Mietgrundstück zu beschränken ist, sondern die gesamte Vermögenssituation des Vermieters einbezogen werden muß. Die Grenze, bis zu der der Eigentümer wirtschaftliche Nachteile zu tragen hat, hat das BVerfG nicht gezogen, sondern der fachgerichtlichen Klärung überlassen (im zugrundeliegenden Fall war ein Mindererlös von DM 250.000,- behauptet worden; tatsächlich ist das Grundstück mit einem behaupteten Mindererlös von DM 80.000,- verkauft worden).

Die Fachgerichte müssen die substantiierte Behauptung des Vermieters, die Wohnung sei in vermietetem Zustand praktisch unverkäuflich, darauf prüfen, ob der Verkauf unter den gegebenen Umständen für den Vermieter möglicherweise als wirtschaftlich sinnlos erscheinen muß und sich der Kündigungsschutz als **faktisches Verkaufshindernis** darstellt. Diese Prüfung darf nicht dadurch unterbleiben, daß das Fachgericht den Vortrag von Umständen fordert, die den Verkauf als zwingend erscheinen lassen. (Der Vermieter hatte vorgetragen, die für TDM 143 erworbene Wohnung sei im geräumten Zustand für TDM 135, vermietet nur für TDM 92 verkäuflich.) 1094

BVerfG – Kammerbeschl. v. 20.9.1991 – WM 1992, 46 = ZMR 1992, 17.

Verfassungsrechtlich ist es nicht zu beanstanden, für die Bewertung des Nachteils die **Vermögenslage bei Erwerb** der Wohnung und deren Veräußerung zu vergleichen und einen Nachteil zu verneinen, wenn bei Verkauf in vermietetem Zustand nur ein wesentlich niedrigerer Erlös zu erzielen wäre, der aber immer noch erheblich über dem Erwerbspreis läge. Das BVerfG hat hierzu folgende Auffassung vertreten: 1095

– Grundsätzlich ist auch der Verkauf eines vermieteten Objekts als Verwertung anzusehen, die eine Kündigung gem. § 564b Abs. 2 Nr. 3 BGB rechtfertigen kann.
– Aus der verfassungsrechtlichen Garantie des Grundeigentums läßt sich aber kein Anspruch auf Einräumung gerade der Nutzungsmöglichkeiten herleiten, die dem Eigentümer den größtmöglichen wirtschaftlichen Vorteil versprechen.
– Der Verfassung läßt sich nicht entnehmen, § 564b Abs. 2 Nr. 3 S. 1 BGB müsse so ausgelegt werden, daß sich bei einem Verkauf einer Eigentumswohnung der „erhebliche Nachteil" nur nach dem erzielbaren Mehrerlös der unvermieteten Wohnung bemißt

BVerfG – Beschl. v. 9.10.1991 – DWW 1992, 13 = WM 1991, 663.

Ergänzt wird die Rechtsprechung des BVerfG durch den Rechtsentscheid des OLG Koblenz v. 1.3.1989 WM 1989, 164 = ZMR 1989, 214, 1096

nach dem die Kündigungsbefugnis des Vermieters aus Anlaß eines beabsichtigten Verkaufs nicht schon deshalb entfällt, weil er die Wohnung **in vermietetem**

Zustand gekauft und deshalb bereits mit einem entsprechenden Preisvorteil erworben hat. Beide Entscheidungen wenden sich lediglich gegen den völligen Ausschluß der Kündigungsbefugnis im Falle des Verkaufs aufgrund besonderer Konstellationen, leuchten aber das Tatbestandsmerkmal des Erleidens „erheblicher Nachteile" nicht voll aus. Nach der Entscheidung des BVerfG sind in die Wertung die gesamten Vermögensbelange des Vermieters einzubeziehen; es braucht nicht erst die wirtschaftliche Existenz des Vermieters in Frage gestellt zu werden.

1097 Der Rechtsentscheid des OLG Koblenz läßt offen, ob bei der Prüfung der Frage, ob der Vermieter einen erheblichen Nachteil erleidet, die frühere Erwerbsart und der Erwerbspreis wenigstens mit beachtet werden dürfen. Man wird dies für den jeweiligen Einzelfall nicht ausschließen können (z.B. Spekulationserwerb).

In Abgrenzung zu OLG Koblenz a.a.O. kann nach Auffassung des LG Freiburg WM 1991, 183 bei der Würdigung, ob der Vermieter erhebliche Nachteile erleidet, nicht völlig außer Betracht bleiben, daß er die Wohnung in vermietetem Zustand erworben hat.

b) Verkauf des Mietgrundstücks

aa) Anlaß des Verkaufs

1098 Das Motiv des Verkaufs braucht nicht auf wirtschaftlichen Erwägungen zu beruhen, sondern kann in der beruflichen oder familiären Planung liegen
> LG München II DWW 1988, 45: Verkauf der Mietwohnung, um eine größere Wohnung für die Tochter und deren Familie zu erwerben,
> AG Bad Homburg v.d.H. WM 1989, 303: Verkauf, um den Praxisaufbau zu finanzieren.

1099 Zum Teil werden in der Rechtsprechung „vernünftige Gründe" für die Verkaufsabsicht gefordert, um Kündigungen zum Zwecke spekulativer Verkäufe entgegenzuwirken
> LG Hamburg WM 1991, 185, 187.

Richtigerweise wird dieser Umstand im Rahmen dessen zu prüfen sein, ob der Vermieter erhebliche Nachteile erleiden würde.

1100 „Vernünftige Gründe" wird man jedenfalls bejahen müssen, wenn der Vermieter den Verkaufserlös verwenden will, um sich neuen Wohnraum zu schaffen
> LG Frankenthal WM 1991, 181,

oder um Belastungen abzulösen oder Verbindlichkeiten zu tilgen
> LG Freiburg WM 1991, 183, LG Stuttgart WM 1991, 201,
> LG Mannheim ZMR 1995, 315,

oder um den Erlös zur Finanzierung eines Hausbaus zu verwenden
> LG Düsseldorf WM 1991, 593

oder zum Zwecke der Auflösung und Abwicklung einer Gemeinschaft am Grundstück
> AG Bayreuth WM 1991, 180.

1101 Jedenfalls darf nicht allein darauf abgestellt werden, ob der Verkauf zwingend geboten erscheint
> BVerfG – Kammerbeschl. v. 20.9.1991 – WM 1992, 46 = ZMR 1992, 17.

Andererseits reicht der Wunsch, das Grundstück oder die Wohnung möglichst gewinnbringend zu verkaufen, nicht aus
LG München I NJW-RR 1992, 520 = WM 1992, 374,
ebensowenig der künftige Wegfall einer Steuervergünstigung oder einer Zinsbindung
LG Kiel WM 1993, 52.

bb) Erheblicher Nachteil

Ein erheblicher Nachteil wird von einem Teil der Rechtsprechung schon deshalb bejaht, weil bei Verkauf in vermietetem Zustand ein erheblich **niedrigerer Erlös** zu erzielen ist, 1102

so LG Traunstein WM 1989, 421 bei einem Mindererlös von wenigstens DM 50.000,–;
anders LG Hamburg WM 1990, 27, wenn nur eine monatliche Kostenersparnis von DM 67,– zu erzielen wäre,
vgl. auch LG Mannheim ZMR 1995, 315 bei Mindererlös von 160 TDM (Verkehrswert der Eigentumswohnung: 550 TDM, Veräußerungsmöglichkeit in vermietetem Zustand: 390 TDM).

Das dürfte aber zur Ausfüllung des Tatbestandsmerkmals „erheblicher Nachteil" noch nicht ausreichen. In jedem Falle müssen die Vermögenslage bei Erwerb und bei beabsichtigter Veräußerung gegenübergestellt werden, 1103

vgl. BVerfG MDR 1992, 375 = WM 1991, 663 = ZMR 1992, 50;
LG München I WM 1992, 374: Ein Nachteil ist zu verneinen, wenn der erzielbare Preis der vermieteten Wohnung immer noch über dem Wert der Wohnung zur Zeit des Erwerbs liegt;
so auch LG Lübeck WM 1993, 616: wenn der Verkaufspreis für die Wohnung höher als der Erwerbspreis ist;
LG Hamburg WM 1992, 615: bei im wesentlichen gleicher Gesamtbelastung und gleichen Vermögensverhältnissen des Erwerbers der in Wohnungseigentum umgewandelten Mietwohnung ist die Verwertungskündigung wegen höheren Erlöses bei Verkauf der Wohnung im geräumten Zustand unbegründet,
LG Mannheim ZMR 1994, 568: es ist auf die Differenz abzustellen, die sich aus dem Einkaufspreis und dem zu erzielenden Preis bei Veräußerung mit dem bestehenden Mietverhältnis ergibt,
ebenso LG Gießen WM 1994, 688 und ähnlich LG Berlin WM 1995, 111: es ist der Marktpreis für vermietete Eigentumswohnungen zugrundezulegen.

Auch darf nicht völlig außer Acht gelassen werden, ob der Vermieter das Mietobjekt in vermietetem Zustand erworben hat 1104
LG Freiburg WM 1991, 183,
LG München I WM 1992, 374,

wenn auch allein hieraus noch keine Kündigungssperre erwachsen darf. Schließlich führen bei Erwerb eines vermieteten Grundstücks bekannte Verkaufsnachteile nicht zu einer späteren Kündigung durch den Erwerber (AG Miesbach WM 1992, 251).
Das gleiche gilt für eine dem Eigentümer ungünstige Entwicklung der Preise für vermietete Eigentumswohnungen; denn dies gehört zu den allgemeinen Risiken, die jeder Kapitalanleger zu tragen hat und die nicht durch eine Verwertungskündigung kompensiert werden können
LG Mannheim ZMR 1994, 568.

1105 Ein anderer Teil der neueren Rechtsprechung bejaht einen erheblichen Nachteil, der einen Verkauf erforderlich macht, (erst) dann, wenn die Mieteinnahmen **keine Rendite** mehr erbringen (LG Berlin DWW 1988, 178), mithin die monatlichen Aufwendungen über den Mieteinnahmen liegen (LG Osnabrück ZMR 1988, 232). Darauf soll es indes nicht ankommen, wenn der Vermieter die Wohnung bereits vermietet gekauft hat (LG München I NJW-RR 1992, 520).

Bevor der Vermieter sich aber überhaupt auf eine mangelnde Rendite berufen kann, muß er die möglichen Mieterhöhungen nach §§ 2, 3 MHG, ggfs. unter Durchführungen von baulichen Maßnahmen, ausgeschöpft haben (LG Bonn ZMR 1992, 114).

1106 Das LG Stade WM 1988, 277 hat klargestellt, daß die Nichterzielung einer besseren Rendite noch keinen erheblichen Nachteil bildet (ebenso LG München I WM 1992, 374). Das gilt auch, wenn eine Hypothekenbank Vermieter ist; sie genießt gegenüber anderen Vermietern keine Sonderstellung. Aus dem Erwerb eines Grundstücks, um seinen Verkehrswert in entmietetem Zustand zu steigern, läßt sich kein Nachteil ableiten

LG Dortmund WM 1992, 23.

1107 Das gleiche gilt, wenn die Bank, die das Grundstück in der Zwangsversteigerung erworben hat, durch einen freien Verkauf im geräumten Zustand den Kredit des früheren Eigentümers verstärkt zurückführen will

LG Wiesbaden WM 1993, 54.

Andererseits ist die Renditesteigerung für eine Mietwohnung in einem Ferienhaus als Kündigungsgrund anerkannt worden, wenn der Vermieter auch diese Wohnung künftig nur noch als Ferienwohnung nutzen will

LG Stade ZMR 1991, 481.

1108 Außerdem besteht in der Rechtsprechung die Tendenz, daß der Vermieter das **wirtschaftliche Risiko** eines Immobilienkaufs nicht auf den Mieter abwälzen darf. Der Schaden aus einer fehlgeschlagenen Grundstücksspekulation ist nicht als Nachteil gewertet worden, der aus dem Fortbestehen des Mietverhältnisses resultiert, sondern auf der unternehmerischen (Fehl-)Entscheidung des Vermieters bei Erwerb der Immobilie beruht

LG Köln WM 1992, 132, AG Berlin-Tiergarten WM 1992, 125, AG München WM 1991, 192, wenn sich der Vermieter beim Ankauf wirtschaftlich übernommen hat,
ebenso LG Hamburg WM 1991, 186, 187: die bei Ankauf einer Mietwohnung absehbaren Renditeverluste muß der Vermieter hinnehmen,
LG München NJW-RR 1992, 520 bei Kauf einer vermieteten Wohnung, wenn die Miete die laufenden Aufwendungen nicht deckt,
LG Frankenthal WM 1992, 489, wenn der Verkäufer, der die Wohnung in der Zwangsversteigerung erworben hat, dem Käufer die Übergabe in geräumtem Zustand versprochen hat,
LG Wiesbaden WM 1993, 195, WM 1994, 215: wenn bei Erwerb des Grundstücks die Miete niedrig und die Lasten hoch waren und der Vermieter die Wohnung alsbald wieder verkaufen will, in vermietetem Zustand aber keinen Gewinn erzielen würde,
LG Bonn ZMR 1992, 114, wenn der Vermieter durch die nach Durchführung von Bauarbeiten beabsichtigte anderweitige Vermietung nicht wesentlich besser dasteht als bei Fortbestand des bisherigen Mietverhältnisses,

AG Lübeck WM 1994, 542: wenn die Unwirtschaftlichkeit bereits bei Erwerb des Mietobjekts vorlag oder absehbar war,
LG Mannheim ZMR 1995, 315: wenn die wirtschaftlichen Schwierigkeiten, die zum notwendigen Verkauf in unvermietetem Zustand führen, schon bei Abschluß des Mietvertrages vorlagen oder vom Vermieter hätten erkannt werden können und der Vermieter den Mieter nicht über die mögliche Kurzfristigkeit des Mietverhältnisses informiert hat. Wird nach nur dreijähriger Mietzeit gekündigt, so soll es dem Vermieter im Räumungsprozeß obliegen, konkrete Tatsachen vorzutragen, aus denen sich ergibt, daß die wirtschaftlichen Schwierigkeiten bei Vertragsabschluß nicht abzusehen waren.

Ein auf den Mieter nicht mittels einer Verwertungskündigung abwälzbares Risiko wird insbesondere in Betracht zu ziehen sein, wenn der Erwerber – meist aus steuerlichen Gründen – den Kaufpreis ganz oder weitestgehend fremdfinanziert hat, das Fremdkapital erst nach Ablauf einer Frist von mehreren Jahren rückzahlbar ist und der Erwerber nach Genuß der Steuervorteile die Immobilie eben zu diesem Zeitpunkt verkaufen will, um mit dem Verkaufserlös das Fremdkapital abzulösen. 1109

Die Kündigung verliert ihre Wirkungen, sobald der Vermieter das Grundstück oder die Wohnung verkauft hat und der Erwerber ins Grundbuch eingetragen ist; der Erwerber kann sich auf die Kündigung des Veräußerers nicht berufen 1110
LG Aachen WM 1990, 27,
LG Münster WM 1991, 194,
LG Siegen WM 1991, 197,
LG Duisburg WM 1991, 497,
AG Landshut WM 1989, 422.

Das entspricht der Auffassung des BGH, die Verhinderung einer zulässigen wirtschaftlichen Verwertung als Kündigungsgrund müsse (wenigstens) noch bei Ablauf der Kündigungsfrist vorliegen
BGH WM 1991, 276 = ZMR 1991, 215.

Das erscheint zutreffend, weil der Kündigungsgrund – ähnlich wie der Eigenbedarf – in die Zukunft gerichtet ist.

cc) Angabe des Kündigungsgrundes

Unterschiedlich sind die Anforderungen, die an die Darlegung des Kündigungsgrundes im Kündigungsschreiben gestellt worden sind (vgl. Rdn. 933). Die Angabe, welche Nachteile dem Vermieter entstünden, ist als Wirksamkeitsvoraussetzung für die Kündigung angesehen angesehen worden 1111
AG Neuss DWW 1990, 279,
LG München I NJW-RR 1992, 520: Die Angabe des Unterschiedsbetrages ist erforderlich.

Nach 1112
LG Karlsruhe ZMR 1987, 469
soll die bloße Angabe „Verkauf" genügen; das trifft aber nicht zu, weil jeder Hinweis auf die „erheblichen Nachteile" fehlt. Die gleichen Bedenken bestehen gegen
LG Berlin MDR 1990, 1121,
wonach der Vermieter nur anzugeben braucht, wie er das Grundstück verwerten will und wodurch er daran gehindert ist.

1113 Nach überwiegender Meinung muß der Vermieter auch in diesem Zusammenhang die konkreten **Nachteile** vortragen; Vermutungen und allgemeine Unterstellungen reichen nicht aus

LG Kreuznach WM 1991, 178,
LG Hannover WM 1991, 189,
LG Hamburg DWW 1991, 241,
LG Bochum ZMR 1991, 225 mit ablehnender Anm. von Schopp,
LG Kiel WM 1992, 691 fordert eine Renditeberechnung im Kündigungsschreiben,
LG Berlin GE 1994, 1055: der Vermieter muß eine überschlägige Berechnung anstellen, die die Erträge bei Fortbestand des Mietverhältnisses mit denen bei Wegfall desselben vergleicht,
LG Kiel WM 1994, 283: es muß die Vermögenslage bei Erwerb und beabsichtigter Veräußerung gegenübergestellt werden, auch bei Erwerb von Todes wegen,
LG Stuttgart ZMR 1995, 259: die Kündigung muß Angaben über die Höhe des erzielbaren Kaufpreises im vermieteten und im unvermieteten Zustand enthalten.

1114 Ein Vermögensstatus, der betriebswirtschaftlichen oder steuerrechtlichen Anforderungen genügt, braucht nicht aufgestellt zu werden

LG Osnabrück WM 1994, 214,
vgl. auch LG Berlin ZMR 1993 S. VI Nr.13: eine eingehende wirtschaftliche Kalkulaltion braucht im Kündigungsschreiben – anders als später im Prozeß – nicht in allen Einzelheiten mitgeteilt zu werden.
Nach LG Kempten WM 1994, 687 braucht der Nachteil im Kündigungsschreiben nicht aus einer vergleichenden Berechnung, einer Wirtschaftlichkeitsberechnung oder einer Kalkulation nachgewiesen zu werden (Änderung der Rechtsprechung in WM 1991, 350).

Nach LG Hannover WM 1991, 189 und LG Trier WM 1991, 273 genügt es, wenn ein erheblicher Nachteil in hohem Maße wahrscheinlich ist.

1115 Der Vermieter muß auch seine konkreten **Verkaufsbemühungen** nachprüfbar darlegen. Eine überhöhte Kaufpreisforderung oder ein Verkauf zur Unzeit, der die drohenden Nachteile verursachen würde, stehen der Begründetheit einer Verwertungskündigung entgegen

LG Stuttgart WM 1994, 686.

Ein einmaliger Mißerfolg bei Verkaufsbemühungen in Form eines Zeitungsinserats belegt noch nicht die Unverkäuflichkeit in vermietetem Zustand

LG Frankfurt WM 1991, 182,
vgl. auch LG Hannover WM 1991, 189 zur Darlegung von Verkaufsbemühungen.

1116 Ob der Vermieter im Prozeß nachweisen muß, daß ein bestimmter Kaufinteressent vom Ankauf zu dem verlangten Preis deshalb Abstand genommen hat, weil das Haus vermietet ist,

so LG Darmstadt WM 1987, 320,

wird vom Einzelfall abhängen; zumindest werden entsprechende Verkaufsbemühungen und die Gründe für deren Scheitern konkret vorzutragen sein

LG München I WM 1992, 374.

c) Sanierung des Mietobjekts

aa) Gewicht der Maßnahme

Die Hinderung wirtschaftlicher Verwertung kann auch dadurch begründet sein, daß der Vermieter infolge der Vermietung ein **Modernisierungs- oder Sanierungsvorhaben** nicht durchführen kann. Dies hat schon das

BayObLG – RE v. 17.11.1983 – NJW 1984, 372

für den Fall bejaht, daß die gekündigte Wohnung durch Zusammenlegung mit anderen Wohnungen wegfallen würde (ebenso LG Hamburg WM 1989, 393 für Aufteilung einer Sechs-Zimmer-Wohnung in 3 abgeschlossene kleinere Wohnungen), ebenso für umfassende Sanierungs- und Modernisierungsmaßnahmen, wenn eine bloße Duldung der Maßnahme durch den Mieter nicht ausreichen würde

LG Düsseldorf DWW 1991, 338 = ZMR 1991, 438,
AG Köln WM 1991, 170,
AG Königstein WM 1991, 171,

oder der Tatbestand des § 541b BGB nicht vorliegt

LG Freiburg WM 991, 172 für Umbau.

Das gilt aber nicht, wenn der Sanierungsbedarf dadurch entstanden ist, daß der Vermieter in der Vergangenheit seiner Erhaltungspflicht nicht nachgekommen ist

LG Frankfurt WM 1995, 441.

Auch der Abriß des Wohnhauses und die Errichtung eines Neubaus für gewerbliche Zwecke an gleicher Stelle ist als wirtschaftliche Verwertung angesehen worden; dabei ist ein erheblicher Nachteil bereits dann bejaht worden, wenn der Vermieter durch die Hinderung der wirtschaftlichen Verwertung weit größere Einbußen hinnehmen müßte, als sie bei weiterer Vermietung entstünden

LG Osnabrück WM 1994, 214.

Umgekehrt reichen Erhaltungs- oder Modernisierungsmaßnahmen, die mit Hilfe des **Duldungsanspruchs** nach §§ 541a, 541b BGB durchgeführt werden könnten, zur Rechtfertigung einer Kündigung nicht aus

LG Köln und AG Konstanz WM 1989, 255,
LG Bonn ZMR 1992, 114: der Vermieter muß zunächst die Maßnahmen nach §§ 541a, 541b BGB und die Möglichkeit einer Mieterhöhung nach §§ 2, 3 MHG ausschöpfen, ebenso AG Dortmund NJW-RR 1992, 521: der Vermieter muß darlegen, warum der Duldungsanspruch nach §§ 541a, 541b BGB nicht zur Durchführung der Maßnahme ausreiche.

Das gleiche gilt für die Durchführung von Instandhaltungs- und Modernisierungsarbeiten, die nur einen **zeitweisen Leerstand** der Wohnung erfordern

LG Koblenz WM 1990, 211 für Umstellung der Heizung von Öl auf Gas.

Hat der Vermieter das Gebäude erworben, um die Wohnungen zu sanieren und das Gebäude anschließend gewinnbringend zu verkaufen, so ist die damit verbundene Spekulation nicht schutzwürdig

LG Augsburg WM 1992, 614.

1121 Ist der **Abriß** zur angemessenen wirtschaftlichen Verwertung erforderlich, so soll das Vorliegen der Abrißgenehmigung bei Zugang der Kündigung Wirksamkeitsvoraussetzung sein. Ist deren Wirkung davon abhängig gemacht, daß der Wohnraum tatsächlich und rechtlich frei ist, so kann sich der Vermieter auf die Genehmigung nicht berufen, wenn die Räumungsklage gegen einen noch im Hause wohnenden anderen Mieter rechtskräftig abgewiesen worden ist. Ist die Abrißgenehmigung (außerdem) davon abhängig gemacht, daß Wohnungen mit einer bestimmten Wohnfläche errichtet werden, weist die Baugenehmigung aber eine geringere Wohnfläche aus, so ist die Kündigung unbegründet
LG Berlin ZMR 1991, 346,
vgl. auch OLG Hamburg – RE v. 25.3.1981 – NJW 1981, 2308 zum Erfordernis des Vorliegens einer Zweckentfremdungsgenehmigung bei Erklärung der Kündigung.

1122 Will der Vermieter zwei **Wohnungen zusammenlegen**, um sie dann zu beziehen, so benötigt er hierfür keine Zweckentfremdungsgenehmigung, weil kein Wohnraum vernichtet wird. Dementsprechend kann die Zulässigkeit der Kündigung (wegen Eigenbedarfs) nicht von der Vorlage einer solchen Genehmigung abhängig gemacht werden
BVerfG – Kammerbeschl. v. 7.4.1992 – DWW 1992, 175 = ZMR 1992, 287.

1123 Ebensowenig muß eine Baugenehmigung schon bei Ausspruch der Eigenbedarfskündigung vorliegen, wenn die Eigennutzung genehmigungsbedürftige Baumaßnahmen voraussetzt. Allerdings kommt es für die Begründetheit der Kündigung darauf an, ob die Verwertungsabsicht baurechtlich verwirklicht werden kann
BayObLG – RE v. 31.8.1993 – NJW-RR 1994, 78 = WM 1993, 600 im Anschluß an OLG Frankfurt – RE v. 25.6.1992 – NJW 1992, 2300 = WM 1992, 421 (für Eigenbedarf).

1124 Allein die Verzögerung und Verteuerung von privaten Sanierungsmaßnahmen soll zur Kündigung nicht ausreichen
LG Nürnberg-Fürth WM 1991, 176.

Ein Sanierungsvorhaben, das erst ein Erwerber durchführen will, rechtfertigt die Kündigung nicht
LG Aachen WM 1991, 495.

bb) Angabe des Kündigungsgrundes

1125 Umstritten ist, in welchem Umfang der Vermieter bereits in der Kündigung die Nachteile bei Hinderung der wirtschaftlichen Verwertung darlegen muß. Eine **Darlegung der Ertragslage** und der daraus drohenden Nachteile, ggfs. mit einer vergleichenden Wirtschaftlichkeitsberechnung wird gerade bei der sanierungsbedingten Kündigung gefordert
LG Karlsruhe 1991, 168, LG Aachen WM 1991, 495,
LG Freiburg WM 1991, 592, LG Braunschweig WM 1991, 694,
LG Mannheim WM 1991, 695, LG Arnsberg WM 1992, 21,
LG Kiel WM 1992, 691;
anders LG Düsseldorf ZMR 1991, 438 mit zust. Anm. Schopp,
LG Berlin ZMR 1993 S. VI Nr. 13: es sind keine eingehenden Angaben zur wirtschaftlichen Kalkulation nötig,
LG Osnabrück WM 1994, 214: keine Darstellung eines betriebswirtschaftlichen und steuerrechtlichen Anforderungen genügenden Vermögensstatus.

Nach LG Berlin MDR 1990, 1121 soll sogar die Angabe ausreichen, wie der Vermieter das Grundstück verwerten will und wodurch er daran gehindert ist.

Wenigstens für die Darlegung im Prozeß soll der Vermieter in der Regel aber gehalten sein, eine Wirtschaftlichkeitsberechnung aufzustellen, in der die Einnahmen und Ausgaben vor und nach der Verwertung gegenübergestellt werden. Etwaige Vorteile wie staatliche Förderung und die Möglichkeit zur Mieterhöhung z.B. nach § 3 MHG muß er gegenrechnen 1126

LG Berlin MDR 1990, 1121, ZMR 1993 S. VI Nr. 13,
LG Ellwangen WM 1991, 273.

Nicht erforderlich ist, daß der Vermieter im Kündigungsschreiben eine etwa erteilte Abrißgenehmigung erwähnt

BayObLG – RE v. 31.8.1993 – NJW-RR 1994, 78 = WM 1993, 660.

3. Pflichtverletzungen

Statt einer fristlosen Kündigung kann der Vermieter wegen entsprechender Pflichtverletzungen auch eine ordentliche Kündigung aussprechen. Wird wegen **Zahlungsverzugs** nicht nach § 554 Abs. 1 BGB, sondern nach § 564b Abs. 2 Nr. 1 BGB gekündigt, so soll der Mieter diese Kündigung nicht durch nachträgliche Zahlung innerhalb einer Schonfrist unwirksam machen können 1127

OLG Stuttgart – RE v. 28.8.1991 – WM 1991, 256,
OLG Karlsruhe – RE v. 19.8.1992 – WM 1992, 517 = ZMR 1992, 488.

Während eine fristlose Kündigung wegen laufender **Zahlungsunpünktlichkeit** grundsätzlich eine Abmahnung voraussetzt, soll dies bei einer auf den gleichen Grund gestützten ordentlichen Kündigung nicht zwingend geboten sein, sondern vom Einzelfall abhängen 1128

OLG Oldenburg – RE v. 18.7.1991 – WM 1991, 467.

Bleiben die Anforderungen, die an die ordentliche Kündigung gestellt werden, hinter denjenigen für eine fristlose Kündigung zurück, so greift der Ausschluß des Widerspruchsrechts nach 556a Abs. 4 Nr. 2 BGB nicht ein. 1129

Die Rechtsentscheide der OLG Stuttgart, Karlsruhe und Oldenburg vermögen nicht zu überzeugen. Zu Recht ist darauf hingewiesen worden, daß durch sie eine Schwelle unterlaufen wird, die durch die Kündigungstatbestände in §§ 554, 554a BGB aufgestellt worden ist, 1130

vgl. Franke ZMR 1992, 81 zu OLG Stuttgart a.a.O. und § 554 BGB.

Allein um des Vorteils der gesetzlichen Kündigungsfrist kann es dem Mieter nicht versagt sein, die auf Zahlungsverzug gestützte Kündigung durch Zahlung innerhalb der Schonfrist unwirksam zu machen. Wenn der Gesetzgeber ein nachträgliches Wohlverhalten bei der fristlosen Kündigung „belohnt", muß dies für die ordentliche Kündigung erst recht gelten. Das wird auch nicht dadurch kompensiert, daß für den Kündigungstatbestand der Pflichtverletzung eine verschuldete Zahlungssäumigkeit verlangt wird und bei unverzüglichem Zahlungsausgleich nach der Kündigung das Verschulden u.U. als gering gewertet werden kann; denn auch ein Zahlungsverzug setzt ein Verschulden des Mieters voraus, wenngleich dieses nach § 285 BGB vermutet wird.

1131 Da der Kündigungsgrund der Zahlungssäumigkeit auf einem Dauerverhalten beruht, das – wenn sich der Vermieter nicht rührt – zunächst folgenlos bleibt, entspricht es dem Vertrauensschutz und der Warnfunktion einer Abmahnung, eine solche grundsätzlich auch bei der ordentlichen Kündigung zu verlangen. Hat der Vermieter die Verspätungen eine Zeitlang toleriert, so darf er den Mieter nicht im Unklaren darüber lassen, daß er künftig Zahlungsverzögerungen mit einer Kündigung begegnen werde. Die Sanktion der Vertragsauflösung verlangt deren Androhung, um – ähnlich wie in § 326 BGB – dem Schuldner noch die Gelegenheit zum Wohlverhalten zu geben. Hiervon kann nur bei besonders krassen Verstößen abgesehen werden, wenn sich die Abmahnung als bloße Förmelei darstellen und die Berufung des Mieters hierauf rechtsmißbräuchlich erscheinen würde.

1131a Eine erhebliche Pflichtverletzung, die die ordentliche Kündigung rechtfertigt, soll auch darin liegen, daß der Mieter die Erlaubnis zur Untervermietung nicht eingeholt hat, selbst wenn er hierauf einen Anspruch haben sollte. Letzteres ist nur im Rahmen der Prüfung zu würdigen, ob die Pflichtverletzung nicht unerheblich ist und ob der Mieter schuldhaft gehandelt hat,
BayObLG – RE v. 26.4.1995 – WM 1995, 378 = ZMR 1995, 301, vgl. auch Rdn. 1177.

4. Berechtigte Interessen nach § 564b Abs. 1 BGB

a) Nicht sozialadäquate Nutzung

1132 Eine gemeinnützige Wohnungsbaugenossenschaft kann ein berechtigtes Interesse i.S. von § 564b Abs. 1 BGB an der Beendigung des Mietverhältnisses haben, wenn sie eine erheblich **unterbelegte** Genossenschaftswohnung in der Absicht kündigt, sie an eine größere Familie mit entsprechendem Wohnbedarf zu vermieten.
OLG Stuttgart – RE v. 11.6.1991 – WM 1991, 379 = ZMR 1991, 297,
ebenso LG Stuttgart NJW-RR 1992, 907.

Dieser Rechtsentscheid ist von demjenigen des OLG Karlsruhe vom 23.12.1983 (WM 1984, 43) abzugrenzen: nach jenem kann ein gemeinnütziges Wohnungsunternehmen einem Ehegatten, der nach dem Tode des Mieters in das Mietverhältnis gemäß § 569a Abs. 1 BGB eingetreten ist, nicht mit der Begründung kündigen, sie benötige das Mietobjekt zur Überlassung an wohnungssuchende kinderreiche Familien.

1133 Ein gemeinnütziges Wohnungsunternehmen in öffentlicher Hand kann auch dann kündigen, wenn der Mieter die preisgünstige Wohnung nur als Zweitwohnung bzw. nur noch sporadisch nutzt
LG München I WM 1992, 16,
LG Nürnberg-Fürth WM 1993, 280 unter Hinweis auf die genossenschaftliche Treupflicht und auf § 68 GenG, AG Dresden ZMR 1994, 518;
a.A. LG Köln WM 1991, 589, AG Bielefeld WM 1994, 22, wenn langjährige betagte Genossenschaftsmitglieder in ein Pflegeheim gehen, die Wohnung überwiegend leersteht, aber u.U. wieder regelmäßig bewohnt werden soll;
vgl. auch Lützenkirchen WM 1994, 5, Riebandt-Korfmacher ZfgG 43 (1993), 248 ff. eingehend und kritisch mit genossenschaftsrechtlicher Begründung.

Die Fehlbelegung einer preisgebundenen Wohnung durch einen nicht wohnberechtigten Mieter ist noch kein Kündigungsgrund. Das soll auch gelten, wenn die Behörde den Mieter zur Räumung aufgefordert hat 1134
LG Berlin GE 1994, 1059.

Der Vermieter soll aber dann zur Kündigung berechtigt sein, wenn die zuständige Stelle ihn auffordert, den bindungswidrigen Zustand zu beenden. Umstritten ist, ob hinzu treten muß, daß die zuständige Stelle dem Vermieter Nachteile androht
so OLG Hamm – RE v. 14.7.1992 = MDR 1982, 1020 = WM 1982, 244,
vgl. auch OLG Karlsruhe WM 1984, 43;
verneinend: BVerwGE 82, 137, 143 – Urt. v. 16.6.1989,
BayObLG-Beschl. v. 23.7.1985 – MDR 1985, 1030 = WM 1985, 283.

b) Betriebsbedarf

Auf Betriebsbedarf soll sich nur derjenige berufen können, der den Betrieb eigenverantwortlich unternehmerisch führt und im Außenverhältnis die Interessen des Betriebs vertritt sowie durchzusetzen in der Lage ist. Das ist hinsichtlich des Vermieters, der Komplementär der KG ist, für deren Arbeitnehmer Betriebsbedarf geltendgemacht worden ist, verneint worden 1135
AG Freiburg WM 1990, 210.

Auch das Mietverhältnis über eine Wohnung, die bisher keine Betriebswohnung war, kann wegen eines Betriebsbedarfs gekündigt werden, etwa um dort einen **Hausmeister** unterzubringen 1136
LG Aachen ZMR 1990, 303;

Voraussetzung dafür ist, daß die Einstellung eines Hausmeisters objektiv erforderlich ist, ein Hausmeister vom Vermieter ernsthaft gesucht wird und die Wohnung hierfür geeignet ist
LG Freiburg WM 1989, 245, WM 1992, 437,
LG Heidelberg WM 1993, 678.

Ein Betriebsbedarf ist verneint worden, wenn der Vermieter mit der Begründung gekündigt hat, am **Arbeitsmarkt bessere Chancen** zur Anwerbung von Arbeitskräften zu haben, sofern er eine Wohnung anbieten könne, bzw. um die Attraktivität des Arbeitsplatzes zu verbessern 1137
LG Heilbronn WM 1990, 507.
Diese Auffassung ist durch
OLG Stuttgart – RE v. 24.4.1991 – WM 1991, 330 = ZMR 1991, 260,
ebenso LG Mönchengladbach ZMR 1993 S. V Nr. 5
bestätigt worden: Danach berechtigt der Betriebsbedarf eines Unternehmers nicht zur Kündigung einer an einen Betriebsfremden vermieteten Wohnung (keine Werkswohnung), wenn der Vermieter diese Wohnung
– neu anzuwerbenden Fachkräften zur Verfügung stellen und mit dem Wohnungsangebot seine Chancen auf dem Arbeitsmarkt verbessern will oder
– einem Arbeitnehmer mit konkretem Wohnbedarf zur Verfügung stellen will.

Bei der Prüfung des berechtigten Interesses des Vermieters an der Kündigung ist das gesetzgeberische Ziel der Bestandssicherung von Mietverhältnissen, d.h. das 1138 widerstreitende Interesse des Mieters an der Beibehaltung der Wohnung als Mittelpunkt seiner privaten Existenz mitzuberücksichtigen; das konkrete Interesse des Mieters kann erst im Rahmen des § 556a BGB Beachtung finden. Nach allgemeiner Ansicht genügt nicht jedes verständliche Interesse des Vermieters an der Beendigung des Mietverhältnisses, es muß vielmehr ein solches Gewicht haben, daß es das „generelle Interesse des Mieters an der Beibehaltung der Wohnung überwiegt" (vgl. OLG Stuttgart a.a.O. unter Hinweis auf Sternel Rdn. IV 112 mit Nachw.).

Der vorerwähnte Rechtsentscheid gilt auch für die Fälle, in denen der Mietvertrag keinen Hinweis auf die Zweckbestimmung als Werkwohnung enthält.

1139 Soll ein Betriebsbedarf an einer Wohnung, die keine Werkswohnung ist, geltendgemacht werden, so soll dies allenfalls zugunsten einer Schlüsselkraft des Betriebs zulässig sein, nicht aber für eine (bloße) Führungskraft

AG Bad Hersfeld WM 1992, 17;
nach LG Wuppertal WM 1994, 686 kann die Kündigung nicht damit begründet werden, daß die Bedarfsperson eine Schlüsselkraft des Betriebes ist (Geschäftsführer).

Dieser qualifizierte Betriebsbedarf muß in der Kündigung begründet werden. Es soll nicht ausreichen, daß die Bedarfsperson und ihre familiären Verhältnisse benannt werden und angegeben wird, daß die Bedarfsperson Schichtdienst leistet

LG Hamburg WM 1994, 208.

Auch reicht es für den Betriebsbedarf nicht, wenn infolge des Bezugs der Wohnung durch den Arbeitnehmer der Betriebsablauf erleichtert werden würde

LG Stuttgart WM 1994, 470.

c) Werkmietwohnungen

1140 Zur Erleichterung der Kündigung von Werkmietwohnungen durch die Zulassung von Zeitmietverträgen nach § 564c Abs. 2 BGB und Entschärfung des Kündigungstatbestandes in § 565c Nr. 1 BGB s. Rdn. A 44.

Die Kündigung einer Werkmietwohnung nach § 565c BGB muß im engen zeitlichen Zusammenhang mit der Beendigung des Arbeitsverhältnisses erklärt werden

LG Bochum WM 1992, 438.

1141 Nach dem Rechtsentscheid des

OLG Frankfurt v. 14.8.1992 – ZMR 1992, 443

ist die in § 75 Abs. 2 Nr. 2 BPersVG und in § 87 Abs. 1 Nr. 9 BetrVG geforderte Zustimmung des Personal- oder Betriebsrats zur Kündigung von Wohnräumen Wirksamkeitsvoraussetzung für die Kündigung nur bis zur rechtswirksamen Auflösung des Dienst- oder Arbeitsverhältnisses.

Das soll aber nicht für Werkmietwohnungen i.S. von § 565e BGB gelten. Deren Zuweisung ist keine soziale Angelegenheit, die der Mitbestimmung unterfällt. Daher sind die Festlegung der Nutzungsbedingungen oder die Kündigung nicht mitbestimmungsbedürftig

BAG – Urt. v. 15.2.1992 – WM 1993, 353.

Erst im Anschluß an die Beendigung des Arbeitsverhältnisses greift der Schutz 1142
des § 565e BGB ein; ab diesem Zeitpunkt sind auch die Bestimmungen des MHG
anzuwenden
> BAG a.a.O.

Wird für einen anderen Arbeitnehmer gekündigt, so trifft den Vermieter nur eine
vereinfachte Darlegung des Kündigungsgrundes: Führt er eine Bewerberliste seiner Mitarbeiter, so braucht ein konkreter Mitarbeiter im Kündigungsschreiben
nicht genannt zu werden
> LG München I WM 1990, 153,
> ferner LG Stuttgart WM 1990, 20.

Bei der Kündigung einer **Hauswartsdienstwohnung** nach §§ 565c, 565e BGB soll 1143
der Vermieter nicht verpflichtet sein, den Bewerber um die Hauswartsstelle in
der Kündigung oder der Räumungsklage zu benennen
> LG Berlin ZMR 1992, 346.

Hierauf wird es erst ankommen, wenn der Mieter im Prozeß die Bedarfslage
bestreitet.

Ein Mietverhältnis über eine Hauswartsdienstwohnung kann nicht mit der Be 1144
gründung gekündigt werden, daß deren Funktionsbindung aus traditionellen
Gründen beibehalten werden müsse, wenn nach der Kündigung des Hauswartsdienstvertrages eine Alternativwohnung freigeworden ist und der Arbeitsmarkt
Gelegenheit bietet, einem neu anzustellenden Hauswart die Alternativwohnung
zu überlassen
> LG Berlin WM 1995, 41.

Es ist als eine Umgehung der Kündigungsschutzvorschriften gewertet worden,
wenn eine Wohnung als „Dienstwohnung" an einen „Hauswart" vermietet worden ist, der nur bei der Reinigung des Hauses mitzuhelfen hat und dessen
Hauswartsvergütung einen Bruchteil des Kaltmietzinses beträgt
> AG Schöneberg MM 1994, 247.

d) Sonstige Gründe

Ist dem Mieter die **Baurechtswidrigkeit** der Wohnräume unbekannt, so kann der 1145
private Vermieter aus einer Ordnungsverfügung, die ihm aufgibt, die ungenehmigte Nutzung zu beenden, kein berechtigtes Freimachungsinteresse herleiten.
Es ist darauf abzustellen, ob der Vermieter das öffentlich-rechtliche Leistungshindernis zu vertreten hat
> LG Aachen WM 1991, 166.

Das Gleiche gilt, wenn der Vermieter eine Wohnung in Kenntnis einer entgegen 1146
stehenden behördlichen Nutzungsbeschränkung (z.B. im Dachboden oder Souterrain) auf unbestimmte Zeit vermietet; eine hierauf gestützte Kündigung des
Vermieters ist treuwidrig, wenn der Mieter auf den Fortbestand des Mietverhältnisses vertrauen durfte
> LG Hamburg WM 1992, 129,
> im Ergebnis ebenso LG Stuttgart WM 1992, 487.

1147 Ein **öffentliches Interesse** zugunsten einer vermietenden Gebietskörperschaft ist nur unter der Voraussetzung bejaht worden, daß der Bedarf aus der Erfüllung eigener öffentlichrechtlicher Aufgaben resultiert
LG Kiel WM 1992, 129 für Inanspruchnahme von Wohnungen des Bundes zur Unterbringung von Asylanten.

1148 Ein **Zwischenmieter** kann das Endmietverhältnis nicht schon mit der Begründung kündigen, daß das Hauptmietverhältnis beendet ist
LG Tübingen WM 1991, 488,
LG München I WM 1992, 246,
LG Osnabrück WM 1994, 24.

5. Beendigung des befristeten Mietverhältnisses

1149 Ein auf Lebenszeit des Mieters abgeschlossener Mietvertrag über Wohnraum begründet ein befristetes, auf bestimmte Zeit eingegangenes Mietverhältnis. Es handelt sich weder um ein unbefristetes noch um ein auflösend bedingtes Mietverhältnis. Vielmehr endet das Mietverhältnis mit dem Tod des Mieters. Der Erbe hat daher keinen Fortsetzungsanspruch nach § 564c Abs. 1 BGB; ebensowenig greift § 565a BGB ein.
BayObLG – RE v. 2.7.1993 – MDR 1993, 972 = NJW-RR 1993, 1164 = WM 1993, 523.

1150 Ist dagegen das Mietverhältnis auf Lebenszeit des Vermieters oder einer dritten Person abgeschlossen, so kann in Betracht kommen, § 564c Abs. 1 BGB mit der Maßgabe anzuwenden, daß die Erklärungsfrist erst mit dem Tod der betreffenden Person zu laufen beginnt
BayObLG a.a.O.

1151 Die Erklärung des Vermieters, mit der er dem Fortsetzungsverlangen des Mieters wegen eines eigenen Interesses an der Beendigung des Mietverhältnisses entgegentritt, muß nach Form und Inhalt (Angabe der Gründe!) einer ordentlichen Kündigung entsprechen
LG Hamburg WM 1992, 252.

Die Bezugnahme auf beim Abschluß des Mietvertrages besprochene Gründe für die Befristung des Mietvertrages reicht nicht aus, wenn im Mietvertrag selbst der Grund für die Befristung nicht konkret – entsprechend der Angabe eines Kündigungsgrundes – angegeben ist
LG Berlin ZMR 1993, 118.

1152 Der Vermieter kann solche Gründe, die bei Beendigung des Mietverhältnisses vorlagen, von ihm im Fortsetzungswiderspruch aber nicht genannt worden waren, nicht für eine spätere Kündigung benutzen. Er ist mit diesen wegen des notwendigen Vertrauensschutzes ausgeschlossen. Hier gilt ähnliches wie bei einer Kündigung aus einem schon bei Abschluß des Mietvertrages gegebenen Grund
LG Hamburg – 316 S 231/91 – Urt. v. 21.7.1992.

1153 Umstritten ist, ob der Mieter das Fortsetzungsverlangen nach § 564c Abs. 1 BGB im Prozeß nur im Wege der **Widerklage** oder auch einredeweise geltend machen kann,

für Widerklage: LG Regensburg WM 1992, 194, LG Wuppertal WM 1994, 543, AG Münster WM 1988, 364,
für Einrede: AG Ebersberg WM 1988, 364, AG Uelzen WM 1989, 23.

Da das Fortsetzungsverlangen keine Gestaltungswirkung hat, sondern einen Anspruch auf Abgabe einer Willenserklärung beinhaltet, spricht mehr für die Notwendigkeit einer Widerklage. Hierauf wird das Gericht aus Gründen der prozessualen Fürsorgepflicht nach § 139 ZPO hinweisen müssen.

Erklärt der Mieter, er werde zum Ablauf der festen Vertragszeiträumen, so daß der Vermieter davon ausgehen darf, daß das Vertragsverhältnis wie vereinbart enden wird, und disponiert er im Vertrauen hierauf, so soll ein späteres Fortsetzungsverlangen des Mieters treuwidrig sein 1154

AG Marburg WM 1991, 265.

Unabhängig vom Fortsetzungsverlangen nach § 564c Abs. 1 BGB steht dem Mieter das Widerspruchsrecht nach der **Sozialklausel** in § 556a BGB zu. Die Frist zur Ausübung dieses Rechts läuft nicht vor dem ersten Termin im Räumungsprozeß ab, wenn der Vermieter den Mieter nicht auf Form und Frist des Widerspruchsrechts nach Maßgabe des § 564a Abs. 2 BGB rechtzeitig hingewiesen hat 1155

OLG Hamm – RE v. 26.7.1991 – NJW-RR 1991, 1485 = WM 1991, 423.

Zum qualifizierten Zeitmietvertrag nach § 564c Abs. 2 BGB s. Rdn. 963.

Mietverträge (über Gewerberaum) mit **Verlängerungsklauseln** für bestimmte Zeiträume stellen keine Verträge auf unbestimmte Zeit mit der Möglichkeit ordentlicher Kündigung i.S. von § 565 BGB dar. Sowohl während der Ursprungsvertragszeit als auch während der jeweilig festgelegten Verlängerungszeiten kann das Mietverhältnis nicht ordentlich gekündigt werden; es kann nur zum jeweiligen Ablauftermin enden (vgl. Wolf–Eckert Rdn. 818). 1156

OLG Düsseldorf MDR 1993, 441.

Wird ein Mietvertrag über Gewerberäume für einen bestimmten Zeitraum abgeschlossen und weiter vereinbart, das Mietverhältnis solle sich jeweils um ein Jahr (hier: jeweils bis zum 1.3.) verlängern, wenn keine Partei spätestens drei Monate vor Ablauf der Mietzeit widerspricht, dann ist eine Kündigung unwirksam, mit der eine Partei die Beendigung des Vertrages zu einem anderen Zeitpunkt als zum Ablauf der vereinbarten Mietdauer beenden will 1157

OLG Düsseldorf a.a.O.

Bei Wohnraummietverhältnissen ist § 565a BGB zu beachten. Ist in einem Untermietvertrag über eine Wohnung vereinbart, daß das Untermietverhältnis endet, wenn das Hauptmietverhältnis gekündigt wird, so verlängert es sich bei Eintritt der auflösenden Bedingung gleichwohl auf unbestimmte Zeit 1158

LG Osnabrück WM 1994, 24.

6. Außerordentliche Kündigungsrechte

a) Sonderkündigungsrecht für Beamte

1159 Einem hauptberuflichen Notar, der nicht Beamter ist, steht das Kündigungsprivileg des § 570 BGB nicht zu
BGH MDR 1992, 154.

Es wird auch dann nicht gewährt, wenn nach Ablauf eines befristeten Arbeitsvertrages ein Lehrer aufgrund eines neuen befristeten Arbeitsverhältnisses an einem anderen Ort eine Lehrtätigkeit aufnimmt
LG Kiel WM 1993, 357,
zur Versetzung s. auch Günther ZMR 1993, 249.

b) Außerordentliches Kündigungsrecht in der Zwangsversteigerung und im Konkurs

1160 Es entspricht einhelliger Meinung, daß das Sonderkündigungsrecht des Erstehers in der **Zwangsversteigerung** nach § 57a ZVG nur ausgeübt werden kann, wenn der Ersteher ein berechtigtes Erlangungsinteresse im Sinne von § 564b BGB hat, sofern das Mietverhältnis an sich Kündigungsschutz genießt
OLG Hamm NJW-RR 1994, 1496 = WM 1994, 520 = ZMR 1994, 512.

Unter bestimmten Voraussetzungen kann das Vollstreckungsgericht auf Antrag des Mieters die Versteigerungsbedingungen dahin festlegen, daß das Grundstück unter Ausschluß des Sonderkündigungsrechts nach § 57a ZVG versteigert wird; der Mieter kann einen solchen Antrag nur stellen, wenn er ein der Zwangsversteigerung entgegenstehendes Recht angemeldet hat und Beteiligter ist,
s. dazu OLG Düsseldorf WM 1995, 492 = ZMR 1995, 414.

Macht der Vermieter Aufwendungen auf das Mietobjekt und stellt er deren Wert dem Mieter sodann als zinslosen Baukostenzuschuß darlehnsweise zur Verfügung, so soll es sich nicht um Leistungen handeln, die das Kündigungsrecht der Erstehers in der Zwangsversteigerung gemäß § 57c ZVG aufschieben
BGH MDR 1989, 735.

1161 Ebensowenig kann sich der Mieter bei Zwangsversteigerung der Mietwohnung auf den Ausschluß der Kündigungsbefugnis des Erwerbers nach § 57a ZVG berufen, wenn die **Mietvorauszahlung** nicht aus seinem Vermögen geleistet worden ist. Das ist auch dann nicht der Fall, wenn das Mieterdarlehn von der GmbH, deren Geschäftsführer der Mieter ist, geleistet worden ist
LG München I WM 1989, 257.

Das gleiche gilt, wenn bei Zahlung eines Geldbetrages auf die künftige Miete noch nicht feststand, daß diese Leistung der Herstellung oder Instandsetzung des Wohnraums dienen sollte und der Leistende in seiner Eigenschaft als künftiger Mieter zahlte. Dem soll eine spätere Vereinbarung zwischen Vermieter und Mieter, daß der geleistete Betrag abgewohnt werden dürfe, nicht entgegenstehen
LG Gießen DWW 1991, 53.

1162 Auch der Erwerb im Wege der Zwangsversteigerung gilt als Veräußerungsfall i.S. von § 564b Abs. 2 Nr. 2 S. 2 BGB, so daß der Ersteher wegen **Eigenbedarfs**

sein außerordentliches Kündigungsrecht nicht vor Ablauf der Kündigungssperrfrist ausüben kann
BayObLG – RE v. 10.6.1992 – WM 1992, 424, vgl. auch Rdn. 1041.

Das Sonderkündigungsrecht bei **Konkurs** des Mieters aus § 19 S. 1 KO muß nicht innerhalb bestimmter Fristen ausgeübt werden. Es kann vielmehr durchaus im Sinne der Beteiligten sein, nach Konkurseröffnung zunächst die Entwicklung der Dinge abzuwarten (Wolf–Eckert Rdn. 1612) 1163
OLG Hamm ZMR 1994, 225.

XII. Gründe für die fristlose Kündigung des Vermieters

1. Allgemeine Grundsätze für die fristlose Kündigung

Eine fristlose Kündigung kann bereits vor Beginn des Mietverhältnisses ausgesprochen werden, 1164
OLG Düsseldorf WM 1995, 439 = ZMR 1995, 465 für die Kündigung des Vermieters gemäß § 554a BGB wegen Nichtleistung der Mietkaution.

Zu bedenken ist, daß der Zweck der fristlosen Kündigung darin besteht, dem Berechtigten die Befugnis einzuräumen, sich kurzfristig aus dem Vertragsverhältnis zu lösen, weil die Fortsetzung aus den gesetzlich normierten Gründen **unzumutbar** geworden ist. Das bedeutet zunächst, daß die fristlose Kündigung keine Sanktion im Sinne einer privaten Strafgewalt darstellt und als solche auch nicht eingesetzt werden kann. Ferner ist – insbesondere bei Wohnraummietverhältnissen – zu prüfen, ob die Unzumutbarkeit ein solches Maß erreicht, daß dem Vermieter nicht einmal zuzumuten ist, mit der ordentlichen Frist das Mietverhältnis nach § 564b Abs. 2 Nr. 1 BGB zu beenden,
vgl. BGH – RE v. 14.7.1993 – MDR 1993, 970 = WM 1993, 529 zum Kündigungsgrund der Überbelegung: Die jeweiligen Interessen des Mieters und seiner Familie am Fortbestand des Mietverhältnisses einerseits sowie des Vermieters andererseits lassen sich nur im Einzelfall angemessen würdigen, wobei darauf abzustellen ist, ob die Beeinträchtigung des Vermieters so schwerwiegend ist, daß sie eine *sofortige* Beendigung des Mietverhältnisses erfordert.

Das BVerfG hält diesen Rechtsstandpunkt verfassungsrechtlich nicht nur für zulässig sondern für geboten: 1165
Die Auslegung des § 553 BGB, nach der eine erhebliche Verletzung der Rechte des Vermieters einer Abwägung der Interessen beider Parteien erfordert, wobei an das Vorliegen der Voraussetzungen einer fristlosen Kündigung hohe Anforderungen zu stellen sind, stellt die Interessen sowohl des Vermieters als auch des Mieters angemessen in Rechnung.
Der Eigentumsschutz des Mieters ist verletzt, wenn das Fachgericht die Prüfung unterläßt, welche konkreten Nachteile dem Vermieter aus der Überbelegung erwachsen und den Vermieterinteressen den Vorrang gibt, ohne die entgegenstehenden Belange des Mieters zu berücksichtigen.
BVerfG – Kammerbeschl. v. 18.10.1993 – WM 1994, 119 = ZMR 1994, 10.

1166 Der Zweck der fristlosen Kündigung könnte den Schluß rechtfertigen, daß eine solche wirkungslos wird, wenn der Grund für die Unzumutbarkeit, das Vertragsverhältnis fortzusetzen, auf Dauer entfallen ist. Nach Auffassung des

BGH NJW-RR 1988, 77

verliert allerdings eine fristlose Kündigung nicht ihre Wirkung deshalb, weil sich das Verhalten des Mieters nach ihrem Ausspruch und bis zur Einreichung der Räumungsklage grundlegend geändert hat,

ebenso LG Düsseldorf DWW 1989, 393 bei übermäßiger Musikausübung durch ein Kind des Mieters, das – wie geplant – auszieht,
LG Berlin GE 1995, 943 für Kündigung wegen Lärmstörung, obwohl der störende Mitmieter nach Ausspruch der Kündigung verstorben war.

1167 Eine auf Vertragsverletzungen des Mieters gestützte Kündigung muß **alsbald ausgesprochen** werden, nachdem der Vermieter von den Gründen Kenntnis erhalten hat. Die kurze Befristung des § 626 Abs. 2 BGB (2 Wochen) kann nicht ohne weiteres auf das Mietrecht übertragen werden,

OLG Köln ZMR 1995, 469, dagegen für analoge Anwendung:
OLG Frankfurt WM 1991, 475 = ZMR 1991, 382.

1168 Soweit das Setzen einer Frist vor Ausspruch der Kündigung erforderlich ist, muß sie so bemessen sein, daß der Gegner zumutbarerweise Abhilfe schaffen kann (LG Mannheim WM 1985, 262 für Untervermietung). Ob die **Abmahnung** eine Kündigungsandrohung enthalten muß, erscheint zweifelhaft (so aber LG Hamburg ZMR 1985, 385, WM 1986, 338, LG Itzehoe WM 1991, 99, verneinend LG Kleve WM 1995, 537); jedenfalls muß die Abmahnung die Ernsthaftigkeit der Absicht des Vermieters erkennen lassen, bei erneuten Vertragsverstößen das Mietverhältnis beenden zu wollen.

Auf diesem Hintergrund dürften formularmäßige Mahnungen nicht ausreichen;

eingehend zur Abmahnung: Schläger ZMR 1991, 42, LG Frankfurt WM 1992, 370.

Ist der Kündigung eine Abmahnung vorausgegangen, so muß sich aus dem Kündigungsschreiben ergeben, welche Vertragsverletzungen der Mieter nach Zugang der Abmahnung begangen haben soll; die Bezugnahme auf die Abmahnung reicht nicht

LG Mosbach WM 1992, 18.

Nach

OLG Düsseldorf ZMR 1990, 57

können Abmahnung und Kündigung im Prozeß nachgeholt werden, sofern nur für den Mieter eindeutig erkennbar ist, daß die prozessuale Erklärung des Vermieters zugleich auch eine materielle Bedeutung haben soll. Mit dieser Maßgabe kann in einer vorprozessual erklärten Kündigung eine Abmahnung und in der Erhebung der Räumungsklage die Kündigung gesehen werden

vgl. BGH WPM 1971, 1439.

1169 Besteht die Mieterseite aus einer **Personenmehrheit**, so soll die fristlose Kündigung schon dann gerechtfertigt sein, wenn nur ein Mieter sich vertragswidrig verhält

OLG Düsseldorf ZMR 1987, 423.

Allerdings ist in der Rechtsprechung wiederholt die Auffassung vertreten worden, daß nach endgültigem Auszug des störenden Mitmieters der Vermieter nach Treu und Glauben gehalten sein kann, dem nicht störenden Mieter die Wohnung zu belassen

> LG Baden-Baden DWW 1989, 332,
> AG Bochum WM 1990, 296 unter Hinweis auf
> LG Darmstadt WM 1983, 54 = NJW 1983, 52,
> a.A. LG Berlin GE 1995, 843, wenn nach Kündigung wegen Lärmbelästigung der Störer verstorben ist.

Rechtlich erscheint dies im Hinblick auf die Einheitlichkeit des Mietverhältnisses schwer begründbar.

Nach h.M. ist die Angabe von Kündigungsgründen nicht Wirksamkeitsvoraussetzung für die fristlose Kündigung, da § 564b Abs. 3 BGB nur für die ordentliche Kündigung eines Wohnraummietverhältnisses gilt   1170

> OLG Karlsruhe – RE v. 8. 6. 1982 – NJW 1982, 2004 = WM 1982, 242,
> LG Dresden WM 1995, 484.

Gleichwohl können nachgeschobene Kündigungsgründe nur dann berücksichtigt werden, wenn sie schon vor Zugang der Kündigung entstanden waren

> LG Berlin GE 1995, 757.

2. Vertragswidriger Gebrauch

Eine Kündigung aus § 553 BGB ist nur dann zulässig, wenn die Pflichtverletzung   1171
erheblich ist, d.h. das Interesse des Vermieters am vertragsgemäßen Verhalten des Mieters nicht nur geringfügig, sondern in hohem Maße berührt ist

> BGH – RE v. 14.7.1993 – WM 1993, 529 = ZMR 1993, 508, OLG Stuttgart ZMR 1989, 337.

a) Unerlaubte Drittüberlassung

Ein solcher Verstoß wird nach herrschender Meinung im Falle der unerlaubten   1172
Gebrauchsüberlassung fingiert, ohne daß eine erhebliche Rechtsbeeinträchtigung des Vermieters festgestellt zu werden braucht

> OLG Frankfurt – RE v. 10.10.1988 – NJW-RR 1989, 10 im Anschluß an BGH NJW 1985, 2527, OLG Hamburg NJW 1982, 1157.

Dies wird im wesentlichen aus einer Wortinterpretation abgeleitet. Daß es der Mieter bei der unbefugten Gebrauchsüberlassung trotz Abmahnung belasse, indiziere die Rechtsbeeinträchtigung (dagegen Lammel WM 1986, 8). Kein Grund zur fristlosen Kündigung ist aber gegeben, wenn der Mieter nach Abmahnung alles tut, um den vertragswidrigen Zustand zu beenden

> LG Berlin MM 1994, 325.

Der Kündigungstatbestand des § 553 BGB bezieht sich nicht auf die Fälle, in   1173
denen der Mieter befugt war, dritte Personen nach Maßgabe des § 549 Abs. 2 BGB in die Wohnung aufzunehmen – selbst wenn er die Wohnung nicht mehr bewohnt

> LG Kiel WM 1988, 125: Überlassung der Wohnung an die Kinder des Mieters, wenn der Mieter sich ins Altersheim begibt, ein Aufenthalt dort aber nur vorübergehend geplant ist;

LG Berlin HmbGE 1990, 99: Aufnahme der Tochter und zweier Enkelkinder in die Wohnung, dann Auszug des Mieters in eine andere Wohnung bei gleichzeitigem häufigeren Aufenthalt in der bisherigen Wohnung; vgl. auch Rdn. 210.
AG Hamburg HmbGE 1992, 51: Die Mieterin läßt ihre Tochter in der Wohnung wohnen und zieht zu ihrem Lebensgefährten, behält sich aber die Nutzung der Wohnung vor, die sie für den Fall des Scheiterns der Beziehung beibehalten will.
LG Köln WM 1991, 264: Hatte sich der Mieter in der irrigen Annahme einer solchen Pflicht verpflichtet, die in die Wohnung aufgenommene Lebensgefährtin und deren Tochter bis zu einem bestimmten Termin aus der Wohnung zu setzen, so soll die Nichterfüllung nicht die fristlose Kündigung rechtfertigen;
anders:
LG Frankfurt NJW-RR 1993, 143 bei Überlassung der Wohnung durch die bisherige Mieterin, die sich in ein Altenheim begeben hat, an die Enkelin und deren Lebensgefährten,
LG Cottbus WM 1995, 38 bei Überlassung der Wohnung bis auf ein Zimmer an den erwachsenen Sohn und dessen Familie; daran ändert nichts, daß der Mieter noch unter der Anschrift der Mietwohnung polizeilich gemeldet blieb,
LG Berlin GE 1995, 569: Überlassung der 1-Zimmer-Wohnung an den Bruder des Mieters für die Zeit von über 12 Monaten wegen eines Auslandsaufenthalts.

1174 Das Problem stellt sich auch in den Fällen, in denen die Wohnung von miteinander verheirateten oder unverheirateten Partnern bewohnt wird, von denen nur einer Mieter ist. Zieht dieser aus der Wohnung aus, so soll im Verbleiben des anderen Partners eine unbefugte Gebrauchsüberlassung der gesamten Wohnung liegen. Diese Wertung wird angesichts der Entscheidungen des BGH vom 14.7.1993 und des BVerfG vom 18.10.1993 (s. Rdn. 975, 1180) nicht mehr aufrechterhalten werden können. Es erscheint nicht vertretbar, in der Gebrauchsbelassung eine unwiderlegbar vermutete erhebliche Rechtsverletzung des Vermieters zu sehen. Vielmehr wird auch in diesem Zusammenhang eine Interessenabwägung geboten sein. Ebenso verhält es sich in Fällen, in denen der Mieter uneigennützig und aus humanitären Gründen vorübergehend Dritte in die Wohnung aufnimmt (zutreffend Derleder WM 1994, 305 gegen LG Berlin WM 1994, 326).

1175 Auch wenn der Vermieter dem Mieter die Untervermietung gestattet, kann er nach § 553 BGB fristlos kündigen, wenn der Mieter nicht verhindert, daß sein Untermieter nochmals untervermietet

OLG Hamm NJW-RR 1992, 783.

Ist in einem Pachtvertrag über eine Gaststätte und eine Wirtewohnung geregelt, daß die unerlaubte Unterverpachtung des Betriebes einen Grund für die fristlose Kündigung bildet, so rechtfertigt allein die Untervermietung der Wirtewohnung nicht die fristlose Kündigung

OLG Hamm ZMR 1995, 248.

1176 Die **Abmahnfrist** muß nach

LG Mannheim WM 1985, 262

der gesetzlichen Kündigungsfrist für das Mietverhältnis entsprechen, damit der Mieter abzuhelfen vermag.

1177 Hatte der Mieter gegenüber dem Vermieter einen **Anspruch auf Erteilung der Erlaubnis** zur Drittüberlassung, so kann dessen fristlose Kündigung rechtsmißbräuchlich sein

BayObLG – RE v. 26.10.1990 – WM 1991, 18 = ZMR 1991, 64: Wegen Nichteinholung der Erlaubnis sei die Gebrauchsüberlassung zwar vertragswidrig; jedoch könne der Mieter ein wenden, einen Anspruch auf deren Erteilung gehabt zu haben. Der Vermieter könne demgegenüber Gründe anführen, die ihm persönlich die Aufnahme des Dritten als unzumutbar erscheinen lasse.

Andere Maßstäbe gelten jedoch nach

BayObLG – RE v. 26.4.1995 – MDR 1995, 689 = WM 1995, 378

für eine ordentliche Kündigung nach § 564b Abs. 2 Nr. 1 BGB: Schon die Nichteinholung der Erlaubnis kann die Kündigung rechtfertigen, selbst wenn der Mieter einen Anspruch auf deren Erteilung haben sollte. Das Bestehen eines solchen Anspruchs ist nur im Zusammenhang damit beachtlich, ob die Pflichtverletzung des Mieters erheblich ist und ob der Mieter schuldhaft gehandelt hat.

Ist die Untermieterlaubnis nur befristet erteilt worden, so wird die Drittüberlassung nach Fristablauf nicht unbefugt i.S. von § 553 BGB; die Fortdauer der Gebrauchsüberlassung soll aber u.U. als Pflichtverletzung nach § 564b Abs. 2 Nr. 1 BGB zu einer ordentlichen Kündigung führen können 1177a

LG Stuttgart WM 1992, 122.

Der Vermieter hat im Falle der unerlaubten Untervermietung keinen Anspruch 1178 auf Herausgabe des erzielten Untermietzinses, und zwar auch nicht insoweit, als es sich um einen den Mietzins übersteigenden Mehrerlös handelt

OLG Celle ZMR 1995, 159, vgl. auch BGH NJW 1964, 1853;

a.A. LG Berlin GE 1995, 494 in analoger Awendung des § 281 BGB, weil dem Mieter durch die Untervermietung das vertragsgemäße Verhalten unmöglich geworden sei.

b) Überbelegung der Wohnung

Aktuell ist nach wie vor die Rechtsprechung zum Kündigungsgrund „Überbelegung der Wohnung". Die frühere Rechtsprechung ließ den Tatbestand der Überbelegung für sich genommen ausreichend, um entweder eine fristlose Kündigung (BayObLG NJW 1984, 60) oder eine fristgemäße Kündigung (OLG Hamm WM 1982, 323) zu rechtfertigen. 1179

Die Zulässigkeit einer fristlosen Kündigung wegen Überbelegung infolge Familienvergrößerung wurde auch bejaht von

OLG Karlsruhe – RE v. 16.3.1987 – NJW 1987, 1952:

Auslösender Grund für sie sollte nicht schon der Tatbestand der einfachen Überbelegung sein sondern das Unterlassen, sich langfristig um eine größere Wohnung gekümmert zu haben, und obendrein die Steigerung der Überbelegung dadurch, daß der Mieter seine Familie vergrößert hatte.

Diese Rechtsprechung ist überholt durch 1180

BGH – RE v. 14.7.1993 – MDR 1993, 970 = WM 1993, 529:

Der Vermieter ist nicht berechtigt, das Mietverhältnis allein deshalb fristlos wegen vertragswidrigen Gebrauchs gemäß § 553 BGB zu kündigen, weil die Wohnung durch Zuzug von Kindern des Mieters in erheblichem Umfang überbelegt ist, den Vermieter beeinträchtigende Auswirkungen indessen nicht festzustellen sind.

Erforderlich ist die Feststellung im konkreten Einzelfall, daß die Vermieterrechte 1181 erheblich verletzt worden sind. Ein bestimmter Grad der Überbelegung, ab dem eine solche Vertragsverletzung zwingend anzunehmen ist, ist nicht möglich. Eine solche Wertung hängt vielmehr u.a. ab von Ausstattung und Zuschnitt der Wohnung, der vertraglichen Regelung über die Durchführung von Schönheitsreparaturen, Alter und Lebensgewohnheiten der Bewohner, aber auch von der Zusammensetzung der übrigen Hausbewohnerschaft; ferner ist beachtlich, ob es sich bei der aufzunehmenden Person um ein Kind oder einen Erwachsenen handelt.

Ob das Interesse des Vermieters an einem vertragsgemäßen Verhalten des Mieters in hohem Maße beeinträchtigt und die Störung seiner Belange von besonderem Gewicht ist, beurteilt sich – insbesondere soweit es um eine mögliche Gefährdung der Wohnsubstanz geht – in erster Linie nach den Auswirkungen der vertragswidrigen Verhaltensweise. Pflichtverletzungen mit geringfügigen Auswirkungen berechtigen grundsätzlich nicht zur fristlosen Kündigung. Die jeweiligen Interessen des Mieters und seiner Familie am Fortbestand des Mietverhältnisses einerseits sowie des Vermieters andererseits, lassen sich nur im Einzelfall angemessen würdigen, wobei darauf abzustellen ist, ob die Beeinträchtigung des Vermieters so schwerwiegend ist, daß sie eine sofortige Beendigung des Mietverhältnisses erfordert
: BGH a.a.O.

Das BVerfG hat diese Auffassung unter Hinweis auf seine Rechtsprechung zum Schutz des Mieterrechts nach Art. 14 Abs. 1 S. 1 GG gebilligt
: BVerfG – Kammerbeschl. v. 18.10.1993 – WM 1993, 119 = ZMR 1994, 10 (s. Rdn. 975).

1182 Hat der Vermieter es schon bei der Anmietung hingenommen, daß die Wohnung überbelegt wurde (4 Zimmer-Wohnung mit 90 qm, belegt von 2 Erwachsenen und 7 Kindern), so soll er zur fristlosen Kündigung nicht berechtigt sein, nachdem sich die Familie um ein weiteres Kinder vergrößert hat
: LG Bonn WM 1990, 345;
anders LG Mönchengladbach ZMR 1991, 110,
AG Duisburg ZMR 1990, 183.

Auch kann die Kündigungsbefugnis verwirkt sein, wenn der Vermieter jahrelang die Überbelegung nicht zum Anlaß genommen hat, das Mietverhältnis zu kündigen
: AG Köln WM 1992, 596.

1183 Tendenziell werden wegen einer Verschlechterung der Wohnungsmarktlage strengere Anforderungen an die Kündigung wegen Überbelegung gestellt, jeweils verneinend:
AG Würzburg WM 1990, 509 (2-Zimmer-Wohnung, 65 qm für Ehepaar mit einem Kind), AG Köln WM 1990, 508 (30 qm-Wohnung für Ehepaar mit 2 Kindern); andererseits LG Mönchengladbach ZMR 1991, 110: Die Kündigung ist gerechtfertigt bei Belegung einer nur 49 qm großen Wohnung durch 2 Erwachsene und 5 Kinder; die fristlose Kündigung wurde (zu Unrecht) in eine ordentliche Kündigung umgedeutet.

c) Unterlassene Schönheitsreparaturen

1184 Allein die Nichtausführung fälliger Schönheitsreparaturen rechtfertigt die fristlose Kündigung nicht
: LG Itzehoe WM 1989, 76, LG Münster WM 1991, 33.

Anders verhält es sich, wenn der Mieter die Wohnung derart vernachlässigt, daß mit Schäden zu rechnen ist, indem er Gerümpel und Müll in erheblichem Umfang lagert

AG Rheine WM 1987, 153.

Hier bedarf es aber der Feststellung eines konkreten Gefährdungstatbestandes.

3. Zahlungsverzug

a) Zahlungsverzug

Zu aktuellen Kündigungsproblemen s. Blank PiG 46 (1995), 29 f., Börstinghaus DWW 1995, 33.   1185

Immer wieder wird übersehen, daß ein einmal gegebener Kündigungsgrund nach § 554 Abs. 1 S. 2 BGB nur dann entfällt, wenn der Verzug vor Wirksamwerden der Kündigung durch vollständige Zahlung des gesamten Mietrückstandes beseitigt wird; es ist also nicht erforderlich, daß bei Ausspruch der Kündigung noch die die Kündigung rechtfertigenden Verzugsvoraussetzungen vollen Umfangs gegeben sind

BGH BB 1987, 2123
AG Mannheim DWW 1995, 318.

Die **Wirksamkeit** der Kündigung richtet sich nach dem Sachstand zur Zeit ihres Ausspruchs, nicht erst des Zugangs beim Mieter   1186

LG Köln WM 1992, 123, anders WM 1991, 263.

Das rechtfertigt sich daraus, daß die Wirksamkeitsvoraussetzungen eines Rechtsgeschäfts zum Zeitpunkt seiner Vornahme gegeben sein müssen. Daß die Kündigung als Willenserklärung gegenüber dem Kündigungsempfänger erst mit Zugang Rechtswirkungen entfaltet, steht dem nicht entgegen.

Wird der Räumungsanspruch auf eine Kündigung aus § 554 BGB gestützt, so muß sich entweder aus der Kündigung oder aus der Klage eindeutig ergeben, mit welchen Rückständen für welche Monate der Mieter in Verzug geraten ist. Andernfalls ist die Räumungsklage unschlüssig. Gleiches gilt, wenn der Vermieter die Rückstände nur in Form eines Saldos darstellt   1187

LG Mannheim WM 1991, 687.

Ob sich der Mieter mit einem nicht unerheblichen Teil des Mietzinses im Sinne von § 554 Abs. 1 Nr. 1 BGB im Verzug befindet, soll sich nach dem **Gesamtrückstand** richten, nicht dagegen auch unter Berücksichtigung des für die einzelnen Termine rückständigen Mietzinses   1188

BGH NJW-RR 1987, 903,
LG Berlin ZMR 1995, 353 f.: es sind (nur) die Rückstände aus den beiden aufeinanderfolgenden Monaten zu addieren.

Dadurch wird die Rechtsstellung des Mieters eher verschlechtert, weil die bisher herrschende Meinung davon ausging, daß jeder der Mietzinsteile, mit dem der Mieter in Verzug geriet, nicht nur unwesentlich sein durfte, beide Teile zusammen aber bei der Wohnraummiete den Betrag von einer Monatsmiete übersteigen mußten. Der BGH folgert aus der als Privileg für die Wohnungsmieter gedachten

Regelung in § 554 Abs. 2 Nr. 1 BGB die Zusammenrechnung der Teilrückstände in § 554 Abs. 1 Nr. 1 BGB auch bei anderen als Wohnraummietverhältnissen, ohne allerdings die zugunsten des Wohnungsmieters normierte Erheblichkeitsgrenze allgemein anzuwenden.

1189 Schon das OLG Koblenz – RE v. 26.7.1984 – WM 1984, 269 = ZMR 1984, 351 hatte entschieden, daß Nachforderungen aus einer Betriebskostenabrechnung nicht als Mietzins i.S. von § 554 BGB anzusehen sei, da es sich nicht um laufende Zahlungen handelt. Dies soll auch für solche Rückstände gelten, die daraus resultieren, daß der Vermieter eine Mieterhöhung rückwirkend fordern darf
LG Hamburg ZMR 1992 S. XIV Nr. 8,
vgl. auch LG Köln WM 1993, 191.

1190 Der Vermieter soll den Mietvertrag auch dann fristlos kündigen dürfen, wenn der Mieter zwar nur eine Mietzinsrate nicht bezahlt, aber angekündigt hat, er werde weitere Raten nicht zahlen können. Dem Vermieter könne nämlich nicht zugemutet werden, die Fälligkeit auch der nächsten Mietzinsrate abzuwarten und die fristlose Kündigung erst zu erklären, nachdem deren Zahlung, wie von vornherein zu erwarten gewesen sei, unterblieben sei. Dies würde eine bloße Förmelei darstellen, die sich nach Treu und Glauben verbiete
OLG Düsseldorf MDR 1991, 965.

Die Entscheidung setzt sich über Wortlaut, Sinn und Zweck des § 554 BGB hinweg und ließe sich im Ergebnis nur aus § 554a BGB ableiten (s. auch Franke ZMR 1992, 81).

1191 Eine **Formularklausel**, nach der der Vermieter zur fristlosen Kündigung berechtigt ist, wenn der Mieter mit der Zahlung schon einer Monatsmiete ganz oder teilweise länger als einen Monat nach Zahlungsaufforderung trotz schriftlicher Mahnung im Rückstand ist, verstößt gegen § 9 AGBG
BGH ZMR 1987, 292.

Gleichwohl soll der Vermieter an das in der unwirksamen Klausel geregelte Verfahren (Zahlungsaufforderung, schriftliche Mahnung) aus Gründen des Vertrauensschutzes gebunden bleiben (BGH a.a.O.).

Unwirksam ist auch eine Formularklausel, nach der die fristlose Kündigung zulässig ist, wenn der Mieter in einem Zeitraum, der sich über mehr als zwei Zahlungstermine erstreckt, mit Beträgen im Rückstand ist, die eine Höhe erreichen, die dem Mietzins für zwei Monate entspricht. Bloßer Zahlungsrückstand gibt dem Mieter nämlich – anders als beim Verzug – nicht die Möglichkeit, sich nach § 285 BGB zu entlasten
OLG Hamm ZMR 1992, 152 (für Fahrzeug-Leasing).

1192 Eine **Abmahnung** ist vor Ausspruch der Kündigung grundsätzlich nicht erforderlich. Anders kann es sich verhalten, wenn der Vermieter über längere Zeit unpünktliche Mietzahlungen des Mieters stillschweigend hingenommen hat. In einem solchen Fall werden es Treu und Glauben gebieten, daß er den Mieter zuvor darauf hinweist, daß er künftig pünktliche Zahlungen erwarte
OLG Hamm ZMR 1994, 560.

Problematisch ist, ob der Mieter in Verzug gerät, wenn das Sozialamt zuvor die Mietzahlung übernommen hat, jedoch verspätet zahlt. Das wird bejaht, weil das **Sozialamt als Erfüllungsgehilfe** des Mieters anzusehen ist 1193

LG Karlsruhe ZMR 1989, 421,
LG Mönchengladbach ZMR 1993, 571;
a.A. AG Bergisch Gladbach WM 1989, 630.

Das Räumungsverlangen des Vermieters könne aber gegen § 242 BGB verstoßen, weil der Mieter von der Zahlung des Sozialamts habe ausgehen dürfen und der Vermieter den Mieter auf die unterbliebenen Zahlungen hätte ansprechen können. Hier wird der Begriff des Erfüllungsgehilfen überdehnt, zumal der Mieter keinen Einfluß auf das Zahlungsverhalten des Sozialamts hat und sich zu ihm in einem Subordinationsverhältnis befindet, so

LG Hamburg Urt. v. 2.10.1990 – 316 S 34/90 –, Beschl. v. 2.1.1991 – 311 T 118/90.

Andererseits ist die Erfüllungsgehilfeneigenschaft eines Rechtsanwaltes, der den Mieter schuldhaft unrichtig über die Minderungsquote beraten hat, verneint worden 1194

LG Karlsruhe WM 1990, 294,

dagegen die Erfüllungseigenschaft der Bank des Mieters, die dessen Überweisungsauftrag unrichtig ausgeführt hat, bejaht worden

LG Düsseldorf WM 1992, 369.

War die fehlerhafte Ausführung des der Bank erteilten Dauerauftrages für den Mieter nicht zu erkennen, so ist die fristlose Kündigung allerdings als rechtsmißbräuchlich gewertet worden

LG München I WM 1994, 608.

Die **Beweislast** für die Zahlung und den Eintritt der Erfüllungswirkung trägt der Mieter, der als Schuldner die Erfüllung beweisen muß 1195

Bender ZMR 1994, 251 gegen Grams ZMR 1994, 5.

Ist der Mietzinsanspruch einredebehaftet, so daß dem Mieter ein dauerndes oder zeitweiliges Zurückbehaltungsrecht zusteht, gerät er nicht in Verzug, 1196

vgl. BGH – Urt. v. 16.3.1988 – BGHZ 104, 6, 10 = NJW-RR 1988, 1778.

Der BGH hat offengelassen, ob schon das Bestehen der Einrede ausreicht oder der Mieter sich hierauf berufen muß.

Zum Ausschluß der Kündigungsbefugnis des Vermieters wegen fehlenden Verzugs s. auch Fischer ZMR 1994, 251.

Ein Verzug ist nach herrschender Rechtsprechung ausgeschlossen, wenn der Mieter entschuldbar über die Höhe der Minderungsquote irrte, insbesondere er für seine Auffassung hinreichende Sachgründe hatte 1197

LG Mannheim WM 1987, 317, LG Görlitz WM 1994, 601;
weitergehend LG Hannover WM 1994, 463, wenn der Mieter die Minderungsquote nicht böswillig oder leichtfertig falsch eingeschätzt hat, vgl. auch Rdn. 499 f.

Das gleiche gilt bei einem Irrtum über die Berechtigung einer Mieterhöhung nach der 1. GrundMV und der BetrKostUV; für diesen Fall ist § 9 MHG für entsprechend anwendbar gehalten worden

BezG Chemnitz WM 1993, 34.

1198 Indes besteht kein allgemeines Gebot, umstrittene Rechtsfragen über Schadensersatz und Minderung nicht zum Gegenstand eines Räumungsrechtsstreits zu machen (so aber LG Mannheim WM 1987, 317). Vielmehr würde es gegen das Willkürverbot verstoßen, dem Vermieter den Räumungsanspruch mit der Begründung zu versagen, er müsse den rückständigen Mietzins zuvor in einem gesonderten Verfahren gegen den Mieter geltend machen

 BVerfG WM 1989, 278 = ZMR 1989, 255.

Das BVerfG hält den Mieter dadurch für hinreichend geschützt, daß ihm nur im Falle des Verzuges gekündigt werden dürfe. Daran fehle es, wenn er von seinen Gegenrechten habe überzeugt sein dürfen.

b) Schonfristlegung

1199 Die Kündigung wird nur dann nach § 554 Abs. 2 Nr. 2 BGB unwirksam, wenn der gesamte Rückstand innerhalb der Schonfrist ausgeglichen wird

 LG Aachen ZMR 1989, 304, LG Bonn ZMR 1992, 607,
 ausführlich auch Weber ZMR 1992, 41.

Eine Zahlung unter Vorbehalt der rechtlichen Klärung ist in der Regel als Erfüllung zu werten (s. Rdn. 497). Anders verhält es sich ausnahmsweise, wenn aufgrund des Vorbehalts der Vermieter die Beweislast für die Rechtmäßigkeit seiner Forderung tragen soll

 LG Berlin GE 1994, 1057,
 vgl. auch Börstinghaus DWW 1995, 33.

1200 Die Zahlung soll auch solche Rückstände einbeziehen müssen, auf die die Kündigung nicht gestützt war

 LG München I WM 1987, 153,

nicht aber bereits verjährte Beträge (Scholz WM 1987, 135). Ist der Vermieter mit seinen Ansprüchen längere Zeit nicht hervorgetreten, so kann es arglistig sein, daß er sich im vorliegenden Zusammenhang auf sie beruft, selbst wenn sie noch nicht verwirkt sind. Nach hier vertretener Auffasung erfordert die fristlose Kündigung die Angabe, wegen welcher Mietrückstände gekündigt wird, damit der Mieter erkennen kann, worauf sich die Kündigung stützt, und er deren Folgen durch Zahlung innerhalb der Schonfrist beseitigen kann.

1201 Soweit der Mieter die Erfüllung durch Aufrechnung bewirkt, gilt nicht die Beschränkung des § 554 Abs. 1 S. 3 BGB (LG Aachen ZMR 1989, 304); rechnet er allerdings nach Maßgabe dieser Vorschrift auf, so löst das nicht die Rechtsfolgen des § 554 Abs. 2 Nr. 2 BGB aus; denn dann wäre der Wohnungsmieter gegenüber anderen Mietern benachteiligt

 LG Mannheim WM 1986, 250.

1202 Für die Rechtzeitigkeit der Zahlung innerhalb der **Schonfrist** genügt, daß die Leistungshandlung rechtzeitig vorgenommen worden ist. Bei Zahlung durch Überweisung ist daher der Zeitpunkt der Erteilung des Überweisungsauftrags maßgebend, nicht derjenige der Gutschrift auf dem Vermieterkonto

 LG Heidelberg WM 1995, 485.

Eine Formularklausel

> „Für die Rechtzeitigkeit der Zahlung ist maßgebend der Eingang des Geldes beim Vermieter oder bei Zahlung auf ein Konto die Gutschrift"

gilt nicht für die Zahlung des Mietrückstandes innerhalb der Schonfrist sondern nur für laufende Mietzahlungen; anderenfalls würde die Klausel gegen § 554 Abs. 2 Nr. 3 BGB verstoßen

> LG Hamburg WM 1992, 124,
> LG Berlin ZMR 1992, 394.

1203 Wird im Verlaufe eines Rechtsstreits wegen Zahlungsverzugs nach § 554 Abs. 1 BGB gekündigt, so beginnt die Schonfrist mit Zustellung des Schriftsatzes, durch den der Räumungsanspruch (auch) auf diese Kündigung gestützt wird

> LG Berlin ZMR 1993, S. II Nr. 6.

1204 Ist die fristlose Kündigung durch Zahlung innerhalb der Schonfrist unwirksam geworden, so lebt sie nicht dadurch wieder auf, daß der Mieter noch innerhalb dieser Frist erneut in Verzug kommt

> LG Aachen WM 1993, 348.

Vereinbaren Vermieter und Mieter eine Ratenzahlung bezüglich des Mietrückstandes und sieht der Vermieter von der Erhebung einer Räumungsklage ab, weil er die Erfüllung der Vereinbarung erwartet, so soll bei einer erneuten fristlosen Kündigung wegen Zahlungsverzuges zu Lasten des Mieters die zweijährige Sperrfrist gelten

> LG Stuttgart ZMR 1995, 470.

1205 Die Kündigung kann treuwidrig sein, wenn nur noch ein zu vernachlässigender geringer Rest offenbleibt

> LG Berlin MM 1994, 361 bei einem Rückstand von DM 2,31,
> verneinend aber LG Bonn ZMR 1992, 607, bei einem Betrag von DM 30 (= 5% der monatlichen Nettomiete).

1206 Die **Übernahmeerklärung** des Sozialamtes nach § 554 Abs. 2 Nr. 2 BGB ist zivilrechtlicher Natur (Vertragsangebot eines Schuldbeitritts), im Gegensatz zur Übernahme der künftigen Mieten im Rahmen der laufenden Hilfeleistungen zum Lebensunterhalt; das ist u.a. für den Rechtsweg bedeutsam

> BVerwG MDR 1994, 304.

Die Übernahmeerklärung ist bedingungsfeindlich

> BVerwG a.a.O., LG Bielefeld WM 1994, 206.

Indes soll die Formulierung „unter der Voraussetzung, daß der Mieter in der Wohnung verbleiben kann" keine Bedingung enthalten, sondern eine bloße Rechtsfolge ausdrücken

> LG Berlin MM 1994, 361,
> AG Hamburg WM 1994, 206.

1207 Die Erklärung muß dem Vermieter bis zum Ablauf eines Monats nach Eintritt der Rechtshängigkeit (Schonfrist) zugegangen sein; es genügt nicht, daß sie innerhalb dieser Frist abgegeben wird oder dem Gericht oder dem Mieter zugeht

> BayObLG – RE v. 7.9.1994 – WM 1994, 598 = ZMR 1994, 557.

Da eine Form für sie nicht vorgeschrieben ist, kann sie auch per Telefax erfolgen
AG Wedding GE 1995, 1129.

Sie soll auch dann die Unwirksamkeit der fristlosen Kündigung bewirken, wenn das Sozialamt sie nur bezüglich eines Mitmieters abgibt
LG Dortmund ZMR 1993, 16 mit abl. Anm. von Schopp.

Dies folgt aus der einheitlichen Gestaltungswirkung der Kündigung.

1208 Eine Heilung der Kündigungsfolgen durch Zahlung innerhalb der Schonfrist ist nicht möglich, wenn dies innerhalb der letzten zwei Jahren vor Ausspruch der Kündigung schon einmal geschehen war (§ 554 Abs. 2 Nr. 2 S. 2 BGB). Dieser Ausschluß kommt aber nicht zum Tragen, wenn die frühere fristlose Kündigung wegen Zahlungsverzugs aus anderen Gründen gegenstandslos geworden ist, etwa weil der Vermieter sie nicht weiter verfolgt hat
LG Berlin MDR 1992, 479.

1209 Eine Heilung durch Zahlung innerhalb der Schonfrist soll auch dann nicht zulässig sein, wenn der Vermieter statt einer fristlosen Kündigung eine **ordentliche Kündigung** nach § 564b Abs. 2 Nr. 1 BGB ausspricht
OLG Stuttgart – RE v. 28.8.1991 – NJW-RR 1991, 1487 = WM 1991, 526,
OLG Karlsruhe – RE v. 19.8.1992 – WM 1992, 517 = ZMR 1992, 488,
dagegen Franke ZMR 1992, 81, Scholl WM 1993, 99, vgl. auch Rdn. 1130.

1210 Das Recht des Vermieters zur fristlosen Kündigung wegen Zahlungsverzugs ist nach § 9 Abs. 2 MHG erschwert, wenn der Mieter zur Zustimmung einer **Mieterhöhung** nach § 2 MHG oder zur Zahlung einer Mieterhöhung nach §§ 3–7, 12, 13, 16 MHG verurteilt worden ist (vgl. Rdn. A 374 und 652). Das gilt aber nicht, wenn sich die Mietparteien im Wege des Vergleichs auf einen Mietzins geeinigt haben; denn der vergleichsbereite Mieter wird nicht für schutzwürdig angesehen, weil er sich Ratenzahlungen oder einen Widerrufsvorbehalt zur Prüfung seiner wirtschaftlichen Verhältnisse hätte ausbedingen können
OLG Hamm – RE v. 27.12.1991 – WM 1992, 54 = ZMR 1992, 109.

1211 Die fristlose Kündigung wegen Zahlungsverzuges ist **rechtsmißbräuchlich**, wenn sich der Vermieter geweigert hat, eine sog. Mietübernahmeerklärung für das Sozialamt auszufüllen, um dem Mieter zur Leistungsfähigkeit zu verhelfen und etwaige Ansprüche auf Sozialhilfe durchzusetzen,

a.A. LG Köln WM 1995, 104, das eine entsprechende Schutzpflicht des Vermieters verneint.

Rechtsmißbrauch ist ferner angenommen worden, wenn der Mieter die fehlerhafte Ausführung des Dauerauftrages durch seine Bank nicht erkennen konnte (LG München I WM 1994, 608) oder nur noch ein geringfügiger Rückstand nach Ablauf der Schonfrist verblieben ist (LG Berlin MM 1994, 361: DM 2,31, vgl. auch Rdn. 1199).

c) Kündigungsfolgeschaden

1212 Ein Mieter, dem fristlos aus von ihm zu vertretenden Gründen gekündigt worden ist, haftet grundsätzlich für den Schaden, der aufgrund der Kündigung eingetreten ist, insbes. für den **Mietausfall**. Das gilt jedoch dann nicht, wenn er schon vorher berechtigt gewesen wäre, seinerseits wegen eines vom Vermieter zu vertretenden vertragwidrigen Verhaltens das Mietverhältnis fristlos zu kündigen, dieses Recht aber nicht wahrgenommen hat

OLG Bamberg ZMR 1984, 373.

Der Schadensersatz wegen Mietausfalls in Höhe der bisherigen Miete kann bis zur Neuvermietung verlangt werden, sofern das Mietverhältnis nicht infolge Befristung oder einer möglichen ordentlichen Kündigung vorher geendet hätte

OLG Düsseldorf DWW 1991, 19.

Der Anspruch soll auch dann bestehen, wenn sich der Neuabschluß mit einem Dritten hinauszögert, weil der Vermieter nur zu neuen, günstigeren Bedingungen wiedervermieten will und hieran eine frühere Vermietung gescheitert ist 1213

OLG Frankfurt WM 1992, 436 = ZMR 1993, 64.

Hier kommt allerdings ein Mitverschulden des Vermieters nach § 254 Abs. 2 BGB in Betracht, das vom Mieter darzulegen und zu beweisen ist. Der Rechtsgedanke aus § 552 S. 3 BGB ist hingegen nicht anzuwenden

OLG Düsseldorf DWW 1987, 231 = ZMR 1987, 375.

Die Schadensersatzleistung einschließlich des Mietausfalls, die der Mieter nach fristloser Kündigung wegen Zahlungsverzugs zu erbringen hat, ist ohne Umsatzsteuer zu berechnen, weil ihr eine steuerliche Leistung des Vermieters nicht gegenübersteht 1214

BGH MDR 1987, 664.

Anders verhält es sich aber mit einer Nutzungsentschädigung nach § 557 Abs. 1 BGB.

d) Prozeßrechtliche Besonderheiten

Prozessual ist zu beachten, daß vor Ablauf der Schonfrist ein **Versäumnisurteil** auf Räumung nicht ergehen darf 1215

OLG Hamburg ZMR 1988, 225.

Diese Entscheidung wird trotz ihrer Bindungswirkung nach § 541 ZPO wenig beachtet.

Dem Mieter kann nach Auffassung des 1216

LG Mannheim WM 1988, 268

auch dann **Prozeßkostenhilfe** für den Räumungsprozeß bewilligt werden, wenn er glaubhaft macht, daß er innerhalb der Schonfrist die Kündigung unwirksam machen könne (anders LG Stade WM 1990, 160).

Interessant ist die **Kostenentscheidung** im Urteil des 1217

LG Stuttgart ZMR 1985, 128:

Obsiegt der Vermieter erst in zweiter Instanz aufgrund einer weiteren fristlosen Kündigung nach § 554 BGB, deren Voraussetzungen erst jetzt vorlagen, so sollen ihm die Kosten der ersten Instanz gemäß § 97 ZPO zur Last fallen, wenn ohne die Zulassung der Klagänderung die Berufung hätte zurückgewiesen werden müssen (anders für den Fall, daß die Kündigung schon in erster Instanz hätte erklärt werden können: OLG Hamm MDR 1990, 450 zu § 97 Abs. 1 ZPO). Die Entscheidung des LG Stuttgart mag der Billigkeit entsprechen, nicht aber den Kostengrundsätzen der ZPO.

4. Unzumutbarkeit der Vertragsfortsetzung

a) Verhältnis zu anderen Kündigungsgründen – Fortfall der Kündigungswirkungen bei nachträglichem Wohlverhalten

1218 Als Kündigungsgründe nach § 554a BGB kommen nur solche in Betracht, die nicht unter §§ 542, 553, 554 BGB fallen. Ist das Vertrauensverhältnis völlig zerstört, so sind in der Regel beide Parteien analog §§ 242, 626, 723 BGB zur Kündigung berechtigt

OLG Düsseldorf ZMR 1990, 57, 58.

Ein längerfristiges Nutzungsverhältnis kann aus wichtigem Grund – selbst bei fehlendem Verschulden des anderen Teils – dann fristlos gekündigt werden, wenn einem Vertragsteil unter Berücksichtigung aller Umstände nach Treu und Glauben **nicht** mehr **zugemutet** werden kann, das Schuldverhältnis fortzusetzen

OLG Hamburg DWW 1992, 19 = WM 1991, 683 (Hamburger Hafenstraße),
OLG Köln ZMR 1995, 469 für Mietvertrag über eine Telefonanlage,
vgl. auch LG Berlin WM 1986, 251,
LG Landau ZMR 1986, 361, 363.

Die Kündigung muß in angemessener Frist nach dem Eintritt der maßgebenden Umstände erklärt werden, wobei jedoch nicht auf die kurze Frist des § 626 Abs. 2 BGB abzustellen ist (vgl. Rdn. 1167).

Jedoch wird bei Wohnraummietverhältnissen zu prüfen sein, ob nicht zunächst eine Kündigungsmöglichkeit nach § 564b BGB in Betracht kommt. Nach LG Hamburg WM 1989, 22 rechtfertigen nur nicht unerhebliche Vertragsverletzungen eine Kündigung; bei leichteren Vertragsverletzungen soll der Vermieter auf seine Erfüllungsansprüche verwiesen werden. Andererseits wird aber auch eine Häufung kleinerer Vertragsverstöße innerhalb eines kürzeren Zeitraums eine Kündigung rechtfertigen können, wobei hier insbesondere das Maß des Verschuldens (z.B. bewußte Mißachtung der Hausordnung) beachtlich ist.

1219 Die eigene Vertragstreue des Kündigenden spielt für die Bewertung, ob ihm die Fortsetzung des Vertrages zuzumuten ist, bei der Gesamtwürdigung eine gewichtige Rolle (OLG Köln ZMR 1995, 469). Deren Vernachlässigung kann dazu führen, daß dem Kündigenden wegen seines eigenen Fehlverhaltens das weitere Festhalten an einer durch wechselseitige Vertragsverletzungen im Kern erschütterten Vertragsbeziehung nicht unzumutbar ist

LG Köln ZMR 1995 S. II Nr. 6.

1220 Daß eine Partei ein gewisses Mitverschulden an der Zerrüttung des Vertrauensverhältnisses trifft, nimmt ihr noch nicht das Kündigungsrecht; hierfür bedarf es vielmehr eines überwiegenden Verschuldens

OLG Düsseldorf ZMR 1994, 402.

So ist eine Kündigung bei Provokation durch den Kündigenden in der Regel unzulässig; auch ist eine Provokation im Rahmen der Verschuldensprüfung beachtlich
BGH WM 1986, 60.

Allein der Umstand, daß es zwischen den Parteien zu einer Reihe von Rechtsstreitigkeiten gekommen ist, soll aber zur Zerrüttung noch nicht ausreichen 1221
OLG Hamm NJW-RR 1993, 16.

Hat der Vermieter an eine **Wohngemeinschaft** vermietet, so kann er eine Kündigung gegenüber den in die Gemeinschaft eingetretenen Mietern nicht mit Vertragsverletzungen der aus der Gemeinschaft ausgeschiedenen Mietern begründen, insbesondere wenn er die eingetretenen neuen Mieter trotz der schon vorgekommenen Störungen akzeptiert hatte
LG Lübeck WM 1990, 294.

Streitig ist, ob der Vermieter sich auf die Kündigungswirkungen noch berufen 1222 kann, wenn die Gründe bzw. die Unzumutbarkeit nach Kündigungsausspruch entfallen sind. Der BGH hat dies für den Fall der Kündigung wegen laufender unpünktlicher Zahlungen bejaht
BGH NJW-RR 1988, 77.

Ein **nachträgliches Wohlverhalten** ändere an der Gestaltungswirkung der Kündigung nichts. Demgegenüber nehmen die Instanzgerichte vielfach an, daß das Festhalten an der Kündigung eine unzulässige Rechtsausübung sei, so wenn der störende Mieter ausgezogen ist und dies auch schon vor Ausspruch der Kündigung angekündigt worden war
LG Frankfurt WM 1987, 21,
AG Bochum WM 1990, 296,
ferner AG Köln WM 1980, 57, wenn sich der störende Mieter und sein Nachbar verglichen haben,
LG Berlin GE 1994, 459, wenn der unpünktlich zahlende Mieter sein Zahlungsverhalten dauerhaft nachhaltig geändert hat;
anders aber LG Düsseldorf DWW 1989, 393 nach Auszug der durch Musikausübung störenden Tochter des Mieters,
ferner LG Berlin GE 1995, 943 bei Tod des Störers nach Kündigung wegen Lärmstörung.

LG Baden-Baden DWW 1989, 332 meint, daß nur derjenige Mieter zur Räumung 1223 verpflichtet sei, dem ein vertragswidriges Verhalten zuzurechnen sei. Dies erscheint wegen der Einheitlichkeit des Mietverhältnisses nicht richtig (vgl. auch OLG Düsseldorf ZMR 1987, 423).

b) Kündigungsfälle

Im folgenden soll auf einige wichtige Kündigungsfälle eingegangen werden, wo- 1224 bei die Wertungen höchst unterschiedlich ausfallen.

aa) Beleidigungen

Das LG Berlin WM 1987, 56, LG Köln WM 1993, 349 haben das Götz-Zitat für eine Kündigung ausreichen lassen, das LG Offenburg WM 1986, 250 dagegen nicht. Schon eine einmalige, in der Presse veröffentlichte Beleidigung („Halunke mit der höflichen Maske") soll zur Kündigung ausreichen (LG Köln DWW 1988, 325), während sonstige einmalige Äußerungen nicht genügen, sofern es sich um nicht ernstzunehmendes Gerede handelt (LG Stuttgart DWW 1988, 45: „Der Vermieter ist ein Drecksack, den man erschießen müßte" bei 83jähriger Mieterin) oder eine Wiederholungsgefahr fehlt (AG Köln WM 1988, 126 für „verbrecherische Methode, Gangster, Verbrecher"). Auch die Bezeichnung des Vermieters als „Scheißkerl" im Verlaufe eines streitigen Gesprächs soll zur Kündigung nicht ausreichen, anders aber, wenn der Mieter dies dem Vermieter ohne äußere Veranlassung ins Gesicht sagt (LG Hamburg HmbGE 1990, 305).

Entspricht die Vertragsverletzung als Reaktion dem Verhalten des Vermieters, so ist diesem die Fortsetzung des Mietverhältnis zuzumuten

AG Hamburg WM 1994, 382,
vgl. auch KreisG Neustrelitz WM 1992, 428.

bb) Anzeigen

1225 Auch unrichtige Verdächtigungen, insbesondere durch Strafanzeigen, können die fristlose Kündigung rechtfertigen (vgl. Reichert-Leininger, ZMR 1985, 402 zur Beweislast). Man wird dies bei Erstattung von Strafanzeigen auf vorsätzliche oder leichtfertige unrichtige Anzeigen beschränken müssen

AG Friedberg WM 1986, 338, vgl.auch AG Freiburg WM 1989, 618: Anzeige wegen des Vorwurfs des Prozeßbetruges, AG Sinzig DWW 1990, 120: Strafanzeige wegen unrichtiger Nebenkostenabrechnung, LG Frankfurt WM 1994, 15: Anschwärzen wegen angeblicher Zweckentfremdung von Wohnraum.

Das gilt erst recht für einen vom Mieter veranlaßten Pressebericht (AG Solingen WM 1991, 97).

cc) Störungen des Hausfriedens

1226 Der Hausfrieden ist nachhaltig gestört, wenn der Mieter oder sein Lebensgefährte innerhalb von 2 Monaten 2 Polizeieinsätze mit jeweils gewaltsamen Öffnen der Türen veranlaßt hat (LG Mannheim DWW 1994, 50). Ein Kündigungsgrund ist dagegen verneint worden, wenn der Mieter aus einer Gaspistole im Treppenhaus schießt als Reaktion auf Gewalttätigkeiten jugendlicher Bewohner (LG Bonn WM 1994, 73).

Gehen die Störungen im Mietshaus von mehreren Mietern aus, so soll der Vermieter grundsätzlich nur den Hauptverantwortlichen in Anspruch nehmen dürfen (AG Köln WM 1994, 207).

1227 Problematisch sind die Kündigungsfälle, in denen es zu Störungen des Hausfriedens aufgrund sozialer Auffälligkeit des Mieters kommt, etwa bei einem krankheits- oder altersbedingten **sozial unangepaßten Verhalten** in der Wohnung oder gegenüber Mitbewohnern. Eine fristlose Kündigung ist hier letztlich für gerechtfertigt gehalten worden (LG Hamburg WM 1988, 18 für Verkommenlassen der Wohnung, Gestank, Ausschütten von Abfallwasser vom Balkon). AG Hamburg WM 1988, 20 greift bei Lärm durch psychisch kranke Mieter auf § 564b BGB zurück und verneint das Recht zur fristlosen Kündigung; dagegen wird sie für gerechtfertigt gehalten, obwohl der Mieter seine Steuerungsfähigkeit weitgehend verloren hatte

AG Münster WM 1988, 19,
AG Köln WM 1991, 549 bei psychisch krankem, schuldunfähigen Mieter und ungünstiger Prognose künftigen Wohlverhaltens.

In diesen Fällen wird die Kündigung aus § 554a BGB wegen des dort vorausgesetzten Verschuldens unzulässig sein. In Betracht kommt aber eine ordentliche Kündigung nach § 564b Abs. 1 BGB

LG Dresden WM 1994, 377,
AG Freiburg WM 1993, 125.

Nach AG Fürstenfeldbruck WM 1995, 41 ist bereits im Erkenntnisverfahren über die Räumungsklage nach fristloser Kündigung wegen schwerer Vertragsverletzungen eines 85 Jahre alten, psychisch kranken Mieters gemäß den Grundsätzen zu befinden, die im Rahmen des § 765a ZPO zum Schutz von Leben und Gesundheit eines Mieters bei zwangsweisem Wohnungsverlust gelten (vgl. Rdn. 1515). 1228

Dringt der Vermieter gegen den Willen des Mieters in die verschlossenen Mieträume gewaltsam ein, so kann der Mieter fristlos kündigen

LG Köln ZMR 1994 S. VI Nr. 9

dd) Lärm

Lärm soll jedenfalls dann nicht die Kündigung rechtfertigen, wenn er im Rahmen des sozial Üblichen noch hinzunehmen ist; so sind etwa bei Mietern mit **Kindern** großzügigere Maßstäbe anzulegen 1229

AG Kiel WM 1989, 570: bei verhaltensgestörtem Kind,
ferner AG Dortmund DWW 1990, 55: bei Kinderlärm sei auch das Verhalten der Gestörten beachtlich;
aber auch LG Lübeck WM 1989, 627: Die Eltern müssen erzieherisch auf ein Verständnis der Kinder für eine Hausgemeinschaft hinwirken, vgl. auch Rdn. 253.

Zweifelhaft erscheint, ob ein „Milieuschutz" den störenden Hausbewohnern zuzubilligen ist. Nach AG Jülich WM 1992, 370 muß derjenige, der von außerhalb als Mieter in ein gewachsenes Milieu einer Wohngegend einzieht, die dort üblichen Umweltbedingungen als gegeben hinnehmen. Der Vermieter soll nicht berechtigt sein, die von dem Hinzugezogenen als störend empfundenen Lebensgewohnheiten der Hausbewohner zum Anlass zu einer fristlosen Kündigung zu nehmen. Das erscheint nicht unbedenklich. Etwaigen Gewährleistungsrechten des Hinzugezogenen kann ausreichend durch § 539 BGB Rechnung getragen werden. Der Kündigungsbefugnis des Vermieters kann der Einwand des Rechtsmißbrauchs entgegenstehen. Generell wird man es dem Vermieter nicht versagen können, normale Wohnverhältnisse wiederherzustellen. Keinesfalls könnten sich einzelne Störer mit einem „Milieuschutz" herausreden. 1230

Gerade in einem Mehrfamilienhaus dürfen familiäre Konflikte nur in gemäßigter Lautstärke ausgetragen werden. Das gilt insbesondere, wenn der Mieter selbst davon ausgeht, daß das Gebäude hellhörig ist. Wird der Hausfrieden durch einen Mieter gestört, so liegt es nahe, daß sich die anderen Bewohner deswegen zusam- 1231 mentun. Der Mieter soll dann nichts daraus ableiten können, daß die Bewohner eine Art Aktionsgemeinschaft gegen ihn gebildet haben

LG Mannheim DWW 1991, 311.

Hier wird aber Zurückhaltung geboten und zu prüfen sein, ob die Beschwerden nicht u.U. aufgebläht sind, um einen nicht konformen, fremden Mitbewohner loszuwerden. Im übrigen ist der Mieter auch nicht schrankenlos verpflichtet, eine überdurchschnittliche Hellhörigkeit des Hauses durch gesteigert leises Wohnverhalten zu kompensieren.

ee) Verletzung von Obhutspflichten

1232 Hat der Mieter durch eine einmalige Obhutspflichtverletzung einen Wohnungsbrand verursacht, so soll das noch nicht die Kündigung rechtfertigen, wenn eine Wiederholungsgefahr nicht ersichtlich ist

LG Wuppertal WM 1992, 370.

Setzt der Mieter das Füttern von Tauben vom Balkon seiner Wohnung aus fort, obwohl er rechtskräftig zur Unterlassung verurteilt und mehrfach abgemahnt worden ist, so ist der Vermieter zur fristlosen Kündigung berechtigt; er ist nicht darauf beschränkt, die Zwangsvollstreckung aus dem Unterlassungstitel zu betreiben

LG Düsseldorf ZMR 1993 S. II Nr. 9.

Kleinere Verstöße gegen die Hausordnung reichen zur fristlosen Kündigung im allgemeinen nicht aus (LG Düsseldorf WM 1993, 192 für Nichtabschließen der Hauseingangstür).

ff) Zahlungssäumigkeit

1233 Allgemein anerkannt ist, daß eine fortgesetzt unpünktliche Zahlung des Mietzinses die fristlose Kündigung rechtfertigt

BGH NJW-RR 1988, 77 für mindestens siebenmalige Verspätung.

Das soll auch für eine länger anhaltende Zahlungssäumigkeit um nur jeweils wenige Tage gelten, es sei denn, daß zur Zeit des Ausspruchs der Kündigung der Vermieter eine nachhaltige Besserung der Zahlungsmoral des Mieters erwarten kann

OLG Düsseldorf ZMR 1992, 192.

Aufgrund der Entscheidung des

BGH – RE v. 26.10.1994 – MDR 1995, 142 = WM 1995, 28 = ZMR 1995, 60 zur Wirksamkeit von Vorauszahlungsklauseln (vgl. Rdn. 490)

muß aber geprüft werden, ob die Vorauszahlungspflicht des Mieters wirksam begründet worden und damit der Kündigungstatbestand überhaupt gegeben ist.

1234 Grundsätzlich setzt die Kündigung wegen Zahlungssäumigkeit eine vorherige Abmahnung voraus; jedoch soll eine frühere Kündigung einer Abmahnung gleichstehen

OLG Hamm NJW-RR 1993, 1163 bei unpünktlicher Zahlung von 4 Mietzinsraten, wenn der Mieter schon früher den Mietzins unpünktlich gezahlt hat;
anders OLG Oldenburg – RE v. 18.7.1991 – MDR 1991, 863 = WM 1991, 467: für die ordentliche Kündigung ist eine Abmahnung nicht ausnahmslos vorauszusetzen.

Eine Kündigungsandrohung soll nicht unbedingt erforderlich sein (LG Kleve WM 1995, 537), empfiehlt sich aber, um dem Mieter die Schwere und die Folgen seiner Vertragswidrigkeit vor Augen zu führen. Eine bloße Zahlungsmahnung reicht nicht aus, schon gar nicht, wenn sie automatisch erfolgt.

Die Befugnis des Vermieters zur Kündigung soll nicht entfallen, selbst wenn der Mieter vor ihrem Wirksamwerden alle Mietrückstände bezahlt hat 1235

OLG Hamm a.a.O.;
a.A. LG Berlin GE 1994, 459.

Maßgebend wird sein, wie stark der Mieter durch seine bisher fehlende Zahlungsmoral das Vertrauensverhältnis für die Zukunft untergraben hat. Vor allem ist zu beachten, daß die Unzumutbarkeit der Vertragsfortsetzung ein zukunftsausgerichteter Kündigungstatbestand ist und daher ein künftiges Wohlverhalten, insbesondere eine nachhaltige und dauerhafte Änderung der Zahlungsmoral zu beachten ist. Zweifel, ob lediglich ein zweckgerichtetes, vorübergehendes Wohlverhalten des Mieters vorliegt, muß dieser ausräumen; denn seine Zahlungssäumigkeit indiziert in der Regel auch ein späteres unpünktliches Zahlungsverhalten.

Für **Wohnraummietverhältnisse** ist die Zahlungssäumigkeit als Grund für eine fristlose Kündigung zu Recht bezweifelt worden, sofern auch eine Kündigungsmöglichkeit nach § 564b Abs. 2 Nr. 1 BGB in Frage kommt, weil die verspäteten Mietzahlungen in ihrem Gewicht am Kündigungstatbestand aus § 554 BGB zu messen sind (vgl. Langenberg WM 1990, 3). Da die Kündigung ein Verschulden erfordert, aus dem sich die Unzuverlässigkeit des Mieters ergibt, wird ihre Berechtigung zu verneinen sein, wenn die verspäteten Zahlungen auf Verzögerungen des Sozialamts beruhen 1236

LG Braunschweig WM 1987, 201,
LG Köln WM 1990, 549;
anders LG Stuttgart WM 1988, 18.

Auch sind Verschulden des Mieters und Unzumutbarkeit für den Vermieter in Beziehung zu setzen, so daß es an letzterer fehlen kann, wenn der Vermieter für die Unpünktlichkeit mitverantwortlich ist

LG Köln WM 1991, 98,
vgl. auch LG Itzehoe WM 1991, 99.

Zahlt der Mieter wiederholt den Saldo aus einer Nebenkostenabrechnung nicht, so kann deswegen eine fristlose Kündigung aus § 554a BGB in Betracht kommen 1237

OLG Koblenz – RE v. 26.7.1984 – WM 1984, 269 = ZMR 1984, 351.

Das gilt aber nicht, wenn der Mieter die erhebliche Betriebskostennachforderung nur in angemessenen Raten tilgt und der Vermieter es unterlassen hatte, Nebenkostenvorauszahlungen in angemessener Höhe anzufordern (LG Köln WM 1994, 207). Im übrigen wird es auch in diesem Zusammenhang auf den Anlaß der unterbliebenen oder verzögerlichen Zahlungen ankommen.

1238 Ein **Erwerber** soll zur Kündigung selbst dann berechtigt sein, wenn das Schwergewicht der Verstöße vor seinem Eintritt in das Mietverhältnis liegt
> LG Duisburg ZMR 1988, 99.

Das erscheint problematisch, weil auf die Unzumutbarkeit gerade für den jeweiligen Vermieter abzustellen ist, die personenbezogen bewertet werden soll.

1239 Unabdingbar ist (auch) hier eine **Abmahnung**, wobei die bloße Anmahnung der Mietrückstände nicht ausreicht
> LG Berlin WM 1989, 19,
> LG Frankfurt WM 1992, 370;
> nach LG Itzehoe WM 1991, 99, LG Hamburg WM 1986, 11, WM 1991, 345 muß die Abmahnung eine Kündigungsandrohung enthalten,
> a.A. LG Kleve WM 1995, 537 (s. Rdn. 1168).

Das Erfordernis der Abmahnung muß insbesondere gelten, wenn der Vermieter die verspäteten Zahlungen längere Zeit widerspruchslos hingenommen hat
> LG Bochum WM 1989, 179 (ca. 1 1/2 Jahre);
> anders LG Köln WM 1991, 485 bei laufend unpünktlicher Zahlung seit Vertragsbeginn und auch nach Ausspruch der Kündigung.

Zum Teil wird die Kündigungsbefugnis des Vermieters in der artigen Fällen schlechthin verneint
> LG Heilbronn MDR 1991, 862 = WM 1992, 10,
> AG Neuß DWW 1990, 181 (jedenfalls bei nur noch kurzer Mietzeit).

1240 Zu prüfen ist aber auch, ob es durch langjährige Übung zu einer **schlüssigen Vertragsänderung** hinsichtlich der Zahlungstermins gekommen ist, sofern der Vermieter die Zahlungssäumigkeit toleriert hat.

Wie erwähnt, verneint der BGH den Wegfall der Kündigungswirkungen bei nachträglichem Wohlverhalten des Mieters
> BGH NJW-RR 1988, 77,
> ebenso LG Köln WM 1991, 485;
> a.A. LG Berlin GE 1994, 459,
> s. auch Rdn. 1222.

1241 Andererseits ist die analoge Anwendung der Schonfristregelung in § 554 Abs. 2 Nr. 2 BGB diskutiert worden
> bejahend: LG Dortmund WM 1989, 178,
> verneinend: LG München I WM 1990, 207;
> verneinend für die ordentliche Kündigung bei Zahlungsverzug auch OLG Stuttgart – RE v. 28.8.1991 – NJW-RR 1992, 1487 = WM 1991, 526,
> OLG Karlsruhe – RE v. 19.8.1992 – WM 1992, 517 = ZMR 1992, 488, s. auch Rdn. 1127, 1130.

gg) Sonstige Gründe

1242 Hat der Mieter eigenmächtig den Dachboden zu Wohnzwecken ausgebaut und verweigert er die Beseitigung der **baulichen Maßnahme,** so soll die fristlose Kündigung gerechtfertigt sein
> LG Hamburg WM 1992, 190.

Nach LG Berlin MDR 1988, 146 soll der Vermieter einer Eigentumswohnung zur ordentlichen Kündigung nach § 564b Abs. 2 Nr. 1 BGB berechtigt sein, wenn der Mieter unbefugt eine tragende Wand zur Nachbarwohnung durchbricht, um eine Verbindung zwischen beiden Wohnungen herzustellen, selbst wenn der benachbarte Wohnungseigentümer mit dem Durchbruch einverstanden war.

Beide Entscheidungen sind bedenklich, sofern keine Gefahr für das Gebäude bestanden haben sollte. Da den Mieter bei Beendigung des Mietverhältnisses ohnehin die Beseitigungspflicht trifft, ist zu prüfen, welches besondere Interesse der Vermieter an einer Entfernung noch während der Mietzeit hat. Sollte dieses nicht erkennbar sein, so kann der Beseitigungsanspruch des Vermieters nach § 550 BGB mißbräuchlich sein; erst recht wäre dann eine Kündigung unzulässig.

Das Recht zur fristlosen Kündigung ist verneint worden, wenn der Mieter sich in psychoseähnlicher Weise hartnäckig weigert, den Einbau von Heizkostenverteilern nach dem Verdunsterprinzip einzubauen, weil er hiervon gesundheitlichen Gefährdungen vermutet. In Betracht käme allenfalls eine Kündigung aus § 564b Abs. 2 Nr. 1 BGB, zumal der Vermieter nach § 9a HeizkostenV abrechnen kann
LG Hamburg WM 1992, 245.

1243

hh) Wirtschaftliches Risiko bei Gewerberaummiete

Für die gewerbliche Miete ist auf einen wichtigen Kündigungsgrund zugunsten des Mieters hinzuweisen: Ist die Grundlage für ein Mietverhältnis in einem neu errichteten **Einkaufszentrum** die Vollvermietung und ein dadurch angezogener Kundenstrom, so kann ausnahmsweise die fristlose Kündigung des Mieters berechtigt sein, wenn das Zentrum nicht voll vermietet ist und der Mieter über mehrere Monate hinweg noch nicht einmal die Mietzahlungen erwirtschaftet hat sowie die erwartete Vollfunktion der Ladenpassage nicht mehr erreichbar erscheint, sondern die Vertragsfortsetzung nur weitere Verluste einbringen würde
OLG Koblenz NJW-RR 1989, 400,
OLG Hamburg – 4 U 2/94 – Urt. v. 21.12.1994.

1244

Vorausgesetzt wird allerdings, daß der Vermieter die Funktionsfähigkeit des Einkaufszentrums erkennbar auch zu seinem Risiko macht (z.B. durch Branchenbindung, Bindung an Ladenöffnungszeiten, Pflichtmitgliedschaft in einer Werbegemeinschaft, Umsatzmitteilungspflichten usw.; vgl. dazu auch Sternel Rdn. II 700).

Im übrigen verbleibt es bei dem Grundsatz, daß der Mieter von Laden- oder Gewerberaum nicht zur außerordentlichen Kündigung berechtigt ist, wenn sich die **Ertragslage** des in den Räumen betriebenen Geschäfts verschlechtert hat
OLG Düsseldorf DWW 1991, 50,
ebenso OLG München ZMR 1995, 295 für Geschäftspacht.

1245

Ebensowenig kann der Eigentümer ein langfristiges Mietverhältnis mit einem Zwischenmieter aus wichtigem Grund fristlos kündigen, weil seine Erwartungen **steuerlicher Vorteile** aus der Zwischenvermietung im Bauherrnmodell sich nicht auf Dauer realisieren lassen
LG Tübingen WM 1991, 553.

1246

1247 Verschweigt der Vermieter dem Mieter das Sicherungseigentum Dritter an vermieteten Gegenständen, so berechtigt dies den Mieter in der Regel nicht zu einer fristlosen Kündigung aus wichtigem Grund gemäß § 554a BGB. Es führt auch nicht – solange der Gebrauch nicht beeinträchtigt wird – zu einem Kündigungsrecht wegen eines Rechtsmangels nach §§ 541, 542 BGB. Ein unter die speziellen Gewährleistungsrechte des Mietrechts fallender Sachverhalt, der die Voraussetzungen für die Anwendung der Gewährleistungsrechte nicht in allen Teilen erfüllt, kann nicht ohne Hinzutreten weiterer Umstände zum Anlaß für ein Kündigungsrecht aus wichtigem Grund genommen werden, weil dies auf eine Umgehung der Gewährleistungsrechte hinausliefe (Sternel Rdn. IV 502)

OLG Düsseldorf DWW 1992, 15.

1247a Bei Vermietung von **Gewerberaum** kann die Nichtzahlung der Kaution das Sicherungsbedürfnis des Vermieters so erheblich berühren, daß er zur fristlosen Kündigung nach § 554a BGB berechtigt ist

OLG Düsseldorf WM 1995, 439 = ZMR 1995, 465.

Das ist jedoch nach den Umständen des Einzelfalles zu bewerten und darf nicht schematisch gehandhabt werden.

XIII. Aufhebung der Kündigungswirkungen

1248 Die Parteien können die Wirkung der Kündigung durch Vereinbarung aufheben; geschieht dies nach deren Eintritt, so liegt darin der Neuabschluß des Vertrages. Bei befristeten Mietverhältnissen ist auf die Wahrung der Form nach § 566 BGB zu achten (vgl. Bub–Treier Rdn. IV 34 ff., Fischer-Dieskau–Franke BGB § 564 Anm. 7.7, Sternel Rdn. IV 80).

1. Kündigungswiderspruch aufgrund der Sozialklausel

1249 Zum verstärkten Schutz des Mieters durch das Sozialklauselgesetz vom 22.4.1993 s. Rdn. A 139 und Sternel ZMR 1995, 1. Dieser Schutz soll aber erst in den Fällen zum Tragen kommen, in denen das Wohnungseigentum nach Inkrafttreten des Gesetzes am 1.5.1993 veräußert worden ist

OLG Stuttgart – RE v. 22.2.1995 – GE 1995, 420 = WM 1995, 262 = ZMR 1995, 200, dagegen LG Berlin – Vorlagebeschl. v. 30.6.1995 – MM 1995, 359, ablehnend dazu allerdings KG WM 1995, 648, weil es auf die vorgelegte Rechtsfrage nicht ankam.

Jedenfalls kann sich ein Mieter auf die Sperrfrist jenes Gesetzes nicht berufen, wenn ihm die Eigenbedarfskündigung vor dem Inkrafttreten des Gesetzes am 1.5.1993 zugegangen ist

BayObLG – RE v. 21.3.1995 – WM 1995, 380 = ZMR 1995, 304,
OLG Hamburg GE 1995, 687 = WM 1995, 383,
LG Berlin GE 1995, 311, MM 1995, 359.

a) Bedeutung und Erklärung des Kündigungswiderspruchs

Die Kündigungswirkungen können durch den Kündigungswiderspruch des Mie- 1250
ters nach § 556a BGB beseitigt werden. Dieses Institut hat erhöhte Bedeutung erlangt, seitdem die Instanzgerichte die Anforderungen an die Kündigungsgründe „Eigenbedarf" und „Hinderung wirtschaftlicher Verwertung" im Gefolge der Rechtsprechung des BVerfG abgesenkt haben. Dadurch ist das Gewicht der Sozialklausel aber nicht geschmälert worden: Nach LG München I WM 1989, 296 kann aus dem Beschluß des BVerfG vom 14.2.1989 (BVerfGE 79, 292 = NJW 1989, 970) nicht abgeleitet werden, daß die gegensätzlichen Interessen der Parteien bei der Abwägung nunmehr anders zu gewichten seien. Sie sind nach

LG Koblenz WM 1990, 20

vielmehr grundsätzlich gleichwertig, so daß der Eigentümer im Rahmen des § 556a BGB nicht (noch einmal) seine Eigentümerstellung aus Art. 14 GG als selbständiges Interesse ein bringen kann.

Zum verfassungsrechtlichen Schutz des Besitzrechts des Mieters nach Art. 14 Abs. 1 S. 1 GG s. Rdn. 975.

Art. 6 Abs. 1 GG führt bei der Kündigung eines Mietverhältnisses über eine Wohnung, die von einer Familie mit Kindern bewohnt wird, nicht dazu, strengere Anforderungen an den Kündigungsgrund zu stellen; vielmehr sind die Interessen der Mieterfamilie im Rahmen der Sozialklausel zu berücksichtigen

BVerfG – Kammerbeschl. v. 20.2.1995 – WM 1995, 260 = ZMR 1995, 198.

Im Gegensatz zum Vermieter (§§ 556a Abs. 1 S. 3, 564b Abs. 3 BGB !) kann der 1251
Mieter im Räumungsprozeß noch weitere **Härtegründe nachschieben**

LG Wiesbaden WM 1988, 269,

riskiert aber im Falle eines Erfolges seines Kündigungswiderspruchs Kostennachteile nach § 93b Abs. 2 ZPO. Er ist nicht verpflichtet, vor Ablauf der Frist in § 556a Abs. 6 BGB zu erklären, ob er der Kündigung widersprechen werde

AG Neuß DWW 1990, 279.

Der Widerspruch geht dem Vermieter durch Einwurf in den Briefkasten am Tage 1252
des Fristablaufs auch dann noch rechtzeitig zu, wenn der Einwurf erst um 18.05 Uhr erfolgte und der Vermieter mit dem Zugang des Widerspruchsschreibens noch zu rechnen hatte

LG München II WM 1993, 331.

Der Widerspruch ist noch rechtzeitig im ersten Termin zur Verhandlung über den Einspruch gegen ein Versäumnisurteil im Vorverfahren erklärt, wenn der Vermieter die nötige Belehrung über Form und Frist nach § 564a Abs. 2 BGB unterlassen hat

LG Düsseldorf WM 1992, 371.

Zur Wahrung der erforderlichen Schriftform genügt weder die telegrafische Übermittlung

OLG Karlsruhe – RE v. 16.2.1973 – NJW 1973, 1001 = WM 1973, 240

noch die Übermittlung durch Telefax.

1253 Auch bei **befristeten Mietverhältnissen** muß der Vermieter den Mieter über dessen Widerspruchsrecht nach der Sozialklausel belehren; anderenfalls läuft die Widerspruchsfrist nicht vor dem ersten Verhandlungstermin ab

OLG Hamm – RE v. 26.7.1991 – DWW 1991, 368 = WM 1991, 423.

1254 Bei der Kündigung einer **Einliegerwohnung** nach § 564b Abs. 4 BGB (s. Rdn. 948) muß der Vermieter seine berechtigten Belange an der Beendigung des Mietverhältnisses schon im Kündigungsschreiben nach 556a Abs. 1 S. 3 BGB angeben, damit sie ggfs. bei der Interessenabwägung berücksichtigt werden können

OLG Hamm – RE v. 16.3.1992 – WM 1992, 230 = ZMR 1992, 243.

b) Härtegründe, insbesondere fehlender Ersatzraum

1255 An der **Kasuistik der Härtegründe** hat sich wenig geändert: Es lassen sich in der Rechtsprechung die Fallgruppen

Alter – Krankheit – lange Wohndauer,
Beruf – Ausbildung – Kinder,
fehlende Ersatzwohnung – Vermeidung doppelten Umzugs innerhalb kurzer Zeit – Mieterinvestitionen

feststellen (vgl. dazu auch Wetekamp DWW 1990, 102).

Nicht immer werden die nach wie vor aktuellen, wenn auch bereits älteren Rechtsentscheide beachtet. Hervorzuheben sind

OLG Karlsruhe – RE v. 3.3.1970 – DWW 1970, 307 = ZMR 1970, 309,

der die Belange alter, gebrechlicher Mieter weitgehend berücksichtigt,

OLG Karlsruhe – RE v. 31.3.1971 – NJW 1971, 1182,
OLG Frankfurt – RE v. 23.6.1971 – WM 1971, 168,

nach denen die Investitionen des Mieters nur beschränkt als Härtegründe beachtet werden können.

1256 Besondere Bedeutung kommt dem Grund zu, daß der Mieter sich auf **fehlenden Ersatzraum** zu zumutbaren Bedingungen beruft. Liegen die Vorausetzungen der Sozialklausel vor, so ist trotz der Möglichkeit, eine Räumungsfrist zu gewähren, die Verlängerung des Mietverhältnisses auszusprechen

LG Stuttgart WM 1991, 347 im Anschluß an
OLG Stuttgart – RE v. 11.11.1968 – NJW 1969, 240,
OLG Oldenburg – RE v. 23.6.1970 – WM 1970, 132.

Demgegenüber ist die von Instanzgerichten immer wieder vertretene Auffassung unrichtig, daß den Belangen des Mieters in diesem Zusammenhang durch eine Räumungsfrist Rechnung getragen werden könne, so aber

LG Hamburg WM 1991, 38: Trotz der angespannten Wohnungsmarktlage sei es noch nicht so völlig ausgeschlossen, eine Ersatzwohnung zu finden, daß dem nicht durch die Gewährung einer längeren Räumungsfrist Rechnung getragen werden könne;
AG Neuss DWW 1990, 311: Die angespannte Lage auf dem Wohnungsmarkt könne im Rahmen des § 556a BGB nicht dazu führen, daß der Vermieter die Kündigung praktisch nicht mehr durchsetzen könne; die Lage auf dem Wohnungsmarkt sei vielmehr bei der Festsetzung einer Räumungsfrist zu beachten;
ferner AG Stuttgart WM 1989, 414.

Sie widerspricht den oben erwähnten Rechtsentscheiden der OLGe Stuttgart und OLG Oldenburg.

Fehlender Ersatzwohnraum infolge der beengten Lage auf dem Wohnungsmarkt ist als Härtegrund insbesondere in den Ballungszentren anerkannt von 1257

AG Freiburg WM 1991, 102, 686,
AG Stuttgart WM 1991, 103,
AG Hannover WM 1991, 553.

Bietet der Vermieter dem Mieter aber eine geeignete Ersatzwohnung an, so kann sich dieser gegenüber der Eigenbedarfskündigung nicht auf den Härtegrund des fehlenden Ersatzraums berufen

LG Waldshut-Tiengen WM 1993, 349.

Lassen die soziale Situation des Mieters oder die Lage auf dem Wohnungsmarkt keine absehbare Verbesserung der Chance, eine Ersatzwohnung zu finden, erwarten, so kann das zu einer Fortsetzung des Mietverhältnisses auf unbestimmte Zeit führen

LG Düsseldorf WM 1992, 371,
AG Lübeck WM 1993, 674 für alleinerziehende Sozialhilfeempfängerin.

Umstritten sind die Anforderungen, die an die Pflicht des Mieters gestellt werden, sich um eine Ersatzwohnung zu kümmern. Der Auffassung, daß der Mieter sich ab Erhalt der Kündigung ernsthaft und nachhaltig um eine Ersatzwohnung bemühen muß 1258

LG Aachen WM 1985, 265,
LG Stuttgart WM 1990, 20,
auch LG Karlsruhe DWW 1990, 238,

wird man nur folgen können, wenn er weder mit Aussicht auf Erfolg die Kündigungsgründe des Vermieters bestreiten noch sich auf andere Härtgründe berufen kann (LG Mannheim ZMR 1993 S. II Nr. 10). Dementsprechend wird die **Pflicht**, sich intensiv um eine **Ersatzwohnung zu bemühen**, erst einsetzen können, wenn dem Mieter erkennbar wird, daß seine Rechtsverteidigung gegenüber der Wirksamkeit der Kündigung nicht erfolgversprechend ist

LG Hamburg WM 1990, 28, 119 jeweils zu § 721 ZPO, siehe auch LG Essen WM 1992, 202;
anders LG Landau/Pfalz ZMR 1992, 396, wenn der Mieter sich erst nach Abschluß der ersten Instanz des Räumungsprozesses nachhaltig um Ersatzraum bemüht.

Der Mieter muß seine Bemühungen konkret darlegen. Der allgemeine Hinweis auf die angespannte Wohnungsmarktlage reicht nicht aus 1259

LG Düsseldorf ZMR 1991, 178, LG Bonn WM 1992, 16,
LG Mannheim DWW 1993, 140, AG Neuß WM 1991, 689.

Hierbei muß aber der soziale und wirtschaftliche Status des Mieters (z.B. Ausländer, Arbeitsloser, kinderreicher Wohnungssuchender, alleinstehende, alleinerziehende Frau) berücksichtigt werden. Den am Markt benachteiligten Gruppen wird häufig nicht mehr zuzumuten sein, als behördliche Hilfe nachhaltig einzufordern. Angesichts der angespannten Lage auf dem Wohnungsmarkt insbesondere in Ballungszentren werden die Anforderungen an die Darlegungslast, sich um Ersatzwohnraum vergeblich bemüht zu haben, zum Teil erheblich abgesenkt

AG Stuttgart WM 1991, 103,
AG Hannover WM 1991, 553,
AG Freiburg WM 1991, 686,
AG Lübeck WM 1993, 674.

1260 Gewisse Verschlechterungen muß der Mieter bei der Anmietung einer Ersatzwohnung in Kauf nehmen, jedenfalls soweit sein sozialer Status hiervon nicht betroffen wird

LG Hamburg WM 1990, 118.

Ebenso gilt, daß er sich bei der Ersatzraumsuche nicht auf sein bisheriges Wohngebiet beschränken darf, es sei denn, daß hierfür besondere Gründe sprechen, wie z.B. das Vorhandensein von Pflegeeinrichtungen oder Betreuungsmöglichkeiten

LG München I WM 1989, 296.

1261 Gewicht haben auch die Härtegründe **„Alter"** und **„Gesundheitsbeeinträchtigung"** des Mieters. Besteht im Falle des Verlusts der Wohnung Lebensgefahr, so kann das Mietverhältnis auf unbestimmte Zeit fortgesetzt werden

LG Hamburg DWW 1991, 189,
AG München NJW-RR 1990, 911, WM 1989, 378 (Aidserkrankung),
LG Braunschweig WM 1990, 152, LG Berlin MM 1994, 327 (jeweils Suizidgefahr),
LG Oldenburg WM 1991, 346 (69 Jahre alter Mieter, an Krebs erkrankt, suizidgefährdet, Wohndauer von 15 Jahren),
vgl. auch AG Münster WM 1989, 379 (bei Hinzutreten von hohem Alter und Verwurzelung in der Wohngegend).

1262 Schon der körperliche und seelische Schwächezustand eines 83jährigen Mieters, der auf nachbarschaftliche Hilfsleistungen und regelmäßige ärztliche Betreuung angewiesen ist, soll eine Fortsetzung des Mietverhältnisses auf unbestimmte Zeit begründen (LG Stuttgart WM 1993, 46). Ebenso ist die mit der Beendigung eines langfristigen Mietverhältnisses erzwungene Lebensumstellung für einen 84-jährigen Mieter als unzumutbare Härte gewertet worden

AG Kerpen, LG Köln WM 1992, 247,
LG Berlin MM 1995, 101 für 90 Jahre alte Mieterin wegen Verwurzelung und der mit dem Umzug verbundenen Aufregungen

1263 Andererseits sollen hohes Lebensalter (86 Jahre) und lange Wohndauer (55 Jahre) noch keine Härte begründen; sei der betagte Ehemann der Mieterin im Verlaufe des Rechsstreits verstorben, so sei im Hinblick auf die Kündigung der Zeitpunkt für eine räumliche Veränderung nicht ungünstig (LG Oldenburg DWW 1991, 240). In einem ähnlichen Fall ist nur eine Verlängerung des Mietverhältnisses um 2 Jahre angeordnet worden (LG Lübeck WM 1994, 22: 81jährige, gebrechliche Mieterin nach 17jähriger Wohnzeit).

Auch muß der Mieter eine Umzugsdepression therapeutisch ergebnisorientiert behandeln lassen, um Nachteile bei einer künftigen Interessenabwägung im Falle einer erneuten Kündigung zu vermeiden

LG Aurich WM 1992, 609,
vgl. auch BVerfG – Kammerbeschl. v. 12.2.1993 – WM 1993, 172 = ZMR 1993, 211: Von Verfassungs wegen ist es zulässig, existentiellen Belangen einer vierköpfigen Familie des Vermieters mit zwei kleinen Kindern den Vorrang einzuräumen vor den Interessen auch

einer erheblich erkrankten Mieterin, sofern sich die ihr bei einer drohenden Räumung physischen und psychischen Belastungen durch eine begleitende psychotherapeutische Behandlung wesentlich vermindern lassen. Von der erkrankten Mieterin kann jedes zumutbare Bemühen um eine Verringerung ihres Krankheitsrisikos erwartet werden.

Nach LG Kempten WM 1994, 255 soll der Wunsch des betagten Mieters, in der Wohnung zu verbleiben, unbeachtlich, da unvernünftig sein, wenn aus ärztlicher Sicht die Notwendigkeit besteht, in ein Alten- bzw. Pflegeheim umzuziehen. Gegen diese Entscheidung bestehen Bedenken, da sie in die Lebensplanung des Mieters eingreift, die wie diejenige des Vermieters schutzwürdig ist 1264
BVerfG – Beschl. v. 28.1.1992 – WM 1992, 180 = ZMR 1992, 230,
BVerfG – Kammerbeschl. v. 27.1.1994 – WM 1994, 257:
Allerdings haben die Gerichte nicht nur gegenüber dem Vermieter, sondern auch gegenüber dem Mieter zu respektieren, daß eine gewisse Bandbreite von Meinungen darüber bestehen kann, ob eine bestimmte Lebensplanung nachvollziehbar und vernünftig ist. Innerhalb dieses Spektrums dürfen sie auch im Rahmen einer Interessenabwägung ihre eigenen Vorstellungen über den einzuschlagenden Weg nicht an die Stelle derjenigen des Mieters setzen. Das gilt zumals dann, wenn es um das Schicksal älterer Personen geht, welche die Unterbringung in einem Heim scheuen.

Im Ergebnis hat das BVerfG WM 1994, 255 die Entscheidung des LG Kempten verfassungsrechtlich nicht beanstandet.

Investitionen des Mieters in die unrenoviert überlassene Wohnung sollen eine Vertragsfortsetzung für die Dauer der Abwohnbarkeit rechtfertigen 1265
LG Kiel WM 1992, WM 1992, 690;
anders AG Dortmund DWW 1991, 28 für Einbauküche.

c) Interessenabwägung

Bei der Interessenabwägung soll sich zugunsten des Vermieters auswirken, wenn dem Mieter die spätere Verwendungsabsicht des Vermieters bei Vertragsabschluß bekannt war 1266
AG Bad Homburg v.d.H. WM 1989, 303.

Es kann sich also für den Vermieter empfehlen, einen entsprechenden (konkreten) Hinweis in den Mietvertrag auch dann aufzunehmen, wenn es sich nicht um ein befristetes Mietverhältnis handelt (vgl. § 556b Abs. 2 BGB).

Andererseits ist im Rahmen der Interessenabwägung zu beachten, ob der Vermieter in Kenntnis späterer Härtegründe des Mieters das Grundstück oder die Wohnung erworben hat oder zumindest mit solchen Härtegründen im Falle einer Kündigung naheliegend hätte rechnen müssen, etwa wenn er eine Wohnung erwirbt, die von sehr alten und kranken Mietern bewohnt wird 1267
LG Bonn NJW-RR 1990, 973 = WM 1990, 151,
LG Düsseldorf WM 1991, 36,
vgl. auch LG München II WM 1993, 331: Der Erwerber einer Mietwohnung muß wissen, daß er die Wohnung nicht sofort nach Erwerb selbst bewohnen kann;
LG Köln WM 1993, 675: letzteres gilt insbesondere, wenn die Wohnung von einem betagten Mieter bewohnt ist, ebenso LG München I WM 1994, 538;
ferner AG Leverkusen WM 1993, 124.

1268 Zu Lasten des Vermieters ist ferner zu berücksichtigen, daß er die Möglichkeit gehabt hätte, einer anderen weniger bedürftigen Mietpartei im Hause wegen des Eigenbedarfs zu kündigen

LG Hannover WM 1991, 346,
AG und LG Heilbronn WM 1991, 102 für die Kündigung eines Rollstuhlfahrers, der auf eine Erdgeschoßwohnung angewiesen ist.

Ergibt die Abwägung ein Gleichgewicht der widerstreitenden Interessen, so wird dem Interesse des Vermieters der Vorrang eingeräumt

LG Hannover WM 1992, 609.

Andererseits kann die Gesamtheit weniger schwerwiegender Härten eine Vertragsfortsetzung auf unbestimmte Zeit rechtfertigen

LG Lübeck WM 1993, 613.

1269 Die Weiterentwicklung der Verhältnisse ist bei der Abwägung mit zu berücksichtigen. Wenn sich die (krankheitsbedingten) Härtegründe des Mieters im Verlaufe der Zeit verstärken, so kommt eine Verlängerung des Mietverhältnisses auf unbestimmte Zeit in Betracht

LG Freiburg WM 1992, 436.

Indes wird eine Fortsetzung des Mietverhältnisses auf Lebenszeit des Mieters für unzulässig gehalten

LG Lübeck WM 1994, 22,
vgl. auch LG Hannover WM 1989, 417.

1270 Zu wenig Wert wird von Vermieterseite auf die Möglichkeit gelegt, daß im Falle der Fortsetzung des Mietverhältnisses die **Vertragsbedingungen** (hinsichtlich Mietzins, Nutzungsumfang) geändert werden können, was hilfsweise beantragt werden sollte (vgl. auch § 308 a ZPO). So kann etwa die Fortsetzung des Vertrages mit der Maßgabe angeordnet werden, daß der Mieter die Bodenräume herausgibt und der Vermieter gewisse Modernisierungsarbeiten vornimmt oder vornehmen darf

LG Hamburg WM 1987, 223.

Auch soll das Gericht – selbst rückwirkend – eine höhere Miete zubilligen können

LG Heidelberg WM 1994, 682.

Das ist wegen der dem Vermieter an die Hand gegebenen Möglichkeit, die Zustimmung zu einer höheren Miete nach § 2 MHG zu erreichen, aber zweifelhaft.

Allerdings soll das Gericht eine höhere Miete nur bestimmen, wenn der Vermieter zur Mieterhöhung ohne Kündigung nicht in der Lage ist

AG Heidenheim WM 1992, 436.

1271 Wird die Räumungsklage abgewiesen und das Mietverhältnis auf bestimmte Zeit fortgesetzt, so kann der Mieter sein Interesse an einer uneingeschränkten Klagabweisung nur im Wege der Berufung oder Anschlußberufung weiterverfolgen

LG Mannheim ZMR 1993 S. II Nr. 10.

2. Widerspruchslose Gebrauchsfortsetzung

Die widerspruchlose Gebrauchsfortsetzung nach § 568 BGB führt zur Fortsetzung des Mietverhältnisses auf unbestimmte Zeit. Das gilt aber nur, wenn der Mieter das Mietobjekt auf der bisherigen Vertragsgrundlage nutzt 1272

OLG Düsseldorf DWW 1990, 272.

Das ist im Verhältnis von Mieter und Untermieter (nach gekündigtem Untermietverhältnis) nicht der Fall, wenn der bisherige Untermieter das Mietobjekt nunmehr aufgrund eines Vertrages mit dem Eigentümer als neuer Hauptmieter nutzt

OLG Düsseldorf ZMR 1993, 521.

Er muß dies allerdings gegenüber seinem (bisherigen Unter-)Vermieter erklären; anderenfalls soll die Fortsetzungsfiktion des § 568 BGB eingreifen und der bisherige Untermieter zur Zahlung von Nutzungsentschädigung verpflichtet bleiben

OLG Düsseldorf DWW 1992, 366 = MDR 1993, 45.

Die letztere Entscheidung steht zu den vorher zitierten im Widerspruch; sie berücksichtigt nicht, daß es schon objektiv an einer Gebrauchsfortsetzung i.S. von § 568 BGB fehlt.

Die Regelung des § 568 BGB kann – und wird – häufig **formularmäßig** abbedungen werden 1273

BGH WM 1991, 381 = ZMR 1991, 290,
OLG Hamm – RE v. 9.12.1982 – NJW 1983, 826,

was stets für den Einzelfall geprüft werden sollte. Die wirksame Abbedingung schließt aber die Annahme des stillschweigenden Abschlusses eines neuen Mietvertrages nicht aus

AG Regensburg WM 1990, 514 nach fast eineinhalbjähriger widerspruchsloser Nutzungsdauer;
AG Brühl ZMR 1994 S. III Nr. 16: wenn der Vermieter erst ein Jahr nach Ablauf der Kündigungsfrist Räumungsklage erhebt (s. aber BGH – Urt. v. 23.9.1987 – NJW-RR 1988, 77 = WM 1988, 125 f.: Der Räumungsanspruch des Vermieters ist nicht verwirkt, wenn er erst 9 Monate nach der Kündigung gerichtlich geltend gemacht wird).

Der Widerspruch kann **gleichzeitig** mit der fristlosen Kündigung ausgesprochen werden 1274

OLG Hamburg – RE v. 27.7.1981 – NJW 1981, 2258,
OLG Schleswig – RE v. 23.11.1981 – NJW 1982, 449.

Er kann sogar **schlüssig** in der Kündigung zum Ausdruck kommen; jedoch kann nicht jede außerordentliche Kündigung gleichzeitig als Fortsetzungswiderspruch gewertet werden. Vielmehr soll es auf das Gewicht der Kündigungsgründe ankommen

BGH NJW-RR 1988, 76.

Zu beachten ist, daß bei der ordentlichen Kündigung der Widerspruch (erst) in einem nicht nur losen zeitlichen Zusammenhang mit dem **Ende der Mietzeit** ausgesprochen werden darf 1275

BayObLG – RE v. 1.9.1981 – NJW 1981, 2759,

regelmäßig also nicht schon mit dem Ausspruch der Kündigung verbunden sein kann

LG Kassel WM 1989, 518,
anders LG Köln WM 1987, 225, LG Bonn WM 1992, 617.

1276 Die Begründung der Gegenmeinung, eine fristgebundene Erklärung könne schon vor Fristbeginn erklärt werden, ist in dieser Allgemeinheit nicht richtig. Vielmehr wird es stets auf deren Zweck ankommen (s. z.B. Kündigungssperrfrist nach § 564b Abs. 2 Nr. 2 S. 3 BGB, Wartefrist nach § 2 Abs. 1 Nr. 1 MHG). Hier besteht der Zweck darin, *nach* Ablauf der Kündigungsfrist klare Rechtsverhältnisse zu schaffen. Dem steht nicht entgegen, daß bei einem kurz vor Beendigung des Mietverhältnisses – aber in zeitlichem Zusammenhang damit – erklärten Fortsetzungwiderspruch es rechtsmißbräuchlich sein kann, wenn sich der Mieter auf die Vorzeitigkeit der Erklärung beruft.

1277 Der Fortsetzungswiderspruch kann auch in einem Schriftsatz erklärt werden; zu beachten ist allerdings, daß es für die Fristwahrung auf die Zustellung beim Gegner ankommt. Die rechtzeitige Einreichung (vgl. § 270 Abs. 3 ZPO) genügt nicht, weil der Vermieter für die Erklärung des Widerspruchs nicht auf die Hilfe des Gerichts angewiesen ist

OLG Stuttgart – RE v. 9.3.1987 – NJW-RR 1987, 788.

Ist bei Ablauf der Pachtzeit ein Rechtsstreit auf Feststellung anhängig, daß das Pachtverhältnis fortbesteht, so soll im Klagabweisungsantrag der einer Verlängerung entgegenstehende Wille zum Ausdruck kommen

BGH MDR 1991, 517 = WM 1991, 267 = ZMR 1991, 213.

1278 Bei einer Personenmehrheit auf Mieter- oder Vermieterseite muß der Fortsetzungswiderspruch von bzw. gegenüber allen erklärt werden. Aufgrund einer Vollmachtsklausel soll die Erklärung gegenüber nur einem Mieter ausreichen

LG Aschaffenburg WM 1994, 691.

1279 Dem unterbliebenen Fortsetzungswiderspruch und der sich daran anknüpfenden Vertragsfortsetzung kommt eine gewisse **Ausschlußwirkung** zu: Wird eine fristlose Kündigung hierdurch unwirksam, so soll es dem Vermieter versagt sein, eine neue Kündigung wegen desselben Grundes auszusprechen

AG Tempelhof-Kreuzberg MDR 1988, 146
im Anschluß an LG Bochum MDR 1971, 56.

XIV. Abwicklung des Mietverhältnisses

1. Räumung

a) Inhalt des Räumungsanspruchs

1280 Der Räumungsanspruch ist als schuldrechtlicher Anspruch auch dann gegeben, wenn der Mieter keinen unmittelbaren oder mittelbaren Besitz (mehr) hat

BGH DWW 1971, 325 = WM 1972, 6 = ZMR 1971, 344,
OLG Hamm NJW-RR 1992, 783.

Dies wird häufig übersehen, wenn gegenüber dem Anspruch des Vermieters Unmöglichkeit (nach Besitzaufgabe oder -verlust) oder fehlendes Rechtsschutzbedürfnis (wegen mangelnder Effizienz des Räumungstitels) geltendgemacht wird, vgl. Rdn. 1429, 1431 f.

Verlangt der Eigentümer die Räumung, weil kein Mietvertrag zustandegekommen sei, so steht seinem Anspruch der Einwand der unzulässigen Rechtsausübung entgegen, wenn der Eigentümer aufgrund eines Vorvertrages zum Abschluß eines Mietvertrages verpflichtet wäre. Das gilt aber dann nicht, wenn der Besitzer einen Grund gegeben hat, der zur fristlosen Kündigung berechtigt hätte 1281

OLG Köln ZMR 1992, 387.

Die Rückgabepflicht als solche ist auf die bloße Besitzverschaffung des Vermieters beschränkt. Die Rückgabe der Mieträume in einem vertragswidrigen Zustand oder unter Zurücklassung einzelner Gegenstände oder die unterbliebene Räumung eines Zubehörraums (Boden, Keller) steht der Erfüllung der Rückgabepflicht als solcher nicht entgegen, sofern nur der Vermieter die unmittelbare Sachherrschaft erlangt 1282

BezG Cottbus WM 1994, 146.

Verweigert der Vermieter wegen des nicht ordnungsmäßigen Zustands die Rücknahme des Mietobjekts, gerät er in Annahmeverzug

OLG Hamburg ZMR 1990, 141, 142.

Dies entspricht der h.M. in Rechtsprechung und Literatur

OLG Düsseldorf MDR 1987, 499, MDR 1988, 866,
OLG Hamburg WM 1990, 735, ZMR 1990, 141 f., ZMR 1995, 18,
Bub–Treier Rdn. V 6 f., 19, Staudinger–Emmerich BGB § 556 Rdn. 9, 17, Wolf–Eckert Rdn. 1054.

Von ihr scheint sich der BGH abzusetzen, in dem er die Erfüllung der Räumungspflicht (z.B. Entfernung sämtlicher Sachen, auch Abfälle, Schutt, Sperrmüll) in die Pflicht zur Besitzverschaffung einbezieht und bei Nichterfüllung die Vorenthaltung gemäß § 557 BGB selbst dann bejaht, wenn der Vermieter den Besitz an den Räumen zurückerlangt hat,

BGH – Urt. v. 5.10.1994 – MDR 1995, 687, vgl. auch BGH NJW 1988, 2665 = WM 1988, 270.

Dagegen bestehen Bedenken. Im Zurücklassen von Sachen in den Mieträumen kann sich zwar ein Besitzwille des Mieters an den Räumen dokumentieren. Das hängt aber von den Umständen des Einzelfalles ab. Sind die Sachen wertlos, so wird das unterbliebene Entfernen regelmäßig nur eine Schlechterfüllung sein, die zum Schadensersatz verpflichtet.

Zur Erfüllung der Rückgabepflicht reicht die bloße Besitzaufgabe nicht aus; vielmehr muß der Mieter dem Vermieter den unmittelbaren Besitz durch Übergabe einräumen 1283

OLG Düsseldorf ZMR 1987, 377.

Das setzt in der Regel eine förmliche **Besitzübergabeverhandlung** voraus; jedenfalls genügt das Einwerfen des Schlüssels in den Briefkasten des Vermieters oder das Zurücklassen der Schlüssel in den geräumten Mieträumen in der Regel nicht

LG Köln DWW 1987, 236.

1284 Befindet sich der Vermieter im Annahmeverzug, so kann der Mieter aber die Wohnungsschlüssel für den Vermieter bei einem Nachbarn verfügbar halten

BezG Cottbus WM 1994, 146.

1285 Wird ein **Wohnungsübergabeprotokoll** gefertigt, so haftet der Mieter nur für die darin festgestellten Mängel; es entfaltet gleichsam Präklusionswirkung

AG Wesel WM 1987, 84,
AG Münster WM 1989, 375, WM 1990, 201.

Das entspricht der Rechtsprechung des BGH und gilt auch für solche Mängel, die nur einem Fachmann erkennbar sind, den der Vermieter gegebenenfalls hinzuziehen muß

BGH NJW 1983, 446, 448,
vgl. dazu auch Sternel Rdn. IV 612.

1286 Der Mieter hat das Mietobjekt auch dann zurückgegeben, wenn er dem Vermieter noch nicht alle **Schlüssel** überlassen hat, der Vermieter aber mit den überlassenen Schlüsseln einverständlich über das Mietobjekt verfügen kann

OLG Düsseldorf MDR 1987, 488,
vgl. auch OLG Hamburg ZMR 1995, 18;
a.A. LG Düsseldorf WM 1992, 191.

Das ist erheblich für die Frage, ob der Vermieter Nutzungsentschädigung nach § 557 BGB verlangen kann.

1287 Zur Räumungspflicht gehört auch, daß der Mieter seine **Einbauten entfernt**, selbst wenn er sie mit Zustimmung des Vermieters vorgenommen hat

OLG Düsseldorf DWW 1990, 119 = ZMR 1990, 218,
OLG Hamburg WM 1990, 390 = ZMR 1990, 341 für Einrichtungen, die der Mieter vom Vormieter übernommen hat,
LG Berlin MDR 1987, 234,
LG Düsseldorf NJW-RR 1987, 1043.

Zu Formularklauseln betr. das Entfernen von Dübeln s. Rdn. 129, 173.

1288 Die Verpflichtung zum **Rückbau** besteht aber nicht,
– wenn die Maßnahmen dazu dienten, den vertragsgemäßen Zustand zu schaffen, selbst wenn der Mieter nach dem Mietvertrag den ursprünglichen Zustand wieder herzustellen hat,
– wenn der Vermieter – auch schlüssig – auf den Entfernungsanspruch verzichtet hat,
– wenn das Wegnahmerecht des Mieters vertraglich ausgeschlossen ist

OLG Düsseldorf a.a.O., OLG Hamburg a.a.O.,
LG Köln WM 1995, 654 für Nachtspeicheröfen, um die Wohnung beheizbar zu machen.

1288a Abgrenzungsmerkmal dafür, ob es sich um eine nicht zu beseitigende Herrichtung oder um zu entfernende Einbauten handelt, kann sein, ob der Zustand des Mietobjekts auch ohne die Einbauten des Mieters vertragsgemäß wäre. In diesem

Zusammenhang soll die Angabe des Mietzwecks im Vertrag noch nicht den Mietgegenstand bezeichnen, sondern nur den Mietgebrauch eingrenzen

OLG Hamburg WM 1990, 390 = ZMR 1990, 341 für Wäscherei
im Anschluß an LG Düsseldorf NJW-RR 1987, 1043 für Zahnarztpraxis.

Richtet der Mieter den Küchenraum durch Verfliesung erst zu einer brauchbaren Nutzung her und handelt es sich insoweit um notwendige Verwendungen, so soll er bei Mietende nicht verpflichtet sein, den früheren Zustand wieder herzustellen

AG Dortmund WM 1992, 125.

Die vom Mieter übernommene Verpflichtung zur Wiederherstellung des ursprünglichen Zustandes (**Rückbaupflicht**) ist jedenfalls dann eine Hauptpflicht, wenn ihre Durchführung mit wesentlichem Aufwand verbunden ist 1289

BGH NJW 1988, 1778, ZMR 1989, 293 = WM 1989, 376,
OLG Hamburg WM 1992, 70.

Das ist deshalb wichtig, weil dem Vermieter im Falle der Nichterfüllung ein Schadensersatzanspruch nur unter den Voraussetzungen des § 326 BGB zusteht. Die Geltendmachung des Anspruchs ist aber mißbräuchlich, wenn der Vermieter nach Beendigung des Mietverhältnisses die Räume so umbauen will, daß die Wiederherstellungsarbeiten des Mieters nutzlos wären; in diesem Falle hat der Vermieter auch keinen Ausgleichsanspruch in Geld

BGH NJW 1986, 309,
vgl. auch BGH WM 1986, 56.

Für die Erfüllung der Rückgabepflicht als solcher kommt es nicht darauf an, ob sich die Räume – etwa in dekorativer Hinsicht – in vertragsmäßigem Zustand befinden; verweigert der Vermieter deswegen die Rücknahme, so gerät er in Annahmeverzug 1290

OLG Düsseldorf MDR 1988, 866 Nr. 82,
OLG Hamburg WM 1990, 735 = ZMR 1990, 141.

Selbst wenn der Mieter einzelne, geringwertige Sachen zurückgelassen hat, soll das der Annahme einer vollständigen Rückgabe nicht entgegenstehen 1291

OLG Düsseldorf MDR 1987, 499.

Einschränkend hierzu hat

BGH NJW 1988, 2665 = WM 1988, 270

die Auffassung vertreten, daß beim **Zurücklassen** von Einrichtungen nur eine teilweise Räumung anzunehmen sei, die der Vermieter als bloße **Teilleistung** nicht anzunehmen brauche. Das soll auch dann gelten, wenn es sich um offensichtlich nur noch wertlose Gegenstände handelt

BGH MDR 1995, 687.

Demgegenüber dürfte erforderlich sein, aus dem Zurücklassen der Gegenstände auf einen Besitzwillen des Mieters an den Räumen schließen zu können, vgl. Rdn. 1282.

Gibt der Mieter einen Einrichtungsgegenstand beschädigt zurück oder hat er ihn entfernt, so schuldet er Schadensersatz aus positiver Vertragsverletzung. Bei der Höhe des Schadens ist ein Abzug „neu für alt" zu berücksichtigen. Das soll auch 1292 dann gelten, wenn der beschädigte Gegenstand zwar älter als 30 Jahre, aber noch brauchbar war

>OLG Düsseldorf DWW 1989, 262 = MDR 1989, 353 für Küchenunterschrank;
>a.A. LG Köln ZMR 1994 S. I Nr. 6 für beseitigtes, über 30 Jahre altes Steingutspülbecken.

b) Schuldner des Räumungsanspruchs

1293 Auf Herausgabe haftet auch der Mieter, der selbst **keinen Besitz** mehr hat, ebenso der aus einer GbR, die Mieterin war, ausgeschiedene Gesellschafter, sofern das Mietverhältnis vor oder während seiner Zugehörigkeit zur GbR abgeschlossen wurde

>BGH MDR 1987, 838,
>ebenso OLG Hamm NJW-RR 1992, 783 für den Herausgabeanspruch nach § 556 Abs. 3 BGB gegen den nur mittelbar besitzenden Untermieter (nach Unter-Untervermietung).

Es ist wegen des rein obligatorischen Inhalts der Pflicht demnach folgerichtig, daß bei einer Mehrheit von Mietern auch diejenigen als Gesamtschuldner haften, die selbst schon geräumt haben

>OLG Düsseldorf NJW-RR 1987, 1370.

1294 Demgegenüber kann nach dem Rechtsentscheid des

>OLG Schleswig vom 25.6.1982 – NJW 1982, 2672

bei Beendigung eines Wohnraummietverhältnisses mit mehreren gesamtschuldnerisch verpflichteten Mietern ein Mitmieter nicht auf Rückgabe der Wohnung in Anspruch genommen werden, wenn er den Besitz an der Wohnung endgültig aufgegeben und den Vermieter davon in Kenntnis gesetzt hat. In der Rechtsprechung der Instanzgerichte besteht die Tendenz, diesen Rechtsentscheid, der sich auf Ehegattenmieter bezog, allgemein zu erweitern und in vergleichbaren Fällen, in denen der (Mit-)Mieter ausgezogen ist, einer Räumungsklage das Rechtsschutzbedürfnis zu versagen

>LG Berlin ZMR 1989, 337,
>LG Frankfurt WM 1989, 295, wenn ein Untermieter in der Wohnung verblieben ist,
>LG Hagen WM 1991, 359 für Mitmieter,
>LG München II WM 1989, 181, wenn der Mitmieter die Wohnung noch nicht bezogen hatte.

Hiergegen bestehen schon im Hinblick auf § 283 BGB Bedenken. Das BayObLG hat offengelassen, ob dem Rechtsentscheid des OLG Schleswig zu folgen ist; jedenfalls bewirke die Zwangsräumung gegenüber dem noch im Besitz befindlichen Mieter, daß dadurch auch der Rückgabeanspruch gegenüber dem Mitmieter erfüllt ist, der den Besitz schon vorher aufgegeben hatte

>BayObLG WM 1989, 489.

Das OLG Stuttgart will von dem RE des OLG Schleswig abweichen, da es der Auffassung ist, daß auch der aus der Wohnung ausgezogene Mitmieter noch auf Räumung und Herausgabe verklagt werden kann. Es hat daher die Sache dem BGH vorgelegt

>OLG Stuttgart GE 1995, 753 = WM 1995, 385 = ZMR 1995, 350.

Zutreffend ist dem nur mittelbar besitzenden (Unter-)Mieter gegenüber dem Herausgabeanspruch des Vermieters (aus § 556 Abs. 3 BGB) der Einwand versagt worden, er habe infolge einer (Unter-)Untervermietung keinen unmittelbaren Besitz; der Ausschluß eines solchen Einwands folgt aus der schuldrechtlichen Natur des Rückgabeanspruchs nach § 556 BGB 1295
OLG Hamm NJW-RR 1992, 783.

Bleibt bei der Räumung vom Mieter eingenommenes **Heizöl** zurück, so muß der Vermieter dieses übernehmen und zum Tagespreis dem Mieter vergüten 1296
vgl. AG Oberndorf WM 1990, 195,
ferner AG Weilheim
WM 1986, 221, AG Otterndorf WM 1989, 375.

Das gilt dann nicht, wenn der Vermieter für das Heizöl keine Verwendung hat, weil er die Heizungsanlage auf Gas umstellen will. In der Regel kann der Vermieter aber auch für diesen Fall nicht verlangen, daß der Mieter das vertragsgemäß beschaffte restliche Heizöl abpumpen läßt
LG Stuttgart WM 1991, 27.

c) Räumungsanspruch gegenüber dem Untermieter

Solange der Hauptmieter aufgrund einer vereinbarten Räumungsfrist noch die Räume innehat, soll der Vermieter nicht berechtigt sein, vom Untermieter die Räumung allein wegen des beendeten Hauptmietverhältnisses zu verlangen 1297
AG Aachen WM 1990, 150.

Die Geltendmachung des Räumungsanspruchs aus § 556 Abs. 3 BGB kann **mißbräuchlich** sein, wenn der Vermieter und der Hauptmieter zusammenwirken, um den Untermieter aus der Wohnung zu setzen 1298
AG Helmstedt WM 1989, 19,
AG Tübingen ZMR 1989, 307.

Der Einwand des **Rechtsmißbrauchs** schlägt aber bei der gewerblichen Vermietung nicht durch, wenn Vermieter und Hauptmieter für die Aufhebung des Hauptmietverhältnisses einen vernünftigen Grund haben
KG ZMR 1988, 137.

Ist der Untermieter gegenüber dem Eigentümer zur Herausgabe verpflichtet, so soll ihm ein Verwendungsersatzanspruch nach §§ 994, 986 BGB in dem Umfang zustehen, in dem er von seinem Vermieter (dem Hauptmieter) aufgrund des Untermietvertrages Verwendungsersatz hätte beanspruchen können 1299
LG Köln WM 1989, 181.

Ist dem Untermieter nur ein Teil des Mietobjekts untervermietet, so schuldet er neben dem Hauptmieter die Herausgabe nicht als Gesamtschuldner, weil sich seine Schuld auf die Herausgabe nur der Untermietfläche beschränkt 1300
AG Hamburg DWW 1992, 245.

Fordert der Vermieter vom Untermieter nach beendetem Hauptmietverhältnis nicht vorprozessual die Räumung, so trägt er bei sofortigem Anerkenntnis des Herausgabespruchs die Prozeßkosten nach § 93 ZPO
OLG Schleswig WM 1993, 541.

1301 Der Vermieter hat den Räumungsanspruch auch gegenüber demjenigen Untermieter, der seinerseits untervermietet hat. Der Anspruch setzt ebensowenig wie derjenige aus § 556 Abs. 1 BGB voraus, daß der Untermieter noch unmittelbaren Besitz hat. Er kann sich nicht darauf berufen, daß ihm infolge der Unter-Untervermietung die Herausgabe unmöglich sei
BGH – Urt. v. 2.10.1992 – MDR 1992, 1147.

1302 Endet bei Vermietung im **Bauherrnmodell** das Zwischenmietverhältnis, so steht dem Eigentümer gegenüber dem Endmieter der Räumungsanspruch aus § 556 Abs. 3 BGB zu. War Mietgegenstand eine Wohnung, so wurde dem Endmieter ein Bestandsschutz gegenüber dem Eigentümer gemäß §§ 556a, 564b BGB zugebilligt, soweit er ihn gegenüber dem Zwischenmieter hätte beanspruchen können. Nach der Entscheidung des
BVerfG – Beschl. v. 11.6.1991 – DWW 1991, 279 = WM 1991, 422 = ZMR 1991, 368
war der Endmieter demjenigen Wohnungsmieter, der unmittelbar vom Eigentümer gemietet hatte, hinsichtlich des Kündigungsschutzes gleichzustellen. Auf diesen Schutz kann sich aber nicht derjenige Untermieter berufen, dem Gewerberäume zur gewerblichen Nutzung vermietet worden sind, die er aber zu Wohnzwecken nutzt
BVerfG – Beschl. v. 6.8.1993 – WM 1994, 123 = ZMR 1993, 500,
es sei denn, daß die Vermietung zu gewerblicher Nutzung wegen fehlender Zweckentfremdungsgenehmigung unzulässig war,
BVerfG a.a.O.
Der Gesetzgeber hat die Problematik nunmehr in § 549a BGB – eingefügt durch das 4. MietRÄndG – geregelt, indem der Vermieter bei Beendigung des Zwischenmietverhältnisses in das Endmietverhältnis eintritt oder einen neuen Zwischenmieter einsetzen kann (siehe i.e. Rdn. A 7 ff. und Rdn. 224 f.). Da diese Regelung auch auf Fälle, die bis zum Inkrafttreten des Gesetzes am 1.9.1993 noch nicht abgewickelt worden sind, anzuwenden ist
LG Hamburg WM 1994, 279,
ist der bisherige Meinungsstreit gegenstandslos geworden (vgl. dazu noch die Vorauflage Rdn. 586 f.).

2. Verwendungen – Einrichtungen – Abstand

a) Verwendungen

1303 Zum **Verwendungsersatz** vgl. Stellwaag DWW 1990, 114. Der Anspruch entsteht bereits bei Vornahme der Verwendung; bei Veräußerung des Mietobjekts richtet er sich nur dann gegen den **Erwerber**, wenn er nach dem Eigentumswechsel entsteht oder fällig wird
BGH WM 1991, 486 = ZMR 1991, 369
oder dies im Mietvertrag vereinbart ist
BGH WM 1988, 16.

1304 Nimmt der Mieter Reparaturen vor, so handelt es sich um notwendige Verwendungen (OLG Hamburg WM 1986, 82). Problematisch ist die Abgrenzung des

Verwendungsersatzanspruchs nach § 547 Abs. 1 BGB zum Anspruch aus § 538 Abs. 2 BGB. Handelt es sich um Leistungen, die zur Erhaltung oder Wiederherstellung der Mietsache erforderlich sind und die auch der Eigentümer der Sache ohne Rücksicht auf die Vermietung hätte aufwenden müssen, um die Sache zu erhalten, so sind dies notwendige Verwendungen, deren Erstattung nach § 547 Abs. 1 BGB verlangt werden kann. Beschränkten sich die Aufwendungen des Mieters dagegen darauf, den vertragsmäßigen Zustand wiederherzustellen, so liegen keine notwendigen Verwendungen vor; der Mieter kann hierfür nur Ersatz gemäß § 538 Abs. 2 BGB verlangen

> BGH – Urt. v. 20.1.1993 – WM 1994, 201 bei Anmietung eines stark renovierungsbedürftigen Wohnhauses.

Die Regelung des § 538 Abs. 2 BGB geht derjenigen in § 547 Abs. 1 BGB vor   1305

> OLG Hamm NJW 1985, 1847,
> LG Berlin ZMR 1986, 443,
> LG Saarbrücken WM 1991, 91, 93;
> anders LG Rottweil WM 1989, 288.

Das wird auch dann zu gelten haben, wenn notwendige Erhaltungsmaßnahmen mit Maßnahmen zur Mängelbeseitigung zusammenfallen (z.B. Behebung von Leckagen). Das betrifft jedoch nicht das Verhältnis von § 538 Abs. 2 BGB zu § 547 Abs. 2 BGB. Beide Regelungen sind vielmehr nebeneinander anzuwenden

> OLG Düsseldorf ZMR 1990, 57, NJW-RR 1992, 716 = WM 1993, 271 = ZMR 1993, 115,
> AG Wedding und LG Berlin WM 1989, 15,
> AG Bad Cannstatt WM 1990, 206 für Notreparatur an einem Wasserboiler, (vgl. Rdn. 430 f., 433).

Zu beachten ist nämlich, daß nach beiden Tatbeständen zusätzliche Merkmale   1306
gegenüber § 547 Abs. 1 BGB erforderlich sind: zum einen der Verzug des Vermieters mit der Mängelbeseitigung, zum anderen eine Fremdgeschäftsführung, die dem wirklichen oder mutmaßlichen Willen des Vermieters entspricht oder zu dessen Bereicherung führt. Das Nebeneinander der Anspruchsnormen wird damit begründet, daß § 538 Abs. 2 BGB eine zusätzliche Anspruchsgrundlage enthält, die den Mieter nicht zwingt, auf die §§ 677 f. BGB zurückgreifen zu müssen, wenn der Vermieter mit der Mängelbeseitigung im Verzug ist (vgl. AG Regensburg WM 1993, 185 unter Hinweis auf BGH NJW 1974, 743). Wollte man § 538 Abs. 2 BGB auch insoweit als Spezialnorm ansehen, so würde der Vermieter abweichend von den allgemeinen Rechtsrundsätzen auf Kosten des Mieters begünstigt (OLG Düsseldorf WM 1993, 271).

Ein Bereicherungsanspruch aus §§ 547, 812 BGB geht nicht auf den Wert der   1307
Aufwendungen, sondern richtet sich nach der Wertsteigerung des Grundstücks
> LG Berlin MM 1995, 68.

b) Wegnahme von Einrichtungen

Die Befugnis des Vermieters, die Wegnahme durch Zahlung einer angemessenen   1308
Entschädigung abzuwenden, bezieht sich nach § 547a Abs. 2 BGB nur auf Einrichtungen in Räumen, nicht auf vom Mieter gepflanzte Bäume. Selbst in den Fällen, in denen ein Übernahmerecht des Vermieters besteht, hängt das Wegnah-

merecht des Mieters nicht von einem vorherigen Übernahmeangebot an den Vermieter ab.

OLG Köln WM 1995, 268.

Ist der Anspruch des früheren Mieters gegen den Vermieter auf Duldung der Wegnahme nach § 558 BGB verjährt, so hat er gegen den neuen Mieter keinerlei Ansprüche

OLG Düsseldorf ZMR 1987, 328.

1309 Die Streitfrage, ob dem Vermieter die Abwendungsbefugnis nur zusteht, wenn er die angemessene Entschädigung zahlt oder ob das Angebot der Zahlung ausreicht, hat das AG Aachen WM 1987, 123 in letzterem Sinne beantwortet. Das Wegnahmerecht des Mieters nach § 547a BGB soll auch in der Zwangsversteigerung nicht erlöschen (AG Warendorf WM 1990, 291).

Zur Pflicht des Mieters, Einbauten und Einrichtungen zu entfernen, s. Rdn. 1287.

c) Abstandsvereinbarungen

1310 Abstandsvereinbarungen zwischen Vor- und Nachmieter von Wohnraum sind gemäß § 4a Abs. 1 WoVermG – eingefügt durch das 4. MietRÄndG – unzulässig (s. Rdn. A 125). Hiervon werden an sich nur Vereinbarungen erfaßt, die nach Inkrafttreten des Gesetzes am 1.9.1993 abgeschlossen worden sind. Jedoch wirkt sich die gesetzgeberische Mißbilligung solcher Geschäfte, wie sie in § 4a WoVermG zum Ausdruck gelangt ist, auf die Wertung innerhalb des § 138 Abs. 1 BGB aus,

vgl. schon bisher: LG Frankfurt WM 1989, 166, NJW-RR 1992, 715, AG München WM 1990, 13;
anders LG Hamburg WM 1990, 525, HmbGE 1991, 147.

1311 Dagegen sind Abstandsvereinbarungen zwischen Vor- und Nachmieter von Geschäfts- und Gewerberäumen nur unter den Voraussetzungen des § 138 BGB nichtig. Dabei soll es für das auffällige Mißverhältnis von Leistung und Gegenleistung nicht dasrauf ankommen, ob der Vormieter vom Vermieter etwas für seine Investitionen bei Vertragsende erlangt hätte, sondern ob der Nachmieter Aufwendungen (z.B. für Schönheitsre paraturen, Einrichtungen) erspart hat

OLG Düsseldorf ZMR 1992, 388 für Vereinbarung eines Abstandes für noch nicht „abgewohnte" Schönheitsreparaturen.

1312 Vereinbarungen zwischen Vor- und Nachmieter von Wohnraum über die Übernahme von Einrichtungen oder Inventar unterliegen nunmehr dem Anwendungsbereich des § 4a Abs. 2 WoVermG (s. Rdn. A 126).

1313 Verpflichtet sich der Vermieter in einem **Räumungsvergleich**, an den weichenden Mieter einen Abstand zu zahlen, so gilt diesbezüglich grundsätzlich ein Aufrechnungsverbot als vereinbart; ausgenommen hiervon sind aber Schadensersatzansprüche des Vermieters wegen unerlaubter Handlung

LG Braunschweig WM 1991, 674,
vgl. auch LG München I WM 1985, 114.

Ist die Räumungspflicht an einen Termin geknüpft, so ist umstritten, ob der Vermieter zur Zahlung des Abstands auch dann verpflichtet ist, wenn der Mieter verspätet räumt

> bejahend: LG Mannheim WM 1988, 87, AG Kassel WM 1994, 532,
> verneinend: LG Frankfurt WM 1990, 196, LG Kassel NJW-RR 1994, 466.

Es wird darauf abzustellen sein, ob die Räumungsverpflichtung selbst im Streit war und „abgegolten" werden sollte oder ob es lediglich um die Gewährung einer Räumungsfrist und damit entscheidend um die Rechtzeitigkeit der Räumung ging

> vgl. auch LG Nürnberg-Fürth NJW-RR 1993, 81 = WM 1995, 182.

Im ersteren Fall bleibt der Vermieter zur Leistung verpflichtet, zumal er die Gegenleistung des Mieters erhalten hat; unberührt bleibt allerdings sein Anspruch auf Ersatz eines etwaigen Verspätungsschadens.

Zweifelhaft erscheint, ob ein Mietaufhebungsvertrag, der die vorzeitige Rückgabe der Wohnung gegen eine Abfindungszahlung des Vermieters vorsieht, zugleich beinhaltet, daß der Mieter keine Schönheitsreparaturen mehr auszuführen braucht, 1313a

> so LG Stuttgart WM 1995, 392.

Gegen eine derartige novierende Wirkung bestehen Bedenken, wenn nicht ein entsprechender Wille der Parteien klar erkennbar ist (s. auch Rdn. 973).

3. Vorenthalten und Nutzungsentschädigung

a) Normzweck

Der **Zweck** des § 557 BGB besteht darin, den Mieter, der die Sache nicht zurückgibt, nicht besser zu stellen als bei Fortdauer des Mietvertrages; denn es liegt an ihm, sich durch Herausgabe seiner Verpflichtung zur Zahlung der Nutzungsentschädigung zu entledigen 1314

> BGH MDR 1989, 808.

Wichtig an dieser Entscheidung des BGH ist, daß hier – im Gegensatz zur bisherigen Rechtsprechung – das Gewicht auf den fortbestehenden Besitz des Mieters – und nicht auf das Nichthaben des Vermieters – gelegt wird. Hierauf stellt auch

> OLG Hamburg WM 1990, 77 = ZMR 1990, 8

entscheidend ab,

> anders OLG Hamburg ZMR 1995, 18: Rückgabe i.S. von § 557 Abs. 1 BGB bedeutet, daß der Vermieter den unmittelbaren Besitz erhält.

Umstritten ist, ob ein Vorenthalten bereits dann anzunehmen ist, wenn der Mieter zwar geräumt, aber noch einige **Sachen zurückgelassen** oder noch nicht alle Schlüssel zurückgeben hat. Nach Auffassung des 1315

> BGH NJW 1988, 2665, MDR 1995, 687

enthält der Mieter auch dann das Mietobjekt vor, wenn er von ihm zu beseitigende Einrichtungen oder zu entfernende Sachen zurückläßt, weil darin eine **unzu-**

lässige Teilerfüllung der Räumungspflicht liegt. Demgegenüber wird aber auch angenommen, daß ein Vorenthalten nicht gegeben ist, wenn im Mietobjekt noch einzelne Gegenstände zurückbleiben und der Vermieter an der Inbesitznahme nicht gehindert ist, falls der Mieter durch das Zurücklassen keinen Besitzwillen an den Räumen mehr äußert; ebenso soll es sich verhalten, wenn der Mieter noch nicht alle Schlüssel zurückgegeben hat

OLG Düsseldorf MDR 1987, 499 = ZMR 1987, 215, OLG Hamburg ZMR 1995, 18 bei Nichtrückgabe aller Schlüssel, wenn aus der Rückgabe auch nur eines Schlüssels der Wille des Mieters zu erkennen ist, den Besitz aufzugeben;
anders für die unterbliebene Rückgabe von Schlüsseln, aber ohne Begründung: OLG München DWW 1987, 125, 126 Sp. 2,
LG Düsseldorf WM 1992, 191.

1316 Ausgehend von dem Zweck der Vorschrift (siehe BGH MDR 1989, 808), ist der Auffassung des OLG Düsseldorf a.a.O. zu folgen, zumal es für die Erfüllung der Rückgabepflicht selbst auf den Zustand der Räumlichkeiten nicht ankommt. Somit ist darauf abzustellen, ob das Zurücklassen von Einrichtungen oder die unterbliebene Rückgabe aller Schlüssel noch einen Besitzwillen des Mieters an den Räumen indizieren (vgl. Rdn. 1282, 1291).

1317 Wesentliches Merkmal für das Vorenthalten ist der **Wille** des Vermieters, die Mietsache **zurückzuerhalten**. Daran fehlt es, wenn der Vermieter sein Vermieterpfandrecht ausübt und der Mieter deshalb nicht räumen kann

OLG Hamburg WM 1990, 77 = ZMR 1990, 8

oder der Vermieter sich weigert, die Schlüssel entgegenzu nehmen, weil er das Mietverhältnis noch für fortbestehend hält

OLG Düsseldorf DWW 1991, 16 = WM 1991, 264, ferner DWW 1991, 236,
OLG Köln ZMR 1993, 77, wenn der Vermieter den Rückgabetermin versäumt und dadurch in Annahmeverzug gerät, LG Hamburg WM 1987, 224,
AG Neuss WM 1994, 382: wenn der Vermieter mit einem selbständigen Beweisverfahren zur Mängelfeststellung ausdrücklich einverstanden ist.

1318 Ebenso liegt es, wenn der Mieter nach Beendigung des Mietverhältnisses auf Aufforderung des Vermieters Schönheitsreparaturen durchführt und ihm zu diesem Zweck die Räume noch überlassen werden

OLG Hamburg MDR 1990, 247 = WM 1990, 75.

Für eine analoge Anwendung des § 557 Abs. 1 BGB ist hier kein Raum (zutreffend Wiek WM 1988, 384, anders LG Wuppertal WM 1988, 21), da dem Vermieter ein Schadensersatzanspruch auf Mietausfall zusteht.

b) Nutzungsentschädigung

1319 Der Anspruch auf **Nutzungsentschädigung** setzt nicht voraus, daß dem Vermieter ein Schaden aus dem Vorenthalten entstanden ist

BGH MDR 1989, 808.

Er hängt auch nicht von einem über den Rückerlangungswillen hinausgehenden Nutzungswillen des Vermieters ab

OLG München ZMR 1993, 466.

Auf ihn ist § 254 BGB nicht anzuwenden, etwa weil der Vermieter es unterlassen hat, gegen einen verbliebenen Untermieter nach § 556 Abs. 3 BGB vorzugehen
BGH NJW 1988, 2665.

Der Vermieter von Räumen kann als Nutzungsentschädigung statt der bisherigen 1320 Miete die **ortsübliche Miete** verlangen. Er muß sich hierauf jedoch vor Eintritt der Fälligkeit berufen; eine rückwirkende Erhöhung ist also ausgeschlossen
LG Berlin MDR 1993, 446 = WM 1993, 351,
LG Freiburg WM 1993, 671.

Er ist hierbei an Formen, Fristen und Kappungsgrenze des § 2 MHG nicht gebunden
LG Freiburg a.a.O.

Bei der Bestimmung der Höhe der ortsüblichen Nutzungsentschädigung sollen – 1321 anders als bei § 2 MHG – auch **behebbare Mängel** zu berücksichtigen sein, weil der Mieter keinen Anspruch mehr auf Herrichtung der Räume hat
LG Hamburg MDR 1987, 674 = WM 1987, 390.

Diesem Ergebnis ist zuzustimmen, weil der Vergleichsmietenbegriff in § 2 MHG abstrakt definiert ist, während es für die Höhe der Nutzungsentschädigung darauf ankommt, welche konkrete Miete für das Mietobjekt „so wie es steht und liegt" üblicherweise gezahlt wird. Zur Bestimmung der Nutzungsentschädigung vgl. auch Eisenschmid WM 1987, 243, 244.

Dem Mieter steht die **Minderungsbefugnis** für Mängel, die während des Vorent- 1322 haltens auftreten, grundsätzlich nicht zu (OLG Düsseldorf DWW 1992, 52). Ausnahmsweise wird aber eine Minderung zugebilligt, soweit der Vermieter seine auf Schutzmaßnahmen und auf Verkehrssicherung reduzierte Gewährpflicht verletzt (LG Berlin ZMR 1992, 541). Dagegen bleibt eine vor Vertragsbeendigung eingetretene Mietminderung bestehen, solange der Mangel vorhanden ist (OLG Düsseldorf DWW 1991, 11, 236). Haben die Parteien über den Umfang der Mietminderung eine Vereinbarung getroffen, so ist diese auch für die Dauer des Vorenthaltens maßgeblich
BGH WM 1990, 246 = ZMR 1990, 206.

Der Mieter kann die Befugnis zur Minderung der Nutzungsentschädigung für 1323 Vergangenheit und Zukunft entsprechend § 539 BGB verlieren, wenn er die Nutzungsentschädigung vorbehaltlos zahlt. Für einen schlüssigen Verzicht kann ausreichen, daß der Mieter zusagt, die Nutzungsentschädigung in voller Höhe zu entrichten, und dies auch einmal tut
OLG München ZMR 1993, 466.

Der Anspruch auf Nutzungsentschädigung ist wie der Mietzins der **Umsatzsteuer** 1324 unterworfen (BGH NJW 1988, 2665). Aufrechnungsverbote gelten auch über die Räumung hinaus fort
OLG Karlsruhe ZMR 1987, 261,
OLG Frankfurt NJW 1987, 1650,
OLG Düsseldorf WM 1995, 392 = ZMR 1995, 303;
einschränkend BGH MDR 1988, 488 = ZMR 1988, 135 für die Pflicht zur schriftlichen Ankündigung der Aufrechnung, wenn das Vertragsverhältnis beendet ist und der Mieter vollständig geräumt hat, so daß nur noch über die wechselseitigen Ansprüche abzurechnen ist, vgl. Rdn. 526.

1325 Der Anspruch aus § 557 Abs. 1 BGB, der wegen Vorenthaltens nach Eröffnung des **Konkursverfahrens** über das Vermögen des Mieters entsteht, kann nur dann eine Masseschuld i.S. von § 59 Abs. 1 Nr. 2 KO begründen, wenn das Mietverhältnis die Konkurseröffnung überdauert hat

BGH MDR 1994, 272 = WM 1994, 74.

1326 Gibt der Mieter die Mietsache erst im Verlaufe eines Monats zurück, so schuldet er Nutzungsentschädigung nur bis zum Zeitpunkt der **Rückgabe**. Kann der Vermieter die Mieträume erst zum folgenden Monatsersten wiedervermieten, so hat er wegen des restlichen Monats nur einen Schadensersatzanspruch wegen Mietausfalls als Kündigungsfolgeschaden oder Räumungsverzugsschadens,

LG Mönchengladbach WM 1992, 215;
anders LG Düsseldorf WM 1992, 191 unter Bezugnahme auf OLG Hamburg ZMR 1984, 342, 345.

c) Schadensersatzprivilegierung des Wohnungsmieters

1327 Das Privileg bezieht sich nur auf einen Schaden wegen verspäteter Räumung, nicht auf einen etwaigen Kündigungsfolgeschaden (s. Rdn. 1212). Letzteren schuldet der Mieter dann nicht, wenn er die verspätete Rückgabe nicht zu vertreten hat

LG Köln WM 1995, 172 bei Eigenbedarfskündigung des Vermieters kurz nach Erwerb und fehlendem Ersatzraum des Mieters.

1328 Der Wohnungsmieter schuldet keinen Schadensersatz wegen Vorenthaltens, wenn ihm eine Räumungsfrist bewilligt wird (§ 557 Abs. 3 BGB). Wird der bewilligende Beschluß aufgehoben, so haftet er nur für den Schaden, der nach Zustellung des Beschlusses des Beschwerdegerichts ergeht, wie aus § 557 Abs. 2 gefolgert wird

LG Siegen WM 1990, 208.

Eine analoge Anwendung der Vorschrift auf andere Fälle des Vollstreckungsschutzes – z.B. nach § 765a ZPO – ist abgelehnt worden

LG Ellwangen WM 1992, 247.

1329 Allerdings besteht für den Mieter eine Nebenpflicht, den Vermieter bei Auszug vor Ablauf der Räumungsfrist so rechtzeitig wie möglich von dem beabsichtigten Auszugstermin zu unterrichten, damit dieser sich um eine Neuvermietung kümmern kann. Anderenfalls haftet er auf Schadensersatz in Höhe der bisherigen Nutzungsentschädigung

LG Mönchengladbach WM 1992, 215.

1330 Liegt die Vorenthaltung darin, daß noch ein Untermieter das Mietobjekt nutzt, so hat der Vermieter keinen Anspruch auf die vom Untermieter an den Mieter geleisteten Untermietzahlungen

OLG Düsseldorf MDR 1994, 476 = WM 1994, 280,
vgl. auch OLG Celle ZMR 1995, 159 bei unerlaubter Untervermietung (Rdn. 223).

1331 Räumt der Untermieter nach Beendigung des Hauptmietverhältnisses nicht fristgerecht, so kann der Eigentümer von ihm im Wege des Schadensersatzes eine

Nutzungsentschädigung in Höhe des Mietausfalls für das gesamte Mietobjekt nach § 990 Abs. 2 BGB verlangen
> LG Kiel WM 1995, 400.

§ 557 Abs. 3 BGB wird aber auch im Verhältnis von Eigentümer und Untermieter für analog anwendbar gehalten, wenn der Eigentümer vom Untermieter, dem eine **Räumungsfrist** gewährt worden ist, Schadensersatz wegen unterbliebener Rückgabe fordert. Dies ist nach dem Zweck der Vorschrift, dem Wohnungsmieter die Möglichkeit zu geben, ohne Furcht vor Schadensersatzansprüchen von den sozialen Schutzmöglichkeiten Gebrauch zu machen, gerechtfertigt.

d) Anspruchskonkurrenzen

Nach herrschender Meinung schließt der Anspruch auf Nutzungsentschädigung nach § 557 BGB andere Anspruchsgrundlagen aus §§ 812 f., 987 f. BGB nicht aus 1332
> OLG Hamm MDR 1989, 163 unter Hinweis auf BGH 1977, 1335,
> ferner LG Tübingen WM 1990, 217.

Das ist für die Wohnraummiete aber wegen der besonderen Schutzbestimmungen in § 557 Abs. 2, 3 BGB, die sonst leerlaufen würden, zweifelhaft (vgl. ausführlich Bub–Treier Rdn. V 124, ferner Schmidt-Futterer–Blank, B 569, Sternel Rdn. IV 692).

4. Abrechnung der Mietsicherheit

a) Leistungspflicht des Mieters

Ist vereinbart, daß der Mieter eine Mietsicherheit in der Weise leistet, daß er ein **Sparkonto** errichtet und dieses mit einem Sperrvermerk zugunsten des Vermieters versehen läßt, so kann es sich um eine Pfandrechtsbestellung oder um eine bloße schuldrechtliche Sicherung oder um einen Vertrag zugunsten Dritter (nämlich des Vermieters) handeln. Es kommt auf die Auslegung des Vertragstextes an 1333
> AG Hamburg-Blankenese WM 1992, 189 unter Hinweis auf BGH NJW 1984, 1749, OLG Karlsruhe Betrieb 1974, 199.

Zahlt der Mieter die Kaution im Wege der Einzugsermächtigung, so soll darin erst dann eine Erfüllung liegen, wenn die Widerrufsfrist verstrichen ist; bis dahin sei die Leistung des Mieters nur auflösend bedingt
> LG Regenburg NJW-RR 1992, 717.

Der Vermieter behält den Anspruch auf **Zahlung** der Kaution auch nach **Beendigung** des Mietverhältnisses, wenn er noch andere Forderungen gegen den Mieter hat 1334
> AG Frankfurt NJW-RR 1990, 1295 im Anschluß an BGH NJW 1981, 976,
> vgl. aber LG Nürnberg-Fürth WM 1994, 708: Die Zwangsvollstreckung aus einem auf Zahlung der Mietkaution gerichteten Titel ist unzulässig, wenn das Mietverhältnis beendet ist und der Vermieter zur Abrechnung über die Kaution verpflichtet wäre.

Nach § 550b Abs. 1 S. 2 BGB bleiben **Nebenkosten**, über die abzurechnen ist, bei der Berechnung der Höchstgrenze für die Kaution – nämlich das Dreifache einer Monatsmiete – außer Betracht. Daraus hat 1335
> AG Wuppertal MDR 1989, 162

gefolgert, daß eine Nebenkostenpauschale, über die nicht abzurechnen ist, in die Berechnung der Höchstgrenze einzubeziehen ist. Das ist insofern folgerichtig, als das gleiche Ergebnis auch bei Vereinbarung einer Inklusivmiete gelten würde. Der Mieter ist berechtigt, die Kaution in 3 Monatsraten zu zahlen; die erste Teilleistung ist bei Beginn des Mietverhältnisses fällig (§ 550b Abs. 1 S. 3 BGB). Das Mietverhältnis beginnt nicht schon mit dem Tag des Vertragsabschlusses, sondern erst zu dem Zeitpunkt, zu dem die Wohnung dem Mieter termingemäß übergeben worden ist

LG Mannheim ZMR 1990, 18.

1336 Beinhaltet der Mietzins auch ein Entgelt für die Überlassung von Möbeln oder Einrichtungsgegenständen, so kann der Vermieter neben der Kaution keine weitere Sicherheit verlangen, soweit der dreifache Monatsbetrag der Nettokaltmiete insgesamt überschritten werden würde

LG Berlin WM 1992, 473.

Zur Kumulation der Mietkaution mit einer Mietbürgschaft s. Rdn. 1363.

Übersteigt die Kaution den in § 550b Abs. 1 BGB gezogenen Rahmen, so steht dem Mieter ein Rückforderungsanspruch aus § 812 BGB zu. Dem Vermieter soll es wegen der Sanktionswirkung versagt sein, gegenüber diesem Anspruch mit eigenen Ansprüchen aus dem Mietverhältnis aufzurechnen

LG Bremen NJW-RR 1993, 19.

1337 Der Mieter kann wegen des Sicherungszwecks der Kaution seine Kautionszahlungspflicht nicht dadurch erfüllen, daß er gegenüber dem Anspruch des Vermieters mit einer Gegenforderung **aufrechnet**

AG Rastatt,
LG Baden-Baden WM 1989, 73,
ebenso LG Hamburg WM 1991, 586 = ZMR 1991, 344 bei Aufrechnung mit einem Schadensersatzanspruch wegen Mängeln.

Ebensowenig ist er berechtigt, gegenüber dem Kautionszahlungsanspruchs des Vermieters wegen Mängeln des Mietobjekts ein **Zurückbehaltungsrecht** auszuüben

LG Köln WM 1987, 257,
LG Nürnberg-Fürth WM 1991, 479 = NJW-RR 1992, 335,
AG Bonn WM 1988, 266.

1338 Macht der Vermieter die Überlassung der Wohnung davon abhängig, daß der Mieter die Kaution in voller Höhe zahlt, so muß er dem Mieter einen hieraus erwachsenden Schaden ersetzen (LG Mannheim ZMR 1990, 18). Auf derselben Linie liegt, daß die folgende Formularklausel für unwirksam gehalten worden ist:

„Der Mieter leistet bei Abschluß des Mietvertrages eine Mietsicherheit in Höhe von DM ..., höchstens jedoch in Höhe der dreifachen Monatsmiete",

weil die Klausel den Mieter darüber hinwegtäuscht, die Kaution in drei Raten zahlen zu dürfen

LG Hamburg WM 1990, 416, bestätigt durch OLG Hamburg WM 1991, 385, 387 Nr. 4.

Dagegen beschränkt sich die Formularklausel *„Der Mieter gibt dem Vermieter für die Einhaltung der ihm obliegenden Verbindlichkeiten eine Sicherheit von*

DM ..." auf die Leistungspflicht, ohne die Leistungszeit zu bestimmen, und ist daher wirksam
LG Gießen MDR 1995, 1118.

Zahlt der Mieter die Kaution nicht, so kann der Vermieter neben dieser keine **Verzugszinsen** verlangen, weil die Zinsen dem Mieter zugute kommen, wenn der Vermieter zur Anlage verpflichtet ist 1339
LG Köln WM 1987, 257, LG Nürnberg-Fürth NJW-RR 1992, 335.

Ist die Kaution des Mieters im Konkurs des früheren Vermieters untergegangen, so hat der neue Vermieter keinen Anspruch auf Ergänzung, weil die Voraussetzungen des § 240 BGB nicht vorliegen
AG Frankfurt WM 1991, 548 = ZMR 1991, 306.

Bei Vermietung von Gewerberaum kann die Nichtzahlung der Kaution das Sicherungsbedürfnis des Vermieters derart beeinträchtigen, daß er zur Kündigung nach § 554a BGB berechtigt ist 1339a
OLG Düsseldorf WM 1995, 439, s. auch Rdn. 1247a.

b) Verzinsungspflicht des Vermieters

Ist die Kaution nach dem Mietvertrag mit dem für Spareinlagen üblichen Satz zu verzinsen, erwirtschaftet der Vermieter aber eine höhere Verzinsung, so steht diese ihm nicht zu, sondern ist der Kautionssumme voll zuzurechnen, 1340
vgl. LG Düsseldorf WM 1993, 400,
Otto DWW 1992, 93;
anders AG Köln DWW 1991, 149, MDR 1993, 56,
vgl. auch AG Siegburg DWW 1994, 383: der Mieter hat keinen Anspruch auf Auskunft über eine etwaige spekulative Anlage der Kaution.

Es entspricht der herrschenden Meinung, daß der formularmäßige **Ausschluß der Verzinsung** in sog. Altverträgen über Wohnraum, die vor dem 1.1.1983 abgeschlossen worden sind, einer Inhaltskontrolle nach § 9 AGBG nicht genügt und unwirksam ist 1341
LG Frankfurt WM 1986, 336, LG Nürnberg-Fürth WM 1988, 158,
LG München I WM 1989, 236, LG Itzehoe WM 1989, 290.

Bei der Vermietung von Geschäfts- und **Gewerberaum** wird nunmehr eine **Verzinsungspflicht** des Vermieters zu dem für Spareinlagen mit dreimonatiger Kündigungsfrist üblichen Zinssatz im Wege der ergänzenden Vertragsauslegung bejaht, sofern der Mietvertrag über eine Verzinsung nichts aussagt 1342
BGH MDR 1994, 1211 = WM 1994, 679 = ZMR 1995, 11,
OLG Düsseldorf ZMR 1993, 219,
OLG Koblenz WM 1993, 667 = ZMR 1993, 565 für einen 1980 abgeschlossenen Mietvertrag;
überholt: LG Berlin GE 1994, 763.

Zu Mietkaution und **Zinsabschlagsteuer** s. Geldmacher DWW 1993, 191. Dem Mieter ist kein Anspruch auf Erteilung eines banküblichen Nachweises zur Höhe der vereinnahmten Zinsabschlagsteuer zugebilligt worden 1343
AG Siegburg DWW 1994, 383.

c) Anlagepflicht des Vermieters

1344 Dem Mieter wird nach überwiegender Meinung ein **Zurückbehaltungsrecht** am laufenden Mietzins zugebilligt, bis der Vermieter die gesetzeskonforme Anlage nachgewiesen hat

LG Kiel WM 1989, 18, LG Mannheim WM 1990, 293,
AG Bremen WM 1989, 74;
anders LG Kiel WM 1988, 266, AG Wuppertal MDR 1989, 163.

1345 Das Vertragspfandrecht nach Nr. 19 Abs. 2 AGB-Banken an einem sog. verdeckten **Treuhandkonto** wird allein durch spätere Offenlegung der Treuhandbindung nicht aufgehoben; hierzu bedarf es einer Vereinbarung zwischen Bank und Kunden. Jedoch kommt ein Schadensersatzanspruch des Treugebers aus § 826 BGB in Betracht, wenn die Bank an später eingehenden Geldern trotz Kenntnis der Treuhandbindung ein Pfandrecht für ihre Ansprüche gegen den Treuhänder persönlich entstehen läßt

BGH WM 1991, 50 = ZMR 1991, 135.

Weil der Anspruch des Mieters wegen unterlassener Anlage und damit Verzinsung der Kaution ein Schadensersatzanspruch ist, gilt das **Zinseszinsverbot** des § 248 BGB nicht; denn der Mieter hätte bei ordnungsmäßiger Anlage der Kaution ebenfalls Zinseszinsen nach § 248 Abs. 2 BGB erhalten

AG Neu-Ulm WM 1990, 428.

1346 Ist der Vermieter eine GmbH, so hat deren Geschäftsführer eine Garantenstellung, kraft deren es ihm obliegt, für die Anlage der Kaution zu sorgen

LG Aachen WM 1989, 292;

im Konkurs der GmbH haftet er bei unterbliebener Anlage persönlich auf Rückzahlung der Kaution

AG Hildesheim WM 1988, 157,
AG Aachen WM 1989, 74.

Verletzt der Vermieter seine **Anlagepflicht**, so macht er sich gegenüber dem Mieter schadensersatzpflichtig

OLG Frankfurt WM 1989, 138.

d) Abrechnung und Erstattung

1347 Zu beachten ist, daß der Mieter vor Beendigung und Abwicklung des Mietverhältnisses weder mit dem Anspruch auf Rückerstattung der Kaution gegenüber einer Mietzinsforderung aufrechnen noch den Vermieter darauf verweisen kann, sich wegen eines Mietzinsrückstandes aus der Kaution zu befriedigen; denn sein Anspruch ist vorher nicht fällig

BGH MDR 1972, 411 = Betrieb 1972, 478.

Aus dem Treuhandcharakter der Kaution ist gefolgert worden, daß der Vermieter gegenüber dem Kautionsrückzahlungsanspruch nur mit Ansprüchen aus dem betreffenden Mietverhältnis, nicht aber mit solchen aus einem früheren Mietverhältnis aufrechen darf

AG Schöneberg WM 1990, 426.

Die **Frist**, innerhalb der der Vermieter über die Kaution abrechnen muß, richtet sich nach den Umständen; sie kann auch mehr als 6 Monate betragen 1348
BGH – RE v. 1.7.1987 – BGHZ 101, 244 = NJW 1987, 2372,
OLG Hamburg NJW-RR 1988, 651.

Ein Zeitraum von 2 Jahren ist selbst dann nicht mehr angemessen, wenn die Parteien vereinbart haben, daß dem Vermieter ein Zeitraum von 2 Jahren für die Erstellung einer Nebenkostenabrechnung zur Verfügung steht
OLG Düsseldorf DWW 1992, 52 = ZMR 1992, 191.

Er ist jedenfalls mit einer Aufrechnung mit verjährten Schadensersatzforderungen nicht deshalb ausgeschlossen, weil nicht binnen 6 Monaten abgerechnet worden ist (BGH a.a.O.).

Da der Vermieter nicht zu einer Zwischenabrechnung über die Betriebskosten verpflichtet ist, sondern erst nach Beendigung der Verbrauchsperiode abzurechnen braucht, kann er einen angemessenen Teil der Kaution zur **Sicherheit für seine Betriebskostenforderung** einbehalten, obwohl es sich hierbei um einen noch nicht fälligen Anspruch handelt (OLG Hamburg a.a.O., AG Neuß DWW 1990, 245). Dieses Recht steht ihm aber nicht (mehr) zu, wenn er nicht alsbald nach Eintritt der Abrechnungsreife – in der Regel 12 Monate nach Ablauf der Verbrauchsperiode – über die Nebenkosten abgerechnet hat 1349
LG Kassel WM 1989, 511.

Dagegen ist der Vermieter nicht berechtigt, die Kaution zurückzubehalten, um einen Erfüllungsanspruch durchzusetzen; denn die Kaution ist kein Druckmittel, sondern dient nur der Sicherung von Geldforderungen 1350
LG Mannheim WM 1988, 362,
LG Hamburg WM 1991, 95,
AG Köln WM 1994, 680,
anders OLG München WM 1995, 532 = ZMR 1995, 20 für den Anspruch des Mieters gegenüber dem Untermieter auf Freistellung von der Schadensersatzpflicht wegen unterlassener Schönheitsreparaturen.

Die **vorbehaltslose Rückzahlung** des Kautionsbetrages schließt die spätere Geltendmachung von Schadensersatzansprüchen aus dem Mietverhältnis aus; dadurch wird der Zustand bei Rückgabe als vertragsgemäß anerkannt und ein konkludenter Verzicht auf Ersatzansprüche wegen erkennbarer Mängel und Schäden erklärt. 1351
OLG München NJW-RR 1990, 20.

e) Mietkaution und Veräußerung

Hat der Vermieter das Grundstück veräußert, so hat der Mieter einen Anspruch auf **Aushändigung einer Barkaution** an den Erwerber, sofern nichts anderes vereinbart ist. Das gilt aber nicht, soweit dem Vermieter gegenüber dem Mieter noch Ansprüche zustehen, die durch die Kaution gesichert werden. Handelt es sich um eine vor dem 1.1.1983 geleistete Kaution, die nicht vom Vermietervermögen getrennt angelegt zu werden brauchte, so besteht der Anspruch des Mieters auf Aushändigung der Kaution an den Erwerber auch dann nicht, wenn sie 1352 schon „in anderer Weise" – z.B. durch Verrechnung – ausgehändigt worden ist oder der Erwerber gegenüber dem Vermieter die Verpflichtung zur Rückgewähr der Kaution übernommen hat

> OLG Karlsruhe – RE v. 30.11.1988 – WM 1989, 63 = ZMR 1989, 89,
> vgl. auch LG Hannover WM 1989, 75.

1353 Wegen der Verpflichtung zur Anlage der Barkaution, die über § 571 BGB auf den Erwerber übergeht, gelten die zuletzt genannten Einschränkungen nicht für solche Mietkautionen, die seit dem 1.1.1983 vereinbart worden sind. Ob der **Erwerber** vom Veräußerer die Herausgabe der Mietkaution beanspruchen kann, richtet sich nach deren Vereinbarungen; jedenfalls ist der Veräußerer ihm gegenüber berechtigt, sich vorrangig aus der Kaution zu befriedigen. Der Erwerber soll die Beweislast dafür tragen, daß nicht verbrauchte Teile beim Veräußerer verblieben sind

> OLG Frankfurt NJW-RR 1987, 786;
> anders LG Bonn NJW-RR 1994, 1357, wenn dem Erwerber die Kaution bereits ausgehändigt bzw. eine Mietbürgschaft auf ihn übergegangen ist.

1354 Besteht ein Anspruch des Erwerbers auf Herausgabe der Mietsicherheit, so unterliegt er einer treuhänderischen Bindung. Deshalb kann der Veräußerer gegenüber diesem Anspruch nicht mit seinem Anspruch auf Zahlung des Restkaufpreises aufrechnen. Das wird aus der grundsätzlichen Unübertragbarkeit des Herausgabeanspruchs abgeleitet (§ 851 Abs. 1 ZPO, § 399 BGB)

> OLG Frankfurt NJW-RR 1991, 1416 = WM 1991, 484.

1355 Allgemein anerkannt ist, daß der **Veräußerer** gegenüber dem Mieter auch dann auf Rückzahlung der Kaution haftet, wenn er sie dem Erwerber ausgehändigt hat

> LG Hannover WM 1987, 352, LG Stuttgart NJW-RR 1988, 651,
> LG Köln WM 1989, 290, LG Frankfurt WM 1990, 427,
> LG München I WM 1992, 617, vgl. auch Stellwaag DWW 1990, 145.

Der Veräußerer soll aber von der Verpflichtung zur Rückzahlung der Kaution frei werden, wenn der Erwerber bereits über die Kaution abgerechnet hat; dann muß sich der Mieter mit dem Erwerber auseinandersetzen

> LG Düsseldorf DWW 1989, 393.

1356 Bisher war problematisch, ob bei Vermietung im Bauherrnmodell und Auswechselung der Zwischenmieter der neue Zwischenmieter für die Rückerstattung der Kaution nur haften sollte, wenn diese ihm ausgehändigt worden war oder er die Verpflichtung zur Rückgewähr übernommen hatte. Die Rechtslage beurteilt sich nunmehr nach § 549a BGB. Diese Bestimmung sieht die entsprechende Anwendung des § 572 BGB vor (vgl. Rdn. A 16).

f) Mietkaution bei Zwangsvollstreckung und Konkurs des Vermieters

1357 Der Mieter kann die Anlage nicht vom **Zwangsverwalter** verlangen, dem die Kaution nicht ausgehändigt worden ist; deshalb steht ihm kein Zurückbehaltungsrecht zu, das gegenüber dem Zwangsverwalter auf eine unzulässige Aufrechnung hinausliefe

> LG Mannheim NJW-RR 1991, 78 = WM 1990, 293.

Dem Mieter ist jedoch ein Anspruch gegenüber dem Vermieter auf Aushändigung der Mietkaution an den Zwangsverwalter zugebilligt worden
LG Düsseldorf WM 1992, 432.

Der Anspruch des Mieters auf Erstattung des unverbrauchten Kautionsguthabens ist eine einfache **Konkursforderung**, wenn eine Trennung vom Vermögen des Vermieters nicht erfolgt ist 1358
OLG Hamburg – RE v. 29.11.1989 – MDR 1990, 246 = WM 1990, 5,
OLG München ZMR 1990, 413,
vgl. dazu auch Jauch WM 1989, 277.

Das gleiche gilt für den Schadensersatzanspruch wegen unterlassener Anlage der Mietkaution.

Dagegen steht dem Mieter ein **Aussonderungsrecht** zu, wenn der Vermieter die Kaution getrennt von seinem Vermögen angelegt hat. Das gilt auch dann, wenn er die Anlage erst später vornimmt, nachdem er die Kaution zunächst in sein Vermögen überführt hatte 1359
BayObLG – RE v. 8.4.1988 – NJW 1988, 1796,
ebenso OLG Düsseldorf NJW-RR 1988, 782.

Ist die Zwangsverwaltung angeordnet, so ist der Zwangsverwalter zur Rückzahlung der Kaution nur verpflichtet, wenn sie ihm ausgehändigt worden ist 1360
LG Köln DWW 1990, 275 = WM 1990, 500, aber gegen entsprechende Anwendung von § 572 BGB;
AG Düsseldorf WM 1992, 432.

Dementsprechend wird im Fall der Zwangsverwaltung der Mieter für berechtigt gehalten, vom Vermieter die Übergabe der Kaution an den Zwangsverwalter zu verlangen
LG Köln WM 1990, 427,
LG Düsseldorf WM 1992, 542.

g) Mietbürgschaft

Auslegungsfrage ist, ob ein Schuldbeitritt oder eine Mietbürgschaft vorliegt 1361
LG Gießen WM 1994, 673 = ZMR 1995, 33: die Erklärung, die Verpflichtungen aus einem Gaststättenmietvertrag „selbstschuldnerisch" zu übernehmen, ist als Mietbürgschaft gewertet worden.

Da auch die vom Mieter beigebrachte Bürgschaft eine Mietsicherheit im Sinne von § 550b BGB ist, ist es folgerichtig, daß für sie die **Begrenzung auf das Dreifache** der Monatsmiete gilt. Dabei macht es im Grundsatz keinen Unterschied, ob die Bürgschaft von einem Kreditinstitut oder einem Angehörigen des Mieters übernommen wird. Dem hat sich auch der BGH angeschlossen 1362
BGHZ 107, 210 = WM 1989, 289,
ferner OLG Köln WM 1989, 136 = ZMR 1988, 429.

Es gilt das sog. **Kumulationsverbot**; hat der Vermieter sich schon durch eine Barkaution abgesichert, so ist die Verpflichtung des Mieters zur Bürgschaftsgestellung in diesem Umfang unwirkam (OLG Köln a.a.O.). Auf die Unwirksamkeit kann sich der in Anspruch genommene Bürge einredeweise berufen. 1363

Der BGH hat diese Auffassung in einer für die Praxis wichtigen Weise eingeschränkt: Die Begrenzung auf die dreifache Monatsmiete soll nämlich nicht für solche Bürgschaften gelten, die ein Dritter dem Vermieter unaufgefordert unter der Bedingung gibt, daß ein Wohnraummietverhältnis zustande kommt und der Mieter dadurch nicht erkennbar belastet wird. Es widerspreche nämlich nicht dem Schutzzweck des § 550 b BGB, wenn Eltern für ihre Kinder dem Vermieter eine Bürgschaft anböten, anstelle die Wohnung im eigenen Namen anzumieten

BGH NJW 1990, 1231 = ZMR 1990, 327 = WM 1990, 343.

Zu Recht ist darauf hingewiesen worden, daß § 550b BGB nicht voraussetzt, daß der Vermieter die Sicherheit gefordert hat, und daß es in vielen Fällen zweifelhaft sein wird, ob die vom BGH postulierte „Freiwilligkeit" des Dritten besteht oder nicht vielmehr vom Vermieter mehr oder weniger versteckt herausgefordert wird (Tiedtke EWiR § 550b BGB, 1/90, 765, ders. ZMR 1990, 401).

1364 Die Mietbürgschaft umfaßt nicht den Mietzins für die Zeit einer stillschweigenden Verlängerung des Mietverhältnisses oder einer zwischen den Mietparteien später vereinbarten Vertragsfortsetzung

LG Gießen WM 1994, 673 = ZMR 1995, 33.

1365 Sind die Ansprüche des Vermieters, zu deren Absicherung die Mietbürgschaft gestellt worden ist, verjährt, so kann sich der Bürge hierauf gemäß § 768 Abs. 1 S. 1 BGB berufen; die Vorschriften der §§ 223 Abs. 1, 390 S. 2 BGB sollen nicht zugunsten des Vermieters angewendet werden können

OLG Hamm ZMR 1995, 255.

5. Vermieterpfandrecht

1366 Das Vermieterpfandrecht sichert grundsätzlich nur solche Ansprüche, die bis zur Geltendmachung des Pfandrechts nach Grund und Höhe bereits entstanden sind, deren Entstehung also nicht von zukünftigen Ereignissen abhängig ist (§ 559 S. 2 BGB

OLG Hamm NJW-RR 1994, 655.

a) Pfandgegenstände

1367 Der Vermieter muß das Eigentum des Mieters an den Sachen, für die er das Vermieterpfandrecht geltendmacht, beweisen. An den im Eigentum eines **Untermieters** stehenden Sachen hat er kein Vermieterpfandrecht

OLG Düsseldorf DWW 1987, 330.

Der Vermieter muß nur das Entstehen der durch das Pfandrecht gesicherten Forderung beweisen, nicht aber, daß sie erloschen ist. Das ist vielmehr in der Regel Sache des Gegners

BGH NJW 1986, 2426.

1368 Verfügt der Mieter während der Mietzeit durch einen **Raumsicherungsübereignungsvertrag** zugunsten eines Kreditgebers über (gegenwärtiges oder künftiges) Eigentum an einer in einem bestimmten Mietraum eingebrachten Sachgesamt-

heit (Warenlager), bleibt der Vorrang des bestehenden Vermieterpfandrechts unberührt. Dieses erstreckt sich daher auch auf solche Einzelteile des Warenlagers, die erst nach der Sicherungsübereignung dem Warenbestand zugeführt werden
BGH MDR 1992, 578 = WM 1992, 247 = ZMR 1992, 186.

b) Verwertung und Selbsthilferecht

Wird gegen die Verwertungsvorschriften in § 1243 Abs. 1, 2 BGB verstoßen, so werden die Mängel geheilt, wenn der Eigentümer des Pfandes die Handlungsweise des verkaufsberechtigten Pfandgläubigers nachträglich genehmigt. Es tritt dann die gleiche Rechtslage ein, wie sie bei ordnungsmäßiger Pfandverwertung bestehen würde 1369
BGH MDR 1995, 570 = ZMR 1995, 243.

Ein auf § 561 Abs. 1 BGB gestütztes Selbsthilferecht des Vermieters darf nur während der Entfernung und nicht als bloße Präventivmaßnahme ausgeübt werden. Hierfür ist eine konkrete Gefahr vorauszusetzen, wobei die bloße Absicht des Entfernens nicht genügt. Anders wäre es, wenn mit dem Entfernen gegen den Willen des Vermieters bereits begonnen worden wäre
OLG Celle DWW 1994, 117 = ZMR 1994, 163.

6. Verjährung

Zur Verjährung vgl. eingehend Gather DWW 1987, 282, Finger ZMR 1988, 1. 1370

a) Anwendungsbereich

Die kurze Verjährungsfrist des § 558 BGB gilt im Ergebnis nicht nur für Schadensersatzansprüche sondern auch für **Erfüllungsansprüche** des Vermieters, etwa auf Durchführung von Schönheitsreparaturen oder einer Rückbaupflicht des Mieters

BGH MDR 1980, 306 = WM 1980, 106, BGHZ 104, 6, 10 = NJW 1988, 1778, BGH WM 1989, 376, BGH DWW 1995, 52 = MDR 1995, 140, 141 für Instandsetzungsanspruch bei Mietende, LG Bremen WM 1989, 79 für vereinbarte Instandsetzungsarbeiten durch den Mieter.
Dies ist über den Umweg der Naturalrestitution begründet worden.

Die Verjährungsregelung des § 558 BGB bezieht sich auf **alle Anspruchsgrundlagen**, die sich aus demselben Sachverhalt ergeben, so etwa aus positiver Vertragsverletzung oder unerlaubter Handlung des Mieters oder eines Dritten, der in den Schutzbereich des Mietverhältnisses einbezogen ist (BGH NJW-RR 1988, 1358, BGH WM 1992, 71 = ZMR 1992, 96, BGH WM 1992, 127 = ZMR 1992, 138), für Untermieter (AG Lemgo NJW-RR 1994, 1166 = ZMR 1994, 416), 1371

aufgrund einer Gefährdungshaftung aus § 22 WHG (OLG Düsseldorf ZMR 1992, 392 im Anschluß an BGH MDR 1987, 122 = WM 1987, 22),

auf Vereinbarungen über Ausgleichszahlungen für an sich geschuldete Renovierungsarbeiten (OLG Düsseldorf WM 1990, 344 = ZMR 1994, 402), Ersatzansprüche aufgrund einer Vereinbarung im Übernahmeprotokoll (AG Dortmund WM 1994, 208),

1372 ebenso wenn sich der Schaden nicht nur auf das Mietobjekt, sondern auch auf eine für den Vermieter fremde Sache – Giebelmauer des Nachbarn – bezieht (BGH MDR 1992, 671 = WM 1992, 71, OLG Düsseldorf ZMR 1988, 256, OLG Karlsruhe WM 1994, 281 = ZMR 1994, 161).

Letzteres hat der BGH präzisiert: Der Schaden muß einen hinreichenden Bezug zum Mietobjekt haben. Dieser ist bei einem einheitlichen Schaden durch Brand oder Explosion am Mietobjekt und an Sachen Dritter bejaht, dagegen für den Folgeschaden durch Ölverschmutzung, die ins Grundwasser eingedrungen war, an einer weiter entfernt liegenden Fischzuchtanlage eines Dritten verneint worden

BGH WM 1994, 20 = ZMR 1994, 63.

1373 Die Verjährungsregelung in § 558 BGB gilt auch für den Anspruch des Vermieters wegen Schädigung des Geschäftswertes (goodwill) eines verpachteten Unternehmens (BGH WM 1993, 535 = ZMR 1993, 458), für den Anspruch auf Beseitigung einer Einrichtung, wobei es auf die Kenntnis des Vermieters vom Zurückbleiben der Einrichtung nicht ankommt (OLG Düsseldorf DWW 1993, 138), für den Erstattungsanspruch aufgrund einer Vereinbarung im Wohnungsübergabeprotokoll (LG Nürnberg-Fürth ZMR 1993, 119, AG Dortmund WM 1994, 208).

1374 Dagegen greift sie nicht ein bei Ansprüchen aus Verschulden bei Vertragsverhandlungen, wenn der Mietvertrag nach § 123 BGB angefochten worden ist

OLG Hamm NJW-RR 1988, 784,

ebensowenig bei vollständiger **Zerstörung** des Mietobjekts, anders aber bei wirtschaftlichem Totalschaden, wenn das gewerblich genutzte Gebäude zwar ausgebrannt ist, aber eine Wiedererrichtung möglich ist

OLG Düsseldorf ZMR 1990, 272 im Anschluß an BGH MDR 1982, 135 = WM 1981, 262.

1375 Eine vollständige Zerstörung liegt aber nur vor, wenn jedwede Rückgabe ausgeschlossen ist. Das soll nicht der Fall sein, wenn noch Reste der zurückzugebenden Sache bestehen

BGH WM 1993, 535 = ZMR 1993, 458, vgl. aber auch Rdn. 320 f., 397 f.

Hat sich der Untermieter gegenüber dem Hauptmieter verpflichtet, diesen von Ansprüchen des Vermieters wegen unterlassener Schönheitsreparaturen freizuhalten, so unterliegt der Freihalteanspruch ebenfalls nicht der kurzen Verjährung des § 558 BGB

OLG München ZMR 1995, 20.

1376 Ausnahmsweise kann sich der Mieter auf die kurze Verjährung nach § 558 BGB auch gegenüber deliktischen **Ansprüchen Dritter** berufen, wenn zwischen dem Dritten und dem Vermieter eine enge wirtschaftliche Verflechtung besteht

BGH WM 1992, 127 = ZMR 1992, 138 für Kfz-Miete, wenn der Vermieter und der Dritte jeweils GmbH's mit gleichem Geschäftsführer und Geschäftssitz sind

1377 Die Anwendung des § 558 BGB setzt voraus, daß der Anspruch in dem in § 558 Abs. 2 BGB genannten Zeitpunkt bereits entstanden ist. Das bedeutet für **Mieter-**

ansprüche, daß § 558 BGB nur solche Ansprüche erfaßt, die bereits vor Vertragsende entstanden sind. Entstehen sie erst danach, so verjähren sie in den allgemeinen, für die jeweilige Anspruchsgrundlage maßgebenden Fristen
BGH WM 1991, 486 = ZMR 1991, 369.

Auch bei noch fortbestehendem Mietverhältnis kann die kurze Verjährungsfrist des § 558 Abs. 2 BGB in analoger Anwendung selbst dann eingreifen, wenn der Vermieter nicht das gesamte Mietobjekt, sondern nur einen abgrenzbaren Teil – hier: Heizungstank – zurücknimmt
OLG Düsseldorf MDR 1993, 57 = WM 1993, 272 im Anschluß an BGH MDR 1987, 135 = WM 1986, 276.

Verwendungsersatzansprüche des Mieters nach § 547 BGB richten sich im Falle des Eigentumswechsels gegen den früheren Vermieter, solange sie in die Dauer von dessen Eigentum fallen. Sie richten sich gegen den Erwerber nur, wenn sie nach dem Eigentumswechsel entstehen oder fällig werden. Ihre Verjährung gegenüber dem Veräußerer beginnt nach § 558 BGB mit dem Eigentumsübergang auf den Erwerber
BGH a.a.O.

Der Vermieterwechsel nach § 571 BGB wird verjährungsrechtlich hier also wie die Beendigung des Mietverhältnisses behandelt!

Schadensersatzansprüche des Mieters nach § 538 BGB verjähren erst nach 30 Jahren
LG München I WM 1991, 584,

ebenso der Schadensersatzanspruch des Mieters wegen unberechtigter Kündigung des Vermieters
BGH WM 1994, 20.

Dagegen verjährt sein Aufwendungsersatzanspruch gemäß § 541b Abs. 3 BGB nach 6 Monaten
LG Köln WM 1991, 588.

Die Vereinbarung, daß die in § 558 BGB festgelegte Verjährungsfrist erst 6 Monate nach dem Auszug des Mieters zu laufen beginnt, ist wegen Verstoßes gegen § 225 Abs. 1 BGB mit Recht für unwirksam angesehen worden
OLG Düsseldorf WM 1990, 344.

Jedoch sollen Vereinbarungen zulässig sein, durch die die Fälligkeit der Ansprüche und damit mittelbar der Beginn der Verjährung hinausgeschoben wird
BGH MDR 1994, 885 im Anschluß an BGH MDR 1984, 573 = NJW 1984, 289.

Auch entsprechende Formularklauseln werden für zulässig gehalten, sofern eine zeitliche Obergrenze für das Hinausschieben der Fälligkeit vorgesehen ist
BGH a.a.O.

Das ist wegen Umgehung des § 225 BGB abzulehnen.

b) Beginn und Lauf der Verjährungsfrist

1382 Der Lauf der Verjährungsfrist ist bezüglich der Ansprüche des Vermieters im Gegensatz zu den Ansprüchen des Mieters von der Beendigung des Mietverhältnisses nicht abhängig, sondern wird daran geknüpft, daß der Vermieter den Besitz derart wieder zurückerhält, daß er die unmittelbare Sachherrschaft ausüben und sich ungestört ein Bild von den Mängeln machen kann. Maßgebend ist also, daß eine **Veränderung in den Besitzverhältnissen** eingetreten ist

BGH NJW 1991, 2416 = WM 1991, 550,
BGH WM 1992, 71 = ZMR 1992, 96;
anders noch OLG Köln ZMR 1987, 481.

Damit wird aus Gründen der Rechtsklarheit der Tendenz entgegengetreten, entscheidendes Gewicht auf die Möglichkeit zur Überprüfung – etwa im Rahmen eines Beweissicherungsverfahrens – zu legen.

1383 Allerdings soll die Verjährungsfrist auch dann in Lauf gesetzt werden, wenn der Mieter den Besitz aufgegeben und der Vermieter hiervon Kenntnis erlangt hat, weil ihm auch in diesem Falle die Inbesitznahme und die Möglichkeit zur ungestörten Überprüfung gewährt ist

OLG Düsseldorf MDR 1987, 937, ZMR 1989, 463.

Andererseits soll es nicht ausreichen, wenn der Vermieter schon während der Mietzeit Zugang zum Mietobjekt hatte und sich ungehindert ein Bild über den Zustand des Mietzobjekts machen konnte

OLG Düsseldorf WM 1993, 671 = ZMR 1993, 519.

1384 Bei einem vereinbarten Wechsel des Mieters, der an die Stelle des Vormieters tritt, muß sich der Vermieter im Hinblick auf eine Verjährung seiner Schadensersatzansprüche gegenüber dem Vormieter so behandeln lassen, als habe er das Mietobjekt zum Zeitpunkt des Ausscheidens des Vormieters zurückerhalten

BGH WM 1992, 71 = ZMR 1992, 96,
OLG Karlsruhe WM 1994, 281 = ZMR 1994, 161.

1385 Eine Verjährungsfrist, die für den Erfüllungsanspruch des Vermieters auf Beseitigung von Anlagen verstrichen ist, wird auf die Verjährungsfrist für seinen Schadensersatzanspruch wegen Nichterfüllung dieser Verpflichtung **nicht angerechnet**

BGHZ 107, 179, 184, WM 1989, 376 = ZMR 1989, 293.
In dem zu entscheidenden Fall hatte der Vermieter nach Rückgabe der Mietsache (1. Juni) zunächst die Wiederherstellung des ursprünglichen Zustands verlangt, dann jedoch am 20. November – noch vor Ablauf der Verjährungsfrist von 6 Monaten – Schadensersatz unter Beachtung der Förmlichkeiten des § 326 BGB gefordert. Bei Einreichung der Schadensersatzklage (20. Dezember) waren mehr als 6 Monate seit der Rückgabe verstrichen.

Der BGH steht auf dem Standpunkt, daß die Verjährungsfrist für den Schadensersatzanspruch erst mit Ablauf des 20. November zu laufen begann. Das könnte im günstigsten Fall darauf hinauslaufen, daß sich die Verjährungsfrist im Ergebnis nahezu verdoppelt, wenn der Vermieter zunächst Erfüllung und anschließend Schadensersatz fordert. Darüber hinaus wirkt sich die Entscheidung in allen Fällen verlängernd auf die Verjährungsfrist aus, in denen der Vermieter die Voraussetzungen für einen Schadensersatzanspruch erst nach Rückgabe des Mietobjekts schafft (z.B. durch Nachfristsetzung nach § 326 BGB). Das läßt sich

mit dem Gesetzeszweck, alsbald Klarheit in den Rechtsbeziehungen der Parteien zu schaffen, nicht vereinbaren. § 558 BGB dürfte gegenüber § 198 BGB die speziellere Regelung sein. Der Auffassung des BGH haben sich angeschlossen
OLG Frankfurt DWW 1992, 336,
OLG Hamburg ZMR 1995, 18,
OLG Düsseldorf ZMR 1995, 468.

Diese Rechtsprechung kommt aber nicht zum Tragen wenn der Schadensersatzanspruch des Vermieters auch ohne die Voraussetzungen des § 326 Abs. 1 BGB entsteht, etwa bei endgültiger Erfüllungsverweigerung oder positiver Vertragsverletzung des Mieters (s. Rdn. 870, 876).

c) Hemmung und Unterbrechung

Die Rechtsprechung hält im Anschluß an BGHZ 93, 64 = WM 1985, 290, BGH MDR 1987, 575 = WM 1987, 154 daran fest, daß der Lauf der Verjährungsfrist auch bezüglich vertraglicher Ansprüche in entsprechender Anwendung des § 852 Abs. 2 BGB für die Dauer der Verhandlungen über den Schadensersatzanspruch **gehemmt** wird   1386
OLG Köln ZMR 1987, 481,
OLG Düsseldorf DWW 1991, 52.

Verjährungshemmendes **Verhandeln** i.S. von § 852 Abs. 2 BGB liegt vor, wenn die vom Inanspruchgenommenen abgegebenen Erklärungen den Geschädigten zu der Annahme berechtigen, der Verpflichtete werde i.S. einer Befriedigung der Ansprüche Entgegenkommen zeigen, z.B. indem er zum Ausdruck bringt, das Schreiben des Geschädigten zum Anlaß zu nehmen, in eine materiellrechtliche Prüfung der Ansprüche einzutreten   1387
OLG Hamm ZMR 1986, 200.

Der BGH hat den Begriff des Verhandelns erheblich ausgeweitet: Hierfür soll jeder Meinungsaustausch ausreichen, bei dem der Berechtigte davon ausgehen kann, daß sein Begehren von der Gegenseite nicht sofort oder noch nicht endgültig abgelehnt wird. Auch das Formularschreiben eines Haftpflichtversicherers des Mieters, in dem der Vermieter gebeten wird, die Schadensunterlagen zu übersenden, ist bereits als „Verhandeln" gewertet worden   1388
BGH WM 1991, 206, 207 = ZMR 1991, 168.

Ein Abbruch der Verhandlungen i.S. von § 852 Abs. 2 BGB liegt dann vor, wenn der Ersatzpflichtige eine Antwort auf sein letztes Schreiben spätestens hätte erwarten können, falls die Vergleichsverhandlungen hätten fortgesetzt werden sollen
OLG Karlsruhe NJW-RR 1994, 594 = WM 1994, 281 = ZMR 1994, 161 bei neunmonatigem Schweigen des Gläubigers.

Zu beachten ist in diesem Zusammenhang, daß für jeden einzelnen Anspruch der Lauf der Verjährungsfrist **gesondert** zu prüfen ist: Die Hemmung oder Unterbrechung der Verjährung für den einen Anspruch bezieht sich nicht auf den anderen   1389
OLG Düsseldorf NJW-RR 1988, 202.

Dementsprechend unterbricht eine **Klage** auf Feststellung, daß der Mieter verpflichtet ist, jeden Schaden zu ersetzen, der dem Vermieter aus der Unterlassung von Schönheitsreparaturen und Rückbaumaßnahmen anläßlich der Beendigung des Mietverhältnisses des Mietverhältnisses entsteht oder entstanden ist, nicht die Verjährung solcher Ansprüche, die in der Klagbegründung nicht ausgeführt worden sind. Dafür reicht die Bezugnahme auf eine der Klage beigefügte Anlage nicht

OLG Hamburg ZMR 1995, 18.

Ebensowenig unterbricht ein **Mahnbescheid** die Verjährung, wenn in ihm die geltend gemachten Ansprüche nicht unverwechselbar bezeichnet worden sind. Das ist bei der Formulierung „Schadensersatz aus beendetem Pachtverhältnis über die Gaststätte Z." nicht der Fall

LG Gießen WM 1995, 588.

Andererseits soll aber auch eine unzulässige, hilfsweise erhobene Feststellungsklage die Verjährungsfrist unterbrechen

OLG Düsseldorf ZMR 1994, 402.

Wichtig ist schließlich, daß eine Klage auf Schadensersatz, die deshalb unschlüssig ist, weil der Vermieter das Verfahren nach § 326 BGB nicht beachtet hat, die Verjährungsfrist für den Erfüllungsanspruch nicht unterbricht

BGHZ 104, 6 = BGH NJW 1988, 1778.

1390 Ist der Erfüllungsanspruch nach § 558 BGB verjährt, so kann er nicht mehr in einen Schadensersatzanspruch umgewandelt werden, weil dem Mieter als Schuldner eine dauernde Einrede (nämlich die der Verjährung) zur Seite steht und er deshalb nicht in Verzug gerät (BGH a.a.O.).

1391 Macht der Vermieter den **Verspätungsschaden** wegen nicht rechtzeitiger Instandsetzung bei Mietende gemäß § 286 Abs. 1 BGB geltend, so handelt es sich hierbei um einen Nebenanspruch i.S. von § 224 BGB. Diese Vorschrift ist allerdings dann nicht anzuwenden, wenn der Schadensersatzanspruch bereits vor Eintritt der Verjährung des Erfüllungsanspruchs eingeklagt worden ist

BGH DWW 1995, 52 = MDR 1995, 140, 141 = ZMR 1995, 114.

1392 Die Auffassung, daß die Verjährungsfrist **nicht durch ein Beweissicherungsverfahren unterbrochen** wird, entspricht herrschender Ansicht

vgl. BGH MDR 1995, 140, 141 = ZMR 1995, 114,
OLG Düsseldorf DWW 1990, 269 = WM 1990, 344,
OLG Köln WM 1993, 538 = ZMR 1993, 470.

XV. Mietprozeß und Zwangsvollstreckung

1. Erkenntnisverfahren

a) Zuständigkeit

1393 Die die ausschließliche sachliche Zuständigkeit des Amtsgerichts in **Wohnraummietsachen** ist nunmehr in § 23 Nr. 2a GVG geregelt (vgl. Rdn. A 201). In der Sache ergibt sich kein entscheidender Unterschied zur bisherigen Rechtslage; denn die weite Fassung des Gesetzes beruht auf den Ergebnissen der bisherigen Rechtsprechung zu § 29a ZPO a.F. (vgl. dazu die Vorauflage Rdn. 638). Die neue

Fassung des § 29a ZPO regelt die ausschließliche örtliche Zuständigkeit des Gerichts der belegenen Sache für die Raummiete und -pacht, auch soweit sich diese Rechtsverhältnisse nicht auf Wohnraum beziehen.

Nach wie vor ist nicht abschließend geklärt, ob die Zuständigkeit des Amtsgerichts nach § 23 Nr. 2a GVG auch dann gilt, wenn der Kläger die Herausgabeklage nicht auf mietrechtliche Anspruchsgrundlagen stützt, der Beklagte aber ein Wohnraummietverhältnis behauptet, und ob hierüber im Zulässigkeitsstadium zunächst Beweis erhoben werden muß. So wird die Zuständigkeit des Amtsgerichts schon dann bejaht, wenn aufgrund der Einlassung des Beklagten geprüft werden muß, ob ein Wohnraummietverhältnis vorliegt, 1394

OLG Hamburg DWW 1990, 235 = WM 1990, 393 = ZMR 1990, 377,
ebenso OLG Bremen WM 1990, 526 für Räumungsklage gegen Hausbesetzer,
LG Berlin WM 1992, 462, wenn der Räumungsanspruch auf Eigentum gestützt wird und der Besitzer das Bestehen eines Mietverhältnisses einwendet.

Es genügt danach, daß aufgrund der Einlassung des Beklagten streitig ist, ob ein ein Wohnraummietverhältnis besteht, um die Zuständigkeit des Amtsgerichts zu begründen; dieser Streit ist dann dort zu klären. Das dürfte aber nur für den Streit um die Zuständigkeit gelten. Ergibt die diesbezügliche Aufklärung, daß kein Wohnraummietverhältnis vorliegt, so muß das Amtsgericht den Rechtsstreit auf Antrag des Klägers an das Landgericht verweisen.

Wird ein **Ferienhaus** langfristig vermietet, so handelt es sich nicht um ein Mietverhältnis zu nur vorübergehendem Gebrauch, das dem Anwendungsbereich des § 29a Abs. 2 ZPO unterliegt. Vielmehr ist das Amtsgericht nach § 23 Nr. 2a GVG ausschließlich zuständig, wobei offengeblieben ist, ob für das Mietverhältnis ein Kündigungsschutz besteht 1395

OLG Hamburg MDR 1993, 43 = WM 1992, 634.

Bei **Mischmietverhältnissen** regelt sich die Zuständigkeit nach dem Schwergewicht des Vertrages 1396

OLG Celle MDR 1986, 324, OLG Karlsruhe MDR 1988, 414,
KG GE 1995, 1205 für Schuhmacherladen mit angehängter Wohnung,
OLG München ZMR 1995, 295.

Aus dem Schutzzweck des § 29a Abs. 1 ZPO a.F. ist wiederholt abgeleitet worden, daß die amtsgerichtliche Zuständigkeit ohne Rücksicht auf die Gewichtung des Vertragszwecks gegeben sei, ausführlich 1397

LG Köln NJW-RR 1989, 403.

Auch der Anspruch des Eigentümers gegen den Untermieter einer Wohnung auf Zahlung einer **Nutzungsentschädigung** ist vor dem nach § 23 Nr. 2a GVG, § 29a Abs. 1 ZPO zuständigen Amtsgericht geltendzumachen

LG Köln WM 1991, 563,

ebenso der Anspruch des Vermieters gegen den **Mietbürgen**

AG Neukölln MM 1994, 210.

Das gleiche gilt bei Vermietung im **Bauherrnmodell** für die Ansprüche des Eigentümers gegen den Endmieter aus § 549a BGB (s. dazu Rdn. A 7 f.).

Die amtsgerichtliche Zuständigkeit ist auch dann gegeben, wenn zwischen den Parteien zwar kein Mietverhältnis besteht, der Anspruch aber – wie bei § 556 Abs. 3 BGB – aus mietrechtlichen Vorschriften begründet wird
LG Göttingen ZMR 1990, 383.

1398 Das Amtsgericht und nicht das Arbeitsgericht ist auch zur Entscheidung von Streitigkeiten über die Miethöhe von **Werkmietwohnungen** zuständig, selbst wenn der Betriebsrat ein Mitbestimmungsrecht über Zuweisung, Kündigung und Festlegung der Mietbedingungen hat
BAG WM 1990, 391.

Auch der Streit aus einem Nutzungsverhältnis über Wohnraum, der im Zusammenhang mit einem Arbeitsverhältnis überlassen worden ist (Zuweisung einer Hausmeisterwohnung in einer Schule, ohne daß ein Mietvertrag abgeschlossen worden ist), ist vor den Zivilgerichten zu führen,
LG Augsburg WM 1994, 333.

1399 Dagegen handelt es sich bei der Klage des Mieters gegen den Geschäftsführer einer Vermietungs-GmbH auf Schadensersatz wegen Nichtanlage der Mietsicherheit (vgl. Rdn. 1346) nicht um eine mietrechtliche Streitigkeit
OLG Hamburg DWW 1990, 542 = WM 1990, 542.

1400 Die ausschließliche **örtliche Zuständigkeit** des Gerichts der belegenen Sache nach § 29a Abs. 1 ZPO gilt für alle Streitigkeiten aus Miet- und Pachtverhältnissen über Räume, auch soweit es sich nicht um Wohnraum handelt, dagegen nicht über unbebaute Grundstücke. Immer wieder wird übersehen, daß abweichende **Gerichtsstandsvereinbarungen** – auch unter Kaufleuten – unwirksam sind, mögen sie vor oder nach Entstehen des Streits getroffen worden sein (§ 40 Abs. 2 ZPO).

1401 Die **sachliche Zuständigkeit** bei Streitigkeiten aus Miet- und Pachtverhältnissen, die nicht Wohnraum betreffen, richtet sich nach der Höhe des Streitwerts (§ 23 Nr. 1 GVG). Dabei kommt es nicht auf den Gebührenstreitwert nach §§ 12 f. GKG, sondern auf den Zuständigkeitswert nach §§ 2 f. ZPO an. Das wird häufig in Räumungssachen nicht beachtet (z.B. LG Frankfurt WM 1993, 470 für Berufungswert). Der Zuständigkeitswert richtet sich in Räumungssachen nicht nach § 16 GKG (eine Jahresmiete); vielmehr ist § 8 ZPO einschlägig. Der nach jener Vorschrift streitige Zeitraum richtet sich bei befristeten Miet- oder Pachtverhältnissen nach der Miethöhe für die ab Anhängigkeit **restliche Vertragszeit**. Bei Miet- oder Pachtverhältnissen auf unbestimmte Zeit ist die „gesamte streitige Zeit" im allgemeinen nach dem Zeitpunkt zu berechnen, auf den derjenige hätte kündigen können, der die längere Vertragszeit behauptet,
BGH NJW-RR 1992, 1359 = WM 1992, 465 = ZMR 1992, 433;
OLG Karlsruhe WM 1994, 338, s. auch Rdn. A 203.

1402 Beruft sich der Mieter gegenüber der Kündigung auf eine gesetzliche Kündigungsschutzregelung, so dauert die „streitige Zeit" in § 8 ZPO bis zu dem Endzeitpunkt, den der Mieter als für ihn günstigsten in Anspruch nimmt
BGH WM 1992, 465 = ZMR 1992, 433;
nach LG Berlin WM 1992, 462 soll in der Regel der dreifache Betrag einer Jahresmiete maßgeblich sein.

Dagegen kommt es nicht darauf an, ob der Mieter/Pächter mit besonderen Kosten für die Räumung (z.B. Entfernen von Baulichkeiten oder Bäumen) belastet wird
BGH MDR 1994, 100 = WM 1994, 80 = ZMR 1994, 65.

Das Verlangen, vom Mieter zurückgelassene Einrichtungen zu entfernen, ist Teil der Räumungsklage und wird nicht gesondert berechnet
BGH WM 1995, 320 = ZMR 1995, 245.

Die Regelung des § 8 ZPO soll dagegen nicht anzuwenden sein, wenn zwischen den Parteien unstreitig ist, daß das Miet- oder Pachtverhältnis beendet ist, und es nur noch um die Räumung und Herausgabe geht. Hier soll § 6 ZPO einschlägig sein; dabei soll regelmäßig der einjährige Nutzwert zu berücksichtigen sein   1403
OLG Karlsruhe WM 1994, 338.

Streiten die Parteien darüber, ob ein **Kellerraum** in den Wohnraummietvertrag einbezogen worden ist, so bemißt sich der Streitwert nach dem Nutzwert dieses Raums für einen Zeitraum von 36 Monaten   1404
LG Hamburg WM 1993, 416.

Das gleiche soll gelten, wenn auf Herausgabe eines Nebenraums aufgrund einer Teilkündigung nach § 564b Abs. 2 Nr. 4 BGB geklagt wird
LG Hamburg WM 1992, 145.

Der Gerichtsstand der **Niederlassung** (§ 21 ZPO) gilt nach   1405
OLG Hamburg WM 1990, 394

nur für Streitigkeiten aus sog. betriebsspezifischen Geschäften der Niederlassung, d. h. die zum Gegenstand des Geschäfts der Niederlassung gehören, nicht dagegen für Ansprüche aus Geschäften, die den Betrieb der Niederlassung erst vorbereiten, wie die Anmietung eines Ladens für die Niederlassung.

Probleme ergeben sich aus der Zuständigkeitsregelung in Art. 16 Nr. 1 EuGVÜ   1406
(lex rei sitae), die jedoch nicht für Mietzinsklagen aus einem Mietverhältnis über Gewerberaum gelten soll (vgl. EuGH NJW 1978, 1107). Ebensowenig ist dieser ausschließliche Gerichtsstand gegeben, wenn ein gewerblicher Reiseveranstalter mit Sitz im gleichen Staat wie der Kunde diesem ein **Ferienhaus** oder eine Ferienwohnung, die in einem anderen Vertragsstaat belegen sind und die nicht in seinem Eigentum stehen, für einige Wochen vermietet
EuGH NJW 1992, 1029,
vgl. auch LG Köln ZMR 1991, 393;
anders noch LG Berlin MDR 1991, 1084,
AG München ZMR 1991, 183,
Hüßtege NJW 1990, 622, Buse ZMR 1991, 167.

Allerdings ist vorab zu prüfen, ob das Vertragsverhältnis nicht als Reisevertrag zu werten ist. Für die daraus folgenden Ansprüche gelten die allgemeinen Zuständigkeitsregeln der inländischen Gerichte
LG Berlin MDR 1991, 1084.

Auf die Anmietung einer Ferienwohnung vom Eigentümer ist Mietrecht und   1407
nicht Reiserecht anzwenden
OLG München ZMR 1993, 524, LG Ravensburg ZMR 1993, 226.

Zu beachten ist aber auch die Zuständigkeit des Art. 5 Abs. 1 S. 1 EuGVÜ (Erfüllungsort) und die Zuständigkeit aufgrund rügeloser Einlassung (Art. 18 EuGVÜ), dazu ausführlich
OLG Düsseldorf DWW 1990, 361.

b) Allgemeine mietprozessuale Fragen

1408 **Parteifähigkeit**: Bei ausländischen (juristischen) Personen bestimmt sich die (Rechts- und) Parteifähigkeit nach dem Recht des Staates, dem sie angehört (vgl. Art. 7 EGBGB)
LG Hamburg ZMR 1994 S. XV Nr. 15.

1409 **Prozeßstandschaft**: Auch wenn den **Verwalter** Rechenschaftspflichten gegenüber dem Vermieter treffen, ist er grundsätzlich nicht befugt, Ansprüche auf Miete und Nebenkosten im eigenen Namen gerichtlich geltend zu machen
LG Hamburg WM 1991, 599,
LG Berlin NJW-RR 1993, 1234 unter Hinweis darauf, daß die Ermächtigung gegen §§ 1, 5 RBeratG verstößt,
AG Wuppertal WM 1993, 416;
anders LG Darmstadt WM 1990, 445, wenn der Eigentümer ihn ermächtigt hat, diese Ansprüche im eigenen Namen geltend zu machen,
LG Bremen WM 1993, 605.

1410 Ebensowenig ist der Verwalter einer Wohnungseigentumsanlage in solchen Mietesachen prozeßführungsbefugt, die sich aus der gesonderten Verwaltung einer in Sondereigentum stehenden Eigentumswohnung ergeben. Sein wirtschaftliches Interesse im Hinblick auf den Verwaltervertrag und auf seinen Vergütungsanspruch reichen für die Annahme einer Prozeßstandschaft nicht aus,
AG Neuß NJW-RR 1989, 269 = WM 1989, 88.

Die Klausel in einem Verwaltervertrag

„Der Verwalter ist befugt, Mieten, Nebenkosten oder sonstige Nutzungsentschädigungen im eigenen Namen für Rechnung des Sondereigentümers gerichtlich geltend zu machen; eine entsprechende Prozeßführungsbefugnis wird hiermit erteilt."

soll wegen Verstoßes gegen Art. 1 § 1 Abs. 1 RBeratG nach § 134 BGB nichtig sein
AG Neuss a.a.O.
s. auch LG Berlin NJW-RR 1993, 1234.

1411 Auch der Anspruch auf Räumung und Herausgabe von Wohnraum kann im Wege der gewillkürten Prozeßstandschaft – sofern deren Voraussetzungen vorliegen – geltendgemacht werden,
LG Berlin GE 1994, 399.

1412 Bei einer **Personenmehrheit auf Mieterseite** kann jeder Mitmieter den Anspruch auf Instandsetzung klageweise geltendmachen; es liegt ein Fall der gesetzlichen Prozeßstandschaft nach § 432 BGB vor
LG Kassel WM 1994, 534.

Das gleiche ist für die Klage auf Erteilung einer Untermieterlaubnis nach § 549 Abs. 2 BGB angenommen worden

LG Berlin NJW-RR 1992, 13;
a.A. LG Saarbrücken NJW-RR 1992, 781 für die Klage auf Zustimmung zur Auswechselung einzelner Mitglieder einer Wohngemeinschaft.

Dagegen besteht für eine Klage auf Feststellung der Unwirksamkeit eines Mietvertrages eine notwendige Streitgenossenschaft, so daß bei Personenmehrheit auf Mieter- oder Vermieterseite der Rechtsstreit von allen gegen alle Vertragsparteien geführt werden muß 1413
OLG Celle DWW 1994, 118 = NJW-RR 1994, 854.

Das gilt schlechthin für Streitigkeiten, die das Mietverhältnis als Ganzes betreffen.

Der **Zwangsverwalter** als Partei kraft Amtes kann anhängige Prozesse über Nutzungen aus der Zeit seiner Amtstätigkeit auch trotz Aufhebung der Zwangsverwaltung fortsetzen 1414
BGH WPM 1990, 742,
BGH MDR 1993, 476 = WM 1993, 61.

c) Darlegungslast und Beweisaufnahme

Der Vermieter von Gewerberaum, der über ein im Zuge von Umbaumaßnahmen eingetretenes Schadensereignis von der von ihm mit Installationsarbeiten beauftragten Firma zwei einander widersprechende Darstellungen über den Geschehensablauf erhält, darf das Vorbringen des geschädigten Mieters, welches sich nur mit einer dieser Darstellungen deckt, mit Nichtwissen bestreiten 1415
BGH MDR 1990, 333 = ZMR 1990, 101.

Der BGH lehnt eine über substantiiertes Bestreiten hinausgehende allgemeine **Aufklärungspflicht** der nicht darlegungs- und beweispflichtigen Partei zwar ab, erkennt aber an, daß in bestimmten Fällen die Rechtsprechung dem Gegner der primär behauptungspflichtigen Partei eine gewisse (sekundäre) **Behauptungslast** auferlegt, nämlich vor allem dann, wenn eine darlegungspflichtige Partei außerhalb des von ihr darzulegenden Geschehensablaufs steht und keine Kenntnis der maßgebenden Tatsachen besitzt, während der Prozeßgegner sie hat und ihm nähere Angaben zumutbar sind (vgl. BGH NJW 1987, 1201)
BGH MDR 1991, 226.

Auch im Anwaltsprozeß ist das Gericht verpflichtet, eine Partei auf einen von ihr übersehenen rechtlichen Gesichtspunkt, auf den es seine Entscheidung stützen will, hinzuweisen, um ihr Gelegenheit zu geben, die erforderlichen Tatsachen vorzutragen 1416
BGH MDR 1990, 615, 616 m.w.N.

Beruft sich der Mieter auf eine **Mietminderung**, so braucht er nur darzulegen, daß kein Mangel vorliegt, der die Tauglichkeit nicht nur unerheblich beeinträchtigt. Dagegen soll es ihm nicht obliegen, das Maß der Beeinträchtigung darzulegen; dies zu ermitteln, sei Sache des Gerichts, ggfs. unter Heranziehung eines Sachverständigen 1417
BGH NJW-RR 1991, 779 = WM 1991, 544.

Das erscheint bedenklich. Da die Berufung auf die Minderung prozessual nicht bloßes Bestreiten des Mietzinsanspruchs, sondern Geltendmachung einer Einwendung ist, zählt hierzu auch das Ausmaß der Beinträchtigung. Etwaigem nicht ausreichenden Vorbringen kann durch Hinweise nach § 139 ZPO oder durch eine Schätzung nach § 287 ZPO abgeholfen werden.

Mindert der Mieter wegen Lärmbelästigungen, so muß er diese substantiiert darlegen; trägt er nur vor, daß fast rund um die Uhr Geräusche und Unterhaltungen aus der Nachbarwohnung zu hören sind, so ist das zu pauschal

LG Berlin GE 1995, 1211.

1418 Das Gericht ist verfahrensrechtlich nicht gehindert, von der Durchführung einer bereits durch Beweisbeschluß angeordneten **Beweisaufnahme** abzusehen, wenn es bei erneuter Überprüfung zu dem Ergebnis gelangt, daß der unter Beweis gestellte Vortrag – im Hinblick auf das Vorbringen der Gegenseite – nicht (mehr) hinreichende substantiiert ist. Das Gericht muß dann aber der beweispflichtigen Partei durch einen rechtzeitig erteilten Hinweis Gelegenheit zur ergänzenden Substantiierung geben

OLG Köln NJW-RR 1992, 719.

1419 Gegenüber zu hohen Anforderungen an die Darlegungslast bei Schäden ist auf das Urteil des

BGH v. 23.10.1991 – NJW-RR 1992, 202

zu verweisen. Danach erleichtert die Bestimmung des § 287 ZPO dem Geschädigten nicht nur die Beweisführung sondern auch die Darlegungslast. Auch bei Lücken im Vortrag ist es in der Regel nicht gerechtfertigt, jeden Ersatz zu versagen. Eine Schätzung kann nur unterlassen werden, wenn jeglicher konkreter Anhaltspunkt hierfür fehlt.

Diese Auffassung hat der BGH bestätigt:

Stehen Haftungsgrund und Schadenseintritt fest, darf das Gericht von einer Schätzung des Schadens nach § 287 ZPO nicht schon deshalb absehen, weil der Sachvortrag des Geschädigten eine abschließende Beurteilung seines gesamten Schadens nicht zuläßt. Vielmehr ist zu prüfen, ob und in welchem Umfang auf dieser Grundlage ein in jedem Fall eingetretener und aufgrund der geltendgemachten Anspruchsgrundlage auszugleichender Schaden ermittelt werden kann.

BGH – Urt. v. 12.10.1993 – MDR 1994, 250.

Entsprechendes wird zu gelten haben, wenn der Mieter sich auf eine Mietminderung beruft (s. Rdn. 1417).

1420 Die Feststellung von Mängeln, des Umfangs der Gebrauchsbeeinträchtigung und der zur Behebung erforderlichen Kosten kann einem Sachverständigen übertragen werden; dagegen obliegt die Beurteilung der Mietminderung dem Gericht

LG Saarbrücken WM 1992, 144.

Die Höhe der Mietminderung kann demnach auch nicht Gegenstand eines selbständigen Beweisverfahrens sein

LG Berlin MDR 1991, 444 = WM 1991, 163.

Die durch heimliches Mithören (etwa eines Telefongesprächs) gewonnene Kenntnis eines Zeugen soll nicht beachtet werden dürfen; der heimliche Mithörer dürfe daher nicht als Zeuge über dieses Gespräch vernommen werden 1421

LG Kassel NJW-RR 1990, 62,
LG Heilbronn WM 1992, 10 unter Hinweis auf BGH NJW 1991, 1180;
demgegenüber einschränkend BGH MDR 1982, 845,
vgl. auch Zöller–Greger ZPO § 286 Rdn. 15b.

Ein gerichtliches Sachverständigengutachten über die Miethöhe ist nicht verwertbar, wenn der Sachverständige nicht die Vergleichsobjekte und Vergleichsmieten nachprüfbar offenlegt; der Anspruch der Prozeßparteien auf Gehör hat Vorrang vor dem Interesse Dritter an der Geheimhaltung der sie betreffenden Daten. Der Sachverständige kann sich insoweit nicht auf seine Schweigepflicht berufen 1422

BGH MDR 1994, 941.

Das gleiche gilt für ein Gutachten über die Höhe der ortsüblichen Vergleichsmiete für Wohnraum: Auf eine Offenlegung von Mietpreis und Adressen der Vergleichswohnungen oder sonstiger Angaben über deren Beschaffenheit kann in der Regel nicht verzichtet werden, soweit deren Kenntnis für eine Überprüfung des Gutachtens praktisch unentbehrlich ist. Ob und inwieweit das Gericht und die Verfahrensbeteiligten die Kenntnis von Tatsachen, die ein Sachverständiger seinem Gutachten zugrundegelegt hat, für eine kritische Würdigung des Gutachtens tatsächlich benötigen, läßt sich allerdings nicht generell entscheiden. Je umfassender und allgemeiner der vom Sachverständigen verwertete Tatsachenstoff ist, desto deutlicher nimmt der Nutzen der Kenntnis einzelner Umstände für die kritische Auseinandersetzung mit dem Gutachten ab. Unter Umständen kann es ausreichen, den Beteiligten die Möglichkeit von Stichproben einzuräumen. Soweit der Sachverständige sein Gutachten auf statistisch erfaßtes oder allgemein zugängliches Tatsachenmaterial aufbaut, werden Einzelheiten für die kritische Würdigung in der Regel nicht benötigt. Entsprechend verhält es sich bei Erfahrungswissen und wissenschaftlich begründeten Einsichten. Die Überprüfungspflicht des Gerichts verträgt Einschränkungen nur insoweit, als Rechte anderer beeinträchtigt werden würden, z.B. bei Daten aus der engsten Privat- oder Intimsphäre. Allein der Umstand, daß Dritte eine Bekanntgabe von Tatsachen aus ihrer Privatsphäre nicht wünschen und der Sachverständige sich daran gebunden fühlt, ist kein ausreichender Grund dafür, das Urteil auf ein solches Gutachten zu stützen 1423

BVerfG – Beschl. v. 11.10.1994 – DWW 1994, 381 = NJW-RR 1995, 40 = WM 1994, 661 = ZMR 1995, 7.

Diese strengen Anforderungen gelten aber nicht für Schiedsgutachten (s. Rdn. 548).

Zum Beweiswert von Mietspiegeln s. Rdn. 619, 1450 f.

d) Urteil und Rechtsmittelverfahren

Bei einer Klage auf Zahlung von Mietzins ist ein **Teilurteil** über einzelne Monatsmieten unzulässig, wenn (auch) der Grund der Zahlungspflicht streitig ist und deshalb die Gefahr eines Widerspruchs zum Schlußurteil nicht ausgeschlossen 1424

werden kann. Das gilt auch dann, wenn der Kläger die Klage nach Schluß der mündlichen Verhandlung um weitere Mietzinsraten erhöht
OLG Köln WM 1992, 262,
vgl. auch OLG Düsseldorf DWW 1990, 364 = MDR 1990, 930.

1425 In einem Rechtsstreit über Zahlung von Mietzins und Räumung ist ein Teilurteil unzulässig, wenn das Gericht den Zahlungsanspruch wegen der rückständigen Mieten für nicht entscheidungsreif ansieht, weil dem Mieter wegen etwaiger Mängel ein Zurückbehaltungsrecht zusteht, so daß er zur Zeit der Kündigung noch nicht im Verzug gewesen wäre
LG Bonn NJW-RR 1990, 19 = ZMR 1990, 58.

Überhaupt kann über einen Teil eines einheitlichen Anspruchs, der nach Grund und Höhe streitig ist, durch Teilurteil nur dann entschieden werden, wenn zugleich ein Grundurteil über den restlichen Teil des Anspruchs ergeht
BGHZ 107, 236,
BGH MDR 1989, 895,
BGH MDR 1992, 519.

Das ist zum Beispiel zu beachten, wenn der Vermieter die Klage auf Zahlung von Mietzins nach Schluß der mündlichen Verhandlung um weitere inzwischen fällig gewordene Mietzinsraten erhöht (OLG Köln WM 1992, 262).

1426 Die **Divergenzberufung** nach § 511a Abs. 2 ZPO (Abweichung des Amtsgerichts von einem Rechtsentscheid) muß eine Frage betreffen, die sich aus einem Mietverhältnis über Wohnraum ergibt oder sich auf den Bestand eines solchen Rechtsverhältnisses bezieht oder in einem engen inneren Zusammenhang mit einer materiellen Rechtsfrage des Mietrechts steht,
LG Köln WM 1992, 144,
LG Zweibrücken WM 1993, 203: nicht bezüglich prozessualer Fragen.

Die Divergenzberufung ist unzulässig, wenn zur Zeit der Verkündung des amtsgerichtlichen Urteils die maßgebliche obergerichtliche Entscheidung noch nicht ergangen war
LG Köln WM 1995, 122.

Der Berufungskläger muß die Voraussetzungen der Divergenzberufung spätestens in der Berufungsbegründung darlegen
LG Nürnberg-Fürth NJW 1993, 1487,
LG Berlin ZMR 1993, 169 (außer bei Offensichtlichkeit),
LG Köln NJW-RR 1994, 1424 = ZMR 1994, 261,
LG Gießen WM 1994, 704: das Landgericht prüft die Divergenz nur insoweit, als der Berufungskläger die von der Entscheidung des Amtsgerichts abweichende obergerichtliche Rechtsprechung benennt.

1427 Ob bei Verletzung des Anspruchs auf **rechtliches Gehör** die Berufung auch dann zulässig ist, wenn die Beschwerdesumme nicht erreicht ist, ist streitig,
bejahend LG Hamburg WM 1992, 124,
LG Aachen MDR 1992, 899;
a.A. LG Bad Kreuznach WM 1993, 469.

1428 Ein Räumungsurteil ist als offenbar unrichtig zu berichtigen, wenn der Mieter zur Räumung einer von ihm nicht angemieteten und bewohnten Wohnung im

Hause des Vermieters aufgrund eines Tenorierungsfehlers verurteilt worden ist; das gilt auch dann, wenn das Gericht insofern das unrichtige Vorbringen einer Partei unverändert übernommen hat,
LG Bonn WM 1993, 467.

e) Räumungsklage

Klagt der Vermieter auf Räumung und erhebt der Mieter Widerklage auf Zustimmung zur Fortsetzung des Mietverhältnisses, so werden für die Wertermittlung die Werte von Klage und Widerklage nach § 19 Abs. 1 GKG nicht zusammengerechnet, 1429
BGH MDR 1995, 198 = WM 1994, 705.

Eine Räumungsklage gegen „Unbekannt" (bei Hausbesetzungen) ist nur zulässig, wenn die Partei nach räumlichen und zeitlichen Kriterien feststeht und es sich nicht um einen wechselnden Personenkreis handelt
OLG Oldenburg MDR 1995, 794 m.w.N.,
a.A. LG Kassel NJW-RR 1991, 381.

Der Vermieter kann bei Beendigung eines Wohnraummietvertrages, der nur mit einem Ehegatten abgeschlossen worden ist, auch den anderen Ehegatten, der nicht Mieter geworden ist, auf Rückgabe der Wohnung in Anspruch nehmen. Er kann sein Herausgabeverlangen auf § 556 Abs. 3 BGB und zusätzlich, sofern er Eigentümer der Mietsache ist, auf § 985 BGB stützen. Einer Räumungsklage gegen den nicht mietenden Ehegatten fehlt nicht das Rechtsschutzinteresse 1430
OLG Schleswig – RE v. 17.11.1992 WM 1992, 674 = ZMR 1993, 69.

Das OLG Schleswig hat allerdings offengelassen, ob es zwingend eines Räumungstitels gegen den nichtmietenden Ehegatten bedarf. Dies wird nunmehr von der h.M. bejaht
OLG Köln WM 1994, 285,
KG NJW-RR 1994, 713,
OLG Oldenburg NJW-RR 1994, 715,
s. auch Rdn. 1479.

Obwohl mehrere Mieter als Gesamtschuldner auf Räumung haften, weil sie nicht nur ihre eigene Räumung, sondern die (von den anderen Mietern) geräumte Herausgabe schulden, hat das 1431
OLG Schleswig – RE v. 25.6.1982 – NJW 1982, 2672
andererseits das Schutzbedürfnis für eine Räumungsklage gegen den bereits **ausgezogenen Ehegatten-Mieter** verneint, wenn er den Besitz an der Wohnung endgültig aufgegeben und den Vermieter hiervon unterrichtet hat. Diese Rechtsprechung hat bei den Instanzgerichten Verbreitung gefunden. So verneinen
LG Hagen WM 1991, 359,
LG Berlin GE 1995, 567

das **Rechtsschutzbedürfnis** des Vermieters für eine Räumungsklage gegen einen Mieter, der mit Wissen des Vermieters endgültig aus der Wohnung ausgezogen ist; denn der Vermieter würde seinem Ziel der geräumten Herausgabe nicht näherkommen. Nach
LG Berlin ZMR 1989, 337

soll genügen, daß der Besitzaufgabewille nach außen für ein mit den Verhältnissen Vertrauten erkennbar ist; ihm soll nicht entgegenstehen, daß der ausgezogene Mieter noch Schlüssel zur früheren Wohnung hat.

1432 Das Rechtsschutzbedürfnis ist ebenfalls für eine Räumungsklage gegen einen Mitmieter verneint worden, der erst gar nicht in die Wohnung eingezogen ist, wovon der Vermieter auch Kenntnis hatte
LG München II WM 1989, 181.

Hat andererseits der Mieter die herausverlangte Wohnung verlassen, jedoch erklärt, zurückkehren zu wollen, so besteht weiterhin das Rechtsschutzinteresse für die Räumungsklage
LG Berlin ZMR 1993 S. VI Nr. 13.

1433 Selbst bei **Untervermietung** soll die Räumungsklage nur gegen den noch in der Wohnung verbliebenen Untermieter zulässig sein, während sie gegenüber dem Mieter, der seinerseits ausgezogen ist, für unzulässig gehalten worden ist
LG Frankfurt WM 1989, 295.

Diese Rechtsprechung erscheint schon deshalb bedenklich, weil sie der materiellen Rechtslage nicht entspricht und die Rechtsstellung des Vermieters verkürzt (vgl. Rdn. 1294).
Mit dem OLG Stuttgart, das dem RE des OLG Schleswig vom 25.6.1982 a.a.O. nicht folgen will, ist deshalb zugrunde zu legen, daß auch der aus der Wohnung ausgezogene Mitmieter auf Räumung verklagt werden kann
OLG Stuttgart WM 1995, 385 = ZMR 1995, 350.

Da eine Personenmehrheit auf Mieterseite nur gesamtschuldnerisch für die Räumung einzustehen hat, besteht insoweit keine notwendige Streitgenossenschaft, so daß es verfahrensrechtlich nicht geboten ist, alle Mitmieter auf Räumung zu verklagen.

1434 Hat der Voreigentümer bereits einen Räumungstitel erwirkt, so kann das Rechtsschutzinteresse für eine erneute Räumungsklage des gegenwärtigen Eigentümers bejaht werden, wenn bei einer Umschreibung des Räumungstitels und darauf durchgeführter Zwangsvollstreckungsmaßnahmen mit Einwendungen des Mieters zu rechnen ist, die sich gegen den titulierten Räumungsanspruch richten,
LG Berlin ZMR 1993 S. VI Nr. 11.

1435 Geklärt ist, daß eine Klage auf **künftige Räumung** nach § 259 ZPO schon dann zulässig ist, wenn der Mieter der Kündigung nach § 556a BGB widersprochen hat
OLG Karlsruhe – RE v. 10.6.1983 – NJW 1984, 2953,
LG Wiesbaden WM 1989, 428,
vgl. auch Karst ZMR 1988, 453, Henssler NJW 1989, 138.

Die Zulässigkeit ist dagegen verneint worden, wenn der Vermieter den Mieter über das Widerspruchsrecht nach der Sozialklausel in § 556a BGB nicht belehrt, der Mieter auch noch nicht widersprochen hat und zur Zeit der letzten mündlichen Verhandlung die Widerspruchsfrist nicht abgelaufen ist
LG Kempten NJW-RR 1993, 1101 = WM 1993, 45.

Anderseits ist der Mieter nicht verpflichtet, sich trotz Anfrage des Vermieters 1436
dazu zu äußern, ob er rechtzeitig räumen werde; durch sein Schweigen gibt er
noch keinen Anlaß für eine Klage auf die Räumung
> OLG Karlsruhe a.a.O.,
> AG Charlottenburg WM 1989, 427.

Ebensowenig ist er verpflichtet, sich vor Ablauf der Frist des § 556a Abs. 6 BGB
zu äußern, ob er der Kündigung widersprechen werde
> AG Neuss DWW 1990, 279.

Der Vermieter ist vor einer verfrühten Räumungsklage zu warnen, weil ein 1437
solches Vorgehen zu Kostennachteilen führen kann. Es entspricht nunmehr herrschender Rechtsprechung, daß dem Mieter nach Ausspruch einer Kündigung eine
„Ziehfrist" von 1 bis 2 Wochen einzuräumen ist, bevor er **Anlaß zur** Erhebung
einer **Räumungsklage** gibt; denn der Vermieter kann in der Regel nicht damit
rechnen, daß der Mieter sozusagen stehenden Fußes in der Lage sein wird zu
räumen
> LG München II WM 1989, 181, LG Berlin GE 1994, 707: eine Woche,
> ferner AG Ahaus DWW 1989, 54,
> AG Bergisch Gladbach WM 1990, 297: zwei Wochen.

Beachtet er dies nicht, sondern reicht – u.U. gleichzeitig mit Ausspruch der
Kündigung – Räumungsklage ein, so hat der Mieter zu dieser keinen Anlaß
gegeben. Erkennt er den Räumungsanspruch an, so wird der Vermieter die Kosten
nach §§ 93, 93b ZPO zu tragen haben,
> vgl. LG Bremen WM 1989, 430 bei Räumung vor Zustellung der die fristlose Kündigung
> enthaltenden Räumungsklage. LG Hannover NJW-RR 1992, 659: Hat der Mieter gekündigt, ohne einen Auszugstermin mitzuteilen, so ist eine Räumungsklage zwei Wochen
> nach der Kündigung verfrüht;
> ferner AG Bergisch Gladbach WM 1990, 297.

Dies wird auch dann gelten müssen, wenn der Mieter die auf Zahlungsverzug
gestützte Kündigung durch Zahlung innerhalb der Schonfrist nach § 554 Abs. 2 Nr. 2
BGB unwirksam macht und die Hauptsache daraufhin für erledigt erklärt wird
> LG Berlin GE 1994, 707,
> AG Neuss NJW-RR 1987, 789;
> anders LG Kassel NJW-RR 1987, 788.

Erkennt der Mieter den Räumungsanspruch sofort an und beansprucht er lediglich eine Räumungsfrist, so können die Kosten nach Maßgabe des § 93b Abs. 3 1438
ZPO dem Vermieter auferlegt werden (vgl. dazu eingehend Harsch WM 1995,
246). Findet das gerichtliche Vorverfahren statt, so soll der Mieter schon in der
Verteidigungsanzeige sein Anerkenntnis anzeigen, da es anderenfalls nicht „sofortig" ist
> LG Lübeck WM 1989, 428, WM 1993, 552, LG Regensburg WM 1993, 552,
> AG Reutlingen WM 1989, 430;
> anders LG Koblenz WM 1989, 429,
> LG Flensburg WM 1993, 553: Anerkenntnis zwar nach Verteidigungsanzeige, aber noch
> innerhalb der für die Anzeige gesetzten Frist,
> LG Freiburg WM 1993, 552, LG Köln WM 1993, 553: Anerkenntnis noch innerhalb der
> Klagerwiderungsfrist,
> AG Hannover WM 1993, 551.

Auch soll das **sofortige Anerkenntnis** mit der Angabe eines bestimmten Räumungstermins verbunden sein, weil anderenfalls der Mieter Anlaß zur Räumungsklage gibt

LG Frankenthal WM 1990, 527.

1439 Wird die Räumungsklage auf eine Kündigung nach § 554 BGB gestützt, so muß sich zumindest aus der Klage – wenn nicht schon aus der Kündigung – eindeutig ergeben, mit welchen **Rückständen** für welche Monate der Mieter in Verzug geraten ist; anderenfalls ist die Klage unschlüssig. Das gleiche gilt, wenn der Vermieter zu den Rückständen widersprüchlich vorträgt oder der Rückstand nur in Form eines Saldos darge stellt wird

LG Mannheim WM 1991, 687.

1440 Führt der Vermieter eine neue Kündigung in den Rechtsstreit ein, auf den er die Räumungsklage (nunmehr auch) stützt, so liegt darin eine (hilfsweise) **Klagänderung**. Sie ist auch in der 2. Instanz sachdienlich, wenn die neue Kündigung den schon bislang geltendgemachten Zahlungsverzug sowie lediglich den Betrag des inzwischen angewachsenen Mietrückstandes zum Gegenstand hat; der Umstand, daß dem Mieter eine Tatsacheninstanz verlorengeht, steht dem nicht entgegen

LG Gießen WM 1994, 706.

Anders kann es sich verhalten, wenn der Vermieter durch sein erstinstanzliches Vorbringen eine unklare, unübersichtliche Rechtslage geschaffen hat, weil der Mieter in einem solchen Fall seine Rechte aus § 554 Abs. 2 Nr. 2 BGB nicht sachgerecht wahrnehmen kann

LG Mannheim WM 1991, 686.

Zur Unzulässigkeit der Klagänderung infolge einer Eigenbedarfskündigung in 2. Instanz, weil ein neuer Sachverhalt aufzuklären wäre und dem Mieter ein Rechtszug verloren ginge, siehe

LG Düsseldorf WM 1990, 505,
vgl. auch BezG Erfurt WM 1992, 357, 358.

1441 Nimmt der Vermieter eine Klagänderung aufgrund einer neuen Kündigung erst in der zweiten Instanz vor, obwohl er schon in erster Instanz diese Kündigung hätte aussprechen können, und obsiegt er darauf, so fallen ihm die Kosten des Rechtsstreits nach § 97 Abs. 2 ZPO zur Last

OLG Hamm MDR 1990, 450.

Die letztere Bestimmung hat

LG Stuttgart ZMR 1985, 128

entsprechend auf den Fall angewendet, daß der Vermieter erst aufgrund einer in zweiter Instanz nach § 554 BGB möglich gewordenen Kündigung obsiegt und das Gericht die Klagänderung zugelassen hatte. Das Argument, daß der Kläger bei Nichtzulassung den Prozeß verloren und die Kosten hätte tragen müssen, mag der Billigkeit entsprechen, nicht aber den Kostengrundsätzen der ZPO; denn der Mieter hätte es in der Hand gehabt, den geänderten Klaganspruch sofort anzuerkennen und damit der Kostenlast zu entgehen.

1442 Umstritten ist schließlich, ob dem Mieter im Räumungsrechtsstreit **Prozeßkostenhilfe** zu gewähren ist, wenn er sich lediglich damit verteidigt, daß er die

zugrundeliegende, auf Zahlungsverzug gestützte Kündigung durch Zahlung innerhalb der Schonfrist unwirksam machen werde. Die Frage ist mit
LG Mannheim WM 1988, 268, 269,
und gegen LG Stade WM 1990, 160,
LG Berlin WM 1992, 143
zu bejahen, weil der Vermieter sein Prozeßziel voraussichtlich nicht erreicht, wenn er die Hauptsache nicht für erledigt erklärt. Überhaupt soll angesichts der schwierigen Wohnungsmarktlage die Prozeßkostenhilfe erst bei ersichtlicher Aussichtslosigkeit und noch nicht bei (bloß) ungünstigen Erfolgsaussichten versagt werden können
LG Detmold WM 1990, 355.

Auch für das Räumungs- und Vollstreckungsschutzverfahren kann Prozeßkostenhilfe bewilligt werden, selbst wenn den Schuldner in letzterem Verfahren stets die Kostenlast nach § 788 ZPO treffen wird
LG Hannover WM 1990, 397.

Anerkannt ist schließlich, daß ein **Versäumnisurteil** auf Räumung nach einer auf Zahlungsverzug gestützten Kündigung nicht ergehen darf, bevor nicht die Schonfrist abgelaufen ist
OLG Hamburg ZMR 1988, 225.

1443

Nach herrschender Ansicht muß der Mieter, der bei einem befristeten Mietverhältnis die **Vertragsfortsetzung** nach § 564c Abs. 1 BGB begehrt, im Rahmen eines schwebenden Räumungsprozesses Widerklage erheben; es soll nicht genügen, daß er sein Recht einredeweise geltend macht
LG Berlin WM 1986, 340,
LG Regensburg WM 1992, 194,
LG Wuppertal WM 1994, 543,
AG Münster WM 1988, 364;
anderer Ansicht: AG Ebersberg WM 1988, 23,
AG Uelzen WM 1989, 23.

1444

Da dem Anspruch – anders als demjenigen in § 556a Abs. 1 BGB – keine Gestaltungswirkung beigemessen wird, wird eine klageweise Geltendmachung geboten sein (s. auch Rdn. 1153).

Bestimmt das Gericht die Fortsetzung des Mietverhältnisses aus Härtegründen nach § 556a BGB, § 308a ZPO, so ist es bei der Festsetzung der angemessenen Bedingungen nicht an den Umstand gebunden, daß der Mieter mit dem Voreigentümer aufgrund persönlicher Beziehungen nicht marktmäßige Bedingungen vereinbart hatte
LG Hagen WM 1991, 103.

1445

f) Klage auf Zustimmung zur Mieterhöhung

Die Klage im Wege der **gewillkürten Prozeßstandschaft** wird deshalb nicht zugelassen, weil der Anspruch auf Zustimmung für nicht abtretbar angesehen wird
AG Köln WM 1989, 579 für Hausverwalter,
AG Regensburg WM 1990, 226 für Erwerber,
ferner LG Augsburg WM 1990, 226.

1446

1447 Nach dem Rechtsentscheid des
    KG v. 5.12.1985 – NJW-RR 1986, 439
    stehen **mehrere Mieter** in notwendiger Streitgenossenschaft, da über das Vertragsverhältnis nur einheitlich entschieden werden kann. Entsprechendes muß auch bei einer Personenmehrheit auf Vermieterseite gelten. Hat einer der Mieter schon vorprozessual seine Zustimmung erklärt, so muß er gleichwohl mitverklagt werden; denn seine Zustimmungserklärung entfaltet wegen der gesamthänderischen Bindung der Mieter materiell-rechtlich keine Wirkung
    AG Wiesbaden WM 1992, 135;
    a. A. LG Kiel WM 1989, 429.

1448 Da jedes Erhöhungsverlangen eine selbständige rechtsgeschäftliche Erklärung mit eigenständigen Wirkungen ist, bildet es – ebenso wie eine Kündigung – auch einen eigenen **Streitgegenstand**, selbst wenn die angestrebte Miethöhe gleich sein sollte. Daher ist die Einrede der Rechtshängigkeit nicht gegeben, wenn in zwei Verfahren eine Mieterhöhung auf zwei verschiedene Erhöhungsverlangen gestützt wird (LG Berlin ZMR 1985, 130). Wird im Rahmen eines Rechtsstreits ein weiteres Erhöhungsverlangen eingeführt, so handelt es sich um eine **Klagänderung**. Ist das Erhöhungsverlangen schon zuvor außerprozessual gestellt worden, so muß darauf geachtet werden, daß für dieses eine eigenständige **Klagefrist** nach § 2 Abs. 3 MHG ausgelöst wird: nur innerhalb derselben kann es im Prozeß „nachgeschoben" werden
    LG Kassel WM 1988, 168.

Die Frage hat auch materiellrechtliche Auswirkungen: Ist der Vermieter mit seinem Erhöhungsverlangen in erster Instanz zum Teil abgewiesen worden, weil es teilunzulässig war und stützt er die Klage hinsichtlich des abgewiesenen Teils in der Berufungsinstanz hilfsweise auf ein neues Erhöhungsverlangen, so könnte dem die einjährige Wartefrist des § 2 Abs. 1 MHG entgegengehalten werden, wenn die Teilunwirksamkeit des ersten Erhöhungsverlangens feststeht. Das wird evident, wenn der Vermieter – statt in die Berufung zu gehen – einen neuen Rechtsstreit angestrengt hätte.

1449 Demgegenüber ist das
    BayObLG – RE v. 30.6.1989 – NJW-RR 1989, 1172 = WM 1989, 484 = ZMR 1989, 412,
    von einem einzigen (prozessualen) Mieterhöhungsverlangen ausgegangen, das erst mit der Rechtskraft des Urteils abgeschlossen ist. Solange nicht das gesamte Mieterhöhungsverlangen durch den Rechtsstreit erledigt sei, stehe der Nachholung eines Erhöhungsverlangens im Berufungsverfahren die Wartefrist nicht entgegen. Hier ist nicht beachtet worden, daß das nachgeschobene Erhöhungsverlangen eben nicht Teil des ursprünglichen Erhöhungsverlangens war, sondern einen eigenständigen Streitgegenstand bildete. Hätte übrigens der Kläger die Berufung nur auf das nachgeholte Erhöhungsverlangen gestützt, so hätte das Rechtsmittel mangels Beschwer verworfen werden müssen
    LG Hamburg WM 1985, 323;
    LG Mannheim ZMR 1989, 381.

1450 Zur Ermittlung der **ortsüblichen Miete** im Prozeß kann das Gericht auf einen Mietspiegel zurückgreifen; es ist nicht an die vom Vermieter benannten Begründungs- und Beweismittel gebunden

LG Frankfurt WM 1990, 519,
LG Essen WM 1991, 120,
LG Bochum WM 1991, 700.

Diese Praxis ist verfassungsrechtlich nicht zu beanstanden; das Gericht braucht nicht ein Sachverständigengutachten einzuholen

BVerfG – Beschl. v. 20.3.11991 – WM 1991, 523.

Es besteht aber keine Vermutung dafür, daß ein Mietspiegel die ortsübliche Miete für die konkrete Wohnung tatsächlich wiedergibt

KG – RE v. 6.6.1991 – DWW 1991, 235 = WM 1991, 425.

Vielmehr soll es Sache des Tatrichters sein, ob und in welcher Weise er das allgemeinkundige im Mietspiegel enthaltene Zahlenmaterial als Hilfsmittel heranzieht. Um ein Beweismittel im Sinne der ZPO handelt es sich nicht

KG a.a.O.

Auch bei der Ermittlung der ortsüblichen Miete nach § 5 WiStG kann unter den genannten Voraussetzungen ein Mietspiegel hinzugezogen werden, und zwar in Verbindung mit einem Sachverständigengutachten oder einer Besichtigung durch das Gericht und Schätzung aufgrund eigener Sachkunde

KG WM 1992, 140.

Ein Mietspiegel ist in diesem Zusammenhang aber auch als (bloßes) antizipiertes Sachverständigengutachten angesehen worden, das in seinen Feststellungen nicht unmittelbar verbindlich ist; rechtsfehlerhaft sei es, eine Mietpreisüberhöhung allein und schematisch nach den Werten eines Mietspiegels zu bestimmen, ohne alle Umstände des Einzelfalles wie z.B. aufwendige Renovierung, außerordentlich guter Erhaltungszustand, Zeitzuschlag zu berücksichtigen

OLG Frankfurt NJW-RR 1994, 1233 = WM 1994, 436.

In einem **gerichtlichen Sachverständigengutachten** müssen die Befundtatsachen grundsätzlich offengelegt werden. Das bedeutet, daß der Sachverständige im Regelfall Mietpreis, Adresse und sonstige Angaben über die Beschaffenheit der Vergleichswohnungen offenlegen muß, soweit die Kenntnis dieser Umstände für eine Überprüfung des Gutachtens praktisch unentbehrlich ist. Auf Gründe des Datenschutzes kann sich der Sachverständige nicht zurückziehen; denn hierfür reicht der Umstand, daß Dritte eine Bekanntgabe von Tatsachen aus ihrer Privatsphäre nicht wünschen und der Sachverständige sich hieran gebunden fühlt, nicht aus

BVerfG – Beschl. v. 11.10.1994 – NJW-RR 1995, 40 = WM 1994, 661 = ZMR 1995, 7; überholt daher LG Bonn WM 1993, 133.

Einen ähnlichen Standpunkt wie das BVerfG hat auch der BGH eingenommen: Danach darf ein Gericht einem Sachverständigengutachten nicht folgen, das im Rahmen der Ertragswertmethode zur Verkehrswertschätzung von Grundstücken auf Vergleichsmieten (Rohertrag) abstellt, ohne die Vergleichsobjekte und Vergleichspreise zu nennen, weil sich der Gutachter insoweit für schweigepflichtig hält. Der Sachverständige kann sich indes nicht auf eine Schweigepflicht berufen. Der Anspruch der Verfahrensbeteiligten auf Gehör hat Vorrang vor dem Interesse Dritter auf Geheimhaltung der sie betreffenden Daten

BGH – Urt. v. 15.4.1994 – MDR 1994, 941.

1454 Je umfassender und allgemeiner der vom Sachverständigen verwertete Tatsachenstoff ist, desto eher kann es ausreichen, daß den Beteiligten die Möglichkeit von Stichproben eingeräumt wird. Soweit der Sachverständige sein Gutachten auf statistisch erfaßtes oder allgemein zugängliches Tatsachenmaterial aufbaut, werden Einzelheiten für die kritische Überprüfung in der Regel nicht benötigt
BVerfG a.a.O.

1455 Die Bemessung der **Beschwer** nach § 511a ZPO für den mit seiner Klage abgewiesenen Vermieter ist nach wie vor umstritten, nachdem das OLG Schleswig ZMR 1988, 334 den Erlaß eines Rechtsentscheides abgelehnt hat. Der Streit hat aktuelle Bedeutung gewonnen, da der Berufungswert auf DM 1.500,- mit Wirkung ab 1. März 1993 angehoben worden ist (§ 511a Abs. 1 ZPO i.d.F. des Gesetzes zur Entlastung der Rechtspflege vom 11.1.1993, BGBl. I 50). Einerseits wird an den Jahresbetrag der Mieterhöhung in Analogie zu § 16 Abs. 5 GKG angeknüpft
LG Bad Kreuznach MDR 1990, 833, WM 1993, 469,
LG Köln MDR 1992, 186 = WM 1991, 563, WM 1993, 470, WM 1994, 28, 487, WM 1995, 122,
LG Regensburg WM 1992, 145, LG Nürnberg-Fürth WM 1992, 636,
LG Hannover MDR 1994, 1148.

1456 Andererseits wird wegen des Fortwirkens der Mieterhöhung über ein Jahr hinaus das Mehrfache des einjährigen Erhöhungsbetrages – meist der dreifache jährliche Erhöhungsbetrag – angesetzt
LG Hamburg WM 1992, 146, LG Arnsberg WM 1992, 443, 625,
LG Gießen WM 1994, 27, LG München I WM 1994, 383,
LG Bonn WM 1995, 113, LG Berlin ZMR 1995 S. IV Nr. 21;
für den dreieinhalbfachen jährlichen Erhöhungsbetrag entsprechend § 9 ZPO: LG Kiel MDR 1994, 834.

Der Streitwert einer Klage auf Mieterhöhung für gewerbliche Räume bestimmt sich nach § 9 ZPO, nicht etwa nach § 16 Abs. 5 GKG,
OLG Frankfurt MDR 1993, 697.

g) Sonstige Klagen

1457 Der Klagantrag auf Abschluß des nach einem Vorvertrag geschuldeten **Hauptvertrages** muß grundsätzlich den gesamten Vertragsinhalt umfassen
BGH MDR 1994, 827 = WM 1994, 71.

Ergibt sich, daß der Beklagte nur zum Abschluß eines Hauptvertrages mit einem vom Klagantrag abweichenden Inhalt (auch lediglich mit kürzerer Laufzeit) verpflichtet ist, kann das Gericht ihn wegen der Bindung an die Sachanträge der Parteien hierzu nur dann verurteilen, wenn der Kläger einen entsprechenden Hilfsantrag gestellt hat. Unterläßt er dies trotz Hinweises des Gerichts, so ist die Klage abzuweisen
OLG Köln DWW 1992, 210.

1458 **Zahlungsklage**: Die mit der Klage geltendgemachte Mietforderung muß ausweisen, für welche konkreten Monate die Miete verlangt wird; der Hinweis auf einen Kontokorrent-Saldo genügt nicht
LG Mannheim DWW 1995, 112.

Begehrt der Kläger einen Teilbetrag aus einer Summe selbständiger Einzelforderungen (z.B. bei Schadensersatz wegen unterlassener Schönheitsreparaturen), so muß er angeben, aus welchem Teil jeder Forderung sich die Klagsumme zusammensetzt oder in welcher Reihenfolge welche Forderungen zur Entscheidung gestellt werden sollen. Mangels einer Klarstellung ist die Klage unzulässig
OLG Düsseldorf MDR 1993, 799.

Der folgende, vom LG Köln WM 1990, 38 entschiedene Fall erscheint praktisch bedeutsam: 1459

Der Mieter klagt auf Rückerstattung der Kaution; demgegenüber hat der Vermieter mit Gegenforderungen – u.a. wegen unterlassener Schönheitsreparaturen – die Aufrechnung erklärt. Das Amtsgericht hält die Gegenforderungen – mit Ausnahme der Schadensersatzforderung wegen unterlassener Schönheitsreparaturen – für begründet, gibt also der Klage des Mieters nur zum Teil statt. Dieser legt Berufung ein. Der Vermieter hält an seiner Aufrechnung auch mit dem Schadensersatzanspruch wegen unterlassener Schönheitsreparaturen fest. Das LG Köln hat ausgeführt, daß dieser Anspruch dem Vermieter erstinstanzlich rechtskräftig aberkannt worden ist. Er hätte sich dem Rechtsmittel des Mieters anschließen müssen, um seinen Anspruch einer zweitinstanzlichen Überprüfung unterstellen zu können.

Hat der Vermieter **Nebenkostenvorauszahlungen** eingeklagt und ist im Verlaufe des Rechtsstreits die Abrechnungsreife eingetreten, so muß er die Hauptsache für erledigt erklären oder die Klage auf Zahlung des Abrechnungssaldos ändern 1460
OLG Hamburg WM 1989, 150.

Zur Klage auf **künftige Leistung** in Wohnraummietsachen siehe 1461
Henssler NJW 1989, 138.

Zahlt der Mieter längere Zeit – z.B. 6 Monate – den Mietzins jeweils erst nach den vertraglich vereinbarten Fälligkeitsterminen, so gibt er damit Anlaß zur Besorgnis, daß er sich auch künftig der rechtzeitigen Leistung entziehen werde
AG Kerpen WM 1991, 439.

Die Möglichkeit, in diesen Fällen auf künftige Leistung klagen zu können, ist mit in die Wertung einzubeziehen, ob wegen Zahlungssäumigkeit eine fristlose Kündigung geboten ist.

Für die **Klage des Mieters auf Instandsetzung** ist zu beachten, daß der Klagantrag nur die Beseitigung der konkret bezeichneten Beeinträchtigungen zu enthalten braucht. Es ist nicht erforderlich und nicht einmal zulässig, die als geeignet erscheinenden Maßnahmen in den Antrag aufzunehmen; denn deren Wahl obliegt grundsätzlich dem Schuldner. Nur dann, wenn lediglich ein Mittel als geeignet in Betracht kommt, kann der Vermieter zu dessen Verwendung verurteilt werden 1462
LG Kassel WM 1989, 519;
zur Aktivlegitimation eines von mehreren Mietern s. Rdn. 1412.

Hat der Vermieter gegen den Mieter einen Titel auf Durchführung von **Schönheitsreparaturen** erwirkt, aus dem vollstreckt werden kann, so fehlt einer Klage auf Schadensersatz wegen Nichterfüllung das Rechtsschutzbedürfnis; denn der Vermieter kann nach § 887 ZPO durch Ersatzvornahme vollstrecken 1463
LG Bonn WM 1992, 32.

Zu bedenken ist dabei aber, daß der Titel auf Erfüllung den Ersatz von Folgeschäden (z.B. Mietausfall) nicht abdeckt.

1464 Der Klagantrag, mit dem der Mieter vom Vermieter verlangt, gegen störendes Klavierspiel aus dem Nachbarhaus vorzugehen, muß nach Auffassung von

LG Offenburg DWW 1990, 273

die beanstandeten Immissionen genau bezeichnen und angeben, was vom Vermieter verlangt wird, vgl. aber auch Rdn. 1467.

1465 Demgegenüber werden an die Spezifizierung der Anträge von Klagen auf **Unterlassung von Immisssionen** wie Lärm und Gerüchen häufig großzügigere Maßstäbe angelegt: es genügt der Antrag, allgemein Störungen bestimmter Art zu unterlassen; die Gefahr, daß dadurch der Streit über die Wesentlichkeit der Immissionen ins Vollstreckungsverfahren verlagert wird, muß nach Auffassung des BGH hingenommen werden

BGH WM 1993, 277 = ZMR 1993, 269,

für strengere Maßstäbe dagegen

OLG Saarbrücken WM 1995, 269

bei einer Klage gegen einen Mitbewohner auf Unterlassung von Lärm:

Der Klagantrag muß so bestimmt sein, daß die Tragweite einer antragsgemäßen Entscheidung und die Grenzen ihrer Rechtskraft deutlich erkennbar sind. Dafür müssen Art und Weise der Belästigung, ihre Auswirkungen und die Spitzenwerte der Lautstärke angegeben werden.

1466 Zum Klagantrag für den Anspruch des Mieters auf Zustimmung des Vermieters zu einer auf Kosten des Mieters vorzunehmenden **Verkabelung** der Wohnung siehe

AG Bergheim WM 1991, 340.

1467 Die Klage auf Vorlage einer vertragsgemäßen **Betriebskostenabrechnung** bedarf keines Klagantrags, der die Einzelheiten der Abrechnungsweise präzisieren würde; das soll auch gelten, wenn der Vermieter bereits eine Abrechnung erteilt hat, die der Mieter aber als nicht vertragsgemäß bezeichnet

LG Kassel WM 1991, 358,
zur Stufenklage auf Auszahlung des Nebenkostensaldos siehe Klas WM 1994, 659.

1468 **Feststellungsklage:** Die Klage auf Feststellung eines Mietverhältnisses, das in der Vergangenheit bestanden hat, ist nur zulässig, wenn sich daraus (noch) Rechtsfolgen für die Gegenwart oder Zukunft ergeben

vgl. BAG MDR 1993, 689.

Die Klage auf Feststellung, daß der Mieter verpflichtet ist, jeden Schaden zu ersetzen, der dem Vermieter aus der Unterlassung von Schönheitsreparaturen und Rückbaumaßnahmen anläßlich der Beendigung des Mietverhältnisses entsteht oder entstanden ist, unterbricht nicht die Verjährung solcher Ansprüche, die in der Klagbegründung nicht ausgeführt worden sind. Dafür reicht die Bezugnahme auf eine der Klage beigefügte Anlage nicht

OLG Hamburg ZMR 1995, 18.

Die Klage auf Feststellung, daß das Mietverhältnis zwischen den Parteien als Wohnraummietverhältnis und nicht als ein Mietverhältnis über Gewerberaum zu werten ist, ist zugelassen worden
>LG Berlin MM 1995, 228.

Eine Klage der **Miterben** auf Feststellung, daß ein vom Erblasser eingegangenes Pachtverhältnis fortbesteht, ist hinsichtlich eines Miterben unzulässig, dem gegenüber das Gegenteil bereits rechtskräftig festgestellt ist
>BGH ZMR 1989, 173.

Der BGH hat das Feststellungsinteresse des Vermieters bezüglich der (fehlenden) Befugnis des Mieters zur **Mietminderung** bejaht
>BGH ZMR 1985, 403;

der Vermieter braucht also nicht mehr auf künftige Leistung zu klagen; der Mieter braucht sein Verlangen nicht in die Form einer negativen Feststellungsklage zu kleiden.

Das einmal vorhandene **Feststellungsinteresse** entfällt nicht, wenn sich nach Klageerhebung die Möglichkeit ergibt, zu einer Leistungsklage überzugehen
>OLG Düsseldorf ZMR 1987, 377 im Anschluß an BGH LM ZPO § 256 Nr. 29.

h) Urkundsverfahren

Im allgemeinen wird angenommen, daß der Vermieter den Anspruch auf Mietzahlung auch im Urkundsprozeß geltend machen kann
>LG München I ZMR 1993 S. VIII Nr. 24.

Dagegen bestehen Bedenken; denn da der Anspruch von einer Gegenleistung abhängig ist, bei deren Mangelhaftigkeit sich der Mietzins automatisch mindert, müßte der Vermieter im Urkundsverfahren darlegen, seinerseits ordnungsmäßig erfüllt zu haben. Nach
>LG Augsburg WM 1993, 416

würde die Geltendmachung des Mietzinsanspruchs im Urkundenprozeß dazu führen, daß der Vermieter gegenüber dem Mieter ein vorläufig vollstreckbares Urteil erlangen könnte, dessen Vollstreckung der Mieter nur durch Sicherheitsleistung abwenden könnte, ehe er im Nachverfahren seine Rechte, insbesondere wegen Mietminderung, geltend machen könnte. Da die Minderung automatisch eintritt, ergibt sich die Höhe des Mietzinses gerade nicht aus dem Mietvertrag selbst.

Dem Mieter ist versagt worden, den Anspruch auf Rückzahlung der Mietkaution im Urkundsprozeß zu verfolgen, weil er in der Regel nicht den Wegfall des Sicherungsbedürfnisses des Vermieters und damit die Fälligkeit des Rückzahlungsanspruchs nachweisen könne
>LG Mönchengladbach ZMR 1994 S. XII Nr. 23.

Das erscheint jedenfalls dann nicht zutreffend, wenn eine angemessene Frist, innerhalb derer der Vermieter über die Kaution hätte abrechnen können, verstrichen ist. Alsdann wäre nämlich der Rückzahlungsanspruch fällig und die danach erklärte Aufrechnung des Vermieters mit Gegenforderungen nur als Einwendung zu werten.

i) **Einstweilige Verfügung**

1472 Die Durchsetzung des Anspruchs gegenüber dem Mieter, bauliche Maßnahmen zur Modernisierung oder Sanierung nach § 541b BGB zu dulden, scheitert in der Regel daran, daß hierdurch endgültige Verhältnisse geschaffen werden würden; auch ist das Verfahren der einstweiligen Verfügung ungeeignet für die gebotene umfassende Interessenabwägung

AG Görlitz WM 1993, 390,
AG Köln ZMR 1994 S. XIV Nr. 10.

Daran ändert auch nichts, daß öffentliche Modernisierungszuschüsse wegen Verfristung nicht mehr gewährt werden würden

LG Frankenthal WM 1993, 418.

1473 Andererseits kann sich der Mieter gegen bauliche Maßnahmen, die der Vermieter eigenmächtig bzw. unter Außerachtlassung des in § 541b Abs. 2 BGB vorgesehenen Verfahrens durchführt, mittels einer einstweiligen Verfügung wehren

AG Wolgast WM 1994, 265.

Er ist hierzu – etwa bei Außenmaßnahmen wie Einbau eines Fahrstuhls oder einer Wärmedämmung der Außenfassade – im eigenen Interesse gehalten, da anderenfalls sein passives Verhalten als Duldung gedeutet werden könnte

KG – Beschl. v. 16.7.1992 – NJW-RR 1992, 1362 = WM 1992, 514.

1474 Eine einstweilige Verfügung auf Räumung nach § 940a ZPO ist zugelassen worden, wenn die Wohnräume zu einer Gaststätte als Pächterwohnung gehören und im Pachtvertrag vereinbart ist, daß die Schutzbestimmungen für Wohnraum nicht anzuwenden sind

LG Wiesbaden NJW-RR 1993, 1293.

Das ist abzulehnen; denn die Wohnraumeigenschaft ist nach dem Schutzzweck des § 940a ZPO nicht disponibel. Vielmehr ist ebenso wie bei gemischt genutzten Räumlichkeiten darauf abzustellen, ob eine getrennte Herausgabe möglich ist (s. Rdn. 1494).

1475 Hat der Mieter den nichtehelichen Lebensgefährten aus der gemeinsam bewohnten Wohnung gewiesen, weil zwischen ihm und dem anderen erhebliche Spannungen bestehen, so soll der Ausgewiesene durch eine einstweilige Verfügung den Zutritt zur Wohnung nicht erzwingen können

LG Mainz WM 1992, 440,
vgl. auch Stellwaag ZMR 1991, 289.

Gegenüber einer einstweiligen Verfügung auf Räumung wegen verbotener Eigenmacht kommt die Bewilligung einer Räumungsfrist nicht in Betracht

LG Hamburg DWW 1993, 238 = NJW-RR 1993, 1233.

1476 Eine Beschwerde im Verfahren der einstweiligen Verfügung ist nur dann zulässig sein, wenn die Berufungssumme des § 511a ZPO erreicht ist

LG Kiel WM 1994, 624.

2. Zwangsvollstreckung und Vollstreckungsschutz

a) Räumungsvollstreckung

Ein Räumungstitel muß auf Herausgabe oder Räumung lauten; es reicht nicht, daß es in einem Vergleich lediglich heißt: „Die Parteien sind sich darüber einig, daß das Mietverhältnis zum ... endet"
AG Schöneberg NJW-RR 1991, 1488,
so auch schon LG Bonn WM 1989, 586.

Jedenfalls dann, wenn beide zusammenlebenden **Ehegatten Mieter** sind, muß ein Titel gegen beide vorliegen; hat der Vermieter nur gegenüber einem der Ehegatten einen Räumungstitel erwirkt, so ist diesem auf dessen Antrag ohne weiteres Vollstreckungsschutz nach § 765a ZPO zu gewähren
OLG Oldenburg MDR 1991, 969 = ZMR 1991, 268.

Nach nunmehr wohl überwiegender Meinung kann der Vermieter aus einem Räumungstitel, den er gegenüber dem Mieter erwirkt hat, nicht gegen dessen Ehegatten oder Lebensgefährten vollstrecken
OLG Hamburg MDR 1993, 274 = WM 1992, 548,
OLG Köln WM 1994, 285 für Ehegatten,
KG MDR 1994, 162 = NJW-RR 1994, 713 für Ehegatten und Partner,
OLG Oldenburg NJW-RR 1994, 715 für Ehegatten,
LG Kiel WM 1991, 507 für Partner,
LG Hamburg NJW-RR 1993, 146 = WM 1992, 549,
LG Mannheim NJW-RR 1993, 147 = ZMR 1992, 253,
vgl. auch Brunn NJW 1988, 1362, Winderlich ZMR 1990, 125.

Demgegenüber halten einen Titel nicht für erforderlich:
LG Freiburg WM 1989, 571 für Lebensgefährten,
LG Berlin WM 1990, 38, LG Oldenburg DGVZ 1991, 26,
LG Baden-Baden WM 1992, 492 für Familienangehörigen und Partner,
AG Frankfurt DGVZ 1990, 173 für Ehegatten,
AG Düsseldorf ZMR 1989, 344 für in die Wohnung aufgenommene Mitbewohner;
OLG Hamburg ZMR 1991, 143 für erwachsene, aber noch in der Ausbildung befindliche Kinder des Mieters, aber ausdrücklich offengelassen für den nichtmietenden Ehegatten oder Partner.

Entscheidend ist, ob die im Haushalt lebende Person **vollstreckungsrechtlichen Gewahrsam**, also eine weisungsfreie Sachherrschaft hat. Im Gegensatz dazu steht der abhängige, weisungsgebundene Besitz des Besitzdieners. Dagegen kommt es – wie für die Zwangsvollstreckung gegenüber dem Untermieter anerkannt ist (s. LG Köln WM 1991, 507) – nicht darauf an, daß der Dritte sein Recht zum Besitz nicht vom Gläubiger ableiten kann. Mithin läuft es auf eine Wertungsfrage hinaus, ob man etwa den Ehegatten oder Lebensgefährten als Besitzdiener des Mieters (ab-)qualifiziert oder ihm einen gleichrangigen Besitz zuerkennt, selbst wenn er diesen im Verhältnis zum Vermieter nur vom Mieter ableitet.

Auf seine besitzrechtliche Position soll sich der Dritte aber nach Treu und Glauben nicht berufen können, wenn ohne oder gegen den Willen des Vermieters Mitbesitz begründet, insbesondere ihm dieser verschwiegen worden ist
OLG Hamburg MDR 1993, 274 = WM 1992, 548 = ZMR 1993, 16.

Auf den entgegenstehenden Willen des Vermieters kommt es indes nicht an, wenn der Mieter im Rahmen des vertragsgemäßen Gebrauchs befugt war, den Dritten aufzunehmen (vgl. Rdn. 210). Die Mitteilungspflicht des Mieters bleibt hiervon unberührt.

1483 Fällt das Erlangungsinteresse des Vermieters (z.B. Eigenbedarf) nach Titulierung des Räumungsanspruchs durch Urteil oder Vergleich nachträglich weg, so kann der Mieter dies im Rahmen einer **Vollstreckungsgegenklage** geltend machen (s. Rdn. 1075). Gleichwohl kann der Vermieter die Räumungsvollstreckung betreiben, wenn ein gleichartiger Kündigungsgrund (Eigenbedarf) wiederauflebt
LG Heidelberg WM 1992, 30,
weitergehend LG Siegen WM 1992, 147: es genügt ein Nutzungswunsch des Vermieters, selbst wenn dieser nicht als Eigenbedarf zu qualifizieren ist.

1484 Im Anschluß an den Rechtsentscheid des
OLG Hamm v. 1.10.1981 – NJW 1982, 341
ist die Rechtsprechung fortgesetzt worden, wonach die **Zwangsvollstreckung** aus einem Räumungsurteil **unzulässig** sein kann, wenn der Vermieter mehrere Jahre aus dem Urteil nicht vollstreckt hat, sondern von dem früheren Mieter, der auch weiterhin mit erheblichen Beträgen in Rückstand geraten ist, die Zahlung von Nutzungsentschädigung verlangt und entgegengenommen hat, wobei er mehrfach die Vollstreckung des Titels für den Fall der Nichtzahlung angedroht hat. Hierbei kann entweder das schlüssige Zustandekommen eines neuen Mietvertrages
LG Hamburg WM 1989, 32 bei etwa 5 Jahre altem Titel,
oder Verwirkung angenommen werden
AG Frankfurt NJW-RR 1988, 204 für knapp 3 Jahre alten Räumungstitel.

1485 Demgegenüber hat
LG Mönchengladbach WM 1990, 161
eine **Verwirkung** verneint, wenn der Gläubiger aus einem etwa 5 Jahre alten Räumungstitel nunmehr vollstrecken will, weil er diese Absicht wiederholt geäußert habe, wenn der Schuldner erneut zahlungssäumig werde. Das erscheint mit dem Rechtsentscheid des OLG Hamm vom 1.10.1981 nicht vereinbar. Jedenfalls reichen bloße formularmäßige Abmahnungen und Hinweise nicht aus. Das LG Hamburg WM 1987, 233 hat schon den Antrag auf Anberaumung eines Räumungstermins für mißbräuchlich angesehen, wenn nicht der Auszug des Schuldners bezweckt wird, sondern der Räumungstermin als Druckmittel für die regelmäßige und pünktliche Zahlung der Nutzungsentschädigung dient.

b) Zwangsvollstreckung wegen Handlungen oder Unterlassungen

1486 Von praktischer Bedeutung ist die Frage, ob die Handlung, zu deren Vornahme der Schuldner verurteilt worden ist, als vertretbar oder unvertretbar zu werten ist oder eine Vollstreckung aus § 890 ZPO in Betracht kommt. Dies kann auch von einer geschickten Antragsformulierung abhängen. In der neueren Rechtsprechung ist die Berechnung der Miete als vertretbare Handlung gewertet worden
LG Wuppertal WM 1989, 329,

die Erteilung einer Nebenkostenabrechnung dagegen als unvertretbare Handlung, und zwar selbst wenn sie sonst gewöhnlicherweise von einer Abrechnungsfirma durchgeführt wurde

LG Saarbrücken und AG Dürkheim WM 1987, 234;
anders LG Dortmund WM 1986, 350,
LG Hannover WM 1993, 475.

Für die **Unvertretbarkeit** der Handlung spricht, daß es sich bei Berechnungen der Kostenmiete oder einer Abrechnung nicht um bloße „Rechenaufgaben" handelt, sondern Unterlagen im Betrieb des Vermieters herangezogen und Ermessensentscheidungen getroffen werden müssen. 1487

Dem zur Abrechnung verurteilten Vermieter soll es verwehrt sein, im Vollstreckungsverfahren geltend zu machen, daß die erforderlichen Unterlagen nicht zu seiner Verfügung stünden, da der bisherige Verwalter sie nicht herausgegeben habe und entsprechende Zwangsvollstreckungsmaßnahmen erfolglos geblieben seien

LG Köln WM 1991, 703.

Demgegenüber nimmt LG Hannover WM 1993, 475 an, daß Zwangsvollstreckungsmaßnahmen (nach § 888 ZPO) dann nicht in Betracht kommen, wenn dem Vermieter die geschuldete Handlung unmöglich ist.

Aktuell ist nach wie vor, wie ein Urteil auf Abschaffung eines **Haustieres** zu vollstrecken ist. Nach 1488

LG Hamburg ZMR 1985, 302 = WM 1989, 445

ist die Handlung vertretbar (Wegnahme des Tieres durch einen Tierfänger, ebenso im Ergebnis OLG Hamm NJW 1966, 2415); erst wenn sich die Vollstreckung aus § 887 ZPO nicht durchsetzen läßt, kommt die Zwangsvollstreckung nach § 888 ZPO in Betracht. Zu beachten ist § 765a Abs. 1 S. 2 ZPO: Betrifft die Vollstreckungsmaßnahme ein Tier, so hat das Vollstreckungsgericht bei der Abwägung im Rahmen des Vollstreckungsschutzes die Verantwortung des Menschen für das Tier zu berücksichtigen. Zu prüfen wird sein, ob der Gesichtspunkt des **Tierschutzes** nicht schon im Rahmen der Zulässigkeit der Zwangsvollstreckungsmaßnahmen zu beachten ist und mit der Erinnerung nach § 766 ZPO geltend gemacht werden kann.

Bei **Dauerverpflichtungen** zur Vornahme einer vertretbaren Handlung (Wegereinigung im wöchentlichen Wechsel) ist eine Zwangsvollstreckung nach § 890 ZPO zugelassen worden, weil die Vollstreckung nach §§ 887, 888 ZPO nicht effektiv ist 1489

LG Bremen WM 1989, 446,
LG Berlin WM 1994, 552 für die Verpflichtung, das Treppenhaus wöchentlich zu reinigen, auch wenn der Titel nicht auf Duldung oder Unterlassung gerichtet ist.

Ebenso hat bereits das LG Berlin ZMR 1985, 343 zur Zwangsvollstreckung wegen der Verpflichtung des Vermieters, die Wohnung ausreichend zu **beheizen**, entschieden: Obwohl die Handlung unvertretbar ist, ist der Vermieter hier zur Vornahme durch Zwangsgeld anzuhalten. Nach 1490

OLG Köln ZMR 1994, 325

kann dahinstehen, ob eine vertretbare oder unvertretbare Handlung gegeben ist; geht es um eine Handlungspflicht zur Herbeiführung eines aufrechtzuerhaltenden Zustandes (Beheizung von Räumen), so ist nach § 887 ZPO oder § 888 ZPO zu vollstrecken. Dagegen kann nicht wahlweise nach § 890 ZPO vollstreckt werden.

1491 Ist der Schuldner dazu verurteilt worden, Störungen des Benutzungsrechts an einer Bodenkammer zu unterlassen, so kann das Amtsgericht bei einer Zuwiderhandlung kein Ordnungsgeld mehr festsetzen, wenn der Titel zwischenzeitlich mit Wirkung für die Zukunft weggefallen ist

Zöller-Stöber, ZPO § 890 Rdn. 9a;
a.A. OLG Braunschweig WM 1995, 196.

1492 Geht es um die Beseitigung von **Feuchtigkeitsschäden**, so ist es zwar grundsätzlich Sache des verurteilten Vermieters, wie er die Erfüllung bewirkt. Dadurch wird die geschuldete Handlung aber nicht zu einer unvertretbaren, die nur über § 888 ZPO zu vollstrecken wäre

LG Berlin WM 1994, 552.

Der Vermieter als Schuldner darf jedoch nur Maßnahmen anbieten, die einen dauerhaften Erfolg versprechen (z.B. nicht bloße Schönheitsreparaturen); andernfalls kann der Mieter die Zwangsvollstreckung fortsetzen und Zahlung eines Kostenvorschusses nach § 887 ZPO verlangen

OLG Frankfurt DWW 1989, 360.

1493 Ist ein Wohnungseigentümer gegenüber den anderen Eigentümern rechtskräftig verpflichtet, eine Balkonverglasung zu entfernen, so richtet sich die Zwangsvollstreckung nach § 888 ZPO, wenn die Eigentumswohnung vermietet ist und der Mieter mit der Entfernung nicht einverstanden ist und gegen ihn auch kein Duldungstitel vorliegt

BayObLG WM 1993, 766.

Hat es der Wohnungseigentümer gegenüber den anderen Eigentümern zu unterlassen, einen Spielsalon außerhalb der Ladenöffnungszeiten zu betreiben, und ist er deshalb gehalten, gegen seinen Mieter vorzugehen, so soll ihm auch eine wenig aussichtsreiche Klage gegen diesen zuzumuten sein

OLG Stuttgart NJW-RR 1993, 24, 25.

c) Räumungsfrist

1494 Die Gewährung einer Räumungsfrist nach § 721 ZPO bezweckt neben dem Schutz des Mieters auch, im Interesse der Allgemeinheit einer eventuell drohenden Obdachlosigkeit entgegen zuwirken

LG Regensburg WM 1991, 359.

Sie kommt grundsätzlich nur in Betracht, wenn es um Räumung von Wohnraum geht. Handelt es sich um ein Mischmietverhältnis, bei dem der Wohnraumanteil gegenüber dem Gewerberaumanteil nicht zumindest gleichwertig ist, so kommt die Gewährung einer Räumungsfrist gleichwohl in Betracht, wenn eine getrennte Herausgabe beider Teile möglich und dem Vermieter zuzumuten ist

LG Hamburg NJW-RR 1993, 662 = WM 1993, 203,
LG Mannheim ZMR 1993, 79;
a.A. LG Frankfurt WM 1994, 15, wenn eine getrennte Herausgabe nicht möglich ist.

Nach LG Lübeck ZMR 1993, 223 soll ausnahmsweise sogar die bloße Nutzung zu Wohnzwecken für die Gewährung einer Räumungsfrist ausreichen, selbst wenn das Vertragsverhältnis zwischen den Parteien nicht als Wohnraummietverhältnis zu werten ist (Vermietung zum Betrieb eines Frauenhauses). Die vom Gläubiger hiergegen erhobene Verfassungsbeschwerde ist nicht zur Entscheidung angenommen worden, da der angefochtene Beschluß weder das Willkürverbot (Art. 3 Abs. 1 GG) noch die Eigentumsgarantie (Art. 14 Abs. 1 S. 1 GG) verletzt 1495
BVerfG – 1 BvR 472/93 – Kammerbeschl. v. 15.4.1993.

Eine Räumungsfrist kann auch dann zugebilligt werden, wenn die Räumungsvollstreckung aus einem im Zwangsversteigerungsverfahren ergangenen **Zuschlagsbeschluß** erfolgt 1496
LG Kiel NJW 1992, 1174.

Sie kommt dagegen nicht in Betracht, wenn die Räumung von Wohnraum, der durch verbotene Eigenmacht in Besitz genommen worden ist, durch eine einstweilige Verfügung nach § 940a ZPO angeordnet worden ist
LG Hamburg WM 1994, 707.

Die Gewährung einer Räumungsfrist hat (von § 557 Abs. 3 BGB abgesehen) keine materiellrechtliche sondern nur eine verfahrenrechtliche Bedeutung, so daß der Mieter auch vor ihrem Ablauf ausziehen darf und nicht zur Zahlung von Nutzungsentschädigung verpflichtet ist 1497
LG Hannover WM 1989, 77.

Allerdings ist der Vermieter rechtzeitig über den beabsichtigten früheren Auszugstermin zu benachrichtigen; anderenfalls schuldet der Mieter aus positiver Vertragsverletzung Schadensersatz in Höhe der bisherigen Nutzungsentschädigung
LG Mönchengladbach WM 1992, 215.

Auch im übrigen bleibt ein Anspruch auf Ersatz eines etwaigen Kündigungsfolgeschadens unberührt. Gewährt dagegen der Vermieter dem Mieter eine Räumungsfrist, nachdem er ein vorläufig vollstreckbares Räumungsurteil erwirkt hat, so liegt darin nicht ohne weiteres eine Stundung der Räumungspflicht mit der Folge, daß der Mieter für diese Zeit keinen Schadensersatz wegen Verzuges schulden würde. Vielmehr kann auch ein bloß **zeitweiliger Verzicht** auf ein zwangsweises Vorgehen gewollt sei, so daß der Mieter bei Ausschöpfung der Frist das Risiko für einen etwaigen Verspätungsschaden trägt 1498
BGH MDR 1987, 926 = ZMR 1987, 287.

Ob eine Räumungsfrist bewilligt werden kann, hängt von einer **Interessenabwägung** ab. Dabei wird dem nur noch vorübergehenden Bestandsinteresse des Mieters – anders als in § 765 a ZPO – im allgemeinen der Vorrang vor dem Erlangungsinteresse des Vermieters einzuräumen sein, sofern dieses nicht besonders dringend ist 1499
LG Hamburg WM 1990, 216,
LG Regensburg WM 1991, 359.

In Gebieten mit einer Wohnungsmangellage wird der Vermieter grundsätzlich damit zu rechnen haben, daß der Mieter von der Möglichkeit einer Verlängerung der Räumungsfrist Gebrauch macht. Hierauf soll er sich bei einer Neuvermietung vor Ablauf der Antragsfrist einrichten müssen, so daß er aus der Neuvermietung kein besonderes Räumungsinteresse ableiten kann

LG Kassel WM 1989, 443.

1500 Die Gewährung einer Räumungsfrist setzt in der Regel voraus, daß der Mieter sich um eine Ersatzwohnung bemüht hat. Die von der Rechtsprechung hieran gestellten Anforderungen sind unterschiedlich. Das LG Stuttgart WM 1990, 20 postuliert eine **Ersatzraumbeschaffungspflicht** schon ab Erhalt der Kündigung, was eine psychologische Barriere für die Verteidigung gegen die Kündigung bildet.

Demgegenüber setzt nach

LG Hamburg WM 1988, 316, WM 1990, 28, 119,
ebenso LG Aachen WM 1990, 216,

die Pflicht zur intensiven Suche nach einer Ersatzwohnung in der Regel nicht vor Abschluß der ersten Instanz ein, jedenfalls nicht bevor der Mieter seitens des Gerichts den eindeutigen Hinweis erhalten hat, daß seine Rechtsverteidigung gegenüber dem Räumungsanspruch des Vermieters keine Erfolgs aussichten hat

ähnlich auch LG Bochum WM 1989, 242, 244 bei schwierigen Abwägungsfragen z.B. im Rahmen einer Eigenbedarfskündigung;
weitergehend LG Essen WM 1992, 202: erst ab Rechtskraft des Räumungsurteils.

Erkennt der Mieter die Begründetheit der Eigenbedarfskündigung an, so soll er gehalten sein, sich um solchen Ersatzwohnraum zu kümmern, der sich innerhalb der Kündigungsfrist erlangen läßt; der Bau eines Eigenheims sprengt diesen Rahmen, so daß Räumungsschutz bis zu dessen Fertigstellung nicht gewährt worden ist

LG Verden WM 1992, 637.

1501 Einer sozial schwachen Familie kann auch dann eine Räumungsfrist gewährt werden, wenn die Bemühungen um eine Ersatzwohnung nicht allzu umfangreich gewesen sind

LG Mannheim WM 1993, 62.

So kann es bei einer von Sozialhilfe lebenden ausländischen Mieterin mit zwei kleinen Kindern ausreichen, wenn sie sich mit der Wohnungsbehörde in Verbindung setzt

LG Mannheim ZMR 1993, 79.

Man wird dies allerdings dahin ergänzen müssen, daß sie auch ständig in engem Kontakt mit der Behörde bleibt.

1502 Der Räumungsschuldner muß genaue Aufzeichnungen über Art und Umfang der Ersatzraumsuche machen, welche konkreten Wohnungsangebote er zur Kenntnis genommen hat, auf welche Weise er darauf reagiert hat und warum die Anmietung gescheitert ist

LG Mannheim WM 1993, 62.

1503 Da die Gewährung einer Räumungsfrist (auch) der Vermeidung von **Obdachlosigkeit** und damit dem Interesse der Allgemeinheit dient, kann selbst der nur wenig schutzwürdige Mieter noch eine kurze Räumungsfrist verlangen

LG Hamburg WM 1988, 316,
LG Hamburg WM 1994, 219: trotz fristloser Kündigung wegen Tätlichkeiten gegenüber dem Vermieter,
LG Berlin WM 1994, 385: trotz guter wirtschaftlicher Verhältnisse des Räumungsschuldners, der nicht verpflichtet sein soll, notfalls auch übertreuerten Wohnraum anzumieten.

Sie kann ihm jedenfalls nicht deshalb versagt werden, weil er als Ausländer mit Kind auf dem Wohnungsmarkt ohnehin kaum eine Chance habe; vielmehr ist in solchen Fällen grundsätzlich eine längere Frist zu gewähren

LG Mannheim WM 1990, 307;
anders LG Mönchengladbach ZMR 1990, 463, wenn mit Rücksicht auf die allgemein schlechte Marktsituation und die Verhältnisse des Schuldners absehbar ist, daß auch in naher Zukunft kein Ersatzwohnraum zur Verfügung steht.

Überhaupt bemißt sie sich nach dem Wohnungsangebot, das für den Mieter erschwinglich ist

LG Berlin WM 1989, 301.

Ein Erfahrungssatz, daß es dem Schuldner innerhalb bestimmter Zeit bei größerer Anstrengung hätte möglich sein müssen, eine angemessene Ersatzwohnung zu finden, besteht nicht; auf derart allgemeinen Erwägungen kann die Versagung einer Räumungsfrist nicht gestützt werden

OLG Celle WM 1987, 63.

1504 Es ist zulässig, die Bewilligung der Räumungsfrist mit der **Auflage** zur Zahlung der laufenden **Nutzungsentschädigung** zu verknüpfen

LG Hamburg WM 1990, 216;
anders Schmidt-Futterer–Blank B 450;

darin kann eine teilweise Abweisung des Antrags liegen, sofern die Zahlungspflicht des Schuldners streitig ist. Dagegen kann das Gericht die Verlängerung einer Räumungsfrist nicht von einer Mieterhöhung (bis zur ortsüblichen Miete) abhängig machen

LG Wuppertal WM 1987, 67.

1505 Die Verlängerung der Räumungsfrist muß 2 Wochen vor ihrem Ablauf beantragt werden (§ 721 Abs. 3 ZPO). Die Zweiwochenfrist ist „von rückwärts her" zu berechnen. Der letzte Tag ist in die Berechnung einzubeziehen (§ 222 ZPO, § 187 Abs. 2 BGB). Fällt dieser auf einen Samstag, Sonn- oder Feiertag, so läuft – nach allerdings umstrittener Auffassung – die Zweiwochenfrist erst am darauf folgenden Werktag ab. Entsprechendes gilt, wenn der erste Tag der Frist auf einen Samstag, Sonn- oder Feiertag fällt: der Mieter kann dann den Verlängerungsantrag noch wirksam am folgenden Werktag stellen

LG Hamburg NJW-RR 1990, 657 = WM 1993, 470, Münzberg WM 1993, 9;
a.A. LG Freiburg WM 1989, 443: der Schuldner muß den Antrag noch am Sonntag stellen, LG Berlin NJW-RR 1993, 144 = ZMR 1992, 394: die Frist verlängert sich nicht dadurch, daß der letzte Tag auf einen Sonntag fällt.

1506 Legt der Mieter gegen ein Räumungsurteil des Amtsgerichts, durch das ihm keine Räumungsfrist bewilligt worden ist, Berufung ein, so soll seine sofortige Beschwerde (nur) bezüglich der Räumungsfrist daneben zulässig sein
> LG Düsseldorf ZMR 1990, 380;
> anders Sternel Rdn. V 115.

Wendet sich der Vermieter mit der sofortigen Beschwerde gegen die Gewährung einer Räumungsfrist, so entfällt das Rechtsschutzbedürfnis dieses Rechtsmittels nicht deshalb, weil der Mieter gegen das Räumungsurteil Berufung eingelegt hat
> LG Kiel WM 1994, 625;
> a.A. LG Gießen WM 1994, 551: der Vermieter hätte die Versagung der Räumungsfrist mit der Anschlußberufung anstreben müssen.

Eine unzulässige Berufung gibt dem Berufungsgericht keine Handhabe, eine Räumungsfrist zu gewähren, weil eine materielle Befassung mit dem Begehren des Berufungsführers ausgeschlossen ist (anders LG Kiel WM 1991, 113).

1507 Eine weitere Beschwerde ist im Rahmen des Beschlußverfahrens nach § 721 ZPO unzulässig
> OLG Celle DWW 1991, 337 = WM 1991, 439 = ZMR 1991, 478,
> OLG Stuttgart WM 1991, 439 = ZMR 1991, 344,
> OLG Karlsruhe MDR 1992, 303,
> OLG München ZMR 1992, 59, MDR 1993, 1006 = ZMR 1993, 472,
> OLG Frankfurt NJW-RR 1994, 715,
> OLG Köln ZMR 1995, 30;
> anders OLG Frankfurt NJW-RR 1994, 81 = WM 1993, 746 bei schwerwiegenden Verfahrensfehlern, ebenso OLG Köln WM 1992, 637.

Davon zu unterscheiden ist der Fall, daß eine Beschwer erst durch die Entscheidung des Beschwerdegerichts entsteht (z.B. wenn eine dem Vermieter günstige erstinstanzliche Entscheidung durch das Beschwerdegericht zu seinem Nachteil abgeändert worden ist),
> s. OLG Frankfurt ZMR 1995, 535.

1508 Wird dem Mieter in einem **Räumungsvergleich** eine Räumungsfrist bewilligt, so kann diese nicht abgekürzt werden; die Regelung in § 794a Abs. 2 ZPO bezieht sich nur auf diejenige Räumungsfrist, die das Gericht im Anschluß an einen Räumungsvergleich bewilligt hat. Dies entspricht nunmehr allgemeiner Auffassung
> LG Augsburg WM 1988, 67,
> LG Hanau WM 1988, 316,
> LG Stuttgart WM 1992, 32;
> das LG Hamburg MDR 1981, 236 = WM 1987, 65 hält an seiner gegenteiligen Auffassung nicht mehr fest,
> vgl. Sternel Rdn. V 118 Fn. 50.

1509 Bei der Bewilligung einer (weiteren) gerichtlichen Räumungsfrist rechnet die Höchstdauer von einem Jahr im Anschluß an die vereinbarte Räumungsfrist
> LG Stuttgart WM 1992, 264;
> a.A. LG Freiburg WM 1993, 417, das unbeachtet läßt, daß die Parteien es in der Hand haben, etwas Abweichendes zu vereinbaren.

Die Parteien sollen berechtigt sein, abweichend von § 794a ZPO zu vereinbaren, 1510
daß die Zeit zwischen Vergleichsabschluß und vereinbartem Räumungstermin bei
der Bemessung der maximalen gerichtlichen Räumungsfrist berücksichtigt wird
LG München I WM 1987, 66.

Bei der Entscheidung über die Verlängerung einer in einem Räumungsvergleich 1511
gewährten Räumungsfrist kann es entsprechend dem sozialpolitischen Zweck
dieses Instituts nicht darauf ankommen, ob sich die zur Zeit des Vergleichs
gegebenen Verhältnisse (etwa die Lage auf dem Wohnungsmarkt) verändert haben.
Fehlender Ersatzraum ist also auch dann zu beachten, wenn die Wohnungsmarktlage
unverändert ungünstig ist, sofern sich der Schuldner um eine andere
Wohnung in erforderlichem Maße bemüht hat
LG Darmstadt WM 1993, 472, LG Mannheim ZMR 1994, 21,
AG Marburg ZMR 1994, 373,
a.A. LG Saarbrücken WM 1992, 698, LG Freiburg WM 1993, 204,
LG Waldshut-Tiengen WM 1993, 621.

d) Vollstreckungsschutz

Der Antrag auf Vollstreckungsschutz ist zulässig, solange die Räumungsvollstreckung 1512
noch nicht abgeschlossen ist. Das ist jedenfalls gegeben, wenn die
Sachen des Räumungsschuldners nicht aus dessen Wohnung entfernt sind, sondern
der Gerichtsvollzieher nur das Schloß ausgewechselt hat
LG Hamburg WM 1993, 417.

Die materielle Rechtskraft eines früheren Vollstreckungsschutzverfahrens steht
einem erneuten Antrag nicht entgegen, wenn er auf neue Tatsachen gestützt
wird, auch wenn diese schon früher hätten geltend gemacht werden können
OLG Frankfurt ZMR 1993, 336,
vgl. auch BVerfG – Beschl. v. 26.5.1989 – WM 1991, 149.

Vollstreckungsschutz ist auch dann gewährt worden, wenn dem Gläubiger wegen 1513
der Räumungsvollstreckung das **Rechtsschutzbedürfnis** fehlt. Das ist etwa der
Fall, wenn der Gläubiger einen Räumungstitel nur gegen den Mieter, nicht aber
gegen dessen Ehegatten – gleichgültig, ob er Mieter geworden ist oder nicht –
erwirkt hat. Solange gegen den Ehegatten kein Räumungstitel vorliege, könne er
nämlich den allein zur Räumung verurteilten Mieter jederzeit wieder in die
Wohnung aufnehmen
OLG Oldenburg MDR 1991, 969, NJW-RR 1994, 715.

Der richtige Rechtsbehelf wäre hier allerdings nicht ein Vollstreckungsschutzantrag
nach § 765a ZPO, sondern die Erinnerung nach § 766 ZPO gewesen.
Eine sittenwidrige Härte ist bejaht worden, wenn der Gläubiger durch Kontaktaufnahme
mit dem Vermieter einer neuen Wohnung des Schuldners und negative
Information über den Schuldner eine Ursache dafür setzt, daß der neue Vermieter
die Überlassung der Wohnung an den Schuldner ablehnt
OLG Köln DWW 1995, 283 = WM 1995, 661 = ZMR 1995, 413.

Bei Gewährung von Vollstreckungsschutz nach § 765a ZPO ist angesichts einer 1514
angespannten Lage auf dem Wohnungsmarkt ein großzügigerer Maßstab ange-

bracht. Er dient der Vermeidung von Obdachlosigkeit, wobei dem Schutz der Familie, insbesondere bei Schwangerschaft oder minderjährigen Kindern, Rechnung getragen werden muß. Die Möglichkeit der Wiedereinweisung als polizeiliche Maßnahme rechtfertigt nicht die Ablehnung des Vollstreckungsschutzes

> LG Hannover WM 1990, 397,
> LG Hamburg WM 1991, 114, 360,
> AG Hamburg WM 1992, 147,
> anders OLG Köln ZMR 1995, 535 bei vorübergehender Unterbringung einer Familie mit 4 minderjährigen, davon 3 schulpflichtigen Kindern in eine Obdachlosenunterkunft.

1515 Ist der Mieter vollständig auf die Hilfe der Sozialbehörde angewiesen, so können von ihm im Hinblick auf seine Bemühungen um eine Ersatzwohnung keine weitergehenden Schritte verlangt werden, als sich an diese Behörde zu halten,

> LG München I WM 1993, 473.

1516 Auch hat das BVerfG gefordert, daß der **Grundsatz der Verhältnismäßigkeit** beachtet werden müsse. Er sei verletzt, wenn das Gericht dem Vorbringen des Schuldners nicht nach gehe, er sei erheblich erkrankt und die Räumung würde für ihn lebensgefährlich sein. Wiegen die Interessen des Schuldners ersichtlich schwerer als die Belange, deren Wahrung die staatlichen Vollstreckungsmaßnahmen dienen sollen, so ist die Zwangsvollstreckung einstweilen einzustellen; ganz ausnahmsweise kann auch die Gewährung von **Räumungsschutz auf Dauer** geboten sein

> BVerfG – Kammerbeschl. v. 21.8.1991 – DWW 1991, 332 = ZMR 1991, 466,
> BVerfG – Kammerbeschl. v. 15.1.1992 – ZMR 1992, 137,
> s. auch BVerfG WM 1980, 27 = ZMR 1980, 13.

Ist eine bevorstehende Zwangsräumung für die hochbetagte Mutter des Schuldners, die in der Wohnung mitlebt, lebensbedrohlich, so kann die Zwangsräumung für den Schuldner eine sittenwidrige Härte auch dann bedeuten, wenn dieser zuvor nicht alles getan hat, um eine andere Wohnung zu bekommen

> OLG Frankfurt NJW-RR 1994, 81 = WM 1993, 746.

1517 Demgegenüber werden in der Vollstreckungspraxis zum Teil strengere Maßstäbe angelegt. Nach

> OLG Köln NJW-RR 1990, 590

muß geprüft werden, ob im einzelnen Fall eine konkrekte Gesundheits- und **Lebensgefahr** gegeben ist, deren Eintritt mit hinreichender Wahrscheinlichkeit anhand objektiv feststellbarer Merkmale nachzuweisen ist; das gelte auch für Suizidgefahr (großzügiger dagegen LG Köln WM 1989, 444 als Vorinstanz). Selbst eine amtsärztlich bestätigte Selbsttötungsgefahr soll nur einen Gesichtspunkt im Rahmen der Interessenabwägung bilden; es sei auch zu berücksichtigen, ob der gefährdete Schuldner den Versuch mache, durch laufende ärztliche Behandlung die extreme Reaktion auf die drohende Räumung zu überwinden

> OLG Köln ZMR 1993, 336.

Nach LG Bonn WM 1991, 284 muß eine behauptete Suizidgefahr ganz überwiegend wahrscheinlich sein, um die Gewährung von Vollstreckungsschutz zu rechtfertigen.

Dagegen kann Vollstreckungsschutz nicht gewährt werden, wenn der Schuldner 1517a
nicht die laufende Nutzungsentschädigung zahlt, da die Vergrößerung des Vermögensschadens dem Gläubiger nicht zuzumuten ist. Das gilt insbesondere, wenn ein Zahlungsausgleich durch den Schuldner nicht erkennbar ist
LG Hildesheim DWW 1995, 316 = MDR 1995, 1010.

3. Kosten und Streitwert

a) Kosten

Für die Kostenentscheidung bei Klagen auf Zustimmung zur Mieterhöhung nach 1518
§ 2 MHG soll das (nur) teilweise Obsiegen einer Partei aus dem Gebührenstreitwert und nicht aus dem Zuständigkeitswert errechnet werden
LG München I WM 1994, 337.

Das führt zu einer unverhältnismäßig hohen Kostenquote, wenn die Mieterhöhung zwar vollen Umfangs, jedoch zu einem späteren Zeitpunkt als beantragt zuerkannt wird. In diesem Fall empfiehlt es sich, von einem fiktiven Wert, der jedenfalls dem Zuständigkeitswert entspricht, auszugehen.

Zur Anwendung des § 93b ZPO, wenn bezüglich einer Räumungsklage das 1519
schriftliche Vorverfahren angeordnet worden ist, s. Rdn. 1437.

Der Einspruch gegen ein Versäumnisurteil auf Räumung oder der Kündigungswiderspruch nach § 556a BGB sollen ein sofortiges Anerkenntnis i.S. von § 93b ZPO nicht ausschließen; jedoch muß dann das Fortsetzungsverlangen sachlich dem Begehren nach einer Räumungsfrist gleichkommen
LG Kiel WM 1993, 550.

Dagegen erlangt der Mieter keine Kostenfreistellung nach § 93b Abs. 3 ZPO, 1520
wenn er einen konkreten Auszugstermin nicht glaubhaft dargelegt hat, so daß der Vermieter nicht von einem Auszug zum Ende der begehrten Räumungsfrist ausgehen kann, um mit der Räumungsklage solange zu warten
LG Frankenthal WM 1993, 547,
s. ausführlich Harsch WM 1995, 246.

Andererseits sollen den Vermieter die Kosten treffen, wenn er jegliche Räumungsfrist abgelehnt hat, ohne das Gespräch mit dem Mieter gesucht zu haben, auch wenn die vom Mieter vorprozessual begehrte Räumungsfrist nicht angemessen war
LG Wuppertal WM 1993, 548.

– notwendige Kosten:

Die Kosten eines vorprozessual eingeholten Privatgutachtens über den dekorativen 1521
Zustand der Wohnung bei deren Rückgabe sind nach Auffassung des
LG Berlin GE 1995, 115
als Vorbereitungskosten den Prozeßkosten zuzurechnen und im Kostenfestsetzungsverfahren geltendzumachen; daher soll einer Klage auf Ersatz der Gutachterkosten das Rechtsschutzinteresse fehlen. Dies ist abzulehnen; denn die Klä-

553

rung der Tatsachengrundlage für einen Schadensersatzanspruch erfolgt nicht zwangsläufig im Hinblick auf die gerichtliche Auseinandersetzung. Nach allgemeiner Meinung zählen die Sachverständigenkosten zum materiellen Schaden selbst (KG GE 1995, 1011, vgl. auch Rdn. 882).

– **Kosten der Zwangsvollstreckung:**

1522 Hat der Räumungsschuldner vor Beauftragung des Gerichtsvollziehers eine Ersatzwohnung gefunden und dies dem Gläubiger unverzüglich mitgeteilt, so trägt dieser die Kosten der Räumungsvollstreckung. Dagegen trägt er die Kosten für die schon eingeleiteten Vollstreckungsmaßnahmen, wenn er nach Beauftragung des Gerichtsvollziehers, aber vor der Zwangsvollstreckung eine Ersatzwohnung erlangt hat

LG Mannheim DWW 1994, 85.

Leitet der Gläubiger die Räumungsvollstreckung ein, obwohl ihm der Antrag des Schuldners auf Verlängerung der Räumungsfrist bekannt ist und mit alsbaldiger gerichtlicher Entscheidung zu rechnen ist, so trägt er die Kosten der Zwangsvollstreckung, wenn der Verlängerungsantrag des Schulders Erfolg hat

LG Bielefeld WM 1995, 47.

Der Räumungsschuldner trägt die Kosten des gesamten Vollstreckungsschutzverfahrens auch dann, wenn sein Antrag erst in der Beschwerdeinstanz Erfolg hat,

OLG Köln ZMR 1995, 535,
vgl. auch Sternel Rdn. V 129.

b) Streitwerte

1523 Der Gebührenwert des Räumungsanspruchs richtet sich auch dann nach § 16 GKG, wenn der Kläger den Anspruch auf Eigentum gestützt hat und der beklagte Besitzer sich auf ein mietrechtliches Besitzrecht stützt

OLG Hamburg WM 1995, 197.

Die Anwendung dieser Vorschrift setzt ein Klagebegehren auf Räumung voraus, nicht aber einen Streit über den (Fort-) Bestand eines Mietvertrages

BGH GE 1995, 556 = WM 1995, 320 = ZMR 1995, 245.

Wird der Räumungsanspruch auf mehrere Kündigungen gestützt, so ist trotzdem nur eine Jahresmiete als Gebührenstreitwert nach § 16 Abs. 2 GKG anzusetzen; das gleiche gilt, wenn der Räumungsanspruch sowohl auf die Beendigung des Mietverhältnisses durch Zeitablauf als auch auf eine fristlose Kündigung gestützt wird

AG Hamburg WM 1993, 479.

Verlangt der Vermieter neben der Räumung, daß der Mieter zurückgelassene Einrichtungen entfernt, so erhöht das nicht den Gebührenwert; das gilt auch dann, wenn im Rechtsmittelverfahren nur noch einzelne Beseitigungsansprüche weiter verfolgt werden, die zuvor Gegenstand eines umfassenden Räumungsbegehrens waren

BGH GE 1995, 556 = WM 1995, 320 = ZMR 1995, 245.

Umstritten ist nach wie vor, ob bei der Bemessung des Gebührenwerts für die **Räumungsklage** nach § 16 Abs. 1, 2 GKG die Betriebskostenvorauszahlungen einzubeziehen sind 1524

verneinend OLG Oldenburg WM 1991, 286 = ZMR 1991, 142,
LG Mönchengladbach ZMR 1990, 147, weil es sich nicht eigentlich um Mietzins, sondern um Entgelt für Sonderleistungen des Vermieters handele, ebenso LG Frankenthal ZMR 1993, 378,
LG Bochum WM 1995, 548;
bejahend OLG Hamm ZMR 1995, 359,
LG Kiel WM 1991, 50, da die Nebenkostenvorauszahlungen materiell zum Mietzins gehörten, wie auch § 554 BGB ergebe, ebenso LG Berlin ZMR 1993 S. XI Nr. 16;
vermittelnd LG Hamburg WM 1992, 495 = ZMR 1992, 397: maßgebend ist der Jahresbetrag der Bruttokaltmiete; die Heizkosten werden nicht einbezogen, weil sie besondere Leistungen des Vermieters neben der Gebrauchsgewähr abdecken. Die letztere Einschränkung erscheint allerdings nicht konsequent. Ähnlich auch LG Hagen WM 1993, 478, LG Dresden WM 1994, 70: Berücksichtigung nur der verbrauchsunabhängigen Betriebskosten.

Eine Nebenkostenpauschale ist nach
OLG Düsseldorf DWW 1992, 80
vollen Umfangs im Rahmen des § 16 GKG mit zu berücksichtigen. Da es kein sachgerechter Gesichtspunkt ist, bei der Streitwertfestsetzung auf die jeweilige Mietstruktur abzustellen und die Nebenkosten materiellrechtlich im allgemeinen als Mietentgelt gewertet werden, sollten sie in die Bewertung einbezogen werden.

Auch der Streitwert einer Klage auf Räumung eines Nebenraums (nach Teilkündigung gemäß § 564b Abs. 2 Nr. 4 BGB) soll sich nach der anteiligen Jahresbruttomiete gemäß § 16 Abs. 1 GKG richten 1525
AG Hamburg WM 1994, 433.

Klagt der Vermieter auf Räumung und erhebt der Mieter Widerklage auf Zustimmung zur Fortsetzung des Mietverhältnisses, so liegt eine wirtschaftliche Identität der Ansprüche i.S. von § 19 Abs. 1 GKG vor; sie werden daher nicht zusammengerechnet 1526
BGH MDR 1995, 198 = WM 1994, 705 = ZMR 1995, 17.

Ob eine Identität gegeben ist, bestimmt sich danach, ob die Ansprüche aus Klage und Widerklage in der Weise nebeneinander bestehen könnten, daß das Gericht beiden Ansprüchen stattgeben könnte
BGH a.a.O.

Der Gebührenwert für das **Räumungs- und Vollstreckungsverfahren** soll sich demgegenüber am Verkehrswert der herausverlangten Sache nach § 57 Abs. 2 BRAGO orientieren 1527
LG München I WM 1995, 197: 17facher Jahresmietwert.

Das gilt aber nicht für das Verfahren auf Verlängerung der Räumungsfrist nach § 721 Abs. 3 ZPO und das Vollstreckungschutzverfahren nach § 765a ZPO: hier richtet sich der Gebührenwert nach der Höhe der Nutzungsentschädigung für die beanspruchte Dauer.

Klagt der Mieter auf Feststellung, zur **Mietminderung** berechtigt zu sein, und begehrt der Vermieter widerklagend Zahlung der geminderten Beträge, so liegt 1528 jedenfalls insoweit keine Identität der Streitgegenstände nach § 19 Abs. 1 GKG vor, als sich die den Anträgen zugrundeliegenden Zeiträume nicht decken

LG Hamburg WM 1993, 477.

1529 Folgende Streitwertbemessungen sind aktuell:

- für eine Klage auf **Abschluß eines Mietvertrages** analog § 16 GKG: nach der Jahresmiete

  LG Dortmund WM 1991, 358;

- für die Klage eines Mitmieters gegen die übrigen Mitmieter auf **Zustimmung zur Kündigung** gemäß § 12 GKG, § 3 ZPO – nicht § 16 GKG – nach dem wirtschaftlichen Erfolg, der mit der Erklärung erstrebt wird

  KG WM 1992, 323;

- für den Streit darüber, ob dem Mieter eines Gewerbeobjekts eine **Option** auf Vertragsverlängerung zusteht: eine Jahresmiete entsprechend § 16 GKG

  OLG Hamburg WM 1994, 553;

1530 – für eine Klage auf **Rechtzeitigkeit** der Mietzinszahlung: 1/5 der Jahresmiete

  AG Kerpen WM 1991, 439;

- für eine Klage auf **Abrechnung** von Betriebskosten: nach der Höhe des erfahrungsmäßig zu erwartenden Rückzahlungsanspruchs

  LG Landau WM 1990, 86,
  LG Freiburg WM 1991, 504;
  s. auch AG Konstanz WM 1992, 494: mangels näherer Anhaltspunkte ist ein Drittel des als Jahresvorauszahlung geleisteten Betrages anzusetzen;

- für die Klage auf Beheizung der Wohnung: der Betrag der möglichen Minderung im Minderungszeitraum

  LG Görlitz WM 1994, 380;

1531 – für eine Klage auf **Duldung** oder auf Durchführung von Instandsetzungsmaßnahmen: der rechnerisch in Betracht kommende Minderungsbetrag infolge der Maßnahmen, hochgerechnet auf 36 Monate

  LG Hamburg ZMR 1992, 477 (ZK 16), LG Kassel WM 1992, 448, LG Stendal WM 1994, 70, LG Berlin ZMR 1993 S. IX Nr. 5: bei Mängeln an der Heizungsanlage werden nur die Heizmonate Oktober bis einschließlich April gerechnet; in Fortführung seiner Rechtsprechung setzt LG Hamburg WM 1994, 624 (ZK 16) den Minderungsbetrag für 42 Monate entsprechend § 9 ZPO an, ebenso nunmehr auch OLG Hamburg WM 1995, 595;
  anders LG Hamburg ZMR 1991, 437 (ZK 11), LG Berlin GE 1994, 1117, GE 1995, 307: Jahresbetrag der Minderung;
  LG Kiel WM 1995, 320: Höhe der Mängelbeseitigungskosten, dagegen OLG Hamburg a.a.O.;

1532 – für die Klage auf Duldung von **Modernisierungsmaßnahmen**: der dreifache Jahresbetrag der zu erwartenden Mieterhöhung:

  LG Hamburg (ZK 16) WM 1987, 61, LG Fulda MDR 1992, 576 = WM 1992, 243, LG Aachen ZMR 1995, 161, LG Berlin GE 1995, 547, KreisG Weißwasser WM 1992, 468;
  a.A. LG Hamburg (ZK 11) WM 1994, 704, LG Berlin GE 1995, 311, 563: Jahresbetrag der zu erwartenden Mieterhöhung;

- für die Klage auf Erteilung der **Untermieterlaubnis**: das wirtschaftliche Interesse des Mieters (vgl. dazu Sternel Rdn. V 88), das entgegen LG Hamburg MDR 1992, 577 (ZK 7) nicht auf den Jahresbetrag des (preisrechtlichen) Untermietzuschlages gemäß § 26 Abs. 3 NMV beschränkt ist; nach LG Berlin GE 1995, 425 beträgt der Wert für die Berufung des Vermieters in der Regel DM 600,–, 1533

  nach LG Kiel WM 1995, 320 ist der Jahresbetrag des Untermietzinses bzw. der Mietentlastung für den Mieter anzusetzen;

- für die Klage auf Duldung der **Wegnahme** eingebauter Sachen: gemäß dem (nach Trennung in der Regel geringeren) Verkehrswert der Sachen 1534

  BGH WM 1991, 562 = ZMR 1991, 426;

- für die Klage auf Unterlassung gemäß einem Konkurrenzverbot: nach der Höhe des abzuwehrenden Schadens

  OLG Düsseldorf ZMR 1993, 377;

- für die Klage auf Zahlung von Mietrückständen aus **Mieterhöhungen** nach § 3 MHG und auf künftige Leistung: es gilt insgesamt der Jahresbetrag der Mieterhöhung als Obergrenze nach § 16 Abs. 5 GKG 1535

  LG Mannheim ZMR 1993 S. VII Nr. 18;

Das gleiche gilt für Mieterhöhungen nach §§ 2, 4, 5, 12, 13, 16 MHG und §§ 8, 10 WoBindG. Das gilt allerdings nur, wenn die Erhöhungsbefugnis des Vermieters selbst im Streit ist, und nicht in den Fällen, in denen der Mieter aus anderen Gründen – z.B. einer Mietminderung oder einer Aufrechnung – die Zahlung verweigert;

- für die Klage auf künftige **Erhöhung des Mietzinses** für gewerbliche Räume: der Erhöhungsbetrag für die (restliche) Mietdauer nach § 9 ZPO; § 3 ZPO soll nicht einschlägig sein

  OLG Frankfurt MDR 1993, 697.

Zum Zuständigkeitswert für Klagen auf Zustimmung zur Mieterhöhung s. Rdn. 1455, 1456.

Textanhang: Neue Mietgesetze

1. Viertes Gesetz zur Änderung mietrechtlicher Vorschriften (4. MietRÄndG) vom 21. Juli 1993 (BGBl. 1993 I 1257) . . . 561
2. Gesetz über eine Sozialklausel in Gebieten mit gefährdeter Wohnungsversorgung vom 22. April 1993 (BGBl. 1993 I 487) 567
3. Gesetz zur Änderung des Bürgerlichen Gesetzbuches vom 29. Oktober 1993 (BGBl. 1993 I 1838) 568
4. Gesetz zur Entlastung der Rechtspflege (Auszug) vom 11. Januar 1993 (BGBl. 1993 I 50) 568
5. Einführungsgesetz zum Bürgerlichen Gesetzbuch (Auszug) in der Fassung der Bekanntmachung vom 21. September 1994 (BGBl. 1994 I 2494) . . . 569
6. Gesetz zur Überleitung preisgebundenen Wohnraums im Beitrittsgebiet in das allgemeine Miethöherecht (Mietenüberleitungsgesetz) vom 6. Juni 1995 (BGBl. 1995 I 748) 572
7. Erste Grundmietenverordnung vom 17. Juni 1991 (BGBl. 1991 I 1269) – *aufgehoben* 575
8. Zweite Grundmietenverordnung vom 27. Juli 1992 (BGBl. 1992 I 1416) – *aufgehoben* . . 576
9. Betriebskosten-Umlageverordnung vom 17. Juni 1991 (BGBl. 1991 I 1270) – *aufgehoben* . . . 578

1. Viertes Gesetz zur Änderung mietrechtlicher Vorschriften (Viertes Mietrechtsänderungsgesetz)

Vom 21. Juli 1993, BGBl. 1993 I, 1257

Artikel 1
Änderung des Gesetzes zur Regelung der Miethöhe

Das Gesetz zur Regelung der Miethöhe vom 18. Dezember 1974 (BGBl. I S. 3603, 3604), zuletzt geändert durch Anlage I Kapitel XIV Abschnitt II Nr. 7 des Einigungsvertrages vom 31. August 1990 in Verbindung mit Artikel 1 des Gesetzes vom 23. September 1990 (BGBl. 1990 II S. 885, 1126), wird wie folgt geändert:
1. § 2 Abs. 1 wird wie folgt geändert:
   a) Satz 1 wird wie folgt geändert:
      aa) In Nummer 2 werden die Wörter „drei Jahren" durch die Wörter „vier Jahren" ersetzt.
      bb) Der Nummer 3 werden folgende Sätze angefügt:
         „Der Vomhundertsatz beträgt bei Wohnraum, der vor dem 1. Januar 1981 fertiggestellt worden ist, 20 vom Hundert, wenn
         a) das Mieterhöhungsverlangen dem Mieter vor dem 1. September 1998 zugeht und
         b) der Mietzins, dessen Erhöhung verlangt wird, ohne Betriebskostenanteil monatlich mehr als 8,00 Deutsche Mark je Quadratmeter Wohnfläche beträgt. Ist der Mietzins geringer, so verbleibt es bei 30 vom

Hundert; jedoch darf in diesem Fall der verlangte Mietzins ohne Betriebskostenanteil monatlich 9,60 Deutsche Mark je Quadratmeter Wohnfläche nicht übersteigen."
b) Satz 2 erhält folgende Fassung:
„Von dem Jahresbetrag des nach Satz 1 Nr. 2 zulässigen Mietzinses sind die Kürzungsbeträge nach § 3 Abs. 1 Satz 3 bis 7 abzuziehen, im Fall des § 3 Abs. 1 Satz 6 mit 11 vom Hundert des Zuschusses."

2. Nach § 2 Abs. 1 wird folgender neuer Absatz 1a eingefügt:
„(1a) Absatz 1 Satz 1 Nr. 3 ist nicht anzuwenden,
1. wenn eine Verpflichtung des Mieters zur Ausgleichszahlung nach den Vorschriften über den Abbau der Fehlsubventionierung im Wohnungswesen wegen des Wegfalls der öffentlichen Bindung erloschen ist und
2. soweit die Erhöhung den Betrag der zuletzt zu entrichtenden Ausgleichszahlung nicht übersteigt.
Der Mieter hat dem Vermieter auf dessen Verlangen, das frühestens vier Monate vor dem Wegfall der öffentlichen Bindung gestellt werden kann, innerhalb eines Monats über die Verpflichtung zur Ausgleichszahlung und über deren Höhe Auskunft zu erteilen."

3. § 3 wird wie folgt geändert:
a) In Absatz 1 Satz 1 werden nach dem Wort „Heizenergie" die Wörter „oder Wasser" eingefügt.
b) Absatz 2 wird aufgehoben.
c) Absatz 4 erhält folgende Fassung:
„(4) Die Erklärung des Vermieters hat die Wirkung, daß von dem Beginn des auf die Erklärung folgenden übernächsten Monats an der erhöhte Mietzins an die Stelle des bisher zu entrichtenden Mietzinses tritt. Diese Frist verlängert sich um sechs Monate, wenn der Vermieter dem Mieter die zu erwartende Erhöhung des Mietzinses nicht nach § 541 b Abs. 2 Satz 1 des Bürgerlichen Gesetzbuchs mitgeteilt hat oder wenn die tatsächliche Mieterhöhung gegenüber dieser Mitteilung um mehr als zehn vom Hundert nach oben abweicht."

4. Dem § 4 wird folgender Absatz angefügt:
„(5) Der Vermieter kann durch schriftliche Erklärung bestimmen,
1. daß die Kosten der Wasserversorgung und der Entwässerung ganz oder teilweise nach dem erfaßten unterschiedlichen Wasserverbrauch der Mieter und die Kosten der Müllabfuhr nach einem Maßstab umgelegt werden dürfen, der der unterschiedlichen Müllverursachung Rechnung trägt, oder
2. daß die in Nummer 1 bezeichneten Kosten unmittelbar zwischen den Mietern und denjenigen abgerechnet werden, die die entsprechenden Leistungen erbringen.
Die Erklärung kann nur für künftige Abrechnungszeiträume abgegeben werden und ist nur mit Wirkung zum Beginn eines Abrechnungszeitraums zulässig. Sind die Kosten im Mietzins enthalten, so ist dieser entsprechend herabzusetzen."

5. § 10 wird wie folgt geändert:
a) In Absatz 2 wird Satz 4 durch folgende Sätze ersetzt:
„Der Mietzins muß jeweils mindestens ein Jahr unverändert bleiben. Der jeweilige Mietzins oder die jeweilige Erhöhung muß betragsmäßig ausgewiesen sein."
b) Absatz 3 Nr. 1 erhält folgende Fassung:

„1. über preisgebundenen Wohnraum, soweit nicht in § 2 Abs. 1a Satz 2 etwas anderes bestimmt ist,".
6. Nach § 10 wird folgender § 10a eingefügt:

„§ 10a

(1) Abweichend von § 10 Abs. 1 kann schriftlich vereinbart werden, daß die weitere Entwicklung des Mietzinses durch den Preis von anderen Gütern oder Leistungen bestimmt werden soll (Mietanpassungsvereinbarung). Die Vereinbarung ist nur wirksam, wenn die Genehmigung nach § 3 des Währungsgesetzes oder entsprechenden währungsrechtlichen Vorschriften erteilt wird.
(2) Während der Geltungsdauer einer Mietanpassungsvereinbarung muß der Mietzins, von Erhöhungen nach den §§ 3 und 4 abgesehen, jeweils mindestens ein Jahr unverändert bleiben. Eine Erhöhung des Mietzinses nach § 3 kann nur verlangt werden, soweit der Vermieter bauliche Änderungen auf Grund von Umständen durchgeführt hat, die er nicht zu vertreten hat. Eine Erhöhung des Mietzinses nach den §§ 2 und 5 ist ausgeschlossen.
(3) Eine Änderung des Mietzinses auf Grund einer Vereinbarung nach Absatz 1 muß durch schriftliche Erklärung geltend gemacht werden, die auch die Änderung der nach der Mietanpassungsvereinbarung maßgebenden Preise nennt. Der geänderte Mietzins ist vom Beginn des auf die Erklärung folgenden übernächsten Monats an zu zahlen."
7. In § 11 Abs. 3 Nr. 3 wird die Verweisung „§ 10 Abs. 2" durch „§ 10 Abs. 2 und § 10a" ersetzt.

**Artikel 2
Änderung des Wirtschaftsstrafgesetzes 1954**

Das Wirtschaftsstrafgesetz 1954 in der Fassung der Bekanntmachung vom 3. Juni 1975 (BGBl. I S. 1313), zuletzt geändert durch Artikel 7 des Gesetzes vom 15. Juli 1992 (BGBl. I S. 1302), wird wie folgt geändert:
1. § 5 erhält folgende Fassung:

„§ 5
Mietpreisüberhöhung

(1) Ordnungswidrig handelt, wer vorsätzlich oder leichtfertig für die Vermietung von Räumen zum Wohnen oder damit verbundene Nebenleistungen unangemessen hohe Entgelte fordert, sich versprechen läßt oder annimmt.
(2) Unangemessen hoch sind Entgelte, die infolge der Ausnutzung eines geringen Angebots an vergleichbaren Räumen die üblichen Entgelte um mehr als 20 vom Hundert übersteigen, die in der Gemeinde oder in vergleichbaren Gemeinden für die Vermietung von Räumen vergleichbarer Art, Größe, Ausstattung, Beschaffenheit und Lage oder damit verbundene Nebenleistungen in den letzten Jahren vereinbart oder, von Erhöhungen der Betriebskosten abgesehen, geändert worden sind. Nicht unangemessen hoch sind Entgelte, die zur Deckung der laufenden Aufwendungen des Vermieters erforderlich sind, sofern sie
1. unter Zugrundelegung der nach Satz 1 maßgeblichen Entgelte nicht in einem auffälligen Mißverhältnis zu der Leistung des Vermieters stehen und
2. für Räume entrichtet werden,
  a) die nach dem 1. Januar 1991 fertiggestellt wurden oder
  b) für die das Entgelt vor dem 1. September 1993 über der in Satz 1 bezeichneten Grenze liegen durfte.

(3) Die Ordnungswidrigkeit kann mit einer Geldbuße bis zu einhunderttausend Deutsche Mark geahndet werden."
2. § 6 wird aufgehoben.

Artikel 3
Änderung des Gesetzes zur Regelung der Wohnungsvermittlung

Das Gesetz zur Regelung der Wohnungsvermittlung vom 4. November 1971 (BGBl. I S. 1745, 1747), geändert durch Artikel 7 des Gesetzes vom 17. Dezember 1990 (BGBl. I S. 2840), wird wie folgt geändert:

1. In § 2 Abs. 2 Nr. 2 wird nach dem Wort „Verwalter" das Wort „„Mieter" eingefügt.
2. § 3 wird wie folgt geändert:
   a) Nach Absatz 1 wird folgender Absatz 2 eingefügt:
   „(2) Der Wohnungsvermittler darf vom Wohnungssuchenden für die Vermittlung oder den Nachweis der Gelegenheit zum Abschluß von Mietverträgen über Wohnräume kein Entgelt fordern, sich versprechen lassen oder annehmen, das zwei Monatsmieten zuzüglich der gesetzlichen Umsatzsteuer übersteigt. Im Falle einer Vereinbarung, durch die der Wohnungssuchende verpflichtet wird, ein vom Vermieter geschuldetes Vermittlungsentgelt zu zahlen, darf das vom Wohnungssuchenden insgesamt zu zahlende Entgelt den in Satz 1 bestimmten Betrag nicht übersteigen. Nebenkosten, über die gesondert abzurechnen ist, bleiben bei der Berechnung der Monatsmiete unberücksichtigt."
   b) Die bisherigen Absätze 2 und 3 werden Absätze 3 und 4.
3. Nach § 4 wird folgender § 4a eingefügt:

„§ 4a

(1) Eine Vereinbarung, die den Wohnungssuchenden oder für ihn einen Dritten verpflichtet, ein Entgelt dafür zu leisten, daß der bisherige Mieter die gemieteten Wohnräume räumt, ist unwirksam. Die Erstattung von Kosten, die dem bisherigen Mieter nachweislich für den Umzug entstehen, ist davon ausgenommen.
(2) Ein Vertrag, durch den der Wohnungssuchende sich im Zusammenhang mit dem Abschluß eines Mietvertrages über Wohnräume verpflichtet, von dem Vermieter oder dem bisherigen Mieter eine Einrichtung oder ein Inventarstück zu erwerben, ist im Zweifel unter der aufschiebenden Bedingung geschlossen, daß der Mietvertrag zustande kommt. Die Vereinbarung über das Entgelt ist unwirksam, soweit dieses in einem auffälligen Mißverhältnis zum Wert der Einrichtung oder des Inventarstücks steht."
4. § 5 wird wie folgt geändert:
   a) Der bisherige Text wird Absatz 1.
   b) Es wird folgender Absatz 2 angefügt:
   „(2) Soweit Leistungen auf Grund von Vereinbarungen erbracht worden sind, die nach § 3 Abs. 2 Satz 2 oder § 4a unwirksam oder nicht wirksam geworden sind, ist Absatz 1 entsprechend anzuwenden."
5. § 8 wird wie folgt geändert:
   a) In Absatz 1 wird nach Nummer 1 folgende Nummer 2 eingefügt:
   „2. entgegen § 3 Abs. 2 ein Entgelt fordert, sich versprechen läßt oder annimmt, das den dort genannten Betrag übersteigt,".

b) In Absatz 1 werden die bisherigen Nummern 2 und 3 die Nummern 3 und 4.
c) Absatz 2 erhält folgende Fassung:
„(2) Die Ordnungswidrigkeit nach Absatz 1 Nr. 2 kann mit einer Geldbuße bis zu fünfzigtausend Deutsche Mark, die Ordnungswidrigkeit nach Absatz 1 Nr. 1, 3 und 4 mit einer Geldbuße bis zu fünftausend Deutsche Mark geahndet werden."
6. § 9 Abs. 2 wird aufgehoben.

Artikel 4
Änderung des Bürgerlichen Gesetzbuchs

Das Bürgerliche Gesetzbuch in der im Bundesgesetzblatt Teil III, Gliederungsnummer 400-2, veröffentlichten bereinigten Fassung, zuletzt geändert durch Artikel 1 des Gesetzes vom 27. April 1993 (BGBl. I S. 509), wird wie folgt geändert:
1. § 541b Abs. 1 erhält folgende Fassung:
„(1) Maßnahmen zur Verbesserung der gemieteten Räume oder sonstiger Teile des Gebäudes, zur Einsparung von Heizenergie oder Wasser oder zur Schaffung neuen Wohnraums hat der Mieter zu dulden, es sei denn, daß die Maßnahme für ihn oder seine Familie eine Härte bedeuten würde, die auch unter Würdigung der berechtigten Interessen des Vermieters und anderer Mieter in dem Gebäude nicht zu rechtfertigen ist. Dabei sind insbesondere die vorzunehmenden Arbeiten, die baulichen Folgen, vorausgegangene Verwendungen des Mieters und die zu erwartende Erhöhung des Mietzinses zu berücksichtigen. Die Erhöhung des Mietzinses bleibt außer Betracht, wenn die gemieteten Räume oder sonstigen Teile des Gebäudes lediglich in einen Zustand versetzt werden, wie er allgemein üblich ist."
2. Nach § 549 wird folgender § 549a eingefügt:

„§ 549a
(1) Soll der Mieter nach dem Inhalt des Mietvertrages den gemieteten Wohnraum gewerblich einem Dritten weitervermieten, so tritt der Vermieter bei der Beendigung des Mietverhältnisses in die Rechte und Pflichten aus dem Mietverhältnis zwischen dem Mieter und dem Dritten ein. Schließt der Vermieter erneut einen Mietvertrag zum Zwecke der gewerblichen Weitervermietung ab, so tritt der Mieter anstelle des bisherigen Vertragspartners in die Rechte und Pflichten aus dem Mietverhältnis mit dem Dritten ein.
(2) Die §§ 572 bis 576 gelten entsprechend.
(3) Eine zum Nachteil des Dritten abweichende Vereinbarung ist unwirksam."
3. § 550b Abs. 2 Satz 1 erhält folgende Fassung:
„Ist bei einem Mietverhältnis über Wohnraum eine als Sicherheit bereitzustellende Geldsumme dem Vermieter zu überlassen, so hat er sie von seinem Vermögen getrennt bei einem Kreditinstitut zu dem für Spareinlagen mit dreimonatiger Kündigungsfrist üblichen Zinssatz anzulegen."
4. § 564b Abs. 2 Nr. 4 erhält folgende Fassung:
„4. der Vermieter nicht zum Wohnen bestimmte Nebenräume oder Teile eines Grundstücks dazu verwenden will,
   a) Wohnraum zum Zwecke der Vermietung zu schaffen oder
   b) den neu zu schaffenden und den vorhandenen Wohnraum mit Nebenräumen und Grundstücksteilen auszustatten,

die Kündigung auf diese Räume oder Grundstücksteile beschränkt und sie dem Mieter vor dem 1. Juni 1995 mitteilt. Die Kündigung ist spätestens am dritten Werktag eines Kalendermonats für den Ablauf des übernächsten Monats zulässig. Der Mieter kann eine angemessene Senkung des Mietzinses verlangen. Verzögert sich der Beginn der Bauarbeiten, so kann der Mieter eine Verlängerung des Mietverhältnisses um einen entsprechenden Zeitraum verlangen."

5. § 564c Abs. 2 erhält folgende Fassung:
„(2) Der Mieter kann keine Fortsetzung des Mietverhältnisses nach Absatz 1 oder nach § 556b verlangen, wenn
1. das Mietverhältnis für nicht mehr als fünf Jahre eingegangen worden ist,
2. der Vermieter nach Ablauf der Mietzeit
   a) die Räume als Wohnung für sich, die zu seinem Hausstand gehörenden Personen oder seine Familienangehörigen nutzen will oder
   b) in zulässiger Weise die Räume beseitigen oder so wesentlich verändern oder instand setzen will, daß die Maßnahmen durch eine Fortsetzung des Mietverhältnisses erheblich erschwert würden, oder
   c) Räume, die mit Rücksicht auf das Bestehen eines Dienstverhältnisses vermietet worden sind, an einen anderen zur Dienstleistung Verpflichteten vermieten will und
3. der Vermieter dem Mieter diese Absicht bei Vertragsschluß schriftlich mitgeteilt hat.

Verzögert sich die vom Vermieter beabsichtigte Verwendung der Räume ohne sein Verschulden oder teilt der Vermieter dem Mieter nicht drei Monate vor Ablauf der Mietzeit schriftlich mit, daß seine Verwendungsabsicht noch besteht, so kann der Mieter eine Verlängerung des Mietverhältnisses um einen entsprechenden Zeitraum verlangen."

6. § 565c Satz 1 Nr. 1 erhält folgende Fassung:
„1. bei Wohnraum, der weniger als zehn Jahre überlassen war, spätestens am dritten Werktag eines Kalendermonats für den Ablauf des
   a) übernächsten Monats, wenn der Wohnraum für einen anderen zur Dienstleistung Verpflichteten benötigt wird,
   b) nächsten Monats, wenn das Mietverhältnis vor dem 1. September 1993 eingegangen worden ist und der Wohnraum für einen anderen zur Dienstleistung Verpflichteten dringend benötigt wird,".

7. Nach § 570a wird folgender § 570b eingefügt:

„§ 570b

(1) Werden vermietete Wohnräume, an denen nach der Überlassung an den Mieter Wohnungseigentum begründet worden ist oder begründet werden soll, an einen Dritten verkauft, so ist der Mieter zum Vorkauf berechtigt. Dies gilt nicht, wenn der Vermieter die Wohnräume an eine zu seinem Hausstand gehörende Person oder an einen Familienangehörigen verkauft.

(2) Die Mitteilung des Verkäufers oder des Dritten über den Inhalt des Kaufvertrages ist mit einer Unterrichtung des Mieters über sein Vorkaufsrecht zu verbinden.

(3) Stirbt der Mieter, so geht das Vorkaufsrecht auf denjenigen über, der das Mietverhältnis nach § 569a Abs. 1 oder 2 fortsetzt.

(4) Eine zum Nachteil des Mieters abweichende Vereinbarung ist unwirksam."

Artikel 5
Änderung des Heimgesetzes

§ 14 Abs. 4 Satz 2 des Heimgesetzes in der Fassung der Bekanntmachung vom 23. April 1990 (BGBl. I S. 763, 1069), geändert gemäß Artikel 32 der Verordnung vom 26. Februar 1993 (BGBl. I S. 278), erhält folgende Fassung:

„Der Träger hat die Geldsumme von seinem Vermögen getrennt bei einem Kreditinstitut zu dem für Spareinlagen mit dreimonatiger Kündigungsfrist üblichen Zinssatz anzulegen."

Artikel 6
Übergangsvorschriften

(1) Artikel 1 Nr. 1 Buchstabe a ist auf Erhöhungsverlangen, die dem Mieter vor dem 1. September 1993 zugegangen sind, nicht anzuwenden.

(2) Mietspiegel, die ohne Berücksichtigung der Änderung in Artikel 1 Nr. 1 Buchstabe a Doppelbuchstabe aa erstellt worden sind, gelten als veraltete Mietspiegel im Sinne des § 2 Abs. 6 des Gesetzes zur Regelung der Miethöhe.

(3) Artikel 4 Nr. 3 und Artikel 5 sind hinsichtlich der Verzinsung nicht anzuwenden, wenn die Sicherheit auf Grund einer Vereinbarung zu leisten ist, die vor dem 1. Juli 1993 getroffen worden ist. Insoweit verbleibt es bei den bis dahin geltenden Vorschriften.

(4) Artikel 4 Nr. 7 ist nicht anzuwenden, wenn der Kaufvertrag mit dem Dritten vor dem 1. September 1993 abgeschlossen worden ist.

Artikel 7
Inkrafttreten

(1) Artikel 4 Nr. 3 und Artikel 5 treten am 1. Juli 1993 in Kraft.

(2) Im übrigen tritt dieses Gesetz am ersten Tage des zweiten auf die Verkündung folgenden Kalendermonats in Kraft.

2. Gesetz über eine Sozialklausel in Gebieten mit gefährdeter Wohnungsversorgung (Sozialklauselgesetz)

Vom 22. April 1993, BGBl. 1993 I, 487

Verkündet als Bestandteil (Art. 14) des Investitionserleichterungs- und Wohnbaulandgesetzes vom 22. 4. 1993 (BGBl. I S. 466)

¹Die Landesregierungen werden ermächtigt,[1] durch Rechtsverordnungen Gebiete zu bestimmen, in denen die ausreichende Versorgung der Bevölkerung mit Mietwohnungen zu angemessenen Bedingungen in einer Gemeinde oder in einem Teil einer Gemeinde besonders gefährdet ist. ²Ist an vermieteten Wohnräumen nach

---

1 Von der Ermächtigung nach Satz 1 haben folgende Länder Gebrauch gemacht: **Baden-Württemberg:** VO v. 25.10.1993 (GBl. S. 630). **Bayern:** VO v. 25.5.1993 (GVBl. S. 372). **Berlin:** VO v. 11.5.1993 (GVBl. S. 216). **Brandenburg:** VO v. 20.5.1994 (GVBl. II S. 365). **Bremen:** VO v. 8.6.1993 (GVBl. S. 159). **Hamburg:** VO v. 18.5.1993 (GVBl. S. 98). **Hessen:** VO v. 27.7.1993 (GVBl. I S. 387). **Niedersachsen:** VO v. 15.6.1993 (GVBl. S. 152), geänd. durch VO v. 22.11.1993 (GVBl. S. 578). **Schleswig-Holstein:** VO v. 5.7.1994 (GVOBl. S. 371).

der Überlassung an den Mieter Wohnungseigentum begründet und das Wohnungseigentum veräußert worden, so gilt in den so bestimmten Gebieten abweichend von den Bestimmungen des Bürgerlichen Gesetzbuchs:
1. Bis zum Ablauf von zehn Jahren nach der Veräußerung werden berechtigte Interessen des Vermieters im Sinne des § 564b Abs. 2 Nr. 2 und 3 des Bürgerlichen Gesetzbuchs nicht berücksichtigt.
2. Auch danach werden berechtigte Interessen des Vermieters im Sinne des § 564b Abs. 2 Nr. 2 und 3 des Bürgerlichen Gesetzbuchs nicht berücksichtigt, wenn die vertragsmäßige Beendigung des Mietverhältnisses für den Mieter oder ein bei ihm lebendes Mitglied seiner Familie eine nicht zu rechtfertigende Härte bedeuten würde, es sei denn, der Vermieter weist dem Mieter angemessenen Ersatzwohnraum zu zumutbaren Bedingungen nach.

3. Gesetz zur Änderung des Bürgerlichen Gesetzbuchs

Vom 29. Oktober 1993, BGBl. 1993 I, 1838

Artikel 1

§ 565 des Bürgerlichen Gesetzbuchs in der im Bundesgesetzblatt Teil III, Gliederungsnummer 400-2, veröffentlichten bereinigten Fassung, das zuletzt durch Artikel 1 des Gesetzes vom 7. Oktober 1993 (BGBl. I S. 1668) geändert worden ist, wird wie folgt geändert:
1. In Absatz 1 Nr. 3 wird das Wort „Geschäftsräume," gestrichen.
2. Nach Absatz 1 wird folgender Absatz 1a eingefügt:
„(1a) Bei einem Mietverhältnis über Geschäftsräume ist die Kündigung spätestens am dritten Werktag eines Kalendervierteljahres für den Ablauf des nächsten Kalendervierteljahres zulässig."

Artikel 2

Artikel 232 § 2 Abs. 7 des Einführungsgesetzes zum Bürgerlichen Gesetzbuche in der im Bundesgesetzblatt Teil III, Gliederungsnummer 400-1, veröffentlichten bereinigten Fassung, das zuletzt durch Artikel 2 des Gesetzes vom 7. Oktober 1993 (BGBl. I S. 1668) geändert worden ist, wird aufgehoben.

Artikel 3

Dieses Gesetz tritt am 1. Januar 1994 in Kraft.

4. Gesetz zur Entlastung der Rechtspflege (Rechtspflegeentlastungsgesetz)

Vom 11. Januar 1993, BGBl. 1993 I, 50 (Auszug)

Artikel 1
Änderung der Zivilprozeßordnung

Die Zivilprozeßordnung in der im Bundesgesetzblatt Teil III, Gliederungsnummer 310-4, veröffentlichten bereinigten Fassung, zuletzt geändert durch das Gesetz vom 1. April 1992 (BGBl. I S. 745), wird wie folgt geändert:

1. § 9 wird wie folgt gefaßt:

„§ 9

Der Wert des Rechts auf wiederkehrende Nutzungen oder Leistungen wird nach dem dreieinhalbfachen Wert des einjährigen Bezuges berechnet. Bei bestimmter Dauer des Bezugsrechts ist der Gesamtbetrag der künftigen Bezüge maßgebend, wenn er der geringere ist."

2. § 29a Abs. 1 wird wie folgt gefaßt:

„(1) Für Streitigkeiten über Ansprüche aus Miet- oder Pachtverhältnissen über Räume oder über das Bestehen solcher Verhältnisse ist das Gericht ausschließlich zuständig, in dessen Bezirk sich die Räume befinden."

Artikel 3
Änderung des Gerichtsverfassungsgesetzes

Das Gerichtsverfassungsgesetz in der Fassung der Bekanntmachung vom 9. Mai 1975 (BGBl. I S. 1077), zuletzt geändert durch Artikel 4 des Gesetzes vom 15. Juli 1992 (BGBl. I. S. 1302), wird wie folgt geändert:

2. § 23 wird wie folgt geändert:
   a) In Nummer 1 werden das Wort „vermögensrechtliche" gestrichen und das Wort „sechstausend" durch das Wort „zehntausend" ersetzt.
   b) Nummer 2 Buchstabe a wird wie folgt gefaßt:
   „a) Streitigkeiten über Ansprüche aus einem Mietverhältnis über Wohnraum oder über den Bestand eines solchen Mietverhältnisses; diese Zuständigkeit ist ausschließlich;".

5. Einführungsgesetz zum Bürgerlichen Gesetzbuch

Vom 21. September 1994, BGBl. 1994 I, 2494 (Auszug)

„Sechster Teil
Inkrafttreten und Übergangsrecht aus Anlaß
der Einführung des Bürgerlichen Gesetzbuchs und dieses Einführungsgesetzes in dem in Artikel 3 des Einigungsvertrages genannten Gebiet

Artikel 230
Umfang der Geltung; Inkrafttreten

(1) Für das in Artikel 3 des Einigungsvertrages genannte Gebiet gelten der § 616 Abs. 2 und 3 und die §§ 622 sowie 1706 und 1710 des Bürgerlichen Gesetzbuchs nicht.

(2) Das Bürgerliche Gesetzbuch und dieses Einführungsgesetz treten im übrigen in diesem Gebiet am Tag des Wirksamwerdens des Beitritts nach Maßgabe der folgenden Übergangsvorschriften in Kraft.

Artikel 231
Erstes Buch. Allgemeiner Teil des Bürgerlichen Gesetzbuchs

§ 6
Verjährung

(1) Die Vorschriften des Bürgerlichen Gesetzbuchs über die Verjährung finden auf die am Tag des Wirksamwerdens des Beitritts bestehenden und noch nicht verjährten Ansprüche Anwendung. Der Beginn, die Hemmung und die Unterbrechung der Verjährung bestimmen sich jedoch für den Zeitraum vor dem Wirksamwerden des Beitritts nach den bislang für das in Artikel 3 des Einigungsvertrages genannte Gebiet geltenden Rechtsvorschriften.

(2) Ist die Verjährungsfrist nach dem Bürgerlichen Gesetzbuch kürzer als nach den Rechtsvorschriften, die bislang für das in Artikel 3 des Einigungsvertrages genannte Gebiet galten, so wird die kürzere Frist von dem Tag des Wirksamwerdens des Beitritts an berechnet. Läuft jedoch die in den Rechtsvorschriften, die bislang für das in Artikel 3 des Einigungsvertrages genannte Gebiet galten, bestimmte längere Frist früher als die im Bürgerlichen Gesetzbuch bestimmte kürzere Frist ab, so ist die Verjährung mit dem Ablauf der längeren Frist vollendet.

(3) Die Absätze 1 und 2 sind entsprechend auf Fristen anzuwenden, die für die Geltendmachung, den Erwerb oder den Verlust eines Rechts maßgebend sind.

Artikel 232
Zweites Buch. Recht der Schuldverhältnisse

§ 1. Allgemeine Bestimmungen für Schuldverhältnisse. Für ein Schuldverhältnis, das vor dem Wirksamwerden des Beitritts entstanden ist, bleibt das bisherige für das in Artikel 3 des Einigungsvertrages genannte Gebiet geltende Recht maßgebend.

§ 1a. Überlassungsverträge. Ein vor dem 3. Oktober 1990 geschlossener Vertrag, durch den ein bisher staatlich verwaltetes (§ 1 Abs. 4 des Vermögensgesetzes) Grundstück durch den staatlichen Verwalter oder die von ihm beauftragte Stelle gegen Leistungen eines Geldbetrages für das Grundstück sowie etwa aufstehende Gebäude und gegen Übernahme der öffentlichen Lasten einem anderen zur Nutzung überlassen wurde (Überlassungsvertrag), ist wirksam.

§ 2. Miete. (1) Mietverhältnisse aufgrund von Verträgen, die vor dem Wirksamwerden des Beitritts geschlossen worden sind, richten sich von diesem Zeitpunkt an nach den Vorschriften des Bürgerlichen Gesetzbuches, soweit nicht in den folgenden Absätzen etwas anderes bestimmt ist.

(2) Auf berechtigte Interessen im Sinne des § 564b Abs. 2 Nr. 3 des Bürgerlichen Gesetzbuches kann der Vermieter sich nicht berufen.

(3) Auf berechtigte Interessen im Sinne des § 564b Abs. 2 Nr. 2 Satz 1 des Bürgerlichen Gesetzbuchs (Eigenbedarf) kann der Vermieter sich erst nach dem 31. Dezember 1995 berufen. Dies gilt nicht,

1. wenn die Räume dem Vermieter durch nicht zu rechtfertigende Zwangsmaßnahmen oder durch Machtmißbrauch, Korruption, Nötigung oder Täuschung seitens staatlicher Stellen oder Dritter entzogen worden sind,

2. wenn der Mieter bei Abschluß des Vertrages nicht redlich im Sinne des § 4 Abs. 3 des Vermögensgesetzes gewesen ist oder
3. wenn der Ausschluß des Kündigungsrechts dem Vermieter angesichts seines Wohnbedarfs und seiner sonstigen berechtigten Interessen auch unter Würdigung der Interessen des Mieters nicht zugemutet werden kann.

Vor dem 1. Januar 1996 kann der Vermieter ein Mietverhältnis nach § 564b Abs. 4 Satz 1 des Bürgerlichen Gesetzbuchs nur in den Fällen des Satzes 2 Nr. 1 oder 2 oder dann kündigen, wenn ihm die Fortsetzung des Mietverhältnisses wegen seines Wohn- oder Instandsetzungsbedarfs oder sonstiger Interessen nicht zugemutet werden kann.

(4) In den Fällen des Absatzes 3 kann der Mieter der Kündigung widersprechen und vom Vermieter die Fortsetzung des Mietverhältnisses verlangen, wenn die vertragsmäßige Beendigung des Mietverhältnisses für den Mieter oder seine Familie eine Härte bedeuten würde, die auch unter Würdigung der berechtigten Interessen des Vermieters nicht zu rechtfertigen ist. Eine Härte liegt auch vor, wenn angemessener Ersatzwohnraum zu zumutbaren Bedingungen nicht beschafft werden kann. § 556a Abs. 1 Satz 3, Abs. 2, 3, 5 bis 7 und § 564a Abs. 2 des Bürgerlichen Gesetzbuchs sowie § 93b Abs. 1 bis 3, § 308a Abs. 1 Satz 1 und § 708 Nr. 7 der Zivilprozeßordnung, § 16 Abs. 3 und 4 des Gerichtskostengesetzes sind anzuwenden.

(5) Der Mieter kann einer bis zum 31. Dezember 1994 erklärten Kündigung eines Mietverhältnisses über Geschäftsräume oder gewerblich genutzte unbebaute Grundstücke widersprechen und vom Vermieter die Fortsetzung des Mietverhältnisses verlangen, wenn die Kündigung für ihn eine erhebliche Gefährdung seiner wirtschaftlichen Lebensgrundlage mit sich bringt. Dies gilt nicht,
1. wenn ein Grund vorliegt, aus dem der Vermieter zur Kündigung ohne Einhaltung einer Kündigungsfrist berechtigt ist, oder
2. wenn der Vermieter bei anderweitiger Vermietung eine höhere als die bisherige Miete erzielen könnte und der Mieter sich weigert, in eine angemessene Mieterhöhung von dem Zeitpunkt an einzuwilligen, zu dem die Kündigung wirksam war, oder
3. wenn der Mieter sich weigert, in eine Umlegung der Betriebskosten einzuwilligen, oder
4. wenn dem Vermieter die Fortsetzung des Mietverhältnisses aus anderen Gründen nicht zugemutet werden kann.

Eine Mieterhöhung ist angemessen im Sinne des Satzes 2 Nr. 2, soweit die geforderte Miete die ortsübliche Miete, die sich für Geschäftsräume oder Grundstücke gleicher Art und Lage nach Wegfall der Preisbindung bildet, nicht übersteigt. Willigt der Mieter in eine angemessene Mieterhöhung ein, so kann sich der Vermieter nicht darauf berufen, daß er bei anderweitiger Vermietung eine höhere als die ortsübliche Miete erzielen könnte.

(6) Bei der Kündigung nach Absatz 5 werden nur die im Kündigungsschreiben angegebenen Gründe berücksichtigt, soweit nicht die Gründe nachträglich entstanden sind. Im übrigen gelten § 556a Abs. 2, 3, 5 bis 7 und § 564a Abs. 2 des Bürgerlichen Gesetzbuchs sowie § 93b Abs. 1 bis 3, § 308a Abs. 1 Satz 1 und § 708 Nr. 7 der Zivilprozeßordnung, § 16 Abs. 3 und 4 des Gerichtskostengesetzes entsprechend.

(7) aufgehoben

§ 3. Pacht. (1) Pachtverhältnisse aufgrund von Verträgen, die vor dem Wirksamwerden des Beitritts geschlossen worden sind, richten sich von diesem Zeitpunkt an nach den §§ 581 bis 597 des Bürgerlichen Gesetzbuchs.

(2) Die §§ 51 und 52 des Landwirtschaftsanpassungsgesetzes vom 29. Juni 1990 (GBl. I Nr. 42 S. 642) bleiben unberührt."

6. Gesetz zur Überleitung preisgebundenen Wohnraums im Beitrittsgebiet in das allgemeine Miethöherecht (Mietenüberleitungsgesetz)

Vom 6. Juni 1995, BGBl. 1995 I, 748 (Auszug)

Artikel 1
Änderung des Gesetzes zur Regelung der Miethöhe

Das Gesetz zur Regelung der Miethöhe vom 18. Dezember 1974 (BGBl. I S. 3603, 3604), zuletzt geändert durch Artikel 1 des Gesetzes vom 21. Juli 1993 (BGBl. I S. 1257), wird wie folgt geändert:

1. § 11 wird wie folgt gefaßt:

„§ 11

(1) In dem Artikel 3 des Einigungsvertrages genannten Gebiet sind die §§ 1 bis 10a auf Wohnraum anzuwenden, der nicht mit Mitteln aus öffentlichen Haushalten gefördert wurde und seit dem 3. Oktober 1990
1. in neu errichteten Gebäuden fertiggestellt wurde oder
2. aus Räumen wiederhergestellt wurde, die auf Dauer zu Wohnzwecken nicht mehr benutzbar waren, oder aus Räumen geschaffen wurde, die nach ihrer baulichen Anlage und Ausstattung anderen als Wohnzwecken dienten.

Bei der Vermietung dieses Wohnraums sind Preisvorschriften nicht anzuwenden. Die §§ 1 bis 10a sind auch auf Wohnraum anzuwenden, dessen Errichtung mit Mitteln der vereinbarten Förderung im Sinne des § 88d des Zweiten Wohnungsbaugesetzes gefördert wurde.

(2) Auf anderen als in Absatz 1 bezeichneten Wohnraum in dem in Artikel 3 des Einigungsvertrages genannten Gebiet sind die §§ 1 bis 10a ab 11. Juni 1995 anzuwenden, soweit sich aus den §§ 12 bis 17 nichts anderes ergibt."

2. Nach § 11 werden folgende §§ 12 bis 17 angefügt:

„§ 12

(1) Abweichend von § 2 Abs. 1 Satz 1 Nr. 2 kann bis zum 31. Dezember 1997 die Zustimmung zu einer Erhöhung des am 11. Juni 1995 ohne Erhöhungen nach Modernisierung oder Instandsetzungsvereinbarung geschuldeten Mietzins um 20 vom Hundert verlangt werden, wenn an dem Gebäude mindestens drei der fünf folgenden Bestandteile keine erheblichen Schäden aufweisen:
1. Dach,
2. Fenster,
3. Außenwände,
4. Hausflure oder Treppenräume oder
5. Elektro-, Gas- oder Wasser- und Sanitärinstallationen.

Der Erhöhungssatz ermäßigt sich um 5 vom Hundert bei Wohnraum, der nicht mit einer Zentralheizung und einem Bad ausgestattet ist.

(2) Von dem in Absatz 1 genannten Erhöhungssatz können 5 vom Hundert erst zum 1. Januar 1997 und nur für Wohnraum verlangt werden, der in einer Gemeinde mit mindestens 20 000 Einwohnern oder in einer Gemeinde liegt, die an eine Gemeinde mit mindestens 100 000 Einwohnern angrenzt.
(3) Die Erhöhung nach Absatz 1 darf jeweils weitere 5 vom Hundert betragen bei
1. Wohnraum in einem Einfamilienhaus,
2. Wohnraum, der im komplexen Wohnungsbau geplant war und der nach dem 30. Juni 1990 fertiggestellt worden ist, sofern seine Ausstattung über den im komplexen Wohnungsbau üblichen Standard erheblich hinausgeht.
(4) Die Vom-Hundert-Sätze des § 2 Abs. 1 Satz 1 Nr. 3 sind aus dem drei Jahre zuvor geschuldeten Mietzins zuzüglich Mieterhöhungen nach der Ersten und nach den §§ 1, 2 und 4 der Zweiten Grundmietenverordnung zu berechnen. Im übrigen bleiben diese Erhöhungen bei der Anwendung des § 2 Abs. 1 Satz 1 Nr. 1 und 3 außer Betracht.
(5) Der Mieter kann die Zustimmung zu dem Erhöhungsverlangen verweigern, wenn der verlangte Mietzins die üblichen Entgelte übersteigt, die in der Gemeinde oder in vergleichbaren Gemeinden für Wohnraum vergleichbarer Art, Größe, Ausstattung, Beschaffenheit und Lage seit dem 11. Juni 1995 vereinbart werden. Dann schuldet er die Zustimmung zu einer Erhöhung bis zur Höhe der in Satz 1 bezeichneten Entgelte, höchstens jedoch bis zu der sich aus den Absätzen 1 bis 4 ergebenden Höhe.
(6) Abweichend von § 2 Abs. 2 und 4 gilt:
1. Der Anspruch ist gegenüber dem Mieter schriftlich geltend zu machen und zu erläutern.
2. Die zweimalige Entrichtung eines erhöhten Mietzinses oder die zweimalige Duldung des Einzugs des Mietzinses im Lastschriftverfahren gilt in dieser Höhe als Zustimmung.
3. Ist das Mieterhöhungsverlangen dem Mieter vor dem 1. Juli 1995 zugegangen, so schuldet er den erhöhten Mietzins ab 1. August 1995.
(7) Abweichend von § 2 Abs. 5 Satz 2 dürfen bei der Erstellung eines Mietspiegels, der nicht über den 30. Juni 1999 hinaus gilt, auch die nach den Absätzen 1 bis 4 zulässigen Entgelte zugrunde gelegt werden.

§ 13

(1) Bei der Anwendung des § 3 auf Wohnraum im Sinne des § 11 Abs. 2 dürfen Mieterhöhungen, die bis zum 31. Dezember 1997 erklärt werden, insgesamt drei Deutsche Mark je Quadratmeter Wohnfläche monatlich nicht übersteigen, es sei denn, der Mieter stimmt im Rahmen einer Vereinbarung nach § 17 einer weitergehenden Mieterhöhung zu.
(2) Absatz 1 ist nicht anzuwenden,
1. soweit der Vermieter bauliche Änderungen auf Grund von Umständen durchgeführt hat, die er nicht zu vertreten hat,
2. wenn mit der baulichen Maßnahme vor dem 1. Juli 1995 begonnen worden ist oder
3. wenn die bauliche Änderung mit Mitteln der einkommensorientierten Förderung im Sinne des § 88e des Zweiten Wohnungsbaugesetzes gefördert wurde.

§ 14

(1) Betriebskosten im Sinne des § 27 der Zweiten Berechnungsverordnung dürfen bei Mietverhältnissen auf Grund von Verträgen, die vor dem 11. Juni 1995 abgeschlossen worden sind, auch nach diesem Zeitpunkt bis zum 31. De-

zember 1997 durch schriftliche Erklärung auf den Mieter umgelegt und hierfür Vorauszahlungen in angemessener Höhe verlangt werden. Sind bis zum diesem Zeitpunkt Betriebskosten umgelegt oder angemessene Vorauszahlungen verlangt worden, so gilt dies als vertraglich vereinbart. § 8 ist entsprechend anzuwenden.

(2) Betriebskosten, die auf Zeiträume vor dem 11. Juni 1995 entfallen, sind nach den bisherigen Vorschriften abzurechnen. Später angefallene Betriebskosten aus einem Abrechnungszeitraum, der vor dem 11. Juni 1995 begonnen hat, können nach den bisherigen Vorschriften abgerechnet werden.

§ 15

Auf Erhöhungen der Kapitalkosten für Altverbindlichkeiten im Sinne des § 3 des Altschuldenhilfegesetzes ist § 5 nicht anzuwenden.

§ 16

(1) Bis zum 31. Dezember 1997 kann der Vermieter durch schriftliche Erklärung eine Erhöhung des Mietzinses entsprechend § 2 der Zweiten Grundmietenverordnung um 0,30 Deutsche Mark je Quadratmeter Wohnfläche monatlich für jeden Bestandteil im Sinne des § 12 Abs. 1 zum Ersten des auf die Erklärung folgenden übernächsten Monats verlangen, wenn an dem Bestandteil erhebliche Schäden nicht vorhanden sind und dafür eine Erhöhung bisher nicht vorgenommen wurde. § 8 ist entsprechend anzuwenden.

(2) Vor dem 11. Juni 1995 getroffene Vereinbarungen über Mieterhöhungen nach Instandsetzung im Sinne des § 3 der Zweiten Grundmietenverordnung bleiben wirksam.

§ 17

§ 10 Abs. 1 gilt mit der Maßgabe, daß Vereinbarungen, die zum Nachteil des Mieters von den Vorschriften der §§ 1 bis 9, § 10 Abs. 2, §§ 10a bis 16 abweichen, unwirksam sind, es sei denn, daß der Mieter während des Bestehens des Mietverhältnisses einer Mieterhöhung um einen bestimmten Betrag zugestimmt hat."

Artikel 2
Gesetz über die Angemessenheit von Entgelten beim Übergang in das Vergleichsmietensystem

§ 1
Angemessenheit von Entgelten

Nicht unangemessen hoch im Sinne des § 5 des Wirtschaftsstrafgesetzes 1954 sind Entgelte für Wohnraum im Sinne des § 11 Abs. 2 des Gesetzes zur Regelung der Miethöhe, die

1. bis zum 31. Dezember 1997 nach § 3 oder § 13 des Gesetzes zur Regelung der Miethöhe geändert oder nach § 13 in Verbindung mit § 17 jenes Gesetzes vereinbart oder
2. bei der Wiedervermietung in einer der Nummer 1 entsprechenden Höhe vereinbart

worden sind.

§ 2
Übergangsvorschrift für Neuvertragsmieten

Beim Abschluß eines Mietvertrages über Wohnraum im Sinne des § 11 Abs. 2 des Gesetzes zur Regelung der Miethöhe darf der Mietzins den nach den §§ 3, 12, 13, 16 oder 17 des Gesetzes zur Regelung der Miethöhe zulässigen Mietzins bis zum 30. Juni 1997 nicht um mehr als 15 vom Hundert übersteigen.

Artikel 3
Änderung des Schuldrechtsanpassungsgesetzes*

Artikel 4
Änderung des Wohngeldsondergesetzes*

Artikel 5
Änderung des Wohngeldgesetzes*

Artikel 6
Inkrafttreten, Außerkrafttreten von Vorschriften

(1) Artikel 5 Nr. 1 tritt mit Wirkung vom 1. Januar 1995, die Artikel 4 und 5 treten im übrigen am 1. Juli 1995 in Kraft.

(2) Im übrigen tritt dieses Gesetz am Tage nach der Verkündung in Kraft. Gleichzeitig treten außer Kraft

1. die Erste Grundmietenverordnung vom 17. Juni 1991 (BGBl. I S. 1269),
2. die Zweite Grundmietenverordnung vom 27. Juli 1992 (BGBl. I S. 1416),
3. die Betriebskosten-Umlageverordnung vom 17. Juni 1991 (BGBl. I S. 1270), zuletzt geändert durch die Verordnung vom 27. Juli 1992 (BGBl. I S. 1415).

7. Erste Verordnung über die Erhöhung der Grundmieten (Erste Grundmietenverordnung – 1. GrundMV)

Vom 17. Juni 1991, BGBl. 1991 I, 1269

Aufgehoben mit Wirkung vom 11. 6. 1995 durch Art. 6 Abs. 2 Mietenüberleitungsgesetz vom 6. 6. 1995 (BGBl. 1995 I, 748)

Aufgrund des § 11 Abs. 3 Nr. 1 des Gesetzes zur Regelung der Miethöhe vom 18. Dezember 1974 (BGBl. I S. 3603, 3604), der durch Anlage I in Kapitel XIV Abschnitt II Nr. 7 des Einigungsvertrages vom 31. August 1990 in Verbindung mit Artikel 1 des Gesetzes vom 23. September 1990 (BGBl. 1990 II S. 885, 1126) angefügt worden ist, verordnet die Bundesregierung:

§ 1
Höchstzulässiger Mietzins

(1) Der höchstzulässige Mietzins, der sich in dem in Artikel 3 des Einigungsvertrages genannten Gebiet für Wohnraum am 2. Oktober 1990 aus Rechtsvorschriften ergab, wird zum 1. Oktober 1991 um 1,00 Deutsche Mark je Quadratmeter

---
* Hier nicht abgedruckt.

Wohnfläche monatlich erhöht. Soweit die Mieterhöhung nach Satz 1 nicht auf der Grundlage der Wohnfläche nach den §§ 42 bis 44 der Zweiten Berechnungsvorschrift in der Fassung der Bekanntmachung vom 12. Oktober 1990 (BGBl. I S. 2187) erklärt wird, kann eine Neuberechnung der Grundmietenerhöhung verlangt werden, wenn die Wohnflächenberechnung nach den §§ 42 bis 44 der Zweiten Berechnungsverordnung vorliegt.

(2) Bei Wohnungen, die am 2. Oktober 1990 mit Bad oder Zentralheizung ausgestattet waren, sowie bei Wohnungen in Gemeinden mit mehr als 100 000 Einwohnern erhöht sich der Betrag nach Absatz 1 um jeweils 0,15 Deutsche Mark. Der Betrag verringert sich jeweils um 0,15 Deutsche Mark bei Wohnungen mit Außen-WC sowie bei Wohnungen, die nicht in sich abgeschlossen sind.

(3) Bei Abschluß eines Mietvertrages darf der höchstzulässige Mietzins nicht überschritten werden.

(4) Eine zu Lasten des Mieters abweichende Vereinbarung ist insoweit unwirksam.

§ 2
Inkrafttreten

Diese Verordnung tritt am Tage nach der Verkündung in Kraft.

8. Zweite Verordnung über die Erhöhung der Grundmieten (Zweite Grundmietenverordnung – 2. GrundMV)

Vom 27. Juli 1992, BGBl. 1992 I, 1416

Aufgehoben mit Wirkung vom 11. 6. 1995 durch Art. 6 Abs. 2 Mietenüberleitungsgesetz vom 6. 6. 1995 (BGBl. 1995 I, 748)

Aufgrund des § 11 Abs. 3 Nr. 1, 3 und Abs. 7 des Gesetzes zur Regelung der Miethöhe vom 18. Dezember 1974 (BGBl. I S. 3603, 3604), der durch Anlage I Kapitel XIV Abschnitt II Nr. 7 des Einigungsvertrages vom 31. August 1990 in Verbindung mit Artikel 1 des Gesetzes vom 23. September 1990 (BGBl. 1990 II S. 885, 1126) angefügt worden ist, verordnet die Bundesregierung:

§ 1
Allgemeine Mieterhöhung

(1) Der höchstzulässige Mietzins, der sich in dem in Artikel 3 des Einigungsvertrages genannten Gebiet für Wohnraum nach § 1 der Ersten Grundmietenverordnung vom 17. Juni 1991 (BGBl. I S. 1269) ergibt, wird zum 1. Januar 1993 um 1,20 Deutsche Mark je Quadratmeter Wohnfläche monatlich erhöht.

(2) Bei Wohnungen, die am 2. Oktober 1990 nicht mit einem Bad ausgestattet waren, verringert sich der Betrag nach Absatz 1 um 0,30 Deutsche Mark. Er verringert sich um weitere 0,15 Deutsche Mark bei Wohnungen, die am 2. Oktober 1990 nicht mit einem Innen-WC ausgestattet waren.

(3) Bei Wohnraum in Einfamilienhäusern in Gemeinden, die am 5. August 1992 mehr als 20 000 Einwohner zählten, erhöht sich der Betrag nach Absatz 1 um 0,30 Deutsche Mark, in Gemeinden, deren Einwohnerzahl erst später 20 000 übersteigt, von diesem Zeitpunkt an.

§ 2
Mieterhöhung nach der Beschaffenheit

(1) Der nach § 1 höchstzulässige Mietzins erhöht sich je Quadratmeter Wohnfläche monatlich

1. ab Januar 1993 um 0,90 Deutsche Mark, wenn keine Schäden nach Absatz 2 vorhanden sind.
2. ab 1. Januar 1994 um weitere 0,60 Deutsche Mark, wenn keine Schäden nach Absatz 3 vorhanden sind.

(2) Der Erhöhungsbetrag nach Absatz 1 Nr. 1 verringert sich um jeweils 0,30 Deutsche Mark für Wohnraum in einem Gebäude, dessen

1. Dach,
2. Fenster oder
3. Außenwände

erhebliche Schäden aufweisen.

(3) Der Erhöhungsbetrag nach Absatz 1 Nr. 2 verringert sich um jeweils 0,30 Deutsche Mark für Wohnraum in einem Gebäude, dessen

1. Hausflure oder Treppenräume oder
2. Elektro-, Gas- oder Wasser- und Sanitärinstallationen

erhebliche Schäden aufweisen.

(4) Ist ein Schaden im Sinne der Absätze 2 und 3 nachträglich beseitigt worden, so kann der Vermieter den entsprechenden Betrag zum Ersten des auf die Erklärung folgenden übernächsten Monats, frühestens jedoch zu dem nach Absatz 1 maßgeblichen Zeitpunkt geltend machen.

§ 3
Freiwillige Mieterhöhung nach Instandsetzung

(1) In bestehenden Mietverhältnissen kann bis zum 1. Januar 1996 schriftlich vereinbart werden, daß nach einer vom Vermieter nach dem 2. Oktober 1990 begonnenen erheblichen Instandsetzungsmaßnahme der nach den §§ 1 und 2 höchstzulässige Mietzins sich um einen bestimmten Betrag erhöht. Die sich daraus ergebende Erhöhung der jährlichen Miete darf 5,5 vom Hundert der auf die Wohnungen entfallenden Kosten der Instandsetzungsmaßnahme nicht übersteigen. § 3 Abs. 1 Satz 2 bis 7 des Gesetzes zur Regelung der Miethöhe ist entsprechend anzuwenden. Die Willenserklärung des Mieters wird erst wirksam, wenn dem Vermieter nicht innerhalb eines Monats ein schriftlicher Widerruf zugegangen ist.

(2) Wird nach dem 31. Dezember 1992 ein Mietvertrag über die Überlassung von Wohnraum neu abgeschlossen, so kann wegen erheblicher Instandsetzungsmaßnahmen nach Absatz 1 Satz 1 ein erhöhter Mietzins schriftlich vereinbart werden. Absatz 1 Satz 2 und 3 findet Anwendung.

(3) Mieterhöhungen nach Absatz 1 und 2 dürfen jede für sich und insgesamt ein Drittel des nach den §§ 1 und 2 höchstzulässigen Mietzinses ohne Erhöhungen für Modernisierung nicht übersteigen.

§ 4
Mieterhöhung für Garagen

Ist mit dem Wohnraum eine Garage oder ein ähnlicher Einstellplatz vermietet, so kann der Vermieter hierfür neben dem höchstzulässigen Mietzins eine Mieterhöhung in Höhe von bis zu 15 Deutsche Mark monatlich verlangen.

§ 5
Höchstzulässiger Mietzins

(1) Beim Abschluß von Mietverträgen darf der nach dieser Verordnung, der Betriebskosten-Umlageverordnung und § 11 Abs. 2 in Verbindung mit § 3 des Gesetzes zur Regelung der Miethöhe höchstzulässige Mietzins nicht überschritten werden.

(2) Zu Lasten des Mieters abweichende Vereinbarungen sind unwirksam.

§ 6
Inkrafttreten

Diese Verordnung tritt am Tage nach der Verkündung in Kraft.

9. Siebte Verordnung über die Umlage von Betriebskosten auf die Mieter (Betriebskosten-Umlageverordnung – BetrKostUV)

Vom 17. Juni 1991, BGBl. 1991 I S. 1270
Aufgehoben mit Wirkung vom 11. 6. 1995 durch Art. 6 Abs. 2 Mietenüberleitungsgesetz vom 6. 6. 1995 (BGBl. 1995 I, 748)

Aufgrund des § 11 Abs. 3 Nr. 2 des Gesetzes zur Regelung der Miethöhe vom 18. Dezember 1974 (BGBl. I S. 3603, 3604), der durch Anlage I Kapitel XIV Abschnitt II Nr. 7 des Einigungsvertrages vom 31. August 1990 in Verbindung mit Artikel 1 des Gesetzes vom 23. September 1990 (BGBl. 1990 II S. 885, 1126) angefügt worden ist, verordnet die Bundesregierung:

§ 1
Umlegung und Vorauszahlung von Betriebskosten

(1) Für Wohnraum, der sich in dem in Artikel 3 des Einigungsvertrages genannten Gebiet befindet und dessen höchstzulässiger Mietzins sich am 2. Oktober 1990 aus Rechtsvorschriften ergab, kann der Vermieter Betriebskosten nach den Vorschriften dieser Verordnung durch schriftliche Erklärung anteilig auf Mieter umlegen.

(2) Soweit die Vertragsparteien nichts anderes vereinbaren, kann der Vermieter für die Betriebskosten Vorauszahlungen in angemessener Höhe verlangen. Über die Vorauszahlungen ist jährlich abzurechnen.

(3) Soweit diese Verordnung nichts anderes bestimmt, gehen ihre Vorschriften rechtsgeschäftlichen Bestimmungen vor, die vor dem Inkrafttreten dieser Verordnung getroffen worden sind. Im übrigen ist eine zu Lasten des Mieters von den Vorschriften dieser Verordnung abweichende Vereinbarung insoweit unwirksam.

(4) Soweit bei Anwendung dieser Verordnung die Umlage der Betriebskosten auf der Grundlage der Wohnfläche erklärt wird und die Wohnfläche nicht gemäß den

§§ 42 bis 44 der Zweiten Berechnungsverordnung in der Fassung der Bekanntmachung vom 12. Oktober 1990 (BGBl. I S. 2178) berechnet wurde, kann nach Vorliegen der Wohnflächenberechnung gemäß den §§ 42 bis 44 der Zweiten Berechnungsverordnung verlangt werden, daß ab der nächstfolgenden Abrechnung die Betriebskosten aufgrund dieser Wohnflächenberechnung umgelegt werden.

(5) Betriebskosten sind die in der Anlage aufgeführten Kosten.

§ 2
Umlegungsmaßstäbe

(1) Der Vermieter kann Betriebskosten nach einem mit allen Mietern vereinbarten Maßstab anteilig auf die Mieter umlegen.

(2) Soweit keine Vereinbarung mit den Mietern getroffen worden ist, kann der Vermieter die Betriebskosten nach den §§ 3 bis 9 umlegen. Die Wahl zwischen mehreren danach zugelassenen Umlegungsmaßstäben bleibt dem Vermieter überlassen.

(3) Bis zum Ablauf von drei Abrechnungszeiträumen nach erstmaliger Bestimmung eines Umlegungsmaßstabes nach Absatz 2 kann der Vermieter durch Erklärung gegenüber den Mietern für künftige Abrechnungszeiträume einen anderen geeigneten Maßstab nach den §§ 3 bis 9 insbesondere dann bestimmen, wenn durch bauliche Änderungen eine verbrauchsabhängige Abrechnung von Betriebskosten möglich wird.

§ 3
Kosten der Wasserversorgung und Entwässerung

(1) Bei der Berechnung der Umlage für die Kosten der Wasserversorgung und der Entwässerung sind zunächst die Kosten des Wasserverbrauchs abzuziehen, der nicht mit der üblichen Benutzung der Wohnungen zusammenhängt.

(2) Die verbleibenden Kosten dürfen
1. nach dem Verhältnis der Wohnflächen oder
2. nach einem Maßstab, der dem unterschiedlichen Wasserverbrauch Rechnung trägt, umgelegt werden.

Wird der Wasserverbrauch, der mit der üblichen Benutzung der Wohnungen zusammenhängt, für alle Wohnungen eines Gebäudes durch Wasserzähler erfaßt, sind die auf die Wohnungen entfallenden Kosten nach dem erfaßten unterschiedlichen Wasserverbrauch der Wohnparteien umzulegen.

§ 3a
Kosten der Müllabfuhr

Die Kosten der Müllabfuhr sind nach einem Maßstab, der der unterschiedlichen Müllverursachung durch die Wohnparteien Rechnung trägt, oder nach dem Verhältnis der Wohnflächen umzulegen.

§ 4
Kosten der Heizung und Warmwasserversorgung

(1) Die Kosten des Betriebs zentraler Heiz- und Warmwasserversorgungsanlagen sowie der eigenständig gewerblichen Lieferung von Wärme und Warmwasser,

auch aus zentralen Heiz- und Warmwasserversorgungsanlagen, sind wie folgt umzulegen:
1. die Kosten der Versorgung mit Wärme nach der Wohnfläche oder dem umbauten Raum; es darf auch die Wohnfläche oder der umbaute Raum der beheizten Räume zugrunde gelegt werden;
2. die Kosten der Versorgung mit Warmwasser nach der Wohnfläche oder einem Maßstab, der dem Warmwasserverbrauch in sonstiger Weise Rechnung trägt.

(2) Die Verordnung über Heizkostenabrechnung ist anzuwenden, soweit dies in Anlage I Kapitel V Sachgebiet D Abschnitt III Nr. 10 des Einigungsvertrages vom 31. August 1990 (BGBl. 1990 II S. 885, 1007) bestimmt ist.

(3) Die Kosten der Heizung und Warmwasserversorgung nach Absatz 1 sind bis zu einem Betrag von 2,50 Deutsche Mark je Quadratmeter Wohnfläche monatlich umlagefähig. Dieser Betrag vermindert sich auf 2,10 Deutsche Mark, wenn nur Heizkosten umgelegt werden.

§ 5
Kosten des Betriebs einer zentralen Brennstoffversorgungsanlage

Die Kosten des Betriebs einer zentralen Brennstoffversorgungsanlage dürfen nur nach dem Brennstoffverbrauch umgelegt werden.

§ 6
Aufzugskosten

(1) Die Kosten des Betriebs eines Personen- oder Lastenaufzugs dürfen nach dem Verhältnis der Wohnflächen umgelegt werden.

(2) Wohnraum im Erdgeschoß kann von der Umlegung ausgenommen werden.

§ 7
Kosten einer Breitbandverteilanlage

Die Kosten des Betriebs der mit einem Breitbandkabelnetz verbundenen privaten Verteilanlage dürfen nach dem Verhältnis der Wohnflächen umgelegt werden. Die laufenden monatlichen Grundgebühren für Breitbandanschlüsse dürfen jedoch nur zu gleichen Teilen auf die angeschlossenen Wohnungen umgelegt werden.

§ 8
Kosten maschineller Wascheinrichtungen

Die Betriebs- und Instandhaltungskosten maschineller Wascheinrichtungen dürfen nur auf die Benutzer der Einrichtung umgelegt werden. Der Umlegungsmaßstab muß dem Gebrauch Rechnung tragen.

§ 9
Umlegungsmaßstab bei sonstigen Betriebskosten

Soweit in den §§ 2 bis 8 nichts anderes bestimmt ist, sind die Betriebskosten nach dem Verhältnis der Wohnflächen umzulegen.

§ 10
Anrechnung bisheriger Betriebskosten

(1) Soweit Betriebskosten bisher im Mietzins gesondert ausgewiesen waren, ermäßigt sich der Mietzins von dem Zeitpunkt an, zu dem die Umlegung der Betriebskosten nach dieser Verordnung wirksam wird, um den ausgewiesenen Betrag.

(2) Soweit Betriebskosten bisher im Mietzins nicht gesondert ausgewiesen waren, ermäßigt dieser sich von dem Zeitpunkt an, zu dem die Umlegung von Betriebskosten nach dieser Verordnung wirksam wird,

1. um 0,40 Deutsche Mark je Quadratmeter Wohnfläche monatlich, wenn Kosten der Versorgung mit Wärme, und um weitere 0,12 Deutsche Mark, wenn auch Kosten der Versorgung mit Warmwasser nach dieser Verordnung umgelegt werden, höchstens jedoch um 50 vom Hundert des am 2. Oktober 1990 zulässigen Mietzinses,
2. um zehn vom Hundert dieses Mietzinses ausschließlich der Kosten für die Versorgung mit Wärme und Warmwasser, wenn andere als die in Nummer 1 bezeichneten Betriebskosten umgelegt werden.

§ 11
Übergangsvorschriften

(1) Betriebskosten dürfen nicht nach dieser Verordnung umgelegt werden, soweit sie auf die Zeit vor dem 1. Oktober 1991 entfallen.

(2) Wird die Erklärung über die Umlegung von Betriebskosten bereits vor dem Zeitpunkt abgegeben, von dem an die Betriebskosten nach den dafür maßgebenden Rechtsvorschriften entstehen, so wird sie frühestens von diesem Zeitpunkt an wirksam. Soweit die Erklärung darauf beruht, daß die Betriebskosten rückwirkend entstanden sind, wirkt sie im Rahmen des Absatzes 1 auf den Zeitpunkt der Entstehung der Betriebskosten zurück, sofern der Vermieter die Erklärung innerhalb von drei Monaten nach Kenntnis von der Entstehung der Kosten abgibt.

(3) Im übrigen richtet sich die Umlegung von Betriebskostenerhöhungen nach § 4 Abs. 2 und 3, die Herabsetzung des Mietzinses bei einer Ermäßigung der Betriebskosten nach § 4 Abs. 4 des Gesetzes zur Regelung der Miethöhe.

(4) Hat für ein Gebäude der Zeitraum für die Abrechnung der Kosten der Wasserversorgung und der Entwässerung bereits vor dem 1. August 1992 begonnen, ist § 3 in der ab dem 1. August 1992 geltenden Fassung erst auf die Abrechnung für den nachfolgenden Abrechnungszeitraum anzuwenden.

§ 12
Inkrafttreten

Diese Verordnung tritt am Tage nach der Verkündung in Kraft.

Anlage (zu § 1 Abs. 5)
Aufstellung der Betriebskosten

Betriebskosten sind nachstehende Kosten, die dem Eigentümer (Erbbauberechtigten) durch das Eigentum (Erbbaurecht) am Grundstück oder durch den bestimmungsmäßigen Gebrauch des Gebäudes oder der Wirtschaftseinheit, der Nebengebäude, Anlagen, Einrichtungen und des Grundstücks laufend entstehen, es sei denn, daß sie üblicherweise vom Mieter außerhalb der Miete unmittelbar getragen werden:

1. Die laufenden öffentlichen Lasten des Grundstücks
Hierzu gehört namentlich die Grundsteuer, jedoch nicht die Hypothekengewinnabgabe.

2. Die Kosten der Wasserversorgung
Hierzu gehören die Kosten des Wasserverbrauchs, die Grundgebühren, die Kosten der Anmietung oder anderer Arten der Gebrauchsüberlassung von Wasserzählern sowie die Kosten ihrer Verwendung einschließlich der Kosten der Berechnung und Aufteilung, die Kosten des Betriebs einer hauseigenen Wasserversorgungsanlage und einer Wasseraufbereitungsanlage einschließlich der Aufbereitungsstoffe.

3. Die Kosten der Entwässerung
Hierzu gehören die Gebühren für die Haus- und Grundstücksentwässerung, die Kosten des Betriebs einer entsprechenden nicht öffentlichen Anlage und die Kosten des Betriebs einer Entwässerungspumpe.

4. Die Kosten
a) des Betriebs der zentralen Heizungsanlage einschließlich der Abgasanlage; hierzu gehören die Kosten der verbrauchten Brennstoffe und ihrer Lieferung, die Kosten des Betriebsstroms, die Kosten der Bedienung, Überwachung und Pflege der Anlage, der regelmäßigen Prüfung ihrer Betriebsbereitschaft und Betriebssicherheit einschließlich der Einstellung durch einen Fachmann, der Reinigung der Anlage und des Betriebsraums, die Kosten der Messungen nach dem Bundes-Immissionsschutzgesetz, die Kosten der Anmietung oder anderer Arten der Gebrauchsüberlassung einer Ausstattung zur Verbrauchserfassung sowie die Kosten der Verwendung einer Ausstattung zur Verbrauchserfassung einschließlich der Kosten der Berechnung und Aufteilung;
oder
b) des Betriebs der zentralen Brennstoffversorgungsanlage;
hierzu gehören die Kosten der verbrauchten Brennstoffe und ihrer Lieferung, die Kosten des Betriebsstroms und die Kosten der Überwachung sowie die Kosten der Reinigung der Anlage und des Betriebsraums;
oder
c) der eigenständig gewerblichen Lieferung von Wärme, auch aus Anlagen im Sinne des Buchstabens a;
hierzu gehören das Entgelt für die Wärmelieferung und die Kosten des Betriebs der zugehörigen Hausanlagen entsprechend Buchstabe a;
oder
d) der Reinigung und Wartung von Etagenheizungen;
hierzu gehören die Kosten der Beseitigung von Wasserablagerungen und Verbrennungsrückständen in der Anlage, die Kosten der regelmäßigen Prüfung der Betriebsbereitschaft und Betriebssicherheit und der damit zusammenhängenden Einstellung durch einen Fachmann sowie die Kosten der Messungen nach dem Bundes-Immissionsschutzgesetz.

5. Die Kosten
a) des Betriebs der zentralen Warmwasserversorgungsanlage;
hierzu gehören die Kosten der Wasserversorgung entsprechend Nummer 2, soweit sie nicht dort bereits berücksichtigt sind, und die Kosten der Wasserer-

wärmung entsprechend Nummer 4 Buchstabe a;
oder
b) der eigenständig gewerblichen Lieferung von Warmwasser, auch aus Anlagen im Sinne des Buchstabens a; hierzu gehören das Entgelt für die Lieferung des Warmwassers und die Kosten des Betriebs der zugehörigen Hausanlagen entsprechend Nummer 4 Buchstabe a;
oder
c) der Reinigung und Wartung von Warmwassergeräten; hierzu gehören die Kosten der Beseitigung von Wasserablagerungen und Verbrennungsrückständen im Innern der Geräte sowie die Kosten der regelmäßigen Prüfung der Betriebsbereitschaft und Betriebssicherheit und der damit zusammenhängenden Einstellung durch einen Fachmann.

6. Die Kosten verbundener Heizungs- und Warmwasserversorgungsanlagen

a) bei zentralen Heizungsanlagen entsprechend Nummer 4 Buchstabe a und entsprechend Nummer 2, soweit sie nicht dort bereits berücksichtigt sind;
oder
b) bei der eigenständig gewerblichen Lieferung von Wärme entsprechend Nummer 4 Buchstabe c und entsprechend Nummer 2, soweit sie nicht dort bereits berücksichtigt sind;
oder
c) bei verbundenen Etagenheizungen und Warmwasserversorgungsanlagen entsprechend Nummer 4 Buchstabe d und entsprechend Nummer 2, soweit sie nicht dort bereits berücksichtigt sind.

7. Die Kosten des Betriebs des maschinellen Personen- oder Lastenaufzuges

Hierzu gehören die Kosten des Betriebsstroms, die Kosten der Beaufsichtigung, der Bedienung, Überwachung und Pflege der Anlage, der regelmäßigen Prüfung ihrer Betriebsbereitschaft und Betriebssicherheit einschließlich der Einstellung durch einen Fachmann sowie die Kosten der Reinigung der Anlage.

8. Die Kosten der Straßenreinigung und Müllabfuhr

Hierzu gehören die für die öffentliche Straßenreinigung und Müllabfuhr zu entrichtenden Gebühren oder die Kosten entsprechender nicht öffentlicher Maßnahmen.

9. Die Kosten der Hausreinigung und Ungezieferbekämpfung

Zu den Kosten der Hausreinigung gehören die Kosten für die Säuberung der von den Bewohnern gemeinsam benutzten Gebäudeteile, wie Zugänge, Flure, Treppen, Keller, Bodenräume, Waschküchen, Fahrkorb des Aufzuges.

10. Die Kosten der Gartenpflege

Hierzu gehören die Kosten der Pflege gärtnerisch angelegter Flächen einschließlich der Erneuerung von Pflanzen und Gehölzen, der Pflege von Spielplätzen einschließlich der Erneuerung von Sand und der Pflege von Plätzen, Zugängen und Zufahrten, die dem nicht öffentlichen Verkehr dienen.

11. Die Kosten der Beleuchtung

Hierzu gehören die Kosten des Stroms für die Außenbeleuchtung und die Beleuchtung der von den Bewohnern gemeinsam benutzten Gebäudeteile, wie Zugänge, Flure, Treppen, Keller, Bodenräume, Waschküchen.

12. Die Kosten der Schornsteinreinigung

Hierzu gehören die Kehrgebühren nach der maßgebenden Gebührenordnung, soweit sie nicht bereits als Kosten nach Nummer 4 Buchstabe a berücksichtigt sind.

13. Die Kosten der Sach- und Haftpflichtversicherung

Hierzu gehören namentlich die Kosten der Versicherung des Gebäudes gegen Feuer-, Sturm- und Wasserschäden, der Glasversicherung, der Haftpflichtversicherung für das Gebäude, den Öltank und den Aufzug.

14. Die Kosten für den Hauswart

Hierzu gehören die Vergütung, die Sozialbeiträge und alle geldwerten Leistungen, die der Eigentümer (Erbbauberechtigte) dem Hauswart für seine Arbeit gewährt, soweit diese nicht die Instandhaltung, Instandsetzung, Erneuerung, Schönheitsreparaturen oder die Hausverwaltung betrifft.

Soweit Arbeiten vom Hauswart ausgeführt werden, dürfen Kosten für Arbeitsleistungen nach den Nummern 2 bis 10 nicht angesetzt werden.

15. Die Kosten

a) des Betriebs der Gemeinschafts-Antennenanlage;
   hierzu gehören die Kosten des Betriebsstroms und die Kosten der regelmäßigen Prüfung ihrer Betriebsbereitschaft einschließlich der Einstellung durch einen Fachmann oder das Nutzungsentgelt für eine nicht zur Wirtschaftseinheit gehörende Antennenanlage;
   oder

b) des Betriebs der mit einem Breitbandkabelnetz verbundenen privaten Verteilanlage; hierzu gehören die Kosten entsprechend Buchstabe a, ferner die laufenden monatlichen Grundgebühren für Breitbandanschlüsse.

16. Die Kosten des Betriebs der maschinellen Wascheinrichtung

Hierzu gehören die Kosten des Betriebsstroms, die Kosten der Überwachung, Pflege und Reinigung der maschinellen Einrichtung, der regelmäßigen Prüfung ihrer Betriebsbereitschaft und Betriebssicherheit sowie die Kosten der Wasserversorgung entsprechend Nummer 2, soweit sie nicht dort bereits berücksichtigt sind.

17. Sonstige Betriebskosten

Das sind die in den Nummern 1 bis 16 nicht genannten Betriebskosten, namentlich die Betriebskosten von Nebengebäuden, Anlagen und Einrichtungen.

Sachwortverzeichnis

Die Zahlen verweisen auf die Randnummern; Fundstellen mit dem Zusatz „A" beziehen sich auf die Erläuterungen der neuen Mietgesetze (1. und 2. Kapitel), Fundstellen ohne Zusatz beziehen sich auf die Erläuterungen zur Rechtsprechung (3. Kapitel).

Abbuchungsermächtigung 493
Abmahnung
– Kündigung 941, 1168
– Schönheitsreparaturen 871 f.
– Zahlungssäumigkeit 1128, 1239
– Zahlungsverzug 1192
Abnutzung
– Beweislast 477
Abrechnung
– Betriebskosten A 191, 745 f.
– Mietsicherheit 1347 f.
Abrechnungsfrist
– Betriebskosten 804
– Mietsicherheit 1348
Abrechnungsreife 806
Abstand A 125, 1310
– Mietaufhebung 973
– Räumungsvergleich 1273, 1313
– Vereinbarung zwischen Mietern A 125
Abstellen 197 f.
Abtretung
– Kündigungsrecht 908
– Mieterhöhungsrecht 552
Abwicklung
– Mietverhältnis 1280 f.
Änderungskündigung A 361
Allgemeine Geschäftsbedingungen A 212
Alternativwohnung 997, 1042
Altschulden
– Kapitalkostenerhöhung A 367
Anbau A 4
– Nutzungsverhältnis A 239
anfänglicher Mangel 355, 417
– Beweislast 481
Anfangsrenovierung 840, 843
Angehörige
– Aufnahmerecht 210

– Eigenbedarf A 279, 1002, 1015
– Mieteintrittsrecht A 220, 70
Ankündigungspflicht
– Aufrechnung 526
– Modernisierung 284 f.
Anlagepflicht
– Mietsicherheit A 21, 1344
Annahmeverzug
– Rückgabe 1284
Anpassungsklausel
– s. auch Leistungsvorbehalt
– Kostenmiete 734
Antenne
– s. Fernsehen, Radio
Anzeigepflicht 260
– Ausbildungswohnplatz A 169
– Eigenbedarf-Wegfall 1073, 1087
– Einliegerwohnung A 159
– Fehlbelegung A 80
– Ferienwohnung A 166
– Gewährleistungsausschluß 463
– Modernisierung A 84, 284
– Untervermietung 220
– Vorkaufsrecht A 62, A 65
aperiodische Betriebskosten 765
Aufklärungspflicht
– s. auch Hinweispflicht
– Mieter 34
– Vermieter 270, 331
– – Einliegerwohnung A 159
Aufnahme
– von Personen 208
Aufrechnung
– Ankündigung 526
– Formularklauseln 520
– Zahlungsverzug 1201
Aufrechnungsausschluß 529
– Mietsicherheit 1337
– Verwendungsersatz 426

583

Aufstockung A 4, A 24
Aufwendungen
– Mietpreisüberhöhung A 117, 704
– nutzlose 428, 450
Aufwendungsbeihilfen 718
Aufwendungsersatz
– Duldung 295
– – Verjährung 1380
– Gewährleistung 422, 430
Aufwendungszuschüsse 720
Ausbau
– Duldungspflicht A 4
– Preisbindung A 344
– preisrechtliche Nachwirkungsfrist A 182
– Teilkündigung A 23
Ausbildungswohnplatz A 167
Ausgangsmiete
– Mieterhöhung (ortsübliche Miete)
– – Kappungsgrenze A 70, A 72
Ausgleichsanspruch
– Schönheitsreparaturen 886
Aushandeln
– Formularvertrag 94
Auskunftsanspruch
– Betriebskostenabrechnung 809
– Fehlbelegung A 80
– Kostenmiete 742
– Neuabschlußmiete A 495
Auslegung
– Formularvertrag 103
Ausschluß
– Betriebskostennachforderung A 191 f., 824
– Gewährleistung 451
– Instandsetzung 317
– Mieterhöhung 647
Aussonderungsrecht 1359
Außenwände
– Schadensfreiheit 386

Bad A 395
Baden 252
Bagatellmaßnahmen 292
Bauherrenmodell 224
– Betriebskosten 760
– Mietpreisüberhöhung 706

– Mietsicherheit A 16, 1356
– Räumungspflicht 1302
bauliche Veränderungen A 221, 172
– Eigenbedarf 1013
– fristlose Kündigung 1242
– Mietsicherheit 172
– Nutzungsverhältnis A 239
Baumängel 354, 359 f.
Baurechtswidrigkeit
– Kündigung 1145
– Mangel 382 f.
Bauwerk A 237
– Beschaffenheit
– – Instandsetzung A 246
– – Mangel A 261
– Schadensfreiheit A 385, A 390 f.
Beamter
– Sonderkündigungsrecht 1159
Bedarfspersonen A 279, 1002, 1015
Befristung
– s. auch Zeitmietvertrag
– des Mietverhältnisses 1149
– Fortsetzungsverlangen A 42, 1151
– – Widerklage 1444
– Sozialklausel 1253
Belege
– Betriebskosten 809
Beleidigungen
– Kündigungsgrund 1224
Beschaffenheit
– Darlegungslast A 392
– Gewährleistung A 265
– Instandsetzung A 246
– Mangel A 261
– Mieterhöhung
– – 2. GrundmietenV A 327
– – MietenüberleitungsG A 385
– Mietzuschläge A 327, A 386
– Schadensfreiheit A 390 f.
Beschaffenheitszuschläge
– 2. GrundmietenV A 327
– MietenüberleitungsG A 385, A 478
– – Wartefrist A 419, A 481
Besichtigung
– Mieträume 297
Bestandsinteresse
– Kündigungsschutz A 277, 978f., 1011 f.

Besuch 210
Betreten
- Mieträume 297
Betriebsbedarf 1135
Betriebskosten A 320
- Abwasser A 89, A 174
- aperiodische 765
- BetriebskostenumlageV A 315
- Eigenleistungen 763
- Fahrstuhl 772
- Formularklauseln 126, 685, 751
- Gartenpflege 773
- Grundsteuer 771
- Hausmeister 776
- Kostenansatz 754, 761
- Kostengruppen 765
- Mehrbelastungsklausel 685
- Mieterhöhung 683
- Mietsicherheit 1349
- Mietstrukturänderung A 316, A 472
- Müllabfuhr A 89 f., A 197, 777
- preisgebundener Wohnraum 724
- sonstige 780
- Stichtagsmiete A 382
- Verjährung 819
- Versicherungskosten 779
- Verwaltungskosten 687
- Verwirkung 820
- Wasser A 89 f., A 197
Betriebskostenabrechnung 745
- Ausschlußfrist A 191 f., 824
- Berichtigung 816
- Fälligkeit 804 f.
- Klage 1466
- preisgebundener Wohnraum A 191, 823
- Prüfungsfrist 807
- Umlagemaßstab A 318, A 475, 782
- verbrauchsabhängige A 89 f.
- – Anspruch des Mieters A 99
Betriebskostenpauschale 685
Betriebskostenumlageverordnung A 315
- Mietstrukturänderung A 316
- Umlagemaßstab A 318
Betriebskostenvereinbarung A 321, 755

Betriebskostenvorauszahlungen A 320, A 473, 796 f.
- Anforderung A 476
- Anpassung 797, 803
- Klage 1460
- Minderung 410
- Zurückbehaltung 813
Betriebspflicht 246
Betriebsrat 1141
Betreuer 911
Beweisaufnahme 1415
Beweislast
- Abnutzung 477
- anfängliche Mängel 481
- Anfangszustand 481
- Brandschaden 473
- Betriebskostenbelastung 799
- Feuchtigkeitsschäden 303a, 362, 477
- Formularklausel 132
- Mängelbehebung 422
- Mietzahlung 1195
- Minderung 408 f.
- Schäden 471, 476
- Schutzpflichten 479
- Verkehrssicherungspflicht 335, 480
- Wegfall Eigenbedarf 1083
- Zerstörung 471
Beweismittel
- Mietspiegel 619, 1450
- Sachverständigengutachten 632, 1422, 1452
Beweisverfahren 482
- Verjährungsunterbrechung 1392
Bezeichnung
- der Mietparteien 16
- Gesellschaft 21
- Verwalter 21
Brandschaden
- Beweislast 473
- Haushaltsgeräte 265
Breitbandkabel
- s. Fernsehen
Bruchteilseigentum
- Eigenbedarf A 135, 1037 f.
- Verwertungskündigung A 135
- Vorkaufsrecht A 53
Bürgschaft
- s. Mietbürgschaft

585

Dach
- Schadensfreiheit A 386
Disagio A 369, 689
Dissens 11
Divergenzberufung 1426
Doppelvermietung 353, 438
Drittüberlassung 204, 1173
- s. auch Untermiete
- Erlaubnis 207
- Kündigung 1131a, 1172
Dübeln 173
Duldung
- Erhaltungsmaßnahmen 273
- Gewerberaum A 5
- Grenzen A 5
- Kündigung 296
- Modernisierungsmaßnahmen A 471, 273a f.
- - Zumutbarkeitsprüfung 279
- Wassereinsparung A 3
- Wohnraumschaffung A 4

Ehegatte
- Mieter 17
- Mieteintrittsrecht 70
- Mietvertragsabschluß A 219
- - Entlassung A 423
- Mieterhöhungsverlangen A 422
- Neue Bundesländer A 219
- Räumungsklage 1430 f.
- Räumungstitel 1478 f.
- Vollmacht 17, 42
- Zustimmungsfiktion zur Mieterhöhung A 443
Eigenbedarf A 271, 980 f.
- Alternativwohnung
- Bedarfsperson 1002, 1015
- befristeter A 279, 1019
- berufsbedingter 1021
- Bruchteilseigentum 1037
- Eigentumswohnung A 130, 1034 f.
- erheblicher 1011, 1053
- Grundbucheinsicht 1051
- Kündigungsinhalt 1002
- Mißbrauch 984, 1042, 1058
- Neue Bundesländer A 271, A 275 f.
- - unredlicher Erwerb A 274

- - Zwangsmaßnahmen A 272 f.
- Nutzungswunsch 1053
- Plausibilität 1053, 1055
- Pflegebedarf 1024
- Sozialklauselgesetz A 139
- Sperrfrist A 131, A 139 f., A 141, 1035
- überhöhter Bedarf 989, 1061
- vorgetäuschter 1076, 1080
- vorhersehbarer 1065
- Vorratskündigung 987, 1070
- Wartefrist s. Sperrfrist
- Wegfall des Bedarfs 1072, 1085
- Willkürverbot 984, 999
- wirtschaftliche Gründe 1028
- Wohnbedarf A 132, 1029
- Zwangsversteigerung 1041, 1162
Eigenleistungen
- des Vermieters 763
Eigentum
- Grundrecht 975
Eigentumswohnung
- Betriebskostenabrechnung 747, 791
- Duldungsanspruch 274
- Eigenbedarf A 130, A 139, 1034
- Instandsetzungspflicht 308, 311
- - Zwangsvollstreckung 1493
- Teilkündigung 918
- Umwandlung A 130 f.
- Vermietungsbefugnis 10
Einbauten
- s. auch bauliche Veränderungen
- Kündigungssperrfrist
- - Eigenbedarf A 131, A 140 f.
- - Verwertungskündigung A 133, A 141
- Mieterhöhung 591
- Mietgebrauch 172
- Rückbaupflicht 178, 1287
- Umwandlung A 130
- Vorkaufsrecht A 48
Einfamilienhaus
- Mietpreisbindung A 308
- Mieterhöhung A 403
Einkaufszentrum 1244
Einliegerwohnung
- Begriff A 157

- Bezugsfertigkeit A 158
- Hinweispflicht des Vermieters A 159
- Kündigung A 282, 948
- Kündigungswiderspruch 1254

Einrichtungen
- des Mieters 591
- - Mieterhöhung 591
- Wegnahmerecht 1308

Einsicht in Belege 809
Einstweilige Verfügung 1472
Einwohnerzahl A 406 f.
Einzugsermächtigung 493
- Zustimmung zur Mieterhöhung A 442 f.
- - Rückruf A 446

elektrischer Strom 327
Endmieter 224, 227
- s. auch Bauherrenmodell, Zwischenvermietung
- Räumungspflicht 1302

Endrenovierung 846, 866
Energiesparmaßnahmen 661
Erbe
- s. auch Kündigung, Mieteintrittsrecht, Tod des Mieters
- Mieter 68

Erfüllungsgehilfe
- Rechtsanwalt 1194
- Sozialamt 1193

Erfüllungsort
- Mietzahlung 501

Ergänzungsvereinbarung
- s. Nachtragsvereinbarung

Erlaubnisvorbehalt
- Drittüberlassung, Untervermietung 207
- Mietgebrauch 167
- Tierhaltung 236

Ersatzmieter
- s. auch Nachmieter
- Vereinbarung 72
- wichtiger Grund 74

Ersatzwohnraum
- Nachweispflicht des Vermieters A 146 f.
- Räumungsfrist 1500
- Sozialklausel 1256

Ersteher 55
- s. auch Zwangsversteigerung, Erwerber

Ertragslage
- Kündigungsgrund 1245

Erwerber 52, 58
- Auskunftspflicht 742
- Betriebskostenabrechnung 749
- Eigenbedarf 63, 1034, A 130, A 139
- Haftung 62
- Kündigung, Zahlungssäumigkeit 1238
- Kündigungsbeschränkungen 63
- Mietaufhebungsvereinbarung 64
- Mieterhöhungsverlangen A 421, 60, 552
- Mietsicherheit 1353
- Teilkündigung A 31
- Verwendungsersatz 1303
- Vorkaufsrecht-Unterrichtung A 63
- Wohnungseigentum 1034, 1039

Fachhandwerkerklausel 856
Fälligkeit
- Mietzins 490 f.
- - Mietanpassungsklausel A 108
- Schönheitsreparaturen 860 f., 864

Fahrstuhl
- Betriebskosten 772

Familienangehörige
- s. Angehörige

Farbwahl 857
Fehlbelegung
- Kappungsgrenze A 78
- Kündigung 1134

Fehler 348
- s. Mängel

Feiern 249
Fenster
- Schadensfreiheit A 386

Ferienhaus A 165, 6, 1395
Ferienwohnung A 165
Fernsehen 179
- Gemeinschaftsantenne 182
- Kabelfernsehen 180, 182, 192
- - Klage 1466
- Parabolantenne 183

Feststellungsklage 1389, 1468
Feuchtigkeitsschäden 268, 359
– Beweislast 303a, 362
– Freizeichnung 143
– Instandsetzung 303
Form 51
– s. auch Schriftform
– Kündigung 916
– Mieterhöhungsverlangen 558
– Mietvertrag 36
– Option 83
– Vorvertrag 86
Formularklauseln
– Abbuchungsermächtigung 493
– Aufrechung 520
– Betriebskosten 126, 685
– Beweislast 132
– Erlaubnisvorbehalt 170
– Fachhandwerker 856
– Feiern 249
– Fensterscheiben 147
– Fernsehen 191
– Feuchtigkeitsschäden 143
– Freizeichnungen 141, 386 f.
– Garantiehaftung 151
– Gebrauchsfortsetzung 1273
– Genehmigungsbeschaffung 376
– Gewährleistung 141
– Heizen 118
– Kleinreparaturen 135
– Kündigungsfrist 153
– Leitungsverstopfung 147
– Mahnkosten 502
– Mietsicherheit 1338
– Mietzinszahlung 152, 490 f.
– – Rechtzeitigkeit 492
– – Verrechnungsbestimmung 494
– – Vorauszahlung 490
– Musizieren 251
– Nachmieter 79
– Option 85
– Prozeßführungsermächtigung 1410
– Quotenhaftung 888
– Schönheitsreparaturen A 255, 839, 850, 888
– Schriftform 49
– Untervermietung 205, 206
– Verzugszinsen 503

– Vollmacht A 433, 124, 553
– Wartung 140
– Zurückbehaltungsrecht 152, 470, 528
Formularvertrag 91
– Aushandeln 94
– Auslegung 103
– Einbeziehungsvereinbarung 99
– Inhaltskontrolle 104 f.
– Neue Bundesländer A 212, A 225
– – Schönheitsreparaturen A 255
– Trennbarkeit 108
– überraschende Klauseln 100
– Verbandsklagen 115
– Verwender 98
Fortsetzungsverlangen
– befristetes Mietverhältnis 1151
– qualifiziertes Zeitmietverhältnis A 42
Fortsetzungswiderspruch 1272
– Teilkündigung A 31
Freizeichnungen 141, 386
– s. auch Inhaltskontrolle
Freizeitgrundstück A 233 f.
– Entschädigung A 299, A 303
– Kündigungsschutz A 291
Fristenplan A 254, 860, 865
Fristsetzung
– fristlose Kündigung 443, 1168, 1176
– Mängelbeseitigung 422, 443
– Schönheitsreparaturen 874

Garage 162
– Mieterhöhung A 331
– Stichtagsmiete A 382
– Teilkündigung A 23, 165
Garantiehaftung 417
– Ausschluß 151
Gartennutzung 202 f.
Gartenpflege
– Betriebskosten 773
Gebäude
– s. auch Bauwerk, Beschaffenheit
– Schadensfreiheit A 386, A 389
Gebrauchsfortsetzung 1272
– Teilkündigung A 31
Gebrauchspflicht 246
Gebrauchsverhinderung
– Mietzinshaftung 509

Sachwortverzeichnis

Gemeinschaftsantenne 182
– s. Fernsehen
Gemeinschaftsflächen 196
– Duldungspflicht des Mieters A 4
– Instandsetzung 300
– Reinigung 256
geringes Wohnungsangebot 712
Gesellschaft
– s. auch Nachhaftungsgesetz
– Eigenbedarfskündigung 1040
– Gesellschafterwechsel 21, 66
– – Mietzinshaftung 517
– Mieter 16, 23
– Räumungspflicht 1293
– Vermieter 21
Gesundheitsschäden
– s. auch Mängel, Umweltmängel
– Gewährleistung 355, 387
– Instandsetzungspflicht 314
– Kündigung 447
– Vollstreckungsschutz 1516 f.
Gewährleistung A 260, 348 f., 404 f.
– Ausschluß A 265, 141 f., 451 f.
– Formularklauseln 141 f.
– Garantiehaftung 417
– Rechtsmängel 437
– Verwendungsersatz 422, 430, 1304
– Verzugshaftung 422
Gewährleistungsausschluß 451
– grobfahrlässige Unkenntnis 454
– Mangelkenntnis 453
– Mieterhöhung A 267, A 449, 460
– Zustand der Mietsache 451
Gewerberaum A 227, A 231
– Kündigungsschutz A 285
– Mietpreisbindung A 336
gewerbliche Nutzung 232
grobe Fahrlässigkeit 454
Grundbucheinsicht 1051
1. Grundmietenverordnung A 310
2. Grundmietenverordnung A 325
Grundsteuer 771

Härtegründe
– Duldung A 471, 279
– Eigenbedarfskündigung A 276

– Sozialklausel 1255, 1261
– – Interessenabwägung 1266
– – Nachschieben 1251
– Sozialklauselgesetz A 147
Haftung
– s. auch Gewährleistung, Schadensersatz
– Ausschlüsse 141
– – für Stellplätze 201
– Gesellschafter 28, 516
Hausflur
– Schadensfreiheit A 386 f.
Hausmeister
– Betriebskosten 776
– Wohnung 1136, 1143
Hausordnung 248
– Reinigungspflicht 257
– Störungen 1226
Haustürwiderrufsgesetz 32, 536
– Mieterhöhung A 447
Hausverwalter
– Prozeßstandschaft 1409
– Vertragsabschluß 21, 22
Heimgesetz A 129
Heizen 324, 372
– Formularklausel 118
– Mängel 372
– Mieterpflicht 268, 362, 366
– Vermieterpflicht 324
Heizkosten A 322 f.
– überhöhte 374
Heizkostenabrechnung A 322, 825
– Ausschlußfrist A 193
– Kappungsgrenze A 323 f.
– Kostenansatz 828
– Meßgeräte 826, 829a
– Plausibilität 831
– Zwischenablesung 835
Heizwerk
– Kostenmiete A 195
Hemmung
– Verjährung 1386
Hinweispflicht des Vermieters
– s. auch Anzeigepflicht
– Ausbildungswohnplatz A 169
– Einliegerwohnung A 159
– Ferienwohnung A 166
– Kapitalkostenerhöhung A 371

589

Immissionen 329
- s. auch Lärm, Umweltmängel
- Klage 1464

Indexklausel 545

Individualvereinbarung 92

Inhaltskontrolle 104
- Risikobegrenzung 109
- Transparenzgebot 111
- Versicherbarkeit 114

Inklusivmiete
- Mieterhöhung 560
- Mietstrukturänderung A 94, A 315, A 473

Instandhaltung
- Formularklauseln 144
- Kostenpauschale A 199

Instandhaltungsaufwand
- ersparter 671

Instandsetzung 300
- Ausschluß 317 f.
- Fälligkeit 305
- Feuchtigkeitsschäden 303
- Klage 1462
- Grenzen 317, 321
- - Neue Bundesländer A 245
- Mietende 323
- Mieterhöhungsvereinbarung A 328, A 488
- Mietpreisrecht A 230, A 249
- Nachrüstung 312
- Restitution A 243 f.
- Wirtschaftlichkeit 304

Inventarüberlassung 1
- Abstand A 126

Kabelfernsehen
- s. Fernsehen

Kaltwasserzähler A 3, A 100

Kapitalkosten
- Altschulden A 367
- Ersatzfinanzierungsmittel A 187
- Mieterhöhung 688
- Mietpreisüberhöhung 704

Kappungsgrenze A 70, A 362, 576
- bauliche Maßnahmen A 463
- ermäßigte A 70
- Fehlbelegung A 78

- Heizkosten A 323 f., A 477
- gemeinnützige Wohnungswirtschaft A 76
- MietenüberleitungsG A 410
- Modernisierung A 77

Kaution
- s. Mietsicherheit

Kettenmietvertrag 9

Kinder
- Kinderwagen 199
- Lärm 253

Klage
- s. Mietprozeß

Klagefrist
- Mieterhöhung A 363, 574
- MietenüberleitungsG A 452

Kleinreparaturen 135

Komplexer Wohnungsbau
- s. Wendewohnungen

Konkurrenzschutz 340

Konkurs
- Kündigung 1160
- Mietsicherheit
- - Anlage 1346
- - Aussonderungsrecht 1359
- Nutzungsentschädigung 1325
- Vorkaufsrecht A 51

Kontrollrechte
- Betriebskostenabrechnung 809
- Kostenmiete 742

Kostenmiete 715
- Anpassungsklausel 734
- Ausbau zu Mietwohnungen A 188
- Auskunftsanspruch 742
- Heizwerk A 195
- Mieterhöhung 730
- Mietstruktur 724
- Neue Bundesländer A 335
- Rückforderung überhöhter K. 739

Kündigung 893 f.
- Anspruch auf Zustimmung 26
- Aufhebung 1248
- Beamte 1159
- Einliegerwohnung A 157, A 282, 948, 962
- Form 916
- Personenmehrheit 897
- Staffelmiete 540

- Teilkündigung 165, 918, 1030
- Tod des Mieters 68
- Umdeutung 922
- Verwirkung 1167
- Vollmacht 902
- Werkmietwohnung 1140
- Zwischenmietverhältnis A 18
- Zugang 912

Kündigung (außerordentliche) 1159
- Beamte 1159
- Konkurs 1163
- Mieterhöhung 651
- Tod des Mieters 68
- Untervermietung 204
- – Ausschluß 153
- Zwangsversteigerung 1160

Kündigung (fristlose) 1164
- Abmahnung 1168, 1192
- Drittüberlassung 207, 1172
- Gesundheitsgefährdung 447
- Mängel 440 f.
- Untervermietung 441, 1172, 1177
- Unzumutbarkeit 1218
- Zahlungsverzug 1185

Kündigungsandrohung 1168, 1234

Kündigungsfolgeschaden
- fristlose Kündigung 1212
- Gewährleistung 446
- Mietanpassungsklausel A 111

Kündigungsfrist A 170, 925
- Einliegerwohnung A 161
- Formularklausel 153
- Geschäftsraummiete A 173 f.
- Neue Bundesländer A 222
- Teilkündigung A 31

Kündigungsgründe (Form) 932 f.
- Bestandsinteresse 978
- Eigenbedarf 1002
- Einliegerwohnung 962
- fristlose Kündigung 1170
- Hausmeisterwohnung 1143
- Informationsinteresse 936
- Nachschieben von Gründen 943
- Unzumutbarkeit A 284
- wirtschaftliche Verwertung 1111, 1225

Kündigungsgründe (Inhalt)
- Baumaßnahmen 1242

- Baurechtswidrigkeit 1145
- Betriebsbedarf 1135
- Drittüberlassung 1172
- Duldung 296
- Eigenbedarf A 271, 980
- Fehlbelegung 1134
- Gesundheitsgefährdung 447
- Instandsetzungsbedarf A 280, A 283
- Mängel 440
- Mieterhöhung A 374
- Mietsicherheit 1247a
- Modernisierung 296
- öffentliches Interesse 1147
- Pflichtverletzung 1127
- Sanierung 293
- Schönheitsreparaturen 1184
- Staffelmiete 540
- Teilkündigung A 30
- Überbelegung 1165, 1179
- Unterbelegung 1132
- Untervermietung 207, 1131a, 1172
- Unzumutbarkeit 1218
- wirtschaftliche Verwertung 1093
- Zahlungsverzug A 375, 1127, 1185
- Zahlungssäumigkeit 1128, 1233
- Zerstörung 399

Kündigungshindernis
- Mieterhöhung 1210

Kündigungsschutz
- Endmieter A 7 f., 1302
- Ferienwohnung A 164
- Gewerberaum A 285
- Neue Bundesländer
- – – Eigenbedarfskündigung A 271
- – – Einliegerwohnung A 282
- – – Verwertungskündigung A 268
- – Nutzungsverhältnis A 287
- – – Moratorium A 288
- Sozialunterkunft A 167
- ungeschützte Mietverhältnisse A 170, 963 f.
- Werkmietwohnung A 44 f.
- Zwischenmietverhältnis A 7

Kündigungssperrfrist
- s. auch Wartefrist
- Sozialklauselgesetz A 140 f.

Kündigungswiderspruch
- befristetes Mietverhältnis 1253

591

- – Berufung 1271
- Eigenbedarfskündigung A 281
- Einliegerwohnung A 161, 1254
- Ersatzwohnraum 1256
- Härtegründe 1255, 1261
- Nutzungsverhältnis A 292
- Sozialklausel A 281, 1249
- Sozialklauselgesetz A 145
- Teilkündigung A 31
- Vertragsänderung 1270

Künftige Räumung 1435
Kürzungsbetrag A 426
Kumulationsverbot 1363

Lärm
- Abwehrpflicht 329
- Kündigung 1229
- Mangel 376
- Unterlassungspflicht 247

Lastschriftverfahren
- Zustimmung zur Mieterhöhung A 442

Lebensgemeinschaft 17, 23
- Aufnahmerecht 208
- Beendigung 26
- Mieteintrittsrecht 70
- Räumungstitel 1478

Leihe 3, 4, 53
Leistungsvorbehalt
- Mieterhöhung 544
- Umlagemaßstab A 319, 794

Leitungsverstopfung
- Freizeichnung 147

Mahnkosten 502
Maklercourtage A 123
Mangel A 260, 348
- anfänglicher 355, 417
- Doppelvermietung 438
- Feuchtigkeitsschäden 359
- Gefährdungstatbestand 355, 387
- Gesundheitsgefährdung 447
- Heizung 372
- Lärm 376
- ortsübliche Miete 596

- öffentlich-rechtliche Nutzungshindernisse 357, 382
- Rechtsmängel 437
- Schadensfreiheit A 386, A 390
- technische Normen A 260, 354
- Umwelt 302, 355, 387
- bei Vorenthalten 1321
- Wohnfläche 394

Mangelkenntnis
- Instandsetzungsanspruch 318
- Gewährleistung 453, 456

Mehrbelastungsklausel 685
Mehrwertsteuer
- s. Umsatzsteuer

Mietanpassungsklausel A 102, A 379, 541 f., 734 f.
- Mietherabsetzung A 114
- Mietobergrenze A 379
- Schriftform A 103
- Währunggesetzliche Genehmigung A 104
- Wirkungszeitpunkt A 106

Mietaufhebungsvereinbarung 970
- Abstand 973, 1313a
- Aufwendungsersatz 519
- Ehegatten A 423
- Erwerber 64
- Haftungsklausel 154
- Schriftform 50, 972
- Umdeutung 924

Mietausfall 883
- s. auch Kündigungsfolgeschaden

Mietbürgschaft 1361
- Zuständigkeit 1397

Mieteintrittsrecht A 220, 70
Mietenüberleitungsgesetz A 340
- Betriebskostenumlage A 472
- Mieterhöhung A 380
- – Beschaffenheitszuschläge A 478
- zeitliche Wirkung A 342

Mieterhöhung
- Erwerber 60, 552
- Gewährleistungsausschluß A 267, A 449
- 1. GrundmietenV A 310
- 2. GrundmietenV A 325
- Kündigung A 374
- Mietanpassungsklausel

Sachwortverzeichnis

– s. dort
– MietenüberleitungsG A 380
– Minderung 415, 460
– Option 84
Mieterhöhung (Beschaffenheitszuschläge) A 478
– Schriftform A 480
– Wartefrist A 481
Mieterhöhung (Betriebskosten) A 366, 683
– Mietstrukturänderung A 89 f., A 96
– – BetriebskostenumlagenV A 315, A 320
– – MietenüberleitungsG A 472 f.
Mieterhöhung (Kapitalkosten) A 367, 688
– Disagio 689
– Lebensversicherungsbeiträge 690
– nicht zu vertretende Umstände 695
– Tilgungshypothek 694
Mieterhöhung (Kostenmiete) 715
– Aufwendungsbeihilfen 718
– Einzelmiete 717
– Erstarrungsprinzip 715
– Mieterhöhungsverlangen 730
– – Fälligkeit 734
– – Rückwirkung 735
– Mietstruktur 724
Mieterhöhung (MietenüberleitungsG) A 380 f.
– Abschläge A 393 f.
– Ausstattung A 393 f.
– Bad A 395
– Ballungsregionen A 406
– Beschaffenheitsmerkmale A 385
– Beschaffenheitszuschläge A 481
– Einfamilienhaus A 403
– Kappungsgrenze A 410
– Klage A 454
– Klagefrist A 452
– Kürzungsbetrag A 426
– Mieterhöhungsverlangen A 421, A 428
– – Erläuterung A 425
– – Schriftform A 421, A 424
– Schadensfreiheit A 385
– Stichtagsmiete A 381
– Überlegungsfrist A 451

– Verweigerungsrecht A 448
– Wartefrist A 417, A 481
– Wendewohnung A 404
– Wirkungszeitpunkt A 453
– Zentralheizung A 394
– Zustimmung A 434
– Zustimmungsfiktion A 438
– – Einzugsermächtigung A 442
Mieterhöhung (Modernisierung) A 365, A 463, 653
– Anzeigepflicht A 85
– Energiesparmaßnahmen 661
– Kappungsgrenze A 463
– – Ausnahmen A 466
– Kostenansatz 667
– Mieterhöhungsverlangen 672
– Mietpreisüberhöhung A 498
– Modernisierungsmaßnahmen 654 f.
– nicht zu vertretende Maßnahmen 666
– Verwirkung 679
– Wassereinsparmaßnahmen A 83
– Wirkungszeitpunkt A 84 f.
Mieterhöhung (ortsübliche Miete) 551
– Begründungsmittel 606 f.
– Erwerber 552
– Kappungsgrenze 576
– Klage 1446
– Mieterhöhungsverlangen 551
– – Nachbesserung 565
– – Nachholung 563
– – Schriftform 558
– Mietzuschläge 600
– Modernisierung 598
– ortsübliche Miete 588
– – Mängel 596
– Überlegungsfrist 563, 574
– Wartefrist 566
– Zurückbehaltungsrecht 467, 605
– Zustimmung 601
– – Teilzustimmung 571, 603
Mieterhöhungsausschluß A 361, 647
– Mietanpassungsklausel A 105
– Staffelmiete 539
Mieterhöhungsvereinbarung A 376, A 482, 483, 530
– instandsetzungsbedingte A 328, A 488
– schlüssiges Verhalten A 483

593

Mietermodernisierung 175
Mieterwechsel 68, 72
– Mietstrukturänderung A 97
– Wohngemeinschaft 80
Mietgebrauch
– bauliche Veränderungen 172
– Besuch 210
– Drittüberlassung 204
– Erlaubnisvorbehalt 167
– Fernsehen 179
– Garten 196
– Gemeinschaftsflächen 196
– gewerbliche Nutzung 232
– Musik 251
– Radio 179
– Tierhaltung 235
– Untervermietung 204
– Wohnungsnutzung 167
Mietherabsetzung
– Teilkündigung A 34 f.
Miethöhengesetz
– Neue Bundesländer A 344 f.
Mietkaution
– s. Mietsicherheit
Mietminderung
– s. Minderung
Mietnachfolger 72
– s. auch Nachmieter
– Haftung 83, 516
Mietobergrenze
– Mieterhöhungsvereinbarung A 487
– Neuabschluß A 489
Mietpartei
– Bezeichnung 16 f.
– Wechsel 52
Mietpreisrecht
– s. auch preisgebundenen Wohnraum
– Neue Bundesländer A 305 f.
– – Einfamilienhaus A 308
– – Gesetze der ehem. DDR A 305
– – Gewerberaum A 336
– – Höchstpreisgrenzen A 322 f.
– – Vertragsgestaltung A 230, A 249
– – Wertverbesserungszuschlag A 307
Mietpreisüberhöhung A 114, 699
– Eigenkapitalkosten 705
– geringes Wohnungsangebot 712
– Kapitalkosten 697, 700

– Kostenmiete 739
– laufende Aufwendungen A 117 f., 703
– Mietanpassungsklausel A 110
– Modernisierungskosten 700, 707
– Neue Bundesländer
– – Mieterhöhung (bauliche Änderungen) A 498
– – Mieterhöhungsvereinbarung A 487
– – Neuvermietung A 497
– Rückforderungsanspruch 714, 739
– Steuerersparnis 708
– Wesentlichkeitsgrenze A 116, 703
Mietprozeß 1393
– Amtsgerichtliches Verfahren A 204
– Aufklärungspflicht 1415
– Betriebskostenabrechnung 750, 812
– Beweisaufnahme 1415
– Darlegungslast 1415
– – ortsübliche Miete A 448
– – Schadensfreiheit A 392
– Divergenzberufung 1426
– Einstweilige Verfügung 1472
– Feststellungsklage 1389, 1468
– Instandsetzung 1462
– künftige Leistung 1461
– Kündigung 945
– Mahnbescheid 1389
– Mieterhöhungsklage 1446
– Mieterhöhungsverfahren 555
– – Kappungsgrenze A 75
– – Klagänderung A 461
– – MietenüberleitungsG A 454
– – Nachholung 563 f.
– Minderung A 457 f., 407
– Prozeßkostenhilfe 1216, 1442
– Prozeßstandschaft 1409
– Räumungsklage 1429
– s. auch Räumungsprozeß
– Rechtsmittelverfahren 1424
– – Beschwer A 202, A 205, A 462, 1455
– Rechtspflege-Entlastungsgesetz A 200
– Urkundsverfahren 1470
– Urteil 1424
– Verjährung 1389

– Zuständigkeit 1393
– – Gerichtsstandsvereinbarung A 201
– – örtliche A 201
4. Mietrechtsänderungsgesetz A 1 f.
Mietsicherheit 1333
– Abrechnung 1347
– Anlagepflicht A 21, 1344
– Aufrechnung 1337
– Einbauten des Mieters 172
– Erwerber 1354
– Konkurs 1358
– Kündigung 1247a
– Kumulationsverbot 1363
– Leistungspflicht 1333
– Rückzahlung 1351
– Veräußerung 1352
– Verzinsung 1340, 1345
– Verzugszinsen 1339
– Zurückbehaltungsrecht 468, 1337, 1344, 1350
– Zwangsverwaltung 1357
– Zwischenvermietung A 16
Mietspiegel A 364, 608
– Beweismittel 619, 1450
– Nachbargemeinde 626
– Vergleichsmietenbegriff A 69
– Zeitzuschlag 617, 623
Mietstruktur 498
– Änderung A 89 f., A 93, 562, 724
– – BetriebskostenumlageV A 315 f.
– – Schriftform A 93
– Betriebskosten A 320
– Kappungsgrenze A 73
– Kostenmiete 724
– Mieterhöhung 560
– MietenüberleitungsG A 472
– Minderung 410 f.
– ortsübliche Miete 589
– Stichtagsmiete A 382
Mietvertrag
– Abschluß A 213, A 229, 7
– – staatlicher Verwalter A 215
– Betriebskosten A 321
– Eheleute A 219, 17
– Formularvertrag s. dort
– Gewerberaum A 227
– Parteibezeichnung 16

– Personenmehrheit 16, 23
– Schriftform A 217, 36 f.
– Vertragsgestaltung A 249
– Vertragsinhalt A 221 f., A 230 f.
– Vertragszweck 155
– Wohnraumzuweisung A 214
Mietvorauszahlung
– Zwangsversteigerung 1161
Mietwucher 710
Mietzins 8, 483
– Art 484
– Erfüllungsort 501
– Gebrauchsverhinderung 79
– Mietstruktur 488
– Mischmietverhältnis 161
– Verrechnungsbestimmung 123, 494
– Vereinbarung 483, 530
– – preisgebundener Wohnraum 534
– Verwirkung 414
Mietzinshaftung 505
– Gebrauchsverhinderung 79
– vorzeitiger Auszug 507
Minderung A 262, 406
– Ausschluß 150, s. auch Gewährleistungsausschluß
– Darlegungslast 407, 1417
– Feuchtigkeitsschäden 369
– Konkurrenzschutz 345
– Lärm 377
– Mieterhöhung 415
– Stichtagsmiete A 382
– Teilkündigung A 34
– Vorenthalten 1322
Mischmietverhältnis A 228, 157
– Mietpreisbindung A 352
– Mietzins 161
– Räumungsfrist 1424
– Teilkündigung A 34
– Zuständigkeit 1396
Modernisierungsanspruch
– des Mieters 312, 316
Modernisierungsmaßnahmen 275, 654
– s. auch Duldung, Mieterhöhung
– Mieterhöhung 653
– Mietermodernisierung 175
Modernisierungszuschlag A 307
möblierter Wohnraum A 356, A 359
Möblierungszuschlag 723

Müll
– Beseitigungspflicht 328
– Betriebskosten 777
Musik 250 f.

Nachhaftungsgesetz 29
Nachholung
– Mieterhöhungsverlangen 563
– – MietenüberleitungsG A 457 f.
Nachmieter 74
– s. auch Ersatzmieter, Mietnachfolger
– Mietstrukturänderung A 97
– Mietzinshaftung 516
– Schönheitsreparaturen 885
Nachrüstungspflicht 312
Nachschieben
– Härtegründe 1251
– Kündigungsgründe 943, 947
Nachtragsvereinbarung
– Schriftform 42 f.
Nachwirkungsfrist A 181
– Ausbau A 182
Nebenkosten
– s. Betriebskosten
Nebenkostenpauschale 685
Nebenräume
– Teilkündigung A 23, A 27
Neubau
– Preisbindung A 343
Neubaufeuchte 366
Niederlassung
– Gerichtsstand 1405
nicht zu vertretende Maßnahmen A 467
Nutzer A 236
Nutzungsentgelt A 240
Nutzungsentschädigung 1319
– Anspruchskonkurrenz 1332
– Mängel 1321
– Masseschuld 1325
– ortsübliche Miete 1320
Nutzungsverhältnis
– Anbau A 239
– bauliche Veränderungen A 239
– Kündigungsschutz A 287 f.
– Nutzer A 236

– Nutzungsentgelt A 240
– Überlassungsvertrag A 233
– – Inhalt A 238
– Vertragsabwicklung A 299 f.

Obhutspflicht 260
– Feuchtigkeitsschäden 268
– Haushaltsgeräte 264
– Schadensersatz 370
öffentliche Mittel
– s. Kostenmiete, preisgebundener Wohnraum
– Neue Bundesländer A 335
– – Neubau A 344 f.
– vereinbarte Förderung A 348, A 470
– vorzeitige Rückzahlung A 184
Offenbarungspflicht
– s. auch Anzeigepflicht, Hinweispflicht
– des Mieter 34, 261
– bei Vertragsabschluß 30
– des Vermieters 331
Offenkundigkeit 645
Opfergrenze
– Instandsetzung A 247, 321
– Minderung A 262
Option 83
ortsübliche Miete A 67, 588
– Nutzungsentschädigung 1320
– Sachverständigengutachten 627, 632, 1422, 1452

Pacht 1
Parabolantenne
– s. Fernsehen
Parteifähigkeit 1408
Personenmehrheit
– Fortsetzungswiderspruch 1278
– fristlose Kündigung 1169
– Instandsetzungsanspruch 306
– Kündigung 897
– Mieter 23
– Mieterhöhungsklage 1447
– Mieterhöhungsverlangen 553
– – MietenüberleitungsG A 422, A 431, A 435

- Mietprozeß 1412
- Räumungsklage 1431
- Räumungspflicht 1293
- Räumungstitel 1479
- Untermieterlaubnis 219
- Vermieter 29
- Vertragsabschluß 21
- Vorkaufsrecht A 55, A 62
- Wohngemeinschaft 80
- Zustimmung zur Mieterhöhung 604

Pflegebedarf 1024
Pfleger
- Kündigung 909 f.

Pflichtverletzungen
- ordentliche Kündigung 1127

Plattenbauweise A 246, A 261, A 390
Plausibilität
- Betriebskosten 770, 831
- Eigenbedarf 1053, 1055

positive Vertragsverletzung
- des Mieters 272
- – Duldungsverweigerung A 469
- – Schönheitsreparaturen 838, 855, 870
- des Vermieters 419
- – Mieteinzug A 445
- – Mieterhöhung A 447

preisgebundener Wohnraum
- s. auch Mietpreisrecht
- Betriebskostenabrechnung A 191, 823
- Maklercourtage A 124
- Mieterhöhung (Kostenmiete) 715 f.
- Neue Bundesländer A 305, A 309
- Wendewohnungen A 334, A 349, A 353

Prozeßkosten 1518
- Kündigung 1217
- Räumungsklage 1438
- Zwangsvollstreckung 1522

Prozeßkostenhilfe 1216, 1442
Prozeßstandschaft 1409
- Mieterhöhung 60, 552, 1446

Prozeßvollmacht
- Kündigung 903

Quotenhaftungsklausel 888

Radio 179
Räumung 1280
- Annahmeverzug 1284
- Besitzverschaffung 1282
- künftige 1435
- Personenmehrheit 1293
- Schlüssel 1286
- Untermieter 1297

Räumungsfrist 1494
- Beschwerdeverfahren 1506
- Ersatzraumbeschaffungspflicht 1500
- Räumungsvergleich 1508
- ungeschützte Mietverhältnisse A 171
- – s. auch Kündigungsschutz
- Verlängerung 1505
- Zuschlagbeschluß 1496

Räumungsprozeß 1429
- einstweilige Verfügung 1474
- Klagänderung 1440
- Kosten 1438
- Kündigung 945
- künftige Räumung 1435
- Streitwert A 202, 1523
- Versäumnisurteil 1215, 1443
- Vertragsfortsetzung 1271, 1444
- Widerklage
- – Fortsetzungsverlangen 1153
- Ziehfrist 1437
- Zwangsvollstreckung 1477

Räumungsschutz
- s. Räumungsfrist, Vollstreckungsschutz

Räumungsvergleich
- Abstand 1313
- Eigenbedarfskündigung 1080, 1082
- Räumungsfrist 1508

Räumungsvollstreckung 1477
Raumsicherungsübereignungsvertrag 1368
Rechtsirrtum 499, 1198
- Eigenbedarf 1084

Rechtsmängel 437
Rechtsmißbrauch
- s. auch Treu und Glauben
- Eigenbedarf 984, 1042, 1058
- fristlose Kündigung 1205, 1211
- Instandsetzungsanspruch 322

- Mieterhöhung A 358
- Vorkaufsrecht A 64

Rechtzeitigkeitsklausel 492, 1202

Reinigungspflicht
- Mieter 256
- Vermieter 337

Reisevertrag 6

Rentabilitätsvermutung 428

Restitution
- Instandsetzung A 243
- Kündigungsschutz A 268
- Mietvertrag A 216, A 421

Rückbaupflicht
- Einbauten 177 f., 1287
- Nutzungsverhältnis A 301
- Parabolantenne 195

Rückforderung
- Betriebskostenvorauszahlungen 799
- Kostenmiete 739
- Mietpreisüberhöhung 714
- – Gewerbemiete A 339
- Neuabschlußmiete A 496

Sachverständigengutachten
- Beweismittel 632, 1422, 1452
- Kosten als Schaden 882
- Mieterhöhung 627
- ortsübliche Miete 1422, 1452

Sammelgutachten 631

Sanierung
- s. auch Verwertungskündigung
- Kündigungsbefugnis 293, 1117

Selbstauskunft 34 f.

Selbsthilferecht 1369

Sozialamt
- Betriebskostenguthaben 801
- Erfüllungsgehilfe 1193
- Mieterhöhung
- – Zustimmungsfiktion A 441
- Übernahmeerklärung 1206
- Zahlungsverzug 1193

Sozialklausel A 281, 1249
- s. auch Härtegründe, Kündigungswiderspruch
- befristetes Mietverhältnis 1155
- Einliegerwohnung A 163

- Interessenabwägung 1266
- Teilkündigung A 30, A 32

Sozialklauselgesetz A 139, 1034
- Anwendungsbereich
- – sachlich A 153
- – zeitlich A 151
- Einliegerwohnung A 163
- Ersatzraum
- – Nachweispflicht des Vermieters A 146 f.

Sozialunterkunft A 167

Sperrfrist
- Eigenbedarfskündigung A 131, 1035
- Mieterhöhung 566
- Verwertungskündigung A 133, A 141 f.

Schadensersatz
- Eigenbedarfskündigung 1076, 1090
- Garantiehaftung 417
- Kündigungsfolge 446, 1212
- positive Vertragsverletzung 272, 419
- Räumungsvergleich 1080
- Räumungsverzug 1327
- Rentabilitätsvermutung 428
- Schönheitsreparaturen 868, 879
- Untermietzins 1178
- Verjährung
- – Mieteransprüche 1380
- – Vermieteransprüche 1370
- Verschulden bei Vertragsverhandlungen, s. dort
- Vorenthalten 1327
- Vorkaufsrecht A 65

Schadensfreiheit
- s. Beschaffenheit

Schadensminderungspflicht 514, 1319

Schiedsgutachten 546

Schlüssel 12, 1286

Schlüssiges Verhalten
- Betriebskostenvereinbarung 757
- Mieterhöhung A 483 f., 530
- Mietstruktur 562
- Schönheitsreparaturen 847
- Vertragsabschluß A 218, 14

Schlußmitteilung
- Zeitmietvertrag A 39

Schönheitsreparaturen
- Abmahnung 872

Sachwortverzeichnis

- Anfangsrenovierung 840, 843
- Ausgleichsanspruch 886
- Bedarfsklausel 862
- bezugsfertiger Zustand 866
- Erfüllungsanspruch 868
- Ersatzklauseln 888
- Fachhandwerker 856
- Fälligkeit 860
- Farbwahl 857 f.
- Formularvertrag A 255
- – s. auch Formularklauseln
- Fristenplan A 254, 860, 865
- Inhalt 849
- Kündigungsgrund 1184
- Nachmieter 885
- Neue Bundesländer A 224, A 252, A 255
- – Altverträge A 252, A 255
- positive Vertragsverletzung 838, 855, 870
- Quotenhaftung 888
- Schaden 879
- Schadensersatzanspruch 868 f.
- Schlußrenovierung 839
- Teppichboden 849
- Verjährung 1370 f.
- Verzug 871
- Vorenthalten 1318

Schonfrist 1199
- Versäumnisurteil 1215

Schriftform 36 f.
- Beweiszwecke 11
- Erlaubnisvorbehalt 116, 171
- Formmangel 46
- Formularklauseln 49, 51
- Kündigung 916
- Kündigungswiderspruch 1252
- Mietanpassungsklausel A 103
- Mieterhöhungsvereinbarung A 483
- Mieterhöhungsverlangen A 372, 558
- – MietenüberleitungsG A 421, A 428
- Mietstrukturänderung A 93
- Mietvertrag 36
- – Neue Bundesländer A 217
- Nachtragsvereinbarung 42 f.
- offener Dissens 11
- Option 83

- Teilkündigung A 30
- Vorkaufsrecht A 61 f.
- Vorvertrag 86
- Zustimmung zur Mieterhöhung A 434

SchuldrechtsanpassungsG A 232 f.
- s. auch Nutzungsverhältnis, Überlassungsvertrag
- Kündigungsschutz A 287 f.

Schutzpflichten 329
- Beweislast 479

Staffelmiete A 377, 327
- Mietobergrenze A 377
- Steigerungsbetrag A 101

Stellvertretung
- s. auch Vollmacht
- Kündigung 902
- Vertragsabschluß 21 f.

Stichtagsdifferenz 623
- s. auch Zeitzuschlag

Stichtagsmiete A 381 f.
Streitgenossenschaft A 455, 555, 1447
Streitwert A 202 f., 1523
Stromversorgung 327
Studentenwohnheim 969

Technische Normen
- Mangel A 260, 354

Teilkündigung A 22, A 156, 918
- Eigenbedarf 1030
- Garage 165
- Kündigungswiderspruch A 30, A 32
- Mieterabsetzung A 34
- Nutzungsverhältnis A 290
- Wohnflächenvergrößerung A 26

Teilleistung
- Räumung 1282, 1291
- Vorenthalten 1315

Teilzerstörung 320 f., 400
Teilzustimmung
- zur Mieterhöhung A 435, A 456, 571, 603
- Mieterhöhungsvereinbarung A 486

Telefax
- Schriftform A 373, 41a

Teppichboden
- Reinigungspflicht A 373, 850

599

Tierhaltung 235
– Zwangsvollstreckung 244
Tilgungshypothek A 370, 694
Tod des Mieters
– Kündigung 68
– Mietverhältnis 1149
– Vorkaufsrecht A 56
Transparenzgebot 111
Treu und Glauben
– s. auch Rechtsmißbrauch
– Aufrechnungsausschluß 426
– fristlose Kündigung 1205, 1211
– Mieterhöhung A 374
– Mietgebrauch 168
– Mietzinshaftung 505 f., 514 f.
– Nachmieter 74
– Schriftform 46
– Vorvertrag 90
– Zugang 556, 912
Trittschall 376

Überbelegung 1179
Überbrückungsvertrag 13
Übergabeprotokoll 319, 1285
Überlassungsvertrag A 233
– s. auch Nutzungsverhältnis
– Inhalt A 238
– Kündigungsschutz A 287
– Nutzer A 236
– Nutzungsentgelt A 240
– Vertragsabwicklung A 299
Überlegungsfrist A 363, A 451, 574
– MietenüberleitungsG A 451, A 457
Übernahmeerklärung 1206
Üblicher Zustand 282
Umdeutung 922
Umlagemaßstab A 318, 782 f.
– Änderung 794 f.
– Formularklausel 126, 751
– Kaltwasserzähler 100
Umsatzmiete 485
Umsatzsteuer
– Betriebskosten 781
– Nutzungsentschädigung 1324
– Schadensersatz 881
Umstände
– zu vertretende 691, 721

Umwandlung
– s. Eigentumswohnung
Umweltmängel 302, 387
– Instandsetzung 314 f.
Unmöglichkeit
– Instandsetzung 320, 397
– Mangel 352
– Reinigungspflicht 258
– wirtschaftliche A 248, 320, 352
unredlicher Erwerb A 274
Unterbelegung 1132
Untermiete 204
– Bauherrenmodell 204
– Erlaubnis 205 f., 212, 441, 1177
– – Widerruf 205
– Kündigung 206
– – Ausschluß 153, 206
– – fristlose K. 1172
– – ordentliche K. 1131a
– Räumung 1297
Untermietzuschlag 222, 600
Unzumutbarkeit, Kündigungsgründe 1218
– Anzeigen 1225
– Beleidigungen 1224
– Hausfrieden 1226
– Lärm 1229
– Mietsicherheit 1247a
– Zahlungssäumigkeit 1233
Urkundeneinheit 37 f.
– Mieterhöhungsverlangen A 428
– Nachtragsvereinbarung 42
Urkundsverfahren 1470

Veräußerung 52
– Eigenbedarf A 135, A 144
– Verwertungskündigung A 135, A 144
– Vorkaufsrecht A 50 f.
Verbandsklage 115
Vergleichswohnungen 634
Verjährung 1370
– Beginn 1382
– Betriebskosten 819
– Hemmung 1386
– Mietpreisüberhöhung 714, 739
– Neue Bundesländer A 226

- Unterbrechung
- - Feststellungsklage 1389
- - Mahnbescheid 1389
- Vereinbarung 1381
Verkehrssicherungspflicht
- Beweislast 480
- Mieter 257, 271
- Vermieter 332, 335
Verlängerungsklauseln 1156
Vermieterpfandrecht 1366
- Verwertung 1369
Vermieterwechsel 52
- Vereinbarung 67
- Zwischenvermietung A 10
Verrechnungsbestimmung 123, 494
Verschulden bei Vertragsverhandlungen 30, 33
- Formularvertrag 104
- Mieterhöhungsvereinbarung 536
- Zwischenmietverhältnis 225
Versicherung
- Betriebskosten 779
- Formularklausel 148
- Inhaltskontrolle 114
- Schutzbereich 266
Vertragsabschluß A 213, A 229, 7
- Ehegatte A 219, 21
- Personenmehrheit 23
- schlüssiges Verhalten 14
- Schriftform A 217, 36
- Verwalter A 215, 21
- Vollmacht 20 f.
Vertragseintritt
- Mietnachfolger 72 f.
- Zwischenmietverhältnis A 10, A 13
Vertragszweck 155
- Mischmietverhältnis 157, 1396
- Zwischenmietverhältnis 229
Vertrauensschaden 31
Verwaltungskosten 687
- Pauschale A 198
Verweigerungsrecht
- Mieterhöhung A 448
Verwender 98
Verwendungsabsicht
- Zeitmietvertrag A 38
Verwendungsersatz 422, 430, 1303
- Aufrechnungsausschluß 426

- Verjährung 1379
- Vorschuß 425
Verwertungskündigung 1093
- Ausschluß A 270
- Kündigungsinhalt 1111, 1125
- Sanierung 1117
- Sperrfrist 133, A 144 f.
- Verkauf 1098
- wirtschaftlicher Nachteil 1102
Verwirkung
- Betriebskostennachforderung A 191 f. 820
- frislose Kündigung 1167
- Gewährleistungsrechte A 266, 456, 453
- Mieterhöhung 549, 679
- Mietzins 414
- Räumungsurteil 1480
Verzinsung
- Mietsicherheit 1340, 1345
Verzug
- Mängelbeseitigung 422
- Mietzahlung 498, s. auch Zahlungsverzug
- Schönheitsreparaturen 871
- Verzugszinsen 503
Vollmacht
- Ehegatten 17
- - Neue Bundesländer A 219
- Formularklausel A 433, 124, 553
- Kündigung 902 f.
- Mieterhöhung 553, 557
- Vertragsabschluß 20, 21
Vollstreckungsabwehrklage 1484
- Wegfall des Eigenbedarfs 1089, 1483
Vollstreckungsschutz 1512
- Prozeßkostenhilfe 1442
Vorauszahlung
- Betriebskosten A 320, 796
- Formularklausel 490
- Mietzins 490
Vorbehalt
- Betriebskostennachzahlung 816
- Gewährleistung 456
- Mietsicherheit 1351
- Mietzahlung 497
- - Zustimmungsfiktion A 441

601

Vorenthalten 1314
- Nutzungsentschädigung 1319
- Schadensersatz 1327

Vorerfassung
- Betriebskosten 788

vorgetäuschter Eigenbedarf
- Schadensersatz 1076 f.

Vorkaufsrecht des Mieters A 48, A 58, 744
- abweichende Vereinbarungen A 66
- Ausschluß A 54
- Ausübung A 58, A 60
- Nutzungsverhältnis A 241
- Tod des Mieters A 56
- Unterrichtungspflicht A 62 f.
- Veräußerungsfall A 50
- Vorkaufsberechtigter A 55

Vorratskündigung 987, 1070
- Teilkündigung A 29

Vorschuß
- Mängelbeseitigung 425
- Schönheitsreparaturen 868

vorübergehender Gebrauch A 355, 966

Vorvertrag 86
- Klage 88, 1457

vorzeitige Räumung
- Mietzinshaftung 507

Währungsrechtliche Genehmigung
- Mietanpassungsklausel A 104

Warmwasserkosten
- s. Heizkosten

Wartefrist
- s. auch Sperrfrist
- Eigenbedarfskündigung A 131
- Mietanpassungsklausel A 109
- Mieterhöhung A 362, 566
- – MietenüberleitungsG A 417, A 481
- preisgebundener Wohnraum A 354
- Verwertungskündigung A 133

Wartung
- Betriebskosten 767
- Formularklausel 140

Wassereinsparmaßnahmen
- Duldung A 3
- Mieterhöhung A 83

Wasserkosten 768

Wegereinigung
- s. Reinigungspflicht

Wegnahmerecht 1308

Wendewohnung A 334, A 349, A 353
- Mieterhöhung A 404

Werkmietwohnung 11
- Kündigungsschutz A 44
- Zuständigkeit 1398

Werkwohnungen
- Ehegatte A 220
- Wohnraummiete 155
- Zeitmietvertrag A 37

Wertsicherungsklausel 542

Wesentlichkeitsgrenze
- Mietpreisüberhöhung 703

Wettbewerbskausel 346

Wettbewerbsschutz
- s. Konkurrenzschutz

Widerrufsrecht
- s. HaustürwiderrufsG
- Mieterhöhungsvereinbarung A 329

Widerspruch
- Gebrauchsfortsetzung 1272 f.
- Kündigung 1249 f.
- Vertragsbeendigung 1151

Wiederaufbaupflicht 320, 397

Wiederherstellung von Wohnraum
- Preisbindung A 346

wirtschaftliche Verwertung
- s. Verwertungskündigung

Wirtschaftlichkeit
- Betriebskostenansatz 762, 776
- Betriebskostenmehrbelastung 686
- Instandsetzung 304
- Mieterhöhung (Energiesparmaßnahmen) 668

Wirtschaftlichkeitsberechnung
- Kostenmiete 715
- Mietpreisüberhöhung 709
- Verwertungskündigung 1125 f.

Wirtschaftseinheit 716, 783

Wirtschaftsplan A 248

Wohnfläche
- Betriebskostenabrechnung 792
- Mangel 394
- Mieterhöhung 593
- Neue Bundesländer A 313

Sachwortverzeichnis

– – Neuberechnung A 313, A 319a
– Vergrößerung A 26
Wohngemeinschaft 80, 215
– s. auch Personenmehrheit
– Kündigung 1221
Wohnraum
– Aufstockung A 24
– möblierte Vermieterwohnung A 356
– Schaffung A 4
– – Teilkündigung A 23, A 24
– Vergrößerung A 26
– vorübergehender Gebrauch A 355
– Wiederherstellung A 346
Wohnraummiete
– s. auch Mischmietverhältnis
– Anmietung für Arbeitnehmer 155 f.
– Mietgebrauch 167
– Zuständigkeit 1393
Wohnraumzuweisung A 214, A 219
Wohnrecht 3
Wohnungsbauerleichterungsgesetz A 155
Wohnungsbegriff 952
Wohnungsbelegung A 185
Wohnungsbindungsgesetz
– Änderungen A 179 f.
Wohnungseigentum
– s. Eigentumswohnung
Wohnungsmarkt
– Ersatzwohnraum 1257
– geringes Angebot 712
– Vollstreckungsschutz 1514
– Wohnungsüberbelegung 1183
– Wohnungsunterbelegung 1132
Wohnungsnutzung 167
Wohnungstausch A 218
Wohnungsübergabeprotokoll
– s. Übergabeprotokoll
Wohnungsvermittlung A 123
Wohnwertmerkmale 595
Wucher
– Abstand A 127
– Grenze 710

Zahlung
– Klage 1498
– Mietzins 490

– – Verrechnungsbestimmung 494
– – Vorbehalt 497
– – Zustimmungsfiktion A 438, A 441
Zahlungssäumigkeit 1233, 1128
Zahlungsverzug 498, 1185
– fristlose Kündigung 1185
– – Mieterhöhungsbetrag A 375
– ordentliche Kündigung 1127
– Schonfrist 1199
Zeitmietvertrag
– Beendigung A 39, 1149
– Fortsetzungsverlangen A 42
– qualifizierter Z. A 37, 963
– Schlußmitteilung A 39 f.
– Vertragsabschluß A 37
– Verwendungsabsicht A 38
Zeitzuschlag A 69, 623
Zentralheizung A 394
Zerstörung des Mietobjekts 320, 397
Ziehfrist 1437
Zimmerlautstärke 250
Zinsabschlagsteuer 1343
Zinsen
– Formularklausel 503
– Mietsicherheit 1314
Zivilgesetzbuch DDR
– bauliche Veränderungen A 221
– Ehegatte A 219
– Gewerberaum A 227
– Instandsetzung A 242
– Kündigungsfrist A 222
– Lückenfüllung A 211, A 224
– – Schönheitsreparaturen A 255
– Mieteintrittsrecht A 220
– Minderung A 262
– Schönheitsreparaturen A 252, A 255, A 258
– Verjährung A 226
– Vertragsabschluß A 213
– – Form A 217
– Vertragsinhalt A 221 f.
– Wohnungstausch A 218
Zugang
– Kündigung 912, 1186
– Mieterhöhungsverlangen A 74, A 430, 556
Zurückbehaltungsrecht 464
– Ausschluß 152, 528

603

- Betriebskostenvorauszahlung 813
- Mietsicherheit 468, 1337, 1344, 1350
- Zustimmung zur Mieterhöhung A 449

Zuschlagbeschluß
- Räumungsfrist 1496

Zuständigkeit 1393
- Ferienhaus 1395
- Mietbürge 1397
- Mischmietverhältnis 1396
- Niederlassung 1405
- örtliche 1400
- sachliche 1401
- Werkmietwohnungen 1398
- Wohnraum 1393

Zustimmung
- Mieterhöhung A 434, 601
- – modernisierungsbedingte M. A 466
- Zustimmungsfiktion A 438

Zwangsversteigerung
- Kündigung 1160
- – Eigenbedarf 1041
- Mietzahlung 504
- Vorkaufsrecht A 51

Zwangsverwaltung 56
- Betriebskostenabrechnung 802
- Mietprozeß 1414

- Mietsicherheit 1357, 1360

Zwangsvollstreckung 1477 f.
- Dauerpflichten 1489
- Eigentumswohnung 1493
- Feuchtigkeitsschäden 1493
- Handlungen 1486
- Heizen 326
- Instandsetzung 307, 311
- Kosten 1522
- Mietsicherheit 1357
- Prozeßkostenhilfe 1442
- Räumung 1477
- Tierentfernung 244
- Unterlassungen 1486

Zweckentfremdungsgenehmigung 385

Zwischenablesung
- Heizkosten 835

Zwischenmieter 224 f.
- Instandsetzungspflicht 310
- Kündigungsbefugnis 148

Zwischenvermietung 227
- Betriebskosten 760
- Gebrauchsgewährpflicht 225
- Kapitalkostenerhöhung 693
- Kündigungsschutz A 7
- Mietpreisüberhöhung 706
- Rechtsmangel 437
- Vertragseintritt A 10, A 13